四川省年鉴精品工程
Sichuan Provincial Premium Yearbook Project

绵阳年鉴

2023

绵阳市地方志编纂中心　编

方志出版社
Publishing House of Local Records

图书在版编目（CIP）数据

绵阳年鉴.2023/绵阳市地方志编纂中心编.—北京：方志出版社，2023.12
ISBN 978-7-5144-6015-5

Ⅰ.①绵… Ⅱ.①绵… Ⅲ.①绵阳—2023—年鉴
Ⅳ.①Z527.13

中国国家版本馆CIP数据核字（2023）第232419号

责任编辑：罗滔
责任校对：张玉霞
责任印制：梅中英
出 版 者：方志出版社
地　　址：北京市朝阳区潘家园东里9号（国家方志馆4层）
邮　　编：100021
网　　址：http://www.zgfzcb.cn
发　　行：方志出版社图书营销中心（010-67110500）
印　　刷：成都勤德印务有限公司
开　　本：889毫米×1194毫米　1/16
印　　张：32.25
字　　数：1255千字
版　　次：2023年12月第1版
印　　次：2023年12月第1次印刷
定　　价：298.00元

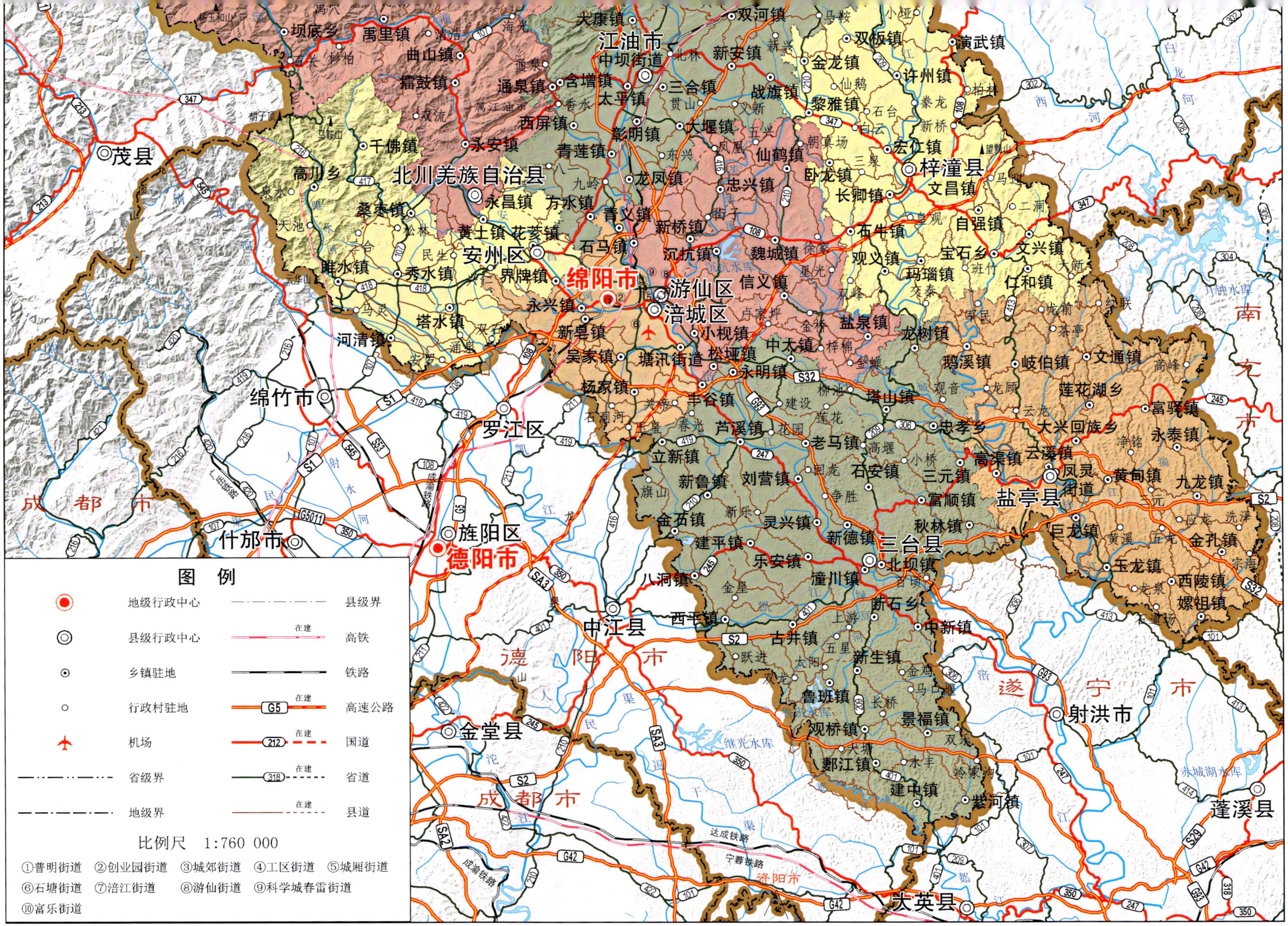

审图号：川S【2023】06004号

成都地图出版社编制 2023年6月

城市荣誉

CITY HONORS

※ 中国科技城

※ 全国双拥模范城市

※ 全国文明城市

※ 全国人民防空先进城市

※ 国家森林城市

※ 国家新型工业化产业示范基地

※ 中国优秀旅游城市

※ 国家知识产权示范城市

※ 全国科技进步先进城市

※ 国家环保模范城市

※ 全国创业先进城市

※ 国家产融合作试点市

※ 国家电子商务示范城市

※ 国家信息消费试点市

※ 全国首批“三网融合”试点市

※ 中国幸福城市

※ 国家产城融合示范区

※ 全国新型节水型城市

※ 国家智慧城市试点市

※ 联合国“杰出绿色生态城市”

※ 国家新型城镇化综合试点市

※ 中国“美丽山水城市”

※ 全国首批“民生改善十佳典范城市”

※ 全国市域社会治理现代化试点城市

※ 中国最美山水城市

※ 全国跨境电商零售进口试点市

※ 联合国“改善居住环境最佳范例城市”

※ 第二批中国（四川）自由贸易试验区绵阳协同区

※ 国家系统推进全面创新改革试验先行先试区域改革先行区

※ 国家卫生城市

※ 国家“千兆城市”

※ 全国首批“促进科技和金融结合” 试点地区

※ 中国美好生活城市十大“心仪之城”

2022 年绵阳市在全国城市中的排名

THE RANKING OF MIANYANG CITY IN CITIES ACROSS THE COUNTRY IN 2022

2022 年中国科技城百强第 7 位

2022 年城市新区发展潜力百强（科技城新区）第 11 位

2022 年中国城市科技创新竞争力百强第 20 位

2022 年国家创新型城市创新能力百强第 45 位

2022 年中国地级市 100 强品牌城市第 45 位

2022 年全国城市创新能力百强第 50 位

2022 年中国城市引力榜 100 强第 50 位

2022 年中国制造业先进 100 强城市第 70 位

2022 年中国最具人才吸引力城市 100 强第 70 位

2022 年中国外贸百强城市第 78 位

2022 年中国百强城市第 82 位

2022 年中国城市商业魅力排行第 82 位

2022 年中国 GDP 百强城市第 86 位

2022 年全国综合实力百强区（涪城区）第 52 位

2022 年全国投资潜力百强区（涪城区）第 53 位

▲以上数据信息来源中国科学院财经战略研究院、首都科技发展战略研究院、华顿经济研究院、赛迪顾问城市研究中心、中国城市年鉴、中国城市报社、21财经等。

◎ 6 月 23 日，“云上大学城”入驻签约在“创新金三角　智汇科技城”首场活动中举行（视觉绵阳提供）

◎ 11 月 16 日，第十届科博会四川省技术需求发布暨“揭榜挂帅”专场活动中专家进行主题演讲（视觉绵阳提供）

◎绵阳科技城新区（王经纬/摄）

2022 年 8 月 29 日至 9 月 1 日，绵阳市组织的“绵品出川”第二站——东莞行活动在东莞市民盈国贸中心白兰花广场举行。其中，8 月 31 日，举行中国（绵阳）科技城广东（东莞）推介会，签约南粤科技产业园、新能源产品生产基地、锂电池核心材料精加工等项目 27 个、金额 268 亿元。

◎ 8 月 30 日，“绵阳造”产销对接会在东莞市民盈 · 国贸中心白兰花广场举行（视觉绵阳提供）

◎ 8 月 31 日，在中国（绵阳）科技城广东（东莞）推介会上，举行招商引资项目签约仪式（视觉绵阳提供）

◎ 8 月 31 日，东莞市播放“绵阳造”户外宣传广告（视觉绵阳提供）

◎ 8 月 31 日，中国（绵阳）科技城广东（东莞）推介会举行（视觉绵阳提供）

◎ 8 月，位于东莞市民盈・国贸中心永辉超市的四川“绵阳造”精品馆（视觉绵阳提供）

◎ 11 月 3 日，中国（绵阳）科技城苏州推介会举行（视觉绵阳提供）

◎ 11 月 2 日，“绵阳造”苏州行产销对接会在苏州市东方之门中央广场举行（视觉绵阳提供）

◎ 11 月 2 日，“绵阳造”产销对接会签约仪式举行（视觉绵阳提供）

◎ 11 月 1 日，在“绵阳造”苏州展活动中，“绵阳造”精品备受苏州市民青睐（视觉绵阳提供）

2022 年 11 月 1—3 日，绵阳市组织的“绵品出川”苏州行活动在苏州市东方之门广场举行。其中，11 月 3 日举行中国（绵阳）科技城苏州推介会，共签约埃顿国际高端先进智能制造产业中心、美能中空纤维膜生产基地、玖兆康乾机器人产业园等 30 个产业投资项目，签约总金额 525.63 亿元。

◎ 11 月 2 日，北川羌绣亮相“绵阳造”苏州展文旅展区（视觉绵阳提供）

2022年，绵阳市贯彻落实省委“四向拓展、全域开放”和市委“开放活市”战略，推进国际友城建设工作，分别与阿根廷门多萨市、基尔梅斯市建立友好合作关系，与俄罗斯普斯科夫市、美国奥克兰市等城市激活友好合作关系。市本级与21个国家的33个城市建立友好关系，所辖县（市、区）与10个国家的12个城市建立友好合作关系，实现友城关系六大洲全覆盖。

◎ 2月14日，绵阳市与阿根廷门多萨市建立友好合作关系备忘录签约仪式举行（视觉绵阳提供）

◎ 2 月 18 日，绵阳市与美国塔科马市举行视频会议（视觉绵阳提供）

◎ 10 月 11 日，绵阳市人民政府与阿根廷驻华大使馆举行视频交流（视觉绵阳提供）

人才兴市

TALENT REVITALIZES THE CITY

2022 年，绵阳市加强人才工作领导，出台“人才十条”，组建并揭牌全省首家国有人才集团——绵阳科技城人才发展集团，设立 10 亿元人才发展专项资金，出台博士后创新发展专项支持政策，建成人才公寓 3100 余套，组建招才引智小分队，举办系列人才招引活动。全年共引进各类人才 2 万余人，其中，引进 12 名“两院”院士担任“科技顾问”。

◎ 5 月 9 日，市委人才工作会议举行（视觉绵阳提供）

◎ 11 月 18 日，“科技城人才日”启幕暨绵阳科技城人才发展集团揭牌仪式举行（视觉绵阳提供）

◎ 11 月 18 日，绵阳科技城人才发展集团揭牌仪式在第十届中国（绵阳）科技城国际博览会“科技城人才日”启幕仪式上举行（视觉绵阳提供）

◎ 11 月 18 日，在绵阳科技城人才发展集团揭牌仪式上举行人才政策资金兑付仪式（视觉绵阳提供）

生态美市

ECOLOGY BEAUTIFY THE CITY

2022年，绵阳市围绕“生态美市”战略，推进生态环境高水平保护，连续3年进入全国环境空气质量达标城市行列，被生态环境部纳入全国“十四五”时期100个“无废城市”建设名单。大熊猫国家公园绵阳片区是大熊猫国家公园的核心区，具有大熊猫野外种群数量最多、遗传多样性最丰富、栖息地质量最优的特点。据全国第四次大熊猫调查显示，绵阳有野生大熊猫418只，数量分别位居全国、全省第1，被誉为“野生大熊猫第一市”。该片区内还有羚牛、川金丝猴等国家一级保护动物，珙桐、红豆杉等国家一级保护植物。

©大熊猫国家公园平武王朗片区（胡宇/摄）

◎褐花杓兰（罗春平/摄）

◎珙桐（胡宇/摄）

编辑说明

一、《绵阳年鉴》以马克思列宁主义、毛泽东思想、邓小平理论、“三个代表”重要思想、科学发展观、习近平新时代中国特色社会主义思想为指导，坚持辩证唯物主义和历史唯物主义的立场、观点和方法，按年度全面系统记载绵阳市政治、经济、文化、社会、生态等方面的基本情况和主要成就，为科学发展、高质量发展提供决策依据和借鉴，为广大读者了解和研究绵阳提供资料和信息。

二、《绵阳年鉴》由绵阳市人民政府主办，绵阳市地方志编纂中心编纂，于1996年创办，逐年编纂出版。《绵阳年鉴（2023）》（以下简称本年鉴）为第28卷，记载时限为2022年1月1日到2022年12月31日，个别特殊事项适当上溯下延。

三、本年鉴采用分类编辑法，由类目、分目、条目三级组成。共设35个类目（不含图片专辑）：特载、专记、大事记、绵阳概览、中国（绵阳）科技城建设、中国共产党绵阳市委员会、绵阳市人民代表大会、绵阳市人民政府、中国人民政治协商会议绵阳市委员会、纪检监察、民主党派·工商联、人民团体、法治、军事、经济管理、开放合作、农业农村、工业、建筑业·房地产业、服务业、金融、旅游、交通运输·邮政、城乡建设与管理、应急管理、生态环境保护、文化、科学技术、信息化建设、教育·体育、卫生与健康、社会生活、县市区·科学城办事处、人物、附录。

四、《绵阳年鉴》框架结构相对稳定，本年鉴对部分类目、分目作合理、科学的调整。将原类目“自然·生态环境”拆分。由自然地理、城市符号、历史沿革与行政区划、自然资源、气候条件、人口与方言、民族与宗教、经济社会发展等分目组成“绵阳概览”。由环境质量、节能减排、污染防治、环保督察整改、生态审计、大熊猫国家公园绵阳片区、自然保护区、森林公园等分目组成“生态环境保护”。将原类目“经济环境”“综合监管”拆分重组，由宏观经济调控、经济体制改革、投资、国有资产监管、国土资源管理、国有经济、民营经济、财政、税务、审计、统计、物价管理、市场监督管理、食品药品监督管理、质量技术监督管理、知识产权保护、海关等分目组成“经济管理”。将“社会生活”的“对口帮扶”，“中国共产党绵阳市委员会”的“外事活动”“港澳台事务”，原“贸易”的“国际商贸合作”“国际商务活动”，原“经济环境”的“招商引资”，与“绵品出川”系列活动、“区域协作”等，组成“开放合作”。将分目“建筑业管理”“住房建设”等从类目“城乡建设与管理”中拆分，与“物业服务管理”等组成“建筑业·房地产业”。由专业市场、餐饮业、粮油购销、盐业、烟草专营、供销合作商业、会展业、电子商务、物流业等组成“服务业”。将原“旅游·园林”拆分，形成类目“旅游”，将“园林”归入“城乡建设与管理”。将档案管理、党史研究、地方志、社会科学分别从类目“中共绵阳市委员会”“绵阳市人民政府”“科学技术”中调整至“文化”。类目“中国（绵阳）科技城建设”增设分目“两城两镇建设”“创新金三角·智汇科技城”，原分目“产业园区”改为“产业园区·功能区”。将原隶属“社会生活”的“民生实事”分目调至“绵阳市人民政府”。将“绵阳市人民政府”类目的“退役军人事务”分目调至“社会生活”类目下。将原隶属“法治”的“地方立法”调至“绵阳市人民代表大会”类目。将“军事”的“人民防空”分目更名为“国防动员”。此外，本年鉴还根据《四川省年鉴精品工程实施方案》《四川省精品年鉴评审与修改部分内容具体处理指导建议》，对各类目下“概述”内容的记述方法进行较大调整。

五、本年鉴条目标题统一用黑体字加【】表示，正文为小五号宋体字。全书有中英文目录和索引，具有比较完善的检索系统。在排版上，双页书眉为书名，单页书眉为类目标题。部分“简略语”随条目注释，部分条目附有资料背景链接。书中单位名称、法律法规名称第一次出现时用全称，再次出现用简称，部分单位机构名称用简称，参照“绵阳市部分机关企事业单位全称简称对照表”。选取绵阳市部分国家级、省级非物质文化遗产和地理保护标识资料补白，增强全书的资料性。

六、本年鉴统一使用规范的现代语体文记述。数字用法、标点符号用法分别采用国家标准《出版物上数字用法》(GB/T 15835—2011)、《标点符号用法》(GB/T 15834—2011)，计量单位采用国家技术监督局1993年12月发布的《量和单位》系列国家标准。

七、本年鉴所载信息由全市各机关、企事业单位提供，经绵阳年鉴编辑部整理编辑，经主编审查，出版社审核而成，具有权威性与资料性。所用统计资料由绵阳市统计局提供，正文数据由各部门提供。由于统计口径等原因，有关部门所用个别数据与“统计资料”中的数据不尽一致，引用时以“统计资料”为准。书中提及的“增长”或“下降”数据，除特别说明外，均指“比上年增长”或“比上年下降”数据。

《绵阳年鉴（2023）》主编及副主编

绵阳年鉴编辑部

绵阳年鉴编辑部　地址：四川省绵阳市涪城区云泉路集中办公区7号楼C区116室
电话：0816-2317693　传真：0816-2224994
电子邮箱：350385119@qq.com　邮编：621000

参编单位

市纪委监委	市中级人民法院	市人民检察院	市委办公室
市人大常委会办公室	市政府办公室	市政协办公室	市委组织部
市委宣传部	市委统战部	市委政法委	市委政研室
市委网信办	市委外办	市委编办	市直机关工委
市委巡察办	市委老干局	市委目标绩效办	市发改委
市经信局	市教体局	市科技局	市公安局
市民政局	市司法局	市财政局	市人社局
市自规局	市生态环境局	市住建委	市交通运输局
市水利局	市水文中心	市农业农村局	市商务局
市文广旅局	市卫生健康委	市退役军人局	市应急局
市审计局	市国资委	市市场监管局	市统计局
市信访局	市乡村振兴局	市金融工作局	市经济合作局
市林业局	市医保局	市政管局	市机关事务管理局
市国动办	科技城党工委管委会办公室	市委党研室	市委党校
市档案馆	市公务中心	绵阳日报社	绵阳广播电视台
绵阳武引管理中心	市住房公积金服务中心	市供销合作社联合社	5·12地震纪念馆
大熊猫国家公园绵阳分局	四川两弹一星干部学院	市仲裁委	市总工会
团市委	市妇联	市工商联	市科协
市文联	市社科联	市残联	市贸促会
市红十字会	市侨联	民革绵阳市委	民盟绵阳市委
民建绵阳市委	民进绵阳市委	农工党绵阳市委	致公党绵阳市工委
九三学社绵阳市委	科学城办事处	绵阳海关	市税务局
市邮政管理局	市气象局	市烟草专卖局	绵阳调查队
人行绵阳中支	绵阳银保监分局	盐业公司	绵阳军分区
市消防救援支队	川北监狱	农发行绵阳市分行	工行绵阳分行
农行绵阳分行	中行绵阳分行	建行绵阳分行	交行绵阳分行
邮储银行绵阳市分行	兴业银行绵阳市分行	绵阳市商业银行	浦发银行
光大银行	农村信用社	华夏银行	长城华西银行
乐山商业银行	绵阳农村商业银行	成都银行	市保险协会
中国人寿绵阳市分公司	人保财险绵阳市分公司	平安产险绵阳支公司	平安寿险绵阳支公司
太平洋保险绵阳支公司	中华联合财险绵阳支公司	中国移动绵阳分公司	中国电信绵阳分公司
国网绵阳供电公司	长虹集团	九洲集团	绵投集团
科发集团	交发集团	科技城人才集团	机场集团
绵阳火车客站	西南科技大学	绵阳师范学院	四川文化艺术学院
西南财大天府学院	绵阳城市学院	四川汽车职业技术学院	四川电子机械职业技术学院
九洲技师学院	绵阳职业技术学院	四川中医药高等专科学校	四川幼儿师范高等专科学校
绵阳飞行职业学院	绵阳开放大学	工研院	涪城区
游仙区	安州区	江油市	三台县
梓潼县	盐亭县	平武县	北川羌族自治县
绵阳经开区	科技城新区	仙海区	绵阳工业园区
游仙高新区	安州高新区	江油高新区	三台工业园区
盐亭经开区	梓潼经开区	北川经开区	

绵阳市部分机关企事业单位全称简称对照表

全 称	简 称
中国共产党绵阳市委员会	市委
绵阳市人民代表大会常务委员会	市人大常委会
中国人民政治协商会议绵阳市委员会	市政协
绵阳市人民政府	市政府
中国共产党绵阳市纪律检查委员会（绵阳市监察委员会）	市纪委监委
绵阳市中级人民法院	市中级人民法院
绵阳市人民检察院	市人民检察院
中国共产党绵阳市委员会办公室	市委办
中国共产党绵阳市委员会组织部	市委组织部
中国共产党绵阳市委员会宣传部	市委宣传部
中国共产党绵阳市委员会统一战线工作部	市委统战部
中国共产党绵阳市委员会政法委员会	市委政法委
中国共产党绵阳市委员会政策研究室	市委政研室
中国共产党绵阳市委员会网络安全和信息化委员会办公室	市委网信办
中国共产党绵阳市委员会外事工作委员会办公室	市委外办
中国共产党绵阳市委员会机构编制委员会办公室	市委编办
中国共产党绵阳市委员会直属机关工作委员会	市直机关工委
中国共产党绵阳市委员会巡察工作领导小组办公室	市委巡察办
中国共产党绵阳市委员会目标绩效管理办公室	市委目标绩效办
绵阳市公务服务中心	市公务服务中心
中国共产党绵阳市委员会党史研究室	市委党研室
共青团绵阳市委	团市委
绵阳市妇女联合会	市妇联
绵阳市工商业联合会	市工商联
绵阳市科学技术协会	市科协
绵阳市文学艺术界联合会	市文联
绵阳市社会科学界联合会	市社科联
绵阳市残疾人联合会	市残联
中国国际贸易促进委员会绵阳市委员会	市贸促会
绵阳市归国华侨侨眷联合会	市侨联

续表

全　称	简　称
中国国民党革命委员会绵阳市委员会	民革绵阳市委
中国民主同盟绵阳市委员会	民盟绵阳市委
中国民主建国会绵阳市委员会	民建绵阳市委
中国民主促进会绵阳市委员会	民进绵阳市委
农工民主党绵阳市委员会	农工民主党绵阳市委
中国致公党绵阳市工作委员会	致公党绵阳市工委
九三学社绵阳市委员会	九三学社绵阳市委
绵阳市人民政府办公室	市府办
绵阳市发展和改革委员会	市发改委
绵阳市经济和信息化局	市经信局
绵阳市教育和体育局	市教体局
绵阳市科学技术局	市科技局
绵阳市人力资源和社会保障局	市人社局
绵阳市自然资源和规划局	市自规局
绵阳市生态环境局	市生态环境局
绵阳市住房和城乡建设委员会	市住建委
绵阳市交通运输局	市交通局
绵阳市文化广播电视和旅游局	市文广旅局
绵阳市卫生健康委员会	市卫健委
绵阳市退役军人事务局	市退役军人事务局
绵阳市应急管理局	市应急局
绵阳市国有资产监督管理委员会	市国资委
绵阳市市场监督管理局	市市场监管局
绵阳市乡村振兴局	市乡村振兴局
绵阳市金融工作局	市金融工作局
绵阳市经济合作局	市经合局
绵阳市政务服务监督管理局	市政务服务监管局
绵阳市国防动员办公室	市国动办
绵阳市武都引水工程管理局	市武引局
绵阳市住房公积金服务中心	市公积金中心
中国工程物理研究院	中物院
四川长虹电子控股集团有限公司	长虹集团

总目
Total Directory

特载

专记

大事记

绵阳概览

中国（绵阳）科技城建设

中国共产党绵阳市委员会

绵阳市人民代表大会

绵阳市人民政府

中国人民政治协商会议绵阳市委员会

纪检监察

民主党派·工商联

人民团体

法　治

军 事

经济管理

开放合作

农业农村

工　业

建筑业·房地产业

服务业

金 融

旅 游

交通运输·邮政

城乡建设与管理

应急管理

生态环境保护

文 化

科学技术

信息化建设

教育·体育

卫生与健康

社会生活

县市区·科学城办事处

人 物

附　录

Special Records

Special Notes

Chronicle of Major Events

Overview of Mianyang

Construction of China (Mianyang) Science and Technology City

Mianyang Municipal Committee of the CPC

Mianyang Municipal People´s Congress

Mianyang Municipal People´s Government

Mianyang Municipal Committee of the Chinese People´s Political Consultative Conference

Discipline Inspection and Supervision

Other Parties and Federation of Industry and Commerce

Construction Industry · Real Estate Industry

Service Industry

Finance

Tourism

Transportation and Post

Urban and Rural Construction and Management

Emergency Management

Ecological Environmental Protection

Culture

Science and Technology

Informatization Construction

Education and Sports

Hygiene and Health

Social Life

County, City, District and Science City Office

Figures

Appendixes

中共绵阳市委关于推进新型工业化加快建设现代产业体系的决定

——2023年7月20日中国共产党绵阳市第八届委员会第六次全体会议通过

党的二十大从全面建设社会主义现代化国家的高度，对推进新型工业化和建设现代化产业体系作出战略部署。习近平总书记强调，高质量发展是全面建设社会主义现代化国家的首要任务；现代化产业体系是现代化国家的物质技术基础，加快建设以实体经济为支撑的现代化产业体系，关系我们在未来发展和国际竞争中赢得战略主动。省委十二届三次全会精准把握四川加快高质量发展、建设现代化经济强省的关键和要害，对深入推进新型工业化、加快建设现代化产业体系作出安排部署。为深入贯彻党中央战略部署，认真落实省委安排部署，中共绵阳市委八届六次全体会议对此进行了研究，作出如下决定。

一、加快建设具有绵阳特色的现代化产业体系

新型工业化是中国式现代化的必由之路，现代化产业体系是实现经济现代化的重要标志。当前，全球新一轮科技革命和产业变革深入发展，我国正加快由制造大国向制造强国迈进。绵阳是中国唯一科技城、四川第二大经济体，正处于工业转型升级、能级跃升的关键阶段，必须把发展经济的着力点放在实体经济上，把推进新型工业化摆在全局工作的突出位置，在转方式、调结构、增动能上下更大功夫，着力构建以先进制造业为骨干的现代化产业体系，为加快建设中国科技城、全力打造成渝副中心奠定坚实基础。

（一）总体要求。以习近平新时代中国特色社会主义思想为指导，全面贯彻党的二十大精神，深入学习贯彻习近平总书记关于建设现代化产业体系的重要论述和对四川工作系列重要指示精神，完整、准确、全面贯彻新发展理念，服务和融入新发展格局，牢牢把握高质量发展这个首要任务，以成渝地区双城经济圈建设为总牵引，认真落实省委“四化同步、城乡融合、五区共兴”发展战略，坚持创新引领，深入实施“五市战略”，发挥新型工业化主导作用，推进产业智能化、绿色化、融合化发展，着力“扬优势、锻长板，促创新、增动能，建集群、强主体”，完善现代化的工业、农业、服务业和基础设施，构建以实体经济为支撑的现代化产业体系，为绵阳高质量发展提供强力支撑。

（二）主攻方向。锚定发展特色优势产业和战略性新兴产业这一主攻方向，聚焦聚力实体经济突破攻坚，加快形成现代化产业体系的主体支撑。突出高质量发展主题，更好统筹产业发展质量、规模和效

益，实现质的有效提升和量的合理增长；突出工业当先、制造为重，大力推进制造强市建设，提高产业链供应链韧性和安全水平，加快形成现代化工业发展新格局；突出园区主战场作用，深入实施“园区提质”“企业满园”行动，做强工业园区、做优农业园区、做精服务业园区，夯实产业发展载体支撑；突出创新引领，以建设中国特色社会主义科技创新先行区为牵引，一头抓国家战略科技力量建设，一头抓产业技术创新和全社会创新创造，着力把创新势能转化为发展动能；突出产业开放合作，积极融入国内国际双循环，深度参与产业分工合作，开辟更加广阔的产业发展空间。

（三）发展目标。到2027年，制造强市建设取得新成效，制造业增加值占地区生产总值比重力争达到35%，四大特色优势产业规上工业总产值突破5000亿元，八大战略性新兴产业规上工业总产值突破3500亿元。创新驱动释放新动能，R&D投入强度持续领跑全国城市，企业研发经费投入强度显著提升，规模以上工业高新技术产业营业收入占规模以上工业比重达到65%，成渝绵“创新金三角”协同创新能级显著增强。转型升级取得新进展，规模以上战略性新兴产业总产值占规模以上工业总产值比重达到60%，数字经济规模占地区生产总值比重达到50%，绿色低碳优势产业营业收入占规模以上工业比重达到35%，产业创新力、竞争力明显提升。集群发展取得新突破，产业园区提质增效、晋位升级，各类市场主体蓬勃发展、竞相成长，培育3个千亿级产业集群，形成一批特色鲜明、规模较大、影响带动较强的专业化园区。融合发展迈出新步伐，粮食和重要农产品供给保障能力稳步提高，农业大市向农业强市加速迈进，服务业发展跨上新台阶，现代服务业与先进制造业、现代农业融合程度显著提高。

到2035年，制造强市、农业强市、服务业强市基本建成，形成一批具有全球竞争力、处于全球产业链价值链中高端的产业集群，三次产业发展能级和综合实力全面跃升，现代化产业体系总体形成，在全省率先基本实现新型工业化。

二、坚定不移加快推进新型工业化

（四）实施四大特色优势产业提质倍增工程。坚持一手抓传统产业转型升级、一手抓新兴产业培育壮大，打好产业基础高级化、产业链现代化攻坚战，做大产业规模、做优产业结构，提升特色优势产业核心竞争力，打造全省领先、国内一流的先进制造业集群。

——电子信息产业。着眼打造国家级电子信息产业基地，重点发展智慧家庭、电子元器件、软件与信息服务等产业，拓展网络安全、柔性电子、卫星应用等领域。提升面板、光通信模块等市场占有率，推动工业软件攻关应用及关键设备等研发生产实质性突破，加快电子信息产业提档升级。

——先进材料产业。着眼打造全国一流的先进材料产业集群，加快推进先进基础材料转型提质、关键战略材料克难保供、前沿材料培苗育新。做精做强高端合金、化工新材料、新型建筑材料等先进基础材料产业。系统突破关键战略材料等“卡脖子”技术难题。加快功能膜材料、高温合金等研发及产业化，布局高熵合金材料、智能仿生材料、超超临界火箭机组材料等前沿材料。

——装备制造产业。加快建设全国一流的装备制造产业基地，着力培育航空航天装备、火箭及发动机制造、卫星制造、智能装备、新能源与智能网联汽车、新能源重卡等产业，积极发展大飞机配套系统与部件、航空发动机零部件、新能源汽车零部件等。推进落实重大技术装备攻关工程，提升装备制造基础工艺和零部件发展水平，加快“智慧+”“新能源+”先进装备示范应用。

——食品饮料产业。加快打造全国知名的食品饮料产业集群，重点发展粮油加工、肉制品加工、方便休闲食品、白酒饮料、调味品、精制茶、大健康等产业，培育预制菜、食药同源物质等地方特色食品产业。提升“绵阳米粉”“绵阳香腊”“江油肥肠”等品牌知名度。培育健康食品，建设绿色食品加工优势区，打造西部知名的食品精深加工基地。

（五）实施八大战略性新兴产业集群成链工程。培育壮大战略性新兴产业，加快建链延链补链，推动新领域新赛道产业集群成势，形成新产业形态、塑造新竞争优势。

——核技术应用。聚焦核医疗健康、核技术装备、核应急等细分领域，培育建设核诊疗装备、核电配套装备、核退役与三废治理装备等产业链，打造具有全国影响力的核技术应用产业集群。开展多种新型核素制备技术开发，促进电子直线加速器、医用回旋加速器、花瓣形加速器、无损检测设备、核安保设备、核辐射监测设备等迭代升级和推广应用。

——激光技术应用。以激光融合应用为牵引，发展激光材料及元器件、激光器、激光设备及应用等产业，培育建设激光装备、激光显示、激光加工、激光成像等产业链，打造全国一流的激光产业基地。加快发展高功率、大能量激光晶体材料，促进光纤激光器、半导体激光器等关键核心技术产业化。

——新型显示。大力发展有机发光二极管（OLED）、高世代平面显示（LCD）和激光显示器，布局全息显示等新兴领域。引进培育上游关键材料和设备、中游高端面板及模组制造、下游新型智能终端，巩固提升绵阳新型显示产业省级战略性新兴产业集群地位，力争跻身全国新型显示产业十强城市。

——光伏储能。重点发展硅片、电池片、组件、逆变器等全产业链，培育锂离子电池、正负极材料、环保（EVA）胶膜等储能产业，推动钠离子电池、锂硫电池、钙钛矿、固态电池等关键核心技术攻关及产业化。发展智能光储系统和薄膜太阳能，推进在交通、建筑、农业、通信等领域应用推广，构建“光伏+储能”共生发展体系。

——磁性材料。加快发展稀土永磁、软磁材料、功能磁材等领域，大力发展磁性材料产业链下游深加工及应用产业，完善“磁性材料—磁性器件—磁应用工程（电机）等”产业链条，打造国内一流的磁性材料产业集群。加快筹建中国西南稀土材料研究院、四川省先进磁性材料制造业创新中心，增强磁性材料产业关键共性技术供给。

——智能机器人及无人机。重点发展智能物流与仓储机器人、特种机器人、服务型机器人、工业级中高端无人机等产品，开发精密谐波减速机、无人机叶片等关键零部件。开展机器视觉、语义识别等智能技术研发，重点攻关高性能伺服驱动系统、智能一体化关节等关键核心技术，推动飞控系统、测控系统等无人机控制测试系统产品研制。培育无人机产业集群核心承载区。拓展智能机器人及无人机在智能制造、公共服务、应急救援等重要行业领域的创新应用。

——连接器及传感器。围绕通信、汽车、航天等应用领域，加快发展高速连接器、光电转换连接器、高可靠信号连接器、高速航天类连接器和电量传感器、压力传感器等重点产品，建强国家级连接器中小企业特色产业集群，打造具有国际先进水平的连接器及传感器产业高地。

——生物医药及医疗装备。加快多肽类、抗微生物等临床急需的生物药研发，推进放射性药物、靶向制剂等产品创制。聚焦现代中药、化学药等领域，加大中药新药品种研制、经典名方、医院制剂二次开发及应用，推进现代中药传承创新发展和化学药剂开发生产。培育壮大医养、医美产业。加快推动医疗装备高端化，重点发展射频消融仪、高压清创治疗仪等产品，加快研制FLASH放疗设备、内窥镜机器人等智能化装备，打造国内知名的生物医药及医疗装备产业高地。

前瞻部署未来产业，聚焦新一代信息技术（6G）、空天、氢能、前瞻新材料等前沿科技和产业变革领域，推动未来产业加速孵化。建设未来产业科技园，争创国家未来产业先导试验区。

（六）加快制造业数字化转型。统筹推进数字产业化、产业数字化、数据价值化，建设网络强市、数字绵阳。深入推进“千兆城市”建设，提升中国（绵阳）科技城超算中心运营能力，加快中国移动川北算力中心、中国电信川北大数据中心和区域工业数据中心、低时延分布式数据中心建设，打造西部数字化转型示范区。做大做强“芯屏端软智网”核心产业，培育发展人工智能、大数据、区块链、物联网等新兴数字产业。推进“上云用数赋智”行动，以智能化、数字化引领企业实施大规模技术改造，加快建设“黑灯工厂”，打造“数字领航”企业、智能制造示范工厂和优秀场景。支持工业应用软件开发。深入推进新一代信息技术与制造业融合，支持工业互联网标识解析二级节点建设，深化“5G+工业互联网”融合应用，培育国家级、省级工业互联网“双跨”平台。深度参与成渝地区工业互联网一体化发展示范区建设。

（七）推进产业绿色化发展。培育壮大天然气、风能、光伏等清洁能源产业及其支撑产业、应用产业，推动传统产业绿色低碳转型发展，打造绿色低碳优势产业集群。开展工业企业安全环保节能降碳三年攻坚，实施绿色制造工程，支持绿色产品认证，建设绿色工厂、绿色园区、近零碳排放园区，构建绿色供应链。加快发展资源循环利用产业，推进“无废城市”建设。探索建设数字化碳管理体系和碳足迹标识认证体系。积极参与碳排放权交易市场建设，发展碳汇经济。建立以碳排放“双控”为导向的产业项目立项机制。开展先进绿色低碳建筑技术示范应用，促进建筑业转型升级。完善充电基础设施网络，加快新能源汽车推广应用。推进农业、服务业减碳降耗，构建资源节约、环境友好的绿色生产生活体系。

三、纵深推动三次产业高质量融合发展

（八）促进现代服务业同先进制造业深度融合。健全“4+3+N”服务业体系，深入实施服务业赋能融合计划，促进现代服务业与先进制造业融合共生、双向赋能。推动数字经济与现代服务业深度融合。加快培育融合发展主体，建强融合发展平台，争创全省服务业高质量发展示范区。推动服务业制造化，支持电子商务、文化旅游等服务业领域重点企业向制造环节拓展，推进科技信息服务、现代物流、金融服务等生产性服务业向研发设计、加工制造、运营管理等制造环节渗透和应用。促进物流业制造业融合创新，发展高品质、专业化定制物流。加快国家骨干冷链物流基地和粮食物流关键节点城市建设，完善仓储、分拣、冷链、烘干等设施，培育产销冷链集配中心。加快创建国家科创金融改革试验区，运营好绵阳科技支行、科创基金小镇，打造科技城金融街区，促进“科技—产业—金融”良性循环。以消费为重点，推动产业融合带动消费，培育消费新业态、发展消费新模式、打造消费新场景，搭建内外联通、产销衔接的消费促进平台。实施县域商业提升行动，优化农村消费环境，释放农村市场消费潜力，支持争创省级消费创新发展引领县。

发展文化旅游产业。聚焦“白红绿”文旅IP，纵深推进文化旅游和农业、工业等产业深度融合发展，打造涪江流域文化旅游中心。加快建设李白故里文化旅游区，支持李白纪念馆争创国家一级博物馆，加快推进报恩寺保护和活化利用。抓好工业遗产保护利用，加快建设“四川两弹城博物馆”和长征国家文化公园（绵阳段），支持重点制造企业发展工业观光旅游，争创国省级工业旅游示范区。建好中国大熊猫保护研究中心绵阳基地，高质量建设大熊猫国家公园绵阳片区。推进九绵高速交旅融合发展，参与大九寨交旅融合发展示范区建

设。大力发展森林康养，积极融入巴蜀文化旅游走廊、藏羌彝文化产业走廊，推动三国蜀道文化资源保护利用。争创国家文化产业和旅游产业融合发展示范区、国家级文化产业示范园区。以北川石椅村片区示范建设为引领，打造新时代农文旅融合的乡村旅游样板。

（九）推动农业产业全链条升级。以“三品”工程为引领，推进“23610”现代农业产业空间布局，加快构建现代农业产业体系，建设农业强市。落实藏粮于地、藏粮于技战略，切实加强耕地保护，全力提升耕地质量，坚决守牢粮食安全底线。持续推进农田水利和高标准农田建设，巩固提升粮油、生猪等重要农产品生产能力，推广绿色高效农业先进技术，提升现代农机装备水平。构建多元化食物供给体系，高质量建设“森林粮库”。推动生猪、粮油、蔬菜种业创新突破，高水平建设国家区域畜禽（生猪）种业创新中心、国家粮油制种基地、川北种质资源库，优化完善种业支持政策，加快建设全国种业强市。加快“五良”融合产业宜机化改造，发展智慧农业、生态低碳农业、现代设施农业。实施农产品精深加工专项行动，依托新型工业化提高农业劳动生产率，推动农业生产供应链、精深加工链、品牌价值链同构，建成一批优势特色产业集群和农业产业强镇。立足特色资源，做好“土特产”文章，支持做优农产品区域公用品牌。实施数字乡村发展行动，大力发展数字农业。壮大新型农村集体经济，培育新型农业经营主体，发展农业生产社会化服务。出台农村一、二、三产业融合发展行动方案，拓展农业多种功能，完善联农带农益农机制，巩固拓展脱贫攻坚成果，多渠道促进农民增收。

（十）支持市场主体做大做强。把市场主体作为现代化产业体系建设的中坚力量，坚持培育和引进并重，形成大中小企业融通、上中下游企业协同、内外资企业共生共赢的发展格局。坚决落实“两个毫不动摇”，推动国企敢干、民企敢闯、外企敢投。全面落实公平竞争政策制度，坚持对各类所有制企业一视同仁、平等对待。加快推进全省“贡嘎培优”行动计划落实，“一企一策”支持骨干领军企业发展壮大。扶壮培优一批单项冠军企业、专精特新“小巨人”企业和独角兽企业、瞪羚企业，推动小微企业升规入统。引导民营企业通过自身改革发展、合规经营、转型升级不断提升发展质量。统筹推进三次产业市场主体培育发展，支持龙头企业引领带动、中小企业参与共建产业链供应链，提升链式协同水平。支持线上线下供需对接、产业链供应链协同配套，提升“绵阳造”产品市场份额。实施“建筑强企”培育行动。争创质量强国标杆城市，支持企业主导或参与制修订国际标准、国家标准和行业标准，培育一批品牌示范企业和绵阳制造精品。

四、深入实施“园区提质”“企业满园”行动

（十一）推动园区提质增效。坚持外塑颜值、内提气质，推动园区走特色化、集约化发展之路。加大园区基础设施、公共服务设施和生活配套设施建设，提升园区品牌度、标识度，建设产城融合型园区。持续开展园区土地“清闲促建”行动，深化“亩均论英雄”评价，全面推行新增工业用地“标准地”供应，科学推进标准厂房建设和“工业上楼”。深化园区体制机制改革，探索园区“管委会+公司”模式，推广园区全员聘用制改革，加快形成高效的园区管理体制和运行机制。支持绵阳高新区加快挺进全国三十强，支持绵阳经开区加快挺进全国五十强，推动更多省级园区晋位升级。支持绵阿产业园等飞地园区建设。

（十二）持续推进企业满园。深入实施“镇园之宝”培育攻坚，完善企业培育名录库，大力培育生态主导型企业、链主企业、龙头企业，持续推动制造业企业向园区集聚集群发展。实施重点工业企业梯次培优行动计划，健全分级联动培育和动态调整更新机制。支持大集团大企业提升行业优势地位，推动配套企业就近集聚，鼓励企业跨地区、跨行业、跨所有制开展兼并重组。实施产业招商引领工程，加强重大产业项目招引，开展产业链精准招商、基金招商、科技招商、平台招商，抢占头部供应链和高端价值链，更大力度吸引和利用内外资。

（十三）加快特色（专业）园区建设。聚焦园区主导产业和特色优势产业，鼓励链主企业领办特色（专业）园区，带动关联产业协同发展，形成各具特色的产业生态。加强特色（专业）园区认定管理，引导合理布局，加快形成聚集效应和品牌优势。支持新型显示产业园、精细化工产业园、激光技术应用产业园、特钢产业园、健康食品产业园、专用服装产业园等特色（专业）园区做优做强，大力培育核医疗健康产业园、机器人智能制造产业园、通航产业园等特色（专业）园区。培育发展现代服务业集聚区，支持物流产业园、电商产业园、米粉产业园建设。深入实施“一园一策”提升行动，推动现代农业园区升星晋位，争创国家现代农业产业园、国家农业高新技术产业示范区、国家农村产业融合发展示范园。

五、坚持创新驱动引领产业发展

（十四）推动产业技术创新转化。持续推动“云上大学城”“云上科技城”高效运营、扩容提质，深化与国内外科研院所、高等院校、知名企业、顶尖团队交流合作，打造“买全球、卖全球”的科技创新市场。畅通科技创新供需两端，深入实施“科技顾问”“科技助理”制度，培育“技术经纪人”，常态化举办“创新金三角·智汇科技城”活动。强化企业科技创新主体地位，实施高新技术企业倍增计划，围绕产业图谱编制创新图谱，推进规模以上工业企业研发活动全覆盖。坚持需求牵引、技术推动双向发力，推行“揭榜挂帅”“赛马制”、包干制、定向委托等制度。实施“技术攻关+产业化应用”重大科技示范工

程，争取国省在绵布局实施一批重大科技专项。支持科研院所、高校与企业等共建高水平创新联合体、科技成果转化平台和中试熟化基地，构建市场化服务体系和利益联合协同机制。探索组建绵碚、涪江流域沿线城市创新联盟。实施重大场景驱动科技成果转化行动，培育更多具有自主知识产权和核心竞争力的“绵阳造”终端产品。优化院士（专家）工作站建设。全面深化天府科技云服务。加强知识产权创造、运用、保护、管理和服务，构建知识产权交易市场体系。加大对民营中小微企业原始创新保护力度。提升众创空间、科技企业孵化器、加速器、大学科技园等服务功能，形成基于应用和市场导向的科技成果转化应用格局。

（十五）打造高能级创新平台。以绵阳科技城为主要承载地，共建西部科学城。推进国省级重点实验室优化重组，推动涪江实验室进入天府实验室序列，争创一批省重点实验室。持续用力“招院引所”，争取更多高水平科研院所在绵设立分院或研究院，共建高水平研发机构。支持建设技术创新中心、产业创新中心、制造业创新中心、工程研究中心、工程技术研究中心，建好用好绵阳科技城先进技术研究院、航空动力科技创新中心、光子技术研究院等新型研发机构，深度参与成渝科技创新中心建设。支持有条件的企业组建面向行业共性技术、前沿引领技术开发的研究院，鼓励创新型领军企业牵头组建创新联合体。

（十六）深化改革开放。探索经济区与行政区适度分离改革，建立规划管理体系、开发建设体制和利益联结机制，推进绵阳科技城新区省级集成授权改革试点。持续深化科技体制改革攻坚，开展科技创新体集群改革，全面推进职务科技成果权属混合所有制改革。实施国有企业改革深化提升行动，推动国有资本加大四大特色优势产业和八大战略性新兴产业投资布局。深入推进乡镇（街道）抓经济发展激励试点。创新对外开放平台运行机制，推进综保区、跨境电商综试区、自贸区协同改革先行区、中德产业园区“四区合一”。常态化开展“三推”活动，打造“绵品出川”开放品牌。全面提升科博会专业化、高端化水平，打造国际一流会展品牌。深度参与成渝地区双城经济圈市场一体化建设行动。健全涪江流域区域合作机制，提升流域协同发展的宣介层次和规划层级，围绕电子信息、装备制造、新能源应用、农文旅融合等领域开展产业协作，推进科技协同创新、交通互联互通、公共服务共建共享，探索建立涪江流域开放合作先行区。

（十七）强化教育人才支撑。扩大高等教育在成渝地区的影响力，支持西南科技大学“双一流”学科建设，支持绵阳师范学院申创硕士学位授予权单位，引育一批高质量民办高职院校。发挥高校、科研院所主阵地作用，聚焦产业发展趋势和方向，进一步调整优化学科专业设置。实施职业教育扩容提质计划，争创国家级市域产教联合体和产教融合试点城市，构建融通融合融汇的现代职业教育体系。加快推进职业能力建设创新改革先行区建设。鼓励院校企业联合建设一批实习实训基地，培育壮大新时期产业工人队伍。强化企业人才和用工需求保障，加强灵活就业和新就业形态劳动者权益保护。认真落实“人才十条”，分类建立重点产业人才需求库，绘制产业人才地图，大力推动人才供需精准对接。持续开展“双招双引”，用好人才股权投资基金，支持产业园区、链主企业等靶向引进成熟型、高水平产业人才团队，分领域、分层次培养造就更多大师、青年科技人才、卓越工程师和高技能人才。放大院所高校人才溢出效应，依托激光产业园、核医疗健康基地等，建好高端人才产业园、科技领军人才创新驱动中心，支持院地校企建设人才创新联合体，完善科技人才评价体系，加快打造国防科工人才高地和创新人才集聚地。加快实施科技城人才安居工程，配建一批产业园区高品质人才公寓。支持市人才集团高质量发展。倍加珍惜爱护优秀企业家，大力弘扬优秀企业家精神，完善民营经济人士教育培训体系，培育优秀企业家人才队伍。

六、强化现代化产业体系建设支撑保障

（十八）加强产业发展组织领导。加强党的全面领导，建立定期分析研判和专题研究制度。建立市领导负责、市直有关部门分别牵头的特色优势产业、战略性新兴产业推进机制，以“责任制+清单制+项目制”推动目标任务具体化落实。统筹全市“一盘棋”和调动各地积极性，加强重点产业区域布局的市级统筹，引导资源要素向优势产业、优势项目、优势区域集中，坚决遏制“两高一低”项目盲目上马，避免同质化无序竞争和低水平重复建设。健全县市区（园区）党政“一把手”抓产业发展工作机制。强化考评激励，优化目标管理和高质量发展绩效管理，完善结果导向的分区分类分季激励机制。对促进制造业高质量发展工作成效明显的县市区（园区）给予激励。构建新型工业化统计监测体系，完善产业安全监管体系。鲜明正确用人导向，树立和践行正确政绩观，注重在产业发展一线主战场培养、检验和选拔干部，大力引导各级党组织和广大党员在产业发展一线创先争优。加强纪律作风建设，强化监督检查，加强宣传引导，营造大抓产业、大兴产业浓厚氛围。

（十九）建设现代化基础设施体系。提升区域综合交通枢纽能级，建成成兰铁路绵阳段，加快绵遂内铁路建设，建成九绵、G5扩容、绵苍高速公路，加快推进茂盐、安北、南三等高速公路项目建设。巩固成渝地区航空次枢纽地位，开设国际航空口岸，争取开通国际航线，稳步推进绵阳机场迁建工作，统筹推进通用机场建设。推进区域物流枢纽节点城市建设，促进传统货运枢纽向现代物流中心转型，推动多式联运。强化电力基础设施建

设，优化重构绵阳电网500千伏主网架，推动5G、北斗等信息通信技术与电网深度融合发展，加快抽水蓄能电站建设，建成平武土城二级水电站，做好梓潼、盐亭等地风电资源开发利用。加快现代水网体系建设，建成沉水水库、祠堂湾水库、引通济安工程和开茂水库水厂及配套管网等重大水利和供水工程，加快推进铁笼堡水库、唐家山水库、新华水库等重大水资源配置工程前期工作，提升水资源供给保障能力。加快布局5G网络、工业互联网、物联网、数据中心等新型基础设施，推动传统基础设施和信息技术融合升级。积极参与共建“一带一路”进出口商品集散中心，协同提升中欧中亚班列通道、西部陆海新通道国际班列运营效能，加密国际班列频次，开通直达喀山班列，争取开通中欧中亚回程班列，打造西部陆海新通道重要枢纽。

（二十）强化要素保障。强化财政投入，围绕工业特色优势产业和战略性新兴产业整合财政资金，支持数字化转型、智能化升级、绿色化发展和产业韧链强群融合发展、产业技术创新等。充分发挥政府产业发展基金引导功能，加强基金管理和考核。用好用足研发费用加计扣除等税费优惠政策。强化金融支持，实施财政金融互动政策，全面落实“金融十条”，完善科创金融工具箱，支持制造业企业中长期贷款，推广知识产权质押贷、应收账款质押融资、设备仪器贷等新型融资模式，扩大科技保险覆盖面，引导金融机构创新直达实体经济的产品和服务。深入实施企业上市梯度培育行动，推动天使基金、创投基金、产投基金等集聚发展。强化用地保障，坚持“凡用地、先挖潜”，在符合国土空间规划和严格耕地保护的前提下，健全产业用地多主体多方式供地制度，完善重点支持类产业及教育科研用地计划指标市级统筹保障机制，探索增加混合产业用地供给。强化用能保障，落实电力市场化交易战略长协用电保障，支持重点用能企业和工业园区建立分布式能源保障机制，优化电力需求管理，增强产业发展电力支撑能力。争取天然气（页岩气）资源地和大用量工业企业享受更大用气量价优惠。

（二十一）优化营商环境。坚持做优“有需必应、无事不扰”营商环境品牌，开展优化营商环境“五大行动”，打造“四川领先、国内一流”的市场化、法治化、国际化营商环境。深化“两集中一上网”“一网通办”“一件事一次办”“跨区域通办”，全面提高线下“一窗综办”水平。深化“一机制一流程一系统”，畅通重大项目审批绿色通道。深入实施“暖企”行动，完善“优化营商环境面对面”闭环管理工作机制，畅通常态化、规范化、制度化的政企沟通渠道。健全惠企政策直达兑现机制，扩大“免申即享”主动兑现模式覆盖面。推进信用体系建设。实施精准化服务监管，完善市场主体数据库。规范行政裁量权，依托政务服务热线、网络问政平台等，建立健全营商环境投诉处理机制。依法保护企业产权和企业家权益。完善拖欠账款常态化预防和清理机制，建立拖欠账款定期披露、劝告指导、主动执法制度。构建亲清政商关系，完善政府承诺事项兑现办理等机制，发挥行业协会商会桥梁纽带作用，让企业家放心创业、专心发展、安心经营。

（2023年9月26日“绵阳发布”受权发布）

为加快实现高水平科技自立自强作出更大贡献

省委常委、市委书记　曹立军

科技是国家强盛之基，创新是民族进步之魂。党的十八大以来，习近平总书记高度重视科技创新，提出了一系列重要论述，亲自谋划、亲自部署、亲自推动一系列重大战略举措，引领我国科技事业取得历史性成就、发生历史性变革。党的二十大报告指出，坚持创新在我国现代化建设全局中的核心地位，加快实现高水平科技自立自强，加快建设科技强国，并对加快实施创新驱动发展战略、完善科技创新体系作出重要部署。这是以习近平同志为核心的党中央着眼实现新时代新征程党的使命任务作出的重大战略抉择，为我国科技发展提供了根本遵循、指明了前进方向。

坚持自立自强　加快建设国家战略科技力量

习近平总书记指出，世界科技强国竞争，比拼的是国家战略科技力量。国家战略科技力量是提升国家创新体系整体效能、实现高水平科技自立自强的关键核心力量。国家实验室、国家科研机构、高水平研究型大学、科技领军企业是重要组成部分，科技创新体系、区域科技创新高地是重要支撑。

加强国家重大科技基础设施建设。国家重大科技基础设施是推动科技创新、突破关键核心技术的利器，在我国科技布局中扮演重要角色，为诸多重大成果的突破和建设科技强国提供了强有力的支撑。要围绕国家重大战略需求，一手抓重大科技基础设施建设，抓紧布局、高标准建设国家实验室；一手抓国家重大科技项目和工程，布局建设基础学科研究中心、新型科研信息化基础平台，形成强大的基础研究骨干网络。

加强科技创新协同体系建设。随着科学技术不断发展，多学科专业交叉群集、多领域技术融合集成的特征日益凸显，必须大力增强科技创新协同性。一方面，着眼发挥国家实验室引领、国家科研机构建制化组织、高水平研究型大学主力军和科技领军企业“出题人”“答题人”“阅卷人”作用，大力建设科技创新中心、综合性国家实验室；另一方面，立足完善产学研、区域协同创新机制，加快重大创新基地、创新平台建设。

探索新型举国体制实践路径。新型举国体制本质上是把集中力量办大事的制度优势、超大规模的市场优势同发挥市场在资源配置中的决定性作用相结合，是新时代我国开展关键核心技术攻关、加快实施创新驱动发展战略、掌握创新发展主动权的有效制度安排。要举全国之力、聚八方之智，推动关键核心技术自主可控，提升国家创新体系整体效能。科学布局、有效配置科技创新资源，抓重大、抓尖端、抓基本，提升科技攻关体系化能力。

加强科技合作　主动融入全球科技创新网络

习近平总书记指出，自主创新是开放环境下的创新，绝不能关起门来搞，而是要聚四海之气、借八方之力。在当前经济全球化深入发展的大背景下，创新资源在世界范围内加快流动，各国经济科技联系更加紧密，任何一个国家和地区都不可能孤立依靠自己的力量解决所有创新难题。

深入推进国际科技创新。国际科技交流合作是推进国家科技发展、培养科技创新人才、提高科技竞争力、转变经济发展方式、改善国际关系的重要手段和现实支撑。要坚持“引进来”“走出去”相结合，实施更加开放包容、互惠共享的国际科技合作战略，搭建多样化的国际创新合作平台，全方位加强国际合作，积极主动整合和用好全球创新资源，有选择、有重点地参加国际大科学装置和科研基地及其中心建设和利用，全面提升我国在全球创新格局中的位势，全面提高我国在全球科技治理中的影响力和规则制定能力。

深入推进科技开放创新。科学技术是世界性的、时代性的，发展科学技术必须具有全球视野、把握时代脉搏。要加强国家间和国际组织科技合作，支持国内企业与境外产学研合作，加强高校、科研院所对外科技交流合作。制定更加积极的国际人才引进计划，吸引更多海外创新人才到我国工作。面向“一带一路”共建国家，合作建设科技创新联盟、科技创新基地，把“一带一路”建成创新之路。

深入推进科技区域创新。提升国家创新体系整体效能，需要在打造科技创新主引擎的同时形成各具特色的区域创新增长极，加快完善主体功能明确、优势互补、高质量发展的区域创新体系。要系统推进全面创新改革试验，深化知识产权、科研院所等改革，在市场准入、创新平台、风险投资等领域先行先试，不断增强创新资源集聚力、新兴产业引领力、创新环境吸引力和区域辐射带动力。

搭建创新平台　大力推进科技成果转化

习近平总书记指出，科技成果只有同国家需要、人民要求、市场需求相结合，完成从科学研究、实验开发、推广应用的三级跳，才能真正实现创新价值、实现创新驱动发展。科技成果转化是基础研究和成果转化、市场应用的有机衔接，是科技供给与企业需求的精准对接。必须解决转化率不高、产业化不多，以及科研与产业发展“两张皮”问题。

搭建科技成果供需对接平台。在科技成果供求关系中，高校、科研机构是供给侧，是转化的源泉和基础；企业是需求侧，是产品化、产业化的实施者。打通科技成果转化通道，必须面向高校院所征集科技成果、面向企业征集技术需求，建立科技成果和项目库，搭建信息对接、资源共享、技术交易服务平台，开展信息发布、供需适配、对接撮合，提升产学研合作效率。

搭建创新创业孵化平台。创新创业孵化平台具有便利化、全要素、开放式等特点，是服务创新创业的重要载体。要坚持企业主体、市场导向，鼓励大型骨干或创新龙头企业，联合高校、科研机构和社会团体，设立产业技术研究院、研究中心或创新联盟，鼓励高校建大学科技园，鼓励各类市场主体建设众创空间、科技企业孵化器、加速器、“双创”基地等，打造从基础研究到产业化全链条、贯通式创新平台。

搭建科技成果转化产业化平台。平台作为人才、资金、信息等各类创新要素的汇聚地，是促进科技成果转移转化和培育发展高新技术产业的重要承载。要构建在研项目、可转化成果、创投资本要素汇集机制，按照“三个一批”的路径，对相对成熟、有需求、有市场、成本低的技术尽快实现产业化，应用推广一批；对有一定技术积累但技术工艺路线尚不定型、经济性和市场可接受性有待检验、尚不具备大规模产业化的技术，进行试验，探索技术成型、大批量生产的路径，示范试验一批；对前景广阔但核心技术受制于人、亟待集中力量攻关的技术，集中攻关一批，加速科技成果转化产业化。

丰富关键要素　着力构建良好创新生态

习近平总书记指出，我国要实现高水平科技自立自强，归根结底要靠高水平创新人才；完善金融支持创新体系，推动金融体系更好适应新时代科技创新需求；加快科技体制改革步伐，破除一切束缚创新驱动发展的观念和体制机制障碍。科技创新具有成本高、周期长、风险大等特点，每个阶段都需要人才支撑和金融支持，需要制度环境保驾护航。必须协同推进科技创新与制度创新，推动创新链产业链资金链人才链深度融合，激发创新体系整体效能。

强化创新人才队伍建设。我国要实现高水平科技自立自强，归根结底要靠高水平人才，必须建设一支规模宏大、结构合理、素质优良的创新人才队伍。要改革和完善人才发展机制，健全集聚人才、发挥人才作用的体制机制，建立更为灵活的人才管理评价机制，完善知识产权运用和保护机制，统筹建设高层次创新人才、青年科技人才、实用技术人才队伍，聚天下英才而用之。

强化科技金融创新服务。金融是实体经济的血脉，为实体经济服务是金融的天职。要拓宽融资渠道，大力发展直接融资，健全直接融资体系，创新授信模式、信贷产品，健全授信尽职免责制度，加快完善科技创新服务体系。以科技手段促进金融服务，创造新的业务模式、业务流程和金融产品，提高金融服务的覆盖范围、效率和精确度，有效解决金融服务供需信息不对称等难题。

深化改革激发创新活力。全面深化科技体制改革是提升创新体系效能、激发全社会创新活力的重要路径。要发挥市场对创新资源配置的决定性作用，促进人才、资本、技术、知识顺畅流动，促进科技创新成果转化为现实生产力。强化企业科技创新主体地位，一体推进科技创新、产业创新和体制机制创新，积极鼓励、有效引导民营企业参与国家重大创新，推动企业在关键核心技术创新和重大原创技术突破中发挥作用。加强科技创新管理，促进创新要素流动，挖掘创新潜力，完善创新规则和制度环境。

培育高精尖特　积极壮大创新产业集群

习近平总书记指出，推进科技创新，要在各领域积极培育高精尖特企业，打造更多“隐形冠军”，形成科技创新体集群。创新型产业集群是产业集群的高级形态，发展创新型产业集群是建设现代化经济体系的必由之路。

大力发展战略性新兴产业。在一个更加不稳定不确定的世界中谋求发展，必须通过加快战略性新兴产业发展把握未来发展主动权。要瞄准世界产业发展制高点，以培育具有核心竞争力的主导产业为主攻方向，大力发展战略性新兴产业，把科技创新真正落实到产业发展上。高端装备制造业集战略性新兴产业、先进制造业于一身，要大力培育。

加快培育“新赛道”产业。经济领域的“新赛道”是以新技术、新模式为核心的新兴产业或行业细分领域，具有引领性发展、颠覆性创新、爆发式成长等特性，是引领高质量发展的新动能，是抢占竞争制高点、赢得竞争优势的重要途径。要深入实施“新赛道”卡位竞速行动计划，加快培育专精特新企业，打造“新赛道”产业集群。

前瞻布局未来产业。全面提升产业体系现代化水平，既能巩固传统优势产业领先地位，又能创造新的竞争优势。发展未来产业是加快建设现代化产业体系的必然要求，是抢占全球科技创新制高点的重要举措。要紧盯区块链、量子通信、工业元宇宙等前沿领域，实施一批引领型重大项目和新技术应用示范工程，打造一批重点创新产品，孵化培育一批高成长性的未来企业。

绵阳是党中央、国务院批准建设的中国科技城，习近平总书记对绵阳科技城建设多次作出重要指示、寄予殷切期望。去年，国家赋予了绵阳加快建设中国特色社会主义科技创新先行区的光荣使命。迈步新征程，我们要时刻牢记嘱托使命，深入学习贯彻党的二十大精神和习近平总书记关于科技创新的重要论述，坚持科技是第一生产力、人才是第一资源、创新是第一动力，大力实施科技立市战略，坚持把服务保障国家战略科技力量作为首要职责，积极探索新型举国体制的绵阳路径，加强多领域科技创新合作，统筹推进科技创新和制度创新，提高科技成果转化和产业化水平。当下，我们将坚持“四个面向”，推动国省级实验室优化重组，积极力量进行原创性引领性科技攻关，在战略必争领域建强战略支柱力量；以全球视野谋划推动科技创新，扎实抓好“云上大学城”“云上科技城”建设，高水平办好中国（绵阳）科技城国际科技博览会，充分用好国内国际创新资源；畅通科技创新供需两端，大力培育“技术经纪人”，深入实施“科技助理”“科技顾问”制度，全力推动科技成果转移转化；实施更大规模招才引智，争取每年招引高层次和急需紧缺人才3万名以上，以人才“智高点”抢占创新“制高点”；深化科创金融改革，大力招引各类科创金融机构，推动“科技—产业—金融”实现良性循环；坚持有所为、有所不为，大力发展战略性新兴产业、加快培育“新赛道”产业、前瞻布局未来产业，加快把科技创新的“关键变量”转化为高质量发展的“最大增量”，更好服务国家高水平科技自立自强。

（《学习时报》2023年5月22日第1版）

学習時報

STUDY TIMES

重要言论

学习贯彻新时代中国特色社会主义思想主题教育正在全党深入开展，各级党组织务必在深入、扎实上下功夫，在以学铸魂、以学增智、以学正风、以学促干上见实效。以学增智，就是要从党的科学理论中悟规律、明方向、学方法、增智慧，把看家本领、兴党本领、强国本领学到手。

奋力谱写全面建设社会主义现代化国家龙江新篇章

黑龙江省委书记 许勤

深刻领悟习近平新时代中国特色社会主义思想的思想伟力，锤炼绝对忠诚政治品格，打造坚定拥护“两个确立”的忠实实践地

深刻领悟习近平新时代中国特色社会主义思想的真理伟力，学懂弄通道理学理哲理，真正掌握马克思主义看家本领

学习贯彻习近平新时代中国特色社会主义思想

大有专论

为加快实现高水平科技自立自强作出更大贡献

建设现代化产业体系要防止“五种倾向”

本期导读

习近平总书记强调的关键词

习近平总书记强调的“中国智慧”

第2版

“我国哲学社会科学可以也应该大有作为”

——学习习近平总书记关于哲学社会科学工作的重要论述

第5版

思想通俗

如何理解“理论的彻底”和“彻底的理论”？

第4版

图1　2023年5月22日《学习时报》第1版（网络截图）

持续用力做强做靓中国（绵阳）科技城在推动四川高质量发展加快现代化建设中展现更大作为

——王晓晖在绵阳市调研

2022年5月23日，省委书记、省人大常委会主任王晓晖在绵阳市调研。他强调，要坚定以习近平新时代中国特色社会主义思想为指导，全面落实党中央大政方针和省委决策部署，统筹推进全市经济社会发展，持续用力做强做靓中国（绵阳）科技城，在推动四川高质量发展、加快现代化建设中展现更大作为。

图2　5月23日，省委书记、省人大常委会主任王晓晖（左二）在绵阳市调研，图为王晓晖在九洲集团调研（四川卫视《四川新闻联播》截图）

在中国（绵阳）科技城创新馆，王晓晖听取科技城规划建设情况汇报，先后参观创新历程、创新平台和战略科技创新展区，对绵阳坚持科技立市、推进创新驱动引领高质量发展的做法成效给予肯定。他指出，党中央、国务院高度重视绵阳科技城的建设发展，习近平总书记多次作出重要指示，对科技城发展寄予殷切期望。要积极抢抓成渝地区双城经济圈建设等国家战略机遇，准确把握科技城建设在新形势下的使命任务和目标定位，深入

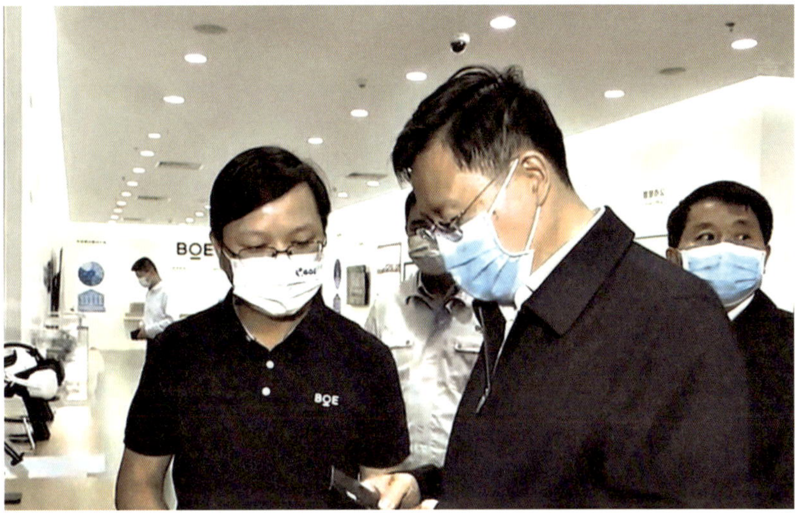

图3 5月23日，王晓晖（中）在绵阳京东方公司调研（四川卫视《四川新闻联播》截图）

实施创新驱动发展战略，强化战略科技力量，优化提升创新资源集聚转化功能，增强协同创新能力，加快建设国家科技创新先行示范区和成渝地区双城经济圈创新高地，为服务国家高水平科技自立自强、共建具有全国影响力的科技创新中心作出更大贡献。要依托科研院所、高等院校和企业研发平台，大力引进和培养高水平创新人才队伍，深化科技创新体制改革，健全创新激励政策体系，不断激发科研人员创新活力，让各类人才的创新智慧竞相迸发。

在四川九洲集团，王晓晖询问企业生产经营、科研创新和产业创新发展等情况，鼓励企业继续瞄准行业技术前沿，聚焦主责主业，进一步增强自主创新能力，在推进协同创新中持续巩固提升产品核心竞争力。随后，王晓晖到绵阳京东方光电科技公司、绵阳惠科光电科技公司，深入生产车间、项目建设现场，调研了解新型显示产业发展、省重点产业项目建设和常态化疫情防控措施落实情况。他希望企业高度重视技术研发投入，促进创新链产业链深度融合，通过科技创新推动产品迭代升级，更好满足市场需要。他叮嘱有关方面要从严从实抓好经济社会发展，营造良好环境；要针对当前经济运行中存在的突出问题，落实各项稳增长政策措施，多措并举稳住产业链供应链，完善上下游产业链配套，采取有效措施帮助市场主体解决实际困难和问题，强化要素保障，加快推进重点产业项目建设，夯实稳定经济增长的产业支撑，确保经济运行在合理区间。

图4 2022年，中国（绵阳）科技城创新馆（视觉绵阳提供）

王晓晖到涪江绵阳城区段新龙舟码头，检查防汛减灾救援设备、应急救援物资储备情况，察看涪江水情及汛期警戒水位线，听取绵阳市有关工作情况汇报。他强调，要始终绷紧防汛减灾这根弦，树牢底线思维，全面排查整治风险隐患，做好防大汛抢大险救大灾的准备，严把每一道关口，确保安全度汛，全力保障人民群众生命财产安全。

调研中，王晓晖还前往中国工程物理研究院，了解国家重大科技专项建设运行等情况。省领导罗文、曹立军、王一宏，省直有关部门负责人参加调研。

（据《四川日报》2022年5月24日要闻版综合）

绵阳居2022中国城市科技创新百强榜第20位

2022年11月16日，在第十届中国（绵阳）科技城国际科技博览会开幕式上，赛迪研究院发布2022中国城市科技创新百强榜，其中绵阳位列第20。该榜单经赛迪研究院根据城市的创新投入、创新产出、创新环境和创新潜力四大评价体系确定。

绵阳排名第20位，是排行榜上进位最多、最快的城市。从研发经费投入强度来看，绵阳2021年研发经费占地区生产总值的比重达7.15%，研发投入强度蝉联全国第一。近年来，绵阳科技系统始终坚持创新在现代化建设全局中的核心地位，全市研发投入强度长期保持在6.5%以上的高位，在“十二五”末首次突破7%的大关，并在“十三五”末继续提升到7.14%。2022年以来，全市科技创新工作持续围绕“科技立市”，做足做活科技文章，一手抓国家战略科技力量建设，一手抓产业技术创新和全社会创新创造，不断激发全社会创新活力。

在创新平台建设方面，中国（绵阳）科技城先进技术研究院、航空动力科创中心等高水平新型研发机构挂牌运营。在创新主体培育方面，2021年新备案省“瞪羚”企业4家、总数达14家；净增高新技术企业78家、总数达524家；净增国家备案科技型中小企业278家、总数达1653家，均保持全省第二位。

在创新环境营造方面，2021年全市新增省级高新技术产业园区1个，国省级高新区总数达4个；新增省级孵化器、众创空间等创新载体7个，全市国省级孵化机构超过50个；2021年技术合同认定登记达21.19亿元，同比增长超过50%，保持全省第二位；科技与金融结合模式持续创新，“设备仪器贷”在全国推广，成功发放贷款5890万元，成功获批建设国家创新型城市。

同时，赛迪研究院还发布2022中国企业科技创新竞争力百强榜，四川领衔西部地区，有4家企业上榜：四川长虹排名第56名，东方电气排名第86名，科伦药业排名第88名，四川九洲排名第98名。

（据“涪江观察”2022年11月17日相关报道综合）

图5　11月16日，在第十届中国（绵阳）科技城国际科技博览会开幕式上，赛迪研究院发布2022中国城市科技创新百强榜（经合局提供）

1月

2日　江油市中雁路双河镇段发生一起交通事故，事故造成8人死亡，19人受伤。

4日　绵阳惠科显示模组生产线项目正式开工建设。

5日　绵阳市首家厅市共建四川省重点实验室——作物特色资源创制及应用四川省重点实验室获批。

5—8日　国际消费电子产品展（CES2022）在美国拉斯维加斯举行，发布2021—2022全球领先品牌Global Top Brands榜单，长虹CHiQ运用STLD RGB三色创新技术的120英寸激光电视获全球“三色激光显示技术创新金奖”，长虹CHiQ获“2021—2022年度消费电子领先品牌TOP10”，长虹CHiQ全沉浸巨幕影院Q8R MAX系列获“A IoT&显示技术创新金奖”。

6日　科技部发布《关于支持新一批城市开展创新型城市建设的通知》，支持全国25个城市开展创新型城市建设，绵阳位列其中。

7日　四川省乡村旅游工作暨做好两项改革“后半篇”文章现场会在安州区召开。

8日　G5京昆高速公路广元至绵阳段扩容项目潼江河特大桥26墩开钻，潼江河特大桥正式进入主桥施工阶段。

12日　成都平原经济区空气质量联合会商第三十次会议在安州区召开。

13日　绵阳市党史学习教育总结会议召开。

14日　绵阳市51家企业上榜省经信厅公布的2021年度四川省“专精特新”中小企业及通过复核企业名单。

15日　工信部发布《2021年度绿色制造名单》，长虹有8款空调产品入选绿色设计产品名单，数量位居空调行业第一。

是日　省经信厅公布2021年四川省第二批新型智慧城市优秀解决方案、典型应用案例及技术创新产品遴选结果，长虹“现代农业产业园区数字化解决方案”和“绵阳市梓潼智慧农业综合平台项目”分别获得优秀解决方案及典型应用案例。

16日　振通智慧交通产业园项目开工奠基仪式在绵阳市科技城新区举行。

19日　绵阳市工业高质量发展投融资对接会召开。

是日　绵阳市2022年森林草原火灾应急演练在北川举行。

20日　绵阳高端纺织服装产业园、江油先进材料及装备产业园、绵阳高新区新型显示产业功能区3个园区入选四川省首批“5+1”重点特色园区名单。

21日　绵阳市中级人民法院新诉讼服务中心以及司法释明答疑中心揭牌仪式举行。

22日　绵阳市召开全市领导干部大会，宣布中共四川省委决定：曹立军兼任中共绵阳市委委员、常委、书记；罗增斌不再兼任中共绵阳市委委员、常委、书记；李云任中共绵阳市委委员、常委、副书记；元方不再担任中共绵阳市委委员、常委、副书记。

23日　四川省喜剧文化艺术促进会驻绵阳工作站授牌仪式举行。

24日　绵阳7家企业上榜省经信厅公布的2021年度全省100家大企业大集团名单。

26日　全国爱卫会通报2021年度国家卫生城镇复审结果，绵阳市被确认为“国家卫生城市”。

27日　绵阳市举行大规模疫情应急处置桌面推演。

28日　2022年市委政法工作会议暨全市政法队伍教育整顿总结会召开。

是日　国家发改委发布国家企业技术中心2021年评价结果，四川九洲电器集团有限责任公司获评优秀。

是日　G247三台永明至花园段公路工程项目正式开工建设。

29日　《5G遇上智能家电》专题片在中央电视台科教频道《时尚科技秀》栏目播出。

2月

4日　长虹电源公司为北京冬奥会开幕式的运冰雪五环提供特种新能源电源系统。

6日　绵阳江油籍女足运动员张琳艳在女足亚洲杯决赛中，打进扳平比分的关键一球，助力中国女足亚洲杯夺冠。

7日　成渝地区双城经济圈建设联合办公室印发《共建成渝地区双城经济圈2022年重大项目名单》，其中太极绵阳大健康产业项目、中国（绵阳）科技城核医疗健康产业园等8个绵阳项目入选。

9日　中国共产党绵阳市第八届纪律检查委员会第二次全体会议举行。

14日　绵阳市与阿根廷门多萨市举行线上视频会议，签署建立友好合作关系备忘录，建立国际友好合作城市关系。

15日　绵阳综保区跨境电商网购保税进口业务正式开通运营。

16—18日　中国人民政治协商会议绵阳市第八届委员会第二次会议在市委党校知行堂举行。

17—18日　绵阳市第八届人民代表大会第二次会议在西山文化中心举行。李云当选为绵阳市人民政府市长。

21日　绵阳市科学技术局召开首批科技助理座谈会，绵阳市首批22名科技助理上岗。

是日　绵阳市工业数码电子雷管“工业互联网+安全生产”应用、基于工业互联网平台的产品全生命周期质量管理解决方案等5个项目入选2021年四川省工业互联网试点示范项目名单。

23日　四川省委第十巡察指导督导组专题培训会暨八届绵阳市委第二轮巡察工作动员部署会召开。

24日　绵阳市召开长江流域非法捕捞专项整治行动暨退捕渔民安置保障工作视频推进会。

26日　长虹旗下虹信软件与华鲲振宇联合研发的“天宫”服务器产品入围中国电信2022—2023年服务器集中采购项目。

28日　省交通运输厅、省发改委联合印发《四川省普通省道网布局规划》，绵阳境内调整新增7条省道。

3月

1日　绵阳市2022年天然水域“禁渔期”暨“护渔百日联合执法行动”在三江河堤正式启动。

是日　绵阳市首家劳务（零工）市场——涪城区劳务（零工）市场正式投入使用。

3日　绵阳市生态环境局与游仙区政府签订高质量推进生态文明建设战略合作协议。

4日　绵阳市住建委审批核定的第一份房地产开发企业资质证书在新益大厦建筑业资质综合窗口发给绵阳市泽晖置业发展有限公司。

7日　《中国（绵阳）科技城创新发展2022年工作要点》出台。

是日　绵阳市驻外招商引资、招才引智工作全面启动，授牌7个驻外投资促进中心、7个高层次人才引进工作站，授旗5个市赴外招才引智小分队。

8日　绵阳市委召开“稳增长”工作专题会议。

是日　绵阳市人社局、市财政局联合印发《巩固拓展脱贫攻坚成果推进乡村振兴22条措施》，明确从强化就业促进帮扶、精准实施技能提升、完善城乡社保体系、强化人才队伍建设等方面22条具体政策，助力乡村振兴。

9日　绵阳市出台《绵阳市农村留守老年人巡访制度（试行）》，要求对农村留守老人的生活基本情况、生活安全风险情况、家庭赡养责任落实情况等内容进行定期巡访。

11日　绵阳市做好两项改革“后半篇”文章工作领导小组会议暨以片区为单元编制乡村国土空间规划工作现场调度会在安州区召开。

是日　绵阳市2022年3月重大项目集中开工仪式举行。

12日　硅基智能“数字人全球直播基地”新闻发布会在科技智谷举行，硅基智能“数字人全球直播基地”正式落户涪城区。

是日　绵阳市首届中小学生个人才艺大赛举行。

14日　省科技厅发布四川省2021年度有效国家高新技术企业名单，绵阳有524家高新技术企业入选该名单，入选数量位列全省第二。

15日　北川农产品区域公用品牌“羌食荟”发布会举行。

16日　“绵州珍宝”——“文昌贡”梓潼县农产品区域公用品牌宣布正式启用。

是日　大熊猫国家公园绵阳片区首次记录到国家一级保护动物秃鹫影像。

是日　四川制造业“贡嘎培优”名单出炉，绵阳惠科光电科技有限公司、绵阳京东方光电科技有限公司等13家绵阳企业上榜。

17日　绵阳市村（社区）农民工综合服务站建设工作协调推进会在市就业创业促进中心举行，绵阳市村（社区）农民工综合服务站建设正式启动。

18日　四川省大数据中心发布《2021年度四川省网上政务服务能力第三方评估报告》，绵阳市位居“优秀”等次。

是日　长虹与电子科技大学共同建设针对大型工业软件、嵌入式软件的软件学院入围教育部、工信部首批特色化示范性软件学院名单。

22—23日　全国政协常委、省政协副主席赵振铣率队到绵阳开展四川省高校学科建设情况重点调研。

24日　四川省2022年度“百县千乡万户”科学安全用药培训启动仪式暨除草剂专场培训在绵阳举行。

25日　2022年绵阳市就业创业暨农民工服务保障工作视频会召开。

是日　四川省科学技术奖励大会在成都举行。绵阳市（在绵阳的高校、科研院所、企业和个人）共获得2021年度四川省科学技术奖29项。

是日　绵阳科技城新区直管区首届招商大使聘任大会召开。

是日　绵阳科技城新区新投招商有限公司揭牌。

29日　绵阳市市场监管局向全市首批市场监管协管员颁发证书，聘用167名专业技术人才为市场监督协管员。

是日　绵阳市经开化工园区被认定为四川省首批化工园区。

4月

1日　绵阳市村级集体经济“消薄”决胜攻坚推进会召开。

是日　绵阳市中心医院、市第三人民医院、四〇四医院调派40人组建医疗队抵达吉林，进入当地方舱医院开展救治工作。

是日　长虹快益点公司与四川大学华西公共卫生学院签约“家电健康与疾病预防”科研项目。

2日　5·12汶川特大地震纪念馆被中国科协命名为2021—2025年度第一批全国科普教育基地。

6日　长虹入选中国科学院《互联网周刊》发布的2021中国智能制造50强排行榜，位居第28名。

7日　《绵阳市加快集聚创新人才十条政策措施（暂行）》即“人才十条”正式发布。

是日　安州区、梓潼县入选国家级水稻制种大县，三台县入选国家级油菜制种大县。

8日　绵阳市退役军人和其他优抚对象优待证首发仪式举行。

是日　绵阳首个村级农民工综合服务站——江油市青莲镇双石村农民工综合服务站正式挂牌。

是日　广平高速大栗树特长隧道左洞贯通。

10日　绵阳惠科显示模组生产线项目主体封顶。

12日　绵阳市1万箱农特产品发车驰援上海。

15日　理想汽车增程器研发及生产基地项目首台增程器下线仪式举行。

18日　中国（绵阳）科技城创新馆举行开馆仪式。

是日　长虹信息安全实验室和亚信科技（成都）有限公司等联合申报的5G应用安全创新示范中心（四川）正式获工信部批准颁牌。

19日　四川广播电视台川北（绵阳）分社成立暨揭牌仪式在绵阳市广播电视台举行。

20日　绵阳首个为老综合服务站——游仙区五里堆路社区为老综合服务站揭牌。

是日　绵阳市方舱医院建设工程在绵阳市会展中心完工。

21日　成绵苍巴高速公路金银垭特大桥右线合龙。

是日　省经信厅公示第三批重点支持“小巨人”企业申报名单。绵阳市维博电子有限责任公司、四川龙华光电薄膜股份有限公司、四川泰虹科技有限公司等11家企业进入公示名单。

22日　绵阳市首届公共就业服务专项业务竞赛举行。

24日　绵阳市打击整治养老诈骗专项行动部署会召开。

28日　绵阳市与奥克兰市签署《中华人民共和国绵阳市与美利坚合众国奥克兰市深化友好合作关系备忘录》。

29日　全国首个职业能力建设创新改革先行区在绵阳启动建设。

5月

5日　绵阳市创建国家食品安全示范城市动员大会召开。

是日　绵阳科技城医院由绵阳科技城科新医疗发展有限公司投资9600万元开办。

6日　绵阳退役军人教育培训学院在绵阳职业技术学院挂牌成立。

9日　绵阳市委人才工作会议召开。

10日　绵阳市卫生健康系统第一个基层红十字组织在绵阳四〇四医院成立。

11日　绵阳市13家工业企业获得重点物资运输车辆通行证，可帮助工业企业跨省运输涉疫地区的原材料、重点工业品等重点物资。

是日　绵阳市入选省级城市更新试点地级城市，三台县入选省级城市更新试点县级城市。

12日　绵阳市残疾人托养中心在游仙区游仙镇正式启动。

13日　《促进绵阳市房地产市场平稳健康发展若干措施》正式印发。

16日　赛迪顾问联合赛迪科创发布《科技城百强榜（2022）》，中国（绵阳）科技城位列全国科技城第7名、西部第1名。

17日　“引领新时代·预见新未来”全光Wi-Fi暨5G新通话产品发布会在中国移动四川绵阳分公司举行，绵阳迈入全屋千兆时代。

是日　四川省第二届乡村文化振兴魅力竞演大赛启动仪式在涪城区杨家镇原香·国际香草园举行。

是日　中国工程院院士范国滨、四川王朗国家级自然保护区管理局高级工程师赵联军被评为2022年度四川省“最美科技工作者”。

18日　绵阳市招商引资重大产业项目集中签约仪式举行，签约项目82个、总投资1066.93亿元。

20日　中国农业银行绵阳科技支行揭牌成立。

22日　“川港共情——贺香港回归25周年书画作品赠港活动”集体创作活动在绵阳市青少年活动中心举办。

24日　绵阳首届跨境电商创业创新大赛启动。

25日　2022年绵阳市汛期公路抢险应急综合演练举行。

27日　大熊猫国家公园绵阳管理片区警务工作站设立暨行政执法现场交流会在平武老河沟管护片区举行。

是日　四川长虹新能源科技股份有限公司入选海关总署首批专精特新重点企业培育名单。

28日　绵阳王府井购物中心在嘉来·南河广场开业。

30日　2022年绵阳“最美科技工作者”颁奖典礼举行，表彰伍凌川等10位科技工作者。

是日　九华府项目（高端人才住房项目）在涪城区青义镇青羊村开工。

是日　中国科协、教育部、科技部等7个部门认定绵阳“两弹一星”国防科技科普基地、中国工程物理研究院党校入选首批科学家精神教育基地名单。

是日　长虹佳华与腾讯签署合作协议，成为任天堂国行Nintendo Switch全系列产品在中国大陆地区的总代理。

6月

1日　《促进绵阳市消费恢复发展的若干措施》经市委常委会会议审议通过。

是日　四川长虹电器股份有限公司以多媒体智能制造工厂为原型，入选国家工业信息安全发展研究中心的工业大数据分析与集成应用工业和信息化部重点实验室工业智能工作组、数字化供应链工作组、数据治理工作组等成员单位。

是日　四川长虹格润环保科技股份有限公司及下属四川长虹润天能源科技有限公司获得2022中国锂电产业“运筹帷幄奖”。

2日　绵阳成立“稳经济”政策落实办公室。

是日　国务院办公厅发布《关于对2021年落实有关重大政策措施真抓实干成效明显地方予以督查激励的通报》，对绵阳市予以督查激励，并予以相应激励支持措施30项。绵阳市被列入推进质量强国建设工作成效突出的10个地方之一，激励措施为2022年对绵阳市质量工作改革创新试点示范、国家质量基础设施布局建设、质量提升行动重点帮扶、参与国际标准和国家标准制定等方面给予倾斜支持。

是日　“仙海杯”2021年（第三届）四川省大学生乡村振兴创意设计大赛颁奖仪式举行。

3日　绵阳市适龄女孩HPV疫苗接种补助项目首针接种启动仪式在市儿童医院举行。

6日　绵阳市中心医院国家卫健委核技术医学转化重点实验室揭牌成立。

8日　绵阳住房公积金服务中心、阿坝藏族羌族自治州住房公积金管理中心推进住房公积金管理服务跨区域协同合作协议签约仪式在绵阳举行。

是日　“市区联动”绵阳科技城新区公共就业服务进校园活动在西南财经大学天府学院举行。

9日　绵阳原创清唱剧《李白》在绵阳师范学院首演。

是日　第五届“中国创翼”创业创新大赛绵阳赛区选拔赛举行。

是日　绵阳市第十五个“世界认可日”主题活动暨绵阳科技城新区检验检测产业园开园仪式举行。

10日　四川省科协天府科技云服务高质量发展推进会成都平原经济区专场在绵阳召开。

是日　绵阳市学习贯彻省第十二次党代会精神市委宣讲团动员会暨备课会召开。

是日　国家税务总局绵阳市税务局与绵阳市工商联助力大学生就业创业税费服务站签约揭牌仪式在绵阳职业技术学院举行。

11日　“科技点燃梦想·童心照亮未来”绵阳市第八届儿童电影节开幕。

13日　2022年绵阳市节能宣传暨公共机构节能宣传周活动启动仪式在安州区举行。

是日　绵阳市人大常委会咨询专家聘任暨基层立法联系点授牌仪式举行。

13—14日　绵阳市党政代表团到厦门市考察学习，两市签署全面战略合作协议。

13—15日　“绵品出川”厦门行活动在厦门市中山路步行街举行。

14日　2022年绵阳市农村能源“安全生产月”启动仪式暨户用沼气安全应急演练活动在游仙区新桥镇胜利村举行。

是日　绵阳市科技创新股权投资基金发布会暨科创企业投融资对接会召开。

是日　厦门市与绵阳市战略合作签约仪式在厦门市举行。

15日　中国（绵阳）科技城厦门推介会在厦门国际会议中心酒店举行。

16日　厦门市行政审批管理局和绵阳市政务服务监督管理局在绵阳签署“厦绵通办合作协议”。

16—17日　省政协主席、省总工会主席田向利率督导组到绵阳市宣讲习近平总书记来川视察重要指示精神和省第十二次党代会精神，并督导有关工作。

17日　四川省扶贫基金会“关爱生命·春雨助残”残疾少年儿童帮扶志愿者活动启动仪式在绵阳城市学院举行。

是日　绵阳市2022年大型游乐设施安全事故应急救援演练在安州区乐乐水世界举行。

20日　中欧班列成渝号（绵阳）首发仪式在皂角铺铁路物流基地举行。

21日　绵阳市税费服务方式转型升级暨优化税收营商环境推进会召开。

21—22日　绵阳市园区高质量发展大会举行。

22日　推动成渝地区双城经济圈建设科技协同创新专项工作组第四次会议在绵阳召开。

23日　“创新金三角·智汇科技城”活动启动仪式在绵阳举行。

是日　工信部公布2021年物联网示范项目名单，长虹“基于自主MEMS的光谱物联网快速分析技术研发及应用”“‘移动随访包’与智慧健康应用示范”项目被列为关键技术攻关类与融合应用创新类示范项目。长虹成为全国家电业唯一被列入物联网关键技术攻关类示范项目的企业。

24日　绵阳工业技师学院新址揭牌仪式在江油举行。

26日　绵阳首条南北贯通的公交快线——“G1高峰快线”正式运行。

28日　四川省首届政务服务和公共资源交易服务技能大赛初赛（绵阳赛区）举行。

是日　市政府与蜀道集团战略合作协议签约暨绵阳科技城新区重点项目签约开工，共签约项目36个、协议引资202亿元，开工项目4个、总投资165亿元。

29—30日　绵阳市通过全国双拥模范城届中考评。

30日　"2022第三届智能制造与数字化工厂应用论坛"在绵阳举行。

7月

1日　绵阳市政府与西北工业大学签署共建国家科技创新先行区合作协议。

2日　"大鹏杯"绵阳市第一届羽毛球混合团体赛开赛。

是日　第七届电视舞蹈大赛绵阳赛区开赛。

4日　第四届海峡两岸大禹文化交流活动暨2022（壬寅）年大禹诞辰祭祀在北川举行。

是日　绵阳市转公学校举行2022年秋季招生摇号。

4—8日　绵阳市第四届残疾人运动会暨第三届特殊奥林匹克运动会举行。

5日　第24届中国大学生篮球一级联赛男子全国大赛（北区）在涪城区体育馆开赛。

是日　"绵阳金辉"党建品牌发布暨金融系统党建联盟启动仪式举行。

是日　绵阳市统筹推进片区乡村国土空间规划编制和两项改革"后半篇"文章暨农村人居环境综合提质工作现场调度会在梓潼县召开。

6日　安州区与智利卡尔德拉市建立友好合作关系。

7日　"科技之城·宜居绵阳"2022年绵阳市地产招商推介会在绵阳国际会议中心举行。

8日　走进科技·你我同行——第七届中国创新挑战赛（绵阳）技术融合专题赛启动仪式暨西南科技大学专场对接会在绵阳国际会议中心举行。

是日　绵阳市2022年应对地震灾害综合演练举行。

是日　2022"安逸四川　欢乐盛夏"四川省文化和旅游消费季启动仪式在安州区举行。

是日　长虹控股集团旗下爱联科技公司成功研制基于3GPP R16标准的5G模组AI-NR61。

11日　中国（绵阳）科技城工业技术研究院举行线上发布会，发布"微器件装配检测一体化机器人"产品。

是日　"2022年四川省工业质量标杆"名单发布，绵阳有四川华丰科技股份有限公司（实施质量有效性"三化一稳定"实践的经验）、太极集团四川绵阳制药有限公司（实施全生命周期质量管理模式的实践经验）等4项典型经验上榜。

是日　四川长虹格润环保科技股份有限公司入选国家发改委创业带动就业专项行动典型案例。

12日　走进科技·你我同行——科技活动周主会场活动在盐亭举行。

是日　四川省农村消费品质量安全守护提升行动试点工作启动会在江油市武都镇召开。

14日　中国银行绵阳分行营业部由国家外汇管理局绵阳市中心支局授牌成为全市首家"个人外汇业务示范网点"。

17日　"第十四届全国见义勇为英雄模范"表彰大会在北京举行。绵阳市赖宁获得全国见义勇为模范。

21日　"创新金三角·智汇科技城"系列活动第二场——绵碚科技合作专场发布对接会在重庆北碚召开。

22日　绵阳创建全国文明城市八大攻坚行动暨"文明新风进万家"集中宣传活动启动仪式在铁牛广场举行。

26日　绵阳市应对暴雨洪涝和地质灾害市区联合实战演练在安州区举行。

是日　世界品牌实验室在北京发布"2022年中国500最具品牌价值品牌"以及品牌价值。长虹被评为"2022年中国500最具品牌价值品牌"，位列第35位，品牌价值1876.85亿元。

29日　巨星（绵阳）稀土永磁新材料产业项目在高新区开工。

是日　绵阳市2022年应对大面积停电事件应急演练举行。

是日　绵阳市静态管理生活物资保障桌面推演举行。

是日　绵阳市精神文明建设暨创建全国文明城市工作会议召开。

8月

1日　绵阳市举行"关爱功臣·戎耀绵阳"一等功臣集中慰问座谈活动。

2日　《绵阳市城市户外广告设置规划（2022—2026）》发布。

是日　四川省首家军嫂帮扶服务基地在安州区桑枣镇挂牌成立。

是日　绵阳入选国家知识产权强市建设示范城市。

3日　四川长虹电器股份有限公司、四川长虹智能制造技术有限公司、四川虹信软件股份有限公司联合申报的《彩电行业智能工厂标准应用试点》项目入选工信部2022年度智能制造标准应用试点项目名单。

5日　绵阳市"安康杯"竞赛启动仪式暨劳动者权益保障专项行动在游仙区举行。

是日　2022年绵阳市"全民健身日"暨第三届"健康绵阳"全民运动汇活动启动。

是日　绵阳市首宗大型石灰岩矿采矿权拍卖活动在绵阳市公共资源交易服务中心举行。

6日　园艺湖公园在绵阳科技城新区直管区开园。

10日　四川省残疾人飞镖项目训练营在绵阳开营。

是日　绵阳一中学子陆定克获得2022年全国青少年射击比赛（步手枪项目）10米气步枪个人冠军。

是日　赛迪顾问园区经济研究中心《园区高质量发展百强（2022）》榜单发布，绵阳高新区首次进入全国百强榜单，排名第91位。

12日　中国（绵阳）科技城航空动力产业园签约仪式在游仙区举行，中国（绵阳）科技城航空动力产业园落户游仙区。

16日　衢州—绵阳东西部协作工作联席会议在绵阳召开。

是日　绵阳安州罗浮山温泉度

假区入选第二批国家级文化和旅游消费聚集区。

是日　长虹美菱《基于分布式语音技术的成套家电系统》项目入选工信部2022年新型信息消费示范项目名单。

19日　全国高等师范学院学校体育协会2022年年会暨学术研讨会议在绵阳召开。

23日　全球首款双载体13价肺炎球菌多糖结合疫苗四川首针仪式在市儿童医院举行。

24日　第十一届中国创新创业大赛（四川赛区）新一代信息技术和高端装备制造产业决赛在涪城区开赛。

是日　四川省“无废城市”建设工作推进会在绵阳召开。

是日　绵阳科技城新区机器人产业园首家入驻企业——它人机器人技术有限公司正式开工。

是日　2022—2023中国空调行业高峰论坛在哈尔滨举行。长虹空调获年度优秀“2022—2023中国空调行业高端舒适先锋品牌”，长虹客餐厅共享空调产品获“2022—2023中国空调行业高端空调销量明星产品”。

是日　第七届中国西部企业信息化峰会在成都召开。长虹控股集团等单位获评“中国西部企业数字化转型优秀实践单位”，长虹控股集团首席信息官侯宗太等人获得“中国西部企业数字化转型领军人物”。

28日　绵阳三江实验学校举行开校典礼。

29日　“绵阳造”东莞展活动在东莞市民盈·国贸中心白兰花广场举行。

30日　绵阳市税务系统干部崔国、市人民检察院第七检察部主任雍小凤被党中央、国务院表彰为全国“人民满意的公务员”。

是日　由四川长虹电器股份有限公司申报，四川省超高清视频产业联盟推选的《基于5G+8K超高清视频终端显示的推广应用》入选工信部、广电总局发布的超高清视频典型应用案例名单。

31日　中国（绵阳）科技城广东（东莞）推介会召开。

9月

1日　绵阳市与华为技术有限公司举行座谈会并签署全面深化战略合作框架协议。

2日　绵阳市烈士纪念设施保护中心在市烈士陵园挂牌成立。

是日　《2022年电子信息企业竞争力指数报告及前百家企业名单》公布，四川长虹电子控股集团有限公司、四川九洲投资控股集团有限公司、绵阳惠科光电科技有限公司上榜，分别排名第11位、第29位、第65位。

2—3日　省政协主席田向利带队到绵阳市督导疫情防控工作和拼经济搞建设情况。

3日　绵阳首列西部陆海新通道东盟铁海联运班列从皂角铺铁路物流基地发车。

7日　全国工商联发布2022中国制造业民营企业500强榜单，其中四川铁骑力士实业有限公司、绵阳惠科光电科技有限公司、中国金属资源利用有限公司3家绵阳企业上榜。

是日　安州区高川乡自然资源所负责人马银国被中宣部、自然资源部授予全国最美自然守护者。

8日　绵阳市食品安全协会成立大会举行。

9日　绵阳市直部门向绵阳经开区放权赋能集中交接仪式举行。

11日　四川省2022年国家网络安全宣传周个人信息保护主题日活动在绵阳举行。

13日　全国“双创”活动周绵阳分会场启动仪式在绵阳中关村信息谷创新中心举行。

20日　八届绵阳市委第三轮巡察工作动员部署会召开。

是日　四川省首届“稻香杯”丰收奖颁奖仪式举行，绵阳市台沃种业的水稻新品种“泰优粤禾丝苗”获得一等奖，“深两优粤禾丝苗”获得优质奖。

是日　“虹创未来·融通创新”长虹强链补链生态伙伴招募大会在线举办。

21日　绵阳市专属普惠型健康保险“惠绵保”正式发布。

是日　创明新能源项目签约暨开工仪式在涪城区举行。

是日　绵阳市“决战四季度、大干一百天”工作动员部署会召开。

22日　2022年《亚洲品牌500强》发布，长虹位列第56位。

23日　绵阳城市规划展览馆举行开馆仪式。

25日　国务院正式批复《绵阳科技城“十四五”发展规划和2035年远景目标纲要》。

26日　四川省2022年第三季度重大项目现场推进活动举行，绵阳市分会场活动同步举行。

27日　检察联络站入驻大熊猫国家公园启动仪式在平武举行。

28日　“绵州·吾为之”知识产权检察保护平台上线。

29日　绵阳市与省林业和草原局、中国大熊猫保护研究中心签署“共同推进绵阳林业高质量发展合作协议”“加强岷山大熊猫保护与研究合作协议”。

是日　西南科技大学庆祝建校70周年暨高质量发展大会举行。

是日　德阳中江至遂宁高速公路建成通车，该公路串联德阳、绵阳、遂宁三市。

是日　北川中航科技无人机产业园等重大项目集中签约暨开工仪式举行。

10月

7日　绵品出川·绵阳市优质农产品线上展示展销活动启动。

12日　绵阳市与日本庄原市举办“友好城市　共享未来”青年视频对话活动。

19日　《绵阳市科技顾问实施办法（暂行）》出台。

21日　安州区桑枣镇获评第二批天府旅游名镇，北川羌族自治县石椅村获评第二批天府旅游名村，安州区入选第四批天府旅游名县候选县名单。

是日 以四川长虹电器股份有限公司为申报主体的基础技术公共服务平台获批成为工信部第四批“基础技术公共服务平台（电器）”。

25日 绵阳市传达学习党的二十大精神大会举行。

26日 四川虹魔方网络科技有限公司旗下的虹领金系统获第十一届GFIC2022全球家庭互联网大会暨“元宇宙”峰会颁发的最佳系统方案、最佳运营平台两大奖项。

28日 中医健康城方舱隔离点项目完成建设并通过竣工验收。

是日 中国（绵阳）科技城建设科技创新先行区投融资对接会暨科创基金小镇开镇仪式在绵阳高新区举行。

31日 第十届中国（绵阳）科技城国际科技博览会新闻发布会在成都举行。

11月

1—3日 “绵品出川”苏州行活动在苏州市举行。

3日 “绵阳之约 智享未来”中国（绵阳）科技城苏州推介会在苏州独墅湖世尊酒店举行，现场签约项目30个、签约金额525.63亿元。

7日 工信部批复在四川新视创伟超高清科技有限公司（四川长虹电器股份有限公司持股10%）组建国家超高清视频创新中心，该中心为国家制造业创新中心。

8日 中国（绵阳）科技城涪城人力资源服务产业园开园仪式举行。

是日 经省委编办批复，四川绵阳工业园区党工委、管委会委托涪城区管理。

10日 绵阳南郊机场T2航站楼建成投运仪式举行。

11日 绵阳市与阿根廷基尔梅斯市签署建立友好合作关系备忘录，绵阳市和阿根廷基尔梅斯市成为友好合作城市。

是日 长虹创新设计中心入选第六届世界工业设计大会公布的首批创新设计研究院名单。

15日 中国（四川）与阿根廷科技文化合作交流暨研究成果发布会在西南科技大学举行，西南科技大学与阿根廷拉努斯国立大学共建中拉研究中心。

是日 第十届中国（绵阳）科技城国际科技博览会“侨智精英科博行”高端医疗装备智造及新材料产业发展论坛举行。

是日 第十届中国（绵阳）科技城国际科技博览会投资推介会暨集中签约仪式在绵阳科发铂骊酒店举行。

是日 安州区桑枣镇齐心村入选第四批全国乡村旅游重点村名单。

16日 长虹在第十届中国（绵阳）科技城国际科技博览会上推出全球首款120英寸柔性巨幕全色激光电视120C9。

16—19日 第十届中国（绵阳）科技城国际科技博览会在绵阳国际会展中心举行。

17日 中欧班列成渝号（绵阳）班列（8046次）从宝成铁路皂角铺站开往格鲁吉亚首都第比利斯，绵阳至格鲁吉亚的中欧班列正式首发。

18日 绵阳市聘请孙昌璞、张维岩、蒙大桥3名中国科学院院士和赵宪庚、唐华俊、王琪、范国滨、刘合、邓建军、唐立、杨长风、胡晓棉9名中国工程院院士担任绵阳市科技顾问。

是日 “科技城人才日”启幕暨绵阳科技城人才发展集团揭牌仪式在绵阳举行。

21—22日 省政协主席田向利带队到绵阳市宣讲党的二十大精神并督导有关工作。

24日 竞争力智库、北京中新城市规划设计研究院等机构联合发布《中国县域旅游竞争力报告2022》。江油市上榜“2022中国旅游百强县市”（第71位），北川羌族自治县上榜“2022中国旅游潜力百强县市”（第32位）。

25日 长虹控股集团5G+8K智能电视产品系列获得2022“彩虹杯”天府·宝岛工业设计大赛首次特设的“工业设计与制造融合激励奖”。

29日 绵阳市文化和旅游产业领导小组更名为绵阳市文化和旅游融合发展委员会。

12月

10—13日 “天府乡村”公益品牌推荐销售周（衢州分会场）暨“绵品出川”衢州行活动在衢州市吾悦广场举行。

13日 长虹控股集团旗下四川华丰科技股份有限公司上市事宜经上海证券交易所科创板上市委员会2022年第107次审议会议审议通过。

15日 “涪江文旅一卡通”首发启动仪式在富乐山九洲国际酒店举行。

是日 绵阳三江医院主体结构封顶。

是日 长虹入选由世界品牌实验室（World Brand Lab）发布的2022年度（第十九届）世界品牌500强排行榜，排名第286位。

是日 长虹集团、铁骑力士、富临实业、兴事发门窗等9家绵阳企业入围2022四川大企业大集团发展峰会发布的四川企业100强名单。

19日 绵阳跨境电商公共服务平台助力企业出口创汇跨境电商B2B出口海外仓（9810）完成首单出口业务。

22日 位于游仙区石马镇狮院村的绵阳市首宗“混合用地”在游仙区挂牌成交，标志着绵阳市“混合用地”改革正式落地。

27日 四川长虹电器股份有限公司被工信部确定为无线电发射设备型号核准自检自证试点企业，是家电行业唯一入选企业。

28日 中国共产党绵阳市第八届委员会第五次全体会议举行。审议通过《中共绵阳市委关于深入学习贯彻党的二十大精神坚持创新引领实施“五市战略”加快建设中国科技城全力打造成渝副中心的决定》。

是日　武都水库完成竣工验收。

是日　长虹模塑公司员工尹朝晖获得第十六届全国技术能手。

29日　绵阳市委经济工作会议召开。

是日　2022年科技城人才峰会——第七届中国创新挑战赛（绵阳）技术融合专题赛现场挑战赛在绵阳高新区召开。

30日　绵遂内铁路绵阳至遂宁段建设启动大会在绵阳市三台县举行。

是日　九绵高速平武互通至白马互通、广平高速公路项目唐家河收费站至古城收费站建成通车。

非物质文化遗产——手工剪纸

在绵阳境内手工剪纸较多，按区域划分，有涪城剪纸、平武剪纸、三台剪纸、安州剪纸等，其中涪城剪纸、平武剪纸于2009年7月被列入“第二批四川省非物质文化遗产名录”。涪城剪纸突出写意，刀法细腻，线条流畅，题材以川西北民俗故事为主。平武剪纸融合古老、朴素的平武白马藏族民俗剪纸和羌族刺绣图纹，夸张生动，装饰性强，粗犷而不失细腻，题材以平武白马藏族文化等为主。(视觉绵阳提供)

绵阳概览

Overview of Mianyang

自然地理

【位置面积】 绵阳市位于四川盆地西北部，涪江中上游地带。东邻青川县、剑阁县、南部县、西充县；南接射洪市；西连德阳市罗江区、中江县、绵竹市；西北与阿坝藏族羌族自治州和甘肃省文县接壤。地理坐标为北纬30°42′—33°03′、东经103°45′—105°43′。全市呈西北至东南条带状展布，东西宽约144千米，南北长约296千米，辖区面积*20257.70平方千米，山区占61.0%，丘陵区占20.4%，平坝区占18.6%。

【地质地貌】 绵阳市地势为西北部高，东南部低，地形起伏很大。西北部面对四川盆地的首列山脉，为东北至西南向的龙门山脉，海拔1000—3000余米；西面的岷山山脉和北面的摩天岭山脉，海拔多在3000米以上，最高点为平武县与松潘县接壤的岷山山脉第二峰雪包顶（当地俗呼雪包顶，又称小雪宝顶），海拔为5440米；东南部属四川盆地盆中丘陵，一般海拔400—600米，最低点位于三台县建中镇郪江河谷短沟口，海拔307.2米。最高点与最低点高差达5092.8米。地貌明显受控于地质构造。西北部因分别

图6　小雪宝顶（何张波/摄）

* 绵阳市及县（市、区）面积数据源于2022年度国土变更调查结果

受龙门山东北向褶皱断裂与岷山南北向构造、摩天岭东西向构造的影响，山脉走向呈北东南西向、与南北向和东西向，山地的形态亦与地质构造和岩性有关。东南部处在扬子准地台川北台陷、川西台陷和川中台拱的接合部位，由于地台基底坚硬，地质历史时期地壳以升降运动为主，地层受各时期水平运动的影响较轻，有一些舒缓宽阔的褶皱，地层一般倾角不大，形成岗岭起伏的丘陵、台地、方山地貌。

【山脉·名山】 绵阳境内主要有岷山山脉、摩天岭山脉、龙门山脉三大山脉。岷山山脉南北走向，长200余千米，北接川甘两省边境的西倾山，南至茂县城北与龙门山脉相连，是岷山山脉北段。摩天岭山脉东西走向，为四川和甘肃两省界山。龙门山脉属四川盆地西北部的盆周山地，南北走向，在绵阳境内又分后龙门山、龙门山、茶坪山。绵阳境内主要有九龙山、千佛山、观雾山、云罗山、窦圌山、七曲山、西山、富乐山、牛头山、凤凰山、三台山、天台山、高山等名山，城区最高山为边堆山，边堆山也是绵阳和四川境内重要古文化遗址。

【河流·水系】 绵阳市境降水丰沛，径流量大，江河纵横，水系发达。绵阳市境内有大小河流及溪沟3000余条，所有河流、溪沟分别注入嘉陵江支流涪江、白龙江与西河，属嘉陵江水系。全市水文地质条件和多种地下水类型错综复杂。西部山地坡度陡，地表径流集中迅速，河水位涨落快，形成河川径流的比重大，年平均径流深可达1400毫米左右，地下水体交替强烈，屡见岩溶泉水；盆地边缘以砾岩含水和裂隙水为主，局部有砾岩溶洞水，人口居住位置高，利用地下水困难；东南丘陵地势起伏大，植被差，降水量少，蒸发量大，地表难形成径流，年径流系数仅为0.3左右。这一带为径流低值区，年径流深约300毫米。东南丘陵红层地区侏罗系、白垩系红色砂泥岩平铺广布，地形切割细碎，地表水极易流失，地下水难聚集，是严重的缺水区和有名的“川中老旱区”。市境内河流众多，水系发育，均属嘉陵江水系。全市有大小河流52条，连同溪、沟共计3000多条。除东北角的清江与西河直接注入嘉陵江外，其余河流均属涪江水系。涪江是嘉陵江右岸的最大支流，是绵阳市的主要河流。涪江发源于松潘县雪宝顶，流经绵阳市平武、江油、涪城、游仙、三台，在重庆合川汇入嘉陵江，全长670千米。涪江干流在绵阳市境内长380千米，从平武到三台境内有火溪河、平通河、通口河、安昌河、芙蓉溪、梓江、凯江等50多条支流汇入。

（李　涛　申依懋）

城市符号

【概况】 2022年，绵阳城市符号有著名建筑、地方特产、特色植物、城市标识等。其中，著名建筑有越王楼、富乐阁、圣水寺、碧水寺、汉平阳府君阙、平武报恩寺及中物院春雷雕塑等；地方特产有绵阳米粉、涪城麦冬、梓潼片粉、江油肥肠、盐亭梓江鳜鱼、北川腊肉、北川马槽酒等；植物有市花月季花、市树香樟树，以及平武的珙桐、珂楠，梓潼大庙山古柏树等；城市标识有绵古创新之印等。

【市徽】 1989年7月15日，绵阳市第一届人民代表大会常务委员会第27次会议听取市政府秘书长高显齐受市政府委托所作的《关于绵阳市徽图案征集情况的汇报》《市政府初步确定的一号市徽图案的说明》。经过审议，决定用“绵阳”二字拼音字头“MY”，环抱原子核的两条电子运转轨迹，象征“科技兴绵”所组成的红底、黄字、金边圆形图案为绵阳市徽图案。

【市树·市花】 1989年11月19日，绵阳市第一届人大常委会第29次会议审议通过市政府《关于市树为香樟树、市花为月季花的建议》，从此，绵阳市市树为香樟树，市花为月季花。

【绵阳城市标识】 绵阳市委宣传部于2017年底启动绵阳城市标识创意设计工作。2019年，绵阳城市标识——“绵古创新之印”推出，并广泛应用于新区建设、建成区改造、城市家具更换和公共服务设施改造中。该标识由北京知行堂品牌管理有限公司设计。“绵古创新之印”以“绵”字的回文印为主要视觉符号，既是一个字，也像一方印，还是一颗代表科技智慧的集成电路芯片。其字母造型与古代绵州“东据天池，西临涪水，形如北斗，卧龙伏焉”的历史地理格局巧妙对应。“绵古创新之印”从历史格局、人文精神、文化底蕴、科技创新等不同层次诠释解读绵阳城市的独特个性，丰富城市品牌文化内涵。

（市地方志中心）

图7　绵阳城市标识（logo）——“绵古创新之印”（宣传部提供）

建置区划

【建置沿革】 绵阳建城有2220余年的历史，是四川省历史文化名城。绵阳市境历史上最早的县以上政权建置为汉高祖六年（前201）设立的广汉郡。广汉郡领有13县，郡治乘乡，乘乡在今梓潼县境。广汉郡在今市境内设涪县（后沿称巴西郡、巴西县、绵州、金山郡、绵阳县）、梓潼县、郪县（今三台县）、刚氐道（今平武县）。东汉元初二年（115），为镇压少数民族反抗，益州刺史部和广汉郡均迁至涪县（今市区）。元初三年（116），州、郡皆迁出市境。东汉末年，刘备据蜀，建安二十二年（217）分广汉郡北部地区设梓潼郡（治梓潼县），建兴三年（225）分广汉郡东部地区设东广汉郡（治雒县，今三台县境）。自此，市境相沿各代均有州、郡、府等县以上政区建置。两晋和南北朝300余年间，由于战争频繁，政区建置变化较大，市境内先后设置过潼州、新州、龙州3个州，梓潼、巴西、巴西梓潼、潼川（又称潼州、东川）、北阴平、阴平、新巴、江油、新城（后改为昌城）、始平（先名始平僚，后改为涪城、安城）、西宕渠、北宕渠（后改为盐亭）、高渠13个郡，以及40余个县。从隋代后，政区建置逐渐稳定，形成市境中部以今市区为治地的绵州，东南部以三台县城为治地的梓州—潼川府，西北部以江油、平武两县为中心的龙州—龙安府3个政权建置中心。1913年，废州立县，称绵阳。1935年，川政统一，市境内只有今市区成为四川省第十三行政督察区治地。1949年12月25日，绵阳解放。1950年1月20日，绵阳行政督察专员公署成立，辖绵阳、安县、绵竹、德阳、梓潼、罗江、广汉、什邡、金堂、彰明10个县。1953年3月10日，撤广元专区，划入广元、昭化、剑阁、青川、平武、北川、江油、旺苍8个县，辖18个县；1953年7月4日，广汉、什邡、金堂3个县划出；江油、彰明于1958年9月5日合并，同年10月18日，原遂宁专区遂宁、蓬溪、潼南、中江、三台、射洪、盐亭7个县并入；1959年3月22日，撤销昭化、罗江2个县，分别并入广元县和德阳县，专区辖19个县；1968年7月8日，改专区设地区；1976年2月4日，因分绵阳县筹建绵阳县级市，地区辖19个县、1个市；1977年9月24日，潼南县划出；1978年4月25日，绵阳县并入绵阳市；1983年8月18日，分绵阳地区建德阳市，德阳、绵竹、中江3个县划出，绵阳地区辖14个县、1个市；1985年2月8日，撤销绵阳地区，分别建立绵阳、广元、遂宁3个市，绵阳市辖7个县、1个区（原县级绵阳市改置为市中区）；1988年2月24日江油市建立，绵阳市辖6个县、1个市、1个区；1992年10月，撤销绵阳市市中区，分设涪城、游仙两区。2002年，绵阳市辖涪城、游仙2个区，三台、安县、梓潼、盐亭、北川、平武6个县；2003年7月，撤销北川县，成立北川羌族自治县。2016年5月20日，安县撤县改区。绵阳辖涪城、游仙、安州3个区，三台、梓潼、盐亭、北川、平武5个县，代管江油市和省政府科学城办事处。有绵阳高新技术产业开发区、科教创业园区、经济技术开发区、仙海水利风景区4个园区。

【行政区划】 绵阳市下辖3个区、1个市、5个县（涪城区、游仙区、安州区，江油市，三台县、盐亭县、梓潼县、平武县、北川羌族自治县），166个乡镇（街道），有乡31个、镇122个、街道13个，代管省政府科学城办事处。

涪城区下辖13个镇（街道），其中镇6个（丰谷镇、青义镇、吴家镇、杨家镇、新皂镇、永兴镇），街道7个（城厢街道、工区街道、普明街道、创业园街道、城郊街道、石塘街道、塘汛街道）。

游仙区下辖14个镇（街道），其中镇10个（石马镇、新桥镇、魏城镇、沉抗镇、忠兴镇、松垭镇、小枧镇、信义镇、仙鹤镇、盐泉镇），街道4个（涪江街道、富乐街道、科学城春雷街道、游仙街道）。

安州区下辖10个乡镇，其中乡1个（高川乡）、镇9个（花荄镇、桑枣镇、黄土镇、塔水镇、秀水镇、河清镇、界牌镇、雎水镇、千佛镇）。

江油市下辖24个乡镇（街道），其中乡1个（枫顺乡），镇22个（太平镇、三合镇、含增镇、青莲镇、彰明镇、龙凤镇、武都镇、大康镇、新安镇、战旗镇、双河镇、永胜镇、小溪坝镇、河口镇、重华镇、厚坝镇、二郎庙镇、马角镇、雁门镇、大堰镇、西屏镇、方水镇），街道1个（中坝街道）。

三台县下辖33个乡镇，其中乡2个（忠孝乡、断石乡），镇31个（潼川镇、塔山镇、龙树镇、石安镇、富顺镇、三元镇、秋林镇、新德镇、新生镇、鲁班镇、景福镇、紫河镇、观桥镇、郪江镇、中新镇、古井镇、西平镇、八洞镇、乐安镇、建平镇、中太镇、金石镇、新鲁镇、刘营镇、灵兴镇、芦溪镇、立新镇、永明镇、建中镇、老马镇、北坝镇）。

盐亭县下辖17个乡镇（街道），其中乡2个（大兴回族乡、莲花湖乡），镇14个（云溪镇、玉龙镇、富驿镇、金孔镇、黄甸镇、巨龙镇、高渠镇、鹅溪镇、岐伯镇、文通镇、永泰镇、九龙镇、西陵镇、嫘祖镇），街道1个（凤灵街道）。

梓潼县下辖16个乡镇，其中乡1个（宝石乡）、镇15个（文昌镇、长卿镇、许州镇、黎雅镇、卧龙镇、观义镇、玛瑙镇、石牛镇、自强镇、仁和镇、双板镇、金龙镇、文兴镇、演武镇、宏仁镇）。

北川羌族自治县下辖19个乡镇，其中乡10个（漩坪乡、白坭乡、桃龙藏族乡、片口乡、开坪乡、坝底乡、马槽乡、白什乡、青片乡、都贯乡），镇9个（曲山镇、擂鼓镇、永安镇、永昌镇、禹里镇、桂溪镇、小坝镇、陈家坝镇、通泉镇）。

平武县下辖20个乡镇，其中乡14个（高村乡、坝子乡、锁江羌族乡、土城藏族乡、旧堡羌族乡、阔达藏族乡、黄羊关藏族乡、虎牙藏族乡、泗耳藏族乡、白马藏族乡、木座藏族乡、木皮藏族乡、豆叩羌族乡、平通羌族乡），镇6个（龙安镇、古城镇、响岩镇、大桥镇、水晶镇、江油关镇）。（冯　鑫）

自然资源

【国土资源】 2022年，绵阳市面积20257.70平方千米。全市耕地354993.18公顷，园地61924.43公顷，林地1268429.10公顷，草地10104.40公顷，城镇村及工矿用地135887.52公顷，交通运输用地（农村道路）32095.56公顷，水域及水工建筑用地70867.79公顷，其他土地88072.44公顷。

【矿产资源】 2022年，绵阳已发现矿种有铁、锰、铅锌、钨、金、银、磷、硫、水晶、方解石、石灰石、白云石、膨润土、玻璃用石英砂岩、天然气等有工业开采价值的矿产资源57种，已利用矿产资源32种，其中能源矿产1种、金属矿产5种、非金属矿产25种、其他水气矿产1种。矿产分布。全市区域内共有矿产地154处，其中能源矿产地5处、黑色金属矿产地25处、有色金属矿产地40处、贵金属矿产地68处、化工原料矿产地6处、建材及其他非金属矿产地8处、其他水气矿产地2处。开采价值大、储量居四川重要地位的共15种：黄金、锰、熔剂白云岩、膨润土的探明储量居全省首位；重晶石、玻璃砂岩居第2位；天然气、水泥用石灰岩、水泥配料、铸型砂居第3位；熔剂用石灰岩居第4位，磷块岩居第6位。总体呈“种类多、总量少，小矿多、大矿少，贫矿多、富矿少，非金属矿产多、金属矿产少”的分布特征。矿产利用。全市有效探矿权32个，勘查矿种主要为铅锌、金、锰、磷等。有非油气采矿权223个，油气采矿权29个，采矿权总数居全省第5位；年产矿石量、矿业工业总产值、矿产品销售收入、利润总额等均居全省前列。矿产开发利用以建材、化工及部分冶金辅料等非金属矿产的开发利用为主，年产矿石量4241.2万吨。矿山平均开采回采率为91.89%、选矿回收率为76.82%。

【水资源】 2022年，绵阳市水资源总量99.61亿立方米，较2021年下降29.96%，较常年下降18.73%。地表水资源量99.57亿立方米，地下水资源量25.41亿立方米；地表水与地下水不重复计算量0.04亿立方米。全市大型水库（电站）3座、中型水库（电站水库）19座，年末蓄水总量116290万立方米，较年初减少15759万立方米。总供水量18.35亿立方米，其中地表水占95.53%。全市实际用水量18.35亿立方米，其中农业用水13.50亿立方米，占总用水量的73.57%；工业用水1.42亿立方米，占总用水量的7.74%；城镇公共用水0.61亿立方米，占总用水量的3.32%；居民生活用水2.37亿立方米，占总用水量的12.92%；生态环境用水0.45亿立方米，占总用水量的2.45%。

【水系水文特征】 绵阳主要河流涪江发源于松潘县雪宝顶，贯穿于绵阳市、遂宁市、重庆市合川区注入嘉陵江，全长670千米，流域面积3.64万平方千米，在绵阳市境内长约380千米，流域面积约2.02万平方千米，市内主要支流有涪江、平通河、通口河、安昌河、凯江、梓江。流域地形西北部高、东南较低，南北地势高差达5132.8米。上游地处高山峡谷，植被较好、暴雨洪水汇流时间短，具有典型的山溪性河流暴涨暴落的特点。2022年，绵阳境内各主要江河最大洪水发生在7月中旬，流域洪水以低水为主，其中通口河、安昌河为中水，其余河流为低水或无较明显洪水过程。绵阳市境内各主要江河均未发生超警戒水位洪水，中小河流雎水河安州区雎水段、秀水河安州区秀水段、方水河北川羌族自治县福田段发生超警戒水位洪水，青片河北川双溪段发生超保证水位洪水。涪江干流中游控制站涪江桥（二）水文站于7月16日17时出现洪峰水位462.17米，相应流量3960立方米/秒。

【野生动物资源】 2022年，绵阳市已知有脊椎动物5纲32目109科792种，有无脊椎动物2门6纲33目241科1257种。其中脊椎动物中兽纲有7目29科138种，鸟纲有14目46科453种，爬行纲有3目11科60种，两栖纲有2目9科39种，鱼纲有6目14科102种。无脊椎动物中昆虫纲有23目196科1115种，蛛形纲有3目20科85种，甲壳纲有2目4科5种，腹足纲有2目10科26种，瓣鳃纲有1目2科4种，线形动物门有1纲2目9科22种。据《国家重点保护野生动物名录》（2021版）统计，绵阳市分布有大熊猫、川金丝猴、四川羚牛、林麝等国家一级重点保护野生动物37种，小熊猫、亚洲黑熊、豹猫、岩羊等国家二级重点保护野生动物123种。

【野生植物资源】 2022年，绵阳市已知的低等植物有菌类植物亚门和地衣植物亚门的真菌纲、子囊菌纲中的13目60科149属497种，高等植物有苔藓植物门、蕨类植物门、裸子植物门和被子植物门4门中的9纲66目260科1366属3972种。在高等植物中，孢子植物有苔藓植物门和蕨类植物门的7纲9目73科152属318种，种子植物有裸子植物和被子植物的2纲（裸子植物未分纲）7目187科1214属3654种。分布有珙桐、红豆杉、光叶蕨等国家一级重点保护野生植物7种，独叶草、水青树、楠木等国家二级重点保护野生植物65种。

（李　涛　冉茂芳　周忠莉）

绵阳市国家一级重点保护野生动物一览表

表1

序号	科名	中文名	学名	序号	科名	中文名	学名
1	熊科	大熊猫	*Ailuropoda melanoleuca*	5	猫科	金猫	*Pardofelis temminckii*
2	猫科	云豹	*Neofelis nebulosa*	6	猫科	荒漠猫	*Felis bieti*
3	猫科	豹	*Panthera pardus*	7	灵猫科	大灵猫	*Viverra zibetha*
4	猫科	雪豹	*Panthera uncia*	8	灵猫科	小灵猫	*Viverricula indica*

续表1

序号	科名	中文名	学名	序号	科名	中文名	学名
9	犬科	豺	*Cuon alpinus*	24	鹰科	白肩雕	*Aquila heliaca*
10	猴科	川金丝猴	*Rhinopithecus roxellana*	25	鸱鸮科	四川林鸮	*Strix davidi*
11	牛科	四川羚牛	*Budorcas taxicolor*	26	松鸡科	斑尾榛鸡	*Bonasa sewerzowi*
12	鹿科	梅花鹿	*Cervus nippon*	27	雉科	红喉雉鹑	*Tetraophasis obscurus*
13	麝科	马麝（高山麝）	*Moschus chrysogaster*	28	雉科	绿尾虹雉	*Lophophorus lhuysii*
14	麝科	林麝	*Moschus berezovskii*	29	雉科	白冠长尾雉	*Syrmaticus reevesii*
15	鹿科	白唇鹿	*Przewalskium albirostris*	30	鸭科	青头潜鸭	*Aythya baeri*
16	隼科	猎隼	*Falco cherrug*	31	鸭科	中华秋沙鸭	*Mergus squamatus*
17	鹰科	金雕	*Aquila chrysaetos*	32	鹤科	黑颈鹤	*Grus nigricollis*
18	鹰科	玉带海雕	*Haliaeetus leucoryphus*	33	鹳科	黑鹳	*Ciconia nigra*
19	鹰科	白尾海雕	*Haliaeetus albicilla*	34	噪鹛科	黑额山噪鹛	*Garrulax sukatschewi*
20	鹰科	胡兀鹫	*Gypaetus barbatus*	35	鹟科	棕头歌鸲	*Luscinia ruficeps*
21	鹰科	秃鹫	*Aegypius monachus*	36	莺鹛科	灰冠鸦雀	*Sinosuthora przewalskii*
22	鹰科	草原雕	*Aquila nipalensis*	37	鹀科	黄胸鹀	*Emberiza aureola*
23	鹰科	乌雕	*Aquila clanga pallas*	—	—	—	—

绵阳市国家一级重点保护野生植物一览表

表2

序号	科名	中文名	学名	序号	科名	中文名	学名
1	蓝果树科	珙桐（光叶珙桐）	*Davidia involucrata*	5	苏铁科	攀枝花苏铁	*Cycas panzhihuaensis*
2	红豆杉科	红豆杉	*Taxus wallichiana var. chinensis*	6	冷蕨科	光叶蕨	*Cystoathyrium chinensis*
3	红豆杉科	南方红豆杉	*Taxus wallichiana var. mairei*	7	水韭科	高寒水韭	*Isoetes hypsophila*
4	苏铁科	四川苏铁	*Cycas szechuanensis*	—	—	—	—

气候条件

【温度状况】 2022年，绵阳市8个国家气象站平均气温17.4℃，较常年偏高0.9℃，为历史最高年。冬季（1—2月）平均气温6.5℃，偏低0.3℃；春季（3—5月）17.9℃，偏高0.8℃；夏季（6—8月）27.8℃，偏高2.6℃，居历史同期最高位；秋季（9—11月）17.4℃，偏高0.6℃。全年极端最高气温41.9℃（8月21日，三台站），区域气象站46.4℃（8月21日，三台紫河站）；年极端最低气温-1.9℃（2月8日，江油站）。全市平均年炎热日数49.4天，偏少2.6天；年酷热日数33.8天，偏多29.3天。6月27日至8月24日共7站24站次日最高气温打破历史最高纪录，全市共出现历史罕见的5段高温热浪天气，高温热浪天数26—42天，中南部地区重度热浪天数达11—13天。

【降雨情况】 2022年，绵阳市8个国家气象站平均降水量694.9毫米，偏少27%，为历史第三少雨年。其中，盐亭站（470.7毫米）、三台站

（508.2毫米）、安州站（692.9毫米）为历史第二少雨年，绵阳站（565.6毫米）为历史第三少雨年，平武站898.6毫米，偏多12%。冬季降水量30.1毫米，偏多55%；春季234.1毫米，偏多51%；夏季295.1毫米，偏少47%；秋季132.2毫米，偏少38%。4—10月全市共出现28次强降水天气过程。其中，暴雨过程16次（局地性暴雨5次、局地性大暴雨2次、区域性暴雨7次、区域性大暴雨2次），有12次暴雨中心位于西北部山区；安州、北川、江油于5月8—9日和平武、北川、江油、安州、涪城于7月10—16日出现区域性大暴雨。6—12月中南部地区（绵阳站、梓潼站、三台站、盐亭站）降水量334.3毫米，偏少52%。其中，7—8月降水量159.0毫米，偏少59%，出现严重伏旱，8月伏旱程度为历史最重。

2022年，16次暴雨过程分别是5月8日、5月10日、5月30日、6月20日、6月26日、7月10日、7月22日、7月27日、7月31日、8月3日、8月9日、8月18日、8月25日、8月28日、9月13日、10月3日。全年最大1小时、3小时、6小时、24小时降水量分别为104.6毫米、183.1毫米、296.2毫米、367.9毫米，7月10日21时至16日8时，全市平均降水量118.5毫米，最大过程降水量751.3毫米（安州高川甘沟站）。

【日照时数】 2022年，绵阳市8个国家气象站平均日照时数1197.3小时，偏多5%。冬季264.4小时，偏多107%；春季288小时，偏少18%；夏季366.3小时，偏少8%；秋季173.5小时，偏少18%。

【气候评价】 2022年，绵阳市天气气候条件有利有弊、弊大于利。上半年光、温、水等条件能够满足小春和大春作物生长发育和产量的形成，粮食生产获得较好收成；6—8月高温热浪达26～45天，高温酷热程度之高和酷热范围之广为有气象记录以来所罕见，长时间超强度的高温热浪天气对大春农业生产和居民用电造成严重的不利影响，中南部地区严重干旱造成工程蓄水严重不足。9—12月整体农业气象条件适宜冬油菜育苗移栽和冬小麦播种出苗。

（陈梁勋　刘雅琳等）

2022年绵阳气象站主要气象资料统计表

表3

平均气温(℃)	降水量(毫米)	日照时数(小时)	极端最高气温(℃)	极端最低气温(℃)
17.4	694.9	1197.3	41.9	-1.9

人口与方言

【人口】 2022年末，绵阳市户籍人口总数为5256659人，比上年减少13053人，下降率为2.5‰；总户数1974569户，平均每户2.66人。其中，男性人口2686401人，占总人口的51.1%；女性人口2570258人，占总人口的48.9%。男女性别比为105∶100。总人口中城镇人口1937740人，比上年增加5949人，城镇人口占总人口数的36.86%；乡村人口3318919人，比上年减少19002人，乡村人口占总人口数的63.14%。全市出生人口37200人，比上年增加224人，其中男性19622人，占总出生人口的52.75%；女性17578人，占总出生人口的47.25%。出生率为7.08‰。死亡和重户注销户籍人口46637人，其中男性27385人、女性19252人，死亡和重户注销率为8.87‰。出生与死亡相抵，自然减少9437人，自然减少率为1.80‰。迁入人口36660人，其中省内迁入31318人、省外迁入5342人；迁出人口40276人，其中迁往省内32592人、迁往省外7684人。迁入与迁出相抵，机械减少3616人，机械减少率为0.69‰。

城区（涪城区、游仙区、安州区、高新技术产业开发区、经济技术开发区、科技城新区、仙海区、科学城办事处）总人口1771469人，比上年增加15115人，增加率为8.61‰。其中，城镇人口1133685人，比上年增加10005人。绵阳城区出生17757人，死亡和重户注销户籍人口16267人，自然增长1490人。迁入30322人，其中省内迁入26969人、省外迁入3353人；迁出16697人，其中迁往省内14085人、迁往省外2612人，机械增长13625人。

（李继锋）

【方言】 绵阳境内分为两种方言：无入声方言，以绵阳城区方言为代表，包括涪城区、游仙区、安州区、江油市、平武县、北川羌族自治县、梓潼县、三台县等地的城关话，有20个声母、36个韵母、阴阳上去4个调类、1033个音节，与四川方言的代表语音成都话基本相同。入声方言，以盐亭县城关话为代表，有20个声母、38个韵母、阴阳上去入5个调类。

民族与宗教

【民族】 2022年，绵阳市有民族成分52个。有少数民族户籍人口18.8万人，其中羌族14.4万人、藏族1.8万人、回族1.1万人、其他民族1.5万人。少数民族常住人口17.6万人，少数民族常住人口中有流动人口5万余人。51个少数民族分别是满族、蒙古族、回族、藏族、维吾尔族、苗族、彝族、壮族、布依族、侗族、瑶族、白族、土家族、哈尼族、哈萨克族、傣族、黎族、傈僳族、佤族、畲族、高山族、拉祜族、水族、东乡族、纳西族、景颇族、柯尔克孜族、土族、达斡尔族、仫佬族、羌族、布朗族、撒拉族、毛南族、仡佬族、锡伯族、阿昌族、普米族、朝鲜族、怒族、俄罗斯族、鄂温克族、德昂族、京族、塔塔尔族、独龙族、鄂伦春族、赫哲族、门巴族、珞巴族、基诸族。有北川羌族自治县和享受民族县待遇的平武县。藏族乡9个，羌族乡4个，回族乡1个。

【宗教】 2022年，绵阳市有宗教活动场所162个（座），其中，佛教场所85个、道教场所22个、伊斯兰教清真寺27座、天主教堂17座、基督教堂11座。全市有登记备案宗教教职人员382人，其中佛教253人、道教89人、伊斯兰教22人、天主教7人、基督教11人。全市有宗教团体32个，其中佛教10个、道教4个、伊斯兰教4个、天主教5个、基督教9个。全市有信教群众36.2万人，其中佛教信教群众26万人、道教信教群众5.8万人、伊斯兰教信教群众1.5万人、天主教信教群众1.6万人、基督教信教群众1.3万人。

（邱　实）

经济社会发展

【概况】 2022年，绵阳地区生产总值（GDP）3626.94亿元，按可比价格计算，比2021年增长5%。其中，第一产业增加值381.47亿元，增长4.4%，贡献率为10.7%；第二产业增加值1514.33亿元，增长5.9%，贡献率为46%；第三产业增加值1731.14亿元，增长4.5%，贡献率为43.3%。三次产业结构为10.5∶41.8∶47.7。民营经济实现增加值2155.94亿元，比2021年增长3%，占全市经济总量的59.4%。全社会固定资产投资比2021年增长11.3%，社会消费品零售总额1635亿元，进出口总额269.01亿元。公路通车里程24508.75千米，铁路营业里程524.49千米，民航营运航线55条。高校15所，在校生16.35万人。国家高新技术企业认定709家，科技部评价入库科技型中小企业2141家，国省级工程技术研究中心35家。医疗卫生机构4493个，卫生人员5.02万人，卫生机构床位4.35万张。城镇居民人均可支配收入45131元，城镇居民人均消费支出27394元；农村居民人均可支配收入22726元，农村居民人均消费支出17346元。

【农业经济情况】 2022年，绵阳市实现农林牧渔业总产值648.31亿元，比2021年增长4.6%。其中，农业产值310.70亿元，增长4.5%；林业产值42.39亿元，增长9.7%；牧业产值241.07亿元，增长4.1%；渔业产值28.2亿元，增长3.9%；农林牧渔专业及辅助性活动产值25.88亿元，增长4.2%。农作物播种面积69.62万公顷，增长2.8%。年末实有水利工程6.48万处（不包括窖池、水电站、规模以下的机电井），水利工程蓄引能力27.86亿立方米，实际供水18.35亿立方米。年末有效灌溉面积22.20万公顷。

【工业和建筑业】 2022年，绵阳市工业增加值1165.50亿元，比2021年增长5.3%，对经济增长的贡献率为32.3%。规模以上工业增加值增长9.2%。规模以上工业38个行业大类中有22个行业增加值增长。其中，电力、热力生产和供应业增加值增长40.8%，酒、饮料和精制茶制造业增长19.4%，计算机、通信和其他电子设备制造业增长15.1%，非金属矿物制品业增长11.3%，金属制品业增长7.6%，食品制造业增长1%，汽车制造业下降1%，农副食品加工业下降1.5%，医药制造业下降1.7%。高技术制造业增加值增长13.5%，占规模以上工业增加值的30.6%。规模以上工业企业实现营业收入3823.62亿元，增长3.6%。建筑业增加值350.22亿元，增长7.6%。有资质等级的总承包和专业承包建筑企业825家。房屋建筑施工面积3692.69万平方米，增长1.3%；房屋建筑竣工面积1472.04万平方米，增长1.5%。

【投资与贸易】 2022年，绵阳市全社会固定资产投资比2021年增长11.3%。第一产业投资增长26.3%；第二产业投资增长29.7%，其中工业投资增长29.8%；第三产业投资增长1.7%。社会消费品零售总额1635.00亿元，下降1.0%。进出口总额269.01亿元，增长7.4%。其中，出口额172.25亿元，增长55.3%；进口额96.76亿元，下降30.7%。

【交通、通信和邮电】 2022年年末，绵阳市公路通车里程24508.75千米，高速公路通车里程546.05千米，铁路营业里程524.49千米，民航营运航线55条。公路旅客周转量12.10亿人千米，公路货物周转量78.47亿吨千米，水运旅客周转量163.14万人千米，铁路旅客发送量583.27万人，铁路货运发送量316.49万吨，民用航空旅客运输量166.11万人，民用航空货邮行运量13365.5吨，下降31.6%。共有邮政局（所）447处，完成邮政业务总量15.36亿元，增长2.0%，完成邮政函件业务81.51万件。完成电信业务总量56.34亿元，增长13.3%；固定电话用户125.37万户，移动电话用户700.98万户，互联网宽带接入用户224.62万户。

【教育、体育和科学技术】 2022年，绵阳市有各级各类学校1318所（不含高校、技工学校及职业培训机构），在校学生73.65万人。有高校15所，招生（成教全日制生）7.13万人，在校生16.35万人，毕业生4.30万人，专任教师8496人。有体育场馆16个，共举办各种运动会319次，参加人数40.68万人次。有通过国家高新技术企业认定709家，有国家级工程技术研究中心5家，省级工程技术研究中心30家。有科技企业孵化器53个。科技型中小企业（科技部评价入库科技型中小企业）总数2141家。专利申请授权量9438件，发明专利授权量2761件。

【文化和卫生】 2022年，绵阳市有公共图书馆10个，艺术馆、文化馆（站）303个，博物馆、展览馆18个，剧场、影剧院4个。广播覆盖率100%，电视覆盖率100%，城区数字电视转换率100%。有医疗卫生机构4493个（社区卫生服务中心、村卫生室），卫生人员5.02万人，卫生机构床位4.35万张。孕产妇死亡率、婴儿死亡率和5岁以下儿童死亡率分别是7.51/10万、1.62‰、2.89‰。

【社会民生】 2022年，绵阳市城镇居民人均可支配收入45131元，城镇居民人均消费支出27394元，城镇居民恩格尔系数34.8%。农村居民人均可支配收入22726元，农村居民人均消费支出17346元，农村居民恩格尔系数35.3%。企业职工养老保险参保人数158.65万人，城乡居民基本养老保险参保人数213.15万人；城镇职工基本医疗保险参保人数84.59万人，城乡居民基本医疗保险参保人数387.85万人；工伤保险参保人数61.29万人，生育保险参保人数53.35万人。城镇最低生活保障标准为700元/月，享受最低生活保障补助的城镇居民3.13万人。农村最低生活保障标准为500元/月，享受最低生活保障补助的农村居民9.49万人。全市失业保险金标准调整为1576元/月。

（汪　阳）

非物质文化遗产——草编制作

羌族草编制作工艺是在北川羌族聚居地流传的各种草编技艺，2015年被列入"绵阳市第五批非物质文化遗产名录"。北川羌族草编主要选用当地常见的稻草、小麦秸秆、玉米壳、棕树叶等材料，编织草鞋、生肖形象、昆虫、工艺画等日用品和工艺产品。（视觉绵阳提供）

中国（绵阳）科技城建设

Construction of China (Mianyang) Science and Technology City

概　述

党中央、国务院于2000年9月作出建设绵阳科技城的重大战略决策。2018年2月，习近平总书记来川视察作出重要指示，为科技城建设发展指明方向、提供遵循。截至2022年，国务院先后批复绵阳科技城发展纲要和4个五年发展规划，成立由科技部任组长单位、19个国家部委（单位）组成的绵阳科技城建设部际协调小组，组织召开14次部际协调小组会议，为不同时期科技城建设发展作出部署安排。四川省成立省建设绵阳科技城领导小组，先后召开22次领导小组会议，专门研究解决绵阳科技城建设重大问题。2022年，中国（绵阳）科技城建设以习近平新时代中国特色社会主义思想为指导，全面贯彻落实党的二十大精神和省委、市委决策部署，坚持创新驱动发展，立足“科技立市”战略，推动科技创新和制度创新协同发力，加快建设具有全国影响力的中国特色社会主义科技创新先行区。5月，赛迪顾问与赛迪科创联合发布《科技城百强榜（2022）》，中国（绵阳）科技城居第7位、中西部地区第1位。绵阳市在2022中国城市科技创新百强榜中排名第20位。7月，国务院办公厅专门出台指导性文件，支持绵阳科技城建设具有全国影响力的中国特色社会主义科技创新先行区，明确科技城建设“科技体制机制改革先行区、成渝地区双城经济圈创新高地”等战略定位，赋予科技城为国家科技创新探索路径的使命。9月，国务院批复绵阳科技城“十四五”发展规划，明确新时期绵阳科技城建设的目标定位和发展路径。11月，绵阳科技城党工委、管委会正式挂牌。

空间布局与范围。绵阳科技城空间布局为“一核多园”，面积2878平方千米。其中，“一核”为主城区全域，包括涪城区、游仙区、安州区，涵盖绵阳高新区、科技城新区、绵阳经开区、仙海区、绵阳工业园、游仙高新区、安州高新区；“多园”包括江油高新区、三台工业园、北川经开区、梓潼经开区、盐亭经开区5个县（市）属园区。

组织机构。绵阳科技城建设部际协调小组于2000年9月由国务院批准成立。主要职责：协调解决绵阳科技城建设中的重大问题，支持其基础设施建设；营造有利于高新技术产业发展的政策环境；深化教育、科技体制改革；集中力量发展一批两用高技术并实现产业化；督促检查绵阳科技城建设的进展情况；完成国务院领导交办的有关事宜。至2022年，绵阳科技城建设部际协调小组成员单位共19个，分别为科技部、国家发改委、工信部、财政部、教育部、民政部、自然资源部、住建部、商务部、国家卫健委、中国人民银行、国务院国资委、海关总署、文旅部、中国科学院、中国证监会、国防科工局、军委装备发展部、军委科技委。四川省建设绵阳科技城领导小组于2000年9月成立，组长为四川省省长。主要职责是指导绵阳科技城建设工作，协调科技城建设过程中的重大问题。原则上领导小组会议每年召开1次，专题研究部署绵阳科技城建设相关工作。至2022年，共召开领导小组会议22次，成员单位有20个，分别为省委融合办、省发改委、省经信厅、省教育厅、省科技厅、省民政厅、省财政厅、省人社厅、省自然资源厅、省住建厅、省商务厅、省文旅厅、省卫健委、省国资委、省知识产权中心、成都海关、人行成都分行、四川省证监局、中科院成都分院和绵阳市。科技城党工委、管委会于2007年经省委、省政府批准组建设。2021年12月，经中央编办、省委编委同意，设立新的绵阳科技城党工委、管委会，作为省委、省政府派出的正厅级机构，党工委与管委会合署办公，加挂中共绵阳高新技术产业开发区工作委员会、绵阳高新技术产业开发区管理委员会牌子，委托绵阳市管理。2022年11月30日，绵阳科技城党工委、管委会在绵阳高新区揭牌。主要职责是直接管理绵阳高新区，统筹管理绵阳科技城新区，统筹负责主城区园区的产业发展规划和重大项目布局、科技城建设重大政策的执行与落实，负责统筹科技城范围内各园区的统计与目标绩效考核。

*服务保障战略科技力量。*至2022年，科技城有18所国家级科研院所、15所高等院校。支持科研院所牵头承担1500余项国家重大科技任务，落地承接一批领先水平的重大科学装置。科技城在核科学技术、空气动力、激光等方面处于全国领先地位。加快建设交叉科学研究中心，组建涪江实验室，打造国家实验室“后备队”。

*深化科技协同创新。*至2022年，科技城联合中国工程物理研究院，组建国家卫健委核技术医学转化重点实验室、科技城光子技术研究院，成立先进技术研究院，组建核技术应用创新联合体。与中国航发燃气涡轮研究院共建科技城航空动力科技创新中心。组建国家两用技术交易中心、全国首家大型科学仪器共享平台。有3家单位揭榜4项国家新一轮全面创新改革试验任务，数量占全省的2/5。国家技术标准创新基地绵阳区域中心制定发布通用国家标准9项，建成省级院士（专家）产业园2个。

*优化创新创业发展环境。*2022年，绵阳市获批建设国家创新型城市，排名中国城市科技创新百强榜第20位，较2021年上升21位，是进位最快、最多的城市。制定发布“人才十条”等新政，人才专项资金从5000万元增加到10亿元。成立科技城人才发展集团，落地建设全国首个职业能力建设创新改革先行区。与成都共建全国科创金融改革试验区，启动运营科创基金小镇，建设院士小镇，推进“云上大学城”“云上科技城”建设。开展“园区提质”“企业满园”行动，出台《绵阳市支持园区高质量发展十条政策措施》，印发《绵阳市2022年优化园区营商环境16条》。加强科技金融服务，成立全省首家专门服务科技企业的国有银行专营机构——农业银行绵阳科技支行。核心企业应收账款供应链增信中小企业融资服务扩面上量。

*推进科技体制机制改革。*2022年，科技城深化科技领域“放管服”改革，持续推进西南科技大学职务科技成果混合所有制改革、绵阳农科院职务科技成果转化前非资产化改革试点，赋予科研人员更大技术路线决定权和经费使用权。创新实施科技助理制度，从院所、高校和企业选拔两批年轻科研工作者担任科技助理，推进“招院引所”、科技成果转化等工作。举办科技城“揭榜挂帅”榜单发布会，发布技术需求100余项、“揭榜挂帅”项目10余项。“探索推行科技助理机制”和“建立‘云上大学城’科技资源集聚新模式”入选四川省第二批要素市场化配置改革试点，是唯一市级层面入选两项工作的市（州）。

*发展壮大现代产业。*2022年，绵阳市成为四川省首批制造强市试点，持续发展电子信息等支柱产业，加快培育核技术应用、激光技术等特色产业。在四大主导产业中，电子信息产业产值增长13.0%，先进材料产业产值增长15.7%，装备制造产业产值增长10.0%，食品饮料产业产值增长3.7%。规模以上战略性新兴产业企业产值占工业总产值比重达46.5%，规模以上高技术工业企业产值增长13%。新型显示、无人机、核技术应用入选四川省战略性新兴产业集群。国家级专精特新中小企业达35家，制造业单项冠军企业达5家。国家高新技术企业总数达709家，评价认定国家科技型中小企业2141家，省级“瞪羚”企业18家。

*深化拓展开放合作水平。*2022年，科技城发挥区域协同创新主引擎作用，支撑成渝绵“创新金三角”加快建设，先后举办“创新金三角·智汇科技城”、第十届科博会等活动，开展“三推”活动，举办“绵品出川”厦门、东莞、苏州专场系列活动。加大“招院引所”力度，签约落地航空航天星途鲲鹏创新研究院等项目。制定“更大力度促进招商引资10条措施”等政策，新引进巨星稀土永磁、埃克森新能源等7个百亿级项目。（向　帆）

重要会议

【概况】 2022年，科技城先后召开绵阳科技城建设工作座谈会、四川省建设绵阳科技城领导小组成员单位联络员会议等，研究支持绵阳科技城建设政策举措、第十届科博会等相关事宜；举行中国（绵阳）科技城投资峰会、第十届中国（绵阳）科技城国际科技博览会新闻发布会等，推介科技城项目，宣传科技城形象。

【绵阳科技城建设工作座谈会召开】 2022年9月27日，绵阳科技城建设工作座谈会召开，省科技厅副厅长景世刚出席会议并讲话。市委副书记王华蓉，市委常委、科技城党工委副书记、管委会常务副主任、市国资委党委书记黄朝阳等出席。会上，绵阳市相关负责人就绵阳创建国家农业高新技术产业示范区，办好第十届中国（绵阳）科技城国际科技博览会，以及省科技厅与绵阳市实施厅市会商制度等事项的推进情况、下一步工作打算进行汇报，与省科技厅相关负责人交流意见建议并达成共识。

【四川省建设绵阳科技城领导小组成员单位联络员会议召开】 2022年10月14日，四川省建设绵阳科技城领导小组成员单位联络员会议召开。科技厅副厅长景世刚主持会议并讲话。会议指出建设绵阳科技城是党中央赋予四川的重大历史使命和政治任务，省委、省政府高度重视绵阳科技城建设。领导小组各成员单位深入贯彻落实省委、省政府决策部署，共同加快研究制定支持绵阳科技城建设的政策举措。要进一步完善成员单位联络员会议制度，建立常态化衔接机制，加强部门间横向沟通，定期召开联络员会

图8　10月28日，中国（绵阳）科技城投资峰会举行（视觉绵阳提供）

议，研判进度、总结成果，促进信息共享、成果共进，为科技城建设提供坚实保障。四川省建设绵阳科学城领导小组成员单位有关处室负责人参加会议。

【中国（绵阳）科技城投资峰会举行】　2022年10月28日，中国（绵阳）科技城投资峰会在中国（绵阳）科技城科创基金小镇举行。四川省地方金融监督管理局党组成员、副局长傅瑜，市委常委、副市长张明，绵阳高新区党工委副书记、管委会主任董泓出席峰会并致辞。市金融工作局党组书记杨保平参加峰会。会上，上交所西部基地、深交所西部基地、北交所西南基地、天府（四川）联合股权交易中心分别作政策宣讲；四川申万宏源长虹股权投资管理有限公司、华西金智投资有限责任公司、绵阳聚融股权投资基金管理有限公司、四川宏盛投资有限责任公司分别作推介；绵阳科技城先进技术研究院、四川振通检测股份有限公司、龙华相位新材料（绵阳）股份有限公司、四川远方高新装备零部件股份有限公司路演。市发改委、市经信局等有关部门负责人及知名股权投资机构负责人、企业家代表参加峰会。本次峰会通过深交所科融通V-Next平台全程直播。

【第十届中国（绵阳）科技城国际科技博览会新闻发布会举行】　2022年10月31日，四川省人民政府办公厅主持的第十届中国（绵阳）科技城国际科技博览会新闻发布会在成都举行。省政府副秘书长徐志文发布第十届中国（绵阳）科技城国际科技博览会基本情况、筹备情况和展会主要特点。市委常委、副市长梁磊从战略科技力量建设、科技协同创新、高端现代产业等6个方面介绍中国（绵阳）科技城发展情况。科技部成果转化与区域创新司副司长吴家喜从支持绵阳科技城抓好顶层设计、抓战略科技力量和重大科技战略任务的实施、支持绵阳科技城抓好区域创新体系的建设、抓开放合作平台4个方面回答记者提问。省委宣传部国际传播与对外推广处处长宁光霞主持发布会。人民日报社、新华社、中央广播电视总台、光明日报社、中国新闻社等40余家新闻媒体记者到会采访报道。

（向　帆）

绵阳科技城新区

【概况】　绵阳科技城新区是2020年12月23日由省政府批复设立的全省第四个省级新区，发展定位为绵阳市的“创新新引擎、产业新高地、城市新空间”，总体规划面积396平方千米，空间范围包括绵阳市涪城区、游仙区、安州区、高新区、科创区下辖9个乡镇（街道）所属区域，常住人口约80万人，分为统筹区和直管区。绵阳科技城新区位列2022年全国城市新区发展潜力百强榜单第11位，较2021年提升5位。新区直管区是绵阳科技城新区建设发展的核心区和示范区，管辖面积36.6平方千米，空间范围包括科创区创业园街道全域和涪城区青义镇、安州区界牌镇部分区域，常住人口约14万人。主导产业有软件与信息服务业、新一代通信产业，特色产业有电子装备产业、科技服务业。2022年，新区直管区实现地区生产总值110.37亿元。

【绵阳科技城新区直管区项目建设】　2022年，绵阳科技城新区直管区修订《科技城新区直管区项目管理办法》，明确各重点项目的责任主体和工作时限，围绕审批、规划、能评、用工等关键节点，解决制约项目建设进度和投产达效的瓶颈问题，为加快项目建设进度创造良好环境。全年完成全社会固定资产投资70.5亿元，增长100.2%。实施各类项目135个，总投资105亿元。33个省、市、区重点项目完成投资88.22亿元、年度投资完成率120%，连续3个季度进入全市重点项目推进“红榜”，4个项目获评全市“骏马项目”。

【科技共享空间一期建设】　科技共享空间一期位于绵阳科技城新区直管区科技之心片区内，南侧紧邻安昌河。项目用地面积2.20万平方米，总建筑面积11.82万平方米，项目建设内容包括项目主体及室外附属配套设施建设。项目于2022年10月开工建设，计划2025年10月完工，工程总投资约12.21亿元。建设单位为绵阳新路投资发展有限责任公司，施工单位为四川公路桥梁建设集团有限公司，监理单位为中科旭日建设集团有限责任公司，设计单位为中国电建集团华东勘测设计研究院有限公司，勘察单位为中国电建集团华东勘测设计研究院有限公司。

【科技展厅建设】　科技展厅位于绵阳科技城新区直管区科技之心片区内，南侧紧邻安昌河。项目总用地面积3.79万平方米，项目总建筑面积为8.87万平方米、地上建筑面积为5.06万平方米，地下建筑面积为3.76万平方米，地下室层数为1层。项目建设内容包括项目主体及室外附属配套设施建设。项目于2022年11月开工建设，计划2026年5月完工，工程总投资约13.96亿元。建设单位为绵阳新路投资发展有限责任公司，施工单位为四川公路桥梁建设集团有限公司，监理单位为中科旭日建设集团有限责任公司，设计单位为中国电建集团华东勘测设计研究院有限公司，勘察单位为中国电建集团华东勘测设计研究院有限公司。

【产学研成果转化中心项目建设】 产学研成果转化中心项目位于绵阳科技城新区直管区科技之心片区内。项目总用地面积1.71万平方米，总建筑面积14.64万平方米、地上建筑面积10.27万平方米，地下建筑面积4.37万平方米，地下室层数为3层。项目建设内容包括项目主体及室外附属配套设施建设。项目于2022年10月开工建设，计划2026年4月完工，工程总投资约14.86亿元。建设单位为绵阳新路投资发展有限责任公司，施工单位为四川公路桥梁建设集团有限公司，监理单位为中泰天顺集团有限责任公司，设计单位为中国电建集团华东勘测设计研究院有限公司，勘察单位为中国电建集团华东勘测设计研究院有限公司。

【首届招商大使聘任大会举行】 2022年3月25日，绵阳科技城新区直管区举行“首届招商大使聘任大会”，来自全国行业领域内的20名精英被聘为“招商大使”。招商大使的主要职责是对绵阳科技城新区直管区高质量发展、园区建设和招商引资等工作提出建设性意见，宣传推介绵阳科技城新区直管区重点产业、投资环境及招商政策，邀请境内外投资机构、知名企业等到绵阳科技城新区直管区参观、考察、交流，组织企业参加各类招商活动，引荐、提供符合绵阳科技城新区直管区重点产业发展方向的投资项目、高端人才和先进技术，为引进产业链、创新链上下游企业、机构牵线搭桥，协助开展上门招商，推动项目考察洽谈、签约落户，协助绵阳科技城新区直管区经合局策划实施各类境内外专题招商活动。会上，陈长志、熊建新等5位招商大使为新区直管区与启迪科技、华腾新材料等15个项目牵线搭桥，其中长虹新网等3个项目签约落地。

图9　3月25日，绵阳科技城新区直管区首届招商大使聘任仪式举行（科技城新区提供）

【市政府与蜀道集团战略合作协议签约暨绵阳科技城新区重点项目签约开工仪式举行】 2022年6月28日，绵阳市政府与蜀道集团战略合作协议签约暨科技城新区重点项目签约开工仪式举行，新区签约重点招商引资集中签约项目36个。其中，科研院所类项目5个、金融类项目6个、机器人项目12个、其他类项目13个，协议引资金额202亿元。开工项目4个，总投资165亿元。其中，绵阳科技城新区科技创新产业集群及基础设施统筹建设项目投资134亿元，计划建设6.9千米创业大道西延线东段、26千米市政道路等市政基础设施、93万平方米的创新中心及科技服务中心等科技创新产业集群。

【中国（绵阳）科技城·国际企业产业合作对接会科技城新区分会场举行】 2022年8月18日，中国（绵阳）科技城·国际企业产业合作对

图10　6月28日，绵阳市人民政府与蜀道集团战略合作协议签约暨绵阳科技城新区重点项目签约开工仪式举行（科技城新区提供）

接会在北京举行，绵阳科技城新区作为分会场同步开展此次活动，新区党工委委员、管委会副主任刘建华参加会议并在会上进行投资推介。会上，新区与德国Roborev公司、嘉威德公司等企业进行线上对接交流，双方就中德人才引进机制、联合培养机制、Roborev公司工业机器人控制模块研发和建设项目表示初步合作意向。（何　菲）

高新技术产业

【概况】　2022年，绵阳市兑现高新技术企业认定奖励资金1300余万元，引导企业按照高新技术标准建设发展。加强高新技术产业载体建设，实施“园区提质”“企业满园”行动，绵阳高新区在全国排位上升至第44位。持续深化职务科技成果混合所有制改革，支持赋予更多科研人员职务科技成果所有权或长期使用权，推动东材科技功能精密涂布材料中试研发平台等中试熟化平台加快建设，全年累计实现科技成果转化120余项。至年底，全市新增高新技术企业180家，高新技术企业总数达709家，高新技术产业营业收入2594亿元。

2022年绵阳市国家级、省级工程技术研究中心一览表

表4

国家级工程技术研究中心			
1	国家烟气脱硫工程技术研究中心	4	国家绝缘材料工程技术研究中心
2	国家核技术工业应用工程技术研究中心	5	国家空管监视与通信系统工程技术研究中心
3	国家城市污水处理及资源化工程技术研究中心	—	—
省级工程技术研究中心			
1	四川省磁性材料工程技术研究中心	17	四川省光学偏光薄膜材料工程技术研究中心
2	四川省马铃薯工程技术研究中心	18	航空发动机及燃气轮机叶轮机械工程技术研究中心
3	四川省生物质资源利用与改性工程技术研究中心	19	四川省北斗应用工程技术研究中心
4	四川省风能工程技术研究中心	20	四川省工业自主可控人工智能工程技术研究中心
5	四川省功能杂环化合物工程技术研究中心	21	四川省蛋鸡产业工程技术研究中心
6	四川省家电产品绿色制造工程技术研究中心	22	四川省氢能源与多能互补微电网工程技术研究中心
7	四川省数字内容保护工程技术研究中心	23	四川省先进全固态激光工程技术研究中心
8	四川省氢同位素工程技术研究中心	24	四川省先进磁性器件及应用工程技术研究中心
9	四川省杂交水稻商业化育种工程技术研究中心	25	四川省空中目标探测与识别工程技术研究中心
10	四川省精密超精密加工工程技术研究中心	26	四川省缓控释专用生态肥工程技术研究中心
11	四川省燃气轮机燃烧工程技术研究中心	27	四川省光通信器件智能制造与测试工程技术研究中心
12	四川省特种工装印染工程技术研究中心	28	四川省特种线缆及组件工程技术研究中心
13	四川省新能源汽车驱动系统工程技术研究中心	29	四川省智能交通大数据融合分析与决策工程技术研究中心
14	四川省特种门窗工程技术研究中心	30	四川省宽带网络工程技术研究中心
15	四川省工业控制系统安全工程技术研究中心	31	四川省航空发动机与燃气轮机先进测试工程技术研究中心
16	四川省大数据与智能系统工程技术研究中心	32	四川省铬铁矿资源高值化利用工程技术研究中心

【绵阳科技城新区直管区高技术产业园项目】　绵阳科技城新区直管区高技术产业园项目是省级重点项目，是新区统筹部署一批产业项目，率先开启建设的产业项目，位于科技城新区直管区兴隆社区，总用地面积9.56万平方米，总建筑面积17.92万平方米，估算总投资18.57亿元，建设工期36个月。项目

计划分两期建设，一期主要建设内容包括四栋试生产用房、综合办公楼、精品公寓、职工宿舍及园区食堂、人防地下室及室外附属工程。二期拟建两栋多层定制试生产用房。项目于2022年6月开工，一期计划2024年3月完工，二期计划2023年8月完工。建设单位为绵阳科技城新区投资控股（集团）有限公司、施工单位为中国核工业二四建设有限公司、监理单位四川正菱建设监理咨询有限公司、设计单位为中铁城际规划建设有限公司、勘察单位为四川正基岩土工程有限公司。

【苏科高新·绵阳智能制造产业园项目开工】 2022年12月12日，绵阳经开区举行“决战四季度　大干一百天”攻坚行动2022年12月重点项目现场推进会暨苏科高新·绵阳智能制造产业园项目开工奠基仪式。苏科高新·绵阳智能制造产业园占地约9公顷，总建筑面积约14万平方米，计划总投资22亿元，项目建设集研发中试、生产制造、生产生活服务综合配套于议题的现代化产业园，主要建设智能小家电、5G、显示屏配套产线，预计年产电子元器件3万吨。（刘　欣）

科技型中小企业

【概况】 2022年，绵阳市实施科技企业雁阵培育计划，面向科技型中小企业开展政策培育，会同科技服务机构对入库企业开展“一对一”重点辅导，新增科技型中小企业488家，评价入库科技型中小企业总数达2141家。

【科技型中小企业培育平台】 2022年，绵阳市按照“专业化、市场化、社会化、体系化”的发展理念，围绕“众创空间（星创天地）+专业孵化器+特色孵化器+特色园区”链条，结合各地发展特色和主要产业推进创新创业平台建设。持续引导孵化机构专业化、市场化、体系化、信息化能力建设，全市孵化载体65个（孵化器、众创空间），其中国家级孵化机构15个、省级孵化机构38个、市级孵化机构12个。新备案省级孵化器1个、众创空间3个，市级孵化器2个、众创空间3个、孵化链3个。

【科技型中小企业创新发展平台】 2022年，绵阳市探索科技资源优势，推进新型研发机构建设，组建中国（绵阳）科技城先进技术研究院，签约入驻高性能X射线探测项目等高水平创新团队。组建运营科技城航空动力创新中心，累计引入创新团队22个，实现成果转化7项。培育省级新型研发机构3家，组织申报省工程技术研究中心10个，申报市重点实验室、工程技术研究中心42个，持续为科技型中小企业吸纳创新成果提供转化平台。

【科技型中小企业服务保障】 2022年，绵阳市发布“人才十条”新政，首次提出为引进优秀人才发放安居补助、明确设立博士后引进培养专项经费、打通国防科研院所和地方人才在职称评审方面体制机制等政策。全年兑现政策资金2.1亿元。盘活编制资源，设立海外、北京、上海等7个高层次人才引进工作站，组建17个小分队，到厦门、长沙、武汉、重庆、成都、西安、兰州等高校资源富集城市设考场招才，采取“带岗上门、带编进校”直接到大学校园揽才，实行现场报名、现场考核、现场签约，实现人才“最多跑一次”。引进各类人才2万余人，柔性引进12名“两院”院士担任科技顾问。加快建设1万套“拎包入住”人才公寓，打造“科技城人才卡”专属服务区（贵宾厅、服务站），提升人才发展生态。设立2.5亿元的贷款风险补偿基金，在全省率先推出“成果贷”。至年底，全市科技型企业贷款余额453亿元，“设备仪器贷”累计放贷超过1.5亿元。100多家企业获得“天府科创贷”支持，贷款额度超5亿元。搭建线上线下融合的投融资对接平台，开展科创企业投融资对接会，科技金融创新高峰论坛、百名创投绵阳科技城行、创新创业投融高峰会等活动。优化科技保险试点工作内容，险种增加到22个、合作保险公司增加到9家，最高保费补贴额提高到30万元。共有253家（次）企业投保科技保险，兑付保费补贴1300多万元。（刘　欣）

科技城人才建设

【概况】 2022年，绵阳市加强人才工作，出台“人才十条”，设立10亿元人才发展专项资金，首次提出为全职引进的高层次和急需紧缺人才给予最高50万元安居补助政策，升级创新创业人才创业团队支持力度，出台博士后创新发展专项支持政策，开通院地职称互认“直通车”等政策，支持在绵阳科研院所、高校和企业人才发展。建成人才公寓3100余套。组建并揭牌全省首家国有人才集团——绵阳科技城人才发展集团。第十届科博会期间，举办科技绵阳“城”纳贤才——绵阳市2022年下半年招才引智“空中双选会”“科技城金英荟”等“科技城人才日”系列活动。新增博士后科研工作站1家、博士后创新实践基地2家。设立7个高层次人才引进工作站，成立17支招才引智小分队，全年共引进各类人才2万余人，其中博士340人、硕士4678人；引进12名“两院”院士担任科技顾问。

【《绵阳市加快集聚创新人才十条政策措施（暂行）》出台】 2022年4月7日，绵阳市委人才工作领导小组发布《绵阳市加快集聚创新人才十条政策措施（暂行）》即“人才十条”，聚焦人才引育用服全链条，在人才资金、人才集聚、人才培养等方面提出举措。包括设立10亿元人才发展专项资金，全方位培养、引进、用好人才；加大高端人才引进，培养引进一批产业创新团队和战略科技人才，大规模集聚青年人才和卓越工程师，实施“智汇科技城”柔性引才，培养引进一批产业创新团队和战略科技人才方面，突出招商引资与招才引智联动，以项目为载体，大力引进电子信息、高端装备制造、新材料等高层次创新创业团队，对每个入选团队给予最高2000万元资助。服务国家战略科技力量建设，对在绵阳的单位培养引进的顶尖人才，给予最高200万元奖励，支持开展重大项目研究、成果转化等。大规模集聚青年人才和卓越工程师方面，计划常态化开展招才引智，对用人单位全职引进的各类高层次和急需紧缺人才，给予每人最高50万元安居补助。柔性引才方面，提出实施“智汇科技城”柔性引才，对实施“揭榜挂帅”引进高层次人才（团队）的企事业单位，给予最高100万元资助；对设立院士工作站的单位给予每年最高30万元资助。设置“绵州学者”特聘专家岗位，给予每个岗位最高15万元资助，支持开展课题（项目）研究等。支持科研院所、高校在绵阳举办全国性学术交流活动，给予最高30万元资助。培育本土人才，实施“绵州育才计划”“绵阳市学术和技术带头人”“博士后培养计划”三大人才培养计划并分别给予资金支持。发挥高校和用人主体人才培育主阵地作用，支持在绵阳高校对标全市产业布局培养人才，对全日制专科以上毕业生留绵阳工作年增长率超过5%的绵阳高校，给予最高50万元奖励。改革人才评价机制，打通在绵阳科研院所、高校与地方在科技奖项、职称评审等方面体制机制障碍的同时，探索市场化人才激励机制，对市属事业单位符合条件的急需紧缺高层次人才，可结合本单位经费渠道及保障能力等具体情况，合理确定其绩效工资水平，所需绩效工资总量在事业单位绩效工资总量中单列。支持事业编制科研人员5年内保留人事关系，参与各类创新平台建设，期满后自主选择去留。

【市委人才工作领导小组会议召开】 2022年4月27日，绵阳市委人才工作领导小组2022年第一次会议召开，省委常委、市委书记、领导小组组长曹立军主持会议并讲话。会议审议《市委人才工作领导小组工作规则》《市委人才工作领导小组办公室工作细则》《绵阳市人才发展“十四五”规划》《市委人才工作领导小组2022年工作要点》《绵阳市高层次人才引进工作站管理考核办法（暂行）》《绵阳市院士（专家）工作站实施办法（暂行）》《绵阳市乡村人才振兴五年行动实施方案（2021—2025）》等文件。会议强调要转变人才评价标准、引进方式、管理方式。坚持把招才引智和招商引资有机结合，以更优环境育才留人。开展菜单式、链接式育才，为人才搭建良好平台。坚持“系统谋划、市县联动、分批建设”原则，采取新建、配建、改建、租赁、购买等模式，加快筹集建设人才公寓，改善人才生活居住条件。建好院士小镇、人才公园、人才绿道，举办行业高端人才主题活动和创新创业大赛，办好全国科普日、科技活动周、科普活动月等活动，用好中国（绵阳）科技城创新馆，营造尊重劳动、尊重知识、尊重人才、尊重创造的氛围。

【市委人才工作会议召开】 2022年5月9日，绵阳市委人才工作会议召开，省委常委、市委书记曹立军出席会议并讲话。中国科学院院士、中国工程物理研究院院长刘仓理，中国工程院院士唐立、邓建军，中国科学院院士唐志共，市人大常委会主任付康，市政协主席李亚莲出席，市委副书记王华蓉主持。会议宣布绵阳“人才十条”政策首批兑现项目情况，兑现“人才十条”新政首批政策资金共计3440万元。其中，对32个“科技城人才计划”入选团队给予总额2580万元资金资助，对国家重点实验室引进培育高层次人才给予200万元资助，对2家院士工作站给予每家30万元资助。

【绵阳2022年第二批招才引智活动启动】 2022年6月，绵阳市启动2022年第二批招才引智活动，招才引智小分队分批次到厦门、西安、兰州、武汉等地高校开展“带编进校”“带岗上门”活动。本次活动通过实施“带岗上门”“不笔试、只面试”的招聘形式，简化招聘流程，让人才“只跑一趟”。全市各级各有关部门统筹优选岗位，对准高层次人才，精准选岗、精细对接，提升招聘匹配效率。此次招才引智活动中，厦门专场活动共拿出市级事业编制岗位89个，共收取硕博毕业生简历200余份；西安、兰州两地专场活动发布89个市级事业编制岗位需求和北川羌族自治县59个事业编制岗位需求，共收取优秀毕业生简历150余份；武汉专场活动带着89个绵阳市级事业编制岗位、50个游仙区事业编制岗位、347个重点企业人才需求岗位，共收取硕博毕业生简历200余份。此外，市县两级共提供近300个事业单位编制岗位，采取线下与线上结合的方式接受考试报名，共收取毕业生简历260余份。

【《绵阳市创新型人才中、高级职称“直通车”评审办法（试行）》出台】 2022年7月27日，绵阳市人社局印发《绵阳市创新型人才中、高级职称“直通车”评审办法（试行）》（以下简称《办法》）。《办法》规定，职称“直通车”政策适用于绵阳市行政区域内在“1+4”支柱产业集群、“6+10”现代农业等重点产业领域及绵阳市其他优势特色产业、战略性新兴产业和未来产业中取得重大基础及应用研究和前沿技术突破、解决重大工程技术难题等的标志性人才；在全市“揭榜挂帅”“赛马”中解决关键核心技术取得重大业绩的人才；各企事业单位引进的高层次、急需紧缺人才以及在全市经济社会各项事业发展中作出重要贡献的人才。全市企事业单位的专业技术人员，工作业绩、能力、水平和贡献等达到“直通车”政策规定的条款，即可按绵阳市年度职称评审工作安排参加职称评审，不受学历、资历、职称层级等限制，可以一步到位直接申报相应级别的职称评审；对部分重大招商项目企业和引进的急需紧缺专业技术人才，可额外建立职称评审“绿色通道”，开设职称评审“专场”，集中统一办理。

【绵阳科技城人才发展集团有限责任公司揭牌】 2022年11月14日，绵阳科技城人才发展集团有限责任公司（以下简称绵阳人才集团）经市政府批准成立；11月18日，绵阳科

图11　11月18日，绵阳科技城人才发展集团揭牌仪式举行（市委组织部提供）

技城人才发展集团揭牌仪式在第十届中国（绵阳）科技城国际博览会"科技城人才日"启幕仪式上举行。绵阳人才集团为市国资委直接监管的公益类企业，注册资本1.5亿元，资产总额38.22亿元，由市委组织部负责业务指导。旨在打造"一流的人才资源开发商、领先的协同创新平台运营商、专业的人才项目投资商、职业的人才服务提供商"，致力建成西部领先、全国一流的大型现代国有综合性人才发展集团。围绕人力资本综合服务、人才协同创新平台运营、人才创业投资、人才综合配套服务四大板块，开展人才招引猎聘、人才项目投资、科技人才成果转化、人才园区运营、人才资源开发与管理咨询、人才活动策展、人才公寓建设管理等业务。

【科技绵阳"城"纳贤才——绵阳市2022年下半年招才引智"空中双选会"举行】　2022年11月18日，科技绵阳"城"纳贤才——绵阳市2022年下半年招才引智"空中双选会"举行，面向全国引进4981名高层次和急需紧缺人才，活动吸引30.7万人次在线观看。活动中，涪城、游仙、江油、三台、梓潼作为县（市、区）代表，市教体局、市卫健委作为事业单位代表，中电九所、西南科大、九洲集团、中玖闪光等作为绵阳科研院所、高校、重点企业代表，与广大人才线上互动，推介引才需求，在线解答问题。活动共收到简历3145份，其中硕士及以上学历1290份。

【"科技城金英荟"人才金融主题活动举行】　2022年11月19日，"科技城金英荟"人才金融主题活动举行，活动由市委组织部、市金融工作局、市财政局联合举办。本次活动正式上线综合金融服务线上平台"金融超市"。"金融超市"依托"绵企通"政企服务平台，建有"金融会客厅""金融工具箱""金融导航仪"三大功能模块，可为人才企业提供信贷、担保、保险、证券、企业上市挂牌合规性审查等一站式金融服务。发布绵阳市科创企业贷款风险补偿基金，邀请中国银行绵阳分行、农业银行绵阳分行两家人才银行就人才特色金融产品进行推介。中国银行绵阳分行、农业银行绵阳分行、邮储银行绵阳分行、绵阳市商业银行、绵阳农商银行、人保财险绵阳市分公司及坤泰融资担保公司与7家人才企业现场完成"首贷、首保、首担"签约。

【科技城人才公寓揭牌仪式举行】　2022年11月21日，"科技城人才日"系列活动之科技城人才公寓揭牌仪式在绵阳高新区铂金时代举行。首批科技城人才公寓共建成人才公寓81套，建筑面积3410平方米，地处绵阳高新区核心商圈，周边大型商超、餐饮街区、公交车站、健身房、医院等基础配套齐全。绵阳市推进科技城人才安居工程建设，坚持"系统谋划、市县联动、分批建设"原则，采取新建、配建、改建、租赁、购买等多种渠道筹建人才公寓，计划到2025年底，筹建"拎包入住"人才公寓不少于1万套，营造"近悦远来"的人才发展生态。

【"科技城人才卡"专属服务区揭牌仪式举行】　2022年11月21日，"科技城人才卡"专属服务区（贵宾厅、服务站）揭牌仪式在绵阳南郊机场举行。为绵阳南郊机场、绵阳火车站、绵州大剧院、越王楼·三江半岛景区等单位"科技城人才卡"专属服务区（贵宾厅、服务站）授牌。市委常委、组织部部长莫怀学出席仪式并授牌。仪式上，绵阳机场（集团）有限公司、中国铁路成都局集团有限公司绵阳车务段、市文广旅局等"科技城人才卡"服务单位现场作服务承诺。相关单位负责人、20余名持卡人才代表参观绵阳南郊机场"科技城人才"贵宾厅。　（李浩铭）

"两城两镇"建设

【概况】　2022年，绵阳市加快建设"云上科技城""云上大学城"、院士（专家）小镇、科创基金小镇，集聚知名企业、高水平院校，依托科技城科技创新资源优势，运用云计算、大数据、虚拟现实等技术，打造科技资源集聚中心、科技服务创新平台、科技研究策源地、成果转化承载地和人才交流集聚地。促成厦门大学、哈尔滨工业大学等20所高校入驻"云上大学城"。

【"云上科技城"建设】　"云上科技城"是绵阳科技城整体智慧化升级，通过运用VR/AR技术展示"云上科技城"整体设计概念，囊括科技城大市场、仪器共享、科技金融、知识产权、数字服务、云上招引和政策大厅7个板块，运用大数据平台汇聚分析7个板块的数据。2022年，"云上科技城"依托28名在绵阳的"两院"院士、18家国家级科研院所、15所高等院校、超200家国省级创新平台、上万家创新型企业等创新资源在云上集聚，链接全国乃至全球，打造立足绵阳、服务四川、辐射西南、连通国际的科技资源集聚中心和科技服务创新新平台，实施更高效更便捷的招院引所、招商引资、招才引智。通过“云上科技城”，突破技术需求，转化科研成果，挖掘创新人才。通过“云端”，打破仪器、成果、人才等信息壁垒，实现资源互通共享，建成多维度科技创新数据库。

【“云上大学城”建设】 2022年4月，绵阳市委、市政府作出探索建设“云上大学城”的重大部署，旨在更大范围、更高层次集聚创新资源，加快建设中国科技城。“云上大学城”集聚的是高水平院校，是通过运用云计算、大数据等先进技术，链接全球一流高校优质资源，构建虚实结合的虚拟大学城。建设总体思路是：招引云聚全国乃至全球高水平高校，推动云上集聚资源转化为云下项目落地，助力一批关键核心技术加速突破，引育一批科技创新人才，促成一批科技成果转化，探索全国校地合作创新发展新模式。6月15日，在中国（绵阳）科技城厦门推介会上，绵阳市政府与厦门大学签约，厦门大学入驻“云上大学城”。6月23日，在“创新金三角·智汇科技城”首场活动中，举行“云上大学城”入驻签约仪式，绵阳市政府与中国科学技术大学、华中科技大学、中南大学、电子科技大学等9所高校签约，共建“云上大学城”。8月底，为推动“云上大学城”的建设，市科技局聚焦“校地、校校、校企、校园、校产”合作，同入驻高校从工作机制、技术合作、成果转化、人才培养等方面细化合作事项，形成“云上大学城”十件大事。分别是建立入驻高校工作机制、举办“‘云上大学城’入驻高校专家绵阳行”活动、联合入驻高校开展关键核心技术攻关、推动入驻高校在绵阳转化科技成果、开展技能人才培养合作、招引国防七校入驻、建立全国最大的实习实训基地、招引入驻高校在绵阳成立创新平台、开展人才委托培养、面向入驻高校开展高端人才引进活动。9月23日，召开“云上大学城”第一次联席会议。上海交通大学、华中科技大学、武汉大学、西安交通大学等高校通过视频会议形式参会，就“校校、校地、校产、校企、校园”合作进行交流。市科技局与市委组织部、市经信局等单位对“云上大学城”十件大事进行解读。同日，“云上大学城”技术合作需求揭榜挂帅发布会暨“创新金三角·智汇科技城”第四场活动中，向“云上大学城”入驻高校发布技术需求108项、“揭榜挂帅”项目15项。11月15日，第十届中国（绵阳）科技城国际科技博览会投资推介会暨集中签约会上，重庆大学、苏州大学、浙江大学等6所高校、团队与绵阳市政府签约入驻“云上大学城”。至年底，共有20家高校入驻“云上大学城”，同时北京大学、复旦大学、中科院等14家高校、院所、龙头企业高水平研发团队入驻“云上大学城”创新港。

资料链接：“云上大学城”是运用云计算、大数据、元宇宙等先进技术构建虚、实结合的大学虚拟城。“云上大学城”是绵阳加快建设中国科技城、全力打造成渝副中心的重要举措，旨在广泛邀请全国各大高校深度参与绵阳国家科技创新先行区建设，通过“云上”入驻+“线下”合作的方式，发挥高校高端人才密集、学术理念先进、重点学科集中的优势，打造共通共用、共建共享的协同创新平台，将高校的创新资源优势与绵阳科技城建设发展更加紧密结合，拓展技术需求与科技成果供需两端的对接交流渠道，最终实现绵阳科技城与各大高校的共赢发展。

2022年“云上大学城”入驻高校一览表

表5

序号	名称	序号	名称
1	厦门大学	11	北京理工大学
2	哈尔滨工业大学	12	四川大学
3	西北工业大学	13	南京航空航天大学
4	电子科技大学	14	西安交通大学
5	西南交通大学	15	西南大学
6	西南科技大学	16	成都中医药大学
7	中国科学技术大学	17	中国计量大学
8	中南大学	18	苏州大学
9	华中科技大学	19	武汉理工大学
10	重庆大学	20	济南大学

图12　中国（绵阳）科技城科创基金小镇（视觉绵阳提供）

【院士（专家）小镇建设】　院士（专家）小镇位于涪城区青义镇前进村，规划面积3.9平方千米，以服务“大院大所”、服务“高端人才”为核心，按照“一套规划设计、三方协同联动、五大具体行动”工作思路，根据业态、文态、形态、生态“四态”融合要求，规划院士（专家）宜居区、科技创新服务区、科技教育研学区、智慧新农村示范区四大主题功能区，建成集研发、小试、中试、体验、转化、康养于一体的科技综合体，形成集聚人才效益和产业效应的具有全国影响力的人才生态。2022年11月4日，绵阳市首个院士小院——范国滨院士小院开工仪式在涪城区青义镇前进村院士（专家）小镇举行。至年底，6名院士选定小院、2个科研团队完成选址，2个院士小院在建、1个科研团队项目建成投用。

【科创基金小镇建设】　科创基金小镇位于绵阳市高新区会展中心旁，占地面积约1.77万平方米。由9幢商业办公楼和1个路演中心组成，总建筑面积约1.32万平方米（路演中心建筑面积1554.88平方米）。科创基金小镇采用政府主导、市场引导、企业参与的运营模式，引进银行、证券、保险、基金、信托、期货等金融机构，探索“金融资本、科技创新、产业资源”三位一体科技金融融合发展模式，引导股权投资机构聚集发展，促进科技成果转化，助推区域经济转型升级。2022年，由科创基金小镇发展服务中心负责小镇营运管理，出台《绵阳市支持中国绵阳科技城科创基金小镇发展若干政策（试行）》，举办中国（绵阳）科技城投资峰会等投融资对接及项目路演活动。至年底，基金小镇共入驻金融机构13家、基金管理公司8家，管理基金28支，管理规模276.35亿元。

【中国（绵阳）科技城建设科技创新先行区投融资对接会暨科创基金小镇开镇仪式举行】　2022年10月28日，中国（绵阳）科技城建设科技创新先行区投融资对接会暨科创基金小镇开镇仪式举行，中国（绵阳）科技城科创基金小镇正式开镇运营。省委常委、市委书记曹立军，省政协副主席、省地方金融监管局局长欧阳泽华等出席并致辞。活动仪式上，省科技厅厅长吴群刚为“天府科创贷”绵阳分中心授牌，“天府科创贷”绵阳分中心正式入驻基金小镇。“天府科创贷”绵阳分中心联动金融分支机构计划建立不少于15个网点、不少于50名服务专员的服务体系，通过与省中心联动，具体负责绵阳辖区内“天府科创贷”政策推广、业务受理、工作宣传等主要工作任务。活动中，绵阳市对绵阳科技城重点企业和重点项目进行推介，金融机构与在绵阳科技型企业签订投融资合作协议，

图13　10月28日，中国（绵阳）科技城建设科技创新先行区投融资对接会暨科创基金小镇开镇仪式举行（视觉绵阳提供）

入驻机构与中国绵阳科技城科创基金小镇签订入驻协议。

（刘　欣　章彦博）

“创新金三角·智汇科技城”活动

【概况】　2022年，绵阳市推动关键核心技术协同攻关和科技成果快速转化，先后举办“创新金三角·智汇科技城”专场活动5场。活动采用“1＋1＋1”［“1个月＋1个县（市、区）及园区＋1个行业领域”］的模式，聚焦绵阳硬核科技“核技术应用”、成渝合作典范“绵碚合作”、科技变革关键“数字经济”、招院引所平台“云上大学城”、川北专场“融合创新·科技赋能”等主题，邀请友邻城市龙头企业、创新平台、创投机构代表等参与活动，以主题圆桌论坛、揭榜挂帅、现场路演、集中展览、线上推介等形式，促进技术协同攻关和科技成果转移转化。活动现场共发布电子信息、先进材料、装备制造、核技术应用、现代农业与生物医药等10余个领域和300余项新产品、新技术、新成果；共邀请8家科研院所、13所高等院校的专家学者，8家龙头企业与金融机构主要负责人出席现场活动，围绕科技领域热点话题发表主旨演讲，交流前沿科技成果。活动期间，绵阳市面向全国发布绵阳市和中科院、清华大学、浙江大学等院校科技成果、需求400余项，推动对接200余项，实现落地转化30项。

【“创新金三角·智汇科技城”首场活动举行】　2022年6月23日，“创新金三角·智汇科技城”首场活动在绵阳举行。本次活动通过线上线下同步的方式举办，线下主会场设在绵阳，另设北京、深圳、厦门3个分会场同步直播。省委常委、市委书记曹立军，中国工程物理研究院副院长王洋出席启动仪式并致辞。中国空气动力研究与发展中心副主任莫俊，中国工程院院士、中国工程物理研究院专家委员会委员范国滨等专家出席。活动中，市政府与中国科学技术大学、华中科技大学、哈尔滨工业大学、中南大学、电子科技大学等9所高校签约，共建“云上大学城”；有关方面分别就区域合作及“招院引所”项目、创新平台、“核技术应用创新联合体”组建等签约。范国滨作《核技术医疗产业发展方兴未艾》主题报告；科技部战略研究院副院长孙福全在北京分会场作《加快建设中国（绵阳）科技城国家科技创新先行示范区》主题报告；西南财经大学西财智库CEO、首席研究科学家、教授、博士生导师汤继强作《成渝双城经济圈建设发展报告》。活动期间，举办“创新金三角·智汇科技城”圆桌论坛，中国科学技术大学党委副书记、党委宣传部部长傅尧，国防科技大学计算机学院院长卢凯，四川大学副校长褚良银，西南交通大学党委常委、副校长刘长军，西南科技大学党委书记、校长董发勤等专家，围绕“使命担当·自立自强”主题，聚焦高校科技创新、成果转化、人才培养等展开交流对话。同时，举办创新成果发布暨技术需求对接会和创新资源市（州）行绵阳专场活动，通过线上渠道面向全国进行科技成果、技术需求发布与推介。

【“创新金三角·智汇科技城”第二场活动举行】　2022年7月21日，“创新金三角·智汇科技城”系列活动第二场——绵碚科技合作专场活动在重庆北碚举行。活动中，通过绵阳市科技助理、北碚区科技特派员同台路演，筛选出“中兵句芒平台”“数字磁罗盘”“占星者5G边缘计算器预测性维护应用”等6项具备产业化前景、成熟度较高且符合两地产业发展方向的重点技术成果，提炼出“仿生照明系统研制与推广需求”“高纯锗谱仪国产化技术研发”等4个关键核心技术需求。活动还通过国家两用技术交易中心线上发布与交易系统——“戎e网”“戎e宝小程序”等向全国同步发布科技成果100项、技术需求30项。绵碚两地科技型企业、创新平台、创投机构代表共50余人现场参加活动。腾讯视频会议同步直播。

【“创新金三角·智汇科技城”第三场活动举行】　2022年8月26日，“创新金三角·智汇科技城”系列活动第三场——融入数字经济、拥抱数字活动在绵阳科技城新区举行。活动中，科技城新区管委会副主任田媛作新区直管区科技创新情况推介。九洲集团副总经理黄异嵘、西南科技大学计算机科学与技术学院副院长黄晓芳分别围绕“数字经济与产业发展”“数字化转型与数字经济的探索与思考”作专题报告。九洲空管、科瑞软件等企业现场发布“多普勒甚高频全向信标（DVOR）技术”“面向多场景的高效超高精度三维重建技术”等6项成果和需求。同时，国家两用技术交易中心线上发布与交易系统向全国发布科技成果120项、技术需求33项。

【“创新金三角·智汇科技城”第四场活动举行】　2022年9月23日，“云上大学城”技术合作需求揭榜挂帅发布会暨“创新金三角·智汇科技城”第四场活动在绵阳举行。本次活动通过线上线下同步举行。“云上大学城”入驻高校通过线上参会。活动向“云上大学城”入驻高校发布技术需求108项、“揭榜挂帅”项目15项。其中，15个“揭榜挂帅”项目来自西科大、长虹、九洲、中航发涡轮院等11所高校、企业和院所，主要集中在电子信息、先进材料、装备制造3个领域。项目负责人以PPT路演的形式对技术合作需求作发布，介绍项目背景、需求目标、市场前景等。

【“创新金三角·智汇科技城”第五场（川北专场）活动举行】　2022年10月31日，“创新金三角·智汇科技城”第五场（川北专场）活动在绵阳举行。活动旨在加快建设川北省域经济副中心，构建川北区域协同创新体系。绵阳市科技局、广元市科技局、遂宁市科技局、阿坝藏族羌族自治州科技局及涪城区委、区政府有关负责人出席活动。活动中，涪城区作融合创新情况推介。刘勇、唐永建等专家分别围绕“机器视觉技术在仪器装备中的应用”“加快构建科技创新示范平台，推动融合型企业高质量发展”作专题报告。广元瑞峰新材料、四川永贵科技等企业现场发布9项技术和需求。活动还通过科技成果、技术需求汇编手册发布科技成果54项、技术需求87项。（张峻方）

第十届中国（绵阳）科技城国际科技博览会

【概况】 2022年11月16—19日，第十届中国（绵阳）科技城国际科技博览会（以下简称第十届科博会）在绵阳举行。本届科博会以“科技引领·创新创业·合作共享”为主题，由阿根廷担任主宾国。开幕式上，全国人大常委会副委员长、民盟中央主席丁仲礼出席开幕式并宣布开幕，省委书记王晓晖、科技部副部长张广军致辞，阿根廷驻华大使牛望道宣读总统费尔南德斯的贺信，省委副书记、省长黄强主持开幕式。国家部委相关负责人、军队代表、“两院”院士和专家学者代表、商界代表出席，参会嘉宾超过1500人。中国电子信息产业发展研究院（赛迪研究院）发布2022中国城市科技创新百强榜，绵阳市名列第20位。第十届博览会采取“线上云展览＋线下举办科技成果展览”方式进行。线下展览由2个室内展馆和1个室外展场组成，面积达3万平方米，科技部专设国家“十三五”科技创新成果巡回展区，精雕五轴高速加工中心等40项最新成果集中亮相。中航工业、中国电科等9家央属军工集团，中科院、中物院等24家科研院所，清华大学、北京大学等16家高校，华为、大疆等379家科技型企业参会，展出包括TP500大型无人运输机、亚轨道运载火箭、医用回旋加速器等科技创新成果4150件。首次设立西部科学城展区，来自成都、重庆、绵阳三地的233家企业、600项展品参展，天府实验室等高能级创新平台的80项科技成果集中亮相。现场观众近3万人次，线上观众近2100万人次。其间，举办“科技城人才日”系列活动、新型智能天线论坛等活动，还举办多项国家科技计划成果路演行动，现场路演发布重大科技成果60项，在线发布科技成果237项。集中签约科技合作项目13个、产业项目137个、签约金额1323.99亿元，其中绵阳签约项目88个、签约金额1144.58亿元。

【第十届科博会开幕式发布中国城市科技创新百强榜】 2022年11月16日，赛迪研究院在第十届中国（绵阳）科技城国际科技博览会开幕式上发布2022中国城市科技创新百强榜，绵阳市排名第20名。赛迪研究院根据城市的创新投入、创新产出、创新环境和创新潜力四大评价体系，确定榜单。榜单前10名分别是深圳、广州、杭州、苏州、武汉、成都、南京、合肥、西安、宁波。从研发经费投入强度来看，绵阳2021年研发经费占地区生产总值的比重达7.15%，研发投入强度蝉联全国第1。

【第十届科博会云展馆上线】 2022年11月16日，第十届科博会云展馆上线，云展馆由“云展览序厅”“国家科技创新主题馆”“中国西部科技创新主题馆”“产业科技创新成果馆”4个线上展馆组成，共有377家国内外企业参展，展出展品1320项。通过高精度模型、动效、图文、视频、VR全景等技术手段呈现参展商品形象和最新科技成果。截至11月18日12时，现场观展人数超过1.5万人，累计线上观展人数超过1200万人次。

【“侨智精英科博行”高端医疗装备智造及新材料产业发展论坛举行】 2022年11月15日，第十届中国（绵阳）科技城国际博览会——“侨智精英科博行”高端医疗装备智造及新材料产业发展论坛举行。论坛以“科技赋能医工　创新引领智造”为主题，邀请约10名业界专家共同探讨高端医疗装备智造及新材料产业发展趋势。上海联影、深圳迈瑞等32家医疗装备智造企业代表以及19家医院院长参会。上海联影、上海国创等行业高端企业与绵阳科技城新区、绵阳麦思威尔科技有限公司等现场签约。促成奥泰医疗、上海微创2家高端医疗装备企业和1家投资基金与有关县（市、区）洽谈合作。

【四川省技术需求发布暨“揭榜挂帅”专场活动举行】 2022年11月16日，第十届中国（绵阳）科技城国际科技博览会四川省技术需求发布暨“揭榜挂帅”专场活动举行。省科技厅党组成员、副厅长田云辉，绵阳市委常委、副市长梁磊出席会议并致辞，有关市（州）分管市领导出席会议。电子科技大学教授、博士生导师周强作题为《量子纠缠：从诺贝尔奖到信息产业》的学

图14　第十届中国（绵阳）科技城国际科技博览会开幕式科技秀（市经合局提供）

图15　11月17日，中国磁性材料产业发展高峰论坛举行（市经合局提供）

术报告。此次活动从300项技术需求中，精选出“山地齿轨轨道交通列车运行控制系统与供电系统关键装备研发”“铁路地震应急处置和运输快速恢复技术及装备研究”“高效能钒电池储能关键材料开发及系统集成应用”等12项重点“揭榜挂帅”项目进行活动现场路演。四川虹科创新科技有限公司等5家发榜企业与揭榜方现场签约。省科技厅有关处室负责人、21个市（州）科技局负责人、省内部分高校、院所专家、金融机构等160余人现场参会。“云上大学城”入驻高校专家等48万余人线上参会。

【中国（绵阳）科技城核医学设备产业发展高峰论坛举行】　2022年11月16日，第十届中国（绵阳）科技城国际科技博览会——核医学设备产业发展高峰论坛暨中外专家绵阳行活动举办。论坛以“堆器耦合·诊疗一体·健康中国”为主题，“两院”院士、中外专家，科研院所、高校、医院、企业等行业专家100人参加论坛。论坛现场，院士团队代表发布创新科技成果，来自全国核医学界的院企及高校专家做主题演讲报告。报告内容涵盖核医学领域的技术应用、发展和机遇等前沿领域，专家围绕中高能粒子加速器在核医学领域的重大需求、基于先进离子加速器的精准放射医疗、现代放射治疗新技术的优势与挑战等内容作主题演讲。

【中国磁性材料产业发展论坛举行】　2022年11月17日，第十届中国（绵阳）科技城国际科技博览会——中国磁性材料产业发展高峰论坛举行。论坛以“材料强基·创新发展”为主题，以“线上+线下”形式进行，围绕当前国内外磁性材料新技术、新应用及市场发展现状、方向和趋势等方面，进行参观考察和主题演讲，展开学术交流和合作对接。中国科学院院士都有为、中国工程院院士邓龙江、中科三环股份有限公司副总裁胡伯平等8名磁性材料行业院士、专家学者，聚焦磁性材料的现状及发展、电磁辐射与散射控制材料、稀土永磁产业的现状与未来等内容作主旨演讲，探讨国内外磁性材料新技术、新应用及市场发展现状、方向和趋势。

【中国激光科技创新产业大会举行】　2022年11月17日，第十届中国（绵阳）科技城国际科技博览会——中国激光科技创新产业大会在游仙区举行。大会以“科技绵阳　光引未来”为主题，现场展出一批激光整机、光学材料和元器件等产品，并为“绵阳科技城光子技术研究院”揭牌。绵阳科技城光子技术研究院由游仙区和中国工程物理研究院共同创立，聚焦打造高能级科技创新平台，建成国内一流新型研发机构，重点建设成果转移转化平台、科技产业咨询平台和仪器设备共享平台，培育和孵化高新技术成果，推动实现从成果到产品，从产品到产业的全链条转化。

【第五届中国先进技术转化应用大赛电磁频谱专题赛闭幕式暨项目对接会举行】　2022年11月17日，第十届中国（绵阳）科技城国际科技博览会——第五届中国先进技术转化应用大赛电磁频谱专题赛闭幕式暨项目对接会在绵阳举行。该专题赛以“产创融合协同发展”为主题，是一项面向全国企事业单位及创新创业团队开展的专业性综合赛事。成都大公博创信息技术有限公司研发的快速部署式监测测向系统获得专题赛第一名。在决赛和闭幕式上，举行参赛产品路演和技术交流对接活动，达成10余项合作意向，其中7家实现现场签约。

【国家科技计划成果路演行动绵阳科技城专场举行】　2022年11月17日，第十届中国（绵阳）科技城国际科技博览会——国家科技计划成果路演行动绵阳科技城专场举行。路演活动采取线上线下同步举办，超过500家创投机构参会，其中厦门大学、哈尔滨工业大学、西北工业大学等“云上大学城”入驻高校代表线下参会。科技部高技术中心、中国生物技术发展中心、科技部21世纪中心、中国农村技术开发中心等国家重点研发计划项目管理专业机构代表，中关村产业联盟联合会、中国技术交易所等线上技术转移机构代表线上参会。路演活动围绕核技术、激光装备、航空动力、先进材料等领域现场发布60项重大科技成果，通过《国家科技计划成果路演行动　绵阳科技城专场成果汇编》发布科技成果113项。路演活动现场共有15家金融机构与10余家企业项目对接。

【新型智能天线论坛举行】　2022年11月18日，第十届中国（绵阳）科技城国际科技博览会——新型智能天线论坛举行。论坛以“探索科技前沿，构建绿色网络”为主题，展开针对新型智能天线的技术创新与应用场景研讨。来自中国科学院、毫米波国家重点实验室、电子科技大等单位的微波通信相关领域专家

图16　11月18日，新型智能天线论坛举行（市经合局提供）

进行主题演讲。中信科移动、银河航天、航天恒星、默克等生态链企业代表参加论坛。本次论坛以跨界创新为切入点，围绕光电半导体技术与新型天线展开研讨，通过对毫米波发展趋势及产业化发展前景分析，为打开市场新格局提供意见。液晶相控阵天线便携站产品在此次论坛上作全球首发。（李飞军）

产业园区·功能区

【概况】 2022年，绵阳市委、市政府印发《关于开展“园区提质”“企业满园”行动助推高质量发展的通知》，在全市国家级、省级开发区（园区）和市级工业园区开展“园区提质”“企业满园”行动，提出坚持企业入园满园，产业集聚集群，园区提质增效，外塑“颜值”，内提“气质”的目标，实施承载能力提升、优势产业集聚、开放合作突破、“镇园之宝”培育、“亩均论英雄”、创新平台覆盖、营商环境优化七大攻坚，强化保障措施，推动园区走特色化、集约化、人性化发展之路，新增500亿元级园区3个、1000亿元级园区2个，园区规模以上工业总产值增速高于全市平均水平15%以上。园区重大项目加快建设、产业规模加快壮大、设施配套加快完善、发展质效加快提升，绵阳高新区、游仙高新区、四川绵阳工业园区（科技城新区直管区）3个园区进入全省开发区“优秀”名单。新引进三类500强企业20家、增长66.67%，主板、科创板上市企业和国家高新技术企业76家、增长28.8%；新签约5亿元以上工业项目101个，签约金额2040.21亿元，其中百亿级“镇园之宝”项目7个。累计处置闲置土地18宗、73.01公顷；处置批而未供土地238宗、948.81公顷；完成“标准地”出让20宗、94.07公顷。全市承载能力基础设施建设项目累计完成投资75.86亿元，新增标准厂房367.74万平方米。全市工业园区聚集规模以上工业企业850家、集聚度68.71%。新增12家国家级专精特新“小巨人”企业、总数达35家；新增富临精工、西磁科技2家国家级制造业单项冠军企业，总数达5家；新增13家省“贡嘎培优”行动计划企业；新增6家省首批新赛道领先型“赛手企业”；新型显示、无人机、核技术应用3个产业集群获批为省级战略性产业集群。印发《关于向市属园区放权赋能的实施方案》，绵阳高新技术产业开发区、绵阳经济技术开发区、科技城新区、仙海水利风景区4个园区获得51项向市属园区放权具体权限。赛迪顾问发布中国幸福百强区（2022）和2022园区高质量发展百强榜单，涪城区上榜中国幸福百强区（2022），排名第50名，绵阳高新技术产业开发区上榜2022园区高质量发展百强榜单。绵阳工业园区上榜2022年四川省开发区综合评价考核优秀名单。（何亚男）

【《关于开展“园区提质”“企业满园”行动助推高质量发展的通知》印发】 2022年4月21日，市委、市政府出台《关于开展“园区提质”“企业满园”行动助推高质量发展的通知》。文件提出通过实施承载能力提升攻坚、优势产业集聚攻坚、开放合作突破攻坚、“镇园之宝”培育攻坚、“亩均论英雄”攻坚、创新平台覆盖攻坚、营商环境优化攻坚七大攻坚，实现“一年转形象，两年见质效，三年大变样”的总体目标要求，“一年转形象”即园区体制机制优化，配套政策健全完善，园区主导、特色产业定位清晰明确；“两年见质效”即园区产业核心竞争力增强，集群成链态势显现；“三年大变样”即园区主导产业集群成链，特色产业特色鲜明，大批优质企业汇聚园区，涌现出一批“镇园之宝”。

【《绵阳市支持园区高质量发展十条政策措施》出台】 2022年6月19日，绵阳市“园区提质”“企业满园”行动领导小组出台《绵阳市支持园区高质量发展十条政策措施》即“园区十条”。“园区十条”旨在实施“园区提质”“企业满园”行动，推动园区走特色化、集约化发展路子，把园区建设成为引领全市高质量发展的主引擎。明确以各园区为支持对象，提出10项具体支持政策，包括着力优化园区管理运行机制、强化财政金融支持、培育激励优质企业、鼓励提升科技创新能力、多措并举促进招大引强、支持园区特色发展、鼓励建设标准厂房、强化园区用地保障、强化全天候专班制企业服务、鼓励园区晋级升位。文件还提出要强化五大保障，即强化体制机制保障，坚持去行政化、趋市场化，推进园区体制机制改革；强化财政金融保障，加大园区财政资金支持力度，鼓励园区企业通过直接融资和间接融资等方式筹集资金；强化生产要素保障，建立完善水、电、气、土地等生产要素保障调度、预警预测机制，优化供给服务，确保重大项目和重点企业需求；强化干部人才保障，开展园区人才招引专项行动，鼓励园区招引所需高层次人才；强化企业用工保障，全方位多渠道开展“春风行动”、民营企业招聘月等活动，持续强化“人社服务专员”制度，常态化开展重点企业用工服务保障。

图17 6月21—22日，绵阳市园区高质量发展大会举行（视觉绵阳提供）

【绵阳市园区高质量发展大会举行】 2022年6月21—22日，绵阳市园区高质量发展大会举行。省委常委、市委书记曹立军出席会议并讲话。会议采取“现场观摩＋工作会议”形式举行。现场观摩阶段，与会人员分为3组，在2天时间内现场观摩绵阳工业园区、金家林总部经济试验区、绵阳高新区、安州高新区等12个工业园区，各园区全面展示园区建设的主要成效和特色亮点。会上，通报园区现场观摩评价结果，公布《首批绵阳市特色（专业）园区名单和培育名单的通知》，为绵阳市京东方新型显示产业园、精细化工产业园、惠科新型显示产业园、激光技术应用产业园、特钢产业园、健康食品产业园、专用服装产业园首批7个特色（专业）园区授牌。

2022年绵阳市第一批特色（专业）园区一览表

表6

序号	区域	名称	序号	区域	名称
1	绵阳高新区	绵阳市京东方新型显示产业园	5	江油市	绵阳市特钢产业园
2	绵阳经开区	绵阳市精细化产业园	6	梓潼县	绵阳市健康食品产业园
3	涪城区	绵阳市惠科新型显示产业园	7	三台县	绵阳市专用服装产业园
4	游仙区	绵阳市激光技术应用产业园	—	—	—

2022年绵阳市第一批特色（专业）园区培育一览表

表7

序号	区域	名称	序号	区域	名称
1	绵阳高新区	绵阳市集成电路产业园	6	安州区	绵阳市数字能源产业园
2	绵阳经开区	绵阳市电子元器件产业园	7	三台县	绵阳市健康食品产业园
3	科技城新区	绵阳市机器人智能智造产业园	8	盐亭县	绵阳市新能源和化工产业园
4	涪城区	绵阳市5G产业园	9	北川羌族自治县	绵阳市通航产业园
5	游仙区	绵阳市移柯物联网设备产业园	—	—	—

【《绵阳市2022年优化园区营商环境16条》出台】 2022年9月16日，绵阳市“园区提质”“企业满园”行动领导小组印发《绵阳市2022年优化园区营商环境16条》，从进一步提高政务服务质效、加大关键领域改革力度、真心实意开展“暖企”行动3个方面提出16条措施，通过深化“放管服”改革优化营商环境，推动园区高质量发展。进一步提高政务服务质效方面，深化简政放权，加快推进“园区事园区办”、推进流程再造，实现“园区事大厅办”、实施靠前服务，推动“园区事优质办”。加大关键领域改革力度方面，推进商事制度改革、推行工程建设审批区域评估、提供施工图免费审查服务、推进占掘路

联审联勘、提速办理建设用地改变用途和规划条件变更、深化水电气报装改革。开展“暖企”行动方面，打造面对面专题座谈会品牌、开展“一起来找茬”活动、建立重大诉求直通车机制、建立周四检查日制度、推进惠企政策公开透明、畅通金企信息对接渠道、提升办税服务便利度。

【四川绵阳工业园区委托涪城区管理】 四川绵阳工业园区成立于2001年8月。2002年9月，国防科工委、科技部批准园区为绵阳国家军转民科技园。2005年4月，园区完成与涪城区园艺工业园区的合并。2006年1月，园区经国家发改委审核成为“四川绵阳工业园区”，依法审批用地面积为8.10平方千米。2018年，园区在《中国开发区审核公告目录（2018版）》中，核准面积为7.87平方千米，主导产业由“电子信息、环保、文化创意、现代服务业”调整为“电子信息、装备制造”。2022年11月8日，经四川省委编办批复，四川绵阳工业园区党工委、管委会委托绵阳市涪城区管理。同年12月12日，四川绵阳工业园区正式委托绵阳市涪城区管理。

【绵阳4个园区获得51项权限】 2022年，绵阳市“园区提质”“企业满园”行动领导小组印发《关于向市属园区放权赋能的实施方案》（以下简称《实施方案》），明确7个重点领域、共51项向市属园区放权具体权限，进一步为园区发展赋能。《实施方案》明确赋权范围包括绵阳高新技术产业开发区、绵阳经济技术开发区、绵阳科技城新区、绵阳市仙海水利风景区4个市属园区。下放权限包括“建筑工程施工许可证核发”等11项市住建委相关权限，“不动产登记”等11项市自然资源和规划局相关权限，“水产苗种生产审批”等11项市农业农村局相关权限，“化学危险品安全使用许可证核发”等11项市应急管理局相关权限，“四川民爆行业安全奖励”等5项市经信局相关权限，“生产建设项目水土保持方案审批”1项市水利局相关权限，“应建防空地下室的民设建设项目审批（工业项目）”1项市人防办相关权限。（何亚男）

【绵阳国家高新技术产业开发区】 1992年，绵阳国家高新技术产业开发区（以下简称绵阳高新区）被国务院批准为国家高新技术产业开发区。2022年，绵阳高新区在157个国家高新区中综合排名第44，在西部非省会城市排名第1，全国先进制造业百强园区晋升3位、居第91位，被省发改委评为“四川省优秀开发区”，被省科技厅评为“四川省科技创新工作先进园区”，被省发改委、省经信厅、省教育厅、省科技厅评为“四川省第二批大众创业万众创新示范基地”，被省经信厅评为“四川省首批‘5+1’重点特色园区”，入围“赛迪全国园区高质量发展百强榜”。实现地区生产总值419.5亿元、增长5.2%，区属规模以上工业增加值增长7.3%，全社会固定资产投资222.83亿元、增长10.3%，社会消费品零售总额242.4亿元、居全市第2。实施“产业大招商、项目大建设”攻坚年行动，巨星稀土永磁产业园等177个总投资391.1亿元项目开工，埃克森项目中试线首台设备搬入，中电光谷绵阳科技园等102个总投资344.7亿元的续建项目加快建设，高发智能制造产业园二期等151个总投资221亿元的项目竣工投用。京东方新型显示产业园获批全市首批特色（专业）园区，集成电路特色产业园成为全市重点培育园区，“三主两特”产业（新型显示及半导体、高端装备、新能源三大主导产业，智能终端、磁性材料及应用两大特色产业）产值占全区规模以上工业总产值的93.7%。其中京东方产值突破185亿元、增长20.7%，入选四川省制造业“贡嘎培优”企业；长虹产值实现470亿元、增长10.7%。全区新增国家级专精特新企业14家，总数达46家；西磁科技钐钴永磁产品入选全国制造业单项冠军产品。出台稳定经济增长20条、拼经济搞建设促发展25条，为安和精密等21家企业兑现产业扶持资金8.86亿元，为京东方等517家企业落实留抵退税44.4亿元。投资26亿元建成标准厂房69.4万平方米，厂房签约入驻率达40%。净增市场主体3000家、其中“个转企”24家，市场主体总数突破3.2万家。实施高新技术企业倍增行动和科技型中小企业倍增计划，新增高新技术企业54家、增长35%，高新技术企业总数达174家；科技型中小企业评价入库504家、增长21%。新增“瞪羚”企业2家、占全市的50%，通过率、通过企业数均居全市第1位。长虹入围中国企业科技创新竞争力百强榜第56名，全区研发经费投入强度达8%、连续3年保持全国前列。创新平台总数达78个。举办第七届中国创新挑战赛（绵阳）技术融合专题赛，促成技术合作27个。建成投运中国（绵阳）科创基金小镇，举办首届中国（绵阳）科技城投资峰会。签约投资280亿元的巨星稀土永磁新材料产业园项目、投资100亿元的埃克森新能源电池产业园项目等重大产业项目36个、总投资超630亿元，其中5亿元以上项目18个、百亿级制造业项目2个。制定“人才十条”，设立5000万元人才发展专项资金，引进人才9940人、增长51%。开展“招商引资”“招才引智”行动，设立3家驻外引才服务站，聘请企业家担任高新区招商招才大使，引进46个项目及人才团队。开工建设总投资23亿元的“拎包入住”精品人才公寓。入选第二批四川省大众创业万众创新示范基地名单。（向 帆）

【绵阳经济技术开发区】 绵阳经济技术开发区（以下简称绵阳经开区）成立于2000年8月，2012年与绵阳科技城现代农业科技示范区整合，同年10月升级为国家级经济技术开发区。全区管辖面积65平方千米，纳入城市控规45平方千米、建成区面积26平方千米，人口近20万，辖塘汛街道和松垭镇。是四川省优秀工业园区、四川省新型工业示范基地、四川省生态工业园区建设试点园区，2022年4月认定为省级化工园区。全年实现地区生产总值121.94亿元、增长5.3%；规模以上工业增加值增速18.8%；全社会固定资产投资总额150.07亿元、增长10.3%；社会消费品零售总额63.87亿元、增长-2.1%；一般公共预算收入11.39亿元、增长10.1%。以智能终端、精细化工、智能装备为主导产业，培育发展新型功能材料、电子元器件两大特色产业，精细化工产业园被认定为全市首批7个特色（专业）园区之一，电子元器件产业园被认定为全市首批8个特色（专业）培育园区之一。成立汇聚三江招商公司，全年开展线上线下推介活动40余次，累计签约项目79个、总投资347.44亿元。新增工业技改项目入库64个，51个工业技改项目投产，苏科高新、长茂科技等88个项目落地开工，虹科创新、宏发一海等52个项目竣工投产。新增市场主体12268家、企业3119家，市场主体和企业增速分别达31.47%、45.28%，实有市场主体45532家、企业9255家，其中规模以上工业企业总数122家，有效高新技术企业67家。举行金融护航“园区提质”“企业满园”2022年政金企对接会，区管委会与20家金融机构签订战略合作协议，促成利尔化学等10余家企业与银行机构达成18.6亿元融资贷款协议。出台《2022年稳定经济增长激励措施》等政策措施，新增及延续政策退税减税缓税6.8亿元，兑现区级产业发展专项资金2.3亿元。

（胡劲松）

【绵阳市仙海水利风景区】　绵阳市仙海水利风景区（以下简称仙海区）成立于2003年6月，总面积75平方千米，户籍人口2.4万人，辖7个村和4个社区，是绵阳市唯一一个以旅游发展为主的园区，是四川省第一家国家水利风景区。建成“国家AAAA级旅游景区”“国家水上国民休闲运动中心”“全国环境优美乡镇”“省级旅游度假区”“省级生态旅游示范区”“省安全社区”。2022年，仙海区实现地区生产总值14.2亿元，地方公共财政收入1.27亿元，全社会固定资产投资增速8%，社会消费品零售总额7.3亿元，服务业增加值10.5亿元，全年接待游客203.3万人次，旅游收入4.4亿元。仙海区年平均气温16.3℃，一年内适宜度假时间长达320天，相对湿度79%，拥有浅丘低山、湖泊、森林等自然资源，负氧离子含量高，生态景观优美，自然环境清新。以仙海湖为中心的核心区面积13.8平方千米，陆地森林覆盖率达90%，有鸬鹚、白鹭、野生鱼群、银杏等多样性动植物，水域面积7平方千米，纵深视野3.8千米，有46座半岛，泊岸长40余千米，水质常年保持在国家Ⅱ类及以上地表水标准。区内有三国文化、驿站文化、沉香神话传说、民俗文化、水文化等资源。引进星光文旅、开元森泊、蓝城控股等国内文旅头部企业开发一批文旅融合、康养度假、文化交流的生态低碳项目，形成喜来登国际酒店、锦烁度假酒店、铂金海岸度假酒店、禅驿仙海别院等一批特色酒店集群。

（冯　缤）

【绵阳综合保税区】　绵阳综合保税区位于绵阳国家高新技术产业开发区石桥新城，由原四川绵阳出口加工区整合优化而来，规划面积0.14平方千米。2020年12月29日，绵阳综合保税区顺利通过成都海关牵头组织的验收，实现“当年获批、当年建成、当年验收”。2021年1月28日，绵阳综合保税区正式封关运行。2022年，绵阳综合保税区有企业46家，包括以普思电子、虹锐电工、零点自动化等为代表的加工制造企业7家，以斯菲提克、西磁科技为代表的研发设计企业5家，以悟空国际贸易、海优优为代表的销售服务企业11家，以中外运、新兴源等为代表的仓储物流企业23家。建立以电子信息为代表的加工制造、以“两新”产业为代表的研发设计、以跨境电商为代表的销售服务，协同发展保税物流的“3+1”产业体系。全年绵阳综合保税区实现进出口值45.02亿元、增长91.2%。全年外贸进出口总值占全市外贸进出口总值的16.7%。建成标准厂房12.2万平方米、保税仓库5242平方米、原材料临时暂存点2幢共1341平方米，建成大型餐饮中心2340平方米、便民服务中心4000平方米、综合办公大楼3546平方米等配套设施。建成隔离围墙1.84千米，沿隔离围墙旁设有宽5—20米、总长1.84千米的监管通道，建成宽10—20米的内部道路6条，建成查验专用场地5957平方米，建成符合海关监管要求的信息化管理系统、场站管理系统等管理软件及主卡口和内卡口等通关设施，并实现与金关二期系统等海关信息化系统的调试及数据对接。完成海关查验场所改造、海关监管信息系统升级改造、完善综合保税区信息化管理平台、增加园区供电能力等。打通综合保税区和皂角铺铁路物流港“区港联动”通关模式，推动全市中欧班列货物在综合保税区集货出口，全年常态化开通班列20列，出口货值近3亿元。完善跨境电商运营基础设施建设，建立跨境电商场站运营体系，开通跨境电商网购保税进口业务（“1210”模式）。招引悟空国际、海优蜜等一批跨境电商企业入区开展业务，全年实现跨境零售商品进口额3000余万元。

（李路路）

【绵阳游仙高新技术产业园区】　2010年5月，游仙高新技术产业园区（以下简称游仙高新区）前身绵阳游仙经济开发区（以下简称游仙经开区）经市政府批准成立；2013年4月，游仙经开区经省政府批准升级为省级经济园区；2018年3月，被省政府认定为省级高新技术产业园区。2022年，游仙高新区坚持以科技创新为引领，加快建设激光技术应用产业园、核医疗健康产业园、航空与燃机产业园等专业园区。实现主营业收入1405亿元，固定资产投资104.1亿元；实现工业投资（技改）45亿元，规模工业总产值397.3亿元，招商引资国内省外到位资金51.3亿元。园区被省委、省政府评为四川省开放发展示范平台；在全省开发区综合评价考核中再次被评为优秀；在绵阳市产业园区高质量发展大会上综合评比得分全市第二名。巩固提升新型功能材料、物联网设备两大主导产业，加快培育核技术应用、激光技术应用两大特色产业。以东材科技、聚合新材功能膜材料，开元磁材、德华磁材磁性材料，特锐祥科技陶瓷新材料等项目为重点支撑，建设先进材料产业集群。以上海移柯通信模组、光联科技光模块收发器等项目为支撑，建设物联网设备产业集群。以中广核技、中广核久源、北京先通医药为龙头，以核医疗健康产业园项目为支撑，依托中物院核技术应用转化成果，实施项目研发、诊疗、配送、康复四大中心建设，推进核仪器装备设备制造等相关产业发展。以中久大光为龙头，依托中国久远激光产业基地为支撑，建设“激光材料、激光器件、激光装备”全产业链激光产业园。科技创新孵化园基本建成，高新企业加速器完成封顶，可提供标准厂房40.6万平方米；21世纪生态科技示范园加快建设，建成后可提供标准厂房40万平方米。推进基础设施建设项目25个，新建成道路13.2千米，完成雨污水管网建设58千米、绿化建设约14万平方米，完成投资约26亿元。湖山电器等6家企业入库四川省上市后备企业资源库。

（李春芳）

【四川绵阳安州高新技术产业园区】 四川绵阳安州高新技术产业园区（以下简称安州高新区）前身是2010年成立的四川绵阳安州工业园区。2021年，经省政府批准，安州工业园区被认定为省级高新技术产业园区，更名为四川绵阳安州高新技术产业园区。2022年，园区有规模以上企业144家，全年实现营业收入548.75亿元，增长19.22%；实现工业总产值402.66亿元，增长11.61%。其中核心区规模以上企业87家，实现营业收入330.74亿元，增长17.64%；工业总产值204.44亿元，增长4.5%；高新技术产业营业收入实现265亿元，增长22.12%；实现税收2.22亿元，增长3%；固定资产投资74.93亿元，增长20.5%；工业性投资完成66.41亿元，增长17.42%；技改投资完成49.82亿元，增长17.97%。2022年，安州高新区申报为省级院士（专家）产业园。麦思威尔获得国家级专精特新“小巨人”企业，吉龙机电、合明环保、麦科迪威、久远智能、爱联科技和昱丰电子6家企业获评省级专精特新企业。通过飞地招商、以商招商、驻外招商等多种招商模式，全年参与招商引资活动58次，洽谈途柚汽车、麦迪光伏项目等多个项目，签约项目19个，协议总投资134.18亿元，其中有光伏产业园百亿元以上重点产业项目1个，5亿元以上重点产业项目5个。实施“清闲促建”行动，灵活运用“促、引、转、法、拓”，新盘活闲置低效用地60公顷，引进项目9个，全市首宗工业用地“标准地”挂牌成交。组织企业参加“春风送岗”等人才招聘会，助企解决“招工难”“用工难”；指导企业做好项目资金申报，帮助企业对上争取到扶持资金7000余万元；兑现企业优惠政策兑现资金2600余万元。建设和规划建设安州高新区核心区220千伏电站和凯江工业集中发展区新增110千伏电站。推进地埋式工业污水处理厂建设和清溪污水处理厂二期扩容工程，拓宽污水排放渠道。建成各类道路23条，总长约35千米，各类供水管网20千米，年工业供水量超50万吨。建成各类天然气管线25千米。

（杨晓灵）

【江油高新技术产业园区】 1992年，四川江油高新技术产业园区（以下简称江油高新区）经省委、省政府批准成为省级工业开发区；2001年，被省政府确定为省级重点开发区；2018年，被省政府批准为省级高新技术产业园区，规划面积18.86平方千米。2022年，江油高新区实现地区生产总值270亿元，179家规模工业企业完成规模以上工业总产值550亿元、增长4.6%，完成固定资产投资79.9亿元、增长62%，国内省外到位资金35.27亿元。新招引融通高科15万吨锂电池磷酸铁锂正极材料生产及循环再制造项目等5亿元以上投资的重大工业项目11个、总投资333.8亿元。围绕“两主两特”产业编制产业图谱，包装策划PCB产业园、高端装备制造产业园等项目60余个、总投资850余亿元。签约落地融通高科锂电池正极材料、越洋长特高端精密金属及医用新材料、红星电子氮化硅基板、普林印制线路板等一批延链补链强链项目。参加绵阳“三推”（城市形象推广、产业项目推介、特色产品推销）活动，与慈溪滨海经开区、常州滨江经开区等签订协作协议，推动六合特材与长三角先研院合作建设先进材料研究院。实施“镇园之宝”企业培育攻坚计划，推动建设融通高科百亿级和攀长特、天宜上佳、六合特材50亿元级企业，打造单体磷酸铁锂全产业链工业园、绿色能源新材料碳和碳陶生产基地。实施科技型中小企业培育壮大计划，全年新认定市级科技型中小企业37家，国家科技型中小企业备案入库114家。构建“众创空间—孵化器—加速器—产业园”的科技孵化链条，全年新入驻企业25家、在孵企业达51家。

（刘　伟）

【四川三台工业园区】 1993年，四川三台工业园区（以下简称三台工业园区）前身三台工业经济开发区成立，规划面积4.83平方千米。2006年，经国家发改委批准，更名为四川三台工业园区，是省级开发区。2014年7月，经省政府批复同意，四川三台工业园区扩区调位，扩区调位后规划控制面积10.92平方千米。2018年2月，三台工业园区进入国家发改委、科技部、国土资源部等六部委发布的2018年版《中国开发区审核目录公告》。园区总规划面积47.67平方千米，建成面积达12.2平方千米。2022年，三台工业园区规模以上企业实现年度工业总产值161.6亿元、增长20.17%。规模以上工业增加值增速13.5%，营业收入增速15%。全年工业投资36.6亿元、技改投资34.8亿元，入库税收2亿元。优化10.66平方千米“一园三区”（一园即三台工业园区，三区即五里梁产城新区、两江工业区、芦溪工业区）空间格局，启动产业规划编制，规划建设纺织鞋服、健康食品、新能源电池3个百亿级产业园。纺织鞋服、健康食品主导产业产值105.52亿元，主导产业产值占比突破65%；新能源电池、机械制造特色产业产值26.14亿元，特色产业产值占比突破16%，“两主两特”产业产值占比81%。出台《关于提升三台县园区基础承载力及颜值品质的实施意见》，编制2022年工业平台建设任务清单。启动实施总投资38亿元的基础设施、安置房、标准厂房项目19个，启动实施总投资1.1亿元的“道路黑化、园区亮化、公共绿化、环境美化”等基础设施提标升级、标识标牌等“颜值提升”项目23个。完成基础设施投资22亿元。围绕主特产业、重点区域、重点企业、重点载体，累计开展各类招商活动50余次，招引入驻园区各类产业项目27个，总投资额284.5亿元。其中鞋服纺织类项目3个45.3亿元、食品医药类项目6个39.8亿元、新能源电池类项目4个166.7亿元、装备制造类项目11个30.6亿元、其他类项目3个2.1亿元。培育规模以上企业10家，实施技改扩能项目15个，新增国家级专精特新“小巨人”企业1家、总数达3家，新增省级专精特新中小企业1家、总数达11家，1家企业入选省“贡嘎培优”行动计划，新增20亿级企业1家、10亿元级企业2家。与金融机构合作探索推出“园惠贷”融资产品，为3家企业融资1470万元。

（李琼蓉）

【梓潼经济开发区】 2002年4月30日，四川梓潼经济开发区（以下简称梓潼经开区）前身梓潼县经济技术产业园区成立，2014年7月10日经省政府同意设立四川梓潼经济开发区。梓潼经开区拟规划开发面积9.124平方千米，核准面积4.17平方千米。2022年，梓潼经开区积聚各类企业269家，规模以上工业企业39家。规模以上企业实现产值76.67亿元、增长16.27%，实现营业收入69.24亿元、增长31.44%，实现利润2.25亿元、增长12.02%，其中食品加工和生物医药两大主导产业实现产值52.99亿元、增长47.52%，主导产业集中度达72.92%。园区累计入库税收2.36亿元、增长61.64%。完成固定资产投资新入库项目16个，入库金额12.07亿元，累计入统7.18亿元。聚焦健康、绿色发展方向，坚持园区、景区、城区“三区合一”，统筹考虑生产、生活、生态三大功能，编制《绵阳市健康食品产业园发展规划（2022—2025）》。成立园区清闲促建工作组，采取产能扩张、以商招商等“七个一批”方式，“一企一策”处置24家停产企业，盘活19家。燃气管线迁改、道路改造提升、口袋公园打造21个基础设施项目完工，新建标准厂房10.78万平方米，在建11.85万平方米，实现供电、供水、供气等“九通一平”全覆盖。在建项目共23个，总投资23.86亿元，其中新开工项目10个、续建项目13个；签约健康食品产业园项目、长虹新能源、广乐食品生产线建设项目等17个项目，完成2宗共15.07公顷“标准地”出让，组建10个在建重点项目工作专班推动健康食品标准厂房、乐洵食品等项目建设，确保项目按期建成投产。三香汇二期、福欣食品二期、经开区加油站等13个项目建成投用。支持园区企业与重庆大学医学院、西南科技大学生命科学与工程学院等开展校企合作，组建产学研联盟，支持建立市级以上工程（技术）研究中心、技术中心、工程实验室等研发机构20余家。有高新技术企业9家，储备具有高新技术企业潜力的企业12家，建成省级企业技术中心3家、市级企业技术中心7家，省级工程研究中心1家。生物医药发明和实用新型专利达150余项。领海油脂、林江苎麻、三香汇生物被评为2022年度四川省专精特新中小企业，凯瑞华创、华西动物药业被评为四川省第一批创新型中小企业，长林食品、建丰林业、福欣食品、圣迪乐村入选四川省第十一批农业产业化省级重点龙头企业。

（李雨芮）

【盐亭经济开发区】 盐亭经济开发区（以下简称盐亭经开区）2014年7月经省政府批准成立，园区核准面积6.60平方千米，规划面积9.45平方千米，建成区面积10平方千米。形成以天然气化工、化学药与原料药为主导产业、以资源循环利用为特色产业的“两主一特”产业体系。2019年被省经信委评定为生物医药特色产业基地，2020年被市委、市政府定位为生物医药产业功能区，2021年被市经信局认定为市级“小型微型企业创业创新示范基地”。2022年，盐亭经开区实现工业总产值40.30亿元、增长22.52%，其中规模以上工业企业总产值32.05亿元、增长23.11%；主营业务收入39.34亿元、增长27.18%，其中规模以上工业主营业务收入31.14亿元、增长29.07%；工业企业入库税金4678.00万元、增长3.0%。注册企业139家，其中投产企业109家、在建项目30个；国家级高新技术企业6家，省级企业技术中心2家，市级企业技术中心7家，规模以上工业企业28家。推动化学药与原料药提取产业发展，依托迪澳药业、新华康、新川义、博大金点等企业，打造西南地区最大的动植物提取类医药基地和亚洲最大的柑橘类提取及衍生物研产销基地。推动熔增环保、格润中天、吉圣汽车循环经济等项目满产升规，引导盈基生物质、建丰林业等企业技改扩能，构建盐亭资源循环型产业体系和危废资源循环利用体系。全年新增规模以上工业企业4家，新建标准厂房11.33万平方米，规模以上工业企业积聚度达75.68%。招引天然气处理厂50亿元“镇园之宝”培育项目1个，500强企业项目3个，引入5亿元以上项目6个，招引上市企业1家。培育高新技术企业6家、科技型中小企业39家，打造省、市级企业技术中心9个，签订技术合同0.3亿元。探索校地合作新模式和产学研新空间，与中南大学共建新能源产业研究院、与西南石油大学共建天然气产业研究院、与湖南农科院建立院士专家工作站，引进科研人才9人。构建技术人才引育机制，与四川化工职业技术学院、绵阳职业技术学院等5所高职院校签订订单式培育合作协议，为人才招引奠定坚实基础。开展人才招引活动，前往厦门大学等8所高校和四川工程职业技术学院等10所职业院校，为24家重点企业招引专业技术人才430人、储备人才500余人。

（张瑞雪）

【北川经济开发区】 2022年，北川经济开发区（以下简称北川经开区）实现工业总产值66.62亿元、增长2.14%，规模以上企业工业总产值57.85亿元、增长11.82%，实现税收2.1亿元，对上争取专项债券等项目资金5.55亿元、增长153.4%。争取专项债券到位资金4.39亿元。累计招商签约项目12个，签约投资金额超130亿元，实现项目投资超20亿元；招引一个“镇园之宝”，协议引资50亿元。新入孵企业40家，完成专利申报44件，专利授权13项，科技成果转化10件。建设62个重点项目，其中续建项目29个、新开工项目33个，项目总投资57.35亿元。北川通用机场项目完成安州段土地征收24.07公顷、房屋拆除26户、企业拆迁3家、林地补偿100余户；完成红线范围内土石方、北川段跑道、站坪、航站楼、消防中心主体工程及机库基础结构工程，后勤中心、配电站、供水站基础开挖；场外完成高压线迁改工程量96%、一大渠改线30%，完成黄乐路改道、机场供电工程招标。北川桂花河公园项目（一期）、中国（绵阳）科技城国防航空科普体验基地A区（九洲湖）等两个通航产业园区配套基础设施项目完成总体工程量的70%。启动无人机产业园一标段标准化厂房、北川健康食品示范产业园等产业项目。其中健康食品产业园项目完成1、2、4、5桩基工程和部分基础工程，全面进入施工建设关键期。争取专项债4.39亿元，其中四川北川经济开发区核心区配套基础设施建设项目发行7000万元、绵阳科技城北川通航产业园（一期）标准厂房及配套设施建设项目发行2.38亿元、北川桂花河公园项目调整8100万元、中国（绵阳）科技城国防航空科普体验基地调整5000万元。完成政策性开发性金融工具（基金）项目申报及发行基金1.08亿元，其中北川健康食品示范产业园基础设施建设项目发行基金5000万元，贷款3亿元，签订贷款协议；争取省融合办“北川低空空域服务能力建设项目”资金800万元。通航产业园（无人机产业）纳入全省23个战略性新兴产业集群之一。新入孵企业40家，毕业企业4家，在孵企业118家。协助企业完成专利申报44件，科技成果转化10件，项目包装10项，专利受理13项；帮助企业同银行、融资平台等开展融资对接活动7次；引入合作中介机构15家；组织企业开展夜校服务、政策宣讲、论坛沙龙等活动55次；组织创业导师对县域内中小企业开展调研、巡诊活动30余次，为企业解决问题110余件；聘请专家和创业导师21人次；开展应急培训班26次，培训人员1600人次。

（杨虹君）

【河北—平武工业园区】 2008年，河北—平武工业园区（以下简称园区）成立，位于绵阳高新区西南，总占地面积3.47平方千米。初步形成以电子信息、新型显示、新材料、智能制造为主的产业体系。2022年，园区实现固定资产投资12.64亿元（智能制造二期、人才公寓项目）；实现规模以上工业企业总产值25.62亿元（京东方模组），增长80.4%；入库税费7567.8万元，增长23.52%。签约劲科环保、润马科技、合力源等13个项目，协议资金共计13.22亿元；重点跟踪再谈科技型企业15个。推进基础设施、房地产、工业产业等建设项目15个，人才公寓、劲科环保开工，智能制造产业园二期、西源机械等进入收尾阶段，赛特英、智能制造产业园一期、观音堂B段道路、恩源路B段道路竣工。开展技术创新、产品创新、服务创新，提高产能、实现增收创效，进行“优质引进、存量提质”，加快壮大规模以上企业队伍。全年培育华阳实业、烟台宝华、茂源环保等12家企业升规入统。

（向 帆）

【中国（绵阳）科技城金家林总部经济试验区】 中国（绵阳）科技城金家林总部经济试验区（以下简称：金家林试验区）成立于2010年4月，规划面积24.5平方千米。全年完成固定资产投资115亿元。建筑业总产值2.01亿元，完成目标任务的101.5%。以产业发展、项目招引、企业生产为导向，制订2022—2025年园区载体建设计划。智能传感科技园、国家大学科技园等近60万平方米建成投用，累计建成74万平方米，中关村科技园二期等43万平方米加快建设，长虹科技园（科研总部）基地项目等24万平方米实现新开工。科技城大道二期等4条9千米道路完工，绵支三号等3条道路加快建设。实施公服配套项目7个，子云幼儿园完工投用，涪城区妇女儿童医院、涪城区中医医院主体完工，市中心血站加快实施。绵安路、科智大道等6个环境提升工程项目完工，金西湖二期等3个项目开工，完成提升休闲步道6000米、绿化面积30万平方米，安装路灯1000余盏，新增停车位400余个，植入智能交通、智慧休闲、智能宣传等科技设施120余处。规划建设“涪城科创大走廊”，整合科创资源，推动大专院校、科研院所、平台企业、政府园区融合发展。与中物院成科中心加快建设智能传感科技园，与空气动力研究中心合作布局超算中心，与西科大推动建设碳中和等4个研究院。新增省级实验室、技术中心7个，省级实验室、技术中心总数达31个，新申请发明专利超50项。垚磊无人机、核保机器人等投产，硅基智能全球数字人直播基地开播。科创企业累计460家，新认定高新技术企业8家，高新技术企业总数达31家。新引进数字经济创新中心等科创平台2个，新签约罗普特大数据科技园等项目105个。举办商业航天产业高峰论坛等活动50余场。实施产业项目17个，长虹MCU智能芯片、传化智达等9个项目建成投用，李子柒品牌总部基地、振通智慧交通产业园等4个项目加快建设，永贵光电连接器、华拓特发信息港等4个项目开工建设。

（刘雪梅）

【西南科技大学国家大学科技园】 西南科技大学国家大学科技园（以下简称“大学科技园”）2001年经科技部、教育部批准筹建。大学科技园有可自主使用场地面积2.32万平方米，孵化场地约1.97万平方米，有大学科技园青义园区和城南园区2个园区。建设成为国家级科技企业孵化器、国家技术转移示范机构、国家级高校学生科技创业实习基地、国家小型微型企业创新示范基地，实现大学科技园“五大职能”国牌基地全覆盖。大学科技园是首批四川省大学生创新创业示范俱乐部、省级大学生创新创业园区（孵化基地）、省级小企业创业示范基地。与涪城区青义镇党委合作建设“环西科大组团创新创业党建联盟”。推动中国（绵阳）科技城西科数字经济创新中心投入运营，协调西南科技大学院士工作站、国家遥感中心绵阳科技城分部等4家科研平台和企业入驻。绵阳格非科技有限公司、绵阳吉埃智能科技有限公司、四川新智绿能测控技术有限公司等11家企业入驻。开展创业导师问诊、入园企业见面会等专题活动10余次。组织科技型中小企业评价和高新技术企业认定等工作，四川烯时代新材料有限公司成为高新技术企业。建成大学生创业苗圃办公场地15个、入驻大学生创业企业13家。开展双创文化活动，组织开展双创活动大赛4次，参与大学生300余人；组织开办双创沙龙活动14次，参与学员400余人次。完成2022届“筑梦青春创业先锋实践班”教育教学，培育创业先锋25人。接纳大学生创业咨询100余人次。全年共接收大学实习实训200余人次。新聘任校内外双创导师20人，指导大赛和创业200余人次。

（张子明）

地理标志保护产品——江油附子

附子，又名乌头、附片，别名草乌，是毛茛科乌头属植物子根的加工品，主要产于中国的四川、湖北、湖南等地，具有回阳救逆、补火助阳、逐风寒湿邪等功效。江油附子的栽培历史已有上千年。北宋元符二年（1099），彰明（今属江油）县令杨天惠撰有《彰明附子记》，全面记述了彰明附子的产地、产销规模、栽培技术和加工方法，并总结了附子的生产经验，是一部十分珍贵的单味药物专著。明代药物学家李时珍在《本草纲目》中对江油附子也有精辟的点评，他写道，“出彰明者即附子之母，今谓之川乌头”，明确指出了附子中“川乌”“草乌”两个类别。清同治年间（1862—1874），江油附子被列为贡品。民国时期，中坝、太平场有附子加工作坊50多家。江油附子具有个头大、体柔软、肉质细腻的特点，其精加工从形状、色泽、片口、刀法上都十分考究。中坝是全国附片的主要供应基地。（编辑部提供）

中国共产党绵阳市委员会

Mianyang Municipal Committee of the CPC

概　述

2022年，中国共产党绵阳市委员会（以下简称市委）坚定以习近平新时代中国特色社会主义思想为指导，全面落实习近平总书记对四川工作系列重要指示精神和党中央决策部署，准确把握省委总牵引、总抓手、总思路的四川现代化建设总体布局，统筹经济社会发展和安全，推动高质量发展，加快建设中国科技城、全力打造成渝副中心，全市各项事业取得新进展。始终坚持正确政治方向，推动党中央大政方针和省委决策部署落地落实，完善市委常委会会议第一议题制度和市委理论学习中心组常态化学习习近平新时代中国特色社会主义思想机制，学习贯彻习近平总书记的最新重要讲话、指示批示精神和党中央决策部署，推动绵阳工作始终沿着正确方向前进。党的二十大闭幕后，召开市委常委会（扩大）会议等进行深入学习，组建市委宣讲团和18个宣讲分团，到基层开展宣讲，把党的二十大精神纳入党校（行政院校）、四川两弹一星干部学院必修课和干部轮训首要内容，纳入巡察监督重点。以中国式现代化引领绵阳现代化建设，召开市委八届五次全会，学习贯彻党的二十大和省委十二届二次全会精神，作出“坚持创新引领，实施‘五市战略’，加快建设中国科技城、全力打造成渝副中心”的战略谋划，明确新时代新征程绵阳现代化建设的工作要求、具体路径、奋斗目标。

*中国科技城建设。*2022年，市委贯彻落实习近平总书记对绵阳科技城建设等重要指示精神，服务保障国防建设。科技城“十四五”发展规划和2035年远景目标纲要正式获批，国家支持科技城建设科技创新先行区的文件正式印发，正厅级科技城党工委、管委会实体运行。举办第十届科博会，并获批建设国家创新型城市。围绕破解创新资源积聚不足问题，推动科技城融入全国创新网络，谋划建设“云上大学城”“云上科技城”，签约中科大等20所知名高校入驻，引进北京大学、航天三院等14个创新创业团队，通过与在绵阳的高校、企业开展人才联合培养、技术联合攻关，构建“科技创新市场”。围绕破解科技创新供需两端对接不畅问题，创新实施科技助理制度，遴选懂技术、懂市场的青年人才进企业、进院所、进高校，收集技术需求和科技成果，解决供需问题150余项。建成科技城先进技术研究院、超算中心、航空动力科技创新中心等协同创新平台，组织骨干企业逐户走访科研院所，促推中物院、长虹就X射线FLASH放疗项目开展合作。围绕破解人才资金等关键要素不够丰富问题，制定“人才十条”，设立人才发展专项资金，组建全省首家国有人才集团——绵阳科技城人才发展集团，筹建院士（专家）小镇，引进高层次和急需紧缺人才超2万人。制定“金融十条”，设立绵阳科技银行，建成投运科创基金小镇，入驻金融机构13家、管理基金规模268亿元，全市科技型企业贷款余额大幅增长。围绕破解科技与产业结合不够紧密问题，依托产业基础和科技创新优势领域，培育高精尖特企业，形成科技创新体集群，新增高新技术企业180家、国家级专精特新“小巨人”企业12家、制造业单项冠军产品2个，评价入库国家科技型中小企业2141家，总数均居全省第2位。培育发展激光技术应用、核医疗健康、机器人、磁性材料等“新赛道”产业。绵阳位列2022中国城市科技创新百强榜第20位，是全国进位最快的城市。

*经济发展稳增长。*2022年，市委贯彻落实中央“疫情要防住、经济要稳住、发展要安全”要求，贯彻新发展理念，推动高质量发展，加快建成省域经济副中心。全市实现地区生产总值3626.94亿元，增长5%，总量和增速均居全省第2位。

绵阳在全国GDP百强城市中位列第86位，较2021年上升6位。规模以上工业增加值增长9.2%，全社会固定资产投资增长11.3%，工业投资增长29.8%，服务业增加值增长4.5%，均位居全省前列。坚持以园区为载体做强工业，创新实施“园区提质”“企业满园”行动，制定“园区十条”，推动创建8个特色（专业）园区。四川首个省级健康食品产业园在梓潼挂牌，三台县工业园区获评全国纺织服装产业示范园区。获批省制造强市试点和全国消费品工业“三品”战略示范城市。坚持以消费为重点做大服务业，制定“促消费13条”，创新消费场景、打造消费平台、丰富消费供给、优化消费环境，实现社会消费品零售总额1635亿元。创新“涪江文旅一卡通”等载体，促进区域文旅中心建设。中油北斗智慧物流产业总部基地开工建设，罗浮山温泉度假区创建成为国家级夜间文旅消费集聚区，字节跳动旗下火山引擎的全国首个区域总部落户绵阳。坚持以“三品”为引领做优农业，实施改良品种、提升品质、打造品牌“三品”工程，3个县（区）入选国家级制种大县，“三台黑猪肉”入选全国名特优新农产品名录。制定“投资10条”，推进345个省、市重点项目，连续4个季度进入省重点项目推进和投资运行“双红榜”。

深化改革与扩大开放。2022年，市委深化重点领域改革，国家数字经济创新发展试验区等69项国省改革试点完成年度任务，党建引领撂荒地整治等30余项改革经验在全国全省推广，国企改革三年行动主体任务基本完成。持续扩大对外开放，克服疫情对“引进来”“走出去”的不利影响，到厦门、东莞、苏州等城市开展“城市形象推广、产业项目推介、特色产品推销”活动，全年签约项目259个、金额2641.77亿元，其中百亿元级制造业项目7个。绵阳在全省制造业招商引资“百日攻坚”行动中成效突出，被省政府通报表扬并授予流动红旗。“绵阳市实施‘绵品出川’活动，助力‘绵阳造’走向全国”的经验做法被省政府通报表扬。开展交通攻坚大会战，推动中欧班列成渝号、中亚班列常态化开行，德遂高速建成通车，南郊机场T2航站楼建成投运，绵遂内铁路正式开工建设。持续优化营商环境，创新实施“暖企”行动，线上建立企业家群，24小时在线听取意见解决问题，线下召开专题座谈会173场，解决企业诉求2234个。创新成立“稳经济政策落实办公室”，全市净增市场主体6.2万户、总数达49.3万户。

民主法治建设。2022年，市委发展全过程人民民主，支持市人大及其常委会依法行使职权，支持市政协依章程履行职能，支持各民主党派、工商联、无党派人士开展政治协商、民主监督、参政议政。做好新时代宗教工作，开展民族团结进步创建。支持工会、共青团、妇联、科协、残联、侨联等服务中心大局。抓好党管武装工作，连续3届获评“全国双拥模范城”、连续7届获评“全省双拥模范城”。开展“八五”普法，出台全国地级市首部关于平安建设的政府规章——《绵阳市平安建设规定》，法治绵阳建设取得新进展。

宣传思想文化建设。2022年，市委全面落实意识形态工作责任制，主流思想舆论向上向好。深化媒体合作讲好绵阳故事，绵阳城市影响力和美誉度持续提升。践行社会主义核心价值观，深化精神文明创建，打好全国文明城市创建攻坚战，推进志愿服务常态化制度化。推动文化事业繁荣发展，纪录片《李白》在中央电视台播出，3部作品入选第16届全省精神文明建设“五个一工程”奖。

社会民生。2022年，全市民生支出占一般公共预算支出比重达67%以上，全面完成54件民生实事项目。制定出台20条扶持政策支持高校毕业生创业就业，统筹做好农民工、退役军人等重点群体就业工作。城镇新增就业5.64万人，城镇登记失业率2.54%，低于省控目标1.46个百分点。发展社会事业，新建改扩建公办幼儿园13所、义务教育学校22所。55家二级以上医疗机构实现线下检查检验结果互认，20家医疗机构接入线上互认平台。首款普惠性商业健康保险“惠绵保”参保92.32万人，完善城乡社会保障网覆盖。重塑网络问政流程，网民留言来信办结率达100%。全面推进乡村振兴，对防止返贫监测对象6088户1.37万人全部落实帮扶措施，创新推动39个乡镇开展抓经济抓招商激励试点，招引项目118个。绵阳市获评“全省乡村振兴先进市”。

生态环境保护。2022年，市委加快发展方式绿色转型，稳妥推进碳达峰碳中和，全年单位GDP能耗强度下降2.3%。加快天然气资源开发利用，并以此为依托规划建设化工园区，助推四川“气大庆”战略实施。推进环境污染防治，第二轮中央生态环境保护督察反馈意见按时序进度整改，全市空气质量优良天数率89.6%，上升0.8个百分点，完成省下达目标任务。20个国省考断面水质优良率100%，土壤环境质量保持稳定，入选全国首批“无废城市”建设名单。抓好生态系统保护修复，森林覆盖率、国土绿化覆盖率持续提升，分别为56.13%、70.5%。建设大熊猫国家公园、中国大熊猫保护研究中心绵阳基地，打造“中国大熊猫第一市”生态品牌。开展城乡环境综合提质行动，推进村社“五清”（路面地面清扫、垃圾堆清运、水面屋面清洁、广告招牌清理、违章搭建清除）、场镇“四定”（定点停车、保洁、洒水、规范经营）、城区“四化”（净化、绿化、序化、美化），每季度评选“十佳十差”乡镇（街道），城乡环境清爽整洁、面貌焕然一新。

安全发展。2022年，市委加快平安绵阳建设，统筹抓好道路交通、森林草原防灭火、城镇燃气、自建房安全整治等工作，推进安全隐患“大排查、大曝光、大整治”行动，生产安全事故起数、死亡人数分别下降47.3%、45.8%。开展全国市域社会治理现代化试点，常态化开展扫黑除恶斗争，全市社会大局和谐稳定。

全面从严治党。2022年，市委持续巩固发展绵阳风清气正良好政治生态，全面加强党的领导，落实省委“五个作表率”“六个带头”要求，加强市委常委班子自身建设。修订《中共绵阳市委工作规则》《中共绵阳市委常委会议事决策规则》，出台《中共绵阳市委领导网信工作规定》等规范性文件，“三重一大”事项全部由市委常委会会议依法依规集体研究决定。建强干部队伍，鲜明“以实干论英雄、凭实绩用干部”的选人用人导向，编制《绵阳市领导干部不适宜担任现职22条具体情形》，创新实施市级机关科长与乡镇党政正职双向交流、政法系统等领域干部内外交流和市直机关干部轮岗交流。夯实基层基础，全面推行以“党支部标准工作法”为核心的基层党建绩效管理，细化出台落实《党支部工作条例》14项重点任务。组建小区党组织2492个，动员3万名“双报到”党员助力小区治理，省、市20个城乡接合部新型社区挂牌整治任务全面完成，“两新”组织“两个覆盖”（组织覆盖、工作覆盖）实现动态清零。促进干部作风大转变，鲜明提出跳出绵阳看绵阳、跳出四川看绵阳，向最好的学、与最强的比、跟最快的赛，在全国找坐标、争位次，引导干部破除“盆地意识”，以更大格局、更宽眼界谋划推动工作。践行“一线工作法”，构建“部署、落实、督查、反馈、改进”的工作闭环，引导干部增强干事创业的敏锐性、主动性和责任心。持之以恒正风肃纪反腐，落实中央八项规定及其实施细则精神，纠治“四风”顽疾，推动党风政风持续向上向好。开展八届市委第二轮、第三轮巡察，对巡察发现的重大问题逐一研究整改。一体推进不敢腐、不能腐、不想腐，强化对国资国企、营商环境等重点领域监管。

（邱　童）

重要会议

【概况】 2022年，市委召开市委八届五次全会、稳增长”工作专题会议、农村工作会议、经济工作会议、人才工作会议、园区高质量发展大会、“决战四季度、大干一百天”工作动员部署会等重要会议，审议通过《中共绵阳市委关于深入学习贯彻党的二十大精神坚持创新引领实施“五市战略”加快建设中国科技城全力打造成渝副中心的决定》等文件，对实施科技立市、产业强市、开放活市、人才兴市、生态美市“五市战略”，加快建设中国科技城、全力打造成渝副中心；做好“六稳”“六保”工作，保持经济合理增速；做实“三农”工作，推动乡村振兴；实施人才兴市战略，开创“近悦远来”的人才工作新局面等方面做出部署。

【市委“稳增长”工作专题会议召开】 2022年3月8日，绵阳市委“稳增长”工作专题会议召开。副省长、市委书记曹立军主持。市人大常委会主任付康，市政协主席李亚莲，市委副书记王华蓉出席。会议强调要统筹疫情防控和经济社会发展，统筹发展和安全，做好“六稳”“六保”工作，保持经济合理增速，保持社会大局稳定，推动实现更高质量、更有效益的发展。会议分析研判当前经济发展形势，要求加强经济运行监测分析，抓好项目促投资，推动形成“储备一批、开工一批、建设一批、竣工一批”的良性循环；要抓好三次产业发展，实施绵阳品牌行动，加快打造具有影响力的区域公共品牌；要推动各园区产业向“专精特优”方向发展，形成一批特色鲜明、优势明显、具有全省全国影响力的产业集聚区；要实施“园区提质”“企业满园”行动，促进存量土地集约高效利用；要以消费为重点做大服务业，提升城市商圈品质和人气，发展文旅经济，打造一批知名旅游景区、精品旅游线路和网红打卡地，做好产品推销、旅游推广、城市推介等工作，擦亮绵阳城市名片；加大开放力度，高标准运营好对外开放平台；抓好保市场主体工作，落实好助企纾困、减税降费等政策措施，强化金融支持，激发各类市场主体积极性；要开展招商引资，主攻“长三角”“粤港澳大湾区”“京津冀”等重点区域；要实施产业链建链、延链、补链、强链工程；要抓好招才引智，做好人才服务；要开拓思路深化改革创新，更大力度向园区赋权，实现“企业办事不出园”“园区事园区办”；推动行政审批流程再造，深化“放管服”改革，提升行政审批效率；持续深化农村改革，开展乡镇抓经济抓招商激励试点，更好支撑县域经济发展；要统筹好发展和安全，抓好安全生产工作、信访和矛盾化解工作。

图18　3月8日，市委“稳增长”工作专题会议召开（视觉绵阳提供）

【绵阳市“决战四季度、大干一百天”工作动员部署会召开】 2022年9月21日，绵阳市“决战四季度、大干一百天”工作动员部署会召开。省委常委、市委书记曹立军出席会议并讲话。市委副书记、市长李云主持会议，市人大常委会主任付康，市政协主席李亚莲，市委副书记王华蓉出席会议。会议落实党中央“疫情要防住、经济要稳住、发展要安全”重要要求和省委“全力以赴拼经济、搞建设”“决战四季度、大干一百天”部署要求，完成全年目标任务。会议指出要按照市委各项部署，坚守目标任务，全力以赴拼经济、搞建设、抓发展、上项目，确保完成全年目标任务。要坚持问题导向，主动对标经济社会发展预期目标及上级考核指标，盘点分析工作完成情况、任务推进情况，对落后的找问题症结，拿出完善措施解决；要勇于担当尽责，提升把握大势、预判趋势的能力水平，及早研究谋划有关工作，做到早谋划、早部署、早行动、早见效；要敢于创新突破，善于把贯彻落实方针政策、工作要求和具体实际有机结合起来，研究新情况、采取新办法、开辟新路子。会议还听取市疫情防控指挥部、市发改委、市安办关于疫情防控、经济运行、安全生产等情况汇报。会议以电视电话会议形式召开。市委、市人大常委会、市政府、市政协有关领导，市人民法院院长、市人民检察院检察长，各县（市、区）、园区，市级有关部门负责人在主会场参会。

图19　12月28日，中共绵阳市委八届五次全体会议举行（赖杰/摄）

【中国共产党绵阳市第八届委员会第五次全体会议召开】 2022年12月28日，中国共产党绵阳市第八届委员会第五次全体会议（以下简称全会）召开。市委委员54人、候补市委委员10人出席全会。市纪委常委、市监委委员和有关方面负责人列席会议。市第八次党代会代表中部分基层人员和专家学者，以及有关方面代表列席会议。全会由市委常委会主持。全会听取和讨论省委常委、市委书记曹立军代表市委常委会作的工作报告，审议通过《中共绵阳市委关于深入学习贯彻党的二十大精神坚持创新引领实施“五市战略”加快建设中国科技城全力打造成渝副中心的决定》。曹立军就《决定（讨论稿）》向全会作说明，并作讲话。全会指出，要坚持创新引领，实施科技立市、产业强市、开放活市、人才兴市、生态美市“五市战略”，加快建设中国科技城、全力打造成渝副中心，努力走出一条符合发展规律、体现绵阳特色、服务国省大局的现代化之路。其中，加快建设中国科技城就是要建成具有全国影响力的中国特色社会主义科技创新先行区，全力打造成渝副中心就是要全面建成成渝经济副中心、成渝科创副中心、成渝消费副中心、成渝金融副中心、成渝教育文化医疗副中心和西部陆海新通道重要枢纽。要通过实施“五市战略”，推动实现科技创新强、产业体系优、开放程度深、人才活力足、绿色发展好，为绵阳现代化建设厚植优势、蓄积势能。要把科技创新作为核心价值，实施科技立市战略，把服务保障国防建设作为头等大事，把促进科技与经济深度融合作为重中之重，把营造良好创新生态作为重要保障，持续提升中国科技城的创新能级，加快建设国家科技创新先行区。要把实体经济作为着力重点，实施产业强市战略，坚持以园区为载体做强工业，以消费为重点做大服务业，以“三品”为引领做优农业，以信息化赋能产业升级，加快建设现代化产业体系。要始终把扩大开放作为动力源泉，实施开放活市战略，融入区域发展大格局，畅通对外开放大通道，实现招商引资大突破，做强开放合作大平台，优化尊商重商大环境，加快建设内陆开放新高地。要把招贤纳才作为长远大计，实施人才兴市战略，全方位引育、用好、留住人才，深化人才发展体制机制改革，营造识才、爱才、敬才、用才的良好环境，加快建设创新人才集聚地。要把绿色生态作为鲜明底色，实施生态美市战略，加强生态环境综合治理，加快推进绿色发展，营造生态宜居环境，努力走出一条生产发展、生活富裕、生态良好的文明发展道路，加快建设高品质生活宜居地。

（邱　童）

2022年市委重要会议一览表

表8

序号	时间	会议名称	会议主要内容
1	1月13日	全市党史学习教育总结会议	深入学习贯彻中央党史学习教育总结会议精神特别是习近平总书记重要指示精神，以及全省党史学习教育总结会议精神，总结全市党史学习教育成效，对巩固拓展党史学习教育成果进行安排部署
2	1月25日	市委八届三次全会	审议通过《绵阳市出席党的二十大代表候选人推荐人选建议名单》
3	1月27日	全市重点工作部署会议	对春节期间和岁末年初重点工作进行再安排、再部署，确保党中央、国务院和省委、省政府各项决策部署在绵阳落地落实，确保全市人民度过喜庆祥和的节日
4	3月8日	市委“稳增长”工作专题会议	会议强调要坚持以习近平新时代中国特色社会主义思想为指导，全面贯彻党中央、国务院和省委、省政府决策部署，立足新发展阶段、贯彻新发展理念、融入新发展格局、推动高质量发展，坚持稳字当头、稳中求进，把稳增长放在更加突出位置，保持战略定力和耐力，把握大势、认清形势，真抓实干、担当作为，统筹疫情防控和经济社会发展，统筹发展和安全，做好“六稳”“六保”工作，保持经济合理增速，保持社会大局稳定，推动实现更高质量更有效益的发展
5	3月18日	市委农村工作会议	会议强调要深入贯彻习近平总书记关于“三农”工作重要论述，全面落实中央和省委农村工作会议精神，始终胸怀“两个大局”、心系“国之大者”，做深做细做实“三农”各项工作，以有力举措推动全市乡村振兴取得新进展、农业农村现代化迈出新步伐
6	3月31日	全市重点工作推进会	会议强调要坚持以习近平新时代中国特色社会主义思想为指导，全面贯彻党中央、国务院和省委、省政府决策部署，坚定信心、强化担当，铆住重点、精准发力，坚定不移抓项目促投资，持续用力抓产业发展，千方百计壮大市场主体，抓好安全稳定工作，大力推动全市经济高质量发展
7	4月1日	市委民族工作会议暨全市宗教工作会议	会议强调要完整准确全面把握习近平总书记关于加强和改进民族工作的重要思想，深入贯彻新时代党的宗教工作理论和方针政策，全面落实中央民族工作会议、全国宗教工作会议和省委民族工作会议暨全省宗教工作会议精神，铸牢中华民族共同体意识，坚持宗教中国化方向，推动全市民族宗教工作高质量发展
8	4月21日	市委八届四次全会	投票确定绵阳市出席省第十二次党代会代表候选人预备人选，审议通过《中国共产党绵阳市第八届委员会第四次全体会议关于召开中国共产党绵阳市代表会议的决议（草案）》
9	5月6日	企业工作座谈会	会议强调要深入学习贯彻习近平总书记关于优化营商环境的重要论述，全面落实党中央、国务院和省委、省政府决策部署，常态化开展“面对面听取意见、实打实解决问题”活动，畅通意见反映渠道，形成问题解决机制，营造良好营商环境，以更好服务更优环境促进企业健康发展

续表8

序号	时间	会议名称	会议主要内容
10	5月9日	市委人才工作会议	会议强调要坚定以习近平总书记关于新时代人才工作的新理念新战略新举措为引领，坚决贯彻党中央、省委关于人才工作的新部署新要求，大力实施人才兴市战略，深化人才发展体制机制改革，全方位培养引进用好人才，奋力开创“近悦远来”的人才工作新局面，为加快建设中国科技城、全力打造成渝副中心提供坚强的人才支撑和智力保证
11	5月11日	全市重点工作推进会	会议强调要坚持以习近平新时代中国特色社会主义思想为指导，全面贯彻党中央、国务院和省委、省政府决策部署，紧紧围绕“讲政治、抓发展、惠民生、保安全”，工作再加劲、措施再加力、进度再加快，确保完成经济社会发展各项目标任务
12	6月7日	全市重点工作推进会	会议强调要深入学习贯彻习近平总书记关于国有企业改革发展和党的建设的重要论述，全面贯彻党中央、国务院和省委、省政府决策部署，坚持党对国有企业全面领导，围绕重点任务持续攻坚，聚焦主责主业提质增效，努力干出绵阳国有企业发展新天地
13	6月17日	学习贯彻习近平总书记来川视察重要指示精神和省第十二次党代会精神宣讲报告会	省委宣讲团第三分团负责人、省纪委副书记、省监委副主任赵正文作宣讲报告
14	6月22日	绵阳市园区高质量发展大会	会议强调要坚持以习近平新时代中国特色社会主义思想为指导，深入贯彻习近平总书记来川视察重要指示精神，全面落实省第十二次党代会精神，完整准确全面贯彻新发展理念，凝聚高度重视园区建设思想共识，激发大抓快抓园区建设干劲热情，坚定信心、锚定目标，真抓实干、狠抓落实，以园区高质量发展引领带动全市高质量发展，为加快建设中国科技城、全力打造成渝副中心提供坚实支撑
15	7月15日	全市防汛抗旱和地灾防范应对工作会议	会议强调要深入学习贯彻习近平总书记关于防灾减灾救灾工作的重要指示精神，落实党中央、国务院和省委、省政府决策部署，坚持人民至上、生命至上，立足于防大汛、抗大险、救大灾，保持临战状态，时刻敏感敏锐，细化工作举措，层层压实责任，全力以赴做好防灾减灾各项工作
16	7月27日	市委工作会议	会议学习贯彻习近平总书记来川视察重要指示精神，落实省第十二次党代会和省委工作会议精神，分析盘点上半年工作，研究部署下半年工作。会议强调要坚持以习近平新时代中国特色社会主义思想为指导，全面落实党中央“疫情要防住、经济要稳住、发展要安全”的重要要求，围绕省委“讲政治、抓发展、惠民生、保安全”的工作总思路，坚定必胜信心决心，保持决战决胜姿态，突出重点精准发力，全力以赴拼经济、搞建设，为稳定经济大盘作出更多绵阳贡献，以实干实绩迎接党的二十大胜利召开
17	7月29日	全市精神文明建设暨创建全国文明城市工作会议	会议强调要深入学习贯彻习近平总书记关于宣传思想工作和精神文明建设的重要论述，全面落实党中央、省委关于精神文明建设的决策部署，咬定目标、坚定信心，真抓实干、狠抓落实，奋力开创全市精神文明建设和全国文明城市创建工作新局面，为加快建设中国科技城、全力打造成渝副中心提供坚强思想保证和强大的精神动力
18	9月13日	市委研究民营经济工作专题会议	会议强调要深入学习贯彻习近平总书记关于民营经济发展的重要论述，落实省委工作会议关于大力发展民营经济的部署要求，坚持“两个毫不动摇”，着力营造良好氛围，健全完善工作机制，高效兑现惠企政策，全力支持促进民营经济健康发展

续表8

序号	时间	会议名称	会议主要内容
19	9月21日	绵阳市“决战四季度、大干一百天”工作动员部署会	会议强调要深入学习贯彻习近平总书记来川视察重要指示精神，落实党中央“疫情要防住、经济要稳住、发展要安全”重要要求和省委“全力以赴拼经济、搞建设”部署要求，坚定信心、铆足干劲，开拓创新、锐意进取，奋力完成全年目标任务，以实际行动和成效迎接党的二十大胜利召开
20	10月25日	绵阳市传达学习党的二十大精神大会	会议传达党的二十大报告、十九届中央纪委工作报告和党章修正案精神并讲话。会议强调要认真学习宣传贯彻党的二十大精神，是全市当前和今后一个时期的首要政治任务。全市各级党组织要深刻领悟“两个确立”的决定性意义，切实增强“四个意识”、坚定“四个自信”、做到“两个维护”，自觉把思想和行动统一到党的二十大精神上来，把智慧和力量凝聚到党的二十大确定的目标任务上来，不忘初心、牢记使命，踔厉奋发、勇毅前行，坚定推动党的二十大精神在绵阳落地落实，为全面建设社会主义现代化国家贡献绵阳力量
21	11月10日	绵阳市学习贯彻党的二十大精神省委宣讲团报告会	省委宣讲团第六分团团长、省委常委、市委书记曹立军作宣讲报告，结合四川和绵阳发展实际，从深刻把握党的二十大的主题和主要成果、过去5年的工作和新时代10年的伟大变革、开辟马克思主义中国化时代化新境界的历史责任、以中国式现代化全面推进中华民族伟大复兴的使命任务、全面建设社会主义现代化国家的目标任务、加强党的全面领导和全面从严治党的部署要求、应对风险挑战的重要要求等7个方面，对党的二十大精神进行宣讲解读
22	12月28日	市委八届五次全会	审议通过《中共绵阳市委关于深入学习贯彻党的二十大精神　坚持创新引领　实施“五市战略”　加快建设中国科技城　全力打造成渝副中心的决定》
23	12月29日	市委经济工作会议	会议学习贯彻党的二十大、中央经济工作会议和省委十二届二次全会、省委经济工作会议精神，全面落实市委八届五次全会部署要求，总结2022年全市经济工作，分析当前经济形势，安排部署2023年经济工作

重要决策与部署

【概况】 2022年，市委坚定以习近平新时代中国特色社会主义思想为指导，深入学习贯彻党的十九大和十九届历次全会、党的二十大精神，全面落实习近平总书记对四川工作系列重要指示精神和党中央决策部署，落实省委“讲政治、抓发展、惠民生、保安全”工作总思路，实施“五市战略”，统筹疫情防控和经济社会发展，统筹发展和安全，加快建设中国科技城、全力打造成渝副中心，推动各项事业取得新的重大进展。全年市委对经济工作、科技城建设、全面深化改革、人才建设、乡村振兴、生态环保等方面做出决策部署。

【经济工作决策部署】 2022年1月27日，绵阳市召开重点工作部署会议。会议强调要冲刺一季度目标，把重点工作、重点项目往前排，协调解决项目建设、企业生产中的困难问题，推动实现一季度“开门红”。3月8日，副省长、市委书记曹立军主持召开市委“稳增长”工作专题会议。会议强调要统筹疫情防控和经济社会发展，统筹发展和安全，做好“六稳”“六保”工作，保持经济合理增速，保持社会大局稳定，推动实现更高质量、更有效益的发展。3月21日，副省长、市委书记曹立军主持召开“园区提质”“企业满园”专题会议。会议强调要把实施“园区提质”“企业满园”行动作为推动园区高质量发展的重中之重，推进园区向更高层次发展，把园区建设成为全市高质量发展的主引擎。4月26日，市委召开常委会（扩大）会议，听取全市一季度经济运行情况汇报，研究部署下一步工作。5月6日，省委常委、市委书记曹立军主持召开全市企业工作座谈会。会议要求常态化开展“面对面听取意见、实打实解决问题”活动，畅通意见反映渠道，形成问题解决机制，营造良好

图20 5月6日，全市企业工作座谈会召开（视觉绵阳提供）

营商环境，以更好服务更优环境促进企业健康发展。6月1日，市委召开常委会会议，学习习近平总书记近期关于经济工作重要指示精神和党中央决策部署，传达学习全国稳住经济大盘电视电话会议及全省近期重要会议精神，研究全市贯彻落实意见。6月21—22日，绵阳市召开园区高质量发展大会。会议强调要以园区高质量发展引领带动全市高质量发展，为加快建设中国科技城、全力打造成渝副中心提供坚实支撑。9月13日，省委常委、市委书记曹立军主持召开市委民营经济工作专题会议。会议强调要落实省委工作会议关于大力发展民营经济的部署要求，坚持“两个毫不动摇”，营造良好氛围，健全完善工作机制，兑现惠企政策，支持促进民营经济健康发展。9月21日，绵阳市“决战四季度、大干一百天”工作动员部署会召开。会议强调要落实党中央“疫情要防住、经济要稳住、发展要安全”重要要求和省委“全力以赴拼经济、搞建设”部署要求，完成全年目标任务。12月28日，中国共产党绵阳市第八届委员会第五次全体会议召开。全会审议通过《中共绵阳市委关于深入学习贯彻党的二十大精神坚持创新引领实施五市战略加快建设中国科技城全力打造成渝副中心的决定》。12月29日，市委召开经济工作会议。会议总结2022年全市经济工作，分析经济形势，安排部署2023年经济工作。

【科技城建设决策部署】 2022年3月15日，市委召开常委会（扩大）会议。会议强调要更大力度推进科技城建设，抢抓国家实施科技体制改革三年攻坚方案机遇，加强与科研院所、高校深度合作，加快建设国家科技创新先行示范区、国防科技创新特区试验示范区和国家创新型城市。5月24日，市委召开常委会（扩大）会议。会议传达学习省委书记王晓晖到绵阳调研讲话精神，研究全市贯彻落实意见。会议强调要加快建设中国（绵阳）科技城，推进创新驱动发展，全力服务保障国防建设，优化提升创新资源集聚转化功能，强化企业创新主体地位，全方位引育、用好、留住人才，加速把绵阳科技优势、创新潜力转化为推动高质量发展强劲动力，加快建设国家科技创新先行示范区和成渝地区双城经济圈创新高地，为服务国家高水平科技自立自强、共建具有全国影响力的科技创新中心作出更大贡献。10月28日，中国（绵阳）科技城建设科技创新先行区投融资对接会暨科创基金小镇开镇仪式举行。仪式上，“天府科创贷”绵阳分中心获授牌，金融机构与企业签订投融资协议。

【全面深化改革决策部署】 2022年5月6日，市委全面深化改革委员会第十三次会议召开。会议强调要深入学习贯彻习近平总书记关于全面深化改革的重要论述，贯彻落实党中央和省委改革决策部署，推动各项改革走深走实，确保高质量完成年度改革任务，以深层次改革激发绵阳高质量发展活力。7月26日，市委全面深化改革委员会第十四次会议召开。会议强调要全面落实党中央大政方针和省委决策部署，聚焦市委中心工作，抓好年度各项改革任务。

【人才引进决策部署】 2022年2月28日，市委常委会会议召开。会议审议通过《绵阳市加快集聚创新人才十条政策措施》，强调要深化人才发展体制机制改革，全方位培养、引进、用好人才，推动各类智力资源要素向绵阳集聚。4月7日，绵阳市发布《加快集聚创新人才十条政策措施（暂行）》，设立10亿元人才发展专项资金，同步启动绵阳历史上最大规模的招才引智工作。5月9日，市委人才工作会议召开。会议强调要贯彻党中央、省委关于人才工作的新部署、新要求，实施人才兴市战略，深化人才发展体制机制改革，全方位培养引进用好人才，开创“近悦远来”的人才工作新局面。

【乡村振兴决策部署】 2022年2月16日，市委农村工作领导小组全体会议召开。会议强调要深入学习贯彻习近平总书记关于“三农”工作的重要论述，落实中央和省委农村工作会议精神，扛起粮食安全政治责任，持续巩固拓展脱贫攻坚成果，全面实施乡村振兴战略，抓好“三农”工作，稳住“三农”基本盘，确保农业稳产保供、农民稳步增收、农村稳定和谐。3月18日，市委农村工作会议召开。会议强调要做深做细做实“三农”各项工作，推动全市乡村振兴取得新进展、农业农村现代化迈出新步伐。12月29日，市委常委会会议召开，传达学习习近平总书记关于食品安全工作的重要指示批示精神，中央农村工作会议精神和中办、国办印发《乡村振兴责任制实施办法》《中共四川省委工作规则》《中共四川省委常委会议事决策规则》和省委办公厅印发《市县党委常委会重大事项决策规定（试行）》，研究全市贯彻落实意见。

【生态文明建设决策部署】 2022年3月30日，绵阳市林长制全体会议召开。会议强调，要深入贯彻习近平生态文明思想，全面落实党中央、国务院和省委、省政府有关决策部署，推进林长制各项任务落实，促进全市森林草原资源保护发展和生态持续改善。4月26日，市生态环境保护委员会第十一次全体会议暨市生态环境保护督察工作领导小组第四次会议召开。会议学习贯彻习近平总书记关于生态文明建设和生态环境保护工作的重要论述，传达学习中央有关会议和文件精神，以及省委有关会议精神，听取全市2021年生态环境保护工作总体情况汇报。会议要求学习贯彻习近平生态文明思想，落实党中央、省委关于生态文明建设部署要求，扛起生态环境保护的政治责任，抓好生态环境突出问题整改，持续用力打好蓝天、碧水、净土保卫战。

【党的建设决策部署】 2022年2月7日，市委常委会会议召开。会议传达学习十九届中央纪委六次全会、省纪委十一届六次全会精神，审议《中共绵阳市纪委八届二次全会工作报告》、市八届人大二次会议、市政协八届二次会议建议方案及系列工作报告等。2月9日，中国共产党绵阳市第八届纪律检查委员会第二次全体会议举行。会议强调要学习贯彻十九届中央纪委六次全会精神特别是习近平总书记重要讲话精神、省纪委十一届六次全会精神，全面落实新时代党的建设总要求和党中央决策部署，坚持党要管党、全面从严治党，一体推进不敢腐、不能腐、不想腐，持续抓好党风廉政建设和反腐败斗争，巩固发展绵阳风清气正的良好政治生态。6月13日，市委常委会（扩大）会议召开。会议专题传达学习习近平总书记来川视察重要指示精神以及省委常委会（扩大）会议精神，研究全市贯彻落实意见。会议强调要全面落实新时代党的建设总要求，坚持和加强党的全面领导，以党的政治建设为统领推进党的各项建设，始终保持正风反腐高压态势，奋力走好新的赶考之路。10月25日，绵阳市传达学习党的二十大精神大会举行。会议强调要学习宣传贯彻党的二十大精神是绵阳市当前和今后一个时期的首要政治任务，全市各级党组织要深刻领悟“两个确立”的决定性意义，切实增强“四个意识”、坚定“四个自信”、做到“两个维护”，自觉把思想和行动统一到党的二十大精神上来，把智慧和力量凝聚到党的二十大确定的目标任务上来，坚定推动党的二十大精神在绵阳落地落实，为全面建设社会主义现代化国家贡献绵阳力量。

【稳经济政策落实办公室成立】 2022年6月2日，绵阳市稳经济政策落实办公室（以下简称市稳经办）正式成立，并公开稳经济政策措施咨询热线服务电话（“12345”）。市稳经办主要职责为：统筹推动国省市稳经济政策措施落地落实，发挥政策措施的杠杆效应；利用多种方式做好稳经济政策措施的宣传解读，激发市场主体活力；面向社会开通稳经济政策咨询热线服务，及时做好来电来信的受理、转办和跟踪督办、反馈回访等；常态化开展稳经济政策措施落实的督查督办，对敷衍塞责、落实不力，企业反映问题突出的单位，予以曝光。市稳经办坚持全市“一盘棋”，市县协同推动政策落地执行，建立“市委主抓、政府统筹、专班推进、市县联动”的工作机制，市级层面由市委常委、常务副市长牵头，市政府秘书长、市发改委主任负责，市政府联系副秘书长具体负责市稳经济政策落实办公室的日常管理，成员单位分头负责各自领域政策落实工作。县级层面由主要负责人牵头、政府分管负责人具体负责本地稳经济政策落实办公室工作，构建起上下联动、共促落实的工作网络。市稳经办从市发改委、市经信局、市财政局等7个主要经济部门抽调人员集中办公。9个县（市、区）和4个市属园区全部成立稳经济政策落实办公室，集中开展政策宣传解读、咨询服务、督查督办等工作。市稳经办建立政策落实跟踪、反馈、督促机制，实时掌握政策落实情况，推动各项政策措施快速直达市场主体，通过每日梳理、每周调度、每月盘点工作方式，推动全市稳经济政策落实，受理咨询服务、转办、跟踪督办等情况，收集稳经济政策落实工作亮点、纾困解难经典案例以及存在的问题，共编制工作专报4期、简报9期、快报155期，开展调度9次，收集并跟踪办理反馈困难问题600余项。组织开展稳经济政策落实工作调研，针对部分地区政策宣传落实不细不实、市场主体政策知晓率低的问题，共向县（市、区）、园区印发提示函26件。至年底，市稳经办针对各项政策分散交叉、服务对象接收理解难的实际，开展政策梳理、配套、宣讲、解释等工作，释放政策集成效应。主动对接国省政策，对国省稳经济政策进行动态收集、归类整理，系统收集国省稳经济政策文件6大类50余个，逐项分析研究、细化解读，印发《关于落实稳住经济增长若干政策措施主要任务的通知》和系列配套政策文件，通过“一问一答”形式，建立稳经济政策咨询知识库。主动服务市场主体，线下编印国省市政策汇编、政策解读、政策“明白卡”等资料，采取大走访等方式开展宣传宣讲。线上开发“惠企政策一码通”“绵阳稳经济政策通”小程序、开通市长热线稳经济咨询专线、推送宣传短信。接受社会咨询，累计办理稳经济政策咨询2万余件，动惠企政策精准兑现、应享尽享。

（邱　童）

全面深化改革

【概况】 2022年，市委落实中央、省委改革部署，筹备市委深改委会议3次、全市改革办主任会议1次，谋划部署全面深化改革工作，审议出台改革方案8个。牵头制定市委深改委2022年度改革工作要点、改革落实台账等重要改革文件，谋划年度改革任务194项，推出深化园区综合体制改革、乡镇抓经济发展激励试点、农村闲置宅基地和闲置住宅盘活利用等13项自主创新改革。履行两项改革“后半篇”文章领导小组办公室职能职责，组织完成乡镇级、村级片区规划，筹备召开两项改革“后半篇”文章现场调度会议4次。总结提炼《领导干部带头抓市县镇村齐发力绵阳市全力打好招商引资“攻坚战”》送省委主要领导圈阅，推荐上报的《深化园区综合体制改革，打造经济高质量发展主引擎》等2项改革经验入选“中国改革2022年度地方全面深化改革典型案例”；总结提炼“科技助理”制度等50余项改革经验在全国、全省推广，人才新政、园区改革等140余项创新实践被国家、省主流媒体宣传报道。

【改革工作推进措施】 2022年，市委用好“领导抓、抓领导”改革直抓机制，明确15位市领导直接抓27项重点改革任务，明确市委改革办领导联系8项重大改革试点，跟进指导协调解决具体问题21个。用好专项督察机制，年中牵头对44个专项改革方案、28项重大改革试点和10项重点改革任务进行督察评估，确保各项改革总体符合预期；组建4个督查小组，对9个县（市、区）两项改革“后半篇”文章推进情况开展专项督导，通报并督促整改具体问题70个。至年底，全面深化改革、两项改革“后半篇”文章任务均全面完成。牵头推进深化国防动员体制改革，研究制定《绵阳深化国防动员体制改革实施方案》。牵头推进X射线FLASH放疗项目产业化，细化具体任务36项，组织召开调度会19次，推动完成相关企业注册。

【改革经验宣传】 2022年，市委聚焦重大改革试点和自主创新改革，做好改革经验总结提炼，编印《绵阳改革专报》42期、《绵阳改革动态》23期，被省委改革办采用9篇，采用数量居全省第二位。整合多种资源渠道，推广典型改革经验，组织上报的《四川绵阳让“撂荒地”变“金土地”》得到国务院副总理胡春华肯定性批示，牵头总结的《深化园区综合体制改革打造经济高质量发展主引擎》等2项改革经验入选《中国改革2022年度地方全面深化改革典型案例》，总结提炼的游仙区探索“一院所一平台一产业”模式等50余项改革经验在全国、全省推广。创新推行“科技助理”制度、市域内医疗检验检测结果互认、“三个微改革”为新时代乡村振兴注入新动能等140余项改革做法被央、省主流媒体宣传报道。

图21　《绵阳通讯》2022年第一期（市委政研室提供）

【改革经验宣传平台建设】 2022年，市委优化绵阳改革经验宣传平台，将原《绵阳改革与发展》改版为《绵阳通讯》。选题上贯彻落实中央、省委决策部署，围绕市委中心工作，坚持每期聚焦1个主题，宣传报道绵阳改革发展实践。内容上注重突出每期刊物主题，增强刊物可读性。突出绵阳特色，设置改革实践、产经科技、国器国宝国字号等固定栏目，并因时因季设置特别报道、绵品出川、民俗家园、人物、绵州印象、名镇风采等灵活栏目。全年出刊9期，共刊载综合稿件230余篇，约60万字、图片650余幅。

【两项改革“后半篇”文章工作】 2022年，全市按照《绵阳市两项改革“后半篇”文章2022年重点工作任务》及重点任务清单，围绕乡村振兴、基层治理等19个专项改革方案，确定年度重点改革任务122项。先后召开领导小组会议、工作调度会、现场观摩会、专题培训会等8次，传达省委、市委决策部署和指示要求，推动两项改革“后半篇”文章各项工作落实。组织市直相关部门梳理形成“关于以乡村国土空间规划引领县域内片区高质量发展的政策落实清单”，推动全市乡村国土空间规划编制工作。组织完成2021年省市两项改革“后半篇”文章考核工作，全面完成对9个县（市、区）、4个园区、19个牵头部门、24个参与部门的考核。

（庞　波）

市委综合事务

【概况】 2022年，市委办公室（以下简称市委办）发挥统筹协调参谋指挥职能作用，组织中心组理论学习研讨6次，落实“第一议题”制度，召开37次室务会会议传达学习党中央、省委、市委决策部署。加强疫情防控期间文件会议活动管理，建立“日报日清”机制。开展业务风险点排查，制定《市委办工作业务流程》，严格财经制度，规范内部运行管理，在全省党办系统率先出台《市委办公室涉密政府采购管理办法》。公务接待、公务用车支出分别下降37.6%、23.1%。举办“不忘初心、牢记使命”主题档案文献展，推进绵阳、江油、三台数字档案馆试点工作，争取到省档案事业发展专项资金270万元。承办全省应急密码通信区域协同演练暨技能比武复赛，被省委机要局评为保密优质高速无事故先进单位。将保密工作纳入巡察内容，市委办公室保密工作领导小组办公室被评为全省保密工作先进集体。在全省率先开展国家安全人民防线组织示范创建，1篇工作信息获习近平总书记批示。“绵阳城市形象推广、产业项目推介、特色产品推销‘三推’活动成效明显”“绵阳学习贯彻党的二十大精神，推动经济社会发展取得明显成效有关情况”2项工作获省委书记王晓晖肯定性批示。《秘书工作》通联工作等3项工作分别获中央办公厅秘书局、省委办公厅评奖，4条次信息被中央办公厅采用。市委办获全省保密工作先进集体、全省机要保密优质高速无事故先进单位等。

【重大决策服务保障】 2022年，市委办围绕科技创新、产业发展、改革开放、人才引用、绿色发展等开展调查研究，研究服务“五市战略”具体措施，牵头起草《关于深入学习贯彻党的二十大精神坚持创新引领实施“五市战略”加快建设中国科技城全力打造成渝副中心的决定》，印发《贯彻落实省第十二次党代会重要部署责任分工方案》，推动党的二十大精神和省委全会精神在绵阳落地生根。坚持“精简、精彩、经典”办会，做好方案策划、活动组织、嘉宾邀请、文稿起草等，推动第十届科博会成功举办。牵头组织到厦门、东莞、苏州开展城市形象推广、产业项目推介、特色产品推销“三推”活动。承办园区高质量发展大会、中欧班列成渝号（绵阳）首发、科创基金小镇开镇、南郊机场T2航站楼投运、绵遂内铁路建设启动大会等重大活动。

【文稿起草和管理】 2022年，市委办组织起草国家科技创新先行区实施细则，组织代拟科技城“十四五”规划等重要文稿，起草园区高质量发展大会、市委八届五次全会、市委经济工作会议等重要文稿700余篇，审改、发布新闻稿件260余篇。建立文件“三级四步”联审机制（由文件具体经办人、科室负责人、办公室分管负责人“三级”层层把关，采取具体承办人初核，AB岗交叉校核，科室负责人复核，分管负责人审核“四步”工作模式），优化文件处理笺、调整改进版式流程，办理中央文件88件、省委文件416件，协助市委制发文件376件。制发《关于进一步提高公文质量规范简报报送严格报审程序有关事项的通知》，控制发文数量、提升文件质量，发文减少34.9%，篇幅平均压缩20%，精简幅度居全省前列。

【统筹协调】 2022年，市委办服务市领导联系指导县（市、区）及园区和重点企业，承办领导调研经济发展、项目建设、对口帮扶等活动54次，服务北川、平武灾后重建工作，实现县（市、区）及园区全覆盖调研督导。建立“四套班子”秘书长联席会议机制，每月统筹调度督导、考察、调研活动。承办《中共绵阳市委工作规则》《中共绵阳市委常委会议事决策规则》修订工作，服务市委常委会会议50次、书记专题会19次。加强会议活动统筹，健全“线上线下”会议模式，建好党政高清视频会议系统，严控会议数量、严把会议质量，服务各类会议活动170余场次。推动市委、市政府总值班室一体化、实体化运行，处置山洪灾害、多轮疫情、道路安全等突发事件，“六必”机制（值班工作采取首问党委必知、研判党委必商、进展党委必跟、初报党委必审、续报党委必核、终报党委必统）工作经验被全省推广。做好市委领导在蓉联络协调工作，协调上级机关对绵阳市上报各类情况快速作出批复答复共8件次，为市直各部门、县（市、区）和企事业单位在蓉开展业务活动提供咨询服务和工作方便45次，参与省市在蓉重大活动6次。

【督查督办】 2022年，市委办坚持“督查从严、反馈从快、报告从简”，建立领导批示抄清、印转、督办、反馈全流程工作闭环，严把领导批示办理时效、程序、管理关口，做到批示抄清零差错、印转范围零遗漏、印转时间零延误，推动办理工作制度化规范化程序化，印转《市委领导批示通知》722件，编印《领导批示通报》20期。坚持围绕省委、市委中心大局工作、热点重点难点痛点问题，提出批示建议32条，全部被市委主要领导采纳，并被省委办公厅《领导批示通报》收录。推行“四不两直”督查工作方式（以“不发通知、不打招呼、不听汇报、不用陪同接待、直奔基层、直插现场”方式开展督查督办工作），围绕项目投资、防汛减灾、安全生产、信访、城区保供水等开展重点督查70余轮次，形成《重要事项督查专报》66期，获得市委主要领导批示30余次。

【信息服务】 2022年，市委办坚持“常规工作常态报、重点工作及时报、特色工作精心报”工作思路，聚焦科技创新、双招双引、“园区提质”“企业满园”等市委决策部署，编报信息刊物380余期、近4000条，被省委办《工作情况交流》专刊采用2篇，超额完成全年目标任务。获省领导在信息刊物上肯定性批示36人次，其中省委主要领导2次、市委主要领导24次。发挥中办直报点优势，围绕科技城建设等方面上报信息，被中办专刊采用信息1

篇、综合采用信息3篇。

【公务服务保障】 2022年，绵阳市加强接待工作统筹，共完成接待任务281批次5130人次，其中服务保障全国人大常委会副委员长、民盟中央主席丁仲礼等党和国家领导人到绵阳任务2批次，农业农村部党组书记、部长唐仁健等国家部委及其他省部级领导到绵阳任务7批次，省委书记王晓晖等四川省领导到绵阳任务16批次。服务保障第十届中国（绵阳）科技城国际科技博览会、成渝号（绵阳）首发仪式、“创新金三角、智汇科技城”活动启动仪式、绵遂内铁路绵阳至遂宁段建设启动大会等大型活动24批次。

（邱　童　汪　洋）

组织工作

【概况】 2022年，绵阳市组织系统围绕“政治引领、标准提升、基础规范”工作思路，推进各项工作。全面推行组织工作“最多跑一次”制度，制发组织工作运转流程图、沟通请询一次告知单、接件回执单等，明确49项审批事项最低办结时限。开展组织工作规范性文件专项清理，制定《严防工作出现重大失误的管控制度》等规章16项。全市党建引领整治“撂荒地”“夯基提标年”活动等工作分别得到党和国家领导人、省委领导肯定，被中央电视台《新闻联播》节目、《人民日报》等推介；“以组织担当负责激励干部担当作为”经验做法被中组部《组工通讯》专题刊载；市互联网协会党支部工作经验在全国大会上交流；产业链党建模式入选全国《非公有制企业党建》年度“百佳创新案例”；科技城新区获评全省第三批“两新”组织党建示范园区。至年底，全市共有党组织15561个，其中党委1434个、党总支1254个、党支部12873个；有党员32.5万人，女党员占26.82%，少数民族党员占3.94%，大专及以上学历党员占41.94%。共有公务员（参公）24070人、事业人员69586人。有在职县级以上领导干部1121人，其中省部级领导1人、厅级领导38人、县级领导1082人；有科级领导干部6748人。

【干部思想政治建设】 2022年，绵阳市坚定以党的政治建设为统领，把党的创新理论作为首要政治任务，实施入心铸魂计划，把习近平总书记来川视察重要指示精神和党的二十大精神、省第十二次党代会精神等纳入干部教育培训必修课，举办读书班、大讲堂等100余期，培训13.8万余人次，跟进把任职资格考试、政治理论测试成绩作为干部选任重要依据，以考促学促训促用。开展两弹一星精神进校园巡演，四川“两弹一星”干部学院培训2.4万余人次。该学院被纳入中组部党性教育干部学院目录。融合王右木纪念园等独特资源，打造5条特色教育线路，提升全市干部教育培训品牌影响力。深化县级党校分类改革，4所新校区投入运行，市县一体推进县级党校分类建设经验被《学习时报》刊发。

【干部队伍建设】 2022年，绵阳市鲜明“以实干论英雄、凭实绩用干部”导向，推行干部选任“优化结构、人岗相适、全面比选、择优使用”十六字操作规范和领导干部署名推荐干部办法，出台干部选任践行“一线工作法”制度，把个人信用等“私德”与选任关联，动态掌握担当作为、表现较突出的县级干部121人、优秀正科级干部532人。开展换届后县（市、区）党政班子调研分析，完成市属企业领导班子管理体制、人员优化调整，实施跨领域干部交流308人次，制发常态选派干部到上级机关锻炼相关举措，选派74人到国家部委和省直部门帮助工作，争取38名上级部门和先进地区干部到绵阳挂职。实施“红色薪火工程”，开展优秀年轻干部补短板“强基计划”，对157名优秀年轻干部采取挂职、驻村、交流轮岗等方式，作针对性补短提升。持续抓好换届后大规模干部学习培训赋能计划，开展市直部门班子专业化干部配备调研分析，优化配备专业背景干部。制定“组织系统为担当者担当为负责者负责五项措施”，明晰领导干部不适宜担任现职“22条具体情形”。

【公务员队伍管理】 2022年，绵阳市公开发布《绵阳市机关事业单位公开考试录（聘）用工作操作规程》，全面推行公务员考录笔试面试“七个三”工作制度，到“双一流”高校开展宣传推介，招录公务员859人，引进选调生127人，县乡机关行政编制使用率保持在95%以上。实施新一轮职级公务员管理“新征程计划”，出台职级公务员管理“八条措施”，选派65名退出领导岗位县级干部参与重点工作。执行市直机关（市属园区）干部轮岗交流办法，做好公务员分类改革，完成市级参公单位重新认定，梓潼县被列为全省10个县级参公单位重新认定示范县。执行关心关爱干部身心健康九条措施，制定规范公务员工资津贴补贴实施方案，落实乡镇工作补贴、艰苦边远地区津贴等工资政策，“三分三评三挂钩”平时考核做法在全省推广。市本级职务与职级晋升1334人次。市税务系统干部崔国、市人民检察院第七检察部主任雍小凤获评全国“人民满意的公务员”。

【基层党建工作】 2022年，绵阳市执行基层党建绩效管理，抓实基层基础工作，出台严格基层党建绩效管理十条措施和绵阳市党员干部履行党建责任和党员义务查核评价办法，对新提拔重用的党员领导干部进行全覆盖查核。全面推行“党支部标准工作法”，印发《党支部标准工作法使用手册》，出台加强基层党组织规范使用党旗党徽、规范转接党组织关系等“打补丁”制度，建设基层党建市级示范点88个。承接新业态新就业群体党建工作省级试点，统筹6000万元连续3年专项支持，建立新业态行业党委31个，新建各类组织204个。对94个乡镇、327个村落实规范化制度等内容进行随机调研督导，对机关落实三级五岗党建责任清单开展两轮督查，印发国企、公立医院党建重点任务清单，中小学校党委（总支）书记、校长分设完成年度任务，促进各领域党建工作全域建强、全域提升。

【党建促乡村振兴】 2022年，绵阳市制定县级领导抓乡村振兴责任制“十条措施”，出台党建引领片区高质量发展“五条意见”、建强堪当乡村振兴重任村干部队伍的七项举措、村干部值班“六个一”任务清单和进一步畅通村（社区）干部成长通道等文件，推进“千名大学生筑梦乡村”、村活动阵地“标准化、亲民化、规范化”建设。实施村级集体经济“消薄”决胜攻坚行动，推动电信、移动、联通、广电4家通信企业参与支持集体经济发展，带动全市村级集体经济增收2900余万元，开展金融甘泉促振兴行动，为每村金融授信100万元，党建引领发展壮大集体经济整治撂荒地1400公顷，全面消除薄弱村。深化“两新联万村·党建助振兴”行动，598个“两新”组织与结对村签订帮扶协议298个，32家电商直播企业销售本地农产品5000余万元。

【党建促基层治理】 2022年，绵阳市从建强红色堡垒、选好红色头雁、整合红色队伍、强化红色联动、夯实红色支撑5个方面推进“红色网格”建设，全覆盖选聘城市社区专职网格员1913人。完成省、市20个城乡接合部新型社区挂牌整治任务。出台进一步加强小区党组织建设15条措施、小区（临时）党组织规范化运行10条措施，组建小区党组织2492个，动员3万名“双报到”党员助力小区治理。设立500万元专项资金，统筹开展39项“微治理·群众有感”工作，党建引领城市垃圾分类等工作取得成效。

【“夯基提标年”活动】 2022年，绵阳市组织系统落实全省组织工作思路，开展“夯基提标年”活动，对照全省组织工作延伸检视整改清单和巡视巡察要求，通过与上对标、与外对比、对内梳理、对下走访，挖短板找弱项，全面查摆基础数据、规范程序、工作标准、工作时效等问题480条。细化分解目标任务320个，逐条梳理问题整改举措861项，逐一销号、闭环落实。建立对口联系县（市、区）、市直部门机制，印发专项通报6期、各类综合通报17期，现场开展党建工作“拉练比武”。 （梁　睿）

资料链接：

关心关爱干部身心健康九条措施：强化思想政治引领、开展心理咨询疏导、做好健康服务管理、落实关心激励措施、用好容错纠错手段、持续深化基层减负、营造和谐家庭氛围、落实强制休假制度、丰富文化体育活动等九条措施。

“三分三评三挂钩”平时考核：落细落实考核对象分类定岗、考核指标分类设置、考核结果分类量化“三分类”，月小结、季考评、半年测评“三评价”，与日常管理、年度考核、培养使用挂钩“三挂钩”。

严格基层党建绩效管理十条措施：日常调度评价、集中考核评价、考察查核评价、挂钩年度考核、挂钩政治荣誉、挂钩干部选任等10条措施。

县级领导干部抓乡村振兴责任制“十条措施”：深化学习贯彻习近平新时代中国特色社会主义思想、健全乡村振兴联系制度、推动产业振兴、推动人才振兴、推动文化振兴、推动生态振兴、推动组织振兴、联系服务群众、完善乡村治理体系，压紧压实责任等10条措施。

党建引领片区高质量发展“五条意见”：组织建设共强、产业发展共兴、人才引育共抓、文明乡风共美、工作成果共促5项机制。

建强堪当乡村振兴重任村干部队伍七项举措：源头培养、公开遴选、学历提升、干部成长、待遇保障、养老保险、激励关怀7项机制。

村干部值班“六个一”任务清单：环境卫生“扫一扫”、三务公开“看一看”、服务事项“办一办”、工作情况“报一报”、政策法规“讲一讲”、设施安全“查一查”6项职责任务。

宣传工作

【概况】 2022年，绵阳市宣传思想文化战线工作始终坚定以习近平新时代中国特色社会主义思想为指导，全面学习宣传贯彻党的二十大和省委十二届二次全会精神，深入落实习近平总书记来川视察重要指示精神和对绵阳工作重要指示精神，认真落实中央和省委各项决策部署，自觉履行举旗帜、聚民心、育新人、兴文化、展形象的时代使命，为加快建设中国科技城、全力打造成渝副中心提供坚强思想保证和强大精神力量。组织宣讲队伍，组建宣讲团师资库，利用“学习强国”学习平台等开展理论宣传；落实意识形态工作责任制，开展意识形态专项检查；制作公益宣传画、宣传片，组织音乐党史课、童心向党等活动，开展社会主义核心价值观教育；组建舆论监督工作专班，开设专栏，聚焦事关群众切身利益的问题；构建外宣工作新格局，围绕“三推”等重大活动作好外宣推介。

【理论宣传】 2022年，绵阳市制定出台《2022年全市党委（党组）理论学习中心组专题学习安排意见》《绵阳市党委（党组）理论学习中心组学习列席旁听制度》，落实“第一议题”制度，学习研讨、贯彻落实习近平总书记重要讲话、重要指示，组织市委理论学习中心组学习会10次，督导市直部门、县（市、区）及园区党组（党委）、党工委开展专题学习300余次，列席旁听132次。整理汇编《国之大者》学习资料，征订使用《习近平谈治国理政》第四卷、《中国共产党宣传工作简史》和《百年初心成大道——党史学习教育案例选编》21万余册（套）。绵阳市围绕学习贯彻党的二十大精神、习近平总书记来川视察重要指示精神和省第十二次党代会精神等，成立市委宣讲团、宣讲分团和绵YOUNG新时代青少年、劳模工匠等特色宣讲队，组织召开市委宣讲团动员会暨集体备课会，印发宣讲提纲，从市委党校、西南科技大学、绵阳师范学院等单位遴选专家学者、理论宣讲员组建市委宣讲团师资库，为各县（市、区）、园区和市直部门提供“菜单式”宣讲。由党的二十大代表、省委宣讲团第六分团团长、省委常委、市委书记曹立军带头作宣讲报告，各宣讲分团（分队）到县（市、区）、园区、市直机关、企业学校、乡镇社区，通过集中宣讲、坝坝会、“大喇叭”等方式，开展对象化、分众化宣讲7000余场。举办“喜迎二十大　强国复兴有我”绵阳市第二届基层理论宣讲大赛，对10个优秀组织单位、52名选手进行通报表扬。《人民日报》《光明日报》等央级媒体以《用上新方法　宣讲进万家（新春走基层）》《宣讲接地气　干事有底气》为题，对全市宣讲工作进行报道。市委宣传部在《绵阳日报》开设“理论版”，刊发各级党委（党组）理论学习中心组及成员理论文章、心得体会71篇。指导拍摄并报送“理响巴蜀”基层宣讲短视频30余个，被省委宣传部采用10条，并在“四川观察”“川观新闻”“学习强国”四川学习平台等省级媒体和四川省党委（党组）中心组微信公众号上展播。向“学习强国”学习平台供稿，上报稿件4321篇，被国家、省两级平台采用2014篇，阅读量2785万次，其中“新时代文明实践中心”等5套试题被“学习强国”全国总平台选用，试题“2022年国际禁毒日”在“专项答题”和“每日答题”栏目上线。

【意识形态工作】　2022年，市委宣传部全面落实意识形态工作责任制，先后4次召开分析研判会议，组织对各县（市、区）、园区、市直部门和国有企业进行意识形态专项检查，指出问题、跟踪督办推动整改。围绕重点领域、重要阵地和重大时间节点，事先研判风险点、事中发出提示函、事后收集工作单，通报全市意识形态领域形势。编印《绵阳市贯彻落实党委（党组）意识形态工作责任制专项检查工作实务手册》，梳理意识形态岗位责任清单、工作任务清单、专项检查资料清单。

【社会主义核心价值观教育】　2022年，市委宣传部在主次干道、公园广场、机场车站、社区小区等设置宣传景观100余个，印制道德模范、核心价值观等公益宣传画10余万张，创作《双喜丸子》《记得》等数十个主题文艺作品，依托绵阳广播电视台、绵阳日报社等媒体设立《德耀绵州》《文明绵阳》等专栏30余个，统筹城区户外电子屏、出租车顶LED屏、公交站台滚动屏、公交车车载媒体等宣传载体4500余个，每日推送社会主义核心价值观公益广告超万余条（次）。开展“音乐党史课（音乐思想课）”“永远跟党走　奋斗新征程”“传承优良家风　争做时代新人”“童心向党”等“强国复兴有我”系列主题活动，举办“奋进新征程　建功新时代”绵阳经济社会发展成就主题网上展览，浏览量超65万人次。持续推动“新时代　新跨越”红色经典影片进乡村、社区公益放映活动，播放主题电影470场，观影达1.5万余人。挖掘“两弹一星”精神、抗震救灾精神等伟大精神中的绵阳印记，开展“两弹一星”精神“七进”巡演活动42场，原创舞台剧《国魂》《英雄·丰碑》等讴歌“两弹一星”精神的节目演出130余场，吸引4万余人观看。举办绵阳首届红色宣讲员大赛，推荐选手参加全省首届红色宣讲员大赛，1名选手获银奖；参加四川省第三届红色故事讲解员职业技能大赛，1人获得专业组金牌讲解员，1人获得全省优秀讲解员。

【主流舆论平台建设】　2022年，市委宣传部运用“报、网、端、微、屏”等平台，聚焦党中央和省委重要决策部署，先后开设“喜迎二十大”“奋斗者正青春”“决战四季度　大干一百天”“干出绵阳发展新天地”等专题专栏65个。围绕“五市战略”，推出《从国宝大熊猫看科技城背后的“生态重器”》《舆论监督触动“绵阳之变”》《从一季度GDP数据解读绵阳发展密码》《三个百亿级项目缘何落户绵阳》等深度报道400余篇。召开全市新闻舆论工作座谈会，解决市级新闻单位资金保障、债务化解、运行机制等系列问题。

【舆论监督】　2022年，市委宣传部健全开展建设性舆论监督常态化长效化机制，统筹市级媒体组建舆论监督工作专班，开设“绵观辣1度”“阳光聚焦”等专栏，围绕事关群众切身利益的交通安全、消防安全、生产安全等11个领域开展大曝光，组织推出监督报道179篇、曝光问题154个，对曝光问题进行追踪问效，形成发现问题、分析问题、解决问题的工作闭环。

【对外宣传】　2022年，市委宣传部打通信息渠道，建立健全外宣工作调度会、新闻媒体联席会等工作机制，强化与国家级、省级主流媒体的深度合作、与市（县）媒体和部门单位的常态沟通，构建形成国家级、省级媒体“划重点”、市级媒体“设选题”、地方部门“供资源”的工作格局。先后访问中央电视台、人民日报社、新华社等单位5次，邀请、承接到绵阳的采访报道17批次，联动四川广播电视台在绵阳设立川北（绵阳）分社。至年底，在《人民日报》、中央电视总台、新华社等国家级媒体刊播稿件299条，绵阳元素先后39次被人民网等央级网络媒体首页刊登，《四川新闻联播》供稿量位居全省第2位。第十届科博会新闻宣传得到省委宣传部支持，被国家级、省级主流媒体关注聚焦，各媒体推出相关报道2000余篇（条），全网阅读量超6亿人次。以城市形象推广、产业项目推介、特色产品推销“三推”活动为契机，先后到厦门、东莞、苏州开展系列宣传推介活动。联合《南方周末》、澎拜新闻、界面新闻等媒体，策划推出《干出新天地，一座西部内陆城市的“破圈”出击》等深度报道10篇；联动厦门、东莞、苏州三地主流媒体，策划推出660余篇专题报道，“三推”活动现场云览量达2138万人次。利用第十届科博会和海峡两岸文昌文化、嫘祖文化、大禹文化交流活动等契机，组织邀请境内主流媒体、海外华文媒体到绵阳集中采访报道，在YouTube、Twitter、Facebook等海外社交平台及微信视频号平台推出双语新闻、英语直播、短视频等产品，全网传播量破1000万次。相关活动新闻还受到《世界日报》《阿根廷星报》及阿根廷共和国驻华大使馆官方微博、微信公众号等关注报道，中国驻苏丹大使馆政务参赞、中国驻大阪总领事等驻外使节转发。“绵阳野生大熊猫母子同框出镜”“中欧班列成渝号（绵阳）首发”等多条新闻被新华社日本专线报道。

【绵阳市首届红色宣讲员大赛】 2022年5月27日，“喜迎二十大 戎耀新征程”——绵阳市首届红色宣讲员大赛在市退役军人服务中心大厅举行。大赛由市委宣传部、市委党史研究室、市退役军人事务局主办，市退役军人服务中心承办。市委宣传部副部长、二级调研员陈进宝，市委党史研究室副主任吴锋，市退役军人事务局党组书记、局长罗盛军等出席活动。本次比赛分为退役军人组和退役军人工作者组，共有参赛选手37人。选手围绕“两弹一星”精神、抗震救灾精神和退役军人先进典型等讲述正能量故事。经现场评比，共评出一等奖2人、二等奖4人、三等奖7人、优胜奖24人，并推荐优秀选手参加全省比赛。

【学习贯彻习近平总书记来川视察重要指示精神和省第十二次党代会精神宣讲报告会举行】 2022年6月17日，学习贯彻习近平总书记来川视察重要指示精神和省第十二次党代会精神宣讲报告会在绵阳举行。省委常委、市委书记曹立军主持报告会并讲话，省委宣讲团第三分团负责人、省纪委副书记、省监委副主任赵正文作宣讲报告。市人大常委会主任付康，市政协主席李亚莲，市委副书记王华蓉出席。宣讲报告中，赵正文从充分认识习近平总书记来川视察指导的重大意义、深刻领会习近平总书记重要指示的丰富内涵和核心要义等方面对学习贯彻习近平总书记来川视察重要指示精神作阐释、导读和讲解；从深刻认识和把握新时代治蜀兴川的根本遵循、总体谋划、战略牵引以及未来发展重点任务、纵深推进全面从严治党等方面对省党代会精神进行解读和辅导。市四套班子有关领导，市人民法院院长、市人民检察院检察长，各县（市、区）、园区党（工）委、市直有关部门以及部分高校、市属国有企业、金融单位主要负责人，有关方面代表等参加。

（于鹏飞）

图22　5月27日，绵阳市首届红色宣讲员大赛举行（市委宣传部提供）

统战工作

【概况】 2022年，市委召开常委会会议专题传达中央和省委统战工作会议精神，市委书记对贯彻落实中央、省委统战工作会议精神，推动《中国共产党统一战线工作条例》（以下简称《条例》）及省委《实施方案》落地见效提出具体要求。召开绵阳市统战部长会议，总结全市2021年统战工作，部署2022年统战工作。将《条例》纳入党委理论学习中心组、党校（行政学院）、社会主义学院教学内容，邀请省社会主义学院教授颜旭等专家学者在市委党校（市社会主义学院）主体班上解读《条例》。市、县两级统战系统举办《条例》专题培训班9期，参训学员1000余人次，并将《条例》落实情况纳入目标考核。以学习贯彻中共二十大精神为主题，市、县两级累计召开党外人士情况通报会12次、理论学习中心组专题学习会22次、开展宣传宣讲、研讨交流34场次，举办学习培训19期1301人次，强化对党外人士的政治引领。持续巩固“四史”学习教育成果，针对民主党派和无党派人士、党外知识分子，新的社会阶层人士，以及民营经济、港澳台侨界和民族宗教代表人士举办系列活动。江油市李白纪念馆创建成为全省海峡两岸交流基地。举办海峡两岸大禹、文昌、嫘祖文化交流活动，吸引150多万人次观看直播和参加祭祀，获《人民日报》、新华网等20余家国家、省级媒体宣传报道，刊发各类稿件100余篇。制定《绵阳市华侨回国定居实施细则》，加强基层侨联组织建设，新增县级侨联组织5个，实现侨联组织市、县两级全覆盖。全市统战工作综合评价排名全省第3位。

【大统战工作格局构建】 2022年，绵阳市持续完善大统战工作格局，由市委主要领导履行统战工作第一责任人职责，定期研究部署统一战线重点工作，带头参加统一战线重要活动，带头结交党外朋友，带头联系民主党派、民族、宗教等领域

图23　3月14日，全市统战部部长会议召开（市委统战部提供）

党外代表人士，共研究部署统战各领域工作20余次。市委分管领导坚持每月召集1次部务扩大会集中学习、每月听取1次全市统战工作汇报、每月调研1次基层统战工作、每月开展1次民营企业沟通协商活动，先后5次到涪城区清真寺、迎宾社区等基层统战实践创新点位调研指导，结合贯彻落实中央、省委有关工作会议精神对实践创新点位提出工作意见24条。统战部门发挥市委统战工作领导小组、市委宗教工作领导小组和市委对台工作领导小组等议事协调机构管方向、议大事、聚合力、解难题作用，召开工作会议，印发市委统一战线工作、全市宗教工作和市委对台工作年度工作要点，明确工作目标方向、安排责任部门任务、跟踪督办重点事项，共推动解决统战各领域重难点问题20余个。

【民主党派参政议政】　2022年，绵阳市提升新型政党制度效能，围绕“建设中国科技城、打造成渝副中心”建立市级各民主党派建言献策比学赶超机制，形成人大建议、政协提案172件，报送社情民意信息570余条，被省部级以上领导签批7件，省级以上部门采用94件。发挥“直通车”渠道优势，邀请200多名民主党派领导、院士（专家）及企业家到绵阳开展决策咨询、投资考察，吸引投资金额近10亿元。

【新的社会阶层人士统战工作】　2022年，绵阳市统战系统发挥“全国新的社会阶层人士统战工作创新推广城市”作用，认定无党派人士659人，建立起600余人的“新的社会阶层人士信息库”和500余人的“网络人士信息库”，制定代表人士积分激励机制，对参加活动、发挥作用等情况实行量化管理，作为政治安排重要依据。开展“同心·自律”等系列主题活动20余次，带动150余名新的社会阶层人士和1800余名统战成员参与基层共建共治共享。

【民营经济服务】　2022年，绵阳市统战系统发挥民营经济统战工作协调机制作用，常态化开展民营经济代表人士培训，组织企业家参加“专精特新企业数字经济与创新驱动”等7个班次的专题培训班，轮训1000余人次。开展统战部部长与民营企业家“面对面”“键对键”系列活动，帮助企业解决困难问题245个。完成省委统战部部长与民营企业家沟通协商“面对面”交办问题办理。

【统战基层基础建设】　2022年，绵阳市成立中共绵阳市委统战部抓落实工作领导小组和抓落实办公室，建立部长交办事项和重点事项督办机制。制定《2022年度绵阳市统战工作综合评价提档升级责任分工方案》，设立7类56项具体任务，明确责任分工，以“清单制+责任制”推动落实。落实全市基层统战工作实践创新基地命名管理办法，巩固全市15个基层统战工作实践创新基地建设。加强干部学习提能，制定《绵阳市统一战线2022年度教育培训方案》，把“4321工作法”及省委统战部工作部署作为统战系统各级各类培训班重要内容，实现统战干部、统战代表人士学习培训全覆盖。

【统战工作助力“五市战略”实施】　2022年，绵阳市围绕市委中心工作，动员统战各领域力量围绕“五市战略”凝心聚力。助力“科技立市”。承办第二十届海科会电子信息论坛，邀请14名海内外院士把脉问诊绵阳电子信息产业，跟进“海科杯”项目21个，促成项目签约金额超15亿元。坚持以“侨”为桥，邀请阿根廷担任第十届科博会主宾国，通过民主党派“直通车”邀请全国人大常委会副委员长、民盟中央主席丁仲礼到绵阳出席第十届科博会并宣布开幕，举办2022年“侨智精英科博行”高端医疗装备智造及新材料发展论坛。依托同心协同创新园打造相关孵化平台，实现成长型企业年产值突破6000万元。助力“产业强市”。建立“万企兴万村”行动示范点评价体系，促成267家民营企业参与“万企兴万村”行动，实施兴村项目313个。坚持“市内民族地区与散居地区协同发展工作机制”，出台《关于加强市内协同合作推进民族地区加快发展的实施方案》，7个市辖区（园区）与27个民族乡镇按产业片区结对发展，投入专项资金2690万元，实施产业项目15个。助力“开放活市”。加强与海内外华侨华人的联谊交友，动态更新港澳台侨及海外代表人士数据库，与美国、印尼等30余个国家和地区的100余名华侨华人成为“挚友”，与澳大利亚川渝同乡会等16家海外侨团和侨商（协）会开展交流合作。组织200余家民营企业及商（协）会，参加“绵阳造”厦门、东莞、苏州行系列活动，促成东莞四川绵阳商会与涪城区中小企业商会签订友好合作协议。助力“人才兴市”。组织召开党外人才座谈会，围绕“人才兴市”建言献策60余条。将党外人才建设纳入全市人才队伍建设总体规划，立足中国科技城建设需要，分层分类建立党外人才库。每个党派聚焦1个重点方向引才聚才，发挥统战组织的吸纳和平台优势，聚焦科学家、科技领军人才等招引高层次人才36人。通过联谊交友、实践锻炼等方式关心关爱人才。助力“生态美市”。配合民建省委对口绵阳市开展长江生态环境保护民主监督，市级各民主党派、无党派人士提出意见建议129条，走访各类企业53家，向被监督地方党委政府及市级有关部门反馈问题136个，协调解决企业生产经营难题64个。

【全省新的社会阶层人士统战工作培训班在绵阳召开】 2022年4月26—28日，全省新的社会阶层人士统战工作培训班在绵阳召开，省委统战部副部长陈武参加有关活动。培训班先后在江油市白玉村、涪城区126文化创意产业园、游仙区“新英汇·创新工场”“同心会客厅”和中国两弹城开展现场教学。结业式上，绵阳市委统战部副部长、市台办主任、市侨办主任吴刚作经验交流发言。（邱　实）

政策研究

【概况】 2022年，市委政研室围绕“加快建设中国科技城、全力打造成渝副中心”目标，发挥参谋助手作用，编报《情况参考》13期、《决策参考》245期，起草各类重要文稿60余篇，推动19个市级领导牵头重点课题、20个新型智库课题全面完成。

【重大战略研究】 2022年，市委政研室围绕深入贯彻落实党的二十大及省委十二届二次全会精神，开展重大战略谋划布局研究，代市委起草八届五次全会《中共绵阳市委关于深入学习贯彻党的二十大精神坚持创新引领实施“五市战略”加快建设中国科技城　全力打造成渝副中心的决定》，明确绵阳在新时代新征程上的总体要求、发展定位、使命任务、具体措施等。围绕科技城新区发展建设，开展科技城新区经济区与行政区适度分离改革研究，梳理改革现状，提出工作建议，完善科技城新区发展机制。围绕促进共同富裕，开展绵阳农业农村共同富裕研究，分析绵阳农民农村共同富裕的现实条件，提出实现绵阳农民农村共同富裕的思路目标、实现路径、推进机制。围绕绵阳在全国找坐标、争位次，参与关于“挺进全国六十强、再创绵阳新辉煌”的研究，为绵阳在百强城市中争先晋位，提供可行性分析。

【重要文稿起草】 2022年，市委政研室围绕实施科技立市、产业强市、开放活市、人才兴市、生态美市战略总结经验做法，撰写领导讲话、工作汇报等文稿。起草市委主要领导署名文章《持续用力做强做靓中国科技城　加快建成川北省域经济副中心》，并在《四川日报》刊载报道。起草专题访谈《加快建设中国（绵阳）科技城　全力打造成渝副中心　努力干出绵阳发展新天地》，在《川观新闻》刊载报道。总结上报《四川持续用力做强做靓中国（绵阳）科技城　更好服务国家高水平科技自立自强》，并被《四川信息》采用。聚焦农业“三品”（品种改良、品质提升、品牌打造）工程实施成效，起草经验材料《加快实施“三品”工程　引领现代农业高质高效发展》《绵品出川蹚出乡村振兴新路子》在省《乡村振兴简报》上刊发。会同市经信局等部门共同梳理形成《关于绵阳市制造业发展情况的报告》《绵阳市制造业主导产业链协同发展情况报告》，上报省委政研室。牵头起草《关于我市基础设施项目推进和谋划情况的报告》，上报市委主要领导。围绕五级书记抓招商工作的经验做法，牵头起草《领导干部带头抓　市县镇村齐发力　绵阳市全力打好招商引资“攻坚战”》，报送省委政研室，并以《政研内参》的形式呈送省委主要领导圈阅。牵头起草市委主要领导《在绵阳市学习贯彻党的二十大精神省委宣讲团报告会上的讲话》。牵头起草《绵阳市城乡环境综合提质三年行动方案（2022—2024年）》，梳理重点任务清单，组织开展征求意见，起草市委副书记在全市城乡环境综合提质三年行动城区环境提质工作现场推进会议上的讲话。代市委起草《关于以片区为单元编制乡村国土空间规划工作推进情况的报告》《绵阳市深入推进两项改革“后半篇”文章工作工作情况》。起草市委副书记在全省以片区为单元编制乡村国土空间规划暨根治撂荒地促进粮食扩面增产工作视频会议上的发言材料。

【专项研究】 2022年，市委政研室到云南省曲靖市调研经济社会发展情况，撰写《关于赴曲靖市学习考察的报告》。到绵阳高新区、绵阳经开区、涪城区、游仙区等8个工业园区开展工业园区专题调研，起草《关于加快我市工业园区改革发展的调研报告》，为开展“园区提质”“企业满园”行动提供参考。牵头开展向园区放权赋能研究，起草《关于向市属园区放权赋能的实施方案》《关于推动向县属园区放权赋能的通知》。全市向4个市属园区下放市级经济管理权限51项，8个县（市、区）向辖内园区合计下放县级管理权限1276项。围绕全市项目投资工作开展专题调研，撰写《绵阳市项目投资工作专题调研报告》。到仙海区开展全员聘任制改革调研，牵头起草《关于仙海区实施全员聘用制改革的调研报告》。围绕历史文化遗产保护和利用，开展全市三国蜀汉文化资源专题调研，牵头起草《绵阳市三国蜀汉文化资源的保护和利用》。围绕实施农业“三品”工程，开展村社缺乏农村产权入市交易主动性问题专题调研和农业“三品”工程有关情况调研，形成《关于村社缺乏农村产权流转入市公开交易主动性的情况报告》《关于农产品“三品”工程推进情况的报告》。（蹇　倩）

精神文明建设

【概况】 2022年，绵阳市精神文明建设工作持续深化文明创建、文明实践、文明培育，培育和践行社会主义核心价值观，落实好举旗帜、聚民心、育新人、兴文化、展形象的使命任务，推动新时代精神文明建设高质量发展，为加快建设中国科技城、全力打造成渝副中心提供坚强思想保证和强大精神动力。全市围绕文明创建阐释、典型宣传、文明倡导等主题，推出“文明绵阳”系列宣传海报、原创短视频、广播节目，营造文明城市浓厚创建氛围。开展创建全国文明城市八大攻坚行动、“文明新风进万家”、文明创建金点子征集等活动，启动城乡环境综合提质三年行动，聚焦人居环境、城市管理、社会秩序等薄弱环节，集中力量治理顽疾沉疴。提升改造城乡社区志愿服务站487个，建成公共场所志愿服务站点520个，全覆盖建成新时代文明实践中心12个、文明实践所166个、文明实践站2069个、文明实践点（基地）910个、示范所（站）70个，构建形成文明实践“15分钟服务圈”。开展“邻里互助”“春雨助残”“银龄计划”“童伴之家”等关爱行动和“文明健康 绿色环保”“垃圾分类”等文明风尚活动13.4万次，选树文明家庭、好媳妇、致富能手、优秀志愿者等先进道德典型1045人。举办“新时代好少年”年度发布活动，开展“我们的节日”、传承红色基因、向国旗敬礼等系列主题活动，2名少年上榜四川省“新时代好少年”。强化市未成年人心理成长指导中心建设管理，举办第十届2022年绵阳市未成年人心理辅导骨干教师技能提升培训班、2022年全市中小学心理健康工作推进会，关注中小学生心理健康。

【精神文明建设工作机制构建】 2022年，绵阳市召开文明委会议、精神文明建设暨创建全国文明城市工作会议和文明城市创建专题会议，研究部署精神文明建设工作。建立全国文明城市工作专班制度，保障全国文明城市创建工作开展。对标《全国文明城市测评体系操作手册》指标任务，创新制定绵阳市创建全国文明城市“一方案三体系”，即《绵阳市2022年创建全国文明城市工作方案》《绵阳市创建全国文明城市任务体系》《绵阳市创建全国文明城市责任体系》《绵阳市常态化推进全国文明城市创建制度体系》，做到指标项目化、项目清单化、清单责任化，实现创建工作定人、定岗、定任务、定时限。全面落实“街长制”，创新推行“点长制”，实现实地考察类别点位责任全覆盖。印发《关于拓展新时代文明实践中心建设实施方案》《绵阳市新时代文明实践中心建设推进制度》《绵阳市2022年学雷锋志愿服务工作方案》，建立完善联席会议、挂点指导、结对共建、调研指导，以及项目发布、业务培训、宣传推广等制度，在游仙区、三台县召开拉练比拼会、推进会、现场会3次，组织市领导、人大代表、政协委员调研督导30余次，开展建设成效评估2次。推动文明实践中心实体化运作，9个县（市、区）成立正科级的文明实践服务中心，在乡镇（街道）、村（社区）设立1名文明实践专管员，投入建设经费300余万元。落实褒奖激励，建立文明实践积分制度。

【文明城市创建活动】 2022年，绵阳市举办创建全国文明城市八大攻坚行动、“文明新风进万家”等活动。由市委政法委、市文明办、市公安局、市住建委、市农业农村局、市市场监管局等部门联动，在城区集中开展交通秩序整治、城市建设管理、农贸（集贸、批发）市场治理、乡村环境治理、校园周边治理、新时代文明实践中心（所、站）提质、全城全域全面创建、群众满意度提升“八大攻坚行动”，集中力量治理各类顽疾沉疴2000余条，解决民生问题100余项。由市文明办牵头，各区、园区、科学城办事处围绕弘扬文明新风、提高市民文明素养、培育良好社会风尚、倡导文明健康绿色环保生活方式、树立文明先进典型等形式开展“文明新风进万家”文明创建宣传主题活动，共举办“文明新风进万家”社区、小区各类活动60余场次，印发《绵阳市文明手册》10万余本，《2022年全国文明城市问卷调查解读》折页、宣传手册20万余份，参与群众50余万人。开展“喜迎党的二十大 践行文明新风尚”文明创建金点子征集大赛，面向群众征集金点子160余条。围绕文明创建阐释、典型宣传、科普解读、文明倡导等主题，推出“文明绵阳”系列宣传海报11套、原创短视频43条、广播节目38期、电视新闻39条、图文报道240篇，在城市重点场所刊播创建宣传标语30余万条次，营造文明城市创建氛围。组织动员80余个市直部门（单位）的5000余名志愿者，到重要场所开展环境保洁、秩序维护、文明劝导等志愿服务活动2.4万余次。修订完善《绵阳市文明单位测评细则》《绵阳市文明村镇测评细则》《绵阳市文明家庭评选办法》，印发《绵阳市文明单位（最佳）创建动态管理措施》，推荐评选新一轮最佳文明单位30个、文明单位50个、文明村镇50个、文明校园20个、文明家庭90个。围绕迎接学习宣传党的二十大，指导各级文明单位、文明校园、文明村镇等开展各类文艺会展、“强国复兴有我”主题活动和党的二十大精神宣讲200余场。举办各类家风家教家训讲座20余场，提升乡风文明建设成效。以“文明绵阳”微信公众号和官方视频号为阵地，在传统节日期间开展“文明点滴”系列线上活动7次，举办“城乡文明创建巡礼”主题宣传11期，其中《全国文明村镇创建巡礼（第36期）》刊载《四川省绵阳市同福村》，《全国文明城市创建巡礼（第41期）》刊载《四川省绵阳市：文明新风扑面来》，并先后被中国文明网发布。督促指导5个县、1个市，做好全国文明城市县级提名城市、往届四川省文明城市县级城市的实地考察和网上材料申报工作。结合两项改革“后半篇”文章和乡村振兴战略，印发《绵阳市开展高价彩礼、大操大办等农村移风易俗重点领域突出问题专项治理实施方案》，出台《关于治理农村大操大办、高价彩礼等陈规陋习推动移风易俗工作的通知》《关于从简举办婚丧活动进一步做好疫情防控工作的通知》《关于组织开展“抵制高价彩礼，倡导文明新风”宣传活动的通知》，持续推进乡风文明建设，备案登记红白理事会2069家，整治高价彩礼、人情攀比、厚葬薄养、铺张浪费四大不良习俗，推广农村道德积分制，实行道德嘉许，倡导科学文明健康的生活方式。

【社会文明新风培育】 2022年，绵阳市重视文明新风培育，加强诚信建设，评选文明经营户1150个、文明诚信商户1000个、最美商场超市100个。开展宣传教育引导活动，发动4.3万余人参与“诚信兴商宣传月”活动，发放各类宣传资料2.1万余份、海报250张，举办5场宣传直播，观看量120万人次，宣传覆盖23.5万余人。开展诚信经营守信激励和失信惩戒，通过“信用中国（四川绵阳）”网站开设“典型案例”专栏，公示各类典型案例49条，“红名单”信息1.04万条、“黑名单”信息1.99万条。加强重点领域治理，针对群众反映强烈的道德领域突出问题，集中开展诚信缺失等10项突出问题专项治理行动，开展各类行动130余次。启动文明旅游示范单位培育创建活动，制作宣传展板160余块，开展不文明行为劝导、环境治理、义务讲解等文明旅游公益活动1600余次，检查相关企业28家（次），对63起不文明行为限期整改。开展“绿色出行宣传月和公交出行宣传周”活动，在115辆公交车LED屏上轮流播放“绿色出行，优选公交”主题宣传片，发放1000余份绿色出行宣传单。在“世界无车日”开展免费乘车惠民活动，实现2万余人次免费乘坐公交车。举办“绵阳公交减碳行动”发布会，发布绵阳公交绿色出行IP形象“公小交”，正式上线运行“碳惠绵州”积分系统，引导交通参与者转变出行方式和消费观念，提高全社会低碳出行意识。建立制止餐饮浪费的长效机制，开展倡导勤俭节约、制止餐饮浪费行动，印发《绵阳市2022年厉行节约制止餐饮浪费行为工作计划》，印制并张贴“光盘行动”“绵阳市文明餐桌公约”等宣传资料6万余份，开展“光盘行动”快闪微宣讲活动、干部职工承诺反食品浪费签名等10余场宣传活动。

【文明创建监督】 2022年，绵阳市落实单月模拟测评、双月点评调度制度，常态化开展工作督查和问题整改“回头看”，先后5次召开点评会、调度会、联席会议，推动全国文明城市创建常态化、长效化。38位市级领导分别带队到联系分管领域和联系社区，督促指导文明城市创建工作。在绵阳城区开展模拟测评6次，对41个类别的所有点位进行专项检查，发现问题2055个，并全部按时整改。畅通群众监督渠道，开设不文明行为“曝光台”和文明创建“回音壁”专栏，通过不文明行为“随手拍”和“市民巡访”活动，发现并落实整改不文明行为100余起。

【文明创建阵地建设】 2022年，绵阳市提升改造城乡社区志愿服务站487个，在医院、车站、景区、文化设施、窗口单位等处建成公共场所志愿服务站点520个。全覆盖建成县（市、区、园区）新时代文明实践中心12个（园区3个）、乡镇（街道）文明实践所166个、村（社区）文明实践站2069个、文明实践点（基地）910个、示范所（站）70个，构建形成文明实践“15分钟服务圈”。运用“中国志愿服务网”“志愿四川”“绵阳志愿服务网”，融通联通县级融媒体中心，开发文明实践App、小程序等网上文明实践阵地，开展宣传宣讲和互动交流。开展“全民健康素养提升”“家长成长训练营”“云游党史教育基地”等网络直播活动，参与群众超150万人次。推进“复兴少年宫”试点区建设，依托新时代文明实践所、中小学校以及图书馆、文化馆等场地，实现试点区内少年宫30分钟服务圈全覆盖。举办绵阳市学校少年宫考评调研活动，评选示范学校少年宫10个、特色学校少年宫11个、全市学校少年宫观摩点7个。

【文明创建志愿者队伍建设】 2022年，绵阳市建立常态化的志愿者招募和培训制度，引导党员、青年、妇女、退役军人、“五老”人员、专业技术人员参与文明实践。县（市、区）及园区组建志愿服务总队，配备理论宣讲、文化文艺、医疗健身、科学普及、法律服务等8类志愿服务队伍，以及“和事佬”“心之桥”“江小志”“河小青”等具有地域特色的志愿队伍。动员110个社会组织和200余个文明单位下沉到文明实践所（站）开展活动。全市共有文明实践志愿服务队伍8312支，志愿者93.6万余人，注册志愿者占比20%，有时间记录的注册志愿者比例达54%。

【文明典型选树】 2022年，绵阳市加强道德模范选树，持续开展“身边好人”评选工作，表扬“感动绵阳人物”8人、“最美绵阳人物”10人。加强先进典型推送，邓启贵入选中国好人榜，周建国、季蜀蓉等5人入选四川好人榜。加强道德典型礼遇关爱帮扶，共慰问困难道德先进典型和文明家庭200名（户），发放慰问金及慰问品价值18万元。加强先进典型事迹宣讲，承办“德耀巴蜀　模范讲述”省先进典型事迹基层巡讲活动2场，开展先进典型宣讲活动20余场次。推动先进事迹进机关、进企业、进农村、进家庭，设置“见贤思齐　德耀绵州”道德先进典型事迹展陈300余处。邀请道德模范代表参与公益广告视频录制，开设《德耀绵州》《文明绵阳》等专题专栏12个，推送相关报道200余篇（期）。

【青少年文明活动开展】 2022年，绵阳市举办“新时代好少年”年度发布活动，评选2022年度绵阳市“新时代好少年”30人。在重要时间节点，组织中小学校开展“我们的节日”、传承红色基因、向国旗敬礼等系列主题活动。顾宇珂、万宇航2名绵阳少年上榜四川省“新时代好少年”，4件作品获四川省优秀童谣奖项，4所学校被评为四川省家风家教创新实践基地。有中小学注册志愿服务团队46个，注册2.63万人，服务时长14831.5小时，服务4330人。

图24　5月18日，2021年绵阳市暨北川羌族自治县“新时代好少年”先进事迹发布活动在北川举行（市委宣传部提供）

【“新时代好少年”先进事迹发布活动举行】 2022年5月18日，2021年绵阳市暨北川羌族自治县“新时代好少年”先进事迹发布活动在北川举行。发布活动由市委宣传部、市文明办、市教体局、团市委、市妇联、市关工委主办。活动现场播放姜涵文、龙婷婷、牟冉儿等“新时代好少年”宣传视频。姜涵文、龙婷婷2名绵阳市2021年“四川省新时代好少年”、葛柏延等20名绵阳市2021年第二批“新时代好少年”、付东升等10名北川羌族自治县2021年“新时代好少年”先后上台接受表彰。

2021年度绵阳市第二批“新时代好少年”一览表

表9

序号	姓名	所属学校	序号	姓名	所属学校
1	葛柏延	北川羌族自治县永昌小学	11	黄红超	江油市太白中学
2	林滢娴	绵阳市石塘小学	12	马国荣	三台博强蜀东外国语学校
3	吴承璐	绵阳市实验小学	13	赵彭宗爱	三台县潼川第三小学校
4	梅子奇	游仙区富乐实验小学	14	刘富铭	四川省三台县第一中学初中部
5	张婉婷	游仙区万达学校	15	田一雯	梓潼县文昌第一小学
6	吴雨轩	安州区沙汀实验小学	16	马慧淋	盐亭县岐伯实验小学
7	梁睿涵	江油市诗城小学	17	蒋程程	盐亭县高渠镇中心小学
8	冯睿熙	高新区火炬第三小学	18	胡晴皓	平武县七一涪江小学校
9	廖晗希	经开区富临实验小学	19	朱　旭	仙海水利风景区中心学校
10	万宇航	四川省科学城春蕾学校第一校区	20	李赵瑞一	绵阳南山中学双语学校

【精神文明建设委员会全体会议召开】 2022年7月5日，绵阳市精神文明建设委员会全体会议召开。省委常委、市委书记、市文明委第一主任曹立军主持会议并讲话。市委副书记、市长、市文明委主任李云，市委副书记、市文明委常务副主任王华蓉出席。会议传达学习全国、全省文明办主任会议和省文明委全体会议精神，听取全市精神文明建设工作情况汇报，审议《绵阳市2022年精神文明建设工作要点》《绵阳市2022年创建全国文明城市工作方案》。会议强调，要深入学习贯彻习近平总书记关于社会主义精神文明建设的重要论述，围绕迎接宣传贯彻党的二十大这条主线，落实好举旗帜、聚民心、育新人、兴文

化、展形象的使命任务，推动新时代精神文明建设高质量发展，为加快建设中国科技城、全力打造成渝副中心提供坚强思想保证和强大精神动力；要统筹抓好迎接宣传贯彻党的二十大和学习宣传贯彻习近平总书记来川视察重要指示精神、省第十二次党代会精神系列工作，统筹好党的二十大理论学习宣讲、主题宣传教育、新闻舆论引导、精品文艺创作等工作，开展“奋进新征程、建功新时代”等活动，营造喜迎党的二十大、学习宣传贯彻习近平总书记来川视察重要指示精神和省第十二次党代会精神浓厚氛围；要做好全国文明城市创建工作，严格对照全国文明城市测评标准，把任务落实到具体部门、单位、责任人，抓好中央文明办测评反馈问题整改，发动群众广泛参与，推动全面创建、全民创建、全程创建、全域创建；要全面拓展新时代文明实践中心建设，实施一批群众急需、主题鲜明、内容丰富、富有特色的文明实践活动项目；要持续深化公民思想道德建设，培育和践行社会主义核心价值观，推进社会公德、职业道德、家庭美德、个人品德建设，突出抓好未成年人思想道德建设，组织开展“感动绵阳人物”和“最美绵阳人物”评选活动；要开展文明风尚培育行动，坚持法治教育与德治教化相结合，开展文明餐桌、文明旅游、文明交通、文明网络等专项行动，加强农村精神文明建设，引导群众争做文明风尚培育者、美好生活创造者。市精神文明建设委员会副主任、委员参加会议，有关方面负责人列席会议。

【《绵阳市民文明手册（2022版）》出炉】 2022年7月6日，《绵阳市民文明手册（2022版）》出炉。手册由文明礼仪常识、文明健康生活、新时代文明实践、文明创建应知应晓、便民服务热线五大板块构成。文明礼仪常识板块主要展示文明用语、文明交通、文明用餐、文明旅游等8种场景下应使用的文明语言、应遵守的文明行为。文明健康生活板块主要展示公筷公勺、拒食野味、公交优先、低碳出行等绿色环保生活方式，合理膳食、适量运动等科学健康生活方式，勤洗手、戴口罩等疫情防控知识，以及应对心肌梗死、溺水等情况的应急救护常识。新时代文明实践板块介绍新时代文明实践建设总要求、志愿服务、移风易俗等内容。文明创建应知应晓主要介绍全国文明城市、绵阳市民公约等内容。

【创建全国文明城市八大攻坚行动暨“文明新风进万家”集中宣传活动启动仪式】 2022年7月22日，绵阳市创建全国文明城市八大攻坚行动暨“文明新风进万家”集中宣传活动启动仪式在铁牛广场举行。市委常委、宣传部部长、市总工会主席郑志恒宣布活动正式启动。市人大常委会副主任经大忠，副市长、市公安局局长周述，市政协副主席文刚出席。全国文明城市八大攻坚行动由市公安局牵头开展交通秩序整治攻坚行动，整治机动车闯红灯、逆行、车窗抛物，非机动车闯红灯、逆行、乱穿马路，行人闯红灯、乱穿马路等不文明交通行为；市住建委牵头开展城市建设管理攻坚行动，实施城区“净化、绿化、序化、美化”工程，集中整治乱停放、占道经营、空中缆线杂乱、建筑物外立面破损污损等重难点问题；市市场监管局牵头开展农贸（集贸、批发）市场治理攻坚行动，按照“坐商归店、商品归区、车辆归位、广告归栏、垃圾归桶”的总体要求，持续完善基础设施，常态化开展安全考核，选树先进典型；市农业农村局牵头开展乡村环境治理攻坚行动，实施乡村建设行动，加强乡村公共基础设施建设，完善农村公路交通基础设施和管理设施，实施数字乡村建设发展工程，提升村级综合服务水平；市委政法委牵头开展校园周边治理攻坚行动，开展交通秩序、网吧、娱乐场所、烟酒彩票销售、出版物市场、未成年人网络有害信息等专项整治行动，抵制不良文化的传播蔓延，消除校园及周边各类安全隐患；市文明办牵头开展新时代文明实践中心（所、站）提质攻坚行动，建立健全文明实践运行机制，组织开展文明实践活动，加强文明实践志愿服务队伍建设，精准对接群众需求，形成“点单”“派单”“接单”“评单”相贯通的工作模式；牵头开展网报材料达标攻坚行动、群众满意度提升攻坚行动等。全市通过文艺表演、有奖互动等形式，开展文明新风进万家文明创建宣传主题活动，弘扬文明新风，提高市民文明素养，培育良好社会风尚，倡导文明健康绿色环保生活方式。市公安局等单位和志愿者代表参加仪式。

图25　7月22日，创建全国文明城市八大攻坚行动暨“文明新风进万家”集中宣传活动启动仪式在铁牛广场举行（市委宣传部提供）

图26　7月29日，绵阳市精神文明建设暨创建全国文明城市工作会议召开（视觉绵阳提供）

【绵阳市精神文明建设暨创建全国文明城市工作会议召开】　2022年7月29日，绵阳市精神文明建设暨创建全国文明城市工作会议召开。省委常委、市委书记曹立军出席会议并讲话。市委副书记、市长李云主持。市政协主席李亚莲，市委副书记王华蓉出席。会议强调要落实党中央、省委关于精神文明建设的决策部署，开创全市精神文明建设和全国文明城市创建工作新局面；要突出思想引领和主流舆论氛围营造、拓展新时代文明实践中心建设、深化公民思想道德建设、开展文明风尚培育行动等工作重点；要坚持问题导向、全域创建、全面创建、全程创建、全民创建，打好全国文明城市创建攻坚战。市委常委、宣传部部长、市总工会主席郑志恒通报有关情况。涪城区、绵阳高新区、市公安局、市住建委交流发言。市四套班子有关领导，各县（市、区）党委、园区党工委、科学城办事处党委、市直有关部门主要负责人等参加。　（于鹏飞）

机构编制

【概况】　2022年，绵阳市委编办加强机构编制规范管理，持续优化机构编制资源配置，推动全市机构编制工作发展。争取上级政策支持，在推进义务教育“民转公”改革时，允许全市中小学教职工暂时超编运行、逐步消化；争取到更名设置绵阳工业园区党工委（管委会），将“两弹城”旧址保护中心、安州高新区2家单位升格为处级机构，批复同意设置四川两弹城博物馆并上报中央编办审批冠以“中国”字头。助推招才引智，统筹存量编制资源，建立编制“周转池”，共使用编制引进4057人，带动各行业招引高层次人才到绵阳创新创业。持续深化乡镇“一支队伍管执法”，制定印发《关于深化乡镇“一支队伍管执法”的通知》，通过“重建一支执法队伍、重建一张信息网络、重塑一个执法中枢”，破解乡镇执法专业能力不足、执法工作运行不畅等难题。推进城市公安分局直管体制上收、国防动员体制改革、市场监管领域事业单位改革、中职学校改革等重点领域改革工作，按程序跟进后续机构编制事项。围绕应急服务保障、群众来访接待、投资审计、公共实训和技能评价等社会治理领域，研究设立相关机构、强化编制保障；剥离各部门行政复议职责，交由市政府统一行使，明晰行政复议职权并相应强化其机构编制保障，推动行政复议管理体制调整完成。加强市议事协调机构管理工作，将市级议事协调机构由原来的137个（不含阶段性议事协调机构）调减至126个。明确绵阳四〇四医院副职领导级别为正处级，为市中医医院等3家医院增核领导职数。制定印发《关于开展乡镇机构编制“扁平化”管理工作的通知》，在全市165个乡镇全面推广乡镇机构编制“扁平化”管理，通过模块化整合职能、压缩管理层级、创新运行方式，实现乡镇机构运行“平台化”、管理“扁平化”、人员“岗位化”。根据乡镇行政区划调整和街道管理体制改革情况，优化设置园区社区卫生服务中心和乡镇卫生院，增强基层医疗服务供给能力。绵阳市委编办获评全省机构编制系统先进集体。

【园区清理规范】　2022年，绵阳市委编办开展园区清理规范，明确绵阳经开区不再加挂农科区牌子，完成绵阳工业园区更名设置和职数规范等事项，理顺4个园区市场监管分局管理体制，为园区发展提供制度性保障。助力“园区提质、企业满园”行动，将51项市级管理权限下放到市属园区行使，提升园区工作效率。

【行政权力清单编制】　2022年，绵阳市委编办持续做好行政权力清单编制工作，编制《绵阳市市级行政权力清单（2021年本）》，公布市级行政权力事项5508项；编制《绵阳市行政许可事项清单》，公布行政许可事项367项；审核9个县（市、区）赋予乡镇（街道）县级行政权力事项，报市政府予以批复。

【中小学教职工编制动态调整】　2022年，绵阳市委编办完成中小学教职工编制动态调整工作，以“必须达到国标、需3年内完成超编消化任务”为目标，重新核定各县（市、区）及园区教职工编制总量，促进教育资源均衡配置。统筹全市中小学编制使用权，调剂1682个空编用于市、县两级引进优秀专业中小学教师，解决满编超编地区教师老龄化、学科结构性缺员等问题。

【机构编制监督管理】　2022年，绵阳市委编办持续加强《机构编制违规违纪违法行为处理和问责规则（试行）》（以下简称《规则》）等法规制度的学习宣传，将《规则》

转发至各级各部门并提请市委编委会议组织学习，强化纪律规矩意识。做好违规违纪违法案件查处并按要求上报省委编办，全市共查处4起机构编制违规违纪违法问题，并全部整改完成。深化机构编制管理评估问效，指导游仙、三台、平武3个县（市、区）对18家部门单位开展评估。

【机构编制实名制管理】 2022年，绵阳市委编办做好机构编制实名制系统动态管理，市本级入编1223人次，下编870人次；修改53家机关事业单位359条机构编制信息，维护人员职务、职级等信息11089条。加强实名制数据分析，对市本级使用各类编制的人员年龄结构、学历结构进行分析比较，为编委领导、相关部门科学决策提供数据支撑。

【事业单位登记管理】 2022年，市委编办优化事业单位登记管理服务工作，通过“图像识别”技术实现办事信息“一扫即查、一点即看、一网公开、一次告知”，推动登记环节规范、服务便民优化。对56名新任事业单位法定代表人进行集中培训，促成市本级308家事业单位年度报告公示完成率100%。持续做好统一社会信用代码赋码、“双随机、一公开”公示信息抽查、“应销未销”历史遗留问题解决等各项工作，提升登记管理服务质效。 （王 江）

市直机关党建

【概况】 2022年，绵阳市直机关工委以党的政治建设为统领，巩固党史学习教育成果，做好“三个表率”、建设模范机关，推动增强政治意识、赓续红色血脉等加强市直机关党的建设的“11条措施”落地落实，开展“机关效能提升年”活动。《践行“一线工作法” 跑出党建“加速度”》获得省委常委、市委书记曹立军肯定性批示，《践行“三三”机制 抓实机关党建考核》被中央和国家机关工委主办的旗帜网刊载。市直机关工委被四川省直机关工委评为2022年度市（州）直机关党建宣传信息工作先进单位，获评2022年度宣传思想工作先进单位、2022年度全市组织工作落实奖。

图27 6月29日，绵阳市直机关庆祝中国共产党成立101周年座谈会召开（市直机关工委提供）

【机关思想政治建设】 2022年，绵阳市直机关工委开展党的二十大精神市直机关宣讲工作，组织参加“喜迎二十大 强国复兴有我”绵阳市第二届基层理论宣讲大赛，开展“理响巴蜀”网络宣讲、“喜迎二十大·寻找党员好榜样”市直机关宣讲工作。督查市直部门党组（党委）理论学习中心组学习，列席旁听党委（党组）理论学习中心组学习4次。开展机关党建理论研讨，调研机关党建与业务工作“四同”（同谋划、同部署、同推进、同考核）情况，收集报送机关党建优秀案例6个。组织省直机关工委到绵阳调研机关党建与业务工作“四同”报告会。举办机关党员学习大讲堂11期，组织机关党员干部政务能力网络专题培训4场。开展舞台上的党课、“强国复兴有我”——音乐党史课、音乐思政课等宣传教育活动。组织宪法宣传周“法律进机关”活动。建立健全机关党员教育培训台账。

【机关基层党组织建设】 2022年，绵阳市直机关落实“党支部标准工作法”和基层党建绩效管理办法，开展换届提醒和任前谈话。开展“一线解难题”系列活动，召开机关带系统、直属党总支（支部）座谈会，破解难题8个。编制培训计划，对市直机关党务干部分层、分类开展培训，做到新任党务干部必训、重点党务工作年度普遍训、专项业务工作及时训，共培训260余名党务干部。开展评选命名一批“一线服务标兵”、评选命名一批“五好党支部”、拍摄《干出绵阳发展新天地·机关党员在一线》宣传片等庆祝中国共产党成立101周年“五个一”系列活动，召开市直机关座谈会，表彰“五好党支部”54个、“一线党员服务标兵”59人，组织开展“一线践初心”主题党日活动210场。颁发“光荣在党50年”纪念章102枚。评选命名一批“十佳案例”，并向各单位推广。

【机关作风纪律建设】 2022年，绵阳市直机关工委推进机关廉洁文化建设，建立警示提醒机制，在春节、中秋节等重要节点，发出廉政提醒信息。发挥案件查处警示教育震慑作用，选取违纪违法典型案例进行集中通报，用身边人、身边事教育引导党员干部崇廉、尚廉。落实加强市直部门机关纪委建设工作任务清单，推进机关纪委规范化建设。探索构建“派驻纪检监察组+机关纪委+支部纪检委员”监督工作机制，形成贯通协同、协作互动的监督工作格局。

【机关党建主体责任落实】 2022年，绵阳市直机关工委履行指导督促市直部门党组（党委）落实机关党建主体责任职责，聚焦机关政治建设、围绕中心大局、联系服务群众3个重点，全覆盖对81个市直部门开展机关党建调研检查，“点对点”向部门反馈问题169个，召开机关党建工作暨培训会议4场、开展问题“回头看”10余次，推动问题整改销号。构建“日常指导督促+年度专项督查+述职评议考核”的“三位一体”考核评价机制，提升机关党建考核科学性、精准性、实效性。指导督导部门机关党建工作170余次，召开片区工作推进会、培训会等8次，开展“互观互学互比互看”机关党建工作观摩交流活动20余次，持续开展市直机关“一线践初心”系列活动，推动党课在一线宣讲、主题党日在一线开展、党员干部在一线建功、先进典型在一线选树。（牛苗苗）

老干部工作

【概况】 2022年，绵阳市老干部工作落实“政治引领、标准提升、基础规范”工作要求，突出党建引领、强化作用发挥、优化服务管理。组织老干部开展“喜迎二十大　银领新时代”“我为城乡基层治理出份力”等活动，印发《关于认真学习贯彻党的二十大精神的通知》等文件，组织老干部学习党的二十大和省委、市委全会精神；发出致全市离退休干部参与志愿服务的倡议书，组织老干部以老党员工作室为主要阵地，围绕矛盾纠纷化解、环境整治等方面开展利民志愿服务。实施“阳光助童计划”，筹集资金资助224名品学兼优、经济困难的在校学生。开展“五助一帮”活动（爱心助学、助困、助孤、助残、助业和爱心帮教），筹集发放关爱资金110万元，帮扶困境青少年2000余人。规范干部退休工作，统一制作荣誉退休证书，推广荣誉退休仪式。市委老干部局等4家单位被表彰为全省老干部工作先进集体，6名老干部工作者被表彰为全省老干部工作先进个人。

【离退休干部党组织建设】 2022年，绵阳市印发《贯彻落实〈关于加强新时代离退休干部党的建设工作的意见〉23项重点任务清单》，提高离退休党组织建设制度化规范化水平。加强党务工作队伍建设，市、县两级共举办10期离退休党组织负责人培训班，培训600余人。针对疫情背景下离退休党支部组织生活难以正常开展的实际情况，创新“云上·线下”联动组织生活模式和“云课堂”互动学习模式，在线上开展有奖知识竞答2次和党的二十大报告100题互动测试活动1次，共1.1万余名老干部参与活动。

【离退休干部待遇保障】 2022年，绵阳市委、市政府主要领导上门走访看望离退休干部代表。市长李云先后2次向离退休干部代表通报经济社会发展情况，市委、市政府先后3次就重要文件起草向老干部征求意见建议。落实形势通报制度，市、县两级举办离退休干部情况通报会12场，帮助老干部认识党情、国情、市情。市本级全覆盖入户走访重点离退休干部及离休干部无工作遗孀388人，看望慰问生病住院离退休干部及离休干部无工作遗孀173人次。组织老干部开展参观考察、健康休养活动24次。解决离休干部诉求21个，帮扶特殊困难离退休干部232人、74万元。健全完善老干部看病就医“绿色通道”工作机制、离休干部“一人一策”精准服务机制，提高退休人员生活补贴。做好防疫宣传、取药送药、协调入院等服务。

【“喜迎二十大　银领新时代”主题活动】 2022年，绵阳市举办“喜迎二十大　银领新时代”主题活动，通过主题征文、“随手拍”大赛、文体展演等，共征集主题文章98篇、摄影作品400余幅，改编热门歌曲《少年》，组织老干部献唱并拍摄视频，经“央视频”和“学习强国”学习平台等发布，播放量10万次，点赞量4万余人次，转发量1.5万次。

【“银发人才库”建设】 2022年，绵阳市印发《关于开展“拼经济搞建设　银发助力建新功”活动的通知》，各级老干部工作部门组织动员572名具有相关领域工作经历或专业特长的离退休干部加入“银发人才库”。“银发人才”先后到长虹、九洲等企业调研，对技术攻关、科研成果转化等提出建议。指导民营企业成立“两新”党组织，通过党建引领、理念共商、活动联办，提振企业发展信心。通过政策推广、宣传推介，牵线搭桥促成产业项目6个。开办新型农业经营主体带头人和新型职业农民培训班26期，培训人员2000余人次。（张　帆）

图28　2月22日，绵阳市离退休干部情况通报会举行（视觉绵阳提供）

目标督查

【概况】 2022年，绵阳市目标督查工作围绕年度目标任务做好统筹调度，创新编制“1+4”目标考评体系，设置1套全市通用党务目标，4套针对县（市、区）、经济园区、仙海区、市直单位的差异化政务目标；优化完善管理办法，加大重点经济指标考核权重，明确定性指标按照“分类、分等、限额、赋分”方式计分，既评优、又评差，确保考评精准；设置县（市、区）、园区个性化特色指标，按加分制考核，鼓励各地在全国、全省找坐标、争位次。争取到省政府将“绵阳科技城建设”纳入对省直部门的目标绩效综合考核。召开省考核目标冲刺会和3次省考核目标调度会。《绵阳市实施“绵品出川”活动助力“绵阳造”走向全国》《绵阳市真抓实干稳市场主体》等4项典型经验做法在省政府2022年度综合督查中受到通报表扬。

【督查督办】 2022年，绵阳市目督办加强督促检查，推动决策部署落实。办理落实省委督查室、省政府督查室交办工作和各项迎检任务。督查报送习近平总书记重要批示指示贯彻落实和防范排查化解重大风险、整治形式主义为基层减负等情况报告，核查办理国务院“互联网+督查”问题线索68件，牵头形成省第十二次党代会重要部署责任分工方案、贯彻落实习近平总书记来川视察重要指示精神细化分工方案，牵头完成省政府2022年综合督查、省“三重一大”专项督查等迎检任务和国庆节期间省、市、县三级联动疫情防控安全生产专项督查，配合省督查组到绵阳开展安全生产等专项督查和派员参加交叉督查。围绕全市重点工作强化督查督办跟踪问效。开展各类重点督查100余批次，形成督查专（通）报110期。统筹协调市重点工作督查组参加督查72项285人次。在疫情防控常态化督查中，统筹专业督查力量，建立督查发现问题、定期通报问题、“回头看”督促整改问题的闭环督查机制，整改点位问题1500余个。在防汛抗旱和地灾防治督查中，牵头完成市直部门应对处置工作复盘报告，统筹整合应急、水利、自规等业务部门督查力量，开展包县督查至汛期结束，总结提炼的《痛定思痛　真督实查抓落实》督查经验和《应汛而战　睢水镇壅塞体险情零伤亡零损失》督查案例被省政府督查室汇编印发。按月开展北川、平武灾后恢复重建督查，推动重建工作加快推进。在城乡环境综合提质月度督查中，实现全市166个乡镇（街道）全覆盖，整改点位问题895个。加强过程监管，持续推动巡视整改任务落实。持续压紧压实整改责任单位主体责任，组织开展巡视整改资料复核和年中整改专项核查，发出整改提示函25份。至年底，全面完成省委、省政府采购专项巡视反馈意见整改，常规巡视反馈意见整改措施完成率90%以上。

【基层减负督查】 2022年，绵阳市聚焦统筹规范，持续整治形式主义为基层减负，全面完成市整治形式主义为基层减负专项机制办公室日常工作。市委常委会专题传达学习《十九届中央政治局贯彻执行中央八项规定情况报告》《关于党的十九大以来整治形式主义为基层减负工作情况的报告》。组建市委、市政府联合督查组，统筹开展全市防汛减灾、疫情防控等专项督查工作。创新实行市级督查检查事项月预告、月通报制度。制订印发2022年市级督查检查考核计划和整治形式主义官僚主义为基层减负专项机制年度重点工作及责任分工方案。会同5个市级行业主管部门召开全市整治行业性节日庆祝中的形式主义专题会，并进行纠正规范。全市考核指标由2021年的154项精减至96项。统筹规范市直部门年终赴基层督查检查考核工作，将27项拟开展事项精减至14项。　（谢　健）

干部培训

【概况】 2022年，绵阳市干部培训主要依托绵阳市委党校（行政干部学院）和四川“两弹一星”干部学院与县（市、区）委党校开展主要培训。绵阳市委党校举办各类培训班107个，培训学员15.7万余人次。培训班类型主要有市委党校主体班和市区（县）党校统筹办学培训班。其中，有主体班次36个，培训学员128002人次；统筹办班71个，培训学员29852人次。

【党校进修班】 2022年，绵阳市委党校春、秋学期共举办进修班次6个，培训学员5640人次。其中，第49期县处级领导干部进修班、第50期县处级领导干部进修班，培训对象为县处级领导干部；第17期党外中青年领导干部进修班、第18期少数民族干部进修班、第21期科级女干部进修班、第54期乡镇（街道）领导干部进修班4个乡科级领导干部进修班，培训对象为党外青年后备干部、少数民族干部、科级女干部和正科级乡镇（街道）领导干部。进修班学制均为1个月，培训内容重点突出党的理论教育和党性教育，用习近平新时代中国特色社会主义思想武装头脑，推动中央、省委和市委决策部署落到实处。

【党校干部培训班】 2022年，绵阳市委党校春、秋学期共举办培训班次14个，培训学员14000人次。其中，8月31日至10月31日举办第49期中青年领导干部培训班，培训对象为全市综合素质较高、专业能力较强、发展潜力较大的40岁左右的正科级领导干部及35岁左右的副科级领导干部，学制2个月；8月31日至9月30日举办第2期县处级公务员任职培训班，培训对象为1年内晋升县处级职务职级的公务员，学制1个月；3月20日至4月22日举办第51期科级公务员任职培训班，培训对象为全市公务员（参公单位）正科级领导干部，学制1个月。各培训班培训内容重点突出党的理论教育和党性教育，学习习近平总书记来川视察重要指示精神，推动中央、省委和市委决策部署落到实处。

【新录用公务员初任培训班】 2022年11月16—28日，绵阳市委党校举办新录用公务员初任培训班10个，培训学员623人，培训对象为全市2022年新录用的公务员（选调生）及参照公务员法管理机关（单位）工作人员，学制13天，培训内容重点突出政治理论、公务员法以及公务员行为规范等。培训班首次由中共中央组织部统一安排时间，通过线上、线下授课方式进行。

【国资委国资监管能力提升综合培训班】 2022年11月8—12日，绵阳市委党校举办企事业单位管理人员党性教育暨国资委国资监管能力提升综合培训班，培训学员156人，培训对象为市、县属企业、事业单位管理人员，学制5天，聚焦企事业单位改革发展各项工作，提升学员理论素养、党性修养与领导能力。

【重大决策部署专题研讨班】 2022年，绵阳市委党校共举办重大决策部署专题研讨班5个，培训学员5775人次。其中，1月5—9日，举办绵阳市“抢抓政策机遇期　提升领导干部经济工作能力”专题培训班；1月17—21日，举办重大决策部署专题研讨班（基层党校师资培训班）；1月20—25日，举办重大决策部署专题研讨班（全市乡村规划重点专题）；4月12—14日，举办市级领导干部和县级主要负责人读书班；11月6—11日，举办2022年乡镇长学习贯彻习近平总书记关于“三农”工作的重要论述专题班暨全市乡镇长（街道办主任）培训班。

【县（市、区）统筹班】 2022年，绵阳市委党校举办县（市、区）统筹班71个，培训干部29852人次，包括市、区（涪城区、游仙区、安州区）一体办学和市级党校分校（北川、平武）统筹办学。其中，区（县）党校乡科级领导干部进修班、村（社区）党组织书记进修班、中青年干部培训班、公务员任职培训班、新任基层党组织书记培训班、专题研讨班和其他班次均统筹在市委党校进行，按照市委党校主体班管理，培训内容重点突出强化理论武装，锤炼党性修养，筑牢党性根基。

【四川“两弹一星”干部学院建设】 四川“两弹一星”干部学院前身为绵阳市“两弹一星”干部学院，于2017年7月在梓潼县两弹城挂牌成立。2019年8月，经四川省委编委批准，“两弹一星”干部学院（“两弹一星”精神研究院）设立。2020年，成立四川“两弹一星”干部学院。2022年7月6日，更名为四川“两弹一星”干部学院（以下简称学院）。学院被纳入《省（部）级党委（党组）批准党性教育干部学院备案目录》，是全国72家党性教育干部学院之一。2022年，学院完善办学办公条件，新校区建成投用“党建文化主题园”、体育中心、书吧、健身房等设施；老校区推进住宿、教室改造，完成四川两弹城博物馆主体建设。新老两个校区共有各类教室40余间、住宿房间700余间，可同时容纳1000人学习培训。完成《习近平总书记关于“两弹一星”精神的重要论述》《迈向新征程的政治宣言进军新目标的行动纲领——学习宣传贯彻党的二十大精神解读》《弘扬“两弹一星”精神，推动科技自立自强》等6堂理论课程、《记忆里的“两弹一星”》《唱响经典红色歌曲　学习党的二十大精神》等3堂教学课程。推进现场教学点规范化建设，新增乐山909基地、绵阳科技城创新馆、三台红色交通纪念馆、铁骑力士绿溪优食谷、中国共产党江油历史展览馆5个点位，与中物院科技馆、5·12汶川特大地震纪念馆等单位签订《现场教学点合作协议》。融入红色教育联盟，与省内市（州）党校、干部学院开展院校合作、院地合作，与河南红旗渠干部学院、河南焦裕禄干部学院、陕西延安干部学院等单位，北京大学、浙江大学、厦门大学、西安交通大学、四川大学等高校，中国航天科技国际交流中心、“两弹一星”历史研究会等单位签订战略合作协议。学院是九洲集团等单位的党性教育基地。学院先后承接清华大学、省委组织部、省委党校、省直机关党校、九三学社青岛市委、重庆市北碚区等培训班次118期，培训学员26307人次。《四川三线建设时期红色资源的挖掘、保护和利用研究——以中国第二个核武器研制基地为例》申报成为2022年度四川省哲学社会科学重点研究基地红色资源中心项目（市州项目），《“两弹一星”精神谱系形成与传承的历史逻辑研究》《“两弹一星”功勋的家国情怀》申报成为市厅级课题。组织4篇论文参加传承“两弹一星”精神中国青年英才论坛征文，其中1篇获一等奖、3篇获得二等奖。　（罗　林　杨莉慧）

图29　四川“两弹一星”干部学院正门（四川两弹一星干部学院提供）

绵阳市人民代表大会

Mianyang Municipal People's Congress

概　述

2022年，绵阳市人民代表大会及其常务委员会坚持践行“深度融入中心、全方位服务大局”的工作取向，依法履职尽责，真抓实干、狠抓落实，不断加强和改进立法、监督和代表等工作，践行和发展全过程人民民主，持续推动人大工作由重程序向重程序与重质量并举转变。全年召开常委会会议9次，听取和审议工作报告51个，开展执法检查3次、专题询问1次、满意度测评38次，提出审议意见148条，依法作出决议决定13个，任免国家工作人员77人次，完成市八届人大二次会议确定的各项任务，公布施行《绵阳市养犬管理条例》。

重大事项讨论决定。2022年，市人大常委会坚持在市委领导下依法行使决定权，围绕以实现碳达峰碳中和目标为引领加快发展绿色低碳产业、“八五”普法等重大工作依法作出决议决定13个。听取和审议2021年市级决算报告、2022年1—6月预算执行情况报告、关于2022年市级预算调整方案的报告，依法批准2021年市级决算、2022年市级预算调整方案。坚持市县乡三级全覆盖实施、一体化推进民生实事项目人大代表票决制工作，组织对2021年度票决出的市级民生实事项目实施情况开展满意度测评，全覆盖全过程督促检查2022年度票决出的市级民生实事项目推进落实情况，推动市级民生实事项目落地见效，相关经验做法得到省人大常委会充分肯定并在全省推广。

科学技术普及法执法检查。2022年5月6—7日，受全国人大常委会委托，省人大常委会《中华人民共和国科学技术普及法》执法检查组组长、省人大常委会副主任何延政带领执法检查组到绵阳，就绵阳市贯彻实施相关法律法规情况开展执法检查。执法检查组副组长、省人大常委会委员、教科文卫委主任委员胥纯参加检查。其间，检查组一行到5·12汶川特大地震纪念馆、北川维斯特农业科技示范园、“两弹一星”国防科技科普教育基地，详细了解国家防震减灾科普教育基地工作开展情况，实地检查科学技术普及法实施情况。在座谈会上，检查组听取市政府及市直有关部门相关情况的汇报，与市人大代表进行交流，就进一步抓好科学技术普及法的贯彻实施工作提出指导意见。省人大常委会委员、教科文卫委副主任委员毛大付，省人大常委会委员、副秘书长何清，省人大教科文卫委副主任委员黄勇，全国人大代表蒋小松参加检查。　（罗雨禾）

绵阳市第八届人大常委会组成人员

主　任：付　康

副主任：

经大忠（羌族）　李京平　代顺兴

李川萍（女）　李作虎　周　涛

秘书长：陈松柏

委　员（按姓氏笔画排序）：

马晓晖（女，满族）　王小平

白荣其（回族）　朱　林　刘春涛

杜雨桐（女）　李光辉（羌族）

杨飞涛　杨邦琼（女）　杨增辉

何守君　张　彬　陈晓华（女）

奉光明　范冠卿　赵　奎　赵树兵

姚华宗　姚德行　夏　文　顾　建

高维志　郭　平（女）　唐兴万

桑　毅　银登春　谢连芳

蒲　佳（女）　蒲浪涛

廖丽娟（女）

重要会议

【概况】　2022年，绵阳市人民代表大会常务委员会召开八届人大常委会会议9次，听取和审议市“一府、一委、两院”工作报告51个，开展专题询问1次、满意度测评38次，提出审议意见148条，公布施行《绵阳市养犬管理条例》。

【八届人民代表大会第二次会议举行】　2022年2月17—18日，绵阳市八届

图30　2月17日，绵阳市第八届人民代表大会第二次会议召开（张莉/摄）

人民代表大会第二次会议举行。17日上午，大会在西山文化中心开幕，应到代表446人，实到417人，大会主席团常务主席、全体会议执行主席曹立军主持大会开幕。代市长李云作市人民政府工作报告，市人大常委会主任付康作市人大常委会工作报告，李勤作市中级人民法院工作报告，王红作市人民检察院工作报告。会议审查绵阳市2021年国民经济和社会发展计划执行情况及2022年计划草案的报告、绵阳市2021年预算执行情况和2022年预算草案的报告，审查市七届人大七次会议票决出的市级民生实事项目实施情况的报告，听取2022年市级民生实事人大代表票决候选项目有关情况的报告，表决通过大会选举办法、民生实事项目满意度测评办法、民生实事项目票决办法。2月18日下午，大会召开第二次全体（闭幕）会议，应到代表446人，实到419人，大会主席团常务主席、全体会议执行主席曹立军主持会议。会议通过无记名投票的方式，选举李云为绵阳市人民政府市长。会议表决通过关于绵阳市人民政府工作报告的决议、关于绵阳市2021年国民经济和社会发展计划执行情况及2022年计划的决议、关于绵阳市2021年预算执行情况和2022年预算的决议、关于绵阳市人民代表大会常务委员会工作报告的决议、关于绵阳市中级人民法院工作报告的决议、关于绵阳市人民检察院工作报告的决议；开展市七届人大七次会议票决出的市级民生实事项目实施情况满意度测评，票决出2022年市级民生实事项目。本次代表大会闭幕式上，首次邀请部分科级及以下的年轻干部列席和11名“科技助理”候选人代表参加。

【八届人大常委会第三次会议召开】2022年1月25日召开，会议由市人大常委会主任付康主持。会议表决通过《绵阳市人民代表大会常务委员会关于接受元方辞去绵阳市人民政府市长职务的决定》《绵阳市人民代表大会常务委员会关于接受部分市人大常委会委员和专委会成员辞去职务的决定》，并报市八届人民代表大会第二次会议备案；表决通过市八届人大常委会代表资格审查委员会关于个别代表的代表资格的报告；表决通过有关人事任职事项，决定任命李云为绵阳市人民政府副市长，决定李云为绵阳市人民政府代理市长，并举行颁发任命书及宪法宣誓仪式。市人大常委会副主任经大忠、代顺兴、李川萍、李作虎、周涛，秘书长陈松柏出席会议。副市长李栋、市中级人民法院院长李勤、市人民检察院检察长王红、市政府秘书长柳江及市监察委员会有关负责人列席会议。市政协副主席文刚应邀参加会议。

【八届人大常委会第四次会议召开】2022年2月10日召开，会议由市人大常委会主任付康主持。会议传达学习省十三届人大五次会议精神，并研究市人大常委会贯彻落实意见。会议听取关于2022年市级民生实事人大代表票决候选项目有关情况的报告，决定将10个候选项目提请市八届人大二次会议审议。会议审议《绵阳市第八届人民代表大会第二次会议建议方案》，决定将建议会议议程及有关建议名单提请市八届人大二次会议审议，表决通过市八届人大二次会议列席人员名单；审议《绵阳市人民代表大会常务委员会工作报告》《绵阳市第八届人民代表大会第二次会议选举办法（草案）》《绵阳市第八届人民代表大会第二次会议2021年市级民生实事人大代表票决项目实施情况满意度测评办法（草案）》《绵阳市第八届人民代表大会第二次会议2022年市级民生实事项目票决办法（草案）》，决定提请市八届人大二次会议审查、审议。会议审议通过《绵阳市人民代表大会常务委员会关于以实现碳达峰碳中和目标为引领加快发展绿色低碳产业的决议》《绵阳市人民代表大会常务委员会关于调整绵阳市第八届人大常委会代表资格审查委员会委员的决定》，表决通过绵阳市第八届人大常委会代表资格审查委员会关于个别代表的代表资格的报告。市人大常委会副主任经大忠、李京平、代顺兴、李川萍、李作虎、周涛，秘书长陈松柏出席会议。副市长梁磊，市中级人民法院院长李勤，市人民检察院检察长王红及市监委有关负责人列席会议。市政协副主席瞿永安应邀参加会议。

【八届人大常委会第五次会议召开】2022年3月10日召开，会议由市人大常委会主任付康主持。会议听取市人大常委会执法检查组关于检查《四川省粮食安全保障条例》贯彻实施情况的报告，市政府关于2021年全市环境状况和环境保护目标完成情况的报告、关于“七五”普法工作情况和“八五”普法工作安排情况的报告，市监察委员会关于开展扫黑除恶"打伞破网"专项工作情况的报告，市人大法制委员会关于《绵阳市养犬管理条例（草案）》审议结果的报告，高新区法检两院、经开区法院、小枧地区检察院关于2021年工作情况的报告，市八届人大常委会代表资格审查委员会关于个别代表的代表资格的报告；听取关于《绵阳市人大常委会关于开展第八个五年法治宣传教育的决议（草案）》的说明和有关人事任免案及说明。会议就《绵阳市养犬管理条例（草案）》、有关报告、决定（草案）和人事任免案进行分组审议。会议表决通过《绵阳市养犬管理条例》，将按程序报省人大常委会批准后公布实施；表决通过《绵阳市人大常委会关于开展第八个五年法治宣传教育的决议》、市八届人大常委会代表资格审查委员会关于个别代表的代表资格的报告和审议意见。会议还表决通过有关人事任免事项。市人大常委会副主任李京平、代顺兴、李川萍、李作虎、周涛，秘书长陈松柏出席会议。市监委主任唐浪生，副市长周述、袁明，市中级人民法院院长李勤，市人民检察院检察长王红列席会议。市政协副主席田荣华应邀参加第一次全体会议。

【八届人大常委会第六次会议召开】2022年4月27日召开，会议由市人大常委会主任付康主持。会议传达学习十三届全国人大五次会议精神，研究市人大常委会贯彻落实意见。会议听取市政府关于常态化疫情防控工作情况的报告、关于公办幼儿园建设运行和托育机构设置管理情况的报告、关于加强和改进城市管理工作情况的报告、关于未成年人保护工作情况的报告、关于退役军人服务保障工作情况的报告、关于民族工作情况的报告；听取市中级人民法院关于审判监督工作情况的报告，市人民检察院关于民事行政检察工作情况的报告，市人大常委会法工委关于2021年度备案审查工作情况的报告；听取《绵阳市第八届人大常委会代表资格审查委员会关于个别代表的代表资格的报告（草案）》和有关人事任免案的说明。会议对有关报告、报告（草案）和人事任免案进行分组审议。会议对有关审议意见办理落实情况开展满意度测评，表决通过市第八届人大常委会代表资格审查委员会关于个别代表的代表资格的报告和审议意见。会议还表决通过有关人事任免事项。市人大常委会副主任经大忠、李京平、代顺兴、李川萍、李作虎、周涛，秘书长陈松柏出席会议。副市长蒋丽英、李南希，市中级人民法院院长李勤，市人民检察院检察长王红，市监察委员会相关负责人列席会议。

【八届人大常委会第七次会议召开】2022年6月29日召开，会议由市人大常委会主任付康主持。会议传达学习习近平总书记来川视察重要指示精神和省第十二次党代会精神，研究市人大常委会贯彻落实意见。会议听取市人民政府关于现代农业园区建设情况的报告、关于现代服务业发展情况的报告、关于打击治理电信网络新型违法犯罪工作情况的报告、关于义务教育阶段学生"双减"政策落实情况的报告、关于2021年度政府债务管理工作情况的报告，书面听取市人民政府关于2021年度预算绩效管理情况的报告；会议还听取《绵阳市人大常委会关于加强检察机关生态环境公益诉讼工作的决定（草案）》和有关人事任免案的说明。会议对有关报告、决定（草案）和人事任免案进行分组审议。会议听取市人大常委会执法检查组关于《中华人民共和国道路交通安全法》执法检查情况的报告，书面听取市人民政府关于贯彻实施《中华人民共和国道路交通安全法》情况的报告，开展专题询问。市司法局、市住建委、市交通运输局、市公安局交警支队主要负责人到会接受询问、回答提问。会议对有关审议意见办理落实情况开展了满意度测评。会议表决通过《绵阳市人大常委会关于加强检察机关生态环境公益诉讼工作的决定》、专题询问意见和审议意见。会议还表决通过有关人事任免事项。市人大常委会副主任经大忠、李京平、代顺兴、李川萍、李作虎、周涛，秘书长陈松柏出席会议。副市长周述、李南希，市中级人民法院院长李勤，市人民检察院检察长王红，市监察委员会相关负责人列席会议。

【八届人大常委会第八次会议召开】2022年8月25日召开，会议由市人大常委会主任付康主持。会议听取市政府关于提请审议《绵阳市物业管理条例（修订草案）》的议案及说明、关于优化营商环境工作情况的报告、关于2022年1—6月国民经济和社会发展计划执行情况的报告、关于2021年度国有资产管理情况的综合报告、关于2021年度企业国有资产（不含金融企业）管理情况的报告、关于2021年度市级预算执行和其他财政收支的审计工作报告、关于2022年1—6月预算执行情况的报告、关于2021年市级决算草案的报告、关于2022年市级预算调整方案的报告，听取市法检两院关于履行职能营造法治化营商环境工作情况的报告、关于2022年上半年重点工作情况的报告，听取有关人事任免案的说明。会议对有关报告、决定（草案）和人事任免案进行分组审议。会议对有关审议意见办理落实情况开展满意度测评，表决通过《绵阳市人大常委会关于批准绵阳市2021年市级决算的决议》《绵阳市人大常委会关于批准绵阳市2022年市级预算调整方案的决议》和审议意见。会议还表决通过有关人事任免事项，举行颁发任命书及宪法宣誓仪式。市人大常委会副主任经大忠、李京平、代顺兴、李川萍、李作虎、周涛，秘书长陈松柏出席会议。副市长梁磊、王晓松，市中级人民法院院长李勤，市人民检察院检察长王红，市监察委员会相关负责人列席会议。

【八届人大常委会第九次会议召开】2022年10月26日召开，会议由市人大常委会主任付康主持。会议传达学习党的二十大精神，研究市人大常委会贯彻落实意见。会议听取市人民政府关于提请审议《绵阳市城区停车管理条例（草案）》的议案及说明、关于开展“园区提质”“企业满园”行动情况的报告、关于招商引资工作情况的报告、关于新一轮交通攻坚大会战推进情况的报告、关于项目投资工作情况的报告、关于市属国有企业投融资管理工作情况的报告、关于开展城乡环境综合提质三年行动情况的报告、关于农村集体经济发展情况的报告、关于市八届人大二次会议票决出的2022年市级民生实事项目推进实施情况的报告，书面听取市人民政府关于推进养老服务发展情况的报告；听取市人大常委会执法检查组关于检查《绵阳市文明行为促进条例》贯彻实施情况的报告，听取关于《绵阳市物业管理条例（修订草案）》修改情况的报告和《绵阳市人大常委会关于召开绵阳市第八届人民代表大会第三次会议的决定（草案）》的说明、听取《市八届人大常委会代表资格审查委员会关于个别代表的代表资格的报告（草案）》和有关人事任免案的说明。会议进行分组审议。会议对有关专题询问意见、审议意见办理落实情况开展满意度测评，表决通过《绵阳市城区停车管理条例》的立法必要性和可行性、《绵阳市人大常委会关于召开绵阳市第八届人民代表大会第三次会议的决定》《绵阳市第八届人大常委会代表资格审查委员会关于个别代表的代表资格的报告》和审议意见。会议还表决通过有关人事任免事项，举行颁发任命书及宪法宣誓仪式。市人大常委会副主任经大忠、李京平、代顺兴、李川萍、李作虎、周涛，秘书长陈松柏出席会议。副市长李栋、袁明，市中级人民法院院长李勤，市检察院检察长王红，市监察委员会有关负责人列席会议。

【八届人大常委会第十次会议召开】 2022年12月21日召开，会议由市人大常委会主任付康主持。会议听取市人民政府关于科技城新区重点项目推进情况的报告，《绵阳市乡村振兴战略规划（2018—2022年》实施情况的报告，2021年度市级预算执行和其他财政收支审计查出问题整改情况的报告，关于市八届人大一次、二次会议代表建议、批评和意见办理情况的报告及部分市级单位关于2021年度审计查出问题整改情况的报告，书面听取市人民政府关于“绵碚”推动成渝地区双城经济圈建设合作三年行动计划2022年度任务推进落实情况的报告、科技型中小企业培育情况的报告；书面听取关于《绵阳市城区停车管理条例（草案）》修改情况的报告、关于《绵阳市人大常委会专题询问办法（草案）》的说明、市八届人大常委会代表资格审查委员会关于个别代表的代表资格的报告（草案）、有关人事任免案的说明以及有关辞职决定（草案）的说明；还书面听取市人大常委会人事代表工作委员会关于市八届人大一次、二次会议代表建议、批评和意见办理情况的报告。会议进行分组审议。会议对部分市级单位2021年度审计查出问题整改情况、有关审议意见办理落实情况开展满意度测评；表决通过《绵阳市人大常委会专题询问办法》《绵阳市第八届人大常委会代表资格审查委员会关于个别代表的代表资格的报告》和审议意见。会议还表决通过有关人事任免事项和有关辞职决定。市人大常委会副主任李京平、代顺兴、周涛，秘书长陈松柏出席会议。副市长周述，市人民检察院检察长王红，市中级人民法院有关负责人列席会议。

【八届人大常委会第十一次会议召开】 2022年12月30日召开，受市人大常委会主任付康委托，市人大常委会副主任经大忠主持会议。会议听取市人民政府关于2022年市级预算调整方案的报告、关于2022年市本级政府投资项目计划草案的报告；还听取关于《绵阳市第八届人民代表大会第三次会议建议方案》的说明、关于《绵阳市人民代表大会常务委员会工作报告（草案）》的说明、市八届人大常委会代表资格审查委员会关于个别代表的代表资格的报告（草案）及有关人事任免案的说明；书面听取关于《绵阳市物业管理条例（修订草案）》审议结果的报告，关于《绵阳市人民代表大会议事规则（修正草案）》《绵阳市第八届人民代表大会第三次会议选举办法（草案）》《绵阳市第八届人民代表大会第三次会议2022年市级民生实事人大代表票决项目实施情况满意度测评办法（草案）》《绵阳市第八届人民代表大会第三次会议2023年市级民生实事项目票决办法（草案）》的说明。会议进行分组审议。会议表决通过《绵阳市物业管理条例（修订草案）》《绵阳市人大常委会关于批准绵阳市2022年市级预算调整方案的决议》《绵阳市人大常委会关于批准绵阳市2022年市本级政府投资项目计划的决议》《绵阳市第八届人大常委会代表资格审查委员会关于个别代表的代表资格的报告》，表决通过市八届人大三次会议建议会议议程、有关名单、办法（草案）、市人大常委会工作报告（草案）、绵阳市人民代表大会议事规则（修正草案），决定提请市八届人大三次会议审议。会议还表决通过有关人事任职事项，举行宪法宣誓仪式。市人大常委会副主任李京平、代顺兴、李川萍、李作虎、周涛，秘书长陈松柏出席会议。副市长黄朝阳，市中级人民法院、市人民检察院、市监察委员会相关负责人列席会议。（罗雨禾）

地方立法

【概况】 2022年，绵阳市人大常委会坚持科学立法、民主立法、依法立法，发挥人大在立法中的主导作用，组织实施2022年度立法计划，公布施行《绵阳市养犬管理条例》，完成《绵阳市城区停车管理条例》二审、《绵阳市物业管理条例（修订）》三审及《绵阳市历史文化遗址保护条例》《绵阳市水污染防治条例（修订）》立法调研工作。全年共组织开展立法调研21次，召开立法座谈会37场，邀请立法咨询专家、各级人大代表、人民群众300余人次参与立法活动。坚持“三问于民”提高立法质效的经验做法被《中国人大》和省人大常委会《工作情况交流》刊载推广，得到省委常委、市委书记曹立军和省人大常委会副主任王宁的批示肯定。

【《绵阳市养犬管理条例》公布施行】 2021年，市人大常委会将《绵阳市养犬管理条例》作为立法制定项目，并于8月和12月依法进行一审、二审。2022年1月，市人大常委会依法向省人大常委会法工委征询意见，共收到省人大常委会法工委、省高级人民法院、省公安厅、省农业农村厅等8个单位意见建议34条，经集体研究采纳17条。2月28日，市委常委会会议审议并原则通过《绵阳市养犬管理条例（草案）》。3月10日，市八届人大常委会第五次会议三审并表决通过《绵阳市养犬管理条例》。6月9日，经省十三届人大常委会第三十五次会议批准，《绵阳市养犬管理条例》自2022年12月1日起施行。《绵阳市养犬管理条例》设7章共56条，分为总则、免疫与登记、养犬行为规范、诊疗与经营、收容留检和处置、法律责任、附则，确立完备的养犬管理机制、严格的禁限养制度、科学的养犬行为、规范的防疫制度、便民的管理服务制度、合理的溯及力制度。

【立法制度建设】 2022年，绵阳市人大常务委员会制定出台《绵阳市人大常委会地方立法和备案审查咨询专家库管理办法》，选聘30名优秀专家组建立法咨询专家库，新设立19个基层立法联系点，提高地方立法能力和水平。

【地方性法规立法调研】 2022年3月15—16日，市人大常委会副主任李川萍带队，前往平武县、三台县开展《绵阳市历史文化遗址保护条例》立法调研工作，详细了解当地历史文化遗址现状、保护及利用工作中面临的具体困难和问题等情况，并就立法的必要性、可行性和紧迫性，与当地人大、政府及其相关部门负责人进行交流探讨。7月11—13日，市人大常委会副主任李川萍带队赴成都、德阳、乐山、眉山等地考察学习历史文化遗址保护立法工作，考察组一行先后前往德阳市三星堆国家考古遗址公园和三星堆博物馆、乐山市文庙和郭沫若故居、眉山市江口沉银陈列馆和三苏祠博物馆、成都市金沙遗址博物馆等地进行实地考察，通过听取情况介绍、现场交流、查阅资料等方式，重点围绕管理体制、部门职责、法律责任等方面进行学习交流，详细了解当地在历史文化遗址保护方面的好经验、好做法。9月6日，市人大常委会副主任经大忠带领市人大法制委、常委会法工委到市人大常委会基层立法联系点四川鼎天律师事务所、四川科通律师事务所，开展《绵阳市物业管理条例（修订草案）》立法调研，调研组听取有关方面关于条例修订草案的修改建议，并围绕压实政府部门职责、加强业主委员会履职监督、规范物业管理委员会设立及管理、加强水电气等共用设施设备移交管理维护、紧急程序使用专项维修资金、强化老旧小区物业管理等群众关心关注的问题进行座谈交流。9月8日，市人大法制委、常委会法工委赴涪城区、安州区开展《绵阳市物业管理条例（修订草案）》立法调研，并召开立法座谈会。涪城区、安州区人大常委会、部分市县人大代表、相关县级部门、街道办事处（乡、镇人民政府）、居（村）民委员会和物业服务企业、业主委员会、业主等有关方面代表参加了座谈会。调研组听取各有关方面关于条例修订草案的修改建议，并同与会人员进行交流探讨。

【省人大常委会立法调研】 2022年3月10日，省人大常委会副主任彭琳带领省人大常委会调研组到绵阳，就《四川省〈中华人民共和国中小企业促进法〉实施办法（修订草案）》开展立法调研。调研组先后到四川六合特种金属材料股份有限公司、四川新金鑫照明科技有限公司，详细了解企业生产经营、政策落实等情况。调研组听取关于《绵阳市养犬管理条例（草案）》立法有关情况的汇报。3月17—18日，省人大农业农村委副主任委员杜志仁带领调研组到绵阳，就贯彻落实党中央和省委关于开展供销合作社综合改革有关部署要求及各地供销社总体状况开展调研，并听取《四川省供销合作社条例（草案）》征求意见稿的修改意见。调研组先后到江油市三一农业有限公司、青莲镇苏溪村供销社、三合镇农村产权流转交易服务站、平武县锁江羌族乡解放村四川中科宇康中药有限公司及龙安镇双安村供销合作社等地，通过现场询问、听取汇报、查阅资料等形式，详细了解基层供销社运营现状、农村产权流转交易情况、供销社参资入股企业经营发展等具体情况及实际问题。5月23—24日，省人大城环资委副主任委员张景蓉带领调研组到绵阳，就《四川省大熊猫国家公园管理条例》开展立法调研，为四川省大熊猫国家公园地方立法做准备。调研组到北川羌族自治县青片乡上午村和小寨子沟大火地保护站，以实地走访、座谈交流等形式，了解大熊猫国家公园管理体制、运行机制、资源管控、建设利用等情况及相关部门职责与协同执法问题，听取推进大熊猫国家公园建设的意见建议，并办理曾文忠等12名代表提出的议案。

（罗雨禾）

人大监督

【概况】 2022年，绵阳市人大常委会围绕“五市战略”实施，坚持重点监督、问题监督、过程监督、结果监督相结合，拓展市县两级人大全流程上下联动监督，聚焦成渝地区双城经济圈建设、科技城建设、经济高质量发展、民生福祉改善提升等事关全市发展大局的中心工作和群众高度关注的民生工作，实行正确监督、有效监督、依法监督，推动党中央大政方针和省委、市委决策部署落地落实。连续3年携手重庆北碚区人大常务委员会开展联动监督，促进“绵碚”推动成渝地区双城经济圈建设合作三年行动计划2022年度任务落地落实。

【科技立市战略实施监督】 2022年，市人大常委会聚焦推动实施科技立市战略，组织对有关决议执行情况开展跟踪监督，持续推动国家科技创新先行区建设重点任务落地见效。到绵阳高新区、绵阳经开区等重大项目建设现场和科技型重点企业调研，听取和审议科技城新区重点项目推进情况的报告，督促解决项目建设中存在的突出问题。组织对科技型中小企业培育工作开展专项监督，督促有关方面认真落实国省市助企纾困政策，有效解决企业融资、用工等方面存在的问题。专题调研外事侨务工作服务科技城建设情况，督促有关方面做好凝聚侨心、维护侨益等各项工作。

【产业强市战略实施监督】 2022年，市人大常委会聚焦推动实施产业强市战略，组织对开展"园区提质""企业满园"行动实施市县两级人大全流程上下联动监督，组建7个联合调研组到12个国省级开发区（园区）、市级工业园区进行全覆盖调研，听取和审议专项工作报告，推动落实"园区十条"，推动企业入园满园、产业集聚集群、园区提质增效。听取和审议现代服务业发展情况的报告，督促落实促进服务业高质量发展的政策措施，优化产业结构、开发消费市场、培育市场主体，推动现代服务业提档升级。连续4年组织对优化营商环境工作开展市县两级人大全流程上下联动监督，科学设计并发放优化营商环境满意度调查问卷1157份，收集各类市场主体、在企业人大代表等有关方面的意见建议，听取和审议市"一府两院"关于优化营商环境工作情况的报告，找准并推动解决全市营商环境建设存在的突出问题，有效助力全市营商环境持续保持全省前列。

【开放活市战略实施监督】 2022年，市人大常务委员会聚焦推动实施开放活市战略，组织对招商引资工作开展专项监督，推动落实"招商十条"，提升招商引资质效；听取和审议新一轮交通攻坚大会战推进情况的报告，推动重点交通项目加快建设，构建现代化高质量综合立体交通网。围绕贯彻落实市委以项目为中心组织经济工作的部署要求，连续3年对项目投资工作开展专项监督，督促做好项目建设、招引、储备和要素保障等工作，助力全市项目投资稳步回升、投资结构持续优化。

【生态美市战略实施监督】 2022年，市人大常务委员会聚焦推动实施生态美市战略，组织对城乡环境综合提质三年行动开展专项监督，督促落实村社"五清"、场镇"四定"、城区"四化"工程，助力全国文明城市建设成果巩固提升；听取和审议全市环境状况和环境保护目标完成情况的报告，推动有关方面抓好国省环保督察反馈问题整改、林长制推进实施、乡镇污水处理设施建设管理等重点工作，持续打好"蓝天""碧水""净土"保卫战。

【政府风险防控与国有资产管理监督】 2022年，市人大常务委员会听取和审议2021年度预算绩效管理工作的报告，督促做好全方位、全过程、全覆盖管理，提高财政资源配置效率和使用效益。听取和审议2021年度政府债务管理工作情况的报告，督促做好政府债务"借、用、管、还"全流程管理工作，防范化解政府债务风险。分别听取和审议市政府及5个市级单位2021年度审计查出问题整改情况的报告并开展满意度测评，推动审计查出问题整改落实。组织对国有资产管理工作开展专项监督，加强和改进国有资产管理。首次对市属国有企业投融资管理工作开展专项监督，督促有关方面优化国有资本布局、增强投融资能力、防控债务风险、完善监管制度体系，做强做优做大国有资本和国有企业。

【乡村振兴战略实施监督】 2022年，市人大常委会组织对《绵阳市乡村振兴战略规划（2018—2022年）》贯彻实施情况开展专项监督，对低收入人口动态监测、重点水利工程建设、就业帮扶助推乡村振兴等工作开展专题调研，推动有关方面落实"四个不摘"要求，持续巩固拓展脱贫攻坚成果、持续推进"五大振兴"。围绕贯彻落实市委以"三品"为引领做优农业的部署要求，组织对现代农业园区建设开展专项监督，推动全市现代农业园区建设提档升级；组织对农村集体经济发展工作开展专项监督，推动《四川省农村集体经济组织条例》贯彻实施，不断发展壮大农村集体经济。

【民生福祉改善提升监督】 2022年，市人大常委会组织对常态化疫情防控工作开展市、县两级人大全流程上下联动监督，支持和督促有关方面因时因势调整优化防控措施，保障经济社会平稳健康运行，降低疫情对经济社会发展和群众生产生活的影响。创新采取"市县两级人大全流程上下联动+执法检查+专题询问"的方式，对《中华人民共和国道路交通安全法》贯彻实施工作开展专项监督，消除安全隐患、优化道路交通安全环境、规范道路交通安全秩序。组织对养老服务发展、公办幼儿园建设运行和托育机构设置管理、"双减"政策落实、未成年人保护、打击治理电信网络新型违法犯罪、加强和改进城市管理、退役军人服务保障、民族宗教等工作实施专项监督，推动解决一大批群众急难愁盼的民生问题。

【依法监察与公正司法监督】 2022年，市人大常委会首次听取和审议市监察委员会关于开展扫黑除恶"打伞破网"专项工作情况的报告，督促推动有关方面持续巩固扫黑除恶专项斗争成果。组织对审判监督工作、民事行政检察工作、市法检"两院"重点工作、部分基层法检"两院"工作开展专项监督，支持和督促"两院"忠实履行法定职责，持续推进司法为民、公正司法，让人民群众在每一个司法案件中感受到公平正义。 （罗雨禾）

选举任免

【概况】 2022年，绵阳市人大常委会坚持党管干部原则与人大依法行使选举权任免权相统一，任免国家工作人员77人次，其中市人大常务委员会人员任免3人次、市人民政府人员任免26人次、市监察委员会人员6人次、“两院”人员任免42人次，接受辞职6人次。

【市人大常委会人员任免】 2022年，市人大常务委员会审议通过常委会人员任免3人次。6月29日，市八届人大常委会第七次会议任命谭文夫为绵阳市人大常委会人事代表工作委员会副主任。8月25日，市八届人大常委会第八次会议免去宋康玉的绵阳市人大常委会城乡建设环境资源保护工作委员会副主任职务。10月26日，市八届人大常委会第九次会议任命贺小明为绵阳市人大常委会办公室副主任。

【市人民政府人员任免】 2022年，市人大常务委员会审议市人民政府人员任免26人次。1月25日，市八届人大常委会第三次会议决定任命李云为绵阳市人民政府副市长，决定李云为绵阳市人民政府代理市长。6月29日，市八届人大常委会第七次会议决定免去吕剑的绵阳市人民政府副市长职务，决定任命王晓松为绵阳市人民政府副市长。8月25日，市八届人大常委会第八次会议决定免去邓志军的绵阳市应急管理局局长职务，决定任命龙佳林为绵阳市应急管理局局长。10月26日，市八届人大常委会第九次会议决定免去柳江的绵阳市人民政府秘书长职务，胡科的绵阳市民政局局长职务，代宏的绵阳市文化广播电视和旅游局局长职务，赵开年的绵阳市司法局局长职务，姜林的绵阳市金融工作局局长职务；决定任命代宏为绵阳市民政局局长，窦建磊为绵阳市文化广播电视和旅游局局长，吴红为绵阳市司法局局长。12月21日，市八届人大常委会第十次会议决定免去赵琳的绵阳市科学技术局局长职务，韩忠明的绵阳市商务局局长职务，周云的绵阳市卫生健康委员会主任职务，罗盛军的绵阳市退役军人事务局局长职务，牟华佳的绵阳市统计局局长职务；决定任命黄朝阳为绵阳市人民政府副市长，余青根为绵阳市人民政府秘书长，罗盛军为绵阳市商务局局长，邓志军为绵阳市退役军人事务局局长，杨保平为绵阳市金融工作局局长。12月30日，市八届人大常委会第十一次会议决定任命胡进耀为绵阳市人民政府副市长。

【市监察委员会人员任免】 2022年，市人大常务委员会审议任免市监察委员会人员6人次。3月10日，市八届人大常委会第五次会议免去申勇的绵阳市监察委员会委员职务，胡长春的绵阳市监察委员会委员职务；任命周捍东为绵阳市监察委员会委员，何凯为绵阳市监察委员会委员。6月29日，市八届人大常委会第七次会议任命刘登鳌为绵阳市监察委员会委员，徐克坚为绵阳市监察委员会委员。8月25日，市八届人大常委会第八次会议免去徐娜的绵阳市监察委员会委员职务。12月21日，市八届人大常委会第十次会议免去何凯的绵阳市监察委员会委员职务，任命唐扬为绵阳市监察委员会委员。

【市法检“两院”人员任免】 2022年，市人大常务委员会审议任免法检“两院”人员任免42人次。3月10日，市八届人大常委会第五次会议任命吴波为绵阳市人民检察院检察委员会委员、检察员。4月27日，市八届人大常委会第六次会议免去蒋明文的绵阳市中级人民法院刑事审判第二庭副庭长职务，谭红的绵阳市中级人民法院立案庭副庭长职务，奉英的绵阳市中级人民法院审判员职务，兰大波的绵阳市中级人民法院审判员职务；任命王欢为绵阳市中级人民法院民事审判第一庭副庭长。6月29日，市八届人大常委会第七次会议免去李李的绵阳市中级人民法院审判委员会委员、立案庭庭长职务，李又平的绵阳市中级人民法院知识产权审判庭庭长职务，李红玉的绵阳市中级人民法院审判监督庭庭长职务，贾羽的绵阳经济技术开发区人民法院审判委员会委员、审判员职务，顾琦的绵阳经济技术开发区人民法院综合审判庭庭长职务；任命李又平为绵阳市中级人民法院审判监督庭庭长，何正玲为绵阳市中级人民法院知识产权审判庭庭长，吴莹迪为绵阳高新技术产业开发区人民法院副院长、审判委员会委员、审判员，宋岩为绵阳经济技术开发区人民法院副院长、审判委员会委员、审判员，杨雪波为绵阳经济技术开发区人民法院立案庭副庭长，张奕为绵阳经济技术开发区人民法院审判委员会委员；任命刘霏为绵阳经济技术开发区人民检察院检察委员会委员，陈小乔为绵阳经济技术开发区人民检察院检察委员会委员。8月25日，市八届人大常委会第八次会议任命王苏为绵阳经济技术开发区人民法院副院长、审判委员会委员、审判员；免去张元和的绵阳市人民检察院检察员职务，李建新的绵阳市人民检察院检察员职务，熊斌的绵阳市人民检察院检察员职务；任命苏育安为绵阳高新技术产业开发区人民检察院副检察长、检察委员会委员、检察员，张胜英为绵阳经济技术开发区人民检察院副检察长、检察委员会委员、检察员。10月26日，市八届人大常委会第九次会议免去刘立冬的绵阳市中级人民法院执行庭副庭长职务，向茜的绵阳市中级人民法院行政审判庭副庭长职务，刘雨林的绵阳市中级人民法院知识产权审判庭副庭长职务，冯安石的绵阳市中级人民法院立案庭副庭长职务，张冰的绵阳高新技术产业开发区人民法院副院长、审判委员会委员、审判员职务，张莉的绵阳经济技术开发区人民法院立案庭庭长职务；任命刘立冬为绵阳市中级人民法院审判委员会委员，向茜为绵阳市中级人民法院审判委员会委员、立案庭庭长，赵志为绵阳市中级人民法院审判委员会委员、刑事审判第一庭庭长，刘雨林为绵阳市中级人民法院审判委员会委员、刑事审判第二庭庭长，冯安石为绵阳市中级人民法院审判委员会委员、执行庭庭长，赵武平为绵阳高新技术产业开发区人民法院副院长、审判委员会委员、审判员，蒋金廷为绵阳经济技术开发区人民法院审判员，代翠萍为绵阳经济技术开发区人民法院审判员；免去赵武平的绵阳高新技术产业开发区人民检察院副检察长、检察委员会委员、检察员职务；任命张冰为绵阳高新技术产业开发区人民检察院副检察长、检察委员会委员、检察员。（罗雨禾）

人大代表工作

【概况】 2022年，绵阳市人大常务委员会开展“三联”活动、“我为群众办实事——人大代表在行动”“助力乡村振兴—人大代表在行动”实践活动，探索联系代表和服务群众的长效机制，加强和改进代表履职服务保障工作，出台《关于进一步规范和加强绵阳市人大代表联系人民群众工作平台建设运行的实施意见》，全年接待群众40895人次，市八届人大二次会议代表建议办成率达到87.9%。提升代表履职能力，举办2期市人大代表培训班、培训145人次。

【人大代表履职能力建设】 2022年，市人大常务委员会落实《绵阳市第八届人大代表履职培训规划》，制定出台《绵阳市人民代表大会代表学习培训工作办法》，举办2期市人大代表培训班、培训145人次，提升代表履职能力。制定出台《绵阳市人大代表专业小组管理办法（试行）》，创新组建16个代表专业小组、组织194名代表，围绕科技城建设、高质量发展、民生改善等中心工作和重点任务开展代表专业小组活动29次，形成专题调研报告16份。

【人大代表履职服务】 2022年，市人大常务委员会制定出台《关于进一步规范和加强绵阳市人大代表联系人民群众工作平台建设运行的实施意见》，推动各级人大代表“进家入站”规范有序开展履职活动，全年接待群众40895人次。持续深化“我为群众办实事——人大代表在行动”实践活动，开展“助力乡村振兴——人大代表在行动”实践活动，动员组织各级代表投身乡村振兴、基层治理等工作一线，累计为群众办实事办好事3179件次。

【人大代表建议督办】 2022年，市人大常务委员会启用新一代代表建议办理平台，组织对代表建议批评意见办理工作开展专项监督，督促承办单位建立健全办前、办中、办后与代表联络机制，优化完善答复承诺解决事项落实机制，推动办理工作由重满意率向重办成率转变，市八届人大一次会议代表建议办成率达到93.1%，市八届人大二次会议代表建议办成率达到87.9%，代表对办理结果反馈的满意率和基本满意率达到100%。

【组织绵阳市全国、省人大代表视察省检察院】 2022年5月12日，省人大代表、市人大常委会主任付康带领部分在绵阳的全国、省人大代表应邀视察省检察院工作，省人民检察院检察长冯键主持座谈会。视察组一行先后视察省检察院“12309”检察服务中心、四川省青少年法治宣传基地，详细了解检察机关控告申诉和未成年人检察工作开展情况。座谈会上，视察组听取全省检察工作情况汇报，代表们围绕进一步加强个人信息保护法宣传、加大未成年法治教育宣传、预防电信网络诈骗、强化生态环保公益诉讼、加大市场主体保护等方面提出有针对性意见建议。陈琳、余绍容等全国人大代表，瞿永安、赵朝晖等省人大代表参加视察。省人民检察院副检察长张燕飞、张树壮、罗春梅、吕杰、朱先琼，省纪委监委驻省人民检察院纪检监察组组长蒋敏，市人大常委会副主任代顺兴，市人民检察院检察长王红，市人大常委会秘书长陈松柏参加视察或参加座谈会。（罗雨禾）

绵阳市人民政府

Mianyang Municipal People's Government

概　述

2022年，绵阳市贯彻落实“疫情要防住、经济要稳住、发展要安全”重要要求和“讲政治、抓发展、惠民生、保安全”工作总思路，大力实施“五市战略”，推动全市经济发展保持稳中向好、稳中提质良好态势，完成市八届人大二次会议确定的目标任务。全年全市实现地区生产总值3626.94亿元，增长5%，高于全省2.1个百分点；一般公共预算收入159.7亿元，同口径增长14%；城乡居民人均可支配收入分别达到45131元、22726元，分别增长4.6%、6.5%。主要经济指标位居全省前列。绵阳排名中国城市旅游影响力100强第85位、全国GDP 100强城市第84位、全国地市级城市100强第82位、全国人均综合月收入100强城市第80位、全国城市引力指数100强第50位、全国城市传播指数100强第39位、全国科技创新城市100强第20位。

绵阳科技城建设。2022年，国家出台专项政策支持中国（绵阳）科技城建设科技创新先行区、批复绵阳科技城“十四五”发展规划和2035年远景目标纲要。入围科技部新一批国家创新型城市建设名单。全年研发经费投入强度7.15%，保持全国城市前列。推进“两城两镇”建设，“云上大学城”入驻知名高校20所，科创基金小镇管理基金规模268亿元。组建全省首家国有人才集团，全年引进人才超过2万名。高新技术企业总数突破700家，高新技术产业营业收入超过2440亿元。每万人有效发明专利拥有量超过22件、居全省前列。全国城市科技创新100强居第20位，较2021年上升21位，是进位最快最多的城市；全国科技城100强绵阳科技城居第7位，居中西部地区之首。

全面深化改革。2022年，绵阳市全面深化改革事项69项国省年度改革任务完成，30余项改革经验在全国、全省推广。成功揭榜4项国家新一轮全面创新改革任务，居全省第1位。国企改革三年行动主体任务基本完成。完成12个工业园区放权赋能集中交接。推动国省稳增长系列政策全面落地，成立稳经济政策落实办公室，为市场主体减免缓税费超过200亿元。实施“暖企”行动，常态化开展“面对面听取意见、实打实解决问题”活动，被省政府表彰为全省深化“放管服”改革优化营商环境工作先进集体。至年底，全市市场主体净增6.2万户，总数达49.3万户，居全省第2位。

经济运行情况。2022年，绵阳市现代化产业体系加快完善，三次产业结构调整为10.5：41.8：47.7。开展“园区提质”“企业满园”行动，入园规模以上工业企业846家，全市规模以上工业增加值增长9.2%。获批省制造强市试点和全国消费品工业“三品”战略示范城市。新增国家级专精特新“小巨人”企业12家、全国制造业单项冠军企业（产品）2家。推进质量强国建设工作获国务院大督查通报表扬。排名全国数字经济城市发展百强榜第46位，天府数字经济指数排名全省第2位。6个项目、10家企业、10个品牌入选省服务业“三百工程”，第三产业增加值增长4.5%。金融机构本外币存贷款余额规模在全省地级市中率先突破万亿元大关，存贷比提高1.86个百分点。实施“三品”工程，建成高标准农田2.27万公顷，粮食总产量23.37亿千克，出栏生猪377.86万头，第一产业增加值增长4.4%。建成国家区域生猪种业创新中心。

投资消费情况。2022年，绵阳市全社会固定资产投资增长11.3%，工业投资、技改投资分别增长29.8%、24%，均居全省前列。345个省、市重点项目超年度投资进度31.6个百分点，全年连续4个季度进入省重点项目推进和投资运行“双红榜”。开展促消费活动，获批全国第二批城市一刻钟便民生活圈试点，社会消费品零售总额达到1635亿元。平武印象梅林景区成功创建国家AAAA级旅游景区，北川巴拿恰商业街入选全国非遗旅游街区。

城乡统筹建设。2022年，绵阳市全面完成国土空间总体规划“三区三线”划定。实施城乡环境综合提质三年行动，推进村社“五清”、场镇“四定”、城区“四化”，每季度评选“十佳十差乡镇（街道）”，城乡环境基本实现清清爽爽、干干净净。建筑业总产值首次突破千亿元大关。建成区绿化覆盖率41.53%，人均公园绿地面积14.25平方米。县域范围实现地区生产总值2960.86亿元，涪城排名全国百强区第63位，较2021年上升5位；游仙、三台入选全省县域经济发展先进县。全面推进乡村振兴，年收入3万元以下的薄弱村全面消除，获评2022年度全省乡村振兴先进市。梓潼入选全国水系连通及水美乡村建设县。3个乡镇、35个村入选首批国家乡村振兴示范创建名单，4个镇被命名为首批省级百强中心镇。

基础设施建设。2022年，绵阳市九绵高速平武至白马段、广平高速平武高村至古城段、德遂高速建成通车，南郊机场T2航站楼建成投用，绵遂内铁路（绵遂段）启动建设；祠堂湾水库等重点水利项目开工建设；科技城创新馆、绵阳城市规划展览馆建成开馆，富乐山、园艺湖等一批城市公园改造提升全面完工；完成城镇老旧小区改造339个、棚户区改造524套，既有住宅增设电梯330部。

开放合作。2022年，绵阳市赴厦门、东莞、苏州等地开展“三推”活动，签约项目金额929.13亿元，销售产品金额超过40亿元。引进5亿元及以上项目128个，其中百亿元级重大制造业项目7个，在全省制造业招商引资“百日攻坚”行动中被省政府通报表扬并授予流动红旗。举办第十届中国（绵阳）科技城国际科技博览会。成功创建全省开放发展示范市，新增国际友城和友好合作城市2个。实现进出口总额269.01亿元，增长7.4%，实际利用外资2.2亿美元、居全省第2位。

民生和社会事业。2022年，绵阳市财政民生支出占一般公共预算支出比重68%。54件省市民生实事全面完成，8件市级民生实事人大代表票决项目完成年度目标。城镇新增就业5.64万人，城镇登记失业率2.54%、低于省控目标1.46个百分点。新建改扩建公办幼儿园13所、义务教育学校22所，分别新增学位2920个、7920个。推进5所公参民学校转公，学科类校外培训机构压减比达到94.97%。高中教育质量连续22年领跑全川，获评省五星级中等职业教育名校1所、四星级名校2所。推进全国居家和社区基本养老服务项目试点。新增三甲医院1家，推动47家二级以上公立医疗机构实现线下检查检验结果互认。绵阳代表团在第十四届省运会创历届最好成绩。纪录片《李白》在中央电视台播出。

生态文明建设。2022年，绵阳市单位GDP能耗强度持续下降。城区空气质量优良天数率89.6%，$PM_{2.5}$平均浓度34.2微克每立方米，未出现重污染天气。20个国控省控考核断面水质优良比例保持100%，进入全国首批“无废城市”建设名单。入选首批省级林长制创新试点市，森林覆盖率达56.13%，国土绿化覆盖率达70.5%。成功争取中国大熊猫保护研究中心绵阳基地落地，江油入选全国水土保持示范县。第二轮中央生态环境保护督察反馈问题年度整改工作全面完成。

社会治理。2022年，绵阳市蝉联五届国家卫生城市。开展安全隐患“大排查、大曝光、大整治”行动，生产安全事故起数、死亡人数分别下降47.3%、45.8%。获批建设全国首个中小流域灾害防御气象保障示范基地。开展“八五”普法教育，3个村（社区）入选第九批全国民主法治示范名单。常态化开展扫黑除恶斗争，处置电信诈骗案件相关经验做法在全国推广。游仙、安州、北川获评全省平安建设先进县（区）。

重要会议

【概况】 2022年，绵阳市政府分别召开市政府八届二、三次全体会议，学习贯彻习近平总书记来川视察时的重要讲话精神，专题研究部署经济社会发展、社会民生、生态环保、安全生产、防汛减灾和地灾防治等工作。市政府全年召开常务会议36次，分别对粮食安全、道路安全、生产安全、低收入群体保障、促进教育公平等工作进行安排部署，审议《政府工作报告》《绵阳市“十四五”应急管理体系规划》《绵阳市建设具有全国影响力的科技强市“十四五”规划》等事项。

【市政府八届二次全会暨经济运行分析会召开】 2022年8月23日，市政府八届二次全体会议暨经济运行分析会议召开，会议由市委副书记、市长李云主持，会议深入学习贯彻习近平总书记来川视察重要指示精神，落实中央和省市部署要求，分析形势，安排工作。会议强调，突出科技创新这个特色，推进“招院引所”，加快建设“云上科技城”“云上大学城”，推进核医疗健康产业园、激光产业园等重大项目，加快建设国家科技创新先行区。突出产业发展这个支撑，实施“园区提质”“企业满园”行动，干好服务业发展“十件大事”，抓好夏粮入仓、秋冬生产，推进高标准农田和现代农业园区建设；加快数字经济培育，保持经济运行在合理区间。突出市场主体这个基础，实施“暖企”行动，全面落实各项减税降费政策，打好国企改革三年行动收官战，持续开展“面对面听取意见、实打实解决问题”活动，稳住经济基本盘。突出项目投资这个抓手，加大项目招引力度，千方百计抓开工、抢进度、促投产，加强用地、用能等保障，更好发挥重大项目对经济增长的拉动作用。要突出对外开放这个动力，实施新一轮交通攻坚大会战，加快推进“四区合一”，高水平办好第十届科博会，持续开展“三推”活动，以高水平开放促进高质量发展。突出改善民生实事，落实就业援助制度，推进54件省市民生实事，实施乡村建设行动，统筹抓好教育、医疗、养老、托幼等群众急难愁盼问题，持续提升群众幸福指数。突出安全稳定这条底线，树牢底线思维、极限思维，统筹抓好生态环保、安全生产、森林草原防灭火、防汛减灾和地灾防治等工作，全力维护人民生命财产安全。各位副市长对分管联系工作作具体安排。市政府秘书长，市政府各部门，各县市区政府、园区管委会和有关方面主要负责人参加。

【市政府八届三次全体会议召开】 2022年12月21日，市委副书记、市长李云主持召开市政府八届三次全体会议，全面贯彻党的二十大和习近平总书记来川视察重要指示精神，落实中央经济工作会议、省委十二届二次全会精神，审议《政府工作报告（送审稿）》等文件，安排部署岁末年初重点工作。会议以视频形式召开。各位副市长，市政府秘书长和市政府各组成部门主要负责人出席会议。各县（市、区）政府、园区管委会和有关方面主要负责人等列席会议。

【市政府常务会议】 2022年，市政府召开政府常务会议36次（第11—47次）。会议传达贯彻党中央、国务院，省委、省政府决策部署，贯彻落实市委经济工作会议精神，部署相关工作。会议分别对粮食安全、道路安全、生产安全、低收入群体保障、促进教育公平、森林草原防灭火、大气污染防治等工作再安排再部署。审议《政府工作报告》《绵阳市“十四五”应急管理体系规划》《绵阳市城市内涝治理三年攻坚行动方案（2022—2024年）》《绵阳市建设具有全国影响力的科技强市“十四五”规划》《绵阳妇女发展纲要（2021—2030年）》《绵阳儿童发展纲要（2021—2030年）》《2022年服务业发展“十件大事”工作实施方案》《绵阳市城镇燃气安全排查整治工作实施方案》《绵阳市危险化学品事故应急预案（试行）》《绵阳市全民健身实施计划》等事项。

（陈虹宇）

民生实事

【概况】 2022年，绵阳市委、市政府重视民生实事工作，坚持尽力而为、量力而行原则，解决人民群众急难愁盼问题，财政民生支出占一般公共预算支出比重为68%。54件省、市民生实事项目全部完成或超额完成年度目标任务，投入资金80.73亿元，占计划的105.75%。共完成29件省级民生实事，其中14件超额完成年度目标任务，15件完成年度目标任务；计划投入财政资金51.32亿元，实际投入资金56.25亿元。完成25件市级民生实事（市人大代表票决项目8件）；计划投入资金25.02亿元，实际投入资金24.48亿元（因项目优化调减投入资金）。

【人大代表票决民生实事项目实施】 2022年2月18日，绵阳市八届人大二次会议票决出2022年市级民生实事项目8件。包括全市道路交通安全隐患整治项目，绵兴路、绵江路、机场东路标美化综合整治项目，居家和社区基本养老服务提升项目，普惠托育服务能力提升项目，适龄女孩HPV疫苗接种补助项目，巩固脱贫成果衔接乡村振兴项目，绵阳市消防训练基地建设项目，生活垃圾分类转运站建设项目。至年底，8件民生实事全部完成，实际总投资11.77亿元。

【教育类民生实事实施情况】 2022年，绵阳市在幼有所育、学有所教方面，建立学前教育到高等教育全覆盖的学生资助体系，累计资助家庭经济困难学生19.59万人次，发放和减免资金3.2亿元；投入1764.69万元减免非民族自治地区1.62万名幼儿保教费；新增337个普惠性托位；免除5439名学前幼儿保教费；投入600万元建成2所示范性公办托育机构；托育服务机构500余家，提供托位数1.45万个，每千人拥有托位数2.95个。为6.57万名义务教育阶段学生提供营养膳食补助；设置民族待遇县北川一村一幼教学点34个，覆盖率100%；支持6.49万名进城务工人员随迁子女就近入学；公共体育场馆服务健身群众超160万人次。改造提升农村义务教育教师周转房1000套，建成传递课堂主播教室12间、接收教室100间、直录播教室10间，新建、改扩建义务教育学校22所、新增学位7920个，新建、改扩建幼儿园13所、新增学位2920个。优化义务教育资源配置工作绩效考核奖励总额位居全省第一。

【就业类民生实事实施情况】 2022年，绵阳市城镇新增就业5.64万人，城镇失业人员实现再就业1.22万人，就业困难人员实现就业4017人，城镇登记失业率2.54%、低于省控目标1.46个百分点；脱贫人口实现务工就业8.69万人；转移就业农村劳动力139.07万人；发放创业担保贷款1.99亿元。为女性领办小微企业授信350余家，发放贷款3.88亿元。争取到国家、省以工代赈专项资金8240万元，实施项目20个，其中盐亭县2022年以工代赈赈济模式创新拓展项目纳入国家试点。

【医疗卫生类民生实事实施情况】 2022年，绵阳市建成4个城市医疗集团、22个县域医共体、16个专科联盟、21个远程医疗协作网，实现市、县、乡远程医疗全覆盖。先后建成应急物资储备库、病媒生物实验室，改建3个加强型二级生物实验室。全市适龄女孩HPV疫苗接种补助项目首针接种4.01万余人，愿接人群接种率100.91%。为6.78万名农村适龄妇女免费提供“两癌”筛查服务。完成城乡居民基本医疗保险参保387.84万人，拨付资金23.4亿元；农村低收入31.61万人基本医疗保险参保率100%；医疗救助资金资助参保27.08万人，资助金额6772.62万元。

【养老类民生实事实施情况】 2022年，绵阳市为63.03万名退休人员调高基本养老金，每人月均增加额97.35元。向135.77万名企业、机关事业单位退休人员和城乡居民养老保险待遇领取人员发放养老金8.81亿元。为8.25万名老年人提供居家养老服务；建有养老机构260家、床位3.16万余张，88家公办养老机构实现公建民营，打造村级互助养老服务点68个；开展政务服务场所便民化改造，惠及城区约39万老年人。组建家庭医生服务团队631个，开通咨询热线314条，开展“健康敲门行动”1.4万余人次。

【人居环境改善类民生实事实施情况】 2022年，绵阳市筹集保障性租赁住房886套（间），完成棚户区改造新开工1331套，基本建成524套，发放公租房租赁补贴1422户。农村危房改造开工432户，竣工395户。成新开工改造老旧小区351个，争取资金10.22亿元。既有住宅增设电梯开工503部，完工330部。完成农村厕所革命90个村、25252户无害化卫生户厕新（改）建任务，卫生厕所普及率95.96%。实施农村供水保障工程19处，完成投资6.9亿元，受益人口20万人。新建2个省级安全社区顺利完成省级评定验收。

【社会救助类民生实事实施情况】 2022年，绵阳市建立市、县两级未成年人保护机构体系；提高集中养育孤儿生活费至每人每月1600元。完成75名成人和145名儿童（12名早期干预项目儿童）残疾人康复工作。为499名0—6岁残疾儿童提供康复救助。发放价格临时补贴1996余万元，惠及困难群众80余万人。

【基础设施类民生实事实施情况】 2022年，绵阳市建成撤并建村公路1319千米，建成通组路560千米，建成铁索桥改公路桥5座；推进村道安防工程747千米，完成整治国省道危桥4座。投入2.05亿元完成国省干线公路交通安全设施整治518处、国省干线养护工程项目20个、国道347任禹路隧道群项目。投入3.08亿元完成绵兴路、绵江路、机场东路进行标美化综合整治，投入3.59亿元完成S216北川墩上乡至青片乡灾毁修复整治。投入1.38亿元完成涪江绵阳赵家脊段防洪治理。投入9300万元完成综合楼、训练设施、战勤保障消防站、特勤消防站主体建设。新建电信普遍服务4G基站40个并通过验收。

【其他服务类民生实事实施情况】 2022年，绵阳市有312个图书馆、文化馆、博物馆（纪念馆）、美术馆和乡镇（街道）综合文化站向公众免费开放。举行烈士纪念活动35场次，近2万人参加。实施食品安全综合整治完成创建市级食品安全示范乡镇（街道）6个、食品抽检不少于4815批次。累计消减地质灾害隐患点1721处，完成率136%，减少受威胁群众3.12万人，完成率138%。

（倪　雁　林飞鹏）

人大代表建议和政协提案办理

【概况】 2022年，绵阳市第八届人民代表大会第一、二次会议闭幕后，市人大常委会向市政府交办289件代表建议。至年底，代表建议全部办结答复，沟通率为100%，满意率（基本满意）为100%，两批次代表建议办成率分别为93.1%、87.9%。绵阳市政协第八届第一、二次会议闭幕后，市政协向市政府交办537件提案。至年底，政协提案全部办结答复，沟通率为100%，满意率（基本满意）为100%，两批次政协提案办成率分别为81.6%、87.4%。

【建议和提案办理质量】 2022年，市政府在突发状况多，疫情多轮散发、局地山洪暴发、高温干旱限电；经济下行压力增大，诉求类建议提案明显增多的情况。接收到人大建议和政协提案后，确定289件代表建议和537件政协提案主（协）办单位和办理时限，先后有9个县（市、区）、3个园区、87个市直部门及相关单位参与承接办理。至年底，全部办结回复代表建议和政协提案，满意率均为100%。

【办理程序规范化】 2022年，市政府在办理过程中，根据交办、受理、沟通、答复等重点环节，明确主（协）办单位职责。承办单位坚持实事求是、注重实效，调查研究，制定可行方案，加强联系沟通，找准工作突破口。对答复承诺解决的坚决兑现，对列入规划的稳步推进，对不具备条件的沟通解释。对市人大常委会确定的10件重点督办件和市政协两次会议20件主席会议督办提案，明确市政府副市长领衔办理，对分管领域的重难点问题及时跟进，承办单位主要负责人全程跟进，推动办理工作由答复型向落实型转变。

【办理质效监督】 2022年，市政府针对办理过程中出现的首次办理不满意件，及时组织承办单位专题研究，复盘调度、聚焦症结、聚力推动。市政府分管领导、副秘书长与市人大常委会、市政协有关领导、委室负责人协调对接，加强代表委员建言者与主办方的沟通理解，推动二次办理按期完成。市委目标绩效办会同市政府办、市人大常委会人代工委、市政协提案委召集37个主要承办单位，分5个片区召开办理工作推进座谈会，面对面听情况、解决难点分歧。将办理工作纳入对承办单位目标绩效考核内容，制定年度绩效考核细则，严格实施考实考准，把建议提案办理过程转化为检验政府执政能力、部门履职能力的有效方式。

（谢　健）

政府综合事务

【概况】 2022年，市政府办公室以打造“全省政府系统办公室一流机关、模范部门”为目标，全力做好“三服务”，践行“一线工作法”，开展调查研究，提高公文流转质效，增强会务办理效率，加强电子政务建设，深化政府信息公开，强化政务信息报送，规范政务值班值守，做好政务督办等事项。修订完善《市政府机关工作手册》，对文会事办理等事项进行流程再造，收录《绵阳市人民政府办公室公文处理程序规定》等81项制度规定，保障全市政府系统各项工作高效有序推进。率先在全省政府办公室系统成立专门保密工作机构，制定出台《关于加强全市政府系统保密工作标准化规范化建设的意见（试行）》，提升机要保密水平。至年底，市政府的电子政务、值班工作、政务督查、政务信息等4个方面获评全省政府系统先进集体，市政府办公室获得2022年度四川省五一劳动奖状。完成国家标准委社会管理和公共服务标准化试点验收，建成全省首家机关事务标准化实训基地，“两化”融合工作全省领先。与西南科技大学马克思主义学院共同成立全省首家地级市机关事务研究中心——中国科技城（绵阳）机关事务研究中心。年底，绵阳市机关事务管理局被人力资源和社会保障部、国家机关事务管理局、中共中央直属机关事务管理局表彰为全国机关事务工作先进集体。

【公文流转】 2022年，市政府办聚焦公文收文、分办、审核、发文、存档等全链条，全面梳理、持续优化公文处理流程。开展简报专项清理，各地各部门报送市政府的简报从97种精简到37种，切实做到精细化、规范化、高效化。每季度对各地各部门公文错情进行通报，并纳入年终考核，公文质量持续提升。

【会务办理】 2022年，市政府办印发《关于加强视频会议系统建设提高行政效能的通知》，从设备安装管理、会议管理等方面进行规范。坚持能合并的会议合并、能套开的会议套开、能通过发布文件、现场协调等方式部署工作的不安排会议，节省会议时间，确保各项工作快速有效有序推进。

【电子政务建设】 2022年，绵阳市打造“绵政钉”移动办公平台，集成公文处理、会议管理、OA审批等功能，提供跨层级、跨系统、跨部门协同管理，公文线上办件率达95%以上。至年底，全市构建形成市、县、乡、村四级组织架构，覆盖1.5万个单位、3.8万余名公职人员，日均活跃人数达8300余人。

【政府信息公开深化】 2022年，绵阳市全面推行政府网站集约化建设，完成政府网站IP v6改造提升，打造优质政务新媒体14个。市长热线统一归口各类来电来信，每月编发《民情专报》，开展全量回访满意度调查，对超期率高、满意率低的单位进行约谈，推动群众反映诉求及时妥善解决，满意率超过99%。

【政务信息报送】 2022年，绵阳市建立36个乡镇政府、院所高校和企业直报点，分类明确专报信息、课题调研任务，实现信息服务向信息辅政转变。累计向国务院办公厅报送信息50余期，向省政府办公厅报送信息700余篇，采用得分居全国100个基层直报点第18名、全省地级市第2名。

【政务值班值守】 2022年，市政府办制定出台《绵阳市政府系统加强值班工作六条措施》《值班工作规范（试行）》《突发事件信息审核、报告工作规范》等规定，落实领导带班和24小时值班等制度，实行汛期天气“日报告”、突发事件“零报告”，确保不误时、不误事。

【政务督办与调查研究】 2022年，绵阳市建立领导重要指示批示及交办事项建账、交账、报账、销账的台账管理机制，设立督办专员，打造政务督办微应用，设置上级交办督办等模块，点对点发送《督办通知》，手机终端实时掌握督办事项运转轨迹、办理情况，形成部署、落实、督查、反馈、改进的工作闭环。组织开展蹲点式调研、解剖麻雀式调研，形成《绵阳种业发展与种业强市建设路径研究》等调研报告20余篇。开展全市政府系统办公室第一届好文稿评选活动，评选优质调研报告15篇。

【市直机关国有资产管理】 2022年，绵阳市机关事务管理局把住资产出入口，守住配置处置审核底线，主动服务、靠前服务、精准服务，发挥公物仓实效，完成资产处置25批次，累计借出办公设备246件套，完成市本级67家单位、4991台涉密及非涉密设备报废处置工作；制定调剂分配方案，调剂设备1286台。全面梳理经营性资产和闲置非经营性资产，经营性国有住房应收租金3260万元，较2021年增长9.66%。全面收集汇总市级党政机关办公用房使用需求，统筹调剂办公用房3600余平方米，升级改造市级第三集中办公区，优化市妇联等单位办公条件。牵头对园艺集中办公区项目建设历史遗留问题进行系统全面的梳理，提出16项处置意见。印发《关于再次开展房屋安全风险隐患自查整改的紧急通知》，组织集中开展市级行政事业单位房屋安全风险隐患全覆盖自查整改工作，排查房产776处。加快人才公寓装修改造，完成第一批次55套国有住房资产装修改造，达到拎包入住的条件。

【节约型机关建设】 2022年，绵阳市高标准开展创建，深化节约型机关、节约型公共机构示范单位、能效领跑者、节水型单位建设，开展绿色建筑、国家级绿色数据中心创建。创建节约型机关183家，全市累计创建成功684家，建成率95.8%。推进公共机构“碳达峰”行动，全面启动公共机构碳达峰行动，新建能耗监测点199个，全市3352家公共机构能耗数据网络直报率达100%，639家单位实现能耗数据实时上传，能耗“双控”过程管理能力处于全省第一方阵。全年实施既有建筑综合节能改造23.87万平方米，空调改造面积19.17万平方米，实施4个合同能源管理项目，节约财政改造资金近3000万元。新建新能源项目4个，新增及更新新能源公务用车47辆，新建新能源充电桩170套。组织召开全市公共机构节能工作、节约型机关创建、节水型单位建设、垃圾分类及禁塑工作等业务培训会80个，累计11374人次节能工作人员参加培训。组织召开全市公共机构节能工作培训会，开展中国水周、全国节能宣传周、节约粮食反对浪费等活动。组建“绿动绵阳”志愿者队伍，倡导绿色办公、绿色生活方式，传播有益经验和成功做法。

【机关事务管理标准化国家级试点通过评估验收】 2022年10月20日，受国家标准化管理委员会委托，四川省市场监督管理局组织专家组对绵阳机关事务管理标准化试点项目进行终期评估。专家组实地查看绵阳机关事务管理标准化梓潼县示范

图31　10月20日，专家组听取绵阳机关事务管理标准化试点建设工作汇报（机关事务管理局提供）

点和市级园艺集中办公区标准化建设情况，现场指导会务标准化工作展示，听取试点建设工作汇报，审查试点建设各项资料，从标准体系建设、标准实施与改进、标准创新、标准成果推广与应用等方面进行综合评议。专家组对试点项目给予充分肯定，认为绵阳市高质量完成试点工作任务，以98分的全省最高分通过国家级社会管理和公共服务综合标准化试点评估验收。

（程　瑜）

信访工作

【概况】　2022年，绵阳市信访工作按照规范进行信访业务办理，推动信访疑难问题化解，不断加强改革创新，推动矛盾纠纷源头防范。全市未发生群访群聚事件，未发生个人极端案（事）件，未发生网络负面舆情，信访形势持续平稳向好。至年底，办理书信信件3638件，办理网上信访4231件。绵阳市先后获评全国信访工作先进集体、人民网网民留言办理工作活力奋进单位、人民网网民留言办理工作机制创新单位，连续5年位居全省信访工作考核前列。市信访局被省委、省人民政府表彰为四川省信访工作先进集体。

【"治理重复信访　化解信访积案"专项任务完成】　2022年，绵阳市推进重点领域攻坚行动，开展为民解难、化解积案专项行动，抓好领导包案，紧盯投资融资、城乡建设、企业改制、涉法涉诉等重点领域。对中央信访工作联席会议办公室、四川省信访工作联席会议办公室交办的两批共881件疑难案件全部落实县级领导包案，30名市级领导带头包案，市信访局党组班子成员联系包片持续跟进督导，对倒流3次以上督办件提级包案、挂牌督办，定期召开专题推进会，听取进度、集中约谈、每月通报，按期完成为期3年的"治理重复信访、化解信访积案"专项任务。

【市长接访】　2022年10月10日，市委副书记、市长李云到市信访局接待来访群众，调研信访工作。李云接待来自安州区黄土镇的基层群众，对群众提出的诉求，现场与职能部门讨论交流，研究解决办法。李云要求，要高度重视每位群众的来信来访，依法依规把好事办好。市政府秘书长柳江参加接访活动。

【绵阳在2022网上群众工作峰会作经验交流】　2022年12月27—28日，由人民日报社指导，人民网与福建省人民政府主办的2022网上群众工作峰会在福建省宁德市举行。市政府副秘书长、市信访局局长薛凯通过视频方式在会上作《搭乘互联网快车，打通为民解难"最后一公里"绵阳市高质量办理人民网网民留言成效斐然》主题交流发言。绵阳市一直把群众在人民网的留言当成反映社情民意的便捷途径、党和政府倾听群众呼声的重要渠道、在群众工作中践行初心使命的有效载体，采取依法分类倒逼依法行政、"一本台账"发挥监督作用、"四快要求"严格办结时间、"五级联审"提升办理质量等措施，全市在人民网上网民留言办理工作成效突出，连续6年被人民网评为先进单位。

（魏俊杰）

图32　12月28日，市政府副秘书长、市信访局局长薛凯通过视频方式在2022网上群众工作峰会上作经验交流发言（市信访局提供）

政务服务

【概况】 2022年，绵阳市政务服务始终将优化政务服务环境作为建设人民满意的服务型政府、推进国家治理体系和治理能力现代化建设的内在要求，把政务服务作为优化营商环境主阵地，按照国务院、省政府有关决策部署，聚焦群众企业办事堵点难点问题，围绕行政审批流程再造、镇村便民服务“三化”建设、一网通办前提下的“最多跑一次”改革、政务服务“跨省通办”等重点领域，推进市、县、乡、村四级政务服务标准化规范化便利化建设。推进川渝通办第一批、第二批、第三批进驻政务服务中心，公布绵碚通办第二批148项政务服务事项清单。涪城区、梓潼县创建成为全省“互联网+政务服务”示范县。全年市、县两级提供帮（代）办服务83894次。市公共资源交易服务中心完成进场交易项目2061个，增长17.43%；交易金额637.73亿元，增长40.31%，增收6.11亿元，节资16.52亿元。

【行政审批流程提速】 2022年，绵阳市印发《绵阳市进一步推进行政审批流程再造提升市场主体获得感的通知》，梳理28条流程再造具体举措，按照两级政务服务事项“三集中、三到位”要求，推进部门审批权向一个科室集中、科室向政务服务中心集中。至年底，市本级对36个部门（单位）的1569个事项进行优化提升，新增266个政务服务事项进“一门”“一窗”；推动544个事项进“一科”；累计精减申请材料603项、1864份，精简审批环节1286个，承诺提速89.22%，减少跑动次数226次。

【市区两级行政服务互联互通】 2022年，绵阳市政务服务中心与科技城新区政务服务中心、绵阳经开区政务服务中心实施窗口互设、人员互派，业务互通、能力互赋，力量互补、资源互享，建立常态化互联互通工作机制，实现市区联办，助推园区事园区办、全城通办。针对个别园区存在的审批权限、服务点位缺失等问题，沟通衔接，助力办事“不出园”。协调市住房公积金服务中心、市自然资源和规划局在绵阳经开区、科技城新区、仙海区政务服务中心设置公积金、不动产服务点位，提升园区服务功能。至年底，市区联办综合窗口共受理办理1487件，涉及跨层级66件。

【镇村便民“三化”建设】 2022年，绵阳市将《便民及公共服务设施专项规划》作为全市乡镇级片区专项规划清单之一，立足“15分钟便民服务圈”目标，制定编制工作指导方案，实现与国土空间规划无缝对接。突出特色打造，着力片区定位与便民服务规划融合，全市42个片区规划全部编制完成。开展乡镇（街道）便民服务中心一窗综合受理改革专项整治提升行动。全年累计投入4000余万元，采取新建、扩建、改建等方式，优化166个便民服务中心规划布局和硬件设施，成功创建35个省级示范便民服务中心。推行“便民+金融服务”“便民+企业服务”“便民+生活服务”等特色服务，推进金融、邮政、水电气等日常生活类服务事项进驻便民服务中心，将乡镇（街道）便民服务中心打造成综合性便民服务平台，让企业和群众办事“只进一扇门”“最多跑一次”。

【一网通办改革】 2022年，绵阳市一网通办改革承接全省高频服务事项梳理试点任务，完成高频政务服务事项212项、高频便民服务事项10项。紧盯国家、省“互联网+政务服务”一流水平，争取到省一网通办政务服务能力建设和创新应用试点的天府通办分站点、综合窗口业务协同应用、自助服务终端、政务数据返还、“一件事一次办”、智能审批、电子证照社会化应用等7个试点；涪城区、梓潼县成功创建全省“互联网+政务服务”示范县。建立一网通办工作推进机制，成立工作专班，针对办事指南准确率、政务数据共享等个别指标推进过程中存在的问题，组织各地各有关部门责任人、操作员集中培训、集中整改、集中优化。印发《绵阳市一网通办能力巩固提升专项攻坚重点任务清单》，加强对市级各相关部门、各县（市、区）、园区一网通办推进情况督查，坚持日督查提醒、周分析、月通报，全年共发送提示函和成绩单60余份。

【政务服务异地办理机制建立】 2022年，绵阳市结合国、省政务服务跨省通办、川渝通办、西南五省跨省通办等异地办理要求，制定《绵阳市政务服务异地可办工作规程》。推进川渝通办第一批、第二批、第三批进驻政务服务中心，公布绵碚通办第二批148项政务服务事项清单，制定二维码办事指南和跨省通办操作指南，便于申请人和窗口工作人员查阅、办理，市政务服务中心成功争创川渝通办优质窗口。推进无差别综合窗口省内通办试点。做好全省第一批无差别综合窗口省内通办省级试点工作，推进综合窗口建设，开展乡镇（街道）便民服务中心一窗综合受理改革专项整治提升行动，明确综合窗口设置要求、推动事项进驻、加强综合窗口队伍建设，全面提升综合窗口服务能力。与厦门市行政审批管理局签订战略合作协议，从构建常态化沟通联系机制、明确通办事项及标准、畅通通办渠道三个方面推进绵厦通办，共同推动实现两地简易事项自助办、一般事项网上办、复杂事项异地代收代办。至年底，全市接入全国跨省通办政务服务自助机平台，首批上线绵阳市公积金个人缴存明细、不动产登记信息查询等11个群众常办的高频事项。

【政务服务“六办”制度】 2022年，绵阳市政务服务落实“六办”（上门办、免费办、帮代办、告知承诺办、延时办、一证一照办）制度。针对老弱病残孕等特殊人群，根据办事主体需求，提供上门办服务，市、县两级共提供上门办服务55620余次。将四川省老年人优待证的审批办理权限下放给各乡镇（街道），进驻便民服务中心一窗综合受理，推进老年人优待证送证上门服务，共办理老年人优待证88万余件。推进老年人免费乘车公交卡、残疾人优惠卡进驻相关便民服务中心（站），为老年人、残疾人提供优质服务。为减少企业和群众跑腿次数，市、县两级政务服务中心均提供免费邮寄服务，申报资料、办理结果均可通过政务服务大厅免费邮寄，同时提供免费复印、打印等。为降低企业办事成本，推行首套印章免费服务，市、县两级提供免费邮寄服务23086次、免费发放印章19280套。市、县两级政务服务中心成立帮办、代办专业化队伍，主动为有需求的办事群众和企业提供咨询、引导、资料填报、网上申报等相关服务，共提供帮（代）办服务83894次。贯彻落实《绵阳市政务服务事项告知承诺制工作方案》，公布第二批告知承诺事项清单，对实行告知承诺制的135个事项，申请人在材料不齐全的情况下可采取先申报、后补齐或填写告知承诺书来替代申请材料，提高服务效能。市、县两级推进周六延时、工作日延时等服务，鼓励乡镇（街道）便民服务中心和村（社区）便民服务站提供周六延时服务，确保服务不断档，市、县、乡三级提供延时服务52677次。公布一证通办、一照通办事项清单60项，特殊条件下符合一证一照办的清单112项。

【公共资源交易标准化规范化建设】 2022年，绵阳市在工程招投标实现不见面开标基础上，所有政府采购项目实行全程网上直播开标，共开展网上直播开标666场，投标人达56481家，其中工程招标项目不见面开标率达83%。异地远程评标开展54场，借用或提供优质专家资源171人次。印发《公共资源交易“减环节、减材料、减时限、减费用、减风险”工作方案》，明确7类11项具体工作任务；建立省级示范交易中心“回头看”常态化长效化机制，督促江油市和安州区、游仙区、北川羌族自治县、三台县加快推进政府集中采购标准化建设。

【投标保证金电子保单保函推广使用】 2022年，绵阳市注重投标保证金电子保单保函推广使用，公开征集13家金融服务机构。10月8日起，投标保证金电子保单保函正式上线运行，实现在线提交、在线核查，减轻企业参与投标的资金压力，便利企业投标。自上线运行至年底，运行项目129个，电子保单保函使用率达61%；上线保证金同期退息，降低企业负担；退还150个项目2429笔利息，合计金额35433.87元，企业反响良好。

【“绵企通”政企服务平台建设】 2022年，绵阳市坚持用户思维，建成由政策通、诉求通、政务通、产业通、金融通五大核心模块组成的绵企通政企服务平台；制定《绵阳市2022年优化园区营商环境16条措施》，建立12个园区企业服务中心，结合“园区提质”“企业满园”行动，提高政务服务质效，开展“暖企”行动等方面明确16条具体任务。至年底，平台注册用户12万余家、入驻金融机构110家、提供金融产品547个、汇集国省市县四级各类涉企政策1942条，处理各类诉求3090次。

【优化营商环境“面对面”座谈会品牌打造】 2022年，绵阳市制定优化营商环境“面对面”专题座谈会实施方案和优化营商环境面对面专题座谈会闭环管理工作机制，召开涉法涉诉中级人民法院专场、涉法涉诉公安检察司法专场等7场专题座谈会，共240家企业参加座谈会，收集诉求、意见和建议457个，解决388个；各县（市、区）及园区累计召开147次专题座谈会，参会企业2211家，收集问题1733个，解决1504个。（刘雅诗）

中国人民政治协商会议绵阳市委员会

Mianyang Municipal Committee of the Chinese People's Political Consultative Conference

概　述

2022年，绵阳市政协及其常务委员会围绕实施“五市战略”，锚定全省政协第一方阵的奋斗目标，团结带领全市各级政协组织、各参加单位和广大委员，发挥专门协商机构作用，不断提高政协服务中心大局的贡献率。把迎庆党的二十大、学习贯彻会议精神作为首要政治任务和凝心聚力的主基调，坚持第一议题制度和学习座谈会制度，着力打牢学的基础，在全市政协系统开展“迎庆二十大·永远跟党走”为主题的五项活动。出台《学习宣传贯彻党的二十大精神工作方案》。落实坚持党的领导、学习贯彻习近平总书记关于加强和改进人民政协工作的重要思想等22项长期坚持任务在政协经常性工作中。落实中央、省委关于加强和改进新时代市县政协工作相关文件精神，争取市委将此项工作纳入市委常委会重点工作事项，确保加强和改进新时代市县政协工作在市委集中统一领导下有力有序有效开展。市政协宣传思想、分基地建设等工作获评全省先进，市政协系统大会发言数量、理论文章获奖及刊载数量、社情民意信息采用数量等均位居全省政协系统前列，《人民政协报》《四川政协报》等省级以上媒体28次报道。

图33　10月3日，市政协党组书记、主席李亚莲（左二）在绵阳经开区调研（郭畅/摄）

科技立市献计出力。2022年，市政协围绕加快建设国家科技创新先行区战略性、全局性工作落地落实，协调邀请国家领导人出席科博会，争取民盟中央成为科博会支持单位。利用全国、全省两会平台，先后提出加强科技成果转化促进创新驱动发展等提案，会同省政协联动开展绵阳科技城建设、高校院所科技创新优势作用发挥调研，争取省政协党组向省委专题报送《关于助推绵阳科技城建设中国特色社会主义科技创新先行区建议的报告》，助力成渝地区北向西出的桥头堡打造。围绕加快推动制造业数字化转型、建设川渝地区产业数字化新高地召开专题议政性常委会会议，针对梯次推进企业转型、加强平台建设等提出建议，持续助推四链（创新链、产业链、价值链、生态链）融合高质量发展，为加快建成成渝副中心、集成成渝绵创新金三角建言献策。

产业强市协商议政。2022年，市政协围绕“园区提质”“企业满园”行动，常委会开展专题协商议政，针对强化统筹调度、管理提质创新、做优产业生态等提出意见建议，得到市委、市政府主要领导签批。围绕以“三品一标”为引领推进农业高质量发展、文旅消费集聚区建设、农旅产业发展综合服务配套等进行协商，组织开展“绵州记忆”特色街区建设、装配式建筑高质量发展、产业集中配套化工园区建设、中医药强市打造等提案办理协商，针对中国（绵阳）科技城核医疗健康产业园、安州区新能源与智能网联汽车加速器等重点产业项目开展视察调研，为培育壮大“新赛道”产业献计献策。

开放活市主动作为。2022年，市政协组织动员委员和委员企业融入城市形象推广、产业项目推介、特色产品推销“三推”活动，投身参与“绵品出川”厦门行、东莞行、苏州行等活动。持续深化与厦门市政协、民主党派、界别交流，共同助推绵厦两地多领域深度合作，市政协党组《关于赴厦门考察学习情况的报告》被市委主要领导批转全市参阅。围绕破解政务服务短板、推动绵阳综合保税区和跨境电商综合试验区高质量发展等组织对口协商、专题调研，为培育开放发展新动能、拓展开放合作空间献计献策。筹备涪江流域川渝生态环境保护研讨会，共举沿江政协之力，共聚沿江政协委员之智，共商“母亲河”保护之计，为筑牢长江上游生态屏障、推动成渝地区双城经济圈建设。

人才兴市资政建言。2022年，市政协围绕完善创业服务体系组织专题调研，针对服务职能与创业需求协同性、服务力量与创业新形势匹配性、服务措施与创业新形态契合度、服务环境与创业新要求等关键环节，有针对性地提出意见建议，在省政协就业创业工作情况专题协商会上作交流发言。发挥政协的独特优势，开展在外人才联谊工作，组织全市新侨创新创业情况专题视察，主动为招商引资、招才引智牵线搭桥，组织多层次、宽领域的联谊交友活动，宣传阐释“人才十条”“科技城引才计划”等人才新政，深度建言云上大学城、云上科技城、人才发展集团等产才融合路径，助力高水平打造“近悦远来”人才生态发展。

生态美市集思广益。2022年，市政协围绕加快建设300平方千米、300万人口Ⅰ型大城市，开展发挥山水生态优势、打造公园城市新典范对口协商，提出强化规划引领、深挖人文资源、完善功能品质等意见建议，协商成果被市委、市政府批转有关部门并转化为政策参考。围绕城乡环境综合提质三年行动精准发力，就生活垃圾分类设施有效使用、农村生活污水治理、城乡道路环境综合整治等把脉问诊。针对建好大熊猫国家公园打造绵阳城市新名片、城市轨道交通建设模式等组织调研、协商或监督活动，探索生态环境保护与经济社会协调发展的创新路径，在省政协常委会上作《以片区为单元编制乡村国土空间规划》的交流发言，助力提升城市人居环境和生态环境质量。

优秀成果入选全国政协汇编。2023年1月，全国政协将2022年全年有关成果汇编成“新时代人民政协理论与实践研究优秀成果选编”“新时代人民政协理论与实践研究优秀成果选编”，分别为一、二分册。其中“优秀成果”包括“优秀案例”“优秀提案”“优秀社情民意信息”。“优秀提案”从255篇提案中评选出16篇优秀文稿，“绵阳工作案例”从88个案例选择50个案例；“优秀社情民意信息”是从400多条被省市采用的信息中精选的62篇信息。

“有事来协商”绵阳实践与思考研究。2022年，该课题由市政协主要领导牵头，市政协研究室参加，到绵阳市部分县（市、区）以及自贡、泸州、雅安等地开展实地调研后形成。文章从“有事来协商”践行“发展全过程人民民主”的逻辑思考、绵阳实践等进行科学分析，得出必须坚定不移地坚持党的领导、时刻坚守人民政协性质定位、把高质量作为工作要求、坚持以人民为中心、发挥委员主体作用等启示。

重要会议

【概况】 2022年，政协绵阳市第八届委员会第二次会议召开，通过《中国人民政治协商会议绵阳市第八届委员会第二次会议决议》。召开常委会会议5次（第2—6次），协商讨论《政府工作报告（征求意见稿）》《政协绵阳市第八届委员会常务委员会工作报告（草案）》等，审议通过《政协绵阳市第八届委员会常务委员会工作报告（审议稿）》《全体会议工作规则（审议稿）》《常务委员会工作规则（修订稿）》《专门委员会通则（修订稿）》《协商工作规则（审议稿）》等事项，通过有关人事事项。召开主席会议8次（第4—11次），会议传达习近平总书记来川视察重要指示精神及市委常委会（扩大）会议精神，通报省政协主席田向利到绵阳督导省第十二次党代会精神学习宣传贯彻工作情况等内容，安排部署贯彻意见和相关工作，审议《全体会议工作规则（审议稿）》《常务委员会工作规则（审议稿）》《主席会议工作规则（审议稿）》《政协绵阳市委员会2022年工作要点（审议稿）》《绵阳市政协常委提交年度履职报告工作办法（审议稿）》和相关人事事项。

政协绵阳市第八届委员会主席会议成员（截止到12月31日前）

主　席：李亚莲（女）

副主席：

罗　蒙　尚丽平（女）　田荣华

瞿永安（羌族）　周　琳　文　刚

胡进耀　赵朝晖

秘书长：毛一兵

政协绵阳市第八届委员会常务委员会委员（69名，按姓氏笔画排序，截止到12月31日前）

万正均　马　君　王　刚　王　军

王　岚（女）　王　健

王　媒（女）　王久华（女，羌族）

王忠雪　邓志钧　邓裕炜　白　明

达　曦（女）　任小军

任晓军　　向　莉（女）
刘绍英（女）　刘树清
杜之宴　杜正茂　李　嘉
杨　帆（女）　杨守贵　杨朝晖
肖　敏（女）　吴　红
吴　蕾（女）　何云晓　何显兵
何晓翔　张友刚　张光明
张恩阳（回族）　陈　俊
陈晓霖（女）　陈福林
欧阳普卿（女）　郑金贵
孟松林　赵　波　赵旭东
赵利蓉（女）　钟　诚　姜　凌
贺　勋　　贺强华（女）
聂　丹（女）　莫正豪　贾　超
徐汝金　徐康林　郭晓林
唐　杰　唐传凤（女）　龚晓斌
银　美（女，藏族）　梁　茂
敬友忠　释常成　曾明波
谢从玉　谢林川
嘎拉茶（女，藏族）
谭　瑾（女，羌族）
熊映平　樊　军　潘大钦
衡洪志　魏　霜（女）

【政协绵阳市第八届委员会第二次会议举行】　2022年2月16—18日，中国人民政治协商会议绵阳市第八届委员会第二次会议在绵阳举行。开幕会议应到委员445人，实到委员419人。闭幕会应到委员445人，实到委员410人。其间，召开提案审查会，收到提案285件。其中，经济建设方面提案114件、政治建设方面提案18件、文化建设提案36件、社会建设提案102件，生态文明建设提案15件。分13个小组，分组讨论政协绵阳市第八届委员会常务委员会工作报告、政协绵阳市第八届委员会常务委员会关于八届一次会议以来提案工作情况的报告；协商讨论绵阳市人民政府工作报告、计划及预算报告，绵阳市中级人民法院工作报告，绵阳市人民检察院工作报告以及讨论市政协八届二次会议决议（草案）。闭幕会通过《中国人民政治协商会议绵阳市第八届委员会第二次会议决议》《中国人民政治协商会议绵阳市第八届委员会提案委员会关于八届二次会议提案审查情况的报告》。

图34　2月16日，政协绵阳市第八届委员会第二次会议开幕（张莉/摄）

【常委会会议】　2022年，市政协常委会会议召开5次。会议协商讨论《绵阳市人民政府工作报告（征求意见稿）》《政协绵阳市第八届委员会常务委员会工作报告（草案）》《政协绵阳市第八届委员会常务委员会关于八届二次会议以来提案工作情况的报告（草案）》以及有关决定、名单；听取市政府关于市政协八届一次会议以来提案办理情况的通报，市纪委关于2021年全市党风廉政建设和反腐败工作情况的通报、关于2022年全市党风廉政建设和反腐败工作情况的通报，《政协绵阳市第八届委员会常务委员会工作报告》《关于八届二次会议以来提案工作情况的报告》起草说明等；审议通过《政协绵阳市第八届委员会常务委员会工作报告（审议稿）》及建议报告人、《政协绵阳市第八届委员会常务委员会关于八届一次会议以来提案工作情况的报告（审议稿）》及建议报告人，关于召开市政协八届二次会议的决定及会议议程（草案）、日程和秘书长、副秘书长建议名单，关于授权主席会议审议市政协八届二次常委会会议未尽事宜的决定，《全体会议工作规则（审议稿）》《常务委员会工作规则（修订稿）》《专门委员会通则（修订稿）》《协商工作规则（审议稿）》等；通过有关人事事项。

【主席会议】　2022年，市政协召开主席会议7次。会议传达习近平总书记来川视察重要指示精神及市委常委会（扩大）会议精神，通报省政协主席田向利到绵阳督导省第十二次党代会精神学习宣传贯彻工作情

图35　9月22日，政协绵阳市第八届委员会常务委员会第五次会议召开（何伟/摄）

况等内容，安排部署贯彻意见和相关工作；听取市政协八届二次会议有关工作说明；审议《全体会议工作规则（审议稿）》《常务委员会工作规则（审议稿）》《主席会议工作规则（审议稿）》《政协绵阳市委员会2022年工作要点（审议稿）》《绵阳市政协常委提交年度履职报告工作办法（审议稿）》《政协绵阳市第八届委员会常务委员会关于调整提案委员会组成人员的决定（草案）》《2022年度重点调研和重点视察工作方案（草案）》等，研究其他工作和人事事项。

【全省政协反映社情民意信息工作座谈会在绵阳召开】 2022年7月14—15日，全省政协反映社情民意信息工作座谈会在绵阳召开。省政协研究室主任向友国出席会议并讲话，省政协副秘书长、九三学社省委副主委陈雩桢，市政协副主席罗蒙参加会议并作交流发言。会议通报全省政协系统反映社情民意信息工作情况，开展反映社情民意信息工作业务培训。绵阳市政协、九三学社四川省委、民盟四川省委、成都市政协、泸州市政协、巴中市政协等先后作交流发言。全省各市州政协相关人员参加会议。（缑志明）

政治协商

【概况】 2022年，绵阳市政协围绕“五市战略”，结合科技城建设、民生事项、城市建设、企业发展、招商引资、城市文化品牌、文旅消费集聚区建设、人才建设、营商环境建设、生态环境建设、平安城市建设等重大事项，召开常务委员会会议、主席会议、专题协调会等对相关事项进行专题研究，到园区、企业、农村等实地调研，了解情况。至年底，全市建立市县政协“有事来协商”平台10个、乡镇（街道）“有事来协商”平台170个，开展“有事来协商”活动484场次。

【实施“园区提质”“企业满园”行动专题协商】 2022年4月19—20日，市政协副主席周琳带领市政协经济委、部分市政协委员及市直相关部门负责人，前往绵阳经开区、游仙区、安州区、涪城区开展“实施‘园区提质、企业满园’行动，推动园区高质量发展”调研，并召开座谈会。通过实地走访、听取汇报、现场交流等方式，详细了解当地“园区提质、企业满园”行动推进情况，并就园区发展、产业布局、项目建设、招商引资、企业发展等方面内容进行交流，提出意见建议。

【基层社区活动阵地“三化”建设协商】 2022年4月22日，绵阳市安州区黄土镇政协工作联络组组织驻镇政协委员、东城社区群众、企业（商铺）、社区工作人员代表及相关工作部门负责人，在东城社区“有事来协商”工作站召开“东城社区阵地亲民化改造项目实施”专题协商会。通过协商，东城社区阵地亲民化改造初步拟定休闲健身场所修建、街道夜间照明作为社区2022年亲民化改造重点项目，绵阳市政协黄土镇政协委员蒋勇表示为东城社区捐赠路灯12盏。

【“有事来协商”平台建设观摩活动】 2022年5月18日，市政协组织各县（市、区）政协、市级各民主党派、市工商联开展“有事来协商”平台建设观摩活动，观摩涪城区政协“提升文明乡风，建好农业公园”小微协商活动。市政协副主席文刚出席活动。将“有事来协商”工作打造成更好发挥专门协商机构作用、助力基层治理的专业化品牌，推动政协“有事来协商”工作向纵深发展。

【建设川渝地区产业数字化新高地专题协商】 2022年9月22日，市政协召开第八届委员会常务委员会第五次会议，围绕“加快推动制造业数字化转型，建设川渝地区产业数字化新高地”主题协商议政。市政协教科卫体委通报关于加快推动制造业数字化转型、建设川渝地区产业数字化新高地的调研报告。7位常委、委员分别从建设数字化智能制造示范园区、激发小企业数字化转型内生动力等方面作专题发言。与会人员围绕协商主题分组开展讨论，建言献策。

【文明乡风建设协商】 2022年5月18日，市政协与涪城区政协在涪城区丰谷镇清水村联合举行提升文明乡风，建好农业公园小微协商活动，此次协商活动作为全市政协系统“有事来协商”观摩会现场，取得良好成效。

【农旅产业发展综合服务配套协商】 2022年6月28日，市政协与游仙区政协在小枧镇遇仙村联合举行小微协商会，就该村农旅产业发展配套基础设施建设相关事宜进行专题协商，将小微协商议事平台搭建到百姓家门口，发挥政协委员基层协商工作的职能职责，把群众“请上来”，民意“谈出来”。

【《绵阳市城区停车管理条例（草案）》编制专题协商】 2022年7—8月，市政协专门成立由部分市政协常委、委员和相关领域专家等组成的课题组，调研了解全市机动车停车管理情况，并赴泸州市、达州市等地学习考察机动车停车管理立法工作的成熟经验和做法。在前期广泛调研考察的基础上，9月20日，市政协副主席田荣华主持召开《绵阳市机动车停车管理条例（草案）》专题协商会，听取社会各界的意见建议。

【农业高质量发展专题协商】 2022年7月，市政协组织相关委员和有关部门前往涪城、梓潼等地调研“三品一标”实施情况，并赴浙江省绍兴市、丽水市等地及代代为本、圣迪乐等行业龙头企业学习考察调研。在前期广泛调研考察的基础上，11月10日，市政协副主席瞿永安主持召开以“三品一标”为引领推进农业高质量发展专题协商会，聚焦问题困难，共谋良言对策。

【城市社区生活垃圾分类设施有效使用协商】 2022年9月21日，市政协组织部分委员、相关部门负责人、专家学者以及居民代表等，围绕“推进城市社区生活垃圾分类设施有效使用”议题，以小微协商座谈会的形式开展协商议政。市政协副主席赵朝晖参加。参会市政协委员、专家学者及居民代表结合调研和工作实际，提出健全城市社区生活垃圾分类收集设施、细化明确垃圾分类投放标准、提高生活垃圾分类精细化管理水平、宣传普及垃圾分类知识等意见建议。

【公园城市打造对口协商】 2022年10月10日，市政协召开对口协商会，与市直相关部门围绕发挥山水生态优势、打造公园城市新典范主题进行协商议政。市政协副主席赵朝晖出席会议并讲话。委员们提出高标准制定战略规划、完善技术规范体系、塑造城市独特魅力、建立城市蓝绿网络、理顺城市管理机制等意见建议。会议指出，公园城市坚持以人民为中心、以生态文明为引领，促进公园形态与城市空间有机融合，推动生产生活生态空间相宜、自然经济社会人文相融，是全面体现新发展理念的城市发展新模式。（缑志明）

民主监督

【概况】 2022年，绵阳市政协围绕“五市战略”目标，加快建设中国科技城，全面打造成渝副中心，发挥政协和委员的监督职能作用，加强对省市重点建设项目、民生工程等事项进行调查研究，为市委、市政府决策部署提供依照；推进各项重大工程有序、高质量建设。组织推进社区居家养老服务高质量发展、古树名木保护工作开展情况等重点视察；组织委员监督全国市域社会治理现代化试点推进情况、中国（绵阳）科技城核医疗健康产业园建设推进情况、乡村国土空间规划编制工作推进情况、野生动物致害公众责任保险工作开展情况等工作。

【全国市域社会治理现代化试点推进情况视察监督】 2022年5月24日，市政协副主席田荣华带领由部分市政协委员组成的视察组，对“绵阳市‘全国市域社会治理现代化试点’推进情况”开展视察监督。视察组一行先后前往游仙区游仙街道长明村、吴家社区以及三台县芦溪镇派出所、三台县人民法院等地，通过实地视察、现场交流等方式，了解市域社会治理现代化试点工作推进情况。随后召开座谈会，听取市直有关部门相关工作情况汇报，委员们结合视察监督情况和工作实际，提出意见建议。

【乡村国土空间规划编制工作推进情况视察监督】 2022年7月21日，市政协副主席赵朝晖带领由部分市政协委员组成的视察组，对“乡村国土空间规划编制工作推进情况”开展视察监督。视察组前往江油市青莲镇，通过实地视察、现场交流等方式，了解以片区为单元编制乡村国土空间规划工作。随后召开座谈会，听取市直相关部门以及江油市有关工作推进情况汇报。与会市政协委员结合视察监督情况和工作实际，提出意见建议。

【中国（绵阳）科技城核医疗健康产业园建设推进情况视察监督】 2022年5月12日，市政协副主席周琳带领由部分市政协委员及市级有关部门相关负责人组成的视察组，对中国（绵阳）科技城核医疗健康产业园项目推进情况进行视察监督。视察组到产业园施工现场，对项目建设推进情况进行实地了解，随后召开座谈会听取推进情况及存在困难汇报。

【新侨创新创业情况视察】 2022年5月27日，市政协副主席田荣华带领由部分市政协委员组成的视察组，对“全市新侨创新创业情况”开展专题视察。视察组一行先后前往“我们的留学俱乐部”、绵阳车博汇新能源商城、绵阳麦思威尔科技有限公司、绵阳天虹现代蚕业体验园等地，通过实地视察、听取汇报、座谈交流等方式，了解新侨创新创业的典型项目、生产经营和长远发展情况。

【野生动物致害公众责任保险工作开展情况视察】 2022年5月31日至6月1日，绵阳市政协副主席瞿永安带领市政协农业农村委一行到大熊猫国家公园平武片区视察相关工作，通过举行座谈会、走访入户等方式，与老百姓交流讨论当前野生动物致害补偿保险工作措施和成效，以及下一步工作建议。

【全国种业强市建设推进情况视察】 2022年8月23日，市政协副主席瞿永安带领市政协农业和农村委、市农业农村局、市农科院及部分市政协委员前往江油市开展全国种业强市建设推进情况重点视察。在江油市杂交水稻制种全程机械化示范基地和江油市优质粮油现代农业园区，视察组到田间地头，实地了解水稻制种基地建设，同当地制种大户详细交流，了解农户制种面积、制种成本、亩产效益等情况。

（缑志明）

图36 8月4日，市政协主席李亚莲（右一）带队督办市政协八届二次会议重点提案落实情况（郭畅/摄）

参政议政

【概况】 2022年，绵阳市政协八届二次会议收到提案310件。其中，委员个人或联名提案223件，市级各民主党派、市工商联、各县（市、区）政协委员小组、市政协各专门委员会集体提案87件。经审查，立案255件，立案率82.3%；转作意见和社情民意信息55件，占18.7%。截至9月30日，全部立案提案办理完毕，所提建议和意见已经解决或基本解决的223件，占87.4%；着手解决或列入计划逐步解决的29件，占11.4%；因条件限制暂时不能解决和采纳的3件，占1.2%。组织政协各参加单位、政协委员、各民主党派和工商联及无党派人士围绕医疗卫生、科技创新、产业发展、乡村振兴、保障和改善民生等经济社会发展重大问题以及民众关心的热点难点问题，建言献策，共收集社情民意信息1112篇（条），市政协研究室审编报送442期。

【重点提案督办】 2022年，市政协从八届二次会议立案的提案中选取10件作为政协主席会议成员督办的重点提案。其中，《关于加快推进中医药强市建设的建议》是市政协八届二次会议第220号提案，由教科体卫委员会提出；《关于优化重污染天气预警机制的建议》是市政协八届二次会议第156号提案，由江油市政协委员小组提出；《关于在绵建设产业集中配套化工园区，提升我市化工企业招商引资能力的建议》是市政协八届二次会议第91号提案，由九三学社绵阳市委提出；《关于加强网格化管理，推进城市社区治理的建议》是市政协八届二次会议第201号提案，由致公党绵阳市工委提出；《关于建好大熊猫国家公园打造绵阳城市新名片的建设》是市政协八届二次会议第66号提案，由农业农村委提出；《关于进一步提升开放合作水平的建议》是市政协八届二次会议第83号提案，由九三学社绵阳市委提出；《关于构建规范有效的村级“小微权力”监督运行机制的建议》是市政协八届二次会议第107号提案，由杨守贵提出；《关于大力建设“绵州记忆”特色街区的建议》是市政协八届二次会议第131号提案，由董静提出；《关于推进我市装配式建筑高质量发展的建议》是市政协八届二次会议第24号提案，由农工党绵阳市委提出；《关于科学治理主城区广场文化活动，打造和谐宜居城市的建议》是市政协八届二次会议第127号提案，由吴彬提出。

图37 6月14日，2022年市政协委员履职能力提升培训班在市委党校开班（何伟/摄）

【社情民意反映】 2022年，民盟四川省委社会法制委员会委员、绵阳市政协委员、民盟江油市基层委员会副主委、江油市人民检察院检察员罗兴强反映，不少媒体开始大肆报道，中国已将“挖矿”活动清零，实际上这仅仅是一种表象，诸多问题亟待解决。绵阳市游仙区政协提案委主任王洪斌、游仙区医保局副局长顾晓东反映，通过基层医保部门试用国家医疗保障信息平台，发现新系统缺乏个别业务模块权限设置、缺乏相关业务功能等问题。九三学社绵阳市委监督委员会副主任、游仙区交通运输局总工程师曾治霖反映，《公路养护作业单位资质管理办法》仅做框架性要求，并不完全适应各省的实际情况。涪城区法院人民陪审员、农工党绵阳市委会工作人员敬代晖反映，大货车交通肇事比例远高于其占汽车总量比例，交通安全问题更是不容忽视。省政协委员、绵阳市政协副主席、致公党绵阳市工委主委田荣华反映，四川省2020年出台的《关于建立困难残疾人生活补贴和重度残疾人护理补贴标准动态调整机制的通知》并没有对补贴的标准和动态调整的具体标准予以明确。绵阳市政协常委、致公党中央法治建设委员会委员、四川省委法治建设委员会主任、致公党绵阳市工委副主委、西南科技大学法学院副院长、教授何显兵反映，近年来，房屋买受人因不知悉在建房屋是否存在担保、二手房是否存在担保而在签订房屋买卖合同后无法按约定期限取得房屋所有权的纠纷存在较大幅度的增加，甚至规模性地引起社会不稳定因素。绵阳市政协常委、致公党绵阳市工委专职副主委赵利蓉反映，经调研，部分地区器官移植抗排异患者在就医和报销过程中还存在一些困难和不便。四川省绵阳市政协委员、民革绵阳市委副主委、市人民检察院第二检察部主任张光明反映，近年来，随着跨境电商、海淘等行业的兴起，跨境电子商务贸易额大量增长，特别是新冠疫情以来，通过寄递渠道进出境邮件量呈几何倍数增长，不法分子利用国际邮包走私新型毒品的案件频发。绵阳市游仙区政协委员何军反映，根据《工程建设领域农民工工资保证金规定》，工资保证金可用银行类金融机构出具的银行保函替代，有条件的地区还可探索引入工程担保公司保函或工程保证保险。四川省绵阳市涪城区法院人民陪审员、农工党绵阳市委议政调研科二级主任科员敬代晖反映，进入夏季各地法院陆续通报多起性侵未成年人的指导案例，显示此类犯罪出现通过网络“隔空”猥亵的新动向。

【市县政协基层实践工作调研】 2022年10月27日，市政协召开“加强和改进市县政协工作的基层实践”小微协商会，围绕加强和改进市县政协工作的基层实践进行协商交流。会前，参会人员先后前往涪城区城郊·精开政协委员联络站、石塘街道政协委员联络站、青义镇政协委员联络站开展现场调研，实地了解各站建设情况。会上，涪城区政协介绍了乡镇（街道）委员联络站工作总体情况，丰谷镇、吴家镇、杨家镇3个委员联络站就各自建设运行情况作汇报。参会委员围绕主题建言献策，并与市级、区级相关部门展开协商讨论。

【社区居家养老服务高质量发展情况调研】 2022年10月12日，市政协副主席田荣华带领由部分市政协委员组成的调研组，围绕推进社区居家养老服务高质量发展主题开展专题调研。调研组一行先后前往游仙区五里堆社区为老服务综合站、游仙区中医医院等地，通过实地察看、听取汇报、座谈交流等方式，详细了解社区居家养老服务设施配套、服务体系建设、服务保障措施落实等情况。

【古树名木保护工作开展情况调研】 2022年6月13—16日，市政协组织部分市政协委员、市直相关部门及部分县（市、区）政协赴攀枝花市、乐山市考察古树名木保护情况，提出绵阳市要用文化激发内生动力；要注重挖掘收集古树名木的历史，提升古树名木的文化内涵，讲好古树故事，为乡村振兴赋予更加丰富的内容；要明确责任，多方联动，提升公众古树名木保护工作的支持度和参与度；要压紧压实管护责任，实现一树一档、一树一策，确保古树名木健康生长等意见建议。 （缑志明）

地理保护产品——梓潼酥饼

梓潼酥饼又名“薄脆子”“贡饼”，是绵阳市梓潼县名特小吃，和梓潼片粉、镶碗一起被称为“梓潼三绝”。梓潼酥饼主要以小麦精粉、菜籽油、化猪油、一级白糖、芝麻等为原料，旧时用木炭火，现采用红外线炉烘烤而成。其形如满月，色泽浅黄，酥纹均匀清晰，破分层薄如纸张，口感酥松油润、香脆化渣。梓潼酥饼品种除传统的甜味外，还有柠檬、香蕉、椒盐、蛋香等新口味。“七曲山牌”酥饼是梓潼酥饼中的知名品牌，曾获得“四川省优质产品”、商务部“优质产品”“巴蜀食品节”金奖等，2009年9月入选绵阳市首批市级非物质文化遗产保护名录，2011年11月被国家质检总局列为地理标志保护产品，是梓潼县首个地理标志保护产品。（梓潼县志办提供）

纪检监察

Discipline Inspection and Supervision

概　述

2022年，绵阳市纪委监委贯彻十九届中央纪委六次、七次全会，省纪委十一届六次、七次全会精神，立足监督保障执行、促进完善发展职能职责。以省纪委“三个专项”工作方案为统揽，纵深推进利剑护航、培土育林、新风扬帆、贯通协同、人民阅卷、铸魂固本等六大行动；召开中共绵阳市纪委八届二次全体会议、市委反腐败协调小组会议、全市纪检监察系统审查调查暨安全工作会议、新提拔市管领导干部集体廉政谈话会、派驻监督高质量发展工作推进会议、全市党风政风监督工作推进会以及第二届特约监察员聘请会议推进党风廉政和反腐败工作走深走实；开展庆祝中国共产党成立101周年主题活动，与西南科技大学共建四川党风廉政建设与治理研究中心，推进党风廉政教育制度化常态化，推动全面从严治党在绵阳落地落实。至年底，全市实施“清淤治乱·清风护航”专项行动，查处违反政治纪律问题22件；印发《关于规范县（市、区）纪委监委“室组地”联动协作的指导意见（试行）》，市级派驻纪检监察组立案62件、处分61人。

重点领域纪检监督。2022年，绵阳市围绕经济社会发展等，开展多轮专项监督，对措施落实不力问题严肃问责。创新实施“清淤治乱·清风护航”专项行动，设立企业营商环境监测点287个，查处涉及破坏营商环境问题143人。聚焦监督落实完善科技激励机制意见，开展为科研人员减负专题调研。围绕贯彻新发展理念、深度参与成渝地区双城经济圈建设、国家科技创新先行示范区建设、科技城新区建设等大事要事，加强与市委办、市委目标绩效办等部门沟通衔接，市、县纪委监委联动，班子成员带队在一线跟踪了解重点工作、重大项目推进情况，全链条监督、全过程参与，及时纠正偏差、督促落实到位。把严明政治纪律和政治规矩贯穿到监督执纪问责、监督调查处置的全过程，从具体人、具体事入手，发现和辨析政治偏差，坚决清除对党不忠诚不老实、阳奉阴违的两面人、两面派。至年底，全市查处违反政治纪律问题22件。

监督治理效能增强。2022年，绵阳市纪委监委印发《关于规范县（市、区）纪委监委“室组地”联动协作的指导意见（试行）》，发挥专责监督的协助引导推动功能，健全信息沟通、线索移交、成果共享等工作机制，引导各监督主体共同参与、发挥力量。以派驻纪检监察组为纽带贯通党内监督与其他监督，委主要负责人带队调研派驻机构，研究“室组地”联动协作相关工作机制，推动派驻监督提质增效。推进信息技术与监督工作深度融合，建成全市监督信息协作平台，打通与司法机关、行政执法部门数据壁垒，识别比对行政违法、刑事处罚、执行失信等监督信息8159条，发现问题线索571件。高标准建设规范化信息查询室，作为全省首批开通试运行单位，可在线集中查询165项涉案数据，涉案信息服务能力提升。至年底，市级派驻纪检监察组立案62件、处分61人。落实加强“一把手”和领导班子监督重点任务清单，对落实全面从严治党主体责任、依规依法履职用权、担当作为、廉洁自律等情况的监督，对违纪违法问题坚决查处。全市查处各级“一把手”43人。运用“四种形态”批评教育和处理3160人次，第一至第四种形态占比分别为49.3%、41.2%、4.1%、5.4%。

纪检监察队伍建设。2022年，绵阳市纪检监察系统持续加强纪检监察机关规范化、法治化、正规化建设，从严从实锻造忠诚干净担当的反腐铁军。市纪委常委会带头学悟习近平新时代中国特色社会主义思想，围绕学习贯彻习近平总书记关于党的自我革命的战略思想、省第十二次党代会精神等主题召开中心组学习会、专题学习会16次。开展全员培训，探索“全员参审”“全员办案”“以老带新”等方式，加强专项提能、实战练兵；抽派参加中央纪委、省纪委、市纪委专案实战锻炼315人次。持续优化人员结构，通过公开遴选等方式，补充18名优秀年轻干部到市纪委监委工作。秉持由“事”及“人”的监督理念，推进干监与信访、案管、审理等部门联动协同，探索开展监督调研和“介入式”监督，完善内控机制。建立市纪委常委会听取下级纪委工作汇报制度，每两个月集中听取1次，推动监督检查、审查调查以上级纪委监委领导为主落到实处。选聘第二届特约监察员，自觉接受各方面监督。坚决整治“灯下黑”，严肃查处纪检监察干部5人。

（何庆钢）

图38　2月9日，中国共产党绵阳市第八届纪律检查委员会第二次全体会议召开（赖杰/摄）

重要会议

【概况】　2022年，绵阳市纪检监察系统以习近平新时代中国特色社会主义思想为指导，学习贯彻党的二十大精神，传达学习十九届中央纪委六次全会精神和省纪委十一届六次全会精神，召开中共绵阳市纪委八届二次全体会议，总结2021年纪检监察工作，安排2022年任务；召开市委反腐败协调小组会议，会议听取市纪委监委机关、市委组织部等部分成员单位2021年开展反腐败协作配合情况；召开审查调查暨安全工作会议，总结2022年以来全市审查调查工作有关情况；召开新提拔市管领导干部集体廉政谈话会，开展新任领导干部警示教育；召开派驻监督高质量发展工作推进会，提高派驻纪检监察机构的监督能力；举行绵阳市纪委监委与西南科技大学共建四川党风廉政建设与治理研究中心签约仪式，推进校地党风廉政建设和治理研究。

【中共绵阳市纪委八届二次全体会议召开】　2022年2月9日，中国共产党绵阳市第八届纪律检查委员会第二次全体会议举行。出席全会的有市纪委委员35人，列席258人。全会由市纪律检查委员会常务委员会主持。全会以习近平新时代中国特色社会主义思想为指导，传达学习十九届中央纪委六次全会精神和省纪委十一届六次全会精神，按照市委部署要求，总结2021年纪检监察工作，安排2022年任务，审议通过市委常委、市纪委书记、市监委主任唐浪生代表市纪委常委会所作的《奋力推进纪检监察工作高质量发展，以优异成绩迎接党的二十大胜利召开》工作报告。副省长、市委书记曹立军出席会议并讲话。市委副书记、代市长李云，市人大常委会主任付康，市政协主席李亚莲，市委副书记王华蓉出席会议。与会人员进行分组讨论。市委、市人大常委会、市政府、市政协领导，市中级人民法院院长、市人民检察院检察长，各县（市、区）及园区、市直各部门、部分高等学校、国有企业和医疗机构主要负责人参加会议。

【市委反腐败协调小组会议召开】　2022年5月17日，绵阳市委反腐败协调小组召开2022年第一次会议。市委常委、市纪委书记、市监委主任、市委反腐败协调小组组长唐浪生主持会议并讲话，市委常委、市委组织部部长、市委反腐败协调小组副组长莫怀学，市委常委、市委政法委书记、市委反腐败协调小组副组长荣全，副市长、市公安局党委书记、局长周述，市中级人民法院党组书记、院长李勤，市人民检察院党组书记、检察长王红参加会议。会议听取市纪委监委机关、市委组织部等部分成员单位2021年开展反腐败协作配合情况，传达学习上级有关协作配合文件精神，研究健全全市法法衔接工作机制。会议强调，各成员单位要深入贯彻习近平新时代中国特色社会主义思想，全面落实中央纪委、省纪委和市委部署要求，在坚持党的领导中加强反腐败协作，始终把讲政治摆在首位，自觉对标对表省委、市委工作部署，确保落实到位。要在坚持贯通协同中加强反腐败协作，加强反腐败组织协调重大事项，更好发挥成员单位的职能优势。要在坚持规范有序中加强反腐败协作，提高履职尽责规范化法治化水平。市委反腐败协调小组成员办公室负责人参加会议。

【绵阳市纪检监察系统审查调查暨安全工作会议召开】　2022年6月15日，绵阳市纪检监察系统审查调查暨安全工作会议召开，总结2022年以来全市审查调查工作有关情况，深入剖析存在的短板和弱项，研究部署下半年工作。市委常委、市纪委书记、市监委主任唐浪生出席会议并讲话。会议指出，要持续保持反腐高压态势，坚持严的主基调不放松，坚决削减存量、遏制增量。紧盯绵阳“十四五”期间政策支持力度大、投资密集、资源集中的重点领域和关键环节，坚决查处基础设施建设、公共资源交易、招投标、国有企业非正常亏损等方面腐败问题，持续深化政法、国企以及粮食购销等领域反腐败工作。深刻把握“惩、治、防”辩证统一关系，将思维从单一办案转变到以办案为引领，贯通执纪执法、警示教育、问题整改、建章立制各环节，一体推进“三不”机制。会议强调，聚焦关键环节，通过建章立制、优化程序、专项督办等方式，提高线索处置质效。突出程序和证据思维，严格遵循证据的要求和标准，确保事实清楚、证据充分。建立联动机制，通过统筹资源、整体谋划等方式，着力破解派驻机构、乡镇纪委监督手段单一等问题。加强同检察、公安、审计等机关的联动协作，完善线索处置、案件移送、日常沟通等工作机制，建立多方联动、顺畅高效的运行方式，形成强大工作合力。市纪委监委领导班子成员，全市各级纪检监察机关相关负责人参加会议。

【派驻监督高质量发展工作推进会召开】 2022年，市纪委监委为贯彻落实《纪检监察机关派驻工作规则》，强化派驻监督，助推全市纪检监察工作高质量发展。9月21日，市纪委监委召开派驻监督高质量发展工作推进会。市委常委、市纪委书记、市监委主任唐浪生出席会议并讲话。会议指出，强化派驻监督是新时代全面从严治党的一项重要举措，是完善党和国家监督体系的一项制度设计。要在精准定位、规范运行、提质增效上用力用劲、久久为功，切实把“派”的权威、“驻”的优势发挥出来，不断提升派驻监督高质量发展。会议强调，要进一步聚焦主责主业，找准推进派驻监督高质量发展的方向路径。要用足用好《纪检监察机关派驻工作规则》赋予的9种监督方式，不断丰富了解情况、发现问题的工具箱，全面掌握被监督单位的历史沿革、文化背景，执行的法律法规、规章制度，盯住看牢关键少数、年轻干部、重点岗位，以及权力运行过程中的重要环节、风险隐患，增强监督针对性、实效性。市纪委监委班子成员，市纪委监委机关党委书记，市纪委监委派驻（出）纪检监察机构、委机关各室（部、中心）负责人在主会场参会。各县（市、区）纪委监委主要负责人、分管联系负责人，派驻机构和机关室（部）负责人在分会场参会。

【第二届特约监察员聘请会议召开】 2022年10月27日，绵阳市监察委员会第二届特约监察员聘请会议召开，聘请30名特约监察员。市委常委、市纪委书记、市监委主任唐浪生出席会议，为特约监察员颁发聘书并讲话。会议总结通报第一届特约监察员履职情况，对第二届特约监察员提出新的要求。会议强调，第二届特约监察员要自觉担负起光荣使命，履行好职责、发挥好作用。当好监督员，着眼纪检监察机关自身建设，履行好监督这个首要职责。当好参谋员，发挥群众基础好、业务水平高、实践经验丰富等优势，建言献策。当好联络员，发挥在联系群众、了解实情、发现问题等方面的独特优势，当好群众意见的代言人。当好宣传员，利用在公众中的影响力、号召力，弘扬主旋律、传播正能量，引导广大党员干部群众共同参与廉洁绵阳建设。会议宣读《绵阳市监察委员会关于聘请第二届特约监察员的决定》，向特约监察员赠阅《清风润绵州》等书籍，3名特约监察员代表作表态发言。市纪委监委领导班子成员、机关党委书记，机关相关室（部）负责人参加会议。

（何庆钢）

巡视巡察

【概况】 2022年，绵阳市委巡察办贯彻落实中央、省委关于巡视巡察工作要求，紧扣市委、市政府中心工作大局，全面履行从严管党治党政治责任，不断深化政治巡察、提升监督质量、强化整改落实，推动巡察工作市县一体深化发展。其间，市委书记切实履行第一责任人责任，全年主持召开关于巡察工作的会议6次，研究审议巡察工作要点、实施意见，听取巡察情况汇报，研究巡察发现问题、问题线索和整改意见，对全市巡察工作作出指示2次。对标对表中央、省委巡视新要求，编制八届市委巡察工作五年规划，印发推动市县巡察工作高质量发展工作方案，出台市委巡察工作实施意见、年度工作要点。截至年底，绵阳市创新研制《市委巡察整改工作通报曝光机制》等5项制度，修订完善7项制度，废止3项，同步建立完善内控管理制度27项。市委巡察组启动八届市委第二轮、第三轮常规巡察，发现问题970个，移交问题线索89条124人。9个县（市、区）共对92个单位、51个乡镇、698个村（社区）开展巡察。

【八届市委第二三轮常规巡察】 2022年，八届市委第二三轮常规巡察根据市委巡察工作领导小组统一部署，2月28日至4月29日，组建6个市委巡察组，对四川长虹电子控股集团有限公司、四川九洲投资控股集团有限公司、绵阳投资控股（集团）有限公司、绵阳科技城发展投资（集团）有限公司、绵阳交通发展集团有限责任公司、绵阳燃气集团有限责任公司、绵阳市商业银行股份公司、绵阳市教育投资发展（集团）有限公司、绵阳市水务（集团）有限公司、绵阳市富达资产管理有限公司、绵阳市文化旅游集团有限责任公司、绵阳市水利规划设计研究院有限公司12家市属国企开展常规巡察，并嵌入式开展选人用人、意识形态工作责任制专项检查，重点查找市委关注的国企生产经营管理、工程项目建设、债务风险等问题，共发现问题151个，发现问题线索57件80人。9月20日至12月10日，组建5个市委巡察组，对市农业农村局、市乡村振兴局、市水利局、市林业局、大熊猫国家公园绵阳管理分局、市农业科学研究院、市交通运输局、市交通运输局公路管理处、市市场监管局、市供销合作社联合社、市人防办、市档案馆、市人民政府驻北京办事处、市地震纪念馆（汇泽公司）、市住房公积金服务中心共15个市直部门单位党组织开展常规巡察，对部门下属单位全覆盖开展延伸巡察，同步开展选人用人、意识形态工作责任制专项检查，共发现问题819个，发现问题线索32件44人。全年市本级巡察全覆盖完成率达26.89%，超额完成省委下达的20%指标任务。

【巡察监督贯通融合机制健全完善】 2022年，市委巡察办制定《市委巡察监督贯通融合联席会议办法》，明确11个成员单位工作任务和规则，形成协同作战格局。加快巡审结合力度，推动对巡察发现的群众反映强烈、廉政风险突出的10余家单位开展审计监督，取得明显成效。制定《巡察期间发现重要问题和问题线索边巡边移工作机制》，平武、安州等县区同步跟进，开通重大问题和线索快查快办绿色通道，形成及时发现问题、及时移交问题、及时解决问题的工作闭环。探索巡察监督与民主监督、政协监督贯通协作，扩大巡察综合监督平台作用。

【基层巡察制度探索】 2022年，绵阳市以省委巡视办对村（社区）巡察试点工作为契机，市本级组建蹲点调研组，在江油开展对村（社区）巡察实地调研，研究会商问题，探索总结制度体系和经验做法。完善《关于深入推进巡察延伸到村（社区）的指导意见》，针对全市160个乡镇、2070个村（社区、市属园区所辖村社区）地理位置、自然条件、经济发展、民族等实际情况，将村（社区）分为三类，指导区县探索运用直接巡村、镇村同巡、同类型村专项巡等方式，推动村级巡察有形覆盖与有效覆盖相统一。全年全市共巡察村级党组织692个，发现问题4208个，向纪委监委机关移送问题线索206件。

【巡视巡察信息化建设】 2022年，绵阳市贯彻落实中央巡视工作领导小组《关于巡视巡察信息化建设的指导意见（试行）》，推动数据和信息化建设。全市4个县（区）新设信息化中心，落实编制8名；市、县持续投入财政资金463万元，改造涉密机房、搭建视频会商系统7个，增配涉密国产电脑、专用打印机等设备227台，确保市、县在编巡察干部人手1台，巡察期间不少于2人1台，实现接入纪检监察内网、视频会商系统、国产化产品替代全覆盖。制发《计算机使用管理暂行办法》《巡视巡察单机系统操作使用手册》400余册，围绕用好单机系统、网络平台，统好相关数据等，开展多元化、多层次专题培训5次，强化全过程应用，促进全流程规范，市县两级共上传更新数据2000余条。

（杨　柳）

党风廉政建设

【概况】 2022年，绵阳市持续纠“四风”树新风，推动党员干部以良好精神风貌奋进新征程、建功新时代。紧盯“四风”新表现新变种，密切关注苗头性、倾向性、隐蔽性问题，坚决纠治影响党中央决策部署贯彻落实、漠视侵害群众利益、加重基层负担的形式主义、官僚主义，整治损害党的形象、群众反映强烈的享乐主义、奢靡之风。开展理想信念教育、纪法教育，引导党员干部从内心深处清除错误思想，把好风气培育起来。落实“三个区分开来”，开展受处理处分干部跟踪回访、思想转化等工作，建立正向激励、容错纠错综合研判制度，完善被诬告干部澄清正名制度，鲜明为担当者担当的导向。整治群众身边腐败和不正之风，让群众真正感受到公平正义就在身边。持续推进“听音问廉绵州行”，严肃查处对群众合理诉求漠然处之、久拖不决等背后的责任、作风和腐败问题。加强对乡村振兴项目建设、资金使用等情况的监督检查。巩固深化扫黑除恶专项斗争、政法队伍教育整顿成果。持续推进重点行业领域突出问题系统治理，结合绵阳实际自选动作点题开展专项整治。推进乡镇（街道）纪检监察组织规范化建设，落实乡镇（街道）纪委（纪工委）人员“两专三兼”要求，完善市统筹、县负责、乡主抓、村执行的村级监督责任体系。至年底，全市查处违反中央八项规定精神问题179件263人，党纪政务处分261人。

资料链接：“听音问廉绵州行”活动。2021年5月，市党廉办部署开展“听音问廉绵州行”活动，组织全市党政机关干部深入基层、深入群众调查走访，建立主动收集群众诉求、及时回应社会关切常态化工作机制，解决群众“急难愁盼”问题。截至2022年年底，全市共有2.9万余名干部参与走访，累计解决回复问题及意见4.3万余个。

【专项问题整治】 2022年，绵阳市开展简易审批村庄建设项目问题专项治理，清理相关项目7255个，立案99件。深化民生领域腐败和作风问题专项治理，重点督促解决教育医疗、生态环保、食品药品安全等方面侵害群众利益问题，共查处群众身边违纪违法问题1321件。深化粮食购销领域腐败专项治理，立案115人，留置18人。持续巩固深化扫黑除恶专项斗争成果，推进“打伞破网”常态化，共查处涉黑涉恶腐败和保护伞问题7件7人。

【违反中央八项规定精神问题查处】 2022年，绵阳市开展整治公务接待中“吃公函”、以培训为名公款旅游等突出问题，深挖“风”背后的“腐”，从严查处、以儆效尤。全市查处违反中央八项规定精神问题179件263人，党纪政务处分261人，市纪委监委移送检察机关的市管干部中，查处违反中央八项规定精神问题的占80%。查找解决政绩观扭曲、发展观偏差、治理能力不足导致的形式主义、官僚主义，治理“伪创新”“资料秀”、滥用属地管理、不顾实际层层加码等问题，开展不作为、慢作为、假作为、乱作为专项整治，发现并督促整改问题538个。全市查处形式主义、官僚主义问题82件。抓住普遍性问题和反复出现的问题，常态开展落实中央八项规定精神制度建设回头看，督促全市纪检监察机关开展常态化再督查。开展理想信念教育、纪法教育，通报曝光违反中央八项规定精神典型案例96件146人。

【新提拔市管领导干部集体廉政谈话会召开】 2022年7月14日，绵阳市纪委监委在长虹技术中心召开2021年1月至2022年5月新提拔市管领导干部集体廉政谈话会。市委常委、市纪委书记、市监委主任唐浪生出席会议并讲话。会议强调，立足新岗位，正确对待和用好权力。清醒认识“权力是把双刃剑”，心存敬畏，秉公用权、公道处世，把权力关进制度的“笼子”，让权力在阳光下运行。清醒认识“关键少数的关键作用”，切实承担起领导之责、示范之责、监管之责，在日常工作中发现苗头性、倾向性问题，及时咬咬耳朵、扯扯袖子，坚决防止本单位、分管领域、分管干部小毛病发展成大问题。坚持洁身自好，不能有任何侥幸心理，保持身子正、腰杆直、事业兴。清醒认识“诱惑、围猎无处不在”，自觉净化生活圈、社交圈、朋友圈。会议要求，所有新任领导干部要面临新使命，要保持定力、强化担当、满怀激情。要有接续奋斗、砥砺前行的定力，时刻牢记身上肩负的责任，发挥好模范带头作用，坚持身体力行、以身作则，用自己的实际行动、优良的作风，凝聚起干事创业的强大合力。要有“为官一任、造福一方”的担当，对“国之大者”“省之大事”“市之大计”心中有数，抓好工作的着力点、发力点，不断提高谋划能力。要深入践行“一线工作法”，遇到问题敢于下深水，推动决策部署和各项任务落地生根。要有“舍我其谁、勇争一流”的激情，坚持从“干”中破解绵阳一切发展难题，工作再加劲，措施再加力，进度再加快，以“等不起”的紧迫感、“慢不得”的危机感、“坐不住”的责任感，紧起来动起来，让实干成为绵阳干部的鲜明特色。与会人员还集中观看警示教育片《家道》，4名干部作表态性发言，119名新提拔市管领导干部参加会议。

【四川党风廉政建设与治理研究中心揭牌仪式举行】 2022年9月22日，绵阳市纪委监委与西南科技大学举行共建四川党风廉政建设与治理研究中心揭牌仪式。西南科技大学党委书记、校长董发勤，绵阳市委常委、市纪委书记、市监委主任唐浪生出席并共同为该中心揭牌。西南科技大学党委副书记张强主持仪式。仪式上，西南科技大学党委副书记、纪委书记刘立权与唐浪生代表双方签署校地协作框架协议。绵阳市社科联主席梁茂出席仪式并致辞。西南科技大学党委常委蒋道平、王姮，市纪委副书记、市监委副主任陈伟、温亚彬出席。委领导何凯、刘登鳌及相关室部负责人参加。党风廉政建设与治理研究中心的正式成立，标志着双方交流合作进入新的阶段。根据合作协议，双方本着优势互补、注重探索创新、合作共赢的原则，坚持高校“产学研”与纪检监察工作深度融合，在高端廉政研究论坛、重大课题与科研项目、打造特色廉洁文化品牌、培养纪检监察专业人才等方面开展合作。四川党风廉政建设与治理研究中心作为合作重要载体，承担深化校地合作，搭建交流平台，加强党风廉政理论研究与实践探索等职责任务，形成一批有价值、可复制、可推广的智力成果和治理经验。

（何庆钢）

监督预防

【概况】 2022年，绵阳市推进反腐败斗争，持续深化国企反腐，推进重大非正常亏损公司、亏损项目背后违纪违法问题专项治理，加强与市国资委共同研判，排查违纪违法问题线索，清除靠企吃企的“蛀虫”。巩固政法队伍教育整顿成果，持续惩治执法司法腐败，查处市中级人民法院执行局原局长兰某等违法违纪人员。3月10日，绵阳市八届人大常委会第五次会议，首次听取市监委专项工作报告。至年底，全市纪检监察机关立案1961件、处分1587人，分别增长32.5%、46.8%，其中立案市管干部36件38人、涉嫌犯罪移送检察机关55人。

【留置中心规范化建设】 2022年，绵阳市优化问题线索处置流程，健全动态跟踪、专项督办、集体排查等工作机制，完善谈话函询、指定管辖等工作制度，推动问题线索规范管理、有序处置。在市留置中心建成智慧留置专区，供15名留置对象使用。全覆盖开展县（市、区）、园区案件质量评查，以点带面促进案件查办质量、能力双提升。制定审查调查人员“七严禁”、看护人员“十不准”等制度，常态开展安全检查，守住安全底线。

图39 9月22日，绵阳市纪委监委与西南科技大学共建的四川党风廉政建设与治理研究中心揭牌仪式举行（市纪委监委提供）

【群众关注热点监督】 2022年，绵阳市坚持把群众是否满意作为检验工作成效的标准，推进"听音问廉绵州行"活动，建设全市数据统计系统，对收集到的情况进行"大数据"分析，有针对性地推动解决群众急难愁盼问题。全市累计走访人员400万余人，推动解决群众诉求3.9万余个，"听音问廉"成为全市各级各部门"为群众办实事"的重要载体，相关经验做法被《中国纪检监察报》等中央、省级媒体宣传报道。

【基层纪检监察组织建设】 2022年，绵阳市加强乡镇（街道）村（社区）纪检监察监督工作的《实施意见（试行）》，全覆盖规范设置165个乡镇（街道）纪检监察组织，配齐配强2064个村（社区）纪委书记（纪检委员），编制村（社区）纪检组织工作手册，探索片区协作、交叉检查、联合办案等方式，夯实基层监督基础。至年底，全市乡镇纪检监察组织立案1147件。其中，通过监督检查发现的问题线索占比15.9%。

（何庆钢）

四川省非物质文化遗产——羌绣传统刺绣工艺

羌绣是羌族地区特有的刺绣工艺，以母传女的形式代代相传，延续至今。绵阳境内的羌绣主要分布在北川、平武两县的羌族地区。2011年6月，北川羌绣传统刺绣工艺、平武羌绣传统刺传工艺被列入"第一批四川省非物质文化遗产扩展项目名录"。羌绣图案以花卉为主，最初用于头帕、围腰、飘带、衣领、衣角、鞋子、鞋垫等生活用品的装饰。随着民俗旅游的兴起，羌绣装饰范围扩展到图画装饰、家居装饰、旅游商品、工艺品等，材料也从黑、白、蓝三色的土麻布、棉布，变为色彩丰富的丝绸、膨体纱等。常用针法有掺针绣、扣针绣、扭针绣等。（视觉绵阳提供）

民主党派·工商联

Other Parties and Federation of Industry and Commerce

中国国民党革命委员会绵阳市委员会

【概况】 2022年，中国国民党革命委员会绵阳市委员会（以下简称民革绵阳市委）有党员381人，基层组织11个，第八届委员会有主委1人、副主委3人、秘书长1人，委员14人。设“三农、社会与法制”等8个专委会、绵阳民革企业家联谊会、绵阳民革中山书画院。建成党员之家5个。游仙区总支部二支部被民革中央表彰为第二批民革示范支部、被民革四川省委评为民革示范支部。民革绵阳市江油总支党员之家被民革四川省委评为优秀民革党员之家。市委会副主委、江油市总支部主委肖江丽被民革中央表彰为民革全国组织工作先进个人；游仙区总支部被民革中央表彰为民革全国助力脱贫攻坚工作先进集体；江油市总支部党员衡林被民革中央表彰为民革全国助力脱贫攻坚工作先进个人。

【民革参政议政】 2022年，民革绵阳市委在市政协八届二次会议上，提交集体提案7件，党员委员提交个人提案22件，党员梁俊代表市委会在联组会议发言1次。向中共市委统战部、市政协、民革省委会合计报送社情民意信息298件次。其中，市政协采用18件、省委会采用9件、省政协采用6件。游仙总支党员张钊源、马海脉撰写的《建议强化银行系统统战工作》等多篇社情民意被省政协采报全国政协。市委会副主委张光明撰写的《关于加强英烈保护领域检察公益诉讼的建议》获最高人民检察院领导肯定性批示。市委会报送的“打造成渝绵创新金三角”课题入选省委会全省重点调研课题。

【民革社会服务】 2022年，民革绵阳市委以文化下乡拉动乡村振兴，赴三台县富顺镇开展“三下乡”活动。以消费帮扶助力乡村振兴，动员党员认购武胜县凤鸣村特色农产品“雅柑”。以企业家联谊会为依托推动产业发展，向江油市六合乡，布拖县火烈乡、乐安乡、沙洛乡，凉山昭觉县，阿坝壤塘县累计捐赠价值27万余元的太阳能设备。组织党员同社区工作人员、医护工作者构建防疫长城。绵阳民革企联会累计向红十字会、学校等单位捐赠现金物资合计50万余元。

（于 超）

中国民主同盟绵阳市委员会

【概况】 2022年，中国民主同盟绵阳市委员会（以下简称民盟绵阳市委）共发展盟员38人，其中女盟员16人，硕士研究生7人，大学本科20人；转出盟员2人，盟员总数达1260人。有1个县级委员会、3个基层委员会、4个总支、10个支部，共18个直属组织，设置参政议政部、组织宣传部、教文科卫部、法律经济部、社会服务部、妇女老龄部、民盟企业家联谊会。有省人大代表1人，省政协委员1人，市人大代表13人（常委1人），市政协委员25人（常委5人）、县（市、区）人大代表19人（常委1人）、政协委员89人。新建基层组织“盟员之家”5个。召开新盟员暨盟务骨干培训班、基层组织现场会等各类培训2次；走访基层和组织基层联谊活动40余次；慰问生病盟员、老盟员40余人次。推荐2名盟员担任全市首批科技助理。发挥各级盟员人大代表、政协委员和各类特约人员的作用，参加情况通报会、协商平台和对减刑假释案件的审理进行民主监督50余人次；民盟绵阳市委被民盟中央评为群言杂志社2022年度优秀发行单位，被民盟四川省委评为盟务工作先进集体、思想宣传工作先进集体、社会服务工作先进集体、组织建设工作先进集体。张睿熙被中共四川省委、省人民政府表彰为2016—2020年四川省普法先进个人；颜伟创作的原创歌曲《龙吟海山》上线“学习强国”学习平台；

杨未的《天下第一行书——兰亭序赏析》获书画教学课例中国书法类别中一等奖；尹生、牟效、龚林、苏平、唐小波、何文炯被评为2022年民盟四川省委各单项盟务工作先进个人。

【民盟参政议政】 2022年，民盟绵阳市委围绕建设中国科技城、打造成渝副中心、加快建成川北省域经济副中心、“园区提质、企业满园”等提出意见和建议，共计大会、联组发言、民盟片会、协商会等发言9次；提交集体提案5件，人大代表、政协委员提交建议、提案38件（领衔），参与附议提案、建议70件；牵头完成民盟四川省委重点调研课题1个，参与完成民盟四川省委重点调研课题1个，民盟绵阳市委重点调研课题6个，《关于大力发展我省地热资源的建议》在省政协十二届五次全会上作为民盟四川省委集体提案，1件建议作为市人大2022年重点督办件；报送社情民意信息255条，民盟四川省委采用56条、省政协采用19条、民盟中央采用1条、全国政协采用1条；为民盟法治论坛、民盟科技论坛、民盟教育论坛提交5篇优秀论文。通过党派直通车向中共绵阳市委提出建议4件。申报的绵阳科技城新区调研点获批四川民盟首批参政议政调研基地。

【民盟社会服务】 2022年，民盟绵阳市委开展关爱“留守儿童”夏令营、专家团队进乡村、项目帮扶助农家等活动7次；推进“盟立合作”活动，开展产业、教育、文化、医疗卫生帮扶等共计18次；与绵阳监狱签订第四轮帮教协议，持续开展帮教活动；提供卫生院诊疗技术指导2次，开展学生心理健康测评1次；建立“图书漂流站”，捐赠图书1000余册；添置办公电脑10台，价值2万余元；捐赠158套学生课桌椅；慰问困难群众50余户，捐款捐物价值1.7万元；盟员企业家共同出资50万元，修筑800米便民水泥路。

（苏　平）

中国民主建国会绵阳市委员会

【概况】 2022年，中国民主建国会绵阳市委员会（以下简称民建绵阳市委）有会员791人。发展新会员36名，大学本科及以上学历35人，硕士研究生及以上学历3人。经济界人士、专家学者581人，占会员总数的73.5%。有全国政协委员1人，省人大代表2人、省政协委员1人；民建全国代表1人、民建省委委员4人（常委1人）、监督委员会委员1人，专委会委员14人；绵阳市人大代表10人，市政协委员31人；县（区）人大代表、政协委员合计124人次。2022年，民建绵阳市委获评四川民建“9·5”泸定地震抗震救灾先进集体；参政议政、社会服务、反映社情民意等工作均获民建四川省委表彰。

【民建参政议政】 2022年，民建绵阳市委在全国两会上，提交《关于强化医保监管队伍建设的建议》等建议7篇；市两会上，提交《关于加快“非遗工坊”建设，助力乡村振兴的建议》等集体提案8份；提交《关于推动绵阳特色红色书屋文化建设的建议》等个人提案41份。向民建四川省委报送专题约稿10余篇。其中，《关于推动数字经济加快发展的建议》入选市政协大会发言材料，并获得中共四川省委常委、市委主要领导签批；《推进园区平台公司创新升级的建议》等建议2份入选市政协专题议政性常委会发言材料；《关于多重因素叠加影响可能导致房地产断贷风险蔓延的几点建议》等4篇建议被全国政协、民建中央采用。

【民建社会服务】 2022年，民建绵阳市委帮扶涪城区滨江社区贫困户1户，安排落实帮扶资金2万元，协调红十字会、残联等相关部门帮助解决实际困难。购买、帮助销售脱贫地区农产品17.65万元。募集防疫资金及物资共计13.52万元，参与一线医务人员、志愿者258人次。参与“金秋助学”，为平武困难学子捐款5万余元，帮助学子25人。全年共投入引进帮扶资金42万元，吸纳劳动力就业人员425人，资助学生30余人。通过帮帮公益平台，组织14个基层组织、700余名会员向泸定地震灾区捐款9.31万元。为平武洪灾捐款16.4万元。开展《民营企业稳就业状况调查问卷》等问卷调查4次，走访会员企业27家，帮助反映和解决遇到的困难问题9个。举办民建绵泸两地企业家交流座谈会、绵碚企业家走访交流活动等各类非公有制经济研讨交流活动13次。（蒲丽萍）

中国民主促进会绵阳市委员会

【概况】 2022年，中国民主促进会绵阳市委员会（以下简称民进绵阳市委）有会员1429人，基层组织76个（基层委员会4个、总支4个、支部68个），吸收新会员56人。省人大代表2人，省政协委员2人，市人大代表16人，市政协委员30人，县（市、区）人大代表27人、政协委员74人。61名会员在行政单位担任副科级以上职务，其中县处级以上干部17人。先后承办民进四川省委专职副主委、秘书长履职能力提升培训班和四川民进会务工作务虚会以及民进省委《强化川渝协同推动电子信息产业创新能力提升的路径研究》课题组、四川民进企联会考察组和民进省委专委会调研组到绵阳考察调研等会议和活动。民进绵阳市委先后获民进中央信息化建设先进集体、2022年度《民主》杂志宣教工作先进集体，民进省委2022年度综合评比先进单位、参政议政工作先进单位、信息工作先进单位、专项民主监督工作先进单位、新闻宣传工作先进单位、思想政治工作先进单位、组织工作先进单位、社会服务工作先进单位、机关建设工作先进单位、“迎接中共二十大、携手奋进新征程”系列活动组织奖等10余项表彰。会员及机关干部获民进中央、民进省委和县（市、区）390余项表彰表扬。

【民进参政议政】 2022年，民进绵阳市委以立言立论推动立策立法，领导班子成员参与深化改革事项、区域经济社会发展、民主法治建设等重大事项协商30余人次，提出意见和建议40余条；参加中共绵阳市委、市政府、市政协和市委统战部召开的民主协商会、建言献策座谈会等30余人次。民进会员围绕乡村振兴、科技城建设、碳达峰碳中和、绿色低碳产业发展、成渝副中心、双城经济圈建设开展调研200余人次，提交提案、议案、建议、社情民意等130余件次；会员中人大代表、政协委员、特约“八员”参加视察、检查、调查、监察等民主监督活动160余人次，提出意见、建议200余条。开展长江生态环境保护和营商环境民主监督，提出意见70余条。

【民进社会服务】 2022年，绵阳民进企联会开展预防心血管疾病公益讲座、法律小讲堂等活动8场；绵阳开明画院开展“春联万家　推动共同富裕”系列活动，活动参与书法家60余人次，书写春联和赠写“福”字3600余幅，受益群众2000余人次；泸定地震发生后，全市民进会员通过不同途径和渠道捐款捐物合计130余万元。绵阳民进助困基金为22名学子发放助学资金10万余元。邀请10余家企业到绵阳投资考察。

（涂　萍）

中国农工民主党绵阳市委员会

【概况】 2022年，中国农工民主党绵阳市委员会（以下简称农工党绵阳市委会）发展新党员27人，平均年龄36.8岁，其中主界别占77.4%、副高级职称占9.7%，党员总数808人。农工党绵阳市委会发挥在医药卫生、人口资源和生态环境领域的特色优势，针对新冠疫情新变化、新形势，以实际行动保护人民群众的生命健康，为打赢疫情防控阻击战贡献力量。围绕《中国共产党政治协商工作条例》开展理论研究，多篇成果获农工党四川省委会表彰，获先进组织工作奖。《浅析地方民主党派基层组织如何做好民主监督——以农工党江油市基层委员会履职情况为例》是全省农工党唯一获得中共四川省委统战部表彰的实践成果。《改进和规范市县政协经常性工作研究——创新反映社情民意信息工作机制》获得新时代人民政协理论与实践研究规划立项。农工党绵阳市委会被农工党中央评为2018—2022年先进集体，连续18年获农工党四川省委会综合先进集体和6个单项先进，2人获农工党中央表彰。

【农工民主党参政议政】 2022年，农工党绵阳市委会在省、市两会期间，共提交提案、建议等30余篇，涉及公共卫生、低碳发展、社会民生等领域。集体提案《关于推进我市装配式建筑高质量发展的建议》得到市级主流媒体的关注和转发，《关于加强我市公共卫生防控体系规范化建设的建议》获评优秀提案。在政党协商会上围绕提升绵阳城市智慧宜居生态品质等建言献策。在两次政协协商会上，分别围绕“园区提质、企业满园”、中医药强市等作《提升物流服务保障能力　助力园区高质量发展》《关于我市中医药制造业数字化转型的建议》专题发言。举办微论坛6期，参与党员100余人次。报送社情民意信息和党外人士建议76条，《关于修订养老建筑结构改造标准　推动社区养老快速发展的建议》等4条被农工党中央采用，《退役军人优待证申领发放应简单、高效、人性化》等11条被省政协采用，《治理大货车超速超载不能一罚了之》得到绵阳市市长签批。3人被市政协评为反映社情民意信息先进个人。

【农工民主党社会服务】 2022年，农工党绵阳市委邀请中国初级卫生保健基金会“携爱同行”项目部到绵阳考察，初步达成对游仙区的第四批医疗器材捐赠意向。创新开展“环境与健康宣传周”等社会服务活动，推动健康、生态、科技知识进社区、进农村、进校园。联合中共绵阳市委统战部、科伦医贸开展滨江社区困难群众对口帮扶。联合大熊猫国家公园绵阳分局等单位开展“熊猫家园生态绵州”美术创作、画展及调研活动，引导社会各界对大熊猫国家公园建设的关注。为泸定地震灾区捐款6万余元。江油市基层委员会、中西药支部、农林支部、安州区支部、科技支部等到江油市、平武县、北川羌族自治县、科技城新区元通社区、三台县特殊教育学校等地开展爱心捐赠和帮扶活动。党员企业家响应号召，捐款4万余元用于平武、北川防汛救灾。

（周　倩）

中国致公党绵阳市工作委员会

【概况】 2022年，中国致公党绵阳市工作委员会（以下简称致公党绵阳市委）发展党员10人，其中博士2人、硕士3人。共有党员244人，平均年龄45岁。其中，侨海关系党员177人，占72.54%。担任省、市大人代表或政协委员22人次，县（市、区）人大代表或政协委员44人次。致公党绵阳市委有2个基层委员会、1个总支，13个支部、6个专委会。先后被致公党中央评为中国致公党宣传思想工作优秀集体，被市政协评为2022年度反映社情民意信息工作先进集体和2022年度“助力巩固脱贫，助推乡村振兴”活动先进单位。《致力为公、爱国图强，共谋中华民族复兴梦》等4篇文章被致公党四川省委采用并上报致公党中央，《关于习近平“江山就是人民，人民就是江山”重要论述研究》等2篇文章被致公党四川省委采用并上报省政协。持续开展“书香机关”赠书活动，共赠书180余册；开展“红色经典诵读比赛”活动，7个基层组织15名选手参与比赛；邀请中共党史专家为党员开展“书香机关”党课讲授、党史学习教育分享活动；领导班子带头开展“做悦读党员，建书香机关”读书心得分享活动。

【致公党参政议政】 2022年，致公党绵阳市委协助致公党省委调研形成的《关于加强撂荒地治理保障四川粮食生产力的建议及调研报告》得到中共四川省委、省政府主要领导的肯定性批示。在省、市两会上，提交提案建议30余篇。其中，《关于加快推进“城乡供水一体化”的建议》入选省政协十二届十次常委会会议大会发言。上报社情民意信息57篇，其中中共中央办公厅采用1篇、全国政协采用2篇、致公党中央采用6篇、省政府办公厅采用1篇、省政协采用17篇、致公党省委采用30篇。向致公党省委申报课题17件，全部获批立项，其中2件获省委经费支持。到三台县开展长江生态环境保护民主监督工作2次，调研形成的《关于尽快解决三台县祠堂湾水库立项开工的建议》，被省政府办公厅采用，促进省发改委对三台县祠堂湾水库工程可行性研究报告进行批复，并下达预算内建设投资计划。

【致公党社会服务】 2022年，致公党绵阳市委为游仙区柏林博爱金祖鑫健华图书馆、江油市铜星小学金祖鑫健华图书馆捐赠书籍4200余册，价值13.8万元。在绵阳市安州区塔水镇宝林小学、睢水镇小学举行“致美四川·爱眼明眸”眼健康公益行活动，为600名学生开展儿童自我保护、生理卫生知识等9类健康教育课程，捐赠不锈钢脸盆、不锈钢水杯等总价值6.4万元。为三台县困难老人提供1000罐老年人营养奶粉，惠及300人。为梓潼、三台两地50名困难中小学生争取到人均1500元的年度奖学金。在安州区七一实验小学开展音乐教育及美育帮扶教学活动。在游仙区信义镇观太小学捐建青少年健康成长关怀中心。通过集中捐助和直接捐助向“9·5”泸定地震灾区捐款现金2万元，捐赠食品、药品等总价值6万元。“8·11”特大暴雨灾害发生后，向平武县捐赠雨衣100套、雨鞋100双及发电机3台等，价值2万余元；向北川羌族自治县捐赠消毒液80桶、消杀机10台、发电机20台等救灾物资，价值9万余元。 （章文超）

九三学社绵阳市委

【概况】 2022年，九三学社绵阳市委有支社21个、基层委员会3个，社员545人。推荐2名社员为代表，参加九三学社第十二次全国代表大会。组织12名社员参加九三学社四川省第九次代表大会，尚丽平当选为九三学社四川省第九届委员会副主委，赵倩颖当选为九三学社四川省第九届委员会委员。在四川省十四届人大一次会议上，尚丽平当选全国人大代表。赵倩颖获评九三学社中央组织工作先进个人。九三学社绵阳市委先后被九三学社中央评为2021—2022年社会服务先进集体、九三学社全国宣传思想工作先进单位、2021年度机关规范化建设市级组织先进单位和市级组织工作成效奖。被九三学社四川省委评为2022年度机关建设工作先进集体、2022年度社会服务工作先进集体、2022年度信息工作二等奖、2022年度参政议政工作三等奖。

【九三学社参政议政】 2022年，九三学社绵阳市委在四川省政协十二届五次会议上提交《积极推进知识产权质押融资的建议》《关于对绵阳科技城新区注册高新科技股权投资类合伙企业实施税收优惠政策的建议》等提案9篇。在四川省十三届人大六次会议分团讨论会上，就区域旅游等提出意见建议。在省政协十二届十八次常委会上作题为《做好农产品生产周期调节，确保我省农业健康可持续发展》的发言。在省政协十三届一次会议上提交《关于进一步优化退役大学生士兵免试专升本政策措施的建议》等提案2篇。尚丽平被评为四川省政协履职优秀委员。在绵阳市“政协”会议上，社市委在绵阳市政协八届二次会议上的大会发言《进一步提升开放合作水平推动经济高质量发展》和《关于加快试点森林生态产品价值评估及应用的建议》被省委常委、绵阳市委主要领导签批；提交的《关于在绵建设产业集中配套化工园区，提升我市化工企业招商引资能力的建议》被列为市政协主席会议成员重点督办件。郭大明被评为2021年度绵阳市优秀政协委员。先后向社省委、市政协和中共绵阳市委统战部报送社情民意信息125篇，其中全国政协采用2篇、社中央采用3篇、省政协采用8篇、社省委采用60篇、市政协采用52篇。

【九三学社社会服务】 2022年，九三学社绵阳市委持续推进“九绵科技合作”，指导九绵科技合作创新试验基地探索创新孵化、提升孵化质量。形成《关于在绵建设化工园区配套设施》等调研成果，向中共绵阳市委统战部提交长江生态环境保护民主监督会议发言稿1篇。50余名社员和机关干部下沉到社区、学校，助力疫情防控工作。社员王杨梅坚持十年帮扶残疾母女，获评全国最美家乡人。社员立足各自行业领域，争创一流业绩，获市级以上奖励表彰20人次，获县（处）级以上奖励或表彰100余人次，多名社员被所在行业聘为专家。 （杨　凤）

绵阳市工商业联合会

【概况】 2022年，绵阳市工商联（以下简称市工商联）围绕“园区提质、企业满园”和“绵品出川”，聚焦主导产业发展，践行“一线工作法”，突出优化营商环境工作重点，打造“思享智汇”等工作品牌，通过举办教育培训、搭建政企平台、优化营商环境、助力乡村振兴等一系列组合拳。组织动员本地和异地商协会，开展招商引资、招才引智活动。组织200余家企业参加“绵阳造”厦门、东莞、苏州系列活动，促成东莞四川绵阳商会与涪城区中小企业商会签订友好商会合作协议。组织80余家企业开展“闽商安州行、涪城行”“浙商北川行”等活动3次，促成闽、浙、苏等在绵客商与当地签订战略合作框架协议2个，促成合作项目2个。围绕绵阳市制造业、电子信息等六大主导产业，成立电子元器件、新材料行业专业委员会。举办以“助力电子元器件产业发展”“助推新材料产业发展”等为主题的“思享智汇”活动3次。民营企业法律服务工作经验做法获全国工商联、司法部通报表扬；民营企业调查点工作被全国工商联表彰为2022年度全国先进单位。先后获得全省万企兴万村先进集体、全省工商联系统宣传工作先进单位、全省工商联系统参政议政工作先进单位、全省工商联系统调查点工作先进单位。

【工商联组织建设】 2022年，市工商联新发展团体会员6个，企业（个人）会员300余个，注册会员总数达7778个。涪城区工商联被评为全国“五好”标杆县级工商联。规范乡镇商会建设，召开基层商会规范化建设现场会。开展“四好”商会建设活动，4家商会获得全国“四好”商会。推进异地绵阳商会建设，加大杭州、苏州、南京、上海、郑州等地异地绵阳商会筹建力度。至年底，绵阳有异地商会19家，其中省级商会4家、市级商会5家、各县（市、区）有在外异地商会10家。市工商联直属商协会联合党委新建商协会党支部16个，达34个，覆盖39个商（协）会，实现商会党支部和统战工作联络员全覆盖。制定《中共绵阳市工商业联合会直属商协会联合委员会党支部党建工作考核办法》，严把党员发展入口关，共批复入党积极分子8人，发展对象16人，预备党员2人，预备党员转正23人。召开商协会改革与发展培训会，指导各支部召开党史学习教育专题组织生活会10余次。推荐组建17人为省工商联第十二次代表大会代表，推荐14人为省工商联第十二届执行委员会委员，推荐7人为省工商联第十二届执行委员会常务委员。29位民营经济人士代表被推荐和认定为无党派人士。

【工商联参政议政】 2022年，市工商联通过开展绵阳市民营企业发展情况、民营企业科技创新情况等专题调研，收集意见建议100余条。开展2022年民营企业运行状况、2022年度营商环境评价等6次在线调查，组织395家企业进入全国民营企业调查数据库，完成调查问卷1300余份。提交团体提案、大会发言等10余篇，完成5篇重大课题调研成果，编印《第七届绵阳市工商联（总商会）主席、会长2022年调研课题成果汇编》，得到市委、市政府的肯定和相关部门的采纳。其中，4篇课题分别获四川省工商联系统优秀调研成果一、二、三等奖。

【工商联社会服务】 2022年，市工商联动员商（协）会、民营企业向平武“7·12”、北川“7·16”山洪灾区捐款捐物近180万元，向“9·5”泸定地震灾区捐款320余万元，向医护人员、环卫工人、交警赠送30余万元的消暑物资。开展“金秋助学”活动，投入救助资金165万元。对口帮扶红原、壤塘，组织开展产业投资、消费扶贫、公益捐赠等活动，投入各类帮扶资金共500余万元。

【工商联企业服务】 2022年，市工商联通过企业家微信群、“绵阳非公之家”微信公众号实时对企业需求进行回应；通过开展“进企问需，助企发展”专题调研、“听音问廉”活动、面对面座谈、助企纾困政策宣传等活动，为企业排忧解困。牵头开展民营企业评议政府相关职能部门工作，组织500余家民营企业和个体工商户对市级37个政府职能部门进行评议，收集意见建议50余条。与市税务局联动开展税务特约监督员“面对面”交流；与公检法司合作，指导全市65家律师事务所与54家市属商（协）会、59家县（市、区）商（协）会建立联系合作机制，通过开展“法治体检”等活动，为民营企业提供公益法律服务；建立民营企业涉诉纠纷调解站，公开选聘4名资深法律工作者为法律顾问，开展诉前调解50余件。市工商联民营企业法律服务工作经验做法获全国工商联、司法部通报表扬，被《绵阳日报》头版、市委《每日要情》报道。通过搭建人才服务平台，开展“春雨润苗进校园·税商携手向未来”活动、“民企招聘月”“春风送岗”等活动，累计为高校毕业生提供就业、实习岗位1502个。搭建金融服务平台，与建行、绵阳农商银行、农行等多家金融机构搭建“银企”对接平台，与工行绵阳分行举办“稳经济助力民企发展银企对接座谈会”，组织40余家民营企业家参加四川省助企纾困金融政策解读会。搭建信息服务平台，编印发放《民营企业常用法律法规规章汇编（一）》《金融政策汇编》。

【民营企业教育培训】 2022年，市工商联通过举办“庆祝二十大　建功新时代”书画展，并在“绵阳非公之家”开展线上展评，68万余人次参与，投票总数达22万人次。通过建立“绵阳市民营经济人士理想信念教育基地”和“绵阳市工商联直属商协会联合党委党员教育基地”，增强民营经济人士理想信念教育；通过走出去、请进来形式，在浙江大学举办绵阳市民营经济创新驱动合规发展培训班、邀请西南交通大学“互联网+产业创新研究院”院长作《数字化环境下的转型与发展》专题培训，组织企业家参加7个班次的“专精特新企业数字经济与创新驱动”“四川省民营经济人士绿色低碳转型发展”等专题研修班。

【“万企兴万村”行动】 2022年，市工商联坚持把“万企兴万村”行动与协同促进市内民族地区加快发展、村集体经济“消薄”行动联动推进，落实27个商（协）会对口帮扶27个重点民族乡，动员193家本地企业参与各地“万企兴万村”行动，实施兴村项目246个。坚持示范引领，推进全市9个“万企兴万村”行动示范点建设，组织60余名企业家前往浙江学习安吉余村“美丽乡村”建设经验。全年共有267家企业参与本地“万企兴万村”行动，实施兴村项目313个。市工商联获四川省“万企兴万村”行动成绩突出单位，4名企业负责人获表现突出个人奖。

（宋　超）

市总工会

【概况】 2022年，市总工会建立新就业形态工会组织532个，发展会员8.24万人，入会数量居全省第2位。承办省工会系统女职工工作会。落实小微企业工会经费支持政策，返还经费4341.89万元，708家小微企业享受工会经费支持优惠政策。市总工会产业园区工会建设、就业创业等15项工作在各级工作会议上作交流发言，被省、市通报表扬17次，先后得到四川省总工会主席和副主席肯定性批示。筹集资金500余万元，为4万余名医务工作者、公安干警、社区干部等“送清凉”。开展“关爱天南地北绵阳人”志愿帮扶活动，筹集资金127.28万元，帮扶1591名受疫情影响的在沪务工农民工。投入资金200余万元，推出“暖心六条”多批次多形式关心关爱一线医护人员，被中央电视台《新闻联播》报道点赞。组织绵阳市参加四川省职工网球比赛，获得团体第1名；“绵阳工会”微信公众号被全国总工会评为地市级工会“十佳账号”；2个案例入选全国厂务公开企业民主管理优秀案例；1个工会劳动争议调解站点被人社部等四部委评为工作突出基层劳动人事争议调解组织。

【职工思想建设】 2022年，市总工会为弘扬劳模精神、劳动精神、工匠精神，命名“最美新就业形态劳动者”“绵州工匠”各100人。推荐评选市级以上五一劳动奖状53个、五一劳动奖章54人、工人先锋号53个。举办“劳动创造幸福”绵阳市职工大讲堂。开展劳模工匠先进事迹巡回报告会63期，引导职工学习劳模、争当先进。开办市直机关职工业余培训班，组织机关职工参与培训近2万人次。成立绵阳市职工合唱团，定期组织排练。开展职工书画、摄影、足球、气排球、羽毛球等文化体育活动。新建成国、省、市三级职工书屋（驿站、教育基地）示范点18家，新建成省、市级职工心灵驿站13家。

【产业工人队伍建设】 2022年，市总工会组织召开绵阳市产业工人队伍建设改革推进会，总结五年来改革成效、推动产改向纵深发展。全面开展第二批省级层面产业工人队伍建设改革试点。确立长虹集团、九洲集团等4家企业纳入全省产改台账，攀长钢等16家企业纳入市级产改台账，引导企业落实产改主体责任，在75个园区重点工程中开展“园区提质、企业满园”重点工程劳动竞赛。评选命名绵阳市劳模和工匠人才创新工作室10家，举办“亮创新成果展工匠风采”财贸系统企业创新工作室联盟主题活动。组织职工开展小发明、小创造、小革新、小设计、小建议的“五小”竞赛活动，华丰集团、九州空管、富临精工3家企业获省职工“五小”活动先进单位，长虹技佳设备维修班等6个集体获省职工“五小”活动先进班组（集体），15个创新成果获职工“五小”活动优秀成果。

【职工权益维护】 2022年，市总工会加强劳动争议调解体系建设，多部门联动建成绵阳市劳动争议多元化解中心，全市各级调解中心调解劳动争议案件585件，办理劳动维权案件306件，盐亭经济开发区劳动人事争议调解中心获得中华全国总工会等四部委通报表扬。推动职代会、厂务公开、职工董（监）事制度建设扩面提质，做好集体协商工作，共签订集体合同1544份，覆盖职工1.1万人，覆盖新就业形态企业行业的集体合同312份，覆盖新就业形态劳动者1.21万人。

【职工解困脱困】 2022年，市总工会开展送温暖活动，各级工会组织筹集资金845.537万元，走访企业410家，慰问先进模范、困难职工和一线职工等6609人次，服务农民工平安返乡940人次。筹集资金500余万元，对575名梯度建档困难职工、410名省级困难职工进行生活救助。筹集助学资金193.79万元，资助困难职工子女就学829人。

（龙　文）

共青团绵阳市委

【概况】　2022年，绵阳市新发展共青团员1.11万人，共青团员总人数27.34万人。共青团绵阳市委（以下简称团市委）有下级团组织1.71万个。全市有少先队员28.9万人。团市委围绕中心大局，推动全市共青团工作呈现新发展态势。长虹大数据团队、国网绵阳供电公司输电运检中心智能运检班、中国航发四川燃气涡轮研究院等单位或个人获全国青年文明号、全国青年岗位能手等国、省级荣誉268次。召开青年工作联席会议第四次全体会议暨工作推进视频会，总结2021年贯彻落实《四川省中长期青年发展规划（2017—2025年）》的情况，安排部署下一阶段重点工作。制作“我们是青年·我们在行动”系列剪纸，策划“7·17”骑士节主题活动，构筑起新兴领域青年施展才华的舞台。组织300余名青年志愿者参与平武、北川救灾工作，协助转移群众1200余人。以学业辅导和心理抚慰关心关爱受灾青少年，募集各类帮扶物资合计5.2万元。实施“青恋”计划，拍摄《绵Young的青春告白》主题视频，举办各类单身青年人才联谊活动100余场，为7000余名青年提供婚恋交友服务。

【青年创业就业服务】　2022年，团市委联动高校和县级团委开展“青春有为·绵阳有请”专题招聘会107场，达成签约意向5800余人。开展“青春就业大讲堂”128场，覆盖3.9万人。实施“团团微就业”帮扶行动，帮助210名困难毕业生顺利就业。常态化开展“逐梦计划”“返家乡”等社会实践活动，帮助2200余名在校大学生融入绵阳经济社会发展。组建绵阳市新兴领域青年联谊会，推动樊华集团、雪宝乳业等单位结对帮扶7个村，助力村级经济“消薄”攻坚。培训直播电商技能人才106人，开展“青耘中国·秋收硕果”助农直播带货33场，销售农产品60万余元。组织青年科技人才参加“创青春”“振兴杯”等大赛，13个优质项目入选全国或省级比赛，1个项目获团中央青年职业技能大赛专项组优秀奖。实施“青创计划”“蜀青振兴贷”，扶持项目51个，提供资金2199万元。开展“建功园区·青年当先”专项行动，打造“号手岗队”联创共建工作枢纽，在各园区组建青年突击队55支，创建报备青年安全生产示范岗40个。开展“团青助企·金融赋能”主题活动，联动绵阳市农业融资担保公司、市商业银行等金融机构和市税务局为企业搭建融资平台，提供全方位融资对接服务。联合重庆市北碚团区委开展“绵阳市第27届少年军校夏令营”，两地青少年200余人参加。对接厦门团市委，组织参加海峡青年论坛。

【“童伴之家”建设】　2022年，绵阳市新建“童伴之家”39个，有序开放点位96个，开展活动1100余场，服务儿童2.4万余人次。创新实施“圆梦绵Young”“情暖童心”关爱帮扶行动，募集社会资源40万余元，发放“助学金”、兑现“微心愿”，惠及200余人。

【青年志愿服务】　2022年，绵阳市组建青年科技志愿者工作站，与中物院团委、市科协等单位共同举办中国科技城青年大讲堂，与市委组织部、宣传部等单位联合开展“两弹一星”精神进校园巡演。助力“绵阳造”东莞行、苏州行和科博会，组织200余名专项志愿者参与秩序维护、展会引导等服务。联合市委宣传部、市住建委开展“家乡变化随手拍”主题征集活动，以“青春志愿”助力城乡环境综合提质，累计开展活动90余场次，服务时长4000余小时。

【五四座谈会召开】　2022年5月13日，绵阳市学习贯彻习近平总书记在庆祝中国共产主义青年团成立100周年大会上的重要讲话精神座谈会召开，省委常委、市委书记曹立军出席会议并讲话，市人大常委会主任付康、市政协主席李亚莲出席，市委常委、组织部部长、市直机关工委书记莫怀学主持会议。会上，曹立军代表市委向全市广大共青团员和各级共青团组织、团干部致以问候，鼓励青年要志存高远、勤学笃行、矢志奋斗、勇攀高峰、修身立德。各级团组织要创新思想政治工作内容和形式，引导好广大青年，要为青年办实事、解难事，推动从严管团治团取得新成效。会议要求全市各级党委（党组）要把青年工作摆在更加重要的位置，关心帮助青年；全市各级党组织要严格落实党建带团建制度机制，支持各级团组织创造性开展工作。会议通报绵阳青年获得团中央、团省委表彰和全

图40　1月21日，共青团绵阳市委联合市农科院开展绵阳市红领巾种子学院校外主题实践教育活动（团市委提供）

市评选表扬情况。其中，叶子瑞被共青团中央评为全国优秀共青团员，张景铭被共青团中央评为全国优秀共青团干部，徐广庆被共青团中央、人社部评为第21届全国青年岗位能手，巩舒溶、陈静茹被共青团中央、教育部、全国少工委评为全国优秀少先队员，田慧被共青团中央、教育部、全国少工委评为全国优秀少先队辅导员，中国工程物理研究院材料研究所第三团支部被共青团中央评为全国五四红旗团支部，四川铁骑力士实业有限公司等3个公司被共青团中央评为一星级全国青年文明号，北川羌族自治县幸福小学三（3）中队被共青团中央、教育部、全国少工委评为全国优秀少先队集体。团市委和部分青年代表交流发言。市领导李京平、田荣华，市直有关部门负责人及有关方面代表等参加。（熊　睿）

绵阳市妇女联合会

【概况】　2022年，绵阳市共有166个乡镇（街道）妇联，专职副主席42人，兼职副主席308人，乡镇（街道）执委4150人，专职妇联干部85人。村（社区）共有执委31035人，专职妇联干部892人。绵阳市妇女联合会（以下简称市妇联）组织100名妇联干部开展“一线践初心·喜迎二十大”红色家风经典诵读主题活动，开展“巾帼大学习·今天我来读”、点赞“她”力量等线上活动，推动党史学习教育走深走实。围绕三八国际妇女节“强国复兴有我”主题，线上线下融合开展主题活动，分众化开展“Show美绵阳大讲堂”、热门话题互动、先进事迹展播等活动100余场。张琳艳等10名个人、四川幼专等4个集体被表彰为四川省三八红旗手（集体），选树宣传市级女性（集体）先进典型192个。发动3万余名巾帼志愿者参与安全生产等工作，建立巾帼志愿服务队100余支。涪城区临东社区被命名为全国巾帼志愿阳光站。常态化开展寻找“最美家庭”活动，选树全国、省五好家庭和最美家庭共24户；省家庭工作先进集体、个人各10个。

【巾帼建新功活动】　2022年，市妇联通过最美庭院建设、打造市级示范点等发动各级妇联和广大妇女以实际行动扮靓家园。开展“Show美绵阳·嗨购六月”线上宣传。分类分时推出“亲子go”“阅读go”“毕业go”活动，推介全市94个消费热点，通过发放消费券、优惠券等活动让利市民、拉动消费。乡村振兴巾帼行动。开展“绵阳巾帼奋斗者——乡村女能人”寻访活动，向省妇联推报乡村女能人30人，争取到省级项目资金112万元落地平武。依托“妇”字号基地开展种养殖技术、家政服务、手工编织、乡村旅游、巾帼电商等实用技术培训178场，培训6874人次，帮助妇女就业2119人次；与中国人寿绵阳市分公司携手推进“乡村振兴　巾帼行动”，各地妇联开展特色巾帼人才培训360人次。指导成立绵阳女科技工作者服务站并组建四川省首家科技圈妇联，开发“涪城科技巾帼管家”小程序，为女科技工作者搭建素质提升、家政预约、成果转换等平台，激发广大女性科技工作者投身科技城建设。指导绵阳元鼎家政服务有限公司创建成为省级妇女居家灵活就业示范基地，建立美新、红枫2个市级家政服务示范培训基地，各县（市、区）分别建立本级家政示范基地5个，共组织各类家政宣讲培训50场，培训1730人次，推荐就业237人。组织40名科级女干部参加进修班，自主开发的《社会性别与男女平等》课程被纳入党校主体班课程。

【家教家风建设】　2022年，市妇联实施“让爱·驻家”项目，开展家风巡讲、家风展示、亲子阅读等活动，被市级媒体平台宣传报道9次。联合市委人才办、市直机关工委开展“情缘连绵·美好遇见”科技城青年人才联谊活动，吸引来自科研院所、高校、机关、企事业单位120名单身青年人才参加，现场开展交流互动和婚恋辅导，促成23对男女成功牵手。实施“依法·带娃”项目，举办家庭教育促进法知识宣讲21次，发放《家庭教育促进法十问十答》1.5万余份。开设绵阳·家课堂，线上推送家庭教育、家庭安全等知识41期。建成市级家校共育实践基地1个，开设线上科学家教知识讲座7期，涪城区、游仙区、安州区等地相继建设家庭教育指导服务中心（站）。

【困难妇女儿童关爱】　2022年，市妇联持续关爱困难妇女儿童。“7·12”“7·16”洪灾后，发动爱心企业捐赠爱心包479套，价值17万余元，为平武、北川妇联拨付工作经费2.3万元。“9·9”公益日期间，发动5.8万人次，募集女童助学金313万元。实施“相伴·成长”项目，整合社会力量走访慰问困境妇女儿童1.07万余人次。以“把爱带回家——送法到家·让孩子健康成长”为主题，开展走访慰问、法治宣讲3380场次。以“少年儿童心向党　用心用情伴成长”为主题，开展暑期安全、课业辅导、托管服务等活动240余次，服务儿童5000余人次。北川妇联“暑期儿童关爱”被中央电视台《新闻直播间》宣传报道。持续实施关爱女性保障计划，为154名患病妇女赔付1298万元；组织发动6.77万名妇女进行免费“两癌”筛查；为35名罹患“两癌”的低收入妇女发放救助金35万元。

【妇女儿童权益保护】　2022年，市妇联建立“妇联组织+社区网格员”工作模式，推动1664名妇联干部与网格员双向任职。全面推进妇女儿童侵权案件发现报告机制，开展维权调研，为7669户家庭建立台账，向1.9万户家庭提供关爱帮扶。在涪城区城厢派出所建立首个进驻公安系统的市级妇女儿童维权站，巩固提升市级示范点3个，为22名城乡困难妇女提供法律援助。继续实施“法律进家”“守护港湾”“雨后彩虹”项目，联合市级媒体以案释法曝光家暴典型案例3期，接待群众来电来访253件。

【妇联组织建设改革】　2022年，全市党建带妇建工作持续推进，市（县）妇联挂职副主席全部配备到位，6个县（市、区）妇联完成换届选举工作。实施基层妇联领头雁培训计划，组织100名妇联干部参加为期5天的绵阳市妇联主席读书班暨巾帼宣讲骨干培训班。推动“两新”组织建立妇女组织，在绵阳经开区万达小区成立绵阳市首家小区妇联，在中科（绵阳）创新园成立四川省首家科技圈妇联。（郭慧莉）

绵阳市科学技术协会

【概况】 2022年，绵阳市科学技术协会（以下简称市科协）融入中心大局，推动科技与经济紧密结合取得新成效。开展人才托举和引进工作，推荐中国青年科技奖、天府杰出科学家等国家、省级奖项候选人，通过“天府科技云”“绵阳海智基地”引入人才，推进“天府科技云”建设，依托保姆式科技服务，促进科技供求对接。2020年、2021年、2022年连续3年被评为全省科协工作综合评价第1名。开展“科学家精神进校园”活动，争创首批全国科学家精神教育基地2个（梓潼两弹城和中物院党校）。在全省率先开展女科技工作者协会筹备工作。市科协被中国科协表彰为全国科普日优秀组织单位，被省科协评为2022年度市州科协精准服务创新驱动发展成效突出单位、2022年度精准服务科技工作者（团队）成效突出单位、精准服务全民科学素质提升工作成效突出单位。

【科技人才托举和引聚工作】 2022年，市科协先后推荐中国青年科技奖、天府杰出科学家等国家、省级奖项候选人6人，获评四川省最美科技工作者2人（中国工程院院士范国滨、四川王朗国家级自然保护区管理局局长赵联军）。评选市最美科技工作者10余人。通过“天府科技云”“绵阳海智基地”线上线下引入国家人才工程、国家特聘人才柏威廉，外籍院士晏敏皓等到绵阳任职，帮助西磁科技、东材集团等引入高层次专家10余人。引导院士、知名专家等顶尖人才参与科技城建设发展，新建省级（院士）专家工作站1家、市级（院士）专家工作站6家，共建成院士工作站2家、专家工作站34家，签约院士2人、专家及其团队168人。

【“天府科技云”建设】 2022年，市科协为市、县两级云服务中心争取运营经费270万元，配齐11支线下服务中心队伍，新增注册科技工作者7204人、企事业单位612家、第三方机构18个，科创工作室1477个，新增科技供给、需求发布项目7307项，科技服务交易352单，实施保姆式服务订单8838单。至年底，全市注册科技工作者9.8万余人，注册企事业单位1.7万家，开设科创工作室1.8万余个、第三方服务机构34个，发布“科技所能”2.5万余项、科技需求2.5万余项，有科技服务成交量3203笔，科技成果1421项，成交量17笔。科研项目承接169项，成交量20笔。

【保姆式科技服务】 2022年，绵阳市科服保姆走访中小企业1000余次，梳理科技成果200余项、技术瓶颈3000余条，实施“线上发布+线下推介”成果转化，云平台线上发布科技成果1200余项。在四川省首届科创会上发布中物院“FLASH放射治疗装置”等科技成果，并实施保姆式“一对一”跟踪服务。促成中物院FLASH成果转化项目作为年度重大科技成果转化项目被写入市政府工作报告。在全省首届科创会上收集的绵阳天捷能源公司“含油废水的收集净化处理的科学研究”、龙华光电薄膜公司“高分子功能薄膜研究材料攻关”技术难题分别得到四川前成科技公司、成都万道生物科技公司等院企专家团队解决。“线上、线下和科创会”三重合力解决佳联佳禧公司“印染前处理高浓退浆废水物处理”、银河化学“铬盐清洁化生产技术开发”等一大批企业急需的技术难题。至年底，全市有科服保姆93人，累计提供保姆服务近1.7万单，完成保姆服务近1.1万单。

【科协智库建设】 2022年，市科协围绕电子信息、智能制造、新材料等主导产业及企业需求，建成以范国滨、张懿、蒙大桥、晏敏皓等多位院士为首的近百人的科技智库6个。出台《绵阳市科技顾问实施办法（暂行）》，聘请孙昌璞、张维岩、蒙大桥3名中国科学院院士和赵宪庚、唐华俊等9名中国工程院院士担任首批绵阳市科技顾问，研究方向涵盖全市“1+4”支柱产业和绵阳首批7个特色园区、9个培育园区。针对企业需求，促成首批科技顾问王琪、范国滨2名院士先后到四川东材科技集团、天仪卫星等企业把脉问诊。

【科普宣传】 2022年，绵阳市新建首批“全国科普教育基地”2家（5·12汶川特大地震纪念馆、北川维斯特农业科技示范园）。安州区创建成为“全国科普示范县”，新入驻“天府科技云”科普惠民基地16家，新建市乡村振兴科普惠民共享基地20家、科普示范社区（村）2个，城市社区专职网格员担当智慧科普传播员成为全省首创。围绕泥石流、防洪防汛、极端干旱天气、疫情防控等情况，发布针对性应急科普知识30余条，将实用科学知识送到群众身边。面向公众提供科学、权威、有趣、有用的科普内容，发布科普动态4000余条，开展智慧科普和直达科普服务近200次，累计服务群众近400万人次。

【青少年科技教育】 2022年，绵阳市开展校园科普活动20余场，覆盖16所中小学校。举办绵阳第37届青少年科技创新大赛、第六届绵阳市青少年机器人竞赛等青少年科技赛事活动。联合市教体局、团市委等单位举办“喜迎二十大 童心永向党”绵阳市庆六一暨校园科技节主题活动，组织全市53所学校、2132名学生参赛。邀请中国工程院院士范国滨走进北川中学作《两弹精神——我们的家国情怀》专题报告，向北川中学赠送《“两院”院士忆高考·77级、78级大学生的高考故事》书籍，激励青少年勇攀科学高峰，树立科技报国远大理想。

【四川省科协天府科技云服务高质量发展推进会成都平原经济区专场在绵阳召开】 2022年6月9—10日，四川省科协天府科技云服务高质量发展推进会成都平原经济区专场在绵阳召开。省科协党组书记、副主席毛大付出席并讲话，省科协党组成员、副主席经戈，绵阳市人大常委会副主任李川萍参加相关活动。会上，成都、德阳、绵阳、资阳四地科协负责人就各地开展保姆式服务和科创会工作情况作汇报。西南科技大学环境友好能源材料国家重点实验室、绵阳科技城中科创新育成中心、绵阳天仪空间科技有限公司科技工作者代表作交流发言。

【绵阳市女科技工作者协会筹备工作领导小组第一次会议召开】 2022年12月7日，绵阳市女科技工作者协会筹备工作领导小组第一次会议在市科协召开，会议通报绵阳市女科技工作者协会筹备进度、商讨《绵阳市女科技工作者协会章程（草案）》等。会议由市科协党组书记、常务副主席主持，市政协原主席张锦明、市市场监督管理局一级调研员任晓平、西南科技大学生命科学与工程学院教授、博士生导师李琼芳等嘉宾和20余名女科技工作者代表参加会议。（王大超）

绵阳市归国华侨侨眷联合会

【概况】 2022年，绵阳市有绵阳籍华侨华人7800余人、绵阳籍归侨侨眷12万余人、留学归国创新创业人员470余人，有侨资企业200余家，聘请海外顾问、海外理事11人，在绵阳投资兴业的外籍华人20余人，保持常态化联系的海外侨团、侨领100余个。绵阳市归国华侨侨眷联合会（以下简称市侨联）开展“夯基提标年”活动，强化制度建设，制定市侨联委员管理办法等制度，规范管理。开展助力文明城市创建、助力城乡环境综合提质等党员志愿服务活动，党员志愿服务时长超过300小时。新侨创新创业工作先后3次接受市人大、市政协视察。支持侨资企业发展，市侨商联合会获评四川省先进，挂牌2家绵阳市新侨创新创业基地，由美籍华人彭泽忠创办的侨资企业四川凯路威科技有限公司在全国2021年度“物联之星”评选中获最有影响力创新产品RFID芯片奖。2022年，市侨联推动绵阳高新区、北川羌族自治县、平武县、游仙区、安州区、涪城区、四川文化艺术学院成立侨联，实现全市侨联组织基层全覆盖，得到省侨联肯定。加强“侨胞之家”建设，实现从基础建设“全覆盖”到功能发挥“全覆盖”的提档升级，在全省第一批实现市级、县（市、区）级及两所高校“侨胞之家”全覆盖。盐亭县“侨胞之家”被中国侨联评为全国侨联系统优秀“侨胞之家”。

【华侨侨眷和侨企服务】 2022年，市侨联先后到各县（市、区）、园区和40余家侨企调研，帮助解决急难愁盼问题30余个，帮助某侨资企业协调收回借款700万元；协调解决侨资企业涉地遗留问题2个；协调三医院、绵阳眼科医院成为市侨商联合会定点保健合作医院；协调处理侨眷投诉12人次。指导基层侨联做好维护侨益工作，安州区与新联会、工商联走访留学生创新创业企业，帮助协调处理营商环境意见建议8条。三台县侨联对重点归侨侨眷做到“家有丧事必访、有重大疾病必访、有重大困难必访”，半年内走访对象近30人，并坚持每周三在“侨胞之家”接待侨界群众来访。盐亭县聘请法律顾问在“侨胞之家”“侨法宣传角”常态化开展法律宣传和服务。

【华侨侨眷社会服务】 2022年，市侨联发挥侨商、侨企优势，服务社会发展。推动5个意向性投资项目考察洽谈，新增投资项目6个，投资额近8亿元。承办第十届科博会“侨智精英科博行”高端医疗装备智造及新材料产业发展论坛，受到中国侨联、四川省侨联和绵阳市委主要领导的肯定和表扬。促成4组投资战略合作项目于论坛签约，2家高端医疗装备企业后与绵阳科技城新区开展实质性交流。开展“梦想田园　侨兴乡村”“双助平武　投资平武”等活动，推动绵阳市商业银行与市侨商联合会建立战略合作关系，协调、争取华侨公益基金和阿根廷华侨华人联合会主席陈瑞平、市侨商会、市侨青会等在抗击山洪、教育医疗等领域捐资捐物260余万元。利用涉外捐资80万元，共整合资金300余万元，在安州区建设“中外友好家园”。

【涉侨交流活动】 2022年，市侨联深化与成渝地区双城经济圈沿线城市开展交流合作，在川渝侨联联席会上作经验交流。与遂宁、德阳、自贡、宜宾等地以“侨”连“桥”共享侨务资源。精选绵阳外交图片参加四川民间对外交流成果展，评选四川文化艺术学院、西南科技大学拉美研究中心为“绵阳市人民对外友好交流基地”，推荐“窝窝店包子”等本地名小吃在“亲情中华”网上夏令营作宣传。发动全市中小学生参加世界华人学生作文大赛，游仙区、江油市、三台县、盐亭县、北川羌族自治县共47人获得奖项，其中一等奖8人。

【国际交流活动】 2022年，绵阳市灵活方式开展国际交流，先后与北美四川总商会、美国华盛顿四川重庆总商会、意大利中国贸易发展促进会、俄罗斯及独联体国家四川商会、日本华侨青年经济文化促进会、新加坡天府会、澳大利亚川渝同乡会、巴西巴中文化交流协会等开展线上线下联谊，与老挝国家工商会开展“中国—老挝职业教育项目”国际交流合作线上座谈会，与韩国昌原市招商引资团召开视频会议，举办“友好城市　共享未来”中国绵阳—日本庄原友好城市青年视频对话活动，共同拍摄两市青年VLOG宣传片，并在全国友协举办的“友好城市共享未来”中日友城青少年“虚拟互访”交流大会展播，获全国友协好评。（蒲　琪）

绵阳市青年联合会

【概况】 2022年，绵阳市青年联合会（以下简称市青联会）围绕抓青年人才政治引领、提升青联组织社会效能、优化青年人才发展环境、夯实青联组织发展基础等引领青年思想、服务青年成长，巩固和发展青年爱国统一战线，获四川省青联

2022年度优秀会员团体。对余家欣等15名优秀青年、国家税务总局盐亭县税务局第一税务分局（办税服务厅）等20个绵阳市青年文明号予以通报表扬，引导广大青年立足岗位建功成才。分群体、分领域、分界别组织青联委员参加“青年大学习”“青联读书社”等学习活动50余期，带动周边青年3000余人参与学习。开展“党的青年运动史”“学习二十大 永远跟党走 奋进新征程”等主题教育实践活动230余场。组织全市青年观看纪念“一二·九”运动87周年主题宣讲。

【社会经济发展服务】 2022年，市青联会实施“建功园区·青年当先”专项行动，推动樊华集团、雪宝乳业等单位结对帮扶7个村，通过升级产品包装、优化销售渠道，助力村集体经济“消薄”。实施“青创计划”，组织24名青联委员注册创业导师为青年答疑解惑、出谋划策，贡献公益时长2000余小时。联动市青年企业家联合会，推出联名银行卡，聚焦餐饮、旅游等领域开展消费让利活动。团结联动联盟各成员单位与青联科学技术界别，开展“人才联谊”“科技论坛”“学术沙龙”等活动。联合中物院共同举办中国科技城青年大讲堂、邓稼先青年科技论坛、“领航”工程总师青年讲座等，覆盖青少年5000余人。协调厦门团市委，组织青联委员参加海峡青年论坛。动员青联委员加入“绵阳造”东莞行、苏州行活动，为展会提供服务，协调市商务局搭桥梁、系纽带，累计促成签约2500余万元。

【绵阳市新兴领域青年联谊会成立】 2022年1月21日，绵阳市新兴领域青年联谊会成立暨第一次会员大会召开。会议审议通过《绵阳市新兴领域青年联谊会章程》《绵阳市新兴领域青年联谊会会议联系制度》《绵阳市新兴领域青年联谊会会员遴选审查、职责要求和评议办法》《关于绵阳市新兴领域青年联谊会会员参加活动的规定要求》《绵阳市新兴领域青年联谊会选举办法》。

（熊 睿）

地理标志保护产品——盐亭梓江鳜鱼

盐亭县的梓江鳜鱼品质优异，其体色明亮、体表光滑、斑点清晰，烹制后汤色浅白、清爽，香气淡雅、持久，肉质细嫩、紧实，滋味鲜美、回甜、无腥味，富含氨基酸、脂肪、钙、硒、锌等营养物质。鳜鱼主要生长在盐亭县梓江河内，而以毛公、两河境内居多。因梓江鳜鱼的肚子周围长满黑、白色斑点，鱼肚肥大，十分像老母猪的肚皮，故盐亭乡民俗称其为“母猪壳”。为保护和发展梓江鳜鱼资源，盐亭县设立梓江鳜鱼保护区。2008年7月，该保护区被省农业厅批准为省级水产种质资源保护区。2009年12月，被农业部批准为国家级水产种质资源保护区，并建立梓江鳜鱼繁育基地。2019年11月，盐亭县梓江鳜鱼被列为地理标志保护产品，保护区域范围为盐亭县凤灵街道、玉龙镇、毛公乡等14个乡（镇、街道）56个村。地理坐标为北纬31°13′—31°46′，东经105°21′31″—105°946′57″。梓江干流流经盐亭县境内110.7千米，周边是梓江鳜鱼的主要产地，保护面积约3333.3公顷，年产量0.125万吨。（编辑部提供）

政法委工作

【概况】 2022年，绵阳市政法系统以党的二十大维稳安保为工作主线，以市域社会治理现代化试点工作为牵引，全力维护政治安全、社会稳定、公共安全、人民安宁，为全市经济社会发展提供坚强政法保障。举办政法领导干部政治培训班，开展政治轮训145次、业务培训517次，贯彻落实《中国共产党政法工作条例》和《四川省贯彻〈中国共产党政法工作条例〉实施细则》，市委常委会研究政法工作15次，省委常委、市委书记对政法工作批示27次，开展政治督察、纪律作风巡察市县政法单位17个。常态化开展扫黑除恶斗争、禁毒人民战争相关工作受到省委政法委书记肯定性批示2次。法学理论研究和法治实践探索工作经验及成效两次在《民主与法制时报》头版头条刊发。《提升立法质效既“行得通”还“办得好”》《绵阳市构建市域特色社会心理服务体系》分别在“中央政法委长安剑”和“长安评论”微信公众号刊载。《绵阳“三精准三融合”开展政治督察推动专项活动走深走实》等7篇经验做法文章被省委政法委专刊刊载。绵阳长安网获评2022年度中国优秀政法网站。

【政法体制改革】 2022年，绵阳市政法机关持续推进执法司法权力运行机制改革和执法司法责任体系、执法司法制约监督体系建设等改革，执法司法公信力进一步提升。推进省以下地方人民法院、人民检察院财物统管，市级财政从2022年起每年预算县级法检两院发展资金不低于2000万元；高标准推动科技城新区法务中心建设。加快推进庭审实质化、办案无纸化、四级人民法院审级职能定位改革，持续推动审判体系和审判能力现代化。推进智慧案管、智慧未检、公益诉讼快速检测实验室二期等智慧检务建设，实现建、管、用融合。统筹推进市、县两级公安机关大部门大警种制、派出所“两队一室”、城区警务运行一体化等重大改革，在全省首先展开“巡防处”一体化勤务模式改革试点。城市公安分局直管全面落地。在全省首先完成复议体制改革。全市社区矫正改革基本完成，北川羌族自治县代表全省第一批智慧矫正试点单位通过司法部智慧矫正中心线上验收。

【政法机制改革】 2022年，绵阳市深化司法领域改革。推进省以下地方法院、检察院财物统管工作。推动科技城新区法务中心建设。探索智能化辅助应用，建成庭审语音智能识别系统，打造互联网庭审法庭和5G参审室，推进庭审实质化、办案无纸化、四级人民法院审级职能定位改革，推动审判体系和审判能力现代化。开展行政违法行为检察监督试点，推进“熊猫未士”未成年人保护智慧平台建设，健全完善检察人员司法责任追究工作程序。贯彻《中华人民共和国社区矫正法》及配套规定，规范完善社区矫正制度机制、执法程序。完成人民陪审员、人民监督员选任、管理、考核等改革，群众参与度全面提升。探索全域诉服实质化模式，推广“非接触式”诉讼服务，打造24小时自助法院，探索全域诉服实质化模式，建立“1+11”全域诉讼服务体系，为当事人提供现场立案、自助立案、网上立案等立案渠道，实现诉讼事项“就近能办、同城通办、异地可办”。2022年，法定审限结案率、收结案均衡度，均排名全省第一。破解执行难问题。构建“党委领导、政府支持、政法协调、法院主办、部门配合、社会参与”的综合治理执行难工作格局，完善行政执法、公安、检察、审判信息共享、案情通报、案件移送制度，形成决胜执行难合力。执法司法监督制约。全年监督立案150件，追捕追诉167人；监督撤案235件；清理2016年以来侦查机关挂案1665件、2770人；对不构成犯罪或证据不足的依法不捕不诉292人。提出刑事抗诉和再审检察建议15件。监督纠正减刑、假释、暂予监外执行不当327人。开展财产刑执行巡回检察，纠正违法情形68件。

【执法司法规范化建设】 2022年，绵阳市委政法委开展“万案大评查”回头看，在全省首先自主开展法院系统二审改判缓刑案件评查；召开全市跨部门办案平台（江油）现场推进会，开展“百案督办”“五年百佳”案例评选，提升执法司法规范化水平。全市人民法院共受理案件1.02万件，审、执结9.34万件，分别上升15.6%、10.3%。案件结收比100.39%、一审判决案件改发率0.81%，位列全省第一方阵。全市人民检察机关办理各类案件9667件。监督立案331件，撤案263件，分别上升169.1%、160.39%。全市公安机关刑事警情下降16.47%，查处治安案件1.61万件，上升93.95%。市公安局连续13年获评全省公安机关执法质量优秀单位，交警支队直属一大队连续6轮获评全国公安机关执法示范单位。全市司法行政机关推动建成公共法律服务平台2249个，受理法律援助案件4928件，为困难群众避免和挽回经济损失6020万余元。

【平安绵阳建设】 2022年，绵阳市完善落实平安绵阳建设考评办法和考评体系，印发《全市夏季治安打击整治“百日行动”责任分工方案》《绵阳市依法严厉打击性侵未成年人犯罪加强源头防范综合治理的责任分工方案》等，统筹推动重点工作任务落实。制定出台全国地级市首部平安建设地方政府规章《绵阳市平安建设规定》。在全省首先建立健全10个重大决策社会稳定风险评估配套制度机制，开展社会稳定风险评估和备案519件，增长440.62%，位居全省第2。全年累计化解纠纷1.5万件，调解成功率98%。以打击整治养老诈骗专项行动、防范校园欺凌联合整治工作为抓手，维护老年人和未成年人合法权益。通过集中整治（4月至10月），全市共立破涉养老诈骗案件171起，成功侦破省督“5·27”生产销售假药案，并受到省公安厅肯定；排查整治问题69个，建立风险隐患“黄橙红”分级管控，养老服务市场失信联合惩戒等长效机制。市委政法委、市教体局牵头联合相关部门，开展为期1个月（11月30日至12月31日）的防范校园欺凌联合整治，共覆盖学生、家长及教职工80万余人，建立健全涉校欺凌线索摸排、校园欺凌公示制度、校园欺凌应急响应等机制，合力维护校园和谐稳定的环境。侦办涉黑性质组织犯罪2起、恶势力集团9个、团伙4个，查处涉黑涉恶腐败和“保护伞”8件、8人。开展“六无”平安村（社区）、平安校园、平安车站、平安小区等基层平安创建活动，共建共治共享的社会治理格局基本形成。共创建省级“六无”平安村（社区）27个、市级100个。“熊猫未士”未检团队负责人雍小凤被党中央、国务院表彰为“全国人民满意的公务员”。市公安局刑侦支队一大队胡祥雨反拐事迹被《人民日报》、中央电视台等数十家中央媒体报道。涪城区司法局城厢司法所邓启贵获评2022年四川十大法治人物。绵阳公交车驾驶员赖宁获评第十四届全国见义勇为模范。

【政法系统优化营商环境服务保障】 2022年，绵阳市政法机关统筹疫情防控和经济社会发展，出台《绵阳市政法系统优化营商环境36条措施》，统筹开展“绵阳市优化营商环境面对面”座谈会涉法涉诉专题34场，市、县两级政法部门主要负责人走访调研重点企业183轮次，143个企业涉法涉诉反映问题全面落实。市人民法院出台《企业知识产权保护和风险防范21条建议》，发布知识产权典型案例，实质化运行4个巡回审判点。市人民检察院创新开展检察护航民企发展开放日活动，推进涉案企业合规管理，持续打造“绵州·吾为之”知识产权保护团队，在重点企业开设13个服务工作站点。市公安局制定出台“放管服改革、便民利企24条措施”和“服务保障稳住经济21条措施”，派出所“一网通办”“一机通办”纳入全省公安机关改革重点项目试点，“私家车省内异地身份证在绵通办”做法在全省推广。市司法局出台《绵阳司法行政职能服务绵阳经济高质量发展十条措施》，开展服务企业专项活动，探索创新合法性审查机制，助力法治化营商环境持续优化提升。

【政法队伍教育整顿】 2022年，绵阳市巩固深化政法队伍教育整顿成果，统筹部署“忠诚铸魂、铁纪担当”专项活动，对照“五大目标”（政治忠诚根基进一步筑牢、为民服务质效进一步提升、主动担当作为进一步彰显、纪律规矩意识进一步增强、政法队伍良好形象进一步树立）、“七大行动”（政治忠诚入心铸魂行动、顽瘴痼疾整治深化行动、纪律作风整肃行动、维稳安保攻坚行动、服务保障“拼经济、搞建设”护航行动、队伍管理风险隐患排查化解行动、暖警爱警关爱行动）任务要求，突出政治建警、改革强警、科技兴警、从严治警要求，推动全市全面从严管党治警向纵深发展。市委政法委组织召开2022年全市政法系统党风廉政建设联席会议，制定全面从严管党治警措施39条。全面复盘教育整顿“顽瘴痼疾”整治情况，整改省贯彻落实《中国共产党政法工作条例》《四川省贯彻〈中国共产党政法工作条例〉实施细则》评估指导组反馈的6个方面35项具体反馈问题。市委政法委会同市委组织部、财政局等16个部门出台爱警暖警政策措施，将因公牺牲、伤残，因病致贫警务辅助人员纳入救助范围。举办“双百全国政法英模”等先进典型事迹报告会31场次。查处违纪违法干警人数较2021年下降45.6%。

（李乐乐）

法治政府建设

【概况】 2022年，绵阳市持续将习近平法治思想列为市政府常务会、党委（党组）理论学习中心组重点学习内容，纳入党校（行政院校）和绵阳高校主课程。把法治政府建设作为全面依法治市的重点任务和主体工程，纳入"十四五"规划和年度目标绩效考核，召开全市法治政府建设工作会，定期听汇报，研究解决突出问题。制定法治绵阳建设"一规划两方案"。召开市委全面依法治市委员会第四次会议，出台《关于进一步加强法律顾问工作若干措施的通知》《关于加快推进公职律师工作若干措施的通知》，加强党政机关法律顾问监督和管理。出台《绵阳市市级行政权力清单》，建立违背市场准入负面清单案例归集和报送机制。印发《关于向市属园区放权赋能的实施方案》，向市属园区下放市级管理权限。绵阳市获评全省城市基层治理示范市，梓潼县入围四川省省级法治政府建设示范县，《"小村规"开创农村"大治理"新局面》入选全省十大法治宣传案例。打造新时代"枫桥经验"行政调解绵阳版，构建市、县、乡、村四级联动"最多跑一地、服务零距离"多元化解体系，依法化解各类纠纷1.3万余件，调解成功率在96%以上。推广"1+8"示范试点成果运用，"游仙区完善全面依法治区领导体制机制实践"入选《法治蓝皮书·四川依法治省年度报告（2023）》。

【依法行政】 2022年，绵阳市制订2021—2025年法治示范创建计划，争创省级法治政府，培育全国市域社会治理现代化试点城市、对外开放法治示范区试点、游仙区"一核三治"城乡社会"微治理"基层依法治理实践、中国科技城法治创新大赛、法治微电影大赛等法治建设实践项目。印发《绵阳市进一步推进行政审批流程再造提升市场主体获得感的通知》《关于向市属园区放权赋能的实施方案》，推动"四减一优"，梳理28条流程再造措施，对36个市直部门（单位）、1569个事项优化提升，精简审批环节1286个，承诺提速89.22%。向市属园区下放市级管理权限51项，8个县（市、区）向县属园区下放县级管理权限1276项。基本实现园区事园区办、企业办事不出园。市本级审批事项办理时间平均提速87.6%。践行"复议为民"宗旨，开展"行政复议进乡村、进社区"宣传活动。推进全国首批"掌上复议"和行政复议与行政应诉工作平台试点，实现网上申请和新收行政复议案件100%线上办案。

【行政决策合法性审查】 2022年，《绵阳市行政规范性文件管理实施细则》出台，向省政府、市人大常委会报备市政府行政规范性文件11件，报备率、合格率均达100%。备案审查各县（市、区）政府、园区管委会和市政府各部门行政规范性文件38件。印发《关于加快推进公职律师工作若干措施的通知》和《关于进一步加强法律顾问工作若干措施的通知》等文件，法律顾问常态化列席市政府常务会议。拓展政府重大行政决策涵盖范围，凡是对经济社会发展有重大影响、涉及重大公共利益或者社会公众切身利益的规范性文件和决策事项，均纳入合法性审查范围。建立重大疑难事项集体研讨审议制度，以"面对面"方式代替"文来文往"，组织相关单位、法律顾问、公职律师以及利益相关方专题研讨协商审议。对于"行"与"不行"从决策主体、决策权限、决策程序和决策内容四个方面全方位释法析理，对"不行"的明确该怎么办。共受理市政府常务会、市土地管理委员会和市规划委员会议题227件，出具审查意见195件，退回审查32件。

【行政执法规范化建设】 2022年，绵阳市细化市场监管、生态环境保护、文化市场、交通运输、农业农村等综合执法改革举措，构建"1+N"县乡执法体系，实践大综合一体化执法、乡镇底线执法机构相通并行、乡镇综合执法辅助人员等改革，初步形成"一综三专"执法新格局。出台《关于全面推行柔性执法清单管理制度的实施意见》，公布28个行政执法领域182项轻微违法行为免罚清单，办理不予处罚和减轻处罚案件2.35万件，减免罚金0.35亿元，惠及2.71万个市场主体，1个典型案例被评为"四川省首违不罚十佳案例"。

【行政复议与应诉】 2022年，绵阳市人民政府印发《关于市、县两级行政复议职责调整的通告》《关于全面落实行政复议决定书网上公开制度的实施意见》等文件，在全省率先完成复议体制改革，推行复议决定书网上公开，有效保障人民群众的知情权、参与权和监督权。全年受理行政复议案件340件，办结336件，直接纠错率为33.33%，网上办理率位居全省前列，梓潼县成为全省行政复议规范化建设示范点。落实行政机关负责人出庭应诉、"旁听庭审+以案为鉴+以案说法"、一案一分析一报告、诉源治理等制度，市政府行政应诉案76件无一败诉，行政负责人出庭率100%。印发《绵阳市行政复议案件评查办法》和《绵阳市行政复议案件评查标准（试行）》，规范案件办理流程。推进全国首批"掌上复议"和行政复议与行政应诉工作平台试点，实现"网上申请"和新收行政复议案件100%"线上办案"。建立健全府院联席、出庭应诉季度通报和"点对点"提示、典型案例研判交流三项机制，增强法治保障力。打造梓潼县行政复议规范化示范点，助推全市行政复议规范化建设。全市共有行政复议机构10个，增编25个。共新收到行政复议申请398件，受理340件。

【行政权力制约和监督】 2022年，绵阳市的行政权力自觉接受市人大及其常委会法律监督和工作监督，主动接受市政协民主监督，定期向市人大及其常委会报告、向市政协通报重大事项。办理人大代表建议289件、政协委员提案537件，办理结果满意率均达100%。政府门户网站共发布政务信息1.6万条，依法公开文件168件，回复网上来信1.2万件，受理有效诉求3.2万件，满意率99.6%。健全政务诚信监测治理机制和政务失信记录、失信责任追究等制度，杜绝“新官不理旧账”问题发生。

【法治化营商环境建设】 2022年，绵阳市以市场主体需求为导向，构筑常态化、近距离、全公开的服务企业机制，建立问题征集、问题汇总、问题解决、问题反馈和解决情况公开、解决情况督查督办的工作闭环。常态化开展“面对面听取意见、实打实解决问题”活动，在线上建立绵阳企业家群和服务院校所工作群，24小时在线解决问题。在线下召开专题座谈会170余场，解决企业诉求2000余个。构建亲清政商关系，升级绵阳民营经济公共服务平台，市场主体净增6.2万户，总数达49.3万户，居全省第2位。

【司法信息化建设】 2022年，绵阳市推进信息化平台运用建设，上线运行“绵企通”平台，注册用户6.6万余户，入驻金融机构102家，公布国家、省、市、县四级涉企政策2538条。运用政策法规公开查询、执法司法信息共享、法律服务等平台，利用大数据、AI技术、3D技术、雪亮工程、应急广播等资源，形成立体化“互联网+”防控体系，共发送短信21.5万余条。“熊猫未士·三江春雨”智慧平台方案入选“2022四川省网络综合治理数字化应用场景优秀解决方案”。编制市、县两级监管事项清单，监管主项1.1万项、子项4.04万项，完备率99.96%。网上“中介超市”选取877个项目，入驻中介机构968家，节约资金50%以上。

（白　琴）

资料链接：

“1+N”县乡执法体系：通过1个主体+N个执法事项构建权责明晰的职能体系。1支队伍+N个执法领域构建深度融合的作战体系。1个指挥中心+N个执法网格构建权威高效的指挥体系。1个小程序+N个监督人员构建全民参与的监管体系。

一规划两方案：《法治四川建设规划（2021—2025年）》《四川省法治社会建设实施方案（2021—2025年）》《四川省法治政府建设实施方案（2021—2025年）》

“1+8”示范试点工作：“1”是指开展全面依法治县示范试点；“8”是指示范推动解决法治建设地方立法质量不高、合法性审查不严、业务与法制结合不紧、行政裁决运用不足、行政执法与刑事司法衔接不畅、生效判决执行难、法治宣传教育实效不高、依法治省考评量化不细共8个具体问题。

四减一优：“减材料”，降低办事门槛；“减跑动”，增加办事便利；“减时限”，提高审批效率；“减费用”，精准让利惠企；“优流程”，提升服务质效。

公　安

【概况】 2022年，绵阳市公安系统做好党的二十大安保维稳等重大任务，确保全市政治社会大局持续安全稳定。至年底，绵阳市公安系统坚持依法严打和系统综合治理，全市刑事警情下降16.47%，移送起诉上升15.69%，查处治安案件上升93.95%。常态化开展扫黑除恶斗争，打掉涉黑集团2个、恶势力集团10个、恶势力团伙4个。电诈立案数、案损数和抓获数、破案数实现“两降两升”。找回失踪被拐人员136人。参与“7·12”平武和“7·16”北川山洪抢险救援和善后工作。市公安局被省公安厅记集体二等功，获全省市（州）公安工作成效一等奖。绵阳师范学院警务服务中心经验做法得到省公安厅肯定和推广。

【维护社会稳定】 2022年，绵阳市公安系统完善党政主导、地方主责、行业主管、公安主动的重大风险预防化解体系，常态化运行“风控办”和“风控责任专班”，落实排查、研判、化解、稳控、处置全闭环措施，风险隐患“动态清零”，涉稳案事件下降40.1%。深化运行政法主统、公安主战、信访主力、属地和部门主责责任体系，开展党的二十大维稳集中攻坚和“依法治访”专项行动。

【打击刑事犯罪】 2022年，绵阳市立刑事案件9464件，下降17.2%；破获各类刑事案件5157件，破案率54.5%，破案率上升1.4个百分点，个人极端案事件和重特大公共安全事故“零”发生。常态化开展扫黑除恶斗争，共打掉涉黑集团2个、恶势力集团10个、恶势力团伙4个。贯彻《中华人民共和国反电信网络诈骗法》，打击治理电信网络诈骗活动，破获电信诈骗及关联案件数量增长51.05%，抓获电信诈骗及关联案件嫌疑人数量增长33.89%。

【打击经济犯罪】 2022年，绵阳市打击合同诈骗、职务侵占、挪用资金、保险诈骗等各类涉企经济违法犯罪活动，维护企业合法权益。到重点企业开展法治宣传，加强涉项目建设矛盾纠纷排查化解，建立完善“项目警长制”“伴随保障制”，服务企业健康发展。侦办涉企经济犯罪案件53起，为企业挽回经济损失4.63亿元。

【服务保障】 2022年，绵阳市公安局制定“放管服”改革、便民利企“24条措施”和服务保障稳住经济“21条措施”。推动“12345”政务服务便民热线与“110”报警服务台高效对接联动。完成“一窗通办”“一机通办”等全省公安机关改革重点试点项目。“私家车省内异地身份证在绵通办”在全省推广。完成南郊机场1.56万架次航班、旅客166.1万人次安全运输保障任务。推动《绵阳市养犬管理条例》实施。完成第十届科博会等安保工作。

【公安执法体系建设】 2022年，绵阳市公安系统编制“十四五”规划。推动城市公安分局直管全面落地，情报指挥行动一体化警务运行机制、治安防控、破案打击、资源配置、大监督“五个一体化体系”初步建立。视觉信息智能化应用平台建成投用，视频监控、人脸卡口、车辆卡口等总路数跃升至全省前列。市、县两级公安机关执法办案管理中心开工率100%，市公安局连续13年获评全省公安机关执法质量优秀单位，交警支队直属一大队连续6次被公安部评为全国公安机关执法示范单位。安州区分局花荄派出所入选全国第二批枫桥式公安派出所，全市枫桥式公安派出所总数位居全省第二。

【公安队伍素质建设】 2022年，绵阳市公安系统探索在特巡警支队和交警支队建立专门监督机构，持续构建绵阳公安大监督格局。实施“1356绵警英才”计划，建成12类、533人专业人才库和490人教官库，并计划通过1—3年的努力，在市、县两级公安机关建立拥有100名左右优秀年轻领导干部人才、300名优秀民警人才、500名左右优秀专业人才和600名左右优秀教官的公安人才队伍。143名干部交流任职，队伍机构进一步优化。推动16个部门在全省率先联合出台贯彻落实全国公安系统英雄模范立功集体表彰大会精神“实施意见”。率先建成“全省公安机关新媒体示范工作室”，国家级、省级主流媒体刊播绵阳公安报道1500余条。谌晓蓉、政保支队等获评全国公安系统先进典型，16人记二等功及以上奖励，27人受到省部级及以上表彰。

（李继锋）

检　察

【概况】 2022年，绵阳市人民检察机关落实《中共中央关于加强新时代检察机关法律监督工作的意见》，以高度的政治自觉、法治自觉、检察自觉担当作为。共批准和决定逮捕各类犯罪嫌疑人729人，提起公诉3621人。批准逮捕涉黑恶势力犯罪37人，起诉34人。突出惩治重点，起诉严重暴力犯罪283人、多发型侵财犯罪905人、涉众型经济犯罪62人、网络犯罪367人、黄赌毒犯罪510人。围绕绵阳市安全生产专项整治三年行动，组织开展城市公共安全治理专项监督、安全生产领域公益诉讼专项监督、涪江流域“防洪度汛”公益诉讼专项监督，共办理各类诉讼及监督案件135件。与重庆等地检察机关建立关于保障成渝地区双城经济圈建设、涪江流域上下游生态环境资源保护、大熊猫国家公园跨区域公益诉讼保护等协作机制，联动办理跨区域案件161件。起诉破坏环境资源保护犯罪144人，办理生态环境领域公益诉讼案件117件，推进“河湖长+检察长”“林长+检察长”工作机制，办理涉河湖案件123件、涉林案件109件。市人民检察院第七检察部主任雍小凤获评全国人民满意的公务员。

【刑事检察】 2022年，绵阳市人民检察机关实质化运行12个侦查监督与协作配合办公室。监督立案150件，追捕追诉167人；监督撤案235件；清理2016年以来挂案1665件、2770人；对不构成犯罪或证据不足的依法不捕不诉290人。完善行政执法与刑事司法双向衔接，建议行政执法机关移送涉嫌犯罪案件30件；建立检察机关对被不起诉人依法移送主管机关给予行政处罚机制，向有关行政机关移送不起诉案件57件。办理减刑、假释、暂予监外执行案件1792件，开展财产刑执行巡回检察，纠正违法情形67件。完成对崇州监狱、川西监狱、大英监狱的交叉巡回检察。

【民事检察】 2022年，绵阳市人民检察机关办结民事生效判决、裁定、调解书监督案件264件，提请抗诉46件，提出抗诉45件，提出再审检察建议24件。办结民事审判程序监督案件174件，提出检察建议167件。办结民事执行监督案件139件，提出检察建议109件。采用刑民并进模式从严惩治虚假诉讼，起诉相关犯罪3人，提出虚假诉讼民事监督意见11件。

【行政检察】 2022年，绵阳市检察机关办结行政生效判决、裁定、调解书监督案件31件、行政审判活动监督案件22件、行政非诉执行监督案件84件。在四川省新华强制隔离戒毒所设立派驻检察官办公室，开展司法行政强制隔离戒毒检察监督试点；探索开展行政违法行为检察监督，对在履行法律监督职责中发现的行政机关违法履职或者怠于履职，提出检察建议59件，相关经验做法被最高人民检察院推广。

【公益诉讼检察】 2022年，绵阳市人民检察机关立案办理公益诉讼案件469件，制发诉前检察建议350份，整改率99.61%。针对诉前检察建议整改落实不到位、公共利益未得到有效保护的，向法院提起行政公益诉讼2件。

【未成年人司法保护】 2022年，绵阳市人民检察机关推动家庭、学校、社会、网络、政府、司法“六大保护”协同发力。分别与相关部门构建“民主监督+志愿服务”工作机制，建立未成年人公益诉讼观察员制度，建立家庭教育指导工作站，设立未成年人观护帮教基地。起诉侵害未成年人犯罪178人。对未成年人犯罪依法不起诉25人、附条件不起诉54人。开展“检爱同行 共护未来”未成年人保护法律监督专项行动。举行江油市未成年人观护帮教基地揭牌仪式。加强涉罪未成年人观护帮教，为迷途少年重新回归社会提供良好环境。

（洪　程）

绵阳市各级人民检察机关举报电话号码一览表

表10

绵阳市人民检察院	举报电话	绵阳市人民检察院	举报电话	绵阳市人民检察院	举报电话
绵阳市涪城区人民检察院	0816-2212000	三台县人民检察院	0816-5222000	北川羌族自治县人民检察院	0816-4822745
绵阳市游仙区人民检察院	0816-2282000	盐亭县人民检察院	0816-7123620	绵阳市高新区人民检察院	0816-2190180
绵阳市安州区人民检察院	0816-4332000	梓潼县人民检察院	0816-8212000	绵阳市小枧地区人民检察院	0816-2347873
江油市人民检察院	0816-3362000	平武县人民检察院	0816-5390983	绵阳市经开区人民检察院	0816-6312309

法 院

【概况】 2022年，绵阳市人民法院系统受理各类案件10万余件，办结9.7万余件；其中市中级人民法院受理1万余件，办结9675件。全市人民法院法官人均结案272.5件，主要办案质效指标位列全省第一方阵，4个基层人民法院各项指标排名全省前50，创历史最高水平。全市人民法院审结一审刑事案件2484件，审结一审民商事案件5.6万余件、审结一审行政案件667件。执结各类案件3.1万余件，执行到位35.4亿元，实际执结率提升36.1%。举办“子云司法论坛”“子云讲堂”，将业务骨干、高级法官纳入讲师名单，打造“三高六质”审判队伍，3名法官晋升全省审判专家序列，31篇调研论文获奖，获奖论文数量、得分均位居全省地级市首位。走访调研企业198家，开展“讲法助企”法治课堂活动66次，组织“营商环境面对面”座谈会12场，参加座谈企业279家，现场办公、限时办理涉法涉诉问题523个。围绕“园区提质”“企业满园”行动，新建园区巡回审判点、法官工作站12个。

【刑事审判】 2022年，绵阳市人民法院系统审结各类刑事案件2697件。严惩故意杀人、抢劫、强奸等严重暴力犯罪85件、96人。常态化推进扫黑除恶斗争，审结涉黑涉恶案件3件、48人次，依法审结王某等18人组织、领导、参加黑社会案件，对主犯判处有期徒刑20年。治理民生领域腐败和群众身边“微腐败”，惩处涉民生资金、征地拆迁等职务犯罪公职人员58人。

【商事审判】 2022年，绵阳市人民法院系统审结商事案件4.6万余件，其中审结涉市场主体案件3.6万余件。开展拖欠企业账款专项执行行动，帮助企业快速回笼资金13.8亿元。审结破产及清算案件21件，依法化解不良债务51亿元，盘活土地房产5.97万平方米。强化重整挽救功能，推动丰谷酒业重整。成功调解四川子柒文化传播有限公司与杭州微念品牌管理有限公司合同纠纷案。

【民事审判】 2022年，绵阳市人民法院系统围绕保交楼、保民生、保稳定目标，妥善审理房地产企业债务纠纷案件，审结房屋买卖、租赁、装修、物业服务等纠纷案件9147件。加强司法救助，为627名经济困难当事人依法缓、减、免交诉讼费387万元。深化家事审判改革，完善家事调解、家事调查、心理疏导等机制，审结婚姻家庭案件8275件。加大失信惩戒力度，发布失信被执行人名单2676人次，罚款29.8万元，拘留46人次，限制高消费20474人次，限制出境7人次。

【行政审判】 2022年，绵阳市人民法院系统共建法治政务环境，审结行政案件1237件，行政机关负责人出庭应诉率92.3%。以行政案件相对集中管辖为契机，绵阳经开区人民法院建立行政争议诉前和解机制，创新行政争议“多元解纷+多方确认”模式，运行2个月实质化解争议13件，纠纷化解时间比平均审判时限缩短68天，推进行政案件繁简分流改革，组建繁简专业审判团队，快审行政案件83件，审判时限同比缩短53天，服判息诉率增长18.9%。

【知识产权保护】 2022年，绵阳市人民法院系统设立科技城新区直管区人民法庭，推进知识产权审判“三合一”改革，依法审结知识产权案件486件，成功调解矛盾纠纷260件。出台《企业知识产权保护和风险防范21条建议》，发布知识产权典型案例，实质化运行4个知识产权巡回审判点。加强优质农产品地理标志保护，建立麦冬产业园区知识产权司法保护联系点，保障区域特色经济发展，依法审结平武虎牙藏族民间文学著作权纠纷案，加强文化知识产权保护。依法审结电视剧《红灯记》改编权纠纷案，并入选国际保护知识产权十大热点案件。

【公共安全法治保障】 2022年，绵阳市人民法院系统严惩食品药品、危险驾驶、高空抛物等危害公共安全案件361件、378人，对制售“地沟油”的史某、赖某受到法律惩罚；审结电信网络诈骗及上下游犯罪案件182件、459人，判处罚金837.1万元，追赃挽损609.9万元，有效铲除电诈犯罪滋生土壤。审结张某等73人诈骗案件，庭审视频获400万余人观看；打击整治养老诈骗，守护人民群众“养老钱”，审结林某、刘某梅以养老服务为名实施的非法集资案件，该案入选全省十大典型案例。

【诉源治理】 2022年，绵阳市人民法院系统建立“1+N”多元解纷机制，加强诉非衔接，对物业合同等7类案件先行启动调解程序，推动1.2万余件矛盾纠纷源头预防、前端化解。健全公益律师入驻法院长效机制，引进12家律师事务所，实行公益律师轮流在岗坐班，接待当事人1863次，提供法律咨询2938次，调解矛盾纠纷、参与信访案件处置1074件，有效减轻人民群众诉讼成本和诉讼负担。常态化开展败诉当事人走访活动，建立司法释明答疑中心，强化判后答疑刚性运行，全市人民法院案件服判息诉率提升至94.65%。

【四级法院审级职能定位试点】 2022年，绵阳市人民法院系统制定《完善四级法院审级职能定位试点实施细则》，推动案件审级精准分流。市中级人民法院从革新办案载体上方便群众，对审判法庭进行升级改造，实现庭审语音识别系统全覆盖，庭审时间缩短41.6%。优化升级“线上+线下”诉讼服务体系，网上立案率达97.3%。加强群众诉讼服务体验，实质化运行24小时自助法院9个、5G参审室6个。落实无纸化网上立案改革，便利当事人诉讼、缩短办案周期、降低解纷成本。推进集中送达改革，电子送达29万余次，成功率63%。 （任 之）

司法行政

【概况】 2022年，绵阳市司法行政系统深入贯彻习近平法治思想，做好市委层面定期研究，部署依法治市基础工作，制定2021—2025年法治示范创建规划。推进全国市域社会治理现代化试点城市、对外开放法治示范区试点、游仙区“一核三治”城乡社会“微治理”基层依法治理实践、中国科技城法治创新大赛、法治微电影大赛等法治建设实践项目。健全法治建设督查考核机制，细化考核指标，严格落实党政主要负责人履行推进法治建设第一责任人职责，县（市、区）党政主要负责人轮流在市委全面依法治市委员会会议上述法。在合法性审查、行政复议等关键环节探索建立全程纪实规范化流程，完善动态管理、跟踪问效等政治要件闭环落实机制。《“小村规”开创农村“大治理”新局面》案例入选省“十大”案例。全市17个村（社区）被命名为全国民主法治示范村（社区），实现全国民主法治示范村（社区）县域全覆盖，数量位居全省第二。

【普法工作与依法治理】 2022年，绵阳市制定出台全国地级市首部关于平安建设的政府规章《绵阳市平安建设规定》。全面实施“八五”普法，在市级层面首次举办“12·4”主题活动网络直播，吸引近50万名市民观看。北川羌族自治县设立法律咨询台“以案释法”，送法进乡村，在公交车、出租车设置主题图片及二维码线上普法的做法，被央视《新闻联播》报道；三台县100多所学校将《中华人民共和国宪法》的学习宣传贯穿到思政课，送《中华人民共和国宪法》进校园，被四川新闻联播报道。梓潼县《“小村规”开创农村“大治理”新局面》入选四川省十大案例。

【人民调解】 2022年，绵阳市司法局打造新时代“枫桥经验”绵阳版，整体推进矛盾纠纷大调解机制、队伍和软硬件建设，推进行业性专业性调解，新建寄递物流行业纠纷、网约车行业纠纷、知识产权纠纷、税费纠纷等调解组织12个。依托2372个调解组织，开展调解促稳定、喜迎二十大“三查三化三优”专项行动，全市各类调解组织共化解矛盾纠纷12335件，化解成功率在97%以上。

> **资料链接：**“三查三化三优”：三查即紧盯日常排查、紧盯专项排查、紧盯重点排查；三化即提前介入化解、联合攻坚化解，依理合法化解；三优即优化调解组织、优化调解队伍、优化制度机制。

【社区矫正和安置帮教】 2022年，绵阳市社区矫正改革基本完成，北川羌族自治县代表全省第一批智慧矫正试点单位通过司法部智慧矫正中心线上验收，梓潼县完成司法部智慧矫正中心创建验收申报。贯彻落实底线安全观，做好监管教育相关工作，全年未发生一起社区矫正突发案（事）件。全市共建远程视频会见（探访）系统98个，实现市、县两级全覆盖，累计开展远程会见2667次，服务服刑人员亲属3753人次，接待公安、法院办案257人次。刑满释放人员安置帮教率达99%，刑满释放人员5年内重新犯罪率控制在2%以内。

【公共法律服务】 2022年，绵阳市全面完成166个司法所规范化建设，8个司法所分别被命名为“省级枫桥式司法所”“服务乡村振兴示范司法所”，新增5个司法所接受全省第三批“省级枫桥式司法所”验收。持续推进公共法律服务体系建设，探索在工业（产业）园区、开发区、经济试验区等建设公共法律服务站（点）。全市建成公共法律服务实体平台2249个，基本实现实体平台四级全覆盖。各级法律援助机构受理法律援助案件4928件，为困难群众避免和挽回经济损失6020万余元。7家司法鉴定机构开展司法鉴定文书质量专项检查、通报、整改，规范司法鉴定投诉处理。推进公证机构标准化创建，开展公证文书质量专项检查和公证质量大评比，持续提升公证行业公信力。全市共办理各类公证事项23571件，办理免费、减免公证310余件，减免公证收费50万余元。开展仲裁信息化办公系统、案件系统、智慧庭审系统建设，打造一流仲裁队伍。共受理各类民商事仲裁案件409件，受理案件总标的额10.88亿元。

【律师工作】 2022年，绵阳市司法行政系统承接刑事案件律师辩护全覆盖、律师专业水平评价体系和评定机制等试点。抓好律师协会换届，整合行业纪委与协会惩戒委工作，建立党纪处分和行政处罚、行业处分联动机制，做到一处受理、多重查处，强化律师行业自律意识和有效监管。全市律师事务所达76家，有律师1362人。担任党政机关、人民团体及企业法律顾问近3000家，律师参与刑事辩护代理4339件、民事案件代理15826件、行政案件代理555

件，办理各类非诉案件3694件，接受咨询和代书7955件，参与仲裁719件；参与公益法律服务6025件次；参与办理各类法律援助案件2879件次。开展各类法治宣传、培训等500余场次。（白 琴）

仲 裁

【概况】 2022年，绵阳市仲裁委员会（以下简称市仲裁委）重视裁决文书质量，获得司法部中国法律服务网仲裁案例库收录对赌协议纠纷、股东资格确认纠纷、租赁合同纠纷和建设工程合同纠纷等优秀仲裁案例5件。共受理各类民商事仲裁案件443件，争议标的额11.64亿元。审结案件362件。其中，裁决结案195件，占结案总数的53.87%；调解结案91件，占结案总数的25.14%；以撤回方式结案76件，占结案总数的20.99%。仲裁裁决被人民法院撤销0件，被人民法院裁定不予执行0件。

【仲裁制度建设】 2022年，市仲裁委出台《绵阳仲裁委员会仲裁暂行规则》，新增电子送达，允许录音录像的记录方式和当事人复制笔录等内容，追加当事人条款，仲裁庭制定审理措施等规则，为仲裁高效率、专业性、公信力建设夯实基础。出台《绵阳仲裁委员会仲调对接暂行规则》，推进平等主体的公民、法人和非法人组织之间发生的合同纠纷和其他财产权益纠纷，经调解组织、人民法院诉前调解或者自行协商后达成调（和）解协议，仲裁庭将符合确认条件的调（和）解协议转化为仲裁中的调解书等实现仲裁与调解的无缝对接，赋予强制执行力。修订《绵阳仲裁委员会仲裁员守则》《绵阳仲裁委员会仲裁员聘用和管理办法》等文件，提高仲裁员准入门槛、强化培训考核、完善惩戒机制，助力仲裁案件质量与仲裁公信力提升。将仲裁受理费调整为按照《仲裁委员会仲裁收费办法》的最低标准执行，减轻当事人负担。

【仲裁信息化建设】 2022年，绵阳市智慧仲裁庭审系统建成，实现远程在线开庭。"互联网+"远程视频仲裁，依托市仲裁委智慧庭审和互联网庭审系统，实现多方高清音视频庭审，实时庭审记录画面，仲裁参与人可通过手机、电脑客户端，微信小程序一键入庭；引入"科大讯飞人工智能感知能力平台"，实现仲裁参与人语音实时转写，以及转写文字的后期处理和字音同步对齐。

【宣传走访】 2022年，市仲裁委通过微信公众号共发布文章75篇。其中，原创文章15篇，内容涵盖案例速递、仲裁指引、仲裁新闻等，微信公众号及官网浏览量近3.56万次。制作《绵阳仲裁委员会电子期刊》12期，通过微信或邮箱发送、官方网站发布等方式向相关部门、企业、行业协会、商会、个人发送2万余人次。通过走出去与引进来相结合战略，全方位、多角度、多样化宣传仲裁。开通立案咨询窗口，通过解答咨询，开展法治宣传，共接待来电来访咨询近2000次。（孙钰莹）

地理标志保护产品——江油中坝口蘑酱油

清香园酱园创建于清道光初年，由创始人冯道人在江油中坝镇北门创立。招牌产品为中坝口蘑酱油，其最大特色为在保持传统酿造技艺的基础上，加入口蘑作为重要配料，色泽褐亮、形态浓酽、无沉淀、酱香浓郁，适于烧、炒、炖、卤、凉拌等多种烹饪方式，在川渝两地长期享有盛誉。清道光八年（1828），清香园中坝酱油被奉为贡品，逐渐成为"川菜调料八珍"之首。1932年，清香园酱园更名为精诚酱园。中华人民共和国成立后，经历了公私合营、集体化、股份制，在"让健康代代相传"理念的引导下，清香园从一个古作坊发展成为拥有"清香园绿色食品产业园"的现代企业。清香园"中坝口蘑酱油"先后入选《中国名食百科》和《中国土特产辞典》，并获评"中国食品行业名牌产品""中华老字号""四川名牌产品"；被国家质检总局列为首批国家免检产品，获评全国酱油行业"国家原产地标记保护产品"，并出口北美、东南亚等地。（视觉绵阳提供）

绵阳军分区

【概况】 2022年，绵阳军分区贯彻习近平强军思想，落实省军区党委和市委部署要求，把学习宣传贯彻党的二十大精神作为首要政治任务，制定印发《军分区学习宣传贯彻党的二十大精神措施办法》，按照反复学原文、广泛听宣讲、精心搞培训、常态抓落实四个步骤，“十个一遍”的学习宣传贯彻措施，组织全员收看大会实况、通读报告原文、召开全会研学、领导带头宣讲、举办每周一课，迅速掀起学习热潮，更新更换营区展板橱窗40余块。以落实省军区《党的建设规范化手册》为契机，系统组织党内法规集训，研究制定全面从严治党主体责任清单，开展主官队伍领导力建设，召开军分区党代表大会。贯彻军委人才建设会议精神，执行新的政策制度，组织各类人员任用考核，规范抓好文职人员招聘培训，推进士兵军衔转换和补晋退役，创新抓好专武干部选配管理。完成分区民兵装备仓库编制体制调整改革并于1月1日揭牌；完成平武、北川山洪灾害抢险任务；组织参加省军区“天府精兵-2022”比武竞赛，获得2个单项第1名等成绩。

图41 9月27日，中国共产党绵阳军分区第十九次代表大会召开（绵阳军分区提供）

【政治思想工作】 2022年，绵阳军分区深化“忠诚维护核心、矢志奋斗强军”主题教育，开展“学思想、铸忠诚、担使命”和庆祝中国人民解放军建军95周年系列活动，创新开展“四珍、四创”教育实践活动和政治教员岗位练兵比武。组织“四严、四整”专题教育整训，开展涉军网络环境和“翻墙”上网问题专项整治，抓好重点人员政治考核，部队保持高度集中统一和纯洁巩固。落实军委主席负责制“三项机制”，做好信息服务，要讯积分位居全省前列，“天府长城”微信公众号积分排名全省第4，《强军战歌》创作作品获评省军区一等奖，3篇作品被评为“五好”优秀作品。

【军事训练】 2022年，绵阳军分区坚持把备战打仗作为第一要务，常态保持民兵战备值班，完成基干民兵训练，参加“天府精兵-2022”民兵骨干比武竞赛，获得2个单项第1名、1个单项第5名、1个全能第4名和团体第6名的优秀成绩。注重在用兵中练兵，出动民兵，完成森林防灭火等任务，完成平武“7·12”、北川“7·16”山洪灾害救援任务，多次受到西部战区、省军区

图42　绵阳军分区参加省军区“天府精兵-2022”比武竞赛获奖人员合影（绵阳军分区提供）

表扬，平武县人武部部长谢锐获评省军区首届“感动我们的先锋”。

【国防宣传教育】　2022年，绵阳军分区研究应对强敌常态戒备和军事斗争动员任务清单，精准掌握全市备战打仗重点资源。高质量完成普通民兵、基干民兵编建，完成2022年度新兵和直招军士征集任务，大学生占比88.4%，大学毕业生占比57.9%，征兵“五率”总评优秀。依令完成国防教育体制改革，有序完成全市10万名学生军训任务，12所学校被复核认定为全国国防教育示范学校。持续开展国防教育“七进”活动，到党校、高校宣讲12次；在第22个全民国防教育日活动期间，制作发放宣传册3万份，宣传展览21场次。

【基层规范化建设】　2022年，绵阳军分区定期分析基层建设形势，常态化开展常委挂钩帮带，规范“四个秩序”，抓好干休所达标建设、基层武装部规范化建设、专武干部队伍建设。各人武部协调驻地党委政府改造基础设施、改善硬件条件。坚持“三个不降”优化老干部服务保障，开展“守初心、严纪律、葆本色”专题教育，以及工作人员“三查”教育整顿，用心用情解决老干部困难。攻坚完成三年集中移交任务，将6名离退休干部顺利移交地方部门。组织安全大检查和“百日安全活动”，开展微信失泄密等专项整治，高标准迎接全军安全大检查，部队安全发展基础更加牢固。

【拥军优抚】　2022年，绵阳军分区推动《党管武装工作〈三项清单〉》落实，绵阳市出台《关于鼓励高新企业积极参与新域新质民兵建设的措施》《关于加强军地应急力量联建联训联用联保的意见》《关于进一步做好军人子女义务教育阶段教育优待工作的通知》等系列拥军政策，制度性解决随军家属就业安置和军人子女教育优待问题，解决随军家属工作安置、军人子女教育优待。协调做好国防大学、国防科技大学到绵阳实地教学。军地联动开展慰问驻绵阳部队、欢送入伍新兵、迎接退役老兵和送立功喜报等活动，共为239名立功受奖军人家庭送喜报。支援驻地经济社会建设，投入近百万元支持绵阳市乡村振兴建设。

【山洪灾害抢险】　2022年7月中旬，绵阳市的平武、北川等地分别遭遇强降雨过程。7月12日和16日，平武县木座藏族乡和北川羌族自治县白什乡分别发生山洪灾害。接到抢险救灾命令后，军分区立即启动应急预案，组织两地预备役官兵和民兵全力开展抢险救灾。其间，共避险转移受威胁群众1180余人，解救转移被困群众150人，清淤面积2000余平方米，搜寻河道120余千米，搭建板房、帐篷70间（顶），搬运物资32吨。

【中国共产党绵阳军分区第十九次代表大会举行】　2022年9月27—28日，中国共产党绵阳军分区第十九次代表大会在绵阳举行。大会期间，审议通过中国共产党绵阳军分区第十八届党委工作报告和中国共产党绵阳军分区第十八届纪委工作报告。大会全面总结过去五年工作，安排部署今后五年目标任务；会议选举产生新一届军分区党委班子成员和新一届军分区纪委班子成员。省委常委、市委书记、军分区党委第一书记曹立军出席大会并讲话。　（张　宝）

图43　7月12日，平武县人民武装部组织民兵抢险救灾（绵阳军分区提供）

图44　5月19日，市国动办组织党员干部赴江油市武都镇王右木纪念馆开展主题党日活动（市国动办提供）

国防动员

【概况】　2022年，绵阳市国防动员工作按照省委、省政府和市委、市政府，绵阳军分区和省人防办的决策部署，围绕人防系统“四全”奋斗目标，推进人防信息化升级改造和疏散基地建设，完成审批行政事项422个，审批人防工程多个，开展人防应急通信专业训练，组建多支专业队伍，完成国防动员体制改革。

【人防重点项目建设】　2022年，绵阳市人防重点项目建设在信息化升级改造项目上，向四川省人防办申请专项补助资金，贯彻落实市政府专题会议精神，推进项目设计招标、施工设计、专家评审、技术审查、上报审定、财评等程序；平武县通信系统建设项目立项，三台县、梓潼县通信系统设备升级改造项目建设。在疏散基地项目上，完成与富达公司关于原人防（民防）疏散基地项目的移交；新选址的人防疏散基地完成项目建设方案、造价估算编制和市发改登记赋码等工作。完成公园路人防工程消防升级改造，并参与越王楼片区提升改造、火车站站前广场改造提升项目建设，推动龟山、黄土梁历史遗留问题处置，化解人防历史遗留问题。

【人防行政审批与监管】　2022年，绵阳市国动系统共参加专家评审会议100余次（市本级47次），审批行政事项422个，审批人防工程多个。组织开展2022年度人防工程建设质量管理培训，提升人防监理、设计、生产等单位和队伍技术能力；强化结建管理，落实地灾防治，按时报送城区老旧人防工程全面检查评估情况，先后对全市防空地下室隐蔽验收现场督察600余人次，对多个防空地下室项目竣工验收备案。持续采取强制执行、非诉执行、发送律师函等多种形式，对拖欠人防易地建设费项目进行追缴；办结市民李某某政府信息公开诉讼案；对绵阳科技馆损毁人防工程问题进行调查取证和协商解决。

【人防应急训练】　2022年，绵阳市制订并落实年度人防专业队训练计划，先后开展8次人防应急通信专业训练，组织市、县两级人防机动指挥分队赴广元、南充两市开展跨区支援协同训练；制定印发全市人防大练兵活动方案，组织全市人防系统在梓潼“两弹城”——市人防宣教中心开展全市人防大练兵活动暨2022年全市人防机动指挥所操作人员培训，提升全市人防机动指挥通信队伍快速反应能力。正常开展省、市、县三级通联训练，完成年度通信保障任务。在绵阳军分区的指导下，会同市级防空专业队伍组建单位，完成多支专业队伍组建；开展防空方案修订、编制工作，并

图45　5月9日，市人防办信息化升级改造项目设计对接会召开（市国动办提供）

完成总体方案的编制招标；指导全市重要经济目标单位完成防护方案修订。

【人防预警制度建设】 2022年，绵阳市制定完善防空应急各类预案；定点干部牵头完成临时转移安全屋建设专项任务，对重点人防工程防汛及消防工作开展巡查；启动防空警报网建设规划编制工作；对中心城区防空警报站点进行全覆盖检修，完成“9·18”“12·6”全市防空警报试鸣活动；落实市政府办关于应急值班值守要求，修订完善《值班管理规定》，配置钉钉值班专用报送终端，落实领导带班和24小时值班制度。

【市县两级人防体制机制改革】 2022年，绵阳市在国防动员体制改革上，学习领会中央和省委关于国防动员体制改革的决策部署，提高对改革的思想认识，明确改革的方法路径，增强改革发展的信心和决心；根据改革工作安排，先后配合市委改革办、编办，共同完成市、县两级调查研究、改革方案起草等事项，确保改革各项工作顺利推进。在人防行政审批改革上，贯彻国家、省《优化营商环境条例》，落实“百名局长进大厅”活动，实施优化营商环境“面对面”行动；支持“园区提质”放权赋能行动，将工业项目行政许可下放至绵阳经开区、科技城新区、绵阳高新区、仙海区。同时，将人防服务事项全部前移至政务窗口，落实小项目窗口办、大项目会议定、多件合办、容缺先办等机制，进一步优化营商环境。

（张　明）

地方名产——江油肥肠

江油肥肠发源于江油，深受全绵阳人喜爱。江油旧属龙安府，地瘠民贫，从事重体力劳动的人较多，习惯于早餐吃饱且要沾荤。因猪大肠价格便宜，遂以红烧的方法烹调，满足生存需要。清末民国初，江油县中坝场青龙街东南方的大河坝上摆摊设点叫卖者甚众。摊主将肥肠同猪血、心肺同烧，食客多为劳力者或过往行商走贩。20世纪50年代，江油县饮食服务公司在太平场一带开设国营餐馆，销售肥肠和干饭。80年代中期，肥肠馆如雨后春笋般出现，较知名的有“小小吃”餐馆、金轮村“宋肥肠”。如今，知名老店有川罗肥肠、健民肥肠、小小吃肥肠、周肥肠、城边肥肠、刘留肥肠等。江油肥肠的传统制作方法是将新鲜的猪大肠撕油洗净，煮成六七分熟，待冷却后切成二三厘米长的短节，放入油锅内煸炒，并放入本地优质香辣酱、生姜、花椒、大蒜等调料，加汤用小火慢慢烹制而成。后来，又出现了干煸、凉拌、卤制、清炖、粉蒸等烹饪方式，但仍以红烧肥肠最受食客青睐。（编辑部提供）

宏观经济调控

【概况】　2022年，绵阳市国民经济和社会发展计划全面落实习近平总书记对四川工作系列重要指示精神，坚定贯彻落实“疫情要防住、经济要稳住、发展要安全”重要要求和“讲政治、抓发展、惠民生、保安全”工作总思路，全面落实省委、市委重要会议精神，对全市国民经济社会发展实现有效规划管理和宏观调控，创新成立稳经济政策落实办公室，开通“12345”市长热线稳经济政策咨询服务，统筹推动国、省、市稳经济政策措施落地落实，经济运行呈“V”字形回升，国民经济和社会发展计划执行情况总体良好。

【国民经济和社会发展计划制定】2022年，绵阳市国民经济和社会发展计划在编制过程中，吸纳各地各部门的年度总结及意见建议，对接《政府工作报告》。《关于绵阳市2021年国民经济和社会发展计划执行情况及2022年计划草案的报告》经过市政府常务会议和全体会、市委常委会会议审议，在市八届人大二次会议上审议通过。全市围绕市八届人大二次会议审议批准的国民经济和社会发展计划，开展各项工作，定期向市人大常委会报告计划执行情况。

【国民经济和社会发展目标任务完成情况】　2022年，绵阳市国民经济和社会发展计划执行情况总体良好。创新成立稳经济政策落实办公室，出台稳经济31条政策措施，开发惠企政策一码通小程序，开通市长热线稳经济咨询专线，为市场主体减免缓税费超过200亿元，相关经验做法被国家发改委点赞推广。实施“暖企”行动，升级“绵阳民营经济公共服务平台”，市场主体逆势增长，净增6.2万户，总数49.3万户，数量居全省第2位。3家企业入选中国制造业民营企业500强，入选数量居全省第2位。推进“园区提质”“企业满园”行动，出台“园区十条”，开展“七大攻坚”，12个工业园区实现工业产值2988.5亿元，占全市比重达86%。经济增速符合预期，地区生产总值实现3626.94亿元，增速实现5%，总量和增速均居全省第2位；第一产业增加值实现381.47亿元，增长4.4%，高于全省0.1个百分点；工业增加值总量达1165.5亿元，规模以上工业增加值增长9.2%；服务业增加值实现1731.14亿元，增长4.5%，高于全省2.5个百分点。市场需求稳步扩大，全市全社会固定资产投资1858.96亿元，增长11.3%，增速高于全省2.9个百分点。实现社会消费品零售总额1635.00亿元，下降1.0%。进出口总额269.01亿元，增长7.4%。全市地方一般公共预算收入完成159.67亿元，同口径（剔除留抵退税因素影响）增长14.9%，高于经济增速。居民消费价格上涨2.1%，控制在预期目标以内。常住人口城镇化率为54.29%，分别低于全国10.93个百分点、全省4.06个百分点，完成预期目标。民生福祉持续提升，财政民生支出占一般公共预算支出比重68%。54件省市级民生实事全面完成，8件市级民生实事人大代表票决项目完成年度目标。城乡居民人均可支配收入分别为45131元、22726元，分别增长5.5%、7%，主要经济指标位居全省前列。城镇新增就业超过5.64万人。城镇登记失业率2.54%，低于省控目标1.46个百分点，城镇调查失业率在5.5%以内，均保持在预期目标以内。

（陈智彬）

绵阳市出台市级“十四五”专项规划一览表

表11

序号	规划名称	出台时间
1	中国科技城“十四五”发展规划	2022年11月
2	绵阳烟草商业系统“十四五”发展规划	2021年9月
3	绵阳市“十四五”工业和信息化发展规划	2021年12月
4	绵阳市“十四五”服务业发展规划	2022年1月
5	绵阳市“十四五”推进农业农村现代化规划	2022年1月
6	绵阳市“十四五”科技创新发展规划	2022年6月
7	绵阳市“十四五”人才发展规划	2022年6月
8	绵阳市“十四五”综合交通发展规划	2021年12月
9	绵阳市“十四五”水安全保障规划	2022年1月
10	绵阳市“十四五”基本公共服务体系规划	2022年2月
11	绵阳市“十四五”文化和旅游发展规划	2022年4月
12	绵阳市“十四五”生态环境保护规划	2022年2月
13	绵阳市“十四五”应急管理体系规划	2022年2月
14	绵阳市重点流域水生态环境保护“十四五”规划	2022年11月
15	绵阳市新能源汽车充电基础设施“十四五”规划	2021年12月
16	绵阳市养老服务体系建设第十四个五年规划	2021年12月
17	绵阳市“十四五”城乡社区发展治理规划	2022年4月
18	绵阳市人力资源和社会保障事业发展“十四五”规划	2021年12月
19	绵阳市退役军人事务发展“十四五”规划	2022年10月
20	绵阳市农业科学研究院“十四五”发展规划	2021年12月
21	绵阳市2021—2025年地质灾害防治规划	2022年7月
22	绵阳市基础测绘“十四五”规划	2021年12月
23	绵阳市水利基础设施空间布局专项规划	2022年12月
24	绵阳市“十四五”教育事业发展规划	2022年6月
25	绵阳市气象事业发展“十四五”规划	2021年12月
26	绵阳市“十四五”住房城乡建设事业规划纲要	2021年12月
27	绵阳市“十四五”城镇住房发展规划	2022年1月
28	绵阳市“十四五”林业保护发展规划	2021年12月
29	绵阳市“十四五”社会治安防控体系建设规划	2022年6月

续表 11

序号	规划名称	出台时间
30	绵阳市“十四五”网络安全和信息化规划	2022年9月
31	绵阳市“十四五”卫生健康发展规划	2022年7月
32	绵阳市“十四五”市场监管现代化规划	2022年3月
33	绵阳市“十四五”药品安全及高质量发展规划	2022年4月
34	绵阳市“十四五”知识产权保护和运用规划	2022年6月
35	绵阳市“十四五”质量发展规划（2021—2025年）	2021年11月
36	绵阳市“十四五”招商引资规划	2021年12月
37	绵阳市机关事务工作“十四五”规划	2021年10月
38	绵阳市“十四五”公共机构节约能源资源工作规划	2021年12月
39	绵阳市“十四五”国家审计工作规划	2022年10月
40	绵阳市“十四五”国有资本布局优化和结构调整规划	2022年11月
41	绵阳市“十四五”中医药高质量发展规划	2022年9月
42	绵阳市2021—2025年党史工作规划	2022年8月
43	绵阳市“十四五”地方志事业发展规划	2022年8月
44	绵阳市“十四五”残疾人保障和发展规划	2022年6月
45	绵阳市档案事业“十四五”规划	2022年5月

【绵阳市深化“放管服”改革优化营商环境领导小组会议召开】 2022年5月10日，绵阳市政府常务会议暨绵阳市深化“放管服”改革优化营商环境领导小组2022年第一次会议召开。受市委副书记、市长李云委托，市委常委、副市长梁磊主持会议。会议传达学习全省经济运行调度电视电话会议精神。会议审议《绵阳市2022年优化营商环境工作方案》等文件，强调要补齐短板，聚焦企业办事不便利、监管执法不公正等突出问题，开展营商环境专项整治，曝光漠视企业和群众诉求，不担当作为、相互推诿等问题；要推进“一网通办”前提下的“最多跑一次”改革，将惠企政策及其申报事项通过平台统一发布、统一申报、统一受理、统一公开兑现结果，提高“绵企通”使用率和办事效率；要开展工程建设项目审批制度改革，提高项目立项用地规划许可、工程建设许可、施工许可、竣工验收4个阶段的审批效能。

【落实稳住经济增长若干政策措施出台】 2022年5月，绵阳市政府印发《关于落实稳住经济增长若干政策措施主要任务的通知》（即稳经济31条措施）。该通知旨在对接落实国家、省系列稳增长政策，做好稳增长稳市场主体保就业工作，从加快财税政策落地、加大金融支持力度、着力稳投资促消费、稳定产业链供应链、保障和改善民生、统筹发展和安全共六大方面协同发力，提出全面落实增值税留抵退税政策、加快财政支出执行进度、推动专项债券加快使用、加强政府性融资担保支持、加大政府采购支持中小企业力度、降低企业资金成本、强化重大项目金融服务等31条措施，稳住经济基本盘，保持全市经济运行在合理区间。

2022年绵阳市稳经济31条措施一览表

表12

六大类别	具体措施
加快财税政策落地	全面落实增值税留抵退税政策、加快财政支出执行进度、推动专项债券加快使用、加强政府性融资担保支持、加大政府采购支持中小企业力度
加大金融支持	降低企业成本、强化金融服务、加大普惠小微贷款支持、优化实施延期还本付息
着力稳投资促消费	加大项目投资激励、加强基础设施建设、优化投资项目审批、强化项目要素保障、稳定和扩大民间投资、支持建筑业发展、促进消费恢复发展、推动文旅消费回暖、支持合理住房消费
稳定产业链供应链	降低市场主体用水用电用气用网等成本、有序推进企业保产保供、促进交通物流保通保畅、支持物流枢纽和物流企业发展、稳住外资外贸基本盘
保障和改善民生	扩大实施阶段性缓缴政策、着力稳企稳岗稳就业、鼓励农业转移人口和农村劳动力就业创业、强化社会民生兜底保障
统筹发展和安全	织密疫情防控防线、强化粮食安全保障、确保能源安全供应、坚守安全生产底线

【优化营商环境工作措施出台】 2022年8月，《绵阳市2022年优化营商环境工作方案》（以下简称《方案》）印发，正式推出优化营商环境2.0版改革方案。《方案》以全面优化提升营商环境指标为目标，从全力打造四大环境以及提供综合有力保障出发，提出36条措施，细化110项责任清单。围绕企业投资便利，提出深入推进工程建设项目审批制度改革、全面推进不动产登记信息共享、持续推动商事制度改革等措施；围绕创新创业活力，提出加强知识产权保护和运用、优化人才服务等措施；围绕企业运营成本再降低，提出提高企业获得信贷的成功率、提升纳税缴费便利度、优化水电气等要素供给、深化公共资源交易领域改革、提升贸易企业进出口便利度等措施；围绕市场监管方式更公平，提出创新监管方式、优化劳动力市场环境等措施；围绕企业权益保护更有力，提出提升破产案件办理效率、加强对中小企业投资者保护力度、提高合同执行率等措施；围绕政务服务质效更优化，提出加强知识产权创造保护和运用、做事企业精细化服务、增强园区服务能力等措施。

（陈智彬）

经济体制改革

【概况】 2022年，绵阳市经济体制改革贯彻落实党中央、国务院，省委、省政府和市委、市政府决策部署，围绕中心，聚焦重点、难点，制定任务书、画好路线图，全市经济体制改革专项小组承担的《关于深化江油市县级市改革激发经济社会发展活力的实施方案》《绵阳市2022年优化营商环境工作方案》等47项年度改革落实台账任务和15项年度改革举措实施规划任务均按时间节点持续推进实施。

【区域协同发展机制改革】 2022年，绵阳市深度参与成渝地区双城经济圈建设。强化协同联动，畅通完善联络机制，建立落实常态化一线督导服务工作机制，加大项目调度，全面完成《深化重庆四川合作推动成渝地区双城经济圈建设2022年重点任务》涉及绵阳的各项任务，推动8个项目纳入共建成渝地区双城经济圈2022年重大项目名单，完成投资98.74亿元，占年度计划投资的141.87%。设立“跨省通办”专窗，全面落实“川渝通办”事项，绵阳与重庆北碚243个政务服务事项实现跨省通办。助推县域经济高质量发展。加快百强区、百强县培育和巩固提升，成立以市委常委、市政府常务副市长为召集人的推进江油市争创全国百强县工作联席会议机制。在赛迪顾问2021年全国百强县、百强区榜单中，涪城区列第63位。江油市列第106位。游仙区、三台县获2021年全省县域经济发展先进县。三台县芦溪镇、游仙区魏城镇、盐亭县富驿镇、涪城区吴家镇被命名为首批省级百强中心镇。

【要素市场化配置改革】 2022年，绵阳市创新土地资源配置方式，试行弹性年期出让、租赁和先租后让的多元化供地方式，最大程度降低企业用地成本。持续开展“清闲促建”，清出地18宗、73公顷。实施工业用地“标准地”改革，完成“标准地”出让20宗、94.07公顷。实施“混合用地”改革，全市首宗混合用地在游仙区挂牌成交。加大人才培育引进力度。发布“人才十条”新政，设立人才发展专项资金10亿元，共兑付1.6亿元。组建全省首家国有人才集团——绵阳科技城人才发展集团。聘请12名“两院”院士担任科技顾问。新增博士后科研工作站1家、博士后创新实践基地2家。成立招才引智小分队17支，引进人才1.8万余人。启动建设全国首个职业能力建设创新改革先行区。每万人有效发明专利拥有量超过22件。推动绵阳市“探索推行科技助理机制”“建立‘云上大学城’科技资源集聚新模式”入选全省要素市场化配置改革试点（第二批），是全省唯一入选两项市级层面工作的市州。“云上大学城”“云上科技城”共入驻全国知名高校20所、创新创业团队14个。

【营商环境“放管服”改革】 2022年，绵阳市以流程再造深入推动“放管服”改革，持续优化营商环境，提升服务质效。开展政务服务事项“四减一优”（减材料、减跑动、减时限、减费用、优流程）和“一门”［所有政务服务事项除场地限制或涉及国家秘密等情形外，均应纳入本级政务（便民）服务中心集中受理、办理］、“一窗”（综合办事窗口）三大改革行动，制定28项流程再造举措。实行留抵退税、消费补贴等政策，企业线上申报、部门线上审核、结果线上展示，推行稳岗返还“免审即享”、社保缓缴“即审即享”等便捷程序，精简审批环节1286个。开展“市区联办”合作试点，基本实现园区事园区办、企业办事不出园。拓宽服务范围，创新成立稳经济政策落实办公室，开发并在全市推广惠企政策一码通小程序，点击率超过10万次。设立营商环境监测点287个，选聘营商环境监测员631人、政风行风监督员105人。以制度改革激活服务动能。推行电子营业执照“一照通”服务体系，试点“企业身份码”，建成全省首家电子证照关联应用系统，推进涉企许可证照电子化，实现电子证照“一企一照一码”关联应用。实施“暖企”行动，常态化开展“面对面听取意见、实打实解决问题”活动，线上建立绵阳企业家群和服务院校所工作群、24小时在线解决问题，线下召开专题座谈会170余场、解决企业诉求2000余个。

【财税金融体制改革】 2022年，绵阳市推进财税体制改革，推进“政采贷”试点，实现13家在绵阳的银行机构参与线上“政采贷”业务试点。省内首笔“政采贷”线上融资业务——梓潼县2021年耕地轮作休耕制度试点项目（大豆肥料采购）在绵阳市商业银行梓潼支行落地。全市落实各项税费优惠政策，累计减免税费115.2亿元，其中为民营经济减免税费71.9亿元，占总体税费减免的62.4%。持续深化金融改革，推进国家级科创金融改革试验区建设，落实《金融支持科创企业全生命周期发展十条措施》。成立绵阳科技银行，建设科创基金集聚区，探索“科技+金融+产业”融合发展模式，入驻金融机构13家，管理基金规模267亿元。推进企业上市“钻石工程”计划，共有上市公司14家，“新三板”挂牌企业16家，天府（四川）联合股权交易中心挂牌展示企业477家。

【投融资体制改革】 2022年，绵阳市出台“投资十条”，健全完善省市重点项目推进和投资运行“红黑榜”通报、重大项目分级协调等机制，全市全社会固定资产投资增长11.3%，345个省市重点项目超年度投资进度31.6%。健全促进民间投资健康发展机制，全市民间投资增长9.8%，高于全省平均水平7.4个百分点，占全社会固定资产投资比重为51.4%，高于全省平均水平7个百分点。健全完善全市PPP工作推进长效机制，累计落地实施PPP项目27个，投资总额259.85亿元，吸引社会资本（融资）244.86亿元。发展直接融资，上市公司再融资累计114.59亿元，非金融企业发行银行间债务融资工具、企业债和公司债等实现债券市场直接融资170.85亿元。推动绵阳市商业银行增资扩股，创新开展科创金融，发展乡村金融。至年末，全市涉农贷款余额1367.4亿元。

【开放型经济体制改革】 2022年，绵阳市搭建高水平开放平台，加快推进“四区合一”建设，推动“四区”提质扩能。跨境电商综试区开通“1210”业务模式，制定实施《绵阳市2022年跨境电商发展倍增计划》，支持各县（市、区）、园区建设跨境电商产业园区、双创基地，引进培育跨境电商企业103家，实现交易额10.49亿元，增长131%。综保区引进普思高端电子元器件、埃克森新能源等7个项目，扩区事宜加快推进，实现进出口总额45.02亿元。全力推动开放合作，开展“三推”活动，深化与长三角、京津冀、粤港澳大湾区等地区和厦门、东莞、苏州交流合作，签约项目金额近1000亿元。融入成都平原经济区一体化发展，梳理形成全市与川北、川东北等城市年度合作事项79项。推进与阿坝合作，加快建设绵阳阿坝产业园。举办第十届中国（绵阳）科技城国际科技博览会。

（覃天柱）

投　资

【概况】 2022年，绵阳市持续深化投融资体制改革、完善项目管理机制，提高项目审批效率和项目管理水平，完善投资决策程序。制定《绵阳市政府投资项目管理办法（试行）》，对政府投资项目年度计划管理、项目设计变更和概算调整程序、项目招投标等内容进行规范，对各部门职责、项目基本建设程序等内容进行细化。修订《绵阳市市本级重大经济事项决策规定实施细则（试行）》，对政府投资项目管理方面的重大事项进行完善。优化项目审批流程，印发《关于优化项目审批流程的通知》，由市级负责审批（核准、备案）的房屋建筑和市政基础设施类项目，政府投资类项目开工前行政部门的审批时间从70个工作日压缩至55个工作日内；企业投资项目类开工前行政部门的审批时间控制在40个工作日内，其中实行企业投资承诺制的项目，开工前行政部门审批时间控制在35个工作日内。贯彻落实省委、省政府《关于深化投融资体制改革的实施意见》，研究相应政策措施，建立完善企业自主决策、融资渠道畅通、职能转变到位、政府行为规范、宏观调控有效、法治保障健全的新型投融资体制，转变政府投资管理职能，发挥市场在资源配置中的决定性作用。贯彻落实《关于下放市级投资项目管理权限的具体实施办法》，按照“能放尽放、权责统一、聚焦问题、激发活力”的原则，向市属园区下放部分市级投资项目管理权限，激发市辖区（园区）发展活力。全面执行《市场准入负面清单》等相关文件，促进民间投资健康发展，明确实行“全国一张清单”管理模式，推动“非禁即入”普遍落实。建立向民间资本推介项目常态化机制，累计通过“一张网”平台向民间资本推介项目共32个、总投资607.03亿元。其中，完成推介项目11个、总投资511.81亿元。疫情防控期间，出台《关于在有效防控疫情的同时有序推进省市重点项目复工的通知》，推进具备闭环工作条件的省、市重点项目复工。

2022年绵阳市投资主要数据统计表

表13　　单位：%

指标名称	同比增长
一、全社会固定资产投资	11.3
其中：5000万元及以上（国网平台项目）	-4.7
5000万元以下	—
其中：房地产投资	-3.1
二、按构成分	—
建安工程	16.1
设备工器具购置	5.9
其他费用	-13.6
三、按产业分	—
第一产业	26.3
第二产业	29.7
第三产业	1.7
其中：交通运输	19.1
四、技改投资	24
五、工业性投资	29.8
六、民间投资	9.7

2022年绵阳市及各县（市、区）及园区投资情况统计表

表14　　单位：%

区　域	全社会固定资产投资增速	工业投资增速	工业技改投资增速	民间投资增速
绵阳市	11.3	29.8	24	9.7
涪城区	10.3	30.5	-4.3	9.1
游仙区	7.6	10	15.8	13.4
安州区	11.2	22	19.1	28.5
三台县	10	2.1	35.8	-26.6
盐亭县	11.4	49	36.3	-4.6

续表 14

区　域	全社会固定资产投资增速（%）	工业投资增速（%）	工业技改投资增速（%）	民间投资增速（%）
梓潼县	10	18.5	70.7	19.5
北川羌族自治县	9.7	10.5	13.9	-17.8
平武县	9.8	1.6	-44.3	64.1
江油市	5.5	109.3	88.1	-6.2
绵阳科技城新区直管区	100.2	147	74.9	39.3
绵阳高新技术产业开发区	10.3	82.8	38.3	41.3
绵阳经济技术开发区	10.3	24.9	38.2	11.2
绵阳市仙海水利风景区	8	—	—	50.2
科学城办事处	-100	—	—	—

【固定资产投资】 2022年，绵阳市贯彻落实《抓项目促投资19条硬措施》，投资保持高速增长，超额完成省下达的目标任务。全市投资增速增长11.3%，高于全省平均水平2.9个百分点，居全省第3位，比2021年同期上升10位。全社会固定资产投资20个门类中有10个门类正增长。全市13个纳入统计的区域中，全部完成年度目标任务。持续优化投资结构，三次产业呈现“一快二高三慢”特征。第一产业上升26.3%；第二产业上升29.7%，其中工业投资上升29.8%。第三产业上升1.7%，其中交通运输投资上升19.1%。三次产业投资比重从2021年的5.4∶29.5∶65.1调整为6.1∶34.4∶59.5。民间投资增长9.7%，占全社会固定资产投资的51.4%。重点领域投资总体向好。基础设施投资增速回暖，占全市全社会固定资产投资的21.5%，增长11.5%。产业投资高速增长，占全市全社会固定资产投资的39.1%，增长31.4%。民生和社会事业增速下降，占全市全社会固定资产投资的13.6%，下降2%。房地产开发投资增速转负，占全市全社会固定资产投资的24.3%，下降3.1%。重点项目投资上，全市345个省、市重点项目完成投资875.57亿元，连续4次进入全省重点项目推进“红榜”。

【重点项目投资】 2022年，绵阳市出台《绵阳市重大项目分级协调机制》《绵阳市省市重点项目和加快前期工作重点项目服务工作制度》，健全项目推进机制，强化项目精准服务，分级分类协调解决项目推进中的困难问题。全市有省、市重点项目345个，总投资3003.20亿元，计划投资665.44亿元，完成投资875.57亿元，完成率131.6%。其中，省重点项目35个，总投资980.64亿元，计划投资186.86亿元，完成投资277.89亿元，完成率148.7%；市重点项目310个，总投资2021.96亿元，计划投资478.58亿元，完成投资597.68亿元，完成率124.9%。

【四川省2022年第一季度重大项目集中开工绵阳分会场】 2022年1月4日，四川省2022年第一季度重大项目集中开工绵阳分会场举行，共集中开工重大项目59个，估算总投资280.38亿元。本次集中开工涉及产业发展类项目37个，包含工业、农林牧渔、商贸、旅游等方面，总投资156.06亿元，2022年计划投资50.6亿元；基础设施建设类项目9个，包含交通、城镇基础设施、能源基础设施等方面，总投资32.83亿元，2022年计划投资14.48亿元；民生工程及社会事业类项目6个，包含卫生、保障性住房、生态环保等方面，总投资52.95亿元，2022年计划投资13.1亿元；房地产类项目7个，总投资38.54亿元，2022年计划投资10.21亿元。

【绵阳市2022年3月重大项目集中开工仪式】 2022年3月11日，绵阳市2022年3月重大项目集中开工仪式举行，开工重大项目176个，估算总投资1067.57亿元。本次集中开工涉及创新及产业发展类项目78个，包含创新创业支撑平台、工业、农林牧渔、商贸、旅游等，总投资433.92亿元；基础设施建设类项目41个，包含交通、水利、城镇和新型基础设施等，总投资266.01亿元；民生工程及社会事业类项目30个，包含教育、卫生、保障性住房等，总投资165.02亿元；房地产类项目27个，总投资202.62亿元。

【四川省2022年第三季度重大项目现场推进活动绵阳分会场】 2022年9月26日，四川省2022年第三季度重大项目现场推进活动绵阳分会场举行。本次集中开工项目9个，主要是政策性开发性金融工具项目（8个），估算总投资84.38亿元。其中，基础设施建设类项目5个，包含园区基础设施、生态环境基础设施等，总投资55.2亿元；产业发展类项目4个，包含水利、农村供水等，总投资29.18亿元。　（王汉璋）

国有资产监管

【概况】 2022年，绵阳市国资国企围绕稳增长目标，以国企改革攻坚为统领，破解国企经营发展难题，推动国资国企在服务保障全市经济社会发展大局中发挥“压舱石”作用。制定《市属国有企业加快高质量发展的若干措施》《市属国有企业重大事项公开制度》《市属监管企业内控体系建设的实施意见（试行）》《市属国有企业合规管理暂行办法》，修订《市属国企投融资监管办法》等20余项措施办法。开展国有资本布局调查和资产清查，负责“10·29”专案资产代管工作。完成组建人才集团的研究论证，实现教投集团改组为人才集团。开展企业经营债务风险防范化解，梳理形成重大问题、重大风险两张清单，集中攻坚化解市属国企存在的重、难点问题62项。强化企业审计财务监督，开展相关企业每日资金监测预警、国有资本经营预算收入专审工作。以深化依法监管、企业依法决策、依法经营和有效治理，推进合规管理建设。推动全市75%的监管企业单独设立法治建设职责机构，审查经济合同5989份，审查重大决策议案1392份。

【国有资产产权监管】 2022年，绵阳市国资委办理产权转让、增资扩股、无偿划转等资产流转审批事项5项，共涉及金额2.03亿元。投资审批事项13项，涉及金额40.65亿元。融资审批事项4项，涉及金额约102.5亿元。担保审批事项6项，涉及金额约41.7亿元。至年底，办理意见回复事项45项，资产评估核准备案事项8项，产权登记事项694项，其他事项43项。

【财务监督】 2022年，绵阳市国资委强化对企业融资、债务风险防范、成本管理等重点工作的监督指导，就提升企业融资能力和防范化解企业债务风险提出系统要求，指导企业按照年度融资计划开展融资工作，实现融资1168亿元。建立健全债务风险预警处置工作机制，对重点企业实施债务风险日监测，指导企业制定债务风险防范化解预案，健全市属国企到期债务偿付应急互保机制，帮助支持出现临时流动性危机的企业度过偿债危机，未发生债务违约风险。指导企业抢抓融资政策利好窗口期，推动落实低息贷款置换高息贷款，低息融资置换高息融资规模798亿元，节约年利息费用4亿元。对企业成本费用开展专项分析，持续推进应收账款和存货“两金”管控专项行动。市属国企上缴市财政年度国有资本经营收益2.47亿元，安排支持项目22个。

【监督追责体系建设】 2022年，绵阳市国资委编制企业负责人经营业绩考核办法工作手册、违规经营投资责任追究工作手册、企业负责人履职待遇和业务支出工作手册，开展20家企业班子、118名班子成员考核评价工作。印发《关于做好2022年度企业负责人履职待遇、业务支出预算的通知》，对长虹、九洲、绵投、科发等14家企业进行汇总备案。联合市审计局或委托中介机构对企业房地产、基金、贸易等20余个项目开展审计，发现并督促整改问题264个。对九洲、教投集团信访举报事件，波鸿实业零租金出租机场东路土地、房屋事项，科发集团下属担保公司代偿款金额较大且未足额计提减值准备事项、科发集团中金系贸易往来事项开展追责工作。对绵投集团二环路箱变设备放置情况进行核实。

【分配管理】 2022年，绵阳市国资委印发《市国资委监管企业工资总额周期管理实施细则（试行）》《市属国有企业实施中长期激励的指导意见》，健全企业内部分配和中长期激励制度体系建设；完成监管企业2021年度工资总额清算和2022年度工资总额预算审核工作，优化企业年度工资总额发放节奏，强化工资总额与企业经营业绩的同向联动；向15家监管企业下达2022年度负责人经营业绩考核目标任务，完成任期（2019—2021年）和2021年度负责人经营业绩考核与薪酬分配，配合市人社局完成2017年以来综合考评优秀人员薪酬清退工作；指导九洲集团在下属九洲空管、防控公司开展岗位分红、期权激励，激发企业经营活力。 （刘卫东）

国土资源管理

【概况】 2022年，绵阳市实行“五个一保障机制”，确保绵阳市公共卫生医疗中心等省、市重点项目建设用地；召开全市耕地保护工作推进会议暨2022年市田长制全体会议，推动建立市、县、乡、村四级田长责任体系。持续开展自然资源领域放权赋能，实现自然资源领域事项“园区事园区办”“企业办事不出园”，游仙区挂牌成交全市首宗混合用地。开展矿山生态修复三年行动，制定全市实施方案，系统实施历史遗留矿山生态修复工程。开展市级重点区域自然资源统一确权登记，推进四川绵阳三江湖国家湿地公园、四川安县生物礁国家地质公园、四川北川国家森林公园、四川高山国家森林公园、四川江油让水河国家湿地公园等5个自然保护地，以及安昌河1条河流、面积155平方千米的权籍调查工作，完成地籍调查和数据建库等基础工作。绵阳市在2021年度全省耕地保护党政同责考核中排名第2位，获评先进单位。安州区高川乡自然资源所马银国被中共中央宣传部、自然资源部评选为全国十佳“最美自然守护者”。

【用地保障】 2022年，绵阳市承接省级用地审批权，审批建设用地73个批次，农用地转用668.15公顷，土地征收751.28公顷。健全省市重点项目用地保障机制，对345个省市重点项目用地全部实行“五个一保障机制”（一个重点项目、一位牵头领导、一个责任单位、一个项目专员、一套保障方案）；实施“增存挂钩”机制，产生年度计划指标650余公顷，保障绵阳市公共卫生医疗中心、光电产业园、科技新区支路网工程等重点项目建设。编制年度土地出让计划，举办城市建设推介会，实现土地精准供应。

【耕地保护】 2022年，绵阳市开展成都平原和全市耕地保护专项整治行动，组建工作专班，共同推进问题整改。落实“占补平衡”“进出平衡”制度，强化耕地“进出平衡”管控，推进耕地流出恢复整改，编制完成市、县两级2022年度进出平衡总体方案，恢复补充耕地31333.33公顷，完成2021年、2022年度进出平衡任务。印发《绵阳市贯彻落实〈关于全面推行田长制的意见〉责任分工方案》《关于设立市级田长、副田长及市田长制办公室的通知》，建立市、县、乡、村四级田长责任体系。

【生态修复】 2022年，绵阳市完成《绵阳市国土空间生态修复规划（2021—2035年）》编制，实现全省首批报审、首批过审和首批印发，指导平武县、北川羌族自治县完成县级国土空间生态修复规划编制；完成143个年度新增损毁和新增恢复治理图斑核查，完成历史遗留图斑核查，确定由政府修复的图斑有121个。完成年度矿山地质环境保护与土地复垦“双随机、一公开”专项检查和全市矿山生态修复问题专项督导任务，全市217个在建与生产矿山生态修复加强；推进41个自然保护区退出矿业权生态修复工作。争取上级历史遗留矿山生态修复项目省级奖补资金455.33万元，用于6处废弃矿山修复。

【自然资源领域改革试点】 2022年，绵阳市开展放权赋能改革，在2020年优化市与市辖区（园区）权责关系的基础上，梳理自然资源领域11项权力向市属园区放权赋能，实现自然资源领域事项“园区事园区办”“企业办事不出园”。出台《关于开展工业用地弹性年期出让、先租后让和租赁工作的通知》，试行弹性年期出让、租赁和先租后让的多元化供地方式，降低企业用地成本。坚持事前定标准、事中作承诺、事后强监管的工作模式，会同市经信局出台《绵阳市工业用地“标准地”控制性指标》，完成“标准地”出让20宗94.07公顷，省级以上园区实现30%以上“标准地”出让目标。实施“混合用地”改革，全市首宗混合用地在游仙区挂牌成交。

【国土资源执法监察】 2022年，绵阳市共核实填报卫片监测图斑11069个，市辖区立案查处土地矿产违法案件14件，罚款455.67万元，拆除违法建筑物1.39万平方米，没收违法建筑物3.15万平方米，退还非法占用的土地4.82万平方米。推进农村乱占耕地建房专项工作，完成对全市19万个非住宅类图斑的补充摸排工作，上报新增乱占耕地建房65宗，整改到位55宗。做好各项督察问题整改工作，针对2018年例行督察挂账整改，整改完成850个问题，综合整改率97.67%；针对2021年耕地保护督察反馈问题整改，整改完成614个，综合整改率80.8%，位列全省第8位。开展闲置土地实地核查200余次，完成闲置土地处置128宗、面积415.54公顷，处置率43%，占年度处置任务的215%，超额完成省级下达目标任务。完成违法违规占耕地专项工作，消除土地违法状态问题190个，涉及面积88.57公顷，耕地面积76.78公顷。开展全市违法用地整治攻坚专项工作，做好省委巡视、市委巡察、经责审计反馈问题整改工作，配合全市耕地保护专项整治行动、2022年矿产资源督察工作、自建房安全专项整治工作及土坑泡菜专项整治工作，完成划拨土地、出租土地收益金专项工作非税收入55.78万元。

【矿产资源管理】 2022年，绵阳市编制第四轮矿产资源规划，调整石灰石矿布局，提升矿山储量和开采规模，以合理布局的大矿山、大投入模式消除“小散乱”现象，逐步引导石灰石矿开采走上集约化、规模化之路。起草绵阳市人民政府《关于进一步规范石灰岩采矿权出让的通知》，为规范石灰岩采矿权出让提供政策保障。落实国家、省生态优先战略，推进全市4653.93平方千米生态红线范围内矿业权清查、清退工作。核实划入生态红线保护范围内矿业权146宗（探矿权85宗、采矿权61宗），其中涉及大熊猫国家公园范围内52宗（探矿权39宗、采矿权13宗）。至年底，大熊猫国家公园内52宗矿业权推出工作全部完成，生态保护红线内矿业权退出工作持续推进。

【不动产登记】 2022年，绵阳市本级办理不动产登记业务8.1万件、24.5万户，颁发不动产登记证书12.1万本（份）、证明68358万本（份），累计生成不动产电子证照88万余本，协助企业办理抵押融资624.5亿元，向市财政上缴非税收入1202.2万元。增设绵阳市不动产登记中心科技城新区服务站，形成市辖区一市、两区、三站点共6个不动产登记服务大厅的布局，企业抵押登记、企业间非住宅转移登记实现0.5个工作日内办结，查封、注销等10项业务可即时办理。持续加大“一码关联”“全市通办”“交房（地）即交证”“带押过户”“备案和登记同步办理”等改革试点工作力度，形成指导工作常态化开展的工作机制。通过政务外网与市人民法院对接可查解封业务办理，利用专线、专人方式在工商银行、建设银行及农村商业银行等金融机构设立便民服务点，在“i绵阳”App、不动产办事大厅开通在线申请功能，提升不动产登记便民度。

【马银国获评全国首届“最美自然守护者”】 2022年9月7日，中央电视台播出全国《最美自然守护者发布仪式》节目。节目中，中共中央宣传部、自然资源部发布“最美自然守护者”先进事迹。其中，绵阳市安州区高川乡自然资源所马银国获评首届全国“最美自然守护者”，是四川省唯一获此荣誉的先进个人。马银国，男，安州区高川乡自然资源所原负责人，扎根在自然资源工作一线41年，踏遍全乡173平方千米山水，累计行程12万余千米。马银国对地质灾害隐患点反复进行排查、巡查、复查，累计组织安全转移群众1900余人次，实现69起成功避险，成功守护全乡6000人的生命财产安全。

【全市耕地保护工作推进会议暨2022年市田长制全体会议召开】 2022年12月14日，绵阳市耕地保护工作推进会议暨2022年市田长制全体会议召开。省委常委、市委书记、市田长曹立军主持并讲话。会议强调要扛起耕地保护责任，强化规划引领管控，严格耕地用途管制，守住耕地保护红线，实施种业振兴行动，推动田长制落地见效；要健全田长制工作机制，明确工作职责。其中，各级党委政府要扛起耕地保护政治责任，确保田长制落地见效，“一把手”亲自抓研究和督办，各行业主管部门要树立“一盘棋”思想，协同配合，抓好各自领域耕地保护工作，形成工作合力。

【绵阳市首宗“混合用地”成交】 2022年12月22日，绵阳市首宗“混合用地”在游仙区公共资源交易中心挂牌成交，成为全市“混合用地”改革试点案例。该宗地位于游仙区石马镇狮院村，面积1.86公顷，出让年限为50年。土地用途为一类工业用地兼容一类物流仓储用地（一类物流仓储用地建筑面积比例不超过计入容积率的总建筑面积30%），打破单一宗地、单一功能的局限。由绵阳东游实业有限责任公司以991.6671万元竞得。（李 涛）

国有经济

【概况】 2022年，绵阳市属国企资产总额5325.8亿元，增长10.5%，其中所有者权益总额1035.4亿元，下降0.28%；实现营业收入1782亿元，增长2.1%；工业总产值1167.8亿元，增长37.9%；利润总额26.4亿元，增长12.3%；上缴国有资本经营收益2.72亿元。完成各类投资307.86亿元，增长20.7%，其中固定资产投资增长29.08%，完成省市重点和两大攻坚项目投资159.85亿元，增长42.29%。科研投入增长2.5%，达48.2亿元。新增就业5821人，累计缴纳税费54.3亿元、增长10.9%。新增省级以上科研平台5个、新获国省科技奖6项，省级以上科技奖励总数达96项。为中小微企业和个体工商户减免房租1.11亿元。持续推动企业投资融资，保障重大项目建设，优化资产负债结构，市属国企年度计划融资967.97亿元，完成融资1168.16亿元。

【国有企业改革】 2022年，绵阳市围绕改革任务台账，开展“瘦身健体”“一企一策”等深化改革专项行动，建立167个具体指标评估体系，总体完成87项改革任务，3个改革案例在全国推广，5家改革试点企业在国省专项评估中获最优等级。制定修订党的领导融入公司治理等11个配套制度，完成董事会“应建尽建”，将董事会“外大于内”等改革要求纳入公司章程。建成296人的外部董事人才库，配备外部董事571人。出台董事会监督的关键制度。推动国资布局结构优化，形成市属国资国企优化整合思路方案和市属交通、水利资产资源整合重组方案，细化11家企业改革任务台账，推进绵投、交发、水务、粮油等企业开展内部同质化业务整合重组。市属企业管理层级总体规范在3级内，除长虹、国兴持续推进外，其他企业均实现4级以内产权布局，涉改企业压减法人、机构及管理岗位分别达20%、30%以上，累计清理僵尸企业、长期亏损企业103家，低质无效、闲置资产283宗。

【国有资本优化】 2022年，绵阳市围绕“稳经营、促投资、惠民生、防风险”总体任务，支持企业稳经营保大盘，编制《绵阳市“十四五”国有资本布局优化和结构调整规划》，制定国资监管机构职能清单、企业行权负面清单，推出加强优化监管服务15条措施，完成综合审批事项220件。出台《支持国有企业稳增长“八条措施”》《促进市属国企提质增效十条措施》，印发政策汇编340余册，帮助企业争取政策资金支持25.97亿元，督促企业加快高息债务置换797.74亿元，减息4.0亿元。市国资委会同市委组织部修订完善《市属国企负责人经营业绩考核实施细则》，首次将工资总额的20%用于绩效考核，指导企业优化内部分配。推进恒通建工、嘉来建工等企业混改。完成企业上市2家，持续培育2家。

【国有企业项目建设】 2022年，绵阳市国有企业实施项目625个，完成投资307.86亿元，增长20.7%，其中固定资产投资增长29.08%，完成省市重点和两大攻坚项目投资159.85亿元，增长42.29%。继续推进科技城大道二期涪江大桥、“引通济安”等重大基础设施项目，虹科创新高强超薄耐摔盖板玻璃项目点火投产，巨星永磁材料稀土产业园、融通高科新能源磷酸铁锂正极材料等项目落地，T2航站楼、基金小镇建成投运，科技创新馆、规划馆开馆。（刘卫东）

民营经济

【概况】 2022年，全市民营经济发展主要呈现总量规模不断壮大、产业结构不断优化、社会贡献日益突出、优质企业加快发展四大特点，民营经济创造近60%的经济总量、52%的全社会固定资产投资、45%的税收，民营经济市场主体占全市的97%。民营经济实现增加值2155.94亿元，增长3.0%，占地区生产总值比重的59.4%，民营经济对全市经济增长贡献率为35.0%，拉动全市经济增长1.8个百分点，其中第一产业44.07亿元、第二产业1074.66亿元、第三产业1037.21亿元。民营经济增加值位居全省第2，民营高新技术企业、民营科技型中小企业和民营上市公司数量均位居全省第2。全市民营经济产业结构由劳动密集型、资源加工型等产业链价值链低端领域，加快向先进制造业、现代服务业、新兴产业等科技含量高和市场前景好的领域拓展。民营经济三次产业增加值比重为2.0∶49.8∶48.2。至年底，全市累计有7家民营企业列入四川省制造业企业“贡嘎培优”行动计划，占全市该类企业总数的53.8%；累计3家民营企业认定为国家制造业单项冠军企业，占全市该类企业总数的60%；累计24家民营企业认定为国家级专精特新“小巨人”企业，占全市该类企业总数的68.6%；民营企业中有11家上市公司，占比78.5%（全市14家上市公司）。3家民营企业上榜2022中国制造业民营企业500强榜单。

【个体经济】 2022年，绵阳市新设个体工商户6.98万户，占新设市场主体的72.56%，增长11.44%，为扩大就业提供支撑。至年底，有个体工商户37.34万户，占主体总量的75.60%，从业人员按每户2.68人测算，吸纳百万人就业，是稳就业、保民生的重要力量。个体工商户行业分布情况。在实有个体工商户中，超八成活跃在批发零售、住宿餐饮和居民服务等实体经济领域，批发和零售业占比55.88%。金融业增长最快，达120%，其次是信息软件服务业52.42%，农林牧渔业51.76%。在新设个体工商户中，批发和零售业、住宿和餐饮业、农林牧渔业位居前三，上述行业新设总数占比79.31%。金融业增幅最高，达1700%，其次是信息软件服务业、租赁和商务服务业，增幅分别为156.25%、113.47%。个体工商户产业分布情况。在实有个体工商户中，从事第一、二、三产业户数分别为14243户、9918户、349211户，占比分别为3.81%、2.66%、93.53%，分别增长54%、9.47%、12.06%。第一、二、三产业出资额分别为48.32亿元、11.22亿元、253.75亿元，占比分别为15.42%、3.58%、81%，分别增长21.82%、33.38%、10.03%。新设个体工商户从事第一产业的5500户，从事第二产业的1387户，从事第三产业的62940户，在新设个体工商户总量中占比分别为7.88%、1.99%、90.14%，分别增长75.05%、43.29%、7.50%。从事第三产业的新设、实有个体工商户占比均超九成。

2022年绵阳市个体工商户行业分布情况统计表

表15

序号	行业	实有数量（户）	占比（%）	增长（%）	新设数量（户）	占比（%）	增长（%）
1	农林牧渔业	15093	4.04	51.76	5675	8.13	74.67
2	采矿业	50	0.01	-12.28	0	0.00	-100.00
3	制造业	8870	2.38	7.96	1117	1.60	39.45
4	电热燃水产供业	35	0.01	0.00	1	0.00	-75.00
5	建筑业	1126	0.30	27.95	312	0.45	68.65
6	批发和零售业	208637	55.88	12.99	38538	55.19	-1.86
7	交运仓储邮政业	19864	5.32	5.63	1999	2.86	-3.94
8	住宿和餐饮业	62415	16.72	9.25	11169	16.00	19.74
9	信息软件服务业	2829	0.76	52.42	1271	1.82	156.25
10	金融业	33	0.01	120.00	18	0.03	1700.00
11	房地产业	131	0.04	-6.43	8	0.01	-11.11
12	租赁和商务服务业	9600	2.57	31.72	2901	4.15	113.47
13	科研和技术服务业	503	0.13	42.49	184	0.26	54.62
14	水利环境等管理业	50	0.01	16.28	12	0.02	20.00
15	居民服务和修理业	39873	10.68	7.49	5523	7.91	6.91
16	教育	66	0.02	15.79	12	0.02	20.00
17	卫生和社会工作	1168	0.31	1.65	73	0.10	-7.59
18	文化体育和娱乐业	2668	0.71	37.10	911	1.30	108.94
19	其他	361	0.10	27.56	103	0.15	71.67
合计		373372	100.00	13.16	69827	100.00	11.44

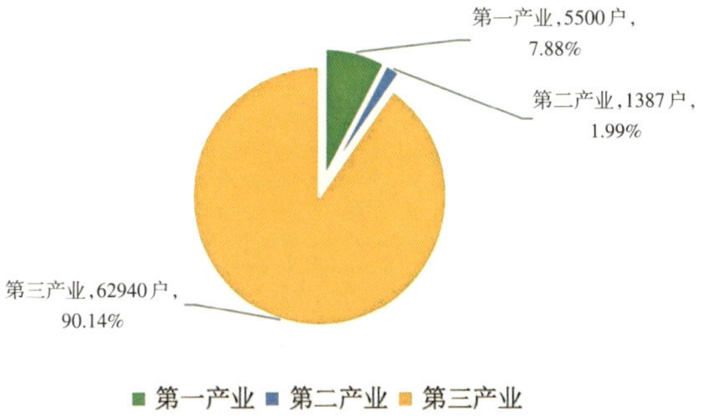

图46　2022年，绵阳市新设个体工商户三次产业数量分布图

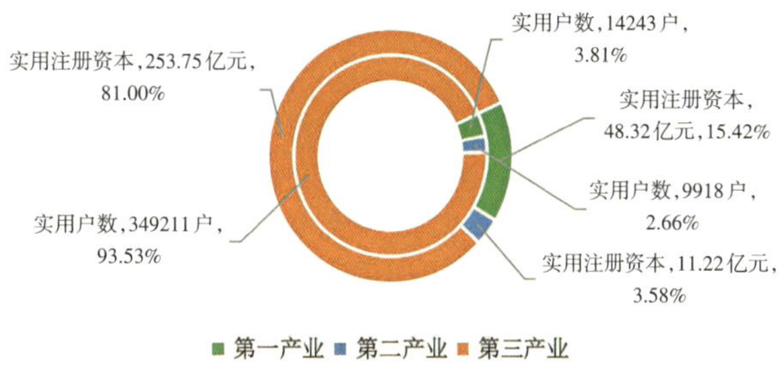

图47　2022年期末，绵阳市实有个体工商户三次产业情况分布图

【四川铁骑力士实业有限公司】　四川铁骑力士实业有限公司（以下简称铁骑力士）成立于1992年，从单一的饲料加工发展成为集饲料、牧业、食品、生物工程为一体的现代农牧食品企业，为农业产业化国家重点龙头企业，是“中国饲料行业十大领军企业”，先后获得“全国农产品加工业100强企业”“国家认定企业技术中心”等荣誉。旗下圣迪乐村率先在蛋品行业自建全产业链，在全国高端蛋制品销售中位居第1。铁骑力士为行业内唯一一家承担国家现代生猪、蛋鸡、水禽三大产业技术体系综合试验站企业，是国家认定企业技术中心。拥有“天府肉猪”和“川藏黑猪”两个生猪新品种；获得国家科技进步二等奖3项；建有院士工作站、博士工作站、乡村振兴实验室、产业扶贫研究中心、骑士学院等产学研合作平台。2022年，母公司实现营收38.46亿元，集团整体实现营收147亿元，税收6600万元，利润1.21亿元。

【绵阳惠科光电科技有限公司】　绵阳惠科光电科技有限公司（以下简称绵阳惠科）成立于2018年6月15日，是“中国制造业民营企业500强”“四川省民营企业100强”“四川省新经济示范企业”“四川省贡嘎培优企业级”，主营业务为研发、生产销售半导体显示器件及相关产品。绵阳惠科第8.6代薄膜晶体管液晶显示器件项目是国内首家以MMG（多尺寸套切）制程工艺、100%双铜配线制程建设的薄膜晶体管液晶显示器件工厂。绵阳惠科量产产品涵盖4.7英寸至86英寸液晶显示面板，共30余个系列单品，项目采用A-Si（非晶硅，即A硅）IPS技术路线、新型金属氧化物制程等液晶显示行业前沿高端技术。产品适用于手机、智能穿戴、车载、曲面无边框液晶电视等，具有广视角、高色彩还原、高刷新频率、低功耗等优势。绵阳惠科产品通过三星、戴尔等行业龙头公司认证，与三星、LG、戴尔、联想、创维、小米、康佳、长虹、冠捷建立稳定的供销关系。

【富临实业集团有限公司】　富临实业集团有限公司创立于1995年12月，是一家集团化民营企业。富临实业集团形成工业、服务业和房地产领域的“2+3+5”的产业格局，其中“2”为以富临精工（富临新能源）、富临建材为代表的工业，“3”为以绵阳房产、成都房产、安岳宏鑫为代表的房地产业，“5”为以富临能源、富临物业、富临商管、富临大都会酒店、桃花岛酒店为代表的服务业。2022年，富临实业集团有员工6000余人，总资产150亿元，拥有全资、控股公司50余家，实现营收64亿元，纳税3亿元。

【市委民营经济工作专题会议召开】　2022年9月13日，绵阳市委民营经济工作专题会议召开。省委常委、绵阳市委书记曹立军主持会议。会议强调要深入学习贯彻习近平总书记关于民营经济发展的重要论述，落实省委工作会议关于大力发展民营经济的部署要求，坚持“两个毫不动摇”（毫不动摇巩固和发展公有制经济，深化国资国企改革；毫不动摇鼓励、支持、引导非公有制经济发展，促进民营经济走向更加广阔的舞台），要营造支持民营经济发展浓厚氛围，全面优化支持民营经济发展工作机制，加快建设服务民营经济统一平台，明晰强化服务民营经济部门职能职责，高效兑现支持民营经济发展优惠政策，研究解决民营经济发展突出困难问题，严肃查处损害民营经济发展典型案件，全力支持促进民营经济健康发展。市领导黄朝阳、姚永红，有关部门负责人等参加会议。

【8家企业入围2022年四川民营企业100强】　2022年11月18日，四川省工商业联合会公布2022年四川民营企业100强榜单。绵阳市四川铁骑力士实业有限公司、绵阳惠科光电科技有限公司、中国金属资源利用有限公司、四川富临实业集团有限公司、好医生药业集团有限公司、四川兴事发门业集团、绵阳双汇食品有限责任公司、四川东材科技集团股份有限公司8家民营企业入围2022四川民营企业100强。入围企业数量上，绵阳市入围2022四川100强民营企业数量较2021年增加2家。其中，绵阳惠科光电科技有限公司、绵阳双汇食品有限责任公司、四川东材科技集团股份有限公司新入围2022四川民营企业100强。入围企业营收总额门槛上，2022四川民营企业100强的入围门槛29.78亿元，比2021年增加8.97亿元。其中，绵阳市入围2022四川民营企业100强的门槛为33.54亿元，较全省入围门槛高3.76亿元，比

2021年绵阳市入围四川100强民营企业门槛高5.12亿元。入围企业营收数据上，除新入围的3家企业外，四川铁骑力士实业有限公司、四川富临实业集团有限公司、好医生药业集团有限公司等3家民营企业营收总额较2021年度分别增加7.14亿元、13.24亿元和5.04亿元。

（杜林聪　兰　健）

财　政

【概况】　2022年，绵阳市地方一般公共预算收入完成159.67亿元，同口径（剔除留抵退税因素影响）增长14.9%，自然口径增长0.3%。其中，税收收入84.36亿元，同口径增长7.2%，自然口径下降16.4%。一般公共预算支出完成501.08亿元，增长7.4%。政府性基金预算收入实现192.62亿元，下降25.7%。政府性基金预算支出实现298.94亿元，增长7.6%。国有资本经营预算收入实现3.38亿元，完成预算的90.86%，加上上级补助收入、2021年结余后，可供安排的收入总量为4.01亿元。国有资本经营预算支出实现4.01亿元，完成预算的100%。社会保险基金预算收入实现109.23亿元，完成预算的97.9%，社会保险基金预算支出实现83.84亿元，完成预算的102%。

【市本级财政收支】　2022年，绵阳市市本级一般公共预算收入实现25.48亿元，同口径增长20%，自然口径增长18%。（自2015年1月1日起，城区执行新的财政体制，市属企事业税收收入按照属地原则划归各区、园区，市级分享财力）市本级一般公共预算支出实现96.27元，增长2%。市本级政府性基金预算收入实现57.48亿元，下降46.9%。市本级政府性基金预算支出实现51.57亿元，下降28%。市本级国有资本经营预算收入实现2.47亿元，完成预算的83.86%，可供安排的收入总量为2.74亿元。市本级国有资本经营预算支出实现2.74亿元，完成预算的100%。市本级社会保险基金预算收入实现89.48亿元，完成预算的98.8%；加上2021年滚存结余后，可供安排的收入总量为213.47亿元。市本级社会保险基金预算支出实现72.93亿元，完成预算的102%。

【稳经济政策实施财政投入】　2022年，绵阳市落实组合式税费支持政策，持续释放“政策红利”。累计为市场主体减轻税费负担和增加现金流218.54亿元，其中为4039户纳税人办理增值税留抵退税92.05亿元，规模居全省第2位。为7539家中小微企业和个体工商户减免房租1.98亿元。降低政府采购交易成本，为供应商减少资金占用近5亿元。统筹资金3.1亿元开展促消费活动。全市新增专项债券128.59亿元，涵盖农林水利、市政和产业园区基础设施、社会事业等七大领域。

【“五市战略”财政投入】　2022年，绵阳市围绕实施“科技立市”战略，投入科技方面资金9.5亿元，支持高新技术企业倍增计划和科技型中小企业提质增效工程。支持实施“产业强市”战略，统筹涉农资金76.9亿元，支持实施“三品”（品种改良、品质提升、品牌打造）工程，推动现代农业提质增效。实施“转企升规”“主辅分离”专项行动，投入支持现代服务业发展方面资金6.3亿元。支持实施“开放活市”战略，投入资金14.1亿元保障实施交通攻坚大会战和城建攻坚大会战。支持实施“人才兴市”战略，设立总规模10亿元的人才发展专项资金。支持实施“生态美市”战略，统筹资金59.43亿元，聚焦城乡环境综合提质三年行动，开展大气、水、土壤污染综合治理。

【社会民生财政投入】　2022年，绵阳市财政民生支出340.56亿元，占一般公共预算支出比重68%，连续3年保持在65%以上。分别投入资金82.18亿元、45.52亿元、54.99亿元、40.18亿元、39.71亿元、77.98亿元，用于支持教育、社保、卫健、城乡社区、农林水及其他各项民生等。城镇登记失业率控制在4%以内、城镇调查失业率保持在5.5%左右，居民和职工医保住院报销比例分别达70%和80%以上。教育事业优质均衡发展，开工改造农村义务教育教师周转房1000套，推进5所义务教育学校“民转公”，安置5.72万名进城务工人员随迁子女就近入学，实施农村义务教育学生营养改善计划，惠及6.57万人。

【财政运行风险防范】　2022年，绵阳市推进财税体制改革，建立财政收支执行、市本级预算执行、中央直达资金执行、中央省预算内投资项目资金拨付使用进度，新增专项债券使用情况通报分析“五项调度机制”，市本级预算执行进度91.8%、全市中央直达资金支出进度99.4%、全市新增专项债券使用进度100%，分别较2021年提升3.2个百分点、1个百分点、13个百分点。制定相关防范化解财政运行风险行动方案，将法定债务率、隐性债务化解完成率纳入市政府对县（市、区）、园区绩效目标考核和县域经济考核。加强“三保”（保工资、保稳定、保增长）运行监测和分析研判，筑牢兜牢“三保”底线。

（王长照）

2022年绵阳市一般公共预算完成情况统计表

表16

区域	一般公共预算收入		一般公共预算支出	
	累计数（万元）	同口径增幅（%）	累计数（万元）	增幅（%）
绵阳市	**1596693**	**14.9**	**5010834**	**7.4**
市本级	254802	20.0	962724	2
县级小计	**1341891**	**14.2**	**4048110**	**8.8**
涪城区	240619	8.0	476594	10.7
游仙区	132626	15.8	474736	18.1
江油市	300478	25.9	535327	16.2
安州区	111811	16.7	316128	8.9
梓潼县	44560	12.1	255441	11.9
平武县	33212	4.7	189838	4.8
北川羌族自治县	56360	7.1	225281	-1.8
三台县	140406	9.5	658902	0.4
盐亭县	50160	16.0	385708	16.9
园区小计	**231659**	**13.4**	**530155**	**3.4**
绵阳高新区	23402	10.4	230631	-17.2
科技城新区直管区	69467	13.9	126770	37.7
绵阳经开区	113934	17.3	139261	18
仙海区	12730	25.8	13900	15
科学城	12126	1.4	19593	58.9

2022年绵阳市政府性基金预算完成情况统计表

表17

区域	政府性基金预算收入		政府性基金预算支出	
	累计数（万元）	增幅（%）	累计数（万元）	增幅（%）
绵阳市	**1926237**	**-25.7**	**2989447**	**7.6**
市本级	574792	-46.9	515659	-28
县级小计	**1351445**	**-10.5**	**2473788**	**20**
涪城区	97460	55.6	233894	31.4
游仙区	95455	-39.8	221278	-8.1
江油市	366273	-13.9	608330	8.6

续表17

区域	政府性基金预算收入		政府性基金预算支出	
	累计数（万元）	增幅（%）	累计数（万元）	增幅（%）
安州区	100132	-52.1	235634	-9.8
梓潼县	91671	30.9	145564	74
平武县	12880	22.8	25630	13.7
北川羌族自治县	52523	26.4	72628	-36.5
三台县	246895	12.5	276235	26
盐亭县	150462	-15.5	175816	34.5
园区小计	**137694**	**1.7**	**478779**	**91.2**
绵阳高新区	97551	66.9	212865	95
科技城新区直管区	9424	-62.9	121819	74
绵阳经开区	30719	-40.4	134449	137.2
仙海区	—	—	9645	-33.6
科学城	—	—	1	-97.6

2022年绵阳市留抵退税分级情况统计表

表18

区域	退税金额（万元）	区域	退税金额（万元）
绵阳市	**920467**	三台县	8564
涪城区	264741	盐亭县	2320
游仙区	26932	高新区	443916
江油市	67602	新区直管区	14853
安州区	33743	经开区	40255
梓潼县	7200	仙海区	4952
平武县	**1492**	科学城	584
北川羌族自治县	**3313**	—	—

税　务

【概况】 2022年，绵阳市加强税收业务基础建设，出台《税费征管保障实施方案》，开展信息化项目专项整治，排查项目109个。筹建税费基础业务统筹中心，逐步实现数据、任务归口下发。推行涉税中介监管“行业化+专业化”试点，参与国家税务总局、省税务局财务内控指标开发和试点工作，并在全国税务系统推广。开展房屋资产摸底调研，落实77项年度重点基础工作任务。税收相关工作被人民网、《中国税务报》、四川新闻网等市级以上媒体宣传报道409条次。“崔国工作室”税务服务相关工作经验被省政府“放管服”改革协调办公室专期刊发。

2022年绵阳市税务局税收及其他收入情况统计表

表19　　单位：万元

项　目	累计收入
一、收入总计(=税收收入总计+社会保险费+其他收入总计)	5315157
二、税收收入总计	1665376
国内增值税	155039
国内消费税	178653
企业所得税	433821
个人所得税	169228
资源税	32053
土地增值税	159129
城镇土地使用税	49028
城市维护建设税	63245
印花税	37366
房产税	65602
车船税	26395
耕地占用税	59216
契税	159758
车辆购置税	73588
环境保护税	2764
其他税收	491
三、社会保险费	1771154
企业职工基本养老保险费	867342
城乡居民基本养老保险费	63235
机关事业单位基本养老保险费	195150
职工基本医疗保险费	475182
城乡居民基本医疗保险费	118900

续表19

项　目	累计收入
失业保险费	31607
工伤保险费	11771
其他社会保险费	7967
四、其他收入总计	1878627
教育费附加	29946
地方教育费附加	19971
文化建设事业费	364
残疾人就业保障金收入	19689
废弃电子产品处理基金收入	6387
可再生能源发展基金	17847
大中型水库移民后期扶持基金收入	7340
农网还贷资金收入	25680
国家重大水利工程建设基金收入	2618
矿产资源专项收入	16877
地方水库移民扶持基金收入	3183
城镇垃圾处理费	2864
国有土地使用权出让收入	1691511
水土保持补偿费收入	3412
防空地下室易地建设费收入	7165
工会经费收入	23198
其他	575
五、出口退税	-293260
其中：免抵已调增值税	25000
六、海关代征	348624

【税费收入组织】　2022年，绵阳市税务系统依法依规组织税费收入。面对经济下行、疫情反复、大规模留抵退税等影响，正确处理“退减缓收”关系，坚持组织收入原则，组织同口径税费收入623.6亿元（扣除增值税留抵退税因素还原后）。其中，同口径税收收入258.6亿元（自然口径税收166.5亿元、办理留抵退税92.1亿元），规模居全省第5位，增长3.5%；市、县级税收收入84.36亿元，占一般公共预算收入的52.83%，增长7.16%；社保费收入177.1亿元，规模居全省第2位，增长13%；非税收入185.5亿元，规模居全省第6位，下降25.3%。

【税费政策落实】　2022年，绵阳市税务系统坚持“快退税款、狠打骗退、严查内错、欢迎外督、持续宣传”，做到税费政策“码上可知”、咨询“线上可达”、业务“网上可办”、操作“掌上可行”，确保各项税费政策落实到位。办理退减缓税费218.5亿元。其中，留抵退税92.1

亿元，占还原税收的35.6%；减税降费115.1亿元（新增25.1亿元），缓缴税费11.7亿元（制造业中小微企业延续缓缴税费8.9亿元、阶段性缓缴社会保险费2.8亿元）。此外，办理出口退（免）税29.3亿元，增长70.4%。留抵退税、出口退税规模均居全省第2位。至年底，全市涉税市场主体20.3万户，较年初增加3.2万户。

【法治税务建设】 2022年，绵阳市税务系统推进精确执法，实施精确执法三年行动计划，印发《县级税务机关主要负责人履行推进法治建设第一责任人职责实施办法》，建立113人的法治监督员队伍，面向92家企业开展合规管理，对78户次纳税人进行说理式执法，制发税务行政执法建议465份。深化“枫桥式”税务分局和公职律师涉税争议咨询调解中心建设，在安州区税务局建立全国税务系统首个新时代“枫桥经验”研学基地、“枫桥经验”与基层法治建设教学实践基地，绵阳市涪城区税务局城厢分局、安州区税务局花荄分局、高新区税务局第一税务所、北川羌族自治县税务局第二税务分局、江油市税务局太平税务分局、平武县税务局第二税务分局、三台县税务局第二税务分局共7个税务分局被省司法厅、省税务局联合命名为“枫桥式”税务分局，安州区税务局公职律师游维荣被评为全省首批“金牌调解员”，全市“枫桥式”税务分局数量居全省首位。优化法治环境，推进利剑系列行动，快查快办机动车虚开、利用黄金富余票骗取出口退税等案件，常态化开展扫黑除恶斗争，开展代开发票、园区企业、骗取留抵退税、平台公司等高风险领域专项整治，税警联合成立涉税案件实体化合成作战指挥中心，常态化打击虚开骗税，稽查立案76户，查补入库5.4亿元，增长122.2%。

【税收征管改革】 2022年，绵阳市税务系统推进落实中办、国办印发的《关于进一步深化税收征管改革的意见》100项重点任务，完成车购税和仙海区征管职能划转，5C监控评价处于全省A段。探索智能欠税管理，开展欠税非强制性执法试点。在全省率先实行股权转让分级分类管理，建立“三个一”（一季一训、一季一论、一季一考）联动机制，提升所得税管理质效。开展不动产登记涉税风险专项整治，完成土地增值税清算项目231个。推进社保费“统模式”工作，在全省首创社保费线下征缴“全市通办”服务，率先探索实施社保缴费“最多跑一次”服务。推进新划转的国有土地使用权出让收入、矿产资源专项收入征缴工作。筹建智税中心，制发《税收风险管理全流程违纪违法防控指引》。做好审计配合，实施督察审计项目14个，完成10批次、658条内控疑点数据核查。

【发票电子化改革】 2022年，绵阳市发票电子化改革首批试点工作围绕全业务梳理、全流程体验、全要素规范、全链条管控四方面，建立“3+N”工作机制（强化组织保障、工作保障、纪律保障，构建N种工作机制），编制班子成员“一线”工作指引，开展两轮全覆盖督导调研。成立702人的网格员队伍，组建网格服务群158个，组织内部培训201场、外部培训159场，举办可视化答疑6场，制作操作解读短视频14部。联合市监部门建立宣传点14个，将数电票推广宣传带进第十届科博会。利用数据可视化手段，搭建发票电子化改革推广监测平台，建立网格化服务智能销号电子台账，自主开发风险预警指标18个，编制《数电票风险防控作战图》。相关工作在全省工作推进会上作经验交流。

【税收营商环境优化】 2022年，绵阳市优化服务水平，围绕宣传辅导、精细服务、精简流程等方面，通过开展便民办税春风行动、“春雨润苗”专项行动、“开门大调研、登门大走访”“百名局长进大厅”等活动，提升纳税人缴费人享受政策的及时性、准确性和便利性。召开“优化营商环境面对面”涉税涉费专题座谈会，推出“税无忧”服务产品，打造“绵e税”直播课堂，直播51期次。“4+4”定制服务（通过定制服务需求推送表、需求登记表、工作记录表、工作评价表4张表单，实现税费服务细、准、专、优4种成效）、办税服务厅“三化”建设（标准化、规范化、人本化）入选省发改委优化营商环境经验汇编。创新推进税费服务方式转型升级，成立并试运行市局税费服务中心，集中受理“12366”热线、对外公开咨询电话、征纳互动平台咨询业务，集中办理城区范围部分即办、流转事项。统一咨询服务标准，形成一体化、平台化、智能化税费服务支持体系。8.06万户纳税人参与2021年度信用等级评价，评出A级纳税人7434户。开展涉税专业服务机构“行业化+专业化”试点，对全市涉税专业服务机构进行摸排清理，督促126户补采集信息。开展违规调整信用级别办理留抵退税自查自纠专项整治，发现并整改问题6户次。办理免费寄递发票14.44万户次，为纳税人节约成本98.84万元。深化银税互动，强化信用“资产”增值应用，向银行业金融机构推送评价信息30万余条，共2953家企业获得信用贷款40.51亿元。

（陈紫琪）

2022年绵阳市重点纳税企业一览表

表20

纳税人名称	行　业
四川省烟草公司绵阳市公司	批发和零售业
四川省绵阳市丰谷酒业有限责任公司	制造业
四川中烟工业有限责任公司绵阳卷烟厂	制造业
绵阳市商业银行股份有限公司	金融业
绵阳市畅泰实业有限公司	房地产业
绵阳市投资控股（集团）有限公司	租赁和商务服务业
绵阳市三汇房地产开发有限责任公司	房地产业
绵阳市商业银行股份有限公司营业部	金融业
四川美丰化工科技有限责任公司	制造业
绵阳双汇食品有限责任公司	制造业
绵阳市酒鑫鑫商贸有限公司	批发和零售业
四川富临实业集团有限公司	房地产业
四川长虹空调有限公司	制造业
四川长虹电器股份有限公司	制造业
绵阳新晨动力机械有限公司	制造业
绵阳华瑞汽车有限公司	制造业
绵阳农村商业银行股份有限公司	金融业
绵阳启明星磷化工有限公司	制造业
利尔化学股份有限公司	制造业
维谛技术（绵阳）有限公司	制造业
华润置地（绵阳）有限公司	房地产业
四川三台农村商业银行股份有限公司	金融业
四川长虹佳华数字技术有限公司	批发和零售业
中国电建地产集团绵阳长兴有限公司	房地产业
绵阳富临精工股份有限公司	制造业
绵阳市恒跃房地产开发有限公司	房地产业
四川东方绝缘材料股份有限公司	制造业
华润雪花啤酒（四川）有限责任公司绵阳分公司	制造业
江油市城乡建设发展有限公司	建筑业
四川华能涪江水电有限责任公司	电力、热力生产和供应业

续表20

纳税人名称	行　业
四川智易家网络科技有限公司	批发和零售业
雅化集团绵阳实业有限公司	制造业
江油红狮水泥有限公司	制造业
四川长虹集团财务有限公司	金融业
绵阳畅美嘉实业有限公司	房地产业
中国核工业二四建设有限公司	建筑业
江油鸿飞投资（集团）有限公司	租赁和商务服务业
四川省烟草公司绵阳市公司涪城分公司	房地产业
四川长虹佳华信息产品有限责任公司	批发和零售业
九洲千城置业有限责任公司	房地产业
绵阳市商业银行股份有限公司高新科技支行	金融业
四川西城置业有限公司	房地产业
绵阳宏达资产投资经营（集团）有限公司	租赁和商务服务业
绵阳市聚富商贸有限公司	批发和零售业
绵阳市嘉远瑞华房地产开发有限公司	房地产业
中国石油天然气股份有限公司西南油气田分公司川西北气矿	批发和零售业
中国石油天然气股份有限公司西南油气田分公司川中油气矿	采掘业
绵阳高新区科创实业有限公司	房地产业
中国人民财产保险股份有限公司绵阳市涪城支公司	金融业
绵阳市文泉房地产开发有限责任公司	房地产业

审　计

【概况】　2022年，绵阳市在四川省首次提出“体系化”审计整改思路，出台“体系化”整改工作实施办法，压实被审计单位主体责任、主管部门监管责任、职能部门管理责任、审计机关督促责任“四方责任”，完善党委领导、人大监督、政府落实、结果运用、整改约谈、责任追究“六项机制”，创新敦促函、提示函、建议函和审计专报“三函一报告”，推动审计发现问题整改向部门联动、行业互动转变。全年审计机关共审结审计项目186个，查出违规金额4.13亿元、管理不规范金额139.64亿元，促进拨付资金到位6.59亿元，移送处理事项31件，2个项目获评省优。

【政策跟踪审计】　2022年，绵阳市聚焦“六稳”“六保”等重点政策，围绕“稳经济、保增长、促发展”目标，对市本级优化营商环境政策落实情况开展专项审计调查，推动解决“涉企减负政策落实不到位”等问题。实施4个季度跟踪审计，累计抽审单位430家、项目856个。

【财政审计】　2022年，绵阳市以促进财政政策加力提效为目标，开展预算执行、财政财务收支等审计，关注财政资源统筹、预算分配下达等情况，推动建立健全制度4项；开展严肃财经纪律整治突出问题专项行动，通报典型案例17件。

【国企国资审计】　2022年，绵阳市针对国有企业经营，对市属国有企业2016年以来完工或开工的房地产项目运营情况开展专项审计调查，堵塞融资管理、拆迁安置、项目营销等环节风险漏洞24个。针对国有资产管理，对市本级行政事业单位国有资产管理情况实施专项审计调查，同步开展市属国有资产调查工作，基本摸清市属国有企业、市级行政事业单位及园区国有资产底数。

【民生审计】　2022年，绵阳市聚焦守牢耕地红线，聚焦兜牢民生底线，开展困难群众救助资金审计，基本掌握市本级及4个园区城乡低保、孤儿等困难群体规模及社会救助体系建设等情况，揭示“违规享受补助资金”等问题。开展耕地保护政策落实情况审计，延伸调查73个部门（单位）、77个乡镇、199个村社，抽审资金36.76亿元，基本摸清耕地规模。

【经济责任审计】 2022年，绵阳市以促进干部履职尽责为目标，对43名党政主要领导干部和国有企事业单位主要领导人员开展经济责任审计，揭示“重大经济事项决策不规范”等问题，推动领导干部规范行权。总结市本级重大经济事项决策规定实施细则试行情况，提出修改建议。

【市审计局入选全国第二批投资审计转型发展试点】 2022年2月，绵阳市审计局入选全国第二批投资审计转型发展试点，成为四川省唯一入选单位。根据试点任务，提出“构建政府投资全领域监督，建设项目全流程监管，协作配合全方位贯通的投资审计监督新体系”试点工作思路，出台《关于推进投资审计转型发展的意见》，绘制建设工作流程图，编制规范性文件320份，建立重要性评价指标116个，起草政府投资项目审计管理办法等制度3个，推动相关部门出台设计、招标、概算等制度。（李扬玲）

统　计

【概况】 2022年，绵阳市持续深化统计改革，夯实统计基础，提高数据质量，加强统计服务，发挥统计监督职能，推动全市第五次全国经济普查工作，摸清经济社会发展“家底”。深化重点领域统计改革，持续推进地区生产总值统一核算改革，参与四川省统计局2022年数字经济核算、工业生产过程碳排放调查试点相关工作，协办全省工业统计川北片区会议、全省社情民意调查工作暨业务培训会议。制定《绵阳市绿色低碳产业统计监测工作方案》，开展月度监测工作。坚持对标国、省要求和体现市情的原则，构建特色统计指标监测体系，完善反映绵阳特色的高质量发展综合绩效评价指标体系、科技城新区统计指标体系。完成“园区提质、企业满园”行动统计指标监测体系制定。完成农作物对地抽样调查、住户调查等样本轮换工作，发挥统计调查服务作用，开展价格、劳动力等统计调查，撰写报送各类调查信息、分析报告200余篇次，被国办专报和国家统计局采用31篇。围绕民生和经济热点，撰写报送《绵阳市农村集体经济组织整治撂荒地调查报告》《绵阳市传统村落保护与开放情况报告》《绵阳城镇就业形势总体平稳》等专题调研报告，为制定民生保障相关措施提供参考依据。推进统计执法“双随机”检查，共检查9个县（市、区）、61个调查样本。依法立案查处1起统计违法行为，给予警告并处罚款。

【统计基层基础建设】 2022年，绵阳市统计局联合市发改委形成《关于加强行业统计工作的报告》，根据市政府主要领导批示，形成《绵阳市夯实统计基础提升统计能力实施方案（送审稿）》，对加强部门、市县、乡镇、村统计力量，推动调查单位统计规范化建设，增强统计工作合力，提升统计专业素养，提高统计质量，加强统计法治建设等方面的工作进行安排。举办全市统计工作专题培训班，培训县级政府分管负责人、市（县）主要经济部门负责人150余人，推动领导干部树立统计思维、掌握统计方法。联合市直相关部门召开农业、工业、服务业、投资、劳动工资、研发统计等专业培训会，推动形成重统计、学统计、懂统计、用统计的工作氛围。在三台县、梓潼县、科技城新区、绵阳经开区开展首席统计师和统计协统员试点工作。

【统计服务】 2022年，绵阳市统计局按照市委、市政府“跳出绵阳看绵阳，跳出四川看绵阳”的要求，收集整理全国百强城市GDP，对比分析同类城市，制作《数说七个区域中心城市》《数说中西部七个重点对标城市》等统计产品，为市委、市政府科学决策提供信息参考。围绕重点地区、重点行业、重点企业，加强运行分析，形成67篇统计分析报告，完成《绵阳市电子商务行业对经济增长的贡献》《支持汽车消费经验成效、困难问题和意见建议》等10余篇研究课题，为全市经济平稳运行、助企纾困、市民消费补贴等系列政策的制定提出工作建议。开展高质量发展综合绩效评价相关工作，反映绵阳高质量发展进程中的优势成效和短板弱项。完成专业年报、定报，做好支柱产业、绿色低碳产业、知识产权投资、“园区提质”“企业满园”等统计监测。开展服务零售额测算工作，在涪城区、北川羌族自治县、三台县、江油市、绵阳经开区开展县级服务零售额测算试点工作，为开展经济调度工作等提供数据支撑。印发《“转企升规”专项攻坚行动工作方案》，推动“转企升规”工作。部门联动配合建立完善“三库”（达标库、成长库、种子库）更新长效机制，分行业筛选达到入库标准100%、80%、60%的法人单位、产业活动单位、个体户，形成达标库、成长库、种子库，并推送相关部门，开展摸排核查。

【统计执法监督】 2022年，绵阳市统计局印发《绵阳市统计造假不收手不收敛问题专项纠治实施方案》，针对纠治工作实施过程中可能出现的职责不清等问题进行安排，召开专项纠治工作会议，持续开展专项纠治。清理纠正违反统计法律法规的文件和做法，开展2022年度统计执法检查、“双随机、一公开”抽查工作，配合省统计局开展专业执法检查，提高全市统计数据质量。完成《2017年以来统计造假不收手不收敛问题专项纠治自查整改工作台账》明确的27项专项纠治内容。完善依法统计、依法治统工作体系，制订《绵阳市统计局2022年数据质量管控工作方案》，配合编制《关于市委巡察机构与市统计局建立协作机制的意见》。认定市级统计诚信单位11家。

【调查样本轮换】 2022年，绵阳市开展农作物对地抽样调查样本轮换工作，将样本轮换工作纳入2022年全市涉农统计调查重点工作统筹推进，组织开展抽样框核实、样本村和调查样方核实确认，配合四川调查总队在全市抽取140个农作物对地遥感调查样本村、420个调查样方。选聘140名村级辅助调查员，落实97名乡镇调查员，分4批对县、乡、村各级调查人员开展调查现场培训。从2022年秋冬季节小春农作物种植开始，正式启用新轮换样本村和调查样方。完成住户调查大样本轮换，并于12月正式使用新一轮住户调查样本记账。

【统计调查】 2022年，绵阳市统计局围绕经济社会发展热点，开展绵阳市落实稳经济增长政策情况调查、绵阳市首批消费券发放及使用情况调查、2022年绵阳义务教育落实“双减”工作调查等调查项目，运用电访室开展市第五次全国经济普查专项试点单位清查数据质量抽查等11个电话调查项目。其中，落实稳经济增长政策情况调查和消费券发放及使用情况调查通过计算机辅助电话调查系统开展，分别在绵阳市企业和市民电话样本库中随机拨号进行访问，针对落实稳经济增长相关政策的知晓度及受益情况共拨打电话3500余个，调查收回有效问卷361份；针对市民对发放消费券的知晓、领取及使用情况共拨打电话3000个，调查完成有效样本1211个；2022年绵阳义务教育落实“双减”工作调查围绕受访者基本情况、减轻学生课业负担情况、减轻校外培训负担情况及对落实“双减”政策的意见和建议开展面访和电访，完成有效样本720个。牵头南充、巴中等6个市5个县结对为一个片区，推进居民消费价格调查。工业生产者价格调查在117个调查单位推广应用企业电子台账登记工作，由原来的手工记录转变为互联网直报，加快数据审核时效性。全面启用问卷星开展入户调查，先后开展高校应届生就业创业情况、平台经济就业人员情况、重点群体就业、社区养老服务、社保缴费政策进展情况等多项民生专题调查及全面从严治党民意调查，市及辖区县文明城市模拟测评。

【绵阳市第五次全国经济普查筹备工作】 2022年，绵阳市开展第五次全国经济普查前期工作，按照“全国统一领导、部门分工协作、地方分级负责、各方共同参与”的原则，成立由市政府主要领导任组长的绵阳市第五次全国经济普查领导小组，以市委目标绩效办、市发展改革委等单位为小组成员单位，由市统计局负责普查工作的组织实施和协调。完成预算编制、责任体系建立，并推动完成涪城区专项试点任务，创新探索运营商协助核实，利用云呼叫系统快捷高效开展经济普查宣传、单位清查筛查、清查数据质量回访、名录库单位空号电话筛查、部门资料共享等相关事宜。6月29日，召开第五次经济普查筹备领导小组会议暨专项试点动员会，推进试点工作。

（汪　阳　龚　超）

物价管理

【概况】 2022年，绵阳市物价管理强化重要民生商品保供稳价，推进价格改革，持续规范收费行为，兜住民生底线，保持价格总水平基本稳定。全市CPI累计增长2.1%。从分类指数来看，八大类商品价格累计“6涨2降”。其中，食品、烟酒价格累计上涨2.4%；衣着价格累计上涨0.5%；居住价格累计上涨1.0%；生活用品及服务价格累计下降0.2%；交通和通信价格累计上涨5.3%；教育文化和娱乐价格累计上涨3.1%，医疗保健价格累计下降0.2%；其他用品和服务价格累计上涨2.1%。完成各类价格认定案件1006件，认定金额2.975亿元，案件办结率100%。完成价格争议纠纷调解125件，金额245.2万元。开展价格认定综合业务平台培训，实现市辖区公安系统网上提出办理全覆盖。持续推进“业务上网，数据入库”，建立询价点17个，录入图表15000余张，有效价格信息数据80万余条。

【价格调控】 2022年，绵阳市制定《绵阳市完善重要民生商品价格调控机制实施方案》《绵阳市生猪猪肉市场价格调控预案》，做好粮食、猪肉、蔬菜、农资、生产资料等重要民生商品保供稳价。开展猪肉储备吞吐调节，落实政府常规储备冻猪肉任务，9月、10月累计向市场投放政府储备冻猪肉250吨。落实价格形势分析会商制度，加强价格监测预测预警。报送价格监测报表600余期，报送价格分析90余篇，官网发布重要民生商品价格信息100余篇，微信发布价格信息48次，现场采价100余次，巡视调研17次。落实小麦、稻谷最低收购价政策。健全社会救助和保障标准与物价上涨挂钩联动机制，共计发放价格临时补贴1996万余元，惠及困难群众80万余人次。

【价格管理】 2022年，绵阳市开展涉企违规收费专项整治行动，聚焦群众关注交通物流、水电气暖、地方财经、金融、行业协会商会等重点领域开展联合整治，重点查处国家、省、市降费减负政策不到位和不执行惠企收费政策行为，清退违规收费276.21万元。清理规范城镇供水供电供气行业收费，建立供水供电供气行业收费项目清单制度。开展转供电违规加价专项治理，强化协调联动和督导问效，排查转供电主体150余户，清退违规收取电费170万余元。落实收费清单制度，开展行政事业性、政府定价经营服务性收费“一张网”建设，动态调整、定期公布收费清单。开展城镇燃气、垃圾处理收费、城市地下综合管廊收费等调研，并形成系列调研报告。集中整治燃气报警装置安装收费问题，征集问题线索107条，对扰乱燃气报警装置安装市场价格秩序的2家企业进行立案查处。疫情防控期间，加强对重要民生商品和防疫用品市场价格监测监管，受理并办结商品价格投诉12件，立案查处并发布价格违法典型案例4件。开展教育收费专项整治，督促清退预收训练费7.5万元，责令清退跨学期预收费用175.196万元。

【重点领域价格改革】 2022年，绵阳市用好价格政策，落实养老机构、托育机构、保障性租赁住房水电气价格执行居民生活价格政策。支持企业合理利用分时电价政策，细化落实水电气“欠费不停供”、新能源汽车充换电价格优惠政策，降低企业用能成本。推进天然气价格改革，坚持“小步慢调”思路，顺价调整冬春季非居民用气销售价格，调增幅度为全省最低，终端销售价格处于全省较低水平。推进农业综合水价改革，全面完成4.48万公顷年度改革任务，农业水价达到工程运行维护成本水平。持续推行非居民用水累进加价制度，合理核定城市生活污水处理结算价格。制定和调整民生价格，坚持成本补偿原则，制定公办幼儿园、民办非营利学校教育收费标准，开展全市教育收费专项治理。核定公租房、保障性住房等民生价格。

【成本监审价格认定】 2022年，绵阳市强化政府定价成本监审，围绕民生领域加强成本监审，开展教育、城市供水、养老服务、旅游景区、经适房、停车服务等成本监审（调查）；围绕促进绿色发展价格机制改革，开展垃圾、垃圾渗滤液、污水处理成本监审；推进管道燃气配气价格成本监审；开展农业水价综合改革成本调查监审。绵阳市被列入全省第一批三大粮食作物生产成本联合调查试点地区，开展农产品成本调查工作70周年宣传活动，展示农产品成本调查工作发展成果。开展国家调查品种中籼稻、小麦、油菜籽、生猪、大豆、桑蚕茧等种、养殖业成本收益和省级调查品种露地菜椒、蛋鸡、家鱼、家兔，以及生猪、蔬菜流通环节成本收益成本调查。 （胥 挺）

市场监督管理

【概况】 2022年，绵阳市市场监管部门贯彻落实稳经济增长政策，持续优化营商环境，召开市场主体培育壮大工作推进会，出台《关于进一步培育壮大市场主体的若干措施》等文件，培育壮大市场主体。新登记市场主体9.62万户，增长19.93%，增速位居全省第2。争取省财政“个转企”奖励资金250万元，发展“个转企”1754家，完成全年目标任务的438.5%。发放44万份“四川助企纾困政策明白卡”，推送47万条“明白卡”短信。优化企业开办、退出和行政审批环境，制定《政务服务诉求管理制度》，建立诉求服务专班，共处置民生诉求1475件，完成率为100%。实施信用监管，将1.97万家企业列入经营异常名录，发送年报提醒短信，督促企业依法及时年报。围绕“春雷行动”“铁拳行动”，开展食品药品、医疗美容等专项整治。累计查办案件2582件，处罚没款3670.8万元，移送司法机关56件，4件案件入选国家总局、省局典型案例。“春雷行动2022”综合成绩获全省一等奖。承办2022年全国侵权假冒伪劣商品统一销毁活动，获国家“双打”办通报表扬。营造放心舒心消费环境，完善消费维权“一会两站”，开展“3·15”主题宣传活动，指导创建“一店一码”互联网快捷维权商家，落实“无理由退货”承诺、“赔偿先付”制度。守住安全底线，做好食品药品、特种设备、产品质量等监督管理，开展相关领域安全风险隐患排查和专项整治行动。

【企业登记】 2022年，绵阳市新设市场主体9.62万户，总量达49.39万户。持续深化商事制度改革，优化企业开办环境，在2021年四川省营商环境评价中，绵阳开办企业指标位居全省第1。全面实施“网上办”“掌上办”“就近办”“异地办”，企业登记全程网办率90.3%。推进“零成本”“小时办”，企业开办平均用时1.83小时，提速54.3%。畅通市场主体退出渠道，实施简易注销登记改革，时限压减55.6%，占比达59.63%。推行证照“套餐式”注销，实现主体资格和经营资格快速退出。推行电子营业执照“一照通”服务体系，试点“企业身份码”“电子证照关联”，推进“一企一照一码”关联应用。对食品类相关许可推行“证照联办”改革，办理联办事项1657个。深化住所（经营场所）登记改革，推进集群注册登记，全市38家托管机构托管小微企业、个体工商户3.11万户，为市场主体节约经营成本1.2亿元。升级登记档案网上查询系统内网服务端，与川渝登记档案网上查询平台实现对接，开放登记档案网上查询功能，实现绵碚登记档案异地互查互认。

【广告监管】 2022年，绵阳市广告监管工作以整治借重大活动从事违法违规商业广告为重点，组织开展相关违法违规商业广告定向监测和检查，共责令整改问题广告2条，查处使用不完整中国地图进行广告宣传案2件。做好涉及燃气灶具、培训机构等内容的专项广告监测。共抽样检查电视、互联网和户外广告1.98万条次，发现涉嫌违法广告392条次。加大对违法线索核查处置力度，共查处各类虚假宣传及违法广告案件101件，处罚没款137万元，责令消除影响14件，责令停止发布44件。联合卫健、住建、教体部门对7家医疗美容机构、20家房地产企业、26家校外培训机构开展“双随机”抽查。

【网络交易监管】 2022年，绵阳市市场监管部门运用“网监宝”监测服务平台开展日常监测，委托第三方监测公司开展定向监测。重点对市辖区内京东、天猫、淘宝等交易型网站网店、经营者、微信公众号等促销商品进行技术监测。帮助20余家网店预警网络经营风险点50余个。通过手机短信或阿里旺旺，共向34家网店推送50余条规范经营和普法宣传信息。全市共查办各类网络交易案件18件，移送公安机关1件，办结案件罚没金额8.38万元。

【信用监管】 2022年，绵阳市市场监管部门针对市场主体自主年报，共发送72万条提醒短信，督促企业依法及时年报。全市企业年报公示率94.54%，重点行业领域企业年报公示率100%。开展省、市级“守合同、重信用”企业公示，共公示

图48　11月16日，市市场监管局在乐荟城广场进行公平竞争周宣传（市市场监管局提供）

2020—2021年度省级“守合同、重信用”企业93家、市级“守合同、重信用”企业111家。推进企业信用风险分类监管，制定《关于推进企业信用风险分类管理进一步提升监管效能的实施方案》，对全市10万余家企业进行信用风险分类，与“双随机、一公开”监管有机融合，实施差异化监管。加强违法失信企业名单管理，依法依规将1.97万家企业列入经营异常名录，1538家企业列入严重违法失信企业名单，实施联合惩戒，对1127家企业进行信用修复。持续加大涉企信息归集公示和开放共享力度，共归集公示涉企信息58万余条，为相关单位涉企评先评优查询取证信用记录2443条次。

【反垄断与不正当竞争】　2022年，绵阳市正式获批省级商业秘密保护创新试点城市，四川奇石缘科技股份有限公司获批省级商业秘密保护创新试点基地。市场监管部门联合市法院、市检察院、市公安局、市司法局印发《关于建立商业秘密保护联动协作机制的意见》，编制《绵阳市全国商业秘密保护创新试点工作方案》，加强商业秘密保护。开展反不正当竞争执法行动，组织反不正当竞争相关宣讲、培训、合规指导150次，开展跨区域、跨部门协作执法14次，立案查处不正当竞争案件55件，罚没248.3万元。做好公平竞争审查工作，围绕“存量”清理和“增量”审查两大主线，以“18个不得”标准为核心，落实半年一统计，全年一总结的工作制度，共清理政策措施性文件5.43万件。其中，涉及市场主体经济活动的4543件，废止18件。加强反不正当竞争宣传，在首届中国公平竞争政策宣传周期间，线上线下举办《中华人民共和国反垄断法》《中华人民共和国反不正当竞争法》等相关法律法规“四进”（进企业、进市场、进园区、进社区）活动，现场接受咨询200余次。

【绵阳获批省级商业秘密保护创新试点城市】　2022年，绵阳市市场监管局组织申报全国商业秘密保护创新试点城市，编制《绵阳市全国商业秘密保护创新试点工作方案》，明确以加快建成“行政引导、部门联动、社会参与、企业负责”的商业秘密保护新格局为目标，激发市场主体活力和创造力，推动绵阳市国家知识产权强国示范城市建设，打造商业秘密大保护、快保护、同保护、严保护的营商环境。11月21日，全省商业秘密保护创新试点工作推进会召开，公布绵阳市成为四川首批省级商业秘密保护创新试点城市，四川奇石缘科技股份有限公司获批成为全市首个省级商业秘密保护创新试点基地。

【侵权假冒伪劣商品全国统一销毁行动主会场现场会在绵阳举行】　2022年11月10日，全国打击侵权假冒工作领导小组办公室组织开展2022年全国侵权假冒伪劣商品统一销毁行动。主会场设在绵阳，并在北京、河北等17个省（区、市）设分会场，主、分会场同步销毁假冒伪劣商品。全国打击侵权假冒工作领导小组办公室主任、市场监管总局副局长甘霖在主会场参加销毁活动并

图49　11月10日，侵权假冒伪劣商品全国统一销毁行动绵阳市主会场（市市场监管局提供）

图50　11月10日，待销毁伪劣产品展示区（市市场监管局提供）

讲话，四川省人民政府副省长、省知识产权工作和打击侵权假冒领导小组组长杨兴平致辞。本次销毁行动是2022年中国公平竞争政策宣传周的配套活动。销毁商品包括侵权假冒伪劣食品药品、服装鞋帽、烟酒、盗版非法出版物等逾30个大类、100多个品种，重量超3000吨，货值5亿元。销毁坚持无害化处理原则，采取拆解、填埋、焚烧等方式进行，符合绿色环保相关规定。销毁启动仪式上，四川省市场监管局局长陈凯，广西壮族自治区市场监管局党组书记李泽，绵阳市委副书记、市长李云发言。海关总署、市场监管总局、最高人民检察院等全国打击侵权假冒工作领导小组成员单位有关人员，相关省（区、市）打击侵权假冒工作领导小组成员单位负责人，部分国家驻华使（领）馆官员，相关行业协会、中外权利人代表，媒体记者等参加。

（兰　健）

食品药品监督管理

【概况】　2022年，绵阳市开展国家食品安全示范城市创建工作，推动食品安全属地管理责任和企业主体责任工作机制落实，形成食品安全工作新格局。推进社会共治，成立市食品安全协会，邀请人大代表、政协委员、政风行风监督员参与食品安全监督工作，加强食品生产企业、小作坊的技术指导服务和监管。实现经营主体食品安全隐患排查实现全覆盖，围绕群众关注的热点食品，常态化开展食品安全“你点我检”活动。强化药品监管，坚持源头严防、过程严管、风险严控，完成省、市药品抽检任务，做好药化不良反应及药物滥用监测工作。构建跨部门药品综合监管机制、药品协同监管机制，强化对违法犯罪行为的联合打击力度。举办年度绵阳市药品监管人员能力建设提升培训班、儿童化妆品主题公益培训等，提高监管执法队伍业务水平。上线“绵阳市药品零售实名登记系统”“药品零售连锁企业诚信指数评价系统”，加强零售药店信用管理和应用，实现购买“五类”药品实名追溯。加强宣传教育，开展“药品科技活动周”“安全用药　同心同行”等活动，开通“食安绵阳”微信公众号，打造“食安绵阳”创城品牌。与美团签订政企合作协同治理框架协议，建立疫情防控状态下外卖骑手应急配送工作机制。对全市范围内的天猫、淘宝、美团、饿了么和京东等网络交易平台，以及2782家网店、513家企业网站等网络经营主体进行技术监测，实现化妆品监管网络全覆盖。聘请外卖员、出租车司机等担任食品药品安全志愿者，组建5000人的食品、药品安全志愿者队伍。至年底，全市有药品生产经营单位3280家，化妆品生产经营单位6434家、医疗机构4709家，建成“诚信示范药店”近100家。开展餐饮安全风险隐患排查治理，检查2.29万家（次），消除安全隐患2681个。药品安全、春雷行动在全省考核中排名全省A等。

【食品监督】　2022年，绵阳市加强源头管控，严格耕地土壤污染防控，30个批次土壤样品的重金属监测全部达标。共抽检食品1.44万批次，完成省级食品安全评价性抽检338批次，合格率99.7%，问题核查处置完成率100%。采取网络直播等方式，围绕群众关注的热点食品，常态化开展食品安全“你点我检”活动。对重点食品生产企业、国有粮食企业和基层粮库开展全覆盖检查。规模以上白酒生产企业HACCP等体系认证通过率100%。开展“守底线、查隐患、保安全”专项行动，全市4万余家经营主体隐患排查实现全覆盖。开展风险隐患排查整治，检查学校食堂、养老机构、医疗机构、宗教场所、建筑工地等重点场所的食堂约2740家，责令整改213家。查办各类食品安全违法案件1277件，案值240余万元，处罚没款1550万元。由市公安局食药环侦支队刑事立案98件，移送起诉54件，起诉121人。

【药品监管】　2022年，绵阳市市场监管局加强药品生产经营使用环节、疫苗储存运输、医疗机构药品及制剂日常监管，坚持源头严防、过程严管、风险严控，强化风险隐患排查，累计出动执法检查人员近7000人次，监督检查药械化经营使用单位近1.9万家。结合年度国家、省及市抽样检测计划，完成药品抽检任务675批次，同步做好抽检全程风险信息监测识别、隐患排查及合理处置。持续强化药物警戒体系建设，完成疫苗日监测、季报告及NRA评估相关资料报告。做好药化不良反应及药物滥用监测工作，持续扩大药物滥用监测覆盖范围，共收集、核实、评价药械化不良反应1.19万例（严重报告1147例），收集药物滥用报告1495例。

【药品监管培训】　2022年，绵阳市市场监管局与四川大学联合举办2022年绵阳市药品监管人员能力建设提升培训班，组织全市药品监管系统人员参观科伦药业“智慧物流”、药品行政执法疑难案件分析、学习药械化综合执法监管知识和安全技术规范。5月，组织监管执法人员参加儿童化妆品主题公益培训，普及有关法规和使用知识，提升执法队伍监管能力。7月、9月分别组织召开2022年化妆品、药品不良反应监测业务培训会，全市药品、化妆品不良反应监测人员和医疗机构有关人员200人参加培训。11—12月，结合新出台的《药品网络销售监督管理办法》，开展药品经营质量管理监督检查培训及办理药品犯罪案件司法解释解读，提高监管执法队伍业务水平。

【药品协同监管机制构建】　2022年，绵阳市市场监管局将全市划为14个片区［县（市、区）、园区、科学城］、166个板块（乡镇、街道）、3372个网格组，加强药品监管，使药品安全监管由单一的市场监管部门监管模式整合转变为职能部门、乡镇（街道）和村（社区）协同配合、广泛参与的“网格化”药品监管体系。从乡村卫生室、村书记、村主任中选取3538人，进行药品法律法规培训，提升网格监管业务水平。健全举报渠道和奖励机制，依托消费者投诉举报服务站点2870多家，发动群众进行自主监督，共同参与药品网格社会管理工作，聘请40名药品检验机构业务技术人员作为药品监管协管员。

【跨部门药品综合监管机制构建】 2022年10月11日，绵阳市市场监管局与市公安局、市卫健委、市医保局联合印发《绵阳市四部门关于构建全市药品安全监管和集中打击整治危害药品安全违法犯罪协作工作机制的通知》，明确各部门职责分工并建立执法协作及咨询机制、会商及信息共享通报制度、重大案件同步上案及案件移送机制，强化对药品领域违法犯罪行为的联合打击力度。11—12月，全市按照国家和省级的工作部署要求，将药品安全监管列为地方政府年度重点工作，以市市场监管局为牵头单位，协调22个相关部门，成立“药品安全暨集中打击整治危害药品安全违法犯罪专项工作组”，建立相关工作规则，加强对药品监管工作的组织领导和统筹协调。全市各部门围绕药品监管进行信息共享、经验总结和风险会商，形成各司其职、相互配合、齐抓共管的协同监管机制。同时，督促县级有关部门建立相应工作机制。共联合公安、卫健等部门召开专项联席会议11次，移送公安机关案件23件。

【药品安全科普宣传】 2022年，绵阳市市场监管局在全市开展各类药品安全宣传科普活动。5—6月，开展“药品科技活动周”“安全用妆，携手‘童’行”主题药品化妆品宣传活动。11月中旬至12月中旬，开展“安全用药　同心同行”安全用药月活动，联合行业协会、电视台、户外广告平台等单位，发布国家药监局的科普宣传视频、公益广告。面向有关企业召开培训会、座谈会及专题讲座，以药化领域常见违法违规问题为内容重点，开展宣贯培训、法律法规解读以及风险警示教育，督促企业对照自查整改，作出诚信经营承诺。加强“两微一端”等新媒体和传统媒体融合推广，拍摄“小家、大市”专题节目、抖音短视频，微信公众号推送、印发宣传资料近5万份。举办现场科普活动84次，吸引近3万人参与。

图51　11月18日，绵阳市2022年“全国安全用药月”活动启动仪式在绵阳高新区举行（市市场监管局提供）

【食品安全领域集中整治】 2022年，绵阳市围绕国家食品安全示范城市创建工作，开展食品安全“守底线、查隐患、保安全”专项行动、鸭血专项整治、餐饮安全风险隐患排查治理等重大专项行动，4万余家经营主体隐患排查实现全覆盖。完成食品抽检监测1.36万批次，对445批次不合格（问题）食品依法核查处置。推动全市农贸市场规范化建设，共评定A级市场15个，“双A”级市场14个。打造食品安全细胞工程示范（典范）单位1000个，确定市级食品安全示范乡镇11个。推动出台《绵阳市食品安全工作责任约谈办法》，推动“两个责任”（食品安全属地管理责任和企业食品安全主体责任）工作机制落地落实。首创“网格+食品安全”监管机制，整合市场监管、卫健、农业等基层网格监管力量，打造食品安全共建共治共享的网格化监管体系。持续推行进口冷链食品集中监管，1007个集中监管仓全覆盖落实冷库库长责任制，累计入仓货物2366批次，核酸检测抽样1.3万个。查处食品违法案件1049件，移送司法机关并经司法机关立案案件23件。

【药品安全领域集中整治】 2022年，绵阳市在四川省首创“药品零

图52　10月5日，绵阳市市场监管局对部分零售药店开展药品专项检查（市市场监管局提供）

售实名管理系统”，对疫情防控重点管控“五类药品”等药品销售实现全链条管理，3310家药店实名登记100余万人次，获评四川省网络综合治理数字化应用场景优秀解决方案。开展病毒检测试剂、冷链管理医疗器械质量安全风险隐患全覆盖排查，发现并依法处置问题线索15个。加强药品零售企业疫情防控监督检查，检查药品零售企业4000余家次，下发监督意见书179份、责令整改通知书103份，联合市、县融媒体中心曝光药店17家，关停药店11家，立案查处25家。查处药品违法案件560件，移送司法机关并经司法机关立案案件24件。

【国家食品安全示范城市创建】 绵阳市于2021年11月被国务院食安办列入全国第四批国家食品安全示范创建城市推荐名单。2022年，绵阳市成立创建国家食品安全示范城市工作指挥部，指挥长由市委、市政府主要负责人共同担任。调整市食安委组织架构，出台《绵阳市食品安全工作责任约谈办法》等文件，形成食安工作新格局。推动食品安全属地管理责任和企业主体责任工作机制落地落实，落实市委、市政府领导包保全部A级主体，以“双推送”（向各地食安委主任及食安办主任分别推送履职提示函和工作提示）模式，“点对点”向各地食安委主任发送“履职提示函”、撰写“一封信”（工作提示信件），将食品安全责任落实到“最小单元”。先后召开动员大会和推进会3次，开展食品安全突发事件（Ⅲ级）应急演练，印发《绵阳市创建国家食品安全示范城市工作方案》，提出“打造智慧监管矩阵”等九大示范引领项目，实施“农业标准化建设提升”等12项食品安全治理提升工程，聚焦民生领域开展多个专项整治行动。实施“属地抓示范、部门建规范、行业树典范”的食品安全“细胞工程”建设活动，推进建设多层次、多业态、全方位的食品安全示范（典范）细胞集群2216个。全市开展食品安全“守底线、查隐患、保安全”专项行动，实现4万余家经营主体隐患排查全覆盖。制作、展播纪实片《使命》，打造“食安绵阳”创城品牌，设计系列主题海报、logo、吉祥物等，拍摄创城专题片2部。开通“食安绵阳”微信公众号，关注人数达14万人，发布食品安全科普文章250余条，打造《吃毒蘑菇的华哥》等原创科普作品40余个。组建5000人的食品安全志愿者队伍。

【绵阳市药品零售实名登记系统上线运行】 2022年1月24日，绵阳市药品零售实名登记系统上线运行。该系统由绵阳市市场监管局研发，据药店销售“五类药品”应实名登记的要求，基于“互联网+药品监管”模式，运用大数据技术，通过绵阳市市场监管微信公众号为市民提供购药登记入口，为每个零售药店赋码，对首次购买“五类药品”的消费者进行姓名、身份证、电话、家庭地址等信息登记后，选择购买药品种类进行提交，系统后台即可进行实名登记统计管理，同时与疾控管理部门进行数据同步共享。消费者第二次购买“五类药品”只需扫码对购买的药品确认。至年底，全市共有3310家药店使用该系统，实名登记100万余人，实现“五类药品”购买实名可追溯。

【食品安全“你点我检”活动启动仪式举行】 2022年5月17日，2022年绵阳食品安全“你点我检”活动启动仪式在涪城万达广场举行。活动由市创建国家食品安全示范城市指挥部办公室、市食品安全委员会办公室和市市场监督管理局主办，市市场监督管理学会承办。活动中，公布在网络征集中得票率靠前的火锅底料、米粉制品、食用油、乳制品、饮料、鲜面条饺子皮、香肠腊肉、速冻食品、酱油、肉类10个大类共50批次食品为参加活动的抽样食品。活动体验官代表随机选取抽样品种、抽样区域、抽样环节和抽样单位，在全体体验官的监督下，进行抽检。本次所抽检食品均由抽检部门购买。抽检重点项目为农兽药残留、重金属、食品添加剂以及其他危害人体健康物质的限量规定指标，抽检方法按照相关食品、食用农产品标准和方法实施检验。在接样后20个工作日内出具检验报告。活动全程通过“绵阳市场监管局”抖音号同步网络直播。人大代表、政协委员、绵阳民生实事监督员、省市新闻媒体记者、绵阳食品安全志愿者代表参与本次活动。全年食品安全“你点我检”专项抽检100批，检测结果均合格。

【绵阳市食品安全协会成立】 2022年9月8日，绵阳市食品安全协会成立大会在市市场监管局举行。市市场监管局党组书记、局长陈兴刚出席会议并讲话。西南科技大学党委副书记张强、绵阳师范学院副校长何云晓，各县（市、区）市场监管局、园区市场监管分局分管负责人，食品安全协会会员参加会议。

图53　5月17日，2022年绵阳食品安全“你点我检”活动启动仪式在涪城万达广场举行（市市场监管局提供）

会议审议《第一次会员大会选举和表决办法》《绵阳市食品安全协会章程（草案）》，选举绵阳市食品安全协会理事会理事、监事、绵阳市食品安全协会会长、副会长、聘任秘书长，并为其颁发荣誉证书。西南科技大学教授严成当选协会会长。绵阳市食品安全协会成立旨在加强对全市各类食品生产企业、小作坊的技术指导和服务，促进各类食品企业之间的创新联系与协作，达到食品相关企业健康、稳步发展和行业自律；协助监督管理机关规范和加强食品安全工作，维护会员的合法权益，保障广大群众的根本利益。

【医疗美容行业突出问题专项治理行动】 2022年10月起，绵阳市市场监管局按照国家、省统一部署，联合市中级人民法院、市人民检察院、市委网信办、市公安局、市商务局、市卫健委、绵阳海关、绵阳税务8个部门开展医疗美容行业突出问题专项治理行动，围绕虚假宣传、非法行医、假货频现、价格欺诈等五大类突出问题，采取部门联合检查、随机抽查等方式，对全市295家医美机构进行执法检查，对500余家生活美容场所进行抽查，对重点违法线索进行全覆盖现场核查，清理整治违法违规行为。累计立案查处医美违法案件38件，结案24件，处罚没款31.62万余元。“绵阳市某美容服务公司违法开展医疗美容服务案”被国家市场监管总局等11个部门列为首批公布的7件典型案例之一，并被中央电视台新闻频道《新闻直播间》报道。“绵阳某医疗美容诊所使用过期化妆品及不按要求储存医疗器械等违法行为案”被省市场监管局等11个部门列为首批公示的7件典型案例之一，在省政府官网上公示。

【药品零售连锁企业诚信指数评价系统上线开通】 2022年11月18日，药品零售连锁企业诚信指数评价系统上线开通。该系统旨在通过消费者、企业、协会、监管部门多方发力，基于移动互联网、大数据、视频云、物联网等信息技术，打造集社会共治、信息公开、指数排行、智慧监管、企业责任、行业协会诚信自律等功能为一体，面向社会公众、主体单位、监管部门三大类用户的信息化服务平台。该系统可实时监测管理全市各大药品零售企业诚信指数，通过指数评价倒逼药品零售连锁企业履行主体责任、严守诚信经营底线。上线开通当日，实现全市32家药品零售连锁公司、3000多家零售药店入驻。

图54　11月18日，绵阳市“药品零售连锁企业诚信指数评价系统”上线开通仪式在高新区举行（市市场监管局提供）

【绵阳开展食品安全突发事件（Ⅲ级）应急演练】 2022年11月29日，绵阳市2022年食品安全突发事件（Ⅲ级）应急演练在北川羌族自治县举行。市委常委、副市长王晓松出席演练活动。本次演练以视频录播+现场演练相结合的形式，模拟处置某村民举办生日宴聚餐发生食物中毒事件，市、县相关部门围绕事件发生与报告、先期处置与响应、紧急处置与调查、舆情监测与处置、响应升级、响应降级与终止、后期处置等7个科目开展调查、处置和善后工作。演练创新增设包保干部履行包保责任、食品生产经营企业落实日管控、周排查、月调度工作机制等演练环节。演练达到预期目标。省、市市场监管局，市食安委成员单位，北川相关单位负责人，部分食品生产经营企业代表现场观摩演练。（兰　健）

质量技术监督管理

【概况】 2022年，绵阳市围绕“大市场、大质量、大监管”工作要求和经济社会发展大局，贯彻《绵阳市“十四五”质量发展规划》，培育企业首席质量官22人，选树天府优秀首席质量官4人，选树数量排名全省第一。完善质量服务体系，率先完成全省质量基础设施“一站式”服务试点验收，“川质通”平台收到有效订单1499单。建成经开区、游仙区2个线下“一站式”质量服务站，窗口服务项目达33项，服务企业3692家，解决问题3774个，减免中小微企业费用1136万元。“绵易检”线上平台入驻检验检测机构211家，认证企业2503家，提供服务13.3万余次。开展塑料污染专项治理、车用汽柴油等产品质量专项监督抽查、祭祀用品质量安全专项整治等专项行动，编制重点工业产品质量监督目录，将工业生产资料等重点产品纳入目录管理。增强标准化服务能力，建立绵阳市标准化协调推进联席会议制度。制定全省首个《质量提升评价规范》地方标准，建立重点示范项目25个。检定校准计量器具17万余台，对7400余家企事业单位实施优惠政策，减免费用560万余元。全市质量工作连续第5次被考核评定为省A级。四川长虹作入选2022年度国家智能制造标准应用试点名单。梓潼县获批全省首个国家水稻制种农业标准化示范区建设。梓潼县“有机认证推动生态文明建设”入选国家有机产品认证优良实践案例。绵阳市江油武都市场监督管理所被省市场监管局确定为农村消费品质量安全守护提升行动试点单位。

【产品质量监管】 2022年，绵阳市加大产品质量安全监管力度，全面实施证（全国工业产品生产许可证）后监督，开展获证企业例行检查、日常检查，对获证企业全面实行“一企一档”管理，督促获证企业按照申证范围组织生产，共对96家获证企业完成全覆盖检查，督促企业整改问题隐患245个。编制《绵阳市2022年重点工业产品质量监督目录》，将日用消费品、建筑装饰装修材料、工业生产资料等产品纳入目录管理，开展2022年市级监督抽查任务1113批次，配合开展国家级监督抽查、省级监督抽查工作，不合格产品处理工作完成率达100%。开展燃气器具产品质量安全专项整治，围绕无熄火保护装置、无3C认证、“三无”产品、假冒产品等问题，开展大排查、大曝光、大整治，为1300余家经营企业提供“一对一”上门服务指导，发放燃气器具产品质量安全提示4185份，督促企业下架问题灶具1874台，查扣不合格燃气器具73台，对不符合国家强制性标准燃气器具返厂处理900余台，处罚没5.46万元。

【质量安全风险管控】 2022年，绵阳市开展实施危化品、危化品包装物及容器生产企业风险评估工作，依托技术机构技术支持，对全市在产企业持续生产合格产品的能力进行综合风险评价，除2家企业长期停产外，未进行现场检查外，对其余17家危险化学品企业实地完成风险评估工作，帮扶指导企业排除质量隐患75项，责令企业对风险评估发现的问题整改销账到位。排查安全隐患，排查重点工业产品市场主体2279户，督促企业整改质量安全风险；对重点产品开展排查，建立重点工业品质量安全风险隐患周报，对学生用床上用品、医院酒店用床上用品进行上百批次的产品质量风险监测，共开展产品质量安全风险监测160批次。开展产品质量安全风险监测试点，探索构建“乡镇监测+专家评估+部门监管”的风险信息采集、甄别、分类、处置工作模式，对可量化的关键风险指标和不可量化的风险因素进行信息采集、监测、评估。

【特种设备安全监管】 2022年，绵阳市排查燃气管道企业43家、液化石油气瓶充装单位13家和钢瓶16.7万余只，消除隐患301个。向社会公开征集电梯安全隐患线索1073条，查处电梯维保违法案件5起。开展特种设备超期未检专项整治行动，共排查超期未检设备1841台。将1.03万台电梯纳入“96933”应急救援平台，并列为市级民生实事项目。聚焦化工、工贸、燃气行业和人员密集场所四大重点领域，开展特种设备安全三年整治和岁末年初特种设备安全重大隐患专项整治。全年查处特种设备违法案件33件。

【绵阳制定全省首个《质量提升评价规范》地方标准】 2022年3月24日，绵阳市市场监督管理局公布全省首个《质量提升评价规范》（DB 5107/T 98—2022）地方标准，并于6月1日起实施。《质量提升评价规范》由市市场监管局、市农业农村局、市商务局、市生态环境局、市建设工程质量监督站、市标准化研究院等单位共同起草，主要包括范围、规范性引用文件、术语和定义、质量提升评价分类、区域质量提升评价要素、组织质量提升评价要素等六大方面内容。该规范是地区和企业质量提升的自我评价、外部评定和质量考核的技术规范和依据，旨在贯彻落实绵阳市委、市政府《绵阳市开展质量提升行动实施方案》精神，引导绵阳市相关区域、组织开展质量提升活动。

【绵阳市被列为推进质量强国建设工作成效突出地方】 2022年6月2日，国务院办公厅发布《关于对2021年落实有关重大政策措施真抓实干成效明显地方予以督查激励的通报》，对2021年深化“放管服”改革优化营商环境、推动创新驱动发展等有关重大政策措施真抓实干、取得明显成效的地方予以督查激励（市级89个），采取相应激励支持措施。绵阳市被列为推进质量强国建设工作成效突出地方，激励措施为2022年对全市质量工作改革创新试点示范、国家质量基础设施布局建设、质量提升行动重点帮扶、参与国际标准和国家标准制定等方面给予倾斜支持。（兰　健）

知识产权保护

【概况】 2022年，绵阳市出台《绵阳市“十四五”知识产权保护和运用规划》《绵阳市建设国家知识产权强市建设示范城市工作方案（2022—2025年）》，印发《2022年绵阳市知识产权局工作要点》《贯彻落实市第八次党代会重要部署“深化知识产权示范城市建设，建设中国（绵阳）知识产权保护中心”部分责任分工任务清单》《贯彻落实省第十二次党代会重要部署“强化知识产权创造、保护、运用”责任分工任务清单》《2022—2023年贯彻落实绵阳市强化知识产权保护实施方案推进计划》，安排部署知识产权强市建设、知识产权任务分工等工作。市财政局、市市场监督管理局修订完善《绵阳市专利专项资金管理办法》，联合出台《绵阳市专利商标专项资金管理办法》，并在全省率先全面取消专利授权资助，专项资金的支持重点向知识产权的运用保护延伸。强化知识产权区域合作和部门协同，与德阳市签订区域监管执法协作框架协议、与阿坝藏族羌族自治州市场监督管理局签署绵阿知识产权战略合作协议、与市中级人民法院签订知识产权协同保护合作协议，与市人民检察院联合印发《关于强化知识产权协同保护的意见》，与重庆市北碚区市场监管局联合发布2021年度市场监管系统知识产权行政保护典型案例。全市新增专利授权9438件，有效发明专利拥有量1.11万件，高价值发明专利拥有量达3708件，万人发明专利拥有量突破22件；商标新申请1.14万件，有效注册量累计突破6.3万件；新增地理标志商标1件，地理标志商标总量16件，地理标志保护产品15件。国家知识产权示范和优势企业34家；国家级知识产权保护规范化市场2个；新增国省专利奖9项，国省专利奖累计46件。全市新增2家知识产权服务机构，知识产权服务机构数量达32家，绵阳市被国家知识产权局确定为全国首批国家知识产权强市建设示范城市，游仙区被国家知识产权局确定为全国首批国家知识产权强县建设示范县。绵阳外国语学校被命名为“十四五”首批四川省中小学知识产权普及教育试点学校。

【知识产权强企培育】 2022年，绵阳市实施知识产权强企定向培育计划，首批培育25家企业。指导长虹集团、九洲集团、富临精工、东材科技、好医生药业、四川龙华光电薄膜股份有限公司、四川长虹空调有限公司、绵阳惠科光电科技有限公司8家企业入选四川省知识产权强企培育企业。指导86家企业通过知识产权贯标认证，建成长虹、九洲、西南科技大学、铁骑力士、中物院激光研究所、旭虹光电6家高价值专利育成中心。开展知识产权强企试点示范引领，组织2022年国家知识产权优势、示范企业申报和复核，绵阳新增2家国家知识产权示范企业和9家国家知识产权优势企业，全市国家知识产权优势、示范企业达34家。加强企业知识产权资助，组织绵阳市专利专项资助资金申报工作，全市专利专项资金共资助499.321万元。组织2022年省级知识产权专项资金项目申报和省级知识产权项目申报，向上争取知识产权专项资金495万元。组织国家、省专利奖申报，长虹电器、富临精工、中国空气动力研究与发展中心低速空气动力研究所的4项专利获中国专利优秀奖，麦思威尔、长虹空调等8家企事业单位获得四川省专利奖，其中中国空气动力研究与发展中心高速空气动力研究所的“一种带引射功能的暂冲式超声速风洞控制方法”专利获四川省专利奖特等奖。

【知识产权保护工作机制完善】 2022年，绵阳市完善知识产权保护工作机制，成立绵阳市知识产权纠纷人民调解委员，在全市设立31个知识产权保护工作站、4个知识产权巡回法庭、3个知识产权保护检察工作站，构建知识产权纠纷多元化解决机制。设立维权援助工作站，诉前立案调解知识产权案件16件。强化行政执法，通过“春雷”专项执法行动，查处商标、专利、地理标志侵权等假冒违法行为，共查处知识产权违法案件81件，案值152.75万余元，处罚款273.42万余元。开展北京2022年冬奥会和冬残奥会奥林匹克标志知识产权保护专项行动，针对食品饮料、文体用品、服装鞋帽、冰雪装备器材等重点领域，特别是酒类、纪念品、玩具等重点商品类别开展检查，开展宣传活动16次，发现违法线索8件，立案调查4件，处罚款5万元。推进“双打”工作，争取到2022年侵权假冒伪劣商品全国统一销毁行动将绵阳设为主会场。提升行政裁决能力。

【知识产权服务平台运用】 2022年，四川（绵阳）知识产权公共服务平台累计促进知识产权转让和许可金额超9800万元，在该平台基础上，新揭牌成立四川知识产权运营中心绵阳中心。“江油附子”“涪城麦冬”“天宝蜜柚”“北川茶叶”“盐亭母猪壳”5个地理标志新增用标企业31家，全市共有55家地理标志用标企业。设立14个商标品牌指导站，提升商标品牌的市场价值和社会效益。支持企业围绕关键技术开展专利导航，解决“卡脖子”问题，完成新材料、转型升级产业等8项专利分析报告，其中《液晶显示屏用光学膜防眩技术专利预警》围绕本地某企业被日本企业“卡脖子”35项专利技术自由进行专项分析。促进学校和科研院所知识产权运用能力提升，持续推动西南科技大学开展职务发明知识产权归属和利益分享制度改革试点，实现职务发明80%收益归发明人所有，共有47项发明专利及植物新品种使用权获得转让，累计获得转让金额332.97万元。

【知识产权服务载体建设】 2022年，绵阳市持续建成国家知识产权局商标业务绵阳受理窗口，受理商标注册、续展等业务209件，接受商标业务咨询1500余次。获批四川省“知识产权+蓉欧班列”绵阳基地，上线绵阳市知识产权综合管理系统，建设以知识产权全链条服务为基础，知识产权创造、保护和运用体系完善为目标的综合服务与保护平台。构建以知识产权大数据为基础的公共信息服务网络，支持西南科技大学建设技术与创新支持中心（TISC），先后在绵阳市图书馆、政务服务中心、创新中心二期、外国语学校等地设立专利信息服务网点6个。运行四川省知识产权保护中心绵阳分中心，发明专利审查周期由2—3年缩短至3个月左右，共完成专利申请预审76件、互检案件60件。

【国家知识产权强市建设示范城市创建】 2022年1月，绵阳市市场监管局牵头召开知识产权强国建设试点示范城市、县域申报专题会，研究全市知识产权现状调查摸底以及创建材料编制工作。2月18日，绵阳市向四川省市场监管局申请创建国家知识产权强市建设示范城市，并推荐游仙区争创国家知识产权强县建设示范县。经省市场监管局评定，推荐绵阳市申报国家知识产权强市建设示范城市，推荐游仙区争创国家知识产权强县建设示范县，并报请国家知识产权局核准。经国家知识产权材料审查、专家评审、材料补充等程序，8月4日，绵阳市被国家知识产权局确定为国家知识产权强市建设示范城市。同月24日，游仙区被确定为国家知识产权强县建设示范县。试点示范时限为2022年7月至2025年6月。

【专利侵权纠纷行政裁决示范建设试点工作】 2022年，绵阳市印制《商标专利申请及维权服务指南》《绵阳市电子商务知识产权保护指引》，举办专利侵权纠纷行政裁决宣讲会，办理专利侵权纠纷案293件。

建立商业秘密保护联动协调机制，挂牌建立绵阳市商业秘密保护基地，规范商业秘密受侵害维权流程，提升企业自我保密意识。绵阳市获批省级商业秘密保护创新试点城市，四川奇石缘科技股份有限公司获批省级商业秘密保护创新试点基地。开展“蓝天”专项行动，规范专利服务机构代理，督导相关申请人撤回非正常专利申请924件。

【产品质量专项行动】 2022年，绵阳市开展塑料污染专项治理，摸排生产企业80余家次，检查销售者4000余家次，责令整改50余家，下达塑料制品市级监督抽查119批次，立案查处聚乙烯农用地膜案件2件，共罚没金额2655元。指导帮扶创元农资有限公司将产品提升为环保型产品，并作为典型案例报送到国家市场监督管理总局。对全市车用汽柴油、车用天然气、车用尿素、非道路移动机械用油等产品质量进行专项监督抽查，共抽检70批次，抽检产品合格率100%，配合省级车用汽柴油监督抽查工作，立案调查2批次抽检不合格产品，累计没收1.96吨，罚没7.38万元。开展香烛等祭祀用品质量安全专项整治，联合市民宗局对整治工作进行随机督查指导。开展工业源大气污染专项整治行动，强化煤炭产品质量监管，查处销售不符合质量标准煤炭的行为，打击非法销售不符合质量要求的燃油、燃煤等行为，针对两批次抽检不合格产品开展立案调查。

【商标代理行业专项整治行动】 2022年，绵阳市发布《关于征集商标代理行业违法线索的公告》，摸排商标代理违法行为线索2条，查办商标代理机构恶意代理注册商标案1件。在第十届中国（绵阳）国际科技博览会设立知识产权保护站并开展联合执法检查，组织执法检查30余人次，现场纠正商标违法行为1起。指导绵阳毅德城、天泰剑南食品城2家市场通过国家级知识产权保护规范化市场延续审查。

【知识产权宣传】 2022年，绵阳市市场监管局与绵阳市广播电视台联合打造《市场监管在身边》《小家大市》特别栏目，推送知识产权保护工作动态。知识产权宣传周期间，开展走近绵阳知识产权电视直播、《绵阳市知识产权保护与发展（2020—2021）》白皮书发布、《2021年度绵阳市知识产权行政和司法保护典型案例》发布、联合执法、集中销毁等10余项活动。开展知识产权“五进”。开展“知识产权服务万里行”活动，统筹推进知识产权进企业、进单位、进社区、进学校、进网络的“五进”活动，举办知识产权网络竞答，共3000余人参与。开设“企业技术创新与知识产权保护”网络直播培训课，3000余人参加相关培训。

【《绵阳市“十四五”知识产权保护和运用规划》出台】 2022年6月19日，绵阳市人民政府印发《绵阳市“十四五”知识产权保护和运用规划》（以下简称《规划》）。《规划》总结“十三五”时期知识产权发展成就，结合“十四五”时期知识产权面临的形势，实施知识产权强市战略，提出构建知识产权发展新格局、打造知识产权保护新高地、释放知识产权创造运用新动能、筑牢知识产权发展新基础四项重点任务，全面提升知识产权创造、运用、保护、管理和服务水平，为“十四五”时期知识产权工作指明方向和路径。

【“江油附子”获批准注册为地理标志证明商标】 2022年7月14日，“江油附子”被国家知识产权局批准注册为地理标志证明商标。“江油附子”于2006年获批为地理标志保护产品，保护区范围为江油太平、青莲、三合、彰明、西屏5个乡镇。2019年5月，启动“江油附子”地理标志证明商标注册。2020年年底，因产品与自然因素关联的特异性指标挖掘不足，被国家知识产权局商标局驳回。2021年，再次启动申报。2022年4月13日，根据国家知识产权局商标局发布的第1787期《商标公告》，确定江油市中药材种植协会申请在第5类的“江油附子”地理标志证明商标获商标初审公告。江油自古出附子，据民国《江油县志》记载，江油培植附子有1900多年历史，素有“附子之乡”的称誉。

【绵阳成为四川省“知识产权+蓉欧班列”基地】 2022年8月29日，四川省“知识产权+蓉欧班列”基地启动暨自主知识产权产品集中出海首列列车发车仪式在成都举行。仪式上，绵阳市被国家知识产权局、四川省知识产权促进服务中心授予四川省“知识产权+蓉欧班列”基地。该基地主要职责为：提升全市企业产业海外知识产权风险防控能力，为“绵阳造”出川护航；指导企业开展海外知识产权布局；指导企业建立健全知识产权风险预警防控和应急机制建设；指导企业海外知识产权纠纷应对；开展知识产权涉外能力提升活动，培训培养知识产权国际化人才、国际贸易人才；指导企业开展知识产权海关保护备案、知识产权海外保险等。

【《绵阳市建设国家知识产权强市建设示范城市工作方案（2022—2025年）》出台】 2022年10月1日，绵阳市人民政府印发《绵阳市建设国家知识产权强市建设示范城市工作方案（2022—2025年）》（以下简称《方案》）。《方案》以“构建区域创新高地　打造知识产权强市”为主题，围绕绵阳创新驱动核心战略实施，提出“坚持知识产权战略，健全知识产权管理体制；坚持高质量导向，激发知识产权创造活力；坚持优化营商环境，强化知识产权保护体系；坚持价值导向，加快推进知识产权转化运用；坚持以人为本，完善知识产权公共服务体系”等5项主要任务，推进国家知识产权强市建设示范城市建设。

【四川知识产权运营中心绵阳中心揭牌成立】 2022年11月16日，四川知识产权运营中心绵阳中心在创新中心二期正式揭牌。绵阳中心在四川（绵阳）知识产权公共服务平台基础上建设，是四川省在地级市授牌成立的首个四川知识产权运营中心分中心，是四川省加强知识产权转化运用的重要载体。绵阳中心主要有知识产权代理事务、数据检索、运营交易、维权保护、金融服务、人才培训六大服务功能。（兰　健）

2022年绵阳市知识产权服务业集聚区服务机构一览表

表21

序号	机构名称	序号	机构名称
1	中国工程物理研究院专利中心	17	成都华风专利事务所（普通合伙）
2	中国航天科技集团知识产权中心绵阳分中心	18	成都众恒智合专利代理事务所(普通合伙)
3	东鹏资产评估（北京）有限公司	19	成都时誉知识产权代理事务所(普通合伙）
4	北京中金浩资产评估有限责任公司	20	成都金英专利代理事务所(普通合伙)
5	北京中济纬天专利代理有限公司	21	成都虹桥专利事务所(普通合伙)
6	北京集佳知识产权代理有限公司	22	成都蓉信三星专利事务所（普通合伙）
7	四川力久律师事务所	23	成都嘉企盾知识产权服务有限公司
8	四川中科融创科技有限公司	24	成都睿道专利代理事务所
9	四川行之知识产权服务集团有限公司	25	成都慧聚知识产权代理有限公司
10	四川锦远知识产权服务有限公司	26	绵阳市博图知识产权事务所
11	西南科技大学技术与创新支持中心（TISC）	27	绵阳弘毅融创知识产权运营服务有限公司
12	成都九鼎天元知识产权代理有限公司（成都九鼎天元知识产权代理有限公司绵阳办事处）	28	绵阳远卓弘睿知识产权代理事务所（普通合伙）
13	成都天嘉专利事务所(普通合伙)	29	绵阳勤德资产评估有限责任公司
14	成都元信知识产权代理有限公司	30	绵阳山之南专利代理事务所（普通合伙）
15	成都市天策商标专利事务所（有限合伙）	31	紫藤知识产权集团（深圳）有限公司
16	成都市鼎宏恒业知识产权代理事务所（特殊普通合伙）	—	—

海　关

【概况】　2022年，绵阳实现外贸进出口总值269亿元，较2021年同期增长7.4%，其中出口172.2亿元，同期增长55.3%；进口96.8亿元，同期下降30.7%。绵阳海关审核货物报关单1.8万份，减少3.8%，“两税”（关税和进口环节税）入库35.2亿元，增长31.7%；监管进出口货运量5.25万吨，增长26%，货物总值105.6亿元，减少28.3%；监管进出境货物集装箱6095个，增长6.1%，其中进口2198个、出口3897个；办理减免税手续4457批次，增长8814%，货值5.8亿美元，增长606.3%。完成检验检疫2109批次，减少3.6%，货值9.1亿元，增长7.8%。其中，进口41批次，货值4845万元，分别减少75%、59.8%，出口2068批次，货值8.6亿元，分别增长2.2%、19%；签发出口原产地签证2257份，增长8%，货值2.6亿美元，增长40.2%。筑牢国门生物安全屏障，持续提升动植物检疫把关能力。开展外来杂草监测19次，发现长芒苋1株，开展实蝇检测13次，捕获实蝇44头。强化企业管理和稽核查，共开出稽查作业4家，有效3家，实现稽查补税61.37万元；完成主动披露作业6家，实现补税或追缴多退税款64.82万元，完成核查作业48家，核查有效34家。落实打私工作职责，共办理“两简”案件（简单案件和简易程序案件）1起，移交一般行政案件线索1条，在绵阳辖区立案侦办刑事案件3起。

【通关能力建设】　2022年，绵阳海关持续提升工作效能，建设通关能力，保障供应链安全稳定，完成进口粮食检疫初审20份、10.9万吨，完成进口粮食调运联系单审核31份、16.4万吨，帮扶企业开展进口种鸡隔离检疫前期工作。推进“互联网+海关”建设，提升单一窗口四川版的利用率，至12月下旬，单一窗口四川版报关利用率达80%。推行通关模式改革，办理提前申报进口报关单1869份，占比23.3%，提前申报出口报关单1710份，占比59.8%，采用“两步申报”（第一步概要申报、第二步完整申报）报关单3253份，占比41%。保持整体通关时间压

图55　4月，绵阳海关查验出口大熊猫饲用竹（绵阳海关提供）

缩成果，全年进口整体通关时间33.51小时，较2017年压缩55%；出口整体通关时间1.67小时，较2017年压缩10.7%。

【地方经济服务】　2022年，绵阳海关贯彻落实总海关关于促外贸保稳提质各项工作举措，印发《关于实施“四优工程”支持绵阳开放高地建设的措施》，出台优化平台功能、优化通道建设、优化口岸营商环境、优化工作机制等16项促外贸保稳提质工作措施；召开“海关—企业面对面”座谈会，收集并解决9家企业20个问题，为企业纾困解难。支持辖区优势特色食品、农产品扩大出口，帮助四川杜智华农业有限公司、曹氏酱腌菜2家食品企业完成首次出口，四川新川义生物科技有限责任公司完成绵阳市首次动物源性生物材料出口，为大熊猫饲用竹笋、竹子出口设立绿色通道。全年确保19批、5.5吨鲜竹笋和鲜竹产品出口。

【口岸营商环境打造】　2022年，绵阳海关助力构建全面立体开放格局，服务中欧班列成渝号（绵阳）首列开行。中欧班列在绵阳综合保税区共开行27列，报关1020票，货值3.7亿元。助力绵阳综保区建设，推进一般纳税人工作试点，完成2家试点企业设备补税。支持绵阳跨境电商发展，办理跨境电商网购保税进口账册2本，实现首票跨境电商1210模式货物自动过卡出区。全年共申报8588单，办理担保总金额41.9万元，征税113.7万元。加大AEO（Authorized Economic Operator，经认证的经营者）政策宣传，制订专精特新企业重点培育计划，完成3家AEO高级认证企业培育。加速释放海关政策红利，实际征收税款35.2亿元，共办理减免税手续4457批次，减免“两税”1.9亿元，累计签发各类原产地证书2257份，其中优惠原产地证书1505份、1.58亿美元。企业凭借绵阳海关签发的原产地证书享受进口国关税减免1261万美元。

【绵阳海关首份RCEP优惠原产地证书签发】　2022年1月4日，绵阳海关为利尔化学公司出口到日本的一批价值数十万美元的除草剂签发RCEP优惠原产地证书，这是绵阳海关首份RCEP优惠原产地证书，标志着RCEP优惠贸易协定在绵阳落地。该批货物品于元旦节后工作日即提出申请签证，由绵阳海关关员现场指导，快速获得原产地签证。凭借RCEP原产地证书，该单关税全免，为该单货物的客户节约税款超过2万美元。　（赵璐君）

图56　6月，绵阳海关服务中欧班列成渝号（绵阳）首列开行（绵阳海关提供）

知识链接：RCEP全称为《区域全面经济伙伴关系协定》，于2022年1月1日正式实施，首批参与实施的成员国有中国、日本、澳大利亚、新西兰等10个国家。RCEP生效后，企业出口至RCEP成员国时，通过向海关申请签发RCEP优惠原产地证明书，就可享受到进口国关税减免。绵阳海关为促进RCEP生效释放更大活力，提供“7×24小时”预约签证通关、无纸化签证、一体化签证、原产地智能审核、原产地自助打印、证书邮递等便利化措施，确保进出口货物通关顺畅和享受协定税率（关税优惠）。

开放合作

Open Cooperation

外事活动

【概况】 2022年，绵阳市外事工作以“外事为民”为宗旨，贯彻落实省委“四向拓展、全域开放”和市委“开放活市”战略，发挥外事工作职能作用，把握发展和安全两件大事，统筹疫情防控和对外开放合作。推进因公出国审批管理系统建设，加强因公出访前业务申报、出访中行程监管、出访后评估回访的管理服务，办理因公出国14批32人次，保障九洲集团海外项目建设团组、市中心医院等派员参加中国（四川）第24批援莫桑比克医疗队等出国团组出访。优化企业急需的境外技术人员到绵阳邀请办理流程，坚持专人办理和点对点服务，跟踪落实审批进程，审批时限缩短到3个工作日，为企业办理急需外国技术专家到绵阳12批426人次，位居全省第2。对外开放战略、国际友城建设、外事管理服务3个专项工作得到省委外办通报表扬。

【国际友好城市合作交往】 2022年，绵阳市推进国际友城建设工作，分别与阿根廷门多萨市、基尔梅斯市建立友好合作关系，与俄罗斯普斯科夫市、美国奥克兰市等城市激活友好合作关系，深化与法国亚眠市、美国塔科马市、巴西尼特罗伊市、日本庄原市的友好关系。绵阳市安州区与智利卡尔德拉市建立友好合作关系，安州区实现国际友城“零”的突破。至年底，绵阳市市本级与21个国家的33个城市建立友好关系，其中国际友好城市4个、友好合作城市29个，所辖县（市、区）与10个国家的12个城市建立友好合作关系，实现友城关系六大洲全覆盖。

2022年绵阳市国际友城关系城市一览表

表22

序号	国名与城市名	结好时间
1	日本广岛县庄原市	1990年9月
2	俄罗斯卡卢加州奥布宁斯克市	2017年6月（2006年4月建立友好合作关系）
3	俄罗斯新西伯利亚州新西伯利亚市	2018年10月（1994年8月建立友好合作关系）
4	韩国庆尚南道昌原市	2019年12月（2016年4月建立友好合作关系）

2022年绵阳市国际友好合作关系城市一览表

表23

序号	国名与城市名	签约时间
1	俄罗斯普斯科夫州普斯科夫市	1992年11月
2	美国明尼苏达州阿诺卡市	1994年8月

续表23

序号	国名与城市名	签约时间
3	美国佐治亚州罗斯威尔市	1995年9月
4	以色列北部区约克尼穆市	1996年6月
5	法国上法兰西大区索姆省亚眠市	1997年9月
6	匈牙利克奇克梅特市	1998年8月
7	刚果（布）布恩扎省恩卡伊市	1998年9月
8	澳大利亚南澳大利亚州阿得雷德市	1999年7月
9	美国加利福尼亚州奥克兰市	1999年10月
10	南非豪登省艾库鲁勒尼市	2001年4月
11	南非豪登省瑟迪邦市	2005年4月
12	美国华盛顿州塔科马市	2006年4月
13	捷克中波希米亚州宁布尔克市	2007年9月
14	新西兰霍克湾地区黑斯廷斯市	2008年7月
15	新西兰霍克湾地区内皮尔市	2008年7月
16	美国加利福尼亚州蒙诺维亚市	2014年9月
17	赞比亚卢萨卡省琼圭市	2017年7月
18	英国诺丁汉郡诺丁汉市	2017年9月
19	匈牙利科马罗姆-埃斯泰尔戈姆州陶陶巴尼奥市	2017年9月
20	美国加利福尼亚州库比蒂诺市	2017年11月
21	黑山尼克希奇区尼克希奇市	2018年9月
22	西班牙加泰罗尼亚大区巴列斯堡市	2019年6月
23	阿塞拜疆苏姆盖特市	2019年9月
24	意大利托斯卡纳大区卢卡省卢卡市	2019年9月
25	玻利维亚拉巴斯省蒂华纳科市	2020年12月
26	韩国京畿道南杨州市	2021年6月
27	巴西里约热内卢州尼特罗伊市	2021年10月
28	阿根廷门多萨省门多萨市	2022年2月
29	阿根廷布宜诺斯艾利斯省基尔梅斯市	2022年11月

绵阳市所辖县（市、区）友好合作关系城市一览表

表24

序号	国别与城市名	结好日期
1	江油市—美国华盛顿州大学城	2007年11月
2	江油市—俄罗斯普希金市	2015年9月
3	江油市—德国索林根市	2017年6月
4	江油市—西班牙塔兰孔市	2017年6月
5	江油市—意大利萨萨里市	2018年10月
6	江油市—意大利加尔达市	2018年10月
7	江油市—日本沼田市	2019年6月
8	江油市—乌兹别克斯坦纳曼干市	2019年11月
9	游仙区—意大利佩夏市	2018年12月
10	游仙区—匈牙利欧罗斯拉尼市	2018年12月
11	北川羌族自治县—南非乌伦迪市	2013年5月
12	安州区—智利卡尔德拉市	2022年7月

【绵阳与阿根廷交流合作】 2022年，绵阳市分别与阿根廷门多萨市、基尔梅斯市建立友好合作关系。阿根廷驻华大使牛望道在与市长李云作视频交流时表示，绵阳在深化中阿两国城市交流中起着非常重要的作用，阿根廷驻华使馆把第十届科博会主宾国活动作为庆祝中阿建交50周年暨2022中阿友好合作年四川系列活动的收官之作。绵阳市与阿根廷有关方面共取得卫星项目顺利实施、四川门多萨酒庄和四川门多萨足球俱乐部在绵阳落地等8项务实合作成果。11月，牛望道大使到绵阳参加第十届科博会并在开幕式上宣读阿根廷总统致科博会贺信，实现主宾国元首首次向科博会致贺信和主宾国大使首次到绵阳参会两项突破。阿根廷作为科博会主宾国，设置主宾国馆和云展馆，集中展览展示阿根廷电子信息、绿色能源等科技领域成果。举办阿根廷—绵阳产业合作对接会、中国（四川）与阿根廷科技文化合作交流暨研究成果发布会等系列活动，紫东食品、中缝重工等17家中阿企业进行对接洽谈；西南科技大学与阿根廷拉努斯国立大学共建中拉研究中心正式启动，两国学者围绕“中阿‘一带一路’共建与全球发展倡议”主题展开合作对话，发布《中国、拉丁美洲和新丝绸之路的地缘政治》等6项合作研究成果。

图57　2月14日，绵阳市与阿根廷门多萨市举行线上视频会议，签署建立友好合作关系备忘录（市外事办提供）

【对外交流活动】 2022年，绵阳市与友好合作城市美国塔科马市举办视频交流会，参加全国友协与美国国际姐妹城协会举办的“中美友城视频对话”活动，与美国奥克兰市签署《深化友好合作关系备忘录》。新加坡玲子传媒出版发行绵阳江油籍作家王惠清所著65万字的长篇历史小说《李白》，成为在新加坡出版的第一部与李白相关的小说；选送12幅青少年书画作品参加“2021（第二届）大千富士中日青少年书画展”并获得优异成绩；与日本庄原

市举办“友好城市　共享未来”青年视频对话活动，共同促进中日青年人文交流和文明互鉴；参加中国驻里约热内卢总领事馆主办的“里约中文日”活动，四川省名中医、绵阳市中医院副院长沈其霖通过视频方式为与会者作“《黄帝内经》中医四季养生智慧”讲座，四川中医药高等专科学校为活动录制二十四节气养护视频葡语版本，推介绵阳中医药文化；拜访新加坡、德国等国驻成都总领事馆，参加奥地利、日本等国家驻成都总领事馆举办的国庆招待会等活动；10家驻成都领馆官员代表20余人次到绵阳参访，感受绵阳科技、产业、人文、开放、生态之城的魅力与活力。

【绵阳市与阿根廷门多萨市通过线上视频会议签署备忘录】 2022年，绵阳市深度融入中阿（阿根廷）全面战略伙伴关系。2月14日，绵阳市与阿根廷门多萨市通过线上视频会议签署备忘录，建立友好合作城市关系，双方共同促进两地产业发展、科技创新、体育教育等领域交流合作。这是阿根廷总统费尔南德斯访华出席北京冬奥会开幕式并签署“一带一路”共建合作文件后，中阿之间缔结的第一对友好城市。

【阿根廷驻华大使牛望道到绵阳考察交流】 2022年，正值中阿建交50周年，阿根廷驻华大使牛望道2次到绵阳考察交流。7月4—7日，阿根廷驻华大使牛望道一行到绵阳考察交流。市委副书记王华蓉与牛望道一行会谈。考察期间，牛望道一行先后前往西南科技大学，北川擂鼓镇田坝村、北川老县城地震遗址、曲山镇、石椅羌寨、陈云珍羌绣工作室等地参观考察；并在田坝村参与CGTN纪录片《拉美青年蹲点记》拍摄。11月15—16日，牛望道到绵阳参加第十届中国（绵阳）科技城国际科技博览会。其间，牛望道到绵阳南山双语学校考察交流，参加第十届中国（绵阳）科技城国际科技博览会开幕式、主宾国阿根廷馆开馆仪式、中国（四川）与阿根廷科技文化合作交流暨研究成果正式发布会等活动。

图58　7月4日，阿根廷驻华大使牛望道在北川考察（赵小葵/摄）

【中国绵阳—日本庄原友好城市青年视频对话活动举办】 2022年10月12日，绵阳市人民对外友好协会、庄原绵阳友好推进协会共同举办“友好城市　共享未来”中国绵阳—日本庄原友好城市青年视频对话活动。绵阳市友协会长陈福林、庄原绵阳友好推进协会会长宫崎良治出席活动并致辞。绵阳市友协副会长范华主持会议。绵阳市、庄原市青年代表在线参会。2022年是日中邦交正常化50周年，也是庄原市与绵阳市建立友好关系32周年。对话活动旨在增强两市人民深厚情谊，推动两市青年相互了解，促进两地开展更多友好交流合作。活动中，观看两市宣传视频，两市青年代表以展现友城风貌、讲述友城故事、发掘友城魅力为主题开展交流发言。绵阳市青年代表介绍旅游美食、李白故里、三国文化等特色文化。

【绵阳市与阿根廷基尔梅斯市签署建立友好合作关系备忘录】 2022年11月11日，绵阳市与阿根廷基尔梅斯市举行视频会议并签署建立友好合作关系备忘录。绵阳市委常委、副市长王晓松，基尔梅斯市市长迈拉·门多萨代表双方在线上签约并致辞。中国驻阿根廷大使馆公参孙怡，阿根廷驻华大使馆政务处一等秘书马赛拉·巴罗内，阿根廷布宜诺斯艾利斯省国际关系和政府事务部副秘书长马里奥·奥波托出席线上签约仪式并致辞，四川省外事办公室副主任张业初线上视频致辞。双方共同促进两地产业发展、科技城创新、体育教育等领域交流合作。

【四川门多萨足球俱乐部落成典礼暨揭牌签约仪式在绵阳举行】 2022年11月18日，四川门多萨足球俱乐部落成典礼暨揭牌签约仪式在绵阳举行，绵阳市委常委、副市长王晓松，市外事办副主任赵莉，市教体

图59　11月18日，四川门多萨足球俱乐部落成典礼在绵阳举行（赵小葵/摄）

局副局长张登才，阿根廷驻华大使馆政治处一等秘书巴罗内，阿根廷门多萨市市长乌尔皮亚诺·苏亚雷斯，门多萨独立足球俱乐部主席卡洛斯·阿尔韦托，“一带一路”共建阿根廷服务中心主任郑为辉等通过线上与线下的方式出席活动并致辞。仪式上，王晓松致辞，并与四川门多萨足球俱乐部秘书长韩宝兴共同为俱乐部揭牌。四川门多萨足球俱乐部与西南财经大学天府学院、高新区火炬中学正式签约。

（邓　可）

国际商贸合作

【概况】 2022年，绵阳市按照“疫情要防住、经济要稳住、发展要安全”总体要求，全力以赴拼经济搞建设，实施“五市战略”，落实国家、省、市稳经济政策措施，促外贸稳质增效，转型升级，开拓市场。实际利用外资到位23387万美元，实现外商直接投资（FDI）到资5741万美元，增长7.6%，排名全省第4位。据绵阳海关统计，2022年绵阳实现外贸进出口总值269亿元，较2021年同期（下同）增长7.4%。其中，出口172.25亿元，增长55.3%；进口96.8亿元，下降30.7%。进、出口及外贸总值在省内21个地市州中均排名第3位。全市民营企业出口79.43亿元，增长146.90%，占全市出口总值的46.11%。外商投资企业出口54.21亿元，增长74.70%，占全市出口总值的31.47%。

【一般贸易快速增长与加工贸易大幅下降】 2022年，绵阳市对外贸易相对稳定，在疫情影响的大背景下，有机遇也有挑战。一般贸易方式增长加快，全市一般贸易方式进出口总值223.4亿元，增长13.8%，占进出口总值的83%，比重上升4.6个百分点。对外加工贸易下降幅度较大，全市加工贸易方式进出口总值24.9亿元，下降30.1%，占9.3%，比重下滑4.9个百分点。以海关特殊监管区域物流货物进出口16.7亿元，下降0.3%，占6.2%；跨境电商B2B（9710）直接出口3亿元，占1.1%；电子商务（9610）出口4754万元，占0.2%；以其他贸易方式（3339）进出口3768万元，下降39.6%，占0.1%；保税电商（1210）进口1296万元，增长784.4倍；货样广告进出口260万元，下降22.6%；海关特殊监管区域进口设备进口109万元，下降86.4%；低值快件进出口62万元，增长173.3%；跨境电商出口海外仓（9810）30万元；特殊区域研发货物进口11万元。

【六大贸易地区贸易量四增两降】 2022年，绵阳市国际贸易交往大重点地区为美国、韩国、巴西、东盟、欧盟、“一带一路”共建国家。与美国贸易为42.8亿元，增长63.4%，占15.9%，比重上升5.4个百分点，为最大贸易伙伴；其中出口40.1亿元，增长90.6%，占绵阳出口值的23.3%，比重上升4.3个百分点，为最大出口目的国。与韩国贸易为29.2亿元，下降12.3%，占10.9%。与巴西贸易为19.1亿元，增长84.4%，占7.1%。与东盟贸易为24.7亿元，增长57.5%，占9.2%，比重上升2.9个百分点。与欧盟贸易为20.2亿元，增长3%，占7.5%，比重下滑0.3个百分点。与“一带一路”共建国家贸易大幅增长，同56个国家有贸易往来，进出口总值59.1亿元，增长16.4%，占22%，比重上升1.7个百分点。其中，出口53.3亿元，增长28.5%，占绵阳出口值的30.9%；进口5.8亿元，下降37.5%，占绵阳进口值的6%。

【机电产品出口商品比重持续下滑】 2022年，绵阳市出口机电产品86亿元，增长13%，占出口值的49.9%，比重下滑18.7个百分点。主要出口商品有：电视接收装置11.8亿元，下降36.3%；静止式变流器10亿元，增长33.2%；OLED显示屏9.9亿元，2021年为零；原电池5.5亿元，下降3.8%；电视零件5.3亿元，下降44.3%；通信设备及模块3.8亿元，增长22.9%；电路开关3.6亿元，下降22.2%；未录制闪存3.1亿元，增长369.5倍；印刷电路2.9亿元，增长188.5%；集成电路2.3亿元，增长166.4%；自动数据处理设备及零部件2亿元，增长101.4%；发动机部件1.8亿元，下降7.5%。

【化工类产品出口增速迅猛】 2022年，绵阳市出口化工类产品56.1亿元，增长102.4%，占绵阳出口值的32.6%，比重上升8.3个百分点。主要出口商品：草铵膦原药24亿元，增长86.1%，占绵阳出口值的14%，为最大宗出口商品；三氯吡氧乙酸丁氧基乙酯原药14.9亿元，增长104.3%；除草剂8.2亿元，增长202.1%；维生素等药品3.2亿元，增长52.5%；氧化铬9674万元，增长265%；磷酸盐9560万元，增长110.7%；芥酸酰胺7933万元，增长30.4%；其他硅5148万元，上年为零。

【传统劳动密集型产品出口成倍增长】 2022年，绵阳市的传统劳动密集型产品出口增长幅度最大。根据海关统计，全市传统劳动密集型产品出口18.6亿元，增长307.5%，占10.8%，比重上升6.7个百分点。其中，出口塑料制品5.8亿元，增长176.3%；纺织纱线4.1亿元，增长80.4%；服装3.4亿元，增长20.8倍；家具2亿元，增长942.6倍；玩具1.3亿元，增长1017.1倍；鞋类1.1亿元，增长52.4倍；箱包9534万元，增长29.6倍。三类商品占绵阳出口值的93.3%。

（*赵璐君*）

【外资利用】 2022年，绵阳加大外资促进力度，强化外商投资服务，统筹协调外汇管理、市场监管、政务服务、经信等多部门，编制“绵阳市外商投资指引”，开辟外资企业从注册登记到生产经营“绿色通道”，提供外资招引从洽谈签约到投产运营全流程精细服务，外资主要指标实现增长。至年底，实际利用外资到位23387万美元，完成全年省政府下达目标任务；实现外商直接投资（FDI）到资5741万美元，增长7.6%，排名全省第4位，较2021年上升1位。在11月“苏州行”活动中，绵阳市与埃顿国际高端先进智能制造产业中心等6个外资项目签约，全年共引进外资企业登记注册19家。实行一企一策一专班，加强外资项目用地、能源、融资、物流等要素保障，共开展5场银企对接会，帮助2家外资企业获得融资4亿元。

【进口贸易】 2022年，绵阳市进口主力企业绵阳京东方光电科技有限公司项目设备进口业务进一步收缩，本地龙头企业长虹集团零配件国产化替代进程加快，全市外贸进口业务下滑严重。至年底，全市进口实现96.76亿元，居全省第3位，下降30.7%。全市主要进口市场前四大进口地区分别为韩国、日本、美国、捷克共和国等，进口总额为74.38亿元，占全市进口总值的76.87%。其中韩国进口额23.74亿元，占全市进口总值的64.40%

【“一带一路”共建国家与地区出口】 2022年，绵阳市外贸拓展“一带一路”共建国家市场，持续挖掘新市场。全年与“一带一路”共建国家与地区外贸出口实现50.92亿元，增长39.12%，其中出口额排名前五位国家是俄罗斯、印度、马来西亚、泰国、越南，出口金额分别为7.43亿元、6.14亿元、5.29亿元、4.44亿元、3.71亿元。

【区域全面经济伙伴关系协定国家出口】 2022年，绵阳市抢抓区域全面经济伙伴关系协定新机遇，利用区域全面经济伙伴关系协定政策红利开拓国际市场，为对外贸易注入新动能，对外贸易取得新突破。至年底，全市与区域全面经济伙伴关系协定国家外贸出口实现37.18亿元，增长103.17%。其中出口额排名前五位国家为日本、韩国、马来西亚、泰国、澳大利亚，出口金额分别为5.92亿元、5.48亿元、5.29亿元、4.44亿元、4.18亿元。

【进口品种实现多样化】 2022年，绵阳市围绕“开放活市”战略，对外开放程度提高，企业从境外进口产品品种多样，全市进口产品涵盖从工业产品到生活日用品，涉及机械器具、精密仪器设备、化工、塑料制品、毛皮、服装纺织和矿产品以及饮料、酒等18个大类。其中，机电产品进口73.46亿元，占全市进口总值的75.92%；化工产品进口11.91亿元，占全市进口总值的12.31%；精密仪器设备进口5.21亿元，占全市进口总值的5.38%。（李飞军）

国际商务活动

【概况】 2022年，绵阳市围绕服务科技立市、产业强市、开放活市、人才兴市、生态美市“五市战略”实施，在全省首个举办面向川渝两地的商事法律培训、首批办理RCEP原产地证书、首次成立服务外资企业工作专班，组织30余家代表性企业参加第八届成都汽配展、第七届成都智博会、遇见巴蜀·国际融合采洽会、韩国优选商品西部市场推介品鉴会等重点展会活动13场（次），以及全国上市公司“一带一路”共建国际合作论坛、四川—日本企业对接交流活动、中国四川—白俄罗斯戈梅利州企业经贸洽谈会等国际经贸活动5场（次），推动经贸交流合作，助力企业开拓国际市场。

【涉外商事法律服务】 2022年，绵阳市结合产业发展实际，依托官网、微信公众号、工作群等平台，推送经贸政策、国际商机、法律速递等信息1200余条，发布国别经贸预警100余期，涉及美国、欧盟、俄罗斯、韩国、巴西等32个国家和地区，为企业营销决策提供信息参考。实行线上申办、24小时预约办证、免费邮寄等举措，开通原产地证自主打印功能，加快出证认证全程“不见面”。至年底，全市累计出证认证1111份，涉及金额2.34亿美元，较2021年增长52.9%。RCEP协议生效后，办理RCEP项下优惠原产地证书104份，涉及金额2860万美元，数量和金额均位居全省市州贸促会第1。协助办理机电产品自动进口许可证、提供商事法律援助等方式，解决银河建化集团、利尔化学、崴尼达化工、美科公司等外贸企业境外业务受阻等问题5个，为企业挽回经济损失近100万美元。

【RCEP政策解读及运用培训会在绵阳举行】 2022年5月26日，四川省贸促会、重庆市贸促会主办，绵阳市贸促会承办的“天府贸促大讲堂——RCEP政策解读及运用培训会”在绵阳举行。四川省贸促会党组成员、机关党委书记王志敏，重庆市贸促会党组成员、副会长邓文年，绵阳市政府副市长李栋出席会议并致辞。培训会上，省贸促会邀请相关专家围绕RCEP原产地证规则，RCEP协定知识产权内容解读，以及企业知识产权海外布局谋划指引等相关内容进行重点讲解；贸仲四川分会副秘书长安平针对后疫情时代下合理防范规避化解法律风险进行讲授。本次培训活动采取线上线下相结合的方式进行。绵阳市贸促会、绵阳市商务局、绵阳海关相关负责人，长虹电器、利尔化学、佳联印染等绵阳进出口企业代表在现场参加培训会。川渝区市县贸促机构负责人、商事法律工作人员和外经贸企业代表等1000余人在绵阳线下主会场同步参会。

图60 5月26日，天府贸促大讲堂——RCEP政策解读及运用培训会在绵阳举行（市贸促会提供）

【绵阳组团参加第八届成都国际汽车零配件及售后服务展览会和2022中国（成都）国际新能源汽车展览会】 2022年8月18日，第八届成都国际汽车零配件及售后服务展览会和2022中国（成都）国际新能源汽车展览会在成都世纪城新国际会展中心拉开帷幕。绵阳市组织安州高新区和绵阳经开区及威马汽车、华晨瑞安、鸿永盛模塑、天旋气门、同立精工、阳晨汽配、日品汽车、莱恩斯贸易8家企业参展。现场展陈新能源整车、发动机零部件、汽车模具等实物展品200余件，集中展示绵阳汽车产业成链聚集成果。通过视频、灯箱、宣传手册等多种形式，对绵阳城市和产业集中地进行宣传推介。（李　斌）

港澳台事务

【概况】 2022年，绵阳市深化港澳合作交流，印发《绵阳市深化川港、川澳交流合作工作分工实施方案》，统筹全市港澳资源，对接川港、川澳合作会议机制，开展在绵阳的港资、港澳企业调研走访，帮助协调企业解决发展面临的问题。落实中央、省委对台工作决策部署，持续深化对台交流交往。举办第四届海峡两岸大禹文化线下交流活动，线上举办海峡两岸文昌文化、嫘祖文化交流活动，吸引150多万人次在线观看直播、参与网络祭祀。开展纪念海峡两岸开启交流35周年展·叙系列活动、海峡两岸青年学子“祈福七曲山·励志两弹城”研学活动、川港澳台青年“青春中华情·圆梦新征程”等活动，申报江油李白纪念馆为四川省对台交流基地。服务保障在绵阳的台胞台商。邀请台湾导报社记者到绵阳采风，专版报道第十届科博会、第二十届海科会、“绵品出川”等重大活动。扩大对台经济交流，至年底，绵阳市与台湾贸易额达38.57亿元。

【港澳人文交流】 2022年，绵阳市开展庆祝香港回归25周年“庆香港回归·享祖国荣光”系列活动，举办庆祝香港回归25周年座谈会，开展书籍赠阅、主题讲座、宪法宣传活动，以观看影片、赴“两弹一星”爱国主义教育基地参访学习等形式，组织港澳代表人士开展爱国主义教育，坚持与党同心、与祖国同行。在全市征集和组织76件绘画、书法、摄影等主题作品，参与“我的川港故事”素材征集活动；参与庆祝香港回归25周年“四川特色产品香港展”，共组织8类4600件绵阳特色产品参加四川特色文化进香港实景展会，吸引香港市民及海外游客参与体验。在绵阳青少年活动中心举办“川港共情——贺香港回归25周年书画作品赠港活动”集体创作活动，绵阳市30名中小学生集体创作完成以“川港共情”为主题的长幅画卷。绵阳市青少年活动中心与香港童军总会开展“川港青少年交流计划”十周年线上活动，举办川港青年志愿者培训活动，共青团绵阳市委、香港童军总监及两地青少年代表进行线上文化交流。

【港澳经贸合作】 2022年，绵阳市企业备案在香港投资企业14家，投资总额7.46亿美元，占全市投资总额的47.2%，包括长虹、九洲等国有企业和利尔化学等民营企业。绵阳市无澳门企业，有港资企业66家。新增港资企业10家，涵盖先进制造业、房产开发、信息技术服务等产业。7月，港虹实业有限公司与科技城新区洽谈合作，增加四川长虹佳华信息产品有限责任公司注册资金。11月，安东油田服务有限公司与盐亭县合作，设立港资企业安东能源服务（绵阳）有限公司，是盐亭首家港资企业。

【绵阳市台胞台属联谊会】 2022年，市台胞台属联谊会在北川举行第四届海峡两岸大禹文化交流活动、2022年度高金素梅助学金发放仪式，承办四川黄埔军校同学会子女走进绵阳活动、海峡两岸学子梓潼文昌祖庭研学行。召开年度会长办公（扩大）会议，审议《绵阳市台联会章程修改草案（征求意见稿）》。通过拟增补常务副会长和常务副秘书长提名人选，对《情缘两岸》会刊组稿工作、市台联会四届八次理事会和主题会员日活动进行安排部署。举行“粽情有约、情牵两岸”端午文化主题会员活动。组织市内30余名台胞台属参加“粽情有约、情牵两岸”端午文化主题会员活动；开展手工包粽子和“射五毒、旱地龙舟、神笔马良”民俗体验拓展活动。解决台胞台属在就医、就学、创业、就业等方面的求助16件。

【第四届海峡两岸大禹文化交流活动暨2022年大禹诞辰祭祀举行】 2022年7月4日，第四届海峡两岸大禹文化交流活动暨2022（壬寅）年大禹诞辰祭祀典礼在北川羌族自治县新县城禹王广场举行。活动由四川省台办、绵阳市政府主办，绵阳市台办和北川羌族自治县政府承办，以

图61　7月4日，第四届海峡两岸大禹文化交流活动暨2022（壬寅）年大禹诞辰祭祀典礼在北川举行（市委统战部提供）

"寻根大禹故里 传承中华文明"为主题，采取线上线下结合、海峡两岸共同祭祀形式。活动中，现场举行祭祀典礼，参与人员向大禹行礼祭拜；开展海峡两岸大禹后裔禹里行、台湾民意代表高金素梅2022年度助学金发放、川台农文旅融合发展北川交流会、海峡两岸（北川）投资推介会等系列活动。活动还通过大禹祭祀网站作现场直播。同日，部分台湾民众在彰化县正宇书院同步举行大禹诞辰祭祀典礼，北川祭祀现场播放相关画面。活动期间，"宜居宜业新北川 倾情倾力迎您来"投资推介会暨项目集中签约仪式在北川举行，共集中签约10个项目，签约金额31亿元。签约项目涉及通用航空、制造业、现代服务业、现代农业等多个领域。

（邓可 邱实）

招商引资

【概况】 2022年，绵阳市应对新冠疫情影响，国际形势复杂严峻、地区间招商引资竞争激烈。全市贯彻省委全力以赴拼经济搞建设战略部署，实施"四大招商工程"，全年实现省外引进产业项目新增实际投资683.39亿元，排名保持全省第2位；新引进项目259个，总签约金额2641.77亿元。其中，5亿元以上重大项目数量达到128个，总签约金额达2500亿元以上；引进三类500强等行业知名企业项目88个。总投资280亿元的巨星稀土永磁新材料产业园、120亿元的广东创明新能源电池产业园、106亿元的广东飞尚新型电池产业园等7个百亿元级重大工业项目密集签约。

【制造业投资引资】 2022年，绵阳市制造业投资引资围绕"4+8+1"产业体系，突出长虹、九洲、京东方、惠科等行业龙头，推出81个项目、总投资7200亿余元的绵阳"机遇清单"，开展先进制造业产业链招商、链主招商攻坚，制造业招商引资"百日攻坚"（第二季）行动全省排名第2位，获省政府"流动红旗"表扬。实施"园区提质""企业满园"开放突破攻坚行动，新引进制造业项目206个、总金额2130.6亿元。突出新材料、新能源和智能机器人、激光、核技术、北斗卫星应用等产业"新赛道"，"一院所一平台一园区"持续深化与中物院、中国空气动力研究与发展中心、中国航发四川燃气涡轮研究院等在绵阳的院所势能转化，紧盯"风口"行业龙头型、"瞪羚"企业创新开展科技招商，引进光大激光、中国久远、华工科技、中广核技等"新赛道"产业项目52个，智能机器人、稀土永磁材料、激光、核医疗应用等"四大新赛道"产业园区加快成势。

【产业项目推介品牌打造】 2022年，绵阳市聚焦长江三角洲、粤港澳大湾区等重点区域，把握疫情形势，主动走出去，在厦门、东莞、苏州创新开展3场"三推活动"投资推介会，吸引包括58家三类500强企业、209家上市公司、50家外资企业在内的600多家知名企业、商（协）会参会，累计签约项目75个，总金额近1000亿元，捕获项目投资信息70余条，联动举办"1+N"专场推介25场，受到省委主要领导肯定性批示。派驻23人赴北上广深等重点城市群开展驻外招商引资、招才引智"双招双引"大比武，各驻外中心捕获项目信息596条、增长51.65%以上，引进重大项目关联企业技术中心6家、高层次人才84人。

【招商引资服务保障】 2022年，绵阳市坚持优化服务，坚持项目"一盘棋"统筹，制定出台《进一步加强全市重大招商引资项目统筹管理工作的通知》《绵阳市更大力度促进招商引资10条措施》《绵阳市加快集聚创新人才十条政策措施（暂行）》等政策措施，推动招商引资、招才引智工作按照全市产业、人才布局"一盘棋"统筹调度、精准落地见效。持续实施重大招商引资项目"回头看"，常态化开展"面对面听取意见、实打实解决问题"活动，及时回应解决招商企业诉求，组建13个产业招商专班全程服务，实地调度促进项目18次。建立全市重大工业招商引资项目推进工作联席会议，常态化联席调度8次，解决项目中推进问题30余个，助推5亿元以上项目开工率89.61%。

【重大项目招引签约】 2022年，绵阳市招商引资新签约项目259个，签约金额2641.77亿元；5亿元以上项目128个，签约金额2537.13亿元。总投资280亿元的绵阳高新区巨星稀土永磁新材料产业园项目，占地面积约200公顷，分3期实施，建设稀土永磁新材料产业园、西南稀土材料研究院、巨星永磁小镇等。其中，一期占地约53.5公顷，计划2023年5月一期一批次试生产，2023年年底前投产；总投资120亿元的涪城区创明新能源电池产业园项目，占地约60公顷，建设8—10条全自动电芯生产线，并建立联合实验室。至年底，项目一期开始建设，预计一期满产后，实现年产值50亿元—60亿元，年纳税约1.5亿元—1.8亿元；总投资100亿元的绵阳高新区埃克森新能源产业园项目，占地约40公顷，建设新能源电池产业园，主要生产锂离子电池、电芯、模组/PACK等，项目分2期建设。

（李飞军）

"绵品出川"系列活动

【概况】 2022年，绵阳市围绕科技立市、产业强市、开放活市、人才兴市、生态美市"五市战略"，从"跳出绵阳看绵阳，跳出四川看绵阳"转变开放合作思想，以城市形象推广、产业项目推介、特色产品推销的"绵品出川"系列活动。6—11月，绵阳市克服疫情带来的影响，在全省市州率先走出去，组织各县（市、区）及园区及企业先后走进厦门、东莞、苏州开展"绵阳造"产品展示展销、产销对接、直播带货等活动。三地活动共有436家企业1700余种产品参展，累计实现产品销售金额57.4亿元。其中，现场销售金额2.3亿元；吸引近300家外地采购商参加产销对接会，签订购销协议55.1亿元，线上直播活动累计销售超800万元，直播和短视频累计观看量超2400万人次。分别在厦门、东莞、苏州举办中国（绵阳）科技城推介会，共签约项目75个、929.13亿元。其中，厦门市签约项目18个、135.5亿元，东莞市签约项目27个、268亿元，苏州市签约项目30个、525.63亿元。

【“绵品出川”厦门行活动】 2022年6月13—15日，绵阳市委、市政府主办的“绵品出川”厦门行活动在厦门市思明区举行。活动采取线下展览和线上两种方式。活动以“厦遇绵阳·当绵阳山珍遇上厦门海味”主题，在厦门市中心城区步行街中山路设特色农产品、高端工业产品和特色文创产品三大展区；在厦门天虹超市会展北店、中山北路店开设为期1个月的“绵阳造”精品展销专区，绵阳米粉、江油肥肠，北川腊肉等82款绵阳名优特产进驻专区展销。展会现场设立直播间，以抖音为主要直播平台，共开展直播6小时，累计观看量达87万人次。其间，绵阳高农司与厦门闽夏农副产品批发市场达成名优农产品生产供应战略合作协议，实现“绵阳造”产品常态化进入厦门市场。四川梨花鹿网络科技和福建视曼文化签约，计划在绵阳合作建设川西北知名的直播电商孵化基地。活动现场展陈200余种高端工业产品、特色农产品、非遗文创产品。展会活动累计实现农产品销售额899万元，签订意向性协议50个，交易金额8400万余元；工业产品实现交易金额400万元，达成意向交易金额134万元；文创非遗产品实现销售额172万元。举办1场专题产销对接会和10余场企业专场推介活动，36家厦门当地采购商与参展企业进行对接交流。6月15日，中国（绵阳）科技城厦门推介会举行。推介会上，绵阳市政府及有关方面分别与厦门大学、厦门产业技术研究院、厦门科技交流中心、视曼文化、建发国旅、盛屯集团、安吉纳体育、泽睿光电等机构（企业），签订科技、商务、旅游和招商引资等合作协议。本次活动共签约招商引资项目18个、金额135.5亿元。

图62　11月1—3日，绵阳市组织的“绵品出川”苏州行活动在苏州市东方之门广场举行（视觉绵阳提供）

【“绵品出川”东莞行活动】 2022年8月29日至9月1日，绵阳市组织的“绵品出川”第二站——东莞行活动在东莞市民盈国贸中心白兰花广场举行。活动继续采取“1展1会4进1机制”模式（组织一场精品展，一场产销对接会，开展进商超、进电商平台、进批发市场、进机关院校等“四进”活动，建立长效对接机制）。精品展展览面积超过1000平方米，共有142家绵阳企业的518种产品参展。活动现场销售及签约金额达6.1亿元。其中，实现现场销售金额5349.19万元，签订购销协议5.6亿元。永辉超市“绵阳造”精品馆实现销售额38.7万元。“优选绵品”抖音号电商直播实现销售额164.97万元，累计观看量超过100万人次。8月31日，中国（绵阳）科技城广东（东莞）推介会举行。推介会上，举行招商引资项目签约仪式，共签约南粤科技产业园、新能源产品生产基地、锂电池核心材料精加工、5G智能终端产业园、智慧显示终端智能制造总部基地、印制线路板生产线、精密零部件制造总部产业园等项目27个、金额268亿元。

【“绵品出川”苏州行活动】 2022年11月1—3日，绵阳市组织的“绵品出川”苏州行活动在苏州市东方之门广场举行。本次“绵阳造”精品展展区总面积1800平方米，113家企业（红原8家、壤塘7家）的540余种产品参展。其中，有农业企业64家、展品360余件，工业企业25家、展品82件，文旅企业24家、展品97件。活动现场销售及签约金额31.3亿元。其中，实现现场销售金额4406.34万元，签订购销协议金额30.86亿元。“绵品出川”苏州行线上直播活动累计销售额326.7万元，直播和短视频累计观看量523.2万人次。11月3日，中国（绵阳）科技城推介会在苏州举行。推介会上，共计签约埃顿国际高端先进智能制造产业中心、美能中空纤维膜生产基地、玖兆康乾机器人产业园等30个产业投资项目，签约总金额525.63亿元。　（唐　欢）

区域协作

【概况】 2022年，绵阳市按照党中央、国务院印发的《成渝地区双城经济圈建设规划纲要》和全面落实全国东西部协作和中央单位定点帮扶工作推进电视电话会议精神、省政府常务会议对浙川东西部协作工作部署，编制印发《绵阳市深度参与成渝地区双城经济圈建设暨推进区域协同发展2022年重点工作》《市级领导牵头推进共建成渝地区双城经济圈2022年重大项目、重庆四川共建具有全国影响力的科技创新中心重大项目名单》《〈成都平原经济区一体化发展2022年重点任务清单绵阳市责任分工方案〉等分工方案》等文件，明确全市2022年深度参与成渝地区双城经济圈建设暨推进区域协同发展各项工作任务。结合绵阳市东西部协作实际，围绕“组织领导、巩固拓展脱贫攻坚成果、加强区域协作、推进乡村振兴”等重点任务，衢州市人民政府和绵阳市人民政府签订《全面深化合作协议》，谋定“十四五”期间交流合作系列重要事宜。衢绵两地党委、政府不定期召开东西部协作工作会议，专题研究部署衢绵协作合作事项，协调解决发展难题；浙江省赴绵工作队和两地协作部门坚持每月调度、每季度会商、不定期调研，推动东西部协作各项决策部署落地落实。至年底，绵阳市8个共建成渝地区双城经济圈2022年重大项目完成投资85.17亿元，9个重庆四川共建的科技创新中心重大项目完成投资35.93亿元，落实衢绵两地学校结对8对、医院结对6对、镇乡结对40对、村村结对19对、村企结对37对等。以“腾笼换鸟”+“筑巢引凤”的方式，持续推动共建产业园建设，通过组团式引导11家企业入驻园区，实际到位投资额7950万元。以“以商招商+以企引企”的模式，新增引导落地投产企业28家，实际到位投资额达12.5亿元。

【绵渝协作】 2022年，绵阳市深度融合成渝双城经济圈建设，编制印发《绵阳市深度参与成渝地区双城经济圈建设暨推进区域协同发展2022年重点工作》等文件，在科技创新、医疗卫生、医药产业、政务服务、教育、人才引进等方面加强合作交流。成渝地区双城经济圈建设科技协同创新专项工作组第四次会议在绵阳召开，绵阳市与太极集团签订战略合作框架协议，绵阳市8个共建成渝地区双城经济圈2022年重大项目完成投资85.17亿元，9个重庆、四川共建的科技创新中心重大项目完成投资35.93亿元。（程　瑜）

【绵碚协作】 2022年，绵阳市与重庆市北碚区两地人民政府联合印发《推动成渝地区双城经济圈建设2022年度重点工作》，在协同提升科技创新能力、加强产业发展联动协同等8个方面深化合作。签订《建设成渝地区工业互联网一体化发展示范先行区战略合作协议》，双方将在工业互联网标识解析、工业互联网平台互通、绵碚工业互联网一体化发展方面进行合作，促进两地产业与前沿信息技术融合发展。2月，西南科技大学制造学院与重庆荣凯川仪仪表有限公司校企合作项目正式投产，作为国家两用技术交易中心重庆分中心首个绵合作案例，通过挖掘绵碚两地技术攻关供需，开展跨区域技术交易服务，推动资源共享、共用，促进技术交易。4月，绵阳市与北碚区联合发布2021年度市场监管系统知识产权行政保护典型案例，共同提升两地群众知识产权保护意识，营造良好营商环境。由北碚区主办、绵阳市协办的第四届“嘉陵创客”创业创新大赛决赛在北碚区举行，选育出一批创业能力强、带动就业作用大的优秀创业项目。6月23日，川渝两省市科技部门和绵阳市政府在绵阳共同举办“创新金三角·智慧科技城”科技成果发布与推介会，开展“云上大学城”入驻、区域合作、“招院引所”项目等签约仪式，通过活动深化交流、加强对接，形成更多科技创新成果。7月5日，绵阳市高考综合改革考察团赴北碚调研，双方围绕明确综合改革过程中教科研部门的职能职责、推进新高考背景下的课堂教学改革等方面开展交流。7月12—14日，绵阳市与北碚区开展2022年“三公（工）”协同应急演练，绵阳市及各县（市、区）疾控中心、北碚区疾控中心、江油市公安局等35个部门、160名专业技术人员参加全流程应急处置工作演练。7月21日，“创新金三角·智汇科技城”系列活动第二场——绵碚科技合作专场发布对接会举行。活动采用“线下+线上”的方式，通过国家两用技术交易中心线上系统向全国同步发布科技成果100项，技术需求30项。加强绵碚两地高级职称评审，18名北碚专家进入绵阳市评审专家库。7月25日，绵阳市科技助理与重庆市北碚区科技特派员同台路演，发布“中兵句芒平台”“数字磁罗盘”等6项具备产业化前景、成熟度较高且符合两地产业发展方向的重点技术成果，涉及人工智能、大数据等众多热门领域。8月，为共同打造一流营商环境，推进政务服务跨区域通办，方便绵碚两地群众企业办事和创新创业，经双方共同梳理确认“绵碚通办”政务服务事项清单（第二批），共涉及公安、人社、市场监管等14个部门，涵盖户口迁移、养老保险关系转移等148项通办事项。11月14日，北碚区、绵阳市税务部门召开业务交流会，推动两地企业税收政策解释或执行口径一致，跟踪分析跨区域协调事项办理情况，落实大企业跨区域涉税事项协调工作机制。

（张育维）

【衢绵协作】 2022年，绵阳市落实全国东西部协作和中央单位定点帮扶工作推进电视电话会议精神、省政府常务会会议对浙川东西部协作工作部署，加强与衢州市的协作交流。衢州、绵阳联合出台《衢州市绵阳市深化东西部协作“十四五”实施方案》，明确“十四五”期间衢绵协作总体思路、目标任务、保障举措。编制《绵阳市2022年东西部协作项目资金建议计划》，与衢州共同制定《衢绵东西部协作资金和项目管理实施细则》，推动衢绵协作各项事项落实。8月16—17日，衢州市委书记高屹率党政代表团到绵阳考察；四川省委常委、绵阳市委书记曹立军专题组织召开“衢州—绵阳东西部协作工作联席会议”；11月20—21日，绵阳市委副书记、市长李云率考察团赴衢州市对接东西部协作工作，贯彻落实党中央、国务院和省委、省政府决策部署，推进衢绵协作合作工作。全年衢绵两地共组织党政代表、行业部门、校企机构等互访交流、考察对接343人次。至年底，绵阳市获得衢州对口帮扶资金7800万元，围绕“产业合作、劳务协作、人才交流、消费协作、改善民生”五大重点任务，安排项目32个，其中，产业类项目18个、资金5820万元，占比74.62%。合力打造共建产业园区6个，帮助11家企业入驻园区，引导入园企业到位投资额7950万元。共建东西部协作产业园，打造以茶叶、中药材为主的农产品加工特色园区，形成柯城—北川两地激活当地产业发展的重要载体；建设的北川“福田里”蓝莓产业示范园、平武高村车厘子产业园初具规模。开展“天府乡村”公益品牌产品推荐销售周（衢州分会场）暨“绵品衢州行”等活动，依托浙江电商“蓝海”优势资源和柯城“村播”先行成熟经验，构建“产业整合+直播带货+达人培育”的消费帮扶新体系，引导“江山冒个泡”等电商企业开展电商助销，采购、帮助销售绵阳市农畜牧产品和特色手工艺产品1.5亿元。北川与衢州市柯城区共同举办北川—柯城新春开门红东西部协作实现共同富裕2022年东西部劳务协作专场招聘会，举办2022年春季线上线下相结合的系列招聘会，帮助8024名农村劳动力实现转移就业或就近就业。双向选派77名党政干部和技术人才开展交流挂职，举办乡村振兴干部、专技人才培训班79期，实现培训4577人次。争取东部地区社会帮扶资金1434.7万元，捐物折款271.99万元。落实衢绵两地学校结对8对、医院结对6对、镇乡结对40对、村村结对19对、村企结对37对。通过组团式引导11家企业入驻园区，实际到位投资额7950万元；新增引导落地投产企业28家，实际到位投资额达12.5亿元。（程　瑜）

对口帮扶

【概况】　2022年，绵阳市贯彻落实《中共四川省委　四川省人民政府关于做好2022年“三农”重点工作全面推进乡村振兴的意见》，对标《2022年省内对口帮扶工作重点任务》，绵阳市对帮扶的红原县、壤塘县、昭觉县、布拖县在资金、医疗、项目、产业、教育、基础设施建设等方面加大投入。其中，红原县、壤塘县组织实施各类项目23个，落实市财政帮扶资金7960万元；昭觉县实施财政资金帮扶项目17个，落实财政帮扶资金1500万元；布拖县落实财政资金4200万元。

【绵阳对口帮扶红原县和壤塘县】2022年，绵阳市对口帮扶红原县和壤塘县由市委统战部牵头。完善绵阳市对口帮扶机制措施，加强帮扶指挥部力量，构建起“联动协作、整体推进”的对口帮扶工作格局。先后召开4次专题推进会，与两县指挥部商议对接对口帮扶工作，对红原县、壤塘县提出的有关需求进行专题研究，安排布置由各市级有关部门牵头的年度帮扶任务，落实市财政帮扶资金7960万元，组织实施各类项目23个。农牧业方面，参与建设特色种植养殖园区和更攀农牧民专业合作社，培育麦洼牦牛、牦牛酸奶等特色品牌，辐射带动红原县、壤塘县21个乡镇、6万余名农牧民种植养殖、畜副产品等特色产业组团发展初步成形。工业方面，坚持以三台·红原·温州飞地产业园区为载体，实施“园区提质”“企业满园”行动，加快推进园区第二期建设进度，完成投资3.6亿元，入驻企业30家。旅游业方面，帮助红原县宣传推广“雪山草地”红色旅游路线，支持18家星级牧家乐、170户家庭旅游示范户建设；帮助壤塘县开展壤巴拉文旅系列活动，投入专项资金160万元用于宣传推介，吸引游客31.2万人次。帮助红原县雅克看花季、赛马季、音乐季活动，争取社会赞助资金60万元，吸引游客33.47万人次。深化全域结对帮扶成效，绵阳6所中小学校分别与红原县、壤塘县6所中小学校共建“校联体”，在红原、壤塘各学校设立“绵阳班”，采取“校对校”等方式开展教学研讨、教案共享、支教活动，全年共组织红原县、壤塘县师生2次赴绵阳、三台学习交流，选派112名红原、壤塘学生赴绵阳中学、南山中学等名优学校就读，提高红原、壤塘基础教育水平。绵阳市第三人民医院、绵阳四〇四医院医疗分队队员分别与对口支援医院医护人员签订四川省医疗卫生对口支援“传帮带”工程“师带徒”协议书99份。绵阳市第三人民医院全面托管红原县人民医院，建成新生儿科、重症医学科及神经外科等3个新学科。绵阳四〇四医院全托管壤塘县人民医院，帮带6个科室6个专业的医师40人，培养影像学科等11个专业临床医技科室人才50人，并协助建立神经外科、骨科、普外科等优势学科。市卫健委、中心医院等捐赠价值87万元的医疗物资，派遣100名医务人员驰援红原县、壤塘县。举办省内对口帮扶专场招聘会，60余家企业提供1300余个就业

图63　11月24日，绵阳市对口帮扶阿坝州红原县、壤塘县联席会议召开（市委统战部提供）

岗位，红原县、壤塘县420余人签订意向就业协议。推动“定向采购+以购代捐+以买代帮”，引导绵阳商贸流通企业和部门与红原、壤塘建立长期稳定的农特产品供销关系，通过线上线下多渠道、多形式推进消费帮扶，社会消费帮扶金额达1400万余元。（邱　实）

【涪城对口帮扶昭觉县】 2022年，涪城区对标《2022年省内对口帮扶工作重点任务》，推进对口帮扶各项目标任务。区委常委会、区政府常务会专题研究部署对口帮扶工作4次，审议确定《2022年涪城区对口帮扶昭觉县工作实施方案》等重要文件；落实财政帮扶资金1500万元，实施财政资金帮扶项目17个。其中，产业发展类项目5个（资金占比达51.5%）、民生事业类项目8个、基层治理类项目4个。加大对涪昭现代农业产业园、昭觉县食用菌产业园的培育支持力度，协助招引“乡勤牧业”肉牛养殖、“山鹰牧场”肉鸡+芦笋种植养殖等大型循环养殖现代产业园项目2个，协议到位资金1.2亿元，2个园区边建设边生产，完成部分养殖大棚修建，采购饲料加工和自动化投喂等设备，投入肉牛260头、鸡苗2万余只，产值近1000万元。探索“地莫镇瓦古村+汇珍食用菌公司+当地农户”等联农带农新模式，示范种植野生香菇15万棒，年销售收入达280万余元，毛利润约120万元。帮助本村100余名村民实现就近就业，全年务工增收80万余元；在涪昭、九如等现代农业园区创新实施“农民稳岗就业3344工程”项目，设置政府奖补资金，系统化改善务工人员工作和生活环境，打造“稳岗爱心宿舍”100余间，服务返乡人员400余人；邀请技术专家开展定向培育，稳定输出易地搬迁社区闲置劳动力680余人；组织昭觉县返乡、闲置劳动力开展电焊、烹饪、家政、泥工、彝绣等实用技能培训4场，建立涪昭劳务信息对接平台，推送用工信息2次，提供用工信息2000余条，推动1000余户、3000余人实现就业。涪城区支持昭觉县民生事业，抓好教育、医疗和社会帮扶协同，派出教师2批40余人次，集中在昭觉民族中学南校区、东方红小学等学校任教，创新开办“涪城班”，让100余名昭觉学生在家门口享受到优质教育；鼓励双方重点医院构建联益联结机制，开展薄弱或空白学科合作共建、协同发展，累计派出优秀医务人员12人，完成巡回医疗28次，学术讲座及业务培训193次，教学查房106次，手术或操作示教144次，疑难病例讨论101次；投资建成昭觉县绿色家园卫生服务中心，配置应急专用车辆3辆、购置疾控中心防艾检验设备1套。联系对接涪城区爱心企业5家、爱心人士20余人，协助销售昭觉农特产品300万余元；接收（发放）各类物资1.2万余件，价值约150万元，帮助特殊和困难群众3000余名。将“涪城社区基层治理34法”昭觉化运用，协助沐恩邸社区和南坪社区提升打造党群服务中心、关爱留守儿童四点半课堂、妇女家庭家风阵地、便民生活小屋等功能场所；开展“移风易俗　文明餐桌”示范项目，协助健全文明就餐村规民约、打造集体就餐场地、购置公用炊具餐具，全年利用文明就餐场地和公用炊具餐具举行“新式文明”婚丧嫁娶宴席聚会564场。依托涪城援昭志愿服务队，利用“八小时之外”和节假日时间，常态化开展“法治进校园”“移风易俗”等专题志愿服务和法律宣讲活动15场，编印发放民族团结应知应会口袋书1000余本，涉及10个社区（学校），惠及群众（学生）3000余人。涪城区昭觉县双方组织部门组织10名昭觉县党政干部和10名社区干部到涪城区农业农村局、乡村振兴服务中心等重点部门和青义镇、吴家镇等重点镇开展顶岗锻炼和短期培训。涪城区对口帮扶昭觉县工作队全体帮扶干部分别与挂职单位的29名骨干人才建立“一对一”帮带关系，帮助结对对象提拔重用2人、职级晋升1人、年度考核优秀1人；组建“农技巡回小组”技术服务队伍，开展“田间讲堂”“乡村振兴大讲堂”等专业技术培训指导20余场次，培训一线乡村振兴人才800余人次。医疗卫生系统培养徒弟206人，20余人得到职级晋升；教育系统结对帮带昭觉年轻教师40余人。（曾　志　邓长青）

图64　11月3日，涪城区区长张虚怀（左一）在昭觉县四开镇涪昭现代农业产业园区调研产业发展帮扶情况（涪城区史志办提供）

【江油对口帮扶布拖县】 2022年，江油市把帮扶布拖县巩固脱贫攻坚成果同乡村振兴有效衔接，聚焦“布拖所需·江油所能”精准破解瓶颈，深化全域结对帮扶模式，发挥江油重要职能部门、24个乡镇（街道）、重点学校和医疗机构、4家国有公司分别与布拖相关单位建立结对关系作用，组织、发改、乡村振兴、教体、卫健等重点部门联系磋商帮扶工作，先后600余人次赴布拖以多种形式开展结对帮扶，共签订帮扶协议200余份，制定和落实帮扶措施1000余项。围绕省内对口帮扶“十项帮扶重点”和布拖“四化同步、城乡融合、四区共兴”，全面推动落实全域结对任务，累计实施编制规划、防止返贫、产业发展、就业创业、干部培养、公共服务、基层治理等7个大类67个帮扶项目。整合资源力量推动帮扶工作，先后派驻布拖各类帮扶干部人才100人，实现两个工业企业升规的目标，推动特木里镇民主村彝族文化产业示范村（火把广场）、全县智慧云广播等项目建设，联系补尔乡的各项工作顺利推进。累计帮助争取和投入各类帮扶资金0.42亿元。其中，年度财政规定帮扶资金按“五年五千万”、超过江油地方公共财政预算收入的0.3%任务数的标准。开展就业招聘活动7次，发布招聘信息4次，转移劳动力就业100余人，开展实用技术培训10余次，培训脱贫户、边缘户1000余人次，依托布江蜀丰、蓝莓产业园等资源就近就业5000余人次。“以购代捐”活动融入市场规律，在江油建设展销中心累计销售布拖农特产品1100万余元，从消费端促进布拖本土农副产品供给侧的市场化建设。组织企业、社会组织、个人等力量，向布拖捐赠各类物资及现金258万元。在乐安镇建成彝江中药材种植示范园12公顷，促成当地流转土地73.33公顷建设现代中草药产业园。在拖觉镇建成13.33公顷蓝莓示范基地成功实验种植出高品质高山蓝莓，带动建成万亩高山蓝莓种植基地。与布拖县共建的布江蜀丰现代农业科技园打造马铃薯种业芯片，建成布拖马铃薯全产业链，帮助全县马铃薯产量提升30%，新增产值1.5亿元以上，成为布拖县一、二、三产业融合发展和农民持续稳定增收的“双引擎”。推动九都镇拐乐村规模化生猪代养场完善建设，促进拖觉镇石咀村桃园提质增效，壮大村集体经济收入。投入320万余元，打造校园文化，新建学校书吧、医务室等基础设施。持续深化“校联体”建设和“组团式”帮扶，开展“异地办班+就地办学”教育帮扶模式，派遣管理团队和任课教师20人到布拖担任学校班子成员、学科带头人，帮助提升布拖本土教育；在江油开设代培班33个、培养布拖籍学生2164人，被省教育厅表彰为对口帮扶原深度贫困县中小学校工作先进集体。投入130万元帮助布拖县中彝医医院建设消化内镜室。先后派出医疗管理、技术人才41人，帮助规范中彝医医院管理运行机制，协助开展新技术24项、新项目15项、中医适宜技术18项。落实好“传帮带”工程，开展各类业务培训、教学指导1368次，培养专业人才205人，建立考取国家执业（助理）医师奖励机制，激励布拖171名医卫人才取得相应等级证书。常态化推进“倡树新风·感恩奋进”三级评选表扬活动，通过全域结对在布拖乡镇开展“移风易俗光荣户”“洁美家庭”评选表彰活动40余次，建设“新风超市”2个，投资近1000万元在乐安镇火烈村建设乡村振兴示范点，成功申报“宜居宜业和美乡村省级示范村”。（杨迦晰）

地方名产——崭山米枣

崭山米枣因其产地为三台县新德镇崭山村而得名。崭山米枣是三台县独具地方特色的小水果。崭山米枣呈圆柱形，果形端庄，果顶平，皮薄光滑，果皮呈浅黄色。果肉绿黄色，肉质酥脆、化渣，味酸甜，品质佳，核小、梭形、红褐色，含丰富的维生素和钙、锌、镁等微量元素，营养价值较高且外观悦目。崭山米枣种植历史悠久，东晋时期的《华阳国志·郪县》载：“郪县有山原田，富国盐井，濮出好枣。”《嘉庆三台县志》《光绪潼川府志》《民国三台县志》都有相关记载。崭山米枣先后获得第二届四川·中国国际农业博览会优质产品奖、“四川省著名商标”，被中国绿色食品发展中心认定为绿色食品A级产品。2010年12月，农业部批准对崭山米枣实施农产品地理标志登记保护；2017年，崭山米枣获“中华人民共和国生态原产地保护产品”（PEOP）。同时，三台县也被授予“中国米枣之乡”称号。（编辑部提供）

农业农村

Agriculture and Rural Areas

概　述

2022年，绵阳市围绕现代农业提质增效，实施“三品”工程，建成高标准农田2.27万公顷。建成现代农业园区86个，晋级升为省星级园区4个，三台县入选全国农业现代化示范区创建名单。建成国家区域生猪种业创新中心，培育国省级种业产业园区3个，建成种业科研重点实验室3个。安州区、三台县、梓潼县入选第三批国家级制种大县，粮油制种基地面积稳定在1.2万公顷以上。“三品一标”农产品达626个。全国唯一整市推进农产品产地冷藏保鲜设施示范市项目加快建设。整治撂荒地3026.67公顷，“撂荒地变金土地”经验做法得到国务院副总理胡春华肯定性批示。至年底，全市第一产业增加值达381.47亿元，增长4.4%，高全省0.1个百分点，增速居全省第5位。农村居民人均可支配收入22726元，增长6.5%，高全省平均0.3个百分点，增速居全省第6位，继续保持高于全省平均和城镇居民人均的趋势。全年粮食播种面积41.32万公顷，总产量230.8万吨；油菜播种面积15.53万公顷，总产量43.89万吨；生猪出栏377.86万头、家禽出栏7490.67万羽、肉类总产量43.37万吨、禽蛋总产量16.41万吨、水产品总产量12.97万吨。

品种改良创新。2022年，绵阳市的国家区域畜禽（生猪）种业创新中心完成主体建设；建成“农业农村部作物遗传育种重点实验室”等种业科研重点实验室3个。三台县有全国唯一的国家生猪种业园区，江油市有全省唯一的省级生猪种业园区，游仙区有全省唯一的省级蔬菜种业园区，3个园区通过中期评估。启动三台、安州、梓潼3个国家种子生产大县提档升级建设，编制《国家制种大县财政奖励资金项目发展规划（2022—2025年）》。游仙区获得国家农作物品种（油菜）展示评价基地认证，北川羌族自治县（马铃薯）、游仙区（水稻）被认定为第一批省级种子（苗）生产基地。培育农作物新品种76个，推介新品种42个。台沃种业的两个水稻新品种获省委、省政府首届“稻香杯”丰收奖；泰优粤禾丝苗获四川省“稻香杯”优质米一等奖，深西优粤禾丝苗获四川省“稻香杯”优

图65　台沃种业泰优粤禾丝苗获四川省“稻香杯”优质米一等奖（市农业农村局提供）

质米优质奖。市政府与农业农村厅签订《共建全国种业强市合作框架协议》，省种业集团与三台县政府成立合资公司（注册资金1亿元，省种业集团占股60%），并入股川繁猪公司（注资4000万元，持股53%）共同经营1200头共享种公猪站。种业强市相关项目争取中央、省资金1.75亿元，配套市级资金0.15亿元，贷款支持5.2亿元，撬动社会资本近5亿元。铁骑力士、新希望和盐亭西部水产种业3家种业企业成功入选国家阵型企业名单，国豪种业、全兴种业等4家企业入选省级农作物优势种业企业和成长型种业企业。

品质环境提升改善。2022年，绵阳市受污染耕地安全利用面积和严格管控面积完成率达100%。绿色投入品全面推广，发布地方行业标准12项、立项18项。实施农业生态循环工程，全市种养循环园区占比达70%以上，稻渔综合种养面积达0.53万公顷。实施“一园一策”提升行动，28个市星级以上园区均编制行动方案，在新品种示范推广、基地集约化标准化等8个方面提升建设。创建农产品安全县，围绕属地责任落实、基层监管能力建设等重点工作，加强对盐亭县国家农产品质量安全县创建、北川羌族自治县省级农产品质量安全监管示范县复审工作指导，盐亭县通过省级中期评估，“123458”网格化监管模式被农业农村部简报专题编发、全国推广。

品牌打造与推广。2022年，绵阳市加强农业品牌体系建设，发布“羌食荟”“文昌贡”“梓乡情”县域农产品公用品牌，形成“市级+县级”区域公用品牌建设体系。“北川苔子茶”入选省级“川字号”优秀农产品品牌荟萃，“代代为本”“台沃”入选全省农业企业品牌目录，绵阳市共有有效期内“三品一标”农产品626个，其中无公害农产品387个、绿色食品133个、有机产品78个，安县魔芋、涪城蚕茧、梓江鳜鱼等地理标志农产品28个。开展“园区提质”“企业满园”行动，以梓潼县、三台县健康食品产业园为载体，新引进四川乐洵食品、安兴中药饮片等7家企业入驻园区发展，打造“台沃香米”“饭扫光”下饭菜、“忆乡”腊肉等健康食品品牌20余个。连续开展“厦门行”“东莞行”“苏州行”“衢州行”等绵品出川活动，实现销售额0.95亿元，签订合同107个，合同金额12.87亿元；举办绵阳优质农产品线上展示展销活动，组织229多家企业，1380多个农特产品参展，累计销售额9487.8万余元。

乡村振兴示范创建。2022年，绵阳市根据《四川省农业农村厅 四川省乡村振兴局关于做好2022年“百县千乡万村”乡村振兴示范创建工作的通知》要求，市农业农村局会同市乡村振兴局按照创建指标进行遴选，经市委、市政府审定，推荐三台县芦

2022年绵阳市国家乡村振兴示范乡镇和示范村创建一览表

表25

序号	县（市、区）	申报镇、村	序号	县（市、区）	申报镇、村
1	涪城区（3个）	吴家镇三清观村	20	梓潼县（5个）	许州镇
2		杨家镇鲜家坝村	21		许州镇天宝村
3		丰谷镇字库村	22		黎雅镇西安村
4	游仙区（3个）	魏城镇铁炉村	23		长卿镇天星村
5		新桥镇胜利村	24		宏仁镇金宝村
6		仙鹤镇洛水村	25	三台县（5个）	芦溪镇
7	盐亭县（4个）	巨龙镇天水村	26		芦溪镇五柏村
8		鹅溪镇长寿村	27		永明镇永明村
9		大兴回族乡青峰村	28		立新镇高棚村
10		富驿镇雄关村	29		景福镇宋观庙村
11	安州区（5个）	秀水镇龙泉村	30	江油市（5个）	新安镇
12		河清镇金花村	31		方水镇白玉村
13		桑枣镇齐心村	32		战旗镇白沙村
14		花荄镇联丰村	33		大康镇星火村
15		塔水镇七里村	34		二郎庙镇青林村
16	平武县（4个）	锁江羌族乡黄坪村	35	北川羌族自治县（4个）	曲山镇石椅村
17		平通羌族乡桅杆村	36		曲山镇玉皇山村
18		高村乡民主社区	37		桂溪镇宝成村
19		豆叩羌族乡茶香村	38		擂鼓镇盖头村

溪镇等3个乡镇争创国家乡村振兴示范乡镇；涪城区吴家镇三清观村等35个村争创国家乡村振兴示范村，并经省农业农村厅、省乡村振兴局报送至农业农村部、国家乡村振兴局备案。

政策帮扶与返贫监测。2022年，绵阳市落实“四个不摘”要求，部署开展衔接政策专题调研，全面摸清全市衔接政策制定出台和兑现落实情况，印发推进衔接政策制定及落实工作任务清单，协调推动衔接政策优化完善、落地落实。截至11月30日，绵阳市对照省“1+37”衔接政策体系，优化出台涵盖总体安排、帮扶力量、衔接资金、防返贫监测帮扶、金融支持、就业帮扶、医疗保障等方面的56个衔接政策文件。出台《绵阳市防止返贫动态监测行业部门信息共享和工作会商办法（试行）》，开展防返贫动态监测集中排查2次，对全市128个乡镇、1629个行政村所有农户进行全覆盖排查研判，常态化做好因病、因灾等群众的日常监测，对存在返贫风险的农户第一时间纳入监测帮扶范围，分层分类开展精准帮扶。至年底，全市共新增监测对象3570户8123人，累计发放防返贫预警应急处置基金1235.09万元惠及7491人次；帮助家庭人均收入未达到8000元的脱贫户和监测户增收，全市脱贫劳动力外出务工84467人，达到2021年的100.94%，农村公益性岗位安置脱贫人口10426人，全市脱贫人口年家庭人均纯收入12880元，较2021年增加1621元，增长14.4%，高于农村人均可支配收入增长7.9个百分点。绵阳市防返贫监测工作典型经验在全省乡村振兴局长视频会议上作专题发言。

乡村振兴项目资金争取与监管。2022年，绵阳市落实市县本级财政衔接资金不低于上年财政衔接资金实际投入规模要求，全市落实各级财政衔接资金共计9.04亿元，其中争取央省衔接资金5.52亿元，比2021年增加0.51亿元，落实市级0.75亿元、县级2.77亿元，项目围绕脱贫成果巩固，农村地区特色产业发展、基础设施建设等加快乡村振兴项目推进实施。出台《市级财政衔接推进乡村振兴补助资金管理办法》《加强财政衔接补助资金绩效管理工作通知》等文件，组织开展衔接资金（巩固拓展脱贫攻坚成果和乡村振兴任务）实施项目绩效管理情况专项审查，完成2021年和2022年度各级财政衔接资金项目绩效申报、审核、监控、自评等工作的省级审查和反馈问题整改。推进脱贫小额信贷和金融助力乡村振兴工作，全市新增贷款3312.725万元。推进经绵阳市第八届人民代表大会第二次会议表决通过的2022年市级民生实事项目即巩固衔接民生项目。培育壮大农村特色产业、补齐农村人居环境和小型公益性基础设施短板、防止农村群众返贫致贫、扶持易地搬迁群众后续发展、支持脱贫劳动力稳定就业以及“雨露计划”等九大类项目，项目投入资金47238万元，实施具体项目423个，惠及群众14.67万人，带动人均增收665元。

图66　农产品冷藏库（市农业农村局提供）

农产品产地冷藏保险设施示范市建设。2022年，绵阳市成功争取全国唯一农产品产地冷藏保鲜设施建设整体推进示范市项目和北川羌族自治县、平武县省级“菜篮子”工程冷链设施示范县项目，争取国家和省项目资金4000万元。在全省数字农业第一期培训会上绵阳市作“一盘棋高质量整市推进、一张网高起点数字赋能”交流发言，经验做法被省厅通报表彰为农产品冷藏保鲜设施建设项目建设典型经验；被省厅表扬为农产品冷藏保鲜设施建设项目创新推动地区和项目督导力度大地区。省农业农村厅《现代农业烘干冷链物流体系建设工程专刊》第9期简报表扬“绵阳市倒排工期，不分节假日现场督导，分别给各项目县人民政府发出督办函，推进绩效目标任务完成”做法。截至年底，全市新增农产品产地冷藏保鲜设施数181间，新增库容量2.4万吨、12.5万立方米。（郭康康）

农村人居环境整治

【概况】 2022年，绵阳市推进城乡环境综合提质三年行动，以农村“厕所革命”，加快推进美丽宜居乡村建设，印发《绵阳市“十四五”美丽宜居乡村建设行动实施方案》，编制《绵阳市农村人居环境专项规划（2022—2035年）》。北川、盐亭两地农村人居环境典型案例被中央电视台报道，游仙、北川农村人居环境典型案例在国家相关网站登载，梓潼县被农业农村部、国家乡村振兴局评为2021年全国村庄清洁行动先进县，省《“三农”要情》第38期整期刊登绵阳“实施五清工程　提升乡村颜值”的典型经验。

【农村“厕所革命”】 2022年，绵阳市有序推进农村“厕所革命”工作，组织召开全市“厕所革命”推进会3次、调度会2次、培训会1次，学习传达重要文件精神，研究部署重点工作，邀请专家团队进行相关技术培训。全市完成90个村、25256户无害化卫生户厕新（改）建，保质保量完成省下达的农村“厕所革命”整村推进示范村建设项目任务村数和任务户数，卫生厕所普及率达96.01%。全域2次开展农村户厕问题摸排整改“回头看”工作。2022年上半年全市共摸排厕所243210户，涉及1417个行政村；下半年全市共摸排厕所245253户，涉及1445个行政村。

【人居环境提质行动】 2022年，绵阳市加强城乡环境综合提质三年行动动员部署，转发省农业农村厅春季战役、秋冬战役文件，印发《关于开展“农村人居环境提质”村庄清洁主题行动的通知》，明确重点任务，开展重点活动，发动群众参与。召开全市工作会议1次、现场会议1次，拍摄农村人居环境问题曝光片2部，印制海报1.1万份。全年暗访督查10余次，建立督查、整改、销号的闭环机制，每季度评选一次“十佳”和“十差”乡镇，围绕村社“五清”和场镇“四定”对标对表查漏补缺，逗硬考核、严格奖惩。至年底，全市1582个行政村中有建立村庄公共环境保洁制度村1582个、参与村庄清洁行动的群众72.77万户、村社保洁员1.63万人、最美家庭（最美庭院）评选2.26万户、宣传活动4.53万场、清理生活垃圾15.93万吨、清洁厕屋便池25.16万次、清洁水源水体2.21万处、清理畜禽粪污118.15万吨、清理农业生产废弃物3.28万吨、清理拆除广告标语16.55处、1544个村建立“黑臭水体”问题台账、1543个村建立私搭乱接问题台账。

【美丽宜居乡村建设】 2022年，绵阳市印发《绵阳市“十四五”美丽宜居乡村建设行动实施方案》，编制《绵阳市农村人居环境专项规划（2022—2035年）》，对全市美丽宜居乡村建设工作进行总体谋划和顶层设计。全市建设打造9个市级美丽宜居乡村样板村，28个县级美丽宜居乡村样板村。梓潼县争取到农村人居环境中央预算内投资项目2000万元。全面推广“户分类、村收集、镇（乡）转运、县（市）处理”的生活垃圾收转运处置模式，推进农村生活垃圾治理工作，将农村生活垃圾治理纳入村规民约，建立清扫保洁、检查评比等制度，探索推行村民垃圾治理缴费机制。全市建成农村生活垃圾收集设施（垃圾池、房、库）21549座（场镇及村、社）；建成农村生活垃圾转运站196座（乡镇和涉农街道）。其中，压缩转运站83座，转运车辆达162辆（压缩转运车97辆）；建成生活垃圾焚烧发电厂2座，日处理能力2500吨，全市焚烧处置占比达75%；行政村生活垃圾收转运处置体系覆盖率达100%，自然村组生活垃圾收转运处置体系覆盖率达99%。

【农村生活污水治理】 2022年，绵阳市围绕美丽乡村建设和城乡环境综合提质三年行动，按照因地制宜、集约高效的原则灵活采取接入城镇管网、集中治理模式和资源化利用3种模式有效提高农村生活污水治理覆盖率。全市累计投入资金0.6亿元实施农村生活污水治理，建制镇生活污水处理设施覆盖率100%，规范化运营率100%，处理率89.55%，出水达标排放率98%。以县级行政区为基本单元，组织开展全市农村黑臭水体排查，发现整治黑臭水体7条。1650个行政村（涉农社区）农村生活污水得到有效治理1280个，占比77.6%；完成39个行政村农村生活污水治理“千村示范工程”项目。 （郭康康）

农业产业化经营

【概况】 2022年，绵阳市农业产业化以“三品”为引领，推动农业产业园区高质量发展，编制《现代农业园区“一园一策”提升行动方案》，出台《绵阳市现代农业园区分类创建认定评分标准》，实行现代农业园区分产业、分类别管理和认定。三台县现代农业（生猪种业）产业园通过国家级产业园中期评估。安州区粮油、梓潼县粮油、盐亭县水产3个园区成功省级晋级升位，江油市粮油、北川羌族自治县茶叶省级认定入围。至年底，全市有市级以上龙头企业397家、县（市）级农业产业化联合体32家、家庭农场210家，种业大户2522户。三台县被列入国家农业现代化示范区创建名单；三台县芦溪镇、梓潼县许州镇、江油市新安镇3个乡镇，涪城区吴家镇三清观村等35个村被

图67 2022年，三台潼江河谷现代农业园区全景（市农业农村局提供）

列入国家乡村振兴示范乡镇和示范村创建名单；安州区秀水镇纳入国家农业产业强镇建设，获奖补资金1000万元（2022年300万元、2023年700万元）；三台县、江油市、梓潼县持续推进川猪特色优势产业集群发展项目，三台县、安州区、梓潼县争创成为油菜优势特色产业集群项目。

【优质品种标准化建设】 2022年，绵阳市优中选优育品种，推进生猪联合育种创新中心、鳜鱼良繁基地、种业工程技术中心等6个实验室建设，加速向园区推广“绵恢6139”系列品种、“绵麦902”“绵油309”等自主培育的优质粮油品种。推进“沃野绵州”生态循环农业工程，发布12项地方行业标准，农产品例行监测合格率达99%。推广豆玉米带状复合种植面积达1.27万公顷，建成标准化基地8.07万公顷；实施国家级川猪集群建设等项目，建成标准化养殖场89个。

【产业链条式融合发展】 2022年，绵阳市推动园区融合发展，突出新型主体带动，引进铁骑力士、台沃科技、天虹丝绸等219家龙头企业参与园区建设，探索“一社四化”等利益联结模式，带动83.29万户农户融入园区发展。落实“园区提质”“企业满园”行动措施，发展农产品产地初加工，建成加工设施设备929个，初加工率达87%。依托梓潼、三台健康食品产业园，实施粮油精深加工、生猪屠宰等项目26个，着力提升园区精深加工能力。发展“农业+乡村旅游”，举办菜花节、采摘节等活动，新增“湖光山色”稻渔亲水湿地等农业主题公园。依托电子商务平台，开展各类农产品直播带货350余次，实现电商销售占比达30%以上。

【产业园区规范化发展】 2022年，绵阳市围绕市“23610”现代农业产业空间布局，对全市园区布局进行优化，重点围绕“两核、三带、六片”打造现代种业园区、优质粮油园区，做优特色产业园区。结合乡镇级片区国土空间规划，对39个乡镇级片区86个园区功能板块布局进行优化。争取央省园区财政奖补资金2.55亿元，市财政配套0.61亿元，金融支持15.18亿元，撬动46.5亿元社会资本投入园区建设。招引专业技术人才36人、返乡创业人员54人参与园区建设。出台《绵阳市现代农业园区分类创建认定评分标准》，实行现代农业园区分产业、分类别管理和认定。编制《现代农业园区“一园一策”提升行动方案》，包装储备重点项目120余个，总投资达33.6亿元。

【农业产业化重点龙头企业发展】 2022年，绵阳市有县（市）级农业产业化联合体32家，其中培育认定市级农业产业化联合体21家、县级农业产业化联合体11家，带动参与农业产业化联合体农民合作社238家、家庭农场210家，种业大户2522户。全市有市级以上龙头企业397家。其中，省级重点龙头企业58家，新增第十一批省级重点龙头企业6家、递补企业5家；市级以上龙头企业农产品加工经营销售收入1亿元以上的龙头企业84家，2亿元以上的龙头企业50家，5亿元以上的龙头企业26家，10亿元以上的龙头企业7家，20亿元以上的龙头企业8家，50亿元以上2家。全市有13103家家庭农场进入名录库管理。创建省、市、县各级家庭农场示范场2686家。其中，市级以上示范场1031家，示范场数量占家庭农场总数的20.6%。培育高素质农民22739人。

（郭康康）

种植业

【概况】 2022年，绵阳市贯彻落实省委、省政府打造更高水平天府粮仓要求，抓好粮油生产、耕地“非粮化”整治等重点工作，践行向土地要粮工作理念，分解粮食生产目标任务，将生产任务分解到户到田，粮食面积增幅居全省首位。至年底，全市粮食作物播种面积41.32万公顷，产量230.8万吨，单产5586千克/公顷，农作物“耕、种、收”综合机械化水平达56.69%，全市整治耕地撂荒0.296万公顷，完成农业种植园地优化改造0.678万公顷。全市4家企业入选省级农作物优势种业企业和成长型种业企业，培育省级种子（苗）生产基地2个。有产粮大县6个（三台县、盐亭县、梓潼县、江油市、安州区、游仙区），获产粮大县项目支持1435万元。三台县绿色种养循环试点项目1000万元。游仙区优质稻种植结构调整示范县项目950万元。绿色高质高效项目1420万元，其中游仙区165万元、安州区190万元、三台县499万元、盐亭县178万元、梓潼县192万元、江油市196万元。

【主粮种植】 2022年，绵阳市稻谷种植面积11.87万公顷，产量90.9万吨。全市水稻主要品种有隆两优7810、旌优781、金龙优2018等。稻谷种植面积最大、产量最大的县（市、区）为三台县，种植面积2.62

图68 2022年，安州粮油产业基地（市农业农村局提供）

万公顷，产量20.3万吨。全市玉米种植面积14.9万公顷，产量80.1万吨。全市玉米主要品种为“成单玉808”“力玉360”“同玉609”等。玉米种植面积最大、产量最大的县（市、区）为三台县，种植面积4.92万公顷，产量27.8万吨。全市小麦种植面积8.24万公顷，产量38万吨。小麦主推品种有川麦93、川麦68、绵麦827、绵麦902。小麦种植面积最大、产量最大的县（市、区）为三台县，种植面积2.19万公顷，产量10.1万吨。

【油料作物蔬菜及食用菌种植】 2022年，绵阳市油料作物播种面积18.07万公顷，产量53.15万吨。种植面积和产量最大的县（市、区）为三台县，油料作物播种面积5.51万公顷，产量17.54万吨。全市蔬菜及食用菌播种面积7.65万公顷，产量221.05万吨。种植面积和产量最大的县（市、区）为江油市，播种面积1.36万公顷，产量43.54万吨。

2022年绵阳市各县（市、区）种植业情况统计表

表26

县（市、区）	稻谷		玉米		小麦		油料作物		蔬菜及食用菌	
	面积（万公顷）	产量（万吨）	面积（万公顷）	产量（万吨）	面积（万公顷）	产量（万吨）	面积（万公顷）	产量（万吨）	面积（万公顷）	产量（万吨）
涪城区	0.54	4.2	0.41	2.3	0.22	1	0.8	2.39	1.18	43.15
游仙区	1.6	12.1	0.97	5.4	1.05	4.9	1.78	5.34	0.73	21.35
安州区	2.29	17.9	0.55	3.1	0.83	4	1.86	5.63	0.7	20.78
江油市	2.19	16.5	1.23	6.8	0.76	3.5	2.23	6.13	1.36	43.54
三台县	2.62	20.3	4.92	27.8	2.19	10.1	5.51	17.54	1.35	38.59
梓潼县	1.47	11.1	1.79	9.9	1.61	7.4	2.27	7.49	0.82	25.24
盐亭县	1.01	7.9	2.32	13	1.48	6.7	2.51	6.81	0.64	16.04
平武县	0.04	0.3	1.62	6.9	0.09	0.3	0.57	0.55	0.31	3.89
北川羌族自治县	0.1	0.7	1.05	5	0.02	0.1	0.54	0.99	0.55	8.14

【中药材种植】 绵阳是麦冬、桔梗、附子、天麻等地道药材主产地，历史悠久。2022年，绵阳市中草药材种植面积4.23万余公顷，产量17.37万吨，产值30.1亿元。全市种植面积较大的有麦冬、大黄、黄连、木香、重楼、桔梗、附子、天麻等。建成麦冬、天麻、附子等9个中药材GAP基地，总面积达3666公顷。拥有“涪城麦冬”“平武天麻”“江油附子”“平武厚朴”“梓潼桔梗”“江油百合”6个地理标志产品。北川羌族自治县有中药材专业合作社39个，其中省级专业合作社2个。建成全省最大的白及种苗繁育基地。平武县天麻、黄柏、厚朴、杜仲、猪苓、吴茱萸、合欢皮、川木通、白及、羌活等10个品种进入同仁堂。梓潼县有中药材协会1家，中药材龙头企业6家（加工企业4家），中药材农民专合社7家。江油市有中药材种植专业合作社、家庭农场、种植大户等规模化经营主体90余个。安州区规模种植中药材品种主要有重楼、黄连、鱼腥草、附子、川芎、云木香、大黄等，以项目资金支持带动中药材产业发展，建设中药材标准化种植基地46公顷。三台县中药材种植面积4346.67公顷，总产量2.01万吨，农业产值超过11.77亿元，品种主要以麦冬、芍药、瓜蒌、黄精等为主。其中，麦冬大田种植面积约4000公顷，以烘干块根计麦冬产量达1.69万吨，占到全国麦冬产量的70%以上。

【种业】 2022年，绵阳市审定（登记）的农作物品种81个，其中，主要农作物国审19个、川审31个、非主要农作物品种登记31个。组织开展农作物新品种展示评价212个以上，筛选发布推介品种83个。台沃种业选送的“泰优粤禾丝苗”和“深两优粤禾丝苗”两个水稻新品种分别获省委、省政府首届“稻香杯”优质米一等奖及优质奖。全市铁骑力士、新希望、西部水产3家种业企业入选国家种业阵型企业名单，国豪、同路、鑫源、全兴4家企业入选全省农作物优势种业企业和成长型种业企业，遴选20家市级领军型、骨干型、成长型种业企业，组建市级种业阵型企业。三台国家生猪种业培育园、江油省级生猪种业培育园区和游仙区蔬菜种业培育园区加快建设，并通过中期考评。全市获“十四五”中央财政制种大县奖励资金支持共9000万元，占全省奖励资金总额的45%。全市水稻制种基地面积1.17万公顷，制种面积6231.3公顷，制种产量1.88

万吨；冬小麦繁种2106.6公顷，产量1.02万吨；冬油菜制种基地3440公顷，制种面积1606.67公顷，制种产量0.316万吨。杂交水稻、冬小麦、冬油菜制繁种实现综合产值20.3亿元。全年全市杂交水稻制种全程机械化面积186.67公顷，应用无人机授粉的制种面积大幅增加。

【首届川北地区种业创新科技成果发布会在绵阳举行】 2022年12月30日，首届川北地区种业创新科技成果发布会在绵阳举行。省政协副主席李昌平，中国工程院院士李德发、谯仕彦出席。全国畜牧总站站长王宗礼视频讲话。四川省委农办主任、农业农村厅党组书记杨秀彬，市委副书记、市长李云出席并致辞。市委副书记王华蓉主持发布会。发布会上，省农业农村厅副厅长伍修强分别向川北地区生猪、粮油、蔬菜三大种业创新联盟授牌，绵阳、广元、巴中、德阳、遂宁、阿坝推介种业总体情况并发布种业创新成果，点亮川北地区种业地图。同日，还举行四川（江油）生猪种业园区研发服务中心开放仪式、川北地区种业振兴圆桌会议、川藏黑猪产业创新发展战略研讨会等。绵阳、广元、巴中、德阳、遂宁、阿坝等市（州）领导及在川高校代表、科研院所种业领域专家等参加发布会。 （郭康康）

蚕桑业

【概况】 绵阳市蚕桑业历史悠久。2022年，桑园面积1.51万公顷，与2021年持平。全市养蚕20.17万盒，生产蚕茧7537吨，蚕农茧款收入3.96亿元，较2021年分别下降2.56%、7.32%、10.90%。全市养蚕数量和蚕茧产量居全省第3位，蚕茧质量居全省前茅。栽桑养蚕主产区为游仙区、涪城区、三台县、梓潼县、盐亭县、安州区。全年春季、晚秋季气温适宜，蚕茧质量历史最好，夏季、秋季遭遇持续高温干旱天气，严重影响桑树和家蚕生长发育，导致蚕茧大幅减产。10月19日，绵阳三台县晚秋蚕茧丰收被中央广播电视总台财经频道宣传报道。

【蚕桑资源综合开发】 2022年，绵阳市挖掘桑园与粮经协调发展潜力，走绿色复合经营发展道路，推广“桑+粮”“桑+经”“桑+菜”866.67公顷，提高土地复种指数和利用率，提升产业附加值。在全市规模化养蚕基地推广多批次滚动养蚕，解决劳动用工短缺和成本上升问题。利用蚕沙生产有机肥5300余吨，实现销售收入700万余元。涪城区生产的“桑之玉”桑叶茶、桑枝食用菌、“七彩之虹”丝棉被，三台县生产的“双滋”桑芽（叶）茶、“丝丝春暖”蚕丝被，游仙区生产的“白蝉”桑葚膏、桑葚酵素、桑葚黑芝麻丸、桑果酒等产品线上线下销售情况良好，受到消费者欢迎。盐亭县嫘桑缘科技有限公司、四川省亿尚农业旅游开发有限公司桑产品参加“绵品出川”活动，远销东莞、厦门、徐州、衢州等地。涪城区、江油市、游仙区等地举办桑果采摘活动，推动蚕桑文化休闲旅游，带动蚕桑丝绸主题旅游、果桑、茶桑产业发展。

【蚕种检验机构标准化建设】 2022年，绵阳市提升蚕业管理站检验室软、硬件水平，10月下旬通过省级检验检测机构资质认定和农产品质量安全机构考核复查换证。全年按照行业标准规范开展蚕种检验检疫，共检验绵阳市、遂宁市及省农业农村厅属三台蚕种场生产的桑蚕一代杂交种10万余盒，合格率100%，投诉率为0，确保蚕种质量及蚕业生产安全。

【蚕业科技推广与技术服务】 2022年，绵阳市大面积推广蚕茧质量优、抗性好的“川山×蜀水”“781×7532”蚕品种，引进试养丝质好、抗高温的“川丰×蜀华”新蚕品种，提高蚕茧质量、蚕桑综合效益。加强对农民养蚕消毒防病的技术指导服务，做好大面积蚕病、桑病虫动态监控，全年没有病虫害大面积暴发的事件发生。 （郭康康）

图69 12月30日，首届川北地区种业创新科技成果发布会在绵阳举行（市农业农村局提供）

水产业

【概况】 2022年，绵阳市由于行政区划调整，渔业村更正为31个，渔业从业人员60192人；水产养殖面积22609公顷，减少0.25%；稻田养鱼面积6017公顷，增长6.72%；生产各类鱼苗165805万尾，增长4.1%；水产品总产量达129663吨，增长3.57%；实现渔业经济总产值433818.44万元，增长3.66%；全市人均占有水产品26.5千克。主要养殖品种及产量：草鱼33220吨、鲢鱼28849吨、鳙鱼18994吨、鲫鱼16723吨、鲤鱼9460吨、鲇鱼2766吨、叉尾鮰3090吨、鳊鲂1748吨、鲈鱼4914吨。鲢、鳙鱼主要产自水库和池塘，其他品种主要产自池塘。盐亭县水产现代农业园区晋升省四星级园区，安州区创建为国家级水产健康养殖和生态养殖示范区，北川羌族自治县农业农村局李小平获评全国最美渔技员。

【长江十年禁渔持续推进】 2022年，绵阳市以村（社）为基础网格单元，落实禁捕网格员1314人。强化执法打击。农业农村部门开展联合执法230次，查办违法案件42起，公安机关侦破非法捕捞案件45件，移送起诉43件、74人。市场监管系统检查市场主体1.1万多家次，电商平台（网站）9886个次，监测广告2845条次，查办禁渔案件26件。加强渔民就业。开展技能培训55人次，就业创业服务指导58人次，向退捕渔民推送用工信息136条，落实公益性岗位26个，退捕渔民养老保险参保率100%，有劳动能力和就业意愿渔民就业创业率100%。广泛宣传教育。在沿江、沿河重点水域新增永久性宣传牌200块，发放禁渔宣传单、手提袋、围裙等9万余份，制作发布“十年禁渔”宣传歌、宣传片和违法捕捞警示教育片。

【水产业品牌与基地建设】 2022年，绵阳市加强水产业品牌与基地建设，盐亭县水产现代农业园区晋升省四星级园区，安州区成功创建国家级水产健康养殖和生态养殖示范区，西部水产种业公司入选国家种业阵型企业。按照农业农村部专家审核意见，对全市水产养殖种质资源普查数据进行全面核查，并配合省珍稀特有鱼类保护与利用中心在市内6家省级水产良种场采集16个物种种质资源。全市新增省级水产良种场3家（盐亭浩淼渔业养殖专业合作社、三台县双乐乡奕川水产养殖农民专业合作社、安县鑫源渔业有限公司三家苗种），全市省级水产良种场共计9家。江油市申报实施省级鱼米之乡建设项目，以永胜镇、大堰镇为核心区，开展稻鱼工程建设、落实生产主体，推广新品种、新技术，实现稳粮增收。项目省级财政补助资金1000万元，共建设稻鱼综合种养面积1333.3公顷（核心区666余公顷）。 （郭康康）

畜牧业

【概况】 2022年，绵阳市畜牧生产平稳推进，印发《绵阳市生猪产能调控实施方案（暂行）》《绵阳市促进生猪稳产保价工作实施方案》，创建国家、省级生猪产能调控基地423家（全省排名第1位）。全市生猪出栏377.86万头（市州排名第9位），增长4.4%；生猪存栏249.75万头（市州排名第8位），下降1.4%，其中能繁母猪存栏24.73万头（市州排名第7位）；肉牛出栏16.05万头，增长为5.8%；肉羊出栏96.37万头，增长3.2%；小家禽出栏7490万羽，增长2.1%；禽蛋产量16.41万吨，增长3.1%；牛奶产量1.54万吨，增长10.2%；肉类总产量27.72万吨，增长6.1%。开展平武牛、北川白山羊、川藏黑猪、天府肉猪等遗传资源性能测定工作，新发现1个畜种、1个品种，群体数量9524只。

【畜牧产业高质量发展】 2022年，绵阳市印发《关于印发加快推动牛羊产业高质量发展八条措施的通知》，明确牛羊产业发展举措，补齐非猪产业发展短板。首届川北地区种业创新科技成果发布会，加强“天府肉猪”“川藏黑猪”等猪种资源保护、利用和推广。持续推动三台县（全省唯一）国家级生猪现代种业园区、江油市（全省唯一）省级生猪现代种业园区建设。三台县、梓潼县、江油市继续实施川猪优势特色产业集群项目，争取中央财政资金3000万元。提升现代标准化基地，集成标准化、规模化、绿色化、优质化技术模式，构建科技高效、集约节约、环境友好的全产业链现代化发展新格局。全市创建国家级畜禽养殖标准化示范场2个（全省第一）、省级畜禽养殖标准化养殖场18家，创建数量居全省前列。全市投产生猪规模场1200个，规模化率70%，累计创建部、省、市标准化示范场314个。推动涪城区、游仙区畜禽粪污资源化利用项目建设，实施种养循环示范、面源污染治理、基础设施设备提升等内容，全市畜禽养殖废弃物资源化综合利用率96%，规模养殖场处理设施配装备套100%，远超过全省平均水平。

【动物卫生监督】 2022年，绵阳市组织市、县两级农业农村主管部门开展执法检查112次，出动执法检查人员341人次，做到监督检查面全覆盖。生猪屠宰企业全面落实“两项制度”，具备非洲猪瘟自检能力，派驻生猪屠宰企业驻场兽医435人。至年底，全市生猪屠宰企业“瘦肉精”自检率达100%，“瘦肉精”检出率为零。实施动物及动物产品检疫，全市产地检疫畜、禽7983.40万头（只、羽）。养殖环节无害化处理生猪22.07万头，其中集中处理18.74万头占85%。全市在产106家生猪屠宰企业，全年屠宰生猪256.90万头，屠宰环节无害化处理生猪393头。

图70 5月，北川白山羊遗传资源普查性能测定（市农业农村局提供）

【国家区域生猪种业创新中心建设】 2022年，绵阳市国家区域畜禽（生猪）种业创新中心主要建设内容为“四中心一平台”，联合育种创新中心（1200头区域性共享公猪站）完成主体建设，进行安装设施设备。种业工程技术中心6个实验室加快建设，分子育种实验室与饲料兽药实验室完工；生猪重大动物疫病检测、生猪种源疫病防控技术实验室与防控实验室和生猪基因大数据评估实验室完成基础建设，安装设施设备。人才交流中心与性能测定中心已完工。生猪智慧养殖一体化平台完成平台搭建及20家规模养殖场的设备安装。（郭康康）

农业机械化

【概况】 2022年，绵阳市农机化以“抓关键、补短板、强弱项、促协调、提水平”为主线，把农机化投入摆在首位，全年农机化一般行政事业支出1049.6万元、基础建设34722万元、农业机械购置22559.87万元。在国家强农惠农政策的引导下，农民购机踊跃，全市兑付农机购置补贴资金5669万元，补贴机具1.6万台，直接受益农户达12237户。至年底，全市农机总动力达366.39万千瓦，比2021年增加9.06万千瓦，增长2.53%；农作物综合机械化水平比2021年增长4.59%，达到56.69%。

【农机化基础设施改善】 2022年，绵阳市实施宜机化改造，三台县、梓潼县成为年度“五良融合、宜机改造”示范县，获省级财政500万元资金补助，用于地（田）块连通、缓坡化改造等宜机化建设，建成后项目区大中型农机作业通达率达100%，实现地块互联互通、能排能灌、宜机作业。加快机电提灌站建设，全年机电提灌站累计投资2000万元，新建和改造机电提灌站170座，机电提灌总动力达到22.38万千瓦。提水保灌13.24万公顷，较2021年增长1633.33公顷，为应对农业旱情，确保大春满栽满插，抗旱保苗、人畜饮水。

【农机装备结构优化】 2022年，绵阳市农业机械装备结构持续优化，大中型、复合型机具呈现连年持续增长、小型机具呈现逐年减少的发展趋势。农业机械由粮油生产机械逐步向畜牧、养殖机械延伸，农业机械技术向农业生产耕、种、植保、收获、烘干、加工等全面全程机械化方向发展。全市拖拉机拥有量达到24423台62.54万千瓦，新增大中型360台，增幅达1.5%；谷物联合收割机达7508台24.65万千瓦，比2021年增加124台，增长1.68%；油菜籽收获机884台、4.39万千瓦，比2021年增加128台；农用无人植保航空器达512架，比2021年增加147架，增长40.27%；水稻插秧机942台，比2021年增加108台，增幅12.95%。全市有精量播种机869台、免耕播种机863台、水泵2.31万台、耕整机7.43万台、微耕机10.71万台、机动植保机械4.11万台、机动脱粒机5.67万台、谷物烘干机387台、果蔬烘干机92台、畜牧业机械2.07万台、水产机械2.12万台、茶树修剪机211台、果树修剪机803台、玉米收获机119台、马铃薯收获机15台。至年底，全市在大型农业机械上安装农用北斗终端3247套，作业平台连接无人机325架，“互联网+农机”得到广泛应用。

图71 5月，安州区优质粮油现代农业园区农机作业（市农业农村局提供）

【农机作业水平提升】 2022年，绵阳市发挥农机高效、省劳、节支作用，提高农业综合生产能力，促进农村劳动力转移和农民增收致富。至年底，全市完成机耕作业面积51.01万公顷，较2021年增长8.85%；机械播种面积24.97万公顷，较2021年增长25.21%；机械收获面积34.69万公顷，较2021年增长10.54%；机电灌溉面积13.24万公顷，较2021年增长1.25%。围绕提高主要作物关键环节机械化水平，加强农机农艺融合，推广机械化育插秧，油菜机播、机收，玉米机收等先进适用的新机具新技术。水稻机械化插秧技术推广取得新进展，机械化种植面积7.09万公顷，较2021年增长4.27%；油菜机播面积6.4万公顷，较2021年增长13.64%；油菜机收面积10.5万公顷，较2021年增长8.32%。玉米机收面积3.07万公顷，较2021年增长59%。

【农机服务体系建设】 2022年，绵阳市逐步优化农机服务体系，为农业机械化生产创造条件，对现有农机专业合作组织加强指导，建立健全规章制度，促进规范发展。至年底，全市新增农机专业合作社13个（国家级示范社5个、省级示范社8个），总数达145个；全市共有农机户218339户，拥有农机原值100万元以上的84个；农机维修网点1142个。（郭康康）

农业监测

【概况】 2022年，绵阳市接受全国人大《中华人民共和国农产品质量安全法》立法专题调研，盐亭县“123458”网格化监管模式被农业农

图72　7月6—7日，农业农村部农产品质量安全监管司司长肖放（右一）和全国人大宪法和法律委员会副主任委员王宁（左二）在盐亭县调研（市农业农村局提供）

村部在全国、全省推广。开展“治违禁　控药残　促提升”三年行动。围绕豇豆、韭菜等12个重点治理品种，针对重点区域、重点参数，加大监测力度，及时发现问题隐患，全年共完成农产品定量检测“千分之一”任务5294个，完成率108%；省级农产品例行监测合格率为99.2%，连续3年保持在99%以上；查办农产品质量案件31件，远超省上下达目标任务。健全以市级检测机构为龙头、县级检测机构为基础、乡镇（基地）快速检测点为辅助的农产品质量安全检测体系，市、县两级检测机构10家全部通过2022年农产品质量安全检测技术能力验证。推行食用农产品承诺达标合格证制度，建成承诺达标合格证自助服务点30个，开具承诺达标合格证66.67万张，附带合格证上市农产品10.35万吨，实现生产经营主体全覆盖。落实质量安全追溯“四挂钩”工作，全市2703家企业入驻国家（省级）农产品质量安全追溯平台，录入监管、检测、执法和生产销售批次录入超过18万条。

【农作物重大病虫害监测防治】　2022年，绵阳市主要农作物病虫草鼠害发生面积1420.4万亩次，防治面积2330.8万亩次，挽回损失32.5万吨，病虫草鼠害危害总损失率为1.35%。全市主要农作物绿色防控覆盖率51.2%，专业化统防统治覆盖率47.5%，其中水稻、小麦、玉米三大粮食作物专业化统防统治覆盖率53.2%。全市申报创建“农药经营示范门店”15家，“五有五好”植保社会化服务组织2家，全国统防统治星级服务组织1家，设置农药使用量固定监测点132个，建农药包装废弃物回收站（点）3789个。建立240个检疫性有害生物监测点，全面阻截稻水象甲、水稻细菌性条斑病和红火蚁等检疫性有害生物传播蔓延，疫情防控处置率100%。

【耕地质量调查监测】　2022年，绵阳市加强耕地质量调查监测，建立覆盖9个县（市、区）的耕地质量监测网络，完成3个国家级监测点、64个省县共建监测点、1个市级监测点年度监测任务，完成县域耕地质量等级评价9个。　（郭康康）

农村能源建设

【概况】　2022年，绵阳市抓实农村能源建设、农村人居环境治理技术服务、城乡提质“五清”行动各项工作，发挥农村能源在生态环保、节能降碳、绿色低碳中桥梁纽带作用，助力乡村振兴、农业农村现代化、“双碳”目标的实现。印发《关于做好2022年元旦春节期间农村沼气安全生产工作的通知》《关于做好2022年农村能源沼气安全生产工作的通知》《关于进一步加强农村沼气安全的通知》《绵阳市2022年农村沼气“安全生产月”活动方案的通知》等文件，召开全市农村能源安全生产工作视频会议3次，坚持每月开展安全调研检查督导。举行全市2022年农业农村“安全生产月”启动仪式暨户用沼气安全应急演练活动；开展农村沼气安全宣传咨询活动106次、广播宣传7714期次，视频播放1104次，制作板报60期、标语589条，发放宣传资料20.88万份。

【省级农村沼气工程种养循环利用项目】　2022年，绵阳市建成江油市新安镇天岭村、游仙区盐泉镇上方

图73　2022年，安州区康硕生猪养殖有限公司农村沼气综合利用项目供气站（市农业农村局提供）

寺村历庆家庭农场、盐亭县富驿镇复明村周森农业有限公司3处农村沼气工程种养循环综合利用项目，项目总投资297.63万元（省级财政资金200万元、业主配套97.63万元），建成地上式常温厌氧发酵罐容积600立方米、湿式气柜120立方米，建成“三沼”综合利用示范基地3处面积32.33公顷，年处理畜禽养殖场粪污7200吨、减排294吨二氧化碳当量、减少化肥施用量72吨，用户供气35户，年产生沼气4.9万立方米，为用户增收节支27万元。完成2021年省级下达游仙区盐泉镇盐井村300（24万元）户农户“沼改厕”示范推广项目、梓潼县沼气后续管护试点项目（30万元）市级验收，形成验收报告报送省农村能源发展中心。完成对2012—2018年中央、省级财政预算投资规模化沼气工程、集中供气工程建成未验收的项目验收15处。

【节能减排CDM碳交易项目】 2022年，绵阳市完成CDM碳减排农户收益1—3期兑付核查工作，9个县（市、区）碳减排交易收益第一期（农户补助资金132.76万元）、第二期（农户补助资金126.97万元）、第三期（农户补助资金127.23万元）对农户兑付资金核查工作，碳减排交易收益基本上兑付到项目农户。完成对2021年度碳减排71户样本户监测资料报送工作。

【专项排查整治行动】 2022年，绵阳市开展“安全生产专项整治三年行动”、安全生产月、农村沼气设施、畜禽粪污储存池有限空间安全隐患排查整治、在建工程项目地质灾害隐患排查整治、农业行业安全宣传“五进”“城镇燃气安全专项排查整治”等活动，派出安全调研组135组次，走访农村沼气用户2.79万户、排除安全隐患3000余处，检查督导沼气工程264处，整治安全隐患问题150个。

【“2+2”制度与预防机制推行】 2022年，绵阳市在全市范围推行户用沼气网格化管理和农村沼气工程企业清单制管理两项制度，健全宣传培训演练、隐患排查治理两项预防机制，填报农村沼气设施摸排和隐患排查App小程序，构建农村沼气安全生产防控体系和长效机制，将农村沼气安全生产责任落实到最小单元，沼气工程纳入清单制2.0版管理。 （郭康康）

林　业

【概况】 2022年，绵阳市林业围绕“生态美市”战略，出台《绵阳市林长制运行规则（试行）》，在全省率先实现松材线虫病市级疫区拔除，林业有害生物成灾率实现为零，连续34年无重特大森林草原火灾和连续2年森林草原火灾“零发生”。至年底，全年完成营造林3.3万公顷，新增森林面积0.26万公顷，森林覆盖率56.13%。实施“12612”现代林业园区发展规划，全市林业总产值280亿元，增长7.29%；农民人均年林业收入3020元，增长13.11%。启动全省林草碳汇项目开发试点市建设，国家储备林项目建设成效显著，总投资75.69亿元，获省农发行授信42.5亿元。梓潼县自然资源局被评为全国绿化先进集体。

【林长制工作机制完善】 2022年，绵阳市林长制工作围绕“生态美市”战略，聚焦“护绿、增绿、用绿”，出台《绵阳市林长制运行规则（试行）》等6项制度，建立“四单一函”工作机制，制作巡林工作手册，细化各级林长看、查、报工作任务。开展巡林19万余人次，协调解决各类涉林问题6455个。在全省率先建成智慧林长管理系统，落实“三护两防一利用”职能。启动实施林长制创新试点工作，建成全省首个林长制主题公园。设置林长公示牌1937块，悬挂宣传横幅3000余条，发放宣传资料6.6万余份。绵阳市被省林长制办确定为首批省级林长制创新试点市。

【城乡绿化提升】 2022年，绵阳市全面贯彻科学绿化理念，制定《绵阳市推进科学绿化十条措施》，推行“三倡导三反对三严禁”的绿化原则。落实耕地保护政策，完成造林绿化空间适宜性评估，新规划造林图斑4067个、面积0.37万公顷。持续推进新一轮大规模绿化绵州行动，绿化提升改造国省干线公路91.1千米、生态堤防18.2千米，生态修复矿山662.23公顷，建成小微古树公园6个、口袋公园47个，全市森林覆盖率达到56.13%。绵阳市被确定为全省第一批林草碳汇项目开发试点市。

【现代林业产业】 2022年，绵阳市推进“木本油料、三木药材、林下经济”三大传统产业发展，做响“大熊猫、竹木花卉、森林康养”三大生态林业品牌，助推“绿水青山”向“金山银山”的价值转换。新建现代林业产业基地0.67万公顷，培育市级现代林业园区2个、升星1个，成功创建国家林业重点龙头企业1家、国家级森林康养基地1个，省级自然教育基地1个，市级森林康养基地10个。向上争取中央和省级财政资金2.24亿元，林业龙头企业贷款贴息补助577.06万元。

【森林草原火灾常态化防控】 2022年，绵阳市建立健全森林草原防灭火长效机制“十八条措施”，探索构建初期火情早发现早处理联动机制并在全省进行推广。全域开展森林草原防火“百日攻坚战”，确保高温极端天气下森林草原安全。开展“比学赶帮超·筑牢防火网”为主题的地方专业扑火队技能竞赛，梯次对扑火队伍开展轮训轮演，初期火情处理能力不断提升。全面落实“六个天天”“清单制＋责任制＋销号制”等机制，营造形成“户户都是检查站，人人都是宣传员”。

【林草湿资源监测全覆盖】 2022年，绵阳市林业系统利用遥感影像判读、国家森林资源智慧管理平台、无人机航拍等技术，全面开展林草湿资源监测，核实林草湿变化图斑7168个、2736.43公顷、草原变化图斑287个、213.43公顷，变化图斑核实率100%。组织开展“林剑2022”行动，依法查处监测发现的破坏林草湿资源行为，全面完成2013年以来发现的破坏林草湿资源案件

清理、查处、整改"清零"任务，实现林草湿资源监测、核查、执法全覆盖。（周忠莉）

水　利

【概况】2022年，绵阳市推动"34821"水网工程体系建设，建立市重大水利项目建设协调推进工作机制，市委、市政府分管领导挂图作战推动大中型水利工程建设，祠堂湾水库等多个重点水利工程开工建设，武都水库及二期灌区全面竣工验收，铁笼堡水库进入成渝地区双城经济圈水安全规划。推进铁笼堡水库、唐家山水库以及新华水库前期工作。打响全市水利项目"大干100天，开工100亿"攻坚战，17个乡村水务、末端渠系配套类项目纳入攻坚行动，开工项目总投资100.18亿元。申报获发行债（贷）项目25个，落实资金42.15亿元。通过国家发改委审核水利项目10个，总投资74.42亿元，过审基金项目数和投资额在全市12个投向领域中均位居第1。

【祠堂湾水库建设】祠堂湾水库位于新德镇永征村（原永久村）董家沟，距永新场镇约3000米，距三台县城约10千米，为武引一期尾灌区囤蓄型中型水库，是全市重点水利工程建设项目，集农业灌溉、乡镇及农村供水、县城应急备用水源、改善生态环境于一体的综合水源工程。工程由枢纽工程和输水工程等组成。水库建成后可解决新德镇、富顺镇、北坝镇3个乡镇0.54万公顷农业灌溉用水、5.11万人口供水及三台县城50万人应急备用水源问题。初设批复水库工程静态总投资63287.24万元。2022年，省预算内资金495万元，政策性开发性金融工具6300万元，争取农发行专项贷款5.4亿元。批复建设工期为水库枢纽施工总工期29个月，输水工程施工总工期20个月。工程于2022年11月底开工建设。

【开茂水库建设】开茂水库工程位于北川羌族自治县永昌镇开茂村、沙金村和永安镇工农村境内，由苏宝河取水枢纽、引水工程、水库枢纽工程和供水工程及灌区工程组成，是一座以城镇供水和灌溉为主，兼顾灌区人畜供水等综合利用的中型水利工程。引水枢纽位于涪江一级支流安昌河左源苏宝河上，水库枢纽位于何家沟上。灌溉面积0.7万公顷，供水人口约29.5万人。初设批复建设工期，枢纽工程总工期32个月，渠系工程31个月，开茂水库枢纽工程于2012年开工建设，于2019年全面完工，涉及各合同标段各项验收核备已完成。灌区工程2021年1月正式开工建设。2022年，按照水利厅关于《推进大中型水利工程建设的通知》，以2025年6月完成水库工程竣工验收为既定目标，推进工程建设。初设批复工程投资92364.55万元，中央配套资金2亿元，省配套资金10800万元，市级配套资金3500万元，县级配套资金4900万元，项目业主自筹65889.21万元。

【沉水水库建设】沉水水库位于江油市马角坝镇境内插达河上，水库枢纽坐落于距马角坝镇约8000米的印坪村，距江油市城区约60千米。沉水水库工程包括枢纽工程和灌区工程两部分，工程开发的主要任务为农业灌溉、乡村供水等综合利用。枢纽工程挡水大坝为碾压砼重力坝，大坝从左岸至右岸共分为7个坝段。其中，坝身泄洪表孔共3个，位于4号坝段；放空底孔布置于3号坝段，紧邻表孔泄洪坝段。初设批复工程概算总投资42964万元。

【农村供水能力建设】2022年，绵阳市推进"新农水"建设，持续巩固脱贫攻坚成果与乡村振兴有效衔接，突出抓好农村供水工程改造提升建设。围绕灌区末端渠系建设、农村供水一体化等领域定向发力，启动实施安州、三台、江油等地4个城乡供水一体化项目。推动梓潼武引二期灌区、盐亭巨龙引调水工程、东方红水库灌区配套改造工程，构建乡村灌溉供水支网。梓潼县获全国首批水系连通和水美乡村建设县，全市推广农村供水规模化、运行企业化、管理专业化，农村自来水普及率90.4%，规模化供水覆盖率56.80%。

【河湖长制构建】2022年，绵阳市以城乡环境综合提质三年行动为主抓手，持续深化河湖长制，各级河长巡河问河28994次，督办处置各类问题3518个，实现从"有名""有实"向"有能""有效"转变。围绕河湖治理保护"5+9"重点任务，统筹推进水污染防治、水资源管理、河道采砂、小水电清理整治及生态流量监管，实施水土保持综合治理61.72平方千米。落实水资源刚性约束，持续实施水资源消耗总量和强度双控，涪江流域13个省级调度管控断面流量（生态基流）实现达标下泄。聚焦基层河湖治理保护"最后一公里"问题，依托"四长联护+检察监督"长效机制，"清单制+责任制"推动各类河湖突出问题限期整改销号。部、省督查反馈13个问题全部整改销号；共有市级河湖问题台账59个，整改完成50个。涪江绵阳段出境断面水质稳定保持Ⅱ类，纳入国家、省考核的20个地表水监测断面水质和县级及以上城市集中式饮用水水源地水质优良比例均达100%。

【水土保持】2022年，绵阳市共治理水土流失面积252.82平方千米。其中，中央水利发展资金水土保持项目共治理水土流失面积74.8平方千米、市（州）级水利部门共治理水土流失面积40.29平方千米、其他部门共治理水土流失面积137.73平方千米。全市完成坡改梯424.42公顷、经果林31.74公顷、封禁治理11614.04公顷、其他措施13211.53公顷。江油市成功创建国家水土保持示范县。

【节水型社会建设】2022年，绵阳市践行绿色发展理念和"节水优先"方针，以国家节水行动为统领，理顺工作机制，落实重点任务，推进各行业、各领域节约用水工作，完成用水总量和用水效率年度控制目标任务。全年万元GDP用水量50.58立方米（当年价），较

2021年降低13.67%（按可比价计算）；万元工业增加值用水量12.22立方米（当年价），较2021年降低46.89%（按可比价计算）；农田灌溉水有效利用系数提高到0.497。

【三江河道管理】 绵阳市三江水利水电综合工程是绵阳市“九五”重点建设项目，是绵阳市建成百万人口大城市的关键性基础设施，集城市防洪、发电、土地开发、交通、环保、灌溉养殖、旅游等为一体的综合性水资源开发利用工程。三江工程坝址位于涪江干流绵阳城南郊10千米塘汛镇李家渡处，距安昌河、芙蓉溪与涪江汇合处下游7.5千米，工程涉及涪城区石塘镇、塘汛镇和游仙区小枧镇。三江工程主要由拦河闸、电站、防洪堤、交通桥等建筑物组成。2022年，投入30名保洁清漂人员，公开招聘2家劳务公司，确保三江河道实现常态化清理。共清理垃圾、漂浮物3000余吨，清理杂树杂草面积约20万平方米。

【引通济安工程】 引通济安工程的开发任务是从通口河唐家山堰塞坝上游取水，跨流域引水至安昌河支流苏宝河，满足安昌河流域绵阳科技城未来发展新中心生活、生产、生态用水需要，促进区域经济社会可持续发展。设计供水范围涉及北川羌族自治县擂鼓镇、永安镇，绵阳高新区河边镇、磨家镇、永兴镇，补充苏宝河及安昌河径流。河道外生态环境用水主要包括北川羌族自治县擂鼓镇，绵阳高新区河边镇、磨家镇、永兴镇共4个城镇的道路浇洒、绿化用水等。设计年取水量8457万立方米，向苏宝河及安昌河生态补水量4280万立方米，城镇供水量512万立方米，农村人畜供水量118万立方米，工业供水量3407万立方米，河道外生态环境供水量140万立方米。工程利用通口河干流因地震形成的唐家山堰塞湖就近向安昌河流域调水，以丰补枯，解决安昌河流域水源不足的问题，与开茂水库、开茂水厂及配套管网工程共同构建集取水、净水、输水、配水于一体的绵阳城区第二水源工程。工程主要由引水隧洞及堰塞坝泄流槽护底加固工程两部分组成，初设概算投资总额47559.74万元。工程采用EPC总承包模式，工期为49个月。至年底，引水主洞总长11318米，洞身开挖与支护累计完成8853.5米，完成率78.22%（其中2#主洞上行累计完成1523.1米，2#主洞下行累计完成1450.1米。1#主洞上行累计完成1050米，1#主洞下行累计完成2270.7米，隧洞出口累计完成2559.6米）。隧洞总长13550米，累计完成开挖与支护11073.4米，完成率81.73%。项目溢流坝左岸实施铺盖、溢流坝坝体、护坦、海漫、护岸工程，累计完成率40%。项目累计完成投资26785万元，完成工程概算总投资47559.74万元的56.3%。

（申依懋）

武都引水工程

【概况】 武都引水工程主要由武都水库、取水枢纽、总干渠及其配套的各级渠系、渠系电站、提灌站和囤蓄水库组成。全灌区规划五级渠道119条，总长2109千米。工程从江油市武都镇涪江上游取水，控灌绵阳、遂宁、南充、广元四市十一县（市、区）的农田30.6万公顷。2022年，武都水库、二期灌区及配套工程累计提供农业用水30亿余立方米。

【武引二期灌区工程建设】 2022年5—12月，武引二期灌区工程全线试通水并通过通水阶段验收。5月23—24日，水利厅党组成员、副厅长王华带队调研武引二期灌区工程推进情况。6月9日，水利厅会同绵阳市政府组成验收委员会，通过武引二期灌区金峰水库蓄水和西梓干渠（凤凰水库前）通水阶段验收。8月31日，武引二期灌区西梓干渠全线试通水仪式在梨树山分水闸举行。11月3日，武引二期灌区金峰水库取水工程单位工程通过验收。12月29日，武都引水二期灌区工程通过水利厅组织的通水阶段验收。11—12月，武引二期武都水库通过竣工验收，标志着工程由建设阶段全面转入运行管理阶段。11月25日，四川省武引二期武都水库工程竣工移民安置验收工作会在成都召开，经专家组、验收委员会成员单位和参会单位充分讨论，一致通过武都水库工程竣工移民安置验收委员会验收报告，武都水库工程竣工移民安置通过验收。12月26—28日，水利厅在成都主持召开武都水库竣工验收会，绵阳设分会场。验收会上，与会专家一致同意通过武都水库竣工验收。

【武引工程运管中心挂牌】 2022年，武引工程运管中心完成武引灌区“一体化”改革工作。4月21日，水

图74 2022年，武引水库库区（向远木/摄）

利厅党组成员、副厅长王华带队现场调研，并就“一体化”改革有关问题与市委交换意见。7月11日，市长李云主持召开会议，专题研究武引灌区“一体化”改革有关工作，就改革涉及的5个问题提出具体要求和原则。7月12日，水利厅党组书记、厅长郭亨孝率队到绵阳调研水利工程建设，专题调研武引灌区“一体化”改革工作。9月20日，省水利厅与绵阳市政府正式签订四川省武引灌区水利工程管理协议书。9月23日，“四川省武都引水工程运管中心”正式挂牌。该中心由原四川省绵阳武都引水工程建设管理局更名，由绵阳代管变为省水利厅直接管理，属公益二类事业单位。按照党中央关于水利工程建设、管理、利用、保护等工作的方针政策和省委决策部署，四川省武都引水工程运管中心主要职责如下：承担职责范围内水利工程的防汛抗旱调度、运行管理和维修养护；依法保护灌区水资源、水生态及水利工程，维护灌区水事秩序；组织编制并实施灌区年度用水计划和调度计划，促进灌区节约用水；组织编制并实施灌区水利信息化规划，负责灌区水利科学研究、技术引进和科技推广。（高　珣）

地方民俗活动——睢水春社踩桥会

春社踩桥会举行地点位于安州区睢水镇太平桥。该民俗活动已有200多年历史，于每年立春后的第5个戊日举行，是省级“非遗”项目，曾获得中国优秀民族节庆“最具特色民族节庆奖”“最具创新价值节庆”。踩桥会每年吸引周边数万名群众参与，活动内容丰富，被称为现代“清明上河图”。其中，最具代表性的活动是“过桥拜”“踩子时桥”“娃娃拜狮”“丢药钱”等。“过桥拜”又称拉保保、拜干爹。群众认为把孩子抱到桥头等候，看到端庄的男人过桥，立即把孩子抱上去求取名字、拜为干爹，就可以让孩子少生病。“丢药钱”指人站在桥上，把钱币抛到河里，就可以消灾祛病。（视觉绵阳提供）

工 业

Industry

概 述

2022年，绵阳市实施产业强市战略，重点发展电子信息、先进材料、装备制造、食品饮料四大主导产业，培育新型显示、磁性材料、核技术应用、激光技术应用、光伏储能、智能机器人及无人机、生物医药及医疗装备、连接器及传感器八大“新赛道”特色产业，推进数字经济与产业深度融合，加快构建“4+8+1”工业发展新格局，工业经济发展保持稳中向好态势。全市工业增加值总量1165.5亿元，较2021年净增80.59亿元；规模以上工业增加值增长9.2%，比全省高5.4个百分点，居全省第5位；工业经济对GDP增长贡献率32.3%，拉动地区生产总值增长1.6个百分点；制造业增加值占地区生产总值比重的28.8%，较2021年提高1.4个百分点。四大主导产业产值同比增长10.7%，快于规模以上工业增速0.7个百分点。电子信息产业产值1083.7亿元，增长13.0%，占全市比重31.2%；先进材料产业产值533.6亿元，增长15.7%，占全市比重15.4%；装备制造产业产值455.7亿元，增长10.0%，占全市比重15.4%；食品饮料产业产值359.6亿元，增长3.7%，占全市比重10.4%。绵阳市获得国务院2022年度工业稳增长和转型升级成效明显市（州）激励，入选2022年消费品工业“三品”战略示范城市名单（三品：增品种、提品质、创品牌），参与申报成渝地区电子信息先进制造集群成为国家先进制造业集群，连接器产业获工信部认定为首批中小企业特色产业集群。四川长虹电子控股集团有限公司“基于数据驱动的数字化工厂建设”入选工信部2022年大数据产业发展试点示范。四川长虹电子控股集团有限公司、美菱小方分体式移动冰箱获工信部2022年中国优秀工业设计奖铜奖。新型显示、核技术应用、无人机产业集群入围全省首批战略性新兴产业集群。绵阳居赛迪顾问发布的2022年柔性显示五大城市第3位，2022年新型显示增速最快五大城市第2位，入选四川省首批制造强市试点名单（以先进材料产业作为“地标产业”）。

2022年绵阳市四大主导产业发展情况统计表

表27

产业		规模企业数量（家）	总产值（亿元）	同比增速（%）	产值前三位重点企业	主导行业类别
主导产业	电子信息	131	1083.7	13.0	长虹、京东方、惠科	新型显示、5G、智慧家庭
	先进材料	153	533.6	15.7	东材、攀长钢、六合特材	先进结构材料、新型功能材料
	装备制造	187	455.7	10.0	富临精工、新晨动力、科莱电梯	汽车及零部件、轨道交通装备、智能制造装备
	食品饮料	169	359.6	3.7	铁骑力士、双汇、仙特	粮油加工、屠宰及肉类加工、白酒饮料

工业企业研发创新能力建设。2022年，绵阳市开展工业企业创新平台建设，组织企业技术中心及技术创新示范企业推荐认定，持续推进重点工业企业研发机构全覆盖。新增省级技术创新示范企业5家、省级企业技术中心17家、市级企业技术中心47家，国家级、省级、市级企业技术中心数量分别达9家、120家、182家。深化产学研协同创新，推进高品质高温合金和光电互连两家省制造业创新中心实体化运行。推进产业基础能力再造，支持企业开展关键共性技术攻关，4家企业实施省"揭榜挂帅"关键核心技术攻关。

产业载体建设。2022年，绵阳市坚持以园区为载体做强工业，实施"园区提质""企业满园"行动，制定《关于推动产业园区进一步优化布局的指导意见》，优化园区主导产业、特色产业布局，入园规模以上工业企业超850家，实现产值2994.37亿元，增长13.92%。实施"标准地"改革，建立园区工业企业"亩均论英雄"评价机制，新建标准厂房367万平方米。绵阳高新区入围全国园区百强，绵阳高端纺织服装产业园区、江油先进材料及装备产业园、高新区新型显示产业功能区3个园区入选四川省首批"5+1"重点特色园区，全省首个健康食品产业园——四川省健康食品产业园在梓潼挂牌。培育"镇园之宝"，新增10亿元企业19家，4家企业产值新迈上50亿元级台阶。

工业重点项目建设投资。2022年，绵阳市持续开展省、市重点项目和"五未"（立项未开工、开工未建设、在建未竣工、竣工未投产、投产未达效）项目攻坚，引导支持企业实施数字化、智能化、绿色化改造。巨星年产10万吨高性能烧结钕铁硼永磁材料（一期）、埃克森新能源产业园（一期）等138个项目开工建设，聚伦新材料产业园、熊猫二代高端盖板玻璃生产线（一期）等188个项目竣工投产，东材科技搬迁改造、富临精工新能源汽车产业研发及转化生产基地项目等213个项目加快建设。其中，7个百亿级项目、16个省政府重点项目、38个省经信厅重点项目超额完成年度目标。工业投资增长29.8%，总量与增速均居全省第3位；完成技改投资增长24%，总量居全省第2位，增速居全省第6位。

重点工业企业培育

【概况】　2022年，绵阳市实施重点工业企业梯次培优行动计划，加快培育大企业大集团，支持中小企业专精特新发展。共有产值百亿元以上企业3家；新增产值50亿元以上企业4家，产值50亿元以上企业总数7家；新增产值10亿元以上企业19家，产值10亿元以上企业总数58家；新增产值4亿元以上企业16家，产值4亿元以上企业总数154家；新增规模以上工业企业146家，规模以上工业企业总数1237家。长虹、九洲、惠科光电科技3家企业入围2022年中国电子信息百强企业，分别列第11位、第29位、第65位。四川龙华光电薄膜股份有限公司入选工信部第四批工业产品绿色设计示范企业。永贵科技等12家成为国家级专精特新"小巨人"企业，西科农业等79家成为省专精特新企业，全市国、省专精特新企业总数分别为35家、270家。西磁科技钐钴磁性元件等2家（件）入选国家单项冠军企业（产品），国家单项冠军企业（产品）总数达5家，数量居西部地级市第1位。绵阳京东方光电科技等13家企业入选四川省"贡嘎培优"行动计划。绵阳惠科新型液晶显示器件设计中心入选2022年四川省工业设计中心名单，全市共有国家级工业设计中心（企业）2个、省级工业设计中心（企业）12个、市级工业设计中心（企业）5个。富临精工等6家入选四川省首批新赛道领先型"赛手企业"。绵阳惠科光电科技有限公司、四川龙华光电薄膜股份有限公司入选2022年四川省新经济示范企业名单。四川华丰科技股份有限公司"实施质量有效性'三化一稳定'实践的经验"、绵阳惠科光电科技有限公司"SPC从'0'到'1'，从合格到满意的经验"、太极集团四川绵阳制药有限公司"实施全生命周期质量管理模式的实践经验"、四川雪宝乳业集团有限公司"'三实'卓越绩效模式的经验"获2022年四川省工业质量标杆。

2022年绵阳市产值10亿元以上工业企业一览表

表28

序号	企业名称	所属地区	产值规模
1	四川长虹电子控股集团有限公司	绵阳高新区	百亿元以上
2	绵阳京东方光电科技有限公司	绵阳高新区	百亿元以上
3	绵阳惠科光电科技有限公司	涪城区	百亿元以上
4	四川省银河化学股份有限公司	安州区	50亿元以上
5	利尔化学股份有限公司	绵阳经开区	50亿元以上
6	四川东材科技集团股份有限公司	游仙区	50亿元以上

续表28

序号	企业名称	所属地区	产值规模
7	攀钢集团江油长城特殊钢有限公司	江油市	50亿元以上
8	北控中科成环保集团有限公司	游仙区	10亿元以上
9	好医生药业集团有限公司	安州区	10亿元以上
10	四川六合特种金属材料股份有限公司	江油市	10亿元以上
11	绵阳双汇食品有限责任公司	涪城区	10亿元以上
12	国能四川天明发电有限公司	江油市	10亿元以上
13	绵阳富临精工股份有限公司	涪城区	10亿元以上
14	绵阳启明星磷化工有限公司	安州区	10亿元以上
15	四川环龙生活用品有限公司	安州区	10亿元以上
16	四川兴事发门窗有限责任公司	游仙区	10亿元以上
17	四川科莱电梯股份有限公司	游仙区	10亿元以上
18	维谛技术（绵阳）有限公司	绵阳高新区	10亿元以上
19	四川爱创科技有限公司	安州区	10亿元以上
20	绵阳仙特米业有限公司	游仙区	10亿元以上
21	绵阳新晨动力机械有限公司	绵阳高新区	10亿元以上
22	绵阳开元磁性材料有限公司	游仙区	10亿元以上
23	四川省绵阳市丰谷酒业有限责任公司	绵阳高新区	10亿元以上
24	绵阳佳联印染有限责任公司	三台县	10亿元以上
25	四川龙华光电薄膜股份有限公司	涪城区	10亿元以上
26	四川九州电子科技股份有限公司	科技城新区	10亿元以上
27	雅化集团绵阳实业有限公司	游仙区	10亿元以上
28	国能江油热电有限公司	江油市	10亿元以上
29	江油隆山科峰实业有限公司	江油市	10亿元以上
30	四川金太阳畜牧饲料集团有限公司	游仙区	10亿元以上
31	中国重汽集团济南卡车股份有限公司绵阳分公司	绵阳高新区	10亿元以上
32	四川美丰化工科技有限责任公司	绵阳经开区	10亿元以上
33	四川绵阳好圣汽车零部件制造有限公司	绵阳经开区	10亿元以上
34	四川永贵科技有限公司	涪城区	10亿元以上
35	绵阳市建诚化工有限公司	江油市	10亿元以上
36	江油泰涪机械制造有限公司	江油市	10亿元以上

续表28

序号	企业名称	所属地区	产值规模
37	江油御华纺织有限公司	江油市	10亿元以上
38	四川爱联科技股份有限公司	安州区	10亿元以上
39	绵阳新希望六和农牧科技有限公司	安州区	10亿元以上
40	江油天安矿业有限公司	江油市	10亿元以上
41	江油市鸿翔特殊钢有限公司	江油市	10亿元以上
42	四川利尔作物科学有限公司	涪城区	10亿元以上
43	江油启明星华创化工有限公司	江油市	10亿元以上
44	四川九洲投资控股集团有限公司	科技城新区	10亿元以上
45	四川省卓辰精密机械制造有限公司	江油市	10亿元以上
46	四川新金鑫照明科技有限公司	江油市	10亿元以上
47	绵阳双胞胎饲料有限公司	绵阳经开区	10亿元以上
48	四川虹科创新科技有限公司	绵阳经开区	10亿元以上
49	绵阳市游仙区宏盛金属铸造厂	游仙区	10亿元以上
50	四川省翰彬霖鞋业有限公司	三台县	10亿元以上
51	江油市华川新材料集团有限公司	江油市	10亿元以上
52	四川铁骑力士实业有限公司	绵阳高新区	10亿元以上
53	绵阳市博媛建材有限公司	安州区	10亿元以上
54	江油红狮水泥有限公司	江油市	10亿元以上
55	绵阳海立电器有限公司	绵阳经开区	10亿元以上
56	际华三五三六实业有限公司	绵阳高新区	10亿元以上
57	四川久远智能消防设备有限责任公司	安州区	10亿元以上
58	绵阳市鸿腾食品有限公司	游仙区	10亿元以上

【13家企业入选四川省“贡嘎培优”行动计划】 2022年4月18日，省经信厅公布四川省制造业“贡嘎培优”100家企业名单。其中，绵阳13家企业入选，入选企业数量居全省第2位。绵阳入选企业有绵阳惠科光电科技有限公司、绵阳京东方光电科技有限公司、四川九洲电器集团有限责任公司、四川九洲电子科技股份有限公司、四川爱创科技有限公司、绵阳富临精工股份有限公司、四川铁骑力士实业有限公司、四川东材科技集团股份有限公司、攀钢集团江油长城特殊

图75 2022年，东材科技（市经信局提供）

钢有限公司、四川六合特种金属材料股份有限公司、绵阳开元磁性材料有限公司、绵阳佳联印染有限责任公司、利尔化学股份有限公司。入选企业涉及电子信息、汽车制造、饲料加工、先进材料等全市优势产业。

【6家企业入选四川省新赛道领先型“赛手企业”】 2022年10月17日，省经信厅公布2022年新赛道领先型“赛手企业”名单，绵阳6家企业入选。入选企业分别是绵阳富临精工股份有限公司、四川长虹智能制造技术有限公司、四川铁骑力士实业有限公司、四川虹信软件股份有限公司、四川华丰科技股份有限公司、四川东材科技集团股份有限公司。产业领域涉及汽车、食品加工、电子信息、材料生产等行业。其中，绵阳富临精工主要从事汽车发动机、变速箱零部件及锂电正极材料等研发、生产和销售；铁骑力士主要从事饲料生产、种畜禽繁育与养殖、屠宰分割和食品精深加工，其小酥肉、藤椒鸭、盐焗鸡等为代表的预制食材产品畅销全国，并出口20多个国家和地区；四川华丰主要从事电连接器及组件产品研制生产，其研制生产的高性能连接器广泛应用于通信机柜、交换机等5G通信系统关键配套。

【新增12家国家级专精特新“小巨人”企业】 2022年10月21日，工信部公布国家第四批专精特新“小巨人”企业名单。其中，绵阳市入选12家企业、复核通过1家企业（绵阳佳禧印染有限责任公司）。至此，全市共有国家级专精特新“小巨人”企业35家，数量居全省第2。全市入选国家第四批专精特新“小巨人”企业分别是：四川永贵科技有限公司、绵阳麦思威尔科技有限公司、四川经纬达科技集团有限公司、四川蜀旺新能源股份有限公司、四川新为橡塑有限公司、四川中物材料股份有限公司、四川奇石缘科技股份有限公司、绵阳中研磨具有限责任公司、四川恒泰环境技术有限责任公司、四川远方高新装备零部件股份有限公司、四川碧朗科技有限公司、绵阳市天旋气门组件有限责任公司。入选企业均属于民营企业，涉及电子信息、装备制造、新材料等重点产业领域。

【两款“绵阳造”产品入选第七批制造业单项冠军】 2022年10月24日，工信部公布第七批制造业单项冠军企业（产品）和第一批、第四批制造业单项冠军企业（产品）复核通过名单，绵阳2家企业的产品成为第七批制造业单项冠军产品，另有2家企业复核通过。至此，全市有制造业单项冠军企业（产品）5家。成为第七批制造业单项冠军产品的有绵阳富临精工股份有限公司的可变气门正时系统（VVT）、绵阳西磁科技有限公司的钐钴磁性元件。复核通过第一批制造业单项冠军示范企业为四川旭虹光电科技有限公司。复核通过第四批制造业单项冠军产品为四川东方绝缘材料股份有限公司的电工用聚酯薄膜。其中，可变气门正时系统（VVT）由富临精工于2006年自主研发，2009年实现量产，是新能源混合动力汽车及燃油汽车动力总成关键零部件，应用于配气机构正时传动系统中，能够在动力系统运转时，根据工况需要，智能变换气门开启的时刻，达到提升功率、扭矩，降低燃油消耗、降低排放的目的。该系统为大众、福特、上汽、广汽等整车厂提供批量配套。绵阳西磁科技主要研发生产的钐钴磁性元件属于稀土永磁磁性材料领域，主要由钐（Sm）和钴（Co）元素构成，具有较高的磁性能、优良的温度特性、优异的抗氧化性及耐腐蚀性等特性，主要应用于轨道交通永磁牵引电机技术、通信器件等领域，市场占有率位居全球前三。

2022年绵阳市新增四川省专精特新中小企业一览表

表29

序号	企业名称	序号	企业名称
1	西科农业集团股份有限公司	11	四川长晏科技有限公司
2	四川绵邦农业科技有限公司	12	绵阳三香汇生物科技有限公司
3	四川天水缘生态农业开发有限公司	13	雅化集团三台化工有限公司
4	四川领海油脂食品有限公司	14	太极集团四川绵阳制药有限公司
5	四川雪宝乳业集团有限公司	15	绵阳市盛宇新材料有限公司
6	绵阳市米小福食品有限公司	16	绵阳市聚合新材料有限公司
7	四川梓潼林江苎麻纺织有限责任公司	17	四川开元创亿生物科技有限责任公司
8	四川海瑞尔重型包装有限公司	18	江油市鸿翔特殊钢有限公司
9	雅化集团绵阳实业有限公司	19	四川壹综和新材料科技有限公司
10	北川瑞辉科技有限公司	20	四川吉龙机电科技有限公司

续表29

序号	企业名称	序号	企业名称
21	四川兴事发门窗有限责任公司	51	绵阳赛恩新能源科技有限公司
22	四川旭博精密科技有限公司	52	四川奥格莱能源科技有限公司
23	四川中物技术股份有限公司	53	四川虹锐电工有限责任公司
24	四川腾达电梯制造有限公司	54	四川九强通信科技有限公司
25	四川福德机器人股份有限公司	55	四川灵通电讯有限公司
26	绵阳世诺科技有限公司	56	四川爱联科技股份有限公司
27	绵阳金泰机械设备制造有限公司	57	四川超声印制板有限公司
28	四川三台力达泵业有限公司	58	四川中久大光科技有限公司
29	四川聚能核技术工程有限公司	59	绵阳市锐钛智能科技有限公司
30	四川合明环保机械设备有限公司	60	四川科力元电子有限公司
31	绵阳流能粉体设备有限公司	61	四川凯路威科技有限公司
32	四川久环环境技术有限责任公司	62	绵阳昱丰电子科技有限公司
33	绵阳市长力科技有限公司	63	江油星联电子科技有限公司
34	四川金冠电子机械有限公司	64	绵阳恒盛通信网络工程有限公司
35	绵阳美科电子设备有限责任公司	65	四川省科学城久利电子有限责任公司
36	绵阳赛邦科技有限公司	66	绵阳市华锐精密机械有限责任公司
37	绵阳恒持金属设备有限公司	67	四川零点自动化系统有限公司
38	四川玖谊源粒子科技有限公司	68	四川天利科技有限责任公司
39	绵阳新晨动力机械有限公司	69	绵阳市正阳科技有限公司
40	绵阳市永庆机械有限公司	70	盐亭优锂新材料科技有限公司
41	绵阳精博机械制造有限公司	71	绵阳欢网科技有限责任公司
42	四川特飞科技股份有限公司	72	四川虹魔方网络科技有限公司
43	四川九洲线缆有限责任公司	73	四川虹美智能科技有限公司
44	四川长虹电源有限责任公司	74	四川科瑞软件有限责任公司
45	四川九洲光电科技股份有限公司	75	四川楚信科技有限公司
46	绵阳麦科迪威科技有限公司	76	四川伟博震源科技有限公司
47	绵阳市美兆电子有限公司	77	四川中核艾瑞特工程检测有限公司
48	四川久远智能消防设备有限责任公司	78	绵阳荣耀科技有限公司
49	四川恩莱极电子科技有限公司	79	四川省文景环保工程有限公司
50	四川江虹线缆制造有限公司	—	—

【绵阳新增79家省级专精特新中小企业】 2022年11月11日，四川省经信厅公布2022年四川省专精特新中小企业名单及复核通过企业名单，绵阳有雅化集团绵阳实业有限公司等79家企业入选名单，有陆亨能源等14家企业复核通过。至此，绵阳有省级专精特新中小企业270家，数量居全省第2位。入选企业涉及电子信息、先进材料、装备制造等产业领域。

【龙华光电入选全国第四批工业产品绿色设计示范企业】 2022年11月22日，工信部公布第四批工业产品绿色设计示范企业名单，绵阳企业四川龙华光电薄膜股份有限公司入选。至此，绵阳共有2家国家级工业产品绿色设计示范企业。四川龙华光电薄膜股份有限公司专注于PC材料、PMMA材料及其复合材料等高分子功能薄膜材料的研发、生产和销售，是国家第三批重点支持的专精特新“小巨人”企业、国家高新技术企业、国家级绿色工厂、“全国质量标杆”，建成全球首条2.5米超大宽幅PMMA偏光片基膜产线。在行业绿色技术革新方面，研发出光学薄膜材料卷对卷贴合工艺技术，能提升行业下游生产效率和产品良率，降低材料使用量和生产能耗；开发出“挤出工序在线边角料回收系统”和“薄膜拉伸工序不良品回收系统”，回收的材料可继续用于光学薄膜的生产，实现薄膜制备关键工序的零废料化生产。该公司主要设计研发流程和生产工艺全面实现高度智能化、信息化，产品设计具备显著的高效、智能、低碳的特点。在行业引领及绿色示范方面，该公司在印刷及阻燃材料领域，率先推动3C行业无卤化进程；在新型光电薄膜材料领域，率先推出具备轻量、无毒、环保、易加工等优势的PC+PMMA复合材料，实现对行业内能耗较高的手机玻璃、金属后盖的产业化替代。

【恒泰环境技术有限公司入选国家符合环保装备制造业规范条件企业】 2022年12月1日，工信部公布2022年符合环保装备制造业规范条件企业名单，绵阳企业四川恒泰环境技术有限责任公司入选符合《环保装备制造行业（污水治理）规范条件》企业与符合《环保装备制造行业（大气治理）规范条件》企业。四川恒泰环境技术有限责任公司是国家高新技术、专精特新“小巨人”企业，是国家烟气脱硫工程技术研究中心和国家污水处理及资源化工程技术研究中心的产业化平台，拥有范国斌院士工作站和3个省级研发中心。主要从事工业废水和废气治理的技术、设备和材料研发，提供技术解决方案和工程总承包服务。在工业废水、废气处理领域为客户提供“一揽子”解决方案。针对半导体行业砷化镓废水特点，自主研发集分类预处理+RO膜处理+MVR高效蒸氨的工艺流程，并通过四川省重大技术装备首台套认定。在城镇生活污水处理、工业废水处理、酿造废水处理、油气田及页岩气矿废水处理等领域均有相关工程业绩，建有泸州市叙永县西南采气厂页岩气返排液废水处理工程项目、舍得酒业废水处理站提升改造、太极药业污水处理站改造项目等工程。公司在VOCs处理领域拥有吸附+催化燃烧、冷凝法、生物法等多项成熟的VOCs处理技术，相关成果应用于塑料制造企业、绝缘材料生产企业等。（杜林聪）

图76 2022年，四川龙华光电薄膜股份有限公司（市经信局提供）

电子信息产业

【概况】 电子信息产业是绵阳市第一支柱产业，聚焦新型显示、信息通信、智慧家庭、连接器及传感器等重点领域，形成以“芯—屏—端—软—智—网”为主体的电子信息产业集群。有长虹、九洲、惠科光电3家2022年全国电子信息竞争力百强企业，九洲线缆、四川华丰、经纬达3家2021年全国电子元件百强企业，主要产品涵盖智能家电、新型显示器件、网络通信产品以及基础电子元器件等。2022年，全市电子信息产业呈现产业规模持续壮大、创新能力持续加强、竞争能力持续提高、发展后劲显著增强、产业集聚持续优化五大特点。创新能力持续加强，拥有国家企业技术中心3家、省级企业技术中心41家，国家技术创新示范企业2家，国家级专精特新“小巨人”企业18家、省级专精特新中小企业40家。竞争能力持续提高，在智慧家庭、通信器件等领域，拥有物联网无线通信模组、移动通信终端用微型振动电机等10余个国内市场占有率第一的重点产品。发展后劲显著增强，总投资465亿元的京东方第6代AMOLED（柔性）生产线、总投资240亿元的惠科8.6代薄膜晶体管液晶显示器件项目、总投资55亿元的长虹智能制造产业园项目持续向好，投资50亿元京东方先进模组项目一期、投资50亿元惠科显示模组项目相继投产，杉金光电年产5000万平方米的新型显示用偏光片研发及产业化项目等重大项目加快建设，引进一批上中下游补链强链延链重点项目，艾伯科技智能制造（终端）、欣盛显示驱动（显示驱动芯片）、京东方模组二、三期项目、广州益方田园（盐亭）线路板（PCB）产业园建设项目等百亿级电子信息产业项目先后落地绵阳，电子信息产业加速向价值链中高端攀升。产业集聚持续优化，围绕新型显示、智慧家庭、通信等重点领域产业链逐步完善。以京东方、惠科为龙头的新型显示产业链聚集成链企业近百家；以长虹为龙头的智慧家电产业聚集相关企业近50家；九州光电子、艾默生、华正电子、华拓光通信等一批光通信器件、移动通信网、专网通信企业规模逐步扩大，形成具有较强竞争力的通信产业集群。至年底，电子信息产业产值1083.7亿元，增长13.0%，占全市比重31.2%。

【新型显示产业】 2022年，绵阳市新型显示产业崛起迅速，形成以LCD和AMOLED为主导，激光显示、Mini LED、Micro LED等多种显示路线并存的“双核多元化”显示产业发展格局。聚集亿元以上企业16家，产业链上下游企业40余家，形成上游玻璃基板、偏光片、电子化学品、光学膜，中游面板及模组制造，下游显示终端及应用服务产业链上下游、左右岸协同发展格局。上游相关材料占新型显示产业总规模的12.7%；中游面板及模组制造占总规模49%，拥有TFT-LCD 8.6代线及模组制造、AMOLED 6代线及模组制造，TFT-LCD和AMOLED规模占比分别为45%、55%。下游显示终端及应用服务占新型显示产业总规模的38.3%，拥有智能电视、激光电影放映机等显示终端产品。长虹8K电视占国内市场份额近90%，是国产8K相关技术产品及产业化的行业标杆。新型显示产业有省级以上创新平台14家（国家级创新平台4家、省级创新平台10家）。新型显示创新型产业集群入选2022年四川省首批战略新兴产业集群。在赛迪顾问发布的《2022新型显示十大城市及竞争力研究》中，绵阳列柔性显示五大城市第3位、新型显示增速最快五大城市第2位。新型显示产业实现产值规模以上工业总产值674亿元，增长24%。

【智慧家庭产业】 2022年，绵阳市智慧家庭产业重点聚焦智慧家庭智能终端产品和特色应用，拥有长虹、九洲、兴事发等相关企业近百家企业。主要产品主要包括智能家电（电视、空调、冰箱）、智能网关、智能机顶盒等，推动家庭娱乐、家居控制、健康管理、家庭安防、智慧教育等应用，形成“材料及关键零部件+系统及软件+终端制造及平台+服务及应用”的产业格局。至年底，全市智慧家庭产业实现产值330.6亿元，增长8.1%。

【信息通信产业】 2022年，绵阳市信息通信产业重点聚焦信息通信领域相关材料、器件、网络通信设备、智能终端等环节。拥有华丰、爱联、九州电子、九州光电子等20余家与5G相关的网络通信企业，在5G器件和材料方面优势突出，在高速连接器、光器件、一体化基站、通信模组、智慧铁塔等方面有较强优势。至年底，全市信息通信产业实现产值95亿元，增长9.5%。

【连接器及传感器产业】 2022年，绵阳市连接器及传感器产业汇聚四川华丰、永贵科技、普思电子、四川瑞可达、绵阳金信诺环通、金华洋、维博电子等一批重点连接器及传感器企业，产品应用覆盖通信、轨道交通、新能源汽车、航天、高端传感器等领域，形成以大企业为支撑，中小企业集聚，产业链不断延伸的发展态势。其中，四川华丰在高速连接器市场占有率为全国第1、永贵科技是轨道交通连接器行业龙头、瑞可达位居新能源汽车电连接器行业前三、维博电子位居电量传感器行业国内第1。有省级制造业创新中心1家、省级企业技术中心8家，连接器产业集群入选工信部中小企业特色产业集群。至年底，全市连接器及传感器产业有规模以上工业企业59家，实现产值80亿元，增长12%。

【长虹CHiQ电视在CES2022斩获两项金奖】 2022年1月5—8日，国际消费电子产品展（CES2022）在美国拉斯维加斯如期举行，发布2021—2022全球领先品牌Global Top Brands榜单，长虹CHiQ运用STLD RGB三色创新技术的120英寸激光电视获得全球“三色激光显示技术创新金奖”，长虹CHiQ获得“2021—2022年度消费电子领先品牌TOP10”，长虹CHiQ全沉浸巨幕影院Q8R MAX系列获得“A IoT&显示技术创新金奖”。长虹于2018年在全球首发三色激光电视，2019年升级三色激光电视，并获CES2020全球年度激光显示技术奖。本次获奖的120英寸激光电视是长虹新一代三色激光电视。该激光电视在光学引擎、画质、色域、亮度、智能体验等方面创新突破，运用长虹STLD三色激光显示技术，采用基于分区镀膜的多波长集成光源合光方案，亮度领先行业同平台30%，色域领先10%，散斑对比度降低95%，并首次使用120英寸柔性卷曲菲涅尔屏幕高真彩画质显示。长虹CHiQ全沉浸巨幕影院Q8R MAX系列是长虹2022年旗舰新品，融合应用A IoT与超高清显示，采用最新迭代的极智屏4.0，集合一秒K歌、大屏云游、AI健身、AI美颜等电视应用场景，采用“极智影”技术，对图像传输中的信号损失进行精准计算和修复，让画面逼真清晰，并可根据播放内容，智能适配最佳图像模式。

【长虹8K电视展映《石渠宝笈》】 2022年8月20—21日，故宫《石渠宝笈》绘画数字科技展活动在成都举行。活动由故宫博物院、北京观唐大有文化创意有限公司主办。四川长虹作为合作单位，以“千山入8K　展卷长虹”为主题，从故宫绘画藏品《石渠宝笈》中精选《千里江山图》《清明上河图》《韩熙载夜宴图》《写生珍禽图》等画作，通过长虹 8K UMAX 巨幕影院 Q9K MAX 电视进行数字沉浸式演绎。该款 8K 电视具有显示画面超高清、明暗鲜明、色域丰富，细节纤毫毕现，速度流畅等特质。

【《基于5G+8K超高清视频终端显示的推广应用》入选“超高清视频典型应用案例名单”】 2022年8月30日，四川长虹电器股份有限公司申报、四川省超高清视频产业联盟推选的《基于5G+8K超高清视频终端显示的推广应用》入选工信部、广电总局发布的“超高清视频典型应用案例名单”。《基于5G+8K超高清视频终端显示的推广应用》主要反映长虹基于对8K显示、背光、结构、信号传输、解码技术、画质算法等系列关键技术的研究，通过对5G无线传输、AI计算、图像识别等技术的融合探索，结合研究5G周边技术和8K显示技术，实现5G+8K电视的产品化落地，及8K系列电视产品的开发、生产和销售，并为8K和5G的应用场景探索提供示范。

【3家企业上榜2022年电子信息百家企业】 2022年9月2日，2022世界数字经济大会在浙江宁波召开，发布2022年电子信息百家企业名单，共有四川长虹电子控股集团有限公司、四川九洲投资控股集团有限公司、绵阳惠科光电科技有限公司3家绵阳市企业上榜，分别列第11位、第29位、第65位。其中，四川长虹电子控股集团有限公司从成熟家电产业延伸，加快数字化转型，在上下游价值链探索布局，在冰箱压缩机、物联网模块、5G连接器、航空电源等领域，培育出多个国内甚至全球的“隐形冠军”；四川九洲投资控股集团有限公司排位较2021年上升7位；绵阳惠科光电科技有限公司是首次进入该电子信息百强名单，是国家高新技术企业、国家两化融合贯标、四川省绿色工厂。

【“绵阳造”北斗民用芯片研发成功】 2022年10月27日，九洲北斗三号导航芯片一次性成功流片，并完成相关功能性能验证，标志着由九洲星熠公司主研的芯片取得重大技术突破，九洲从此拥有完全自主知识产权的北斗民用芯片。北斗三号导航通信芯片采用40纳米低功耗主流工艺，具备GNSS全系统全频点高精度导航定位功能，能够实现区域及全球短报文通信，性能指标达到行业主流水平，主要应用于无人机、智能驾驶、测绘测量、应急通信等领域。

图77　12月12日，艾伯科技项目开工（视觉绵阳提供）

【全球首款120英寸柔性巨幕全色激光电视亮相科博会】 2022年11月16日，长虹在第十届中国（绵阳）科技城国际科技博览会上推出全球首款120英寸柔性巨幕全色激光电视120C9，并在第二十四届中国国际高新技术成果交易会上同步展出。该款电视是全球首款搭配120英寸柔性菲涅尔屏幕的全色激光电视。屏幕长2.7米、宽1.5米，在重量上较同尺寸平板电视降低80%，可作卷曲打包，打包后的包装体积比同尺寸平板电视小60%以上，有效解决百英寸级大屏的运输贵、入户难等问题。该电视屏幕不需要通电，没有外部散热空间需求，无布线烦恼，可以无缝贴墙安装。搭载长虹自主研发的STLD4.0全色激光显示技术，画质水准达A+4K，画面巨幅、画质清晰。

【艾伯科技智能制造产业园项目开工】 2022年12月12日，总投资105亿元的艾伯科技智能制造产业园项目在绵阳市涪城区临港经济发展区西区开工。艾伯科技智能制造产业园项目作为新型显示产业下游终端项目，规划建设笔记本电脑、一体化电脑、云终端等信创终端产业园以及5G设备、储能设备产业园项目等。项目全部满产后，预计实现年产值约250亿元。艾伯科技是在香港主板上市的国家高新技术企业，专业从事物联网智能终端产品、5G通信设备及信创终端产品的设计、研发、生产、销售，是产业数字化整体解决方案及服务提供商。8月，在绵阳“城市形象推广、产业项目推介、特色产品推销”三推东莞行活动中，绵阳向艾伯科技发出到绵阳投资“邀请函”。11月15日，项目在第十届科博会投资推介会暨集中签约仪式上正式签约。（杜林聪）

先进材料产业

【概况】 先进材料产业居绵阳市四大支柱重点产业第2位，是全市重点培育的“地标”产业，形成以新型膜材料、磁性材料、特种玻璃和前沿新材料为重点的新型功能材料和以特种合金、高性能塑料及合成树脂、新型建筑材料为重点的先进结构材料为主的产业格局。有攀长特、东材科技2家产值50亿元以上的龙头企业，有六合特材、龙华薄膜、新为橡塑等34家产值4亿元—50亿元以上的重点企业，有东兴绝缘、美能材料、西磁科技等44家产值1亿元—4亿元以上的骨干企业。有麦思威尔、中物材料等11家国家级专精特新“小巨人”企业，占全市国家级专精特新“小巨人”企业总数的31%。新增1家省级企业技术中心、8家市级企业技术中心，共有国家级企业技术中心1个、省级企业技术中心19个、市级企业技术中心27个。有国家级高新技术企业68家，有各级创新平台34个（国家级5个、省级29个）。先进材料产业共有制造业单项冠军示范企业（产品）3家。其中，旭虹光电为首批制造业单项冠军示范企业，东材科技的“电工用聚酯薄膜”为第四批制造业单项冠军示范产品，新增西磁科技的“钐钴磁性元件”入选制造业单项冠军产品。先进材料产业重点产品汽轮机动叶片钢近10年市场占有率稳居国内第1、世界第2，聚碳酸酯类光电膜市场占有率52.6%，聚甲基丙烯酸甲酯类光电膜市场占有率51.3%，电工绝缘膜市场占有率35%，钐钴永磁市场占有率50%以上，“王者熊猫”高铝盖板玻璃市场占有率居全国第1、世界第2。高品质特钢在高温合金叶片钢等领域有50多项高新技术，处于国内领先地位。稀土永磁材料与器件系列、抗电磁干扰铁氧体材料与器件系列研制方面处于行业领先水平。高铝盖板玻璃、偏光片PMMA基膜、熔石英玻璃、软磁、钐钴永磁等领域的多项成果打破国外垄断。2022年，全市先进材料产业规模以上工业企业153家，实现规模以上工业总产值533.58亿元，增长15.68%，规模以上工业总产值占全市工业总产值的15.36%。

图78　2022年，美能材料（市经信局提供）

【先进材料产业集群发展】　2022年，绵阳市先进材料企业主要分布在江油市、游仙区、绵阳高新区（科技城直管区）。其中，江油市依托攀长特、六合特材、长祥特钢等高品质特钢龙头企业，基本形成高品质特钢材料产业集群；游仙区依托东材科技、聚合新材等龙头企业，形成新型膜材料发展集群；绵阳高新区依托中电科九所、中物材料等龙头企业，以磁性材料、工程塑料及合成树脂材料为重点发展方向，形成集聚发展态势。

【磁性材料产业】　绵阳市磁性材料产业相关技术源于“三线”建设时期，国家在绵阳布局中国西南应用磁性研究所，专业研制和生产磁性材料和元器件，带动一大批磁性材料和元器件相关企业成立，主要产品包括钕铁硼永磁、钐钴永磁、软磁铁氧体、永磁铁氧体材料及磁性器件等。2022年，全市高频、宽温、低损耗、高磁能积、耐高温等技术在行业中具有较大影响力。除磁性材料上游较为缺失外，中游磁性材料生产企业较多，产品基本涵盖磁性材料的所有产品种类，且下游电子信息、汽车、节能环保、高端装备等产业基础雄厚，生产企业众多，初步形成较为完整的产业链。以长虹、九洲等电子信息企业为下游，形成变频空调、电子变压器、滤波器等电子部品应用链；以九洲光电、维奇电子等节能环保企业为下游，形成节能灯、无极灯、半导体照明灯应用链；以华瑞、重汽等汽车企业为下游，形成车用电源、汽车电机等汽车磁电子产品应用链；以科莱电梯等装备企业为下游，形成电梯曳引电机等电机应用链。7月，巨星公司在绵阳高新区（科技城直管区）投资建设总投资280亿元、年产10万吨高性能钕铁硼为主体的稀土永磁新材料产业园项目，达产产能计划占全国磁材产值份额超过1/4。至年底，全市14家规模以上磁性材料企业实现产值28.91亿元。

【先进材料产业重大项目进展情况】　2022年，先进材料产业重大技改项目完成投资55.32亿元，完成年度计划投资进度的136.11%。四川德为诚新材料科技有限公司的聚伦新材料产业园项目开展厂房地基基础施工，完成投资9380万元，投资完成率93.8%。四川东材科技集团股份有限公司的年产5200吨高频高速印制电路板用特种树脂材料项目完成投资8742万元，投资完成率109.3%，实现竣工投产。四川东材科技集团股份有限公司的年产1亿平方米功能膜材料产业化项目完成投资1.81亿元，投资完成率99.8%，实现竣工投产。四川东材科技集团股份有限公司的东材科技（绵阳）技改扩能项目累计完成投资6.8亿元，投资完成率100%，并完成项目室内装修。绵阳市鸿生新材料科技有限公司的年产万吨新型环保包装材料产业化项目完成投资5500万元，投资完成率100%，实现竣工投产。四川龙华光电薄膜股份有限公司的OLED显示和5G通信膜材产业化项目累计投资7.05亿元，投资完成率141%，第1条2.5米宽幅偏光片生产线建成投产，片材/膜材4条生产线完成设备安装，其中2条投产、2条调试。第2条2.5米宽幅偏光片生产线完成设备订购。江油市长祥特殊钢制造有限公司的年产3万吨新材料（高端模具钢）技术改造项目完成投资3811万元，投资完成率100%。厂房主体完成80%，进行外墙施工及场地平整。攀钢集团江油长城特殊钢有限公司的高端特种材料配套冶炼能力提升项目累计完成投资8522万元，投资完成率284%，进行设备安装，开展设备调试。攀钢集团江油长城特殊钢有限公司的航空航天等关键领域用特种合金板材高新技术产业化项目完成投资1.57亿元，完成投资率197%，制作冷轧机组，开展设备设计及制造，厂房进行墙皮施工及设备基础施工。攀钢集团江油长城特殊钢有限公司的高品质锻件生产能力建设项目完成投资6330万元，完成投资率79.12%，安装部分设备，开展设备调试。四川虹科创新科技有限公司的高强超薄耐摔玻璃智能制造产业化项目累计完成投资3.49亿元，投资完成率116.3%，实现竣工投产。

【“绵阳造”产品助力问天及梦天实验舱发射】 2022年7月24日14时22分，长征五号B遥三运载火箭搭载空间站问天实验舱在海南文昌航天发射场发射成功。在本次任务中，绵阳科研院所中国电科九所研制的环行器、隔离器、滤波器、延时组件以及正交功分组件等多款磁性产品被应用于问天实验舱的各类任务分系统，在发射、对接和后续在轨运行实验任务中发挥重要作用。其中，正交功分组件是空间站超短波电台天线分系统中的关键核心组件，主要作用是将系统中两路相位呈90度的功率信号合二为一输出或将一路功率信号分配为两路输出。该组件可保障航天员天地通信和舱外联络；滤波器及延时组件用于空间站接收系统是接收系统的关键器件及组件，作用是选取有用信号抑制干扰信号延时组件实现信号的准确时延控制。10月31日15时37分，长征五号B遥四运载火箭搭载空间站梦天实验舱在文昌航天发射场发射成功。在本次任务中，中国电科集团第九研究所研制的环行器、隔离器、滤波器、延时组件等多款磁性产品被应用于梦天实验舱的各类任务分系统，在发射和后续对接、在轨运行实验任务中发挥重要作用。

【巨星集团稀土永磁新材料产业园项目落户绵阳】 2022年7月29日，巨星（绵阳）稀土永磁新材料产业项目（以下简称巨星永磁项目）在绵阳高新区开工。省委常委、市委书记曹立军出席开工仪式并宣布开工，省经信厅党组书记、厅长翟刚出席并致辞。巨星永磁项目总投资280亿元，计划在高新区分3期投资建设年产10万吨高性能烧结钕铁硼永磁材料产业园。至年底，年产10万吨（一期25000吨）高性能烧结钕铁硼永磁材料项目完成投资3.3亿元，完成投资率41.25%。

图79　7月29日，巨星（绵阳）稀土永磁新材料产业项目在绵阳高新区开工（视觉绵阳提供）

【“绵阳造”叶片钢用于国内首台F级50兆瓦重型燃气轮机】 2022年11月25日，东方电气集团所属企业东方汽轮机有限公司自主研制的首台国产F级50兆瓦重型燃气轮机在四川省德阳市正式完工发运。该重型燃气轮机核心部件所采用叶片钢由绵阳企业攀钢集团江油长城特殊钢有限公司生产，共3个牌号，均可在高温、高压、高速等极为复杂的工况下长期工作。攀钢集团江油长城特殊钢有限公司始建于1965年，是国家特殊钢科研生产基地和四川省大型骨干企业、中国高端金属材料整体解决方案提供者、国家重点工程配套的核心供应商。具备年产特殊钢50万吨、特殊钢材70万吨的生产能力。该公司可按照国标、国际标准及用户技术条件，提供碳结钢、合结钢、轴承钢、弹簧钢、工模具钢、不锈钢、高强钢、高温合金、耐蚀合金、精密合金、钛及钛合金等13个大类400多个牌号的特殊钢、特种合金及钛产品。产品广泛用于航空、航天、海装、核电、交通、机械、石化等领域，其中特种合金、特种不锈钢、工模具钢等产品在国内占有重要地位。

【15万吨磷酸铁锂锂电池正极材料生产和循环再制造项目建设】 绵阳融通高科先进材料有限公司的15万吨磷酸铁锂锂电池正极材料生产和循环再制造项目（以下简称融通高科项目）总投资51亿元，项目分两期实施，其中一期项目划分为3批次实施。一期一批次于2022年3月启动建设，计划投资5亿元，建设内容为：建设磷酸铁锂厂房、原料生产车间和仓储、办公楼、污水处理站、220千伏变电站等配套设施以及道路、管网、绿化等附属设施，购置生产和辅助设备，建成15万吨磷酸铁锂锂电池正极材料生产和循环再制造生产线。达产后预计年产4万吨磷酸铁锂锂电池正极材料。一期二批次于2022年3月启动建设，计划投资10亿元，主要建设磷酸铁锂

厂房、磷酸铁厂房、原料生产车间、污水处理站、动力站、制氮站、空压站等，购置国内外先进生产设备，形成年产4万吨磷酸铁锂正极材料。（杜林聪）

装备制造产业

【概况】 2022年，绵阳市有装备制造产业规模企业225家，实现工业总产值455.7亿元，增长10.0%。装备制造业聚焦汽车、核技术应用、激光技术应用、智能机器人及无人机等领域，有富临精工、科莱电梯、新晨动力、绵阳重卡等10家产值10亿元以上龙头企业，晟达机电、理想新晨、陆亨能源等25家4亿元—10亿元企业。富临精工被认定为国家级单项冠军产品企业，永贵科技、华晨瑞安等8家企业被认定为国家级专精特新“小巨人”企业，科莱电梯、新晨动力等73家企业被认定为省级专精特新企业。装备制造业持续提升产业创新能力，有核废物与环境安全国防重点学科实验室、国家空管监视与通信系统工程技术研究中心、富临精工国家级企业技术中心、新晨动力国家级企业技术中心等54个国家、省级创新平台。玖谊源在医用回旋加速器领域实现国产代替。中久大光是国内唯一能提供4千瓦单模光纤激光器的供应商，光纤激光器在安防市场占有率居全国第1位。西南自动化研究所在数控系统、核辐射监测设备、3D打印设备及机器人等领域优势明显。长虹、九洲等大型企业在北斗、空管、雷达及电子元器件领域国内领先。新晨动力CE系列发动机技术水平国内领先、国际先进，与理想联合开发的增程器技术水平国内领先。

【核技术应用产业】 核技术应用产业是绵阳市最独特的比较优势。绵阳是四川省两个核技术应用产业地区之一。2022年，全市核技术应用产业呈现发展创新资源优势突出、企业技术实力雄厚、产业布局优势明显三大特点。创新资源优势上，依托中物院、西科大的技术积累和研发优势，组建核技术应用现代产业学院、核医学产业发展联盟，以及核技术应用领域产业技术研究院、产业创新中心、技术创新中心和制造业创新中心，打造以国家重点实验室、工程技术中心为依托的核技术产业研发示范区；建成世界首个高能X射线FLASH放疗验证平台，医用回旋加速器实现批量化生产。企业技术实力上，攀长钢核电管系列产品、同人精工核燃料芯块密度自动测量系统、科瑞达康普顿相机填补国内空白；玖谊源在医用回旋加速器领域实现国产代替；聚能核在乏燃料后处理设备领域、迪派锐在管道焊缝智能化检验检测装备领域居全国先进水平。产业布局上，全市在核分析技术、同位素示踪技术、辐射加工技术等应用领域具有比较优势，核技术应用产业链涵盖医疗卫生、环境、安防等领域。持续打造中国（绵阳）科技城核医疗健康产业园，发展放射性靶向药物生产、质子医疗诊疗装备制造及其配套产业，培育国内首家集研发、设计创新、生产制造、教学、培训、医疗、康养、资本、服务于一体的成渝地区国际高端核医疗产业基地。核技术应用产业集群入选全省战略性新兴产业集群。核技术应用产业集群实现营业收入10亿元，其中有规模以上工业企业4家，实现规模以上工业总产值3.1亿元，增长26.3%。核技术应用产业集群入选2022年全省首批战略性新兴产业集群。

【激光技术及应用产业】 绵阳市激光技术及应用产业集聚中久大光、长虹激光等一批重点企业，在激光器制造、激光设备及应用领域具有行业比较优势。其中，中久大光为国内唯一能提供4000万单模光纤激光器供应商，其产品光纤激光器在安防市场占有率为全国第1；长虹激光的显示产品在家用、工程市场全球占有率分别位居前两位和前五位。拥有中物院国家强激光技术重点实验室，在高功率激光器研究方面位居国内领先、国际一流。长虹激光独创的超高效光学引擎系统、首创的柔性菲涅尔光学屏幕、发声屏幕等技术处于行业领先地位。依托中物院技术优势，建设中国（绵阳）科技城激光产业园，围绕激光材料、激光器、激光装备三大领域，推动高功率激光技术产业化应用，集聚中久大光激光设备、中久新光管控设备、激光配套企业加速器等“链主”企业及配套企业，初步形成产业成链、集聚发展格局。2022年，在第十届科博会期间，举办中国激光科技创新产业大会，揭牌成立绵阳科技城光子技术研究院，建设成果转移转化平台、科技产业咨询平台和仪器设备共享平台，推动激光领域相关技术研发及产业化。激光技术应用产业有规模以上工业企业5家，产值4.7亿元，增长91.4%。

【智能机器人及无人机产业】 绵阳市智能机器人产业有中物院、西南科技大学等科研院校，建有特殊环境机器人技术四川省重点实验室、长虹—ABB机器人应用联合实验室等创新平台，有长虹控股、西南自动化研究所、福德机器人、久强智能装备等产业骨干企业，在智能物流集成应用机器人、特种环境作业和应急处置机器人、AGV、智能装车机器人、商用智能厨房机器人、新型安防机器人、智能装备、精密谐波减速机以及智能制造系统集成等领域具有较强的产业优势。全市无人机产业链条成型，上游生产机身复合材料、操纵控制装备等新型材料；中游有以九洲防控、垚磊科技为代表的生产制造企业；下游有鹰眼航空、五视天下等公司，提供农林植保、航拍巡检、应急救援、物流运输等多个领域服务。持续建设北川通航产业园，从设计、研发、制造等技术领域延伸到无人机租赁、操作员培训等管理、服务、保障领域。2022年，无人机产业入选2022年全省首批战略性新兴产业集群。智能机器人及无人机产业实现规模以上工业总产值8.2亿元，增长9.2%。

【装备制造产业重大项目推进情况】 2022年，游仙激光产业园项目完成主体厂房建设，5号、3号地块交付使用，项目根据入驻企业工艺设备布置“量身定制”，由政府平台公司融资建设房屋及配套设施，企业先租后购，企业投资建设设备设施，自主研发生产经营。中久光电激光设备项目、中久新光管控设备项目完成室内装修。中国科技城（北川）通航产业园项目完成1号边坡、土面三区、土面四区土方回填，2号边坡进行盲沟施工，跑道主体土石方作业基本完成。高压线迁改工程完成基础浇筑114基、铁塔组立100座、导线展放完成6000米。中国（绵阳）科技城核医疗健康产业园项目完成二次专家环评评审，全面完成拆迁，供地场平工作完成，医用同位素及质子医疗装备项目、先通医药地块边坡支护完成，园区市政道路经一路沥青路面完成并临时通车，人行道透水砖与绿化基本完成，纬一路完成25%，边坡顶截水沟完成基本完成。理想汽车增程器项目一期建成，理想汽车与新晨动力成立合资公司，并在新晨动力原有产线基础上进行改造，理想增程器实现量产，累计为理想汽车配套增程器超5万台。

【航空应急救援无人机总部基地项目签约开工】 2022年9月29日，年产200台大型吨级航空应急救援无人机研发、生产、运营服务总部基地项目在北川签约并开工。项目由北川与沈阳卓翼航空科技有限公司、四川珠峰通航科技有限公司签订，标志着北川通航产业制造业实现“零”的突破。项目总投资25亿元，建设年产200台大型吨级航空应急救援无人机研发、生产、运营服务总部基地项目。项目建设周期为2022—2025年。项目先期利用北川通航产业园标准化厂房建设大载重无人机总装生产线、零部件加工生产线等，建成满产后，可实现年总产值5亿元，税收超过4500万元，解决就业超过100人。

【机器人智能制造产业园项目一期建设】 机器人智能制造产业园项目于2022年11月3日在中国（绵阳）科技城苏州推介会上签约，同月启动一期建设。一期位于科技城新区九华路南侧、兴隆统建房东侧。一期总投资7亿元，总建筑面积12万平方米，建设周期5年。计划构建以机器人为核心，涵盖科技研发、机器人制造、零部件制造、人工智能、工业软件全产业链的生态集群，打造百亿级特色园区。

【中国（绵阳）科技城核医疗健康产业园建设】 中国（绵阳）科技城核医疗健康产业园（以下简称核医疗健康产业园）规划用地266.67公顷，范围呈“三路环一山”形态，即以青龙山为中心，东至乡村旅游环线，西至205省道，北至108国道。项目预计总投资186亿元（基础设施36亿元，产业投资150亿元），建设周期5年（2022年1月至2026年12月）。核医疗健康产业园分为研发组团、生产组团、安评和医疗组团、科研配套组团、文商旅组团5个组团，布局放射性药物研发生产、专业物流配送、核医疗设备制造、肿瘤医院及康养、核测控装备无损检测等相关核技术产业、科研教育孵化中心以及配套设施。到2022年年底，核医疗健康产业园总体规划研究方案获得中物院综合计划部同意，绵阳市自规局组织中规院、规划编制单位进行专题研究，并形成初步成果；青龙山北片区控祥规划研究技术成果通过专家会论证；核医疗健康产业园青龙山北片区规划环评成果报送省生态环境厅，并由省生态环境厅组织召开2次规划环评专家咨询会；完成核医疗健康产业园首期启动区32.867公顷的征地拆迁；完成供地场平工作，完成土石方挖填约120万立方米，其中四号地块（同位素与质子医疗项目）边坡支护结构完成，五号地块（先通医药项目）边坡完成95%；市政道路经一路沥青路面完成并通车，人行道透水砖与绿化基本完成，纬一路完成约20%；边坡顶截水沟基本完成；与2家企业分别签订中广核质子医疗装备制造基地、医用同位素生产基地、核测控装备制造基地、先通医药放射药研发生产基地4个项目投资协议，协议引资15.05亿元。

【“绵阳造”首台国产医用回旋加速器投用】 2022年10月17日，“绵阳造”首台国产医用回旋加速器在四川省科学城医院投入使用，标志着发达国家对这一核医学影像关键设备的垄断被打破。医用回旋加速器由四川玖谊源粒子科技有限公司研发生产，由中国工程物理研究院的技术成果转化而来，在国内属首创。医用回旋加速器可通过质子束打靶生产医用同位素，协助PET-CT（正电子发射计算机断层显像）进行癌症的早期诊断，也可直接用于癌症的治疗。四川玖谊源粒子科技有限公司具备年产20台医用回旋加速器的能力，实现医用回旋加速器技术自主可控，可降低癌症患者的诊断费用。该公司产品在四川省科学城医院、市中心医院投入使用，与梅州市人民医院、珠海市人民医院等多家三甲医院签订合同，同时销往哈尔滨工业大学、药明康德等高校院所、药业公司。

【“绵阳造”四足仿生机器人亮相中国航展】 2022年11月8—13日，西南自动化研究所自主研制的四足仿生机器人在第十四届中国航展（广东珠海）亮相。这是该型号机器人首次公开展示、首次参加中国航展。该型号机器人外形酷似“机器狗”，前面搭载光学和雷达装置，就像“眼睛”；在上方搭载装备可以根据任务需求来变换，还可以装载雷达等装置，具有高机动、大负载、多地形适应性等特点。在实战中，该型号机器人可作为助理和搭档，在地下管道、洞穴、丛林区域等复杂环境下，执行抵近侦察监视、火力清缴、协同打击、危险物品处理和资源运输保障等任务。

（杜林聪）

能源化工产业

【概况】 2022年，绵阳市能源化工产业呈现重点领域持续优化、产业规模持续壮大、创新能力持续提高三大趋势。能源化工产业重点聚焦绿色化工、清洁能源领域，以银河化学、利尔化学、美丰化工、长虹杰创等重点企业为依托，在铬盐化工、氯代吡啶类除草剂原药及草铵膦原药、壬二酸等细分行业处于国内领先地位。在产业规模上，有规模以上企业76家，实现产值347.87亿元，增长29.95%，占全市规模以上工业总产值比重的10.0%。其中化工产业规模以上企业45家，实现产值258亿元，增长21.1%；清洁能源产业规模以上企业28家，实现产值39.1亿元，增长32.9%；其他能源产业规模以上企业3家，实现产值50.8亿元，增长30.0%。化工行业共有国家级企业技术中心2个（银河化学、利尔化学），省级技术中心6个（禾大西普、台沃科技、雅化集团绵阳实业、同舟化工、利尔作物、佳利德），市级技术中心8个（启明星磷化工、雅化集团三台化工、泰和新材料、美丰化工、蓝狮科技、凯尔油气田、鑫达新能源、启明星磷酸盐）。银河化学的“安剑”商标、雅化绵阳的“雅化”商标（国家定点民用起爆器材）获得中国驰名商标。

【能源化工产业发展重点】 2022年，绵阳市能源化工产业有绿色化工、清洁能源两大发展重点。绿色化工产业方面，基础化学品领域实现产值127.6亿元，增长15.9%，占化工产业规模企业总产值的49.5%；农用化学品领域实现产值96.6亿元，增长32.5%，占化工产业规模企业总产值的37.4%；精细化学品领域实现产值33.8亿元，增长12.8%，占化工产业规模企业总产值的13.1%。清洁能源产业方面，清洁能源发电领域（水电、风电、生物质发电、生活垃圾焚烧发电等）实现产值25.8亿元，下降11.2%，占清洁能源产业规模企业总产值的66.2%；清洁能源装备领域实现产值9629万元，增长238%，占清洁能源产业规模企业总产值的2.5%；锂电池领域实现产值12.2亿元，占清洁能源产业规模企业总产值的31.3%。

【光伏储能产业】 2022年，绵阳市光伏储能产业主要集中在电化学储能领域，产品涵盖碱锰电池、锂离子电池、UPS电源等，在航空蓄电池、工具用锂电池等细分产业具备较强竞争力，拥有炘皓新能源、长虹电源、长虹新能源、长虹杰创、锂源新能源等一批光伏储能产业企业。长虹电源自主研发电源系统设备和蓄电池产品的能力处于国内领先地位，长虹新能源碱锰电池位列全球前五位、国内前三位。长虹杰创是中国西部最大的“高倍率圆柱锂电池”生产基地，锂源新能源是四川唯一一家拥有“全极耳卷绕装配技术”发明专利的锂电制造企业。8月，总投资100亿元、规划产能18GWh的埃克森新能源项目在绵阳高新区开工建设。10月，总投资102亿元的安州区炘皓新能源“高效单晶电池智能工厂和储能项目”一期投资30亿元、产能9GW电池片项目在安州区开工建设。全年全市有规模以上光伏储能工业企业7家，实现产值55亿元，增长37%。

【能源化工产业重大项目建设】 2022年，四川长虹杰创锂电科技有限公司投资11.88亿元的年产2.6亿只高倍率锂电池智能制造建设项目竣工投产、绵阳锂源新能源有限公司投资10亿元的年产4GWh锂离子电池项目一期竣工投产。绵阳高新埃克森新能源科技有限公司投资30亿元的埃克森新能源储能和特种电池项目（一期）开工建设。

【四川省银河化学股份有限公司】 四川省银河化学股份有限公司是一家以铬盐化工为主业，集维生素业务、精细化工、材料科技、环保工程、检验检测于一体的现代化企业集团。在铬盐化工领域先后担纲9个国家产业示范工程，参与15项国家行业标准的制（修）定，拥有130余项自主知识产权，占行业发明专利的70%。是全国铬盐行业唯一建成国家级企业技术中心、唯一承担国家重点项目、唯一获得中国驰名商标、唯一具备万吨级含铬危废处理资质、唯一实现湿法氧化新技术与无钙焙烧技术耦合运行的企业。公司入选世界铬协会会员、中国无机盐工业协会会员单位，担任中国无机盐工业协会铬盐分会会长单位。公司是国家高新技术企业，先后获得工信部首批“绿色工厂”、国家技术创新示范企业、四川企业技术创新发展能力百强等。2022年，公司实现产值61.96亿元，增长34.8%。

【利尔化学股份有限公司】 利尔化学股份有限公司是全市最大农药生产企业，由中国工程物理研究院于1993年发起设立，2008年上市。公司总部位于绵阳市，拥有四川绵阳、江苏南通、四川广安、湖南岳阳、河南鹤壁、湖北荆州6个生产基地。公司主要从事安全、高效类农药的研发、生产和销售，产品包括除草剂、杀虫剂、杀菌剂三大系列共30余个原药、100余个制剂品种以及部分化工中间体。产品出口美国、巴西、阿根廷、澳大利亚等30多个国家和地区，与美国陶氏、德国拜耳等多家农化企业建立长期稳定的战略合作关系。公司成为继美国陶氏后全球第二家掌握吡啶类化合物催化氯化系统集成技术的企业，并掌握草铵膦合成的关键技术，是全球最大的草铵膦（精草铵膦）原药及氯代吡啶系列除草剂原药的生产和销售企业。2022年，公司实现产值57.27亿元，增长41.36%。

【雅化集团绵阳实业有限公司】 雅化集团绵阳实业有限公司是国家定点专业民爆器材生产企业，拥有CNAS国家认可实验室，是高新技术企业、专利优势培育企业、省级安全文化示范企业，是ISO 9001、OHSAS 18001、ISO 14001三体系认证企业。公司与中国工程物理研究院、南京理工大学、西南科技大学等多家院所、高校建立长期稳定的战略合作关系。公司主要产品有工业雷管、导爆索、导爆管、电子雷管等。其中“雅化牌”工业雷管、普通导爆索被授予四川省名牌产品，“雅化牌”商标被原国家工商行政管理总局商标局认定为驰名商标。2022年，公司实现产值14.5亿元，增长30.6%。

【四川美丰化工科技有限责任公司】 四川美丰化工科技有限责任公司是中国石化集团旗下上市公司四川美丰化工股份有限公司（以下简称四川美丰）的全资子公司，是四川美丰最重要的生产基地之一。拥有15万吨合成氨、15万吨尿素、5万吨三聚氰胺、18万吨硝酸、24万吨硝铵、45万吨硝基复合肥的生产规模。美丰科技的高效合成、低能耗尿素工艺技术，通过中国石油和化学工业联合会鉴定为国际先进水平。美丰科技曾先后获全国“安康杯”竞赛优胜单位、硝酸企业十强，四川省绿色制造示范单位、环保诚信企业等荣誉。2022年，公司实现产值12.2亿元，增长1.4%。

【四川长虹杰创锂电科技有限公司】 四川长虹杰创锂电科技有限公司成立于2020年5月，是长虹集团公司新能源产业在高端锂电领域重要战略布局。主营锂电池产品技术研发、生产及销售等，产品定位在18650、21700圆柱形动力锂离子电池领域，广泛应用于电动汽车、电动自行车、低速车、平衡车、电动工具、家用吸尘器、航模等领域。2022年，投资11.88亿元、年产2.6亿只高倍率锂电池智能制造建设项目竣工投产，形成年产2.6亿只高倍率锂电池的生产能力。2022年，公司实现产值9.3亿元。

【绵阳锂源新能源有限公司】 绵阳锂源新能源有限公司成立于2020年5月。主营锂离子电池、锂离子电芯、动力电池组、储能电池组、移动电源、电池材料、电子产品及配件的技术研发、生产、销售；货物及技术进出口业务等，公司与中南大学形成战略合作关系，是川内唯一一家拥有“全极耳卷绕装配技术”发明专利的锂电制造企业。2022年，公司投资10亿元、年产4GWh锂离子电池项目的一期竣工投产，产能1GWh。同年，公司实现产值2.95亿元。

【绵阳高新埃克森新能源项目】 2022年5月，绵阳高新埃克森新能源项目签约落地绵阳，8月开工建设。项目是省、市重点招商引资项目。总投资100亿元，规划产能18GWh，占地面积40.87公顷，项目建设内容包括电芯生产车间、中试线（中试车间、办公楼）、模组/PACK车间、成品库、综合站房、NMP库、NMP提纯、拆解间、污水处理站等，计划建成达产后年产值不低于100亿元，税收不低于3亿元，带动近4000人就业。项目分两期建设，一期项目主要包括中试线车间、电芯车间、综合站房等17个单体。11月16日，埃克森新能源项目完成一期项目首栋楼——中试线主体结构封顶。该中试线是企业生产的核心部分，是产品实现正式量产前建设的一条中等规模的生产线。12月25日，绵阳高新区埃克森新能源一期项目首台设备正式进场。

【创明新能源项目签约暨开工仪式举行】 2022年9月21日，创明新能源项目签约暨开工仪式在绵阳市涪城区举行。创明新能源项目投资120亿元，建设内容为全自动电芯生产线及配套PACK生产线、储能板块生产制造基地。项目旨在对绵阳新能源产业发展形成龙头引领效应，与富临精工、皓华光电等在绵企业形成强强联合的产业协同，助力招引落地一批新能源产业链企业，助推全市加快构建新能源产业集群、抢占储能电池产业领域发展先机。省委常委、市委书记曹立军出席并宣布开工。市委副书记王华蓉致辞。市委常委、科技城党工委副书记、管委会常务副主任、市国资委党委书记黄朝阳主持仪式。深圳创明新能源公司董事长孟致成、涪城区委主要负责人致辞。涪城区人民政府与深圳市创明新能源股份有限公司签署《创明新能源项目投资协议》。市领导姚永红等，深圳创明新能源公司CEO熊立，市直有关部门负责人等参加。（杜林聪）

食品饮料产业

【概况】 2022年，绵阳市食品饮料产业主要涵盖粮油加工、屠宰及肉类加工、休闲食品加工、白酒饮料制作、调味品发酵品制作等领域，实现产值359.61亿元，增长3.7%。有规模以上企业169家。其中，产值超过1亿元的企业78家、产值10亿元以上的企业8家，有省级专精特新企业25家。食品饮料产业中，预制菜产业发展较快，主要有酥肉、藤椒鸭、豆豉鸭，九大碗、卤肉饭、料理包，老母鸡滋补汤等即热食品，精耳片、大刀腰片、火锅食材等即烹食品（包括），罐头、腌腊制品、泡椒食品等即食食品等。铁骑力士入选2022四川100强企业，列第53位。雪宝乳业获得省“工业质量标杆”认定。有国家级企业技术中心1个、省级技术中心7个、市级企业技术中心12个。绵阳市健康食品产业园、四川省健康食品产业园先后在绵阳市梓潼经开区揭牌。

【绵阳市丰谷酒业有限责任公司】 丰谷酒业是一家集科研、生产和销售于一体的综合型酿酒企业。具有年产优质白酒10万吨的生产能力，拥有省级企业技术中心和国家CNAS认可实验室。先后获“中华老字号”“中国白酒工业百强企业”“全国食品工业优秀龙头企业”等，被誉为“川酒新金花”，品牌价值以276.32亿元位列川酒第5位，中国白酒第23位。2022年，总产值17.36亿元，增长14.43%。

【四川雪宝乳业集团有限公司】 雪宝乳业于2001年通过改制成立，主营业务为乳制品加工、饮料加工、奶牛养殖、商贸物流、生态农业。拥有29条先进的乳制品和饮料生产线，产品涵盖鲜牛奶、酸牛奶、纯牛奶、调制乳、乳饮料五大类别60余个品种，年产各类乳制品近10万吨。公司先后获得“农业产业化国家重点龙头企业”“国家级高新技术企业”“国家级绿色工厂”“中国学生饮用奶定点生产企业”“国家优质乳工程企业”“中国奶业脊梁企业”等。2022年，总产值4.95亿元，下降35.2%。雪宝乳业“‘三实’卓越绩效模式的经验”获评“2022年四川省工业质量标杆”。

【四川清香园调味品股份有限公司】 清香园前身为创办于清道光八年（1828）的中坝清香园酱园。清香园品牌先后获得“中华老字号”

"中国地理标志保护产品""中华百年传承品牌"等。公司拥有年产20万吨绿色食品产业生态链，建有以酱文化为主题的国家AAA级景区中国酱文化博览园，每年接待数十万名游客。先后通过有机认证、HACCP、ISO 9001、ISO 22000、ISO 14001等体系认证。2022年，总产值2.03亿元，增长9.79%。

【四川莱仕顿精酿啤酒有限公司】 四川莱仕顿精酿啤酒有限公司由莱仕顿实业集团投资兴建，是一家集啤酒、饮料、矿泉水等研发和制造于一体的大型生产企业。公司携手德国联合酿造集团，进口德国、美国、比利时、澳大利亚的麦芽、酵母、酒花等全球优质原料，采用德国传统古法酿酒工艺，推出"毒龙"品牌系列啤酒。2022年，总产值9.33亿元，增长950.66%。

（杜林聪）

生物医药及医疗装备产业

【概况】 2022年，绵阳市生物医药及医疗装备产业呈现规模稳步提升、细分领域发展强劲、创新能力持续提高三大发展特点。全市有好医生药业、太极绵药等生物医药规模以上企业38家，实现产值106.8亿元。其中，4亿元企业7家，实现产值80.7亿元，占产业总产值的75.6%；亿元以上企业17家，实现产值98.3亿元，占产业总产值的92.0%。生物医药及医疗装备产业基本形成以现代中药、化学药、医疗器械、兽药制造为主的四大领域。以好医生药业、太极集团绵阳制药为代表的现代中药，产值83.0亿元，占产业总产值的77.7%；以赛卓药业为代表的化学药，产值17.7亿元，占产业总产值的16.6%；以立德电子等为代表的医疗器械，产值2.5亿元，占产业总产值的2.3%；以伴农动保为代表的兽药制造，产值3.6亿元，占产业总产值的3.4%。生物医药及医疗装备产业共有国家级企业技术中心1个（好医生药业集团有限公司）、省级企业技术中心6个（太极绵药、立德电子、一康制药、天雄药业、代代为本、迪澳）、市级企业技术中心13个（泷海洋、湟恩动物、太极天诚、中坝附子、伴农动保、赛卓药业、新华康、惠泉生物、和润电子、中兴药业、新川义、华西动物、三香汇）。

2022年绵阳市产值超1亿元的生物医药及医疗装备企业统计表

表30

序号	企业名称	所属县（市、区）	2022年产值（万元）	同比增长（%）
1	好医生药业集团有限公司	安州区	427288	20.6
2	四川江油中坝附子科技发展有限公司	江油市	84353	28.0
3	太极集团四川绵阳制药有限公司	游仙区	76903	21.3
4	四川代代为本农业科技有限公司	三台县	72822	15.2
5	四川兴盛源药业有限公司	江油市	62641	76.2
6	四川天雄药业有限公司	安州区	42921	–32.2
7	四川惠泉生物科技有限公司	梓潼县	40531	39.2
8	太极集团·四川天诚制药有限公司	三台县	27598	10.1
9	四川省中兴药业有限公司	三台县	26028	21.0
10	四川云亳堂药业有限公司	江油市	20450	–69.5
11	绵阳立德电子股份有限公司	科技城新区	20347	37.5
12	绵阳迪澳药业有限公司	盐亭县	16617	–6.3
13	绵阳三香汇生物科技有限公司	梓潼县	16074	17.3
14	四川新华康生物科技有限公司	盐亭县	13466	13.8
15	绵阳一康制药有限公司	梓潼县	12429	–3.5
16	四川辉氏生物技术有限公司	梓潼县	12346	24.7
17	四川金正康生物技术有限公司	梓潼县	10116	15.4

【好医生药业集团】 好医生药业集团是绵阳市最大的医药龙头企业，好医生药业集团是集科、工、贸于一体，以药业为核心的“大健康”产业全面发展的大型企业集团。业务分布在医药工业、医药商业、医疗服务、医药研发、中药材种养殖基地、农产品精深加工、大健康七大板块，下属有37家全资子公司，14个GMP工厂，2家医贸公司，产业分布在四川、云南、贵州、山西、辽宁。旗下有1个国家企业技术中心、2个省级企业技术中心、1个省级工程技术中心、1个省级重点实验室，有4家高新技术企业，是农业产业化国家重点龙头企业，四川省创新型企业。与浙江大学、四川大学、澳门科技大学、成都中医药大学、西南民族大学、大理大学、昆明理工大学等高校院所建立产学研平台。好医生药业是工信部中国医药工业百强企业、中国中药制药百强，“好医生”商标是中国驰名商标。主要产品有桑姜感冒片、复方板蓝根颗粒、小儿解表颗粒、清热解毒口服液等中药类，对乙酰氨基酚片、复方氨酚烷胺胶囊等化学药。2022年，实现产值42.7亿元，增长20.6%。

【太极集团四川绵阳制药有限公司】 太极集团四川绵阳制药有限公司是全国老牌中成药制造企业，始建于1851年，1997年加入太极集团，是太极集团四川地区中成药制剂主要生产基地。公司主要从事中成药的研发、生产和经营，拥有片剂、丸剂、颗粒剂、胶囊剂、酊剂、搽剂、中药饮片等20条生产线，生产精制饮片300余个品规，太极（TAIJI）商标为中国驰名商标，“独圣”商标获四川省著名商标。有品种166个，全国独家品种8个、国家发明专利3项、国家中药保护品种5个、国家新药5个、国家基本药物37个，其中五子衍宗丸传统制作技艺被列入省级非物质文化遗产名录。公司技术中心被认定为四川省企业技术中心。公司与5家老字号精品国药企业联合成立中国中药协会国医药文化专业委员会，公司是中华国医药文化合作组织成员、世界中医药学会联合会中医药文化专业委员会委员。2022年，实现产值7.7亿元，增长21.3%。

【四川代代为本农业科技有限公司】 四川代代为本农业科技有限公司是全市最大的麦冬加工生产企业，成立于2010年，位于三台县芦溪工业集中区。公司是省级农业产业化经营重点龙头企业、科技型中小企业。公司企业技术中心联合北京大学药学院、中国中医科学院、成都中医药大学等科研院所，构建川麦冬全产业链研发平台，是成都中医药大学就业实践与教学实习基地，西南交通大学新品系选育研究基地。公司累计参与制定四川省地方标准2项，有作物新品种审定证书1个、授权专利34项。其中，授权发明专利13项，软件著作权10项。先后承担省部级科研项目10余项。公司有麦冬高端饮片、麦冬食品（饮料、配方茶、炖料包）、麦冬日化产品三大衍生产品系列。2022年，实现产值7.3亿元，增长15.2%。

（杜林聪）

轻工纺织产业

【概况】 2022年，绵阳市轻工纺织产业主要集中在纺织服装业、造纸及纸制品业、家具行业、竹木加工及藤草制品业、塑料制品业、其他轻工业领域，其中纺织服装业有规模以上企业27家，实现产值85.72亿元，增长20%；造纸及纸制品业有规模以上企业31家，实现产值51.9亿元，增长9.99%；家具行业有规模以上企业20家，实现产值30.73亿元，下降18.51%；竹木加工及藤草制品业有规模以上15家，实现产值12.51亿元，下降3.51%；塑料制品业有规模以上企业8家，实现产值10.15亿元，下降8.17%；其他轻工业有规模以上企业15家，实现产值15.48亿元，增长27.2%。至年底，全市有轻工纺织规模以上企业116家，实现产值206.5亿元，下降3.42%。

【轻工纺织产业重点企业发展】 2022年，绵阳市纺织服装业产值排前三的龙头企业为四川省翰彬霖鞋业有限公司（产值10.30亿元，增长7.73%）、绵阳佳联印染有限责任公司（产值17.3亿元，增长23.15%）、江油御华纺织有限公司（产值11.82亿元，增长18.36%）。造纸及纸制品业产值排前三的龙头企业为四川环龙生活用品有限公司（产值22.16亿元，增长24.03%）、四川美艺印刷包装有限公司（产值4.24亿元，下降2.22%）、四川省远景包装有限公司（产值3.62亿元，增长29.6%）。家具行业产值排前三的龙头企业为四川兴事发门窗有限责任公司（产值21.5亿元，增长31.69%）、四川九红教学设备有限公司（产值1.30亿元，下降86.76%）、绵阳市梦美寝具有限公司（产值1.93亿元，增长39.04%）。竹木加工及藤草制品业产值排前三的龙头企业为绵阳市麒翔林产品有限公司（产值1.99亿元，下降21.99%）、四川兴事发木业有限公司（产值1.71亿元，增长74.43%）、北川建诚木业有限公司（产值1.64亿元，增长12.36%）。塑料制品业产值排前三的龙头企业为江油市建工塑料制品有限公司（产值6.62亿元，增长44.71%）、江油市金杰橡胶制品有限公司（产值1.53亿元，增长38.05%）四川省江油市丰宇塑编有限责任公司（产值0.51亿元，增长19.19%）。其他轻工业产值排前三的龙头企业为绵阳凯特玻璃制品有限公司（产值2.91亿元，增长16.5%）、江油市亿豪五金制品有限公司（产值1.42亿元，增长43.85%）、江油东方玻璃有限责任公司（产值2.01亿元，增长18.61%）。

【绵阳市专用服装产业园（三台）】 绵阳市专用服装产业园于2022年6月由绵阳市委、市政府授牌成立，位于三台县，规划面积2.65平方千米，涉及青东坝、南寺坝、黄家坝、梓州产城新区等连片区域。园区重点发展纺织、印染、服装、鞋生产加工等领域，持续完善仓储、配送等全产业链，是绵阳市首批特色（专业）园区、四川省首批“5+1”重点特色园区、四川省唯一功能职业装（工装）基地，其“打造纺织鞋服产业‘宜产宜业’新高地经验”入选“省政府2022年下半年综合督查发现19项典型经验做法”。园区基础设施齐备，建成区间道路50余千米、自来水厂2座、变电站2座、污水处理厂2座，日供气能力35万立方米，光纤、通信等要素保障齐全。至年底，园区入驻佳联佳禧、鸿星尔克、翰彬霖、宜乐纺织、安吉纳、锦鑫泰等60余家企业，拥有产业工人7000余人，形成“纺纱—织布—印染—服装”专用服装产业链条。有规模以上企业39家，规模以上企业实现工业总产值100.54亿元。其中，纺织鞋服产业规模以上企业13家，实现工业总产值62.6亿元。拥有中国驰名商标1个、四川省著名商标2个，省级技术中心3个、工程技术中心1个。有纺织服装专利73项（发明专利20项），国家、省级科技进步奖7项。（杜林聪）

粮油工业

【概况】 2022年，绵阳市纳入统计的粮油加工和粮油转化企业共63家，其中酿造企业1家、饲料企业14家、养殖企业1家、制酒企业4家、粮油加工企业43家。粮油加工、转化企业工业总产值107.1亿元，比2021年增加7.4亿元，增长7.4%；销售收入129.9亿元，比2021年增加20.3亿元，增长18.5%；利润总额5.6亿元，比2021年增加8.9亿元，增长267.4%。粮油加工企业创造工业总产值19.7亿元，仅占全市总量的18.4%，比2021年减少6亿元；利润为0.38亿元，比2021年增加0.18亿元。

【制酒企业经济效益回暖】 2022年，绵阳市正常生产的制酒企业4家，工业总产值19.9亿元，增长10.5%，占全市加工转化企业总产值的18.6%。其中，绵阳市丰谷酒业有限责任公司工业总产值17.3亿元，占比16.1%；销售收入回升至2.5亿元。制酒企业经济效益回暖带动粮油加工和转化企业利润回升至5.6亿元，增长264.7%。

【饲料转化企业产值向好】 2022年，绵阳市有正常生产的饲料转化企业14家，工业总产值65.5亿元，增长21%，占全市加工、转化工业总产值的61.2%。工业总产值5亿元以上的大型饲料企业均无亏损。全市饲料企业实现利润0.9亿元。

【粮油加工企业发展】 2022年，绵阳市油脂加工企业发展态势良好，有正常生产经营的油脂加工企业17家，总体保持较好的生产经营能力，仅3家企业出现亏损。有5家企业日精炼油能力达120吨以上。其中，绵阳辉达粮油有限公司日精炼能力340吨。有3家企业小包装日灌装能力300吨以上，其中绵阳菜籽王粮油有限公司小包装日罐装能力400吨。“川菜王”“菜籽王”“绿清香”通过绿色农产品认证，“罗浮山”获得中国绿博会金奖，“川菜王”获得“中国食用油十大品牌”“四川名牌产品”，绵阳辉达粮油有限公司被中国质监协会评为全国百强油脂加工企业，是全市唯一拥有“天府菜油”公共品牌使用权的企业。申报成功“仙特”大米、“白鹤”特制一等粉、“川嫂”麦香面、“安州绿源”山水丝苗米、“陈氏油香坊”巴蜀香小榨特香、“川菜王”非转基因小榨纯黄菜籽油等“四川好粮油”品牌6个。全市共有绵阳辉达粮油有限公司“川菜王”、四川浩东食品科技公司“川熟乡”菜籽油等“中国好粮油”品牌2个，“四川好粮油”品牌13个。（罗 东）

电力生产

【概况】 2022年，绵阳市对林区输配电设施防火工作进行检查，应对迎峰度夏供需突出矛盾，向上争取计划指标，做好电力供需平衡。推进工商业用户参与电力市场化交易，市场化交易电量73.92亿千瓦时，增长21.56%。京东方、惠科、攀长钢3家企业纳入电力市场化交易战略长协，降低用电成本2.6亿元。持续提升“获得电力”服务水平，电力接入工程审批时间压减至4个工作日以内，高低压办电业务平均时间分别为6.63个和1.77个工作日，减少用户办电成本约5500万元。组织开展“全市智慧用能与节能技术企业家发展论坛”“优化营商环境‘面对面’水电气专场座谈会”，提升电力服务水平。全市全社会用电量175.36亿千瓦时，增长9.69%，增速排名全省第11位。其中，工业用电量90.48亿千瓦时，增长9.05%，增速排名全省第8位。四川省电力公司与绵阳市政府签订省内首个“十四五”合作协议，细化落地措施85项，推动解决客户隐患治理、低洼设施改造、项目建设支持等事项。指导供电企业与5个区（县）及园区签订合作协议，实现省市合作协议衔接。助力“双碳”目标，全社会电动汽车充电量超4800万千瓦时，增长151%。实现电能替代电量1.54亿千瓦时，减少碳排放5.8万吨。

【应对高温极端天气】 2022年8月，四川省迎来新一轮高温干旱灾害性天气，呈现出历史同期最高的极端高温、历史同期最少的降水量、历史同期最高的电力负荷、历史同期最长的持续时间“四最”叠加的局面。全市电力负荷电量逼近电网运载极限（309.5万千瓦）。全市电力保供工作贯彻“坚决守住保大电网安全红线、保民生用电底线”工作原则，强化政企联动，坚持联合调度，企事业单位响应节约用电号召，工业企业顾全大局让电于民，商圈商业主动压减负荷，保住电网安全和民生用电底线。

【市政府与国网四川省电力公司签署战略合作框架协议】 2022年4月1日，绵阳市政府与国网四川省电力公司签署战略合作框架协议。根据协议，绵阳市政府与国网四川省电力公司将在编制“十四五”电网规划、加快新型电力系统建设、促进清洁能源协调发展、提升电气化水平、深化电力体制改革等方面开展合作，在500千伏绵州站基础上，加快推动相关输变电工程，构筑骨干网架，打造结构坚强、安全可靠、智能高效的绵阳电网。

（杜林聪）

国家级非物质文化遗产——青林口高抬戏

青林口高抬戏又名抬阁，主要流行于江油市青林口一带，于每年农历二月庙会期间举行。相传在清乾隆年间（1736—1795），由曾在闽粤一带做官的青林口人引入家乡，经青林口人传承改进，遂成民俗。2006年，青林口高抬戏获得中国民间文艺最高奖——“山花奖”。2008年6月，被列入“第二批国家级非物质文化遗产名录”。青林口高抬戏把民间传说故事转化为鲜活的艺术形象，并以戏剧片段的形式定格于高台，再以人力将其托起。表演内容以传统的经典川剧折子戏为主，常见剧目有《秋江》《踏伞》《打雁》《情探》《李白醉酒》等。（视觉绵阳提供）

建筑业

【概况】 2022年，绵阳市建筑业总产值1005.13亿元，首次突破千亿元大关，增速9%，成为全省继成都、泸州、南充之后第4个建筑业产值过千亿元的城市。建筑业产值总量居全省第4位，增速居全省第6位。实现建筑业增加值350.22亿元，增长7.6%，建筑业增加值占地区生产总值比重的9.7%，对地区生产总值贡献率为13.7%，拉动地区生产总值增长0.7个百分点；全市建筑业税收23.99亿元，占全市税收收入的14.4%，比2021年提高3.53个百分点，持续为全市经济增长作出重要贡献。推广使用散装水泥651.1万吨，散装水泥率72%。在建工程质量监督覆盖面100%，受监工程竣工验收合格率100%。全年创“天府杯”10项、“绵州杯”市优质工程奖15项，省级工法6项，省级标准化工地9个、市级标准化工地21个。三台县绿色装配式建筑产业园列入省“十四五”重大建设项目，完成新开工装配式建筑205万平方米。加强建筑业经济运行监测，组织召开全市建筑业统计工作会议4次，定期对全市建筑产业经济运行情况进行分析、预测。按照“应入尽入、应统尽统”原则，建筑业新增入库企业81家，入库建筑业企业总数825家。开展建筑市场“三包一挂”专项整治行动，打击注册人员“挂证”行为。累计检查在建筑工程项目2317个（次），查处违法分包案件2件，罚款114.13万元。打击买标、卖标、围标、串标等违法违规行为，处理招投标投诉5起。

【建筑业营商环境优化】 2022年，绵阳市出台《绵阳市推动建筑强市工作若干措施》，从支持企业做大做强、企业承接工程项目、优化市场环境、加快转型升级发展4个方面，提出16条硬措施，加快建筑强市建设，促进建筑业高质量发展。全市组织开展2022年度全市建筑业先进企业表扬奖励评选工作，对引领发展、纳税、就业贡献突出、产值高、工程质量优、对外拓展好的33家建筑业企业予以表扬奖励，颁发奖金325万元，树立行业发展标杆。修订完善《绵阳市建筑施工及房地产开发绿卡企业服务管理办法》，授予中国核工业二四建设有限公司等73家建筑业企业2022年度“服务绿卡”，通过提供行政审批绿色通道、建立“一对一”定点联系帮扶等精准政务服务。举办“优化营商环境面对面”“企业服务活动月”，开展建筑业“服务绿卡”企业走访，实施暖企行动，实施常态化分级分类走，共走访企业1200余家。

【从业资格管理】 2022年，绵阳市支持和指导建筑业企业资质升级及增项，通过与企业面对面交流、点对点帮扶，解决企业资质升级增项问题。绵阳高新建设开发有限公司、四川省江油市新华建筑工程有限公司、绵阳市恒泰建设工程有限公司、四川军锐建筑工程有限公司、四川远投建筑工程有限公司5家公司取得建筑工程施工总承包一级资质。四川高鑫迅通交通科技有限公司、四川叠瓦建筑工程有限责任公司2家外地总承包一级资质落户绵阳。至年底，全市共有建筑业企业7985家，其中总承包企业2079家（特级2家、一级42家、二级176家、三级1859家），专业承包企业1326家（一级42家、二级503家、三级478家、不分等级303家），施工劳务4580家。对7000余名一级建造师、1.5万余名二级建造师报考人员开展考试资格审查。组织开展建筑施工企业安管人员以及建筑特种作业人员无纸化考试工作，开展5批次建筑施工企业安管人员和特种作业人员考试工作，其中安管人员8123人、特种作业人员1001人。

【建筑业企业资质事中事后监管】 2022年，绵阳市持续开展建筑业企业资质动态核查和“双随机、一公开”检查，共核查企业746家，撤回64家企业共171项资质。对在从事建筑业活动的10家建筑企业进行动态核查，核查合格4家，基本合格6家，对基本合格6家企业责令限期整改。

【散装水泥市场监管】 2022年，绵阳市组织开展预拌混凝土、砂浆搅拌站开展绿色生产及道路交通安全专项督导检查，共发出整改通知13份、停产通知1份，对存在的问题要求各地督促企业限期整改。组织开展绿色搅拌站考核评价，共受理7家企业绿色搅拌站考核评价申请，并通过考核评价，全市共7家企业达到绿色生产三星级标准。

【建筑业消防管理】 2022年，绵阳市消防审验机构编制率由7.69%上升至69.23%，从职人员培训率由15%上升至100%，特殊建设工程消防设计审查质量抽查实现全覆盖，消防验收资料共享得到规范，消防设计技术审查质量抽查、消防过程监督管理、审验违法查处等实现“零”的突破。初步形成“建立一个组织机构、完善一套管理制度、规范一批管理台账、打造一支过硬队伍、营造一个良好营商环境”的“五个一”工作机制。将331个“三无”（无主管单位、无物业管理、无人防物防）老旧小区消防设施的规范设置列为民生实事项目。开展生产经营租住村（居）民自建房专项行动，发动1000余名乡镇（街道）网格员对1.7万余栋自建房开展地毯式排查，发现整改火灾隐患4340处，拆除违规、违建、违法建筑2100平方米。

【绵阳市建筑业总产值首次破千亿元大关】 2022年，绵阳市政府出台《绵阳建筑业高质量发展实施意见》，对33家优秀建筑企业兑现奖励财政资金325万元。市住建委联合7个部门印发《绵阳市推动建筑强市工作若干措施》，修订建筑施工企业“服务绿卡”评选办法，拓宽“服务绿卡”适用领域、评选对象，新评选73家建筑“服务绿卡”企业，通过“一对一”服务、行政审批提速、减免农民工工资保证金等促进企业发展。开展“服务企业活动月”活动，建立常态化入统和重点、绿卡建筑企业走访机制，分级分类开展“助企纾困”挂联走访活动，累计走访企业1000余家次。支持优质建筑企业资质晋升，加大对龙头企业培育力度，推动7家建筑企业晋升一级资质，全年新增入统建筑企业81家。推动各地出台建筑行业扶持政策，吸引外地优质建筑企业，引入2家一级总承包资质企业落户绵阳。全年全市建筑业总产值突破1000亿元，达1005.17亿元，增速9%。2家特级资质建筑企业中国核工业二四建设有限公司和中九建工集团有限公司，产值分别实现100亿元和50亿元。

（曾 佳 胡 攀）

房地产经营

【概况】 2022年，绵阳市共完成房地产开发投资450.89亿元，下降3.1%。其中，商品房住宅投资356.57亿元，下降2.6%；商业营业用房投资36.83亿元，下降20.37%。绵阳城区（安州区）完成房地产投资326.98亿元，下降4.74%。其中，商品房住宅投资264.09亿元，下降2.4%；商业营业用房投资23亿元，下降25.54%。全市商品房销售面积655.53万平方米，下降13.1%，实现销售额426.5亿元，下降16.3%。其中，商品房住宅销售514.53万平方米，下降15.1%；商业营业用房销售46.7万平方米，下降30.06%。绵阳城区（安州区）商品房销售面积401.63万平方米，下降11.07%，实现销售额310.81亿元，下降14.06%。其中，商品住房销售322.93万平方米，下降12.29%；商业营业用房销售23.36万平方米，同比下降43.33%。

2022年绵阳市县（市、区）、园区房地产业投资销售统计表

表31

指标名称	房地产开发投资				商品房销售面积				住宅均价（元）
	本年累计（亿元）	增长（%）	住宅投资（亿元）	商业投资（亿元）	本年累计（万平方米）	增长（%）	住宅销售（万平方米）	商业销售（万平方米）	
全市	450.89	-3.1	356.57	36.83	655.53	-13.1	514.53	46.7	7297
涪城区	111.12	-5.4	94.23	3.96	87.97	-32.5	64.77	7.19	9358
游仙区	57.62	33.9	45.70	4.46	100.03	-11.1	86	2.06	9157
安州区	43.69	-4.7	32.08	6.28	75.66	5.9	53.43	6.12	6556
江油市	54.99	-6.7	38.06	6.66	92.96	-27.8	65.48	8.35	5039
三台县	36.65	37.7	27.07	4.15	65.28	-20.5	41.83	8.58	5659
梓潼县	12.38	3.8	11.14	0.38	37.35	1.6	37.32	0.03	4396
盐亭县	12.90	-2.2	11.12	1.37	38.56	1	36.52	1.3	3450

续表31

指标名称	房地产开发投资				商品房销售面积				住宅均价（元）
	本年累计（亿元）	增长（%）	住宅投资（亿元）	商业投资（亿元）	本年累计（万平方米）	增长（%）	住宅销售（万平方米）	商业销售（万平方米）	
北川羌族自治县	5.05	–45.9	3.61	1.04	15.93	12.7	7.82	4.51	7291
平武县	1.94	–2.5	1.49	0.23	3.84	49.4	2.65	0.56	5116
科技城直管区（绵阳高新区）	37.31	–42	29.22	2.40	52.32	2	45.21	2.14	8599
绵阳经开区	52.48	–6.4	44.07	2.22	57.99	1.7	49.89	3.48	8314
绵阳科技城新区	22.11	40.8	16.46	3.36	24.6	–8.2	20.57	2.37	9800
仙海区	2.64	247.5	2.33	0.31	3.06	43	3.06	0	10119

【二手房交易】 2022年，绵阳市二手房成交面积231.76万平方米，其中二手住房成交面积200.64万平方米、非住宅成交面积31.12万平方米。二手房成交均价为4774元/平方米，二手住房成交均价为5059元/平方米。二手房成交套数2.4万套，其中二手住房成交2.07万余套。

【房地产中介服务】 2022年，绵阳市规范房地产中介市场蜂蜜，落实房地产经纪机构备案制度，优化存量房交易业务流程，持续开展行业实名制管理和“双随机、一公开”工作，促进房地产中介市场平衡健康发展。全市有办理房地产经纪机构备案证且在有效期内的机构744家城区488家、县（市、区）256家]，其中新增备案房地产经纪机构147家[城区83家、县（市、区）64家]。

【长虹城】 位于科技城直管区（绵阳高新区），由长虹集团打造，占地40公顷。规划建设集住宅、商业于一体的房地产项目。其中，长虹城琅悦位于高新区白鹤堰路1号，是长虹城首个“悦”字系组团，打造理念为“多彩生活 童梦住区”，项目投资6.3亿元，占地面积2.4公顷，规划总建筑面积约8.9万平方米，容积率2.8，共规划5栋总高25层的高层住宅，分两梯五户、两梯六户。主要房型面积为79—123平方米。项目开发企业是四川长虹电器股份有限公司，施工单位是四川虹尚建筑工程有限公司，监理单位是四川华凯工程项目管理有限公司，项目开工时间为2022年5月，计划竣工时间为2023年11月。2022年住宅均价为9353元/平方米。

图80 建设中的长虹城项目（张梦怡/摄）

【九洲·览山晓】 位于科技城新区八角中路3号，毗邻科技城人才公园。项目总投资20.74亿元，占地面

图81 建设中的九洲·览山晓项目（张梦怡/摄）

积8.8公顷，规划总建筑面积约28万平方米，容积率2.4。开发企业是九洲千城置业有限责任公司，施工单位是四川九洲建筑工程有限责任公司，监理单位是四川正菱建设咨询有限公司。项目采用完全人车分流设计，车位配比为1∶1.5，住宅总套数约1200套，分南北两个组团开发。项目房型面积为129—233平方米。户型设计有LDKB+X流光环幕边厅、270度浮岛式景观阳台、双套房主卧等。项目开工时间为2022年5月，竣工时间计划为2025年12月。2022年住宅均价为12791元/平方米。

【永盛和粼江云境】 位于绵阳经开区机场东路458号，涪滨路与机场东路交会处。项目总投资28.8亿元，占地面积6.93公顷，容积率3.79，开发企业是绵阳市泰格置业有限公司，施工单位是四川优居建设工程有限公司和四川宏盛图建设工程有限公司，监理单位是四川省城市建设工程咨询集团有限公司。项目属高层产品，项目临涪江，设计上突出江景观景性能，由12栋高层和1栋独立商业（售楼部）组成，分两期开发，房型面积为103—320平方米。项目开工时间为2021年9月，竣工时间计划为2024年11月。2022年住宅均价为11271元/平方米。

（曾　佳）

物业服务管理

【概况】 2022年，绵阳市共有457家物业企业（外来企业、分公司）。其中，信用评定为AAA级3家、AA级13家、A级440家、B级1家。全市加强信用评定结果运用，将物业企业信用分值纳入前期物业招标审核条件。开展《绵阳市物业管理条例（修订草案）》立法工作并形成送审稿。印发《全市物业服务行业安全生产工作要点的通知》，在春节等重要时点，开展物业安全专项检查。

【《绵阳市物业管理条例（修订草案）》立法工作】 2022年，绵阳市开展《绵阳市物业管理条例（修订草案）》立法工作。全市召开立法起草工作推进会，形成《绵阳市物业管理条例（修订草案）》初稿（征求意见稿）。5月，面向社会征集意见。收集社会公众意见52条，采纳24条；收集专家意见47条，采纳23条。6月，形成《绵阳市物业管理条例（修订草案）》送审稿。

（曾　佳）

住房保障

【概况】 2022年，绵阳市棚户区改造开工1331套，基本建成424套，筹集保障性租赁住房886套，发放公租房租赁补贴1496户，发放保障性租赁住房租赁补贴463人，分别占目标任务的100%、154.18%、100.57%、119.11%、154.33%，完成各项年度目标任务。

【公租房分配】 2022年，绵阳市强化公租房兜底保障，坚持“让信息多跑路、让群众少跑路”，简化申请手续，实现零证明申请，采取“四审三公示”（社区初审、街道办复审、区住建局审核、市住建委审批，街道办、区住建局、市住建委三级公示）模式，邀请纪委监委、审计等部门全流程监督，确保公租房申请分配全流程阳光透明。申请人可以根据工作、生活实际，填报3个意向性小区，实现职住平衡。实行保障资格动态审查，清退158户不符合保障条件的对象。至年底，597户家庭通过电脑摇号配租到公租房，1496户家庭领取公租房租赁补贴。

【保障性租赁住房发展】 2022年，绵阳市出台《关于加快发展保障性租赁住房的实施方案》及有关配套政策，加速保障性租赁住房发展。结合全市招才引智计划，将人才住房建设纳入保障性租赁住房统筹发展。联合金融机构成立保障性租赁住房服务队，构建“银企政”三方联动的保障性租赁住房推进机制。

【棚户区改造】 2022年，绵阳市推进棚户区改造，提前半编制实施计划，建立项目实施台账，分项目制定方案，明确阶段性目标和完成时限。采取“点对点”联系，指导棚户区改造安置房项目建设手续办理，促进有条件开工建设的项目尽早开工、尽早落地。包装项目，做好对上汇报，争取上级补助资金和专债发行额度，共争取上级补助资金12.46亿元、中央预算内投资2.26亿元，发行专项债券7.36亿元。

（曾　佳）

住房公积金管理

【概况】 2022年，绵阳市贯彻“房住不炒”“租购并举”的总体要求，落实住建部、四川省阶段性支持政策及市委、市政府促进房地产市场平稳健康发展相关部署，修订完善缴存管理办法，调整公积金缴存政策。贯彻落实“人才十条”政策中关于公积金的新政，释放资金2608.36万元、惠及109人。推进院地合作，与中物院公积金中心签订房地产开发企业项目楼盘互认合作协议，服务中物院职工在绵阳购房置业。入选首批省级灵活就业人员参加住房公积金制度试点城市，提升灵活就业人员权益保障和公共服务，推动住房公积金制度覆盖全部就业群体。加强区域合作，落实绵渝、成绵住房公积金合作政策落实，与德阳、广元、遂宁、巴中、阿坝达成初步合作协议。全面取消贷款保证金，推行金融机构现金保函，试行房地产企业“白名单”制度，相关做法在全省推广。至年底，住房公积金实缴35.30万人，增长5.52%；缴存62.52亿元，增长8.29%；提取41.88亿元，增长2.90%；发放贷款26.87亿元。

【公积金缴存政策调整】 2022年，绵阳市两次调整公积金缴存政策，出台提高最高贷款额度（单职工由40万元提高至50万元、双职工由60万元提高至70万元）、放宽贷款购房面积限制、新购房屋可提可贷等10条措施。其中，新购房屋可提可贷、建立流动性调节机制、一人购房全家帮、调整房屋套数认定方式共4条措施为阶段性措施，执行截止时间为2023年6月30日。至年底，全市向房地产市场新增释放资金9.22亿元，公积金提取增长2.9%；新增执行差异化缴存企业152家，涉及职工3350人；受疫情影响企业申请缓缴32家，涉及缴存职工2386人，累计缓缴951.6万元；累计享受提高租房提取额度职工3204人，提取总额5317.27万元。

【住房公积金收益管理】 2022年，绵阳市加强资金管理，实现住房公积金保值增值，在支持住房消费、保障性住房建设、改善民生等方面发挥重要作用。向市、县两级财政上缴非税收入3.12亿元（市本级财政1.77亿元），增长10.11%；实现增值收益3.32亿元，同比增长2.20%。增强县（市、区）政府调动金融机构支持县域经济发展的手段，新增办理县（市、区）政府综合考评定期存款转存3.22亿元，累计办理9.92亿元。

【住房公积金区域合作】 2022年，绵阳市推进渝绵公积金一体化，落实渝绵公积金互认互贷、信息互查共享等合作事项，持续完善与重庆公积金中心的跨区域资金融通。推进成绵住房公积金一体化，实现与成都缴存政策完全趋同，使用政策逐步趋同，推动信息共享、队伍共建，便捷服务两地缴存职工。加强与毗邻城市区域合作，推动阿坝提取、贷款政策向绵阳延伸，吸引外地资金支持绵阳房地产市场发展。推动与德阳、广元、遂宁、巴中、阿坝等5个市（州）住房公积金区域协同发展，在异地购房提取、异地租房提取、异地贷款本息提取等方面达成初步合作意向。

【公积金政务服务】 2022年，绵阳市依托省政务服务和公积金服务等平台，简化公积金开户流程，实现企业开办即同步公积金开户。加强“一网通办”能力，通过缴存资金托收模式，实现缴存申报、缴款、入账全程网办。提升“数字化”服务能力，持续优化网上服务大厅、微信公众号、“i绵阳”App等线上服务功能，提高办理效率。上线公积金“智能语音客服”，提供7×24小时不间断智能应答服务。设立“跨省通办”“川渝通办”“绿色通道”等特色专柜，增设自助服务区，开展“一门”“四减”“一窗综合受理提档升级”专项行动，简化办事流程、精简办事材料、缩短办理时间。开展“访企业、送服务、促发展”“我服务、你监督”等专项活动，增设科技城新区、经开区公积金业务办理网点，实现“企业办事不出园”。全年网络问政总办件量225件，办结率100%；接听“12345”政府热线工单3.9万件。

【灵活就业人员参加住房公积金制度试点实施】 2022年1月，绵阳市被省住建厅纳入灵活就业人员参加住房公积金制度试点范围。5月，试点工作被绵阳市深改委纳入2022年度重大改革试点清单。9月，绵阳市印发《绵阳市灵活就业人员参加住房公积金制度试点实施方案》，出台《绵阳市灵活就业人员参加住房公积金制度试点实施办法》《绵阳市灵活就业人员住房公积金缴存限额、最高贷款额度、存贷系数执行标准的通知》《绵阳市灵活就业人员住房公积金缴存管理实施细则》《绵阳市灵活就业人员住房公积金使用管理实施细则》。11月14日，绵阳市灵活就业人员参加住房公积金制度试点媒体见面会举行，正式全面启动试点工作。启动当天，有222人通过线上方式开通灵活就业人员缴存住房公积金账户。至年底，全市有工行绵阳分行、绵阳市商业银行、建行绵阳分行、农行绵阳分行4家缴存合作银行，绵阳市商业银行、工行绵阳分行、农行绵阳分行、建行绵阳分行、招行绵阳分行、中行绵阳分行、交行绵阳分行7家贷款合作银行；并在“i绵阳”App、“绵阳公积金”微信平台开通开户登记、线上缴存等10余项业务；共有971人自愿参与试点，缴存金额70.95万元。

（杨成慧）

资料链接：2021年，住建部率先在重庆、成都、广州、深圳、苏州、常州6个城市开展灵活就业人员参加住房公积金制度试点工作。试点针对灵活就业人员群体，降低缴存准入门槛，不设户籍地、户籍性质、社保年限、个人收入等限制，降低年龄门槛（16—65周岁）。遵循自愿原则，设置按月等额缴存、按月自主缴存、灵活自由缴存3种缴存方式。在提取方面，坚持同权提取，参照单位在职职工执行，缴存人还可结合自身实际，自愿退出缴存，提取全部缴存余额。在贷款方面，贷款额度的计算与灵活就业缴存人缴存资金的金额大小、存储时长挂钩。

概　述

2022年，绵阳市在全省率先出台“促消费13条”（《促进绵阳市消费恢复发展的若干措施》），抓住重点节假日和消费旺季，扩大消费需求、提振消费信心、释放消费潜力。统筹2亿元资金，联动市直部门、县（市、区）发放普惠消费券、大宗消费补贴，累计拉动消费29.1亿元。在全国首创“绵e补”小程序，实现补贴智能化一站式线上申领、审核，共发放汽车和家电补贴约4000万元。全市实现社会消费品零售总额1635亿元，居全省第2位；增速-1%，居全省第16位。按经营地分，全市城镇实现社会消费品零售总额1077.41亿元，下降2.4%；乡村实现消费品零售额557.59亿元，增长1.8%。按消费形态分，餐饮收入297.39亿元，增长2.9%，高于全省13个百分点；商品零售1337.61亿元，下降1.9%，低于全省12.7个百分点。服务业增加值1731.14亿元，稳居全省第2位。服务业增长4.5%，高于全国（2.3%）2.2个百分点、全省（2%）2.5个百分点，服务业增加值总量占地区生产总值的比重的48.3%，服务业对全市经济增长贡献率为47.7%，拉动经济增长2.2个百分点。服务业固定资产投资完成1106.1亿元，占全社会固定资产投资的64.6%，同比增长1.7%，低于全市全社会固定资产投资增速（11.3%）9.6个百分点，低于全省服务业固定资产投资增速（7.7%）6个百分点。新增规模以上服务业企业161家，规模以上服务业企业共671家。涪城区、三台县、盐亭县入选四川省首批县域商业建设行动示范县（市、区）名单。

服务业市场营商环境优化。2022年，绵阳市优化服务业市场主体营商环境，印发《绵阳市“十四五”服务业发展规划》《绵阳市商务局“决战四季度　大干一百天”攻坚行动方案》《绵阳市实施产业强链行动推进服务业高质量发展工作方案》《2022年服务业发展“十件大事”工作实施方案》等，明确构建“4+3+N”现代服务业体系（“4”即商贸流通、金融服务、现代物流、文化旅游四大支柱型服务业；“3”即科技信息服务、特色餐饮服务、医疗康养服务三大成长型服务业；“N”即家庭社区服务、人力资源服务、商务会展服务、房地产业、教育服务等其他服务业），确立服务业发展“十件大事”，建立服务业重点产业“链长制”，在重点项目、重点企业、重点品牌实行“班长制”，统筹推动服务业整体发展。至年底，商贸流通、金融服务、现代物流、科技信息服务业等“4+3”重点产业实现增加值1093.5亿元，占全市服务业比重63.2%。其他营利性服务业（不含电信）增速大幅提升，营业收入增长45.4%。特色餐饮产业持续壮大，实现餐饮收入288.9亿元。有限上住宿企业105家，实现销售收入13.78亿元，增长13.4%。开展全市“转企升规”（个体经营户转型登记为企业、小微企业升级为规模以上企业）专项行动，新增限上商贸流通单位265家，限上商贸企业总数达1087家。

消费升级行动。2022年，绵阳市引入全国知名零售品牌王府井购物中心，营业收入2.5亿元。建成“雨村·十坊”、沸腾川里等商旅文多业态融合示范项目。开街投运“铁牛广场—青天苑夜间经济集聚区”。促成罗森、霸王茶姬、泡泡玛特、理想城市展厅等首店在绵阳开业，满足市民多元化的消费需求。

特色展销。2022年，绵阳市组织开展中国（四川）国际熊猫节·风物绵州乐享季系列活动、绵阳名优特精品展、首届“绵阳造”迎春购物节、香醉绵州美食荟等各类促销活动450余场次，带动消费460余亿元。聚焦汽车、家电等大宗商品，举办绵阳之春国际车展、第12届绵阳国际车展，千企联动金秋购物节、第8届家居博览会等专题活动，以及“走北川”集市、三台县主题消夏文化季等地方特色活动，稳定消费市场，增添消费活力。举行“绵品出川”产销对接会系列活动，组织绵阳企业到厦门、东莞、苏州三地进行产品展销和品牌推介，329家（次）绵阳企业、1200余种（次）绵阳产品参展，实现现场销售金额1.9亿元。吸引近300家外地采购商参加产销对接会，签订购销协议40.1亿元。（唐　欢）

绵阳市实施“班长制”的重点项目、企业、品牌一览表

表32

重点项目			
1	国家级冷链骨干基地建设	11	“1+3+N”物流节点布局体系建设
2	国家级文化旅游消费试点城市建设	12	“4+3+N”特色街区建设
3	开放平台建设	13	开通“绵阳号”国际班列
4	双千工程	14	冲刺外贸300亿元大关
5	三百工程	15	科技城中央商务区建设
6	四川省大型区域商品分拨配送中心建设	16	江油商文旅融合发展示范区建设
7	省级区域消费中心城市建设	17	北川商旅文体农新型消费示范区
8	县域商业体系建设	18	仙海旅游消费示范区建设
9	千百十亿倍增计划	19	会展引领区建设
10	品牌战略计划	20	川派餐饮先行区建设
重点企业			
1	四川虹信软件股份有限公司	16	中国石油天然气股份有限公司四川绵阳销售分公司
2	东亨信息科技股份有限公司	17	绵阳富临百盛广场有限公司
3	绵阳手游圈科技有限公司	18	四川省科学城九龙宾馆有限公司
4	四川快益点电器服务连锁有限公司	19	四川梓州酒店管理有限公司
5	华强方特（绵阳）旅游发展有限公司	20	西科餐饮管理集团有限公司
6	四川虹魔方网络科技有限公司	21	绵阳华硕餐饮管理有限公司
7	四川九洲北斗导航与位置服务有限公司	22	绵阳众福食品有限公司
8	四川十分到家科技有限公司	23	四川万高达味食品有限公司
9	四川科瑞软件有限责任公司	24	四川省羌山生物科技股份有限公司
10	四川振通检测股份有限公司	25	四川嗨腊百川食品有限公司
11	四川长虹佳华信息产品有限公司	26	长虹民生
12	通富弘业有限责任公司	27	安运物流
13	长虹顺达通科技发展有限公司	28	中油九洲北斗科技能源有限公司
14	四川铁投广润能源有限责任公司	29	家福来实业集团有限公司
15	四川智易家网络科技有限公司	30	西部冷都

续表32

重点品牌					
1	虹信软件	11	中坝酱油	21	绵州巧姐妹
2	振通检测	12	毒龙啤酒	22	家福来
3	天虹丝绸	13	圣迪乐	23	康养健
4	好农	14	涪城麦冬	24	八品农庄
5	绵阳米粉	15	平武中蜂	25	好山物流
6	蜀腊记	16	梓江鳜鱼	26	绵阳国际车展
7	江油肥肠	17	北川苔子茶	27	快益点
8	北川腊肉	18	土门赵鸭子	28	六月雪
9	雪宝乳业	19	川蜀老味道	29	海上海
10	川菜王	20	九皇山	30	老乡好

重要政策和活动

【概况】 2022年，绵阳市印发《绵阳市“十四五”服务业发展规划》《绵阳市实施产业强链行动推进服务业高质量发展工作方案》《2022年服务业发展“十件大事”工作实施方案》《绵阳市加快打造百亿米粉产业集群实施方案》等，谋划“十四五”期间服务业发展方向，开展家电和汽车消费补贴活动，启动“百亿米粉产业”发展工程，立足重点产业等，强化责任制，实施“链长制”“班长制”，推动服务业高质量发展。

【《绵阳市“十四五”服务业发展规划》出台】 2022年1月27日，绵阳市人民政府印发《绵阳市“十四五”服务业发展规划》（以下简称《规划》）。《规划》分析全市服务业发展环境、发展基础及存在问题和面临形势，提出“十四五”期间服务业的发展定位是建设服务业创新发展示范区、培育两业融合发展示范区、打造成渝地区区域性消费中心、打造服务业集聚发展引领区，发展目标是规模总量跨上新台阶、结构调整取得新成效、提质增效取得新发展、项目建设取得新跨越、企业发展取得新突破、区域协调取得新提升、改革开放取得新进展。在产业体系方面，要加快构建“4+3+N”服务业体系，即巩固提升商贸流通、金融服务、现代物流、文化旅游四大支柱型服务业，培育壮大科技信息服务、特色餐饮服务、医疗康养服务三大成长型服务业，加快发展家庭社区服务、人力资源服务、商务会展服务、房地产业、教育服务、数字经济、平台经济、电商直播、跨境电商等其他服务业，持续提升绵阳服务业高质量发展水平。在空间布局上，以“多规融合”为抓手，以服务业发展现状为基础，衔接《绵阳市国土空间总体规划（2020—2035）》《绵阳市国民经济和社会发展第十四个五年规划和2035年远景目标纲要》等规划，形成重点突出、层级分明、特色鲜明的服务业发展格局。实施开放扩能、产业融合、集中集聚、重点项目建设、重点企业培育、服务质量提升等“六大重点工程”，激发服务业发展活力和内生动力，实现服务业产业体系现代化。在发展保障上，通过加强组织保障，加强土地等要素供给，以构建行业标准体系、强化知识产权体系、完善社会信用体系等方式优化服务业发展环境。

【服务业高质量发展工作方案出台】 2022年3月24日，绵阳市服务业发展领导小组印发《绵阳市实施产业强链行动推进服务业高质量发展工作方案》（以下简称《方案》）。《方案》提出总体要求：立足“四重”（重点产业、重点项目、重点企业、重点品牌），强化“四责”（市领导、部门领导、属地领导、企业领导），全面实施服务业产业“链长制”“班长制”，推动服务业高质量发展。发展目标：到2025年，以产业生态圈为引领，服务业重点产业链及重点细分领域为突破，推动重点产业能级大幅提升；培育商贸流通、金融、物流、文化旅游、科技信息服务等千亿级产业，打造服务业创新发展示范区、两业融合发展示范区、成渝地区区域性消费中心、服务业集聚发展引领区，加快建设中西部服务业强市。主要任务：制定产业发展规划、制定专项产业政策、开展产业项目会战、培育优质市场主体、启动品牌战略计划、建好产业发展载体、推动企业孵化培育体系建设、拓展推广应用场景、加强人力资源协同。主要工作措施：实施强链“链长制”，由市长担任“总链长”、市政府各分管领导担任各服务业产业“链长”、县（市、区）人民政府（园区管委会）主要负责人担任“副链长”、牵头市直部门主要负责人担任“班长”、分管负责人担任"副班长"、责任科室负责人担任"服务专员"。每个产业和重点专班要推动形成"1个发展方案、1张产业图谱、1套专项政策、1份责任清单、1个企业培育名录库、1个产业项目建设库、1个产业项目招引包装库"的"七个一"工作机制。

【服务业发展"十件大事"】 2022年3月24日，绵阳市服务业发展领导小组印发《2022年服务业发展"十件大事"工作实施方案》，提出2022年全市服务业发展的中心工作即深入实施品牌战略计划、培育绵阳米粉百亿产业、加快科技信息服务业发展、打造江油商文旅融合发展示范区、建设仙海旅游消费示范区、加快推进县域商业体系建设、开通"绵阳号"国际班列、冲刺外贸300亿元大关、社区商务提标提质工程、推动科技城中央商务区建设共10件大事。明确由市商务局，市发改委、市自规局、市交通运输局、市经合局、绵阳海关等单位为责任单位。

【促进绵阳市消费恢复发展的若干措施出台】 2022年6月2日，绵阳市人民政府办公室印发《促进绵阳市消费恢复发展的若干措施》，包括发放普惠消费券、鼓励汽车消费、加大家电消费等13条举措。其中，鼓励汽车消费即发放汽车消费购置补贴2000万元，支持全市开展汽车促销活动，加快二手车流通，扩大新车消费；加大家电消费即发放家电消费专项补贴2000万元，支持市内重点家电生产企业、销售企业实施家电促销活动，对消费者新购买或以旧换新的智能电视、冰箱冰柜、洗衣机、空调、手机等智能节能产品给予补贴；支持促消费活动即支持各地举办各类促销活动，县(市、区)、园区不得低于2场次；鼓励集团消费即鼓励绵阳人购"绵阳产""绵阳造"，支持机关、企事业单位按规定为工会会员发放节日慰问品，开展观影、文体、秋游等活动；支持文旅体消费即推出3000万元绵阳旅游消费惠民大礼包；企业纾困助力消费即对全市服务业规模以上企业，批零住餐限上商贸企业、125家储备酒店和189家生活必需品应急保供企业，给予每户2万元水电气、房租等综合补贴，由市县两级财政分担；有序恢复专业展会即有条件支持企业复展；实施"绵品出川"战略即持续推进名优特新"绵阳造"走出去，开展进展会、进企业、进院校、进机关、进军队、进连锁、进线上平台"七进"活动；拓展线上销售渠道即一、二、三产全面触网，引导服务业企业举办线上促销活动，开展直播带货，发展社群电商、社区电商，推广"线上下单，线下无接触配送、预约配送、定点投递"模式，引导商品交易市场、商场超市、便利店等传统商贸主体加快电商化、数字化改造；补齐农村消费短板即鼓励县域大型商贸流通企业信息化改造，开展集采集配基础设施建设；优化消费发展环境即加强市直部门联动、建立促消费工作矩阵，加大服务业减税降费力度，采取免收罚息、减免逾期利息、征信保护、适当降息等措施；加大设备投入力度即鼓励党政机关、学校、医院，大型商场、超市、工业企业等场所升级改造设施。

【家电和汽车消费补贴活动启动】 2022年6月15日，绵阳市启动"2022家电消费补贴活动""2022汽车消费补贴活动"。根据《促进绵阳市消费恢复发展的若干措施》，本次家电、汽车消费补贴活动补贴金额分别为2000万元。家电消费补贴的补贴对象为全市限上零售企业统计且正常经营的家电经销企业（个体）处购买或以旧换新的智能电视、冰箱冰柜、洗衣机、空调、手机等智能节能产品，满足申报条件的个人消费者。家电消费补贴的补贴档次为四档，第一档为购买单品价值1000元以上，补贴100元；第二档为购买单品价值2000元以上，补贴200元；第三档为购买单品价值3000元以上，补贴400元；第四档为购买单品价值5000元以上，补贴600元。全市共126家企业参加家电消费补贴活动。汽车消费补贴的补贴对象为在纳入（拟纳入）全市限上零售企业统计且正常经营的汽车经销企业处购车，满足申报条件的个人消费者（以购车发票上的日期为准），所购车辆必须是新车（燃油小汽车或新能源小汽车），所购车辆须为登记注册在本人名下的川B车牌小汽车。汽车消费补贴的补贴档次为三档，第一档为购车发票金额5万元至10万元以下的，补贴1000元；第二档为购车发票金额在10万元（不含）至20万元的，补贴2000元；第三档为购车发票金额在20万元（不含）以上的，补贴3000元。全市共98家企业参加汽车消费补贴活动。两种消费补贴均通过微信小程序"绵e补"申领。符合补贴申请要求的消费者在完成付款后，通过"绵e补"上传资料，并在线上申请。至年底，两种消费补贴发放近4000万元。

【"百亿米粉产业"发展工程启动】 2022年6月17日，绵阳市人民政府办公室印发《绵阳市加快打造百亿米粉产业集群实施方案》(以下简称《方案》)，启动"百亿米粉产业"发展工程。《方案》旨在推动绵阳米粉品牌化、标准化、规模化、产业化、绿色化发展，更好发挥绵阳米粉带一产、促二产、兴三产示范带动作用，打造百亿级产业集群。提出"五年五步"计划，实施"百城万店"工程，明确打造"绵阳米粉"品牌、提升原材料供给能力、促进绵阳米粉产业升级、培育米粉产业头部企业、建设米粉产业集聚区、建立多渠道营销网络、加强绵阳米粉文化建设、加强产业融合发展等九大重点任务，推动绵阳米粉产业实现带动原材料产业链聚合的发展效应、增加财税来源的经济效应、提供就业岗位的社会效应"三个效应"。6月19日，绵阳市米粉产业行业协会正式公布绵阳米粉团体标准（2022版）。6月22日，该标准通过全国团体标准信息平台发布。8月1日起，该标准生效实施。

（唐　欢）

专业市场

【概况】 2022年，绵阳市加快城乡市场体系建设，完善农村商贸流通基础设施，发展农村新型流通业态，改善农村消费环境。加强部门协调配合和企业对接，引导各地加强大型农产品市场基础设施建设，完善农产品流通骨干网络。鼓励各地探索建立大型农产品批发市场公益性运营保障机制，推动公益性农产品批发和零售市场全面发展。提升农产品生产、流通企业的鲜活农产品流通现代化水平，加强鲜活农产品产地预冷、预选分级、加工配送、冷藏冷冻、冷链运输、包装仓储、电子结算、检验检测和安全监控等设施以及鲜活农产品连锁店、直销店（专柜）等基础设施和零售体系建设，加快推进冷链物流、信息系统、网上购销等平台建设。形成以中心城区核心商圈为龙头，以区域商圈、特色商圈、社区便民商圈为骨干的城市商圈网络体系，居民购物便利性增强。至年底，全市有商贸市场13家，年交易总额226.55亿元。其中，年交易额10亿元以上5家；全市有农贸（菜）市场280家，年交易总额178.72亿元。其中，主城区农贸市场99个，年交易总额101亿元。

2022年绵阳市主要农产品批发市场情况统计表

表33

序号	市场名称	地址	销售类别	上缴税收(万元)	交易量(万吨)	交易额(亿元)
1	绵阳市高水农副产品批发有限公司	涪城区龙门镇迴龙路10号	蔬菜类	670.2	540.56	77.3
2	天泰剑南国际食品城	涪城区石塘街道	综合	3220	65.5	63.75
3	西部冷都	涪城区龙门镇小桥村	水产品类	106.88	170	20.16
4	三台五鑫农贸交易中心	三台县北坝街道北塔路1号	综合	209.1	21.8	9.7
5	江油市水果蔬菜批发市场	江油市太平镇	蔬菜类	151.73	4	1.7

【商圈发展】 2022年，绵阳市以中心城区核心商圈为龙头，以区域商圈、特色商圈、社区便民商圈为骨干的城市商圈网络体系日趋完善。核心商圈聚集效应凸显，中心城区形成临园商圈、花园商圈两大核心商圈，涪城万达、绵阳凯德、富临百盛、茂业百货等商业综合体、商业中心聚集该区。区域性综合商圈多级发展，形成高新区城市奥莱、宜家美、游仙海悦银河城、红星美凯龙、江油纪念碑商圈、三台梓州黄金商业圈、安州洋马路等区域商圈。特色商圈逐渐壮大，汽车消费商圈有高新区汽车博览园、经开区同立汽车城等，家居建材商圈有东辰宜家美、红星美凯龙、居然之家等，农产品集散商圈有高水农副产品批发市场、绵阳农资批发市场、绵阳果品批发市场等，日用品消费商圈有毅德商贸城、剑南天泰国际食品城，美食商圈有马家巷、老茶树、芙蓉汉城、上马望蜀苑等集中集聚地。此外，126文创产业园、南河、长虹世纪城、环西科大等众多小型商业集聚区以及铁牛广场等一大批社区商业，呈点状零星分布，提升城区居民就近购物消费水平，城区多数地方实现“5分钟到便民店、10分钟到社区超市、15分钟乘车到达综合超市”的社区便民商圈发展目标。

【绵阳王府井购物中心开业】 2022年5月28日，绵阳王府井购物中心（以下简称购物中心）在嘉来·南河广场开业，当日销售额达1280万元，客流量16万人次。购物中心占地面积2.2公顷，总建筑面积17.6万平方米，建筑共7层，其中B1层为

图82　5月28日，绵阳王府井购物中心开业（涪城区党研室提供）

图83 “绵州记忆”铁牛广场片区施工现场（视觉绵阳提供）

精品超市，1层为潮流精品区，2层为时尚活力区，3层为童趣运动区，4—5层为美食城，6层为天台花园。购物中心引进优衣库、星巴克、三叶草、周大福等40余个品牌。至年底，实际营业收入2.5亿元。

【绵阳市高水农副产品批发市场】 绵阳市高水农副产品批发市场组建于1993年，位于绵阳市涪城区龙门镇迴龙路10号，是绵阳交通发展集团有限责任公司下属国有控股企业，下设川西北农产品物流中心、市场管理中心、三台分公司、菜鸽子物流分公司4个分支机构。高水农副产品批发市场是四川省第二大农产品批发市场，先后被国家部委评定为农业农村部鲜活农产品“定点市场”“诚信示范市场”“双百市场工程”承建企业、“农产品现代流通综合试点”项目建设企业、“肉蔬质量可追溯”源头市场承担企业、“全国农产品批发市场行业评选蔬菜类十强”“全国农产品综合批发50强市场”“西部物流百强企业”，被四川省评为“先进批发市场前十强”、省级“农业产业化经营重点龙头企业”“四川省应急保供重点联系企业”、科技型中小企业、粮食应急供应网点、绵阳电子商务优秀企业。先后通过ISO 9001质量管理体系认证、职业健康安全管理体系认证、食品安全管理认证、环境管理体系认证、是国家AAA级物流企业。拥有万吨级果蔬冷藏保鲜库，建立较为完善的第三方农产品配送体系。2022年，营业面积12万平方米，有摊位1293个，成交额77.3亿元，上缴税收664.2万元，业务辐射山东、河北、甘肃、陕西等省的10余个城市。

【“绵州记忆”铁牛广场片区升级改造完成】 2022年，“绵州记忆”基础设施提质升级建设（二期）项目开工，项目分为铁牛广场和马家巷两大片区。截至12月底，“绵州记忆”铁牛广场片区升级改造完成。升级后的铁牛广场道路、广场全面升级，设置音乐喷泉和水幕全息投影，并在部分街巷进行局部建筑立面及店面、围墙改造中融入中式风貌元素，在广场上增设可提供手机充电的智慧座椅，通过川剧脸谱、人物雕塑、地面浮雕和铁牛巨像讲述人文故事。 （唐欢 葛佳）

餐饮业

【概况】 2022年，绵阳市餐饮业在做好常态化疫情防控前提下，立足保民生、稳就业、促消费，推动餐饮业品牌化、品质化、数字化转型发展，促进餐饮业高质量、特色化发展，实现餐饮收入297亿元，同比增长2.9%。推出“香醉绵阳”美食节系列活动，开展绵碚好食材产销对接会、首届海峡两岸美食荟、北川“羌山农牧杯”美食厨艺大赛等主题活动、“绵州美食”主题促销活动。推动线下餐饮经营单位入驻“饿了么”“美团”等电商平台，促进线上线下融合发展。绵阳米粉、江油肥肠等预制菜成为线上消费热销品种，北川腊肉制品占领天猫平台腊肠销售榜首位置。加强绵州菜的理论研究，建立绵阳餐饮品牌数据库，提升绵阳餐饮的内涵和品牌竞争力和影响力，组织编撰“绵阳美食文化”丛书，制作绵阳美食电子地图，整理绵阳美食地标和文化典故、传统烹饪技艺、美食大师等资料。联合央、省主流媒体构建美食宣传矩阵，绵阳米粉、江油肥肠、北川腊肉等41道美食先后10次登上中央电视台经济频道、科教频道，其中中央电视台科教频道《味之道·金秋好风味》节目推出绵阳篇。

【餐饮品牌建设】 2022年，绵阳市餐饮品牌连锁企业发展壮大，森林雨公司旗下有“森林雨”等品牌，拥有各种直营、加盟管理店近60家，获得“绵阳最具影响力餐饮品牌”，全国各门店营业收入近4亿元。紫金印象餐饮公司旗下有“紫金湾”“紫金印象”“滋味工坊”“十三小厨”等品牌。六月雪公司是一家大型连锁特色餐饮企业，旗下餐饮产业有特色干锅、养生汤锅、中餐，其中直营品牌“六月雪”“三缺一”“八道菜”“新鱼上任”均为“绵阳市知名品牌”，在省内外共开设直营店14家、加盟店70余家。绵阳米粉是绵阳餐饮小吃的代表，形成德华开元米粉、胖米粉、高水杨米粉、永华米粉等多个连锁经营品牌。窝窝店餐饮、绵阳康富源、绵阳众福食品等企业生产的绵阳米粉预包装产品远销美国、英国、新加坡等国家。

【餐饮菜品创新发展】 2022年，绵阳市餐饮菜品吸收各大菜系特点，经创新和升级，形成富于绵阳地域特点的“绵州菜”。特色菜品有川东别院的糯香真味黄辣丁、豆豉爆虾球，紫金湾酒楼的石锅三角蜂、木瓜炖雪蛤，六月雪的糯香鸭掌，四海香的鸡丝凉面，虾圣的蒜蓉小龙虾，老灶房的神仙耙猪脚，钟兔子风味店的麻辣兔头，安州焦鸭子酒楼的全鸭席，何记集美的大刀玻璃耳叶，廖排骨卤菜店的五香卤排骨，江油周肥肠的红烧肥肠等。同时，还引进泰国菜、日式料理等国外菜品，以及湘菜、粤菜等国内菜系。

【首届“羌山农牧杯”美食厨艺大赛】 2022年4月27日，绵阳市北川羌族自治县首届白山羊美食文化活动暨第二届厨艺大赛在永昌镇禹王广场举行。大赛以打造北川白山羊美食为主题，来自北川各个乡镇共21名参赛选手参赛。大赛采取“1+5+X”的形式，即设置1个决赛活动场、5个初赛活动场。经过前期5个初赛场的比拼，产生21名优秀选手进入决赛，由评委团共同评选出最佳厨艺奖1人、最佳风味奖2人、最具创意奖3人和优秀奖15人。其中“洒啦溪全羊宴”获最佳厨艺奖，“山野十八珍”羊肉汤锅、“泉水鸡”获最佳风味奖，“奶汤鱼羊鲜”“龙腾藏乡”“青葱岁月”获最具创意奖。（唐　欢）

粮油购销

【概况】 2022年，绵阳市有纳入统计范畴正常经营的涉粮企业95家，其中国有粮食企业27家。全市从生产者收购粮食31.7万吨，其中收购稻谷14万吨、小麦11.9万吨、玉米0.7万吨。国有粮食企业收购粮食7.3万吨，占总收购量的23%。从企业购进粮食（成品粮折原粮）165.8万吨，其中稻谷4.3万吨、小麦22.9万吨、玉米85.2万吨、其他品种53.4万吨。全市收购菜籽6.4万吨，其中国有企业收购1.5万吨，占总收购量的23.4%。全市销售粮食61.9万吨，其中国有企业销售32.2万吨，占总销售量的52.0%；销售油脂（料折油）18.6万吨，其中国有企业销售5.5万吨，占总销售量的29.6%。轮换市（县）储备粮油22007吨。

【粮食收购】 2022年，绵阳市贯彻落实国家粮食收购政策，安排部署夏粮、秋粮收购工作，支持引导多元主体入市，做好市场化收购和政策性收购；印发《绵阳市超标粮食收购处置实施方案》，安排部署超标粮食收购处置工作。指导和督促国有企业带头开展自营收购，提高市场化收购比例。鼓励有条件的企业以粮食加工转化为枢纽和引擎，发展“产购储加销”一体化的全产业链模式，延长产业链，健全服务链，提升价值链，推动粮食产业转型升级。创新收购形式，采取直购直销模式（粮食收购民营企业直接从售粮农户手里收购）减少中间环节成本费用。采取托管服务直接收购模式，帮助农户增收，提高种粮积极性。采取优质优价订单收购模式，以“中国好粮油”行动示范和粮油产业高质量发展项目为引领，聚焦优质粮油基地，加强宣传，定点开展优质优价订单收购，保证订单种植、定点收购、优质优价及产品质量的全程可追溯。发挥储备轮换调节作用，引导粮食储备企业把握好时机、节奏和价格，开展储备轮换。各县（市、区）发改（粮食和物资储备）局及市粮油集团有限公司研究政策措施，提前摸清粮源分布，合理设置收购网点并制定相关工作方案，确保绝不出现农民“卖粮难”情况。全市稻谷、小麦收购价格普遍高于国家最低收购价，没有启动最低收购价执行预案。

【储备粮油管理与轮换】 2022年，绵阳市做好粮食储备管理工作，确保储备粮油数量真实、质量良好、储存安全、管理规范，印发《关于市级应急成品粮油管理有关问题的补充通知》《关于进一步加强政府储备粮管理的通知》等，指导县（市、区）做好本级储备粮管理办法等制度的修订工作。按照储备粮轮换计划要求，完成省、市、县储备粮油轮换任务。共完成省级储备轮换稻谷12240吨、小麦10913吨、菜籽油1049吨、成品大米500吨、小包装菜油200吨，完成率100%；完成市级储备轮换稻谷1000吨、小麦10046吨、成品粮大米4000吨、成品粮面粉1500吨、成品菜籽油500吨，完成率100%。全面完成2020年四川省下达绵阳市新增粮油储备规模粮2万吨、食用油0.4万吨的任务，并重新核定应急成品粮油储备规模为1.15万吨。

【粮食保障能力建设】 2022年，绵阳市推进粮油应急保障网络建设，科学规划、合理布局，落实省、市、县三级粮食应急供应网点189家、加工企业24家、储运企业17家、配送中心11家、应急保障中心18家。推动粮食加工企业建立社会责任储备，推动安州区辉达粮油有限公司、四川浩东食品科技有限公司、江油市彰明金谷植物油有限责任公司等3家企业建立社会责任储备食用油520吨。支持粮食应急保障企业提升粮油保供能力，开展应急成品粮油保障能力提升项目资金申报工作，共争取省级财政资金206.55万元；市、县两级财政兑现应急成品粮油保管费、利息补贴费835.24万元。强化粮源组织调度，加强粮油加工、储运、配送、供应各环节衔接，加大重点区域和重点时段保供稳价力度。与德阳、广元市签订《粮食和物资储备安全区域战略合作协议》，强化协同联动，提升区域粮食保障水平。（陈俊伟）

盐　业

【概况】 四川省盐业总公司绵阳分公司（以下简称盐业公司）成立于1965年7月，隶属于四川省盐业总公司，负责绵阳、德阳、遂宁、广元4个市1241万人口的食用盐和辖区内企业行业用盐的供应，并承担辖区内食盐政府储备和应急保供任务。盐业公司有在岗人员103人；下辖21个支公司，均达到国家食盐批发A级、AA级企业标准。2022年，盐业公司有仓储面积2.7万平方米，配送车辆42辆；实现盐产品总销售22022吨，销售收入2586万元，毛利823万元；做好政府储备食盐工作，落实《四川省政府储备食盐管理办法》，健全台账，加强仓储管理，坚持动态轮换，保障辖区内的食盐供应。做好新冠疫情防控期间的食盐保供工作，发挥国有企业食盐供应主渠道作用，配送各类食盐

200余吨。

【盐业经营管理】 2022年，盐业公司围绕经营、内控等方面，规范制度，做好品牌建设和经营管理。修订并印发《食盐销售渠道建设办法暨商超网点建设、维护、巡查管理办法》《商品购销存管理试行办法》《业务账、表、单设置及使用规范》等16个制度文件。坚持“渠道是金、终端为王”的营销理念，持续做好商超网点渠道建设，建立遍布城乡的销售网点1.2万余个。

【食盐安全宣传活动】 2022年，盐业公司履行国企的社会责任，联合绵阳市经信局、市场监管局、卫健委开展“食盐安全进万家”活动，到全市各街道、社区、小区，宣传碘缺乏病的危害及防治知识，介绍假冒伪劣食盐案例和优质食盐产品。

（刘　伟）

烟草专营

【概况】 2022年，绵阳市烟草商业系统实现卷烟销售14.3万箱，销售收入突破56亿元，增长3.5%；实现税利15.4亿元，增长5.7%。

【卷烟营销】 2022年，绵阳市烟草商业系统探索市场化、数字化转型试点，推动物流提质增效，把保持良好市场状态摆在烟草工作首位，构建应急保供体系。围绕营销数字化转型，构建完善基本框架，加强数据应用，建强“数字专员”队伍，促使烟草营销由经验营销向数据营销发展。围绕品牌共育协作，探索工商零（工业、商业、零售客户）共育品牌模式，完善工商协同机制，深化新型工商协同关系。围绕终端建设布局，新建数字门店340个，上线数据质量管控系统。拓展多元直营终端，建成3320个现代零售终端、19家加盟终端、10家农网示范终端。围绕现代物流建设，加快建设数字智慧园区，探索全景式安全管理模式，采取分层分级对标管理，建立健全应急保供防护网络，保障卷烟配送。

【专卖监管】 2022年，绵阳市制定行政许可准入及退出指导意见，实行分类分级监管，健全完善基础信息电子档案。查获案件1283起，涉案卷烟1788万支，增长15%；涉案金额1393万元，增长28%。查获5万元及以上案件74起，增长23%。加大市场管控力度，推动全市“稽查上移”，组建大要案“人才库”，开展“雷霆2022”、打击“茶烟”等8个专项行动，构建大要网案“一盘棋”格局。破获拟成型国标二级网络案件1起、国标三级网络案件1起、省标一类案件2起。

（勾　婷）

供销合作商业

【概况】 2022年，绵阳市供销社下辖涪城、游仙、安州、江油、三台、梓潼、盐亭、平武、北川9个县级社和绵阳众合资产管理有限公司、绵阳市众合产权交易服务有限公司、绵阳农村资产收储有限公司等6家全资（控股）企业。全市供销合作社系统实现农副产品购进总额65.9亿元、农资供应11.97亿元，开展土地托管服务3.33万公顷。改造提升区域性为农服务中心，发挥植保、农机专业合作社作用。与成都矢量公司、盐亭铠圣商贸公司分别合作建立“农资在手”和“绵州珍宝”农产品销售平台，“农资在手”销售平台注册用户500户，销售农资1650吨；“绵州珍宝”销售额19万元。

【供销合作社系统企业培育】 2022年，绵阳市供销合作社系统围绕农村产权流转交易、农产品品牌运营、农资集采集配等工作，集中发展优势企业，促进社有资产保值增值。加强对社有企业的监管，探索建立董监事委派制度，加快构建完整工作链条，提高监管效能和水平，防范重大经营风险。市本级新增投资入股企业4家，全市供销合作社系统全资、控股、参股或间接投资入股企业共18家。

【农资稳价保供】 2022年，绵阳市供销合作社系统发挥组织和流通优势，做好农资市场价格、供求、系统备肥备药等情况的监测调度、农资储备调运等工作。全市供销系统有各类农资经营网点802个，销售化肥14.62万吨、农药3584.78吨、农膜812.56吨，金额11.97亿元。

【新型服务网点建设】 2022年，绵阳市供销合作社系统探索建设“市牵头、县监管、镇领导、村参与”的四级联建新型基层社，由市、县供销社入股，吸引农村集体经济组织加入，打造农资等工业品下行、农产品上行网络体系。新建成基层社示范社31个，新型基层供销社数量达89个。新建改造为农服务中心3个，为农服务中心覆盖率57%。基层社开展农资集中采购活动，共为农户让利30万元，助力村集体创收135万元。至年底，全市供销系统共有农产品经营网点195个、消费品经营网点36个、再生资源经营网点122个、农贸市场4个。

【农村产权流转交易】 2022年，绵阳市供销合作社系统持续完善农村产权流转交易服务，与建行绵阳分行合作，投资100万元建成农村产权交易及土地经营权信息服务平台。开展信息发布、交易鉴证、价值评估、抵押融资等服务，累计办理农村产权流转交易鉴证1902宗，交易金额35.33亿元。探索开展闲置农房使用权流转，办理农村闲置房屋流转20宗，交易金额160万元。开展的农村小型水利经营权流转、闲置农房使用权流转试点，农村集体小型水利经营权流转最高溢价率510%。

【农业区域公用品牌运营】 2022年，绵阳市供销合作社系统落实市委“绵阳品牌、中国品质、让世界爱上绵阳造”战略，参与“绵品出川”上海行、厦门站、衢州行等活动，推进绵阳名优特农产品营销和宣传推广。有269个农特产品入驻天府乡村公益品牌网蜀优农品、“政采云”平台浙江乡村振兴馆等5个线上平台。以平武、北川等绵阳名优特农产品为主，打造绵阳特色农产品伴手礼。承担“天府乡村”公益品牌审批备案工作，共40家企业、108个品类申请使用“天府乡村”公益品牌。依托“832”平台，拓展脱贫地区农副产品销售，共销售绵阳农副产品2672万元。

【重点项目建设】 2022年，绵阳市供销合作社系统深化供销综合改革，争取省级供销综合改革及发展专项资金283万元，推进全市基层社示范社、区域为农服务中心、县域流通服务网络体系建设。做好2023年为农服务综合平台重点推进县项目申报和培育。参与浙川东西部协作融合发展，推进衢州绵阳两地供销社在农产品品牌运营等方面牵手合作，与衢州市供销社签订战略合作协议，争取东西部协作资金340万元建设北川茶文旅融合乡村振兴示范产业园项目，促进浙川两省茶产业合作交流。与游仙区政府合作，将游仙高新区北区作为全省公共型农产品现代冷链物流骨干网项目选址重点，并签订新供销战略合作协议。

（赖小蓉）

会展业

【概况】 2022年，绵阳市共举办各类展会（节庆赛事）59场次，其中展览36场，展览面积31.65万平方米，会展业直接收入11亿元，带动商务、交通、旅游等相关行业收入65亿元，总收入达81亿元。聚焦汽车、家电等大宗商品，举办第十届中国（绵阳）科技城科技博览会、城记·第十一届绵阳国际汽车展、第26届中国快餐产业大会暨首届中国（绵阳）米粉节等大型展会。

【城记·第十一届绵阳国际汽车展】 2022年12月21—25日，城记·第十一届绵阳国际汽车展在绵阳会展中心举办。本届展会以“擎动西部、智竞未来”为主题，展陈面积2.5万平方米，有广汽丰田、雪佛兰、广汽本田等57家参展商的30个乘用车整车品牌、312款车型参展。展期共举办各类活动、展演近200场。新车成交2164辆，成交额3.27亿元。车展首次打造线上线下观展双体验，推出车展拍客行动、车展直播达人等活动，吸引线上观看量约1100万人次。

【第26届中国快餐产业大会暨首届中国（绵阳）米粉节】 2022年12月21日，第26届中国快餐产业大会暨首届中国（绵阳）米粉节在绵阳国际会展中心开幕。展陈面积约6000平方米，分设有绵阳米粉综合馆、米粉产业链馆、国际米粉馆、米粉博物馆、餐饮食材馆、特色产业馆等展馆，集中展示米粉全产业链和餐饮、食材等。来自全国各地的专家学者、行业协会负责人及200余家快餐、米粉及相关企业代表参会。80余家企业、400多种产品参展。米粉节期间，邀请本地山药视频每天开展6个小时电商直播，进行产品推销。本次米粉节共实现线上线下销售及协议金额2.9亿元。

（陈　威）

电子商务

【概况】 2022年，绵阳市发挥电子商务消费促进作用、创新引领作用、数字赋能作用，加快线上线下深度融合，引进“字节跳动·火山引擎”全国首个区域总部落地安州，打造双擎基地西南区域总部。开展绵阳市2022—2023年度“品质绵阳造直播电商流量基地”认定工作，加快打造市级直播电商标杆基地，支持数字人全球直播基地、麦咔影视、星麦直播基地等十大直播电商流量基地发展。组织本地电商主播参加四川省“本土榜样主播，我为乡村带货”直播大赛，高新、江油团队分别获得二、三等奖项。截至年底，全市实现网络交易额3419亿元，同比增长4.49%，总量稳居全省第2位。网络零售额299.10亿元，增长8.75%。

【电商培育】 2022年，绵阳市推动传统产业转型升级、创新业态，有智易家、川蜀老味道、宏盛源、云豪电子商务等潜力电商企业。围绕绵阳米粉、香腊制品等农特产品，培育黄天鹅、圣迪乐村、蜀腊记、杨大爷等具有绵阳特色、安全优质的绵阳造网络畅销品牌。到年底，全市实现实物型网络零售额221.89亿元（食品保健类占比65.17%），占全市社消零总额的12.63%。全市限上零售企业中，电子商务销售收入占企业收入70%以上的有近30家。组织市内电商企业、流量基地申报2022年四川省数字商务转型升级项目，有安州区电商新业态基地、三台区域农牧食品产业链数字商务公共服务平台申报成为四川省数字商务转型升级项目。安州区电商产业园获省级电商示范基地，四川长虹佳华信息产品有限责任公司、绵阳市黑犬货运代理有限公司等4家企业省级电商示范企业；四川蜀腊记食品科技有限公司、四川金循环电子商务有限公司入围候选名单3家。铁骑力士、智易家网络科技获得四川数字消费标杆企业。凤集食品获得四川新业态新模式创新企业。杨大爷食品获得四川“小而美”网络品牌。

【数字消费新场景打造】 2022年，绵阳市制订电商促消费工作计划，参与省商务厅川货电商节系列活动，鼓励各县（市、区）、园区结合辖区实际，开展电商促销活动。先后举办2022川货电商节绵阳分会场暨“优选绵品·嗨潮乐购”“玩味绵州”线上美食嘉年华、2022乐购盐亭消费惠民“6·18”惠民电商购物节、“数字经开　乐享好物”系列展销活动等线上线下促消费活动10余场。直播助力“绵品出川”厦门、东莞、苏州行活动及首届米粉节活动，协同市农业农村局开展优质农产品线上直播销售。

【“6·18”网络零售额实现22.28亿元】 2022年“6·18”网购节期间，绵阳市各电商平台通过爆品预售、折扣满减、直播带货等方式，通过“线上引流，实体消费”模式，开展促销活动。网络零售额实现22.28亿元，增长16.34%。其中实物型网络零售额实现17.58亿元，占整体网络零售额的78.91%；服务型网络零售额实现4.70亿元，占整体网络零售的21.09%。各电商平台以“产地宝藏”为主题，加大助农补贴力度，农村电商增长快速，农产品上行渠道拓宽。京东、天猫、拼多多等平台聚焦乡村产业带，打造助农专场，通过乡村类短视频和直播，推介绵阳农村商品。全市农村实现网络零售额5.56亿元，增长13.75%，占整体网络零售额的24.96%。行业中，3C数码、食品保健、母婴用品排名前三，分别实现网络零售额10.82亿元、2.66亿元、1.09亿元，行业占比分别为61.53%、15.10%、6.20%。

【绵阳电商入围四川省电子商务示范单位】 2022年9月26日，省商务厅公布2022年四川省电子商务示范单位名单。绵阳市有安州区电商产业园成为四川省电子商务示范基地，四川长虹佳华信息产品有限责任公司、绵阳市黑犬货运代理有限公司、四川喀斯玛融通科技有限公司、四川云豪电子商务有限公司共4家企业成为四川省电子商务示范企业，四川蜀腊记食品科技有限公司、四川金循环电子商务有限公司、四川圣迪乐村商业发展有限公司共3家企业上榜2022年入围四川省电子商务示范企业名单。

【2022年网络直播创业创新大赛暨城市邀请赛】 2022年12月14日，商务局联合市人社局主办的2022年网络直播创业创新大赛暨城市邀请赛举行。浙江衢州、重庆北碚、四川成都、遂宁、绵阳的24名创业者或创业团队通过网络直播展示自己的创业创新能力。决赛通过路演、“绵品创意”、评委提问等环节展开评比，最终产生“绵阳市十大网络直播创业达人”10人、邀请城市“网络直播创业之星”4人、优秀奖10人。

【2022川货电商节绵阳分会场暨“优选绵品·嗨潮乐购”】 2022年12月1日，2022川货电商节绵阳分会场暨“优选绵品·嗨潮乐购”活动启动。活动由市商务局主办。启动仪式为线上直播，吸引观看人数18.36万人次。活动期间，举行为期3天的专题直播，汇聚全市50余家企业米粉、肥肠、腊肉、高山苔子茶、潼川豆豉、牡丹籽油等近百种商品，实现销售额147.5万元。

（唐　欢）

物流业

【概况】 2022年，绵阳市实施省委、省政府“四向拓展、全域开放”战略，坚持“开放活市”，推进中欧班列绵阳集结中心建设，促成绵阳皂角铺车站成为全国中欧中亚班列“图定班列”始发站，实现中欧班列成渝号（绵阳）常态化开行，国际通道建设取得突破。继入选“十四五”期间国家骨干冷链物流承载城市后，持续构建现代物流体系，编制绵阳市国家骨干冷链物流基地申报方案，并获得四川省推荐。打造区域性物流枢纽，申报成为全省7个大型商品区域分拨中心试点城市之一。提升现代化物流水平，争取全省现代物流示范试点市项目。全市乡村振兴物流服务体系建设、绿色物流发展示范试点市建设项目获四川省级促进现代物流业发展专项资金1000万元。

【物流市场主体培育】 2022年，绵阳市有国家A级物流企业16家，其中2A级企业5家、3A级企业9家、4A级企业1家、5A级企业1家。至年底，全市实现社会物流总收入247.31亿元，增长4.6%。实现物流业增加值141.72亿元，增长5.1%。社会物流总额540.41亿元。全市货运量7109.34万吨，下降8.48%；货物周转量784675.24万吨千米，增长4.08%。

绵阳市国家A级物流企业一览表

表34

序号	企业名称	等级
1	四川长虹民生物流股份有限公司	5A
2	四川中油九洲北斗科技能源有限公司	4A
3	四川洋业物流有限公司	3A
4	绵阳市高水农副产品批发有限公司	3A
5	绵阳安运物流有限公司	3A
6	四川上马科技有限公司	2A
7	绵阳金循环金融仓储有限公司	2A
8	四川西部冷都商业管理有限公司	2A

【国际班列开行】 2022年，绵阳市先后开通中欧、中亚、西部陆海新通道（南向）等国际班列线路，首发中欧班列成渝号（绵阳），开行东盟铁海联运班列等，打通连接欧亚、东盟国家的大通道，促成长虹电器等“绵阳造”产品远销俄罗斯、越南等国家。同时，推动国际班列高质量、可持续发展，运行效率和品质提升，开行数量和运量稳步增长。单列班列出口贸易值从500万元提升至最高6300万元，班列单月发运量从每月2列提升至10列及以上。全年共开行国际班列27列，发送集装箱1350个，货值3.7亿元，

开行数居全省第2。持续拓展开行线路，完善运输网络，发挥绵阳作为连接欧亚桥梁节点城市的区位优势，将班列目的地拓展至俄罗斯、越南、格鲁吉亚、乌兹别克斯坦等国家，其中中国至欧洲线路11条、中国至亚洲线路1条、中国至东盟线路1条，拓展绵阳国际贸易通道。谋划“绵品出海”，加强与沿线国家（地区）的合作，深化国际物流通道双向互济，谋划建设“绵品出海”格鲁吉亚展示展销厅，采购绵阳“一带一路”进出口商品体验中心。

【中油北斗总部基地项目建设】 2022年，中油北斗总部基地项目计划总投资为5000万元，实际投资约5751.83万元。建设主要内容为建设“中油北斗智慧物流总部中心”“中油北斗智慧物流产业孵化园”“中油北斗智慧加油站网络”“中油北斗营销网络”“中油北斗人才公寓”等。按照总部基地项目投资计划，2022年，项目主要围绕总部中心建设、省外营销网络建设及平台系统研发方面开展。完成中油北斗（陕西）科技能源有限公司组建；完成云南运营中心组建，同步启动中油北斗（宁夏）科技能源有限公司股权收购项目；在河北石家庄与河北交投共同出资组建中油北斗（河北）科技能源有限公司。收购绵阳云捷科技有限公司60%股权，共同建设中油北斗总部基地。

【皂角铺铁路物流基地建设】 皂角铺铁路物流基地共分两期建设，占地面积92.8公顷，总投资7.9亿元。一期于2021年12月开通投运，主要承担铁路大宗物资及集装箱作业，建成到发线2条、怕湿货运装卸线1条、集装箱作业线1条、牵出线1条、仓库1.5万平方米、办公用房0.5万平方米、场地硬化17万平方米，近期货运量500万吨/年，远期货运量1000万吨/年。基地铁路物流辐射区域为绵阳主城区、绵阳经开区、安州区、北川羌族自治县、三台县、盐亭县，以及德阳市罗江区等。主要运输品类为化肥、化工、粮食、非金属矿建、集装箱等。截至2022年，基地共发送货物3.5万吨，其中大宗货物0.3万吨、集装箱3.2万吨；到达132万吨，其中大宗货物55万吨、集装箱77万吨。二期计划建到发线6条、集装箱装卸线2条、怕湿货运装卸线1条、仓库8.5万平方米。

【中油北斗智慧物流管理服务平台入选服务型制造示范平台】 2022年1月5日，工信部公布第四批服务型制造示范名单，四川中油九洲北斗科技能源有限公司中油北斗智慧物流管理服务平台入选服务型制造示范平台。至此绵阳国家级服务型制造示范总数达3家。四川中油九洲北斗科技能源公司（以下简称中油九洲北斗）成立于2017年3月，是由中国石油、九洲集团、西安聚力共同组建的国有控股企业。中油九洲北斗将北斗应用服务于物流，形成“北斗+互联网+能源+物流+金融”的商业模式，打造中油北斗智慧物流服务平台。该线上平台旨在以智慧物流服务为中心，覆盖油品及物流生产资料配给、物流后市场服务、金融保险及其他增值服务，同时通过建设加油站、现代物流园区、智慧高速公路港等线下服务网络，打造线上线下一体化、服务于人、车、货及第三方物流企业的“中油北斗智慧物流生态圈”。

【中欧班列成渝号（绵阳）首发仪式举行】 2022年6月20日，中欧班列成渝号（绵阳）首发仪式在皂角铺铁路物流基地举行。省委常委、市委书记曹立军宣布发车，省商务厅党组书记、厅长曾卿出席并致辞。成都海关一级巡视员续效东，中国铁路成都局集团有限公司副总经理彭强出席。11时25分，中欧班列成渝号（绵阳）从绵阳皂角铺铁路物流基地出发，计划从霍尔果斯口岸出境后，直抵欧洲国家。这是从绵阳始发的首趟国际班列，标志着绵阳正式开启与欧洲经贸往来的陆路新通道。该班列共搭载集装箱50个，货物为长虹集团生产的家用电器，总价值468万元。

【首列西部陆海新通道东盟铁海联运班列发车】 2022年9月3日，绵阳首列西部陆海新通道东盟铁海联运班列从皂角铺铁路物流基地正式发车，标志着绵阳打通与东盟国家互动互联开放的南向通道。该班列装载50个集装箱化工产品，总价值480万元，计划一路向南，经3天铁路运输后到达钦州港，再以海运方式直抵越南，全程约2000千米，共历经12天。

【中欧班列成渝号绵阳—格鲁吉亚第比利斯首发】 2022年11月17日，中欧班列成渝号（8046次）从绵阳皂角铺物流基地出发，计划经霍尔果斯出境，行驶18天到达格鲁吉亚首都第比利斯市。这是四川省首列发往格鲁吉亚的中欧班列。该班列共搭载50个集装箱，所载货物为长虹电器等企业生产的电子产品、起重机、塔吊等，总价值约6300万元。

（唐　欢）

图84　6月20日，中欧班列成渝号（绵阳）首发仪式在皂角铺铁路物流基地举行（视觉绵阳提供）

概述

2022年，绵阳市落实《金融支持科创企业全生命周期发展十条措施（试行）》（以下简称金融十条），建立科创企业白名单，遴选出两批335家重点支持科创企业（首批286家、第二批49家）。持续加强信贷供给，发放设备仪器贷12970万元，增长15倍；累计完成应收账款融资109.37亿元，增长6.36%；累计办理应急转贷23笔，累计转贷金额2.05亿元。完善风险保障，推动市级贷款风险补偿基金总规模扩大到2.5亿元，发放纳入风险补偿的贷款164.3亿元。持续优化直接融资，成立认缴规模2亿元的绵阳市聚兴创新股权投资基金。推动科创企业上市，推进华丰科技上市事宜通过上交所审议。建设科创基金小镇，探索“金融资本、科技创新、产业资源”三位一体科技金融融合发展模式。年末，全市科技型企业贷款余额470亿元，金融机构支持首批“金融十条”白名单企业贷款余额44.7亿元，较年初增长18.6%。至年底，绵阳市金融运行呈现“四高三多两优”态势。“四高”即金融业增加值高、存贷款余额高、保费收入高、直接融资水平高。全市金融业增加值139.86亿元，对地区生产总值增长的贡献率为4.2%。全市金融机构本外币存贷款余额10018亿元，在全省20个地级市中居第1位；同比加权增速12.39%，居全省第15位。本外币存款余额6265亿元，居全省第2位；增速11.13%，居全省第16位。本外币贷款余额3753亿元，居全省第2位；增速14.50%，居全省第11位。存贷比为60%，居全省第17位。全市实现原保险保费收入152亿元，增速3.75%。全市实现直接融资196.66亿元，其中债券融资163.57亿元、股权融资33.09亿元。全市存贷款资源主要分布在市辖区、江油和三台，合计存款余额5535亿元、贷款余额3227亿元。“三多”即金融机构种类数量多、银行业金融机构总资产多、上市企业及上市后备企业数量多。全市有银行机构32家、保险机构58家、证券期货业机构32家、融资担保机构28家、小额贷款公司15家、典当公司15家。全市金融机构种类、数量均居全省地级市第1位。银行业金融机构总资产7967.5亿元，增速13.99%。银行业金融机构资产规模居全省地级市第1位。全市有上市公司13家，（上交所主板3家、深交所主板6家、创业板1家，北交所1家，港股2家），有“新三板”挂牌企业16家，进入四川省上市后备企业资源库企业55家，均居全省地级市第1位。“两优”即金融生态环境优、信贷资产质量优。据人行成都分行、省地方金融监管局发布的四川省金融生态环境评价结果，全市金融生态环境与成都市并列全省第1位。全市不良贷款余额61亿元，不良贷款率1.43%，下降0.14个百分点。

金融风险防范。2022年，绵阳市打击非法集资等非法金融活动，化解非法集资存量案件5件，处置非法集资新发案件1件。不断优化金融生态环境，整治出清本地交易场所2家，清退客户10万余户、资金6000万余元。化解*ST蓝盾和*ST西源退市有关风险。完成互联网金融风险专项整治工作，重点处置8家本地P2P机构及25家异地关联机构。推进北川羌族自治县农村信用合作联社风险化解处置工作，三季度末达到人行退出高风险机构标准。据中国人民银行成都分行、四川省地方金融监督管理局联合发布的《四川省金融生态环境评估结果的通报》显示，绵阳市金融生态环境以68.9分居全省第1位，与成都市并列第1名；对县域金融生态的评价中，地区生产总值200亿元以上的县（市、区）中，游仙区名列全省第3位、涪城区名列全省第3位、安州区名列全省第13位、三台县名列全省第33位、江油市名列全省第35位，地区生产总值100亿元至200亿元的县

（市、区）中，梓潼县名列全省第1位、盐亭县名列全省第8位，地区生产总值100亿元以下的县（市、区）中，平武县名列全省第1位、北川羌族自治县名列全省第4位。

金融纾解企业困难。2022年，绵阳市加强改革创新，提升金融质效，创建全国科创金融改革试验区，推进三台乡村振兴金融创新示范区建设，构建金融服务科创、“三农”体制机制。推动设立绵阳科技支行、建设科创基金小镇，完善“五专”服务机制（专线、专网、专窗、专班、专员），提升金融服务科创企业质效。推动金融产品和服务创新，推广“活体抵押+银行授信”“种业品种权质押”等动产、知识产权质押信贷产品，满足企业融资需求，推动“设备仪器贷”“应收账款质押融资”等信贷产品提质扩面。加强银企线上融资对接，打造“金融超市”线上融资对接平台，打造“金融助力产业高质量发展”“科技城金英荟”等线下融资对接会品牌，办理“优化营商环境面对面”座谈会企业反映问题和建议。走访调研铁骑力士、明兴农业等企业，协调金融机构研究解决企业生产运营面临的融资困难。

惠企业系列政策出台。2022年，绵阳市落实《金融支持科创企业全生命周期发展十条措施》，出台《金融加强支持人才创新创业十条措施（试行）》，实施《金融机构服务地方发展综合评价办法》和省市财政金融互动政策。实施减费降负政策，引导金融机构将贷款市场报价利率（LPR）下行向贷款主体传导，对符合授信条件但暂时经营困难的企业不盲目抽贷、断贷、压贷，下放小微信贷审批权限，建立贷款全流程限时制度，实施延期还本付息。

成绵科创金融改革试验区申建工作。2022年4月28日，成绵科创金融改革试验区申建工作线上评审会召开。评审会由四川省地方金融监督管理局机关党委书记王岩辞主持，共设北京、成都和绵阳3个线上会场。中国人民银行成都分行、成都市科技局、成都科学城管理委员会、中国人民银行绵阳市中心支行、绵阳市科技局、中国（绵阳）科技城管理委员会办公室等单位负责人参会。对外经贸大学副校长吴卫星，中国社会科学院金融研究所金融风险与金融监管研究室主任郑联盛，厦门大学经济学院院长周颖刚，中国科学技术发展战略研究院科技投资研究所所长张明喜，复旦大学泛海国际金融学院副院长、金融科技研究中心主任张纯信，综合开发研究院（深圳）院长助理、金融发展与国资国企研究所所长刘国宏，西南交通大学副教授、经济学博士韩文丽等多名专家受邀参与线上评审。会议介绍成都、绵阳科创金融有关工作开展情况，成绵科创金融改革试验区申建工作进展，《四川省成都、绵阳科创金融改革试验区建设方案》起草情况及下一步工作打算。绵阳市金融工作局从申建工作必要性、基础和优势、问题和挑战、申建思路等方面进行工作汇报。与会专家一致认为，成都绵阳具有申建科创金融改革试验区的基础优势，方案设想有很好的可操作性；并从创新制度模式等方面给予建议。

金融甘泉促振兴行动。2022年3月3日，绵阳市委组织部、市金融工作局、省农村信用社联合社绵阳办事处联合印发《关于开展“一片一行长、一镇一经理”金融甘泉促振兴行动的实施方案》（以下简称《方案》），动员全市农信系统创新金融服务产品、优化金融资源配置，破解乡村集体经济融资难题，为推进乡村振兴提供坚强有力的金融支持。根据《方案》，从2022年3月开始，通过个人报名和组织推荐相结合的方法，从县（市、区）、乡镇（街道）农商银行（农信联社）中为全市42个乡镇级片区各选派1名专属行长，为166个乡镇（街道）各选派1名专属经理。任职期限一般为2年，到期轮换、压茬交接。片区行长和乡镇（街道）经理将围绕服务片区产业发展、服务现代农业园区建设、服务村集体经济攻坚、服务农民群众增收、服务片区党建提升“五个服务”开展工作。两年内为全市乡镇级片区整体上单列不低于50亿元的专属信贷规模，搭建金融信息共享平台，做好融资对接和金融服务；服务现代农业园区建设具体为制定现代农业园区金融扶持方案，为全市现代农业园区提供每家不低于5000万元的流动资金综合授信，为园区主体提供“定制化”的结算、融资、供应链等金融服务，为每个村集体经济组织提供不少于100万元的信贷额度，对有各类财政补助资金的村，补助资金放大3倍匹配专用信贷额度，贷款利率最高不超过年利率5.5%；服务农民群众增收具体为全市1582个建制村全覆盖整村授信，为20—65周岁的农户提供单人最高10万元的信用额度，为种养大户提供最高20万元的信用额度，为致富带头人提供最高30万元的信用额度，利用“蜀青振兴贷”“创业担保贷”为返乡创业人员提供信贷资金支持。

图85　9月1日，“绵易融”首场直播举行（市金融工作局提供）

“绵易融”首场直播举行。2022年9月1日15时，由绵阳市金融工作局主办，农发行绵阳市分行承办的“绵易融”首场直播举行。首场直播观看人次超500人，点赞量破1.5万人次。“绵易融”直播平台设在“绵阳金融发布”微信公众号，旨在面对面宣传解读金融政策、发布金融产品、回应融资诉求。“绵易融”中“绵”即绵阳，“易”即“容易、方便、快捷”，“融”即“融资融智”。“绵易融”有解读政策、发布产品、回应诉求三大功能。解读政策即由金融主管部门负责人、金融机构负责人、金融顾问团成员等金融“大咖”解读金融政策。发布产品即金融机构适时发布金融产品。回应诉求即由金融主管部门、金融机构专家“面对面回应”金融诉求。

（章彦博）

金融监管

【概况】 2022年，人行绵阳中心支行支持配合地方财税体制改革，完成国库安州区支库经理主体变更工作。做好增值税留抵退税、个人所得税汇算清缴退税等工作，基本实现退税信息当日送达、当日办结，业务办理效率大幅提高。推进普惠金融建设，开展农村信用救助、新型农业经营主体信用评定，结合金融服务乡村振兴，依托信用评定结果实施融资对接，为涉农主体提供融资服务。人行绵阳中支评定增加市级现金服务示范网点9个，建成现金服务网格212个，推动平武农商银行开展发行基金托管业务试点和区域现金处理中心建设。推进国债下乡，54个乡镇实现储蓄国债销售“零”的突破，其中民族和偏远地区发售笔数与金额由2021年的5笔60万元增加到24笔170万余元。至年底，全市新型农业经营主体贷款余额60.68亿元。加大金融消费权益保护和金融宣传力度，受理金融消费者投诉78笔，投诉办结率100%。

【货币市场管理】 2022年，人民银行绵阳市中心支行（以下简称人行绵阳中支）强化货币市场管理，建立发债储备项目信息库，开展重点项目辅导和培育，激励符合条件的企业到银行间市场开展直接债务融资，拓宽融资渠道、降低融资成本。支持5家在绵阳注册的非金融企业在银行间市场发行短融、中票等各类债务融资工具66亿元，数额列全省第3位，其中支持四川长虹电子集团发行全国首批科创票据，金额5亿元。

【实体经济服务】 2022年，人行绵阳中支持续释放贷款市场报价利率（LPR）改革促进降低贷款利率的潜力，加强利率定价自律约束，落实放贷主体明示贷款年化利率，规范信贷利率市场秩序，推动金融系统向实体经济让利。全市一般贷款加权平均利率5.21%，较2021年水平下降40个基点，持续巩固金融让利实体经济效果。全市制造业中长期贷款占比40.5%，较年初提高5.3个百分点，高技术产业贷款323亿元，知识产权密集型产业贷款同比增长18%，战略性新兴产业和技术改造升级贷款167亿元，增速超过50%。科技企业贷款占全省比重16.6%，科技保险规模居全省地级市第1。推出新市民金融专属产品69个，设置专属服务窗口188个。全市普惠型小微企业贷款619亿元，增速24.5%，利率下降40个基点。发放全国首笔“种业品种权质押贷款”，推出全省首款“乡村振兴保”，全市普惠型涉农贷款余额405亿元，农业保险向32.7万户次农户赔付2.7亿元。

【中小微金融服务】 2022年，人行绵阳中支加强中小微金融服务，推动金融助企纾困政策实施。运用再贷款、再贴现等工具，引导金融机构优化信贷结构，将信贷资金向小微、民营、科创企业、“三农”等重点领域、薄弱环节倾斜。计向符合条件的地方法人金融机构发放再贷款（展期）、再贴现158亿元，余额103.78亿元，办理“央行小微票据通”“央行科票通”76.07亿元。落实普惠小微贷款支持工具及普惠小微贷款阶段性减息支持工具，让政策红利有效惠及普惠小微市场主体。全市符合条件的法人银行机构累计获得普惠小微贷款支持工具资金8553.95万元，金融机构落实普惠小微贷款阶段性减息支持工具向小微企业减免利息1802.71万元，带动全市普惠小微贷款增长。用好央行出台的科技创新再贷款、交通物流专项再贷款、设备更新改造再贷款等专项货币政策工具，支持科技创新、交通物流、先进制造等领域发展。截至年末，13家银行申报科技创新再贷款19.28亿元，位居全省第2；6家银行申报交通物流再贷款1.33亿元；2家银行申报设备更新改造再贷款5344万元。推动“稳企业保就业”“服务零距离，融资大畅通”“贷动小生意，服务大民生”等系列金融服务专项活动，提升中小微企业金融服务能力，巩固完善“敢贷、愿贷、能贷、会贷”服务机制，推动健全中小微企业发展长效机制。至年末，全市普惠小微企业贷款余额501.76亿元，增长15.67%。其中，普惠小微信用贷款余额167.57亿元，余额占比33.4%，较2021年末提高2.54个百分点。

【金融风险防控】 2022年，人行绵阳中支贯彻落实总分行关于中小法人机构金融风险防控工作要求，实现高风险机构摘帽，辖内无高风险机构。推进风险防控机制建设，重新修订完善与绵阳银保监分局签订的《金融稳定与发展协调工作机制备忘录》，健全金融风险信息共享及分析研判机制。发挥金融机构央行评级作用，通过风险监测、现场核查、风险提示、风险约谈，加强早期纠正工作力度，推动机构“在线修复”。开展银行业机构执行人民银行与外汇管理局法规政策和管理规定情况综合评价，探索创新综合评价结果运用，发挥综合评价的正向引导作用。整治电信网络诈骗，实现全市涉案银行账户总量、全省负向排名双下降。新增涉案账户总数负向排名由2021年的全省第2名降至全省第5名，涉案账户数量较2021年总量减少6.32%，降幅居全省第1。开展可疑交易资金监测，向相关部门移送重点可疑交易线索16

份，涉及金额41.3亿元。全市银行业、保险业风险水平总体可控，银行业不良贷款率、拨备覆盖率和资本充足率均好于监管标准且呈优化态势。配合做好政策性专项借款“保交楼”工作，全市房地产贷款实现增长4.7%。

【区域金融体制机制改革】 2022年，人行绵阳中支加快成绵科创金融改革试验区申建，建设方案通过第三方专家评审，上报人民银行总行研究局审阅指导。推动设立创投基金2亿元，科技金融信贷风险补偿基金规模扩大至2.8亿元，依托“天府信用通”打造科创金融服务专区；科创金融专营机构增设至14个，纳入国家第三批全创经验的“设备仪器贷”实现扩面增量。深化绿色金融创新，落地碳减排支持工具，推动绵阳市商业银行制定绿色银行创建工作指导意见，探索设立绿色专营支行。深化农村金融创新，推动中国农业银行绵阳市分行创新发放全国首笔种业品种权质押贷款、农发行绵阳分行等单位在全省首创六方合作“土地大托管”模式，两项工作均入选全省金融服务乡村振兴十佳案例。

【外汇管理】 2022年，人行绵阳中支优化外汇管理服务，联合相关职能部门推出担保、政府资金奖补等汇率避险支持政策，优化跨境业务办理流程和服务，指导中国银行绵阳分行营业部设立全市首家“个人外汇业务示范网点”，开展跨境投融资便利化服务活动。扩大便利化政策效应，实施优质企业贸易外汇收支便利化措施，涉及金额8.5亿美元。持续推进实施资本项目外汇收入支付便利化、高新技术和专精特新企业跨境融资便利化试点等资本项下便利化政策措施，涉及金额2148.95万美元。助力地方涉外经济发展，指导绵阳综保区落实贸易收支真实性协同管理，累计办理贸易便利化收支业务7337.14万美元。做好统筹疫情防控与经济发展的外汇服务，确保临时管控期间外汇金融服务不断档。深化跨国公司跨境资金集中运营管理，指导、支持长虹集团申报本外币一体化资金池试点。

【全国首笔种业品种权质押贷款发放】 2022年1月，中国农业银行绵阳市分行在人民银行绵阳市中心支行指导下，向绵阳企业四川国豪种业股份有限公司发放贷款2000万元，贷款期限1年，利率5.27%，该贷款是全国首笔“种业品种权质押贷款”，是以“农作物品种审定证书”产生的收益作质押，在人民银行征信中心动产担保登记公示系统登记设立质权，向种业企业发放的质押贷款。2022年，该工作经验入选全省金融服务乡村振兴十佳案例。

【六方合作“土地大托管”模式经验】 2022年，人行绵阳市中心支行在绵阳市游仙区忠兴镇探索土地大托管模式，属全省首创。该模式主要内容如下：签订两级托管协议，即承包农户与村集体经济组织签订一级土地经营权托管协议，村集体经济组织与镇集体经济联合总社（以下简称总社）签订二级托管协议。耕地收益采取保底收益+溢价收益的分配方式，兼顾农户、集体经济组织、政府平台公司三者利益。由银行+国有平台公司+集体经济组织合力推动撂荒土地整理。即引入国有投资平台公司（游仙区耀东投资公司）对拟实施土地整理的区域进行项目设计、包装、立项，向中国农业发展银行申请项目融资。据评估，通过项目实施，忠兴镇可增加土地耕种面积140公顷，撂荒土地复垦157.2公顷，土地整理2916.2公顷，土壤肥力得到改良提升，项目现金流稳定，土地整理增加耕地指标可获得收入1.5亿元；可实现土地收益875万元/年、粮油加工收益743.6万元/年，符合银行信贷准入条件。中国农业发展银行绵阳分行发挥政策性银行作用，向忠兴镇土地大托管项目投放贷款3.3亿元，期限15年，年利率5.83%，2022年投放2亿元。耀东投资公司与总社签订土地整理合同，由总社负责实施土地平整、堰塘、沟渠、产业道路、农用大棚等基础设施建设，耀东投资公司拨付资金。建立“五个统一”的生产—加工—销售全产业链服务体系。即总社统一耕种，生产资料统一购置，技术、耕种服务统一提供，生产标准统一规范，农产品统一外销，总社负责粮油生产、加工、仓储、物流、销售，最大限度获取合理利益。2022年，该工作经验入选全省金融服务乡村振兴十佳案例。

（胡子奇　陈思帆　朱　佳）

银行业

【概况】 2022年，绵阳市有银行业机构32家。其中，政策性银行1家，国有大型银行6家，股份制银行6家，城市商业银行6家，农村合作金融机构7家，新型农村金融机构5家，财务公司1家。年末全市金融机构本外币各项存款余额6265.09亿元，较年初新增627.7亿元，余额同比增长11.1%；全市金融机构本外币各项贷款余额3752.67亿元，较年初新增475.24亿元，余额同比增长14.5%。金融机构存贷款总规模在全省地级市中率先迈上万亿元新台阶。揭牌成立中国农业银行绵阳科技支行，推出“科技创新再贷款”等特色金融产品，为科技型企业提供专属服务。绵阳市商业银行办理四川省首笔线上全流程“政采贷”融资业务，发放“政采惠E贷”线上融资77万元。该笔业务的成功办理，标志着线上全流程“政采贷”融资业务在绵阳正式落地。

【“清理银行乱收费，降低企业负担”专项行动】 2022年，绵阳市通过机构全面自查和监管部门重点调查的方式，规范企业融资过程中的收费行为，降低企业融资成本。防范处置非法集资，印发防范非法集资宣传教育方案、防范非法集资宣传月工作方案等文件，针对社会公众金融知识缺乏、风险意识不强、易受高收益宣传广告诱惑等现象，组织各地各部门开展多层次、全方位宣传活动。会同政法、公安、检察、法院等单位和部门，推进非法集资存量案件化解处置工作，开展追赃挽损、资产处置等工作。

【中国农业银行绵阳科技支行揭牌成立】 2022年5月20日，中国农业银行绵阳科技支行揭牌成立。省委常委、市委书记曹立军，中国农业银行四川省分行党委书记、行长刘加旺致辞并揭牌。农行绵阳分行与园区产业发展、高精技术企业、科技创新企业、标准厂房建设、科研创业人员等方面代表签订信贷投放协议。市委常委、科技城党工委副书记、管委会常务副主任、市国资委党委书记黄朝阳，农行四川省分行党委委员、副行长秦福川，有关区、园区和市直部门负责人等参加。中国农业银行绵阳科技支行致力于打造成为区域领军的主力银行、科技金融的特色银行和合规运营的安全银行，定位于服务科技型企业，年内先后推出"绵科贷"、专精特新"小巨人贷""新才e贷""科技创新再贷款"等特色金融产品。

【"22长虹电子SCP003"发行】 2022年6月7日，四川长虹电子控股集团有限公司科创票据"22长虹电子SCP003"发行，该科创票据由邮储银行绵阳分行承销，募集资金共5亿元。该项目是全国首批、邮储银行全国首单、四川省首单科创票据。长虹集团是绵阳市重点科创企业，拥有3个国家企业技术中心、2个国家级工业设计中心，获得国家科学技术进步奖6项。本单科创票据旨在支持长虹集团持续加大科技创新投入，提升企业整体科技水平。

【绵阳市中小法人银行机构座谈会召开】 2022年9月7日，绵阳市中小法人银行机构座谈会召开。会议由市委常委、副市长张明主持，听取辖内中小法人银行机构工作情况汇报和意见建议，分析研判当前形势和任务，围绕推动实现中小法人银行机构高质量发展开展座谈交流。会上，市金融工作局、人行绵阳市中心支行、绵阳银保监分局分别就全市中小法人银行机构基本情况及风险防控工作作专题发言，四川农信绵阳办事处、绵阳市商业银行等银行机构及各参会市直部门作交流发言。

【中国工商银行绵阳分行】 2022年，工商银行绵阳分行改善提升金融服务能级，实现拨备前利润17.18亿元、净利润10.74亿元，净增各项存款70.99亿元、各项贷款45.68亿元。实现资产质量"优秀+"、监管评价全面"A"级。推动对公、个人、普惠、银行卡服务拓户扩面，提升金融服务易得性、便捷性，形成对公金融要11大客群体系、个人金融10大客群体系、普惠金融8大客群体系，实现信用卡客户及发卡总量、增量、增幅均列二级分行第一。全年新开对公结算账户6087户，净增普惠金融首贷客户178户、个人客户25万户，特别是针对新市民客群上线农民工服务平台，形成社保卡业务"全省通""全市办""线上办"和"安家筑梦""创业打拼""工行驿站""高精尖"人才聚集专属服务、"园区提质、企业满园"定点对接服务、银发客户"六温馨"敬老服务特色品牌。贯彻落实"稳住经济大盘 服务实体经济"战略部署，提升服务经济高质量发展的能力，全年累计投放各类融资476.51亿元，实现贷款净增45.61亿元。其中，制造业贷款投放28.71亿元，战略性新兴产业贷款净增5.46亿元，民营企业贷款净增10.64亿元，涉农贷款净增18亿元，融资最低利率至2.2%；小微企业有贷款客户净增340户，总数达3230户；银保监口径普惠贷款净增7.69亿元，增幅33.6%。加快低效网点退出，加快城市新区网点和城乡联动网点布局，建成乡镇普惠金融服务点14家。加快网点装修迭代升级，装修改造和功能优化网点10个。加快提升自助设备服务管理水平，投入运营离行式自助银行83个（服务区），其中在撤销、迁建网点原址及重要新兴区域通过单点单台方式新建自助点3个，加大便携式智能柜员机投放推广应用12台。形成工笔绵州、云游绵州、直播绵州"三大区域特色"，数字运营精准触达客户超过200万户。

（赵亚雄）

【中国农业银行绵阳市分行】 2022年末，中国农业银行绵阳市分行在绵阳投放贷款261亿元，净增95亿

图86　5月20日，中国农业银行绵阳科技支行揭牌成立（视觉绵阳提供）

元，贷款增量居全市金融机构首位。其中，累计获批项目41个、金额176亿元，同比多批项目35个、金额156亿元，助推“园区提质”“企业满园”行动。农行绵阳分行人民银行“6+3”监管指标全面达标，获评2022年度综合评价A类行，货币信贷工作考核获评优秀等级。提高金融服务质效，促成四川省农行作为首家银行机构与市委、市政府签署战略合作协议；建成揭牌绵阳科技支行，成为全省首家总行级科创金融服务中心；在绵阳召开省农行首次异地贷审会，审议通过9个信贷事项，金额66亿元。聚焦科技创新赋能，丰富“绵科贷”产品体系，支持科创企业58家，金额33亿元，科创企业贷款余额、增量居金融机构首位。科博会期间，绵阳农行科技支行作为唯一金融机构亮相。服务实体经济发展，加大重点领域信贷支持，全行科创企业、制造业、普惠贷款分别增加21.9亿元、5.6亿元、3.9亿元，增量均居四大行首位。投放同业首笔“中国科技城物流产业园铁路专用线”中长期项目贷款，全年制造业、绿色贷款、民营经济贷款同比增速高于全省1.5、68.7、28.6个百分点。落实金融助企纾困，降低企业融资成本，全年整体贷款收息率四行最低；同时创新“政采e贷”“总对总担保”等系列产品，多渠道解决小微企业无抵押难题，普惠小微贷款净增13亿元，增量排名四大银行第1位。绵阳农行为小微企业融资开辟绿色通道相关经验被中央电视台《朝闻天下》报道。服务乡村振兴战略，加大对“三农”领域的信贷支持和服务保障。全行涉农贷款余额178亿元，净增34亿元，余额、增量排名四大银行第1位，获得2022年度人民银行乡村振兴考核评价“优秀”等次。加快产品服务创新，发放全国首笔种业品种权质押贷款，被省农业农村厅评为服务乡村振兴十佳案例，累计投放种业贷款超5亿元。推广种猪活体抵押贷，发放全市首笔村集体经济组织贷款、乡镇卫生院专项贷款。支持乡村建设，落地全省系统内首单县域城市更新和老旧小区改造项目，乡村建设贷款余额达84亿元，净增超9亿元。支持乡村振兴金融示范区建设，下辖各县域支行均实现存贷比提升至50%目标。强化农户金融服务，开展深耕乡村活动，全年农户贷款新增授信超万户，贷款净增17亿元。绵阳公共事业发展，加强与西科大、四〇四医院单位的合作，医院学校类贷款余额达7.4亿元。服务扩大内需战略，支持居民消费，全行个人贷款净增超19亿元，增量排名四大银行第1位。提升金融服务能力，辖内安州支行营业部作为全省农行系统唯一网点入围中银协“百佳”网点复审名单。

（李　潇）

【中国银行绵阳分行】 2022年，中国银行绵阳分行实现营业收入64036.74万元，增加3517.28万元，增幅5.81%；实现拨备前利润41355.21万元，增加2718.85万元，增幅7.04%；实现净利润28748.90万元，增加15980.51万元，增幅125.16%。至2022年年末，本外币时点存款余额348.05亿元（不含金融机构存款），较年初增长29.19亿元，增幅9.16%；时点存款四大行占比11.71%，新增市场份额四大行排名第3。本外币日均存款余额319.41亿元，较年初增长30.59亿元，增幅10.61%。年末本外币时点贷款余额174.05亿元，较年初增长14.43亿元，增幅9.04%。时点贷款四大行占比11.89%，新增市场份额四大行排名第3。其中，公司贷款余额74.65亿元，较年初增长8.63亿元，增幅13.08%；个人贷款余额99.4亿元，较年初增长5.55亿元，增幅5.92%。年末实现跨境人民币结算量43亿元，增长19.44%，结算量居全省市（州）中行第1；结算量市场份额45%，居绵阳市同业第1。全年加快全线上产品的推广，提升小微企业小额融资的时效性与便利度，实现普惠业务效能显著提升。年末普惠金融贷款余额13.48亿元，较年初新增4.15亿元，新增额居全省市（州）中行第1。其中，线上贷款余额3.33亿元，较年初新增374户，新增额2.61亿元，线上贷款余额、新增额和户数均位列全省市（州）中行第1。年末结算账户总数13920户，较年初新增1606户；新开立结算账户2380户，同比增长10.19%；网银活跃客户数8197户。对公有效客户1627户，较年初新增122户，增长8.11%；对公基础客户11889户，较年初新增1518户。个人基础客户加权新增6357户，理财客户新增2479户，财富客户新增276户，私行客户新增22户。投资理财客户新增1.03万户；跨境客户新增1.63万户；手机银行月均月活客户19.58万户；借记卡快捷支付新签约且交易客户数11.14万户；信用卡新客户加权新增6284户。年末不良贷款余额0.77亿元，较年初增加0.07亿元；不良贷款占比0.44%，较年初增加0.01个百分点。中国银行绵阳分行组建银团并投放四川中行辖内首笔破产重整项下债务清偿银团贷款11.094亿元，带动存款沉淀15亿元并实现银团中收1940万元，实现该类业务新的突破。国家外汇管理局绵阳市中心支局在中国银行绵阳分行营业部举行“个人外汇业务示范网点”授牌仪式，绵阳分行营业部成为绵阳市首家个人外汇业务示范网点。中国银行绵阳分行在中国人民银行绵阳市中心支行组织的绵阳市银行业金融机构考核评比中，获得2022年度金融统计工作综合考评一等奖；在国家外汇管理局绵阳市中心支局外汇管理考核中获评为A级。

（苗卫锋）

【中国建设银行股份有限公司绵阳分行】 2022年末，绵阳建行各项存款526亿元，较年初新增39.78亿元；各项贷款余额282.13亿元，新增45亿元；存贷比53.64%，较年初提升5.32个百分点；拨备前利润5.89亿元，中间业务收入2.64亿元，增速42.2%。服务地方经济发展，在重点基建项目、支柱产业、科创金融、住房租赁、平台公司合作等重点领域实现多点突破。增强参与国际竞争的能力，外汇时点存款1133万美元；持续推动国际业务信贷上量，国际业务信贷发生

10.275亿元。绵阳建行私人银行中心成为全省首家管理资产规模破50亿的私人银行中心。加大建易贷等特色个人消费贷款投放，个贷余额110.45亿元；累计发放商业性个人房贷24亿元、公积金贷款11.16亿元。加强风险管理体系、内控合规案防监督体系建设，信贷资产质量持续保持稳定，不良率0.32%，保持四大行最优。成立极目·金融创新实验室、极目·一体化直营中心，推进新金融实践在绵阳分行落地生根。通过建行生活平台发放“乐购绵阳·消费惠民”绵阳消费券，成为政府专项补助资金的独家银行承接平台。支持保障性租赁住房贷款投放2.4亿元，生态场景客户新增3147户；个贷场景客户新增814个；完成“公租房智能POS租金查缴项目”等创新项目。全面开启普惠金融，实现全辖网点全部开立普惠业务、配置普惠专员，年末普惠贷款客户较年初增长2635户，增长52.41%；年末普惠金融贷款余额47.04亿元，“惠懂你”平台授信客户余额5676户。加快推进数字化转型，组建“数字力”柔性团队，推动全行日常业务及管理的数字化转型深化；开展各类数据创新项目51项，建立百大客户地图、对公存款分析、负责人考核、专项债项目解析、存款归类错误、贷款信息错误核验等减负和风险排查等创新管理工具12个。上线土地经营权信息服务平台，完成各级公共资源交易中心招标通上线；新增消费类场景11户。助力乡村振兴，与绵阳供销社、绵阳市商务局签订“绵阳市裕农学堂共建协议”。挖掘“裕农站长”推荐新客和批量带客的作用，依托辖内1929个“裕农通”服务点，继续推进智慧政务和社保缴费业务发展。绿色金融发展取得新成效，加大大型绿色项目拓展力度，提升绿色贷款占比，年末绿色信贷余额23.74亿元，较年初增加10.09亿元，增速75.20%。

（刘晓蕾）

【中国农业发展银行绵阳市分行】 2022年，中国农业发展银行绵阳市分行投放贷款108.72亿元、基金11.19亿元，贷款余额297.28亿元，贷款较年初净增85.86亿元，保持不良贷款零余额。被中国农业银行总行评为“2022年度突出贡献奖”集体、优秀市行。服务粮食安全，连续3年实现系统内夏粮收购贷款首笔投放，粮油类贷款累收累放15.88亿元，支持收购粮食超4.5亿千克，其中粮食收购贷款信用保证基金投放额居全省第1。围绕龙头企业发展和品牌塑造延长支持链条，累放贷款2.31亿元，推动“菜籽王”“旺夫人”等当地品牌发展。创新办理土地承包经营权抵押贷款，获批全省系统内首个土地托管项目，被省人行评选为四川金融服务乡村振兴十佳案例，获得国务院副总理、中央农村工作领导小组组长胡春华肯定性批示。累放农地贷款29亿元，打通“土地+产业园”“土地+基础设施建设”“土地+林业”发展链条。服务巩固拓展脱贫攻坚成果同乡村振兴有效衔接，累计获批项目8个，金额27.48亿元，投放贷款7.11亿元支持北川、平武建设，北川支行贷款余额首次突破20亿元。优化重点领域信贷支持，引导辖内2家企业参与东西部协作，累计发放贷款4亿元，实现东西部地区产业合作、劳务对接、资源互补。被省工商联评为2022年度省“万企兴万村”行动突出单位。提升脱贫人口和易地扶贫搬迁群众增收能力，累计帮助销售贫困地区农副产品19.95万元，投放易地扶贫搬迁后续扶持贷款1.8亿元。服务农业现代化，推进农作物品种改良，获批种业项目2个、金额7亿元，推进梓潼县国家级水稻制种基地、游仙区蔬菜种业园区项目建设。支持农产品品质提升，围绕“园区提质”“企业满园”行动，累放贷款9亿元，支持“果满山川”现代农业园区、绵阳市游仙区农村智慧物流园等项目建设。加快农业品牌打造，累放贷款4.64亿元支持江油市优质生猪扩繁育肥项目、盐亭有机农业生态循环蛋鸡养殖等项目建设。聚焦和美乡村，服务农业农村建设，实推进“百姓安居”工程落实落地。累计获批住房类贷款金额26亿元。服务道路建设，获批贷款16.7亿元、累放贷款6.41亿元支持北川地震遗址博物馆连接公路、盐亭县经开区连接线等6条县乡公路建设。助力人居环境改善，累放贷款7.62亿元，支持供水供电、生活垃圾处理以及村容村貌提升等重点领域。推动基础设施基金精准投放，累放农发基础设施基金项目18个、金额11.19亿元，助力中国（绵阳）科技城核医疗健康产业园、三台县水网工程等重大项目建设，撬动社会投资超百亿元。参与绵阳建设科技创新先行区投融资对接，探索“金融+科技+产业”融合发展模式，获批项目4个、金额22.5亿元。聚焦绿色发展，发放绿色贷款28.83亿元，绿色贷款增幅83.53%，绿色贷款余额59.39亿元。办理全省首笔林权抵押贷款，累计获批国储林项目贷款33.5亿元。支持污水处理和河道治理项目，累放贷款16.41亿元，助力梓潼县梓江沿岸生态环境综合治理项目、三台县城乡供水一体化工程等项目建设。

（杨 雪）

【绵阳市商业银行】 2022年，绵阳市商业银行共有营业机构网点84个，营业机构覆盖绵阳各县（市、区），设有成都、广元、资阳、南充、遂宁、德阳、眉山7家异地分行。至12月末，绵阳市商业银行资产总额1804.34亿元，各项存款余额1259.33亿元，各项贷款余额977.60亿元。全年实现净利润10.35亿元，上缴税金10.50亿元。加大对实体经济支持力度，全年累计投放贷款666亿元，较2021年同期增加101亿元，增长17.9%；为310家中小微企业的43.22亿元贷款办理延期还本付息；支持小微企业再贷款余额34.18亿元；为企业减免费用2667.64万元；为普惠小微企业客户降息让利1.15亿元。推进金融创新：推出“仪器设备贷”“成果转化贷”等小微科技企业信贷产品；制定印发《绵阳市商业银行碳排放权质押贷款暂行办法》并发放全行首笔碳排放权质押贷款；通过中征平台发放全省银行第一笔线上化“政采惠e

贷”；综合服务楼机房获中国质量认证中心A级认证；办理省内城市商业银行首笔、全市首笔专精特新境外融资新政下的企业跨境融资便利化500万美元外债试点业务；研发推出的“链e通”融资产品被《金融时报》评为“全国十佳金融服务特色产品”。根据中国银行业协会2022年“陀螺”（GYROSCOPE）评价结果，绵阳市商业银行竞争能力在同类型参评银行中排名全国第7位、西部第1位，运营管理能力、收益可持续能力、服务能力、体系智能化能力在同类型参评银行中排名四川省第2位。（蒋中其）

【四川省农村信用社联合社绵阳办事处】 2022年末，四川省农村信用社联合社绵阳办事处各项存款余额1304亿元，各项贷款（不含贴现）余额711亿元，存贷规模在全市同业率先突破2000亿元大关，存贷款市场份额保持全市金融机构第1位。全年实现财务收入67.8亿元，向国家缴纳各项税金3.7亿元。累计对接省、市、县重点项目345个，达成合作154个，发放贷款28亿元。支持国资企业（平台）贷款余额99亿元，净增27亿元。助力市场主体纾困解难，全年累计投放小微贷款253亿元，净投放46亿元。新增贷款下调利率35个BP，减费让利6230万元，累计发放稳企业、保就业贷款220亿元，累计为2078户、52亿元贷款办理延期还本付息，保障就业人数27万人。与市农业农村局签订协议，向各类农业经营主体新增授信500亿元。净投放涉农贷款59亿元，余额531亿元，占贷款总额的68%；授信农户数78万户，全年累计发放农户贷款418亿元，支持28万余户农户发展生产。支持新型农业经营主体2万余户，贷款余额34亿元。参与市委组织部、市金融工作局联合开展的“一片一行长、一镇一经理”金融甘泉促振兴行动，择优向42个乡镇级片区匹配专属行长各1人，向166个乡镇匹配专属经理各1人，服务片区产业发展，投放集体经济组织贷款4800余万元。打造集“政务+金融+村务+电商+民生+物流”六位一体的农村金融综合服务站，建成农村综合金融服务站815个，行政村支付覆盖率100%。设立专精特新金融服务专营机构，配套“设备仪器贷”“应收账款质押贷”“科惠贷”等特色化金融服务产品，探索科创企业金融服务新路径，推动科创企业创新链、产业链、金融链和人才链深度融合。绵阳农商银行作为唯一一家银行业金融机构入驻中国（绵阳）科技城科创基金小镇，并被列入市金融工作局“金十条”试点银行。至年末，全市农信系统科技型中小企业贷款余额达38亿元，较年初增加5.6亿元。加大对绿色产业、绿色企业金融支持力度，向全市科技型企业等绿色产业企业投放贷款217户、25亿元。服务消费转型，累计投放住房、汽车、综合消费类贷款等各类消费贷款200亿元，余额210亿元，较年初增加3.4亿元。强化数字赋能，推行智能贷款，发放“蜀信e贷”“蜀信e·小额农贷”等线上贷款42.20万笔、金额172亿元。完善线上推广平台，发展蜀信e用户163万户、惠支付商户13.8万户，惠生活电商平台入驻3046户，打造特色应用场景60余项，满足客户基础金融服务需求。持续推进信用户、信用村、信用乡（镇）建设，扩大农村信用体系覆盖面，累计建成信用乡（镇）91个、信用村1094个，信用户49.49万户。盐亭农信联社启动清产核资。大额不良中心重点对全市单户及关联1000万元及以上的表内外不良资产进行挂图清收管理，全年清收处置1000万元以上大额不良贷款12.18亿元。重点机构风险化解工作取得成效，北川农信联社开展不良清收化解攻坚专项行动，实现高风险机构“摘帽”。（农信社）

【绵阳农村商业银行】 2022年末，绵阳农村商业银行资产规模625.45亿元，较年初净增68.54亿元；各项存款余额534.08亿元，较年初净增56.55亿元，存款市场份额13.08%；各项贷款余额320.64亿元，较年初净增29.82亿元，贷款市场份额13.63%。实现营业收入26.74亿元，拨备前利润7.06亿元，缴纳各项税款1.96亿元。助力乡村振兴，出台《绵阳农商银行乡村振兴服务实施方案》，全年累计投放涉农贷款186.02亿元，涉农贷款余额173亿元，涉农贷款占比53.95%，较年初增加16.78亿元、增幅10.74%。开展“一片一行长、一镇一经理”金融甘泉促振兴行动，向辖内农业产业授信110亿元，向12个乡镇级片区各匹配1名专属行长，向37个乡镇街道各匹配1名专属经理。至年末，开展269个行政村的整村评级授信工作，累计授信10.93万户，授信额度163.94亿元；发放小额农贷贷款4.21万户、累计投放金额66.6亿元，余额42.75亿元，较年初净增14.76亿元。支持新型农业经营主体发展，对辖内种养大户、家庭农场、农民合作社、农业产业化龙头企业等新型农业经营主体进行逐户摸排，建立清单责任制，明确对接责任支行，制定“一户一策”融资方案，累计支持新型农业经营主体1281个，贷款余额10.4亿元。支持农村集体经济组织，与经开区农业农村局签订《经开区“三资”管理系统合作协议》。至12月末，累计开立农村集体经济组织账户821户，较年初新开375户，覆盖率49.7%，较年初提升26.5个百分点；加大农村集体经济组织贷款支持力度，农村集体经济组织贷款13户，贷款余额730万元。推广农户贷款线上产品“蜀信e·小额农贷”，简便客户办贷手续，实现农户随时随地轻松申贷、用贷、还贷，发放“蜀信e·小额农贷”1.42万户、累计投放金额37.6亿元，余额17.69亿元，较年初净增15亿元。开展“政银担”合作，建立分险增信机制，由省农担担保贷款73户、余额7303万元，较年初净增1883万元；市农担担保贷款余额1458户、余额1.7亿元（批量政策性担保），较年初净增1.45亿元。

（绵阳农村商业银行）

【中国交通银行绵阳分行】 2022年，交通银行绵阳分行人民币存款余额增幅7.35%；人民币贷款余额增幅22.54%，贷款增幅较同业平均增幅高出6.59%。服务实体经济，落地全国首笔NRA账户体系CIPS标准收发器应用，分别为长虹（香港）贸易有限公司、四川长虹集团财务有限公司以及绵阳市商业银行搭载跨境人民币使用CIPS标准收发器，并首次通过客户在岸账户向交行NRA账户开立进口信用证。投放绵阳市首笔高新技术和专精特新企业跨境融资便利化政策试点跨境融资500万元。牵头100亿元银团支持成绵苍巴高速公路建设，累计为项目投放贷款近30亿元。参与绵阳绕城高速南环线建设，投放银团贷款2亿元。支持绵阳国际会展中心三期项目建设，投放独家项目贷款4亿元。联合北京分行为国能天明项目（江油）投放项目贷款10亿元，助力项目提前完工投产。创新债贷结合模式支持高新区智能制造产业园项目建设，给予授信额度3亿元。给予埃克森等绵阳市重点招商引资项目授信支持。贯彻落实市委、市政府“园区提质、企业满园”行动要求，至年末，为园区规模以上企业授信24亿元。为上市企业提供一揽子综合金融服务，与长虹股份、九洲电器、利尔化学、富临精工等全市上市及拟上市企业建立实质业务合作，授信金额34.5亿元。对接专精特新企业金融服务需求，支持全市专精特新企业超50家，授信金额超10亿元。加大惠企纾困力度，支持乡村振兴，普惠贷款余额增幅54.33%，涉农贷款余额增幅108.23%。主动减免小微企业对公开户、网银使用费、UK工本费，降低支付手续费，缓解中小微企业融资成本及财务负担。开展“新市民金融服务宣传月”活动，发放新市民专属卡，并免收年费、工本费，免手机银行转账手续费，免同城和异地跨行取款手续费。向新市民发放个人贷款近亿元，满足新市民在安居及日常消费、家具家电购置方面的金融需求。对小微个体商户，受理银联借记卡刷卡和二维码交易，提供手续费率下调及减免等优惠。

（交通银行）

【中国邮政储蓄银行绵阳分行】 2022年，邮储银行绵阳分行各项贷款余额163.39亿元，年净增24.6亿元，增幅17.73%；各项存款余额497.95亿元，年净增55.86亿元，增幅12.64%。在人行绵阳中心支行银行业机构综合评价中获评等级A，获评人行绵阳中心支行征信综合先进集体，人行绵阳中心支行金融统计工作综合考评A等，人行绵阳中心支行2022年度货币信贷工作综合考评优秀等级，以及货币政策工具管理优秀奖、科技金融与金融市场优秀奖、考核货币政策传导与信贷调控优秀奖。邮储银行绵阳分行支持绵阳重点领域和重大项目，通过公司贷、投行融资、票证函等产品与绵投、科发、长虹、九洲等辖内重点单位建立常态化合作关系。公司贷款结余50.51亿元，票据直贴交易13.87亿元，分别为绵九、绵西、绵苍3个交通项目进行合作，年新增贷款投放1.8亿元；直融创新产品支持科创企业发展，实现全国首批、全行首笔科创票据承销发行，为长虹集团发行超短融5亿元。服务乡村振兴战略，涉农贷款净增3.84亿元，结余50.83亿元，增幅8.17%，完成监管计划的126.73%。加快农村信用体系建设，建成信用村1322个，占行政村数量的83.57%，录入信用户3.09万户，完成评分评级信用户1.01万户，线上信用户贷款累计投放3098万元。助力小微企业。普惠型小微企业贷款余额37.87亿元，净增6.09亿元，完成普惠小微企业“两增两控”监管目标的157%；有贷款结余户数较年初净增370户。下调新发放普惠型小微企业贷款执行利率5.21%，较2021年末下降45个BP。针对小微企业法人客户，开创“小微易贷”线上产品，小微易贷余额6.28亿元，年净增3.66亿元，较年初提升139.85%。支持绿色金融和战略新兴行业。绿色信贷余额5.65亿元，年净增3.37亿元，增幅159.6%，“两高一剩”贷款保持为零。向东江环保固废处置项目新增项目贷款投放0.42亿元，向长虹杰创锂电高倍率电池制造项目新增项目贷款投放1.85亿元，对芦溪工业园污水处理授信1.4亿元，完成安州、科技城新区城市更新项目授信7亿元。重点加大对先进制造业、战略性新兴产业小微企业的中长期信贷投放，全年累计投放制造业贷款42.32亿元，年净增3.26亿元；专精特新客户结存76户，余额4.2亿元，年净增0.91亿元，客户开发率24.92%。打造消费金融生态圈，推进金融服务与消费场景的跨界融合，建成30余个微商圈；依托观影优惠、洗车优惠、工会卡优享等特色活动，带动信用卡消费27亿元；开发“优享贷”“公积金信用消费贷款”产品，通过“乡村加邮购车季”活动，实现消费贷款结余56亿元。落实金融惠企利民政策，为长虹、九洲、绵南高速、绵九高速4个存量客户下调利率，为客户每年节约融资成本约1000万元。全面做好减费让利，为3068家小微企业和个体工商户，降费109.8万元。优化客户服务，实施营业网点“感动服务”举措，创建劳动者驿站和特殊客户服务示范网点，无“95580”电话服务类有责投诉。组织开展“守住‘钱袋子’活动”等宣传活动，提升消费者自我保护能力。

（邮政储蓄银行）

【上海浦东发展银行绵阳分行】 2022年，上海浦东发展银行绵阳分行先后实现惠科集团、绵阳燃气、长虹集团、九洲集团、成都科创投集团等存款大户的资金支持，摆脱日均和时点倒挂的不利局面。拓展优质合意资产，先后向绵阳水务集团、东方绝缘、绵阳惠科、绵阳东辰教育集团、广元中学育才学校等优质主体投放贷款，在抵消风险隐患企业到期归还7400万元贷款的情况下，年末贷款增量实现3.64亿元，完成全年计划任务的121.73%。同时储备10个合意资产项目，总金额近8亿元。新增授信客户4户，排名成都分行第2。成功落地香港长虹3000万美元离岸贸易融资业务；落地成都分行首笔他行开证、银行福费廷业务；落地6户百人代发业务，并储备2户百人代发业务。在科创金融方面，科创企业开户数排名全行第2，专精特新企业投放贷款金额排名全行第1。5月18日，实现零售存款余额6.5亿元。推动二手房按揭、房抵快贷、精英贷、优客点贷等个贷业务品种落地，持续营销长虹供应链项目，推进绵阳市公积金归集及贷款业务受托银行竞标工作。完成信托资金及私募资金托管2笔，监管资金托管1笔，合计金额8亿元。完成票据直贴业务2.08亿元，人行再贴现业务10.06亿元。获总行"反洗钱工作突出贡献评选活动团队奖""浦发智汇网点奖"、运营技能优秀网点第3名。（浦发银行）

【招商银行绵阳分行】 2022年12月末，招商银行绵阳分行各项自营存款年日均余额346923万元，较2021年增加136826万元，增幅65.13%。其中，对公存款年日均余额221045万元，增加103605万元；储蓄存款年日均余额125878万元，增加33222万元。支持绵阳地区经济发展，正式成立招商银行绵阳经开区支行经批准，成为招商银行在绵阳地区的第三家综合性经营机构。在传统票据业务方面，结合金融科技手段及人行再贴现工具，支持和满足民营企业、小微企业、科技型企业的金融需求。在零售业务方面，借助总行资源进行批量获客。集团客户拓展方面，拓展绵阳水务缴费接口，覆盖绵阳地区33万用户，获得总行重点生活缴费场景拓展奖；实现"绵州通"App——网通支付接入合作；拓展智慧停车场177个、8.3万个泊车位；拓展中石油加油站71座、壳牌加油站11座，特来电的充电站77个。

（招商银行绵阳分行）

【兴业银行绵阳分行】 2022年，兴业银行绵阳分行年末本外币各项存款余额25.51亿元，比年初增加2.05亿元，增长8.74%；本外币各项贷款余额54.01亿元，比年初增加4.03亿元，增长8.06%。绵阳分行获评成都分行2022年度先进经营单位、异地分行综合考评第1名、异地分行企金业务第1名、人民银行绵阳市中心支行2022年度综合评价A等级、货币信贷工作考核优秀。企业金融客户数量较年初新增17%。有"国专精"合作24家、"省专精"合作44家。创新金融服务，实现科技型企业融资户数、融资余额"双增长"，年末科创企业贷款余额2.75亿元，较年初实现翻番；助力科创企业，中标四川唯一入围"创建世界一流专精特新示范企业"的某集团独家债券承销，用于支持具有专精特新子公司发展的超短融20亿元，支持"新赛道"企业做优做强。聚焦乡村振兴，为省级农业龙头企业——绵阳高水农批市场（绵阳市"菜篮子"民生工程重要项目点）授信农批市场建设项目贷款2.8亿元，落地成都分行首笔农批市场项目贷款。助力绿色发展，年末绿色贷款余额5.8亿元，较年初增加3.76亿元，增幅184.31%。利用兴业银行"商行+投行"的优势，自营+理财投债余额最高达27亿元；代理推介租赁、信托非标业务7亿元。拓展园区金融，服务5G产业园、机器人产业园等园区项目建设。强化金融服务，助力中小微企业畅通融资，年末普惠小微贷款余额2.31亿元，较年初新增1.32亿元，增幅134.01%。创设"资金流"的"技术流"专属评价体系，将绵阳市431家企业纳入"技术流"评价清单，审报获批16家，落地金额10.06亿元。零售业务增强，年末个人存款日均余额7.43亿元，个人存款余额8.77亿元。（张　辉）

【中国光大银行绵阳分行】 至2022年年末，中国光大银行绵阳分行贷款余额55.52亿元，较年初增长7.6亿元。其中，民营企业贷款余额8.38亿元、科技型企业贷款余额16.97亿元、涉农贷款余额8.57亿元，普惠小微企业贷款余额1.76亿元，累计发放个人贷款1.69亿元。重点支持科技创新、电子信息、文旅经济、现代服务等绵阳市重点发展领域项目，先后向绵阳市多家龙头涉农企业发放贷款7.66亿元。坚持阳光服务的宗旨，解读金融服务和惠民政策，开展消费者权益、防范老年人诈骗、个人金融信息保护、防范和打击非法集资、理性消费、安全用卡、反洗钱等金融知识普及宣传活动。

（中国光大银行绵阳分行）

【华夏银行绵阳分行】 2022年末，华夏银行绵阳分行有存款达20亿元、贷款21亿元。服务绵阳经济发展，先后为企业发放短期融资票据，建立票据池业务，投放6亿元城镇化建设贷款支持绵阳的城镇建设，募资4.7亿元辖内首笔资产证券化（ABS）业务，落地30亿元非公开定向债务融资工具发行业务支持江油建设发展，以股权质押担保为某"新三板"上市企业投放组合授信业务。（华夏银行绵阳分行）

【乐山市商业银行绵阳分行】 2022年，乐山市商业银行绵阳分行助力乡村振兴，与水磨河村村委会、三台涪城麦冬产业商会签署合作协议，发放贷款39笔，信贷金额1591万元。梳理、修订消费者权益保障工作机制，组织金融知识进万家等消保工作宣传活动。开展金融知识"进企业""进乡村""进社区"等金融服务工作。乐山市商业银行绵阳分行未发生消费者投诉情况。接受消费者到网点咨询500余人次。

（吴　迪）

【成都银行绵阳分行】 2022年年末，成都银行绵阳分行资产总额36.77亿元，负债总额35.780亿元；银行贷款余额35.63亿元。其中，个人贷款余额935.42万元、对公贷款35.54亿元。个人贷款涉及个人消费贷款和按揭贷款；对公贷款涉及流动资金贷款及固定资产贷款，贷款投向涉及制造业、水利、环境和公共设施管理业及租赁和商务服务业等多个行业。暂未发放房地产开发贷款。年末银行存款余额24.59亿元。年末表外业务品种涉及票据融资及非融资性保函，承兑汇票余额9.19亿元；非融资性保函余额200万元。推广"天府科创贷"特色信贷产品，支持科技型小微企业发展；落实国家减费让利政策，降低小微企业综合成本，减免小微企业结算、押评估费、登记费、公证费等相关费用8.66万元。（刘伯玲）

【长城华西银行绵阳分行】 2022年末，长城华西银行绵阳分行存款时点数18亿元，较年初增长5亿元，其中对公存款较年初增长4.41亿元，个人存款较年初增长1亿元；贷款余额32亿元，较年初增长1.53亿元。坚持“服务地方，服务市民”的理念，全年共投放对公贷款1.53亿元，余额增加0.69亿元。投放出第一笔城市更新贷款2.33亿元。助企纾困，保障个体工商户等普惠小微主体融资需求。年末普惠贷款余额3.13亿元，较年初净增0.92亿元；小微贷款较年初净增7400万元；普惠涉农贷款较年初净增1800万元。构建合规高效的制度新体系，做好合规教育和风险化解，自营贷款余额不良率0.11%。长城华西银行绵阳分行获得绵阳市金融局颁发的2021年度普惠金融工作先进单位，获得中国人民银行综合评级B类行。 （陈 平）

证券业

【概况】 2022年，绵阳市共有证券期货业经营机构33家。其中，证券营业部32家，期货营业部1家。至年底，绵阳市共有证券投资者105.77万户，客户总资产达714.67亿元，证券交易额达1.22万亿元，融资融券余额达25.33亿元。

2022年绵阳市证券期货经营机构一览表

表35

序号	机构名称	机构地址
1	中邮证券绵阳市涪城区证券营业部	四川省绵阳市涪城区临园路西段49号1栋1楼
2	中信证券绵阳临园路证券营业部	绵阳市涪城区临园路西段附5号1-1-4
3	中金财富证券绵阳临园路证券营业部	四川省绵阳市涪城区临园路东段56号1栋3层1号
4	银河证券绵阳安昌路证券营业部	四川省绵阳市涪城区安昌路33号1层
5	招商证券绵阳临园路证券营业部	绵阳市临园路西段5号（花园文体中心综合楼8-5）
6	英大证券绵阳体运村路证券营业部	绵阳市涪城区体运村路2号嘉益安江名园4栋1层
7	诚通证券三台北泉路证券营业部	四川省绵阳市三台县北坝镇北泉路百乐时代广场一幢1-1号
8	诚通证券绵阳泗水巷证券营业部	四川省绵阳市涪城区泗水巷58号海赋外滩2栋3楼4号
9	西南证券绵阳安昌路证券营业部	绵阳市涪城区安昌路55号2栋2层3号附2号
10	五矿证券绵阳跃进路证券营业部	四川省绵阳市涪城区跃进路50号九洲·跃进路1958 8栋2层1-12号
11	天风证券江油李白大道证券营业部	江油市李白大道东侧宏安中华御景1栋2楼1号
12	平安证券绵阳火炬北街证券营业部	绵阳高新区火炬北街33号领航中心1栋8-6
13	金元证券绵阳安昌路证券营业部	四川省绵阳市涪城区安昌路18号（爱喜嘉年华）
14	华西证券三台恒昌路证券营业部	四川省三台县北坝镇恒昌路耀森花园B区2楼
15	华西证券绵阳园艺南路证券营业部	绵阳市科技城新区人才公园园艺南路21号2栋
16	华西证券绵阳安昌路证券营业部	四川省绵阳市安昌路33号2楼
17	华西证券江油涪江路证券营业部	江油市涪江路中段587号
18	红塔证券绵阳临园路证券营业部	绵阳市涪城区临园路东段78号兴达国际大厦1幢16层D号
19	宏信证券绵阳滨江路证券营业部	四川省绵阳市涪城区滨江路10号凯信水韵滨江4号4楼1号
20	宏信证券江油金轮干道证券营业部	江油市中坝镇昌明河东街38号
21	海通证券绵阳涪城路证券营业部	四川省绵阳市涪城区涪城路2号新广厦.绵州里2号3栋2楼1号
22	国信证券绵阳园艺街证券营业部	绵阳市科创区园艺街6号长兴星城7幢2层31号

续表35

序号	机构名称	机构地址
23	国信证券绵阳临园路证券营业部	四川省绵阳市涪城区临园路中段99号中大财富广场1幢1单元20层、21层
24	国泰君安证券绵阳剑南路证券营业部	四川省绵阳市涪城区剑南路西段8号富临东方广场2栋2层3号
25	国金证券绵阳临园路证券营业部	四川省绵阳市涪城区临园路西段23号（美乐城市之星）1栋1层4号
26	国海证券绵阳滨江路证券营业部	绵阳市涪城区剑南路西段8号
27	国都证券绵阳文竹街证券营业部	绵阳市涪城区文竹街16号文竹大厦1栋1层11号
28	光大证券绵阳跃进路证券营业部	四川省绵阳市涪城区跃进路6号长虹国际城二期北区29栋3楼31-37号
29	东方财富证券绵阳临园路证券营业部	四川省绵阳市涪城区临园路中段80号综合楼
30	长江证券绵阳临园路证券营业部	绵阳市涪城区临园路中段99号中大财富广场2幢第1层19-23号
31	长城证券绵阳飞云大道证券营业部	绵阳高新区飞云大道东段18号美立方1-4-4号
32	安信证券绵阳涪城路证券营业部	绵阳市涪城路167中央美地商住楼4楼1号
33	倍特期货绵阳营业部	绵阳市涪城区临园路东段54号临园商务大厦16楼

【企业上市】 2022年，绵阳市有上市公司13家（上交所主板3家、深交所主板5家、创业板2家、北交所1家、港股2家），涉及家电、电子制造、饲料养殖、化学制品、非金属制品、汽车零部件等行业领域。其中有11家在沪深北证券交易所上市，年营业收入2642.50亿元，增长6.92%；净利润11.74亿元，增长114.39%。

绵阳市上市公司一览表

表36

序号	证券代码	证券简称	公司企业	上市板块	上市时间	所属行业
1	600839	四川长虹	四川长虹电器股份有限公司	上交所主板	1994年3月11日	计算机、通信和其他电子设备制造业
2	601208	东材科技	四川东材科技集团股份有限公司	上交所主板	2011年5月20日	化学原料和化学制品制造业
3	600139	*ST西源	四川西部资源控股股份有限公司	上交所主板	1998年2月25日	货币金融服务
4	000876	新希望	新希望六和股份有限公司	深交所主板	1998年3月11日	农副食品加工业
5	000801	四川九洲	四川九洲电器股份有限公司	深交所主板	1998年5月6日	计算机、通信和其他电子设备制造业
6	000935	四川双马	四川和谐双马股份有限公司	深交所主板	1999年8月24日	非金属矿物制品业
7	002258	利尔化学	利尔化学股份有限公司	深交所主板	2008年7月8日	化学原料和化学制品制造业
8	002357	富临运业	四川富临运业集团股份有限公司	深交所主板	2010年2月10日	道路运输业
9	300432	富临精工	绵阳富临精工股份有限公司	深交所创业板	2015年3月19日	汽车制造业
10	300297	*ST蓝盾	蓝盾信息安全技术股份有限公司	深交所创业板	2012年3月15日	软件和信息技术服务业
11	836239	长虹能源	四川长虹新能源科技股份有限公司	北证A股	2021年11月15日	电器机械和器材制造业
12	01380	金石矿业	中国金石矿业控股有限公司	香港主板	2011年3月18日	一般金属及矿石原材料业
13	01636	中国金属利用	中国金属资源利用有限公司	香港主板	2014年2月21日	一般金属及矿石原材料业

【上市企业培育】 2022年，绵阳市创新制定推进企业上市梯度培育行动计划，建立健全政策引领、储备培育、培训辅导、协调服务、环境优化等全过程全链条的企业上市服务体系。针对企业上市申报过程中需要出具的行政许可及合规证明等事项，推出企业挂牌上市合规性审查“秒批秒办”系统。建立绵阳市上市后备企业资源库，遴选出70家企业入库，推荐55家企业进入省级上市后备企业资源库，新增省级上市后备企业资源库入库企业22家，增长66.7%。2家上市后备企业进入辅导期。11月25日，安和精密挂牌“新三板”；12月13日，华丰科技在科创板上市发行事宜经上交所科创板上市委员会2022年第107次审议会议审议通过。

2022年绵阳市进入省级上市后备企业一览表

表37

序号	企业名称	序号	企业名称
1	绵阳市商业银行股份有限公司	29	四川新一美生物科技有限公司
2	四川华拓光通信股份有限公司	30	四川建丰林业有限公司
3	四川振通检测股份有限公司	31	四川泰虹科技有限公司
4	四川信立包装有限公司	32	四川经纬达科技集团有限公司
5	四川中久大光科技有限公司	33	绵阳高新区恒奥电子科技有限公司
6	四川湖山电器股份有限公司	34	四川绵阳德鑫机械有限公司
7	四川中物技术股份有限公司	35	四川虹信软件股份有限公司
8	四川高达科技有限公司	36	绵阳市汽车实验驾驶技术学校股份有限公司
9	四川科莱电梯股份有限公司	37	四川九州光电子技术有限公司
10	绵阳辉达粮油有限公司	38	西科农业集团股份有限公司
11	四川天雄药业有限公司	39	绵阳立德电子股份有限公司
12	四川省银河化学股份有限公司	40	四川九洲卫星导航投资发展有限公司
13	四川爱联科技股份有限公司	41	四川智星君业信息科技有限公司
14	四川爱创科技有限公司	42	绵阳优森科技有限公司
15	绵阳麦思威尔科技有限公司	43	四川圣迪乐村生态食品股份有限公司
16	四川陆亨能源科技有限公司	44	四川科瑞软件有限责任公司
17	四川超声印制板有限公司	45	四川奇石缘科技股份有限公司
18	四川省江油市蜀玉实业有限公司	46	四川恒泰环境技术有限责任公司
19	四川聚能核技术工程有限公司	47	四川碧朗科技有限公司
20	江油市长祥特殊钢制造有限公司	48	四川长虹电源有限责任公司
21	四川远方高新装备零部件股份有限公司	49	四川长虹教育科技有限公司
22	四川南联环资科技股份有限公司	50	四川万高达味食品有限公司
23	四川六合特种金属材料股份有限公司	51	绵阳华岩电子有限公司
24	四川代代为本农业科技有限公司	52	绵阳市鑫科源环保科技有限公司
25	台沃科技集团股份有限公司	53	四川华丰科技股份有限公司
26	绵阳安福魔芋开发有限公司	54	四川才子软件信息网络有限公司
27	北川禹珍实业有限公司	55	四川互慧软件有限公司
28	四川福欣食品有限公司	—	—

图87 6月14日，绵阳市科技创新股权投资基金发布会暨科创企业投融资对接会在绵州酒店举行（市金融工作局提供）

【绵阳科创基金组建】 2022年6月14日，绵阳市科技创新股权投资基金发布会暨科创企业投融资对接会在绵州酒店举行。副市长李南希出席会议并宣布绵阳市科技创新股权投资基金成功组建。绵阳科创基金由四川振兴集团联合绵阳聚融股权公司、绵阳科技城新区设立，是绵阳市首支由政府发起设立的创投基金。基金设立规模2亿元，存续期8年（投资期4年、退出期4年）。旨在支持绵阳科创企业发展，通过市场化股权融资方式缓解科创企业压力，促进科技成果转化。基金聚焦电子信息、装备制造、先进材料、新能源和化工等重点支柱产业，重点投资于处于初创期、早中期和成长期的绵阳市中小微科技企业和科技成果转化项目。会上，四川振兴集团、绵阳聚融公司、绵阳新投集团、北碚新兴产业基金、川创投等基金合伙人签署基金合伙协议。绵阳科创基金与4家科创企业签署意向投资协议。6家绵阳市本土的科创企业进行项目路演，与专家评委交流互动。

【专精特新企业专场培训会召开】 2022年6月15日，绵阳市专精特新企业专场培训会在长虹科技中心召开。市委常委、副市长张明，市政协副主席周琳出席并致辞。会议分析全市在孵化、培育创新型高科技企业方面的优势，上市公司及上市公司培育情况，鼓励专精特新重点企业抢抓机遇对照上市条件和要求，加快上市步伐。市金融工作局和市经信局分别就“企业上市挂牌支持政策”和“专精特新支持政策”作政策宣讲。北交所西南中心和浙商证券专家为企业作北交所定位及发展前景、适格企业的历史机遇、上市制度及发行安排、实际操作路径等培训。

【企业上市培育暨上市公司高质量发展工作调度会召开】 2022年10月10日，绵阳市企业上市培育暨上市公司高质量发展工作调度会召开。市委常委、副市长张明等出席会议。相关市直部门、县（市、区）、园区、国有企业、部分上市公司及拟上市企业参会。会上，市金融工作局汇报全市企业上市培育暨上市公司发展情况；涪城区、高新区、科技城新区汇报辖区企业上市培育暨上市公司发展情况；长虹集团、九洲集团、利尔化学汇报发展情况；华丰科技、西科集团、安和精密汇报上市推进情况。张明就上市公司做好市值管理、充分利用资本市场加速发展，拟上市企业股权设计、券商选择等问题开展辅导培训。

【企业上市服务对接座谈会召开】 2022年10月19日，绵阳市金融工作局与深交所西部基地开展企业上市服务对接座谈会。深交所西部基地副总监任路，区域主任邵军鹏、胡文文，市金融工作局党组书记杨保平参加座谈。会前，深交所西部基地一行人到蜀玉实业、远方高新、陆亨能源、六合特材、龙华薄膜、经纬达科技、银河化学、湖山电器等企业开展上市辅导。会上，深交所西部基地介绍拟上市企业调研情况，市金融工作局介绍全市资本市场及企业上市挂牌情况。双方就设立深交所绵阳基地、举办资本市场辅导培训活动、企业“一对一”走访、企业融资路演等方面进行交流，并达成合作意向。

【安和精密在“新三板”挂牌】 2022年11月25日，安和精密（873004）正式在“新三板”基础层挂牌公开转让。安和精密成立于2012年，主要从事超小型微特电机的研发、制造及销售。公司核心产品包含微型振动马达、传动模组，终端客户主要为小米、歌尔、华为等知名企业。安和精密为国家级专精特新“小巨人”企业，拥有发明专利18项，近两年研发费用累计8435万元，符合北交所上市两套财务标准。全国中小企业股份转让系统有限责任公司发文，同意四川安和精密电子电器股份有限公司股票在全国股份转让系统挂牌。2021年，九洲集团实现对安和精密控股权的并购，定位为集团电子元器件专业化公司。2022年3月，九洲集团研究明确安和精密先“新三板”挂牌再北交所IPO的上市路径。8月30日，安和精密挂牌申请获得股转公司受理。9月13日，收到股转公司第一次反馈意见。9月26日，向股转公司提交第一次反馈意见的回复，并取得正式批复。

【绵阳首家科创板上市公司出炉】 2022年12月13日，上交所网站发布信息，科创板上市委2022年第107次审议会议审议通过四川华丰科技股份有限公司（以下简称华丰科技）的首发申请，标志着华丰科技成为绵阳首家科创板上市公司，同时，该公司也是长虹控股集团第7家上市公司。华丰科技是国务院国有企业改革领导小组办公室公布的科改示范企业、四川省首批国有控股混合所有制企业员工持股试点单位，是中国率先从事电连接器研制和生产的核心骨干企业及高新技术企业，从事光、电连接器及线缆组件的研发、生产、销售，为航天发射系统、运载火箭系统、航天服系统、载人飞船系统、测控通信系统、空间应用系统、空间实验系统和着陆系统等大量配套，特别是航天服上的连接器为独家研制生产，先后为神舟系列飞船、天宫一号、天宫二号等重大项目提供配套。同时，在通信领域，与华为、中兴、诺基亚等多家通信设备制造商建立长期的业务合作关系，是华为、中兴的核心供应商之一。2022年，华丰科技实现营收9.84亿元，同期实现净利润9878万元。 （章彦博）

保险业

【概况】 2022年，绵阳市有保险公司58家。其中，财产险公司20家、人身险公司38家。保险专业中介机构54家，其中法人机构1家、分支机构53家。中华人寿、国华人寿、复星保德信3家中支获批开业，县支公司和营销服务部数量达301家，居全省地级市第1位。保险从业人员2.61万人。保险业实现保费收入151.66亿元，增长3.75%，保费收入规模继续保持全省地级市第1位。全市保险密度3106元/人，高于全省平均水平361元/人；保险深度4.18%，高于全省平均水平0.18个百分点。全市风险保障金额32.21万亿元，同比增长262.83%，赔付支出47.10亿元。推进中介机构“多散乱”整治，完善经营异常中介机构处理机制，对28家机构开展实地走访摸底，重点抽查5家可疑机构，对4家问题机构和2家“三无”（无人员、无场所、无业务）机构分类采取监管措施，清退16家兼业机构。正式发布绵阳专属普惠型健康保险“惠绵保”，由中国人寿、人保财险、太平洋人寿等11家保险公司共同承保，惠及全市约92万名群众，实现保费收入8216.89万元。

2022年绵阳市保险机构一览表

表38

序号	保险公司名单	序号	保险公司名单
1	永安财产保险股份有限公司绵阳中心支公司	19	亚太财产保险有限公司绵阳中心支公司
2	中国人民财产保险股份有限公司绵阳市分公司	20	中融人寿保险股份有限公司绵阳中心支公司
3	中国人寿保险股份有限公司绵阳市分公司	21	中航安盟财产保险有限公司绵阳中心支公司
4	太平财产保险有限公司绵阳中心支公司	22	华夏人寿保险股份有限公司绵阳中心支公司
5	中国人寿财产保险股份有限公司绵阳市中心支公司	23	华泰财产保险有限公司绵阳中心支公司
6	天安财产保险股份有限公司绵阳中心支公司	24	中国平安财产保险股份有限公司绵阳中心支公司
7	和谐健康保险股份有限公司绵阳中心支公司	25	鼎和财产保险股份有限公司绵阳中心支公司
8	北大方正人寿保险有限公司绵阳中心支公司	26	建信人寿保险股份有限公司绵阳中心支公司
9	中银保险有限公司绵阳中心支公司	27	阳光人寿保险股份有限公司绵阳中心支公司
10	工银安盛人寿保险有限公司绵阳中心支公司	28	新华人寿保险股份有限公司绵阳中心支公司
11	中国人民人寿保险股份有限公司绵阳中心支公司	29	英大泰和人寿保险股份有限公司绵阳中心支公司
12	农银人寿保险股份有限公司绵阳中心支公司	30	中银三星人寿保险有限公司绵阳中心支公司
13	富德生命人寿保险股份有限公司绵阳中心支公司	31	百年人寿保险股份有限公司绵阳中心支公司
14	中国大地财产保险股份有限公司绵阳中心支公司	32	安诚财产保险股份有限公司绵阳中心支公司
15	阳光财产保险股份有限公司绵阳中心支公司	33	中国太平洋人寿保险股份有限公司绵阳中心支公司
16	平安养老保险股份有限公司绵阳中心支公司	34	锦泰财产保险股份有限公司绵阳中心支公司
17	中华联合财产保险股份有限公司绵阳中心支公司	35	国宝人寿保险股份有限公司绵阳中心支公司
18	长城人寿保险股份有限公司绵阳中心支公司	36	中国太平洋财产保险股份有限公司绵阳中心支公司

续表38

序号	保险公司名单	序号	保险公司名单
37	大家人寿保险股份有限公司绵阳中心支公司	48	太平人寿保险有限公司绵阳中心支公司
38	华泰人寿保险股份有限公司绵阳中心支公司	49	光大永明人寿保险有限公司绵阳中心支公司
39	幸福人寿保险股份有限公司绵阳中心支公司	50	中信保诚人寿保险有限公司绵阳中心支公司
40	都邦财产保险股份有限公司绵阳中心支公司	51	泰康养老保险股份有限公司绵阳中心支公司
41	泰康人寿保险有限责任公司四川绵阳中心支公司	52	永诚财产保险股份有限公司绵阳中心支公司
42	大家财产保险有限责任公司四川分公司绵阳中心支公司	53	复星联合健康保险股份有限公司绵阳中心支公司
43	天安人寿保险股份有限公司绵阳中心支公司	54	中英人寿保险有限公司四川分公司绵阳中心支公司
44	东吴人寿保险股份有限公司绵阳中心支公司	55	中国平安人寿保险股份有限公司绵阳中心支公司
45	中宏人寿保险有限公司四川分公司绵阳中心支公司	56	国华人寿保险股份有限公司绵阳中心支公司
46	陆家嘴国泰人寿保险有限责任公司绵阳中心支公司	57	复星保德信人寿保险有限公司绵阳中心支公司
47	民生人寿保险股份有限公司绵阳中心支公司	58	中华联合人寿保险股份有限公司绵阳中心支公司

【人身保险发展】 2022年，绵阳市人身险公司保费收入113.64亿元，增长2.67%。持续推进人身保险业务结构调整，普通型寿险、健康险、意外险等保障功能较强的产品回归市场主流，原保险保费收入84.94亿元，占总保费的比例为74.74%，较2021年同期提高6.02个百分点。普通寿险增速和占比显著提升，增长17.61%，占比上升6.89个百分点。分红险等投资型业务规模压降，分红险保费收入减少17.15%，占比下降8.16个百分点。新单期缴率54.73%，较2021年提升0.85个百分点。健康险业务有效保险金额提升19.15%，件均保额提升16.91%。

【财产保险发展】 2022年，绵阳市财险公司实现原保险保费收入38.02亿元，增长7.1%。其中，农业保险为116.2万户次农户提供风险保障113.15亿元，支付赔款2.76亿元，向32.73万户次农户支付赔款2.76亿元。机动车辆保险签单数量174.55万单，增长4.09%；共提供风险保障1.87万亿元，增长30.17%；支付赔款15.16亿元，下降3.06%。车险综合费用率低于全省平均3.5个百分点。家财险、健康险、保证保险均实现较快增长，增速分别为45.69%、16.02%、12.66%。

【保险供给优化】 2022年，绵阳市推动专属商业养老保险试点，承保458件，保费782.92万元，居全省地级市第1位。巩固车险综改“降价、增保、提质”成效，车险综合费用率低于全省平均3.5个百分点。开展涉农保险创新，推动“农业保险+信贷”直通车创新业务在绵阳落地，11家规模经营户和散户通过信贷直通车业务获得贷款1025万元。中国人寿绵阳中支开发全省首款“乡村振兴保”，为北川羌族自治县3.05万名三类特殊人群（特困人员、特殊困难群体、全县已脱贫人口）提供特色保障服务。中航安盟绵阳中支签发全省首单蛋鸡收入保险，为被保险人提供包含鸡蛋价格和自然灾害、意外事故等在内的745.4万元责任保障。

【保险业服务经济社会发展】 2022年，绵阳市保险业加大对经济社会发展重点领域服务，助力科创企业发展，为科创企业提供风险保障374.53亿元，保障金额居全省地级市第1位，首台（套）、新材料、知识产权保费增长11.25%。发展重点领域责任保险，提供安全生产责任风险保障152.19亿元。支持绿色低碳转型，提供环境污染风险保障30.64亿元。推动“绵阳造”走向海外市场，提供出口信用保险保障4.08亿元。服务乡村振兴战略，完成农业保险密度、深度、三大主粮承保覆盖率等高质量发展目标。三大主粮承保覆盖率85.31%，累计为116.2万户次农户提供风险保障113.15亿元，支付赔款2.76亿元，综合赔付率70.9%。开发乡村振兴保、防贫保、农村小额人身保险等产品，共为全市4.9万户脱贫户、易致贫户及特殊困难群体提供风险保障342.5亿元。参与社会治理，应对江油“1·2”较大交通事故，配合政府部门开展事故救援及善后理赔工作。做好农作物高温旱灾理赔工作，赔付金额6751万元。提升巨灾保险保障水平，为全市18.78万户城乡居民提供地震、暴雨、洪涝等巨灾风险保障108.49亿元。

【保险业服务保障民生】 2022年，绵阳市保险业持续丰富人身险产品，推动“惠绵保”上线运行，惠及全市92.32万名群众，实现保费收入8217万元。聚集新市民保险服务需求，联合10个市直部门印发《进一步加强绵阳市新市民金融服务十条措施》，指导保险公司为新市民提供医疗保险、职业伤害保险、农民工工资支付保证保险等针对性保险服务，为22.7万人次新市民群体提供风险保障金额71.7亿元。发挥行业健康管理职能，大病保险累计赔付11.06万人次、2.11亿元，实际报销比例在基本医保基础上提高14.53个百分点。

【保险业风险防控】 2022年，绵阳市继续做好对辖内3家被接管分支机构的相关工作。开展人身险满退风险排查，组织重点机构进行集体约谈，结合实际发出“一对一”风险提示函，动态监测预测数据的偏离度，监控指标异动并给予窗口指导，平稳度过35.29亿元满退现金流高位。开展防范代理退保工作，联合印发《绵阳市整治“代理退保”黑产乱象工作方案》，组织开展联合整治行动，移送黑产线索5条。推动涉保司法鉴定规范开展，联合印发《关于规范涉保理赔司法鉴定工作的实施意见》，组织辖内保险公司开展“人伤黄牛”欺诈案件风险排查，加强行业监管，维护司法鉴定秩序。化解涉众风险，制定出租车投保难解决方案，协调解决投诉人的合理诉求，化解群体性投诉风险。抓好保险中介治乱清虚，清退信息化建设不达标兼业机构16家。

【平安财险绵阳市科技支公司揭牌成立】 2022年10月19日，中国平安财产保险股份有限公司绵阳市科技支公司（以下简称平安财险绵阳市科技支公司）揭牌仪式暨涪城区第15季银企“鹊桥会”在中大财富广场举行。市委常委、副市长张明出席活动并致辞。平安财险四川分公司党委书记、总经理曹志文等出席。平安财险绵阳市科技支公司是平安系统全国首家科技保险专营机构，旨在推动平安集团各项战略在绵阳优先落地，借助平安集团综合金融优势，整合集团在绵阳的各子公司资源，探索符合绵阳当地需求的特色金融服务，从专属产品研发、专业队伍配置、专项考核机制等方面配套，为全市高新技术企业和评价入库的中小型企业提供专属风险保障和金融服务。活动现场，平安财险绵阳市科技支公司与绵阳艾萨斯电子材料有限公司、四川虹科创新科技有限公司进行科技保险战略合作协议现场签约，同时，中国邮政储蓄银行绵阳分行现场向涪城区科创企业整体授信10亿元。

【全省首张蛋鸡收入保险单签订】 2022年12月27日，四川省首张蛋鸡收入保险单在游仙区仙鹤镇正式落地出单。该保单由四川九惠公社农业科技有限公司与中航安盟财产保险有限公司绵阳中心支公司签订。该保单中的鸡蛋价格以省发改委当月公布的价格（14.3元/千克）为承保价格依据，包含蛋鸡的产蛋量和自然灾害、意外事故等保险责任。该保单规定，按150天至300天日龄的蛋鸡投保，每只鸡的月产蛋量为1.8千克，1只鸡的收入保险保障金额为25.74元，投保期限为1个月，1只鸡的保费为1.54元。该保险产品为游仙区地方政策性农业保险，财政补贴70%，农户自缴30%，保险期间若投保户养殖蛋鸡的产蛋收入低于目标收入，中航安盟保险公司即负责赔偿。 （朱 佳）

【中国人寿保险股份有限公司绵阳市分公司】 2022年，中国人寿保险股份有限公司绵阳市分公司实现保费总收入255109万元，增长5.4%。其中，新单保费89406万元，增长12.2%；续期保费165703万元，增长2%。在北川推出“乡村振兴保”，全年参保人数30575人，实现保费214万元。作为“惠绵保”共保体组长单位，“惠绵保”承保226624人，保费收入2305万元。提升理赔服务时效和质量，全年理赔结案111643件（含长险、短险、基金险），赔款合计2.54亿元，索赔支付时效1.9天，出险支付时效48.68天。强化合规建设，常态化坚持反洗钱、防范非法集资工作。公司获四川金融五一劳动奖状，被绵阳市政府表彰为金融服务地方发展先进单位；以99.7分排名中国人寿重点城市分公司四川片区第1。

（张景沂 蒋 勇）

【中国太平洋财产保险股份有限公司绵阳中心支公司】 2022年，中国太平洋财产保险股份有限公司绵阳中心支公司保费收入30759.75万元，保费增速10.5%，提供风险保障40709923.02万元，赔付金额14998.4万元。车险综合成本率持续优化，非车险实现高速增长。与绵阳科技城新区签订项目合作战略协议，参

图88 10月19日，平安财险绵阳市科技支公司揭牌仪式在中大财富广场举行（绵阳银保监分局提供）

加绵阳科技城新区直管区重点招商引资集中签约，签约金融类项目6个。与中国人民财产保险股份有限公司绵阳分公司共同承保绵阳科技城新区直管区开发项目（一期）一揽子保险，保额103亿元，保费共计2700余万元，公司份额内保费超500万元。公司组织赔付受旱灾农户事迹被绵阳银保监分局、市电视台在《政风行风热线》专访宣传报道。公司被绵阳市政府授予“金融服务地方发展先进单位”。（吴 静）

【中国平安财产保险股份有限公司绵阳中心支公司】 2022年，中国平安财产保险股份有限公司绵阳中心支公司保费收入8.0953亿元，市场份额21.13%，累计为绵阳市经济发展提供39506亿元的风险保障，为客户提供4.32亿元保险补偿。全年纳税8717万元。车险理赔依托“平安好车主”App，为23万名车主提供线上服务。线上理赔365天不停歇，系统内最快一笔车险理赔从报案到赔款到账耗时仅4分钟。推出“爱车无痕”“先赔后治”等服务。财产险理赔服务“E企宝”微信小程序，实现全流程“零接触”“无纸化”线上理赔。农险理赔服务上线新一代农村农险客户工具“爱农宝”App，为农村农险客户提供一站式保险业务和本地农业农村服务。下属平安产险绵阳市科技支公司在涪城区揭牌成立，标志着全国非省会及计划单列市首家、平安全国首家、四川省首家保险科技支公司正式成立。（穆雨恒）

【中国平安人寿保险股份有限公司绵阳中心支公司】 2022年，中国平安人寿保险股份有限公司绵阳中心支公司累计规模保费收入89523.19万元；原保险保费收入74218.72万元，其中新单保费15530.77万元、续期保费58687.95万元。有效契约量20万件，全年满期给付金额5734.82万元，理赔金额5552.9万元。客户综合满意度名列全省机构前列。（平安人寿绵阳中支）

【中华联合财产保险股份有限公司绵阳中心支公司】 2022年，中华联合财产保险股份有限公司绵阳中心支公司保费收入1.6亿元，实现利润1170万元，上缴各类税金1079万元。公司经营全市4个县、18个乡镇的政策性农业保险，农业保险网点辐射到村，拥有农险协保队伍150余人。助力乡村振兴，帮扶三台县中太镇猫儿沟村，帮助引进“巨型稻”种植，并购买政策性农业保险，助农增收近5万元。缓解中小企业经营困难，疫情防控期间对货运车辆、营业客车实行保险暂停和免费延期服务，对部分企业提供适当的免费延长保险期限，实行分期付款、延期付款、保费缓交政策。加强数字化建设，简化服务流程推进AI智能系统上线。探索“农业保险+信贷”模式，为有资金需求的农业保险养殖户寻提供服务。三台、北川、盐亭落地养殖户通过“农业保险+信贷”实现融资600余万元。针对北川洪灾，理赔10万元。针对旱灾开通理赔绿色通道，支付旱灾赔款1000余万元。

（中华联合财产保险股份有限公司绵阳中心支公司）

绵阳名产——丰谷酒

在明末清初“湖广填四川”移民大潮中，陕西省户县黄沙镇王氏家族举家迁入四川省绵州铜牟镇(今丰谷镇)。清康熙二十三年（1684），王氏族人王秉政在镇上开设天佑烧坊，沽酒为生。后来，随着生意日益兴隆，天佑烧坊开始改进酿造技术，提升酒品质量，所产地窖大甑曲酒，原料为优质南麦、小麦、大麦、稻谷和高粱，酒味醇香、清冽、回甘。以陶瓮盛装应市，畅销绵州乃至整个川西北地区。到1930年，天佑烧坊发展成有8个老窖的作坊，同时丰谷镇还有“玉森荣烧房”“天泽永烧房”生产曲酒，但在市场上统称“丰谷大曲”。1940年，随着涪江航运的发展，丰谷酒几乎占有了整个涪江流域的市场。中华人民共和国成立后，绵阳县人民政府整合“丰谷天佑烧坊”与周围的50家烧坊，合并为“四川省专卖公司绵阳县国营酿酒厂”，生产“丰谷特曲”“丰谷大曲”“富乐春”等丰谷牌系列酒。中华人民共和国成立后，历经多次改制，丰谷酒业发展成为一家集研发、生产、销售于一体的综合性白酒酿造企业。拥有4个生产基地和1个制曲中心，具备年产优质白酒10万吨、灌装7.5万升的生产能力。“丰谷”品牌先后获得“四川省名牌”“中国驰名商标”“中华老字号”等。（编辑部提供）

概 述

2022年，绵阳市编制出台《绵阳市“十四五”文化和旅游发展规划》，印发《绵阳市文旅行业纾困和促进消费的若干措施》，支持旅行社、景区等文旅行业恢复发展惠企纾困，促进文旅行业消费，对旅行社、旅游景区、文旅场所、文旅场所工作人员给予一定纾困补贴；发放文旅消费券1000万元，推动景区联营；开展“绵阳市文旅消费季”活动，对组织力度大、促销效果好、顾客满意度高的活动举办主体给予一次性补助。江油市上榜2022中国旅游百强县市，北川羌族自治县上榜2022中国旅游潜力百强县市，安州区桑枣镇齐心村入选第四批全国乡村旅游重点村，罗浮山温泉度假区获评第二批国家级夜间文旅消费集聚区，北川巴拿恰入选2022年全国“非遗”旅游融合发展优选项目“‘非遗’旅游街区”。35家国家A级景区实现营业收入20.15亿元、下降23.38%。罗浮山温泉康养度假区文旅融合高质量发展提升项目、平武县西城门古街旅游开发项目2个项目入选全省2022年文化旅游融合示范项目支持名单，获得2400万元资金支持。杜志华入选全国2022年度乡村文化和旅游带头人，16人入选2022年四川省突出贡献乡村文旅能人。市文广旅局、华强方特（绵阳）旅游发展有限公司、仙海旅游度假区、市博物馆4个集体，林建国等9人入选2022年四川省“金熊猫”奖先进集体和先进个人表彰对象名单。涪城区杨家镇柏林湾村、安州区桑枣镇松林村等5个村入选四川省第三批省级乡村旅游重点村。组织开展“绵阳文旅请您来帮忙”线上线下大走访活动，活动分为“帮忙来找茬”“帮忙出主意”两个板块，通过“绵阳旅游”微信公众号、景区海报等方式收集反馈信息8411条，其中优质意见建议74项。

文旅融合发展。2022年，绵阳市实施旅游功能区统筹建设行动，加快推进罗浮山温泉小镇等55个省市重点文旅项目建设，全年完成投资81.7亿元。签约文旅项目11个，总金额175.91亿元，其中星光、涪安、上马、嫘祖4个项目总投资超20亿元；嫘祖圣境、北川新县城文旅综合提升项目等9个项目参加第八届中国（四川）国际旅游投资大会全省集中签约，概算总投资62.91亿元。实施精品线路整合打造行动，融入“大九寨”“大蜀道”等旅游走廊建设，擦亮“科技之城”“李白故里”“熊猫家园”三张旅游名片，创成国家级夜间文旅消费集聚区1个、国家AAAA级旅游景区1个、全国乡村旅游重点村1个。“十四五”谋划项目292个、计划投资1916.6亿元。举办“2022绵阳‘城市恋歌’云上草地音乐会”“我眼中的新绵阳”主题摄影大赛等活动，策划推出“绵阳人游绵阳”金秋文旅消费季、“踏雪凌霜·冬游绵阳”文旅惠民季等24个主题、100余项消费活动。实施宣传营销推广行动，深化与重庆、厦门、成都等城市文旅合作，开展“在宽窄巷子遇见绵阳”“寻找绵阳最美‘非遗’”“花YOUNG抖一夏”文旅抖音挑战赛等品牌活动，网络曝光量超5000万次。

文旅消费。2022年，绵阳市制定出台《文旅行业恢复发展十条措施》，发放文旅消费券550万元，投入纾困、促消费资金600万元，拨付文化产业发展专项资金500万元。完成整合绵阳及涪江流域城市的优质文旅消费项目，以涪江文旅一卡通为载体开展文旅惠民和消费促进，覆盖景区文旅体验项目49个、折扣商家124个；筛选推出工会会员优选文旅套餐，包含52个套餐、200余个消费场景，向市直部门和重点企事业单位工会推介；推动景区联营促进全市收费景区恢复发展，举办“一元游绵阳　万张门票等你抢”活动，分4批次发放2万张优惠门票。用好文旅恢复发展资金，支持文旅

企业申领各类纾困政策资金1.5亿元，解决30余家企业转供电价格等问题。

涪江文旅一卡通发行。2022年12月15日，“涪江文旅一卡通”首发启动仪式举行。涪江文旅一卡通体验覆盖绵阳、重庆、德阳、遂宁、广元等涪江流域节点城市，由市文广旅局监制，市艺术剧院公司面向全国游客发行。用户凭身份证或电子权益卡进入加盟机构即可享受一定次数的免票入园权益和折扣优惠权益，节假日用卡不受限。首批加盟免门票入园消费场所包括21个景区、28个文旅体验项目及影院，价值近2万元；另包含100余个餐饮、住宿、文化休闲类等商户折扣优惠。（葛　佳　于鹏飞）

旅游行业管理

【概况】　2022年，绵阳市旅游行政管理部门联合公安、市场监管等相关职能部门，加强对文化旅游市场价格监管、卫生监管、安全监管等工作，为游客营造良好的消费环境。印发《绵阳市旅游突发事件应急预案》《文化活动（场所）突发事件应急预案》《文旅行业防汛抗旱和应对地质灾害应急预案》。接受电话咨询国内、出境旅游退费90余起，涉文旅投诉166起，服务游客1000余人次。对未经许可经营旅行社业务和“不合理低价游”进行专项整治，开展“体检式”暗访评估，结合全市文化和旅游市场安全生产大检查暨“打非治违”执法检查和养老诈骗专项行动等工作，督办，推动典型违法违规案件办理。全年文化和旅游市场秩序井然，未发生责任性投诉事件和旅游安全事故。

【旅游饭店】　2022年，绵阳市有星级饭店21家，其中五星级1家、四星级8家、三星级6家、二星级6家。对全市21家旅游星级饭店进行评定性复核和年度复核。年度复核18家，评定性复核3家，21家均通过复核。发放星级饭店纾困补助51万元。7家饭店承担科博会接待保障工作，1131人参与接待任务。

2022年绵阳市绿色旅游饭店一览表

表39

饭店名称	等级	联系电话	地址	配套设施
富乐山九洲国际酒店	金叶级	0816-2284888	四川绵阳市游仙区芙蓉路一段一号	酒店建筑依山势而建，总占地面积16.73公顷，主楼高4层，主楼后方分别有5幢独立别墅。有客房176间（套），床位239个；有富悦楼粤菜厅（设特色豪华包房20个）、锦芳园川菜厅、爱雅丽西餐厅、异域主题餐厅、如意堂宴会厅等，可供1000人就餐；西川会议中心是全市重要的会议接待基地，共有大小会议室5间，最大的多功能厅面积556.35平方米；酒店健身中心拥有6片网球场（1片室内网球场）以及乒乓球、沙壶球、健身器械等服务和设施
长虹国际酒店	金叶级	0816-2416666	四川省绵阳市高新区火炬西街北段89号	长虹电子集团公司投资兴建，属长虹集团公司下的子公司。酒店主体大楼地面共6层，地下1层，总建筑面积3.2万平方米。酒店有客房216间（套），374个床位。酒店1、2楼分别设有能同时接待200人、400人就餐的中餐厅和多功能宴会厅，有棋牌包间、茶吧、游泳池和健身房。另有大小会议室40余个，最大的会议室可容纳400人，适合举行大型政务、商务会议、学术论坛等会展活动
王子大酒店	金叶级	0816-6358999	四川省绵阳市临园路西段25号	酒店是绵阳燃气集团公司下属子公司，餐饮、会议室、棋牌茶艺、康乐中心一应俱全。拥有客房230间，其中套房39间、单间76间、标准间115间。设置5个会议室，餐饮采用中西式风格，君悦大厅采用现代设计风格，可同时容纳300余人就餐，12个雅间可同时接待150人就餐

续表39

饭店名称	等级	联系电话	地址	配套设施
绵州酒店	金叶级	0816-6350999	四川省绵阳市涪城区临园路东段62号	酒店占地面积1.6万平方米，总建筑面积4.3万平方米。设餐饮部、房务部、前厅部、营销部、工程部、安全部、行政部、计财部、质培部共9个部门，员工393人。有客房298间（套），共446个床位，有西蜀宫、西餐厅、南涛宫等餐厅及山海多功能厅和21间包房，可同时容纳1000人用餐。拥有各类大中小型会议室共6个，可提供会议、用餐及住宿服务
绵州温泉酒店	金叶级	0816-4636282	四川省绵阳市安县桑枣镇松林村	酒店占地11.73万平方米，总建筑面积3.5万平方米，有客房249间（套）、床位453张，其中三开间套房1套，套房14套，单间28间，标间155间，经济房50间，可充分满足政务接待、商务会议、休闲度假等不同客人的需求。内设叠翠轩宴会厅及各型雅间12间及罗浮宫西餐厅，可为近800人同时提供餐饮服务
顺辉·世纪巴登酒店	—	0816-6353333	临园路西段28号	酒店总占地面积约5300平方米，建筑面积近2.1万平方米。集商务、会议、度假、旅游于一体的高端商务型酒店。有不同类型的豪华客房206间（套），餐饮服务区拥有5个中餐贵宾包房和宴会大厅1个，可为300名客人提供用餐。会议中心有可接待200余人的大型会议室1个
梓州国际酒店	—	0816-5899999	三台解放上街49号	酒店占地1万平方米，建筑面积2万平方米，分主楼和附属楼两栋，其中主楼共计14层。主要有餐饮、客房、会议、娱乐、健身、休闲及各类中西式糕点等服务项目
新北川宾馆	—	0816-4229999	北川羌族自治县尔玛路25号	宾馆占地面积1.46万平方米，建筑面积约2万平方米，有客房151间、大中小各型会议室10个、有健身房、室外游泳池、休闲品茗、另有棋牌包间14个
江油国际大酒店	—	0816-3233333	江油市花园路北段1号	酒店位于江油市涪江河畔，建筑面积1.18万平方米，有94套不同功能的客房和155个床位（4套套房、30套单间、60套标间），有1个可容纳500余人聚会的中餐厅

【旅行社】 2022年，绵阳市共有旅行社58家（涉出境旅行社6家）、旅行社分社35家、旅行社服务网点277个。许可核发旅行社业务经营许可证4家、注销4家、变更1家，发布旅行社许可、注销、变更公告信息9条。通过旅行社责任保险续（投）保提醒、督促和催办，全市58家旅行社续（投）保2022年度旅行社责任保险，投保率100%。暂退旅行社缴纳服务质量保证金218万元，办理换发电子导游证187人。发放市级纾困补助24万元，为沪春秋旅行社争取省级纾困资金30万元。

【全省研学旅行指导师技能大赛决赛举行】 2022年6月27—29日，省文旅厅等主办，市文广旅局、省旅行社协会承办的第二届全省研学旅行指导师技能大赛决赛在绵阳举行。大赛决赛设置最佳学识奖、最佳风采奖、最佳课程奖、最佳线路奖、最佳应对奖等5个单项奖，以及5名一等奖、10名二等奖、15名三等奖、20名优秀奖。决赛分为两个阶段，第一阶段为现场笔试、研学旅行指导师个人风采展示、自选我省范围内研学旅行课程设计及展示，第二阶段为研学旅行实践模拟及综合能力测试。绵阳参赛选手王佳敏获一等奖，范恒获三等奖、最佳风采奖和最佳课程奖，宋佳谣、冯金花获优秀奖。

【文旅行业讲解人员能力提升专题培训举行】 2022年11月15—18日，市委宣传部、市文广旅局主办的绵阳市文旅行业讲解人员能力提升班在梓潼“两弹”城举行。培训为期4天，邀请业内专家及有关院校资深教授等以课堂授课、现场教学和示范讲解相结合的方式进行授课，来自全市国家A级旅游景区、文博院馆的30余名讲解员参加培训。

（孙　涛）

旅游资源管理

【概况】 2022年，全市共有国家A级旅游景区35个（国家AAAAA级旅游景区1个、国家AAAA级旅游景区17个），省级旅游度假区2个，省级生态旅游示范区3个，天府旅游名镇3个，全国乡村旅游重点村2个，天府旅游名村2个，省级乡村旅游重点村14个，星级农家乐、乡村酒店382家（四星级以上农家乐44家，四星级以上乡村酒店12家）。平武印象梅林景区创建成为国家AAAA级旅游景区，鸭鹤岩景区创建成为国家AAA级旅游景区。七曲山中医药康养风景区入选2022年四川省中医药健康旅游示范基地名单，绵阳羌城旅游区入选2022年度四川省体育旅游示范基地认定名单。

2022年绵阳市国家A级旅游景区一览表

表40

序号	景区	级别	评定时间	地址
1	北川羌城旅游区	AAAAA	2013年5月	绵阳市北川羌族自治县永昌镇
2	九皇山景区	AAAA	2006年10月	绵阳市北川羌族自治县桂溪乡
3	绵阳市北川药王谷旅游景区	AAAA	2013年9月	绵阳市北川羌族自治县桂溪乡林峰村二组
4	梓潼县七曲山风景区	AAAA	2006年10月	绵阳市梓潼县七曲山
5	绵阳市平武报恩寺	AAAA	2008年4月	绵阳市平武县龙安镇
6	绵阳市江油窦圌山风景区	AAAA	2005年12月	江油市武都镇团山村
7	江油李白纪念馆景区	AAAA	2012年12月	江油市文风街1号
8	绵阳市科技馆旅游景区	AAAA	2014年5月	绵阳市游仙区一环路东段232号
9	绵阳市江油李白故居旅游景区	AAAA	2015年1月	江油市青莲镇粉竹路
10	绵阳市北川维斯特农业休闲旅游区	AAAA	2015年1月	北川新县城农业科技园
11	绵阳市仙海旅游景区	AAAA	2015年12月	绵阳市仙海水利风景区
12	寻龙山景区	AAAA	2015年1月	绵阳市北川羌族自治县安昌镇沙汀路
13	绵阳市江油佛爷洞旅游景区	AAAA	2016年12月	江油市大康镇因明村
14	江油百年好合爱情谷旅游景区	AAAA	2017年1月	江油市大康镇
15	绵阳市越王楼·三江半岛景区	AAAA	2017年11月	绵阳市剑南路东段326号
16	绵阳市罗浮山景区	AAAA	2018年10月	绵阳市安州区桑枣镇
17	绵阳市梓潼县两弹城旅游景区	AAAA	2020年5月	绵阳市梓潼县长卿镇
18	绵阳市平武印象梅林景区	AAAA	2022年2月	绵阳市平武县平通镇桅杆村
19	三台县梓州杜甫草堂景区	AAA	2009年10月	绵阳市三台县西外街
20	安州区花城果乡旅游景区	AAA	2017年1月	绵阳市安州区花荄镇联丰村
21	安州区幸福七里旅游景区	AAA	2017年1月	绵阳市安州区塔水镇七里村
22	绵阳市安州区红花源景区	AAA	2018年1月	绵阳市安州区花荄镇红花村

续表40

序号	景区	级别	评定时间	地址
23	江油市中国酱文化博览园	AAA	2018年1月	江油市创元路南段1号
24	绵阳市安州区环湖碧荷园景区	AAA	2018年8月	绵阳市安州区雎水镇白河村
25	安州区枣皮走廊·蝴蝶谷景区	AAA	2019年12月	绵阳市安州区桑枣镇
26	三台县潼川古城景区	AAA	2020年12月	绵阳市三台县北坝镇北泉路
27	平武县老河沟景区	AAA	2020年12月	绵阳市平武县高村乡五一村
28	梓潼县文昌艺术部落	AAA	2020年12月	绵阳市梓潼县永利街929号
29	绵阳北川飞鸿滑草场景区	AAA	2020年12月	绵阳市北川羌族自治县永昌镇诺西社区石庄沟
30	千佛峡景区	AAA	2021年12月	绵阳市安州区千佛镇东益村
31	狂欢谷景区	AAA	2021年12月	绵阳市三台县立新镇高棚村
32	禅茶清谷景区	AAA	2021年12月	绵阳市平武县豆叩羌族乡茶香村
33	鸭鹤岩景区	AAA	2022年7月	绵阳市梓潼县玛瑙镇龙台村一组
34	绵阳富乐山景区	AA	2002年12月	绵阳市游仙区芙蓉路1段10号
35	绵阳市涪城区晨曦森林度假村旅游景区	AA	2012年12月	绵阳市涪城区丰谷镇民杨村一组

【文创产品开发】 2022年，绵阳市文广旅局编印完成《绵阳文创产品旅游商品图册》，展示68家企业200余件（套）产品，完善全市文创产品和旅游商品资料库，集中展示本地资源转化成果。遴选19家企业参加“绵品出川”厦门行、东莞行展销对接活动，展示非遗手工产品、民族特色文创产品、旅游商品等400余件，实现线上线下销售收入200万余元。组织参加2022年四川特色旅游商品大赛，旅游商品羌山雀舌文化礼盒获金奖、旅游商品棉麻手提（挎）包获铜奖。组织全市15件文创精品参加第二届四川省文创大会、四川文创交易博览会等活动。

【5个村入选省级乡村旅游重点村】 2022年7月11日，四川省文旅厅发布第三批省级乡村旅游重点村名单，涪城区杨家镇柏林湾村、安州区桑枣镇松林村、江油市青莲镇诗仙村、北川羌族自治县桂溪镇宝城村、北川羌族自治县曲山镇玉皇山村5个村入选第三批省级乡村旅游重点村。

【5个单位入选省级研学旅行实践基地（营地）】 2022年8月9日，四川省文旅厅和教育厅联合公布2022年度省级研学旅行实践基地（营地）名单。九皇山民族文化研学实践教育基地、中国科技城（绵阳）工业研学基地、北川巴拿恰羌族草编“非遗”研学旅行实践教育基地、绵阳飞行职业学院航空主题研学基地4个单位入选2022年度省级研学旅行实践基地创建名单（全省75个），“两弹一星”红色励志研学旅行实践教育营地入选2022年度省级研学旅行实践营地创建名单（全省1个）。

【安州区桑枣镇齐心村入选第四批全国乡村旅游重点村】 2022年11月15日，文旅部发布第四批200个全国乡村旅游重点村和第二批98个全国乡村旅游重点镇（乡）名单。安州区桑枣镇齐心村入选第四批全国乡村旅游重点村。齐心村位于枣皮走廊·蝴蝶谷景区的核心区。依托自然风光发展乡村旅游，齐心村发展精品民宿7家，特色民宿28家，竹林木屋、星空民宿、温泉民宿、独栋小宅、川西民居等类型多样，带动“非遗”手工、亲子教育等多元业态，“蝴蝶谷”民宿产业带成为安州旅游的新热点。

【北川巴拿恰入选全国“非遗”旅游街区】 2022年12月3日，中国非物质文化遗产保护协会公布2022年全国“非遗”与旅游融合发展优选项目，北川巴拿恰入选全国“非遗”旅游街区。巴拿恰商业步行街由山东省威海市、济宁市援建，2009年12月28日开工，2010年8月30日竣工，坐落在北川新县城中轴线上。巴拿恰商业步行街东起禹王桥，西邻抗震纪念馆，中间是禹王广场，全长582米、宽130米，有单体建筑27栋、碉楼9座。巴拿恰商业步行街主要展销草编工艺品、羌绣等羌族非物质文化遗产类商品。

（屈天霞）

旅游市场推广

【概况】 2022年，绵阳市文化旅游宣传推广围绕中心大局开展话题和事件营销，举办“悦览家乡·品味绵阳”2022“绵阳人游绵阳”金秋文旅消费季、“踏雪凌霜·冬游绵阳”文旅惠民季等系列促消费活动，举办“城市恋歌”云上草地音乐会、“科创基金小镇·绵乐荟”文化共享空间活动，组织开展“在宽窄巷子遇见绵阳”宣传推广活动，推出《文旅局长说文旅》绵阳系列短视频，举办“寻找绵阳最美非遗”活动、美拍绵阳摄影大赛、绵阳文旅抖音挑战赛等活动，营造出热烈的文旅消费市场氛围。全年文旅宣传推广信息登上新华社、《人民日报》、中新社、《中国旅游报》《中国文化报》、四川观察、川观新闻等媒体117次，全网曝光量逾5000万次。

【文旅宣传】 2022年3月24日，新版绵阳市文旅宣传片《遇见绵阳》正式发布，包含《遇见·绵阳》（6分44秒）、《揽物绵州之境》（2分27秒）、《阅绵阳》（2分54秒）3个版本。8月10日至9月10日，市文广旅局组织开展“花YOUNG抖一夏”绵阳文旅抖音挑战赛，挑战赛围绕“美丽绵阳·畅游文旅”“安逸绵阳·盛暑艳秋”“风雅绵阳·研学知行”三大话题进行拍摄创作，收集作品400余条，全网曝光量超千万次。统筹安排各县（市、区）“文旅局长说文旅”短视频拍摄和播放工作，通过省文旅厅平台和绵阳市文旅新媒体矩阵进行推送，累计播放量达53万次，点赞量3.1万次。全年，“绵阳文旅”新媒体矩阵以微信公众号为主，配合新浪微博、今日头条、抖音、“文旅绵阳”App进行宣传，粉丝达26万人。发布图文信息2100余条，浏览量累计400万余次；发布短视频123条，视频总播放量1200万次、获赞6.3万次；举办“世界的礼包”微博抽奖活动11次，开展直播14场，在线观看人数38.7万人次。

【“绵品出川”文旅推介】 2022年，绵阳市文广旅局组织县（市、区）、园区文旅主管部门、重点旅游企业在厦门、东莞、苏州、衢州开展“绵品出川”系列活动，遴选“非遗”产品、文创产品、旅游商品等1000余种，原创文艺节目30余个，累计实现线下销售收入1.9亿元，举办推介洽谈活动20场次，签署“绵阳与厦门区域旅游合作”等框架协议3个。其中，“绵品出川——苏州行”活动文旅展区以“流动博物馆”的创新形式呈现，由“李白故里·国粹之光”“绿色筑底·国家之宝”“红色领航·国器之魂”三大主题展区构成，展出东汉铜马、东汉陶说唱俑、“三线”记忆留声机、羌绣、蜀派古琴等百余件展品以及科技化“非遗”等实景体验项目，全方位展示绵阳城市形象和文旅资源。

【文旅惠民系列活动】 2022年8月8日至10月8日，绵阳市文广旅局策划推出2022绵阳市文化和旅游电商节活动，在“西蜀网”小程序发放2022绵阳市文化和旅游电商节消费券，购买文旅商品五折优惠，最高立减50元。最终交易笔数1.42万次，补贴金额50.2万元，直接拉动消费2.54倍，间接拉动消费6.7倍。9月27日，中国（四川）国际熊猫消费节风物绵州乐享季系列活动之悦览家乡·品味绵阳——2022“绵阳人游绵阳”金秋文旅消费季启动仪式在市博物馆举行。启动仪式上，市文广旅局发布增发文旅消费券、五折游景区、收费景区联营、特色演艺、商家让利5项惠民促消费举措，并同步推出包含休闲观光、乡村旅游、亲子研学、红色旅游等多种业态的10条市域游线和16条一日游、二日游县域游线。12月7日，“踏雪凌霜·冬游绵阳”——文旅惠民季启动仪式在富乐山九洲国际酒店举行。启动仪式上，市文广旅局发布“一元游绵阳，万张门票等你抢”“涪江文旅一卡通”、工会会员文旅消费券3项冬季文旅活动惠民促消费举措，推出赏雪、温泉、访古、亲子、初心、都市休闲、旅居七大冬日旅游主题场景和30余个冬季旅游打卡点位。

【第十届绵阳（仙海）端午文化旅游节】 2022年6月2日，“龙腾仙海，诗润粽夏”第十届绵阳（仙海）端午文化旅游节在仙海旅游度假区开幕。同步开展“绵阳人游绵阳”活动启动仪式、“仙海杯”2021年（第三届）四川省大学生乡村振兴创意设计大赛颁奖仪式、水上运动展演、端午民俗体验、国风汉唐体验等20余项活动。

【全省文化和旅游消费季活动启动仪式】 2022年7月8日，四川省委宣传部、省文旅厅主办，以“安逸四川·欢乐盛夏”为主题的2022四川省文化和旅游消费季活动启动仪式（主会场）在安州区举行。此次文化和旅游消费季活动启动仪式设绵阳主会场，成都、泸州、南充、宜宾、乐山5个分会场，推出八大主题270余项系列活动。省委宣传部副部长、省文化和旅游厅厅长戴允康，省文化和旅游厅一级巡视员宋铭，市政府副市长蒋丽英，省文化和旅游厅二级巡视员王兵等出席活动。绵阳市在启动仪式（主会场）上发布绵阳市2022文化和旅游消费季活动，活动以“畅游绵州·纵享清凉”为主题，包括绵阳首届露营季、“绵州研学记”体验游、毕业嗨玩季、“非遗”购物节等100余项子活动。

【四川省“市（州）文旅主题宣传月”绵阳专场】 2022年10月24日，2022年第10次四川省“市（州）文旅主题宣传月”新闻通气会召开，绵阳作为此次宣传月“主角”被重点推介。会上围绕“安逸四川·悦览绵阳”主题，全面展示绵阳丰富的文化和旅游资源，并结合秋冬出游特点，发布彩林、温泉、科技、李白4条主题线路和增发消费券、推出惠民年卡、开展景区联营、实施组团游奖补4项文旅优惠政策。

【“在宽窄巷子遇见绵阳”活动】 2022年11月11—13日，绵阳市文广旅局组织75家重点文旅企业在成都举行“在宽窄巷子遇见绵阳”宣传推广活动，8个县（市、区）和绵阳方特东方神画乐园面向市民和游客进行9场专场推介。同步举办“多彩山水·悦览绵阳”2022绵阳文旅推介会，面向媒体、旅行社、企业等重点推介绵阳文旅资源和秋冬活动线路。活动广受媒体关注，被新华社、《人民日报》《四川观察》、四川卫视文旅频道、中新网、封面新闻等多家媒体全方位多角度报道，全网媒体平台累计点击量达200万次。（裴婷婷）

交通运输·邮政

Transportation and Post

公路建设

【概况】 2022年，绵阳市实施高速公路项目6个，分别是九绵高速、广平高速、G5成绵扩容、中遂高速、绵苍高速和G5绵广扩容。其中，中遂高速于9月29日建成通车；广平高速平武高村至古城段、九绵高速平武至白马段于12月30日建成通车，结束平武县不通高速公路历史。全市高速公路共建成110千米，建成里程居全省第1位，高速公路通车总里程546千米。加快推进盐茂高速、南三、三大乐高速前期工作。完工干线公路232.6千米。其中，平武G247灾毁恢复、梓潼S302等项目完工，清九路、北川S313、三台S209等项目加快建设，S415煽水路、平武S301等项目开工建设。完工农村公路2232.4千米。开展公路环境保护工作，对在建项目开展环保检查66次，发现并完成整改148个问题。开展加强非道路移动机械排放管理、加强施工扬尘管控、长江经济带生态环境突出问题整改工作“回头看”现场督导检查等工作。加大机械化养护推行力度，国道机械化养护率80.9%，国道PQI（公路路面使用性能指数）值90.17，全市国道路况连续3年保持优等以上水平。

2022年绵阳普通国省干线统计表

表41

行政等级	路线编码	路线名称	起讫点	里程（千米）	所属县（市、区）	合计里程（千米）
国道	G108	北京—昆明	剑阁梓潼界—梓潼游仙界	47.78	梓潼	104.91
		北京—昆明	梓潼游仙界—东方红大桥	34.92	游仙	
		北京—昆明	东方红大桥—罗江界	22.21	涪城	
国道	G245	巴中—金平	南部界—盐亭三台界	47.01	盐亭	121.00
		巴中—金平	盐亭三台界—通济水库	73.99	三台	
国道	G247	景泰—昭通	黄土梁隧道—平武北川界	172.93	平武	329.86
		景泰—昭通	平武北川界—北川江油界	19.31	北川	
		景泰—昭通	北川江油界—安县江油界	47.41	江油	
		景泰—昭通	安县江油界—界牌镇入口	12.87	安州	
		景泰—昭通	界牌镇入口—县界	22.72	涪城	
		景泰—昭通	县界—射洪界	54.64	三台	

续表 41

行政等级	路线编码	路线名称	起讫点	里程（千米）	所属县（市、区）	合计里程（千米）
国道	G347	南京—德令哈	万阿路（梓潼界）—梓潼江油界	63.30	梓潼	182.58
		南京—德令哈	梓潼江油界—黄江大桥	43.24	江油	
		南京—德令哈	黄江大桥—茂县与北川交界	76.05	北川	
国道	G543	青川—平武	分水垭—南坝大桥	32.10	平武	32.10
省道	S107	成都—平武	河清与绵竹界—安县与北川界	25.33	安州	187.30
		成都—平武	安县与北川界—平武北川界	68.56	北川	
		成都—平武	平武北川界—飞龙桥县城岸	93.41	平武	
省道	S108	成都—安县	安县界—安县	28.05	安州	28.05
省道	S209	前进(青川)—大安(安居)	广元市—梓潼与江油交界处	88.67	江油	250.76
		前进(青川)—大安(安居)	梓潼与江油交界处—梓三交界	61.94	梓潼	
		前进(青川)—大安(安居)	梓三交界—象山界	100.15	三台	
省道	S210	厚坝(江油)—屏山	厚坝镇入点—梓潼江油界	26.06	江油	136.52
		厚坝(江油)—屏山	梓潼江油界—玉皇观	15.11	梓潼	
		厚坝(江油)—屏山	玉皇观—梓绵	52.05	游仙	
		厚坝(江油)—屏山	梓绵—中江县出口	43.30	三台	
省道	S211	绵阳—视高（仁寿）	G247节点—九岭杠	3.38	江油	40.71
		绵阳—视高（仁寿）	九岭杠—绵阳界	37.34	涪城	
省道	S216	水晶（平武）—邛崃	S301—泗耳白羊界	68.27	平武	170.79
		水晶（平武）—邛崃	松潘界—北川与安县交界	47.75	北川	
		水晶（平武）—邛崃	北川与安县交界—绵竹交界	54.77	安州	
省道	S301	诺水河(通江)—瓦切（红原）	马鬃关—木瓜墩	67.82	平武	67.82
省道	S302	漆树（宣汉）—梓潼	马鸣乡界—人民银行十字路口	3.50	梓潼	3.50

续表41

行政等级	路线编码	路线名称	起讫点	里程（千米）	所属县（市、区）	合计里程（千米）
省道	S306	永兴（遂宁）—北川	盐亭界入口—盐亭与三台界	19.19	盐亭	111.98
		永兴（遂宁）—北川	盐亭与三台界—物资公司	42.44	三台	
		永兴（遂宁）—北川	物资公司—科学城隧道出口	17.65	游仙	
		永兴（遂宁）—北川	科学城隧道出口—涪城安县界	12.25	涪城	
		永兴（遂宁）—北川	涪城安县界—板凳桥(北川界）	15.37	安州	
		永兴（遂宁）—北川	板凳桥（北川界）—成青路	5.08	北川	
省道	S313	桂溪（北川）—红原	桂溪乡—北川—茂县界	128.64	北川	128.64
省道	S401	成都平原城市群联络线	中江界—云鼎村	32.88	三台	32.88
省道	S413	宝石(梓潼)—蓬溪	文兴路口—梓潼县出口	14.37	梓潼	84.77
		宝石(梓潼)—蓬溪	梓潼县出口—丁家堡	70.40	盐亭	
省道	S415	响岩(平武)—江油	响岩镇—平武江油界	16.93	平武	45.52
		响岩(平武)—江油	平武江油界—大康镇水口庙村	28.59	江油	
省道	S416	三合(江油)—中江	拆分点—陡肚子	21.06	江油	104.39
		三合(江油)—中江	陡肚子—绵盐路接口	55.48	游仙	
		三合（江油）—中江	绵盐路接口—雷打石	27.85	涪城	
省道	S417	千佛山连接线	晓坝—黑水沟	26.21	安州	26.21
省道	S418	安县—睢水（安县）	安县—拆分点	25.28	安州	25.28
省道	S419	芦溪（三台）—遵道（绵竹）	芦溪中学—中江与三台交界	14.89	三台	14.89
总计里程数（千米）				2230.46		

2022年绵阳市地方交通经济运行统计表

表42

指标	计算单位	2022年完成情况	2021年同期完成情况	累计较2021年同期增长（%）
全社会营业性客运量（公路）	万人	2408.98	3191.17	-24.51
全社会营业性旅客周转量（公路）	万人（千米）	121044.28	180896.61	-33.09
全社会营业性货运量（公路）	万吨	7109.34	7768.32	-8.48
全社会营业性货物周转量（公路）	万吨（千米）	784675.24	753899.50	4.08
公路运输客货周转量加权增加值	万吨（千米）	796779.66	771989.16	3.21
营业性汽车总数	辆	25662	23958	7.11
其中：客车	辆	2889	3108	-7.05
货车	辆	22773	20850	9.22

【国省干线公路建设】　2022年，绵阳市国省干线公路建设工作提高县域内干线通道服务水平，同时强化山区公路“生命线”抗灾能力。平武县国道247线平武县白马藏乡至林家坝段、北川省道216墩上乡至青片乡改造提升工程、山区公路二期项目省道302等8个项目完工，省道301平武县龙安镇至水晶镇段、省道107北川永昌至永安镇改线工程、省道415煸水路等9个项目开工建设。清水桥至九绵高速桂溪服务区公路新建工程、国道247永明至花园公路段、省道209线三台塔山镇至永新镇段、国道247江油绕城段兰桂坊至杨家院子段等7个项目持续推进。

【农村公路建设】　2022年，绵阳市农村公路建设衔接乡村振兴、民生实事等，推进幸福美丽乡村路建设，促进农村公路与乡村产业深度融合发展，实施撤并建制村畅通工程、自然村组通硬化路、铁索桥改公路桥等专项工程，完成新（改）建农村公路2232.4千米，超额完成省、市民生实事任务，农村路网体系持续改善。统筹抓好乡村国土空间交通运输专项规划编制，印发《绵阳市乡镇级片区交通运输专项规划编制工作方案》，指导各县（市、区）完成交通运输专项规划编制和专家评审工作。完成新（改）建撤并建制村畅通工程1319千米、自然村组通硬化路560千米、幸福美丽乡村路等其他农村公路353千米，加快“四好农村路”示范创建工作，推进乡村运输“金通工程”省级样板县示范创建，推动“交商邮”融合发展，县、乡、村三级物流网络体系持续构建完善。

【“四好农村路”创建】　2022年，绵阳市围绕“省评示范县、市评示范乡镇、县评示范村”的示范创建体系，坚持以示范创建为抓手，加快推进“四好农村路”建设。印发《绵阳市加快推动全域“四好农村路”高质量发展实施方案》和《绵阳市创建“四好农村路”示范乡（镇）评定办法》等文件，构建“四好农村路”高质量发展体系。共创建省级示范县6个，市级评选4批次、54个示范乡镇，县级评选示范村203个、示范路1700余千米。安州区入围交通运输部“四好农村路”国家级示范县创建名单，盐亭县获评第六批“四好农村路”省级示范县，安州区睢水镇等15个镇（乡）获评第四批绵阳市“四好农村路”示范乡镇。锁桂路获评全省“最美农村路”，龙尧华获评全省“最美路长”，梁荣红、颜光春获评全省“最美护路员”。

第四批绵阳市“四好农村路”示范乡镇一览表

表43

序号	乡镇名称	所属县（市、区）	序号	乡镇名称	所属县（市、区）	序号	乡镇名称	所属县（市、区）
1	睢水镇	安州区	6	黎雅镇	梓潼县	11	宝石乡	梓潼县
2	建平镇	三台县	7	沉抗镇	仙海区	12	马角镇	江油市
3	信义镇	游仙区	8	富驿镇	盐亭县	13	中新镇	三台县
4	永泰镇	盐亭县	9	郪江镇	三台县	14	曲山镇	北川羌族自治县
5	河清镇	安州区	10	巨龙镇	盐亭县	15	黄羊乡	平武县

【《四川省综合立体交通网规划纲要》绵阳市布局情况】 2022年5月12日，《四川省综合立体交通网规划纲要》(《以下简称《纲要》)由省政府印发，提出到2035年基本建成便捷顺畅、经济高效、绿色集约、智能先进、安全可靠的现代化高质量四川省综合立体交通网。涉及绵阳市布局内容有：要支撑“123出行交通圈”(都市圈1小时通勤、成渝地区主要城市2小时互通、毗邻省会3小时到达)，建设“四向八廊”+“1轴2环3带4联”主骨架。其中，“1轴”联系成渝双核，“2环”串联成都都市圈、成渝地区双城经济圈主要城市，“3带”强化对“三带”区域经济布局的交通支撑，包含成德绵广成眉乐雅西攀，成遂南达，攀乐宜泸渝广达。要完善区域性综合交通枢纽布局，提升南充—遂宁—广安、绵阳、乐山、内江—自贡等枢纽城市的交通能级。要建设“1+4+N”综合交通枢纽城市，“1”即成都国际性综合交通枢纽，“4”即泸州—宜宾、攀枝花、万州—达州—开州、广元4个全国性综合交通枢纽，“N”即培育绵阳、乐山、内江—自贡等区域性综合交通枢纽。

【《国家公路网规划》绵阳市布局情况】 2022年7月4日，《国家公路网规划》(以下简称《规划》)由国家发展改革委、交通运输部印发，提出到2035年，基本建成覆盖广泛、功能完备、集约高效、绿色智能、安全可靠的现代化高质量国家公路网。《规划》中涉及绵阳的有高速公路网和普通国道网。高速公路网方面途经绵阳的有北京—昆明高速、平凉—绵阳高速、巴中—成都高速、成渝地区环线。其中，京昆高速属于主线，编号为G5，途经绵阳；平凉—绵阳高速属于银川—昆明高速的联络线，编号为G8513，途经平武、绵阳；巴中—成都高速属于银川—昆明高速的联络线，编号为G8516，途经三台；成渝地区环线属于主线，编号为G93，途经绵阳。普通国道网方面编号为G108的北京至昆明道路，以梓潼、绵阳为主要控制点；编号为G245的巴中至绿春道路，以盐亭、三台为主要控制点；编号为G247的景泰至昭通道路，以平武、江油、安州、绵阳、三台为主要控制点；编号为G347的南京至德令哈道路，以梓潼、江油、北川为主要控制点；编号为G543的青川至平武道路，以平武(南坝)为主要控制点；编号为G665的平武至松潘道路，以平武为主要控制点。

【九(寨沟)绵(阳)高速公路】 九(寨沟)绵(阳)高速项目全长244千米，绵阳境内全长187千米。路线起于九寨沟县郭元乡青龙桥(甘川界)附近，经阿坝藏族羌族自治州九寨沟县和绵阳市平武县、北川羌族自治县、江油市，止于绵阳市游仙区张家坪，路基宽25.5米，于2016年4月开工。截至年底，累计完成路基97%，路面44%，桥梁99%，隧道87%。2022年12月30日，平武县城至白马段(66千米)建成通车。

图89 12月30日，九绵高速白马至平武段建成通车(平武县委党研室提供)

【广(元)平(武)高速公路】 广(元)平(武)高速项目全长90千米，绵阳境内全长20千米。起于青川界白杨坪隧道，止于母家山互通(平武枢纽)接九绵高速，双向四车道高速公路，路基宽24.5米，于2018年9月开工。2022年12月30日，广平高速平武高村至古城段建成通车，结束平武县不通高速历史。

【中(江)遂(宁)高速公路】 中(江)遂(宁)高速项目全长83.03千米，绵阳境内全长29.73千米，起于中江县玉兴镇，经三台县观桥镇、景福镇，止于射洪市回马镇，双向四车道，设计时速100千米，路基宽25.5米，在观桥镇、景福镇分别设置互通。于2020年3月开工。2022年9月29日，中遂高速全线建成通车。

【G5成(都)绵(阳)高速公路扩容】 G5成(都)绵(阳)高速公路扩容项目全长127.7千米，绵阳境内全长41千米。起于成都绕城高速，经成都市区新都、青白江、金堂县，德阳市广汉市、中江县、绵阳市涪城、三台，止于游仙区魏城镇，双向八车道，路基宽度41米，于2020年开工。截至2022年年底，累计完成路基97%，桥梁95%。

【绵(阳)苍(溪)高速公路】 绵(阳)苍(溪)高速项目全长101.9千米，绵阳境内全长41千米。起于绵阳市魏城镇，经梓潼县，广元市剑阁县、苍溪县，止于苍溪G75兰海高速广南段，对接拟建的苍溪至巴中高速，双向四车道，路基宽度25.5米，于2019年开工。截至2022年年底，累计完成路基98%，桥梁100%，隧道100%。

【G5绵(阳)广(元)高速公路扩容】 G5绵(阳)广(元)高速公路扩容项目路线全长约123.82千米，起于广元绕城高速黑水塘枢纽互通，经广元市昭化区、剑阁县，绵阳市梓潼县、游仙区，与G5成绵扩容对接，双向六车道，路基宽度34.5米。截至2022年年底，项目开工5个控制性工程。 (罗鹏程)

公路运输

【概况】 2022年，绵阳市公路客货运输周转量加权完成79.68亿吨千米，增长3.21%；累计完成公路客运量2408.98万人，降低24.51%，旅客周转量121044.28万人千米，同比降低33.09%；货运量7109.34万吨，同比降低8.48%；货物周转量784675.24万吨千米，增长4.08%。建立应急运输企业名录，储备市级应急运力493辆，开展应急运输保障演练，提升运力保障和应急处置能力。落实县、乡、村三级路长制，共有路长2462人，路长制覆盖率100%。落实各类农村公路养护作业人员6006人、路政人员693人，各级路长巡查道路覆盖6855条（县道197条、乡道781条、村道5877条），形成政府主导、部门协同、上下联动、运转高效的农村公路治理工作格局。

【“金通工程”实施】 2022年，绵阳市为巩固脱贫攻坚成果，推动乡村振兴战略实施，新建和改造乡镇综合服务站20个，新增“金通邮快驿站”875个，村级节点达1478个，站场建设总投资1.89亿元，超额完成目标任务。建立建制村通客车覆盖情况月通报制度，分配兑现省、市农村客运运营补助资金2364.85万元。安州区创建成为首批四川省乡村运输金通工程样板县。指导、督促三台、盐亭、梓潼争创2022年度“金通工程”省级样板县，召开全市推动“四好农村路”和乡村运输“金通工程”高质量发展现场会，接受省交通运输厅“金通工程”样板县现场考评，通过省乡村振兴有关项目验收。与邮政部门联合调研规划县、乡、村三级物流体系建设，促进乡村客运、货物、邮政快递、商贸融合发展，打造“金通工程+”系列品牌。

【春运交通保障】 2022年，绵阳市结合“冬安行动”、百日安全生产大会战、交通运输安全生产集中整治等专项工作，开展冬季交通运输安全监管专项行动，确保春运安全平稳有序。2022年春运共40天，日均发班5149趟次，累计开行客运班车205961班，增长0.05%；客运量212.95万人次（班车和包车客运量196.43万人次、定制客运量16.52万人次），下降10.83%。春运期间，全市未发生一起道路运输行车事故。

【科博会交通保障】 2022年第十届科博会期间，市交通运输局会同有关部门组成交通运输保障组，共投入各型车辆262辆，发车620余趟次，运送嘉宾、外宾、志愿者、演职人员等6500余人次。开通4条公交专线，延长3条公交线路，覆盖主城区主要居民点，投入公交专车139辆次，服务观展群众1万余人次。

【全市推动“四好农村路”和乡村运输“金通工程”高质量发展现场会召开】 2022年12月9日，绵阳市推动“四好农村路”和乡村运输“金通工程”高质量发展现场会在盐亭县召开。市人民政府副市长袁明出席会议并讲话。打造“通畅路”，要加快推进农村公路建设，打通断头路，畅通微循环；完善公交优先、班线为主、预约响应兜底的乡村客运基本服务体系，提高运输服务质量；加快建设覆盖县、乡、村三级农村物流网络；推广“路长制+信息化”、向社会购买服务等模式，加强农村公路养护，打造“平安路”；推进农村公路安全隐患排查治理，改善农村公路夜间通行环境。要打造“致富路”。强化路产、路旅、路景融合，实现“建成一条道路、串联一片美景、带动一片产业、造福一方百姓”。至年底，全市共创建“四好农村路”省级示范县6个，其中安州入围全国“四好农村路”示范县创建名单，并成为首批“金通工程”省级样板县；市级组织评选示范乡镇54个，县（市、区）组织评选示范村203个、示范路约1700千米。 （罗鹏程）

公路交通管理

【概况】 2022年，绵阳市印发《绵阳市交通运输领域城乡环境综合提质三年行动方案》，按照“市级统筹、属地负责、综合治理、长效管理”总体原则，对照“一年转形象，两年见质效，三年大变样”阶段目标，会同属地共同推进交通整治工作，构建属地为主的协调联动长效机制，开展城乡环境综合治理三年提质行动，通过媒体曝光、定期通报、公示问题等措施，强化路域环境整治。清扫边坡边沟2.3万千米，清洗波形护栏4980千米，处理抛洒滴漏、车祸等路面应急污染100次，清理路面污染28.22万平方米，投入养护机械1906个台班。排查国省道沿线环境问题，实行“清单制+责任制+销号制”动态管理，发布《城乡环境综合提质问题排查整治公示清单》公示问题70处，整治完成率100%。常态化监督检查道路扬尘整治工作，下发整改通知单8份，印发工作简报14份，制作每日工作动态108份，曝光公路污染48处，通报路域环境问题102处，整治率100%。落实“一门一窗一网”和“一窗受理、集成服务”，一次办事项数占比100%，网上办事项数占比100%，全程网办率100%；时限缩短比例93.5%，共办结行政审批件数3.15万件。“12328”交通运输服务监督电话服务中心全年共受理业务工单3196件。

【公路安全隐患排查整治】 2022年，绵阳市实施安全隐患排查“大排查、大曝光、大整治”专项行动，共排查公路安全隐患2672处，整治率100%，投入资金约7亿元。向社会公示道路隐患250处，市级挂牌督办并整治完成20处道路隐患、518处交通安全设施民生工程。市、县分级开展公路安全隐患排查复核整治验收隐患点2276处，公路安全运行水平和服务质量提升。

【交通执法】 2022年，绵阳市交通运输系统围绕道路运输、路政管理、航务海事、安全生产重点领域，围绕推动人民群众最不满意行政执法突出问题承诺整改活动，以行政执法责任和行政执法“三项制度”落实为抓手，针对执法体制改革后执法工作中存在的具体问题，加强交通运输领域行政执法工作。

共出动执法人员3.3万余人次、执法车辆0.8万余辆次，巡查国省干线及农村公路25.8万千米，检查各类车辆82.1万辆次，船舶0.4万余艘次，各类企业0.5万余家次。全市各级交通运输执法机构办理行政执法案件1422件，其中公路路政类445件、道路运输类977件，共处罚各类交通运输违法违规行为606.7万元。

【交通建设质量造价管理】 2022年，绵阳市印发《绵阳市重点公路建设项目造价管理台账编制指导意见》等4项造价管理制度，组织各项质量监督检查122次，涉及公路项目26个，建设里程767.90千米，共发出书面整改通知44份、现场整改意见书57份。对九寨沟至绵阳高速公路工程、绵阳至苍溪高速公路工程等8个重点工程项目，开展季度造价监督23次、年度综合监督8次、专项督查17次，发现和督促整改问题125个。

【道路运输车辆动态监管】 2022年，绵阳市落实《重点营运车辆违法违规处理“一月一报告”制度》和“人车户”记分管理，通过车辆动态监控系统发现违法违规行为496起，核查属实390起，并进行处罚，其中驾驶员从业资格证记分360人次、车辆记分108辆次、企业记分27家次，驾驶员从业资格证记满15分纳入“重点监控名单”21人，车辆记满10分及以上停运整改16辆，企业记满20分及以上纳入“安全风险企业”名单1家。

【公路超限治理】 2022年，绵阳市经省交通运输厅批复同意新建超限检测站点3个（江油九岭、盐亭高渠和北川永昌），固定超限检测站共有7个。推进公路超限治理信息化建设，完成全市“十四五”公路超限超载不停车检测系统布局规划，形成45个站点建设需求，覆盖18条主要货运通道。至年底，建成29处不停车检测站点，公路治超检查车辆80.89万辆，处罚车辆445辆，超限处罚率下降0.31%。

【交通运输行业信用体系建设】 2022年，绵阳市开展信用交通市创建活动，在公路建设、水运工程建设、道路运输、交通运输安全生产等重点领域推进信用监管、失信惩戒等工作。加强公路行业从业单位的信用管理，对6个高速公路项目77个标段、12个国省干线和重要经济干线公路项目48个合同段进行信用等级评价，对8个高速公路项目投资人（运营项目3个、在建项目5个）进行全覆盖评价；对2021年度绵阳城区在营的19家巡游出租汽车企业、4家网络预约出租汽车平台公司、30家危货运输企业、33家道路旅客运输企业进行服务质量信誉考核并公示。依据《四川省道路运输条例》《四川省道路营运驾驶员计分管理办法》，对全市1089名道路营运驾驶员进行记分，215名驾驶员被列入全市道路运输行业重点监控名单，10名驾驶员被列入全市道路运输行业禁止进入名单。强化信用评价结果与监管相结合，据公共信用综合评价结果采取差异化管理措施，对全市交通运输市场主体公共信用综合评价为“差”的13家企业，由属地交通运输局进行警示约谈。 （罗鹏程）

铁路运输与建设

【概况】 2022年，绵阳市有宝成铁路、西成客专（成绵乐城际），铁路运营里程264千米。其中，高铁运营里程121千米、普速铁路运营里程143千米。在建项目有成兰铁路，在市境内长33千米。12月30日，绵遂内铁路绵阳至遂宁段建设启动仪式举行。

【铁路客运】 2022年，绵阳市铁路发送及到达旅客共1160.6万人，下降34%。绵阳客站发送旅客583.3万人，下降34%；到达旅客577.3万人，下降35%。绵阳站动车单日开行最高142趟，成都至绵阳间运送旅客量平均每日1.12万人次。自1月17日起至2月25日为春运，共40天，铁路客运收入9868.40万元，增加2153.41万元，增长27.9%。发送旅客96.68万人，增加12.89万人，增长15.4%。其中，直通旅客发送14.75万人，增加2.28万人，增长18.3%；管内旅客发送81.93万人，增加10.61万人，增长14.9%。9月30日至10月7日为“十一”黄金周，共8天，发送旅客2.39万人，减少33.8万人，下降93.4%。其中，直通旅客发送0.62万人，减少3.04万人，下降83.1%；管内旅客发送1.77万人，减少30.76万人，下降94.6%。

【铁路货运】 2022年，绵阳市货运吞吐量为1323.58万吨（发送316.27万吨、到达1007.31万吨），增长19%。其中，绵阳北吞吐量136.5万吨（发送4.3万吨、到达132.2万吨），皂角铺吞吐量118.2万吨（发送2.3万吨、到达115.9万吨）。宝成铁路在绵阳市境内共有货运站9个，分别是江油1个二等站，绵阳北、皂角铺2个三等站，马角坝、二郎庙、厚坝、小溪坝、三合场、双河口6个四等站。

【成兰铁路安州段建设】 成兰铁路（安州段）起于安州区睢水镇宝元村，至千佛镇宝藏村，全长33千米，设计时速160千米，总投资约45亿元，于2012年开工建设。安州段跃龙门隧道穿越龙门山断裂带，于同年开工，为成兰铁路重点控制性工程，由中铁二院设计，中铁十九局和中铁五局承建，双洞分修，单洞长约20千米，施工总里程71千米（辅助坑道），最大埋深1445米。该隧道是首条“洞穿”龙门山断裂带的铁路隧道，在修建过程中克服活动断裂带、断层破碎带、岩爆、高地应力软岩大变形等不良地质，以及特大洪灾、泥石流灾害等自然灾害带来的影响。成兰铁路公司组织参建单位和科研院校，开展长达10余年的科研攻关，并通过建设获得工法20项、专利240余项、科技进步奖12项。2022年4月25日10时18分，安州段跃龙门隧道实现全线贯通。至年底，除跃龙门隧道外，绵阳市境内白溪河三线大桥、睢水河双线大桥工程先后完成施工，全长3015米的睢水关隧道、8864米的柿子园隧道实现贯通，线路无砟轨道铺设完成。

图90　4月25日，成都至兰州铁路安州段跃龙门隧道实现全线贯通（安州区委党研室提供）

【绵遂内铁路绵阳至遂宁段建设启动大会举行】　2022年12月30日，绵遂内铁路绵阳至遂宁段建设启动大会在绵阳市三台县举行。省委常委、市委书记曹立军宣布启动建设，副省长田庆盈讲话。遂宁市委书记李江，中国铁路成都局集团党委副书记、总经理刘勇等致辞。绵阳市委副书记、市长李云主持，省林草局党组书记、局长李天满等出席。省发改委、财政厅、自然资源厅、生态环境厅、交通运输厅。绵阳、德阳、遂宁、资阳、内江5个市的有关代表参加。绵遂内铁路被纳入《中长期铁路网规划》《成渝地区双城经济圈多层次轨道交通规划》，是具有区域性高铁连接线功能的城际铁路，是国省“十四五”规划建设项目。绵遂内铁路项目在绵阳市安州区接成兰铁路，绵阳市接西成客专，遂宁市接成达万高铁、遂渝铁路（规划），内江市接内自泸（宜）铁路。正线长287.9千米，共设车站9座，设计时速250千米。途经绵阳、德阳、遂宁、资阳、内江5个市11个区（县）。其中，绵阳至遂宁段正线长136.16千米（绵阳境内正线长67.61千米，估算投资175.02亿元），新设绵阳南、三台、射洪、遂宁高新区4座车站，预留芦溪站，引入既有绵阳站、遂宁站2座车站。2022年，完成绵遂内铁路可研报告编制，成立绵遂内铁路工作专班，开展项目可研技术审查并形成初步审查意见。12月，省发展改革委正式批复同意绵遂内铁路绵阳至遂宁段可研报告。　（王天慧　岳秋宇）

民用航空

【概况】　2022年，绵阳市民用航空实施市委、市政府交通攻坚大会战战略，统筹航空运输及基础设施建设，坚持高起点、高标准谋划绵阳航空运输事业发展，创新机场管理体制和运营管理模式，推进航空口岸建设，增强综合承载能力，培育绵阳南郊机场在成渝世界级机场群中的骨干功能。围绕抗疫、安全、建设三大主题，绵阳南郊机场旅客吞吐量排名全国第61位；9月，按照市委、市政府要求，由市商务局牵头成立专班，推动绵阳航空口岸申建工作。11月，南郊机场T2航站楼建成使用。至年底，绵阳机场民航运输15676架次，下降37.9%；运输旅客166.1万人次，下降44.3%。运输货邮13365吨，下降31.6%。航班年平均客座率63.49%，较2021年同期减少5.98%。夏航季通航41个城市，17家航空公司执飞55条航线；冬航季通航38个城市，17家航空公司执飞55条航线。

图91　12月30日，绵遂内铁路绵阳至遂宁段建设启动大会在绵阳市三台县举行（视觉绵阳提供）

图92　2022年，T2航站楼全貌（张靖榆/摄）

图93　11月10日，T2航站楼投运仪式（张靖榆/摄）

【航空安全情况】　2022年，绵阳南郊机场围绕运输航空责任事故、劫机炸机和恐怖袭击事件、空防安全责任事故、通用航空事故、重大航空地面事故和特大航空维修事故等内容进行安全演练。印发《绵阳市处置民用航空器飞行事故应急预案（试行）》，对新版《综合应急预案》《专项应急预案》进行全面修订。开展应急演练70次，组织开展应急救援培训工作，开展应急预案、物资储备、设备状态等4次应急救援专项检查。修编“一岗双责”手册，明确300个岗位人员安全职责。修订完善风险分级管控制度，形成5级管控制度；印发绵阳机场法定自查工作制度、《安全绩效管理规定》等20余项安全制度。开展春运、冬奥会等重要时间节点和“3·21”“5·12”事件安全专项检查；开展常态化法定自查例行检查12次、现场监管300余次、施工安全现场检查17次；开展安保知识、危险品运输、风险管理等10余项培训课程。对项目建设施工单位开展共计27场次、120余人次的施工安全培训，开展施工监管人员专项培训5场次。至年底，机场检查旅客79万余人次、旅客人身及随身物品139万件、旅客托运行李35万件、检查航空货物18万件。

【航空服务】　2022年，绵阳南郊机场提升航班正常率，航班放行正常率达92%。制定出台《2022年“民航服务规划实施年”主题活动实施方案》，以T2航站楼投运为契机，引入自助行李托运机、身份证过检系统及自助服务终端等新设施设备，同时优化员工服务标准及服务流程。打造“科技之城　智慧出行”服务品牌，针对首次乘机旅客、特殊旅客及退役军人等旅客开展专人引导、全程陪护。结合旅客出行习惯，与携程、同程等OTA平台合作，向川西北客源市场广泛投放绵阳进出港机票消费券，可抵扣机票价格50元或100元，经绵阳中转可享受最高150元直减。为成都、德阳、广元、南充、遂宁、眉山、阿坝7个地区的旅客提供到绵阳乘机交通补贴，并为异地到绵阳乘坐早晚班机或隔夜中转旅客推出免费住宿服务。开通机场往返火车站的直达快线实现双向免费运行，提升空铁衔接的便捷程度。

【南郊机场T2航站楼建成投运仪式举行】　2022年11月10日9时，绵阳市举行南郊机场T2航站楼建成投运仪式，省委常委、市委书记曹立军出席并致辞。市人大常委会主任付康，市政协主席李亚莲，省铁路和机场建设办公室专职副主任、省发展改革委副主任邓超，交通运输厅总规划师寇小兵，民航西南地区管理局二级巡视员庄贵庆，四川航空股份有限公司副总经理施祖球出席，市委副书记王华蓉主持。省政府口岸与物流办公室主任解伟，市领导姚永红、袁明，有关区、市直部门负责人，执飞航空公司、驻场单位、参建单位、绵阳南郊机场集团负责人和机场部分职工代表等参加建成投运仪式。绵阳南郊机场T2航站楼项目位于T1航站楼西侧。于2019年由四川省人民政府正式批准项目的可行性研究（代立项）报告，总投资3.9亿元，同年开工建设，项目由中国建筑西南设计研究院有限公司为设计单位，中国建筑西南勘察设计研究院为地勘单位，四川省城市建设工程咨询公司为项目监理单位，四川开元咨询公司为过程控制单位，中国建筑第四工程局有限公司为项目总承包施工单位，中国建筑第八工程局装饰公司为项目的装饰装修单位，北京市政六建为项目的总施工单位，建设工期3年。T2航站楼建筑面积2.18万平方米，设值机柜台13个、自助值机柜台4个、国内安检通道7个、出港行李转盘数1个，行李提取单元3个，具备自助值机、自助行李托运、自助安检验证等信息化功能。T2航站楼投运后，绵阳南郊机场航站楼总面积达4.8万平方米，结合4D级民用机场跑道、20个停机位等保障条件，可保障600万人次每年进出港需要。T2航站楼配备云平台系统、数据中心、行李自助托运等科技，打造落地全楼宇设备自控系统、托运行李全流程查询跟踪、个人出行智能查询等智慧化功能，提高旅客出行效率。　（程　露）

航务海事管理

【概况】 2022年，绵阳市通航里程645.79千米，通航河流7条（涪江、梓江、凯江、湔江、弥江、安昌江、渭河）；按海事统计口径有各类登记船舶167艘、8837总吨，其中客渡船105艘；有渡口27处，有船乡镇35个，船员654人（高级船员180人）。全市未发生水上交通安全责任事故，保持连续20年无水上交通安全责任事故的良好态势，安全形势持续保持稳定。通过推进天府通办、绵碚通办、绵衢通办、绵厦通办，市级交通运输航务海事政务服务事项“最多跑一次”和“全程网办”两项指标均达100%。开展省、市、县三级水上交通应急能力训练和突发事件无预案应急处置演练4次，建立应急队伍10支，有应急物资储备点5个、应急船舶13艘，形成“全市航务海事机构+水运企业+船员”的水上交通应急救援联运机制。推进“三无”船舶联合认定和整治工作，全面摸排非通航水域内（塘、库、堰）“三无”船舶数量、分布情况、主要用途和运行情况，规范办证579艘，上岸668艘，拆解18艘。开展船舶法定检验工作，共检验船舶148艘，其中年度检验124艘、附加检验24艘。

【水路运输企业事中事后监管】 2022年，绵阳市加强水路运输行业管理，保障水上交通运输安全，促进水路运输行业持续、健康发展。组织运政管理人员对取得水路运输经营资格的企业及所属营业性运输船舶进行核查，3户经营人（营业性运输船舶30艘、369总吨、707个客位、2040.15千瓦）通过核查；5户经营人经整改合格后通过核查（营业性运输船舶26艘、497总吨、621个客位、1541.1千瓦）。

【水路运输保障服务】 2022年，绵阳市以提升水路客运服务质量为主线，指导督促全市各水路客运企业在日常工作中坚持“以人为本、安全第一、服务至上”的原则，向旅客提供多种优质化、人性化、便民化、多元化的购票、候乘、乘船等服务工作。各水路运输企业加强员工服务意识培训，开展具有企业文化和人文关怀的特色服务：接受网上预订船票；在候船厅的LED屏上滚动播放旅客上下码头、船舶须知；处理旅客投诉、咨询问题。水路运输共完成客运量12.73万人，旅客周转量163.14万人千米。

【水上交通项目建设】 2022年，绵阳市水路交通总投资960万元，2处船舶集中停泊区顺利竣工。开工建设1艘30米海事趸船、1艘7.18米海巡艇、1艘16米海巡艇、1艘大马力海事应急抢险救助船、2个水上应急救援物资储备库、6个码头停靠泊位。2个平安渡运建设项目通过省厅系统审核。3个“十四五”期间平安渡运建设项目开展筹备。

【水上交通安全监管检查】 2022年，绵阳市在枯水雾季、“冬安”“春安”、清明、五一、汛期等重点时段，开展以客渡船、旅游船、采砂船、餐饮趸船为重点船舶的水上交通安全集中整治。提前对7条重点河流、8家重点单位、176艘重点船舶的度汛进行安排部署。开展隐患排查整治，共排查出隐患15起，整改15起。清理注销灭失船舶及脱管脱检船舶456艘。

【安全教育培训】 2022年汛前，绵阳市分别在江油市和三台县举办2期持证船员集中安全教育培训。培训船员职业道德、水上交通安全法律法规、安全操作技能和近期重大及典型事故案例分析等相关内容进行讲解，在盐亭县岐伯镇中心小学开展水上交通安全知识进校园活动。向学生讲解船舶航行基本常识、水上交通出行注意事项、船上遇险逃生方法、救生设施使用等内容，普及水上交通安全常识。

【船舶防污染监管】 2022年，绵阳市完成船舶防污染设施的加装改造，共有主机功率在22千瓦以上的柴油机船舶35艘，全部安装油水分离器，实现100%“零排放”。推广船舶水污染物监管系统。基本实现主要港口船舶污染物接收转运处置全过程电子联单，“船E行”系统中船舶垃圾和生活污水转运处置接收比率达90%以上。绵阳水上交通联合监管系统中垃圾（污水）转运、接收、处置率均达100%，排名全省第1。 （罗鹏程）

邮政管理

【概况】 2022年，绵阳市有邮政营业场所447、个邮政综合便民服务站2170个、商超型邮乐购站点3378个、村级转接点1478个，建制村直接通邮率100%。邮路627条，邮路总长度（单程）18786千米；登记在册的快递品牌19个，快递法人企业31个，分支机构109个，末端网点2131个，邮政快递行业从业人员6953人，快递服务汽车869辆，城市配送电动三轮车2210辆。邮政行业业务收入（不包括邮政储蓄银行直接营业收入）累计完成15.95亿元，增长12.31%；业务总量累计完成15.36亿元，增长2.05%。提升农村地区邮政普遍服务水平，全市465个每周三次投递打卡建制村调整为每周五次投递打卡，实现全市9个县（市、区）邮政服务政务全覆盖。引导警邮、税邮合作，建成警邮站点17个，警邮业务月均网点加办率100%；税邮网点178个，代征税额1000万元。发挥邮政快递对农产品、电商的支撑作用，助力乡村振兴。培育“川果”“川味”两大类8个“川货寄递”项目。其中，柑橘、猕猴桃、枇杷三类川果寄递业务总量55万件，川菜、川粮油、绵阳名特小吃、腌腊制品、特色佐料五类特色川味寄递业务总量835万件，带动产值3.4亿元。

【邮政普遍服务业务】 2022年，绵阳市邮政寄递服务业务量完成7519.16万件，降低3.99%；邮政寄递服务业务收入完成0.47亿元，下降5.51%。函件业务明显增长，函件业务完成81.51万件，增长19.24%。包裹业务持续下降，包裹业务完成1.76万件，下降20.36%。报刊业务量稳定，订销报纸6594.43万份，下降2.64%；订销杂志164.86万份，增长1.74%。汇兑业务下降，汇兑业务

1.37万笔，下降8.67%。

【快递业务】 2022年，绵阳市快递服务企业业务量6870.01万件，下降10.57%；业务收入8.39亿元，增长5.92%。其中，同城业务量1490.22万件，增长47.21%；异地业务量5369.97万件，下降19.44%；国际/港澳台业务量9.81万件，增长127.98%。同城、异地、国际/港澳台快递业务量分别占全部快递业务量的21.69%、78.17%和0.14%；业务收入分别占全部快递收入的8.58%、50.06%和2.03%。

【农村寄递业务体系建设】 2022年，绵阳市印发《绵阳市加快农村寄递物流体系建设实施方案》，推进农村寄递物流服务全覆盖。引导加强政企协作，结合“交商邮”“邮快”“惠农”“金融”等多方资源，落实县、乡、村三级节点建设和运营。建成县级节点9个、乡镇节点153个、村级节点1478个。盐亭、梓潼邮政公司与属地交通部门开展交邮合作；梓潼县投资1000万元建成4500平方米电子商务邮政快递聚集区，打造特色工业品和农副产品集散地。

【快递进村工程】 2022年，绵阳市采取邮快、快快、交邮、“寄递+金融”等多种合作方式，提高快递进村质量。实现所有乡镇、村邮政网点全覆盖，快递进村渠道通达率100%，主要快递品牌有效进村率69.22%。建设邮快驿站1107个，邮快合作代投件量为428万件；快递进村投递量516.21万件，收件量169.2万件。其中，三台县、江油市推进邮快合作同仓共配模式；北川羌族自治县5家快递企业建成县级共配中心，日处理快件能力超过15万件，成为国家级电子商务进农村综合示范项目重要寄递物流支撑；平武县快递品牌整合资源，成立三方公司。市快递行业协会与绵阳市农商行签订快递进村战略合作协议。

【邮政快递业监管】 2022年，绵阳市加强寄递渠道安全监管，组织安全培训16次，培训人员1560人次；约谈企业11家，停业整顿5家，处罚款5.98万元。完成“双十一”“双十二”旺季服务保障和两会、党的二十大等重大活动期间寄递渠道安全保障工作。开展日常检查和双随机检查163家，下发整改书71份。开展行业生态环境保护宣传培训和邮件快件包装操作规范备案工作，推进绿色末端网点建设，对2家过度包装企业立案查处。打击快递末端违规收费、不“按址投递”等违法违规行为，对5家企业处罚款1.5万元，行政强制查封网点2个。开展邮票印制销售监督检查和机要通信、扫黄打非、省委巡视专用信箱保障等专项检查工作。

（赵　欢）

绵阳市快递法人企业一览表

表44

序号	企业名称	所属县（市、区）	企业品牌
1	绵阳极捷物流有限公司	安州区	极兔
2	绵阳卡运物流有限公司	安州区	卡运物流
3	绵阳市安州区中骏物流有限公司	安州区	中通
4	绵阳旭辉速递有限公司	安州区	圆通速递
5	绵阳卡迅快递服务有限公司	安州区	申通快递
6	北川羌族自治县皓源物流有限公司	北川羌族自治县	韵达快递
7	北川羌族自治县永亨商贸有限公司	北川羌族自治县	圆通速递
8	北川鑫达物流有限公司	北川羌族自治县	中达物流
9	北川禹龙商贸有限责任公司	北川羌族自治县	极兔
10	绵阳盛捷速递有限公司	涪城区	圆通速递
11	绵阳润锦物流有限公司	涪城区	中通
12	绵阳三雄速达物流服务有限责任公司	涪城区	极兔速递
13	绵阳市新韵达快递有限公司	绵阳高新区	韵达快递
14	江油申仕通快递服务有限公司	江油市	申通快递

续表44

序号	企业名称	所属县（市、区）	企业品牌
15	江油市金顺和商贸有限公司	江油市	圆通速递
16	江油市韵宏通商贸有限公司	江油市	韵达快递
17	江油市中通商贸有限公司	江油市	中通速递
18	四川三雄慧展供应链管理有限公司	江油市	极兔
19	绵阳合创物流有限责任公司	绵阳经开区	申通快递
20	平武县平九物流有限公司	平武县	极兔
21	三台县申速快递有限公司	三台县	申通快递
22	三台县文武物流有限公司	三台县	中通速递
23	三台县鑫宏韵物流有限公司	三台县	韵达快递
24	四川顺佳川韵供应链管理有限公司	三台县	极兔
25	绵阳市煜通商贸有限公司	盐亭县	圆通速递
26	盐亭民旺商贸有限公司	盐亭县	极兔
27	盐亭县广韵物流有限公司	盐亭县	韵达快递
28	盐亭远航物流有限公司	盐亭县	申通快递
29	绵阳申通快递服务有限公司	游仙区	申通快递
30	绵阳泽川物流有限公司	梓潼县	韵达快递
31	梓潼县速达物流有限公司	梓潼县	申通快递

（赵　欢）

概　述

2022年，绵阳市统筹全域城建攻坚，将原科技城集中发展区攻坚和原城建攻坚合并，开展新一轮全域城建攻坚行动，按照新区开发、组团发展、城市更新、市县攻坚四大方向，加快科技城新区建设、推进历史文化街区项目建设、增加城市科技元素项目、实施亲民便民项目、实施主门户和重要通道新改建项目为五大建设重点，在城区实施交通提升、公共服务设施建设、产业基础设施建设、排水防涝及污染防治、城市街道（区）提升、公园城市建设、棚改攻坚、老旧小区改造八大专项行动。

城建重点项目。2022年，绵阳市共有城建攻坚项目513个，完工项目207个，完成投资约373.36亿元，增长15.57%。建成科技城创新馆、绵阳城市规划展览馆并开馆，完成机场东路、飞云大道等9条城市道路改造提升，加快推进科技城涪江大桥、创业大道南延线等项目。配合"园区提质""企业满园"行动，实施提升园区基础承载力及颜值品质项目283个，完工项目178个，完成投资75.86亿元，占年度计划的102.75%。完成经开区三江大道、三江实验学校、科技城新区直管区园艺湖提升改造、游仙高新区东山公园配套等项目。

城乡环境综合提质三年行动。2022年，绵阳市贯彻落实市委"生态美市"战略，启动城乡环境综合提质三年行动，加快建设高品质生活宜居地，对标全国文明城市创建指标体系、《绵阳市城市精细化管理导则》等，通过"城管+公安"联合执法，专项整治占道经营、乱停乱放等问题，规范市容秩序，提升执法效率。通过绿色空间"微更新""微改造"，推动闲置土地、微小空间绿化、美化、功能化、精细化发展，推进"口袋公园"建设，提质城市园林绿化景观。专项整治生活垃圾分类等问题，提升城市环境品质，打破"整治、反弹，再整治、再反弹"怪圈。开展城管执法队伍"强基础、转作风、树形象"行动，改进执法方式和推进"城管进社区"，持续加强城管执法队伍建设。

勘察设计。2022年，绵阳市完成抗震设防专项审查项目30个、初步设计审查项目17个。印发《关于进一步加强房屋建筑和市政基础设施工程施工图审查机构监督管理的通知》，强化质量监督管控与市场环境培育，规范行业市场秩序，严把施工图质量审查关。完成特殊建设工程消防设计审查许可175件（市本级52件、县级123件），特殊建设工程消防验收许可207件（市本级79件、县级128件），其他建设工程消防验收备案213件（市本级81件、县级132件）。

传统村落。2022年，绵阳市推进传统村落保护与发展，新申建7个省级传统村落，省级及以上传统村落共64个。其中，国家级传统村落16个。江油市二郎庙镇青林口村、平武县豆叩镇银岭村、游仙区刘家镇曾家垭村和盐亭县黄甸镇龙台村成为"四川最美古村落"，江油青莲镇成为"四川最美古镇"。平武县被确定为第二批省级传统村落保护连片示范县。

（曾　佳）

绵阳市国家级传统村落一览表

表45

序号	所属县（市、区）	所属镇（乡）	村落名称	所属批次	获批时间
1	北川羌族自治县	青片乡	上五村	第二批	2013年8月
2		马槽乡	黑水村		
3	江油市	二郎庙镇	青林口村		
4	游仙区	魏城镇	绣山村	第三批	2014年11月
5	平武县	虎牙藏族乡	上游村	第四批	2016年12月
6		白马藏族乡	亚者造祖村		
7		木座藏族乡	民族村		
8	安州区	桑枣镇	红牌村		
9	涪城区	丰谷镇	二社区		
10	游仙区	魏城镇	铁炉村		
11		刘家镇	曾家垭村		
12		玉河镇	上方寺村		
13		东宣乡	鱼泉村		
14	盐亭县	林山乡	青峰村		
15		黄甸镇	龙台村	第五批	2019年6月
16	梓潼县	文昌镇	七曲村		

城乡规划

【概况】 2022年，绵阳市围绕“中国科技城、生态宜居城、西部现代化强市”的城市战略定位，坚持目标导向、问题导向、实施导向相结合，突出生态优先、绿色发展，构建形成“目标定位—格局优化—底线约束—结构优化—空间治理”的规划体系。主动衔接成渝城市群国土空间规划、省国土空间规划、成都平原经济区规划，持续优化《绵阳市国土空间总体规划（2020—2035年）》，为绵阳市加快建设中国科技城、全力打造成渝副中心，早日跨入Ⅰ型大城市行列，提供空间和要素保障。统筹“山水林田湖草”等保护要素和城乡、产业、交通等发展要素布局，构建山水为脉、中心引领、多点支撑、网络联动，体现生态、农业、城镇全域全要素的国土空间开发保护总体格局。推进控制性详细规划编制及修改项目20余个，规划研究面积约70平方千米，其中《绵阳市安州区河东新区控制性详细规划修编》《〈绵阳旧城控制性详细规划〉涪城中心片区局部调整》等6个项目经市政府批复实施。市本级核发“一书二证”77件，其中建设项目用地预审与选址意见书8件、建设用地规划许可证29件、建设工程规划许可证40件。成立绵阳市空间规划委员会，不再保留绵阳市城乡规划委员会。包括绵阳市在内的四川省“三区三线”（“三区”指农业空间、生态空间、城镇空间三种类型的国土空间，“三线”指耕地和永久基本农田保护红线、生态保护红线和城镇开发边界三条控制线）划定成果获得自然资源部批复正式启用。

【国土空间总体规划】 2022年，绵阳市围绕城市发展定位、区域发展格局、中心城区用地布局和重大基础设施布局四大核心问题，按照粮食安全优先、生态保护优先、高质量发展优先的原则，遵循永久基本农田、生态保护红线、城镇开发边界的先后划定顺序高效开展“三区三线”划定上报工作。严格落实耕地和永久基本农田保护“第一优先序”，将最优质、最精华、生产能力最好的30.53万公顷长期稳定耕种的耕地划入永久基本农田；坚实筑牢生态屏障，划定生态保护红线4572.2平方千米；立足自然资源本底，划定城镇开发边界543.2平方千米。11月1日，包括绵阳市在内的四川省“三区三线”划定成果获得自然资源部批复正式启用。

【控制性详细规划管理】 2022年，绵阳市推进控制性详细规划编制及修改项目20余个，规划研究面积约70平方千米，其中《绵阳科技城新区直管区（起步区）控制性详细规划》《绵阳市安州区河东新区控制性详细规划修编》《〈绵阳市安州区河西片区控制性详细规划〉局部〈W（10.C）-c单元〉调整方案》《〈绵阳旧城控制性详细规划〉御营坝片区局部〈S（02.C）-a-02、S（02.C）-a-03单元〉调整方案》《〈绵阳旧城控制性详细规划〉涪城中心片区局部〈N（01.G）-b-04单元〉调整方案》5个规划经市政府批复实施，规划总面积约1200公顷，新增公共服务设施用地面积31公顷、绿地面积52公顷、道路用地面积25公顷，结合“旧城更新”“城市双修”需要，按照“建设新城、完善组团、提升旧城”的总体要求，在片区规划中，本着优化完善公共服务设施配套，实现土地节约集约利用、提升改善城市风貌和城市人居环境品质的目标，统筹考虑用地布局的优化、配套设施的完善、基础设施的提升，对中心城区范围内的公共服务设施进行系统、科学、合理的布局。调整完善城市新区功能定位，提升安州区域城市服务水平，强化规划对重点项目的保障指导作用，为城市旧改项目落地提供先决条件。

【乡村规划管理】 2022年，绵阳市印发《绵阳市乡村国土空间规划管理实施细则》，制定乡镇级国土空间规划镇民使用版模板和村级规划村民使用版模板，为全市开展镇村级国土空间规划工作提供指引。指导全市完成39个乡镇级片区国土空间规划编制工作，较全省进度提前半年完成。坚持推行乡村规划师制度，探索培养高校帮扶驻派乡村规划师，全市共配备39名乡村规划师。督导各地清村级片区规划编制需求，启动村级片区规划编制工作。

【测绘管理】 2022年，绵阳市持续推进“国土空间基础信息平台建设暨国土空间规划一张图实施监督系统”项目建设工作；依托市级国土空间总体规划和片区镇村国土空间总体规划编制工作，落实基础测绘工作任务，开展中心城区编制范围和片区规划编制范围内无图区域的基础测绘任务。完成市域2.02万平方千米范围内0.8米分辨率卫星遥感影像获取工作，持续推进多源、多时相的遥感影像数据集建设。统筹获取全市地理国情监测数据，服务耕地保护、变更调查等工作；启动绵阳市测绘工程院测绘地理信息质量监督抽查工作，抽取10家测绘单位实施测绘产品成果质量监督检查，同步开展测绘成果保密检查、地图市场检查和测绘资质巡查等专项工作；落实测绘单位安全生产主体责任，组织全市52家测绘资质单位开展安全生产自查工作，全面排查测绘地理信息领域安全生产风险隐患，形成问题隐患和整改措施清单。完成地图审核14件，办理国家秘密基础测绘成果资料使用审批9件，完成测绘资质单位信息变更29件，完成测绘成果汇交95件，完成测绘项目备案278件，完成测绘作业证审核10件，完成测绘地理信息行业年报104个。起草《绵阳市工程建设项目“多测合一”实施细则（试行）》和《绵阳市工程建设项目“多测合一”技术细则（试行）》，推行“多测合一”（在行政审批中的同一个建设工程项目所涉及的测绘业务，由原多项测绘合并为一个综合性联合测绘项目）改革，实现工程建设项目“一次委托、统一测绘、成果共享”。

【绵阳市国土空间规划委员会成立】 2022年5月9日，绵阳市政府办印发《关于成立绵阳市国土空间规划委员会的通知》，市政府决定成立绵阳市国土空间规划委员会，并不再保留绵阳市城乡规划委员会。市规委会的主要职责有：负责研究落实国家、省、市关于国土空间规划的各项重大决策部署；研究涉及国土空间规划的重要政策和制度；审议有关重要国土空间规划方案；审议重大建设项目方案等工作。市规委会下设办公室和专家委员会。市规委会办公室设在市自规局，承担市规委会日常工作，专家委员会受市规委会委托，对审议议题进行咨询、论证和评审。

【《绵阳市安州区河东新区控制性详细规划》修编】 2022年2月28日，该规划经市政府批复实施，该规划范围内的原控制性详细规划同时废止。规划范围为东至绵宏路北段——安州大道和观斗山山麓，西至安昌河东岸，北至北环路，南至科创大道，总面积542.78公顷。以山水生态为特色，以文化旅游、休闲娱乐为引领的科技城新区“宜居宜游”片区。形成“一心三轴、两区两带、多点多楔”的空间布局结构。规划人口规模为6.11万人；城市建设用地面积529.32公顷，占总用地比例为97.52%。其中，“一心三轴”即文化旅游休闲中心、安州大道城市发展轴、花城路城市发展轴、绵宏路城市形象展示轴；“两区两带”即北部文化旅游宜居发展片区及南部休闲娱乐宜居发展片区，安昌河生态景观带及观斗山山林生态景观带。“多点多楔”即围绕社区布局公共服务设施、社区公园，打造公共服务节点，打造多条生态绿楔联通观斗山和安昌河，建立起山水相融的蓝绿网络。

【《〈绵阳市安州区河西片区控制性详细规划〉局部调整方案》出台】 2022年5月12日，该调整方案经市政府批复实施，原控制性详细规划同时废止。该规划调整范围位于安州区河西片区，东至安昌河，西至文星大道北段，北至文苑路东段，南至银河大道东段，涉及《绵阳市安州区河西片区控制性详细规划》中W（10.C）-c单元，总面积约72公顷。调整内容为：取消原控规中长215米、宽17米的新华街东延段城市道路用地，用地性质调整为医院用地，作为医院内部消防通道。将原控规居住兼容商业用地和二类居住用地调整为医院用地和公园绿地，医院用地增加2.67公顷，公园绿地增加0.84公顷。将原控规医院用地内的公共厕所调整至公园绿地内，结合公园绿地进行建设。

【《〈绵阳旧城控制性详细规划〉御营坝片区局部调整方案》出台】 2022年2月18日，该方案经市政府批复实施，原控制性详细规划同时废止。调整范围位于绵阳市长虹大道南段以南，126文化创意园以北片区，主要涉及《绵阳旧城控制性详细规划》御营坝片区S（02.C）-a-02、S（02.C）-a-03单元，总面积约14.62公顷。调整内容为：优化道路线形，增加支路网密度，优化调整相应用地。增加商业用地，打造特色文创产业园。优化社区级文化设施、菜市场、社区用房、街道办、派出所等设施布局，规划幼儿园用地增加至0.52公顷。区域统筹公园绿地布局，形成连贯性绿廊及块状公园绿地，公园绿地增加至2.30公顷，配建地下停车场。降低居住地块开发强度，提升居住环境与城市空间景观。

【《〈绵阳旧城控制性详细规划〉涪城中心片区局部调整方案》出台】 2022年5月9日，方案经市政府批复实施，原控制性详细规划同时废止。调整范围西至涪城路，北至西大街，东至卫生巷，南至涪卫街，涉及《绵阳旧城控制性详细规划》涪城中心片区N（01.G）-b-04单元，总面积4.99公顷。调整内容为：结合现状用地权属，将东南侧部分二类住宅用地调整为医院用地，控制指标结合行业规范相应调整。原控规规划配建的幼儿园、社区用房及社区卫生服务站调整至中部居住地块，临涪城路方位配建。

【绵阳城市规划展览馆开馆】 2022年9月23日，绵阳城市规划展览馆开馆仪式举行。省委常委、市委书记曹立军出席并宣布开馆。市委副书记、市长李云主持开馆仪式，市人大常委会主任付康，市政协主席李亚莲，市委副书记王华蓉出席。绵阳城市规划展览馆位于科创北路9号绵阳市孵化中心一至二层，于2022年2月开工，9月竣工，由科发集团负责实施，总投资3500万元。绵阳城市规划展览馆由展览展示、城市推介、互动体验、配套功能、会议办公等5个板块构成，布展总面积约4700平方米，具备科普教育、招商引资、城市推介、学术交流、游客观光等多种功能。以“中国科技城、成渝副中心”为展陈核心主题，对城市名片进行展示。展陈形式将传统与现代元素有机融合，综合运用模型、影片、多媒体互动体验、数字化应用等技术。以序厅和8个篇章，按照历史沿革、时间轴线，全方位展示绵阳过去、现在、未来，展现绵阳的城市魅力和时代特征。 （李　涛）

图94　2022年，绵阳城市规划展览馆（视觉绵阳提供）

重大基础设施建设

【概况】 2022年，绵阳市有城建攻坚项目513个，完工项目207个，完成投资约373.36亿元，增长15.57%；科技城创新馆、绵阳城市规划展览馆建成开馆，完成机场东路、飞云大道等9条城市道路改造提升，加快推进科技城涪江大桥、创业大道南延线等项目。配合“园区提质”“企业满园”行动，实施提升园区基础承载力及颜值品质项目283个，完工项目178个，完成投资75.86亿元；完成经开区三江大道、三江实验学校、科技城新区直管区园艺湖提升改造、游仙高新区东山公园配套等项目。

【滨河北路西段排水及道路改造工程主线通车】 2022年9月30日，滨河北路西段排水及道路改造工程主线通车。该项目位于绵阳高新区安昌河北岸，起点为菩提寺大桥，终点至枫璟398小区段，全长5400米。项目由绵投集团负责实施，将原双向两车道变为双向四车道，缓解周边交通压力。

图95　9月，滨河北路西段排水及道路改造工程现场（绵投集团提供）

【第三人民医院地下智能立体停车库项目投用】 2022年11月28日，绵阳市第三人民医院地下智能立体停车库项目投用。该项目由绵投集团所属停车公司投资建设，总投资6200万元，采用机械动能和人脸识别技术，挖掘地下空间新增泊位近450个，旨在缓解剑南路东段、东方红大桥区域交通拥堵问题。

图96 11月28日，绵阳市第三人民医院地下智能立体停车库项目投用（绵投集团提供）

【创业大道南延线开工】 2022年11月29日，创业大道南延线工程开工。该项目由绵投集团负责实施，属于2022年绵阳市城建攻坚项目，位于绵阳科技城新区，属于规划片区内的交通骨干道路，是连接安州区、绵阳科技城新区、中心城区的城市主干道。项目起于创业大道与八角南路交叉口，向南经绵中东侧后山，接铁路跨线桥，改造三汇立交，新建御营大桥至御中路的高架桥，止于御中路（绵吴路口），全长4570米，占地32.43公顷，总投资约13.6亿元，计划工期2年。

图97 11月29日，创业大道南延线工程开工（绵投集团提供）

【南山路道路改造及排水补短板工程主线通车】 2022年12月4日，南山路道路及排水改造补短板工程主线通车。该工程，由绵投集团负责实施，位于绵阳市经开区及涪城区交界处，起点为绵州大道啤酒厂路口，终点至涪滨路南山公园路口，全长1800米，双向四车道，新建900米排水箱涵，旨在增强区域排水泄洪能力，缓解汛期内涝压力，改善道路质量。

【绵阳三江医院主体结构封顶】 2022年12月15日，绵阳三江医院主体结构封顶。项目于2021年5月20日开工建设，位于经开区群文西街，是四川省重点、绵阳市重点项目，是全市首个采用“市属国有平台+市属综合医院联合共建模式”的落地重点民生项目，由绵投集团负责实施。项目用地面积6.87万平方米，总投资24亿元，分两期建设。一期项目投资19亿元，建筑面积约19万平方米。二期项目总投资约5亿元，建筑面积约5万平方米。绵阳三江医院项目规划建设门急诊、住院、医技、行政等基本医疗及办公用房和公共服务配套设施、地面环境景观设施等工程，按照三级甲等综合医院的标准建设，规划床位1000张。

图98 12月15日，绵阳三江医院主体结构封顶（绵投集团提供）

【孵化大楼改造提升项目】 孵化大楼改造提升项目于2021年11月开工，2022年11月竣工，由科发集团负责实施。位于科创北路9号，总投资21538.99万元，总用地面积28645.1平方米。建设内容：孵化大楼整体结构加固、加建；室内外装饰、亮化及设施设备改造提升；附属设施及景观绿化改造等。其中室内改造面积2.6万平方米。项目以打造绵阳城市规划展览馆为核心，改造成为市民休闲广场及现代化办公场所。

【中国（绵阳）科技城创新馆项目】 中国（绵阳）科技城创新馆项目于2021年11月开工，2022年6月建成，由科发集团负责实施。位于创新中心二期，总投资9522.23万元。建设规模及内容：对创新中心二期2号楼底层及二层进行改造，包括布展及其他功能区配套装饰工程、电气工程、多媒体展项、智能系统、语音系统、中控系统、整馆灯光控制系统、监控、网络模型台、家具及艺术造型、多媒体、模型及电子设备工程、平面制作与安装等。改造总面积约1.08万平方米。项目规划建设两层展馆，其中一层分为序厅、创新历程展区、创新平台展区、战略科技创新展区，全面回顾绵阳创新发展历程和科技城建设成就，展现创新实力；二层分为产业技术创新展区、创新体验展区，围绕电子信息、先进材料等优势及特色领域，集中展示绵阳重点产业的代表性企业、产品等。

【绵阳会展草溪河商业街改造提升项目】 绵阳会展草溪河商业街改造提升项目于2022年6月开工，同年12月建成，由科发集团负责实施。位于绵阳市永兴镇，北临绵兴路，南至飞云大道，东邻体育西路，西邻永惠路，总投资1亿元。建设规模及内容：对草溪河商业街进行提升改造，包括建筑物外立面提升、室内办公区精装、室外附属设施、景观提升及亮化工程；新建路演中心及附属工程，总建筑面积约1.65万平方米。项目功能为入驻企业提供核心办公区、商务配套区、商业及配套区、教育研发区及景观滨水带。

【中国科技城（绵阳）科技物流产业园横九路项目】 中国科技城（绵阳）科技物流产业园横九路项目于2017年5月开工，2022年10月建成，由科发集团负责实施。项目位于涪城区新皂镇、中国科技城（绵阳）科技物流产业园启动区规划范围内，是物流园与外界连通的主干道，总投资26616.18万元。建设规模及内容：包括道路工程、排水工程、景观工程、桥梁工程等。横九路自西南向东北延伸，性质为市政道路，道路等级为城市主干道，全长1870.165米，标准路幅宽度为50米和31米两种形式，设计速度为主线50千米/时、辅道40千米/时、匝道30千米/时。

图99 12月，中国科技城（绵阳）科技物流产业园启动区市政道路工程纵七路东段项目建成（科发集团提供）

【中国科技城（绵阳）科技物流产业园启动区市政道路工程纵七路东段项目】 中国科技城（绵阳）科技物流产业园启动区市政道路工程纵七路东段项目于2021年9月开工，2022年12月建成，由科发集团负责实施。项目位于涪城区新皂镇、中国科技城（绵阳）科技物流产业园启动区规划范围内，起于纵七路西段横七路，终于货运大道，是连通纵七路西段和横九路，实现物流园与外界的双向连通的重要通道。总投资33423万元。建设内容为道路工程、排水工程、景观工程、涵洞工程等。项目道路等级为城市主干路，长1196.15米，设计速度为50千米/时，路面宽度为50米。路面结构为沥青砼路面。

【中国科技城（绵阳）科技物流产业园启动区市政道路工程纵七路西段项目】 中国科技城（绵阳）科技物流产业园启动区市政道路工程纵七路西段项目于2019年10月开工，2022年8月建成，由科发集团负责实施。项目位于涪城区宝成线皂角铺车站西南侧约1000米处。项目是中国科技城（绵阳）科技物流产业园主干道、进出皂角铺铁路物流基地的主通道。项目全长1250米，总投资25000万元。建设规模及内容：道路工程、排水工程、景观工程、涵洞工程等。道路标准路宽50米。道路下穿成绵乐高铁线和宝成铁路。

【中国科技城（绵阳）科技物流产业园铁路专用线项目】 中国科技城（绵阳）科技物流产业园铁路专用线项目于2020年6月开工，计划于2024年建成，由科发集团负责实施。项目位于新皂镇，铁路专用线自宝成线皂角铺站成都端牵出线末端接轨，而后下穿西成客专，上跨B02县道，至檀木湾油库装卸站，线路全长3910米。总投资45739.8万元。建设规模及内容：工程区间道路土石方88.47万立方米，站场土石方25.26万立方米，路基圬工7.7万圬工方，大桥1座256.38延长米，新建盖板箱涵15座、框架涵6座，正线铺轨3300米，站线铺轨2629米，新铺道岔5组。2022年，完成物流园区配套道路西大门连接线建设，及库区内路基换填、水泥桩加固。

【飞云大道改造提升项目】 飞云大道改造提升项目起于绵阳磨家收费站，经绵阳市高新区，止于飞云大桥西侧350米处，全长11.78千米。项目为绵阳市重点项目，是绵阳市区重要的入城通道，也是分散京昆高速、成绵复线交通流量的交通要道。由交发集团负责实施。该路段采用城市主干道技术标准设计，根据路段将速度设计为60千米/时、40千米/时两种，项目改造后磨家收费站至黑加山公园段为双向六车道，黑加山公园至飞云大桥路段双向四车道。项目共分两期，一期工程起于磨家收费站，止于辽安路口段（长度2500米），于2021年7月开工建设，2021年9月7日通车运行。二期工程起于辽安路口段，止于飞云大桥段（长度9280米），于2022年3月开工建设，12月31日完成建设。

【东西第二干道PPP项目】 绵阳市东西第二干道项目于2021年4月开工，位于绵阳市城区北侧，西起教育园区二环路匝道，东至游仙区游仙东路，先后经过牌坊沟、西山北路、高水中街、小岛、科学城等处。东西第二干道为城市次干道，设计时速40千米，标准路面幅宽25米，双向四车道，全线长9100米。由交发集团负责实施。项目高水中街改建段于同年10月15日开始施工，2022年6月4日完成改造并开放交通。绵阳东西第二干道工程为市本级PPP项目，作为东西走向的主通道之一，项目建成后可加强游仙、小岛、园艺山等各组团间联系，完善城市路网结构，与九洲大道共同构建城市北部片区交通联系，缓解九洲大道局部路段交通压力。项目总投资估算116020万元。项目西山北路段、高水中街段、仙童路段为改建段，长2800米；绿岛大桥段为现状利用，长约1000米；其余为新建段，长5300米。项目全线主要结构物包括1座半互通式立交桥（西山跨铁路立交段）、2座桥梁（跨牌坊沟小桥、跨清水湾及开元渠大桥）、1座隧道（穿越老龙山隧道）及沿线若干挡墙。建设周期为3年（2021—2023年）。

【科技城大道二期涪江大桥项目】 涪江大桥位于科技城大道二期涪城区（龙门镇）和游仙区（石马镇）交界，横跨涪江。其中，涪江大桥全长1100.61米，由交发集团恒通建工负责实施，该路段采用城市快速路标准设计，时速为60千米，双向六车道。项目分两期建设，一期工程包括跨涪江特大桥一座、涪城区侧全部引桥、游仙区侧部分引桥、道路工程及其他附属配套设施建设；二期工程包括互通立交一座、高架引桥、道路工程及其他附属配套设施建设。至年底，一期工程完成道路工程的85%，涪城侧引桥箱梁100%，主桥完成顶推落梁及吊索安装张拉，游仙侧引桥箱梁完成下部结构施工。二期工程完成初步设计工作。

【四川裕农新域商贸物流城项目】 四川裕农新域商贸物流城项目于2021年12月22日奠基开工，到2022年底，项目建设全面封顶。项目位于绵阳市涪城区青义镇农产品物流园，紧邻G5京昆高速绵阳北出入口，与绵江快速通道、科技城大道互交，总规划用地面积33.33公顷，总建筑面积约40万平方米，计划投资22亿元，分6期开发。项目由绵阳高水农副产品批发有限公司打造，是集大宗农产品交易、地标农产品展示、冷链仓储、加工配送、电商中心、中央大厨房、综合服务配套、智慧运营等产业链功能的第四代智慧型农批交易大平台。项目统一规划分期实施，其中一期、二期、三期先行统一开发建设，规划用地面积8.6公顷，总建筑面积约11.3万平方米。项目建设内容：建设智慧型农商批发大市场以及配套的食品检疫检测中心、食材溯源平台、信息化管理中心。

（吴辉昌　曾侯勇　杨　怡）

城乡环境综合治理

【概况】 2022年，绵阳市实施“生态美市”战略，启动城乡环境综合提质三年行动，坚持“市统筹、县负责、镇村主体、群众参与”，由市委、市政府主要领导亲自安排部署、研究推动，市城乡环境综合治理和生活垃圾分类工作领导小组负责统筹全市城乡环境综合提质工作，市直有关部门按照职责分工抓落实，各县（市、区）、园区具体负责，全市上下形成“市、县、乡、村”四级联动工作机制。先后编制出台《绵阳市城市精细化管理导则》《绵阳市市政道路建设技术导则》《绵阳市花卉运用指导意见》《绵阳市城市绿地系统规划》《绵阳市城市桥梁保养维护指导意见》《绵阳市城市户外广告设置规划（2022—2026）》《绵阳市城市户外公益广告规范指导意见》《绵阳城区高速路出入口环境容貌标准》等系列规范标准，明确城市精细化管理、市政道路、园林绿化、城市桥梁、户外广告等领域管理标准和要求，健全城乡环境综合提质标准体系。开展以村社“五清”、场镇“四定”、城区“四化”工程，同时坚持开门提质，动员全民参与，开展城乡环境综合提质“金点子”征集活动、15批次城乡环境综合提质问题排查整改公示，设立城市管理曝光台，集中曝光城市管理方面的问题。通过“绵阳住建”“四川观察”“绵阳观察”等媒体平台，宣传综合提质政策、经验做法，扩大群众知晓率，营造“全面动员、全民参与”城乡环境治理的氛围。组建城乡环境综合提质督查专班，组织每月提质行动暗访督查，对发现问题限时整改销号。开展城乡环境综合提质三年行动季度“十佳十差”镇街评选，对“十佳”镇街授予奖牌，每个拨付20万元奖励资金。建立城乡环境综合提质季度述职制度，让综合计分前两位和后两位的县（市、区）政府、园区管委会主要负责人在市政府常务会议上述职。在全市20个省级百强中心镇候选镇开展环境卫生评比活动，安排1000万元专项资金，根据评选等次添置洒水车、垃圾清扫车等44辆。至年底，累计投入整治经费30亿余元，城市门户通道、市政桥梁、重要节点焕然一新，市政道路、公共厕所、公园绿地、背街小巷、乡村庭院颜值品质提升。

【村社“五清”工程】 2022年，绵阳市以路面地面清扫、垃圾堆物清运、水面屋面清洁、广告招牌清理、违章搭建清除“五清”为重点，推动村社环境提升。共组建村社保洁队伍1030支，新增垃圾车367辆，“护河（塘、堰、渠）队”1918支。清扫、维护国省干线、县乡村道190万千米，维修、维护城乡干道16万平方米，集中开展村社清洁行动2万次。清洁河湖、水库、塘堰、沟渠2.11万处，城镇污水管网向周边村社延伸6.44万米。完成农村户用厕所改造5万间，清洁建筑立面、屋顶、阳台及附属设施上的垃圾杂物8万处，清理老旧、过时、破损的标语、横幅、广告牌、墙体广告16万处，清理违章搭建物10万平方米，依法拆除农村“空心房”、废旧农房和残垣断壁6918处，维护梳理“三线”（电力线、通信线、广播电视线）200万米。初步建立起村社管护长效机制，提升村庄环境和生态环境质量，增强村民环境、健康意识，并建设最美家庭、最美庭院2.26万户。

【场镇“四定”工程】 2022年，绵阳市以实施划线定点停车、定时清扫保洁、定期洒水降尘、定位规范经营“四定”为重点，推动场镇风貌提升。共新增清扫保洁市场化乡镇30个，增配洒水车108辆，场镇设置禁止停车标志3437处、禁止停车标线10万米，新增停车泊位10万个。查处各类交通安全违法50万起，打击车辆非法营运2363起。改建、新建农贸市场76个，清理“马路市场”，整治违规占道经营行为12万起，治理农贸市场摊外设点等经营行为5万起。场镇环境面貌整体提升，三台县芦溪镇、游仙区魏城镇、盐亭县富驿镇、涪城区吴家镇成为四川省首批“省级百强中心镇”，数量位居全省第1。

图100　2022年，游仙区清洁芙蓉溪水面（市住建委提供）

【城区“四化”工程】 2022年，绵阳市以净化、绿化、序化、美化“四化”为重点，推动城市颜值上档升级。加快城市有机更新，完成老旧小区改造、完善电梯等配套设施共265个。推进老旧小区社区化改造，完成老旧小区改造351个、加装电梯503部。整治年久失修、有碍市容市貌的建筑风貌606处。建设“美丽街角”“口袋公园”257处。实施城市照明“增灯补亮”，新增灯饰亮化设施3133处，更换损毁照明设施1219盏。改造城市给排水管网62.51千米、城市老旧燃气管网58.85千米，排查整治城区污水直排、黑臭沟渠堰45.16千米。对居民经营性自建房等进行拉网式排查，整改问题3295个。整治临街不规范设置的商铺雨棚、遮阳帐篷1.39万个。绵阳老旧小区改造“五个一起”工作法被《人民日报》新媒体和澎湃新闻等媒体报道推广，“口袋公园”建设相关经验

图101　2022年，城区自行车定点停车位（市住建委提供）

先后3次被中央电视台《新闻联播》报道。

资料链接：“五个一起”工作法即“内容一起议、办法一起想、质量一起管、部门一起上、制度一起定”。“内容一起议”即小区改什么，尊重居民意见，住建部门、街道、社区通过开坝坝会等方式，多方征求各方意见。“办法一起想”即在设计单位之外，住建部门和小区各自邀请岩土、防水、绿化、土建等专家一起论证，协助社区居民“点菜下单”，解决小区“难点”“痛点”问题。“质量一起管”即业主代表作为行业监管、专业监理的补充加入工程监督，参与建设成果验收，进行满意度测评，让居民从“观众”变为“裁判”。“部门一起上”即住建、教体、经信、民政等共同参与，在设施完善、管线迁改、特色打造、人文关怀等方面给予支持，推动改造提速提质。“制度一起定”即改造后，小区业委会编印业主手册等制度，加强后期管理。

【全市城乡环境综合提质三年行动工作部署会议召开】 2022年5月10日，全市城乡环境综合提质三年行动工作部署会议召开。市委副书记王华蓉出席会议并讲话。副市长李栋主持会议，副市长袁明出席会议并安排相关工作。会议指出实施城乡环境综合提质三年行动是市委坚持“生态美市”、打造高质量发展新环境的务实举措，要坚持常态化推进，按照“市统筹、县市区（园区）负责、乡镇（街道）和村（社区）主体”机制运行，并提出在工作中要践行“一线工作法”，高效推进；要建立简洁明了的考核体系，奖优罚劣；要全方位开展宣传，动员全市人民广泛参与。

【《绵阳市城乡环境综合提质三年行动方案（2022—2024年）》出台】 2022年，《绵阳市城乡环境综合提质三年行动方案（2022—2024年）》（以下简称《方案》）印发。《方案》提出按照“市统筹、县（市、区）、园区负责、乡镇（街道）和村（社区）主体”原则，启动以村社“五清”（路面地面清扫、垃圾堆物清运、水面屋面清洁、广告招牌清理和违章搭建清除）、场镇“四定”（划线定点停车、定时清扫保洁、定时洒水降尘、定位规范经营）、城区“四化”（净化、绿化、序化、美化）为重点内容的城乡环境综合提质三年行动（以下简称三年行动），对全市城乡环境卫生秩序和城乡基础设施建设水平全面进行改善提升，按照“一年转形象、两年见质效、三年大变样”工作目标，力争到2024年，基本形成城乡容貌改观、环境治理有序、城镇品位提升、发展环境优化、居民素质提高的良好局面。

【“十佳十差”镇街评比】 2022年，绵阳市从第二季度开始组织开展城乡环境综合提质三年行动“十佳十差”乡镇（街道）评比活动。这是全市首次以镇街为单位，评选城乡环境综合提质行动“红黑榜”，通过每季度分别评选出10个城乡环境提升效果相对较大和10个城乡环境提升效果相对较小的镇街。评比以村社“五清”、场镇“四定”、城区“四化”等为重点考核内容，按照“优中选优、差中评差”的原则，采取“市县（区）联动、层层把关、分类评比”的方式，从全市13个县（市、区）、园区评选出“十佳”和“十差”镇街。全年共开展3次评比，公布2次评比结果。8月18日，公布第二季度评比结果为：涪城区青义镇、游仙区富乐街道等10个乡镇（街道）上榜2022年第二季度“十佳乡镇（街道）”，涪城区城厢街道、游仙区小枧镇等10个乡镇（街道）上榜2022年第二季度“十差乡镇（街道）”。12月9日，公布第三季度评比结果：涪城区丰谷镇、游仙区涪江街道等10个乡镇（街道）上榜2022年第三季度“十佳乡镇（街道）”，涪城区石塘街道、游仙区仙鹤镇10个乡镇（街道）上榜2022年第三季度“十差乡镇（街道）”。（曾　佳）

2022年第二季度和第三季度“十佳十差”乡镇（街道）一览表

表46

称　号	上榜街道（乡镇）
2022年第二季度“十佳乡镇（街道）”	涪城区青义镇、游仙区富乐街道、安州区千佛镇、江油市武都镇、三台县西平镇、梓潼县许州镇、盐亭县永泰镇、北川羌族自治县通泉镇、平武县平通羌族乡、科技城新区直管区创业园街道
2022年第二季度“十差乡镇（街道）”	涪城区城厢街道、游仙区小枧镇、安州区雎水镇、江油市雁门镇、三台县富顺镇、梓潼县仁和镇、盐亭县岐伯镇、北川羌族自治县曲山镇、平武县水晶镇、科学城春雷街道
2022年第三季度“十佳乡镇（街道）”	涪城区丰谷镇、游仙区涪江街道、安州区界牌镇、江油市中坝街道、三台县古井镇、梓潼县文兴镇、盐亭县黄甸镇、北川羌族自治县永昌镇、平武县响岩镇、经开区塘汛街道
2022年第三季度“十差乡镇（街道）”	涪城区石塘街道、游仙区仙鹤镇、安州区黄土镇、江油市彰明镇、三台县景福镇、梓潼县金龙镇、盐亭县云溪镇、北川羌族自治县永安镇、平武县坝子乡、科技城新区直管区创业园街道

公用事业

【概况】 2022年，绵阳市加强城镇供水监管，城区水质合格率达100%。全市主要电力供应单位为绵阳供电公司，建有220千伏双环网骨干网架，35千伏及以上变电站126座，加强电站、电路检修，启动突发事件能源供应保障一级应急响应，宣传节电让电，确保迎峰度夏。全域开展燃气入户安全隐患排查，加快燃气管道等老旧管网更新改造。

【城乡供水】 2022年，全市加强城镇供水行业监管，在公示水质检测结果制度基础上，适时抽查供水企业水质情况。各供水企业全年无大小安全生产责任事故，完成年度安全生产目标任务。城区建成自来水生产能力64.77万吨／日，城区建成供水管网5156.20千米，水质合格率100%。

【电力供应】 2022年，绵阳地区全社会用电量175.36亿千瓦时，增长9.69%；工业用电量90.48亿千瓦时，增长9.05%。为迎峰度夏，全市首次启动突发事件能源供应保障一级应急响应。完成220千伏磨家梁、高桥等重要变电站集中检修，建成投运绵阳南220千伏配套5条线路、110千伏磨家梁至长虹线路等工程。形成工商业积极让电、群众主动节电态势，督导非民生领域让电于民，推动商业单日最大让电110万千瓦。保障京东方、惠科等企业安全用电，协助长虹、九洲等100余家重点企业外购租赁280余台发电机组保障应急生产。启动“欠费不停电”服务，确保防疫点位用电平稳。应对江油、北川暴雨洪灾，完成党的二十大、科博会、中高考等重要保电任务200余次。保障巨星、埃克森、融通高科等重大项目用电，为园区、企业节约接电成本约3亿元。落实电价“全面放开”新政，做好15万家小微工商业兜底交易服务，市场化交易电量91.67亿千瓦时，增长35.13%。加快装备升级，智能电表覆盖率99.9%。联合市公交集团建成4座大型充电站，实现城区“东南西北”四向全覆盖，推动全市电动汽车充电量突破4000万千瓦时。服务乡村振兴，落实乡镇供电所优化提升工程“后半篇”文章要求，无缝衔接电力网格与政务网格，实现108个镇（乡）、1234个村（社区）网格化管理全覆盖。配置电管家732人，促成乡镇便民服务中心、村社党群活动中心供电服务入驻率100%。

图102 3月3日，国网绵阳供电公司对220千伏高桥变电站开展集中检修。图为检修人员在220千伏线路引流线上紧固螺母（国网绵阳供电公司提供）

【燃气供应】 2022年，绵阳市强化燃气行业汛期防灾减灾、自然灾害应急处置及监测预警预报防范工作，落实燃气行业安全隐患排查，开展燃气入户安全隐患排查，推进燃气管道等老旧管网更新改造。绵阳燃气集团公司天然气储配站燃气综合信息化系统投用运行正常。绵阳城区建成高中压燃气管道4834.41千米，有储配站1座、门站9座、LPG充装站4座、CNG加气站24座、LNG加注站4座。城区范围内有天然气居民用户91.43万户，液化石油气用户0.66万户，天然气用量5.96亿立方米、液化石油气用量3011吨。 （曾佳 马畅）

市容卫生管理

【概况】 2022年，绵阳市围绕城乡环境综合提质三年行动，实施《绵阳市城乡生活垃圾处理设施建设三年推进方案（2021—2023年）》项目建设，全市新（改）建一批生活垃圾收转运设施清运处理，实行生活垃圾强制分类，基本建成生活垃圾分类处理体系，加大机械化作业面积，提高环卫作业效率，城区建有公共厕所（社会公厕）438座。

【环卫作业】 2022年，绵阳市提升城区环卫机械化作业水平，强化环卫机械化作业车辆配置，淘汰老旧车辆，增配大中小型机械化清扫洒水作业车辆，以机械清扫为主，人工清扫为辅，对符合机械化作业道路全部实行机械化清扫。城区道路清扫保洁面积2837万平方米，实施机械化清扫保洁面积2401万平方米，城区市容环卫专用车辆313辆，其中道路清扫保洁专用车辆170辆、生活垃圾专用运输车辆125辆，城区道路机械化作业率84.63%。

【污水和垃圾处理】 2022年，绵阳市污水处理厂处理污水总量为15897万吨，城区建成排水管网2958.9千米，其中污水管网1438.7千米，雨水管网1520.2千米。建成城镇污水处理厂8座，污水处理能力为49.2万吨／日。有生活垃圾转运站67座，其中中型3座，小型64座。城区清运生活垃圾60.25万吨，日清运生活垃圾1650.68吨，焚烧处理60.25万吨，生活垃圾无害化处理率100%，城区餐厨垃圾清运处置量6.61万吨。

【生活垃圾分类管理】 2022年，绵阳市城区以街道（镇）、社区、小区为单位全面实施生活垃圾强制分类，整体推进分类街道（镇）7个，开展垃圾分类物业居民小区780个、公共机构1066家，中心城区居民小区、公共机构实现生活垃圾分类全覆盖，生活垃圾资源化回收利用率35%，基本建成生活垃圾分类处理体系。县（市）城区公共机构基本实现生活垃圾分类收集设施全覆盖，以街道社区为单位均基本建成1个生活垃圾分类示范片区。 （曾 佳）

市政管理

【概况】 2022年，绵阳市加强桥梁健康检测，定期进行安全隐患排查，对城区照明设备做好维护，在度夏迎峰期间减半开启功能性照明设施。补栽补植香樟、月季等植物，完成部分绿地微调，建设七彩游园等口袋公园，打造居民家门口的“微景观”。

【城市桥梁管理】 2022年，绵阳市完成城区事权范围内83座市政桥梁常规定期检测，推进城区23座重点桥梁健康监测系统建设，并进行系统维护。加强桥梁日常巡查和年度常规定期检测，对跨江跨河桥梁的防汛防洪及桥梁基础冲刷等安全隐患进行全面排查，对桥梁完好状况等级和安全运行状况评估，对存在安全隐患的桥梁责令有关单位进行整改。共提交巡查月报12份、检测报告83份，报送桥梁病害150座次。

【路灯管理】 2022年，绵阳市有功能照明设施4.45万柱、8.31万盏（套），景观照明设施包括涪江核心区“灯光秀”设施共32万余盏（套），城区人行天桥电梯28部、城市管理信息发布LED显示屏62块、城市喷泉设施15处。城区投入照明设施维护人员3.2万余人次，出车4300余辆次，辖区全覆盖巡查52次，处置各类设施故障4000余起，改进工作措施、维护措施30余条。夏季高温天气持续期间，按照迎峰度夏节电保供有关部署，减半开启功能性照明设施，共节电170万余千瓦时。

【城市绿化管理】 2022年，绵阳市城区绿化养护总面积1330万平方米，补栽补植香樟2478株、丰花月季1.58万株、树状月季673株。至年底，香樟总量1.29万株、丰花月季16.1万株、树状月季1.94万株。完成行道树树池绿化美化，共完成树池绿化1.2万个、树池美化2121个。建设绿化项目85个，包括七彩游园、绵盐路一号桥、火炬公园、塘坊大道、星河绿道二期、辽安公园、环库路节点等绿化工程项目；实施绿地微调82处，完成包括绵兴路、三江大桥桥下绿地、九洲大道中分带、安州大道等绿地“微调”，新增绿地162.6万平方米。完成行道树、大小乔木、灌木集中修剪2次，清理所产残渣废弃枝叶6.85万立方米，绿地草坪修剪6次以上。绿地病虫害防治施药2320吨，开展柳树、法国梧桐、白杨飞絮治理，使用植缘4.33万支，清除菟丝子9296平方米。更换草花281万余盆，冬防树木刷白27.94万余株。完成滨江西路中段、205省道至绵梓路、万兴街、绵州大道、九洲大道、环库路、安州大道等54个整治点位。使用时令花卉244.6万盆。 （曾 佳）

水务管理

【概况】 2022年，绵阳市加强河道管理，做好河道日常保洁和清漂工作，设立警示牌标语，开展河道巡查，落实泵站管理，保证泵站机电设备运行状态良好，完成排水保障和泄洪任务。结合城市公园建设，在三江大坝桥头创新打造四川省首座规模化河长制文化公园。加强水环境建设，将新龙舟码头打造为兼顾防汛和群众休闲的公共活动场所。累计开展执法386次，出动3615人，巡查8966.5千米。

【河道管理】 2022年，绵阳市制定红岩电站闸前、三江库区漂浮物突击清理实施方案，共转运漂浮物121车次，约3000吨。加强河道巡查，对重点河段盗采砂石采取蹲点值守累计30余天。在老龙舟码头下河道口、三江大坝右岸河堤安装升降柱，设置警示标语和警示牌。坚持对城区河道开展定期和不定期巡查，对接有关社区，组织河道联合巡查20余次，针对城区重点河段，持续开展夜间巡查值守。投入人员300余人次，投入资金25万余元，对平政河段（玉女桥至平政闸坝）、小岛河堤东原大桥至川交大桥段重点河段集中整治清理，集中整治河道岸线10余千米；开展中元节城区不文明祭祀文明劝导，引导市民移风易俗、文明祭祀，出动志愿者、保洁清漂人员600余人次，派出清运车辆4辆，清漂船只10艘，清理祭祀垃圾10余吨。

【泵站管理】 2022年汛前，绵阳市对城区23座雨污水提升泵站进行高压供电预防性试验，检查控制室、闸门、格栅机等附属机电设备，并完成各站起重设备、应急抽水泵、发电机组和108台水泵检修工作，保证泵站机电设备处于良好运行状态。对代家湾等22座雨污水提升站雨水池、污水池进行汛前清掏和泵站进出水通道疏浚，共清运淤泥杂物3694立方米。全年共检修泵站大型设备设施90次、小型设备设施170次，电器设备维修、保养391次。泵站共提升雨污水11241.72万立方米，启闭泄洪阀门24次，完成排水保障和防汛抢险工作。

【城区防汛】 2022年汛前，绵阳市水利、应急、气象等部门联动，组织城区内涝和大面积停电演练，督促相关单位开展防汛抢险。落实汛期24小时昼夜值班制度和领导带班制度，落实专人负责汛情收发和记录，依托雨污水视频监控系统实现对城区重点区域进行全时段、全方位监测。汛期，全市泵站共组织防汛抢险16次，出动抢险人员1500余人次，出动各类抢险车辆近500余辆次，启动闸门18次，保障城区安全度汛。 （曾 佳）

市容秩序管理

【概况】 2022年，绵阳市通过创建全国文明城市八大攻坚行动、城乡环境综合提质三年行动，聚焦市容管理、交通秩序中的薄弱环节，开展交通秩序整治、城市建设管理等攻坚行动，集中力量治理占道经营、乱停乱放等重难点问题。

【市容秩序整治】 2022年，绵阳市开展市容秩序整治，对标全国文明城市创建指标体系、《四川省城市市容市貌干净整洁有序安全评价办法（试行）》和《绵阳市城市精细化管理导则》等标准，开展广告招牌、占道经营、乱停乱放等专项整治行动，主城区查处、规劝流动商贩、店外经营5万余起，整治户外广告招牌16万余处，实施老旧建筑风貌改造600余处，清理超投、破损共享单车1.7万余辆，暂扣非机动车600余辆。在主城区增设非机动车停车位2000余个，制作核发共享单车号牌3.5万个，设置临时便民摊点45处，画线规范经营150余处。

【交通秩序整治】 2022年，绵阳市公安部门联合交通部门制定《绵阳市道路安全设施和交通秩序管理精细化提升行动实施方案》，实施重大市政工程配套交通组织600余项，通过设置可变车道、单行道和路口渠化以及机非隔离等方式治理拥堵结点120余处。设立216条“严管街”，综合运用支线交通辅路过渡接入、潮汐车道、定向车道、单循环、公交优先、临时性禁止、冲突区域前置缓冲等多种交通组织手段，实现道路无增长情况下的通行环境改善。市交警支队指挥中心通过刻画掌握常发性拥堵道路的时空规律，发现处置道路交通异常案（事）件，先期预警处置道路拥堵1.1万余起。推动公安机关警力下沉，路面执勤警力增幅近30%。酒驾醉驾专项整治、无牌无证上路电动车专项整治、公路客货运输突出违法行为专项整治等行动，查处各类违法220.54万起。

（曾　佳　李继锋）

人口管理

【概况】 2022年，绵阳市贯彻新型城镇化建设和放管服改革部署要求，深化户籍制度改革，放开放宽户口迁移政策，引导农业转移人口落户城镇，全面实施居住证制度，推动农业转移人口享有城镇基本公共服务。深化户政管理改革，优化简化工作流程；开展户籍人口专项清理，提升人口信息采集质量；强化流动人口基础信息采集更新，提升服务管理水平。全市户籍人口总数为5256659人，比2021年减少13053人，减少率2.5‰。总户数1974569户，平均每户2.66人。有来自66个国家的614名外国人在绵常住，下降18%。全市参加公安出入境管理部门“涉外单位信誉等级评定”的单位共73家，其中一级信誉等级单位9家、二级信誉等级单位16家、三级信誉等级单位48家。

图103　11月，绵阳市无牌无证上路电动车专项整治现场（市公安局提供）

【户籍人口管理】 2022年，绵阳市引导农业转移人口落户城镇，农业转移人口在城镇落户13932人，其中省外853人、省内外市3303人、本市9776人。开展疑似死亡未注销户口人员清理，共核查疑似线索24286人，经核查已死亡未注销户口人员23638人、未死亡546人。常态化开展户籍人口重错假信息清理，经人像比对，核查注销重复户口28人。开展村社城乡分类代码清理，共清理调整村社城乡分类代码58个。开展户籍人口标准地址清理，共清理规范地址信息12684个。

【流动人口管理】 2022年，绵阳市开展流动人口基础信息采集，共采集流动人口1208167人，其中省外流入135764人、省内外市流入398425人、市内跨区县流动673978人。全面实施居住证制度，共办理居住证123515个。保障流动人口享有城镇基本公共服务，落实住房公积金、义务教育、基本公共卫生、计划生育免费服务等8项流动人口享有的权利和便利。

【落户管理】 2022年，绵阳市持续放开放宽城镇落户限制，推进农业转移人口落户城镇。全面放开落户限制，明确在全市城市、城镇有合法稳定住所的人员，本人及其共同居住生活的配偶、未成年子女、父母等，可以在当地申请登记常住户口；放宽租赁房屋落户政策，在涪城区、游仙区、科技城新区租赁房屋，连续居住满1年，且有稳定工作和在全市其他县（市、区）租赁房屋，连续居住满半年的人员，本人及其共同居住生活的配偶、未成年子女、父母等，可以申请登记常住落户。全面放宽引进人才户口迁移政策，具有中专以上学历、初级以上技术职称资格，以及各级党政机关、社会团体、企事业单位引进的各类人才，本人及其共同居住生活的配偶、未婚子女、父母，可以在当地申请登记城镇常住人口；在城市城镇有合法稳定住所的在住所地登记户口，无合法稳定住所的可在公共集体户登记户口。鼓励支持城市规划区内失地农民入户城镇。对城市（镇）规划区内因城市建设需要、无集体土地的农村居民，可登记为城镇居民，对仍有少量耕地（人均不足266平方米）的农村居民，本着自愿原则，就地登记为城镇居民。鼓励支持农村新型集中居住区人员入户城镇，在农村因灾后重建、新农村建设或经济发展等原因自然汇集形成的非行政建制集镇，或因政府统一规划、统一建房的农村人口集中居住的农村新型社区、新农村建设聚居区等居住地，可根据本人意愿在集中居住地登记为城镇居民户口。取消城镇居民直系亲属投靠入户限制，在城市城镇范围内属夫妻投靠的，不受婚龄、年龄、职业、固定住所限制；属父母投靠子女的，不受父母年龄和身边有无子女限制；属子女投靠父母的，子女不受年龄限制，均可投靠入户。放宽购买非住宅用房人员的入户条件，在城市城镇范围内购买商业用房、办公用房、工业用房和其他非住宅用房的人员，本人及其共同居住生活的配偶、未婚子女、父母，可以在城市城镇合法稳定住所地登记户口，无合法稳定住所的，可以在购买地申请登记常住户口。放宽特殊人员入户条件，被相关部门认定的优秀农民工、见义勇为人员、在部队立三等功以上奖励和为国家军队服役满10年的复转退军人不受稳定工作、居住时间和有无合法稳定住所等条件限制，可在城市城镇加大居住地或工作地登记入户，其共同居住生活的直系亲属可以随迁或投靠。

【户政管理“放管服”改革】 2022年，绵阳市推出户口迁移和户籍类证明全国范围“跨省通办”服务，对申请在市辖区落户的外省市人员，只需到市内迁入地提出申请，实行一站办理；对申请出具户籍类证明的外省市人员，可就近在实际居住地公安机关提出申请，由居住地公安机关对接户籍地公安机关核实无误后，出具证明。推出首次申领居民身份证全国范围“跨省通办”服务，对在市内就业、就学、居住的外省市户籍人员首次申领居民身份证，可就近在居住地公安机关提出申请，居住地公安机关现场采集申请人人像、指纹信息，并按程序办理居民身份证。推出新生儿入户“省内通办”和川渝黔“跨省通办”服务，对重庆市、贵州省户籍和省内其他市州户籍居民离开户籍地，在市内就业、就学、居住的，可以在现居住地公安机关申请办理新生儿入户业务。推出临时居民身份证川渝黔滇“跨省通办”服务，对在市辖区内居住、就业、就学的重庆市、贵州省、云南省户籍居民，在申请领取、换领、补领居民身份证期间急需使用居民身份证的，可在现居住地公安派出所申领临时居民身份证，公安机关在3日内完成制作、发放临时居民身份证。推出高考（中考）考生办理居民身份证“绿色通道”服务，对高考、中考学生申办居民身份证的，受理地公安机关当天完成审核签发，按“绿色通道”流程报四川省公安厅制证中心，制证中心在2个工作日内完成制证，点对点单独邮寄下发，确保考生及时领取证件。

【引进人才户籍服务】 2022年3月，绵阳市印发《绵阳市人才引进“先落户后就业”落户办法》，明确具有中专以上学历、初级以上技术职称资格的人员，以及全市各级党政机关、社会团体、企事业单位引进的各类人才和全市引进的各类高端人才，本人及其共同居住生活的配偶、子女、父母，均可在绵阳市申请登记城镇户口。其中，有合法稳定住所的，在住所地登记户口；无合法稳定住所，单位有集体户的，可在集体户落户；单位无集体户或者暂未落实工作单位的，可在居住地所在辖区派出所的公共集体户落户。推出“容缺后补”机制，对办理落户中，对非主要审核要件缺项的，可由本人承诺，并填写《容缺服务承诺书》，先行办理，事后补充，确保“一次办结”。同时开通市公安局服务热线（0816—2498189、0816—2498193），提供快捷咨询服务。

【拥军优属户籍服务】 2022年8月，绵阳市公安局、绵阳市退役军人事务局联合印发《关于进一步明确现役军人父母及退役军人落户规定的通知》，优化符合在绵阳安置条件退役军人落户规定，对已审定安置去向，在拟安置地无住房的军队离退休干部，可申请在拟安置地市、县级退役军人事务部门机关单位集体户落户；转业军官办理安置落户手续时，因制发周期无法及时提供转业证原件的，可凭退役军人事务部门出具入户联系函和接收单位开具的接收安置证明办理；完善军人家庭父母落户政策，对夫妻双方均为现役军人，双方父母申请在现役军人服役所在地落户（仅限城镇地区）的，可凭现役军人夫妻双方共同所有的合法稳定住所，办理迁入落户。

【出入境管理】 2022年，绵阳市设立出入境受理窗口及受理点15个，其中市级窗口1个、县级窗口13个、社区受理点1个。全市有24小时自助服务区14个、自助设备96台。受理签发中国公民出国（境）证件签注量为6166本（枚），下降22.3%。签发往来港澳签注2925枚，往来台湾签注61枚。内地居民赴港澳定居7人。为661名外国人签发证件，其中普通签证150件、居留许可419件、停留签证78件、外国人出入境通行证14件。临时来绵阳境外人员4165人次，下降41%。来绵阳人数前5位的国家分别是韩国、日本、美国、越南、新加坡。

（李继锋）

园　林

【概况】 2022年，绵阳市实施城乡环境综合提质三年行动，编制《公园城市建设专项工作实施方案》，通过推动城市公园、山体森林公园建设，实施“口袋公园”“增花添彩”“一园一景”“一街一策”和桥梁垂直绿地等专项行动，拓展城市绿色空间，补齐城市绿化建设短板，园林绿化指标逐年增加。启动东山山地公园、黑家山公园等一批山体森

图104　2022年，七彩游园(视觉绵阳提供)

林公园建设，实施富乐山公园、园艺湖公园等改造提升工程，推动城南体育公园、兴隆足球公园、河东湿地公园等专类公园建设，城市公园类型更加丰富，功能服务更加完善。按照“市级统筹、地方主体、以人为本、合理布局”方式，遵循“300米见绿、500米见园”原则，建成群众身边的“口袋公园”47个。“口袋公园”建设经验被中央电视台《新闻联播》报道。

【七彩游园】　2022年9月29日，七彩游园完工并对外开放。位于涪江二桥下一环路高架桥侧公共绿地范围内，是涪城区最大的口袋公园。游园内以彩色塑胶材料铺满地面，“七彩”色调非常明显。游园有器械康体区、棋类游戏区、儿童游憩区、接送等候区等区域，园内有桂花、蓝花楹、香樟等200多株乔木，1万余平方米的小灌木，以及900多平方米的花镜植物。步道旁种植桂花、非洲菊等各种时令花卉。除健身路径区外，在桥拱下设置大面积的休闲区。座椅、洗手间等设施设备俱全。

【人民公园】　原名绵阳公园，川西北第一公园，始建于1930年，位于旧城外西北隅，占地约14.13万平方米。1950年，更名为绵阳人民公园。1999年，作为市政府向市民办的实事之一，人民公园在川内率先拆除围墙，免收门票，还绿于民。此举受到广大市民和外地游客的广泛赞誉。开放式的人民公园由文化广场和内园两部分组成，文化广场占地面积34667平方米，内园11.73万平方米，合计15.2万平方米。2022年，人民公园主要开展局部景观品质提升以及升级园内配置，对园内绿篱进行适当调整；对绿地斑秃、绿地裸露部分进行修复，补植补栽面积约4500平方米；丰富植物群落层次，增花添景，新栽植月季400余株、无尽夏绣球280盆、三角梅300余株。优化人工湖灌溉系统、公园照明系统，修复有裂缝的假山。完成春节、国庆节、科博会等重大节日氛围营造，并举办迎新春摄影展、美食节、书画展、有奖猜灯谜等。

【富乐山公园】　富乐山位于游仙区芙蓉路103段10号，是国家AA级旅游景区，面积约16.60平方千米，有“绵州第一山”之称。富乐山原名东山和旗山，据《方舆胜览》记载“汉建安十六年（211），昭烈入蜀，刘璋延至此山，望见蜀之全胜，饮酒乐甚，刘备欢曰：‘富哉！今日之乐乎’”，富乐山因此而得名。1985年建市时，作为城区开发景点首选。先后建成汉皇园、豫州园、绵州碑林、富乐阁、富乐堂等十大纪念性景点，景区内还有著名爱国将领宋哲元将军的陵墓。2022年，富乐山公园落实“公园建设品质、文化品质、消费品质”提升总体要求，完成29项问题整改及富乐山公

图105　2022年，人民公园内的人工湖（市住建委提供）

图106　2022年，富乐山公园（市住建委提供）

图107　2022年，南山公园（市住建委提供）

园整治提质一、二期工程。对10余处重要节点区域绿地进行景观提升，改造面积1万余平方米。举办春季花展，摆放时令鲜花12万盆，悬挂灯笼2万个。举办夏季荷花展，展出盆栽荷花1000盆，品种50个，其他水生花卉品种10个，展出睡莲600余盆。举办绵阳市第四十一届暨富乐山风景区第三十五届菊展，展出各类菊花10余万盆，菊花品种500余个，时令鲜花10余万盆。

【南山公园】　南山公园位于涪江、安昌江、芙蓉溪三江汇合处的南山之巅，始建于1955年，扩建于1986年，占地面积18.37万平方米。园内有烈士纪念馆、纪念广场等纪念建筑和大湾湖、小湾湖、海棠园、三江园风景区等景点，更有古南塔、汉代郭玉读书处遗址等人文景观，是集教育、观光、休闲为一体的综合性开放式城市公园。2022年，完成南山公园基础设施汛灾应急项目，消除公园北侧边坡区地质灾害隐患。完成东、西主出入口、办公区域周边、烈士纪念馆观景平台周边、南塔区域、三江园区域绿地景观和基础设施改造提升。举办“城市变迁”“奋进新征程　建功新时代　强国复兴有我——中国共产党历次全国代表大会光辉历程展览”图片展。

【西山公园】　位于绵阳市区西面凤凰山，始建于1986年，占地面积近36万平方米，是以西蜀子云亭为中心，文物古迹与园林景观相结合的风景名胜区。公园内有桂花园、蜡梅园、红梅园、樱花园、海棠园等特色园林。文物古迹有扬雄读书台、蒋琬墓、玉女泉摩崖石刻道教造像、西山观。2022年，完成西山观边坡治理及安全设施建设项目、整治提质项目、子云亭维修项目。

【东山山地公园】　东山山地公园位于游仙高新区，东临创智路、东山大道，西靠绵盐路，北接彩虹路，占地面积69.8公顷，是一个森林运动主题公园。2020年，公园完成启动区的建设，并对市民开放。2022年，完成山顶小剧场周边景观打造，并对外开放。公园内除儿童活动场，还有轮滑运动场、篮球场、足球场。其中，轮滑运动场总面积4700平方米，拥有符合国际标准的200米赛道，可进行专业训练和举办轮滑赛事。

【园艺湖公园】　园艺湖公园是在园艺山人工湖基础上改建而成，于2022年4月改造，同年8月完成改造并对外开放。园艺湖公园总投资约4950万元，占地面积约9.12万平方米，其中水域面积3.4万平方米、陆地面积5.71万平方米。公园通过营造一个由各种藻类鱼类构建的“水下森林”，打造一个完整的水生态持续净化水体吸附杂质，提高水系自循环能力，解决原人工湖水体富营养化的问题。公园采用芦苇等水生植物组成生态廊道，修建亲水栈道联通人工湖两岸。扩建出宽4米的环湖智慧步道，并采用渗水混凝土，

图108　2022年，西山公园内的子云亭（市住建委提供）

图109　2022年，东山山地公园（市住建委提供）

以20厘米渗水层提高路面透水能力。景观设计方面引入200多种植物打造多样“花境”。

【滨江广场】 滨江广场位于涪江西岸，始建于1998年8月，1999年10月竣工，占地面积7.835万平方米，是绵阳城市基础设施重点工程之一。北起东方红大桥300米处，南抵涪江三桥，总长1600余米，宽29—39米，分上下两层，上层为步行广场，下层为机动车道、停车场，是集防洪、休闲、停车等功能于一体的综合性大型广场。步行广场上建有喷泉，塑有大铁牛、汉代铜车马、说唱俑等青铜雕塑。广场上栽植乔、灌木，有植混播草坪1万余平方米，栽植5厘米胸径黄葛树178株、高山榕40株、蒲葵4株，杜鹃36株。设置玻璃钢装饰花钵26组（套）。

【铁牛广场】 铁牛广场位于城区滨河路，东方红大桥东侧，广场占地近2万平方米，绿地面积1.19万平方米，是城市居民密集居住地段，紧邻涪江，地势开阔，交通便利，四面均有道路到达城区交通干道。环境绿化以马蹄筋草坪建植为主，黄葛树、桂花、南天竹、芭蕉等植物为辅，罗汉松、棕竹、苏铁等树桩盆景点缀其间，7株胸径50厘米以上的黄葛树滴翠吐绿，是城区重要避难场所之一。

【青年广场】 青年广场位于滨河北路东段，是城区主要绿地广场，面积4.1万平方米。种植有大规格香樟8株、银杏15株、朴树8株、菩提12株、栾树21株，中小乔木桂花13株、樱花28株、红叶李56株、白玉兰23株，栽植红继木、洒金珊瑚、红叶石楠等灌木7.14万株，分季节点缀不同品种花卉丰富景观效果，形成乔灌花草有机结合的绿化景观，是周围居民重要的休闲、健身场所，也是城区重要的避难场所之一。

【文化广场】 文化广场位于人民公园内，兴建于1990年，占地3.73万平方米，广场绿化面积2.84万平方米，有彩色音乐喷泉、观赏鸽。栽植有丰花月季3235平方米、树状月季70株、毛鹃536平方米、红花葱兰86平方米，有草坪2.45万平方米。

图110 2022年，文化广场（市住建委提供）

【火炬广场】 火炬广场坐落在科技城直管区（高新区）东、西街之间，东、西长600米，跨越德绵公路，南、北宽240米，总面积约6万平方米，是绵阳西大门上较大的一处公共绿地。广场呈中心对称式布局，中心硬地广场为正方形，面积1600平方米，是主要的群众性活动场所。东西两侧各有1处放射状椭圆形硬地广场。广场中心是声控彩光喷泉，四周安放8组古今中外杰出科学家花岗石雕塑。栽植有红叶李、桂花、樱花等为主的乔木1420株，迎春、红继木、红叶石楠、春羽等大灌木175株，八角金盘、十大功劳等小灌木1189平方米，麦冬、扁竹根等地被4353平方米，各种时令花卉约400平方米。

【五一广场】 五一广场是1999年市政府为市民办的十件实事之一，1999年1月动工，同年5月1日竣工并对外开放。由绵阳市总工会主持建设和管理。五一广场由清华大学建筑设计院设计，是集文化、娱乐、体育、休闲于一体的多功能广场，总投资4000万元，绿地建设经费260万元，占地面积约10万平方米。其中，建筑面积1.62万平方米，绿地面积7.1万平方米，道路面积1.28万平方米。五一广场以常绿植物为主，强调大乔木的比例，以速生乔木的即时效果和慢生树的持续发展进行空间组合。（曾 佳）

图111 2022年，五一广场内的银杏树林（市住建委提供）

应急管理

概述

2022年，绵阳市印发《绵阳市应急管理局应急值守工作规范（试行）》，坚持突发事件信息应报尽报原则，落实“首报要快、续报要准、终报要全”的工作要求，避免坐等信息，杜绝迟报信息、漏报信息等情况发生。分领域分层级组织开展市、县级层面应急演练64场。督促指导各地各部门做好《绵阳市突发事件总体应急预案（试行）》印发后的各类预案编制修订工作。全市共有市级救援队伍29支、3500余人，建成乡镇（街道）应急队166个，村（社区）应急分队2069个。全年成功应对“7·12”“7·16”山洪灾害，抢险救援过程中，未出现救援人员伤亡情况。

应急机制建设。2022年，绵阳市完善24小时值班值守制度，印发《绵阳市应急管理局应急值守工作规范（试行）》，将市森防指办、市防汛办值守工作进行整合，统一纳入全市应急值班值守工作当中，建立“五级一队”的值班值守体系，编制各类值班值守人员工作职责清单，多次开展值班值守相关规范培训。聘请应急领域专家和业务骨干开展面向各县（市、区）及园区应急系统应急值守相关人员培训，从预案启动、指挥部搭建、应急值守、应急处置、信息报送等方面进行培训，与县（市、区）、市级相关单位（部门）和市级应急救援队伍间的值守联动，跟踪掌握灾情，形成“应急值守联动”“灾情研判会商联动”“预警信息发布联动”的一盘棋格局。突发事件信息应报尽报，落实明确“首报要快、续报要准、终报要全”要求，杜绝迟报信息、漏报等情况发生。在江油“1·2”较大道路交通事故和平武“7·12”、北川“7·16”山洪灾害等突发事件中，做到上报信息及时、全面、准确。

图112　“7·12”洪灾中，消防队员转移救援平武县受困群众（平武县委党研室提供）

应急救援演练。2022年，绵阳市应急管理部门发挥在全市应急演练中的统筹协调作用，统筹推进全市应急演练工作，梳理汇总市直部门和县（市、区）年度应急演练计划，确定年度重点演练项目。分领域分层级组织开展市、县级层面应急演练64场，涉及地震、防汛、森林火灾、大面积停电、人员疏散、特种设备、应急保供、粮食安全、道路交通、城市消防等多个领域。通过演练，规范全市突发事件应急处置组织指挥流程，锻炼队伍，检验各类预案的实用性。

应急预案编制。2022年，绵阳市应急预案体系建设坚持将全市应急预案体系建设作为一项重点工作稳步推进，持续督促指导各地各部

门做好《绵阳市突发事件总体应急预案（试行）》印发后的各类预案编制修订工作。全市共新编市级专项、部门应急预案28个，各县（市、区）及园区总体应急预案全部印发。至年底，市级层面的36个专项应急预案印发31个，编修完成比例86.11%，37个部门应急预案印发29个，编修完成比例78.37%；县级层面的专项应急预案印发197个、部门应急预案印发221个，乡镇（街道）层面的165个综合应急预案应全部编制印发完成。

应急救援力量建设。2022年，绵阳市充实应急救援力量，完善应急救援力量编成，与四川琳翔通航、成都川蓉通航、绵阳蓝天应急救援中心等救援队伍签署应急抢险救援合作协议。全市新增曙光应急救援中心、恒运应急救援队、新星救援等社会应急救援队伍5支。全市共有市级救援队伍29支、3500余人，涵盖灾情侦测、爆破、无人机救援、航空应急救援、工程机械救援、抗洪抢险救援、森林火灾扑救、地震救援、地质灾害救援、危险化学品事故救援等多个领域。健全基层应急救援力量体系。按照应急救援能力提升行动计划，打造应急救援市（县）“5分钟力量调度圈”。至年底，全市启动34个消防站建设，其中22个消防站完成建设。通过开展两项改革“后半篇”文章提升基层应急管理能力工作，建成乡镇（街道）应急队166个，村（社区）应急分队2069个，覆盖率均100%，每支乡镇（街道）应急队、村（社区）应急分队的人数分别保持在20人和10人以上，各基层应急救援队伍均配备一定数量的抢险救援装备。推进危化救援基地建设，落实《四川省“十四五”应急体系规划》要求，达成与市消防训练基地合建的思路，将危化救援基地建设项目列入2023年市本级政府投资项目计划。至年底，基地的室内教学、办公大楼等辅助性用房封顶。提升装备配备水平，支持综合性消防救援队伍建设，为全市骨干应急救援队伍配备1600余万元的抢险救援装备。完善联动机制，与绵阳市军分区对接，联合印发关于加强抢险救援军地联动的机制性文件，强化军地协调联动。

山洪灾害抢险救援。2022年，平武“7·12”和北川“7·16”山洪灾害发生后，绵阳市应急局派出工作组赶到现场，根据救援工作需要，先后协调消防、公安、民兵、通信电力抢修、医疗和重工救援、航空救援等多支救援队伍赶赴灾区开展救援。两起灾害事故，共协调各级救援力量800余人，各类专业救援车辆60余辆、直升机2架、其他各类应急救援装设备3000余台套参与救援工作，累计解救转移被困群众300余人。（李　波）

2022年绵阳市应急值班电话一览表

表47

部门	应急值班电话	总值班电话	部门	应急值班电话	总值班电话
市应急局	0816–2899170	0816–2899170	梓潼县	0816–8480507	县委：0816–8212063 县政府：0816–8512345
涪城区	0816–2400883	区委：0816–2224640 区政府：0816–2263562	盐亭县	0816–7120238	0816–7122052
游仙区	0816–2279766	区委：0816–2269899 区政府：0816–2276828	平武县	0816–8822623	县委：0816–8898666 县政府：0816–8812345
安州区	0816–4338911	区委：0816–4336163 区政府：0816–4336201	绵阳高新区	0816–2546667	0816–2546667
江油市	0816–3257215	市委：0816–3221013 市政府：0816–3737333	绵阳经开区	0816–8130111	0816–8356923
三台县	0816–5333039	县委：0816–5335892 县政府：0816–5332119	科技城新区	0816–6335679	0816–6335679
北川羌族自治县	0816–4821419	0816–4822015	—	—	—

地震灾害防治

【概况】 2022年，绵阳市发生“2·1”北川禹里镇4.0级，“5·8”北川羌族自治县漩坪乡4.1级，应对“6·1”雅安市芦山县6.1级，“6·10”阿坝州马尔康市5.8级、6.0级、5.2级等地震。市应急局启动应急响应，开展震情监测研判、灾情信息收集上报、公开地震信息回应舆论关切、通知应急救援队伍待命、派出工作组前出现场，市抗震指挥办按照《绵阳市地震预案》开展突发地震应急处置工作，各次地震对绵阳市没有造成人员伤亡和重大财产损失。

【地震应急检查】 2022年，绵阳市将督促检查作为常态化措施，落实地震应急检查工作制度。6月，市抗震救灾指挥部办公室对平武、江油、安州、北川4个地震重点监视区和其他县（市、区）进行半年工作督导，对存在的问题进行整改。

【地震科普宣传教育】 2022年，绵阳市利用防灾减灾日、安全生产日、消防宣传日等重要时段开展防震减灾宣传。市应急局组织选手参加四川省承防震减灾科普讲解大赛，5·12汶川特大地震纪念馆的高粒原获得三等奖。江油外国语学校（小学部）、绵阳市游仙区小枧中学创建成为省级防震减灾科普示范学校，江油花园路初级中学通过国家防震减灾科普示范学校中期评估。

【灾害处置工作机制构建】 2022年，绵阳市参照《四川省地震应急预案》，修编《绵阳市地震应急预案》并以市政府办名义印发。编印《绵阳市应急管理局地震灾害应急响应工作手册》和《绵阳市应急管理局突发地震灾害应急处置流程》，规范地震灾害处置程序，明确抗震救灾职责，细化地震灾害应对工作，提高应对能力。按照省抗震救灾指挥部办公室要求，市抗震救灾指挥部办公室（市应急管理局）组织公安、水利、住建、宣传等11个单位编制《绵阳市重特大地震应急救援行动方案》，为重特大地震应急救援提供依据。

【2022年防震减灾工作会暨市抗震救灾指挥部视频会议召开】 2022年2月23日，2022年防震减灾工作会暨市抗震救灾指挥部视频会议召开。会议由绵阳市委副书记、市长李云主持，研究部署2022年防震减灾工作。会议强调要深化思想认识，提高政治站位，认清形势任务，健全防震减灾工作机制，加强地震风险防范化解工作，提升监测预警能力，做好隐患排查整治，配强应急救援队伍，做好地震应急救援准备，做好防震减灾救灾工作。江油市、平武县、北川羌族自治县分别就本地防震减灾工作书面发言。绵阳市抗震救灾指挥部成员单位，各县（市、区）政府，园区管委会主要负责人参加会议。

【2022年应对地震灾害综合演练举行】 2022年7月8日，绵阳市开展2022年应对地震灾害综合演练。市委常委、副市长、市抗震救灾指挥部指挥长梁磊担任指挥长。演练背景模拟7月8日9时在北川羌族自治县永安镇发生6.3级地震，震源深度10千米。北川、平武、江油、安州、游仙、涪城等地震感强烈，北川、平武、江油、安州等地有房屋受到不同程度的破坏，大量群众需安置，各种地震次生灾害频发，亟须救援。市政府立即启动绵阳市地震Ⅲ级应急响应，成立绵阳市应对“7·8”北川6.3级地震抗震救灾指挥部。本次演练分为信息接报和应急响应、应对行动和紧急处置、终止响应和后期处置3个阶段，设有震情速报、灾情上报、响应启动、救援力量集结拉动、被困人员搜救、突发地质灾害应急避险和群众安置、道路抢通应急、矿山坍塌处置、危化品泄漏燃烧处置等13个科目，演练以视频录播和现场直播相结合的方式展示，演练完成设置科目，取得预期效果。 （李 波）

地质灾害防治

【概况】 2022年，绵阳市组织传达中央、省、市地质灾害防治相关指示批示和会议精神，组织召开全市地质灾害指挥部汛期地质灾害防治工作专题会议；推进《绵阳市地质灾害全域综合整治三年行动计划（2021—2023年）》和《2022年度地质灾害防治方案》；修订《绵阳市突发地质灾害应急预案（第二次修订）》；印发《绵阳市地质灾害“十四五”规划》。争取2022年地质灾害防治资金6182万元，用于地质灾害治理排危32处、避险搬迁48户、群专结合监测184处、县城斜坡调查1县、重点乡镇精细化调查3个乡镇。实行24小时（昼）值班值守制度，市、县自然资源部门每天安排14名领导带班，28名值班人员全天值班。进入汛期，全市共抽查县（市、区）值班室1.05万人次，群测群防人员10.74万人次，平均每天抽查600人次，每周将全市监测人员轮抽一遍，发现情况实时记录及时处置并定期通报。

【地质灾害隐患排查】 2022年，绵阳市把隐患排查贯穿地质灾害防治全过程各环节，组织4家技术服务单位、14支专业队伍，对所有可能存在地质灾害隐患点位进行全覆盖拉网排查。共排查地质灾害隐患点位14050处次，发现新增隐患点位101处，销号646处隐患点。

【防灾体系构建】 2022年，绵阳市持续完善“市县乡村社点”六级群测群防体系，结合隐患排查，逐点调整防灾责任人，确定监测人员、完善点位防灾预案，制定防灾措施。全市落实专职监测人员2332人、更新隐患点预案2332个，累计发放防灾工作明白卡、避险明白卡1.4万余份。

【避险宣传与演练】 2022年，绵阳市坚持统分结合、分级实施抓实培训演练，市、县级组织集中培训和综合演练，提升应对应急综合协作能力；乡镇村社重点开展面对面宣讲和点到点的演练，重点讲清识灾防灾常识，重点演练信号发送、人员通知和避险路线。全市每个地质灾害隐患点至少开展1次避险演练，提升干部群众避险救生和自救互救能力。全市共开展分散性宣传培训11440场，组织点位避险演练15091场，宣传培训共计18.2万人次参与。

【地质灾害监测预警】 2022年，绵阳市强化与气象、水利、应急等部门联动，建立预警信息发布网络，将各级防灾责任人、监测责任人、专职监测员全部纳入预警信息通信网络，不间断发送气象、地灾风险预警信息，实时发布气象预警信息，传递预警信息至防灾一线。进入汛期共发布预警短信、信息14.4万条；建立自动化监测预警平台，对812处隐患点实施24小时全天候监测。

【地质灾害应急处置】 2022年，绵阳市坚持闻汛早撤、临灾快跑，刚性落实主动避让，严格执行“三个紧急撤离”，在“早撤快跑”的基础上，摸索出“六早、六撤”地灾防治工作经验，被自然资源厅肯定并推广。成功应对和处置7月强降雨天气过程，全市累计转移安置群众50112户、119436人，实现1起地质灾害成功避险，避免5户11人和“九绵高速”施工人员39人因灾伤亡。全市全年未发生1例地质灾害伤亡事故，地质灾害防治实现连续12年“零伤亡”。（李 涛）

气象灾害处置

【概况】 2022年汛期（5—9月），绵阳市平均气温为25.0℃，较常年同期偏高1.3℃，列历史同期第1高位；平均降水量为496.8毫米，偏少38%，列历史同期第2低位；全市平均日照时数667.5小时，偏多9%。汛期全市天气气候十分异常，中南部地区汛期降水量异常显著偏少，出现历史罕见的长时间大范围异常高温热浪天气，8月中南部地区发生有气象记录以来最严重气象干旱，西北部山区集中强降雨引发较大灾害。

【气象灾害应急联动发布】 2022年，绵阳市面向服务需求，完善跨区域联防会商工作机制，实现气象预警及实况信息上下游、左右岸互联互通。强化对县（市、区）气象灾害预警预报的技术指导。强化与相关部门的联防联动，联合发布山洪、地质灾害、中小河流洪水气象风险预警167期。市、县启动各类应急响应31次，发送各类气象预报预警信息960次，覆盖134万余人次。

【气象灾害应急处置】 2022年，绵阳市落实“早、准、快、广、实”的气象防灾减灾第一道防线要求，有效应对“7·12”“7·16”“8·19”等强降雨过程，减少人民生命财产损失。跟踪服务盛夏有气象记录以来最严重高温伏旱灾害，连续16天发布高温红色预警信号，制作《伏旱监测报告》30期，成功预报“8·25”转折性暴雨过程，为农业抗旱、电力保供、城市供水调度提供科学依据。市、县共发布预警127期、预警信号326期，报送《绵阳气象工作要情专报》44期。（陈梁勋）

安全生产

【概况】 2022年，绵阳市开展安全生产专项整治三年行动“巩固提升年”工作，全面推进安全生产大检查，贯彻落实十五条硬措施，实施重点领域安全生产专项整治，推进依法治安、科技兴安，夯实安全生产基层基础，安全生产形势保持总体稳定。全市共发生生产安全事故29起、死亡32人，分别下降47.3%、45.8%，未发生重大及以上生产安全事故。全市应急管理系统组织观看《生命重于泰山——学习习近平总书记关于安全生产重要论述》专题片，专题研究部署安全生产工作23次。各级各部门组织学习习近平总书记关于安全生产的重要论述100余场次，将安全生产工作纳入党委政府重要议事日程，推进安全生产各项工作。制发《关于贯彻落实国务院安委会安全生产十五条措施的实施意见（试行）》，提出42条贯彻意见、34项工作任务。开展“护安2022”执法专项行动，执法检查单位1万余家次，发现并整改隐患1.3万余个，处罚款682万元。完成县级应急管理综合行政执法大队挂牌，推行“两带三有四结合”（带着专家、媒体执法，有执法方案、有整改指令、有查处典型，执法与服务相结合，执法与普法相结合，执法与警示教育相结合，执法与专项检查相结合）执法模式，严查重处违法违规行为。强化事故处罚，处罚36家次，罚款697万元。修订《绵阳市安全生产举报奖励实施办法》，最高奖励金额可达30万元。修订完善全市生产安全事故应急预案，科学处置江油“1·2”较大道路交通事故等突发事件10余次。推进专职消防站和“一主两辅”队伍建设，形成市、县、乡三重救援力量全覆盖。全市开展新修订《中华人民共和国安全生产法》宣传解读、安全宣传“五进”、安全生产月等系列活动220场次，推送安全生产信息万余条。培训“三岗人员”2万余人。

2022年绵阳市生产安全事故情况统计表

表48

区域	生产安全事故总量						较大生产安全事故总量			
	事故		死亡人数		受伤人数		事故		死亡人数	
	起数（起）	比上年增长（%）	人数（人）	比上年增长（%）	人数（人）	比上年增长（%）	起数（起）	比上年增长（%）	人数（人）	比上年增长（%）
合　计	29	-47.3	32	-45.8	30	0.0	1	-75.0	8	-42.9
涪城区	5	25.0	5	66.7	0	-100.0	—	—	—	—
游仙区	4	-55.6	3	-57.1	3	-25.0	—	—	—	—
安州区	2	-66.7	2	-75.0	2	—	—	-100.0	—	-100.0
三台县	4	-50.0	4	-63.6	0	-100.0	—	-100.0	—	-100.0
盐亭县	2	-50.0	2	-66.7	2	0.0	—	—	—	—

续表48

区域	生产安全事故总量						较大生产安全事故总量			
	事故		死亡人数		受伤人数		事故		死亡人数	
	起数（起）	比上年增长（%）	人数（人）	比上年增长（%）	人数（人）	比上年增长（%）	起数（起）	比上年增长（%）	人数（人）	比上年增长（%）
梓潼县	1	-50.0	1	-50.0	0	-100.0	—	—	—	—
北川羌族自治县	2	-33.3	2	-33.3	0	-100.0	—	—	—	—
平武县	2	-50.0	0	-100.0	2	-50.0	—	-100.0	—	-100.0
江油市	4	0.0	11	175.0	20	900.0	1	—	8	—
绵阳高新区	2	-50.0	1	0.0	1	-80.0	—	—	—	—
科技城新区直管区	0	-100.0	0	-100.0	0	-100.0	—	—	—	—
绵阳经开区	1	-75.0	1	-75.0	0	-100.0	—	-100.0	—	-100.0
仙海区	0	—	0	—	0	—	—	—	—	—
科学城办事处	0	—	0	—	0	—	—	—	—	—

【安全生产制度构建】 2022年，绵阳市安委会修订《绵阳市安全生产委员会成员单位安全生产工作任务分工》，明确市直部门安全监管职责和平台经济、剧本娱乐场所、民宿等13个新业态、新领域安全监管职责。出台《绵阳市安全生产责任追究制度（试行）》，全市安全生产领域被追责问责的乡科级及以上领导干部23人。开展安全生产“三同时”、标准化创建、诚信体系建设等基础工作，督促企业落实安全生产主体责任。按照“行业共性+企业个性+信息化管理”原则，执行安全生产清单2.0版，完善各级党政领导、行业部门和企业责任清单2.8万余份。制发年度防范化解安全生产重大风险工作计划，29项重大风险均按要求管控。组织开展专题会商20余次，发出提示函、警示函200余份。

【安全基层基础建设】 2022年，绵阳市推动安全生产重点工程建设，投入800余万元加快全市应急管理与救援指挥信息化系统建设，完成农村公路安全生命防护工程613千米，实施地质灾害应急处置项目47个，17家重大危险源企业接入监测预警系统。强化安全社区建设，建成省级安全社区43个，推动游仙忠兴、梓潼黎雅创建省级安全社区。完善安全生产社会化管理机制，实施“机械化换人、自动化减人”，全市矿山企业作业人员减少12%以上。修订《绵阳市应急管理专家管理办法》，聘请179名专家为企业巡诊服务。推进安全生产标准化建设，新建、复评非煤矿山和工贸行业安全标准化企业28家。深化工伤预防和八大高危行业安责险工作。

【生产安全事故调查】 2022年，绵阳市工业企业事故原因多为生产作业场所安全防护设施欠缺，设备质量缺陷，安全防护措施不到位，作业场所环境不良，违章操作，违反劳动纪律，安全常识缺乏或因处理不当等。工业企业生产安全事故发生后，全市成立由应急部门牵头，纪委监委、经信、工会、公安等相关部门人员组成的事故调查组，按照“四不放过”和“科学严谨、依法依规、实事求是、注重实效”原则，通过现场勘验、调查取证、综合分析，查明事故发生的经过、原因和直接经济损失情况，分析认定事故性质和责任，提出对责任单位、责任人员的处理意见以及事故防范和整改措施建议，全市全年事故处罚金额660万元。

【安全生产大检查】 2022年，绵阳市制发《全市安全生产大检查工作方案》，明确6个方面5个阶段工作，推动建立完善“三本台账”，全市4297家企业开展自查自改，发现并整改问题隐患2.1万余个；通过属地综合检查、交叉检查、市级综合督查发现并整改问题隐患1.5万余个。开展安全隐患“大排查、大曝光、大整治”行动，曝光点位98个，发现并整改隐患227个。建立生产安全事故案例公示制度，向社会通报事故29起、执法典型案例157个、年度市级安全隐患整治项目22个。推动国、省督导反馈问题整改落实。国务院安委会、省安委会及省安办到绵阳开展安全生产督查8次，发现问题隐患278个，全部整改完毕。

【安全生产专项整治】 2022年，绵阳市打好三年行动“收官战”。落实“三张清单”，排查整治问题隐患2.7万个。抓实重点行业领域专项整治。推动道路交通安全集中整治，市政府制发《坚决防范遏制道路交通事故“铁腕”整治十八条措施（试行）》等文件，强化货运源头监管，道路交通生产安全事故起数、死亡人数分别下降31.6%、39.1%；

推进危化品集中治理，完成危化品项目安全设计诊断、化工园区“一园一策”整治提升等工作；推动城镇燃气集中整治，排查166万余户，发现并整改隐患22.2万户；深化自建房专项整治，排查房屋152.8万栋，整改经营性自建房隐患2000余栋；开展工贸行业“百日清零行动”，排查整治问题隐患800余个；有限空间、游乐场所、水电站等领域事故实现“零发生”。

【交通领域安全生产】 2022年，绵阳市开展交通运输领域安全隐患排查整治、安全生产大检查和培训。运用“线上+线下”方式培训行业人员3.5万余人次，公示货运源头单位366家，推动全市12吨以上大货车安装主防系统。投入资金7亿多元，推动整治道路安全隐患2633处、市级公示及挂牌督办道路隐患270处、交通安全设施民生工程518处。实施“一超四罚”，建立固定超限检测站点4处、不停车检测系统29处，处罚超限超载车辆905辆次、卸货1万余吨。强化协助联动、联合执法，开展“雷霆行动”，查扣涉嫌非法营运车辆733辆。

【交通应急救援】 2022年，绵阳市交通局印发《关于做好2022年汛期交通运输安全生产与应急管理工作的通知》《关于做好2022年汛期24小时在岗值班工作的通知》，加大与公安交警、应急、气象等部门协同联合，收集、掌握、传递道路封闭、天气预报等预警信息。加强自然灾害应对准备，做好公路水路抢通保通保运工作，布设应急机械装备，加强应急物资配备，强化应急运力储备管理。处置“7·12”“7·16”强降雨应急响应、临灾避险、抢通保通和应急救援等工作，调派转运车辆121辆次，转移人员4800余人，抢通国省干线公路9条110处、农村公路841处断道部位。

【工业企业安全突发事件处置】 2022年，绵阳市发生工业企业一般生产安全事故7起，死亡6人，受伤2人，事故数与伤亡数相比2021年分别下降12.5%、33.3%，未发生较大及以上工业企业生产安全事故。7起事故多发生在建材、轻工、机械行业，上述三个行业的事故起数占工业企业事故的43%、14%、14%，死亡人数占总人数的66.7%。结合春节、五一国际劳动节、国庆等重大节假日和岁末年初、复工复产、汛期等重要时段，组织开展安全风险分析研判，发出安全提示函、工作敦促函1000余份。开展“护安2022”等专项行动，检查工业企业1130家次，督促企业排查整治问题隐患1324项，立案查处企业67家次，处罚款202万元。妥善处置四川卡恩特新材料科技有限公司“2·11”一般机械伤害事故和绵阳山水园林有限公司“6·18”一般坍塌事故等工业企业生产安全事故。

【江油市“1·2”道路交通事故处置】 2022年1月2日14时53分许，四川绵阳江油市中雁路双河镇路段发生一起道路交通事故，造成8人死亡，20人受伤。经调查，事故经过：驾驶人徐某威驾驶川F80××5/川AC××6挂重型半挂牵引车，从“神华天明”发电厂往江油城区方向行驶，当行至江油市县道213线中雁路15千米处，车辆失控侧翻，与对向行驶的川B55××6大型普通客车（驾驶人徐某明，核载30人，实载21人）发生碰撞后，又先后与对向行驶的川B30××M面包车（驾驶人高某，核载7人，实载7人）和川BO3××W小型普通客车（驾驶人顾某，核载5人，实载2人）相撞，造成大客车上8人死亡、大客车和面包车上20人受伤。事故发生后，公安部党委书记、常务副部长王小洪，部党委委员、副部长刘钊，部党委委员、政治部主任冯延，四川省委副书记、省长黄强，省委常委、常务副省长罗文，省委常委、政法委书记邓勇，副省长、公安厅厅长叶寒冰，副省长曹立军等领导先后作出指示批示。绵阳市成立应急指挥部，启动Ⅲ级应急响应，立即启动应急预案开展处置工作。省委常委、绵阳市委书记罗增斌等赶到江油市第二人民医院看望慰问伤员及家属，召开事故处置专题会，组织指挥公安、消防、应急、卫健等力量开展现场救援等工作。在外学习的市委副书记、市长元方要求要全力抢救伤员，做好善后工作，查明原因，举一反三。绵阳市公安局迅速成立市、县公安机关应急处置指挥部，副市长、公安局局长周述任指挥长，下设综合协调组、事故调查组、舆情处置组、维护稳定组、监督执纪组等工作组，开展事故处置相关工作。其间，公安部交通管理局副局长李伟，省公安厅副厅长舒文、应急管理厅副厅长王峰、交通运输厅安全总监王波、公安厅交警总队总队长张琦等部、省领导先后赶到事发地，指导事故处置等相关工作。全力开展伤员救治，将事故伤者全部送医院救治，其中5名伤势较重的伤员立即转至绵阳市中心医院救治，经华西医院、省人民医院、绵阳中心医院相关专家会诊。开展善后工作，逐一核实死者和伤者身份信息，与属地党委政府成立“一对一”工作专班，做好家属安抚和稳定工作。迅速启动事故调查。组织市、县两级公安机关迅速开展现场和涉事企业、相关人员的调查，对罐装车司机（未受伤）以涉嫌交通肇事罪依法刑事拘留，对货运企业安全责任人、货运源头企业转包企业安全责任人和过磅员等3人以涉嫌重大责任事故犯罪依法刑事拘留。

【四川卡恩特新材料科技有限公司“2·11”一般机械伤害事故处置】 2022年2月11日21时10分，绵阳经开区四川卡恩特新材料科技有限公司发生一起死亡1人的一般机械伤害事故，事故性质为一般生产安全责任事故。市应急管理局依据《安全生产法》《生产安全事故报告和调查处理条例》《四川省生产安全事故报告和调查处理规定》等规定，根据绵阳市人民政府授权，牵头成立由市公安局、市总工会、市经信局、经开区管委会等单位有关人员组成的事故调查组，同时邀请市纪委监委、市人民检察院派员参加事故调查工作。事故直接原因是卡恩特新材料科技有限公司车间塑料造粒生产线的皮带输送机重心偏高（皮带输送机为直角三角形钢架，底边长7米，高4米，皮带宽0.6米，钢架底部装有滑轮，电机重约100千克且位于三角形顶端），工人在移动皮带输送机过程中，由于用力不均，导致皮带输送机因电机重心偏离失稳倾覆而将工人冉某（死者）砸倒。间接原因是卡恩特公司安全管理制度不落实，隐患排查治理不到位，没有排查出移动皮带输送机存在重心偏高、移动过程中易倾覆的安全隐患，也没有采取相应的防范措施；卡恩特公司对春节后复工复产准备不充分，在复工复产前没有对所有设备进行全面细致的检修，致使该公司于2月8日复工复产，2月10日晚上皮带输送机就出现故障，工人仓促更换设备，从而导致皮带输送机倾倒。卡恩特公司由绵阳市应急管理局依法依规给予行政处罚。绵阳经开区经科局向经开区管委会作出检查，并将情况书面报市安委办备案。塘汛街道办向经开区管委会作出检查，并将情况书面报市安委办备案。对卡恩特公司王某等人给予行政处罚。

【绵阳山水园林有限公司“6·18”一般坍塌事故处置】 2022年6月18日15时许，绵阳高新区华驰书院项目5#楼南侧雨水收集池发生一起土方坍塌事故，致1名现场作业人员被坍塌土体掩埋，经抢救无效死亡。事故性质为一般生产安全责任事故。事故发生后，绵阳高新区消防救援力量赶到现场实施救援，市应急局、绵阳高新区管委会、绵阳高新区安应办、高绵阳新区住建、普明派出所等单位人员开展应急救援处置。绵阳高新区住建局当即要求华驰书院项目立即停工，全面开展安全隐患排查，同时对项目建设、施工、监理单位下发《停工整改通知书》。救援结束后，绵阳山水园林有限公司于当天对事发基坑进行填埋，消除坍塌风险。对绵阳山水园林有限公司及事故责任人给予行政处罚。

（罗鹏程　李　波　李继锋　肖思柯）

消防救援

【概况】 2022年，绵阳市共接处警8556起。其中，火灾扑救2942起、抢险救援1774起、社会救助3734起，共出动队伍8814队次，出动车辆11451辆次，出动人员65069人次，抢救被困人员950人，疏散人员977人，完成党的二十大、全国两会、科博会等重大安保任务，做好“4·19”游仙区民泰路灭火救援等工作。

【消防安全工作部署】 2022年，市委、市政府主要领导专题听取消防工作汇报并作出批示指示。市政府先后5次召开会议研究部署消防安全工作。安委会、消安委会定期召开分析研判会、消防工作联席会20余次，通报消防安全形势，提示火灾风险，会商解决消防难题40余起。重要节点发出工作提示函、建议函，压实行业部门监管责任。推开乡镇级片区消防专项规划编制工作。开展消防技术服务机构专项检查，提升消防技术服务机构服务水平。推动增设电动自行车集中停放车棚和充电设施239处，安装联网式独立感烟报警器14252个。

【火灾隐患整治】 2022年，绵阳市以巩固三年行动成果为抓手，部署开展近30项消防安全专项整治工作，对全市5家危险化学品企业、151家易燃易爆危险品场所、103家文博单位、10家大型商业综合体等重点场所，开展体检式专项排查。联合市住建、教体、民政等部门，组织开展消防安全专项检查、联合检查150余次，排查整改火灾隐患800余处。保障涉疫场所消防安全，会同住建、生态环境、商务等有关部门，对全市207个集中隔离场所进行全覆盖消防安全检查。实施“寒战”重大火灾隐患整治专项行动，整改销案重大火灾隐患15家。全市共检查单位1.5万家次，督促整改火灾隐患1.8万余处，临时查封221家，责令“三停”138家，处罚款264万余元。

【消防安全宣传】 2022年，绵阳市消防支队与媒体建立合作共通机制，由《人民日报》、央视新闻等中央级媒体和平台报道11条，中国消防发布26条。支队微博获评微博金牌政务主编并受邀参加2022新浪政务峰会；《给最美的你》《致每一个热爱生活的你》《这是一条不能燃的视频》等作品，获得科技部优秀作品奖、公安部平安中国优秀短视频奖、全国总工会优秀作品奖、应急管理部消防救援局年度好新闻二等奖。开展“羌橙进羌寨”“万达主题游”“千楼万家”等“119”消防宣传月主题活动，全面铺开社会化宣传阵地，通过比武竞赛、知识讲座、疏散演练等方式，现场传授“消防经”，提高人民群众火灾防范和火灾应对的能力。组织培训基层消防安全“明白人”5000余人，多角度、全方位提升社会面抗御火灾的能力。（胡　攀）

生态环境保护

Ecological Environmental Protection

环境质量

【概况】 2022年，绵阳市围绕“生态美市”战略，做好污染防治三大攻坚战、生态环境突出问题整改等各项任务，推进生态环境高水平保护。全市城区环境空气质量综合指数3.68，排全国168个重点城市第59位、全省第13位；优良天数率89.6%，改善0.8%，$PM_{2.5}$年均值34.2微克/立方米，改善2%，市区降水pH均值为6.29，酸雨发生的频率为0%，属于非酸雨区。连续3年进入全国环境空气质量达标城市行列。全市20个国家、省考核断面水质优良比例100%，水质状况位列全国339个地级及以上城市第45位、全省第3位，18个国、省考核断面达到Ⅱ类及以上水质。乡镇及以上集中式饮用水水源地水质达标率100%。绵阳市被生态环境部纳入全国“十四五”时期100个“无废城市”建设名单，出台《绵阳市2022年生态文明示范建设推进工作方案》，细化生态示范创建措施，梓潼县获四川省省级生态县命名。组织17个市直部门开展新时期国家环保模范城市创建自查自评，完成情况摸底和基本资料收集。市生态环境、农业农村、林业、熊猫公园等部门，围绕“共建地球生命共同体”主题，开展“5·22”国际生物多样性日宣传活动，展各种展示20余场次，发放宣传单2万余份。市环委办组织市直相关部门拟定生物多样性职责分工方案，推动生物多样性保护逐步主流化。持续开展自然保护地“绿盾”强化监督，加强自然保护地执法监管和问题查处力度，完成两轮68个生态环境部反馈自然保护地遥感监测线索的核查处理，核实问题12个，整改完成3个。全市土壤环境质量、核与辐射环境质量总体稳定，危险废弃物环境安全总体可控，城区功能区噪声、区域环境噪声、道路交通噪声质量整体较好。至年底，绵阳市环境空气质量优良天数327天，优良天数率89.6%，增长0.8个百分点；水环境质量总体保持稳定，涪江、安昌江、梓江、凯江等主要河流水环境质量均达到相应功能区标准，出境断面和城市饮用水水源地水质达标率100%；生态环境质量稳中趋好，城区噪声质量整体稳定。

【空气质量】 2022年，绵阳市环境空气监测采用24小时自动监测形式，城区共设6个国控环境空气自动监测站点，分别位于富乐山、市人大、高新区自来水公司、三水厂、西科大附属小学和安州区旅游局，城区日均浓度为6个测点平均值，监测项目为二氧化硫（SO_2）、二氧化氮（NO_2）、可吸入颗粒物（PM_{10}）、细颗粒物（$PM_{2.5}$）、一氧化碳（CO）、臭氧（O_3）。环境空气中SO_2平均浓度为6.2微克/立方米，NO_2平均浓度25.5微克/立方米，CO日均值的第95百分位数为1.0毫克/立方米，O_3日最大8小时滑动平均值的第90百分位数为151.6微克/立方米，PM_{10}平均浓度54.9微克/立方米，$PM_{2.5}$平均浓度34.2微克/立方米。参照《环境空气质量标准》（GB 3095—2012）及其修改单，绵阳城区2022年环境空气有效监测365天，达标天数327天，优良天数率89.6%。

【地表水质量】 2022年，绵阳市监测河流/湖库：涪江、凯江、梓江、安昌河、芙蓉溪、通口河、鲁班水库、平通河、土门河、魏城河、青竹江、秀水河、沉抗水库；监测频次为国控、省控、市控每月1次。全市地表水25个断面中，Ⅰ—Ⅲ类（优良水体）断面25个，地表水优良率100%。河流中，涪江、通口河、凯江、梓江、安昌河、平通河、土门河、青竹江、秀水河整体水质优；芙蓉溪、魏城河水质良。湖库中，沉抗水库水质优、鲁班水库水质良，均呈中营养状态。各地表水断面均达到划定的水质类别。

【城市集中饮用水水源地水质】 2022年，绵阳市城区集中式饮用水水源地共有2个，涪江铁桥水源地（监测断面为涪江铁路桥）、绵阳市仙鹤湖水库集中式饮用水水源保护区（监测断面为胜利水库），均为地表水，监测频次每月1次。绵阳市城区集中式饮用水水源地水质状况良好，符合《地表水环境质量标准》（GB 3838—2002）相关要求，水量达标率100%。绵阳市城区集中式饮用水水源地水质所有评价指标全部达标。

【湖库水环境质量】 2022年，绵阳市鲁班水库全年平均水质为Ⅲ类，达到划定的Ⅲ类水质类别要求，年均水质呈中营养状态，影响水质类别的主要污染物为总磷；沉抗水库全年平均水质为Ⅱ类，达到划定的Ⅱ类水质类别要求，年均水质呈中营养状态，影响水质类别的主要污染物为总磷、高锰酸盐指数。

【功能区环境噪声】 2022年，绵阳市13个1类、2类、3类声功能区的昼间、夜间噪声值均达到相应标准要求，2个4a类声功能区昼间达标。城区168个区域噪声监测点位昼间、夜间的声环境质量状况等级均为二级（较好），84个城区道路交通噪声点位昼间、夜间的声环境质量状况等级均为二级（较好）。

【区域环境噪声】 2022年，绵阳市城区区域噪声共有168个监测点位，昼间噪声一年监测1次。昼间平均等效声级为54.7分贝，质量状况等级为二级（较好），与2021年相比，下降0.4分贝，水平等级上升一级。

【道路交通噪声】 2022年，绵阳市城区道路交通噪声共布设监测点84个，昼间噪声一年监测1次。道路交通噪声昼间平均等效声级为69.0分贝，质量状况等级为二级（较好），与2021年相比，上升0.3分贝，水平等级保持不变。（黄　波）

2022年地表水环境质量评价结果一览表

表49

河流/湖库名称	所在地	断面名称	控制级别	划定类别	2021年度平均类别	2022年度平均类别
涪江	平武县	平武水文站	国控	Ⅰ	Ⅰ	Ⅰ
		楼房沟	国控	Ⅱ	Ⅱ	Ⅱ
	江油市	福田坝	国控	Ⅲ	Ⅰ	Ⅰ
	涪城区	丰谷渡口	国控	Ⅲ	Ⅱ	Ⅱ
	三台县	百顷	国控	Ⅲ	Ⅱ	Ⅱ
通口河	北川羌族自治县	北川通口	国控	Ⅱ	Ⅰ	Ⅱ
凯江	德阳市	松花村	国控	Ⅲ	Ⅱ	Ⅱ
	三台县	老南桥	省控	Ⅲ	Ⅲ	Ⅲ
梓江	梓潼县	先锋桥	省控	Ⅲ	Ⅱ	Ⅱ
		垢家渡	省控	Ⅲ	Ⅲ	Ⅱ
	盐亭县	盐亭大佛寺渡口	国控	Ⅲ	Ⅲ	Ⅱ
鲁班水库	三台县	鲁班岛	国控	Ⅲ	Ⅲ	Ⅲ
安昌河	北川羌族自治县	板凳桥	省控	Ⅲ	Ⅱ	Ⅱ
	安州区	界牌	省控	Ⅲ	Ⅱ	Ⅱ
	涪城区	饮马桥	省控	Ⅲ	Ⅱ	Ⅱ
芙蓉溪	游仙区	仙鱼桥	市控	Ⅲ	Ⅲ	Ⅲ
平通河	平武县	平通镇	省控	Ⅱ	Ⅱ	Ⅱ
	北川羌族自治县	沙窝子大桥	省控	Ⅱ	Ⅱ	Ⅱ
	江油市	中坝镇	市控	Ⅱ	Ⅱ	Ⅱ
魏城河	游仙区	白蝉镇	市控	Ⅲ	Ⅲ	Ⅲ
	三台县	友谊桥	市控	Ⅲ	Ⅱ	Ⅲ

续表49

河流/湖库名称	所在地	断面名称	控制级别	划定类别	2021年度平均类别	2022年度平均类别
土门河	北川羌族自治县	北川墩上	省控	Ⅱ	Ⅱ	Ⅱ
青竹江	广元市	竹园镇阳泉坝	国控	Ⅱ	Ⅰ	Ⅰ
秀水河	德阳市	双堰村	国控	Ⅲ	Ⅱ	Ⅱ
沉抗水库	游仙区	沉抗水库	省控	Ⅱ	Ⅱ	Ⅱ

2022年绵阳市功能区声环境质量达标情况一览表

表50

功能区类别	1类		2类		3类		4类	
	昼	夜	昼	夜	昼	夜	昼	夜
达标点次	8	8	28	28	16	16	8	1
监测点次	8	8	28	28	16	16	8	8
达标率（%）	100	100	100	100	100	100	100	12.5

2022年绵阳市城区环境空气质量监测结果一览表

表51

点位	SO_2（年均值）（微克/立方米）	NO_2（年均值）（微克/立方米）	CO（日均值第95百分位数）（毫克/立方米）	O_3（日最大8小时值的第90百分位数）（微克/立方米）	PM_{10}（年均值）（微克/立方米）	$PM_{2.5}$（年均值）（微克/立方米）	环境空气质量综合指数	优良天数率（%）
富乐山	5.7	17.8	0.8	152.6	30.4	44.3	3.20	91.5
西科大附属小学	5.4	28.3	1.1	152.6	32.4	53.2	3.71	88.2
安州区旅游局	8.4	21.5	1.1	158.6	33.2	59.1	3.74	87.4
市人大	6.2	29.4	1.1	143.6	33.6	53.8	3.74	92.3
高新区自来水厂	6.4	27.2	1.0	155.6	38.0	60.5	3.96	86.6
三水厂	5.2	29.1	1.1	153.0	38.0	60.0	3.99	87.7
城区均值	6.2	25.5	1.0	151.6	34.2	54.9	3.68	89.6

说明：1. 数据为实况数据
2. 城市环境空气评价执行《环境空气质量标准》（GB 3095—2012）及其修改单
3. 环境空气质量综合指数是描述城市环境空气质量综合状况的无量纲指数，综合考虑了六项污染物的污染程度。环境空气质量综合指数越大，表明综合污染程度越重

节能减排

【概况】 2022年，绵阳市推进碳达峰碳中和有关战略，推动节能减排，打好污染防治攻坚战，加快绿色低碳产业发展，落实能源消费强度和总量双控制度，推进全市经济社会发展全面绿色转型。强化能源消耗和强度双控目标管理，能源消耗总量1046万吨标准煤，单位GDP能耗下降3%（扣除统调火电企业新增能耗），规模以上工业企业单位增加值能耗下降10%（扣除统调火电企业新增能耗）。能源生产有序增长，36家规模以上电力生产企业累计发电量达199.2亿千瓦时，增长36.4%。其中，火力发电量129.2亿千瓦时，增长88.1%。二氧化碳排放持续下降。印发《绵阳市“十四五”清洁生产实施方案》，推进全市清洁生产逐步从传统行业向新兴行业拓展，从工业领域向农业、服务业、建筑业、交通运输业等领域延

伸，各领域主要污染物和二氧化碳排放强度明显降低。

【企业产业节能】 2022年，绵阳市成功创建国家级绿色工厂9家、绿色供应链管理示范企业2家，开发绿色设计产品23款；创建省级绿色工厂38家，绿色供应链管理示范企业1家，省级绿色园区4个；16家企业、2个园区进入2022年省级绿色制造示范单位公示名单。加快发展绿色低碳产业，全市规模以上工业绿色低碳优势产业企业共262家，实现产值454.8亿元，增长20.2%。推广应用先进工艺技术，四川龙华光电薄膜股份有限公司被评为第四批工业产品绿色设计示范企业，四川恒泰环境技术有限责任公司成为四川省唯一符合《环保装备制造行业（污水治理）规范条件》《环保装备制造行业（大气治理）规范条件》的企业。推进落后产能淘汰和电能替代，完成四川茂德汇诚科技有限公司电能替代项目验收，推动国能四川能源有限公司江油发电厂#31机组、#32机组停止并网运行。加强重点用能单位管理，推动全市30家重点用能单位建成能耗在线监测系统并接入省平台。推进高新技术产业园区等8个省级以上园区实施循环化改造。发展节能低碳建筑，执行新建建筑节能65%设计标准；推进绿色建筑创建行动，印发《绵阳市绿色建筑一星级标识管理细则》，推进标识评价。规范推广“四新”技术和节能环保建材，园区绿色建材生产企业达7家，绿色建材年产值达38亿元。开展绿色商场创建行动，鼓励商场、超市等场所推行节能标签制度，减少使用一次性用品，促进绿色消费，全市创建四川省绿色商场3家。截至年底，全市共有684家单位创建成为节约型机关，市本级建成率100%、县（市、区）建成率95%。

【新能源推广】 2022年，绵阳市印发《绵阳市新能源汽车充电基础设施“十四五”规划》，推广应用新能源和清洁能源车辆，累计新增、更新新能源公交车297辆、巡游出租汽车189辆、网约车224辆。自11月24日起，城区出租汽车、网约车新增和更新车辆全部使用新能源汽车。严把尾气治理维修企业准入关，落实《机动车排放污染治理维修企业（M站）技术条件》，新增M站2家，全市70家M站均实现与检测机构联网互通。加快淘汰国三及以下排放标准的老旧营运车，累计开展尾气治理1.71万辆次。建成充电桩7278个、换电站5个，保有量居全省第3。

【节能审查】 2022年，绵阳市落实《四川省固定资产投资项目节能审查实施办法》《四川省技术改造项目节能审查办法》，守好项目节能审查关。全市通过节能审查项目46个。其中，京东方OLED先进模组项目、15万吨磷酸铁锂锂电池正极材料生产和循环再制造项目、年产4万吨铜箔项目、年产5000万平方米新型显示用偏光片研发及产业化项目、绵阳高新埃克森新能源6GWh电池项目、高品质锻件生产能力建设项目、特殊领域用高温高强材料关键工艺工程技术升级项目7个项目通过省级节能审查，其余39个项目分别通过市（县）两级节能审查。新增年设计综合能源消费量41.3万吨标准煤（当量值）/78.5万吨标准煤（等价值）。印发《绵阳市能耗替代指标收集使用管理暂行办法》，保障全市重大项目用能需求。加强节能审查事中、事后监管，对绵阳工业固废处置中心项目、绵阳市塘汛污水处理厂扩建工程（A区部分）、绵阳市塘汛污水处理厂扩建工程（B区部分）3个市级节能审查项目的节能审查意见落实情况、能源利用状况及能源管理情况进行监察。强化节能审查项目验收工作，完成液化空气（绵阳）有限公司京东方大宗气体供应工程项目、绵阳惠科光电科技有限公司惠科第8.6代薄膜晶体管液晶显示器件项目、碳碳-陶碳生产线、绵阳工业固废处置中心项目、绵阳市生活垃圾焚烧发电项目扩建工程、绵阳市塘汛污水处理厂扩建工程（A区部分）、绵阳市塘汛污水处理厂扩建工程（B区部分）7个项目的节能审查验收工作。

【节能环保宣传】 2022年，绵阳市围绕“绿色低碳，节能先行”“落实‘双碳’行动，共建美好家园”两个主题，坚持线上线下相结合的方式，通过制作播放宣传视频、投放宣传标语、发放倡议书、开展公益行动等，开展节能宣传周和低碳日活动。招募节能减排志愿者，组建“绿动绵阳”志愿者队伍，开展进“进机关、进社区、进学校、进医院”等宣传活动。印发《绵阳市创建绿色学校实施方案》，开展四川省绿色学校、节约型公共示范单位等先进示范创建工作，绵阳实验高中和南山中学双语学校创建成为国家省市节约型示范单位，南山中学和四川幼儿师范高等专科学校先后被确定为2021—2022年省级指定碳排放核查先进示范单位。倡导“135”绿色低碳出行方式，开展新能源汽车进机关活动，引导公共机构参加植树造林活动，践行绿色低碳生活方式。通过广播、报纸、电视、网络等媒体，宣传节能环保知识，倡导绿色办公、绿色生活方式，组织《垃圾分类从点滴做起》《绿色低碳，节能先行！一起“节”尽所“能”！》《落实‘双碳’，节水先行》《适量点餐、饭后打包、小份菜……舌尖只要美食不要浪费》等稿件被新华社客户端、《绵阳日报》等媒体报道。 （张腾飞）

污染防治

【概况】 2022年，绵阳市编制绵阳市减污降碳协同增效行动方案、绵阳市“十四五”应对气候变化规划、2020年和2021年绵阳市温室气体清单，完成火电企业碳数据月度存证工作。推进水生态环境监督管理信息化平台项目建设，实现水质精细管控、监测预警预报等功能。编制《绵阳市“十四五”饮用水水源地环境保护和污染防治规划》，修订《涪江铁桥集中式饮用水水源地突发环境事件应急预案》，完善饮用水水源保护制度措施。编制《绵阳市土壤污染分区管控方案》，更新《绵阳市土壤污染风险管控清单》，推进安州区试点区建设重点工作。修订并印发《绵阳市突发生态环境事件应急预案》；制定《绵阳市环境应急专家管理办法》，增补13名环境应急专家入库；组织开展绵阳市重点河流环境应急“一河一策一图”编制。

【大气污染防治】 2022年，绵阳市打好烟花爆竹禁燃禁放攻坚战，$PM_{2.5}$浓度下降40.6%。落实夏季臭氧污染防控62条措施、秋冬季颗粒物攻坚43条措施。启动重污染天气应急预警12次。实施人工影响天气作业130架次。8月21日至12月21日，全市连续123天保持优良天气。推进工业源、扬尘源、移动源专项整治，制定736家工业企业、371家汽修企业、280个建筑工地、87个加油站应急减排措施，完成370家企业4轮活性炭集中更换、3062家餐饮单位油烟净化设施清洗及维护更换，提升22家企业原辅材料替代率，关停江电火力发电机组2台，查处货运车辆超限超载、抛洒滴漏1.4万起，路检柴油货车9839辆、抽检非道路移动机械1426台，淘汰老旧车1.88万辆、新增新能源车1.04万辆。在重点区域新建高清摄像监控点位86个，整合餐饮油烟、建筑工地等在线监控信息，综合运用空气自动监测站5分钟监测数据、组分站及挥发性有机物和颗粒物走航监测数据，查找污染源，通过快速反应指挥平台调度处置各类涉气问题3648个。组建巡察组，针对重点时段、重点区域、重点行业开展常态巡查督导，累计巡查点位4800余个，发现并督促整改问题375个。组织执法、监测力量对220家涉VOCs排放企业全覆盖监测、对34家重点企业开展“测管协同”。编制绵阳市减污降碳协同增效行动方案、绵阳市“十四五”应对气候变化规划、2020年和2021年绵阳市温室气体清单，完成火电企业碳数据月度存证工作。

【水污染防治】 2022年，绵阳市推进水生态环境监督管理信息化平台项目建设，实现水质精细管控、监测预警预报等功能，落实专人值守，处置芙蓉溪、凯江水质异常情况，乌塔街、西园社区等城镇雨污混排情况。常态化开展枯水期水质监测，组织专家“一对一”制定枯水期水质攻坚提升方案，实现鲁班岛、垢家渡枯水期水质由Ⅳ类提升至Ⅱ类。集中开展工业园区污水处理设施整治、“三磷”污染防治攻坚、入河排污口排查整治、美丽河湖创建等行动，整改省级以上工业园区涉水问题20个、涉“三磷”污染防治问题13个，排查河湖岸线4620千米、入河排污（雨）口6925个，涪江三台城区段通过省级美丽河湖专家评议。加强水资源监管，强化涪江流域水资源统一调度和水电站生态流量监管，保障生态流量达标下泄。实施涪江流域水质超标扣缴和生态补偿制度，筹集生态补偿资金4400万元。编制《绵阳市“十四五”饮用水水源地环境保护和污染防治规划》，修订《涪江铁桥集中式饮用水水源地突发环境事件应急预案》，完善饮用水水源保护制度措施。搭建完成饮用水水源地“一张图”管理系统，实现部分水源地监控视频与水质监测数据实时查看。加强乡镇及以上集中式饮用水水源保护区基础信息和矢量数据管理，做好与“三区三线”划定和有关规划编制的衔接。全市乡镇及以上集中式饮用水水源地水质达标率为100%。新改建排水管网110千米，累计建成城市污水处理厂15座，城区生活污水处理率提升至97.67%，生活污水集中收集率73.9%。累计建成建制镇生活污水处理设施107个，实现建制镇生活污水处理设施全覆盖。实施农业污染源治理。化肥农药使用量保持零增长；畜禽粪污资源化利用率96.47%，秸秆综合利用率达96.89%，农膜回收率达90.26%。改善农村人居环境，实施农村生活污水治理“千村示范工程”39个，累计建成352个，行政村农村生活污水有效治理率达76.6%。

【土壤污染防治】 2022年，绵阳市开展涉镉、铊等重金属行业企业土壤污染隐患排查整治，开展“一住两公”地块土壤污染状况调查。推进经开区化工园区开展整体清洁生产审核试点示范，开展尾矿库分类分级暨第三轮环境问题排查整治专项行动。抓好重点监管单位监管工作，60家土壤污染重点监管单位全面完成自行监测和隐患排查工作，完成5家在产企业详查和风险管控方案编制工作，15家在产超标企业开展风险管控效果评估工作。强化耕地保护，受污染耕地安全利用率达92.85%，超额完成省下达目标任务。做好长江黄河上游土壤风险管控区建设2022年重点工作，编制《绵阳市土壤污染分区管控方案》，更新《绵阳市土壤污染风险管控清单》，推进安州区试点区建设重点工作。加快“无废城市”建设，在全省率先编制印发《绵阳市“无废城市”建设实施方案》，对加快工业绿色低碳发展、促进农业农村绿色低碳发展、推动形成绿色低碳生活方式等7项主要任务进行安排部署。持续推进固废污染防治，累计建成危废收集利用处置设施19个，危废收运处能力提升到59万吨/年。收集处置医废7665吨，其中疫情医废2856吨。出台《绵阳市2022年生活垃圾分类工作推进方案》，城区生活垃圾无害化处理率100%，行政村生活垃圾收转运处置体系覆盖率100%。

【秸秆禁烧】 2022年，绵阳市落实全面禁烧要求，组织开展市、县、乡、村四级禁烧巡查，强化禁烧常态化管控。利用快反平台、网格化微站、视频监控、卫星遥感等科技手段，实现禁烧科学溯源、精准管控。快速处置露天焚烧214起，对当事人依情节给予批评教育、责令检讨、罚款等惩戒措施，对5起露天焚烧典型事件涉及县（市、区）政府予以通报、插旗和扣分。

【环境污染处置】 2022年，绵阳市本级完成129家企业突发环境事件应急预案备案；修订并印发《绵阳市突发生态环境事件应急预案》；制定《绵阳市环境应急专家管理办法》，增补13名环境应急专家入库；组织开展绵阳市重点河流环境应急“一河一策一图”编制；开展风险隐患排查整治工作，排查点位91个，发现问题隐患8个，梳理重点风险企业74家，并进行“一企一单一案”管理，对全市38家危险废物产生和经营单位的环境风险源开展排查整治；组织开展特殊敏感时段环境应急和环境安全检查；争取省级资金20万元，充实市级环境应急物资；组织开展应急值班，制定绵阳市生态环境局安全生产责任清单，明确环境安全责任。全年未发生较大及以上环境污染事件和环境安全事件。

【环保投资】 2022年，绵阳市共获得中央、省、市生态环境保护专项资金18770.5万元，其中水污染防治专项资金8436万元、大气污染防治专项资金793万元、土壤污染防治专项资金570万元、省级农村生活污水治理“千村示范工程”资金1843万元、环境保护监管能力建设与运行保障专项资金2126万元、省级生态文明建设奖励资金300万元、新增重大工作及生态环保突发事项保障资金245万元、涪江流域生态补偿资金4457.5万元。全市完成生态环境领域投融资目标任务331.36亿元（567个项目）。建立市生态环境融资项目库，与金融机构深入协作，向31个项目发放绿色贷款79.04亿元。

【环评审批】 2022年，绵阳市完成绵阳高新区新区扩区、安州区凯江工业集中区规划环评审查2个。指导服务科技城新区、盐亭经开区规划修编和盐亭巨龙化工园区建设，对接沟通省级部门，召开3次专题会，开展“一对一”业务指导，对盐亭巨龙化工园区规划环评容缺受理，通过初步审查。制定绵阳市生态环境系统服务保障稳增长八项措施，推进“园区提质”“企业满园”工作，统筹总量替代指标支持重点项目落地，优化整合工作流程提高环评审批效率。建立“清单制+责任制+销号制”工作机制。对全市403个省、市重点项目和37个开发性政策性金融工具备选项目进行环评服务全程跟踪，推进项目实施；完成审批项目环评321个，审批效率提速83%。强化环评专业技术支撑和业务指导，保障北川通用机场、绵阳惠科、绵阳市第三生活垃圾焚烧发电、平武大包山金矿采选等项目推进。对重大民生工程、环保基础设施等项目开辟“绿色通道”，对安州人民医院等涉及疫情防控的项目实施承诺制审批，对七星坝污水处理厂扩建等民生工程采取容缺受理，先行组织开展技术审查。印发《关于加强环境影响报告书（表）编制质量监管工作的通知》等系列文件，加强环评单位管理，补齐行业管理短板，强化环评文件质量考核，对评审及复核过程中发现的环评质量问题，根据问题性质严重程度，实施约谈、通报和失信记分处理。组织开展3次环评文件质量复核、抽取环评文件52本，组织对9家编制单位进行约谈、4家编制单位进行通报和1家编制单位进行通报并失信记分，对1名“挂靠”环评工程师进行失信记分。制定《绵阳市2022年固定污染源排污许可管理工作方案》《绵阳市排污许可提质增效实施方案（2022—2024年）》，明确排污许可证质量复核、执行报告规范性审核等重点任务。全市共核发、变更、延续排污许可证660张，首次核发排污许可证60张，开展排污许可证质量复核720张，执行报告规范性审核166张。

【环保宣传】 2022年，绵阳市在《绵阳日报》发布染防治攻坚战战报12期，组织生态环境新闻发布会4场，制作生态环境突出问题曝光片13期。全年在绵阳市生态环境局官方网站、微信公众号、微博推送信息3618条。绵阳生态环境局微信公众号关注人数突破3000人次，全市生态环保相关经验成效先后被中央电视台、《人民日报》、“学习强国”学习平台等宣传报道。其中，被中央电视台报道11条，被《人民日报》报道3条。与绵阳电视台等本地主流媒体建立战略合作关系，刊发各类生态环境宣传信息稿件300余篇、视频新闻90余条。全市生态环境系统信息被国家、省级各类媒体采用1000余篇。先后举办以“共建清洁美丽世界”为主题的绵阳市2022年六五世界环境日主题活动、绵阳市第四届“十佳环保企业”“十佳环保卫士”“十佳环保人物”评选活动。推动环境保护设施向公众开放，组织社区群众、学校师生等共24批次1672人次参观绵阳生态环境监测中心站、绵阳中科成污水净化有限公司、绵阳中科绵投危险废物治理有限公司和绵阳市生活垃圾焚烧发电厂。 （黄 波）

环保督察整改

【概况】 2022年，绵阳市将生态环保督察问题整改作为重大政治任务和民生工程，推进问题整改落实，整治各类生态环境突出问题，提升群众获得感和满意度。截至年底，2021年第二轮中央生态环境保护督察反馈意见整改任务11项中，2022年需完成任务4项，完成4项，完成率100%，其余7项整改任务持续推进。二轮中央环保督察251件信访件全部办结；国家和省长江经济带12个反馈问题，全部完成整改并销号。

【生态环保督察及整改工作】 2022年，绵阳市实行“清单制+责任制+督考制”管理，对标对表、规范销号。组织开展生态环境突出问题常态化排查、重点领域大排查大整治、长江经济带生态环境突出问题排查整治等专项行动，由市委、市政府主要负责人带头开展暗察暗访，相关行业部门、各县（市、区）、园区协调联动，建立问题台账，明确整改责任单位，推动各项整改任务落地落实。建立常态化曝光机制，坚持在市政府常务会、市环委会等重要会议上播放生态环境突出问题曝光片，共播放曝光片15期。将督察整改工作纳入市级生态环境保护党政同责考核，出台《绵阳市环境质量改善不力约谈办法》，强化党政同责考核结果运用，对连续两年考评排名靠后的地区党政主要负责人进行约谈。

【《绵阳市环境质量改善不力约谈办法》出台】 2022年8月30日，绵阳市人民政府办公室印发《绵阳市环境质量改善不力约谈办法》（以下简称《办法》），明确将对环境空气质量、水环境质量改善不力的县（市、区）、园区进行约谈。《办法》共16条，明确根据不同情形，采取预警提示、通报批评、述职、约谈分管负责人、约谈主要负责人等方式推动问题整改、倒逼责任落实。其中，出现全年环境空气质量优良天数减少10天及以上等情形时，由市政府主要负责人约谈县（市、区）政府、园区管委会主要负责人。《办法》注重结果运用，约谈涉及的问题由市纪委监委、市委组织部依法依规进行追责问责，作为领导干部综合考评及选拔任用、奖惩、评先评优的重要参考。

（黄　波）

生态审计

【概况】 2022年，绵阳市学习贯彻习近平生态文明思想，秉承“绿水青山就是金山银山”的新发展观，贯彻落实中央、省、市关于生态文明建设和生态环境保护的决策部署，围绕中心、服务大局，全面推进生态文明建设和生态环境保护工作。组织开展自然资源资产离任（任中）审计项目13个，涉及领导干部23人，其中离任12人、任中11人，涉及市直部门主要负责人1人、县级部门主要负责人1人、9个县（市、区）的乡镇党委政府主要负责人20人，根据省审计厅授权审计其他地区县委主要负责人1人。执行《四川省党政领导干部生态环境损害责任追究实施细则（试行）》，对审计发现的违法违纪线索开展问题责任追究，向市纪委移送审计查出的问题线索3项，向县（市、区）政府或园区管委会移交审计发现问题6项。聚焦市空气质量状况，在省内率先开展主城区2020—2021年度大气污染防治情况专项审计调查，关注8个市直相关部门、3个区级人民政府和4个园区管委会在大气污染防治攻坚战中履职尽责情况，揭示管理执行、体制机制中存在的主要困难和问题。组织实施9个县（市、区）耕地保护政策落实情况审计，揭示和反映耕地保护重点工作、土地流转管理、农田水利设施建设、资金分配管理与使用、农业政策性保险政策落实、现代农业园区“牛鼻子”作用发挥情况。自然资源和生态环境审计共查出问题383个，提出审计建议77条。开展审计研究，撰写《新能源汽车推广末端存在的问题及建议》《推行立审立改　审改结合　助力提升大气污染防治质效》《绵阳审计局“三个关注”助力保障改善民生》《审计助力生态美　乡村美》，分别在《人民日报》等媒体上刊载，《资环审计助推城乡污染防治的方法与机制保障》获得四川省自然资源和生态环境审计征文活动三等奖。

【生态审计方式创新】 2022年，绵阳市创新工作方法，强化审计结果运用，提升资源环境审计监督质效。创新审计技术，拓展审计方式。除采用财务检查、资料审查等传统审计方法外，创新使用SQL数据比对、GIS地理信息系统、遥感数据比对等信息化手段开展审计，研判土地及森林资源管理、生态红线管控等情况，解决传统审计无法审“地”审“林”审“水”的问题。

【生态审计成果运用】 2022年，绵阳市坚持以审促改，加强审计成果转化，促进生态环境保护意识提升和治理能力提高。通过对3个市辖区、4个园区及8个行业主管部门大气污染防治情况审计，延伸调查31家工业企业、16个建筑工地、14家餐饮服务单位、11家汽修厂、6个充电站，揭示政策执行、目标任务、工地扬尘、餐饮油烟、农业污染、“散乱污”企业、挥发性有机物防治、重污染天气应对等方面问题，挽回财政损失34.4万元、收回闲置资金350万元，促进支付进度357万元，追收履约保证金31.99万元，返还原资金渠道178.5万元，促进相关部门修订完善《绵阳市重污染天气应急预案》，出台《绵阳市普通公务用车购置更新管理办法》《绵阳市2022年建筑工地扬尘专项整治行动方案》等文件。通过9个县（市、区）耕地保护政策落实情况审计，促进资金拨付8300.82万元，统筹盘活资金141.6万元，返还原资金渠道35.15万元，收回违规发放补贴1.7万元，诫勉谈话4人，批评教育10人，补齐政策资金短板，加大种粮资金支持力度，出台实施意见、管理办法等文件45项，规范农村土地经营流转、现代农业园区建设。

【领导干部自然资源资产审计评价指标体系构建】 2022年，绵阳市探索领导干部自然资源资产审计评价指标体系，加强生态文明制度建设。贯彻落实中央《关于建立健全领导干部自然资源资产离任审计评价指标体系的意见》精神，完善乡镇领导干部自然资源资产审计评价标准，围绕乡镇领导干部5类职责范围，针对性提出65项评价指标，建立乡镇领导干部自然资源资产审计指标体系。探索建立市级林业部门领导干部自然资源资产审计评价指标体系，初步形成涵盖森林资源监管与修复、森林防火、林业行政执法、林长制工作、自然保护地监管等方面一至三级审计评价指标35项。通过领导干部自然资源资产责任和生态环境保护责任审计评价指标设定，围绕生态环境保护主要工作任务，坚持激励与约束并重的原则，引导领导干部强化绿色发展理念，落实“自然资源消耗上限、环境质量底线、生态保护红线、生态环境准入清单”。

【领导干部经济责任和自然资源离任审计发现问题整改通报会召开】 10月28日，绵阳市领导干部经济责任和自然资源离任审计发现问题整改通报会召开，会议通报2019—2021年全市领导干部经济责任暨自然资源离任审计发现的普遍性问题和整改结果，强调抓好审计整改是维护审计权威和严肃性、保障政府公信力的重要举措，是推动重大政策措施落实、提升政府现代化治理水平的重要保障。要注重分类施策，逐条逐项抓整改；要把握时间节点，严格时限抓整改；要着眼长远长效，标本兼治抓整改；要全程跟踪督查，统筹兼顾抓整改。专题部署、推进审计整改工作，达到“审计一点，规范一片”的效果，严肃问题责任追究。市本级38个部门

（单位）分管领导在市审计局主会场参会，县（市、区）人民政府分管领导及相关部门分管负责人在当地分会场参会。（魏　然）

大熊猫国家公园绵阳片区

【概况】 2017年，大熊猫国家公园开始试点，2021年9月经国务院批复正式设立，试点区域跨四川、陕西、甘肃三省，面积约2.2万平方千米。绵阳片区地处岷山腹地，跨越1个经度、1.4个纬度，海拔1120—5588米，地处全球34个生物多样性热点地区，是大熊猫国家公园的核心区，具有大熊猫野外种群数量最多、遗传多样性最丰富、栖息地质量最优的特点。绵阳片区试点面积4560平方千米，涉及平武、北川、安州3个县（区）的28个乡镇、75个村，有原居民49717人（核心保护区727人），涉及原有自然保护地5类13个，面积2183平方千米，占公园总面积的48%；新划入2377平方千米，占公园总面积的52%。分为核心保护区和一般控制区，其中核心保护区3353平方千米占74%；一般控制区1207平方千米占26%。涉及小水电13个，矿权53个。公园内自然风光优美，气候独特、资源丰富，有大熊猫、川金丝猴、雪豹、金猫等国家重点保护野生动物145种，有红豆杉、珙桐、独叶草等国家重点保护植物56种。据全国第四次大熊猫调查，绵阳有野生大熊猫418只，位居全国第一，占大熊猫野生种群1864只的22.4%，栖息地内种群密度0.104只/平方千米，位居全省第一，被誉为“野生大熊猫第一市”。平武县是岷山山系野生大熊猫种群数量最多和分布密度最高的区域。

图113　位于平武高村乡的大熊猫国家公园北入口（大熊猫国家公园绵阳管理分局提供）

图114　1月25日，公园内红外线摄影机拍摄到的野外大熊猫（大熊猫国家公园绵阳管理分局提供）

【生态保护修复】 2022年，绵阳管理分局科学设置巡护线路130条，组建巡护队伍13支373人，开展巡护300余次，出动人员5000余人次，发现大熊猫实体及活动痕迹100余处，其他野生动物痕迹300余处。配合巡回法庭开展实地案件审判1次，开展联合执法5次，走访群众100余户，收缴猎套、兽铗100余条。针对性地开展春夏反偷猎反非法采集专项行动，捣毁窝棚6处，驱离人员32人次。组织开展国家公园卫片执法工作，实地核查疑似问题点位280个地类变化图斑，发现违法违规问题52个，全部移交执法部门处理，全面摸清各类建设项目破坏森林资源状况。53个矿业权全面完成退出，平武县宽坝、横山子、豹子沟、小河沟电站，北川羌族自治县七星沟一级等5个小水电站完成退出。开展黄土梁走廊带生态修复，新建小寨子沟野化培训基地，为小种群复壮奠定基础。保护成效被国家、省、市媒体报道215次。其中，中央电视台、人民网、“学习强国”学习平台等报道66次。

【基础设施建设】 2022年，绵阳市争取生态保护修复（国家公园补助）资金6155万元，完成片区内勘界定标，设立界桩、界碑622个。构建大熊猫国家公园绵阳片区巡护监测体系基础地理信息系统、绵阳数字熊猫保护（一期）信息系统，实现巡护道路可视化展示以及对大熊猫等珍稀濒危动物、重要自然生态系统、病虫害等的实时监测，公园智慧化建设取得新进展。在新划入保护地的北川国有林场、林峰林场等监测空白区域添置实时传输红外相机115台。统筹资金811万元用于维护保畅森林防火通道，153万元用于基层防火卡点维修资金，提高防火基础设施保障。累计投入2000余万元对平武自然教育先行试验区、千佛山自然教育中心、北川中华大熊猫动植物园、片口大熊猫科普馆和陈列馆等自然教育与生态体验场

图115　2022年，大熊猫国家公园检察联络站挂牌（大熊猫国家公园绵阳管理分局提供）

所进行标准化提升改造。

【科普宣教】　2022年，绵阳管理分局与北京大学、中国科学院、北师大、川大、昆山杜克等长期联合开展大熊猫等野生动植物及其栖息地保护研究，实施科研项目近20个。采集到新种植物标本，命名为Pingwuensis（菊科，千里光亚科）四川北部一新种。王朗片区获评大熊猫国家公园（四川）“熊猫大讲堂”科普品牌培育单位。编制完成《嗨，森林!》等本土特色自然教育学习资料。组织开展自然教育活动35次，累计受众1000余人次。举办大熊猫国家公园成立一周年“山水绵州·熊猫家园”作品展，开展野生动植物日等主题宣传活动50余次，发放宣传资料1万余份，累计受众近3万人次。

【保护区共建】　2022年，绵阳市统筹中央财政补助资金400万元，用于在平武木皮、北川青片、安州高川千佛社区建设。成立全国首个“生态护林员协会”——绵阳市安州区千佛山生态护林员协会。召开白草河流域大熊猫生态文明志愿服务队筹备研讨会并开展首次志愿服务活动。开展生态导赏员培训，对51名社区居民进行理论和技能、礼仪等多元化课程培训。完成大熊猫国家公园特许经营管理示范及试点（大熊猫国家公园生态产品价值实现研究）。“平武中华蜂蜜”获得大熊猫国家公园（四川）首批原生态产品备案和特许经营授权，并正式上线销售。投入68.93万元购买野生动物致害保险，绵阳片区实现野生动物致害补偿保险全覆盖。

【综合执法机制建立】　2022年，绵阳管理分局、市中级人民法院、市人民检察院、市公安局、市生态环境局、市林业局、市自然资源局等部门联合制定《建立大熊猫国家公园绵阳管理区行政执法机制》，共同印发《大熊猫国家公园破坏生态资源综合保护专项行动实施方案》《生态环境问题大排查大整治工作方案》，并组织开展相应专项行动。探索设立公安警务工作站6处、人民检察院联络站6处、人民法院巡回法庭2处，对全市大熊猫国家公园资源保护工作形成合璧执法格局。

（朱　琪）

自然保护区

【概况】　2022年，绵阳市有自然保护区6个，其中省级自然保护区3个（江油观雾山、梓潼翠云廊、安县海绵生物礁）、县级自然保护区3个（三台水禽及湿地、盐亭弥江河、游仙水禽湿地）。保护区总面积1094.099平方千米。

【观雾山省级自然保护区】　2000年，保护区开始建设，2001年5月经绵阳市人民政府批准为市级保护区，2004年2月经四川省人民政府批准为省级保护区，保护对象为森林和野生动物。包括江油市武都镇、永胜镇、新春乡、重华镇、文胜镇，地理位置为北纬31°54′—32°10′、东经104°42′—104°59′。界线：北面与平武、北川县行政区界为界，南与江油市的大康乡接壤，东以新春乡、永胜镇毗邻，西与重华镇、文胜乡相连。总面积29253.0公顷，其中核心区11099.8公顷，缓冲区5358.3公顷，实验区12794.9公顷，主要为集体和个人林地。根据2010年四川大学生命科学院本底调查，保护区内高等植物有169科581属1111种；其中，苔藓植物14科15属15种，蕨类植物27科48属87种，裸子植物6科12属19种，被子植物122科506属990种。脊椎动物有5纲31目97科335种；其中，哺乳纲有7目24科65种，鸟纲有16目50科210种，爬行纲有2目8科18种，两栖纲有2目6科13种，鱼纲有4目9科29种。保护区内有国家重点保护动植物56种；其中，国家一级重点保护动植物有红豆杉、珙桐和林麝等9种，国家二级重点保护动植物有水青树、楠木、红腹锦鸡、黑熊等47种。还有在此生息的小麂、灰胸竹鸡等中国特产脊椎动物32种。保护区内有被列入国家濒危红色目录植物——距瓣尾囊草。为保护这一物种，保护区设置两处保护点，对距瓣尾囊草进行移植保护，建立人工繁育试验基地1处，有标准化育苗大棚240平方米，每年可收集种子4万余粒，育苗5000余盆。2016年开始，启动野外回归试验工作，成功回归640余株。

【翠云廊古柏省级自然保护区】　2002年3月，四川翠云廊古柏省级自然保护区经四川省人民政府批准建立为省级自然保护区，地理位置为北纬31°31′—32°20′、东经105°04′—105°49′，总面积29772公顷，包括广元市的元坝区、剑阁县、绵阳市的梓

图116　翠云廊古柏自然保护区石碑（市林业局提供）

潼县，主要保护对象为古柏及其生态系统。2011年10月，经省人民政府批准，调整翠云廊古柏省级自然保护区面积和范围，调整后保护区总面积为27155公顷。保护区梓潼段核心区包括七曲山大庙山、长卿山成片古柏林面积42公顷及薛家寨—七曲山大庙古段古驿道两侧各25米，缓冲区为核心区外围各50米，其余为实验区，管理机构为四川翠云廊古柏自然保护区梓潼管理处。

【安州海绵礁省级自然保护区】　原为四川安县海绵礁省级自然保护区，是古生物遗迹类型的小型自然保护区。2000年1月14日，四川省人民政府以《四川省人民政府关于建立绵阳安县海绵礁和简阳龙泉湖省级自然保护区的批复》文件批准建立省级自然保护区。2009年编制《四川安县睢水海绵生物礁省级自然保护区总体规划（2009—2015年）》。保护区保护的主要对象为晚三叠世深水硅质海绵生物礁及其赋存地层——马鞍塘组。共鉴定海绵新科6个、新属31个、新种55个。主要包括地表出露的睡美人礁、何家沟礁、雍家山礁、罐子滩礁、睢水河礁、太平礁、虎头岩礁、鱼洞山1号礁、鱼洞山2号礁、石厂沟1号礁、石厂沟2号礁、石厂沟3号礁等12个海绵礁体及海绵礁赋存地层-马鞍塘组。

【三台水禽及湿地县级自然保护区】　原为三台县白鹳灰鹤县级保护区，1998年始建，2001年和2012年先后两次进行范围和功能区调整，2012年更名为四川三台水禽及湿地县级自然保护区。保护区主要保护对象为野生水禽及湿地生态系统，涉及乐安、古井、西平、建平、金石、刘营、灵兴、鲁班等8个镇乡（2019年乡镇区划调整前为15个镇乡），总面积63828.9公顷，占全县面积的24.1%，常住人口38.4万人，占全县常住人口的36.3%。保护区划分为3个区，核心区面积511.9公顷，缓冲区面积1023.8公顷，实验区面积62293.2公顷。

【弥江河湿地自然保护区】　原为盐亭县白鹤自然保护区，2001年10月11日经盐亭县人民政府批准设立，2013年更名为四川盐亭白鹭自然保护区，总面积16300公顷。2019年12月23日，四川省人民政府《关于同意调整四川盐亭白鹭自然保护区范围和更改名称的批复》，同意四川盐亭白鹭自然保护区（县级）更名为四川弥江河湿地自然保护区（县级），保护区总面积由界图实测的13523.07公顷（批复16300公顷）调整为3018.54公顷。主要保护对象由白鹭等野生动物及其栖息环境调整为湿地生态系统及野生动植物。保护区位于北纬31°15′9.5″—31°27′44″、东经105°21′30.9″—105°26′5.2″，包括岐伯镇、文通镇、云溪镇、莲花湖乡、大兴回族乡、凤灵街道部分村社，保护区边界长约844千米。划定功能区，其中核心保护区222.30公顷，占保护区总面积的7.36%；一般控制区2796.24公顷，占保护区总面积的92.64%。按地类分，林地面积占77.43%，水域面积占13.87%，耕地及其他用地占8.70%。

【游仙水禽湿地自然保护区】　游仙水禽湿地自然保护区，建于1983年4月26日，涵盖游仙区沉抗、游仙、新桥、魏城4个乡镇。2021年4月14日，四川省林草局印发《关于公布四川游仙水禽湿地等7个地方级自然保护区面积、范围和功能区的函》，公布保护区调整后面积为777公顷，其中核心区和缓冲区（核心保护区）面积302公顷，实验区（一般控制区）475公顷。主要由仙海湖水域及其周边天龙岛龙头及西侧半岛部分区域（乌岛）。调整后保护区主要保护对象为水禽栖息地和湿地生态系统，保护区管理机构为仙海区水禽湿地自然保护中心。

（周忠莉）

森林公园

【概况】 2022年，绵阳市有森林公园10个，其中国家级4个（梓潼七曲山、安州千佛山、盐亭高山、北川国家森林公园），省级5个（平武龙池坪、平武龙门洞、涪城凤凰山、三台凤凰山、江油观雾山），市级1个（游仙渔父村），总面积168.4平方千米。

【涪城凤凰山森林公园】 位于涪城区，2014年经四川省人民政府批准建立，是一个城郊型森林公园，总面积484.22公顷。公园以凤凰文化和当地民俗文化为主体，集生态观光、生态休闲、乡村旅游等于一体的森林生态旅游综合区。

【千佛山国家森林公园】 位于安州区，2002年经国家林业局批准建立，总面积7800公顷。公园内森林植被繁茂，森林覆盖率高达95%。公园内有大面积的原始林、珙桐林、杜鹃林，还有大量的古树名木，其中号称“杜鹃王”的古树胸径达1米、银杏王胸径达2.8米，而且枝叶繁茂，树姿优美。

【观雾山森林公园】 位于江油市，距市区约20千米，面积1000公顷，是以观雾山国有林场为基础建立的森林公园，1992年四川省林业厅以《四川省林业厅关于同意建立天台山等22处森林公园的通知》批复成立。公园内地质遗迹种类丰富，主要有峰丛、溶洞、岩溶洼地、龙门山标准地质剖面及古生物化石足迹、前龙门山推覆构造遗迹等景观。

【凤凰山森林公园】 位于三台县，1997年经四川省林业厅批准建立，总面积34.67公顷。凤凰山因唐代王勃游此留言“登道鱼鳞，形似凤凰”而得名。公园内有森林资源和名胜古迹，鲜明的历史文化特色。现有“塔丹井”“赍墓”王弼墓，抗日将领景嘉谟将军墓、汉代岩墓群以及东岳古刹等名胜古迹。

【七曲山国家森林公园】 位于梓潼县，地处“三百里程十万树”的蜀道翠云廊南端，1994年经林业部批准建立，总面积2000公顷。公园内呈带状分布着2000公顷柏类森林，郁郁葱葱，随山赋形，由高至低，迤逦而下，林冠翻波。公园景观资源以“古文化、古道、古建筑、古树”的“四古”为主，有全国第一的文昌大庙和古柏林、古战场遗址，历代名人墨客留下的历史故事和诗词文章，森林公园体现出“古、奇、幽、深”的特色。

图117　七曲山国家森林公园（市住建委提供）

【盐亭县高山国家森林公园】 位于盐亭县，1993年经林业部批准建立，总面积837.87公顷，是综合性、城郊型国家森林公园。公园内生态环境优美，人文历史景观丰富，登高远眺，东凤凰，南宝莲，西香坛，北紫金，千峰竞秀，如众星拱月，俯瞰县城，碧水环抱，城景交融。

【龙门洞森林公园】 位于平武县，1992年经四川省林业厅批准建立，总面积267公顷。龙门洞水质清冽，是附近兴坪村和新建村的重要水源，经检测其中富含氯化钠、氧化钙和氯化氟等多种有益矿物质及微量元素，常年水温16℃，所处地形为山地、峡谷地形，周边有万亩林地，林地中盛开杜鹃花等花种，形成天然的生态氧吧，观光胜地。

【龙池坪森林公园】 位于平武县城北侧，1992年经四川省林业厅批准建立，总面积730公顷。公园内山峰高峭、山坡陡峻、沟谷深切，属中山深切割地貌，有国家保护一、二级动物30多种。

【北川国家森林公园】 位于北川羌族自治县，2012年9月经国家林业局批准建立，总面积3656公顷，由九皇山、药王谷和望禹坪三个部分组成。公园内的药王谷景区拥有世界上唯一的古辛夷花药树林200公顷，树龄大多在百年以上，最高树龄达500年，直径50厘米以上的有2000余株，是世界上最大的古辛夷花聚生地。　（周忠莉）

图118　千佛山杜鹃（市住建委提供）

文 化

Culture

概 述

2022年，绵阳市出台文旅行业纾困和促进消费相关措施，给予文旅企业一定奖金补助，支持文旅行业恢复发展。推动文化产业创新发展，探索以“授权”为核心的文博文创开发模式，5·12汶川特大地震纪念馆、两弹城等场馆引入市场运作方式，研发系列特色文创衍生品。持续涵养城市文化消费，推出越王楼沉浸式戏剧《名楼盛宴》。全市新增文体娱业规模以上企业15家，文体娱行业规模以上企业营业收入增长35.4%，高于全省26.7个百分点。推进群众文化活动，提升服务效能，北川羌族自治县民族艺术团获评全国先进基层文艺院团，梓潼县文化市场综合行政执法大队获评全国先进基层文化市场综合执法队伍。王旭、沈燕在四川省第二届乡村文化振兴魅力竞演大赛中，分别获评乡土文化能人、乡村代言人。

特色文化活动。2022年，绵阳市举办“城市恋歌”云上草地音乐会、“科创基金小镇·绵乐荟”文化共享空间等活动。遴选非遗产品、文创产品和原创文艺节目，参加“绵品出川”厦门站、东莞站、苏州站、衢州站展销对接。组织“在宽窄巷子遇见绵阳”宣传推广活动，举办“寻找绵阳最美非遗”活动、美拍绵阳摄影大赛、绵阳文旅抖音挑战赛等活动。

公共文化服务。2022年，绵阳市提高公共文化设施利用率，全市2000余个文化场馆实现免费开放。培育特色文化精品，少儿广播节目《小叮当》获国家广电总局2021年度优秀广播精品节目扶持项目。新增15个省级非遗项目。3个项目、3个个人获2022年度四川艺术基金扶持。印发《市级公共文化服务体系项目奖补管理办法（试行）》，举办“中国科技城·绵州讲坛”公益讲座、“绵州大舞台”惠民演出，组织市级文艺单位开展送文艺进基层演出等文化文艺活动；引进文物外展，并在北京、陕西、重庆等地举办专展。新增省级“非遗”项目15个。

文物保护。2022年，绵阳市对上争取文物保护项目8个（国保项目6个、省保项目2个），下达文物保护资金3424万元。推进长征国家文化公园绵阳段建设，修订完成《长征国家文化公园绵阳段建设保护规划》，编制完成千佛山战役遗址公园建设专项规划。5处文物保护单位纳入四川省第二批革命文物名录。

文化场馆建设。2022年，绵阳市组织实施市图书馆服务空间提升拓展工程，实施321个“五馆一站”免费开放等民生工程。新增登记备案专题类博物馆纪念馆7家。四川两弹城博物馆被明确为正处级单位，江油李白纪念馆机构升格为正科级单位。申报5个乡史村史和社区博物馆建设示范项目，江油市黑滩村村史馆入选省文旅公共服务项目优秀空间。

文化行业监管。2022年，绵阳市加强安全生产专项整治及隐患排查，出动执法人员1.5万人次，检查各类经营场所7000家次，消除各类安全隐患187处。组织开展全市娱乐场所证照情况摸排并进行分类处置。联合市直相关部门开展文物安全隐患专项检查，发现安全隐患24项，整改20项。严格广播电视和网络视听播前三审、重播重审和总编辑负责制，围绕保障党的二十大等重大活动，统筹抓好内容、播出、传输、设施、网络“五个安全”，完成全市安全播出保障专项工作。 （葛 佳）

群众文化

【概况】 2022年，绵阳市提高公共文化设施利用率，发挥图书馆、文化馆（站）、博物馆等在社会教育、文化传播、公共文化服务等方面的阵地作用。全市32个文化馆、图书馆、博物馆、美术馆，166个乡镇（街道）综合文化站（中心）和2069个村文化室全部实现免费开放，“城市十五分钟、乡村十里”公共文化服务圈进一步完善。承办全省乡村文化振兴魅力竞演大赛启动仪式，开展第二届乡村文化振兴魅力乡镇竞演，三台县潼川镇、游仙区小枧镇、安州区塔水镇、平武县白马藏族乡4个乡镇入选省级魅力乡镇，王旭、沈燕等11人入选省级乡土文化能人和代言人。四川杜智华农业有限公司杜志华（市级“非遗”项目智华皮蛋代表性传承人）入选全国2022年度乡村文化和旅游带头人（全国489人、全省20人）。11月21日，2022年四川省文旅公共服务高质量发展一批优秀品牌、一批优秀案例、一批优秀团队、一批优秀空间（简称“四个一批”）项目推荐结果公布，安州区图书馆“相约图书馆·温暖志愿行”入选优秀品牌，北川羌族自治县文广旅局“羌族草编研学体验活动”入选优秀案例，江油市黑滩村村史馆入选优秀空间。三台县文化执法大队、北川羌族自治县民族艺术团被中宣部表彰为第九届全国服务农民、服务基层文化建设先进集体。举办乡村文化旅游节，开展乡村文艺人才招引、基层文化专干培训、送文艺（戏曲）下乡等活动，乡镇（街道）综合文化站和村（社区）文化活动室全部免费开放。举办以“我们的中国梦·文化进万家”为主题的绵阳市2022年文化科技卫生“三下乡”集中示范活动。出台乡镇级片区公共文化设施规划导则编制指导意见。对标《四川省基本公共服务标准（2021版）》，形成绵阳市基本公共文化服务标准，印发实施《绵阳市基本公共服务标准》。绵阳市迎春诗会获评首批“四川省天府文旅”IP入库项目。

【文化惠民服务】 2022年，绵阳市实施321个“五馆一站”（公共图书馆、文化馆、美术馆、博物馆、纪念馆、文化站）免费开放和北川羌族自治县338个广播电视村村通工程向户户通工程升级后的运行维护两项省级民生工程任务。利用“线上+线下”方式，组织开展送文化下乡、阅读分享、图书漂流、线上文艺培训等文化惠民服务，开展迎接宣传贯彻党的二十大主题活动和传统节日特色文化活动，共举办350余场次，参与群众约120万人次。市文广旅局、市教体局联合印发《绵阳市利用文化旅游文物资源提升青少年素养实施方案》，整合资源打造一批青少年文化素养基地，促进青少年全面发展。选派基层文化专干64人参加省级专业培训，进一步提升服务基层群众能力。

【乡村文艺人才招引】 2022年，绵阳市印发《关于支持乡村文艺人才队伍发展的九条措施（暂行）》，明确由各县市区、园区统筹调剂100名县级事业编制，定向引进乡村文艺人才，逐步形成文艺门类较齐全、相对稳定的乡村文艺人才队伍。明确乡村文艺人才“县管乡用”，发放5万元—30万元安居补助，提供乡镇周转房、活动资金、文艺演出培训场所等，并在子女就学、家属就业等方面予以保障。面向社会公开发布乡村文艺人才岗位（事业编制），共吸引来自全国各类艺术院校、师范院校艺术专业大学本科以上毕业生667人报名参加面试，通过考核招聘定向引进乡村文艺人才54人。

【3个乡镇入选全省片区中心乡镇公共文化服务提质增效试点】 2022年5月6日，四川省委宣传部发布全省片区中心乡镇公共文化服务提质增效试点名单，绵阳市游仙区魏城镇、安州区桑枣镇、三台县芦溪镇3个乡镇入选全省片区中心乡镇公共文化服务提质增效试点名单。游仙区魏城镇以群众点单、基层报单、站所派单、志愿团队接单的“四单”模式，突出主题特色，打造“一站一品牌、一所一特色”，立足地方文化特色，助推“非遗”活态传承，统筹文旅融合，发展优势产业，带活乡村经济；安州区桑枣镇以特色文化为品牌，以“德行枣园·文进万家”乡风文明建设十大行动为基本形式，依托四川省特级文化站，辐射全镇的“十里文化圈”阵地建设，在节庆和农闲时组织开展形式多样的文化活动，深化“枣园大管家”文化服务品牌，创新公共文化服务方式，打通公共文化服务“最后一公里”；三台县芦溪镇充分整合辖区资源，完善公共文化设施，以文体演出、艺术培训、队伍建设、文艺创作等形式，创新服务保障模式，促进辖区公共文化服务均等化。立足地域文化资源，打造特色文化品牌，推行以“种文化”为核心的公共文化服务，带动产业振兴，推动文旅产业融合发展。

【绵阳市第二十一届迎春诗会】 2022年5月25日，绵阳市文广旅局、重庆市北碚区文旅委主办，市文化馆、重庆市北碚区文化馆、市群众文化学会承办的绵阳市第二十一届迎春诗会作品评奖工作结束。本届迎春诗会以“放歌新时代”为主题，共收到来自重庆、上海、天津、湖南等全国各省（区、市）应征作品300余件，活动历时3个月，经初评、复评、终审，共30件作品分获等级奖和优秀奖，其中作品《东升村》《鹧鸪天·过新农村见李花满坡》获一等奖，《以一株花的芳香散发人间》（组诗）、《奔跑的村庄》（组诗）等5件作品获二等奖，《鸽子花点亮羌乡》（组诗）等8件作品获三等奖，另有15件作品获优秀奖。

【第二届“向着幸福奋进”优秀文艺作品征集活动】 2022年10月24日，绵阳市文广旅局、重庆市北碚区文旅委主办，市文化馆、重庆市北碚区文化馆、市群众文化学会承办的第二届“向着幸福奋进”优秀文艺作品征集活动评选结果公布。活动自5月启动，共收到来自江苏、山东、安徽、四川等各省（市、区）应征文艺作品200余件，最终《春潮》等4件作品获得一等奖，《灿烂吧祖国的春天》等8件作品获得二等奖，《十七度的天堂》等11件作品获得三等奖，《最美的期待》等16件作品获得优秀奖。

【“科创基金小镇·绵乐荟”系列文化活动】 2022年11月15—16日，“科创基金小镇·绵乐荟”系列文化活动在科创基金小镇举办，活动由绵阳高新区管委会、市文广旅局主

图119　11月15—16日，“科创基金小镇·绵乐荟”系列文化活动在科创基金小镇举办（市文广旅局提供）

办，以“荟萃绵阳文化、乐享精致生活”为主题，构建“科技+文化”“金融+文化”的概念性新场景，通过“网络直播+现场互动”结合的方式，将科技、金融、文化元素穿透融合，跨界协同赋能，通过网络直播的方式开展城市音乐、咖啡电影、品质夜读等主题活动。绵阳的原创音乐人、乐队、舞团约100人参加此次活动。直播绵阳、FM103.3、绵阳文旅等5个线上平台实现直播观看数19.92万人次，点赞数15.13万人次。（李　娜　刘　欣）

文艺创作

【概况】 2022年，绵阳市创作排练《临行歌》《走在阳光的大道上》《夺补博春》《溯流而上》《心鼓》《邂姆依瑟》等文艺作品。原创剧目多媒体儿童剧《哪吒》、话剧《疫战中的婚约》、川剧《文昌第一福》在新疆维吾尔自治区、安徽省等演出，并参加四川省第二届“剧美天府”优秀剧目展演季活动、“‘艺’起前行·云端抗疫”优秀文艺作品线上展演活动、四川艺术基金云端展播活动。川剧团桂豪杰《踏纱帽》、吴杰《盗甲》参加四川省第六届青年川剧演员比赛并获得三等奖，仇小青、刘丹主演折子戏《失子惊疯》参加第五届川剧节。情景朗诵《我不能停下来》、小品《记得》入选第十三届全市党员教育电视片。文旅歌曲《梦里梦外是故乡》由省文旅厅、四川电视台文旅频道发布；原创音乐作品、网络视频《百年梦想》获得绵阳市2021年原创网宣作品展播活动优秀奖；原创歌曲《我是战士》在央视国防军事频道播出。微视剧《回乡创业》在由央视网、国家乡村振兴局、全国扶贫宣传教育中心主办的“巩固拓展脱贫成果，全面推进乡村振兴”主题视频展示活动中，获得三类作品奖，并在央视网展播。舞蹈诗剧《月明之处是吾乡》、儿童剧《少年大禹》，绵阳师范学院《献礼二十大：新时代藏族舞蹈创编人才培养》，西南科技大学（田彬华）《四川当代音乐评论实践》等项目获得2022年度四川艺术基金资助。

【2022年绵阳市春节综艺晚会】 2022年1月25日，绵阳市文广旅局主办

图120　6月18日，大型实景沉浸式戏剧《名楼盛宴》首演（市文广旅局提供）

的2022绵阳市春节综艺晚会在绵州大剧院完成录制。晚会时长约80分钟，分为序和《春回大地绵州美》《砥砺奋进新征程》2个篇章，共11个节目，节目由本土原创优秀文艺作品以及全国、省、市获奖文艺精品组成，涵盖歌舞、综艺、小品、说唱等文艺形式。节目以“幸福文明，欢乐祥和”为主线，通过回顾过去一年绵阳经济和社会事业取得的成就，展示绵阳城乡发展新貌和人民新生活，展望未来发展。晚会采用现场录播的方式，在春节前后通过电视台、网络平台上线向市民推送。

【《名楼盛宴》首演】 2022年6月18日，聂鑫任制作人，潘乃奇任总导演，吴瑜婷任总编剧，焦阳和赵心任导演，鱼航海任舞蹈编导的大型实景沉浸式戏剧《名楼盛宴》在越王楼首演。该剧以盛唐文化为底色，讲述李白、杜甫、王维、陈子昂、孟浩然、李商隐、王勃、薛涛等诗人的人生故事。该剧设计8条主线，观众以“宾客”身份在近距离观看演员表演的同时，见证历史的发生，探寻历史故事。

【《高山青·潼川情》首演】 2022年7月28日，原创音乐剧《高山青·潼川情》在绵州大剧院首次对外公开演出。作品根据歌曲《阿里山的姑娘》词作者邓禹平事迹创作，以音乐剧的艺术形式，讲述邓禹平和白玫跨越山河、跨越时间的恋情，书写出海峡两岸、人民对祖国统一的盼望。作品由绵阳剧作家唐虎编剧，音乐人颜伟作曲，是2021年度四川艺术基金大型舞台艺术创作资助项目，也是2020—2021年度四川省重点签约剧本。

【川剧名家折子戏专场展演】 2022年11月1—2日，绵阳市“礼赞新时代 奋进新征程”川剧名家折子戏专场展演在绵州大剧院上演，并通过直播方式播出。中国戏剧梅花奖得主、国家一级演员蒋淑梅，川剧须生表演艺术家、国家一级演员熊宪刚，中国戏剧家协会会员、国家一级演员刘世虎等登台献艺。来自绵阳、成都、遂宁、德阳等地的60余名川剧表演艺术家和演员们先后登台，演出《三娘教子》《长生殿》等14个经典剧目，线上点击量超20万次。 （曹本川）

公共图书馆

【概况】 2022年，绵阳市有公共图书馆10个。其中，市级公共图书馆1个、县（市、区）级公共图书馆9个。绵阳市图书馆始建于1922年，1985年升格为绵阳市图书馆，为国家一级图书馆，馆藏61.4万册（件）。有在编职工27人，其中专业技术人员22人（具有高级职称3人、中级职称11人）。免费向读者开放。市图书馆全年接待到馆读者约52万人次，新增读者9300余人，图书外借57.32万册，还书上架18.01万册。入藏图书5216种、1.02万册，期刊652种、7656册，报纸99种、1.7万份。接受捐赠图书3300册，期刊1种、12册，报纸1种、81册。采购数字资源25太字节，免费开放数据库16个、电子图书34万余册、电子中文科技期刊1.25万余种、电子中文社科期刊2500种，对外服务的电子资源总量达501太字节。官网浏览量7.54万次；微信公众号累计关注人数增长20.3%，推送图文信息288条、点击总次数14.7万余次。完成科技项目查新138项，代理论文查收查引影响因子查分区30篇，提供专题咨询服务168项次。

【阅读推广活动】 2022年，绵阳市开展阅读推广活动159场。其中，线上137场、线下22场，参与读者9.75万余人次。参与“4·23”读书日全民阅读系列活动，参与开展推荐评选“书香绵州·全民阅读”金牌推广人和第四届“书香之家”“你选书我买单”、公益讲座、小绵羊悦读、年度优秀读者和志愿者表彰等活动。开展“我们的节日”主题阅读推广活动，在春节、清明节、中秋节等传统佳节，开展“迎新年送春联”、清明网络公祭、图书馆员体验等活动9场，参与1700余人次。开展“中国科技城·绵州讲坛”公益讲座94场，其中线上76场、线下15场，参与1.21万余人次。举办线上展览38场、线下展览9场，参与6.2万余人次。举办诗词写作、书法、吟诵等各类公益培训56场，参与2600余人次。

【古籍和特藏文献库建设】 2022年，绵阳市持续开展党史、地方文史资料、地方人物著作、地震灾害等主题文献征集和整理归档工作，启动“两弹一星”、李白、大熊猫、“三线”文化等主题文献库建设工作。入藏《复兴文库》2套，地方文献302种、604册。市图书馆与市新闻出版局、市文联、市外事办、其他公共图书馆等单位联络，扩展来源渠道，交换文献25种、29册。获巴西驻华大使馆捐赠《趣巴西》50册。申报2022年四川省汉文古籍普查古籍修复专项资金项目。完成《绵阳县志》等3种、34册、7466页古籍的全数字化扫描工作。

【服务方式创新】 2022年，绵阳市图书馆开通微信视频号和在线办理读者证服务，推广数字图书馆使用指南、短视频导读、电子书荐读、线上读书会和线上少儿阅读活动等特色在线服务。通过微信公众号推出的单条信息《@绵阳人：居家不无聊，绵图书海任您翱!》阅读量创历史新高，当周微信微博指数排名全国图书馆榜第43，当季度微信传播指数排名全省市级图书馆第1；通过“绵阳观察”推出的单条信息《好书推荐 宅家“充电”，你悄悄惊艳所有人的机会来了……》阅读量破万次。以文献为中心向读者为中心的服务理念更新提升，整合“小绵羊悦读”“微信荐购”“知图志愿者”等服务品牌，启动“绵阅荟”服务总品牌建设，开展“绵阅荟”主题阅读活动56期，参与读者4.5万余人次，提升品牌知名度和参与度。

【安州区通过全省文化馆图书馆总分馆制建设试点效能评估】 2022年12月13日，安州区县级文化馆图书馆总分馆制建设试点工作通过省级效能评估，并获得省级公共文化服务体系建设专项资金（县级文化馆图书馆总分馆制试点项目）50万元。推行总分馆制，通过区域内队伍培训、器材设备等资源统筹，安州区基于“智网3000”图书管理软件，建成区图书馆总馆1个，建成图书馆分馆16个，其中乡镇分馆10个、社区分馆5个、村级分馆1个，总分馆之间实现数字资源共用共享、文献资源“通借通还”，读者凭借身份证、社保卡（电子社保卡）可免押金借阅图书。整合全区群众公共阅读资源，形成以区级图书馆为总馆，符合条件的乡镇综合文化站、社会机构为分馆的总分馆服务体系。（安文建）

图121　10月29日，抗震救灾精神宣讲团走进西南财经大学天府学院开展“牢记习近平总书记殷殷嘱托，从伟大抗震救灾精神中汲取奋斗青春的力量”主题宣讲活动（5·12汶川特大地震纪念馆提供）

5·12汶川特大地震纪念馆

【概况】　2022年，5·12汶川特大地震纪念馆接待社会公众68.2万人次。完成地震遗址本体保护及周边环境治理等项目，保障地震遗址安全；实施文物库房改造提升，建设标准文物库房2个；征集文献实物资料550件（套），录制亲历者口述采访视频20组。成立抗震救灾精神宣讲团和人才工作室，挖掘抗震救灾精神内涵。举办“地震纪念馆杯”“小小讲解员”及“七进”（进校园、进机关、进社区、进乡村、进企业、进军营、进网络）等主题活动，开展社教活动738场次。启动地震纪念馆主题陈展改展提升工程，举办临展4个，引进展览2个，举办巡展11场次。开展科研课题5项，发表科研论文8篇，提供科研服务29次。被中国科学技术学会复核认定为全国科普教育基地（2021—2025年）、被教育部办公厅、科技部办公厅联合认定为首批“大思政课”实践教学基地科学精神专题实践教学基地，北川老县城地震遗址列入四川省第二批不可移动革命文物名录，48件（套）珍贵文物入选四川省第二批可移动革命文物名录。

【北川老县城地震遗址保护】　2022年，5·12汶川特大地震纪念馆完成北川老县城地震遗址文物本体巡查320余次，采集照片2100余张。实施北川老县城地震遗址北川大酒店、K06商住楼（室外部分）文物加固保护项目，实施北川老县城东侧危岩群地质灾害治理、北川老县城堤防“8·15”水毁恢复重建工程等项目，西山坡地灾治理水毁修复、王家岩滑坡治理项目进入自然资源部项目库，完成老县城本体建筑预警监测项目方案设计、财政评审等工作。

【抗震救灾精神宣讲团】　2022年8月23日，绵阳市抗震救灾精神宣讲团及其工作室挂牌成立，首批成员共5人。编写、报审《从抗震救灾精神中汲取前行力量》宣讲提纲，宣讲团成员编制课程，在西南财经大学天府学院、中国民航飞行学院绵阳分院、四川幼儿师范高等专科学校等宣讲党的二十大精神、抗震救灾精神6场次，累计参与宣讲活动960人。

【“地震纪念馆杯”系列品牌活动】　2022年7月11—15日，5·12汶川特大地震纪念馆举办“地震纪念馆杯”小小讲解员暑期培训班，培训小小讲解员32人。11月3日，市委宣传部、市文明办、市社科联、市教体局和5·12汶川特大地震纪念馆在绵阳市青少年活动中心联合举办绵阳市第四届“地震纪念馆杯”爱国主义教育基地、社科普及基地小小讲解员比赛活动，决赛分为小学组和中学组进行，共56人参赛，小学组吴馨雨等10人、中学组黄思涵等10人被评为“十佳小小讲解员”。（赵建平）

图122　4月21日，5·12汶川特大地震纪念馆组织实施北川老县城地震遗址K06商住楼震损建筑保护加固建安工程（5·12汶川特大地震纪念馆提供）

文物·博物

【概况】 2022年，绵阳市建立文物、公安、消防、民宗等部门联合执法机制，协同开展打击文物犯罪、排查消防隐患等专项行动，净化全市文物保护大环境。文物管理部门联合消防、民宗等部门开展文物消防安全隐患专项等各类文物安全检查，检查文博单位153处，发现安全隐患24项，整改20项，建立整改台账，明确整改时间和责任人，确保整改到位。联合公安部门开展打击文物犯罪专项行动，共破获倒卖文物案、盗掘古墓葬案等19起，抓获嫌疑人26人，打掉文物犯罪团伙5个，追缴文物745件。其中，二级文物48件、三级文物245件、一般文物452件。至年底，全市共有不可移动文物4319处。其中，全国重点文物保护单位22处、省级文物保护单位69处、市级文物保护单位45处、县级文物保护单位303处、未核定公布为文物保护单位的不可移动文物3880处。有馆藏珍贵文物5495件。其中，一级文物83件、二级文物361件、三级文物5051件。在文物部门登记备案国有博物馆、纪念馆18家。其中，国家一级馆1家、国家二级馆2家，9家纳入中央免费开放资金补助范围。开设常展42个、临展67个，举行活动讲座141场，全年共接待游客164万余人次。梓潼两弹城、5·12汶川特大地震纪念馆入选全国首批453家“大思政课”实践教学基地名单。江油青林口古建筑群（青林口红军遗址群）、北川老县城地震遗址、三台张天汉烈士墓及纪念堂、三台潼川镇东岳庙、盐亭卧龙山红军亭5处文保单位和5·12汶川特大地震纪念馆的48件（套）文物入选四川省第二批革命文物名录。

2022年绵阳市全国重点文物保护单位一览表

表52

序号	文物保护单位名称	类别	年代	县（市、区）
1	河边九龙山崖墓群	古墓葬	汉代	涪城
2	鱼泉寺	古建筑	明代至清代	游仙
3	马鞍寺	古建筑	清代	游仙
4	平阳府君阙	古建筑	汉代	游仙
5	碧水寺摩崖造像	石窟寺及石刻	唐代	游仙
6	开禧寺	古建筑	明代至清代	安州
7	云岩寺	古建筑	宋代至清代	江油
8	青林口古建筑群	古建筑	清代	江油
9	老君山硝洞遗址	古遗址	明代至清代	江油
10	云台观	古建筑	明代至清代	三台
11	尊胜寺	古建筑	明代至清代	三台
12	潼川古城墙	古建筑	明代至清代	三台
13	郪江崖墓群	古墓葬	汉代	三台
14	卧龙千佛岩摩崖造像	石窟寺及石刻	唐代	梓潼
15	七曲山大庙	古建筑	元代至清代	梓潼
16	李业阙	古建筑	汉代	梓潼
17	平武报恩寺	古建筑	明代	平武
18	永平堡遗址	古遗址	明代	北川
19	蓝池庙	古建筑	明代至清代	三台
20	花林寺	古建筑	元代	盐亭
21	文星庙	古建筑	明代	盐亭
22	“三线”核武器研制基地旧址	近现代重要史迹及代表性建筑	1969年	梓潼

【文物保护】 2022年，绵阳市实施文物保护项目8个，下达文物保护资金3424万元，其中国家级文物保护项目6个、省级文物保护项目2个。对平武县报恩寺彩塑壁画修复、云台观修缮等6个文物工程工地进行实地检查，要求各地做好相关问题整改工作，确保工程顺利推进。50万元市级文物保护专项补助资金用于梓潼县双峰寺抢险工程、安州区天主教堂应急抢险加固工程、平阳府君阙安全维护项目。修复馆藏书画24幅。

【考古勘探发掘】 2022年，绵阳市开展抢救性考古发掘项目3项，发掘面积300余平方米，发掘明代墓葬3座，出土明代谷仓罐、陶盏等17件套文物标本。开展涪江流域（绵阳段）考古调查工作，完成江油、平武、三台、游仙全域调查，安州、北川、涪城部分区域完成调查，发现新石器时代遗址1处，商周至汉代遗址4处，宋至明清遗址10余处；发现制硝洞穴遗址1处，采集文物标本1000余件。开展平武西城门旅游开发项目文物考古调查勘探工作，调查勘探面积约5000平方米，出土一批明清时期陶片、瓷片文物资料，修复文物（标本）40余件（套）。

【革命文物保护】 2022年，绵阳市加强革命文物项目申报，申报青林口红军石刻标语修缮项目、北川红军31军总医院旧址保护提升项目等5个项目。推进长征国家文化公园绵阳段建设，修改完成《长征国家文化公园绵阳段建设保护规划》，指导编制北川千佛山战役遗址公园（绵阳段重要组成部分）保护建设规划，争取到国家专项资金2000万元，对战役遗址内现存60余条约3000米战壕和20余处碉堡进行抢救性保护，治理遗址区域内地质灾害。启动北川红31军总医院旧址和红军长征纪念馆展陈提升工作。开展革命纪念馆博物馆陈列布展专项检查，从展陈讲解、报批程序、基础设施及周边环境等方面进行综合检查，提出整改意见。江油青林口古建筑群（青林口红军遗址群）等不可移动革命文物12处，江油市文保中心1935年川陕苏区《红军歌谣集》手抄本等49件（套）文物入选绵阳市第一批革命文物名录。

【馆际交流】 2022年，绵阳市博物馆牵头策展的“涪城汉韵——四川绵阳市博物馆藏汉代精品文物展”“石破天惊——四川省绵阳市博物馆藏红军长征石刻标语拓片展”“土司遗珍——四川平武明代土司家族墓出土文物精品展”等6个主题展览，在福建闽越王城博物馆、廊坊博物馆、北京鲁迅博物馆、宝鸡青铜器博物馆、昆明市博物馆和大同市博物馆等场馆展出16场次。自主策划和引进举办“瓷航万里——福建古代外销瓷器展”“流光溢彩、国粹新颜——当代景泰蓝精品艺术展”“闽台遗墨——厦门市博物馆藏书画展”等临时展览16场次。

图123 涪城汉韵——四川绵阳市博物馆藏汉代精品文物展（市文广旅局提供）

【社会宣传教育】 2022年，全市博物馆加强馆校合作，推动社会宣传教育与旅游融合，将博物馆纳入全市精品旅游线路和研学旅行范围，推出博物馆“小小讲解员”“传统文化与博物馆”等研学社教项目，将旅游观光与文化活动结合，打造高质量的文化参观体验。其中5·12汶川特大地震纪念馆与绵阳飞行职业学院、绵阳职业技术学院、四川文化艺术学院等达成思政教育实践基地建设、科研基地建设等合作协议并开展研讨、研学实践等活动，为院校、科研机构提供科研服务29次；市博物馆与绵阳师范学院、西南科技大学、绵阳中学英才学校等学校合作建立“校馆合作”机制，在科普读本编写、文创研发、英文翻译、流动博物馆进校园等方面开展合作；李白纪念馆开展特色科普活动及“我们的节日”系列活动、文化扶贫等各类活动22次。

【“5·18”国际博物馆日活动】 2022年5月18日，全市以“博物馆的力量”为主题，组织开展国际博物馆日系列活动，推出蝴蝶泉边好梳妆——白族服饰精品展、曙光·伟业——五四运动与中国共产党的创立等6个线下临展，体验5·12汶川特大地震纪念馆、绵阳城市秀之绵阳博物馆等线上活动4场。其中市博物馆联合“直播绵阳”平台开展的文物讲解、文物修复“云参观”活动，参观达570万人次。 （顾晓燕）

非物质文化遗产保护

【概况】 2022年，绵阳市新增15项省级非物质文化遗产代表性项目（公示名录），全市有国家级非物质文化遗产代表性项目7项、省级非物质文化遗产代表性项目57项、市级非物质文化遗产代表性项目173项。完成国家级、省级“非遗”代表性传承人传承活动评估，其中国家级代表性传承人评估1人为优秀，省级代表性传承人评估5人优秀。加强绵阳“非遗”学术研究成果出版发行工作，出版发行《2022天府旅游美食〈绵阳非遗美食图册〉》等系列书籍，编撰完成《绵州梨园故事——绵阳川剧传承人口述史》。完成绵阳“非遗+科技展厅”建设工作。开展“文化进万家——视频直播家乡年”系列活动。组织开展2022年“文化和自然遗产日”绵阳市宣传展示活动暨“非遗购物节”、绵阳市“学习宣传贯彻党的二十大精神”川剧名家折子戏专场展演等“非遗”相关大型活动。推荐绵阳“非遗”项目和传承人走出去，完成“绵品出川”厦门站、苏州站、衢州站大型户外精品展活动。陈云珍获评2022四川“非遗”年度人物，高新区火炬第三小学《让“非遗”在守正创新中拔节生长》获评2022四川“非遗”进校园优秀案例。代表性传承人杜志华入选全国2022年度乡村文化和旅游带头人。全市有“非遗”产业62家，总产值8.6亿元，通过网络店铺、微信、抖音等线上销售2.12亿元，线下销售5.8亿元，创造年税收3000万余元。

2022年绵阳市国家级非物质文化遗产名录项目一览表

表53

序号	项目名称	区域	序号	项目名称	区域
1	抬阁（青林口高抬戏）	江油	5	禹的传说	北川
2	洞经音乐（文昌洞经古乐）	梓潼	6	口弦音乐	北川
3	豆豉酿制技艺（潼川豆豉酿制技艺）	三台	7	跳曹盖	平武
4	羌年	北川	—	—	—

2022年绵阳市省级非物质文化遗产名录项目一览表

表54

序号	项目名称	区域	序号	项目名称	区域
1	文昌出巡	梓潼	19	传统民居营造技艺（羌家石碉房与吊脚楼）	北川
2	灯戏（许家湾十二花灯戏）	北川	20	羌族碉楼营造技艺	北川
3	石刻工艺（雾山石刻）	江油	21	羌族碉楼营造技艺	平武
4	重华烟火架制作工艺	江油	22	大禹祭祀习俗	北川
5	蚕丝祖神传说	盐亭	23	睢水春社踩桥会	安州
6	羌族沙朗	北川	24	蚕姑庙会	盐亭
7	龙舞（盐亭桃子龙）	盐亭	25	灯舞（羌族麻龙马灯）	北川
8	耍蚕龙	盐亭	26	梓潼片粉制作技艺	梓潼
9	羌戈大战（羌族古典叙事长诗）	北川	27	梓潼酥饼制作技艺	梓潼
10	江河号子（涪江号子）	三台	28	郪江镇城隍庙会	三台
11	平武虎牙藏族斗牦牛	平武	29	羌族婚俗	北川
12	建中高跷狮灯	三台	30	龙舞（盐亭水龙）	盐亭
13	花灯（大新花灯）	梓潼	31	羌笛演奏技艺	北川
14	马鸣阳戏	梓潼	32	龙舞（盐亭梓江龙）	盐亭
15	羌族推杆	北川	33	羌族传统刺绣工艺	北川
16	羌族水磨漆艺	北川	34	羌族传统刺绣工艺	平武
17	四川手工剪纸（平武剪纸）	平武	35	毛笔制作技艺（炳林毛笔制作技艺）	涪城
18	四川手工剪纸（涪城剪纸）	涪城	36	蒸馏酒传统酿造技艺（玉米酒传统酿造技艺）	北川

续表54

序号	项目名称	区域	序号	项目名称	区域
37	太极五子衍宗丸制作技艺	游仙	48	木刻、木雕·书版（公示名录）	三台
38	聋派指画	游仙	49	金峰雄狮（公示名录）	涪城
39	铁索飞渡	江油	50	羌族草编制作工艺（公示名录）	北川
40	白马毡帽擀制技艺	平武	51	杜氏皮蛋腌制技艺（公示名录）	三台
41	被单戏	安州	52	岐伯行乡会（公示名录）	盐亭
42	四川绿茶制作技艺（羌族罐罐茶制作技艺）	北川	53	三台剪纸（公示名录）	三台
43	李白民间故事（公示名录）	江油	54	绵州吟诵（公示名录）	涪城
44	梓潼木刻、年画（公示名录）	梓潼	55	三台柳池土陶（公示名录）	三台
45	曹盖面具（公示名录）	平武	56	评书（公示名录）	安州
46	中坝口蘑酱油酿造工艺（公示名录）	江油	57	白马民歌（公示名录）	平武
47	平武套枣制作工艺（公示名录）	平武	—	—	—

2022年绵阳市市级非物质文化遗产名录项目一览表

表55

序号	项目名称	区域	序号	项目名称	区域
1	文昌神话传说	梓潼	19	皮影	游仙
2	白马人口头民间文学	平武	20	独角木偶	梓潼
3	哪吒故事及民俗	江油	21	唱道筒	安州
4	安县茶坪民歌	安州	22	打岔	北川
5	川北薅草锣鼓	江油	23	道情	梓潼
6	虎牙山歌	平武	24	金钱板	涪城
7	长卿彩船	梓潼	25	金钱板	三台
8	先锋莲宵	梓潼	26	竹琴	三台
9	火龙	安州	27	民间灶台画	安州
10	火龙	三台	28	画坛罐	安州
11	腰梆	北川	29	白马人花腰带制作技艺	平武
12	羊皮端公舞	北川	30	草纸制作技艺	安州
13	马马灯	三台	31	中坝附子栽培及炮制工艺	江油
14	猫猫舞	平武	32	炼硝工艺	江油
15	圆圆舞	平武	33	杨氏驱蛇术	安州
16	被单戏	梓潼	34	文昌庙会	梓潼
17	被单戏	江油	35	正河羌族文化村	北川
18	皮影	三台	36	羌族风俗	北川

续表55

序号	项目名称	区域	序号	项目名称	区域
37	白马风俗	平武	69	白马藏人咂酒制作工艺	平武
38	白马十八寨文化村	平武	70	洋芋糍粑制作工艺	平武
39	揪揪会	三台	71	陈年梅饯制作工艺	平武
40	龙抬头	三台	72	盔头制作工艺	三台
41	圌山庙会	江油	73	纸扎技艺	安州
42	云台观庙会	三台	74	红酥	安州
43	荞麦的传说	北川	75	焦鸭子	安州
44	鲁班的传说	三台	76	谷花糖	安州
45	文昌古籍	梓潼	77	鲜米粉	安州
46	羌族山歌	北川	78	民间验方	安州
47	羌族吹吹	北川	79	羌族转山会	北川
48	羌族响器	北川	80	千佛山佛祖庙会	北川
49	平武羌族民歌	平武	81	跳端公	安州
50	平武山歌	平武	82	道家丧葬习俗	安州
51	平武薅草锣鼓	平武	83	婚嫁习俗	三台
52	三台民歌	三台	84	婚嫁习俗	安州
53	青岭狮灯	梓潼	85	土建习俗	安州
54	高脚狮舞	北川	86	磨刀会	三台
55	羌族丧舞	北川	87	灵峰寺庙会	三台
56	羌族丧舞	平武	88	回龙传说	涪城
57	彩莲船	三台	89	文同传说	盐亭
58	评书	三台	90	杜甫的梓州传说	三台
59	金钱板	安州	91	大佛寺的传说	三台
60	民间棋艺	安州	92	石柱盘龙的传说	三台
61	梓潼木雕、泥塑	梓潼	93	藏丝洞的传说	盐亭
62	白马藏人剪纸	平武	94	郪城故事	三台
63	木刻、木雕·书版	北川	95	花花锣鼓	三台
64	建筑石雕	三台	96	石工号子	三台
65	鑫田粮艺	涪城	97	原始器乐（吹号、吹树叶）	安州
66	民间工艺云登	涪城	98	龙潭鼓乐	盐亭
67	金龙场折席制作技艺	梓潼	99	石牛火龙	梓潼
68	梓潼“十大碗”与梓潼镶碗	梓潼	100	虎牙藏族锅庄	平武

续表55

序号	项目名称	区域	序号	项目名称	区域
101	铁牛街川剧坐唱	涪城	133	邹氏古建木制作工艺	涪城
102	刘丽华清音	涪城	134	文昌年画	游仙
103	玉龙化石雕刻	涪城	135	高空杂技	游仙
104	天地九五堂葫芦雕绘	涪城	136	赵门武术	游仙
105	唐绣娘刺绣	涪城	137	月饼模制作技艺	涪城
106	糖画	盐亭	138	何氏吹糖人	涪城
107	糖画	梓潼	139	涪城面塑	涪城
108	肖氏漆艺	涪城	140	三台面塑	三台
109	桂华斋米花糖制作工艺	江油	141	川剧脸谱	游仙
110	麦冬酒酿制技艺	三台	142	绵阳拼布	涪城
111	许州凉粉	梓潼	143	青林口豆腐宴制作技艺	江油
112	吴氏宗族祭祖仪式	三台	144	黄杨木梳手工制作技艺	江油
113	马祖寺庙会	三台	145	涪城拓片技艺	涪城
114	虎牙藏人婚俗	平武	146	古陶瓷修复技艺	涪城
115	泗耳藏人婚俗（坐斗）	平武	147	鹅溪绢传统制作技艺	盐亭
116	文昌祭祀	梓潼	148	史派川菜	梓潼
117	黎雅高跷狮灯	梓潼	149	安州花庙土陶	安州
118	皮影戏	盐亭	150	罗氏按摩	梓潼
119	皮影戏	安州	151	文派宋氏金钢酒配制技艺	梓潼
120	评书	梓潼	152	“上九会”烧火龙灯	北川
121	金钱板	梓潼	153	三月三抢童子	北川
122	药王传说	北川	154	“六月十九”抬狗羞灵官·祭天耍水龙	北川
123	云集薅秧歌	江油	155	游仙川剧变脸	游仙
124	脱手变脸	涪城	156	三台川剧变脸	三台
125	上方大篆书法	涪城	157	李氏麦芽糖画	涪城
126	古蜀木艺	涪城	158	富乐糖画	游仙
127	古木造型技艺	游仙	159	赵氏草编	涪城
128	恒缘木雕	安州	160	李氏古艺石刻	涪城
129	张包蛋制作技艺	安州	161	杜氏根雕	盐亭
130	北川老腊肉制作技艺	北川	162	高灯泥塑	盐亭
131	羌茶手工制作技艺	北川	163	蜀派古琴演奏技艺	涪城
132	金鼓条粉手工制作技艺	三台	164	海灯武术	江油

续表55

序号	项目名称	区域	序号	项目名称	区域
165	上刀山技艺	平武	169	羊皮褂制作技艺	北川
166	窝窝店包子传统制作技艺	涪城	170	刘氏正骨疗法	三台
167	擀酥麻饼制作技艺	江油	171	刘氏正骨疗法	涪城
168	龙树汤羊肉	三台	172	史派川菜	涪城

【“非遗”四进工程】 2022年，绵阳市对18所第五批“绵阳市非物质文化遗产传习基地”和19所已建基地开展实地考察工作，召开2022年绵阳市“非遗”进校园座谈会。绵阳外国语实验学校完成“非遗”进校园课题研究结题工作。全市建成传习基地36所，新申报基地10余所，开展教学单位120余所，涉及“非遗”项目50余项。在复兴少年宫、杨家香草园、仙海风景区、西南科技大学、东辰幼儿园、三台立新镇、八角社区、绵州大剧院等地开展“非遗”进社区、学校、景区、乡镇活动11次，现场赠送“非遗”图书资料2000余本。

【文化和自然遗产日活动】 2022年6月11日，绵阳市2022年文化和自然遗产日“非遗”宣传展示活动在绵州大剧院举行。活动组织潼川豆豉、羌绣传统刺绣工艺、平武剪纸、梓潼酥饼制作技艺等20余个“非遗”项目进行展示、展销和互动体验，现场赠送《绵阳市“非遗”图典》《白马故事》《绵州故事》等书籍1000余本。省级“非遗”项目“铁索飞渡”代表性传承人杨力通过“抖音”平台，在江油市窦圌山景区开展“铁索飞渡”直播表演，现场销售当地“非遗”产品10余种，吸引近5000人次观看，点赞10.2万人次。围绕“连接现代生活 绽放迷人光彩”“文物保护：时代共进 人民共享”主题组织开展“文化和自然遗产日”（每年六月第二个星期六）系列活动，举办“非遗”宣传展示、“非遗”购物节、“非遗”进校园、“青春答卷——校园文创毕业设计作品展”、文博知识竞赛等活动30余场。“非遗”购物节销售产品100余万件（套），金额近3000万元。

【绵阳市第二届“非遗”作品展暨第四届民间工艺美术作品展】 2022年10月14日，市非物质文化遗产保护中心和市民间文艺家协会主办的“喜迎党的二十大 璀璨非遗展风采”绵阳市第二届“非遗”作品展暨第四届民间工艺美术作品展在线上开展。展览以民间手工技艺作品为主，围绕“科技之城、李白故里、熊猫家园”三张文化名片开展创作，共征集作品100余件，包含羌绣、剪纸、年画、木雕、烙画、石艺等10余个类别，最终选出80余件作品入展，在绵阳“非遗”保护中心官方网站和微信公众号上线。

【15个项目入选第六批省级“非遗”代表性项目】 2022年11月3日，四川省文旅厅公示第六批省级非物质文化遗产代表性项目名录推荐项目名单，绵阳15个项目入选。其中李白民间故事、白马民歌、曹盖面具等7个项目为新入选项目，金峰雄狮、梓潼木刻年画、三台剪纸等8个项目为扩展项目，涵盖民间文学、传统音乐、传统美术、传统技艺、传统舞蹈、曲艺、民俗等。

【“年味乡愁”绵阳“非遗”购物周活动】 2022年12月30日至2023年1月1日，绵阳市文广旅局主办的四川“非遗”直播购物节绵阳直播周暨“年味乡愁”绵阳非遗购物周活动在凯德广场举办，遴选擀酥麻饼、黄杨木梳、潼川豆豉等13家“非遗”文创企业参与线下销售活动，智华皮蛋、安州红酥、羌族罐罐茶等24家“非遗”企业参与线上直播购物活动。现场设置商品展销区、体验品鉴区、对接洽谈区、文艺展演区、互动打卡区，消费者除购买“非遗”产品外，现场体验节目展演和“非遗”制作技艺。（曹本川）

文化行政审批

【概况】 2022年，绵阳市文化行政审批工作围绕“放管服”改革主线，深化审批制度改革，推进“一窗受理、集成服务”“一网通办”“最多跑一次”等改革工作。运用四川一体化政务服务平台统一受理、办理和出件，部门依申请类政务服务事项承诺时限在法定时限基础上提速超90%，网上可办率达100%。全年累计办结行政审批事项71件，提供咨询服务600余人次，预约服务32次、上门服务12次、帮办代办26件，群众满意率100%。市文广旅局与省级主管部门签订事项委托书，在省政务服务一体化平台对下放委托事项进行配置和发布，明确下放审批事项的申请主体、申请条件、申报材料和申请流程。向咨询、申请企业提供预约服务，提醒企业及时登录省级管理平台，注意许可延续时限。全年共办理省级下放委托行政许可15件，群众满意率100%。

【“证照分离”改革】 2022年，绵阳市文化行政审批部门梳理涉及“证照分离”事项44项，其中4个事项取消审批，40个事项优化审批。取消对互联网上网服务营业场所的计算机数量限制，取消对游戏游艺娱乐场所的面积限制。审批时限普遍提速30%以上，文艺表演类事项申请、审批实现全程网上办理。对旅行社设立重要信息实行告知承诺制。梳理省、市两级行政权力事项动态调整清单中涉及本部门的行权事项，并对四川一体化政务服务平台中的事项目录进行动态调整、更新和发布。

【互联网+政务服务】 2022年，绵阳市文化行政审批部门依托省一体化政务服务平台办理审批业务，对平台事项实施清单实行动态管理，将行政审批事项、公共服务事项的申办条件、申办材料、承办时限，法律依据等信息通过政务服务网站、部门网站向社会公开发布。全面梳理省、市两级行政权力事项动态调整清单中涉及本部门的行权事项，并对四川一体化政务服务平台中的事项目录进行动态调整、更新和发布。按月归集行政许可信息，双公示累计发布信息50条。

【文旅企业服务】 2022年，绵阳市文广旅局定期通过部门网站和企业诉求管理平台发布涉企新闻信息，通过“绵企通”平台发布在线政策文件22条。按照“绵企通”政企服务平台建设需求梳理提供部门数据资源和惠企政策，针对新增的惠企政策编制申报指南，明确申报标准、办理程序、申报材料、业务咨询及监督投诉渠道，及时发布并动态维护。组织开展“企业服务月”活动，通过实地、电话的形式走访企业52家，收集相关建议、诉求100余条。配合“绵企通”平台整合企业信息，汇总提交全市文旅类企业信息1205家。结合企业诉求和实地调研，确保娱乐场所证照能办尽办。 （林 爽）

文化市场

【概况】 2022年，绵阳市文化市场监管部门持续开展文化市场整治行动，加强市场巡查，打击违法经营行为，规范文化市场经营秩序，确保文化市场环境安全有序。出动执法人员2.61万人次，检查网吧、歌舞厅、电子游艺厅、密室逃脱、剧本杀、文物、电影院等1.08万家次，巡查网站7100家次，没收非法出版物6800余册，收缴光盘1260张，拆除黑电台2处。一般程序行政处罚23件，其中罚款类案件10件，共罚款22.75万元，没收违法所得359.88元，没收非法出版物3878本，移送市公安机关3件；办理简易程序行政处罚48件，罚款类1件，罚款2000元。对四川省中乾建设工程有限公司擅自迁移、拆除不可移动文物胡氏祠堂（胡家宅）行为进行立案查处，罚款10万元。对当事人白某跃擅自拆除不可移动文物白家宅行为进行立案查处，罚款5万元。在第三届全国文化市场综合执法岗位练兵技能竞赛四川竞赛活动中，绵阳市参赛团队获得团体全能第二名、团体单项文书制作第三名、团体案件纠错第三名等3个团体奖项，2名执法人员收获3个个人奖项。

2022年绵阳市文化市场基本情况统计表

表56

产业分类	经营单位数量（家）	从业人员（人）	总资产额（万元）	年总收入（万元）
娱乐场所	182	1524	20619	10259
文艺表演团体	28	699	11613	2460
网　吧	310	1111	15869	7471
艺术品经营单位	4	13	300	80

【“双随机、一公开”监管工作】 2022年，绵阳市文广旅局调整完善“一清单两名录库”（随机抽查事项清单、市场主体名录库和综合执法人员名录库），对抽查事项、执法人员、市场主体名录进行实时更新。在全国文化技术与监管平台发起“双随机、一公开”抽查27次，抽取检查人数118人，抽取经营单位2013家。在省市场监管领域部门联合“双随机、一公开”监管平台发起“双随机、一公开”抽查13次，抽取检查人数6人，共抽取经营单位65家，涉及互联网上网服务营业场所、游艺娱乐场所、歌舞娱乐场所、艺术品经营单位、演出场所经营单位等市场主体单位。

【广电市场整治】 2022年，绵阳市组织开展广播电视广告播出、境外电视传播秩序专项整治、打击“黑电台”、网络视听节目传输、IPTV等专项整治活动9次，联合相关部门出动执法人员746人次、车辆170辆次，开展联合执法70次，排查电器经营商家、酒店（宾馆）620家次，拆除非法安装使用卫星地面接收设施44套，置换非法卫星地面接收设施49套；印发“绵阳市黑广播监听监测简报”12期，取缔查处“黑电台”3起。

【版权市场整治】 2022年，绵阳市持续开展新闻出版版权执法行动，开展新闻出版版权市场专项执法检查6次，出动执法人员8179人次，检查书店、邮政报亭、打字复印店、印刷企业3018家，办理新闻出版版权案件28件。市文广旅局联合市场监管、公安等部门对火车站花园批发市场等地开展涉冬奥商品销售版权巡查，严查涉嫌制作、销售涉冬奥侵权盗版衍生品的违法行为，对部分涉嫌销售“冰墩墩”儿童服装、玩具等侵权商品予以依法处理。 （孙 涛 顾 宏）

新闻出版与版权

【概况】 2022年，绵阳市有印刷企业227家，其中出版物印刷企业26家、数字印刷企业2家、包装装潢印刷企业65家、其他印刷企业134

家。新办印刷企业18家，其中出版物印刷企业2家、数字印刷企业1家、包装装潢印刷企业5家、其他印刷企业11家。19家其他印刷品印刷企业申请注销。完成印刷工业总产值16.87亿元，利润总额3964.95万元，印刷行业从业人员3946人。全市出版物发行单位（网点）443家，其中书刊零售单位297家、书报亭89家、音像电子出版物零售单位7家、网上书店50家，全年销售总量179.32万册（盘），销售总额6745.85万元，从业人员1030人。印刷企业、出版物发行单位实现利润总额4672.96万元。完善作品版权免费登记服务机制，加强服务站点建设，开展知识产权强企版权专项服务工作，为科技、文学和艺术创新主体提供登记确权服务。实有版权登记服务工作站13个，作品版权登记免费受理、初审1.22万件，完成作品版权免费登记1.13万件，登记数量增长16.47%。

【新闻出版行业监管】 2022年，绵阳市完成新闻出版统计年报工作、出版物发行单位年度核验工作和印刷企业年度报告工作，开展新闻记者证年度核验和3家记者站及25家连续性内部资料性出版物的年审、换证工作，召开报刊审读会4次，印发《绵阳市报刊审读工作简报》4期。优化政务服务，达到“最多跑一次”，实现“马上办、网上办、就近办、一次办”，共受理事项297件，办结事项297件，办结率和满意率达100%。清理非法有害出版物，出动执法人员8030余人次，检查出版物印刷、经营等单位3751家次，收缴各类违法出版物1.13万件。对全市备案网站、微信公众号、微博、融媒体平台开展网上集中巡查52次。组织开展冬奥版权保护集中行动、打击院线电影盗录传播集中行动、“青少年版权保护季”行动和打击网络侵权盗版“剑网2022”专项行动；开展第十届中国（绵阳）科技城国际科技博览会版权保护专项工作。全年共查办侵权盗版案件12件（2件全国挂牌督办案件）。

【版权宣传教育】 2022年，绵阳市加强版权宣传引导和普及教育，组织开展“4·26”全国知识产权宣传周版权宣传活动。组织开展绵阳市优秀版权奖提名推荐活动，遴选优秀作品奖、优秀保护奖和优秀成果转化奖24个。组织开展绵阳市大学生版权征文活动，评选出12个优秀版权学术论文奖，1个优秀组织奖。绵阳市推荐的版权学术论文在四川省大学生版权征文活动中获15个奖项。市版权局和西南科技大学被省版权局、省教育厅评为2022年四川省大学生版权征文优秀组织奖。

【软件正版化推广】 2022年，绵阳市持续加强软件正版化工作部署和推进，进一步扩大软件正版化检查考核覆盖面。绵阳市推进使用正版软件联席会议牵头召开联席会议，审议并印发年度工作计划；组织召开软件正版化工作培训会，委托第三方机构开展软件正版化工作全覆盖检查。组织开展软件正版化工作培训15期（次），参训1291人次。全年新增办公计算机正版软件许可（授权）1.88万个，游仙、三台、盐亭、安州等地党政机关办公软件正版化实现全覆盖。

【“书香绵州”全民阅读活动】 2022年，绵阳市举办纪念“4·23”世界读书日暨2022年“书香绵州·全民阅读”“绿书签2022”启动仪式，评选出绵阳市第四届“书香之家”10个和“书香绵州·全民阅读”金牌推广人10人，推出“绵州读书会”10个，王传闻、王晓阳、张义3个家庭被评为四川省“书香之家”，王传闻、王智群、贾鲁蓉、赵斌、王远晶5人被评为“书香天府·全民阅读”金牌推广人。持续推进农家书屋改革创新、提质增效，组织开展“永远跟党走·书香伴小康”农民读书网上征文，18件作品入选省“农民读书月”网上征文活动优秀作品。开展2022年“我的书屋·我的梦”农村少年儿童阅读实践活动，评选绵阳市优秀作品239件。

（于鹏飞）

广播电视

【概况】 2022年，全市有融媒体中心（广播电视台）10个、广电网络公司11个、公共广播8套、公共电视9套，广播综合覆盖率100%，电视综合覆盖率100%；有线高清数字电视机顶盒在网用户35万户，高清机顶盒用户比2021年减少2.8%，高清机顶盒渗透率85%，广电网络传输高清电视节目82套。完成全市地面数字电视700兆赫迁移工作，完成DS-19、DS-30中央和省级地面数字电视发射设备安装。开展2021年度优秀广播电视暨新媒体节目评审活动、2022年播音主持节目评议暨创新创优节目研讨会，共评出优秀奖作品52件、提名奖78件。完成电视剧《一路向前》的拍摄制作并取得发行许可证。广电192商用手机号正式放号，累计用户达2.2万户。三台县创建成为2022年度省级智慧广电示范区，三台县《智慧广电乡村工程管理平台建设设计方案》被评为2022年四川网络综合治理数字化应用场景优秀解决方案。北川羌族自治县、安州区、江油市、盐亭县完成应急广播体系建设工作。“文旅绵阳”App为市内外近6万名用户免费提供本地公共文化数字化服务和信息3.28万条，累计点击量187.33万人次。迁改广播电视线路235处、1223千米；加强绵阳城区新建住宅小区广播电视有线电视系统建设，开展有线电视系统工程验收工作，累计完成验收42个小区、2.24万户。

【节目创优创新】 2022年，绵阳市广播电视台少儿广播节目《小叮当》获得国家广播电视总局2021年度优秀广播精品节目扶持项目，并获得4万元资金扶持。组织开展绵阳市2021年度优秀广播电视暨新媒体节目评审活动，收到广播电视播出机构选送的广播电视作品132件，评出优秀作品40件、提名作品56件。组织开展2022年播音主持节目评议暨创新创优节目研讨会，收到播音主持节目作品43件，评出优秀作品

12件、提名作品22件。组织广播电视播出机构参加“2021年度四川新闻奖”评选，绵阳市广播电视台的电视消息《保护生物多样性　植物界的“大熊猫”在绵阳重获新生》《突破“卡脖子”技术　首台国产核医学影像关键设备在绵阳发布》等5件作品获三等奖。15件作品获2021年度四川省首届县级融媒体新闻奖，其中平武县融媒体中心的《平武王朗首次拍到雪山之王——雪豹》等5件作品获一等奖，北川羌族自治县融媒体中心的《陈云珍：指尖上的“筑梦人”》等4件作品获二等奖，江油市融媒体中心的《别让政务App成摆设》等6件作品获三等奖。组织开展“我们的新时代”主题公益广告作品创作展播活动，征集优秀公益广告作品71件，其中电视类作品47个、广播类作品24个。组织开展“中国梦”作品征集、网络视听节目季度推优等工作，13件作品获奖，其中安州区融媒体中心创作的网络纪录片《咱村的“兴”花样》入选网络视听作品优秀选题，并被重点扶持；梓潼县融媒体中心申报纪录片《初心》获省广播电视局优秀奖。

【“高清绵阳　智慧广电”建设】2022年，游仙区“智慧广电示范区”建设项目完成1个智慧广电综合运用区级平台和4个子项目（游仙区智慧广电示范区——智慧广电+媒体融合、游仙区智慧广电示范区——智慧广电+乡村旅游、游仙区智慧广电示范区——智慧广电+数字农服、游仙区智慧广电示范区——智慧广电+智慧党建）建设。《三台县智慧广电乡村工程管理平台设计方案》被纳入2022四川省网络综合治理数字化应用场景优秀解决方案名单，三台县获得四川省广播电视局“智慧广电示范区”项目建设支持。

【广电惠民服务活动】　2022年1月28日至2月28日，绵阳市委宣传部、市文广旅局主办的以“智慧广电进乡村·惠民服务助振兴”为主题的绵阳市第三届“广电惠民服务月”活动举行，从解决群众关心的服务便捷性和及时性问题着手，开展包括千村集中服务，保障收视上网质量；服务特殊群体，关怀老弱留守家庭；“办实事·送温暖”现场活动；发放智慧惠民补贴，助力智慧服务覆盖；集中整村网改网优，实施千兆宽带入村；打造5G智慧社区，推动智慧广电落地在内的6项惠民服务活动。

【网络视听作品征集传播活动】2022年2—6月，绵阳市组织开展以“时代光影　百部川扬”为主题的网络视听作品征集传播活动。活动有乡村之美、城市之光、文旅之乐等10个主题内容，共征集作品81件。经广播影视学会专家评审，评出优秀奖作品22件，其中短视频《匠心筑梦新时代》《马家巷》2件作品获省广电局提名奖，绵阳市文广旅局被省广电局评为2022年度“时代光影　百部川扬”网络视听作品征集传播活动优秀组织单位、2022年度网络视听创作播出和组织管理优秀单位。

【四川广播电视台川北（绵阳）分社成立】　2022年4月19日，四川广播电视台川北（绵阳）分社成立暨揭牌仪式举行。省委常委、市委书记曹立军，四川广播电视台党委书记、台长刘成安出席并致辞。四川广播电视台集中优质资源，支持川北（绵阳）分社建设，聚焦主题主线，宣传绵阳加快建设中国科技城、国家科技创新先行示范区等生动实践，把绵阳贯彻落实中央大政方针、省委和省政府决策部署的经验做法推介好、宣传好；深化与绵阳在更多领域的战略合作，提升绵阳的知名度美誉度，扩大绵阳在全省经济社会发展大局中的影响力带动力。

图124　4月19日，四川广播电视台川北（绵阳）分社成立（市广播电视台提供）

【“强国复兴有我”音乐党史课】2022年7—12月，由绵阳市委宣传部、市委党史研究室、市直机关工委、团市委、市广播电视台联合主办的“强国复兴有我”——音乐党史课宣传教育活动在全市开展。音乐党史课共分为《序章　青春之我》《理想如炬　“我们都是追梦人”》《不忘初心　“我将无我　不负人民”》《平凡铸就伟大　“每个人都了不起”》《复兴强国　“撸起袖子加油干”》《尾声　奋斗有我》6个部分，通过真实历史事件，回顾中国共产党百年发展历程中经历的难忘瞬间，展现历代党员不怕牺牲突破重重阻碍取得成功的不服输精神，将经典音乐与党史学习教育有机融合，用艺术语言讲红色文化。“强国复兴有我”音乐党史课系列活动采用线上+线下方式，走进机关、企业、社区等，打造新时代思政课堂，活动共开展22场，观众达5000人。　（王　潜　陈科有）

电影市场

【概况】 2022年，绵阳市争取省级文化产业和宣传文化事业专项资金项目11个，资金462万元，下发省市级电影事业资金和影院补助、优秀文艺作品和文艺项目扶持资金916.3万元。有院线影院53家，其中新开影院5家，新增座位3601个、银幕36块。院线影院票房收入1.32亿元，观影人数350万人。通过“云闪付”App将影院纳入文旅消费券专项板块，将影院座位消费纳入优惠范围。

【农村公益电影】 2022年，绵阳市安全放映25144场农村公益电影，受惠群众130万余人。开展“强国复兴有我”“‘新时代 新跨越’红色经典影片进乡村”“学百年党史”等主题观影活动共计365场。

【电影《周永开》拍摄制作】 2022年1月，电影《周永开》开拍，7月完成制作。电影由江油籍导演聂云鑫、平武籍导演兰城序联合执导。该剧讲述“全国优秀共产党员”“七一勋章”获得者、原达县地委宣传部部长、达川地委副书记、达州市纪委书记周永开的奋斗人生，展现共产党人“不忘初心、牢记使命”“一生忠于党，赤诚为人民”的崇高品格。（于鹏飞）

报 业

【概况】 2022年，绵阳日报社全媒体平台开设《奋进新征程 建功新时代》《中国共产党第二十次全国代表大会特别报道》《学习贯彻党的二十大精神特别报道》等总栏目，下设若干子栏目，全方位宣传报道全市学习宣传贯彻党的二十大精神相关活动，刊发相关稿件千余篇（次）。开展“真抓实干，狠抓落实，努力干出绵阳发展新天地”大型主题报道，聚焦双招双引、营商环境、“五市战略”、“三推”活动、园区高质量发展、拼经济搞建设等中心工作、重点工作。全年推出重点专栏专题报道49组，刊发稿件1300多篇，其中重大主题报道470余篇（组）。

【品牌栏目打造】 2022年，绵阳日报社全力打造“绵观辣1度”“绵观深1度”“绵观锐1度”3个栏目，形成舆论监督、深度报道、重头评论品牌栏目。“绵观三度”稿件在《绵阳观察》《绵阳日报》等媒体同步刊发。人民日报社主办的《新闻战线》以《抓好融媒体时代的评论生产》为题，介绍推广“绵观锐1度”的经验。

【全媒体融合发展】 2022年，绵阳日报社加强平台建设，办精《绵阳日报》，做强《绵阳观察》，壮大媒体矩阵。《绵阳日报》持续实施版面改革，强化版面策划，进一步提高报纸印刷质量。《绵阳观察》以打造百万级用户为目标，加大品牌推广和用户发展力度，用户总数超过64万户。全面提升绵阳日报社官方微信、抖音号、手机报等新媒体平台，按照差异化运营的思路，优化内容设置，强化传播效果，凸显平台特色。形成以《绵阳日报》《绵阳观察》为龙头、用户总数逾500万户的全媒体传播矩阵。突出移动优先、视频优先，加速推进“纸媒编辑记者”向“全媒体编辑记者”转型，提升可视化内容生产能力，各平台推出直播、海报、短视频、图解等新媒体作品，其中制作发布视频2105条次，增长114%。推行“技术强基计划”，融媒体大数据中心（一期工程）投入使用，自筹资金100万元建设的多媒体演播室建成。（何 艳）

互联网与新媒体

【概况】 2022年，绵阳市开展“传承红色基因·汲取奋进力量”“时代光影·百部川扬”等网络宣传活动加强网络文明建设，明确工作任务，制作新媒体产品23个。探索建立网站信息服务等级评定制度，全市22家网站平台被评定为“三星”（优秀）等次，4家网站平台被评定为“两星”（良好）等次。印发《关于加强属地网站日常监管的通知》，梳理辖区网站基本情况，建立工作台账，对各类网站进行分类管理，督促建立完善网络平台日常联络、巡查监看、工作例会、教育培训、情况通报等制度。建立绵阳市互联网新闻信息服务失信黑名单制度，督促互联网新闻信息服务单位和有关从业人员依法从事互联网新闻信息服务，维护互联网新闻信息服务秩序。开展各类专项整治，约谈属地网站和自媒体主要负责人5次，整改网站190家，关停违法违规网站12家，关闭违规账号37个。

【互联网中心建设】 2022年，绵阳市9家县级融媒体中心加挂互联网信息中心牌子，赋予部分网信职能，增强网络舆论收集、引导、处置能力。举办全市互联网信息中心工作推进会，推动县级融媒体中心履行网信工作职能。打造媒体矩阵，生产具有传播力、影响力、引导力、公信力的新媒体拳头产品；打造“指尖上的政务服务中心”，托管各级各部门的新媒体平台，简化政务服务办事流程，提高群众诉求解决效率；建立县融媒体中心与舆情中心、责任单位的联合处置机制，做到舆情信息共享，形成重大舆情联合处置的工作运行机制。

【自媒体管理】 2022年，绵阳市各类自媒体达8万余家，成立绵阳市自媒体协会，强化自媒体行业自我约束、自我管理、自我服务。召开自媒体人士迎春座谈会、喜迎党的二十大自媒体座谈会，李子柒等22名自媒体代表参加会议并发言交流。开展“自媒体见证绵阳发展”系列宣传活动12次，发稿165篇，浏览量达500万次。组织15家自媒体参加四川省“直播天府”乡村网络直播人才培育行动，提升自媒体从业人员实操能力。召开自媒体规范管理业务培训会，教育自媒体依法合规运营，加强自媒体规范管理，促进自媒体行业健康有序发展。

图125　1月26日，2022年绵阳市自媒体人士迎春座谈会召开（市委网信办提供）

【网络宣传与文艺作品创作】　2022年，绵阳市开展“金融好网民”活动，增强网民金融知识水平和识骗防骗能力，受众覆盖率达8万余人，开展“巾帼好网民”活动，举办“Show美绵阳巾帼”大讲堂1000余场，覆盖各类妇女群体10万余人。开展全市网络文艺作品征集活动。征集到网络文艺作品69个，内容包括诗歌、纪录片、小说、歌曲等，体裁涉及食品、音频、文字等，推选3个作品参选优秀文艺作品扶持对象，网络文艺作品《理想照耀三台》获得二等奖。　（刘耘巧）

社会科学

【概况】　2022年，绵阳市社科联开展社科研究、社科普及、决策咨询、智库建设等工作。综合工作、智库建设、社科普及和社科信息4项工作获省社科联通报表扬，系全省市（州）社科联最多。获得全国社科组织先进单位，市社科联、四川新时代党建创新研究中心等4个社科组织和谭晓华、董晓辉、景明3人获全国大中城市社科联工作会议表彰。新建“四川城乡融合研究中心”“四川党风廉政与治理研究中心”等市级社科研究中心6个，共建成市级以上社科研究中心44个。西南科技大学“绿色材料发展与创新重点实验室”获批全省首批哲学社会科学重点实验室（培育）。召开“绵阳山桐子产业发展座谈会”“加快打造百亿米粉产业集群”“推进我市社会企业发展座谈会”等专题会议，督促推进研究成果应用转化。举办“巴蜀文化对李白的影响”专题讲座。王右木革命事迹普及基地等2个省级社科普及基地获授牌，评审认定李调元文化等市级社科普及基地5个。“中国科技城·绵州讲坛”线上线下举办活动30余场，组织开展社科普及活动100余场次。

【社科研究】　2022年，绵阳市国家社科基金项目立项13项、结项6项，省部级项目立项49项、结项34项。规划年度市级社科研究项目261项，其中研究绵阳的课题达78%；设立“李白故里文旅融合”“绵阳基础教育发展研究”等专项课题13批，立项192项、结项76项。培养社科研究后备人才300余人。设立“学习贯彻党的二十大精神”“学习贯彻习近平总书记来川视察重要指示精神和省第十二次党代会精神”研究阐释专项，推出一批重点理论研究成果，《中国共产党人精神谱系视域中科学家精神的价值意蕴和践行路径研究》等4项研究阐释成果获国家社科基金项目立项，《“两弹一星”精神融入高校思想政治理论课教学研究》等7项成果获省社科研究规划立项。开展全市第十八次社会科学优秀科研成果评奖，从650余项初评成果中评出《创新驱动发展战略下高校科技创新理论与实践》等200项优秀成果。汇编《智库文萃（2022）》上中下册，收录研究成果251篇150余万字。《重要成果专报——关于重视“国家测绘总局第三分局三线旧址”保护与利用的建议》《决策咨询建议——关于将山桐子作为山区乡村振兴产业化项目推广的建议》等12项成果得到市级以上领导签批16人次，其中市委、市政府主要领导签批9项，肯定性签批5项。开展研讨征文活动2次，征集“抗震救灾精神系列研究论文”40余篇，征集“建功新时代喜迎二十大”论文60余篇。

【决策咨询】　2022年，绵阳市完成决策咨询课题报告和专项建议12期，6项研究成果得到市级领导签批。其中《关于将山桐子作为山区乡村振兴产业化项目推广的建议之二》《关于加快我市社会企业发展化解基层治理难点的建议》《绵阳新能源汽车产业发展重大战略机遇期研究》等5项研究成果得到市委、市政府主要领导签批，并批转有关领导和部门阅研。多条建议被绵阳高新区、经开区、市委政研室等部门（单位）借鉴采纳。《绵阳协同打造成渝绵“创新金三角”创新路径研究》《关于开发利用绵阳地质旅游资源的几点建议》2篇报告建议被省政府办公厅主管、省决咨委办公室主办的《决策咨询》2022年第5期刊用。组织有关专家对《绵阳妇女儿童发展纲要（2021—2030年）》送审稿开展咨询论证。

【第二届“数字经济与管理创新”学术论坛】　2022年10月29—30日，第二届“数字经济与管理创新”学术论坛暨四川信息管理与服务研究中心学术年会（2022）在西南科技大学举办。全国MBA教学指导委员会秘书处办公室主任王萍，西南科技大学副校长苏伟洲，市社科联党组书记、主席梁茂分别致辞，经济管理学院院长宋加山主持，论坛采取线上线下结合方式进行。围绕“数字经济与企业管理”主题，探讨数字创新、创业管理和企业管理实践中的问题，交流数字创新为企业管理和发展带来的重大影响以及未来发展趋势。东北财经大学副校长汪旭晖、南开大学商学院院长白长虹、北京交通大学经济管理学院副院长张明玉、西南科技大学数据科学与管理决策研究所所长黄星、四川信息管理与服务研究中心主任庞建刚分别作报告。

【“彰显三国文化底蕴，提升绵阳城市魅力”专题研讨会】 2022年11月17日，由绵阳市社科联主办，市图书情报学会、市三国演义学会承办的“彰显三国文化底蕴，提升绵阳城市魅力”专题研讨会召开。会议着眼提升绵阳城市品质，促进文旅融合，探讨推动三国蜀汉优秀传统文化创新性发展、创造性转化的策略与方法。市三国演义学会名誉会长高显齐、李德书、会长唐光孝等8位专家学者作专题发言，高校代表、县市区社科联代表交流发言。市级文教类社科组织负责人、部分其他类社科组织特邀代表等40余人参加会议。

【“加快打造百亿米粉产业集群”研讨会】 2022年12月7日，由绵阳市社科联主办，市商务协会、市商务经济研究会承办，市米粉产业行业协会协办的“加快打造百亿米粉产业集群”研讨活动举行。与会专家学者围绕绵阳米粉发展现状、打造绵阳百亿米粉产业前景规划、发展过程中存在的机遇与挑战，开展交流探讨。活动实地走访调研绵阳馥玺食品有限公司，参观绵阳米粉从传统手工作坊到现代化生产线的发展历程；调研四川万高达味食品有限公司，查看绵阳米粉调料包、预制产品生产过程。西南科技大学教授、市食品产业专家委员会主任敬采云，以《绵阳米粉百亿产业的发展思路及对策建议》为题作发言。与会专家从金融、供销产业链、食品安全、米粉行业标准、米粉品牌建设、宣传推广等方面进行交流发言。四川循环经济研究中心、四川县域经济发展研究中心、四川城乡融合研究中心等社科经济类成员单位代表和米粉行业特邀专家等30余人参加研讨活动。

（向　鑫）

档案管理

【概况】 2022年，绵阳市档案馆创新推动档案服务能力建设，各项工作保持高质量发展态势，获评全省“千人读档”活动优秀组织奖，被确定为协办全省“千人读档”第二季活动的唯一市州档案馆以及全省档案资源建设工作座谈会的承办单位，档案文化建设和档案开放审核工作成果在全省推广。配合制定“十四五”全市档案事业发展奋斗目标和重点任务，做好档案滚动移交、“三合一制度”试点和档案行政执法工作。推进爱国主义教育基地建设工作，组成工作专班，开展馆藏档案排查、历史档案收集、展陈大纲编制工作。筹办的“千年绵州·辉煌绵阳”主题基本陈列展归集2000余件备展档案文献，基本完成展陈初步设计方案。开展中央档案馆和省档案馆授权举办的“不忘初心、牢记使命”主题档案文献展，至年底，共接待20批次、700人次观展。12月，市档案馆红色档案文献教育展示基地被正式命名为“绵阳市中共党史教育基地”。

【档案资源建设】 2022年，《绵阳市档案馆档案征集管理办法》出台，梳理优化档案接收征集工作操作流程，接收进馆长虹公司、市中心医院、市农科院等7家单位的文书档案，市第八次党代会、历届科博会、疫情防控等重大活动档案以及企业注吊销档案、诉讼档案。从第一历史档案馆仿真复制重要清代宫廷档案5件，从省档案馆复制拷贝直接反映绵阳市历史的清代档案44件。征集各类荣誉实物档案540件，周玉清、龚学渊等捐赠档案100余件，收集中华人民共和国成立以来省级以上先进集体和劳动模范数据2000余条。全年共接收纸质档案12万件，档案数字化副本180万幅，质检纸质档案6万件。

【档案文化宣传】 2022年，绵阳市组织推进“千人读档”活动，选送的读档视频在“学习强国”学习平台、全省档案系统、黄河流域档案系统展播。组织开展“喜迎二十大、档案颂辉煌”“用展览诠释初心使命，以行动迎接盛会召开”“打卡我心中的档案馆”等系列档案特色活动，举办“学批示、悟思想、见行动”档案知识竞赛暨“践行一线工作法”签名活动。举办“印记100”川渝地区档案馆馆藏红色珍档巡展、党的历次全国代表大会、绵阳历次党代会档案主题展，发放档案宣传资料1000余份，提供现场咨询服务400余人次。建成涵盖红色文化、党建文化、廉政文化、绵阳战略、绵阳形象等重要内容的“机关文化走廊”。绵阳市档案馆微信公众号于11月上线。

【档案信息化建设】 2022年，绵阳市抓好馆藏档案案卷级目录数据库建设，增录馆藏档案案卷级目录2498条；加大档案电子副本接收力度，接收档案电子副本数据130G，检测馆藏数据光盘400张，完成2.4万条档案数据挂接；编制《绵阳市数字档案馆建设项目建议书》《绵阳市数字档案馆建设方案》，绵阳市数字档案馆建设项目被纳入市政务信息化建设项目，建设方案通过评审。

【档案利用服务】 2022年，市档案馆共接待查档群众3000人次，检索档案4万件次，提供档案复制件5000页，提供异地档案利用170例。创办《档案资政》内参专刊，并同步建立起定期出刊的编印机制，编印《绵阳科技城建设纪略》《绵阳地区1981年“7·13”特大洪灾》《中国共产党历次全国代表大会》3期《档案资政》，分送至市委、市政府领导及相关市直部门，在服务各项工作中发挥资政参考作用。

【档案安全保障】 2022年，全市开展档案馆安全风险评估和排查，常态化抓好安全管理工作，定期进行应急消防演练和安全专项检查，开展节前、极端气候期间专题安全检查6次，例行安全检查12次。处置解决库房外墙门窗，库内照明等安全隐患，对12万件、6000盒档案进行消毒杀虫处理。建成100平方米特藏库，加强档案服务外包过程中的安全监管，强化机房管理、档案数据检测、档案信息系统维护等安全和保密措施，开展数据备份，确保档案实体和信息的绝对安全。

（吴 静）

党史研究

【概况】 2022年，中共绵阳市委党史研究室完成《中共四川省委执政实录》2021年卷绵阳部分、抗美援朝资料和抗美援朝老战士口述史绵阳部分、《四川省红色交通史》部分资料、“两路”精神相关资料征集、上报工作。完成《红军长征在四川大事记》绵阳部分审读工作、《中国共产党绵阳执政实录》2021年卷编撰工作、《全面建成小康社会的绵阳实践》党史资政专报撰写上报工作、《中国共产党绵阳历史大事记》2022年1—11月编写工作。举办纪念王右木135周年诞辰座谈会，组织全市史志系统参加“建功新时代 喜迎二十大”主题征文活动，征集论文60篇，遴选论文30篇并汇编成论文集。

【党史宣教阵地建设】 2022年，绵阳市召开党史地方志宣传教育培训会，完成革命历史类纪念设施专项核查工作，现场指导12个县（市、区）纪念场馆布展内容。完成689个绵阳红色遗址普查点位清单编制工作，将146处红色资源点位纳入省级红色资源拟申报名单。参与绵阳市三线建设博物馆展陈文物和资料征集工作，完善绵阳市烈士陵园二期工程规划设计审核和浮雕墙展示内容，提升改造中共绵阳历史展览馆。谭德政纪念园、三台红色交通馆获评市级党史教育基地、涪城区“跃进路·三线建设记忆馆”市级党史教育示范点。

【党史宣传教育】 2022年，中共绵阳市委党史研究室与市委组织部、市委宣传部联合举办“奋进新征程 建功新时代——绵阳市庆祝中国共产党第二十次代表大会胜利召开主题成就展”线上展览。采用VR技术，辅以AI语音、视频等多媒体技术，精选近300幅图片、10处图表和约1万字文字说明，展示党的十八大以来绵阳的奋进历程和发展成就，观展近70万人次。在人民公园、南山公园、富乐山公园、西山公园、科技城人才公园举办“奋进新征程 建功新时代·强国复兴有我——中国共产党历届全国代表大会展览”，现场参观近60万人次。举办“建功新时代 喜迎二十大”主题征文活动，征集论文60篇，遴选论文30篇并汇编成论文集。与市委组织部、凤凰网科技城频道联合摄制6集党史宣传教育纪录片，分别在市电视台、凤凰网科技城频道、智慧党建平台“科技城先锋”App、绵阳党员教育IPTV频道等展播。与市电视台联合设计、制作《红色绵州》手绘图册，下发基层党组织和学校，供党员干部群众和学生使用。

【《从三线重镇到科技城建设》重大课题研究】 2022年，中共绵阳市委党史研究室研究课题《从三线重镇到科技城建设》经省委党史研究室推荐，被中央党史文献研究院确定为年度重点研究课题，并给予10万元资助。至年底，市委党研室形成20万字的初步研究成果。邀请中国社科院挂职绵阳的干部对书稿进行专题审改指导，提出30余项意见建议，对篇目结构、表达方式等进行增补。聘请省党史学会专家作为学术顾问，负责学术指导、审查把关、质量提升。通过召开专题座谈会，采取文献资料法、现场调研法、综合分析法等方式，增补相关资料，推进研究工作。

（岑福雯）

地方志

【概况】 2022年，绵阳市方志中心完成史志学会期刊《史志天地》2期和《绵阳市情》2022卷的编辑出版。推进《绵阳市传统村落志》《绵阳建置》等4部地情书籍的编纂工作。协助各县市区志稿审查工作，审读20余部乡镇（街道）、村（社区）志。重点巩固综合年鉴全覆盖成果，全市共出版1部市级综合年鉴、9部县级综合年鉴，其中《绵阳年鉴（2022）》《中国（绵阳）科技城年鉴（2021）》出版。完成全市市级年鉴篇目复（审）查、质量审查。完成《成渝地区双城经济圈建设年鉴（2022）》《四川年鉴（2022）》组稿。启动《中国（绵阳）科技城年鉴（2022）》初稿编纂工作。绵阳市地方志信息化项目一期工程的“一库两平台”框架设计、服务器资源申请基本完成，完成志书、年鉴、党史文献等资料数字化处理4万余页。

【市情丛书编纂】 2022年，绵阳市方志中心对绵阳地情丛书之《绵阳建置》《绵阳名产》分册书稿进行修改完善，补充征集配文图片约10幅，于8月中旬完成全书定稿和版式设计，11月完成出版社复审。完成《绵阳故事（一）》分册编辑策划工作，制定编纂提纲，完成组稿和初稿编辑工作。

【全市名镇志名村志及乡镇（街道）志、村志编纂工作】 2022年，绵阳市推进名镇志名村志及乡镇（街道）志、村志编纂工作，按月收集统计全市名镇志名村志编纂工作进度表和乡镇（街道）志、村志编纂工作台账，督促各县市区、园区抓紧推进相关工作。在北川举办遂宁、绵阳乡镇（街道）志、村（社区）志编纂工作交流座谈会。指导北川《永昌镇志》《曲山镇志》《上五村志》《黑水村志》等10多部志书编纂和审稿工作，指导安州《桑枣镇志》、盐亭《玉龙镇志》申报中国名镇志文化工程。至年底，全市规划编纂的34部名镇志名村志中20部进入出版阶段，14部进入志稿审查验收阶段，另有11部乡镇（街道）志、村（社区）志启动编纂工作。

【史志阅览室建设】 2022年，绵阳市根据《四川省地方志工作办公室关于在乡镇（街道）、村（社区）设立史志阅览室的通知》要求，围绕“三个服务”，以“史志七进+”为抓手，在建好用好管理好上下功夫，结合绵阳实际，制定印发《绵阳市省市县三级共建史志阅览室管理措施》。6月2日，绵阳市首个省市区三级共建史志阅览室在游仙区党群服务中心正式挂牌成立。至年底，全市共建成挂牌25家史志阅览。组织全市史志系统向25家史志阅览室赠送志书、年鉴、党史大事记、执政实录、市情（县情）手册、史志天地等各类史志图书5000余册，每个史志阅览室平均藏书均在200册以上。

【绵阳市地方志信息化项目建设】 2021年5月，绵阳市政府专题会议研究决定将地方志信息化项目纳入绵阳市信息化项目专项建设中，由市政管局牵头、市委党史研究室（市地方志编纂中心）和市财政局等单位负责该项目立项审批、项目方案制定，可行性研究评审、项目预算评估评审等工作，获批项目建设资金297.73万元。2022年8月完成政府采购，项目承建单位为四川虹信软件股份有限公司，项目建设监理与第三方测评单位为四川久信信息技术有限公司。项目建设周期为两年，项目包括"一库两平台"，即绵阳市史志全文数据库，绵阳市情网电脑端、手机端两个平台。至年底，完成第一批的史志资料征集1200余份，数字化处理3万余页，"一库两平台"框架设计基本完成，完成云端存储、服务器、端口等项目的申请申报工作。

【精品年鉴品读季活动】 2022年，绵阳市地方志编纂中心印发《绵阳市"精品年鉴品读季"活动实施方案》成立以市地方志编纂中心主任为组长，市地方志编纂中心副主任为副组长，各县（市、区）、园区地方志办公室负责人、园区年鉴工作负责人、市地方志编纂中心相关科室负责人为成员的工作专班。活动时间从9月持续到12月，分为准备、实施和总结阶段。内容主要包括完成一批年鉴理论成果研究，各地撰写1—2篇论文，市地方志编纂中心从中精选3—5篇报送省地方志工作办公室；利用微信公众号平台，打造"学精品、抓质量"专栏，先后推出3期信息，集中报道品读活动中涌现出的先进典型。

【《绵阳年鉴（2022）》出版】 2022年12月，《绵阳年鉴（2022）》出版。《绵阳年鉴》由绵阳市人民政府主办，绵阳市地方志编纂中心编纂。1996年创办，每年一卷。《绵阳年鉴（2022）》为第27卷，记载时间为2021年1月1日至2021年12月31日，"特载"与首次刊载的资料时间有上溯下延。《绵阳年鉴（2022）》采用分类编辑，由类目、分目、条目三级组成，部分内容增设子分目。设图片专辑、特载、大事记、自然·生态环境、经济环境、中国（绵阳）科技城建设、中国共产党绵阳市委员会、绵阳市人民代表大会、绵阳市人民政府、中国人民政治协商会议绵阳市委员会、纪检与监察、民主党派·工商联、人民团体、法治、军事、农村农业、工业、交通运输·邮政、贸易、金融、科学技术、信息化建设、文化、教育·体育、卫生与健康、旅游·园林、综合监管、应急管理、城乡建设与管理、社会民生、县市区·科学城办事处、人物、附录33个类目。首次制作《绵阳年鉴》微信小程序码，读者可通过扫描封底《绵阳年鉴》微信小程序码阅读电子书。（岑福雯）

四川省非物质文化遗产——白马毡帽擀制技艺

白马毡帽擀制技艺是平武白马藏族地区世代相传的一门传统技艺，2018年12月被列入"第五批四川省非物质文化遗产代表性项目名录"。白马毡帽以优质的白色羊毛为原料，采用纯手工擀制，是白马藏族重要的饰品。毡帽擀制成型后，在帽盘外檐缠红蓝两色细线，再在线与帽檐之间插上白色的公鸡尾羽。根据习俗，男性的毡帽插一根鸡毛，意喻正直、专一；女性毡帽则插上金色的金鸡毛或红色的松鸡毛，再缠一匝小铜铃做装饰。

（向远模/摄）

科技工作

【概况】 2022年，绵阳市贯彻落实“科技强市”战略，坚持“科技立市、创新强市”，加强系统谋划和前瞻布局。开展关键核心技术攻关，形成关键核心技术需求库，通过“揭榜挂帅”等方式，吸引高水平科研单位开展联合攻关。加强创新主体培育，实施“雁阵培育”等行动，建成创新主体培育库，组织企业申报国家高新技术企业。加快创新平台建设，首家厅市共建四川省重点实验室“作物特色资源创制及应用四川省重点实验室”获批建设，新增省级孵化机构4家，探索打造“众创空间（创业苗圃）+孵化器+加速器+产业园区”孵化服务体系。做好科技成果转化服务，持续深化职务科技成果混合所有制改革，优化科技金融服务，挂牌运营全省首个市州分中心——“天府科创贷”绵阳分中心。深化区域创新合作，承办推动成渝地区双城经济圈建设科技协同创新专项工作组第四次会议，与厦门、东莞、苏州三地共签订合作协议。创新实施“科技助理”制度，助力技术对接，促成科研单位技术，科技助理制度相关经验被《人民日报》《科技日报》等报道推广。开展“招院引所”，推进“云上大学城”“云上科技城”建设，吸引20所高校入驻“云上大学城”。打造“创新金三角·智汇科技城”品牌，举办系列活动5场，实现成果转化近20项，技术需求对接近30项。强化科学技术普及和农业科技推广，全市科技特派员专家库增至1056人，开展培训105场，培训农民5300余人次。推进科普基地建设，全市省级科普基地数量居全省第2位。至年底，高新技术企业净增180家、总数达709家，科技型中小企业实现入库2141家，“瞪羚”企业18家，技术合同成交额41.06亿元。29项成果获省科技进步奖，中国工程物理研究院院士胡思得获四川省科学技术杰出贡献奖。全市研发经费投入强度7.15%，居全国城市前列。绵阳高新区在国家高新技术产业开发区评价中居第44位；争创国家农业高新技术产业示范区，在遴选评审会中排名第2。绵阳市获科技部批准开展国家创新型城市建设；在2022年全省科技工作会议上获评科技创新综合绩效先进市（州）、全社会研发投入优秀市（州）、科技计划管理优秀市（州）、高新技术产业发展优秀市（州）、外专引智优秀市（州）；绵阳高新区、游仙高新区、江油高新区获评四川省科技创新工作先进园区（平台）。

【关键核心技术攻关】 2022年，绵阳市梳理在绵阳的院所高校、企事业单位关键核心技术攻关需求，形成446项绵阳关键核心技术需求库，通过“揭榜挂帅”等方式面向全国发布技术需求，吸引高水平科研单位以及创新创业团队开展联合攻关，京东方AMOLED屏幕LTPO新型背板关键核心技术、电子九所的宽频带同轴探针产品等40余项技术取得重大突破。

【创新主体培育】 2022年，绵阳市实施“雁阵培育”行动，摸排科技型企业8000余家，开展辅导培训50余场次，建成涵盖1100余家企业的创新主体培育库，建成涵盖335家企业的金融支持科创企业库。组织376家企业申报国家高新技术企业；高新技术企业净增180家，总数达709家。组织申报省“瞪羚”企业11家，完成科技型中小企业入库2141家。

【创新平台建设】 2022年，绵阳市首家厅市共建四川省重点实验室——作物特色资源创制及应用四川省重点实验室获批建设。组织实地调研姑苏实验室、之江实验室等，配合中物院推进交叉学科研究中心建设，围绕磁性材料、激光技术、核技术等优势科研领域加快策划、组建涪江实验室。有61家平台进入创新平台建设需求库。组织申报省工程技术研究中心10个。组织申报市重点实验室、工程技术研究中心42个，认定通过8家市级工程技术研究中心和4家市级重点实验室。至年底，全市共认定市级工程技术研究中心22家、重点实验室10家。新增阿拉丁跨境电商孵化基地等省级孵化机构4家，在涪城区、高新区、科技城新区探索打造“众创空间（创业苗圃）+孵化器+加速器+产业园区”孵化服务体系。

【科技成果转化服务】 2022年，绵阳市持续深化职务科技成果混合所有制改革，支持赋予更多科研人员职务科技成果所有权或长期使用权，推动东材科技功能精密涂布材料中试研发平台等中试熟化平台建设，累计实现科技成果转化120余项。优化科技金融服务，推动设立2亿元的绵阳市科技创新股权投资基金；挂牌运营全省首个市州分中心——“天府科创贷”绵阳分中心，“天府科创贷”累计获贷金额5亿余元，户数100余户；“设备仪器贷”为22家科创企业发放贷款8970万元，累计放贷金额1.5亿元。新开发“成果贷”，授信额度5.22亿元，放贷金额5000万余元。

【区域创新合作】 2022年，第十届科博会期间，国家科技计划成果路演、四川省技术需求发布暨“揭榜挂帅”专场活动等重磅活动先后举办，实现5家发榜企业与揭榜方现场签约，6项重大科技成果现场签约。承办推动成渝地区双城经济圈建设科技协同创新专项工作组第四次会议，授牌成立绵碚科技协同创新示范基地。持续加强与重庆、厦门、东莞、苏州、衢州等地科技交流合作，与苏州、厦门等地科技管理部门签署科技创新战略合作协议，促成苏州大学与西南科技大学达成共建核环境与核医学国家重点平台合作。绵阳与厦门、东莞、苏州三地共签订合作协议7项，达成合作意向30余项。

【科普示范】 2022年，绵阳市推进科普基地建设，开展梯次培育，共建成省、市级科普基地33个，其中省级12个、市级21个（新批建10个），涵盖科普场馆、生产示范、自然保护地、教育培训、社区科普等类型，面向公众传播农业技术、生态环境、数字科技等领域科普知识，全市省级科普基地数量居全省第2位。强化科普基地能力建设。支持科普基地开展技术创新改造，创新科普形式，运用智能控制等技术，推动展陈水平提档升级。北川维斯特农业科技示范园、5·12汶川特大地震纪念馆2个省级科普基地被认定为2021—2025年第一批全国科普教育基地。开展科技活动周、科技进校园等主题活动，组织作物特色资源创制及应用四川省重点实验室科技活动周培训会，开展小麦、玉米等粮油作物、柑橘等种植技术培训。举办“筑梦科技城·点亮未来星”科技进校园首场活动。联合市科协等单位，到乡镇、街道、村社开展科普宣传活动。

【科技助理制度实施】 2022年，绵阳市共选派两批53名科技助理，在基金小镇挂牌成立科技助理工作站，向629家重点创新企业发放需求调查表，收集到500余家反馈意见，开展技术对接近400项、解决问题150余项、交流培训50余场，促成科研单位达成技术合作协议20项，转化科技成果30余项，招引院所高校及其团队到绵阳建立分支机构（创新平台）6个，帮助科技企业获得贷款5649.91万元。绵阳科技助理制度相关经验做法被《人民日报》《科技日报》等报道推广。

【“招院引所”工作】 2022年，绵阳市围绕解决创新要素集聚不充分的问题，创新开展“招院引所”工作，共招引北京大学、复旦大学、中科院等14家高校、院所、龙头企业高水平研发团队落地绵阳。推进“云上大学城”“云上科技城”建设，制定“云上大学城”十件大事，推进线上平台建设和线下合作项目落地，举办“云上大学城”联席工作会，就“校校、校地、校产、校企、校园”合作进行交流，面向“云上大学城”高校发布技术需求108项，促成5个项目成功对接。截至年底，共有20所高校入驻“云上大学城”，中科院等14所院所、企业研发团队入驻“云上大学城”创新港。

【创新成果转化平台建设】 2022年，绵阳市围绕解决创新成果市场化转化能力不强的问题，加速推进中国（绵阳）科技城先进技术研究院、中国（绵阳）科技城航空动力科创中心“两大平台”建设。中国（绵阳）科技城先进技术研究院实体化运行，会同先进研究院对接项目团队30余个，完成项目储备19项，签约入驻中物院创新团队、清华大学先进材料团队等5个团队，推动与中物院合作共建光电研发中心、与乌镇实验室共建先进材料中心，协调先进技术研究院与厦门产业技术研究院达成框架合作协议。中国（绵阳）科技城航空动力科创中心新引入浙江大学热管理团队、西安交大乔百杰教师团队等8个团队，累计入驻创新团队22个，实现科技成果转化7项。

【核技术应用创新联合体组建】 2022年，绵阳市围绕解决创新链产业链融合程度不深的问题，组建创新联合体。由中广核技牵头，与中物院相关院所、四川大学、中国兵装集团自动化研究所有限公司、绵阳市中心医院等10家单位签约，共建核技术应用创新联合体，围绕打造医用同位素生产、质子医疗装备制造等领域开展深度合作，在核技术应用领域构建“基础研究+关键核心技术攻关+成果转化+资本”的全过程全要素创新链，打造具有全国影响力的核技术应用创新集群。

【“创新金三角·智汇科技城”品牌打造】 2022年，绵阳市围绕解决区域产学研协同创新渠道不畅的问题，打响“创新金三角·智汇科技城”品牌。分别围绕绵阳硬核科技“核技术应用”、成渝合作典范“绵碚合作”、科技变革关键“数字经济”、招院引所平台“云上大学城”、川北专场“融合创新·科技赋能”等主题，举办“创新金三角·智汇科技城”系列活动5场，邀请知名院所、高校的专家出席，面向全国发布绵阳市以及中科院、清华、浙大等科技成果超过400项，牵线开展洽谈100余项，实现成果转化近20项，技术需求对接近30项。

【国家创新型城市建设】 2022年1月6日，科学技术部发布《科技部关于支持新一批城市开展创新型城市建设的通知》，支持绵阳等全国25个城市开展国家创新型城市建设。绵阳市坚持以科技创新为核心，加大创新主体培育、集聚创新资源、强化科技成果转化、优化创新生态、加大科技投入、推动协同融合创新。至年底，全市研发经费支出占地区生产总值比重保持在全国城市前列，达到7.15%。

【厅市共建省级重点实验室建设】 2022年1月，绵阳市首家厅市共建四川省重点实验室——厅市共建作物特色资源创制及利用四川省重点实验室经省科技厅批准。该实验室依托绵阳市农业科学研究院，由中国工程院院士赵振东任实验室学术委员会主任，绵阳市农业科学研究院副院长、研究员任勇任实验室主任。有固定人员28人。其中，四川省学术和技术带头人后备人选5人，正高12人，博士10人，外聘客座研究人员8人。实验室面积3000余平方米，拥有国家小麦改良绵阳分中心、国家博士后科研工作站、四川省国际科技合作基地等科研平台12个。有试验基地26.67公顷，常年在三台、中江、江油等地建有成果转化示范基地20余个，核心区面积333.33公顷。实验室按照"加强基础、突出创新、强化应用、拓展领域"的建设思路，围绕杂交小麦和高芥酸油菜等粮油作物特色遗传资源创新研究前沿，结合四川现代农业"10+3"产业体系建设战略，从粮油作物特色遗传资源鉴定与创新、杂种优势利用研究、绿色高产优质专用品种选育、配套关键技术研究四大方向开展研究，目标是建成四川省重要的集粮油作物特色资源创新利用、成果转化应用和农业人才培养为一体的高水平区域农业科技创新中心。

【29项成果获省科技进步奖】 2022年3月25日，四川省科学技术奖励大会公布2021年度四川省科学技术奖获奖名单。在绵阳的高校、科研院所、企业和个人共获得2021年度四川省科学技术奖29项。其中，中国工程物理研究院院士胡思得获四川省科学技术杰出贡献奖。全市获科学技术奖励项目28项。其中，一等奖4项（牵头1项、参与3项）、二等奖12项（牵头4项、参与8项）、三等奖12项（牵头9项、参与3项）。

2022年四川省公布的绵阳市获2021年度四川省科学技术奖一览表

表57

序号	等级	类别	项目名称	主要完成单位
1	一等奖	技术发明奖	航空发动机稳定性主动调控关键技术与应用	西华大学、北京航空航天大学、中国航发四川燃气涡轮研究院、北航（四川）西部国际创新港科技有限公司
2		科学技术进步奖	高超声速飞行器气动力热高精度数值模拟技术及应用	中国空气动力研究与发展中心计算空气动力研究所
3			φ600 mm大口径卧式双端口平面斐索干涉测试仪	成都太科光电技术有限责任公司、中国测试技术研究院、西南科技大学
4			优质安全鸡蛋高效生产的饲料营养调控关键技术研发与应用	四川农业大学、四川圣迪乐村生态食品股份有限公司、新希望六和股份有限公司、帝斯曼（中国）有限公司、四川厚全生态农业有限公司、重庆优宝生物技术股份有限公司
5	二等奖	自然科学奖	战略金属氧化矿高效浮选分离的化学调控机制	西南科技大学、中南大学
6		技术发明奖	多组分高分子复合材料强韧化、功能化关键技术及应用	西南交通大学、中物院成都科学技术发展中心、四川仁智新材料科技有限责任公司
7		科学技术进步奖	面向复杂试验环境的风洞高精度视觉测量关键技术及应用	中国空气动力研究与发展中心低速空气动力研究所、西华大学、成都通甲优博科技有限责任公司
8			航天高品质1Cr21Ni5Ti关键工艺技术研究及应用	攀钢集团江油长城特殊钢有限公司
9			共轴刚性旋翼风洞试验技术及关键气动问题研究	中国空气动力研究与发展中心低速空气动力研究所、南京航空航天大学、零八一电子集团四川力源电子有限公司

续表57

序号	等级	类别	项目名称	主要完成单位
10	二等奖	科学技术进步奖	传统特色肉制品标准化加工关键技术与装备研发及应用	成都大学、四川高金实业集团股份有限公司、四川枫叶牧场食品有限公司、成都海科机械设备制造有限公司、四川张飞牛肉有限公司
11			四川省慢性病疾病负担及综合防控示范研究	四川省疾病预防控制中心、成都市青羊区疾病预防控制中心、成都市新津区疾病预防控制中心、汶川县疾病预防控制中心、三台县疾病预防控制中心
12			高品质附子（川乌）标准化生产技术体系构建与应用	四川省中医药科学院、成都大学、国药集团北京华邈药业有限公司、四川佳能达攀西药业有限公司、四川江油中坝附子科技发展有限公司
13			公共安全数据融合处理关键技术及应用	成都九洲电子信息系统股份有限公司、四川科瑞软件有限责任公司、电子科技大学、成都信息工程大学、四川九洲电器集团有限责任公司
14			规模化养鸡环境精准控制技术体系建立与应用	四川省畜牧科学研究院、西南科技大学、四川大学、中国农业大学、成都晟兴牧业机械有限公司
15			高品位茧丝蚕品种选育及配套技术集成推广	四川省南充蚕种场、四川省农业科学院蚕业研究所、四川省蚕业管理总站、绵阳天虹丝绸有限责任公司、西昌市茧丝绸总公司
16			突破性鲜食枣新品种选育及产业化应用	四川农业大学、德阳市罗江区林业产业站、三台县天然林保护工程管理中心、成都市龙泉驿区林业科学技术推广站、四川省林业科学研究院
17	三等奖	科学技术进步奖	基于压缩机绕组测温的智能状态检测关键技术研发及产业化	四川长虹空调有限公司、青岛三源泰科电子科技有限公司
18			5G通讯测试仪器用YIG磁调谐器件技术	西南应用磁学研究所(中国电子科技集团公司第九研究所)
19			大尺寸智能电视超高清显示技术及应用	四川长虹电器股份有限公司
20			面向下一代的无线超宽带设备关键技术及应用	四川九州电子科技股份有限公司、西南科技大学、上海增信电子有限公司
21			四川甲基卡隐伏锂矿找矿关键技术及找矿突破	四川省地质调查院、中国地质科学院矿产资源研究所、西南科技大学
22			冷弯薄壁型钢房屋结构性能提升关键技术研究与应用	西南科技大学、北新房屋（成都）有限公司、四川三阳钢结构有限公司
23			超重力场多轴机器人研制及应用	中国工程物理研究院总体工程研究所
24			不同地域$PM_{2.5}$对人体健康效应的影响及其分子调控机制研究	四川绵阳四〇四医院、西南科技大学、西南医科大学
25			民用起爆器材全生命周期安全性关键技术及应用	雅化集团绵阳实业有限公司、成都信息工程大学
26			优质特色菜豆和豇豆新品种选育及栽培技术集成与应用	四川农业大学、绵阳市农业科学研究院、四川省绵阳科兴种业有限公司
27			鸭病毒性肝炎诊断与防控关键技术开发及应用	西南民族大学、四川华西动物药业有限公司、山东信得科技股份有限公司
28			全球首堆“华龙一号”核电建造技术创新工程	中国核工业二四建设有限公司

【"智享绵阳"系列活动】 2022年5月21日，"智享绵阳"系列活动启动仪式暨首场交流会举行。市委副秘书长陈旭出席活动并致辞，市科技局党组书记、局长赵琳，中国电子科技集团公司第九研究所副所长闫欢，久远集团党委委员、董事、副总经理，中国（绵阳）科技城先进技术研究院工作组组长宋小沛出席。首场交流会以"科技薪火助燃材料创新引擎"为主题，来自中物院、四川大学的5名专家作专题报告，东材科技、利尔化学等6家企业代表交流发言。仁智新材料、麦斯威尔等9家企业与院所高校相关专家、金融机构开展对接，就技术需求、成果转化、融资等进行交流，4家达成初步合作意向。10月20日，以"科技联动加速激光创新聚变"为主题的"智享绵阳"系列活动之激光专场交流会举行。活动中，来自中物院、西南科技大学、四川中久大光科技有限公司等单位的5名专家分别围绕"先进激光技术研究及其应用情况""直接雕刻制版应用中的高功率激光技术""激光产业技术现状与展望"等主题作专题报告，四川中久光湾科技有限公司等代表围绕企业基本情况，主流产品、技术瓶颈探讨等交流发言。

【推动成渝地区双城经济圈建设科技协同创新专项工作组第四次会议召开】 2022年6月22日，推动成渝地区双城经济圈建设科技协同创新专项工作组第四次会议在绵阳召开。会议由四川省科技厅和重庆市科技局主办，总结2021年以来川渝协同创新工作开展情况，审议《川渝毗邻地区首届科技协同创新发展大会建议方案》《川渝高竹新区外国人才来华工作许可互认试点实施方案》，进行绵碚科技协同创新示范基地授牌、成渝地区双城经济圈科研院所联盟成立签约，成立成渝地区双城经济圈科研院所联盟和大学科技园协同创新战略联盟。会议决定川渝两地要突出抓好"十个共同"：共同建设重点实验室、共同开展关键核心技术攻关、共同建设西部科学城、共同加速科技成果转化和产业化、共同建设"一带一路"科技创新合作区、共同建设川渝毗邻地区融合创新发展带、共同推进高新区高质量发展、共同推进协同创新、共同推进创新资源共享、共同推进高端人才招引。

【首个科技助理工作站挂牌成立】 2022年10月28日，绵阳市首个科技助理工作站在中国（绵阳）科技城科创基金小镇正式挂牌成立。该工作站主要服务于"天府科创贷"绵阳分中心高质量运营，围绕"创新链、产业链、人才链、资金链"四链协同，以"1个科技助理+1个朋友圈+N个综合服务体系"的"1+1+N"的服务模式，开展征集企业投融资需求，组织科技成果路演，投融资供需精准对接，培训和政策宣讲，探索科技金融产品和服务创新，指导科技金融机构开发专属产品等工作，成为产学研用的桥梁纽带、成果转化的服务基地、科技创新的赋能平台、科技金融的助企载体。

【7家省级工程技术研究中心通过验收】 2022年11月15—21日，四川省科技厅公示2022年度省级工程技术研究中心验收结果和评估结果，绵阳市有四川省先进磁性器件及应用工程技术研究中心、四川省空中目标探测与识别工程技术研究中心、四川省先进全固态激光工程技术研究中心等7家省级工程技术研究中心通过验收，涉及电子信息、新能源与节能环保、现代农业等多个技术领域，通过数居全省第2位。

2022年绵阳市通过验收的省级工程技术研究中心一览表

表58

工程技术研究中心名称	依托单位
四川省先进磁性器件及应用工程技术研究中心	西南应用磁学研究所
四川省空中目标探测与识别工程技术研究中心	四川九洲空管科技有限责任公司
四川省先进全固态激光工程技术研究中心	中物院应用电子学研究所
四川省北斗应用工程技术研究中心	四川九洲北斗导航与位置服务有限公司
四川省工业自主可控人工智能工程技术研究中心	西南科技大学
四川省氢能源与多能互补微电网工程技术研究中心	四川帝威能源技术有限公司
四川省蛋鸡产业工程技术研究中心	四川圣迪乐生态食品股份有限公司

【绵阳·苏州两市科技战略合作签约仪式举行】 2022年11月3日上午，苏州市科技局与绵阳市科技局战略合作签约仪式在苏州市"双创"中心举行。苏州市政协副主席、市科技局局长张东驰，绵阳市科技局党组书记、局长赵琳出席签约仪式，分别代表双方签署战略合作协议。签约仪式上，赵琳从战略地位、创新平台、创新主体、创新成果、创新环境等方面介绍绵阳科技创新情况。张东驰就两地创新资源及创新优势进行对比分析。双方围绕关键技术联合攻关、科研平台共建共享、科技成果转移转化等方

面开展交流。根据协议，双方要共同促进两地创新链、产业链深度融合，加快推进科技创新高质量发展，在合作强化战略科技力量建设、开放共享科技创新资源、强化创新链产业链协同、助力科技成果转化落地等八大方面开启全面战略合作。（刘　欣）

气象服务

【概况】 2022年，绵阳市气象部门提升极端天气监测预报预警服务能力，实施绵阳市智慧气象服务平台项目一期，《绵阳市中小流域灾害防御气象保障示范基地建设方案》获中国气象局批复印发，示范基地建设列入部省合作内容，纳入全省气象防灾减灾补短板工程实施计划。

【综合气象观测体系建设】 2022年，绵阳市开展质量提升年活动，制定气象能力提升行动方案，新建自动气象观测站200个，新增智能气象站32套、三维雷电监测仪4套、平武X波段雷达1部，山洪沟和易灾区域气象监测能力提升。协助北川羌族自治县完成X波段天气雷达选址和设备选型论证。盐亭国家大气本底站、平武探空站项目列入建设规划。

【防灾减灾气象服务】 2022年，绵阳市应对历史罕见高温伏旱和多轮疫情袭扰等重大挑战，由气象部门完善跨区域联防会商工作机制，实现气象预警及实况信息上下游、左右岸互联互通，强化对县（市、区）气象灾害预警预报的技术指导，及与相关部门的联防联动。联合发布山洪、地质灾害、中小河流洪水气象风险预警167期。市、县启动各类应急响应31次，发送各类气象预报预警信息960次，覆盖134万余人次。

【人工影响天气服务】 2022年，绵阳市气象系统加强市、县联动，组织开展人工增雨作业，实施人影作业130架次，与省人影办和成都市人影中心开展地空联合作业12次，消耗人影火箭弹461枚、碘化银焰条51根，影响面积达2.1万平方千米，增加降水约7500万立方米。

【乡村振兴气象保障服务】 2022年，绵阳市气象部门开展乡村振兴气象服务，印发《绵阳市2022年农业气象服务周年方案》，发布农业气象情报16期、农用天气预报9期，开展直通式为农气象服务短信1.1万人次，完成麦冬、茶叶等特色农业气象服务12期，开展农情调查33次。持续推进气象防灾减灾科普知识进农村，气象服务乡村振兴纳入四川省气象局软科学研究课题1个，指导乡村旅游资源开发。

【重大活动保障气象服务】 2022年，绵阳市气象部门完成春运、高考、中考、第十届中国（绵阳）科技城国际科技博览会等重大活动气象保障。制作发布绵阳城区重大气象保障专题天气预报5期，绵阳市科博会专题天气预报10期。发布森林草原火险气象等级、重污染天气、高中考期间、节假日期间等专题预报565期，参加市大气污染防治联席会议及会商6次，开展重污染天气应急会商7次，发布决策短信共537条，决策服务短信233万人次。（陈梁勋）

地震监测

【概况】 2022年，绵阳市境内共发生$M \geq 2.0$级地震117次。$2.0<M<2.9$级地震111次，$3.0<M<3.9$级地震4次，$4.0<M<4.9$级地震2次。其中震级最大为5月8日北川羌族自治县（北纬31.89°、东经104.46°）M4.1级地震。

【地震观测点位监测】 2022年，绵阳市应急管理部门共分析处理全市及周边地区地震事件300余个，分析预处理前兆数据1812万余个。全市测震台网数据记录连续率97.3%，前兆监测川10＃地下水观测数据连续率96%，川41＃地下水观测数据连续率97%，川43＃地下水观测数据连续率96%。

【地震观测设备运维】 2022年，绵阳市应急局通过加强台站设备维护，推进地震台站标准化建设，对全市测震台网、强震台网、前兆台网等设备进行统一标定测试，定制专属标准化标志标牌。每季度深入各台站1次定期巡检，对所有地震监测设备综合检修2次，对辖区内各地震观测设施维修30余次，及时处理设备故障。利用财政预算专项资金更换江油、安州、平武等部分站点老化监测设备，保障监测数据连续率及有效率。与省地震局成都监测中心站对接，达成监测站点合作共建意向，联合对全市部分监测站点进行升级改造，完成对北川41＃、

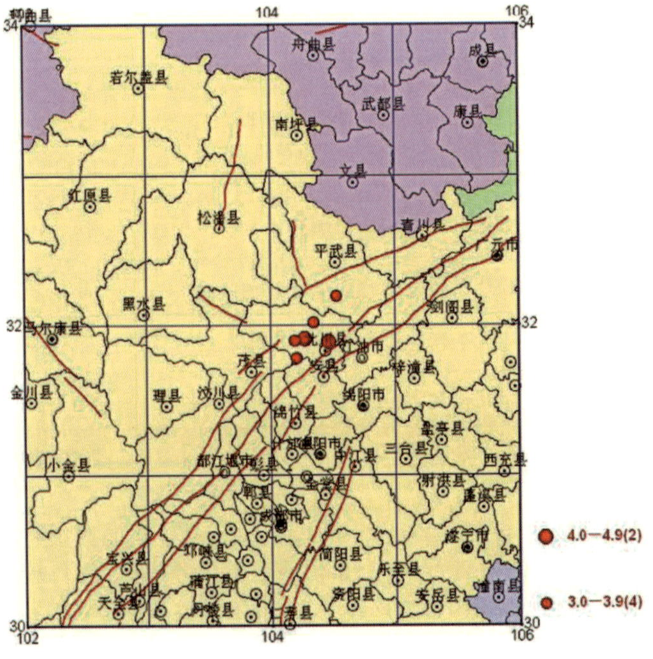

图126　2022年，绵阳市3级以上地震分布图（市应急局提供）

43＃改造升级工作。建设绵阳市地震应急信息共享服务系统，针对全市地震应急信息服务需求，属地化定制产出，可实现震情发生后自动生成属地化专题图及灾情报告并通过微信进行推送。

【震情趋势会商】 2022年，绵阳市建立《绵阳市地球物理台网运行管理办法（试行）》《绵阳市测震台网运行管理办法（试行）》，规范台站运行管理，发挥台网综合效能，确保台网长期、稳定运行，产出连续、可靠的观测数据及数据产品，提高台网运行质量和服务水平。健全全市震情跟踪工作管理机制，加强异常分析研判。修订完善《绵阳市地震监测台网中心地震应急处置主要流程》，对年度会商提出的异常指标，跟踪前兆异常指标并持续跟踪部分地区震后余震活动情况。全年无明显余震活动异常。落实会商制度，有序开展周、月会商，紧急和加密等会商70余次，产出《绵阳市2022年年中地震趋势研究报告》《绵阳市2022年震情监视跟踪情况及2023年地震趋势的报告》等预报成果130余份。

【地震应急响应】 2022年，绵阳市应急局落实震情监视及上报。执行24小时震情值班和双值班制度，监视全市及周边地区的地震活动，开展震情速报6次，通过官方网站及媒体公布。强化队伍建设，提高突发地震应对能力。坚持定期开展震情值班人员应急模拟演练，参加省市两级地震应急技术系统运维演练，参加各类业务学习培训会10余次，提升地震监测预报队伍整体水平。做好重要时段地震安保服务及周边地区显著地震应急响应、处置工作。在春节、党的二十大等重要时段做好地震安保服务工作。

（李　波）

技术标准

【概况】 2022年，绵阳市企事业单位共制修订国际标准3项、国家标准14项、行业标准5项。企事业单位共主导和参与制修订国际标准11项、国家标准165项、行业标准110项。争取省级标准制修订资助奖励资金259万元，争取市级财政奖励资助资金90万元。贯彻落实《国家标准化发展纲要》，制定绵阳市实施意见，建立标准化工作协调推进机制。四川长虹电器股份有限公司申报2022年度国家智能制造标准应用试点获批。市机关事务管理局国家级服务业标准化试点项目通过考核验收。梓潼县水稻制种国家级农业标准化示范项目获得国家市场监管总局批准立项。

【《绵阳市贯彻落实〈国家标准化发展纲要〉实施意见》印发】 2022年3月31日，绵阳市印发《绵阳市贯彻落实〈国家标准化发展纲要〉实施意见》，该意见旨在贯彻落实《国家标准化发展纲要》《绵阳市国民经济和社会发展第十四个五年规划和二〇三五年远景目标纲要》和《四川省市场监督管理局贯彻落实国家标准化发展纲要责任分工方案》，全面统筹推进绵阳标准化发展。总体要求是优化标准化治理结构，增强标准化治理效能，提升标准国际化水平，构建推动高质量发展的标准体系。发展目标是全域标准化深度发展、标准化水平大幅提升、标准化开放程度显著增强、标准化发展基础更加牢固。主要实施举措有以科技创新提升标准化水平，健全科技成果转化标准机制，构建创新驱动发展的标准化基础。夯实基础促进产业标准化高质量发展，助力战略性支柱产业优化升级，提升产业高端发展的标准化水平。打牢生态保护和自然资源利用标准化基础，提升生态环境污染标准化治理能力，构建绿色低碳发展重点领域标准体系，完善绿色发展的标准化保障。打造共建共治共享标准化社会治理格局，持续提升公共安全标准化水平，构建公共服务优质高效标准化支撑，加快城乡社会建设标准化进程。打造川渝标准化发展高地，助力国家新发展战略标准化实施。强化标准制定与实施管理，深化标准化运行机制创新，强化标准化创新发展。大力发展标准化服务业，加强标准化人才队伍建设，推广宣传标准化先进理念，加强标准化发展基础。

【国家技术标准创新基地绵阳区域中心建设】 2020年6月1日，国家技术标准创新基地绵阳区域中心获四川省市场监督管理局批准成立，是全省唯一区域中心。2022年，国家技术标准创新基地绵阳区域中心联合中测院、成飞集团等10家企事业单位组建协作实验室联合体，开展通用连接器和传感器的质量对标提升。推动中国空气动力研究与发展中心成立全国空气动力通用技术标准化技术委员会。组织《5G通信用射频环行器/隔离器三阶互调测试方法》等11项四川省重要技术标准研究项目完成结题验收。组织九洲等科研院所申报涉及航空等领域的28项四川省重要技术标准研究项目，其中15项获批立项。

【《绵阳米粉团体标准》发布】 2022年6月19日，《绵阳米粉团体标准》正式发布，于8月1日起实施。该标准首次对绵阳米粉的原辅料、复水时间、断条率、食品添加剂、生产加工卫生要求等，进行统一规范。该标准旨在帮助米粉生产企业，提高生产水平，生产更加规范化，推动绵阳米粉产业向百亿元级产业集群发展。该标准对米粉出厂检验项目、标准，装配和运输条件，产品贮存条件，保质期，农药残留量标准，食品添加剂使用等作出规定。

【长虹获批国家智能制造标准应用试点】 2022年4月13日，国家市场监管总局、工业和信息化部联合发文，组织开展智能制造标准应用试点申报工作。5—6月，绵阳市市场监管局指导四川长虹电器股份有限公司选择项目，完善申报资料，并向省市场监管局提交申请。8月3日，经过层层筛选评审，长虹公司智能制造标准应用试点项目通过初评，获得工信部立项公示。长虹公司成为四川省唯一获批开展智能制造标准应用试点建设的企业。

【梓潼县获批国家级水稻制种标准化示范】 2022年6月28日，国家标准化管理委员会组织开展农业农村领域标准化试点示范项目征集工作。7—8月，梓潼县申报水稻制种标准化示范项目。10月28日，梓潼县水稻制种国家级农业标准化示范项目通过国家标准化管理委员会组织示范项目专家评审。12月30日，国家标准化委员印发《关于下达农业农村及新型城镇化领域标准化试点示范项目的通知》，梓潼县正式获批全省首个“国家水稻制种标准化示范区”建设项目。

（兰　健）

地理标志保护产品——涪城麦冬

涪城麦冬又名川麦冬、绵麦冬，主要产区在以三台县原花园镇（建制调整后并入芦溪镇）为中心的、涪江两岸近10个镇（乡）。北周时期（557—581），治地在原花园镇的始平县，改名为涪城县。涪城麦冬之名由此而生。唐朝梓州（今三台县）即设有药市，销售麦冬。明代嘉靖版《潼川志》罗列潼川所产的33种中药材，其中就有麦冬。明代万历版《重修潼川州志》和清代乾隆版《潼川府志》均有麦冬作为药材的记载。涪城麦冬具有润肺养阴、益胃生津、清心除烦、凉血止血、美颜益肤、强身健体等功效，既可入药，亦可作为保健食品煎汤、泡茶、煮粥。1949年，涪城麦冬种植面积不到20公顷，总产量不到3万千克。2009年，涪城麦冬种植区被列为“国家级农业标准化示范区”；2017年，成为“国家级出口食品农产品（麦冬）质量安全示范区”。到2022年，麦冬大田种植面积达4000公顷左右，以烘干块根计麦冬产量达到1.69万吨，占到全国麦冬产量的70%以上。涪城麦冬是中国唯一在同一地区同一品种拥有5个通过GAP认证基地的中药材，是地理标志保护产品、国家质检总局认定的全国精品农产品；涪城麦冬进入中国首批100个《中华人民共和国政欧洲联盟地理标志保护与合作协定》之列，可以出口欧盟和使用欧盟的官方标志。（编辑部提供）

信息化建设

Informatization Construction

概　述

2022年，绵阳市信息化建设围绕“五市”战略和市委、市政府中心工作，加快推进科技城建设，在服务国家科技自立自强、保障国家战略安全中凸显特殊地位。为增强战略科技力量，壮大创新主体，集聚创新要素，提升创新活力，成立市委书记、市长为双组长的绵阳市数字化发展领导小组，成立绵阳市大数据中心。12月5日，市数字化发展领导小组会议召开，省委常委、市委书记、领导小组组长曹立军主持会议并讲话。12月21日，市政府办印发《绵阳市建立健全政务数据共享协调机制加快推进数据有序共享工作方案》。至年底，绵阳市入围科技部新一批国家创新型城市建设名单，中国城市科技创新百强排名第20位，较2021年上升21位，是全国进位最快、最多的城市。

体制机制健全完善。2022年6月，绵阳市成立书记、市长为双组长的市数字化发展领导小组，统筹推进全市数字政府、数字经济、数字社会重大项目建设，协调解决重大问题，研究制定全市数字化发展战略、规划和重大政策。7月，原绵阳市政务大数据中心更名为绵阳市大数据中心，由市政务服务监管局下属事业单位调整为市政府直属事业单位。负责全市大数据中心及数字绵阳等重大项目建设和管理。

图127　5月17日，全光Wi-Fi暨5G新通话产品发布会举行（绵阳移动提供）

绵阳市数字化发展领导小组会议召开。2022年12月5日，绵阳市数字化发展领导小组会议召开，省委常委、市委书记、领导小组组长曹立军主持会议并讲话。会议学习贯彻党的二十大精神和习近平总书记关于数字化发展的重要论述，全面落实党中央、国务院和省委、省政府决策部署。数字化发展、政务信息化项目管理相关制度文件和工作方案。市委副书记、市长、领导小组组长李云，市委副书记、领导小组副组长王华蓉出席会议。市数字化发展领导小组副组长、成员等参加会议。（马国嘉　杜林聪）

数字绵阳建设

【概况】　2022年，绵阳市印发《绵阳市建立健全政务数据共享协调机制加快推进数据有序共享工作方案》，加强公共数据的管理治理、开放共享和开发利用，推进公共数据共享开放工作规范化、制度化、科学化。在市共享交换平台上建设信用数据、政务数据、涉税数据、绵碚数据等专区栏目，形成涵盖政务服务全域、数据实时共享的信息交换体系，促进数据整合、共享应用和业务协同。与省政府电子政务办“政务数据”专栏对接上线。编制绵阳市政务数据汇集工作规范指南，为各单位提供数据挂接问题咨询服务和技术指导，分批次组织召开数据汇集工作集中填报、沟通交流会，提高数据汇集质量。建设完成绵阳市数字政务微应用服务平台，优化市共享交换平台功能，推进各领域数据深度融合，沉淀办件对接、身份认证等省级公共基础服务能力，实现绵阳市自建业务平台与省一体化政务服务平台等省级系统深度对接，为“绵企通”政企服务平台、自规局综合办公系统等重要系统提供创新融合支撑。

【数字基础设施建设】 2022年，绵阳市把数字基础设施以完善通信网络设施、算力基础设施、融合基础设施为重点，加快构建泛在智联的数字基础设施体系。推进数字基础设施与传统基建有效融合，以“城市更新”为新引擎，以“新城建”为新支点，推动大数据、云计算、物联网、人工智能、5G等新一代信息技术与基础设施的融合，建设智能化市政基础设施，基于CIM基础平台推进“智慧建筑”“智慧城管”“智慧政务服务”等重点工程。统筹谋划新型基础设施建设布局，加快5G基站建设，扩大千兆光网覆盖范围，拓展万兆网升级应用，强化4K/8K电视基础网络建设，推进IPv6规模部署应用，建强“人车电网像”的多维感知体系。全市建成5G基站近8000个，实现主城区、产业园区及乡镇5G网络全覆盖，主要产业集聚区窄带物联网络全覆盖，行政村5G覆盖率达到近80%。在建四川区域级数据中心1个，通信网络各项指标居全省第2位。

【数字产业创新能力】 2022年，绵阳市在服务国家科技自立自强、保障国家战略安全中的特殊地位进一步凸显。战略科技力量显著增强，创新主体持续壮大，创新要素加速集聚，创新活力大幅提升，聚焦产业转型升级发展需求，鼓励在绵企业和高校院所围绕云计算、大数据、物联网、人工智能等数字化发展重点领域布局建设创新平台，增强科技创新对数字化发展的引领力、支撑力。推动“云上两城”建设，汇聚国内知名高校院所，整合多方人才、技术、设备优势打造高能级数字资源平台。至年底，共有20家高校、13个创新团队入驻“云上大学城”。绵阳市入围科技部新一批国家创新型城市建设名单，排名中国城市科技创新百强榜第20位，较2021年上升21位。

【数字化领域技术创新】 2022年，绵阳市围绕新一代信息技术、人工智能等数字化重点领域开展关键核心技术攻关，形成一批具有引领性、突破性的核心自主知识产权，以数字化领域的技术突破助推科技创新高质量发展。九洲集团“面向5G的智能宽带多媒体集群网络技术研究与应用”项目，突破宽带多媒体集群业务实时高效调度关键技术，为数字园区建设奠定基础；科瑞软件研发的“基于多源异构大数据融合的交通信息分析与预测”技术，应用于数字交通建设，促进数字社会建设；长虹教育开发的“长虹智能化数学基础教育资源开发平台”，在全国214所学校实现应用，为数字教育发展提供支撑。

【数字化领域创新主体培育】 2022年，绵阳市实施科技型企业“雁阵培育”行动，持续壮大数字化领域科技创新主体队伍。鼓励绵阳北斗物联网科技有限公司等40余家数字化相关领域企业参加2022年高新技术企业认定，支持互慧软件等400余家数字化领域的科技型企业开展国家科技型中小企业入库评价工作，数字化领域的创新主体规模不断壮大。

【“宇宙的真相——电子信息技术下的万物互联”电子信息论坛召开】 2022年12月11日，绵阳市与电子科技大学共同承办的“宇宙的真相——电子信息技术下的万物互联”电子信息论坛在成都市举行，该论坛是第二十届中国西部海外高新科技人才洽谈会（以下简称海科会）活动之一。省委统战部副部长张荣、省经合局副局长易旸、省科技厅二级巡视员罗春彦、电子科技大学副校长孔令讲等出席论坛。市委常委、副市长黄朝阳作绵阳电子信息产业主题推介，市委常委、统战部部长、秘书长姚永红主持论坛。中国科学院院士朱中梁，美国国家工程院院士陈世卿，国际欧亚科学院院士田奇，欧洲科学院院士陈俊龙、金双根、申恒涛，日本工程院院士任福继共7名海内外知名院士现场参会。发展中国家科学院院士石勇，欧洲科学院院士焦李成、王承祥、张彦、曹进德，新加坡工程院院士李尔平，香港工程科学院院士郭海成共7名院士线上参与。石勇向大会致贺词。陈世卿、申恒涛等分别以《智能超算与数字经济的基础建设和应用场景》《AI赋能数字经济与社会绿色发展》《智能导航感知与应用机遇》《场景、算法、算力：挑战与机遇》为题作主题报告。四川省直部门、市（州）领导，高校及国内外科研机构代表、专家学者，以及绵阳市知名企业代表等60余人出席论坛。论坛期间，开展“智能世界·万物互联——圆桌研讨”，金双根、陈俊龙等人围绕核心电子器件、高端通用芯片及基础软件产品源头核心技术创新展，开主题研讨。绵阳市联合电子科技大学与省电子信息概念验证中心共同开启“绵阳市电子信息产业赋能专项行动”。海科会期间，全市共跟进“海科杯”高层次人才40余人、项目21个，整理投资信息200余条，签约项目1个、投资15亿元。

【4个案例入选四川省第二批数字乡村建设典型案例】 2022年12月30日，省委网信办印发《四川省第二批数字乡村建设典型案例选编（2022）》，遴选出全省48个数字乡村典型案例，绵阳市共有4个案例入选，数量位居全省第二。其中，三台县《“互联网+”促道地药材——麦冬产业种养循环发展》与《建设应急广播体系，提升基层治理能力》2个案例分别入选智慧农业类典型案例和基层治理类典型案例；涪城区《县域数字乡村为农公共服务体系》入选新业态类典型案

例；安州区《打造"数字枫香"运营平台，实现村级资源市场化运营》入选综合建设类典型案例。

（马国嘉）

数字经济

【概况】 2022年，绵阳市是四川省作为国家数字经济创新发展试验区重点推动的7个区域中心城市之一，把握数字化、网络化、智能化融合发展契机，发挥电子信息产业的基础优势，加快锻造长板、补齐短板，实现动能接续转换、产业效能跃升，排名全国数字经济城市发展百强榜第46位、西部地区第6位，仅次于成都、重庆、西安、昆明、贵阳；天府数字经济指数综合评价居全省第2位、地级市第1位，游仙区获评中国领军智慧城区，安州区入选全省数字乡村试点地区。

【数字产业化速度加快】 2022年，绵阳市依托爱联科技、维谛技术等骨干企业，加强新一代信息网络产品研发和推广应用，加快建设西部5G产业发展高地，爱联科技、互慧软件等4家企业申建四川省物联网模组智造、绵阳市急诊急救信息化、绵阳市5G光模块、绵阳市无线超宽带智能接入设备的工程技术研究中心。聚焦电子信息尤其是新型显示、智慧家庭、5G、北斗卫星应用等优势领域和机器人等产业新赛道，做大"芯屏端软智网"核心产业，数字经济核心产业产值425.14亿元，增长8.6%。

【企业数字化转型升级】 2022年，绵阳市在产业发展重点领域实施"设备换芯""生产换线""机器换工"，建成智能工厂27个、数字化车间60个。全市有长虹集团、铁骑力士集团、九洲集团3家省级数字化转型促进中心，分别在电子制造业、农牧食品业带动和助力行业内产业链供应链企业数字化转型升级。

【高端农业数字化建设】 2022年，绵阳市推进68个现代农业园区数字化建设，全市主要农作物耕种收综合机械化水平达到68.8%，较2021年提高3.18个百分点。建成标准化主导产业基地5.04万公顷，开展数字化、信息化应用的基地或养殖场数量达194个，农业综合信息化水平达68%以上，4个案例入选《四川省第二批数字乡村建设典型案例选编》，3个作品在首届数字乡村创新设计大赛决赛中获优秀奖。推进农村电商发展，全年农产品销售额上百亿元，建成10余个县级电子商务产业园。

【长虹推出数字藏品】 2022年4月28日，四川长虹旗下数字内容平台草莓台联合国内头部MCN机构——OST传媒，通过百度上链分批次发售四款数字藏品"石化千岁""捕灵千岁""朱铁雄—铁马"和"朱铁雄—醒狮"，藏品合计6796件，上线1分钟即售罄。这是四川长虹联合MSN机构首次推出数字藏品。本次发售的数字藏品采用网民喜爱的数字内容和IP形象，其中朱铁雄形象被网民誉为"中国魔法少年热血且浪漫的英雄梦"。

【字节跳动火山引擎全国首个区域总部落户绵阳】 2022年12月28日，安州区·字节跳动火山引擎战略合作框架协议签约仪式在字节跳动北京总部举行，字节跳动火山引擎全国首个区域总部正式落户绵阳安州。字节跳动公司将把安州作为川西北地区多个城市相关业务的结算中心。火山引擎是字节跳动旗下面向政企市场的智能科技品牌和业务出口，基于人工智能、大数据和基础服务等技术能力，面向泛互联网、汽车、企业、金融、新零售、政府、文旅等不同客户群体提供系统化、全链路解决方案。此次双方合作项目有利于打造数字经济集聚区，促进数字经济转型示范区发展和促进科技城（绵阳）数字经济发展先导区打造，服务绵阳、辐射成渝经济圈等，项目为绵阳产业发展、科技创新孵化等提供技术支持和服务。

（杜林聪）

政务数字化建设

【概况】 2022年，绵阳市围绕优化营商环境部署要求，深化"放管服"改革，提升"互联网+政务"服务水平，推进公共服务数字化转型，增加公共服务供给，绵阳市实现省市县三级共享交换平台级联互通，建设信用数据、涉税数据、绵碚数据等专区栏目，形成涵盖政务服务全域、数据实时共享的信息交换体系，分级、分批实现政务信息资源跨层级、跨部门共享交换。截至年底，全市共享交换平台实现10110个数据库表、1459项接口的资源归集，记录总数1.57亿余条，接口资源调用2758万余次。免费向公众提供市场监管、人社、医疗保障、教育等领域数据资源，涉及主题22个、类别10383个。绵阳市一体化政务办公平台"绵政钉"在1.5万个单位3.88万名公职人员推广应用，日均活跃人数8300余人。

【政务数字化服务水平提升】 2022年，绵阳市持续推进行政审批流程再造，梳理28条具体举措，对市本级36个部门（单位）1569个事项进行优化提升，精简审批环节1286

图128 绵阳数字政府网站在页面（编辑部提供）

个，承诺提速89.22%。推行政务服务“市区联办”“跨区域通办”。设置“川渝通办”“绵厦通办”等窗口，开展“市区联办”合作试点，办理川渝通办183件，跨省通办67件，省内通办36件。开展“一网通办”改革，争取“一网通办”政务服务能力建设和创新应用试点7个试点任务，涪城区、梓潼县成功创建全省“互联网+政务服务”示范县。

【“绵企通”政企服务平台建设】2022年，绵阳市政企服务平台由“政策通、诉求通、政务通、产业通、金融通”五大核心模块组成的“绵企通”上线运行，注册用户6.6万余家，入驻金融机构102家，提供金融产品523个，汇集国家、省、市、县四级各类涉企政策2538条，处理各类诉求2530次。

【政务云规范化管理】 2022年，绵阳市加强规范政务云管理，规范审核上云需求和办理流程，依规核减冗余资源，节省财政资金近300万元。率先在全省实现通过“5G+政务外网”创新应用，确保村（社区）接入率达100%。建成同城灾备系统，向政务云各使用单位提供安全、可弹性扩展的标准化数据级二级灾备服务，总灾备资源100太字节，为云上重要信息系统等保合规提供支撑的同时确保业务系统稳定运行。

【智慧城市基础设施建设】 2022年，绵阳市有序推进城区前端图像视频感知源建设，重点对原有的前端终端进行升级改造，在重要区域增设人脸识别监控盲区点位，在治安防控、社会维稳、打击犯罪等领域中发挥举足轻重的作用。拟定城市大数据平台及智脑工程项目实施方案，完成城市智能运营中心初步设计。（马国嘉）

信息安全

【概况】 2022年，绵阳市持续提升网络安全防护能力，加强对关键数字基础设施、重要数据、商业秘密和个人信息的保护，做好数据安全风险评估、监测预警、检测认证和应急处置，筑实筑牢网络安全和数字安全屏障。印发数据分级分类管理规定，办理不履行网络安全和数据保护义务、不履行真实身份信息核验等违法行为的行政案件455起；开展数据安全保障专项行动和重要信息系统单位定级备案、测评工作专项检查，新增备案信息系统120个；开展“动态IP”和“人脸识别”专项行动，清理动态IP地址6482个。依托网络空间安全预警和指挥调度平台，对全市200余个重点网站和重点单位进行实时监测预警，共计发出网络安全预警信息64期，整改率100%。对全市93家单位224个信息系统开展网络安全抽查，对全市132家单位进行“护网2022”网络攻防实战演练模拟攻击，掌握全市网络数据资产421个，整改数据安全漏洞79个。3月22日，河北省公安厅发感谢信至长虹控股集团旗下虹信软件公司，感谢其在北京冬奥会期间，利用数字孪生等技术打造的智慧冬奥安保集成与应用示范平台为冬奥会提供安全、稳定、可靠的技术以及全景数据化仿真能力。

【数据安全保障专项行动】 2022年4—5月，绵阳市依据《中华人民共和国网络安全法》《中华人民共和国数据安全法》相关规定，办理不履行网络安全和数据保护义务、不履行真实身份信息核验等行政违法案件455起，责令停业整顿、停止联网、停机整顿89家。针对公民个人信息数据保护，开展“动态IP”和“人脸识别”整治行动，检查人像采集系统1500余家，对23家问题单位进行警告并责令整改，清理动态IP地址6482个。对本地运营的App、微信公众号、微博和论坛在公民个人信息收集、使用和存储环节情况进行检查和评估，并对存在的违法违规行为开展行政执法，共检查网络运营单位135家，对其中30家单位发出责令整改通知书，对“富乐山下”“全民数独”等5家App运营单位超范围采集公民个人信息行为进行警告并责令整改。

【信息安全人才队伍建设】 2022年，绵阳市委网信办遴选绿盟科技、奇安信、深信服等6家头部网络安全企业作为网络安全技术支撑单位，聘请企业18名技术专家作为市级网络安全专业顾问，建立32支网络安全技术保障队伍。联合西南科技大学为党政机关信息安全工作人员，开办网络安全线上培训班2期，内容包括网络安全法律法规、网络安全突发事件应对、计算机安全与防护等方面，参训500余人次。推进西南科大学、绵阳师范学院等在绵高校与中物院培训中心深度合作，联合培养网络安全领域信息化人才1400余人。

（李　想）

【信息系统安全等级保护】 2022年，绵阳市开展信息系统定级备案工作，全市备案信息系统共计788个，其中三级信息系统184个、二级信息系统604个；全年新增备案信息系统106个，其中三级信息系统39个、二级信息系统67个。开展重要信息系统测评工作，2022年度三级以上信息系统的测评率达89.8%。

【人脸识别专项行动】 2022年，绵阳市落实网络安全主体责任和网络安全保护技术措施，开展人脸识别专项检查活动，检查人脸识别应用单位4000多家，责令整改应用人脸识别系统单位3870家，行政处罚应用人脸识别系统单位406家。通过检查督促人脸识别企业，建立专门工作台账并动态更新。

【网站备案和违法信息处置】 2022年，绵阳市对重点网站开展安全评估，对存在问题的网站进行整改，全年新增备案网站135个。组织专人开展驻站、巡站（网安警务室）及网站巡查处置工作，全年关闭违法网站，整顿IDC公司数家。

【关键信息基础设施安全监管】 2022年，绵阳市对139家重点网络运营单位开展网络安全执法检查，发现系统漏洞81个，其中紧急漏洞44个、高危漏洞36个、中危漏洞1个，整改和处置各类网络安全隐患535个，对履行网络安全主体责任不到位的33家单位下发整改通知书。开展常态化态势感知和预警通报工作，发出预警通报12期。

【“一案双查”及行政案件查处】 2022年，绵阳市共办理各类涉网行政案件986件。其中，重点行政案件393件，打击处理人员235人。办理“一案双查”案件2件。组织专业技术公司对全市应用App进行清理，共清理462个，对存在违规收集个人信息和超范围收集公民个人信息的5个App进行行政处罚。

【网络舆情信息监督管控】 2022年，全市网安部门发现上报涉稳、涉警等重要情报信息2192条，应对网络群体性事件和涉警、涉稳舆情炒作，强化涉警涉稳舆情的预警监测和动态研判。妥善处置“某地校园霸凌”“虹云桥小车坠河”“某校家长不满公务员考试考点”“网传某校教师打人”“1·2”交通事故、“平武暴雨突袭致3死5失联”“某校园欺凌事件”等重大事件，对编造虚假信息并上网传播的违法人员进行查处。

【打击网络犯罪】 2022年，全市网安部门侦办涉网络刑事案件306件，采取强制措施592人，批捕126人，起诉585人。重点开展打击“网络黑客犯罪、网络侵犯公民个人信息犯罪”两个专项行动，在“打黑侵公”专项行动中立案16件，抓获犯罪嫌疑人37人，移送起诉34人。其中侦破部督“12·2”开设赌场案（国家“122”机制办督办）、“4·15”破坏计算机信息系统案（案件材料被《四川公安·百日行动专刊》刊发，该案被公安部网安局督办）。完成上级机关交办的线索协查115件，根据线索立刑事案18件，刑事打击31人，立案行政案件3件，治安处罚5人，办理外地协查46件，协助外地公安机关抓获犯罪嫌疑人57人。其中，伍某侵犯著作权案被国家6个部委（最高人民检察院、最高人民法院、公安部、文化和旅游部、国家版权局、全国扫黄办）评为督办案件。

【绵阳市网络安全风险清零行动】 2022年5月6—19日，绵阳市委网信办与市公安局、绵阳国安局联合开展2022年网络安全检查，共组建4支技术队伍，对全市重要行业和领域的93个部门（单位）开展网络安全检查，对58家单位进行漏洞扫描，51家单位进行渗透测试，共检查信息系统224个。其中，成功渗透50家单位的信息系统，共发现高危漏洞712个、中危漏洞1887个，所有漏洞均要求8月底前完成修复。6月13—24日，市委网信办联合市公安局开展“护网2022”网络攻防实战演练，组织攻击队伍参与演习。模拟攻击万余次，发现数个单位的主要业务系统存在安全漏洞，针对问题下发整改通知书。8月15—24日，市委网信办组织市级网络安全技术支撑单位，重点选取31家有重要信息系统的单位检查网络安全问题整改情况，涵盖政务网站、医院、学校、民生服务等重点行业领域。

图129 9月9日，四川省2022年国家网络安全宣传周青少年日网络直播活动在西南科技大学举行（市委网信办提供）

【四川省2022年国家网络安全宣传周开幕式在绵阳举行】 2022年9月5日，省委宣传部、省委网信办、省教育厅、省经信厅、省公安厅、人民银行成都分行、省广电局、省通信管理局、省总工会、团省委、省妇联、绵阳市人民政府联合举办，主题为“网络安全为人民，网络安全靠人民”的四川省2022年国家网络安全宣传周开幕式在绵阳举行，宣传周以线上线下结合的方式进行，时间为9月5—11日。其间，举办网络安全成就展、网络安全知识线上有奖竞赛、网络安全教育云

图130 9月9日，绵阳市公安局网络安全知识竞赛决赛举行（市公安局提供）

课堂等活动，举办校园日、电信日、法治日、金融日、青少年日、个人信息保护日等多个主题日活动。四川观察、直播绵阳、西蜀网等网络平台同步直播，共计110万余人观看。活动期间，绵阳主会场开展“党的十八大以来四川省网络安全领域成就”宣讲活动，线上直播宣讲和宣讲小分队到机关、学校、社区开展线下宣讲，听众达50万余人。举办网络安全主题展，在绵阳市人民公园搭设网络安全主题展墙3000余平方米，展示网络安全领域成就、宣传网络安全法律法规、普及网络安全和防范知识等，主题展同步进行线上直播，吸引超过40万人观看。组织网络安全知识线上有奖答题，普及网络安全知识、提高网络安全意识、宣传网络安全法律法规，9月1—11日共吸引350万人次参加，发出奖金10万元。开展网络安全倡议活动，结合四川元素，制作18张以“筑牢网络安全基石、成就网络强国梦想”“安全上网、文明上网”等标语为主题的倡议海报，全网超过44万人点击转发。9月6—11日，绵阳市开展校园日、金融日、青少年日、个人信息保护日等主题活动，采取线上线下结合的方式宣传网络安全法律法规、政策文件、防护技能等，在线观众达55万余人次，线下参与达5000人。

（杜林聪　李继锋　李　想）

金融信息化建设

【概况】　2022年，绵阳市优化货币政策工具系统流程，提升业务办理效率。落实常备借贷便利、票据再贴现操作电子化改革要求，有序实现全流程电子化，提高操作效率，实现放款、回款“秒到账”，有效缩短业务办理流程，提升货币政策工具处理实效。持续加强大数据技术学习，提升数据技术能力。推进辖内农信机构完成网点标准化认证工作，组织动员辖区金融业参与标准“领跑者”活动。推进跨省异地电子缴税业务“扩面增量”，强化征信系统管理，推进查询服务网点规范化、标准化建设。截至年底，全年共办理电票再贴现业务675笔，合计金额92.04亿元，新增个人征信自助查询网点25个。

【移动支付便民工程】　2022年，绵阳市指导供需双向发力，助力市场做大做强，实现新增绑卡用户数、活跃商户数和移动支付交易笔数等指标排名在全省位居前列。深度优化受理环境，覆盖百姓民生场景，建成大批群众满意度较高优质受理商户群体，在龙门水果批发市场、三台县麦冬主产区开展手机号码支付省级示范点创建工作。推动降低市场交易成本，鼓励开展刷卡手续费优惠，支持对小微企业跨行转账、汇款银联手续费减免。践行支付惠民理念，绵阳市商业银行成功发行“乡村振兴”主题卡，持续开展公交客运优惠乘车活动和乡村客运购票随机立减活动，全年消费券促销活动吸引全市1600家商户参与，发放消费券16.3万张，累计补贴1000万元，实现银联侧收单交易1.56亿元；邮储银行工会会员服务卡普惠活动年内实现交易8.14万笔，累计优惠228.15万元；“建行生活”App年内累计发放消费券58.9万张，参与用户48.1万人次。

【大数据专项工作】　2022年，绵阳市持续加强大数据技术学习，提升数据技术能力。强化与法人商业银行的交流与合作，扩展大数据应用研究试验田。申报参加成都分行数据技术应用竞赛，学习FineBI、FineReport等相关技术，并将之应用于绵阳市消费券发放分析等应用场景。

【金融科技创新试点】　2022年，绵阳市推进辖内农信机构完成网点标准化认证工作，组织动员辖区金融业参与标准“领跑者”活动，辖内10家法人机构申报参加2022年度金融领域标准“领跑者”活动。推动金融科技赋能乡村振兴落地，指导三台农商行做好金融科技赋能生猪养殖项目，推动脱贫攻坚和乡村振兴有机衔接，探索数字乡村发展新路径。持续推进绵阳市商业银行移动金融客户端应用软件无障碍服务改造工作，10月完成绵阳市商业银行移动金融客户端应用软件无障碍建设评估。

【跨省异地电子缴税业务】　2022年，绵阳市持续加强部门协作，做好业务宣传，联合绵阳市税务局、银行机构开展新媒体广泛宣传、重点企业上门宣传，组织“税银企”三方召开推进工作现场座谈会。至年底，全市新增跨省缴税业务294笔，合计金额1323.91万元，业务总量居全省前列。跨省税款入库时间由个位数至十位数工作日不等缩短至一个工作日以内。

【征信系统管理】　2022年，绵阳市着重突出查询服务网点规范化、标准化建设，新增个人征信自助查询网点5个，总数达27个，实现辖区人行系统、绵阳城区人流集中区域查询服务全覆盖；推动各查询网点采取网上查询、电话预约、引导分流等措施，有效防控人员聚集风险；在三台县芦溪镇农行网点设立代理查询点，实现查询服务向乡镇延伸。持续开展“天府信用通”平台推广应用，推动150256家企业在平台注册，帮助7591家中小企业实现平台融资1015.88亿元；开展金融信用分类工作，累计支持142家红名单企业获得纯信用贷款58.16亿元，培育75家白名单企业实现首贷33.14亿元。

（胡子奇）

农业信息化建设

【概况】　2022年，绵阳市申报数字农业项目，推广数字农业试点示范，7个单位（基地）成为四川省数字农业试点示范储备项目，完成三台县国家级数字农业试点县项目，四川铁骑力士食品有限责任公司成功申报“2021年度全国农业农村信息化示范基地”；三台县涪城麦冬、涪城区蚕桑产业列入首批省级农业国际贸易高质量发展基地培育；安州、江油成功创建省“五良”融合全程机械化示范区。按照省农业农村厅《关于申报“互联网+”农产品出村进城工程试点县的通知》，组织盐亭县申报创建工作。开展电商进农村工程，9个县级电商服务运营中心成为本地电商培训、数据分析、网货配送等多功能集聚地。

【农经网建设】 2022年，绵阳市围绕乡村振兴、农业产业体系建设以及粮食安全保障等重点工作，加强四川农村信息网建设。四川农村信息网绵阳站全年收集上传供求信息360条、为农气象服务情报信息247条、绵阳新闻资讯241条。绵阳市高水蔬菜批发市场信息服务站每天采集上传当地市场内各类蔬菜、粮油、肉类等商品价格信息，全年上传信息10850条。

【农情信息收集报送与发布】 2022年，绵阳市实时做好农情信息收集报送工作，完成大春作物种植趋势调查、水稻育种育秧、大小春收获及播栽进度、小春产量趋势预测、春管及春耕农资投入情况调查等定期农情收集报送85期报表118份，大春播栽进度、夏收夏播情况日调度、冬小麦长势及苗情调查、油菜购销调查等临时农情调度75期报表92份，撰写大春备耕及播栽特点、小春产量预测、“双抢”进展、绵阳市关于种粮大户出现“退地潮”及春耕备耕情况和存在问题调查等农情文字材料11份。按照市府办印发的《政务督办通报》《监测报告》等文件要求，对标《四川省政府网站与政务新媒体检查指标》，对政府网站和微信公众号进行实时内容更新和自查整改，对其建设不断优化、服务水平不断提升。全年市农业农村局政府网站累计更新发布各类信息1947条，浏览量60.3万余次。微信公众号“绵阳农业农村”按政务新媒体分级备案管理制度进行备案。全年微信关注总用户数7417人，共发布信息874条。

【“直通式”为农气象服务】 2022年，绵阳市气象局和各县（市、区）气象局开展“直通式”为农气象服务，按照农事活动进程，制作发布春耕春播、夏收夏种、秋收秋播农用天气预报21期，向全市种粮大户、农技、植保人员发布“直通式”农业气象服务短信10次。年内开展麦冬、茶叶等特色农业气象服务，制作特色农业气象服务产品22期。制作气象干旱监测30期。通过“四川e农”App应用发布田间快报24条。制作发布农业气象情报36期、大小春农作物气象产量预报4期。

【首个村级数字化管理平台启用】 2022年9月13日，绵阳市首个村级数字化管理平台在江油市青莲镇双石村村委会正式启用。该平台是江油市青莲镇双石村携手中国电信着力打造数字化乡村，在全省率先实现整村5G全覆盖，通过搭建“魔镜”安防综合治理系统、村务管理系统，以及智能物联网体系。通过管理平台，可以将地灾避险、森林防火、村务公开等各类信息通过5G云广播实时传送。物联网设备管理平台有气象监测、虫情监测、苗情监测及杀虫灯的运行情况等内容，农作物病虫害可及时预警防治。至年底，全村有7个5G基站，通过5G云广播，村“两委”可以即时发布村务信息，村民也可以通过手机App，可直接留言向村“两委”反映村内情况和办事需求。（郭康康）

图131 双石村数字化管理平台（市农业农村局提供）

通信技术

【概况】 2022年，绵阳市通信技术运营主要由中国移动绵阳分公司、中国联通绵阳分公司、绵阳电信、绵阳广电及其他通信技术保障性企业提供服务和技术。推进国家“双千兆”行动计划，加速打造4G/5G协同的精品移动网络和品质千兆网络，率先实现全市县城及乡镇区域5G网络100%覆盖。推动“双千兆”融合应用创新发展，绵阳移动正式发布FTTR全光Wi-Fi千兆光纤网络技术；绵阳电信搭建西南首个智慧燃气示范基地、全省首个智慧生猪一体化平台、绵阳首个数字乡村平台、农村集体经济合作社，为数字绵阳建设奠定基础。

【中国移动绵阳分公司】 绵阳分公司成立1999年，下设11个职能部门和10个县（市、区）分公司，主营业务包括移动语音、数据、宽带、IP电话、云业务和多媒体业务等。2022年，公司主动融入地方发展，全力服务于数字经济发展、服务于乡村振兴、服务于成渝地区双城经济圈建设，发挥科技城5G智造联盟成员单位作用，在医疗、教育、交通、农业等多领域实现突破，创新推广高品质、有价值、可复制的产品应用，提升信息服务供给质量，全面赋能千行百业。围绕道路安全18条整治措施，基于5G、云计算、大数据和物联网等关键技术，推出集数据交换及共享、交通运输安全监管、交通应急指挥三大功能于一体的“科技治超”综合管理平台，形成全市全域联防联控的管控网，具备与国家道路安全治理骨干网及公安六合一平台的对接能力，实现从源头、道路、复检、卸货、执法的全体系闭环管理，避免货运车辆超限超载现象，全面提速全市交通运输行业转型升级注入“数字动力”。相关应用在北川、梓潼、涪城、经开等区域落地。加快新基础设施建设，推进国家“双千兆”行动计划，加速打造4G5G协同的精品移动网络和品质千兆网络，率先实现全市县城及乡镇区域5G网络100%覆盖，行政村5G覆盖率达到90%；宽带千兆端口100%覆盖绵阳区县城区、乡镇小区。落实国家“东数西算”工程，参与全国一体化算力网络国家枢纽节点建设，推动“双千兆”融合应用创新发展。5月17日，绵阳移动正式发布FTTR全光Wi-Fi千兆光纤网络技术，更好地满足家庭客户、中小企业等对千兆网络定制化的组网需求。做好通信应急准备，确保平武、北川等地暴雨洪灾和疫情防控期间通信畅通。针对全市1.02万家中小微企业宣传降幅纾困政策，惠及客户2677户，年减负金额达到64.2万元。至年底，绵阳移动个人客户300万余户，家庭宽带客户100万余户，运营收入20亿余元。全年在绵阳投资5亿余元，带动就业岗位5000余个，纳税8800万余元，增长10%。

【中国电信绵阳分公司】 2022年，中国电信绵阳分公司按照“党建统领、云改数转、五力统战”的年度工作思路目标，持续深入建设“五型组织”，践行“五力统战”。做优云网运营，提升无线网络覆盖品质。新建5G基站1257个，无线基站规模达9900个，仅次于成都，千兆实现100%全覆盖；全省率先实现规模化电梯信号覆盖。完成城市光网向千兆网络进阶升级，城乡千兆覆盖率100%。至年底，国际出口带宽6000G。针对灾害多发区域新建多路由保护，全面提升应急保障能力。部署政务灾备云、医疗云、智慧燃气云，5G定制网数量列全省首位。全面完成绵阳边缘云建设，具备“一县一池”“一园一池”的边缘云部署能力。推进近200家企业上云，使用云服务器1.64万核，为绵阳数字经济建设提供保障。新建H端口、10GEPON口近10万个，实现千兆100%覆盖。政企OTN专网能力进一步升级，多路由保护为绵阳政企单位提供“后备无忧”的服务。宽带、天翼、电视用户分别净增，完成率全省靠前。EVA持续守正，连年正增长。快电轻模式引入商户近500家，聚合数字服务中心、多维度平台生态。搭建西南首个智慧燃气示范基地、全省首个智慧生猪一体化平台、绵阳首个数字乡村平台、农村集体经济合作社，助力绵阳乡村振兴，推动本地数字经济发展。

【全光Wi-Fi暨5G新通话产品发布会举行】 2022年5月17日，中国移动四川绵阳分公司举办“引领新时代·预见新未来”全光Wi-Fi暨5G新通话产品发布会，绵阳市行业主管部门负责人、行业嘉宾和合作伙伴出席。为让与会嘉宾更直观地体验新产品，发布会现场设置全光Wi-Fi和5G新通话产品的智慧家庭、智能连接体验区，展示由绵阳移动打造的智能宽带、智家平台、智能应用、智能安全、智能服务的多终端、多平台、多内容、多场景智慧服务体系。ZTE还提供一套全光Wi-Fi组网设备进行现场测速，方便参会嘉宾体验全光Wi-Fi速度。发布会上，绵阳移动与物业、装修行业代表签署战略合作协议。

【四川长虹与中国电信联合发布“天翼轻云盒”】 2022年11月18日，四川长虹旗下长虹网络科技与中国电信在第十届中国（绵阳）科技城国际科技博览会现场联合发布全新大屏终端产品“天翼轻云盒”。该产品定位边缘轻量级算力终端，作为云计算、大数据与泛智能生活的连接纽带，为用户提供云桌面、超高清视频、智慧家居等综合服务体验。该产品结合中国电信的云平台、千兆网络和亿级用户群，定位边缘轻量级算力终端，作为云计算、大数据与泛智能生活的连接纽带，可为用户提供云桌面、超高清视频、智慧家居等综合服务体验。在应用场景方面，“天翼轻云盒”高度灵活，广泛覆盖家用视听、办公学习、休闲娱乐、教育商用等场景，可消除传统机顶盒布线安装烦琐、业务单一、行业推广困难等劣势，且能快捷部署于家庭、行业、异网用户，同时亦可为运营商既有视听业务发展建设助力，构建丰富的大屏终端产品形态。（杨　欣）

教育管理

【概况】 2022年，绵阳市持续推进新时代教育督导体制机制改革，市、县两级均设立教育督导委员会及其办公室，配备总督学、督学、专家，实现责任督学挂牌督导全覆盖。将教育督导经费列入本级财政预算，基本建成全面覆盖、运转高效、结果权威、问责有力的教育督导体制机制。坚持“校内提质、校外减负”双向发力，推进“双减”政策落地。学科类校外培训机构从517家减至26家，压减比达94.97%。整治违规培训，维护家长和学生合法权益，监管校外培训机构资金近3000万元。开工新建（改扩建）公办幼儿园13所，新增学位2920个。新建（改扩建）义务教育学校22所，新增学位7920个。启动城区学校布局调整和建设工作，加快消除就近入学盲点。建成数字化主播和接收教室122间，改造农村义务教育教师周转房1000套。

【未成年人思想道德建设】 2022年，绵阳市成立大中小幼思政课一体化建设指导委员会，组织全市55万余名大中小学生、3300余名思政课教师、1.72万余名班主任（辅导员）同上一堂航天系列思政课。围绕“党的二十大精神进课堂”，组织全市1000余名大中小幼教师集体备课，录制340余堂思政微课。

【教师队伍建设】 2022年，绵阳市围绕“高、专、缺”教师需求，通过公招、直招、特岗计划、省属公费师范生、“银龄计划”等补充教师1140人，其中通过人才招引计划从重庆、西安等地引进高层次人才231人。通过构建“赛训研”三合一教师培训平台，建设“名师名校长工作室”，培育“卓越校长”等方式，形成“一带一、一带多”的梯队人才培养机制。共建成名师名校长工作室国家级1个、省级13个、市级10个，有国家级职教创新团队1个、省级2个，有省级卓越校长工作室14个、省级职教工作室（平台）3个。13所学校被命名为全省首批教师教育实践基地。评选表扬教师先进个人251人、教师团队10个。

【招生制度改革】 2022年，绵阳市制定《绵阳市规范民办义务教育发展实施方案》，完善“1+6”工作方案，推动“一校一策”“民转公”、民办义务教育学校招生摇号等工作，推进绵阳外国语学校、绵阳南山双语学校、绵阳英才学校、绵阳外国语实验学校、江油实验学校5所学校“民转公”工作。持续推进中考体考改革，在全省率先实现体育中考智能化测试全覆盖，避免工作人员测试的弊端，促进中考体考更加公平。结合新高考改革，推进学校选课走班和课程改革。

资料链接：“1+6”工作方案中“1”即市政府办《关于印发规范民办义务教育发展实施方案的通知》（绵府办发〔2022〕25号）；“6”即绵阳市公有主体举办民办义务教育学校转设公办学校专项方案、绵阳市压减民办义务教育在校生占比专项方案、绵阳市民办义务教育学校招生工作专项方案、绵阳市“民转公”学校经费保障及购买民办义务教育学校学位专项方案、绵阳市规范民办义务教育学校人事工作专项方案、绵阳市民办十二年一贯制学校高中分立实施专项方案。

【成人教育】 2022年，绵阳市围绕“全民终身学习活动周”，组织开展全国和省级社区教育评优评先活动，推荐10个优秀案例参加省级评选。组织开展“能者为师”师资课程与案例征集打造活动，上报128集课程和“弘扬非遗文化 助力乡村振兴——绵阳三台社区学院典型案例‘麦秆烙画’”“‘救’在身边应急救援培训工作案例”2个特色案例。围绕参与成渝双城经济圈建设，绵阳社区大学与北碚区社区教育学院合作开展“非遗”文化游学项目，绵阳在2022年成渝地区首届社区教育院长论坛暨“能者为师”成果展示活动会上发言。

【教育教学交流】 2022年，绵阳市制定成渝地区双城经济圈教育协同发展合作清单，开展“名校共建”、教学科研合作、智慧教育平台建设等，推动绵碚教育交流合作。先后举办“绵碚首届教育高峰论坛”，成渝地区研训机构“10+20”共同体教育协同发展论坛暨三台县国培计划（2021）自主选学项目活动；支持安州区高级职业中学与重庆侨城北州文化传媒有限公司联合办学，开展学历教育和职业技能等非学历培训交流，引导各级各类学校主动融入成渝双城经济圈建设，共同促进教育事业高质量发展。全市共有15所学校与遂宁、成都、重庆的15所学校签订结对协议并开展活动。

【教育助力乡村振兴】 2022年，绵阳市安置6.49万名进城务工人员随迁子女就近入学，资助家庭经济困难学生19.59万人次，发放减免各类资助资金3.2亿元，做到“应免尽免、应补尽补、应助尽助”。实施农村义务教育学生营养改善计划，惠及6.57万人。完成市级重点民生实事——农村学校教育数字化质量提升项目和改造提升农村义务教育教师周转房建设项目，建成数字化主播和接收教室122间，改造农村义务教育教师周转房1000套。

【校园安全管理】 2022年，绵阳市常态化开展校园欺凌防范、食品卫生、道路交通、消防、地质灾害等安全隐患排查整治，多形式开展森林草原防灭火、电信网络防诈骗等安全宣传教育。按照“一站多点”建设模式，在全省首创学校（体育场馆）微型消防站建设标准。定期专题研判安全稳定风险，建立校园安全工作责任清单、信访稳定工作责任清单，做好教育改革发展中存在的稳定风险管控，接待来信来访处置涉教信访矛盾，回复家长学生关切。

【成渝地区研训机构“10+20”共同体教育协同发展论坛举行】 2022年4月8日，成渝地区研训机构“10+20”共同体教育协同发展论坛以视频会议形式，在绵阳市三台县、重庆市铜梁区、遂宁市安居区同时进行。来自三地的18名学校代表分中学组和小学组，以“‘双减’背景下的作业管理与设计”作主题交流。在三台分会场，还举行三台县国培计划（2021）自主选学项目活动。三台县中小学教学分管领导、国培自主选学全体学员参加会议。 （廖莉莎）

基础教育

【概况】 2022年，绵阳市加强幼儿园建设，持续扩大公办学前教育资源供给，承办全国幼儿园园长专业发展公益论坛；优化学区架构，促进义务教育均衡发展。全市共有基础教育学校1297所，其中学前教育794所、义务教育460所、普通高中36所、特殊教育7所。基础教育在校生685399人，其中学前教育138673人、义务教育440800人、普通高中104966人、特殊教育960人。

【学前教育】 2022年，绵阳市加强城镇新增人口、流动人口集中地区和乡村幼儿园建设，开工新建（改扩建）公办幼儿园13所，新增学位2920个，公办学前教育资源供给持续扩大。实施“十四五”学前教育发展提升行动计划，指导县域学前教育普及普惠创建；开展城镇小区配套幼儿园治理“回头看”，指导各地推进幼小衔接；规范民办普惠园办园行为，全面提升保教质量。全市学前三年毛入园率97.45%，普惠性幼儿园覆盖率85.96%。全省首批唯一的学前教育教师培训基地落户绵阳四川幼儿师范高等专科学校。

【义务教育】 2022年，绵阳市深化义务教育学区制治理，结合县域内片区划分情况合理划分学区，分片联动集团化办学或建设优质学校发展共同体，形成以城带乡、以强带弱、区域一体发展的学区构架，促进义务教育优质均衡发展。全市建成办学集团或共同体25个，学区47个。11月15日，作为第十届中国（绵阳）科技城国际科技博览会主宾国系列活动之一的阿根廷驻华大使馆代表团进校园教育人文交流活动，在绵阳南山中学双语学校举行。交流会上，绵阳外国语学校与阿根廷基尔梅斯国立大学技术教育中学签订友好学校结对协议。

【普通高中教育】 2022年，绵阳市完善高中教育评价体系，关注学校综合发展情况，推动普通高中准确定位，提炼特色，聚焦课堂，精细管理，建立以学科竞赛、“双特生”培养为主且适应“强基计划”选拔的综合育人体系，探索形成具有绵阳特色的拔尖创新人才培养机制，推动全市普通高中优质内涵发展。先后被新华社、《人民日报》、中央电视台等50余家主流媒体报道。

2022年绵阳市基础教育情况统计表

表59

教育机构	校数（个）	班数（个）	毕业生（人）	招生数（人）	在校生（人）	教职工（人）	
						共计	其中：专任教师
幼儿园	794	5156	46889	29731	138673	16643	8274
小学	331	6418	47984	45461	282314	17875	16200
初中	129	3216	52998	51035	158486	13624	11825
高中	36	2065	35105	36853	104966	12889	11038

2022年绵阳市义务教育阶段学校收费标准统计表

表60

教育类别	收费项目		收费标准（元/生·年）		
			最低标准	最高标准	平均标准
义务教育学校	公办普通小学	住宿费	—	—	—
	公办普通初中	住宿费	900	1160	1030

2022年绵阳市高中教育收费标准统计表

表61

学校	学费(元／生·期)			高中毕业会考费(元／生·期)	住宿费	课本费(元／生·期)	作业本费(元／生·期)
类别	国家省级示范高中	市级示范高中	一般高中				
绵阳市	460	340	280	5（只对高二学生一次性收取）	按当地物价部门核定的标准执行	300	30

【四川省绵阳中学】 四川省绵阳中学创建于1957年，是四川省首批国家级示范性高中、一级示范性普通高中、阳光体育示范学校和艺术教育特色学校；全国16所“中国空军青少年航空学校”之一，位列“中国百强中学”第17名；是清华大学领军计划优质生源基地、北京大学博雅人才共育基地和全国116所著名高校优质生源基地。学校占地约20公顷，建筑面积17万平方米。有教学班156个，在校学生9000余人，教职工600余人，其中在职正高级教师12人、在职特级教师16人、高级教师207人，硕士171人。2022年，学校作为全省唯一基础教育单位被省委、省政府表彰为四川省普法先进单位，第27次蝉联绵阳市普通高中教育质量综合评价特等奖第1名，第5次蝉联绵阳市高中特色亮点工作第1名，校团委被团省委评为四川省五四红旗团委。学校被清华大学、北京大学录取人数稳居全省前2名，十大名校录取人数稳居全省乃至全国第1名。46人被空军航空大学录取为飞行学员，录取人数跃居全国第2。五大学科竞赛19人入选省队，在全国决赛中获5枚金牌、12枚银牌、2枚铜牌，并全部入选清华北大“强基计划”，位列全省前2名。学生赵梓霖、李奕辰同学入选国家集训队并保送北京大学。陈雨滋以全国跳远第1名成绩被北京大学录取，刘媛以美术专业全国第24名成绩被清华大学录取。

【四川省绵阳南山中学】 四川省绵阳南山中学创办于清光绪三十四年（1908），原名四川省立绵阳中学（民国时期）、四川省绵阳高级中学（20世纪50年代），1960年更名为四川省绵阳南山中学。1978年被确定为首批省重点中学，2000年被确定为四川省首批国家级示范性高中，2011年被确定为全国拔尖创新人才培养基地，2013年被确定为四川省首批一级示范学校。学校占地18.2万平方米，建筑面积11.7万平方米。2022年，学校有在校学生9324人，在职教职工564人，其中正高级教师20人、特级教师9人、高级教师224人。学校先后获得四川省青少年普法教育先进集体、市教体系统党建工作先进单位、绵阳市三八红旗集体、民进四川省委员会先进基层组织、2022年度招飞工作先进单位、市直教体系统五好党支部、第七届绵阳市青少年学生“学宪法讲宪法”演讲比赛活动优秀组织奖、2022年绵阳市普通高中技术学科教学质量和组考工作先进集体等。建有教育部中小学名校长领航班唐江林校长工作室、四川省徐勇卓越校长工作室、四川省徐勇名师工作室、四川省卢礼金名师工作坊、四川省杨邵斌名师工作坊、四川省李凌名团干工作室、绵阳市何艾名师鼎兴工作室等国、省、市级名师名校长工作室（坊）。举办四川省徐勇名师工作室授牌仪式暨研修培训会、四川省徐勇卓越校长工作室授牌仪式，该工作室由南山中学党委书记、校长徐勇领衔，成员来自全川8个市（州），是绵阳市唯一落户高中的“双师远程教育”榜单工作室。

【四川省绵阳实验高级中学】 四川省绵阳实验高级中学是绵阳市教体局直属公办高中。2018年，被省教厅确认为“四川省一级示范高中”。2022年，学校占地15.44公顷，有教师347人，其中四川省正高级教师7人、四川省特级教师6人，全国优秀教师8人。有教学班80个，在校学生4500余人。学校是全国文明校园、全国素质教育示范校、全国公共机构能效领跑者、绵阳市个平安校园。学校先后成为北京大学“朝阳计划”基地学校，中国矿业大学、长安大学、山东大学、西南大学等高校优质生源基地学校。2018届学生黎禹汐代表中国队参加2022年北京冬奥会钢架雪车项目并在决赛中取得优异成绩，2021届学生陈奕君参演冬奥会开幕式倒计时宣传片《节气》；学生邓智舰夺得全国U18田径少年锦标赛百米短跑冠军。2022年高考重点本科上线1016

人，本科上线2808人，600分以上学生人数超过百人。学校获绵阳市高中教育质量综合评价A1组学校特等奖，12个高考学科均获学科评价特等奖。

【绵阳普明中学】 绵阳普明中学始建于清光绪三十二年（1906），2000年成为市教育局直属学校，2004年成为四川省示范性高中。2022年校园面积10.67公顷，有师生员工6000余人，其中正高级教师3人、特级教师5人、省级骨干教师10人，市级骨干教师46人，市级学科专家库教师31人，高级教师108人、中级教师134人，中高级教师占教师总数的79%。学校是绵阳市唯一的高中理科教师实验教学能力提升培训基地和绵阳市现代化教研中心。

【四川省绵阳第一中学】 四川省绵阳第一中学是市教体局直属公办学校，占地31658平方米，建筑面积41179平方米。学校是四川省示范性普通高中、全国校本课程研修示范学校。2022年有教学班75个，在校学生近4000人；在职教职工263人，其中正高级教师5人、特级教师4人、高级教师85人、中级教师123人。2022年，学校高考、中考工作获绵阳市教育和体育局质量综合评价特等奖，体育工作被省体育局、省人社厅评为四川省体育系统先进集体，授予四川省高水平体育后备人才基地。

【四川省绵阳外国语学校】 四川省绵阳外国语学校始建于1999年，是市教体局直属的集小学、初中、高中于一体的全寄宿制学校。学校是全国素质教育先进单位、全国外国语学校会员学校、国家公派留学新加坡指定生源学校、四川省教育工作先进集体、四川省校风示范学校、四川省艺术教育特色学校、四川省青少年足球基地学校、绵阳市教育质量先进学校、绵阳市培养输送体育特长生先进学校、绵阳市科技教育示范学校、国家公派留学新加坡指定生源学校、绵阳市全国外语等级培训考试中心。2022年，学校占地15.33公顷，有161个教学班，在校学生7796人，教职工544人。任课教师中，4人被授予全国优秀教师，60余人分别被授予特级教师、四川省优秀教师、四川省骨干教师、绵阳市学科带头人等。2022年，学校蝉联全市高中教育质量评价特等奖、义务教育质量评价特等奖。学生冯诗芮被北京大学录取。学校射击、羽毛球学生代表队在2022年四川省十四届运动会上共获金牌7枚。在2022年四川省青少年羽毛球锦标赛上获得金牌7枚，包揽男女队团体冠军。

【四川省科学城一中】 四川省科学城一中于1990年由原中国工程物理研究院院属九所子弟中学优化重组而成。1999年通过四川省国家级示范性高中的检查验收，是四川省第一所国家级示范高中。学校占地6公顷，建有国家级标准运动场、大型体育馆、图书馆、多媒体教室、理化生学科数字探究实验室、智慧录播教室（云教室），实现数字校园网全覆盖。2022年，学校有教学班51个，其中初中18个班、高中33个班，学生2500余人。教师队伍中有特级教师9人、中学高级教师106人，省市学科带头人、优秀骨干教师50余人，有2名教师入选国家跨世纪园丁工程。学校设立“邓稼先物理奖”和“中物院励志奖”，出资300万元奖励学生。构建“基础型、探究型、拓展型”一体两翼三型课程体系，在高中专门设立邓稼先院士班，开设特色校本课程，建立博士工作站，开办科技创新大赛；开设拔尖创新课程，包括强基课程、奥赛课程、中医药文化课程，建立中医药种植实践基地，劳动实践基地，促进学生全面发展。

【绵阳东辰学校】 绵阳东辰学校创办于2000年，占地23.33公顷，是一所集小学、初中、高中、出国预备教育于一体的全日制寄宿制民办学校。2022年，有学生15639人，其中小学4935人、初中7558人、高中3146人；有教职工1824人。学校是四川首批北京大学校长实名制推荐学校、中国顶级高中五十强，全国百强中学、全国225所高中清北录取榜全国五十强，中国高中教育五十强，四川省一级示范性普通高中，绵阳市特优生培养基地，清华大学、北京大学等全国近70所一流大学优质生源基地、同济大学苗圃计划实验基地、工业4.0—智能教学科研基地、南方科技大学英才计划试点中学、南京大学最佳生源基地，英国绿色动力教育创客实践活动基地，英国南柴郡公学友好学校，中央财经大学中学优质生源基地。

（廖莉莎）

职业教育

【概况】 2022年，绵阳市有中等职业学校21所，有中职在校生51122人、专任教师2516人。中等职业学校招生19112人，毕业13055人。中等职业学校中有国家级示范中职学校1所（绵阳财经学校）、国家级重点中职学校3所（绵阳职业技术学校、绵阳农业学校、三台县刘营职业高级中学校）、省级示范中职学校3所（江油市职业中学校、绵阳市游仙职业技术学校、北川羌族自治县七一职业中学）、省级重点中职学校3所（盐亭县职业技术学校、江油市职业中学校、绵阳市安州区高级职业中学）。培养输送13055名职业技能人才，开展职业技能培训13856人次。举办中职学校教师能力比赛，提升全市中职教育质量。

【“三名工程”建设】 2022年，绵阳加快推进学校基础能力建设、省级中职“三名工程”（指名校、名校长、名教师）建设，优化专业设置，改善办学条件，畅通升学渠道，提高教育质量。新增专业11个、停办专业9个，签订校企合作协议283份，开设订单班、冠名班48个。指导游仙职业技术学校、北川七一职业学校入选四川省中等职业教育“四星名校”名单，绵阳职业技术学校、三台刘营职中入选“三星名校”名单。培养输送6602名中职学生通过高职单招、对口高考、普通高考、五年制贯通培养等方式进入高等院校学习。

【2022年绵阳市中等职业学校教师教学能力大赛决赛】 2022年4月26日，2022年绵阳市中等职业学校教师教学能力大赛决赛在北川七一职中举行。来自20所学校的145个教学团队、400余名选手参加教学能力比赛。经过网络初评和现场决赛环节，评选出一等奖作品31个、二等奖作品35个、三等奖作品48个，团队奖8个。114名选手分别获得教学能力比赛一、二、三等奖，择优推荐22件优秀作品参加省赛。

【2022年绵阳市中等职业学校班主任能力比赛决赛】 2022年5月11日，2022年绵阳市中等职业学校班主任能力比赛现场决赛在三台职业技术学校举办，该赛事由市教体局主办、市教科所承办，16所学校28名选手参赛。经过网络初评和现场决赛环节，评选出一等奖8名、二等奖13名、三等奖7名。22名选手分别获得班主任比赛一、二、三等奖。大赛还择优推荐8件优秀作品参加四川省比赛。 （廖莉莎）

2022年绵阳市中等职业教育情况统计表

表62

中等职业教育	校数（所）	毕业生（人）	招生数（人）	在校生（人）
合计	21	13055	19112	51122
调整后中职学校（类）	8	1503	2889	7200
普通中专学校（类）	3	664	878	2688
职业高中学校（类）	10	9128	13544	36592
其他机构（类）	1	725	1038	2535
附设中职班（不计校数）	5	1035	763	2110

说明：不含技工学校

招生考试

【概况】 2022年，绵阳市教育考试院同步推进疫情防控和招生考试，实施考务管理标准化、规范化，落实国家教育考试安全保密工作，组织实施普通高校招生考试、高中阶段学校招生考试等各类招生考试24次，参考考生857483人次，其中高考55990人次、中考51781人次、成人高考8498人次、研究生招生考试19351人次，初二生物地理考试53379人，自考及非学历考试360291人次，高中学业水平考试308193人次。

【普通高校招生考试】 2022年，绵阳市高考报名55990人，比2021年增加5628人，共设9个考区、24个考点、1628个考场，有考试工作人员9000余人。普通高考录取49059人，总录取率90%。重点本科录取16490人，录取率34.19%。北京大学、清华大学等“双一流”高校录取9028人。

【高中阶段学校招生考试】 2022年，绵阳市参加中考报名51781人，人数较2021年增加5063人。全市设9个考区、26个考点、1736个考场。高中阶段学校招生录取53521人，其中普通高中录取28512人，中职统招录取20619人，自主招生1746人，五年制高职录取2644人。

【自考和非学历考试】 2022年，绵阳市组织全国高等教育自学考试2次，累计报考27084人、67057科次。其中社会型考生6925人、17859科次，应用型考生20159人、49198科次。办理社会型自考毕业证书179人，其中本科141人，专科38人。办理免考63人，转入转出考籍9人，更改考籍14人。全市非学历教育考试报考244954人，较2021年增长7.4%；报考293234科次，较2021年增长5.2%。全国大学英语四、六级考试报考108983人，较2021年增长10.1%，其中报考四级68077人、六级40906人；全国计算机等级考试报考22385人，较2021年下降20%，其中报考一级8189人、二级13748人、三级384人、四级64人。中小学教师资格考试（笔试）报考45058人、85648科次。全国中小学教师资格考试（面试）报考16252人，较2021年略有增加。四川省书法水平测试报考44586人，较2021年增加13859人，增长45.1%，报考人数居全省第2位，其中报考硬笔书法43441人、毛笔书法1145人。特岗教师招聘笔试7690人报考、15380科次，人数较2021年减少441人，减幅5.4%。

【成人高考及研究生招生考试】 2022年，绵阳市共有8498人报考，比2021年减少315人，同比下降3.6%。报考考生中，高中起点专科4271人、高中起点本科23人、专科起点本科4204人。成人高考共设9个考区、11个考点、310个考场。研究生招生考试考生19512人，较2021年增加184人；共设5个考点、534个正式考场、38个备用考场。其中，西南科技大学考点7811人，绵阳师范学院考点3443人，绵阳城市学院（游仙校区）考点2818人，绵阳职业技术学院考点3558人，四川中医药高等专科学校考点1882人。

（廖莉莎）

高等教育

【概况】 2022年，绵阳市有高等教育学校15所，其中全日制普通教育本科院校6所、市属全日制高职高专院校3所、全日制民办高等职业技术学院3所、成人教育本科院校1所、成人教育专科院校2所。全市高校有在校生16.3万人，专任教师8050人；校园总面积1066.67公顷，校园内总建筑面积409.04万平方米，图书馆藏书总量（含电子图书）2387.05万册，学校固定资产总值104.95亿元。

2022年绵阳市高等教育学校一览表

表63

序号	学校名称	类别
1	西南科技大学	全日制普通教育本科院校
2	绵阳师范学院	
3	四川文化艺术学院	
4	中国民航飞行学院绵阳分院	
5	西南财经大学天府学院	
6	绵阳城市学院	
7	绵阳职业技术学院	市属全日制高职高专院校
8	四川中医药高等专科学校	
9	四川幼儿师范高等专科学校	
10	四川汽车职业技术学院	全日制民办高等职业技术学院
11	四川电子机械职业技术学院	
12	绵阳飞行职业学院	
13	中国工程物理研究院职工工学院	成人教育本科院校
14	绵阳开放大学	成人教育专科院校
15	四川九洲技师学院	

【高等教育重点项目建设】 2022年，绵阳市邀请厦门大学等21所高校入驻“云上大学城”。支持西南科技大学争创国家“一流学科”，绵阳师范学院硕士学位授权单位，四川中医药高等专科学校本科设置建设，打造市级优势特色专业20个、科研实训示范基地10个。绵阳职业技术学院和四川中医药高等专科学校进入四川省高水平高职学校建设名单，电子信息工程技术、建筑材料工程技术和中医学3个专业被立项建设为四川省高水平专业群。由西南科技大学申报、与四川长虹电子控股集团有限公司合作的面向电子信息产业“工业互联网”产教融合示范平台建设，由绵阳职院申报、与四川东材科技集团股份有限公司合作的功能复合材料产教融合示范基地均被省教育厅、财政厅、经信厅、科技厅立项为四川省第二批产教融合示范项目，共获得8000万元立项资助。

【西南科技大学】 2022年，西南科技大学有在校生39275人，其中本科生33074人、硕士5628人；招生10715人；毕业生总数10643人，其中本科生9005人。学校本科专业83个，硕士专业57个，硕士授予点39个，博士授予点5个。教职工2737人。学校占地面积363.20万平方米，校舍面积118.77万平方米，图书馆面积3.78万平方米。有纸质图书260.61万册，教学用计算机16358台，有省级实验室（实训中心）12个。制定“十四五”学科建设工作进度方案，滚动支持学科建设专项项目28项，完成39个学科负责人遴选；遴选3个学科重点建设省级一流学科，完成11个二级学科自主设置和艺术硕士专业学位授权点调整申报。组织39个学位授权点参加周期性合格评估、7个学位授权点参加专项评估。新增博导37人、硕导212人。学校5个学科入选US News世界大学排行榜，4个学科进入ESI前1%。新增6个国家级一流本科专业，新增8个省级一流本科专业，累计获批一流专业达38个，占专业总数的45.78%。向省教育厅推荐5个优势特色专业，环境工程专业通过教育部工程教育认证。获批国家级“四新”建设项目5项。推进一流课程建设，推荐省级一流课程31门，获批省级一流课程12门，立项建设校级在线开放课程20门、慕课16门。推进专业动态调整和优化布局，增设“储能科学与工程”和“运动康复”专业2个，停招“工程造价”“商务英语”和“信息与计算科学”专业3个。立项资助研究生精品课程17项，立项资助19名《案例集》作者撰写新案例。在工商管理战略管理及电子信息工程伦理两门课程试点建设案例课程。制定专项教育方案8个；开展研究生专项科技竞赛8项，组织研究生参加高水平科技竞赛，获得全国一等奖7项、二等奖13项、三等奖25项，开展品牌学术交流17场；验收结题研究生创新基金项目20个；奖励在读研究生创新成果615项，评选优秀硕士学位论文53篇。成立碳中和研究院，成都创新研究院取得阶段性进展。获批自然科学类国家级科研项目51项、省部级118项，立项科研经费2.21亿元。发表学术论文1419篇，其中重要核心学术论文1022篇，三大检索收录论文832篇，三高论文1180篇，高水平论文82篇；在综合类顶级期刊发表学术论文7篇；出版著作24部，授权专利561项。获国防科技进步奖二等奖1项，省自然科学奖二等奖和三等奖各1项；4项学校牵头的成果获社会力量奖一等奖。联合企业申请发明专利和实用新型专利21项，申报省市技术攻关项目20项；完成专利等成果转化50项。获批四川省哲学社会科学重点实验室（培育）1个；国家级、省部级及以上科研项目获批47项，立项总经费0.14亿元；完成重要资政决策成果20余份；获绵阳市社会科学优秀科研成果奖34项。推进实施龙山人才强校战略，制定出台系列人才文件。获批四川省天府青城计划创新团队1个，2名教师入选天府青城计划、5人入选天府峨眉计划；全职引进和培养博士青年人才72人；聘请外籍教师33人，引进高端外籍专家6人，获批科技部高端外专引进项目3项。提升教师教育教学水平，3人获国家公派留学基金资助，选派6人出国研修学习，4人参加国内访学或进入博士后流动站。教育教学竞赛中获国家一等奖1项、二等奖1项、三等奖1项，四川省一等奖4项、二等奖3项、三等奖9项。1人获首届四川省“四有”好老师，1人获四川省辅导员年度人物，1人获全国易班优秀指导教师。12个项目获四川省教学成果奖。构建产教融合人才培养体系，获批2个省级大学生校外实践教育基地建设项目，2门课程分获省级就业/创业指导金课，4名教师进入四川省首届高校就业创业指导大赛决赛，2篇论文获第四届全国大学生创新创业实践联盟年会优秀论文，2项成果获优秀案例，2名教师入选指导教师优秀事迹。获国家级及省级科技竞赛奖励1117项，其中国家级奖励466项、省级奖励651项。本科一批录取6980人，占比超90%；录取博士（硕士）研究生2000余人，一志愿报考人数7600余人。2022届毕业生总体毕业率84.56%。2名学生获得全国百佳心理委员；1个剧本获全国高校心理情景剧大赛“全国十佳剧目奖”和“最佳编剧奖”。推进社会实践与文体育人，获四川省首届高校志愿服务项目大赛特别优秀奖1项、金奖2项、银奖1项、铜奖1项，获中国青年志愿服务项目大赛全国银奖1项；文化艺术类学生竞赛获省级以上奖项100余项。落实《习近平新时代中国特色社会主义思想概论》思政课程，课程思政实现所有专业全覆盖，入选省高校思政教育名师工作室2个，入选省课程思政示范项目16个；1个案例被推荐为省教育厅课程思政案例，2人被推荐担任四川省课程思政教指委委员。建设劳动教育基地15个，学生参加各类义务劳动5000余人次。构建品牌化的文化活动育人体系，建成特色校园文化阵地13个，获得文化艺术类竞赛省级以上奖项100余项；组建515支团队参与社会实践活动。引进多所国外名校线上课程；申报多个中外合作办学项目；3名学生获批国家留学基金委公派研究生项目和校际合作项目；5名教师获批留学基金委高访项目、创新型人才项目。获批省科技厅国际科技合作基地1个，教育部创新型人才国际合作培养项目2项。举办“第四届中萨人文对话”学术论坛；承办第十届中国（绵阳）科技城国际科博会主宾国活动——中阿科技文化合作交流暨研究成果发布会。省政府与国防科工局续签共建西南科大战略合作协议。中国科大与学校正式签署“十四五”对口支援协议。与长虹等重要董事单位续签战略合作协议。推动中国（绵阳）科技城西科数字经济创新中心投入运营。与四川恒泰环境有限责任公司共建范国滨院士工作站暨绵阳市碳中和工程技术研究中心。达成科研合作项目91项，拓展学生实习实践基地42个、就业单位369个，拓展就业岗位10418个，接收各类捐赠9000余万元。校史馆建成开馆，出版学校大事记和办学成就、教学改

图132 2022年，西南科技大学（张丁杰/摄）

革、四维共建等研究文集。举办“建校70周年成就展”“庞中华书法教育研究院成立仪式”“建校70周年突出贡献人物”评选等系列文化活动。

（张丁杰）

【绵阳师范学院】 2022年，绵阳师范学院有在校生19380人，其中本科生19365人、专科生15人；招生5364人，毕业生5049人。成人教育学生91人。考研报考人数1725人，录取585人，录取率为34%。学校有本科专业52个、专科专业5个、硕士授予点1个。教职工1573人。学校占地面积105.59万平方米，校舍面积49.56万平方米，图书馆面积4.39万平方米。有纸质图书196.23万册，教学用计算机6985台，有省级实验室（实训中心）8个。新增思想政治教育、汉语言文学2个省级一流本科专业建设点，国、省级一流本科专业建设点达到13个。开展教学研究与改革，立项省级教改项目26项。培育并申报教学成果奖，获得11项省（自治区）教学成果奖，其中一等奖5项。取得学校史上最佳成绩。3项省级教学成果奖被推荐申报国家级教学成果奖。8个专业通过教育部师范专业二级认证，4个专业接受教育部2022年度师范专业认证专家进校考察，15个师范专业接受认证比例达80%。新增省级课程思政示范项目12个。四川民间文化研究中心等省级平台以良好成绩通过评估，四川生猪重大疫病监测与防控工程研究中心等5个高校实验室（工程中心）通过省教育厅建设验收。投入科研经费1.04亿元，新增高校、市厅级科研平台5个，立项国家级、省部级科研项目41项，获得四川省科学技术奖2项，市社科优秀成果奖57项，其中一等奖4项，二等奖8项。加强师资队伍建设，通过引进、校企互聘、送培等方式，新增博士教师79人硕士教师55人，推荐省部级及以上人才计划项目候选人18人次，入选“天府峨眉计划”专家1人、省学术和技术带头人后备人选3人、海外高层次留学人才1人。推荐教师申报各级专家库30余人次。教师获四川省首届“四有”好老师1人、绵阳市师德标兵1人。招生就业工作稳步推进，开展就业工作专题会议，制订《书记校长访企拓岗就业专项行动工作方案》，走进访上百家企业和私立学校，推动毕业生充分就业。共开展双选会12场、宣讲会75场，提供岗位44285个。学校2022届毕业生就业率83.96%。在全国高校思想政治工作网自主展示学生社区建设风采20篇文章，其中推荐3篇活动成果参与集中展示。学校成为四川省首批教育部“一站式”学生社区综合管理模式建设自主试点高校。累计下发各类奖勤助补免资金2830余万元，资助学生达22719人次。学校被中国乡村发展基金会评为善行100十周年杰出贡献高校，学校自强社获善行100十周年杰出贡献社团。心理健康教育，通过线上线下方式共开设心理咨询169场次，接待来访学生249人次，对9000余名学生开展心理健康普查，对近700名学生开展心理约谈工作，建立学生动态心理档案120余份。获得各类学科竞赛奖1777人次。

（何佳莲）

【四川文化艺术学院】 2022年，四川文化艺术学院在校生总数21121人，其中本科生16371人、专科生4750人；招生6182人，其中本科生5196人、专科生986人；毕业生数4237人，其中本科生3014人、专科生1223人。录取新生6182人，其中本科5196人。学校有本科专业44个、专科专业32个。成人教育招生876人。教职工1494人，其中专业教师968人，正高级职称教师30人，副高级职称教师138人。学校被教育部中国大学生在线评为校园新媒体互动高校百强，被中国教育在线评为2022年四川省最受高中生关注本科高校，被四川省高等教育学会表彰为普通高等学校招生考试研究工作先进集体。制定2022级各专业人才培养方案，坚持应用技术型高校定位，培养文化产业生产、经营、管理一线所需应用型人才。按照《普通高等学校本科专业类教学质量国家标准》，梳理各专业课程体系，规范设置各专业课程、学分及学时。完善课程体系建设，新课程体系以培养大学生思想政治素质为核心，以提升大学生学习能力、实践能力和创新能力为重点，设置10学分“第二课堂”。整合课程内容，推行课程思政，挖掘特色课程，强化特色教育，增开“两弹一星”研发与“两弹一星”精神校级选修课程。经过评审批准立项校级教学研究与质量工程项目56项，学校教师参与各级各类教学科研项目173项，其中国家级项目1项、省部级项目10项、市厅级项目23项；出版专著及教材3部，公开发表学术论文502篇。新增“历史建筑保护工程”“数据科学与大数据技术”2个本科专业。“动画”“视觉传达设计”“文化产业管理”3个专业被教育部列为省级一流本科专业建设点。实施“人才强校”工程，以高层次人才队伍建设为重点，充实师资队伍，引进教职工316人，其中博士研究生7人、硕士研究生167人、副教授以上职称3人。开展校级“教师技能大赛”1次，组织“学术论文规范写作与投稿”“高校教学管理干部能力提升专题网络培训班”等培训97场次，教师外出参加各类培训12次。教师参加四川省高等学校新入职教师职业技能（岗前）培训283人，通过四川省教师认定中心试讲取得教师资格证书152人。教师在职进修博士16人，进修硕士30人。选派3名教师参加全国高校会展类专业实践教学骨干教师研修班，受邀参加第六届四川省高校心理健康教育课程教学比赛暨四川省高校心理健康教育专委会年会。开展专业技术职务评审工作，文化序列通过文旅厅评审高级2人、中级6人。邀请240余家企业举办网络招聘会、直播带岗5场，提供就业岗位20285个；举办线下大型双选会1场，参会企业101家，提供就业岗位2106个，现场达成就业意向220余人。开展小型招聘会10余场，通过学校就业网站等，为毕业生提供招聘信息154条、岗位数2297个。开展2023届重点毕业生就业帮扶工作，建立就业帮扶登记卡，做好“一对一”就业指导帮扶。完成815名2023届求职创业补贴家庭经济困难毕业生补贴上报工作，共发放122.25万元。开展“访企拓岗”工作，累计走访45家企业，拓展105个岗位。开展就业、创业导师工作，聘请企业精英、行业专家等32人担任就业创业指导教师。举办就业创业导师系列讲座3期，近600名师生参加。举办文艺演出、志愿公益服务等学生社团活动30余次。评选国家奖学金获得者19人、国家励志奖学金获得者628人、国家助学金获得者6159人，发放奖助学金1345.44万元。开展以“大学生互联网+创新创业大赛”为主题的就业创业能力大赛，“指尖玩物集”项目获“建行杯”第八届四川省国际“互联网+”大学生创新创业大赛高教主赛道本科生创意组铜奖。

（凌　彧）

【西南财经大学天府学院】 2022年，西南财经大学天府学院有在校生31009人，其中普通本科16660人、专升本7429人、专科6364人、专高职扩招556人。共有教职工1297人，其中专职人员860人。开设学科门类7个本专科专业72个，有主、辅修课程1855门。开设《习近平新时代中国特色社会主义思想概论》课程，将习近平新时代中国特色社会主义思想、党的二十大精神等内容融入思政课。组织申报四川省教育厅第三批高等学校省级课程思政示范项目，6门课程被认定为省级课程思政示范课程，2个团队认定为课程思政示范教学团队。注重学校宣传推行，学校官微排名在微信公众号影响力排行榜（四川）20名，官博排名在四川高校榜单10位，排名在独立学院中排名前两位。官方视频号在中国大学生在线排名前100。推动在线开放课程建设与应用，建设上线Excel在财务中的应用、投资价值分析及评估、住宅小区规划、产品系统设计、计算机技术与计算思维、思想道德修养与法律基础等10余门课程。2022届学生参加论文撰写5795人，查重通过率为97.93%，最终通过率96%。推进学生工作。参加“世界艾滋病日”主题宣教活动、四川省反邪教优秀原创作品征集评选活动、四川省“请党放心·强国有我”答题挑战赛、四川省“感恩资助心向党政策宣传我来讲”活动等，在各类综合素质能力类竞赛中获市级及以上奖项150项。开展“生命之美　你我共绘”校级心理主题班会，相关论文获四川心理学会高校心理健康教育专委会论文一等奖2项、二等奖9项。立项科研项目117项，其中16门课程获省级一流本科课程建设项目立项，15个项目获第三批省级课程思政示范项目立项，发表论文189篇，其中普刊181篇、中文核心4篇、外文核心4篇；出版学术专著36本，其中教材25本、学术专著11本；申请知识产权共37项，其中软件著作权4项、外观设计专利13项、实用新型专利20项；结项107项科研项目，其中校级项目20项，校外项目87项。学校制定《2022专业技术职务评审标准》《研究系列人员转任管理办法》《关于在职攻读博士的激励办法》《天府学院高级职称评聘分离办法（讨论稿）》《天府学院教职工申诉办法（讨论稿）》等，完善人事版教师手册，加大人才引进力度，新增教师83人、辅导员人38人、行政人员20人。开展春季和秋季2次专业技术评审工作，153人通过正高级和副高级人员评审。拓宽学生就业渠道，组织线上线下双选会10场，组织实施线上线下专场招聘会796场，发布招聘单位信息2917条，提供有效用人岗位6466个。32名毕业生完成“西部计划”岗位对接工作。加强就业创业教学指导，开展《创业与就业指导》课程，组织教师参加2022年四川省高校就业创业指导金课建设评选活动及四川省首届高校就业创业指导大赛，获优秀奖。加强毕业生创业指导与服务，组织4个批次、1200人参加SYB创业培训，培训合格学生1067人。学生参加全省十三届“我能飞”创业提升培训，指导32名2022届毕业生创办企业。向257名困难毕业生发放就业帮扶补贴15.42万元，向1218名困难毕业生发放求职创业补贴182.7万元。组织学生申报国家级和省级大学生创新创业训练计划项目，共立项82个省级项目、28个国家级项目。组织学生参与“互联网+”大学生创新创业大赛，获得省赛银奖5项、省赛铜奖9项，在挑战杯—四川省大学生创业计划竞赛中获省赛铜奖4项，在大学生电子商务“创新、创意及创业”挑战赛中获省一等奖5项、省二等奖10项、省三等奖12项。以摄影活动、优秀校友分享会等形式举行建校二十周年活动。

（张　燕）

【绵阳城市学院】 绵阳城市学院前身为西南科技大学城市学院，于2006年经国务院教育行政部门批准、由西南科技大学和合肥万博社会事业发展集团有限公司联合举办，是一所普通本科高等学校。2012年获得本科学士学位授予资格。2021年经教育部批准转设并更名为绵阳城市学院。有安州、游仙两个校区。学校有在校生2万余人。2022年计划招生3690人，其中本科3454人、专科236人；录取3699人（15个专科补录计划），其中本科录取3453人、专科录取246人；报到3505人，报到率94.76%。高职扩招考录800人，报到770人，报到率96.25%。教学科研仪器设备1.07亿元，各类图书资源总量371.34万册。学校共设9个二级学院，开设本专科专业共70个，涵盖工、经、管、文、理、教育、艺术、体育等学科。有四川省“一流本科专业”建设点3个、应用型示范专业项目4个、专业综合改革专业2个，重点特色专业质量提升计划专业4个。其中，测绘工程专业排名位居四川省同类院校第1。学校是四川省首个入选“三全育人”综合改革试点的民办本科高校。先后获得“四川省文明校园”、全省高校定点扶贫先进单位、西部计划全国优秀项目管理办公室等。实施专业集群建设“五个一”工程即每个专业集群培育1个省级教学科研团队，1个省级特色学科、1个省级特色专业（重点或优势或四星以上专业）、1个省级科研平台、1个省级实践平台（中心）。修订学校专业建设规划，组织各专业学院遴选首批参加专业评估的专业。体育教育、智能工程与设计等2个本科专业获批招生。撤销资产评估本科专业。地理信息科学、艺术设计学、商务英语3个本科专业获学士学位授权资格。工程造价等5个专业获教育部高等学历继续教育审核通过。修订2022版本科人才培养方案。获批四川省2021—2023年度教学质量与改革工程项目5项。组建28个校级科研团队。市级平台“四川城乡融合研究中心”获批并对外发布专项课题；新增1个“绵阳红色基因教育传承研究中心”。在第八届中国科技城大学生毕业设计大赛中，获优秀奖1项、创意奖2项；在第八届全国高校BIM毕业设计创新大赛获一等奖1项、三等奖1项。修订学校“十四五”师资建设子规划和“双师双能型”教师评选与管理办法，组织遴选“双师双能型”教师27人。组织开展教师职称评审和聘任工作。评审通过教授1人、副教授6人、讲师23人。编制《绵阳城市学院关于加强和改进新时代师德师风建设的实施意见》《绵阳城市学院师德师风考核办法》并组织实施。评选表彰优秀教师12人、优秀辅导员6人。3名教师获绵阳市优秀教师。举办线下大型双选会7场、线上双选会10场、专场招聘会80余场，提供就业岗位3万个，学生就业2760人，就业率90.4%。加大毕业生求职补贴发放力度，审核通过1511人，补助2265.65万元。开展理想信念教育主题班会14次、学风教育2次、升旗仪式及“国旗下的誓言”主题演讲40余次，完成“学生生活园区党群服务中心”建设工作。组织开展校园文明督导等志愿服务活动90余次，参与2500余人次。学校获“绵阳市优秀志愿服务组织”。组织学生参加学科竞赛，获得各级各类奖项923个，其中省级奖项642项、国家级奖项62项。（蒲施宇）

【绵阳职业技术学院】 2022年，绵阳职业技术学院有在校生12275人，其中三年制专科生数11256人、五年制高职生数1019人；招生3907人；毕业生总数4257人，就业率92.06%。教职工765人。有专科专业数37个。学校固定资产总值55242.5万元，占地面积51.45万平方米，校舍面积30.39万平方米，图书馆面积1.59万平方米。纸质图书98.39万册，教学用计算机4666台，校外实训基地185个。科研教研投入1527.67万元。实施人才强校战略，引进硕士研究生以上学历45人，其中博士3人。新增定向攻读博士学位6人。引进四川省大人才计划专家1人、国家级技能大师1人；新增评定二级教授1人、三级教授3人。新建国家级技能大师工作站1个、绵阳市技能大师工作室1个，新建校级技能大师工作室4个。学生获四川省普通高等本专科学校优秀毕业生131人；评选市级“三好”学生27人、优秀学生干部14人，评选先进班集体13个。开设37个专科专业，新增电子信息科学与技术专业、材料科学与工程专业2个本科层次试点专业。发布《专业与课程建设质量标准（2022年修订版）》，完成全校专业、课程层面诊改工作。启动2022版专业（群）人才培养方案修订工作。持续推进“1+X”证书制度试点工程，试点证书达26个、考核站点23个。“电子信息工程技术”“旅游管理”2个专业被省教育厅认定为省级“课程思政”示范专业。完成绵阳市“三三工程”第一批项目建设，推进第二批线上线下混合式课程和新形态教材建设。单片机原理及应用等2门课程被认定为国家级职业教育精品在线课程；C#面向对象程序设计等4门课程被认定为省级“十四五”职业教育精品在线开放课程，钢筋计算与翻样等2门课程被认定为精品在线开放培育课程；建材化学分析技术等4门课程被认定为省级“课程思政”示范课程；启动前端交互设计基础等13部高职特色新形态教材编制工作。纵向科研项目立项92项，经费150.7万元，组织申报省科技计划项目7项；横向科研项目7个。公开发表学术论文121篇。其中，SCI、CPCI收录10篇，中文核心12篇；出版学术专著3本、译著1本；获得国家授权专利31项；获绵阳市社科优秀成果奖10项；推荐参评省社科奖1项。新入库就业合作企业103家。组织完成毕业生的劳动纠纷协调处理工作，保障毕业生就业权益。提升辅导员队伍科研能力，8人次获得市厅级科研项目立项。出台《名班主任（辅导员）工作室建设管理办法（试行）》，材料与建造学院的“材建之家”劳动教育辅导员工作室、财经商贸学院的七彩生涯工作室获批立项建设。立项“三全育人”试点学院2个，获省级思政精品项目1个，培育思政精品案例1个、德育典型案例2个。学校获得省职业教育教学成果奖一等奖2项，二等奖5项；省教师教学能力大赛二等奖1项、三等奖6项；省师生信息素养提升实践活动二等奖1个，三等奖4个；省青年教师教学能力大赛优秀奖；省职业院校外语课程思政教学比赛二等奖。获得习近平新时代中国特色社会主义思想大学习领航计划主题教育省级特等奖1项，一等奖1项；“互联网+”大赛优秀组织奖和国赛铜奖1项，省赛金奖1项，银奖、铜奖共11项；全国技能大赛国家级二等奖1项、三等奖3项；中华职业教育创业创新大赛省级奖项3个。挂牌成立绵阳退役军人教育培训学院。获批省级创新创业教育实践基地、市级创业园区。组织完成2个省教育厅校企联合应用技术创新基地的验收评估。《交通综合运维智能监测装备产教融合建设项目》通过省教育厅组织的项目中期绩效评价。“功能复合材料产教融合示范基地”获四川省第二批产教融合示范项目立项。新增中意联合办学项目1个，与埃塞俄比亚的斯亚贝巴科技大学合作制定培养水泥行业人才，并参与国际水泥行业技能培训标准制定。（胥文齐）

【四川中医药高等专科学校】 2022年，四川中医药高等专科学校录取普通专科生2600余人，其中普专统

图133 5月10日，四川省红十字会与四川中医药高等专科学校共建全国红十字示范校签约仪式举行（医高专提供）

招1216人、高职单招1414人；报到2381人，报到率90.5%。招生涵盖医、药、卫生类专业28个，涉及全国19个省、自治区、直辖市。推进30个专业的专业建设，申报职教本科生物制药专业。针灸学在线开放课程获2022年职业教育国家在线精品课程认定；药理学、食品与营养卫生学等24门课程上线“国家智慧教育公共服务平台”，西医内科学、病源生物学与免疫学等24门课程上线“四川省智慧教育公共服务平台”，针灸学被教育部认定为职业教育国家在线精品课程，分析化学、创新创业大学英语被四川省教育厅认定为省级精品在线开放课程。针灸学、医古文2门课程获得省级课程思政示范课程认定，1个教学团队获得省级课程思政示范教学团队。加大人才引进及培育力度，引进硕士及以上学历人才48人。教师获评“四川省学术和技术带头人”1人、四川省“四有好老师”1人。建成四川省职业院校“双师型”名师工作室1个。智慧健康养老服务与管理专业团队入选第三批省级职业院校“双师型”名师工作室建设名单。王飞中医工作室获省中医药管理局第二批四川省名中医工作室立项。增设非直属附属医院2所，教学医院2所，建立“校企合作产教融合智慧健康养老实训基地”等6个校级产教融合实训基地。完成30个专业和327门课程的诊改工作。加强科研项目培育，组建科研创新团队10支，成立学报《中医药科技与文化》并完成首刊印发；立项四川省级科技计划等项目63项。共发表论文198篇，其中SCI论文8篇；授权专利43项，软件著作权成果22项。教师获省级教学成果奖一等奖和二等奖各1项，获得省级教师教学能力大赛二等奖1项、三等奖4项，学校获得四川省职业院校教师教学能力大赛“最佳进步奖”。《大学人文基础》《计算机应用基础（第2版）》等5门教材认定为四川省职业教育“十四五”规划教材，获得国家中医药管理局教学研究课题2项、省教育厅教改项目3项立项建设，市级教育教学改革项目立项26项。牵头全国9所专科类医药类学校开展中医学专业（专科）水平测试实证研究。发放奖助学金1567.59万元。发放杏林才俊系列社会奖学金11万元。发放校内勤工助学工资14.99万元。开展“书记校长联系百家企业”等活动，2022届毕业生落实就业去向4521人，落实率91.87%。举办中药活性成分分析测试学术论坛。与四川省红十字会举行共建全国红十字示范校签约仪式。（吉晓晨）

【四川幼儿师范高等专科学校】 2022年，四川幼儿师范高等专科学校在校生11371人，其中三年制专科生数9382人、五年制高职生数1989人。录取新生4264人，实际报到4012人，报到率94.10%。成人教育在校学生18人。设置专科专业数20个。有教职工587人。学校固定资产总值66824.63万元，占地面积65.31万平方米，校舍面积25.77万平方千米，教学仪器设备总值6429.38万元，各类专业实验（训）室总数74个。立项建设形势与政策等省级课程思政示范项目5个，在线开放幼儿艺术教育与活动指导等省级“十四五”首批职业教育精品课程3门；推荐《老年手工康复活动指导》等“十四五”省级职业教育规划教材6本；搭建“超星尔雅”等在线教学资源平台50余个，开设“幼儿艺术教育与活动指导”等线上课程200余门。开展教师队伍建设，开展“喜迎二十大——铸魂提能专题读书班”。参加“优秀中青年干部铸魂工程培训”，修订学校《“双师”素质教师资格认定与管理办法》。制定《教学名师评选管理办法》，培育具有示范引领作用的名师团队。实施青年教师“导师制”，组织11名新教师开展师德师风、教学科研等入职培训；选派120余名教师赴北京师范大学等高校参加专项培训。引进硕士研究生13人。完成30人职称评审工作，评聘教授（研究员）4人、副教授（副研究员）9人、讲师16人、助教1人。《“联盟筑基，园校融合”幼儿教师培养模式的创新和实践》获评教育部产教融合校企合作典型案例。学校入选“双高”培育单位，学前教育专业通过教育部师范类专业第二级认证。立项科研课题115项，其中省（厅）级以上29项；结题94项，其中省（厅）级27项。学术专著《北宋蜀中三俊研究》获绵阳市第十八次社会科学优秀科研成果二等奖；学术论文《新生代乡村教师职业吸引力提升的困境与突围——基于社会互构论视角的阐释》《儒家诗教研究系列成果》获绵阳市第十八次社会科学优秀奖。教师出版学术专著2部，编写教材20部。发表学术论文82篇（中文核心期刊2篇、本科学报9篇）。获得实用新型专利授权3项。举办线上线下招聘会127场，吸引700余家单位，提供招聘岗位6300余个。落实毕业生求职创业补贴182.4万元、就业困难帮扶资金22.02万元。2022届毕业生就业率96.50%。开展思想政治教育活动、构建“校—系—班”三级心理健康教育体系，开展“心理委员自我成长”等8场线下培训。15人获得国家奖学金，各级各类资助金额达1630余万元。初等教育系教师林雪梅团队获2022年四川省职业院校外语课程思政教学比赛省级特等奖，晋级国赛获得二等奖；参加由教育厅组织的2022年四川省职业院校教师教学能力大赛（高职组），获得三等奖4个；参加四川省第二届高等学校美术教育类专业教师基本功展示活动，获得一等奖2个、二等奖2个、三等奖3个等。学生参加各级各类技能大赛，获2022年四川省职业院校技能大赛高职组学前教育专业教育技能赛项一等奖，晋级国赛获得团体二等奖；获2022年第三届“幼乐美杯”全国职业院校早期教育专业保教技能竞赛团体二等奖、2022年四川省职业院校技能大赛高职组师范生教学能力赛项一等奖9个。举办“大学生创新创业实务”讲座，培训学员300人次。立项“省级大学生创新创业训练计划项目”139个。青艺传媒科技有限公司等4个创新创业项目落地发展。学生作品《时间银行》获2022年“挑战杯”中国农业银行四川省大学生创业计划竞赛铜奖。

（陈晓丽）

【四川电子机械职业技术学院】 四川电子机械职业技术学院成立于1992年，位于绵阳市经济技术开发区，由四川省教育厅主管，是一所以工学和管理学科为主的全日制普通高等职业院校，招生纳入国家普通高等学院统一招生计划。学院是全国自律与诚信办学单位、四川省平安校园、四川省先进定点扶贫省直单位、四川省高技能人才培训基地、绵阳市高技能人才培训基地、绵阳市“就业工作先进集体”。2022年，学院占地面积22.1万平方米，校舍总建筑面积27.02万平方米，教学科研及辅助用房16.63万平方米；科研仪器设备资产总值4940.97万元，纸质图书95.67万册；有90个校内实训室、216个校外实训基地，与984家单位建立合作关系。学院有专任教师总数318人，全日制普通专科在校生10757人，有2022届毕业生3127人，其中1368名学生参加应用自考“专本套读”，就读率43.55%；778名学生参加普通专升本考试，并被普通本科高校录取。开设32个专业，其中电子信息工程技术、数控技术专业为省级骨干（特色）专业；新建信创产业学院、数字经济产业学院；设立电子信息工程学院、机电工程学院、经济管理学院、建筑与艺术学院、马克思主义学院等5个二级学院。新建金桂景观广场、展览馆、羽毛球场，改建运动场、篮球场等。累计投资2000余万元，打造互联互通智慧校园，校园网主干最大带宽达3G，校园互联网出口带宽23G。学院加强师资队伍建设，共开展9期教师队伍能力提升专题培训，组织教学能力大赛，实施国培、省培项目，加强“双师型”教师队伍建设，有2名教师获得绵阳市优秀教师，1名教师获得绵阳市优秀教育工作者。学院注重内部质量保证体系和质量文化建设，开展“对标竞进、争创一流”活动。加强专业建设，开展以突出学生技能培养为重点的人才培养方案修订工作。推进课程建设和改革，课程内容突出应用性、实践性和技能性。重视校本教材建设，完成5本教材的初稿撰写。教师开展公开课220余人次，示范课70余人次。科研立项29项，其中省部级6项、市厅级8项、校级15项。科研项目结题14项，其中省部级9项、市厅级5项，教师发表论文37篇。开展“理想信念、爱国主义、道德规范、珍爱生命、遵纪守法、明礼诚信、感恩奉献、责任担当、励志成才”9大主题教育，学生参与8万余人次。加强学风建设，学生课堂出勤率98%，图书馆使用人数8万人次，借书量1.8万册，学生成绩合格率98.3%。有93名学生获得四川省优秀大学毕业生，163名学生取得大学生综合能力A级证书，10名学生获得国家奖学金，347名学生获得国家励志奖学金。学院与企业合作开展定向、订单式人才培养，学院与北京高科集团合作成立信创产业学院，与凤凰集团合作成立数字经济产业学院，并建立“凤凰数字创意工作坊”；与绵阳海立电器、四川长虹电源等企业分别建立“卓越工程师”“现场工程师”等订单班。与绵阳移动公司等4家企业合作共建现代通信技术、电子商务等实训基地，并与216个校外实训基地、984家单位建立就业合作关系。承办2022年绵阳市重点企业用人招聘高校毕业生校园双选会，吸引340家企业参加，为毕业生提供岗位1万余个。2022届毕业生就业率95.38%。2022届毕业生中，有77.95%毕业生在省内就业，33.67%毕业生在绵阳就业。组织学生参加各类比赛，共组建64个参赛代表队，获得各类奖项62个，其中国家级奖项7个。建有创新创业教育基地4个。学生在第十七届“挑战杯”四川省大学生课外学术科技竞赛中获得省级三等奖1项，在第十二届全国大学生电子商务“创新、创意及创业”挑战赛省赛中获三等奖2项。在“互联网+”大学生创新创业大赛职教赛道，有28个参赛项目入围省级比赛。

（郭发玉）

【四川九洲技师学院】 四川九洲技师学院创建于1979年，由九洲集团主办，是一所“校中有厂、厂中有校”的国有公办技工院校，是国家重点技工院校、国家高技能人才培训基地、全国人事人才职业资格认证授权培训中心、全国职工教育培训优秀示范点、四川省教育工作先进集体、四川省技能人才培育突出贡献集体，是绵阳唯一一家被确定为四川省中等职业教育“三名工程”首批“五星名校”立项建设单位，获得四川省管理创新成果一等奖、国家管理创新成果二等奖。学院主要招收初、高中毕业生，培养中高级技工、预备技师，为社会提供中高级技能人才培养服务的全日制技工院校。学院开设有机械设备装配与自动控制、工业机器人应用于维护等20余个专业，其中有数控加工、电子技术应用、汽车维修等8个五年一贯制专业，毕业后颁发全日制专科毕业证书。学院占地面积14.73公顷，学生3000余人，教职工200余人，拥有13个实训基地，实训室52处，设施设备3000余台（套），可提供3500余个实习工位。学院内国家产教融合实训中心、绵阳市公共实训基地总投资8000万元，建设规模18000多平方米。教师中有中华技能大奖获得者游洪建、冷晓江等。（彭泽宇）

【绵阳飞行职业学院】 2022年，绵阳飞行职业学院新增建筑消防技术、数字媒体技术、跨境电子商务、应用电子技术、新能源汽车技术5个专业。修订完善《教学督导工作实施意见》等教学管理制度7个。抓好学生体能和英语素质双升工程，2020级、2021级学生体能合格率均为95%。学生参加2022“外研社·国才杯”四川省高等职业院校学生英语挑战赛，1人获三等奖、3人优胜奖。推进云教育应用，师生个人网络学习空间开通率100%。开展学院2022年“超星杯”教师教学信息化应用能力比赛。完成6门微课与碎片资源、3本云教材的编写任务。被四川省教育厅确定为“1+X”证书试点院校，空乘专业与北京翔宇教育咨询有限公司合作开展民航空中服务、民航旅客地面服务中级技能等级“1+X”证书课程培训和考评。组织无人机驾驶员执照培训及中级电工证培训，56名学生参加无人机驾驶员执照培训、24名学生参加中级电工证。省教育厅立项课题“高职院校思政课程中人生观教育路径研究”结题；院级新增立项课题“民办高职院校思政课程建设路径探究”“高职院校班级管理策略探究”“教育信息化背景下的语言类科目混合教学模式研究”3项。推进“思想政治课示范课堂”“具有职业教育特点的课程思政教育案例”“具有辐射引领作用的直升机驾驶技术专业化产教融合实训基地”3个提质培优项目工作开展。教师在各级各类刊物和比赛中发表论文7篇。落实高职称教师与青年教师帮扶工程，共开设教学类专题讲座21次，帮扶指导专业负责人8人，对口指导帮助青年教师12人。2名教师获评绵阳市优秀教师，1名教师获评绵阳市优秀教育工作者。面向20个省份进行专科批次招生，录取新生2039人。组织11次就业指导讲座，组织用人单位宣讲29场，提供就业岗位129个。开展“发现之旅”“学宪法，讲宪法”“职业教育周”等活动，加强对学生思想、能力、习惯、作风全方位培养。举办学院首届军体运动会。举办首届泛美航空职教集团技能大赛，无人机专业、安检组分别获得团体二等奖，空乘专业、空保专业分别获优秀组织奖。2022级空乘专业学生朱俊熙获2022国际超模大赛中国区总决赛季军、中国小姐。完成2022级学生1389人次的心理测评，开展心理咨询176人次。学生有1人获得国家奖学金，31人获得国家励志奖学金，1559人获得国家助学金。加强与泛美通航、泛美星程、泛美智飞等集团内企业合作，共建直升机、无人机实践性产教融合实训基地。与天津滨海迅腾集团共建智能科技产业学院，与成都中消未来公司共建消防应急管理学院，与北川中羌医院在社区康复领域开展教学实践深度融合探索。举办东西部协作“蓝鹰之星”消防技术培训、村（居）民委员会常职干部及儿童督导员、儿童主任专项培训。（王承庆）

【绵阳开放大学】 2022年，绵阳开放大学有教职工114人，其中正高级职称2人、副高级职称15人、中级职称25人、初级职称7人。开放教育全系统招生4702人，奥鹏学习中心招生197人，中职招生1061人（本部380人），全系统学历教育招生6400余人，排名全省市（州）开放大学第一。完成分校的更名和市（县）公办分校全覆盖任务，指导江油开放大学和三台开放大学完成“县级示范开放大学”达标验收，新增社区学院和明确社区教育职业学校2所，实现县（市、区）层面社区教育全覆盖。承办2022年“全民终身学习活动周”开幕式暨游仙区启动仪式，打造“无废社区”“党建领航+小区微治理”“暖心学堂”等“一社一品”项目26个。新建绵阳终身学习在线平台，上线视频课程资源2万多集、图书资源30多万册、期刊资源3000余种、少儿绘本资源1000多部、智慧助老课程近200集。社区教育有在研国家级课题1个、省级课题2个，完成城市社区学习中心（CLC）能力提升项目首批实验点工作，并开启第二期实验点工作。教师完成2022年绵阳市中华经典诵写讲演系列活动等市培项目9个及“国培计划”中西部骨干项目——重点学科自主选学试点项目县（市）项目培训。（王欢欢）

体 育

【概况】 2022年，绵阳市举办县级以上各级各类运动会180余次，参加运动会达19万余人次。绵阳代表团在四川省第十四届运动会，获得50枚金牌、47枚银牌、51枚铜牌，金牌数量位居全省第三。申报国家一级运动员103人，审批二级运动员214人次、三级运动员8人。1人取得乒乓球国际级裁判员资格，新发展国家一级裁判员67人、二级裁判员299人、三级裁判员365人。新增市奥林匹克体育学校等3个国家级后备人才基地、绵阳中学等7个省级后备人才基地。体育产业实现年总产值33.36亿元，较2018年（总产值7.41亿元）增长3.5倍，约占全市体育产业总规模的37.77%。全市体彩销售额7.8亿元，筹集体彩公益金18797万元。绵阳籍运动员张琳艳、黎禹汐、冷雨桐等分别在足球、钢架雪车、乒乓球等赛事中取得优异成绩。

2022年绵阳市体育场馆一览表

表64

序号	场馆名称	占地面积（平方米）	序号	场馆名称	占地面积（平方米）
1	绵阳市九洲体育馆	111322	9	三台县体育场	41958
2	绵阳市南河体育中心	99990	10	安州区体育馆	4000
3	涪城区体育馆	46000	11	盐亭县体育场	46667
4	游仙区全民健身活动中心	1333	12	盐亭县体育健身馆	2100
5	江油市体育中心	59096	13	平武县文化体育中心	14300
6	江油市全民健身中心	1400	14	北川羌族自治县体育中心	56000
7	三台县体育馆	13327	15	科学城九龙运动休闲中心综合运动馆	45000
8	三台县全民健身中心	34500	—	—	—

【学校体育】 2022年，绵阳市持续深化体育中考测试方式改革，在全省率先实现智能化测试全市统考和全覆盖，完成全市51781名初中毕业考生智能化体育中考工作。持续深化教体融合，组织绵阳市“贡嘎杯”青少年校园足球、篮球、排球联赛和校园足球特色学校比赛，3357名学生参与。组织16支校园队伍参加四川省第二届“贡嘎杯”青少年校园足球、篮球、排球联赛，取得足球比赛冠军4个、亚军1个。在2022年四川省青少年游泳、网球、羽毛球锦标赛上夺得金牌17枚、银牌20枚、铜牌15枚。市奥林匹克体育学校创建成为国家级体育后备人才基地，绵阳外国语学校创建成为全国羽毛球后备人才基地，绵阳东辰学校创建成为全国排球高水平后备人才基地。市奥林匹克体育学校被省体育局命名为四川省重点高水平体育后备人才基地，绵阳中学实验学校被省体育局命名为四川省高水平体育后备人才基地，绵阳中学、南山中学、绵阳实验高中、绵阳一中、开元中学被省体育局命名为四川省体育后备人才基地（培育类）。

【群众体育】 2022年，绵阳市制定出台《绵阳市全民健身实施计划》。落实县（市、区）建设主体责任，通过争取国、省、市、县四级资金投入，推动全民健身场地设施建设，新增体育场地面积127.6万平方米，人均体育场地面积2.17平方米。持续做好公共体育场馆的免费或低收费开放工作，服务健身群众160万人次。组队参加四川省第十四届运动会、第十届残运会暨第五届特奥会、第十六届民族运动会、第四届川籍农民工运动会、“三大球”城市联赛等；承办CUBA北区赛、省“三大球”城市联赛川北赛区篮球、川东赛区排球比赛；举办2022年“全民健身日”活动暨第三届“健康绵阳 全民运动汇”、第一届老运会、第四届残运会暨第三届特奥会、市直机关足球气排球联赛、市级足球城市联赛等赛事活动，组织开展150余次县级及以上全民健身赛事活动。为群众提供科学健身指导服务80万人次，开展常态化“健康四川行动”国民体质监测和全民健身活动状况调查1.3万人次。

【竞技体育】 2022年，绵阳籍运动员。张琳艳在女足亚洲杯决赛中表现突出，帮助中国队夺冠。黎禹汐在北京冬奥会钢架雪车比赛中获第14名，成为绵阳冬奥第一人；冷雨桐在捷克乒乓球巡回赛中获得单打第3名、在保加利亚乒乓球WTT赛中获混双第2名、在全国青年乒乓球锦标赛获双打第5名、在中国乒乓球超级联赛获团体第3名；陆定克在全国青少年射击锦标赛上，夺得男子10米气步枪个人第1名、男子50米步枪三姿团体第1名；钟蕊琪在全国青年帆板锦标赛上，夺得女子水翼帆板级U19场地赛第1名、女子水翼

图134 8月10日，绵阳籍运动员陆定克（右一）在全国青少年射击锦标赛上夺得男子10米气步枪个人第1名和男子50米气步枪三姿团体第1名（市教体局提供）

图135　12月11日，绵阳籍运动员钟蕊琪在全国青年帆板锦标赛上，夺水翼帆板2个第一、1个第二名次（市教体局提供）

帆板级U19障碍赛第1名、女子水翼帆板级U19长距离赛第2名；罗金恩及队友夺得全国青年冰壶锦标赛取得冰壶锦标赛女子组第2名。在第十四届省运会上，绵阳代表团获得金牌50枚、银牌47枚、铜牌51枚，金牌数量、奖牌数量总数均居全省第3位，并获得竞技体育突出贡献奖、体教融合突出贡献奖、体育道德风尚奖。

【体育产业发展】　2022年，绵阳市制定出台《助力体育企业纾困解难推动体育产业稳步发展的九条措施》，发放“乐游绵州消费券”，推动体育企业复工复产。通过建立体育项目动态储备库，推动体育产业项目建设，项目储备144个，估算总投资31.17亿元。创建体育产业示范基地、体育服务综合体等，引领带动体育产业高质量发展，新培育规模以上企业3家、规模以下企业4家，创建3个三星级体育服务综合体。绵阳市三台工业园区被命名为首批四川省体育产业创新试验区，绵阳羌城旅游区创建成为四川省体育旅游示范基地，仙海水利风景区创建成为川渝体育旅游示范基地。体育产业总规模88.32亿元，实现增加值32.10亿元，占同期绵阳市地区生产总值比重近1%。有体育及相关产业单位5450家，解决就业5.76万余人。有体育产业规模以上企业10家，总营收21.5亿元。体育制造业实现总产值33.36亿元，约占体育产业总规模的37.77%。体彩销售额7.8亿元，筹集体彩公益金1.88亿元。

【江油女足发展模式载入《中国女子足球改革发展方案（2022—2035年）》】　2022年10月24日，国家体育总局、教育部、财政部、中国足协四部门联合发布《中国女子足球改革发展方案（2022—2035年）》。江油校园女足发展模式被载入该方案，并向全国推广。江油校园女足发展模式核心主线为“体教融合”，即建立小、初、高“一体化”人才梯队，采取“一体化”训练方式，即教练分布各校，队员从小一起训练，打通小初高一条龙升学通道，形成完善的校园女子足球人才培育体系，解决学训矛盾。江油市以女子足球项目为引领，通过“一校一品”体育教学改革，创建全国校园足球特色学校（幼儿园）20所，形成浓厚的校园足球氛围。

资料链接： 2006年，江油校园女足成立，共有2名教练和4名队员。同年，江油一中将女足作为突破口，打造学校的特色项目，走体教融合的模式。2012年，以江油一中为主体，通过整合华丰初中、花园小学等7所学校资源，构建起江油校园女足完整的梯队体系。至2022年，江油女足青训中心有10名教练员、10支梯队、200余名运动员，其中张琳艳、万佳瑶入选国家成年队，王粒橙、缑丽君入选国家少年队。江油校园女足队先后代表四川省获得国家级冠军2个、亚军1个、季军1个；代表绵阳市获得省级冠军32个，亚军和季军59个。2022年，获得四川省运动会、“贡嘎杯”“体总杯”三大球城市联赛3个冠军。

图136　2月6日，在2022年女足亚洲杯决赛中，国家队队员、江油籍运动员张琳艳（右）通过创造点球、头球破门等机会，帮助中国队夺得冠军（市教体局提供）

2022年绵阳市代表团参加四川省第十四届运动会成绩统计表

表65

序号	项目	金牌（枚）	银牌（枚）	铜牌（枚）	奖牌（枚）
1	射击	6	9	4	19
2	排球	7	1	1	9
3	足球	6	0	1	7
4	轮滑	4	2	3	9
5	羽毛球	4	1	2	7
6	篮球	5	0	1	6
7	田径	3	4	3	10
8	游泳	2	10	11	23
9	拳击	2	2	6	10
10	自行车	2	1	0	3
11	乒乓球	1	6	2	9
12	跆拳道	1	2	6	9
13	赛艇	1	1	4	6
14	摔跤	1	1	1	3
15	艺术体操	1	—	1	2
16	滑雪	1	—	—	1
17	武术套路	1	—	—	1
18	帆船帆板	1	—	—	1
19	曲棍球	1	—	—	1
20	柔道	0	4	4	8
21	射箭	0	3	1	4
合计		50	47	51	148

2022年绵阳籍运动员参加国际国内大赛成绩一览表

表66

序号	姓名	项目	赛事名称	时间	获奖成绩
1	张琳艳	足球	2022年女子足球亚洲杯	2月6日	女足亚洲杯冠军
2	黎禹汐	钢架雪车	2022年国家雪车雪橇滑行中心举行的北京冬奥会选拔赛	1月22日	全国第2名
			2022年北京冬奥会	2月11—12日	世界第14名
3	冷雨桐	乒乓球	2022年中国乒乓球超级联赛	12月3—11日	团体第3名
			2022年全国青年锦标赛	11月3—12日	双打第5名
			2022捷克巡回赛	8月	单打第3名
			2022保加利亚WTT	9月	混双第2名
4	钟蕊琪	帆板	2022年全国青年帆板锦标赛	12月3—11日	女子水翼帆板级U19场地赛第1名
					女子水翼帆板级U19障碍赛第1名
					女子水翼帆板级U19长距离赛第2名
5	罗金恩	冰壶	2022—2023年赛季全国青年冰壶锦标赛	12月24—30日	女子组第2名
6	陆定克	射击	2022年全国青少年射击锦标赛	8月	男子50米步枪三姿团体第1名
					男子10米气步枪个人第1名

概 述

2022年，绵阳市开展“招才引智”活动，引进硕士及以上医疗卫生技术人才274人；建立全省首家托育服务行业协会、托育服务培训学校和实训基地，培训1676人。开展“信用支付”省级“互联网+”惠民试点项目，实现先诊疗后付费。开展国家特色健康问题哨点监测项目，建成江油市、三台县国家级慢性病示范区2个，涪城区、游仙区等省级慢性病示范区6个，示范区区县覆盖率80%以上。全市累计开展远程会诊2.9万人次、远程诊断服务35.4万人次、远程影像28.4万人次、远程心电6.1万人次，各类远程诊疗服务量增长25.8%。举办中国红十字会总会“捐献让生命延续 爱心让生命永恒”人体器官捐献志愿服务项目、省红十字会“夏之光—青年者动员”、第八个“世界骨髓捐献者日”等主题宣传活动，全年造血干细胞捐献42例，救助白血病患者13人。组织遗体器官捐献，实现遗体捐献15例、器官捐献13例、眼角膜捐献20例。至年底，有医疗卫生机构4493家，总数居全省第5位，有医院136家，其中综合医院82家、中医类医院15家、专科医院35家、护理院4家，基层医疗机构4310家，其中社区卫生服务中心（站）109家、乡镇卫生院174家、村卫生室2718家、门诊部（诊所）类等机构1309家，专业公共卫生机构42家，其他卫生机构5家。有床位4.35万张，卫生技术人员4.02万人，执业（助理）医师1.51万人，注册护士1.82万人，每千人口床位数8.90张，每千人口卫生技术人员8.22人，每千人口执业（助理）医师数3.09人，每千人口注册护士数3.72人。全年医疗机构总诊疗量3879.43万人次，健康检查267.13万人次，入院122.71万人次、出院人数121.01万人，医院门急诊共1431.11万人次。

全民健康信息化体系建设。2022年，绵阳市构建“1+N”全民健康信息化体系，以全民健康信息平台为中心，老年健康、母婴保健、远程诊疗、卫生监督、无偿献血等为依托的业务平台，实现全市范围内电子健康档案、电子病历调阅，同级医院检验检查结果在线查询、互认等信息共享，全市80%以上的二级公立医院普遍开展分时段预约挂号、智能导诊、自助查询、候诊提醒等惠民服务。建成智慧医院9家，互联网医院9家，深化医联体远程诊疗服务，实现市、县、乡远程医疗全覆盖。

检查检验结果互认实施。2022年5月31日，绵阳市卫健委、市医保局、市财政局、市中医药管理局联合印发《绵阳市加快推进检查检验结果互认的工作实施方案（试行）》（以下简称《方案》）。《方案》明确，在绵阳市辖区内各级各类医疗机构就诊，涉及医学检验、医学影像两大类的107项检查检验结果可互认。市内具备相关检查检验项目法定机构资质、人员资质的医疗机构，依法依规出具相应检查检验结果，统一在合格的检查检验报告单上标注“绵阳HR”互认标识，各级各类医疗机构依据标识予以互认。《方案》明确，检查检验结果满足诊疗需要的，医疗机构按门（急）诊诊查标准，收取相应的诊查费，不额外收费，但确需相应检查检验科室共同参与方可完成检查检验结果互认工作的，可在收取诊查费的基础上，参照该医院执行的价格政策加收院内会诊费用。对于检查检验结果符合互认条件，但因无法起到辅助诊断作用，确需重新检查的，可收取实际发生的医疗服务费用。在检查检验结果质量过关的前提下，上级医院不认可检查检验结果，人为原因造成重复检查的，由相关医院承担相应的检查费用。检查检验结果质量不过关的，由首诊医院、首诊医院的帮扶医院承担相应的检查费用。至年底，全市检查

图137　6月，市红十字会在集中办公区等场所安装急救设备AED（自动体外除颤仪）（市卫健委提供）

检验结果互认8万余人次，节省医疗费用200余万元，患者人均就诊时间缩短2小时以上。

应急救护。2022年，绵阳市创新线上+线下培训模式，开展应急救护培训“五进”（进机关、进学校、进企业、进农村、进社区）。至年底，全市急救员培训1.3万人，普及培训3.5万人，任务完成率181%。实施“关爱生命、救在身边”公益项目，6月29—30日，在集中办公区、车站、商场、学校等地配置体外除颤仪（AED）26台，提升群众的急救意识和自救互救能力。

卫生防疫。2022年，绵阳市构建医院、疾控机构和基层医疗卫生机构“三位一体”的医防融合工作网络。开展国家免疫规划疫苗查漏补种、13—14岁适龄女孩HPV疫苗接种等工作，累计接种疫苗1167.64万剂次，全程接种覆盖率99.72%。对2.96万名适龄儿童进行查漏补种摸底调查，补种率达95%以上。完成25家数字化门诊建设项目单位的建设并投入使用。推进疫苗临床研究，市本级、三台县、游仙区、江油市、安州区5个疾控中心相继建成疫苗临床研究现场，先后开展国内外疫苗临床研究项目19个。

慢性病防治。2022年，绵阳市构建慢病防控工作网络，开展全人群死因监测、肿瘤随访登记、心脑血管疾病监测、儿童伤害监测等工作。至年底，户籍人口报告粗死亡率为7.37‰，共报告新发肿瘤病例11457例，报告急性心脑血管事件合计21433例。开展全国儿童口腔疾病综合干预、脑卒中筛查、癌症早诊早治、老年人伤害流行病学调查等项目。全市窝沟封闭完成率108.13%，局部用氟完成率104.74%。脑卒中筛查全市完成率101.56%、干预率94.94%、高危检查率19.97%、卒中检出率1.51%。开展上消化道癌机会性筛查，筛查58227人次，完成率114.17%、病例检出率2.55%、早诊率27.35%、治疗率10.53%。启动心血管病高危人群早期筛查与综合干预项目，开展综合干预长期随访工作。

社会心理健康服务。2022年，绵阳市健全完善市县两级社会心理服务工作议事协调机制，推进全行业全系统社会心理服务工作。有精神专科医院12家，100%精神专科医院、57.14%综合医院设立精神（心理）科，全市168家基层医疗卫生机构100%配置专职精防人员。100%村（社）建立社会心理工作站室、100%高校配备专职心理教师、100%中小学建立心理辅导室、100%党政机关企事业单位为员工提供心理健康服务。绵阳市社会心理服务信息平台正式上线运行，在523所大、中、小学校开展心理健康测评总计15.38万人次；开展65岁以上老年人认知功能评估，共筛查9.85万人。

严重精神障碍综合管理。2022年，绵阳市推动严重精神障碍患者应用第二代长效针剂门诊治疗试点工作，累计登记录入系统的在册患者报告患病率为5.33%、年管理率为98.10%。参与国家“精神健康同伴支持及社区精神健康服务能力体系项目（第三年度）”试点工作，丰富社区精神康复服务内涵，提高服务可及性及参与率，居家患者在社区参与率70.33%。推进常见精神障碍防治及儿童青少年心理健康促进试点项目。（王盼儿）

图138　12月10日，“健康中国·幸福城市”社会心理服务体系建设公益巡讲活动第十三场绵阳专场举行（市卫健委提供）

医疗服务

图139　绵阳市中医医院（市卫健委提供）

【概况】　2022年，绵阳市推进发热门诊、定点医院、亚定点医院、方舱医院建设，持续强化医疗救治能力建设。规范开展互联网诊疗和大型医院分区指导工作，共有8家三级综合医院开展互联网诊疗服务，并开设线上专病门诊，为患者提供健康咨询、问诊、开药、送药上门等服务；5家市卫健委直属医疗机构牵头对全市9个县（市、区）、4园区进行分区域指导。开展“信用支付”省级“互联网+”惠民试点项目，实现先诊疗后付费。建成院前急救网络医院224家，配置院前急救救护车418辆、负压救护车28辆，急诊科专职医生1444人，护士1572人。对全市93家民营医院开展专项巡查行动，强化依法执业、规范医疗服务行为，强化培训、提升服务能力，加强日常管理、构建长效机制。全年血液采集总量17.34吨，临床供应红细胞类8.11万单位、血小板3352个治疗量、血浆类577万毫升、冷沉淀凝血因子4959单位。开展国家特色健康问题哨点监测项目，建成江油市、三台县国家级慢性病示范区2个，涪城区、游仙区等省级慢性病示范区6个，示范区区县覆盖率80%以上。至年底，全市有医疗卫生机构4493家，总数居全省第5位，有医院136家，其中综合医院82家、中医类医院15家、专科医院35家、护理院4家，基层医疗机构4310家，其中社区卫生服务中心（站）109家、乡镇卫生院174家、村卫生室2718家、门诊部（诊所）类等机构1309家，专业公共卫生机构42家，其他卫生机构5家。有床位4.35万张，卫生技术人员4.02万人，执业（助理）医师1.51万人，注册护士1.82万人，每千人口床位数8.90张，每千人口卫生技术人员8.22人，每千人口执业（助理）医师数3.09人，每千人口注册护士数3.72人；医疗机构总诊疗量3879.43万人次，健康检查267.13万人次，入院122.71万人次、出院121.01万人，医院门（急）诊1431.11万人次；累计开展远程会诊2.9万人次、远程诊断服务35.4万人次、远程影像28.4万人次、远程心电6.1万人次，各类远程诊疗服务量增长25.8%；院前急救接警45.54万人次，出警6.97万人次，派出急救小组6.91万次；建成高级卒中中心3个、防治卒中中心7个，12家胸痛中心通过国家认证，总数排名四川省第1。

【卒中中心和胸痛中心建设】　2022年，绵阳市围绕强化卒中中心建设和卒中急救地图建设，完善脑卒中防治体系，确定19家急救地图成员单位，建成高级卒中中心3个、防治卒中中心7个，建立城乡一体、院前院内协同的脑卒中救治网络体系。推进“胸痛中心绵阳模式”落实落地，全市3家医院通过标准版胸痛中心认证，9家医院通过基层版胸痛中心认证，全市胸痛救治单元启动建设数量135家。

【“互联网+护理服务”模式】　2022年，绵阳市开展“互联网+护理服务”线上咨询服务，“互联网+”护理专家在线问诊覆盖24个专业，研发“互联网+护理服务”信息系统，精准对接群众健康需求。开展“互联网+护理服务”老年患者慢病管理、伤口造口护理和部分康复等护理项目，延伸优质护理服务，形成全生命周期护理服务模式。

（王盼儿）

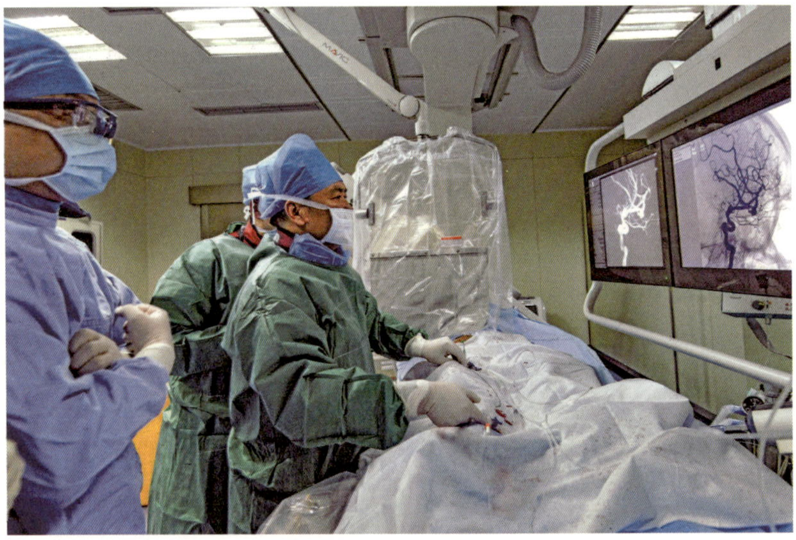

图140　绵阳市卒中中心和胸痛中心手术现场（市卫健委提供）

中医药管理

【概况】 2022年，绵阳市有中医医疗机构497家，其中公立中医医院12家、民营中医院4家、中医诊所和中西医结合诊所等481家，有开放床位4275张，中医执业医师（中医执业助理医师）4137人。100%的乡镇卫生院和社区卫生服务中心设置中医科和中药房，95%以上的村卫生室和社区卫生服务站配有中医诊疗设备。建成国家级中医重点专科3个、省级中医重点专科31个、市级重点专科62个。国家级师承导师8人、省名中医21人，建成国家名老中医药专家传承工作室8个、国家基层名老中医药专家传承工作室10个，中医药流派工作室2个。有重点药材种植基地9个，种植面积规模9.55万公顷，麦冬、天麻、厚朴等中药材成为农业十大主导产品。中药类企业94家，其中现代中药规模以上工业企业28家。支持太极药业、好医生等中药企业发展，加快培育一批精制饮片、中成药、药食同源龙头企业。北京大学中医药现代研究（西南）中心和成都中医药大学中医药健康产业技术研究院（绵阳分院）入驻绵阳助推中医药科技创新。

【中医药文化发展】 2022年，绵阳市开展中医药“六进”“千名医师讲中医”、中医药法贯彻及五周年宣传、中医药义诊等活动100余场。三台麦冬博物馆、北川羌族自治县羌医药研究中心建成四川省中医药文化宣传教育基地。梓潼县百草园科普基地、北川中羌药材科普实训基地创建成为市级科普基地。搭建中医药国际交流多元开放平台，绵阳中医药亮相巴西首个“里约中文日”，四川省名中医市中医医院沈其霖教授通过视频方式作“《黄帝内经》中医四季养生智慧”讲座，四川中医药高等专科学校录制二十四节气养护视频葡萄牙语版本，展示中医药传统文化精髓，推介绵阳中医药发展。

【中医药产业发展】 2022年，绵阳市规范化种植“涪城麦冬”“平武天麻”“江油附子”“梓潼桔梗”等6个地理标志产品，建设麦冬、天麻等9个中药材GAP基地，中药材种植面积达9.55万公顷。有规模以上中医药企业28家，其中4亿元以上中医药企业7家，实现工业营业收入增长超过10%。建成以中医药康养为主的国家级森林康养基地2个、国家级林下经济示范基地1个、省级林业培育园区1个、现代林业园区2个。七曲山中医药康养风景区建成省级中医药健康旅游示范基地。利用“绵品出川”、科博会等活动契机，销售中药材600余万元。

【北京大学中医药现代研究（西南）中心项目】 2022年6月23日，北京大学中医药现代研究（西南）中心项目落户绵阳。该项目以“政府搭台、专业支撑、校企合作、产教融合、提升品牌”的思路，围绕中药现代化重大共性技术突破、产品研发和成果转化应用示范，以打造共通共用、共建共享的高能级创新平台为目标，瞄准中医药产业发展需求的关键核心技术，与在绵阳科研院所、高校、企业开展关键核心技术攻关、技术开发、联合项目申报等工作，支持四川中医药高等专科学校重点实验室建设、创新团队培育、科技创新服务平台建设，推进产学研深度融合，实现研究开发与产业化同步推进。

【《绵阳市“十四五”中医药高质量发展规划》出台】 2022年10月17日，《绵阳市“十四五”中医药高质量发展规划》印发。规划提出以推动中医药高质量发展为主题，全力推进中医药事业、产业、文化“三位一体”联动发展，将绵阳打造为川北区域中医医疗中心、中医药人才培养基地和中医药产业高地。重点任务包括构建优质高效中医药服务体系、强化中医药服务能力、推进中医西医结合、推进中医药产业高质量发展、推动中医药文化传承发展与交流、夯实中医药人才基础、增强中医药信息化支撑能力、推进中医药科技创新、营造良好中医药发展环境9个部分，从疾病防治、治疗和康复中彰显中医药优势；在重大公共卫生事件中，建立重大疫情中医药人群预防和早期介入、全程诊疗机制。推进绵产川药道地药材种子种苗繁育基地和标准化、规模化道地药材生产基地建设。立足四川中医药高等专科学校和市中医医院打造中医药人才队伍，依托高校、科研院所等联合构建科研平台，提升中医药传承创新能力。 （王盼儿）

妇幼健康

【概况】 2022年，绵阳市开展农村适龄女性“两癌”（宫颈癌和乳腺癌）免费筛查，惠及全市6.76万名女性；开展适龄女孩HPV疫苗接种，目标人群首剂接种4.01万人，愿接人群接种率100.91%。至年底，全市孕产妇、婴儿及5岁以下儿童死亡率分别为8.84/10万、1.15‰、1.19‰。产前筛查机构县（市、区）覆盖率100%，新生儿遗传代谢性病筛查率99.97%。艾滋病感染孕产妇抗病毒用药率100%，艾滋病感染孕产妇所生儿童抗艾滋病病毒用药率100%，艾滋病母婴传播率为0。

【妇幼健康服务能力建设】 2022年，绵阳市加强高危管理和救治，对高危孕产妇实行“五色”分级标识管理，切实做好高危孕产妇的筛查、识别和管理工作。严格执行孕产妇首诊负责制等五项工作制度，健全危重救治转诊网络，确保转诊抢救工作无缝对接。开展母婴安康提能行动，制定《绵阳市母婴安全行动提升计划实施方案（2022—2025年）》，定期举办全市母婴安全急救演练，邀请业界专家开展线上、线下专题培训15次，开展妇幼优质健康巡讲9次，培训基层技术人员4268人次，县（市、区）覆盖率达100%。组建妇幼专科联盟，全市联盟成员单位39家，实现各级各类医疗保健机构全覆盖。推动市妇幼保健院与省妇幼保健院、华西附二院、省人民医院和重医附属医院建立沟通合作机制，努力构建一体化共融发展格局。

【新生儿疾病筛查】 2022年，绵阳市在全省率先印发《绵阳市先天性心脏病工作筛查实施方案》，扩大筛查覆盖面，在规范开展新生儿先心病筛查的基础上，逐步扩大包括胎儿先心病在内的产前筛查和产前诊断覆盖面，全年共筛查新生儿27555人。通过申报评审，确定新生儿先心病筛查、诊断、治疗机构63家，进一步提高筛查和诊断服务的可及性与准确性。细化筛查及诊治实施流程。创新开展分片技术指导及对口转诊，确保患儿得到及时诊断与治疗。

【“5G+两癌”信息化服务】 2022年，绵阳市承接工信部、国家卫健委“5G+医疗健康”应用试点项目，探索开展“5G+两癌”筛查信息化管理，建立“两癌”筛查人群健康档案，利用大数据、“5G+医疗”、人工智能等科技和创新手段，提供远程会诊、双向转诊、人工智能阴道镜辅助诊断等诊疗服务，助推“两癌”筛查管理规范化。至年底，项目在三台、盐亭、江油、北川正式运行，筛查管理适龄妇女2000余人。

【母婴安全健康行动提升计划】 2022年7月19日，绵阳市印发《绵阳市母婴安全行动提升计划实施方案（2022—2025年）》和《绵阳市健康儿童行动提升计划实施方案（2022—2025年）》。母婴安全行动提升计划实施方案明确母婴安全行动内容包括妊娠风险防范水平提升、危急重症救治水平提升、质量安全管理水平提升、妇幼专科服务能力提升、群众就诊分娩体验提升、区域母婴安全协同提升，旨在提高妇幼健康服务质量和水平，巩固强化母婴安全，保障实施生育政策，维护妇女儿童健康权益。健康儿童行动提升计划实施方案明确重点行动包括新生儿安全提升行动、出生缺陷防治提升行动、儿童保健服务提升行动、儿童早期发展服务提升行动、儿童中医药保健提升行动、儿童健康服务体系提升行动、智慧儿童健康服务提升行动，旨在完善全市儿童健康服务体系，加强基层儿童健康服务网络，增强儿童医疗保健服务能力，保障母婴安全，提升出生缺陷防治能力，改善儿童营养状况，提高儿童健康水平。

【适龄女孩HPV疫苗接种补助】 2022年，绵阳市创新开展适龄女孩HPV疫苗接种补助，被列为2022年度民生票决项目，绵阳市成为西部率先开展此项目的地级市。通过制作宣传视频、开设科普讲堂、印发“致家长的一封信”等形式，扩大接种覆盖面、精准度。6月3日，绵阳市适龄女孩HPV疫苗接种“首诊”仪式在绵阳市儿童医院举行，按照“知情同意、自愿接种”的原则，以13—14岁且无任何HPV疫苗接种史的在校适龄女孩为目标人群，给予疫苗费用600元/人定额补助。13—14岁适龄女孩HPV疫苗首针接种3.9万余人。协调国内疫苗生产企业支持，通过市红十字会，对平武、北川选择接种国产二价疫苗的女孩予以捐赠。

（王盼儿）

基层卫生

【概况】 2022年，绵阳市对上争取到县域医疗卫生次中心建设补助项目4个，共1100万元，利用抗疫特别国债、地方专项债券等资金，为基层医疗卫生机构投入3777万余元，改善硬件设施水平。全年共建成县域医疗卫生次中心19个，数量居全省地级市第一位。全市42家中心镇卫生院中医馆设置全覆盖。三台县对上争取到县域中医医疗次中心项目资金100万元，完成中医内科、外科、妇科、儿科，针灸推拿科的设置，规范中医治疗室、中药房等流程和布局。在农业农村部农村社会事业促进司开展的全国农村公共服务建设成果小视频征集活动中，安州区睢水镇卫生院乡镇有“医”有“养”的卫生院转型发展之路作为30个全国农村公共服务优秀成果之一展出。全市完成退出岗位乡村医生养老补助机制第一个“三年调标”（符合条件且购以个体身份购买养老保险的在岗乡村医生，按照当年度最低缴费档次标准的50%给予补助；符合条件且已退出岗位的乡村医生，生活补助每3年调整1次，每次提高10%），共4529名乡村医生受益。在中国人口福利基金会组织的2022年国家暖心乡村医生征集活动中，绵阳市2名优秀乡村医生入选。其中，北川羌族自治县桂溪镇渭沟村卫生室尚开斌医生获得“暖心乡村医生”，北川羌族自治县通泉镇战斗村卫生站张奎入围“暖心乡村医生”。

【县域医疗次中心建设】 2022年，绵阳市共投入4544万余元用于次县域医疗次中心建设单位更新、新增医疗设备，为14家单位配备CT，12家建设PCR实验室，全自动生化仪、彩超、电子胃肠镜、DR等设备，创建19家乡镇卫生院县域医疗卫生次中心。次中心建设单位设置内科、儿科、妇科、外科、中医科等临床科室和院感科、医务科、公共卫生管理科等职能科室，科室设置数量不少于37个，累计收治住院病种数均大于80种。

图141　2022年，首届“优秀家庭医生”和“优秀家庭医生团队”评选活动（市卫健委提供）

【家庭医生签约服务】 2022年，绵阳市组建1971个家庭医生签约服务团队，累计签约342.4万人，常住人口签约率达70.35%。坚持“突出重点，拓展扩面”的原则，十类重点人群（高血压、糖尿病、结核病、严重精神障碍患者、孕产妇、儿童、残疾人、脱贫人口、65岁以上老年人、计划生育特殊家庭成员）累计签约169.5万余人，签约率90.58%。开展首届“优秀家庭医生”和“优秀家庭医生团队”评选活动，深化家庭医生签约服务内涵，共评选出优秀家庭医生团队40个，优秀家庭医生39人。

2022年绵阳市首届“优秀家庭医生团队”一览表

表67

序号	区县、园区	团队名称	序号	区县、园区	团队名称
1	涪城	石洞河村家庭医生服务团队	21	三台	蒋红霞家庭医生团队
2	涪城	杨家镇杨家社区家庭医生服务团队	22	三台	唐勇家庭医生签约服务团队
3	涪城	御新—御安家庭医生服务团队	23	三台	王丽家庭医生服务团队
4	涪城	住院部家庭医生团队	24	三台	王毅家庭医生服务团队
5	游仙	第二十二家医团队	25	三台	姚良金家庭医生服务团队
6	游仙	金山村家庭医生服务团队	26	三台	张高林团队
7	游仙	龙角村家庭医生团队	27	三台	周平家庭医生健康服务团队
8	游仙	兴泉村家庭医生团队	28	梓潼	家庭医生第四服务团队
9	游仙	张家坪村家庭医生服务团队	29	梓潼	兰花村家庭医生服务签约团队
10	游仙	长林村家庭医生团队	30	梓潼	观义镇中心卫生院第二团队
11	安州	黄建平团队	31	盐亭	西陵镇卫生院家庭医生服务团队
12	江油	大康镇卫生院戴天山村家庭医生服务团队	32	盐亭	星致村家庭医生服务团队
13	江油	涪滨社区家庭医生团队	33	盐亭	九龙镇中心卫生院家庭医生签约服务第二团队
14	江油	厚坝镇家庭医生服务团队	34	北川	白洪梅组
15	江油	小溪坝镇中心卫生院鲜花村服务团队	35	北川	杨明非团队
16	江油	永放村家庭医生团队	36	北川	永昌镇中心卫生院鼓楼村家庭医生服务团队
17	江油	第六胜利小队	37	平武	第三家医团队
18	江油	文化新村团队	38	平武	家庭医生第四小组
19	江油	江东社区家庭医生签约服务团队	39	平武	水晶镇中心卫生院家庭医生团队
20	涪城	贾春燕家庭医生服务团队	40	仙海	仙海人民医院八角庙村家庭医生服务团队

2022年绵阳市首届"优秀家庭医生"一览表

表68

序号	区县、园区	姓名	工作单位
1	涪城	李孝伟	吴家中心卫生院
2	涪城	左慧	杨家镇卫生院
3	涪城	杨金建	石塘社区卫生服务中心
4	涪城	何利奎	石塘社区卫生服务中心
5	游仙	尚树芳	忠兴中心卫生院
6	游仙	刘小兰	新桥中心卫生院
7	游仙	付彩霞	石马中心卫生院东林分院
8	安州	黄建平	界牌社区卫生服务中心
9	安州	吕晓霞	界牌社区卫生服务中心
10	江油	吴孝兵	大康镇卫生院
11	江油	刘霞	太平镇卫生院
12	江油	罗立志	厚坝镇卫生院
13	江油	毛业强	小溪坝镇中心卫生院
14	江油	冯超国	武都镇中心卫生院
15	江油	薛长术	青莲镇九岭苏溪沟村卫生站
16	江油	陈平	永胜镇卫生院
17	江油	曹大军	三合镇卫生院
18	江油	赵钢	重华镇卫生院
19	三台	贾春燕	芦溪镇中心卫生院
20	三台	蒋红霞	刘营镇中心卫生院
21	三台	唐勇	富顺镇中心卫生院
22	三台	王毅	乐安镇中心卫生院
23	三台	姚良金	中新镇卫生院
24	三台	王其林	方子堰村卫生室
25	三台	周平	永明镇卫生院
26	梓潼	罗平全	文昌镇中心卫生院
27	梓潼	母春兰	黎雅镇中心卫生院
28	梓潼	王丽丹	梓潼县中医院

续表 68

序号	区县、园区	姓名	工作单位
29	盐亭	赵武	九龙镇中心卫生院
30	盐亭	谢红梅	巨龙镇卫生院
31	盐亭	顾剑	凤灵社区卫生服务中心
32	北川	郭永灿	通泉镇中心卫生院
33	北川	罗娅玲	工业园区社区卫生服务中心
34	北川	王文	陈家坝镇中心卫生院
35	平武	王津津	平通羌族乡中心卫生院
36	平武	陈剑	江油关镇中心卫生院
37	平武	王建明	龙安镇卫生院
38	科创	魏荣丽	科创园街道社区卫生服务中心
39	仙海	敬勇	仙海人民医院

【国家基本公共卫生服务】 2022年，绵阳市国家基本公共卫生服务人均补助标准增加至84元，新增的5元统筹用于基本公共卫生服务和基层医疗卫生机构疫情防控工作。累计开展基本公共卫生服务项目相关业务培训18次，累计培训5319人次。全市基层医疗卫生机构以0—6岁儿童、孕产妇、老年人、慢性病患者为重点，免费为常住居民提供居民健康档案管理、健康教育、预防接种等12项基本公共卫生服务，覆盖全市城乡居民487.11万人，任务完成率100%。（王盼儿）

医学教育科研

【概况】 2022年，绵阳市开展继续医学教育工作并全部纳入电子化管理，按照各级继续医学教育项目管理办法要求，鼓励全市医疗机构申报国家级、省级继续医学教育项目，申报国家级继续医学教育项目60个，省级继续医学教育项目158个。所有在职卫生专业技术人员一并纳入继续医学教育管理，继续医学教育学习覆盖率达100%，参加率99.2%，卫生技术人员获取继教学分达标率达92.67%。创建省级临床重点专科8个，4个通过省级验收，4个在建，省级财政项目投入480万元，医疗机构配套投入1000余万元，共覆盖5家医疗机构，7个专业。建成国家重点实验室1个，国家、省级重点学科（专科）95个。获批国家级项目1项、省部级课题23项、厅局级课题185项，国内发明专利5个，国内实用新型和外观设计专利授权204个，专利转让许可4个，发表SCI论文198篇，科研创新能力显著增强。5家市直属医院分别在核医学、精神卫生、中医药、传染病、妇女儿童等五大医学领域探索建立高质量发展试点，立项麻醉科、妇产科、精神科、心血管外科4个省级临床重点专科。

【国家特色健康问题哨点监测项目建设】 2022年4月，国家疾控中心以居民超重肥胖和特定人群贫血作为特定健康问题在全国范围内建设监测哨点100个开展哨点监测，旨在及时发现和预警特定健康问题，为健康中国行动年度监测评估和考核工作提供数据支持。绵阳江油市作为全省4个哨点之一，开展系列监测工作。监测内容包括问卷调查、体格检查、现场血红蛋白检测以及实验室尿样检测。为绵阳及时发现和预警特定健康问题，评价慢病防控效果、优化防控策略、评估健康绵阳行动提供依据。

【国家卫生健康委核技术医学转化重点实验室揭牌】 2022年6月6日，国家卫健委核技术医学转化重点实验室（以下简称实验室）在绵阳揭牌，省卫健委副主任郭毅出席揭牌活动并讲话，市政府副市长蒋丽英出席并致辞。实验室以市中心医院为依托，与中国工程物理研究院、四川大学华西基础医学与法医学院等单位共建。项目于2021年5月启动，同年12月获批国家卫健委重点实验室。实验室主要有放射性药物研发平台、回旋加速器研发平台、FLASH放射治疗装置研发平台、生物医学研究平台和核技术临床诊疗研究平台5个研究平台。以肿瘤靶向放射性药物的研发和临床应用研究、医用回旋加速器的研制及临床应用研究等为研究方向。

（王盼儿）

地方病与传染病防治

【概况】 2022年，绵阳市报告法定管理传染病24种，报告发病3.72万例，报告死亡126人。传染病报告发病率为763.67/10万，较2021年下降7.78%。全年无甲类传染病报告发病。

【艾滋病防治】 2022年，绵阳市完成艾滋病检测226.95万人次，覆盖率达39.26%；报告住址为绵阳市的艾滋病感染者和病人946例，报告死亡216人，无母婴传播病例。全市报告存活的艾滋病感染者和病人7710例，抗病毒治疗比例96.77%，治疗成功率95.85%，抗病毒治疗病人病毒载量检测率94.44%。完成绵阳市2011—2021年艾滋病疫情分析和2017—2021年艾滋病疫情分析、艾滋病高危人群规模估计及疫情预测报告。

【结核病防治】 2022年，绵阳市共报告活动性肺结核患者1820人，报告发病率37.39/10万，非结防机构报告结核病疑似患者总体到位率97.17%。报告病原学阳性患者1020人，病原学阳性率63.63%；开展耐多药筛查的病原学阳性患者940人，完成筛查900人，病原学阳性患者耐药筛查率95.74%。登记治疗活动性肺结核患者1723例，成功治疗1645例，肺结核患者成功治疗率为95.47%，规范管理1648例，规范管理率95.62%。全年未发生结核病积极性感染疫情，完成绵阳市遏制结核病行动（2019—2022年）终期评估，启动中国防痨公益基金——结核病数字化智能管理云平台与患者关怀项目。实施“大学生志愿者结核病社区倡导行动”项目，工作经验在全省工作会议上交流；完成“无结核校园”国家级示范点申报工作。

【地方病防治】 2022年，绵阳市297名大骨节病患纳入规范管理，治疗大骨节病患者81人，对大骨节病区村167名7—12周岁儿童进行临床检查，阳性检出率为0，全市继续保持大骨节病消除状态。对4个饮水型氟中毒病区村全部开展水氟和重点人群监测，检诊病区当地出生居住的8—12周岁儿童178人，氟斑牙患病率为0，全市继续保持饮水型氟中毒控制状态。全市监测孕妇、8—10岁儿童碘盐覆盖率分别为99.78%、99.72%，合格碘盐食用率分别为99.33%、98.84%，碘盐合格率分别为99.55%、99.11%，全市继续保持消除碘缺乏病状态。

【寄生虫病防治】 2022年，绵阳市6个血吸虫病流行县（市、区）共查螺3839.38万平方米，药物灭螺1109.58万平方米，人群询检查病4.11万人次，血检6.65万人次，扩大化疗1.40万人次，6个血吸虫病流行县（市、区）持续保持消除标准。调查新报告包虫病病例2例，对18例包虫病人进行药物治疗和随访。报告并规范调查处置6例境外输入疟疾病例，其中间日疟3人、恶性疟2人、卵形疟1人。开展“五热”病人血检5184人；在游仙、盐亭、梓潼、北川、平武开展疟疾媒介种群监测，共捕获按蚊178只，均为中华按蚊。报告并规范调查处置1例新发外省输入黑热病例。（王盼儿）

卫生执法监督管理

【概况】 2022年，绵阳市投入300余万元，建成绵阳市医疗卫生行业在线监管系统，实现医废、污水和餐饮具集中消毒等在线监测，应急指挥调度和公共场所从业人员健康合格证明网上申办和信息化管理。建设绵阳市诊所监管系统，弥补诊所在线监管空缺，接入诊所1199家，接入率86.69%。全市疾控机构和采供血机构全部接入医疗废物在线监管平台，二级以下医疗机构接入率达36%。对安州区、三台县67家民营医疗机构和2417名医务人员进行“信用+综合监管”评定，产生信用等级A级41家、B级26家、A级2367人，AA级50人，实施信息公开和查询，自觉接受社会监督，推动诚信执业、规范发展。推进医疗机构依法执业线上自查，116家医疗机构发起自查自纠391次，实现一级及以上医疗机构全覆盖，任务完成率100%。开展学校卫生自查，辖区内所有中小学校（中等职业学校）479家按要求开展学校卫生自查工作。

【医疗卫生专项监督检查】 2022年，绵阳市开展医疗机构传染病防治、血液安全、春秋季开学学校卫生和托幼（育）机构卫生、抗（抑）菌制剂、打击非法医疗美容服务、生活饮用水卫生、青少年近视矫治和以粉尘、化学毒物、噪声为主的职业病危害、医疗机构医学伦理审查等10项专项整治。查办一批打击非法行医、预防医患纠纷、保护劳动者健康权益、保障公共卫生安全的大案要案，共监督检查45635户次，办理卫生行政处罚案件1095个，罚款416.29万元，没收金额46.04万元。

【医疗卫生随机监督抽查】 2022年，绵阳市采取“执法+专家”“执法+质控”等模式，落实医疗卫生法律法规规定要求，以“双随机”监督检查内容为抓手，以医疗机构依法执业、医务人员管理、药品和医疗器械管理、医疗技术管理、医疗文书管理、临床用血管理等为切入点，通过翻阅资料、现场检查等方式，对医疗卫生单位进行随机“全面体检”。全年完成医疗卫生专业国家监督抽检任务230家，完成率和完结率均为100%。其中，给予行政处罚18起，累计处罚金额5.69万元。

【公共场所监督抽检】 2022年，绵阳市卫生执法监督支队组织全市卫生监督执法机构全面开展辖区内公共场所监督抽检。依据《公共场所卫生管理条例》《公共场所卫生管理条例实施细则》《四川省公共场所卫生管理办法》等法规要求，对管辖范围内住宿场所、沐浴场所、美容美发等7大类公共场所经营单位的疫情防控工作及公共场所经营单位室内空气、顾客用品用具、集中空调通风系统卫生质量以及全市游泳场所进行国家监督抽检，共完成监督抽检任务921家，其中关闭69家、立案查处62家，罚款2.14万元。对5家乙类公共场所集中空调通风系统卫生状况进行监督抽检，督促指导经营单位建立健全集中空调通风系统卫生管理档案，对集中空调通风系统的清洗、消毒工作进行监督检查，对开放式冷却塔、空气过滤网、过滤器、空气处理机组等清洗情况进行监督检查和指导服务。

（王盼儿）

卫生行政管理

【概况】 2022年，绵阳市卫生行政管理部门落实行政许可行政处罚信息“双公示”制度，及时将卫生行政处罚和行政许可信息录入信用中国（绵阳）平台，并在委机关网站“双公示”专栏进行公示,共录入行政处罚并公示26件，录入行政许可并公示389件。印发《绵阳市公共场所卫生许可证“一证多址”改革试点工作方案》，探索试点公共场所卫生许可证“一证多址”，将公共场所“一证多址”有关事项纳入政务服务一体化平台办理，实行网上申请、在线审批、并联受理、内部流转、限时办结等工作机制。动态管理政务服务事项和行政权力清单，完成委机关行政权力清理，共有行政权力313项，其中行政许可14项、行政处罚271项、行政强制8项、行政确认2项、行政检查13项、行政奖励1项、其他行政权力4项。

【医疗卫生体制改革】 2022年，绵阳市持续深化医疗卫生体制改革，印发《绵阳市深入推广福建省三明市经验深化医药卫生体制改革实施方案》，学习推广借鉴福建省三明市深化医药卫生体制改革的经验做法，深化“三医联动”体制机制改革，围绕《平武县紧密型县域医疗卫生共同体建设试点重点任务清单》，推进构建县域医疗卫生共同体建设诊疗体系。新增医联体5个，开展以“基本公卫+医保”的家庭医生签约医保服务包，签约7440人，其中疾病病程监测评估5948人；进行强化服务21157人次，两病用药保障7305人。全年共减轻患者医药负担5.23亿元。深化医药服务价格改革，加强医保支付方式改革，完善基本医疗保障，调整新增价格项目共101个，带量采购药品节约2.66亿元，耗材节约2.91亿元。推进优质医疗资源扩容和均衡布局，印发《关于加快构建优质高效分级诊疗体系工作台账》，建成72个医联体，430家医疗机构签订医联体协议。持续提升基层服务能力，27个机构创建达到国家基本标准、13个机构提档升级达到国家推荐标准。

【医疗卫生行政审批】 2022年，绵阳市卫生行政政务所有事项通过综合窗口无差别受理，共受理卫生行政许可453件，办结453件，实现按时办结率、提前办结率、群众满意率100%。将高频事项和资质信息变更事项全部纳入即办件，实现42个事项“马上办”；即办件之外的其余所有事项实行承诺制，承诺时限在法定时限基础上压缩92%。围绕“一网通办”前提下的“最多跑一次”改革，医疗机构执业许可证、医师执业证书、护士执业证书三类证照实现在线调阅和核验，将涉及三类证照的申请材料全部调整为“非必要”。完成四川一体化政务服务平台事项认领、编制、发布。落实“三集中、三到位”改革，所有审批事项全部由审批科办理，所有事项均通过综合窗口无差别受理，做到“一个事项对应一本清单”“清单之外无要求”“平台之外无审批”。

（王盼儿）

爱国卫生运动

【概况】 2022年，绵阳市结合健康教育等活动开展纪念爱国卫生运动70周年活动，通过在公共广场、公交站点等人口流动较大区域张贴主题海报，宣传爱国卫生运动的历史，介绍爱国卫生运动的重点工作内容，以卫生扫除活动契机，深入居民小区开展爱国卫生运动历史、文明健康、疫苗接种、媒介传染病防治等知识宣传，引导居民养成爱卫生、讲文明的好习惯。活动期间，开展主题宣传约100次，并在《健康中国观察》发表市政府主要领导署名文章。组织开展卫生创建活动，提升公共卫生环境设施建设和管理水平，持续改善城乡面貌。共建成省级卫生乡镇4个、省级卫生单位66个、省级无烟单位22个、省级卫生村182个，盐亭县通过省级卫生县城复审。印发《绵阳市2022年控烟干预工作方案》，全市以第35个世界无烟日为契机，推进无烟环境建设，采取发放宣传折页、悬挂横幅、制作展板、张贴海报、LED滚动播放等方式，宣传控烟知识，共建成无烟单位3491个。

【病媒生物防制】 2022年，绵阳市印发《关于开展春季病媒生物防制活动的通知》《关于开展秋季病媒生物防制活动的通知》等文件，对全市病媒生物防制活动安排部署。以治理病媒生物滋生地为重点，采取发动群众参与卫生死角清理等环境治理活动与专业消杀服务相结合的方式，推进病媒生物防制工作。多次组织病媒生物防制专项培训，提升相关工作人员专业能力，市疾控中心组织专家对各地病媒生物防制工作进行技术指导30余次。

【健康教育宣传】 2022年，绵阳市利用电视、广播、宣传专栏、LED显示屏、标语、微信公众号、手机短信、抖音等方式，多形式开展健康教育宣传。以“建设健康家园，共享健康佳节”“文明健康绿色环保”“万步有约”“控烟有我”“珍爱地球，人与自然和谐共生”“爱国卫生运动跑”“卫生宣传进社区”“病媒生物防制”为主题，全面普及各类健康防病知识，引导群众自觉践行文明健康绿色环保的生活方式，开展健康教育“六进”活动，举办主题宣传活动和健康讲座140余场次。

【爱国卫生月活动】 2022年，绵阳市在全国第34个爱国卫生月活动期间，以“文明健康　绿色健康”为主题，开展爱国卫生活动，践行“文明健康、绿色环保”生活方式，共张贴宣传海报5100余张、发放宣传资料15.25万余份，制作宣传栏1114个、宣传标语1000余条（幅），受众近100万人次，出动各种车辆600余辆次，清运垃圾、淤泥、杂物7253吨，清除卫生死角8000余处，参与人员及志愿者达20万余人，清除小广告12万余处，病媒生

物防制投放灭鼠、蚊、蝇、蟑螂药约20万余袋。（王盼儿）

绵阳市三甲医院

【概况】 2022年，绵阳市有绵阳市中心医院、绵阳市第三人民医院、四川绵阳四〇四医院等三甲医院14家，其中有绵阳市中心医院、绵阳市第三人民医院、四川绵阳四〇四医院、绵阳市中医医院、绵阳市妇幼保健院市属三甲医院5家，数量居西部地区同类城市前列。

【绵阳市中心医院】 绵阳市中心医院（以下简称中心医院）建于1939年，是集医疗、教学、科研、预防、急诊急救、灾难医学于一体的三级甲等综合医院，占地面积7.67公顷，建筑面积21.2万平方米，编制床位1500张，开放床位2200张。有职工3300余人，其中高级职称516人、博硕士598人、博士生导师3人、硕士生导师59人，市级及以上专业人才139人。有3.0T磁共振、双源CT、DSA、全飞秒激光近视治疗仪、海扶刀、PET-CT、回旋加速器等大中型现代化仪器设备。有省级重点学（专）科22个、市级重点学科41个。全年中心医院门（急）诊服务200万余人次，住院服务9万余人次，疑难危重患者占比82.50%；异地医保就医患者1.7万人次。开展经导管二尖瓣缘对缘修复术（TEER）、腹腔镜下高位宫骶韧带悬吊术治疗盆腔脏器脱垂、腔镜辅助下皮下乳房根治性切除联合I期硅胶假体胸肌后植入重建术、运用立体定向下脑干出血外科微创治疗等56项首次应用医疗技术，开展同种异体运动系统结构性组织移植技术等7项限制类技术1194例；获批省级“两癌”筛查、实用微创技术、核酸检测适宜技术应用示范基地，肺炎重症培训基地、院感培训基地，四川省“国家标准化癌症筛查推广与管理中心”AAA试点单位和国家第一批卵巢癌规范诊疗质量控制试点单位。取得国家自然科学基金青年科学基金项目2项；FLASH放疗学术团队研究成果受邀在第二届全球FRPT国际大会上作专题报告；发表SCI论文109篇、实用新型专利成功转化1项、科研立项147项。举办国家级继教33项、省级继教59项、市级继教51项。组织参加“第六季中国医院管理奖”“第七季改善医疗服务行动全国医院擂台赛”等5类全国比赛，18个品质管理案例获奖，医院获集体组织奖2项、全国铜奖2项。

【绵阳市第三人民医院】 绵阳市第三人民医院（以下简称三医院）始建于1955年，下辖高新分院、游仙分院、三江分院。2022年，院本部占地8.67公顷，总资产16.53亿元，编制床位1200张，开放床位2060张，开设有临床学科62个，建有省市级重点学（专）科37个、省临床重点专科1个、市临床重点专科3个，为国家级高级卒中中心、胸痛中心（标准版）、市级危重孕产妇救治中心、市级危重新生儿救治中心等医疗中心；年门诊服务105.38万人次，住院服务7.36人次，手术4.78万台次；有职工2974人，其中硕士研究生导师19人、博士18人（其中博士后2人）、硕士361人，高级职称336人、中级职称663人，省市级学术带头人20人。承担省级科研课题立项90余项，市级科研课题立项140余项；有瓦里安医用电子直线加速器、3.0T超导磁共振、PET-CT、128层螺旋CT等大型高精设备100余台（件）。设置有独立注册的法人单位“四川三益法医学司法鉴定所”，主办国内公开出版发行的国家科技核心期刊《四川精神卫生》杂志。74项新技术完成立项，周期内开展体外膜肺氧合（ECMO）技术、心血管疾病介入技术、肿瘤射频消融技术、同种异体骨移植技术430例，PIVAS通过省市两级检查验收，静脉用药调配中心在全院推行。精神科获省级临床重点专科建设项目立项，呼吸与危重症科、肿瘤科、妇产科获批市级临床重点专科，游仙分院儿科和脾胃病科获批市重点中医专科，全年获批纵向课题立项22项，签订横向合作课题8项，获批经费78.8万元。获各类科技奖5项、专利授权59项，发表SCI、中文核心论文84篇，与西南科技大学建立科研战略合作关系。推进智慧医院建设，实施检验检查互认、肿瘤MDT等39项信息化建设项目，上线专业检测系统，服务764万人次，互联网医院在线问诊和开具电子处方5766人次，为135家医疗机构、16.2万人次提供远程诊断服务。推进社会心理服务体系建设试点工作，上线社会心理服务信息平台，举办全国公益巡讲直播，完成精神科医师转岗培训316人。《四川精神卫生杂志》正式入选中国科技核心期刊。

图142　6月6日，市中心医院与中物院等共建的国家卫生健康委核技术医学转化重点实验室揭牌仪式举行（市卫健委提供）

【四川绵阳四〇四医院】 四川绵阳四〇四医院（以下简称四〇四医院）始建于1964年，是市直属卫生事业单位，集医疗、教学、科研、预防、保健于一体的国家三级甲等综合医院。医院占地18.31公顷，有建筑面积7.43万余平方米，下辖四〇四医院丰谷院区（绵阳市传染病医院）、四〇四医院大西门院区（绵阳市职业病医院），四〇四医院城南院区（绵阳市公共卫生医疗中心）。2022年，医院有开放床位1256张，设内科、外科、妇科、儿科、五官科、传染病科等临床、医技专业60个，有市级医疗质量控制中心9个，四川省临床重点专科建设项目1个、四川省医学重点学科（专科）11个、绵阳市临床重点专科建设项目2个、绵阳市医学重点学科34个。心血管病临床医学研究中心获批为绵阳市第一批临床医学研究中心。医院总资产10.88亿元，增长50.42%，其中新增固定资产4952.58万元。万元以上医疗设备1837台（件），总价值3.26亿元。医院内设内镜中心、介入中心、放射治疗中心、血液透析中心等，有10万元以上医疗设备500余台（件），其中包括移动全身CT、移动核酸检测车、宏基因二代测序仪、全自动微生物质谱检测系统、1.5T超导核磁共振、128层CT、大型平板数字减影血管成像仪（DSA）、直线加速器等诊疗设备。卒中中心全年完成颅内血管取栓手术115台，颅内外血管支架手术65台，颈内动脉内膜剥脱术11例，动脉瘤介入栓塞术19例，动脉瘤夹闭术39例。危重新生儿救治中心抢救危重新生儿382人，成功率达100%，住院病死率为0%。危重孕产妇救治中心共接诊危重孕产妇360例，救治成功率和新生儿窒息复苏成功率均达100%，全年未发生孕产妇死亡。开展经皮主动脉瓣置换术（TAVR）、急性A型主动脉夹层手术、复杂主动脉疾病复合手术、全腔镜下心脏手术等高风险医疗技术项目876项。申报各级各类科研项目共103项，获纵向项目33项、横向项目17项，共获得经费资助577万余元。29项项目完成结题。孵化成果10项，科技成果获奖5项，其中四川省科技进步三等奖1项、四川省医学科技三等奖3项、绵阳市第十八次社会科学优秀成果二等奖1项。发表论文272篇，其中SCI 10篇；获授权专利84项，其中国家发明专利2项，专著7部。主任医师姜淮芜获“绵阳市最美科技工作者”。招收住培学员134人，招收完成率100%。128名学员参加全国执业医师资格考试。获批国家级继教项目8项，省级继教项目16项，市级继教项目24项。先后组织136人次参加国家级、省级师资培训。

【绵阳市中医医院】 绵阳市中医医院（以下简称中医院）成立于1984年，下辖南桥分院、花园口腔门诊、制剂中心、中医药研究所等分支机构，管理绵阳市涪江中药饮片有限责任公司。2022年，医院有在岗职工1299人，其中卫生技术人员1128人，有博士研究生导师1人、硕士研究生导师26人，享受国务院政府特殊津贴专家4人，国家级名老中医专家学术经验导师6人，四川省名老中医专家学术经验导师6人，四川省学术技术带头人2人，四川省学术技术带头人后备人选1人，四川省卫生厅学术技术带头人2人，首届四川省临床技能名师1人，四川省中医药管理局学术技术带头人5人，四川省中医药管理局学术技术带头人后备人选15人，四川省有突出贡献的优秀专家3人，绵阳市有突出贡献中青年拔尖人才5人，四川省十大名中医1人，四川省名中医12人，绵阳市十大名中医6人，绵阳市名中医23人，绵阳市十大名中医5人，绵阳市首届青年名中医5人。开放床位1078张，开设临床医技科室及专病专科50余个。其中重点学科1个，国家、省、市级重点专科（建设单位）27个。与俄罗斯、泰国等10多个国家和地区建立交流与合作关系，同俄罗斯奥布宁斯克市康复中心长期互派专家。1人到莫桑比克参与医疗援助任务。与巴西巴特洛伊市商谈中医药和针灸合作交流项目。遴选5人参加省卫健委国际交流中心“赴外线上研修项目”。全年派出46名医务人员到11个受援医院开展对口支援工作。危急重症中心获得绵阳市工人先锋号。立项省中医药管理局、杏林学者项目8项。引进硕士及以上学历高层次人才24人，招录合同制人员89人。选送4人攻读研究生及以上学历，外送1名博士完成医师规范化培训任务。1人在省人社厅举办的卫生健康职业技能竞赛中被评为“四川省技术能手”，5人被聘任为市医学会第一届医疗美容项目核准专家库成员。2人获批全国名老中医药专家传承工作室，2人获批第二批四川省名中医工作室建设项目，1人被评为第七批全国老中医药专家学术经验继承工作指导老师，2人为学术继承人。1人获批第五批全国中医临床优秀人才研修项目。全年申报举办继续教育项目33项。组织专家到市中医医疗集团基层医院开展教学查房、学术讲座等活动25次。完成全市59名中医全科医师转岗培训理论教学工作。中医药传承创新项目和科教综合楼项目累计完成投资约3亿元，传承创新项目发行地方政府专项债券资金6000万元。涪江中药饮片公司上市27个保健食品和配制酒，全年销售收入3580万余元，较上年同期增长20.99%。制剂中心全年销售收入约773.62万元（协定处方），较上年同期增长30.78%。“退黄止痒洗剂”“舒筋康复散”通过省药监局备案后，院内制剂增加至34个，其中28个制剂品种通过第三方成本测算后纳入医保结算。医院协定处方品种增加5个，达49个。4个临床专业通过国家药监局药物临床试验机构（GCP）备案。

【绵阳市妇幼保健院（市儿童医院）】 绵阳市妇幼保健院（市儿童医院）是集妇幼医疗、保健、公共卫生管理、教学、科研、培训等职能于一体的三级甲等专科医院。2022年，医院有花园院区、儿童医院、临园院区，总占地面积6公顷，业务用房4万平方米。有职工640余人，其中硕士及以上学位研究生40余人、高级职称80余人。编制床位400张，有1.5T磁共振、128层螺旋CT、DSA、数字胃肠机、聚焦超声肿瘤治疗系统（海扶刀）、系统超声、乳腺容积超声、PCR实验室及层流手术室等高精尖设备设施。设有孕产保健部、妇女保健部、儿童保健部、临床医技综合部为框架的业务科室40余个。新生儿遗传代谢病筛查绵阳分中心（绵阳市妇幼保健院）被四川省新生儿疾病筛查中心评为“2022年度工作考核优秀分中心”。妇幼专科联盟成员单位扩充至40家，涵盖全市9个县（市、区）妇幼保健机构、综合医疗机构及部分乡镇卫生院、社区卫生服务中心，形成多层次、网格化的医疗联合格局。（王盼儿）

国家级非物质文化遗产——跳曹盖

跳曹盖是流传于平武县白马藏族地区的一种古老的驱邪祭祀祈福活动，具有强烈的民族、民俗文化特征。2011年6月，平武县跳曹盖被列入“第三批国家级非物质文化遗产名录”。“曹盖”为白马藏语音译，意为“面具”。跳曹盖一般在每年农历正月初五至初六举行。男女老少都会穿上民族服饰，参与这项活动。跳曹盖时，人们围成一圈，跳圆圆舞、猫猫舞，一直持续到第二天凌晨。（视觉绵阳提供）

人口与家庭

【概况】 2022年，绵阳市贯彻落实《中华人民共和国人口与计划生育法》《四川省人口与计划生育条例》，依法组织实施三孩生育政策，开展规范性文件清理，废止相关处罚规定，将入户、入学、入职等与个人生育情况全面脱钩，取消社会抚养费等制约措施。落实积极生育支持措施，以“一老一小”为重点，印发整体解决方案，建立健全覆盖全生命周期的人口服务体系。将“一老一小”工作纳入《绵阳市国民经济和社会发展第十四个五年规划和二〇三五年远景目标纲要》，并作为重点民生实事予以推动。推动计划生育服务管理改革，简化办事程序，取消再生育审批，落实生育登记制度，全面实施生育服务登记网上办理，实现群众办事“零”跑腿。推进“婚育一件事”“出生一件事”联办、“一网通办”。依托四川省健康档案云平台定期收集汇总人口自然变动，开展人口形势分析，监测生育形势和人口变动趋势。全市出生人口23861人，其中一孩13447人、二孩9497人、三孩及以上917人，出生人口性别比为106.99（以女性为100），人口出生率4.9‰；死亡44296人，死亡率9.1‰。人口自然增长率-4.2‰。

【婚姻登记】 2022年，绵阳市持续推进婚姻登记“跨省通办”“全市通办”试点。共办理结婚登记24402对，补发结婚证14194对，办理离婚登记8543对，补发离婚证1520对，其中“跨省通办”“全市通办”2248对。

【计划生育家庭关爱】 2022年，绵阳市落实独生子女父母奖励、农村计划生育家庭奖励扶助、独生子女死亡伤残家庭特别扶助政策。纳入农村计划生育奖励扶助对象25.4万人、特别扶助对象1.23万人，独生子女父母奖励8.9万户，扶助对象资格确认准确率100%。以上3项合计发放资金近4亿元，所有资金通过社保“一卡通”于11月底一次性发放到位，资金发放及时到位率100%。为独生子女三级伤残或死亡的计生特殊家庭提供就医“两免四优先”（免挂号费和一般诊疗费，优先看病、优先挂号、优先取药、优先住院）服务7768人次，开通就医绿色通道265个，开展免费体检9449人次，家庭医生签约率99.8%。开展计生综合家庭保险，投保265.21万元，承保5万余人，赔付率77%。做好计生特殊家庭住院护理补贴保险工作，投保245.27万元，承保1.2万人，赔付率76.59%。提供保障性住房58套，纳入农村危房改造7户，代缴养老保险3748人，安排入住公立养老机构41人，提供居家养老服务2691人次。健全政府主导、社会组织参与的扶助关怀工作机制，对特殊家庭以户为单位建档立卡，实行精准服务、个性服务。建立乡（镇）干部、村（居）干部、家庭医生“三岗”联系制度，开展“一对一”服务和慰问活动，共发放慰问金484.3万余元。新建设国家“暖心家园”示范点1个，市级“暖心家园”示范项目5个，通过联谊会、集体过生日、传统节日集体活动等形式，为计划生育特殊家庭提供心理辅导、情绪疏解、心理干预等服务。

【托育服务发展】 2022年，绵阳市按照新时代人口发展战略要求，将促进3岁以下婴幼儿照护服务发展纳入绵阳市“十四五”卫生健康发展规划统筹推进。推动落实托育机构支持政策，免除托育机构承租国有房屋的租金，托育机构用水用电用气价格均执行居民用生活类标准价格。出台托育机构登记、备案指南，推动提升机构备案率，有提供3岁以下婴幼儿托育服务的机构500余家，供给托位数1.45万个，每千人拥有托位数2.95个。强化托育服务从业人员培训，成立绵阳市托育服务培训学校，制定托育机构及负责人培训大纲、托育机构保育人员培训大纲，完成12期1676人培训，其中697人通过人社部的育婴师、保育师职业资格考试。发挥政府投资的引导和撬动作用，通过新建、改扩建等方式扩大托育服务有效供给。争取省、市、县级财政补助337万元，在涪城区、游仙区、高新区建设3个普惠托育项目，新增普惠托位337个。推进医育结合型服务模式，市、县两级投入600万元，依托游仙区妇幼保健院和绵阳市人民医院建设2所示范性公办托育机构并纳入市级民生实事（人大票决项目）。开展托育机构摸底调查强化综合监管，对全市109家已依法注册登记托育机构，297家经教育部门审批合格开设招收2—3岁幼儿托班的幼儿园开展摸底调查和卫生自查并建立整改台账，督促存在问题的机构限时完成整改。卫生健康、住房和城乡建设、市场监管、消防救援等部门组织开展托育机构安全防护专项整治行动，以卫生防疫、建筑安全、消防安全、食品安全等为重点，加强对重点单位、重点区域、重点场所、重点时段的督查检查，消除风险隐患。（王盼儿）

人力资源

【概况】 2022年，绵阳市做好人力资源建设、人事考试、职业能力培养等工作，组建国土、地勘工程中级职称评审委员会、环境工程技术中级职称评审委员会、中国（绵阳）科技城环境工程技术高级职称评审委员会。组织开展全市第十四批省学术技术带头人级后备人选推荐工作。在全省率先开展首批高技能人才参加专业技术职称评审试点工作，打通高技能人才与专业技术人才职业发展通道，加强创新型、应用型、技能型人才培养。发展职业培训学校、技能大师工作室，启动全国首个职业能力建设创新改革先行区建设，编制《职业能力建设创新改革先行区实施方案（2022—2025）》等。管理破产改制企业职工个人档案10967份、部分领取失业保险金职工个人档案5901份，转移职工个人档案318份。组织参加第五届“四川工匠杯”暨四川省第一届技工院校职业技能大赛，取得一等奖1个、二等奖2个、三等奖7个，四川九洲技师学院获得突出贡献奖，全市奖牌总数居全省第2位。获得第五届“四川工匠杯”职业技能大赛、第三届西部HR能力大赛优秀组织奖。

【农村劳动力资源】 2022年，绵阳市有农村劳动力223.17万人，外出务工139.78万人。其中，省外务工64.8万人，省内市外务工26.03万人；市内务工48.86万人；境外就业885人。共实现劳务收入375.8亿元。

【人才人事管理】 2022年，绵阳市共招才引智3410人，其中教体系统1147人、卫健系统839人、其他事业单位1424人，增长86.95%，集中招聘人数和报名人数均居历史之最。组织公务员、教师、建造师等各类人事考试42场。推进县以下事业单位管理岗位职员晋升制度，完成职员等级晋升1806人，涉及778个事业单位。

【收入分配管理】 2022年，绵阳市调整最低工资标准为1970元，非全日制用工小时最低工资标准为每小时21元。发布2021年市属国有企业负责人基本年薪基数、全市行业人工成本和市场指导价位信息、全市企业工资指导线。完善事业单位绩效工资结构，制定《市属科研院所及高校实行年薪制的经办规程》《绵阳市支持事业单位科研人员创新创业经办规程》。

【专业技术人才管理】 2022年，绵阳市有专业技术人员25.6万人，其中副高及以上2.82万人，累计初定和确认初、中级职称4641人。开展中级专业技术职务任职资格评审工作，评审通过1688人。开展首批高技能人才职称评审工作，21名高技能人才取得高级职称，18名高技能人才取得中级职称。出台《绵阳市创新型人才中、高级职称“直通车”评审办法（试行）》《绵阳市工程技术领域高技能人才职称评价标准条件（试行）》《绵阳市加快博士后工作创新发展八条措施（暂行）》等。新组建国土、地勘工程中级职称评审委员会和环境工程技术中级职称评审委员会和中国（绵阳）科技城环境工程技术高级职称评审委员会。新增“博士后创新实践基地”2个，并在省级资助的基础上，再分别给予每个“博士后创新实践基地”40万元配套资助。指导协助中物院、西磁科技、西南科技大学等申请日常资助和科研项目资助经费79万元。组织开展全市第十四批省学术技术带头人及后备人选推荐工作，推荐报送省学带及后备人员22人，推荐2人为第三届“四川省杰出人才奖”候选人，推荐2名留学回国人员申报科技活动项目，获批专项资助资金33万元。开发2022年度专业技术人员公需科目课件30个学时，覆盖81995人。

【职业技能培训】 2022年，绵阳市本级组织开展21个技师培训班，完成培训414人。开展补贴性职业技能培训40908人。出台《关于做好当前职业技能培训有关工作的通知》，支持有条件的企业单独设立职工培训中心，行业、产业园区或不具备自主培训条件的企业可依托大中型企业、技师学院、公共实训基地等建设跨企业职工培训中心。发展职业培训学校，全市技工院校在校生突破8900人，共开展培训4万人次。组织开展创业培训3947人，完成目标任务的197.35%。九洲技师学院获评省中职教育五星级名校。加强培训师资队伍建设，选派6名教师参加2022年“匠心传承”省级就业技师师资培训班家政服务员和健康管理师培训。

【职业技能鉴定】 2022年，绵阳市强化技能考评队伍建设，举办考评培训班，共90人通过考核。推进等级认定机构管理备案，用人单位可开展工种认定70余个，第三方可开展工种认定40余个，专项能力项目200余个。统筹整合全市资源，设置职业技能等级认定标准化分考场12

个。开展技能人才评价，规范抽题组卷流程，共2.47万人次报名考试，合格1.86万人次。

【技能大师工作室建设】 2022年，绵阳市新增国家级技能大师工作室1个——张祥辉（车工）技能大师工作室。该工作室依托四川长虹电器股份有限公司的全资子公司——四川长虹技佳精工有限公司组建，主要从事钣金模具设计及制造，新技术、新工艺、新产品研究开发、试制推广、教学培训和专业技能研究工作，总结推广绝技、绝活和技术技能创新成果。工作室配置核心成员9人，其中高级技师6人。领办人张祥辉获评2016年全国技术能手，享受国务院政府特殊津贴。

【中国（绵阳）科技城人力资源服务产业园建设】 2022年，中国（绵阳）科技城人力资源服务产业园建筑面积10.31万平方米，入驻各类人力资源服务企业81家，从业人员710人，培训3.15万余人次，促进人力资源流动12.3万余人次，服务企事业单位2350家。总营收24.67亿元，增长13%。税收3860.6万元，增长42.5%。

【职业能力建设创新改革先行区建设】 2022年4月29日，全国首个职业能力建设创新改革先行区建设启动仪式在绵阳举行。省人社厅副厅长、一级巡视员赖荣，市人民政府副市长李栋出席启动仪式并讲话。省人社厅二级巡视员陈泉宣读省人社厅关于同意绵阳市创建职业能力建设创新改革先行区的批复。市人民政府副秘书长汤荣生主持启动仪式。启动仪式上，市人社局主要负责人介绍先行区建设工作总体思路，四川九洲技师学院、四川长虹集团作为技工院校和企业代表发言。省人社厅有关处室、单位负责人，绵阳市相关部门、部分县（市、区）园区人社部门、技工院校、高校、企业、行业协会、联盟负责人参加启动仪式。职业能力建设先行区工作目标为从优化完善政策体系、改革技能人才工作体制机制、搭建技能人才培养和发展平台、营造技能社会氛围、提升职业培训质效等方面开展工作，打造一支规模与质量并重、适应新时代产业发展需求的技能人才大军。全市在先行区建设中，创新“政策+项目”改革模式，推动政策改革和重点项目建设。制订《职业能力建设创新改革先行区实施方案（2022—2025）》，提出实施产业领航、创新引航、成长远航、服务护航“四大工程”。实施绵阳工业技师学院迁扩建项目，加大技工教育投入。依托绵阳师范学院、九洲集团、九洲技师学院、市公共实训基地和科技城人力资源产业园，按照“政企校园地”模式，设立“职业培训和技工教育师资培训中心”。会同仙海区建设中国（绵阳）科技城技能人才港，完成技能小镇等项目建设规划等工作，研究制定支持政策。2022年7月，先行区建设工作经验被人社部工作信息刊发。

图143 4月29日，全国首个职业能力建设创新改革先行区建设启动仪式在绵阳举行（市人社局提供）

【绵阳工业技师学院新址揭牌仪式举行】 2022年6月24日，绵阳工业技师学院新址揭牌仪式在江油举行。省人社厅副厅长、一级巡视员赖荣，市人大常委会副主任李川萍出席启动仪式并讲话，绵阳市政府副秘书长汤荣生宣读人社部职业能力建设司致绵阳市人民政府的贺信。市人社局局长文峰介绍学院迁扩建工作思路，江油市委书记元承军发言。江油市人大常委会主任姚华宗、江油市政协主席唐传凤，以及绵阳市、江油市有关部门负责人，部分技工院校、中职院校代表参加揭牌仪式。绵阳工业技师学院始建于1978年，位于绵阳市涪城区金家林，2012年经省政府批准设立技师学院，同年获建国家级高技能人才培训基地。2022年5月，为推动学院提升办学质量，打造绵阳市技师学院“双核”布局，增强区域辐射功能，经省人社厅同意，绵阳工业技师学院迁扩建项目正式启动。新校址位于江油市解放北路150号。项目采取省、市、县三级共建模式，总投资约22亿元，分为初期办学、新建一期和新建二期3个阶段进行。项目全部完工后，学院占地面积超33.33公顷，实习实训场所建筑面积7万平方米以上，办学规模超1万人。

【全省首场高技能人才专业技术职称评审会在绵阳举行】 2022年8月13日，四川省首场高技能人才专业技术职称评审会在绵阳举行。此次评审会由市职改办牵头实施，根据申报人员专业分布情况，由中国（绵阳）科技城电子信息工程高级专业技术职务任职资格评审委员会和中国（绵阳）科技城机械材料化工工程高级专业技术职务任职资格评

图144　8月13日，四川省首场高技能人才专业技术职称评审会在绵阳举行（市人社局提供）

审委员会负责评审工作。经用人单位推荐、市职改办资格审核，共有54名高技能人才申报评审工程系列中、高级职称，其中申报高级31人、申报中级23人。在专业方向上，有电子信息类45人、机械材料化工类9人。（杨万东）

创业就业

【概况】　2022年，绵阳市出台《绵阳市稳岗就业十七条措施》《市人社系统服务保障重点企业用工十二条措施》等政策稳就业。举办第五届创业明星创业能手争创活动，评选出10名创业明星、30名创业能手和10名优秀创业导师。结合“绵品出川”开展网络创业直播大赛暨城市邀请赛。培育创建“绵帮帮”“安洲车务汇”等3个首批“绵字号”特色劳务品牌，2人获全国新星劳务品牌形象代言人。20个项目入选四川省农民工及企业家返乡入乡创业项目推介册，签约总金额6.1亿元。城镇新增就业56401人，城镇失业人员实现再就业12216人，就业困难人员实现就业4017人，分别完成省下达目标任务的120%、123.39%、129.58%，城镇登记失业率2.54%，低于省控目标1.46个百分点。实现脱贫人口务工就业8.69万人，完成省下达目标任务的107.28%。公益性岗位托底安置超过9000人。发放创业担保贷款1.99亿元，惠及70家企业、356名创业者。就业系统共扶持创业成功3222人。打造市级创业孵化基地23家，建成省级孵化基地10家，数量居全省第2位。绵阳市被省委办公厅、省政府办公厅表彰为农民工服务保障“品牌创建专项行动”先进市。市劳动人事争议仲裁院被人社部表彰为全国人力资源社会保障系统优质服务窗口。市劳动保障监察支队被农民工工作领导小组表彰为四川省根治拖欠农民工工资工作先进集体。

【求职招聘】　2022年，绵阳市共举办各类招聘会321场，提供岗位超过10万个，达成就业意向3.07万人次。市就业服务大厅窗口咨询就业服务4.32万余人次，累计新增办理各类企业用工单位登记备案514家，收集就业岗位信息超过6.16万个，办理个人求职登记1371人，发布用工信息12期，累计提供岗位67713个。绵阳公共招聘网浏览人数突破125万人次，日均在线人数1140人以上。上线“科技城就业码”微信小程序，搭建求职招聘信息交流新平台，提供24小时不打烊“求职招聘”服务。在绵阳举办厦门—绵阳劳务协作专场招聘会，提供7000余个岗位。

【高校毕业生就业】　2022年，绵阳市建立高校毕业生就业创业联盟，举办校园双选会26场，线上招聘会28场，就业指导37场，创业服务10期，培训班31期。建立198个就业见习基地，提供就业见习岗位3435个。8389名离校未就业高校毕业生实现就业7326人。为57名大学生发放创业补贴57万元，为10784名困难毕业生发放求职创业补贴1617.60万元。

【和谐劳动关系构建】　2022年，绵阳市打造绵阳市劳动争议联合调解中心（绵阳市新就业形态劳动争议调解组织）和“掌上仲裁”平台，共调处劳动人事争议案件3688件，维权金额达1.72亿元。开展“百日清零”行动、清理整顿人力资源市场秩序专项行动、根治欠薪夏季行动、根治欠薪“飓风”行动和集中整治拖欠农民工工资问题专项行动，保障农民工工资支付工作获评全省“A级”评价，受理涉薪举报投诉852件，追讨工资1.71亿元。绵阳富临精工股份有限公司创建成为“全国和谐劳动关系创建示范企业”，盐亭经开区管委会劳动人事争议调解中心被评选为“2022年度工作突出基层劳动人事争议调解组织”。

【“零工驿站”建设】　2022年，绵阳市建设以“零工驿站”为品牌的“零工市场”，为钟点工、天工等零散务工人员打造就业“新平台”。针对零工市场“散、乱、杂”等现象，组织开展全覆盖摸排调研，根据零工规模、分布区域、服务需求等实际，采取就近闲置室内场地改造的方式，在全市规划“零工驿站”13处，建成700余平方米的游仙区六里村“零工驿站”。统一“零工驿站”名称、标识和服务功能，全天候提供招工候工引导、就业信息发布、求职登记、政策咨询、劳动维权、电动车停放、劳动工具存放、饮用热水、急救药物等零距离贴心服务。定期举办家装、家政等热门零工行业小型专场招聘会，开发微信小程序，打造线上“零工驿站”，登记零工求职者500余人次，帮助180余人次实现就业。实行“政府主导＋市场化管理”运营模式，通过派驻干部蹲点、开发公益性岗位、招募志愿者及购买第三方服务等方式，落实管理责任人。建立“人社+城管+公安”联动快处机制，打击“黑中介”“黑工头”，维护零工合法权益。

【四川省（绵阳）“春风送岗”暨重点招商引资企业招聘季活动在绵阳举行】 2022年2月14日，省人社厅、省经合局、绵阳市人民政府主办，省就业服务管理局、市人社局承办，市就业创业促进中心、市经合局等10个部门联合协办，以“春风送温暖、就业送真情”为主题的2022年四川省（绵阳）“春风送岗”暨重点招商引资企业招聘季活动在绵阳就业创业促进中心人力资源市场举行。活动旨在通过搭建人岗对接平台和为全市重点招商引资企业招才引智，现场职业能力测评等，帮助返乡农民工、下岗失业人员、离校未就业大学生、有意创业者等群体尽快实现就业创业。省经济合作局局长惠朝旭，市委副书记、代市长李云出席活动并讲话。市政府副市长李栋主持。省就业服务管理局局长王祎、省经合局副局长易旸，市政府秘书长柳江等参加活动。活动现场分设企业招聘区、企业带岗直播招聘区、职业指导服务区、政策咨询服务区等9个功能区域绵阳公共招聘网59家企业、4000余个岗位进行同步网络招聘。长虹、九洲、京东方等84家用工单位进场招聘，共提供就业岗位近6000个。四川雪宝乳业集团有限公司、四川长虹精密电子科技有限公司等7家公司同步进行网络直播招聘，观看人数1200人。活动现场为求职者提供就业政策、创业扶持、法律维权、工商及金融等咨询服务，发放《就业创业政策宣传手册》《用工单位岗位信息一览表》、就业创业政策等各类宣传资料3000余份；邀请3名职业指导师为求职者提供职业指导服务，开展职业能力测评，现场指导创业者50人次。“直播绵阳”平台对此次活动进行全程直播，观看人数超2.6万人。活动共吸引800余人到场求职，现场达成意向用工登记117人次。

【《绵阳市稳岗就业十七条措施》出台】 2022年2月18日，《绵阳市稳岗就业十七条措施》（以下简称“就业十七条措施”）经市就业工作领导小组印发。“就业十七条措施”旨在帮助企业稳定用工，促进重点群体就业，鼓励各类群体创业，共提出17条具体措施，包括实施重点企业用工调度保障机制，建立人力资源监测制度，指定专人对接企业和项目，满足企业阶段性用工需求；企业招用登记失业半年以上的失业人员、脱贫人口，可按规定申请税收优惠；企业吸纳脱贫人口就业，按政策享受就业补贴和社会保险补贴；企业招用毕业年度高校毕业生享受相应吸纳就业补贴；单位吸纳离校2年内未就业的高校毕业生以及16—24岁失业青年参加就业见习给予就业见习补贴；经营性人力资源服务机构组织下岗失业人员、脱贫劳动力、返乡农民工等到企业就业，给予机构就业创业服务补助；企业开展职业技能培训，给予培训补贴；加强线上就业指导服务，开展直播带岗、线上招聘、职业云指导等活动；对学籍在市内高校、中等职业学校（技工院校）、特殊教育院校职业教育类的城乡低保家庭毕业生等，给予求职创业补贴；对离校2年内未就业的高校毕业生和就业困难人员灵活就业后，按不超过其实际缴费的2/3给予社会保险补贴；合理开发城乡社区公共卫生、消毒保洁等公益性岗位，优先安置符合条件的就业困难人员、脱贫人口，并按规定给予岗位补贴；开展“131”就业服务行动，面向重点就业群体提供至少1次职业指导、3个适合的岗位信息、1个培训项目；围绕本地区优势，创建、培育、发展劳务品牌，被认定为市级劳务品牌的，每个给予5万元的一次性奖补；加大创业担保贷款支持力度；对符合条件的成功创业人员，给予1万元/人的一次性创业补贴；加大创业载体奖补力度，支持创业孵化园区、示范基地降低或减免创业者场地租金等费用，对符合条件的各级创新创业示范园区（孵化基地）给予一定的补助。

【首批“绵字号”特色劳务品牌出炉】 2022年10月21日，“绵帮帮”“安洲车务汇”“缘为民”3个特色劳务品牌经市农民工领导小组认定为首批“绵字号”特色劳务品牌。“绵帮帮”劳务品牌由四川忠盛仁联科技有限责任公司创建，业务包括人力资源、劳务派遣、职业技能培训、家政服务、健康管理等，是涪城区劳务零工市场运营方、绵阳市家政培训、就业及服务龙头企业和涪城区家政服务业会长单位，与“58到家”等合作，常年为北京、上海、广州等一线城市提供劳务输出。截至2022年，累计劳务输出6.5万人，实现劳务收入超30亿元。“安洲车务汇”劳务品牌由绵阳安洲实业集团有限公司创建，以“安州职业培训学校”为运营主体，有驾驶员、汽车修理工、摩托车维修工、养老护理员、服装设计定制工等工种。至年底，累计劳务输出5.5万人，实现劳务收入27.5亿元。“缘为民”劳务品牌由四川为民安防集团有限公司创建，拥有人防、技防、消防、劳务派遣、职业培训资质。旗下有绵阳地区唯一的大型综合报警平台——江油市城市联防联网报警中心，建成江油市为民大数据中心、大型城市报警综合平台、对讲机中继站。截至2022年，累计劳务输出5万余人，实现劳务收入33亿元。

【绵阳市第五届创业明星和创业能手争创活动线上决赛举行】 2022年11月30日，绵阳市人民政府主办，市人社局、市科技局、市退役军人事务局、市市场监督管理局、人行绵阳中心支行、市总工会、团市委、市妇联、市残联、市就业创业促进中心共同承办的绵阳市第五届创业明星和创业能手争创活动线上决赛举行。决赛邀请5名省市级创业导师和指导专家开展评审工作，采取“1+5+3”线上路演模式，即1分钟辅导重现、5分钟项目路演、3分钟评委提问，综合评选产生“创业明星”和“创业能手”。40名选手通过路演，展示创业经历、团队优势、项目商业模式、市场前景、创业带动就业等。经评比，郝贵生、欧阳曼娘等10名选手获评“创业明星”，苏美英、刘胜等30名选手获“创业能手”。绵阳市创业明星和创业能手争创活动每3年举行一届，是绵阳最具影响力的创客盛会和创业赛事品牌。活动旨在通过争创活动，选树宣传优秀创业典型，激发大众创业激情，增强全社会创业创新活力，推动更高质量和更充分就业。本届大赛于2022年10月启动。经线上复赛，产生40名创业者晋级决赛。由10名创业导师与40名创业者互选，组成战队模式，通过导师辅导，备战决赛。

绵阳市第五届创业明星一览表

表69

第一创始人（负责人）	企业（项目）名称
郝贵生	四川伟博震源科技有限公司
欧阳曼娘	“衣旧是宝 文创助残300计划”
阎凌翔	四川亦锦生物科技有限公司
杨勇	四川义德智慧科技有限公司
罗麟	绵阳市安州区高大上种植专业合作社
李康宁	绵阳市丰升水启农业科技有限公司生态五黑鸭养殖与AI人工智能项目
胥金龙	四川昊宇龙星科技有限公司
吴平峰	四川中拓农业有限公司
夏雪莲	创新开发园艺绿植　四川夏禹林生态农业有限公司
穆俊儒	四川胡梦科技有限公司

绵阳市第五届创业能手一览表

表70

序号	第一创始人（负责人）	企业（项目）名称	序号	第一创始人（负责人）	企业（项目）名称
1	苏美英	绵阳市游仙区马鸣寺家庭农场	12	唐　龙	高端清洁家电—莱克电器总代理(四川奕诺颜科技有限公司)
2	刘　胜	绵阳帮胜人力资源服务有限公司	13	肖禹成	中国本草—中医药B2B电商
3	邓洋洋	蜀瑞康养殖专业合作社	14	陈　浩	四川希科光电科技有限公司
4	孙瑜辰	四川琨鹏鸿途企业管理咨询服务有限公司	15	文　尧	四川想到科技有限公司
5	李连秀	四川云朵羌狼户外拓展有限责任公司	16	田林生	四川金正康生物科技有限公司
6	范承弼	绵阳麦迪威科技有限公司	17	朱云秀	四川东涛食品有限公司
7	倪　贵	四川杰玮农业科技有限公司	18	王德金	江油市鑫生附子中药材种植专业合作社
8	吴玉辉	四川省翰瑞祥鞋业有限责任公司	19	卢　飞	绵阳市游仙区忠粮农业服务有限公司
9	任　义	四川绵州巧姐妹家政服务有限公司	20	欧阳乐	绵阳市游仙区花溪农畔家庭农场
10	敬雪梅	绵阳市游仙区艺佳农场	21	季开志	四川撸花撸草生态农业科技有限公司
11	陈雨豪	四川艾晨科技有限责任公司	22	严政伟	四川椒奥食品科技有限公司及绵阳众腾农业发展有限公司

续表70

序号	第一创始人（负责人）	企业（项目）名称	序号	第一创始人（负责人）	企业（项目）名称
23	陈劲杰	绵阳市遇见栖心旅游开发有限公司	27	周思雄	江油市清木林蜂业有限公司
24	杨长安	四川米辣科技有限公司	28	段成君	绵阳双辉金属科技有限公司
25	邓巧玉	四川金智图服科技有限公司	29	李海龙	四川莱仕顿精酿啤酒有限公司
26	何京涛	绵阳橙橙科技有限公司	30	鲜学华	绵阳七朵小金花营销师培训中心

【绵阳返乡入乡创业项目签约金额6.1亿元】 2022年12月5日，绵阳市2个返乡入乡创业项目——三台县油基岩屑资源化综合利用项目、梓潼县休闲餐饮食品及预制食品加工项目参加四川省2022年农民工和企业家返乡入乡创业项目推介暨集中签约活动，分别签约1亿元和5.1亿元，总金额6.1亿元，占此次全省签约总金额的18.4%。三台县油基岩屑资源化综合利用项目建设地址为三台县青东坝工业园，由四川巨星通庆再生资源综合利用有限公司负责实施，总投资约1亿元，规划总建筑面积3980.94平方米，建设2条年产能5万吨资源化处置设备生产线，形成年处置量为10万吨规模的油基岩屑资源化综合利用项目。梓潼县休闲餐饮食品及预制食品加工项目位于梓潼县经济开发区，主要进行鸡脚、猪皮等畜禽类休闲餐饮食加工及预制肉制品、预制菜等预制食品加工，总投资5.1亿元。达产后可实现年产值6亿元以上，年上缴税收150万元以上，可提供400余个就业岗位。

【绵阳与厦门签订人才和劳务合作协议】 2022年12月12日，根据厦门市人民政府、绵阳市人民政府全面战略合作要求，绵阳市人社局和厦门市人社局签署双城“人才和劳务合作协议”，正式建立长期、稳定合作关系，推动两地人社部门常态化合作交流。绵阳市人社局党组成员、市就促中心主任汤云春和厦门市人力资源和社会保障局副局长陈国荣分别代表单位签约。根据协议，厦门市人社局和绵阳市人社局达成共同建立公共就业服务与人才服务联系对接机制、厦门市人社局给予绵阳市在厦建立农民工服务机构支持和建立“双城”技工院校校企合作、校际合作机制三大合作目标；推动建立合作交流机制，内容包含建立合作会商机制、建立部门协作机制、开展协同引才活动、加强专业技术人才交流合作和技能人才交流合作；推动政策同等享受，其中含就业培训、援企稳岗、劳务帮扶、人力资源服务、人才引进等专项政策；在提升服务支持就业方面，建立信息交互平台，做好跟踪服务，搭建联合招聘平台，做好维权服务；开展1次“厦门—绵阳”劳务协作重点企业专场招聘会。

【绵阳市2022年网络直播创业创新大赛暨城市邀请赛进决赛举行】 2022年12月14日，绵阳市就业创业促进中心主办的绵阳市2022年网络直播创业创新大赛暨城市邀请赛进决赛举行。市人社局党组成员、市就促中心主任汤云春，浙江省衢州市人社局党委委员、就业和人才管理中心主任陈志军，成都市就业局、遂宁市就业局相关负责人参加活动。来自浙江衢州，重庆北碚，四川成都、遂宁、绵阳的24名创业者或创业团队通过网络直播展示创业创新能力。大赛经路演、“绵品创意”、评委提问等环节，产生绵阳市十大网络直播创业达人、邀请城市“网络直播创业之星”4人、优秀奖10人。

【“厦门—绵阳”劳务协作专场招聘活动】 2022年12月27日，“厦门—绵阳”劳务协作专场招聘活动在绵阳王府井广场举行。厦门市人社局就业处处长欧阳昌向，绵阳市人社局党组成员、市就促中心主任汤云春出席活动。招聘会现场共有

图145　12月27日，“厦门—绵阳”劳务协作专场招聘活动在绵阳王府井广场举行（市人社局提供）

来自厦门和绵阳本地的80余家用工单位，提供7000余个岗位，其中9家厦门企业提供2600余个岗位。岗位涉及新型制造、机械加工、批发零售、住宿和餐饮、金融、建筑、商务服务等。厦门的天马微电子有限公司、海辰储能科技股份有限公司和绵阳的惠科光电科技有限公司、绵阳炘皓新能源科技有限公司作现场推荐。活动吸引1000余名求职者现场应聘。（杨万东）

居民收入与消费

【概况】 2022年，绵阳市农村居民人均可支配收入22726元，收入水平比全国高2593元，比全省高4054元，在全省排名第5位；增速比全国高0.2个百分点，比全省低0.3个百分点，在全省排名第6位，较2021年提升3位。城镇居民人均可支配收入45131元，收入水平比全国低4152元，比全省高1898元，在全省排名第3位；增速比全国高0.7个百分点，比全省高0.3个百分点，在全省排名第8位。农村居民家庭恩格尔系数为35.3，比2021年下降0.03个百分点；家庭户均就业人口为2.31人，比2021年减少0.06人；家庭每个就业者负担系数为1.39人，比2021年下降0.03；每百户农村居民家庭家用汽车拥有量为30.7辆，比2021年增加4.2辆，增长15.8%；家庭人均现住房建筑面积48平方米，比2021年增加0.2平方米，增长0.4%。城镇居民家庭恩格尔系数为34.8，与2021年持平；家庭户均就业人口为1.48人，比2021年减少0.06人；家庭每个就业者负担系数为1.90，比2021年减少0.02；每百户城镇居民家庭家用汽车拥有量为42.8辆，比2021年增加2.7辆，增长6.8%；家庭人均现住房建筑面积40.3平方米，比2021年增加0.2平方米，增长0.4%。

【居民人均可支配收入】 2022年，绵阳市农村居民人均可支配收入22726元，比2021年增长6.5%。从收入构成看，农村居民经营性净收入增长最快，比2021年增长13.6%；财产净收入增长最慢，增长8.9%。城镇居民人均可支配收入45131元，比2021年增长4.6%。分区域看，山区地区农村居民人均可支配收入增长最快，丘陵地区与平原地区增速相近。分区县看，安州区、盐亭县可支配收入低于全市平均水平，涪城区、游仙区可支配收入与全市平均水平持平，其余县（市、区）均高于全市。

2022年绵阳农村居民人均可支配收入情况统计表

表71

指标名称	绝对数（元）	增长（%）
可支配收入	22726	6.5
（一）工资性收入	8838	7.4
（二）经营净收入	8503	5.5
（三）财产净收入	821	5.9
（四）转移净收入	4565	6.8

2022年绵阳城镇居民人均可支配收入情况统计表

表72

指标名称	绝对数（元）	增长（%）
可支配收入	45131	4.6
（一）工资性收入	26887	4.7
（二）经营净收入	4982	6.5
（三）财产净收入	3925	3.1
（四）转移净收入	9337	3.9

【居民人均生活消费支出】 2022年，绵阳市农村居民人均生活消费支出17346元，增长4.3%。农村居民食品烟酒、衣着等八大类消费中，医疗保健人均消费支出1514元，增长最快，增长9.2%。城镇居民人均生活消费支出27394元，增长2.6%。城镇居民食品烟酒、衣着等八大类消费中，生活用品及服务人均消费支出1826元，增长最快，增长5.4%。江油市、北川羌族自治县、涪城区的农村居民在生活消费支出方面，低于全市平均水平，其余县（市、区）生活消费支出均高于全市。安州区、盐亭县、梓潼县、江油市的城镇居民在生活消费支出方面，增速高于全市平均水平，平武县生活消费支出与全市持平。（龚　超）

2022年绵阳农村居民人均生活消费支出情况统计表

表73

指标名称	绝对数（元）	增长（%）	比重（%）
生活消费支出	17346	4.3	100
食品烟酒	6129	3.4	35.3
衣着	1183	4.5	6.8
居住	3354	7.5	19.3
生活用品及服务	1261	1.3	7.3
交通通信	2262	5.2	13.0
教育文化娱乐	1246	–2.5	7.2
医疗保健	1514	9.2	8.7
其他用品和服务	397	2.3	2.3

2022年绵阳城镇居民人均生活消费支出情况统计表

表74

指标名称	绝对数（元）	增长（%）	比重（%）
生活消费支出	27394	2.6	100
食品烟酒	9536	2.7	34.8
衣着	2165	0.8	7.9
居住	4736	4.5	17.3
生活用品及服务	1826	5.4	6.7
交通通信	3519	4.1	12.8
教育文化娱乐	2546	–4.4	9.3
医疗保健	2207	4.1	8.1
其他用品和服务	858	3.5	3.1

2022年绵阳各县（市、区）农村居民人均可支配收入及生活消费支出情况统计表

表75

区县名称	可支配收入		生活消费支出	
	绝对数（元）	增长（%）	绝对数（元）	增长（%）
涪城区	27748	6.5	20567	2.1
游仙区	24278	6.5	18517	4.5
安州区	23724	6.4	17820	4.6
三台县	21974	6.6	16546	4.8
盐亭县	21594	6.3	16805	4.5
梓潼县	21826	6.6	16555	4.8
北川羌族自治县	18676	6.7	15247	4.8
平武县	17842	6.7	13741	5.0
江油市	24151	6.6	18778	4.2

2022年绵阳各县（市、区）城镇居民人均可支配收入及生活消费支出情况统计表

表76

区县名称	可支配收入		生活消费支出	
	绝对数（元）	增长（%）	绝对数（元）	增长（%）
涪城区	48075	4.6	28993	1.9
游仙区	52903	4.4	32721	2.1
安州区	42543	4.6	24945	3.6
三台县	42097	4.6	26384	2.4
盐亭县	41569	4.8	24993	3.1
梓潼县	41022	4.5	24703	3.7
北川羌族自治县	39185	4.8	24487	2.4
平武县	40925	4.8	24097	2.6
江油市	43544	4.7	26078	3.8

物　价

【概况】　2022年，绵阳市生活物资和生产要素供应充足、市场运行平稳，物价总水平运行在合理区间，符合宏观调控预期。其中粮、油、肉、蛋、蔬菜等农副产品和居民生活用品市场供应充足，价格稳中有涨。

【基础农产品价格】　2022年，绵阳市粮食收购价格稳中有涨，其中小麦价格上涨、稻谷价格基本稳定。12月小麦（混等）收购均价1.54元/500克，较6月上涨3.36%，上涨14.07%；稻谷（混等）综合收购均价1.31元/500克，较6月上涨2.34%，下跌0.76%。5—6月新油菜籽（中等）收购均价3.47元/500克。6—10月蚕茧（混等）收购均价49.56元/千克。生猪产能不断提升，生猪供应充足。受居民肉类食品消费结构多元化转变与时节性波动的影响，一季度生猪价格低位徘徊，二季度开始持续反弹，11—12月生猪出栏量增加但消费端需求不及预期，生猪价格出现回落。12月全市生猪收购均价10.65元/500克，较6月上涨33.96%，上涨18.33%；仔猪收购均价15.95元/500克，较6月上涨20.74%，上涨18.94%。

【生活必需品价格】　2022年，绵阳市粮食、食用油、副食品价格呈现

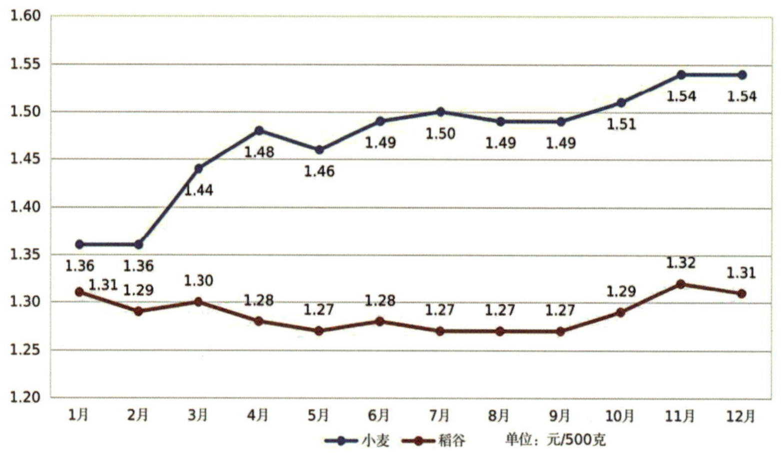

图146　2022年绵阳市小麦、稻谷价格走势图

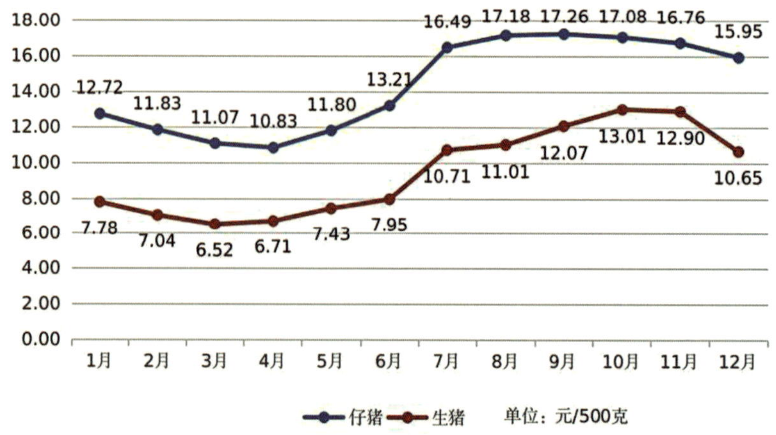

图147　2022年绵阳市仔猪、生猪价格走势图

上涨。猪肉、牛肉价格中，鲜猪肉零售价格走势与生猪价格走势基本一致。12月城区鲜猪肉（带皮一级）零售均价18.58元/500克，较6月上涨51.06%，上涨24.45%；鲜牛肉（牛腩）零售均价42.44元/500克，较6月上涨1.65%，上涨3.56%。受饲料成本增加、产蛋鸡存栏量下滑影响，12月城区普通鸡蛋零售均价7.18元/500克，较6月上涨17.51%，上涨15.99%。家禽价格。12月全市城区鸡肉（鸡场鸡）零售均价14.26元/500克，较6月上涨9.78%，上涨16.31%；鸭肉（鸭场鸭）零售均价13.15元/500克，较6月上涨17.62%，上涨21.31%。淡水鱼价格。12月城区鲫鱼零售均价13.63元/500克，较6月下降6.26%，上涨4.05%；花鲢零售均价13.83元/500克，较6月下降3.82%，上涨7.38%；草鱼零售均价10.35元/500克，较6月下降2.08%，上涨1.27%。蔬菜价格。呈现正常的季节性波动，12月城区25个蔬菜品种零售均价4.02元/500克，较6月上涨2.29%，下跌11.84%。

（薛　松）

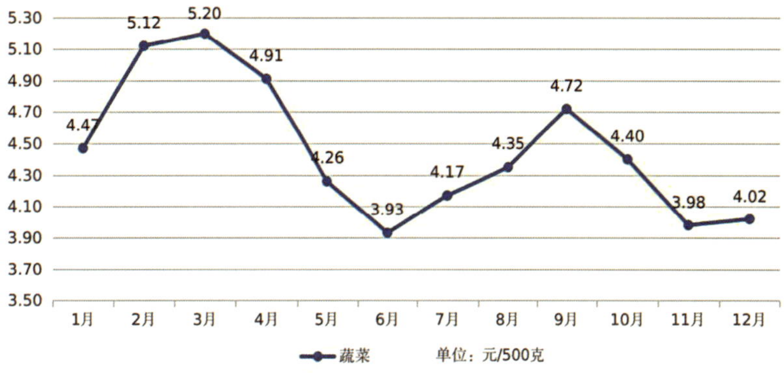

图148　2022年绵阳市蔬菜价格走势图

2022年12月绵阳市粮食、食用油价格走势统计表

表77

序号	商品名称	规格等级	单位	12月均价	同比增长（%）
1	籼米	一级、外地产	元/500克	2.60	—
2	中籼米	二级、本地产	元/500克	2.30	4.55%
3	粳米	一级、外地产	元/500克	2.73	—
4	面粉	特一粉、外地产	元/500克	2.60	4.00%
5	面粉	特一粉、本地产	元/500克	2.40	4.35%
6	菜籽油	金龙鱼AE醇香	元/5升	86.68	8.49%
7	调和油	金龙鱼二代、转基因	元/5升	75.08	22.08%

民政事务

【概况】　2022年，绵阳市推进绿色惠民殡葬改革，在全市公墓实现禁燃禁塑，为23555名逝者家庭减免或补贴基本丧葬服务费1368.29万元。办理收养登记50例、撤销1例、解除9例。启动《绵阳城市地名总体规划》修编，推出“早安·地名”栏目，加强地名文化宣传。做好社会组织管理，加快社会组织登记办理速度，鼓励社会组织参与乡村振兴、基层社会治理等服务。

【殡葬管理】　2022年，绵阳市有经营性公墓12处、公益性公墓25处。共火化遗体31271具，发放绿色惠民殡葬补助资金1368.29万元。实施惠民殡葬，《关于进一步落实绿色惠民殡葬政策有关事项的通知》，制定全市统一的《绵阳市（县、市、区）惠民殡葬减免（补贴）申请书》，规定由殡仪馆负责受理申请，由各县（市、区）负责审核并发放绿色惠民殡葬补助。简化申报手续，实现“群众不跑路”即可办理绿色惠民殡葬补贴申请。维护殡葬直报系统数据，做到火化、安葬信息、员工信息应报尽报，并做好数据核对，确保数据准确。市殡仪馆安排专项资金77.65万元，开发智慧殡葬信息平台，解决业务办理过程中信息的采集、传输、统计、分析等功能需要。宣传引导文明祭扫，弘扬厚养薄葬和绿色殡葬理念。共举办各类绿色殡葬宣传活动200余场，发放宣传资料4万余份。

【地名管理】　2022年，绵阳市推进地名数据质量建设集中攻坚行动，按期全面完成75641条数据审核任务，获得省民政厅通报肯定。开展国务院新修订《地名管理条例》的学习宣传贯彻，建立绵阳市地名管理工作联席会议制度。对城区127条道路、桥梁、隧道开展命（更）名，启动《绵阳城市地名总体规划》修编。组织完成5条市（州）间和3条市内县界的联合检查。在“绵阳民政”微信公众号推出“早安·地名”栏目，弘扬地名文化。

【社会组织管理】 2022年，绵阳市防范化解社会组织领域风险，制定《绵阳市社会组织领域风险防范化解预案》，对社会组织领域可能存在的风险事件，定期组织抽查检查。开展社会组织年检、抽查、评估工作，社会组织年检率85.6%、抽查率4.7%，17家社会组织在等级评估中获评3A以上。创新社会组织登记管理，做到"四个减"（减流程、减时限、减数量、减材料），减少申请材料35%，成立登记办结时限由60日压缩至6日。全市新登记社会组织21家，其中社团14家、民办非企业8家。加强社会服务机构非营利监管，探索建立完善社会服务机构（民办非企业单位）资金监管、财务审计、财务清算、收支管理等制度。持续推进"僵尸型"社会组织整治和社会团体分支（代表）机构专项整治，清理"僵尸型"社会组织266家，其中撤销47家、注销219家。围绕设立、管理、运行三类问题，将社会团体分支（代表）机构易发多发的违法违规情形纳入重点整治范围，根据分支（代表）机构违法违规问题具体情形，建立工作台账，分门别类制定整改措施。强化社会组织信用建设。围绕涉企收费、超范围开展活动等问题，为全市性行业协会商会业务主管单位和行业协会商会主要负责人开展学习培训，开展行业协会商会领域涉企违规收费专项检查，对发现的问题分类施策，下发整改通知书，责令其限期整改，指导督促社会组织规范信息公示、票据管理、财务开支等事项，主动接受社会监督。为全市性行业协会商会减免会费358万余元，惠及企业343家。开展非法社会组织打击整治力度，依法取缔非法社会组织11家，劝散2家，强化社会组织执法力度，将22家未按时参加年检的社会组织列入活动异常名录，对35家未及时整改的社会组织给予警告、撤销等行政处罚。支持13家社会组织开展基层社会治理服务。市民政局联合中共绵阳市委非公制经济组织和社会组织工作委员会出台《全市性行业协会商会负责人人选审核办法》，对行业协会负责人的任职资格提出明确要求。出台《绵阳市民政局培育发展社区社会组织实施意见》《绵阳市社区社会组织备案管理办法（试行）》，培育发展社区社会组织，探索建立社区社会组织培育机制，重点培育为民服务类、公益慈善类、文体活动类、邻里互助类、乡村振兴类社区社会组织。印发《关于动员组织社会组织助力乡村振兴的通知》，组织全市283家社会组织参与乡村振兴，引导500余家社会组织参与基层社会治理。

（林白亮　冯　鑫　丁玉颖）

退役军人事务

【概况】 2022年，绵阳市退役军人事务工作贯彻落实习近平总书记关于退役军人工作重要论述，全力加强退役军人服务保障，巩固发展军政军民团结，各项工作取得新的成绩。绵阳市通过全国双拥模范城届中考评，印发《绵阳市"十四五"退役军人事务发展规划》，"跨区域培训先行区"等7项退役军人工作省级试点在绵阳实施，"军嫂学苑"等8项工作被央视、《人民日报》等国家级主流媒体刊载，退役军人就业创业、思想引领、信访稳定、服务保障体系建设等多项工作在全省作经验推广，原创作品《军姿》获首届全国退役军人事务系统网络正能量作品大赛一等奖。市退役军人局被退役军人事务部办公厅授予宣传工作先进单位，优待证申领发放、就业创业、"三支队伍"建设、军供保障、预算绩效管理等工作受到退役军人厅通报表扬，全市现役人员有10人被所在部队记二等功。

2022年绵阳籍现役军人记二等功一览表

表78

序号	姓名	记功单位	记功情况	简要事迹
1	刘　强	95703部队	二等功	2021年度工作中，功绩显著，成绩优异，贡献突出
2	张林松	31656部队	二等功	2022年度工作中，功绩显著，成绩优异，贡献突出
3	黄龙燊	31672部队	二等功	2022年度工作中，功绩显著，成绩优异，贡献突出
4	王　乾	77671部队	二等功	长期从事新闻宣传和边防斗争取证工作，爱岗敬业，事迹突出
5	魏永兵	31698部队	二等功	2022年度工作中，功绩显著，成绩优异，贡献突出
6	林治世	68026部队	二等功	2022年度工作中，功绩显著，成绩优异，贡献突出
7	田　坤	96863部队	二等功	2022年8月6日上午9时许，训练期间勇救群众，事迹突出
8	王　成	93367部队	二等功	2022年度工作中，军事训练成绩显著，贡献突出
9	王　琢	31667部队	二等功	2022年度工作中，军事训练成绩显著，贡献突出
10	范　文	95952部队	二等功	2022年度工作成绩突出，多次在部队演练中受到上级表彰

【退役军人思想政治工作】 2022年，绵阳市开展“老兵喜迎党的二十大”系列活动，推荐和评选2022年度省、市两级最美退役军人、最美拥军人物、退役军人就业创业之星34人，表彰社会化拥军示范单位11家，1名退役军人入选全国退役军人创业之星。举办“喜迎二十大 戎耀新征程”首届红色宣讲员大赛，选聘红色宣讲员37名，绵阳市选手在全省第一届红色宣讲员大赛中获银奖，绵阳退役军人红色宣讲团荣获2022年度绵阳市十佳志愿服务组织。开展“关爱功臣 戎耀绵阳”活动，对全市26名一等功臣代表进行集中慰问，开展“科工老兵忆峥嵘 喜看绵阳新变化”等主题宣传活动8场次。举办“兵支书”能力提升示范培训班，推动多名退役军人进入村（社区）“两委”班子。音乐MV《新征程》获退役军人事务部2022年度“好作品”和中国人民解放军建军95周年战友云歌会活动“优秀作品奖”。市退役军人局微信公众号被评为全省退役军人事务系统十佳政务新媒体。

【退役军人就业安置】 2022年，绵阳市鲜明功绩制安置导向，优化安置办法，提高安置质量，完成转业军官、退役士兵（退出消防员）、逐月领取退役金退役军官、复员军官、随调家属的移交安置任务。自主就业退役士兵一次性经济补助、自主择业军转干部、逐月领取退役金退役军官退役金全额发放到位，落实军休干部政治和生活待遇。开展“一站式”报到服务，统筹退役军人报到事项集成办理。优化就业创业服务，在全省率先上线运营“绵小军”就业服务平台，挂牌成立绵阳退役军人教育培训学院。全年组织“助航精兵”等系列招聘活动102场次，开展各类培训34次。制定助企纾困军创企业“两稳一保”19条措施，为退役军人减免税收，发放创业贷款。建立军创企业库、技能人才库、先进典型库和季度招聘信息表“三库一表”，全覆盖走访全市军创企业，协调解决融资贷款等问题152个，全市141件军创企业产品亮相全国促进退役军人就业创业工作展。

【退役军人权益维护】 2022年，绵阳市持续提升抚恤优待质量，连续4年提高10类优抚对象抚恤补助标准，足额兑现定期抚恤补助资金。制定《绵阳市困难现役军人家庭关爱帮扶措施》，使用关爱帮扶基金，帮扶困难退役军人。开展优待证申领制发工作，制发优待证，北川药王谷、梓潼七曲山、平武报恩寺等9项文旅项目列入全省优待项目清单面向社会发布，将现役军人、退役军人和“三属”列为特殊群体，享受绵阳市购房补贴优待。学习推广新时代“枫桥经验”，强化法律服务、心理疏导、老兵调解等多元调处，提供法律服务。持续推进“法律政策落实年”活动，制定“一月一主题”政策法规宣传方案，加大法律政策宣传解读力度。

【退役军人服务体系建设】 2022年，绵阳市委办公室、市政府办公室、绵阳军分区战备建设处联合印发《绵阳市“十四五”退役军人事务发展规划》，市人大专题调研退役军人服务保障工作。开展示范创建，全市建成“全国示范型退役军人服务中心（站）”280个，6条工作案例入选全国、全省退役军人服务中心（站）系统服务保障工作经典案例库。实施服务保障培优工程，出台推动基层退役军人服务中心（站）高质量发展9条措施和分类差异化评估办法，制定“任务清单、制度清单、规范清单、职责清单”225项，对全市退役军人服务中心（站）分类开展星级评定，打造中心镇退役军人服务站39家，全市1名退役军人服务中心主任、5名退役军人服务站站长获评全省百名优秀主任（站长）。推进政务服务事项“一网通办”工作，绵阳市、安州区、江油市退役军人服务中心被列为全省退役军人信息化工程（一期项目）试点。在长虹多媒体公司、绵阳机场等行业系统组建“退役军人之家”，打造“退役军人服务超市”75家，工作经验在全省退役军人服务中心主任培训班上交流。

【烈士纪念设施保护】 2022年，绵阳市加快实施烈士纪念设施三年提升行动，高质高效完成市烈士陵园新建烈士英名墙、烈士墓区项目，举行市烈士陵园70名烈士集中安葬仪式。全市对7处烈士纪念设施进行修缮维护、184处县级及以下烈士纪念设施进行搬迁或原地整修。大力弘扬英烈精神，创作红色主题短视频《绵阳的两位“黄继光”》，开展“清明祭英烈”“9·3”抗日战争胜利纪念日、“9·30”烈士公祭等主题活动，40万余人线上线下开展英烈纪念活动，全市烈士纪念设施累计接待祭扫群众20万余人次。关心关爱烈属，走访慰问烈士遗属513名，累计发放慰问金（品）价值25.7万余元。开展“烈士寻亲”活动，为29名烈士找到亲属。组建“红领巾讲解员”“老兵讲解员”、志愿者讲解员等宣讲队伍30余支，开展老兵讲“开学第一课”、国防教育进校园等英烈故事宣讲230余场。加强烈士纪念设施管理保护，成立市、县烈士纪念设施保护中心5个。

【“双拥”共建】 2022年，绵阳市落实《关于新时代深入开展军民共建社会主义精神文明活动的意见》，推进“城舰共建”，开展新一届全国、全省“双拥”模范城创建，通过全国“双拥”模范城创建届中考评调研。春节、“八一”期间，市委、市政府主要领导带队走访慰问驻绵阳部队，赠送慰问物资价值121万余元，全市各级走访慰问重点优抚对象、困难退役军人等，发放慰问金（品）。建立军供保障部门协同联动机制，联合市商务局邀请26名本市名师大厨，为入伍新兵举办“绵阳宴”，完成军供保障任务，部队满意率100%。加快推进市军供站皂角铺分站等项目建设，落实军地“双清单”事项17项。妥善解决军人“三后”问题，在安州区挂牌成立全省首家“军嫂学苑”，开展创业支持、就业培训

图149 5月6日，绵阳退役军人教育培训学院签约揭牌仪式举行（市退役军人事务局提供）

指导等；出台绵阳市现役军人子女教育优待具体措施，协调多名军人子女享受教育优待政策。常态化开展欢送新兵入伍、迎接退役军人光荣返乡、悬挂光荣牌、送立功受奖喜报等工作。

【绵阳退役军人教育培训学院签约揭牌仪式举行】 2022年5月6日，绵阳市退役军人事务局与绵阳职业技术学院签订共建协议，正式挂牌成立绵阳退役军人教育培训学院，为绵阳市退役军人就业创业提供培训服务。省退役军人事务厅党组成员、副厅长、一级巡视员罗平恩，市政府副市长周述为绵阳退役军人教育培训学院揭牌并讲话。绵阳退役军人教育培训学院是由绵阳市退役军人事务局和绵阳职业技术学院共同组建、共同管理的面向退役军人的专业化、开放式教育基地，可容纳1500余名退役军人培训教学和实习，更好地为退役军人提供适应性培训、技能提升培训、学历提升、终身教育等多个类型的教育培训，提升退役军人能力素质，提高退役军人就业质量。培训学院成立后，将着眼于退役军人培训新需求，探索职业技能、创业能力培训新模式，打造“三平台、两基地、一窗口”，即退役军人理论研究平台、学历提升平台、技能培训平台，就业实践基地、创业孵化基地，展示退役军人就业创业风采窗口。通过深化政校合作，为退役军人提供学历提升、教育培训、就业安置、创业咨询指导等“一站式”服务。

【绵阳市通过全国双拥模范城届中考评】 2022年6月29—30日，四川省退役军人事务厅副厅长温建带队一行到绵阳市进行全国双拥模范城届中考评调研。考评调研组先后到绵阳市部分烈士陵园、火车站、退役军人服务站、国防教育基地等进行实地检查及调研，召开座谈会听取绵阳市创建全国双拥模范城工作情况汇报，考评组一行对绵阳市双拥工作成效给予充分肯定，认定绵阳市通过届中考评。

【2022年度绵阳市“两美一星一示范”学习宣传活动发布仪式举行】 2022年12月30日，绵阳市委宣传部、市双拥工作领导小组办公室、役军人事务局、绵阳军分区政治工作处联合举办的“戎耀新征程·双拥谱新篇”2022年度绵阳市“两美一星一示范”学习宣传活动发布仪式通过直播形式成功举行。活动现场发布绵阳市2022年度最美退役军人、最美拥军人物、退役军人就业创业之星、社会化拥军示范单位，并进行集中授奖。仪式现场，2022年度绵阳市最美退役军人、最美拥军人物、退役军人就业创业之星和社会化拥军示范单位获奖代表分享获奖感言。本次活动共推选出本年度绵阳市最美退役军人、最美拥军人物、退役军人就业创业之星各10人，社会化拥军示范单位10个。

（刘 燕）

2022年度绵阳市最美退役军人一览表

表79

序号	姓名	所属单位及职务
1	王英（女）	绵阳市中心医院门诊部副科护士长，急诊科护士长
2	何强	绵阳市公安局刑事侦查支队二大队大队长
3	刘道友	绵阳市公共交通集团有限责任公司四总站驾驶员
4	李仕锦	绵阳市商务局服务业发展协调科科长
5	张伟	绵阳市安州区塔水镇清泉小学教师
6	杨磊	绵阳兴绵燃气有限责任公司管网设备部部长
7	周扬	北川羌族自治县永昌镇圣灯社区党委书记、居委会主任

续表79

序号	姓名	所属单位及职务
8	胡小君（女）	绵阳市法律援助中心主任
9	鲁旭辉（女）	四川中医药高等专科学校护理学院教师，附属富临医院党总支副书记、党办主任，主任护师
10	联丰村四连任兵支书（集体）	绵阳市安州区花荄镇联丰村

2022年度绵阳市最美拥军人物一览表

表80

序号	姓名	所属单位及职务
1	马远学	江油市马记酒店总经理
2	田玉姣	梓潼县两弹城红色旅游开发有限公司讲解员
3	孙　伟	四川绵阳中学副校长
4	李　建	绵阳市交通运输局城市客运科科长
5	严　成	四川文化艺术学院纪委书记、人民武装部部长、安全保卫部部长
6	杜晖洁	涪城区退役军人事务局优抚股股长
7	何琼英	江油市优抚医院护士长
8	胡　云	盐亭县人武部军事科职工
9	黄　丹	北川羌族自治县禹里镇党委书记
10	崔　勇	三台县刘营镇职业高级中学党委书记校长

2022年度绵阳市退役军人就业创业之星一览表

表81

序号	姓名	所属单位及职务
1	王成先	梓潼县奥冠体育培训学校校长
2	任曦（女）	盐亭县司法局凤灵司法所所长
3	安少彬	中国铁路成都局集团有限公司绵阳工区段无损检测工长
4	李汉东	绵阳机场（集团）有限公司党委书记、董事长
5	苟锡之	绵阳兵人广告装饰有限公司董事长
6	周海鹏	四川旌石文化科技有限公司董事长
7	赵德全	江油市太平镇文风社区党委书记、居委会主任
8	舒礼家	华核电气股份有限公司副总经理兼工会主席
9	曾小敏	平武县颐生泉生物科技开发有限公司董事长、总经理
10	戴祺又	三台县祺又环保科技有限公司总经理

2022年度绵阳市社会化拥军示范单位一览表

表82

序号	单位名称
1	中国工商银行股份有限公司绵阳分公司
2	四川兰兰食品有限公司
3	四川三台力达泵业有限公司
4	梓潼穗丰粮油集团有限责任公司
5	绵阳市中医医院
6	绵阳红星退役军人社会化服务中心
7	绵阳市涪城区石塘街道古井社区居民委员会
8	绵阳安州实业集团有限公司
9	绵阳市图书馆
10	游仙职业技术学校

民族与宗教事务

【概况】 2022年，绵阳市有民族成分52个，其中少数民族成分51个，有少数民族户籍人口18.8万人。有宗教活动场所162个（座），登记备案宗教教职人员382人，宗教团体32个，信教群众36.2万人。召开市委民族工作会议暨全市宗教工作会议，对以铸牢中华民族共同体意识为主线，推动新时代绵阳民族工作高质量发展，始终坚持宗教中国化方向，努力开创新时代绵阳宗教工作新局面，切实加强党对民族工作的全面领导和对宗教工作的集中统一领导提出明确要求，对不折不扣推动党中央、省委决策部署落地落实，开创绵阳民族工作、宗教工作新局面进行专题部署。依托市内民族地区27个民族乡镇综合文化站、新时代文明实践中心，组建专兼职结合的文艺志愿者服务队伍，开展中华优秀传统文化进基层活动。争取到位中央、省级民族类专项资金3428万余元，共实施各类项目38个；落实市级少数民族资金420万元项目，用于实施产业发展、基础设施建设、城市民族工作、铸牢中华民族共同体意识等项目26个。组织106名各民族运动员、教练员等参加四川省第十六届少数民族传统体育运动会，绵阳代表团获“体育道德风尚奖”和“优秀组织奖”，参赛项目获一等奖2个、二等奖8个、三等奖21个。召开涉宗教领域安全工作会议10余次，对全市宗教活动场所消防安全、食品卫生安全、森林防火、建筑质量安全等工作拉网式排查，对安全隐患限时整改、销号清零。《绵阳市贯彻落实“4321”工作法深化拓展坚持我国宗教中国化方向实践路径的报告》获省委常委、统战部部长赵俊民肯定性批示。

【民族事务】 2022年，绵阳市持续开展铸牢中华民族共同体意识示范单位创建工作，在涪城、平武、三台等地3所清真寺打造铸牢中华民族共同体意识示范宗教活动场所。以梓潼县“中国两弹城”、安州区九里洋场等爱国主义教育基地、主题商业街为载体，建设铸牢中华民族共同体意识沉浸式体验教育基地，“中国两弹城”创建成为第二批四川省铸牢中华民族共同体意识教育基地。推动铸牢中华民族共同体意识教育纳入干部、党员、国民教育体系和社会宣传教育内容，并实现全覆盖。按照“突出主线、融入中心、分类指导”工作思路，推动民族团结进步创建工作发展。以全国、全省示范区示范单位为重点，推动创建工作融入党的建设、基层治理、乡村振兴、产业发展等，形成具有绵阳特色的嵌入式创建模式。北川羌族自治县税务局被命名为“第十批全国民族团结进步示范区示范单位”，盐亭县大兴回族乡、梓潼县文昌镇潼江社区、平武县人民检察院等8个地区（单位）被命名为“第七批四川省民族团结进步示范区示范单位”。创新开展城市民族工作，持续落实城市民族工作“三制度两标准一办法”[绵阳市新时代城市民族工作管理制度、服务制度、关爱制度，绵阳市新时代城市民族工作标准、绵阳市新时代城市社区民族工作标准和新时代城市民族工作星级社区评定办法（试行）]，建立跨区域少数民族流动人口服务管理协作机制、完善城乡建设布局规划和公共服务资源配置，推动民族地区和散居地区、城市和乡村各族群众双向流动，重点以村（社区）为基础单元，加快构建互嵌式社会结构和社区环境。完成新时代城市民族工作试点，相关经验写入全省城市民族工作“两个标准”文件，并在全省推广。

【宗教事务】 2022年，绵阳市委统战部在全市范围开展推进宗教中国化专题调研。打造坚持宗教中国化方向示范宗教活动场所26个，其中3个宗教活动场所共获得省级专项补助资金12万元。组织宗教界深入开展“爱党爱国爱社会主义”主题教育，集中收看党的二十大开幕会。依法管理宗教事务，开展“法律进寺庙”等法治宣传教育活动。加强宗教执法主体和能力建设，指导各县（市、区）、园区加强宗教工作干部业务能力培训，共培训200余人次。为宗教界办实事解难题，协调解决70个宗教活动场所用地手续问题，完成法人登记57个。开展教风建设年活动，取消教职人员备案2人。完成宗教活动场所法人登记57个，完成民间信仰场所规范化管理8处。

【《关于加强市内协同合作推进民族地区加快发展的实施方案》印发】 2022年1月20日，绵阳市委、市政府出台《关于加强市内协同合作推进民族地区加快发展的实施方案》，全面启动市内协同发展工作，聚焦民族地区产业、民生、文化、生态等方面短板，推动涪城区、游仙区、安州区和高新区、经开区、科创区、仙海区与北川、平武、盐亭27个民族乡镇按产业片区结对，每年为每个片区投入200万元—500万元的项目发展资金，助力民族地区乡村振兴。市内协同发展工作投入资金2690万元，实施协同发展项目15个。

【市委民族工作会议暨全市宗教工作会议召开】 2022年4月1日，绵阳市委民族工作会议暨全市宗教工作会议召开。省委常委、市委书记曹立军出席会议并讲话。市人大常委会主任付康、市政协主席李亚莲出席会议，市委副书记王华蓉主持会议。会议强调要完整准确全面把握习近平总书记关于加强和改进民族工作的重要思想，深入贯彻新时代党的宗教工作理论和方针政策，全面落实中央民族工作会议、全国宗教工作会议和省委民族工作会议暨全省宗教工作会议精神，铸牢中华民族共同体意识，坚持宗教中国化方向，推动全市民族宗教工作高质量发展。会议通报获得2021年度全国、全省民族团结进步示范区（单位）、教育基地命名情况和全市民族宗教工作开展情况。平武县委、绵阳师范学院党委、盐亭县委、市公安局党委先后交流发言。

（邱 实）

图150 4月1日，市委民族工作会议暨全市宗教工作会议召开（市委统战部提供）

劳动保障

【概况】 2022年，绵阳市企业职工基本养老保险基金收入90.11亿元，较2021年增加8.95亿元，增长11.03%；基金支出155.11亿元，较2021年增加9.47亿元，增长6.50%。机关事业单位养老保险基金收入19.59亿元，较2021年增加2.14亿元，增长12.26%；基金支出36.25亿元，较2021年减少3.42亿元，下降8.62%。城乡居民养老保险基金收入20.12亿元，较2021年减少0.85亿元，下降4.07%；基金支出11.35亿元，较2021年增加1.31亿元，增长13.05%。职业年金收入9.09亿元，增长7.21%。失业保险基金收入3.2亿元（征缴失业保险费收入3.16亿元），支出3.06亿元，累计滚存结余3.5亿元。工伤保险基金收入1.23亿元，较2021年增加0.38亿元，增长45.39%；基金支出2.06亿元，较2021年增加0.32亿元，增长18.52%。追回社保基金1025万元。

【基本养老保险】 2022年，绵阳市基本养老保险覆盖386.96万人，其中企业职工基本养老保险参保总人数158.65万人，城乡居民养老保险参保总人数213.15万人，机关事业单位养老保险参保总人数15.16万人。按时、足额向59.47万名企业退休人员、5.65万名机关事业单位退休人员、70.65万名城乡居民养老保险待遇领取人员发放养老金。完成2022年调整企业和机关事业单位退休人员基本养老金工作，涉及63.03万人，人均月养老金由原来的2317.38元增加到2414.73元。

【失业保险】 2022年，绵阳市失业保险参保人数51.37万人，新增领取失业保险金人员5017人。为9117人发放失业保险金8848.62万元，为9065名领取失业保险金人员代缴职工医保费3144.61万元，为10174家单位核拨稳岗返还资金1.52亿元，为887人核发技能提升补贴129.21万元，为773家企业核拨一次性扩岗补助281.7万元，为1808人核发失业补助金162.11万元。失业保险金标准由每月1320元上调至每月1576元。

【工伤保险】 2022年，绵阳市参加工伤保险61.29万人，办理职工工伤认定2927件；劳动能力鉴定1670

人；调整提高伤残工伤职工待遇，其中1—4级伤残职工平均月伤残津贴4138.53元。推进新就业形态就业人员职业伤害保障工作，将全市1602名“快递小哥”纳入工伤保障范围。

【生育保险】 2022年，绵阳市做好支持三孩政策生育保险工作，并通过优化生育政策，明确全市参保在职职工，包括男职工未就业配偶、参加职工的灵活就业人员均可依法享受生育保险待遇，实现市内生育医疗费在院即时结算，提升参保群众生育保险待遇享受满意度。共支付生育待遇1.85万人次，生育保险报销1.9亿元。

【工伤预防启动仪式举行】 2022年6月16日，绵阳市人社局牵头、市工伤预防联席会议成员单位共同主办的绵阳市2022年工伤预防启动仪式在绵阳万达广场涪城店举行。仪式以“预防工伤·幸福安康”为主题。市人民政府党组成员、副市长李南希在启动仪式上致辞，省人社厅二级巡视员杨毅英出席仪式并宣布项目启动。仪式上，全市工伤预防重点企业代表宣读倡议书，李南希、杨毅英为工伤预防宣传大使颁发证书。四川省人力资源和社会保障厅工伤保险处二级调研员王钧、省社会保险管理局工伤保险处处长刘海波，市工伤预防联席会议成员单位分管负责人和相关业务负责人，各县（市、区）及园区人社局（社保中心）分管负责人和相关业务负责人，工伤预防重点企业负责人以及部分职工代表参加启动仪式。

【2022年绵阳市工伤预防知识竞赛举行】 2022年8月26日，2022年绵阳市工伤预防知识竞赛活动在绵阳广播电视台举行。竞赛活动由市人社局、经信局、财政局、住建委等八部门主办。市社保中心副主任杜元首致辞，市工伤预防联席会议成员单位分管负责人及相关科室负责人，相关企业代表参加活动。竞赛分为预赛和决赛两个阶段，内容涵盖工伤保险、道路安全、建材建筑、化工通信、职业病防治等行业方面知识。21家企业代表队参赛。市公共交通集团代表队获得一等奖。成都忠信物业管理有限公司、四川东材科技集团股份有限公司代表队分别获得二等奖。四川兴事发集团、四川海上海管理有限公司、中国电子科技集团公司第九研究所代表队分别获得三等奖。四川波鸿实业有限公司、四川九洲空管科技有限责任公司等14家企业代表队分别获得优秀奖。

（杨万东　张　燕）

图151　6月16日，绵阳市2022年工伤预防启动仪式在绵阳万达广场涪城店举行（市人社局提供）

医疗保障

【概况】 2022年，绵阳市深化医疗保障体制改革，落地执行国家组织人工关节集中带量采购，上线职工医保个人账户共济功能，在全省率先实现医保线上移动支付，改善群众待遇保障，促进管理服务提质增效，维护基金安全可持续。做好特殊人群医保参保登记，全市特困人员、低保对象、防止返贫监测对象、脱贫人口320584人全员参保，实现应保尽保。农村特困人员、农村低保对象、防止返贫监测对象住院合规费用报销比例分别为97.48%、86.45%、85.13%，农村低收入人口个人医疗费用负担大幅减轻，有效防范因病致贫返贫风险。全市158564名困难群众纳入医疗救助保障范围，医疗救助资助参保7987万元，直接救助14030万元，救助18.81万人次。持续做好城乡居民高血压、糖尿病门诊用药保障工作，“两病”（高血压、糖尿病）认定48.97万人，可报销药品种类1077个，合规报销比例57.24%。助力企业纾困解难，7—9月为3.9万家中小微企业及社会团体办理阶段性缓缴基本医疗保险单位缴费业务，缓缴金额4731.55万元。发展普惠型健康保险，发布“惠绵保”，惠及全市约92万名群众。至年底，全市基本医疗保险参保472.44万人，参保率96.75%。

【药械集采体系构建】 2022年，绵阳市落地国家谈判药品275种（单行支付药品124种），医保报销15.18万人次，报销总金额15303.52万元，综合报销比例64.14%。落地国家、省际联盟集采8批次药品和7批次耗材，共199个药品品种、342个品规，减轻患者医药负担3.7亿元。兑现国家集采1—4批次及冠脉支架结余留用资金2617万元。

【医药管理改革】 2022年，绵阳市做好疫苗两项费用保障工作，累计拨付疫苗接种费用11323.2万元，涉及1149.09万人次。支付方式改革取得突破性进展，全市174家医疗机构进入DRG实际付费，病例例均费用为8081.51元，较2021年下降9.10%，例均基金支出为4103.96元，较2021年下降12.72%。

【医保公共服务】 2022年，绵阳市14个医保经办服务窗口全面落实“综合柜员制”，实现17项医保业务即时办、24项医保业务限时办。打造“12393”医保服务热线，组建6人医保服务热线话务团队，完善7×24小时语音自助服务，实现“12393”医保服务热线与“12345”政务服务热线双号并行、一号通办。打造“15分钟医保服务圈”，在全市15家定点零售药店开通自动售药机医保结算服务，辐射主城区54个社区。与市商业银行等金融机构合作，将基本医保参保查询、打印等10项高频事项下放至银行网点进行办理，让群众“进一家门，办两家事”。

【医保基金监管】 2022年，绵阳市开展打击欺诈骗保专项治理，开展全覆盖监督检查，现场检查定点医药机构2569家，检查覆盖率100%、处理率100%、曝光率100%。解除医保协议27家，移交司法、纪检监察机关处理155家，行政处罚1家，移送涉嫌欺诈骗保个人16人次，报送要情217例，共追回医保基金8202.02万元。

【医疗救助】 2022年，绵阳市政府常务会审议通过并印发《绵阳市重特大疾病医疗保险和救助制度的实施意见》，市医保局、市财政局联合印发《关于明确绵阳市2023年重特大疾病医疗保险和救助制度有关标准的通知》，全市在医疗救助参保对象、救助起付线、救助比例、年度救助限额和倾斜救助限额等方面采用统一的医疗救助政策，并促进医疗救助市级统筹。确保困难群众应保尽保，落实对特困人员、孤儿全额资助，对低保对象、防止返贫监测对象和稳定脱贫户按75%给予资助，资助参保救助30.59万人；实现符合条件的农村低收入人口100%资助参保。全面实现全市统一的救助待遇，重点救助对象政策范围内个人自付费用年度救助限额内住院救助比例达93%，全市直接救助19.84万人次。实现省内基本医保、补充大病和医疗救助在院即时结算，参保人员在省内定点医疗机构一站式结算。

【“惠绵保”发布】 2022年9月21日，绵阳专属普惠型健康保险“惠绵保”正式发布。“惠绵保”由绵阳市医疗保障局、中国银行保险监督管理委员会绵阳监管分局、绵阳市金融工作局指导，绵阳市财政局、国家税务总局绵阳市税务局、绵阳市残疾人联合会、绵阳市市场监督管理局、绵阳市卫生健康委员会、绵阳市民政局、绵阳市乡村振兴局、绵阳市总工会、绵阳市妇女联合会共同推广，绵阳市保险行业协会支持，由中国人寿、人保财险、太平洋人寿、新华人寿、国宝人寿、泰康养老、平安财险、中华联合财险、太平财险、锦泰财险、大地财险11家保险公司共同承保，中国人寿担任共保体组长，人保财险担任共保体副组长，宸汐健康、腾讯微保提供运营平台，国药控股·宸汐健康提供增值特药服务。“惠绵保”按照强衔接、低门槛、市场化、可持续等功能定位，是一款绵阳专属的普惠型健康保险，对参保人不限制年龄、性别、职业、既往病史、健康状况等条件，不设等待期、允许带病参保。每年每名参保人需支付89元，就可获得最高300万元的保险保障。产品涵盖住院医疗费用中医保政策范围内个人自付费用、政策范围外自费费用，25种特定高额药品（7种罕见病用药）等，可享医保目录内外最高300万元的保险保障，衔接基本医保，发挥保大病、保重病作用。绵阳市基本医保参保人（城镇职工、城乡居民）可通过关注“惠绵保”微信公众号在线投保，也可通过11家保险公司线下投保。2022年“惠绵保”参保时间为9月21日至11月20日，保障时间为2022年11月21日至2023年11月20日。至年底，“惠绵保”累计参保约92万人，保费收入8216.89万元。 （张 燕）

社会救助

【概况】 2022年，绵阳市先后两次调整城乡低保标准和特困供养政策标准，整治社会救助领域腐败问题，纠治社会救助领域作风问题，通过入户调查等方式，提升工作规范化水平，提高需救助人员认定的准确性。共核实低保对象12.63万人次，城乡低保累计清退13191人，新增8305人。建立乡镇（街道）临时救助备用金制度，开展“先行救助”。坚持“托底线、救急难、可持续”原则，将遭遇突发事件、意外伤害、重特大疾病或其他特殊原因导致基本生活陷入困境的家庭或个人全面纳入临时救助范围。向全市15.1874万人次低保对象、特困人员发放价格临时补贴1464.6万元。从7月起，连续4个月向60.8742万人次城乡低保对象、特困人员、低保边缘人口、孤儿、事实无人抚养儿童发放价格临时补贴1495.51万元。新冠疫情防控期间，向低保对象、特困人员、孤儿、事实无人抚养儿童、贫困空巢老人、困难残疾人等困群众发放爱心包5.32万份。

【最低生活保障】 2022年，绵阳市保障城乡低保对象152.64万人次，累计支出保障金4.8亿元，城乡月人均补助分别为369.35元、295.94元。年内两次提高城乡低保标准低限。5月，经第八届市政府第27次常务会议审议通过，城市居民最低生活保障标准低限由610元/月调整为635元/月，农村居民最低生活保障标准低限由410元/月调整为435元/月，从2021年12月起执行。10月，经市政府40次常务会议审议通过，城市居民最低生活保障标准低限由635元/月调整为700元/月，农村居民最低生活保障标准低限435元/月调整为500元/月，从2022年7月起执行。城乡居民最低生活保障标准低限较2021年提高90元/月，比省定标准低限高出20元。

【特困人员救助】 2022年，绵阳市组织对特困供养人员逐人逐户进行入户调查，精准认定供养对象，掌握供养意愿，将符合特困人员救助供养条件的对象23749人全部纳入救助供养范围，其中有城市特困人员2396人、农村特困人员21353人。年内先后两次调整特困供养政策标准。5月，经第八届市政府第27次常务会议审议通过，城市特困人员基本生活标准低限由793元/月调整为826元/月，农村特困人员基本生活标准低限由533元/月调整为566元/月，从2021年12月起执行。10月，经市政府40次常务会议审议通过，城市特困人员基本生活标准低限由826元/月调整为910元/月，农村特困人员基本生活标准低限由566元/月调整为650元/月，从2022年7月起执行。调整特困供养政策标准，城乡特困人员基本生活标准低限按照当年低保标准低限的1.3倍执行。

【临时救助】 2022年，绵阳市共临时救助15424人次，支出1989.02万元，人均救助水平1289.56元。加强对受疫情影响人员和困难群众的临时救助，适度扩大临时救助范围，实现"应救尽救"。对受疫情影响无法返岗复工、连续3个月无收入来源，生活困难且失业保险政策无法覆盖的农民工等未参保失业人员，经本人申请，可发放1次临时救助金。该项救助无户籍限制，可在务工地或经常居住地申请。将受疫情影响暂未就业、基本生活面临困难的大学生，以及其他因疫情导致基本生活陷入临时困境的家庭或者个人纳入临时救助范围。对受疫情影响的家庭或个人，临时救助标准按低保标准3倍及以上发放。

【流动无业人员救助管理】 2022年，绵阳市贯彻落实中央《关于加强和改进生活无着的流浪乞讨人员救助管理工作的意见》和省委《关于加强和改进生活无着的流浪乞讨人员救助管理工作的实施意见》等文件要求，组织落实"全省救助管理机构能力提升行动"，争取省级资金140万元用于救助管理机构（绵阳市涪城区救助管理站、江油市救助管理站、盐亭县救助管理站、平武县救助管理站）基础设施改造升级。按照四川省流浪乞讨救助管理机构相关防控工作指南，做好救助管理机构防疫工作。全市共救助2894人次，安全送返（自主劝返）244人次，安置流浪乞讨人员8人。

（秦　东）

社会福利

【概况】 2022年，绵阳市完善社会福利政策体系，印发《关于提高重度残疾人护理补贴标准的通知》，明确从3月起，全市一级、二级重度残疾人护理补贴标准逐年增加10元/月，计划到2025年一级重度残疾人每人每月补贴120元，二级重度残疾人每人每月补贴90元。印发《关于建立三、四级智力、精神残疾人护理补贴制度的通知》，从7月起按照每人每月不低于50元的标准给予护理费用补贴，持续解决残疾人长期生活、照护困难，扩大残疾人护理补贴覆盖面。强化残疾人社会救助，成立由分管副市长任组长的绵阳市社会救助工作领导小组，做好残疾人基本生活保障工作。将符合低保条件的2.77万名残疾人纳入最低生活保障，将符合特困供养条件的4800名残疾人纳入特困供养，做到"应保尽保"。开展精神障碍社区康复服务，持续做好各项试点工作，推动残疾人福利事业发展。将机构养育和社会散居孤儿最低养育标准分别提高到1600元/月、1200元/月。为286名孤儿、288名事实无人抚养儿童发放生活补助金858万余元。

【残疾人补贴发放】 2022年，绵阳市全面实施全程网办、跨省通办、"扶残助困一件事"。利用"全国助残日"等契机，开展残疾人"两项补贴"全程网办宣传，提高政策落实的可及性、多样性和便利性，效解决残疾人申请补贴咨询难、跑路难、办理难等问题。市民政局与市残联、人社等部门联合转发《开展"扶残助困一件事"的通知》，建立民政牵头，残联、人社、医保等部门协同联办的工作机制，选取游仙区、江油市为试点区（县），依托四川省一体化政务服务平台及"扶残助困一件事"综合受理窗口开展线上、线下试点，配合属地政务服务中心和乡镇（街道）便民服务中心完成线上线下综合受理窗口建设。开展残疾人"两项补贴"专项清理工作。市民政局联合市残联印发《关于开展困难残疾人生活补贴和重度残疾人护理补贴政策落实情况专项清理工作的通知》，对专项清理工作进行安排部署，指导县（市、区）、园区民政办工作人员对辖区内残疾人"两项补贴"享受情况进行全面核查，摸清残疾人底数，确保符合享受"两项补贴"的残疾人全部纳入补贴范围。按时发放残疾人"两项补贴"以及三、四级智力和精神残疾人护理补贴。为持有第二代残疾人证的绵阳市户籍低保对象发放困难残疾人生活补贴，补贴标准按每人每月100元执行。自3月起，对一级重度残疾人按每人每月不低于90元的标准给予护理费用补贴，对二级重度残疾人按每人每月不低于60元的标准给予护理费用补贴。自7月起，对三、四级智力和精神残疾人按每人每月不低于50元的标准给予护理费用补贴。全年共发放困难残疾人生活补贴40.25万人次、4029.91万元；发放重度残疾人护理补贴72.35万人次、4838.58万元；发放三、四级智力和精神残疾人护理补贴4.25万人次、212.79万元。

【精神卫生康复】 2022年，绵阳市强化精神卫生机构建设管理，由民政部门管理的精神卫生机构共2家（江油市精神病医院和三台县精神病医院）。坚持"以病人为中心，以质量为核心，服务人民、奉献社会"的服务理念，做好医疗质量与医疗安全工作，改善就医环境和就医体验。2家精神卫生机构收治入院8105人次，出院7907人次，门诊就诊95295人次，总收入1.46亿余元。做好严重精神障碍管理治疗项目技术指导工作，开展残疾鉴定、复核诊断、健康教育等下沉式服务，诊断复核8849人，家属健康教育10454人次。开展精神障碍社区康复服务，投入资金100万元支持涪城区跃北社区康复站、游仙区游仙路社区康复站、江油市中坝街道太白社区康复站、三台县北塔路社区康复站、北川羌族自治县小坝镇小坝社区康复站开展精神障碍社区康复服务工作，通过购买适合患者的设施设备、改进康复训练场地等为患者提供良好的康复训练服务，定期开展服药训练、预防复发训练、躯体管理训练、心理康复等多样化康复服务活动。

【贫困重度残疾人照护服务】 2022年，绵阳市投入资金150万元，在江油市、三台县开展集中照护试点，在游仙区、盐亭县开展社会化照护试点，在梓潼县开展构建基层结对互助试。江油市、三台县结合工作实际，分别选取江油市老年病医院、三台县社会福利院为承接单位，共收治服务对象130余人。游仙区、盐亭县采取政府采购公开招标的方式确定服务单位，通过摸底排查、入户征求意见、选择服务等方式为880名贫困重度残疾人提供社会化照护服务。梓潼县以“帮贫解困、扶助残疾人”为出发点，通过走访摸排，确定服务对象210人，并建立结对帮扶台账，进行“量体裁衣式服务”，帮助6名残疾人成功就业，19人申请到轮椅、沐浴椅等辅具，协助157名残疾人申请办理残疾人“两项补贴”，提供上门服务1000余人次。（马龙云）

社会捐赠

【概况】 2022年，绵阳市慈善总会实施援助泸定地震、慈善一日捐、爱心一元捐、春蕾明天困境儿童救助专项募捐等活动，推进富临爱心儿童基金、名仁肾病基金、重大疾病救助基金、金秋圆梦助学、福彩助学、脱贫攻坚、大病救助、困境儿童生活条件改善等13个慈善公益项目开展，共惠及困难群众3750余人次，资金支出939.16万元。市红十字会建立助残公益联盟基金，策划包装“健康绵阳·光明启航”“爱在绵州·助学筑梦”等公益品牌，募集资金700万余元，用于开展助医、助学、助残等；为北川、平武洪灾和泸定地震募集捐赠款物价值450万元，用于救灾工作。

【专项募捐】 2022年，绵阳市慈善总会针对平武木座乡、北川白什乡场镇洪涝灾害，泸定6.8级地震灾害，分别开展专项募捐活动。共募款物863.04万元，其中为泸定地震募捐794.06万元，全部用于受灾地区救灾安置、家园重建、生产恢复。

【慈善捐赠平台搭建】 2022年，绵阳市慈善总会通过慈善总会官方网站、微信公众号推出慈、中秋等节日前夕善公益项目，召开慈善公益项目推介会，向理事单位、会员推介慈善公益项目，鼓励定向捐赠。在端午邀请爱心企业、会员单位开展入户慰问活动，为爱心企业、会员单位与慈善组织、困难群体搭建对接平台。共开展慈善日宣传、泸定地震募捐、北川和平武洪灾募捐、关爱空巢老人、慈善助学·金秋圆梦等活动13次。

【慈善捐赠监督】 2022年，绵阳市慈善总会打造“阳光慈善”品牌，通过向理事会报告工作和财务收支情况，引入第三方审计公司进行检查审计，公募活动开展前按规定在慈善中国网站落实备案，接收款物及使用情况通过市慈善总会官方网站以及微信公众号向社会公示等方式接受党委、政府及社会监督。按照《中华人民共和国慈善法》规定，加强对县（市、区）慈善总会规范化管理的引导，保证公开募捐的合法性。（钱　恒　何晓芳）

养老服务

【概况】 2022年，绵阳市应对人口老龄化，聚焦老年人群实际需求，推进全市养老服务持续健康发展。先后出台《绵阳市养老服务体系建设“十四五”规划》《关于推进绵阳市养老服务发展的实施意见》《绵阳市配套社区办公服务与养老服务设施合用房规划建设和移交管理五条措施的通知》等文件。市直相关部门围绕政府购买服务、金融支持、质量建设、人才队伍建设等制定配套文件，持续做好80周岁以上老年人高龄津贴制度、民办养老机构运营补贴和老年人日间照料中心运营补贴制度、家庭适老化改造和政府购买居家养老服务制度实施。争取全国居家和社区基本养老服务项目试点工作，投入中、省、市补助资金3540万元。开展打击养老服务诈骗专项行动，实行“红橙黄”名单管控。

【居家和社区养老】 2022年，绵阳市承接全国居家和社区基本养老服务能力提升项目试点，争取专项资金2723万元，建成家庭养老床位2970张，提供上门服务29.48万人次。投入资金1800万元（省级补助资金1200万元）建成社区养老服务综合体6个。在全省率先建立农村留守老人安全巡访制度，建立“一镇一专员、一村一专干”安全巡访队伍。共建成区域性养老服务中心53个、养老服务站68个。推动乡镇敬老院转型为区域性养老服务中心，建成区域性养老服务中心53个。

【专业养老机构发展】 2022年，绵阳市共有养老机构260家（公办211家、民办49家），总床位31654张，其中护理型床位占50%。养老机构覆盖全市所有街道和乡镇，其中80%以上的养老机构达到《养老机构服务质量基本规范》国家标准。坚持“政府引导、市场运作、社会参与”原则，深化公办养老机构改革，共88家公办养老机构实现公建民营。推行养老服务组织或机构“红黑名单”管理，开展对老年人产品和服务消费领域侵权行为的专项整治行动。坚持“养中有医”“医中有养”原则，推进医养互融共生，建成医养结合机构33家，有床位5132张。全市二级医院（中医医院）中有31家开设老年医学科，占比42.47%。

【养老服务人才培养】 2022年，绵阳市构建以专业养老护理员为骨干，社工、志愿者为补充的养老服务队伍，养老服务行业从业人员共2193人。有开设养老服务相关专业的高校9所。通过举办养老服务标准化培训、养老护理员培训、失能老人家庭成员照护培训3个班次，累计培训学员375人次。举办绵阳市第二届护理员技能大赛，促进养老服务人才技能提升。举办“优秀养老护理员”评选活动，评选表彰养老专业服务人才40余人。

【《绵阳市养老服务体系建设“十四五”规划》出台】 2021年12月23日，《绵阳市养老服务体系建设第十四个五年规划》（以下简称《规划》）经市政府同意印发。《规划》分析“十四五”期间全市养老体系建设的基础和背景，提出到2025年，实现基本养老服务制度基本建立，城乡、区域养老服务发展不平衡问题逐步缩小，居家社区机构养老服务网络基本建成，养老服务供给结构更加合理，养老服务质量明显提升等发展目标，明确主要任务有：建立基本养老服务制度，完善长期照护服务体系，发展普惠养老，深化体制机制改革，建立良好市场环境，加强养老服务保障，推动民生福祉达到新水平；优化养老服务设施，增强家庭养老支持，丰富居家社区养老服务，提升机构养老专业水平，建设老年认知障碍照护体系，深化医养康养结合，发展农村养老，推动文化养老服务体系建设，完善养老服务体系，开创养老服务发展新局面；完善养老人才支持政策，推动养老相关专业建设，建立从业人员培训机制，发展老年社会工作，加强人才队伍建设，满足养老服务发展新要求；开发老龄人力资源，推动养老科技创新，繁荣老年用品市场，发展康养产业集群，推动银发经济发展，助力经济社会发展新格局；推动养老服务标准化建设，开展养老服务质量评价，加强养老服务综合监管，加强服务质量监管，促进养老服务发展新面貌；弘扬社会传统美德，扩大老年人社会优待，建设老年友好生活环境，加强老年人权益保障，建设老年友好社会，营造养老孝老敬老新风尚。提出加强党的领导、健全工作机制、加大财政投入、加强监测考核等工作保障措施。（马龙云）

基层治理

【概况】 2022年，绵阳市共有村1582个，社区488个，村民小组14347个、居民小组3337个。基层政权建设与社区治理工作坚持“党委领导、政府负责、社会协调、公众参与、法治保障”的工作路径，围绕巩固基层政权、创新社区治理、改革服务格局、加强基层自治，构建共建共治共享的城乡社会治理格局。建立村（社区）干部常态化培训制度，先后举办绵阳市第三批省级城乡社区治理试点培训班、绵阳市社区主任能力提升示范培训班、绵阳市村主任能力提升示范培训班，累计培训300余人。创建省级基层治理示范街道（镇）2个、示范社区7个。创建全国民主法治示范村（社区）3个、省级民主法治示范村（社区）10个、市级法治示范村50个，其中涪城区刘家坪村、绵阳经开区三江社区、盐亭县红联村创建为全国民主法治示范村（社区）。梓潼县雁门村被民政部表彰为全国先进基层群众性自治组织，涪城区西河路社区党委书记（主任）马香、三台县高棚村党委书记（主任）崔兴江被表彰为全国优秀城乡社区工作者。

【基层群众自治】 2022年，绵阳市加强基层群众自治活动阵地建设，开展绵阳市村活动阵地“三化”建设两年攻坚行动，推动村活动阵地标准化、亲民化、规范化建设。省、市、县累计投入2150万余元，实施省级“补短板”项目11个、其他村级阵地建设项目90余个。健全自治制度，加强自治章程、村规民约红黑榜的修订和制度执行，健全红白理事会、议事协商会等议事协商机制，常态化开展监督检查。联合市纪委驻市政协机关纪检组开展村民代表作用发挥专题调研，引导和推动村民代表履职尽责。推进民政部部署的5个村级议事协商试点实验（游仙区兴和村、江油市白沙村、盐亭县林园村、梓潼县金宝村、北川县五龙村）。确定市级基层群众自治试点村50个，3个村的治理经验入选全省优秀基层群众自治案例。

【城乡社区治理】 2022年，绵阳市坚持党建引领，构建“党建引领+综合服务+综治保障+科技赋能”社区治理新框架。按照分工成5个城乡接合部新型社区的挂牌整治工作（省级4、市级1个）。实施“互联网+社区”行动，建设智慧社区18个（省级3个）。完善政策制度，印发《绵阳市“十四五”城乡社区发展治理规划》《绵阳市配套社区办公服务与养老服务设施合用房规划建设和移交管理五条措施的通知》，按照每百户配置60平方米以上的标准，配套建设社区办公服务和养老服务“合用房”，并明确相关规划、建设、移交、管理制度。开展四川省城乡社区治理试点，在涪城区、盐亭县、北川羌族自治县开展的第二批省级城乡社区治理试点通过评估；涪城区城厢街道、北川羌族自治县永昌镇创建成为省级基层治理示范街道（镇）；涪城区石塘街道西河路社区、工区街道灵通社区、城厢街道临园路东段社区、城厢街道铁牛街社区，北川羌族自治县永昌镇新川社区、永昌镇金霞社区，盐亭县云溪镇弥江路社区创建成为示范社区。争取省级资金1060万元，推进三台县、梓潼县、平武县开展第三批省级城乡社区治理试点。市本级投入340万元，在主城区实施市级城乡社区治理试点项目38个。推进“红色网格”建设，全覆盖选聘城市社区专职网格员1913人。完成省、市20个城乡接合部新型社区挂牌整治任务。出台进一步加强小区党组织建设15条措施、小区（临时）党组织规范化运行10条措施，组建小区党组织2492个，动员3万名“双报到”党员助力小区治理。设立500万元专项资金，统筹开展39项“微治理·群众有感”工作，党建引领城市垃圾分类等工作取得实效。

【绵阳市首批“芯力量”社工专业层级人才名单发布】 2022年11月7日，绵阳市首批“芯力量”社工专业层级人才名单由市民政局发布，确定刘新生、孙长勇、李奕萱、林康等8人为全市首批“芯力量”社工专业高层次人才，王开蓉、邓超群、刘畅、李语梅、李琴等15人为全市首批“芯力量”社工专业中层次人才。该名单标志着全市社会工作专业人才层级队伍建设正式启动。市民政局为首批“芯力量”专业社工层级人才发放人才礼包，并根据人才个性特质和专业特长“量身定制”并实施专业学习、挂职锻炼、项目实践、参访交流等系列成才举措。（陈振宇　梁　睿）

图152　6月13日，市市场监管局、市消委开展消费投诉信息公示行政约谈会（市市场监管局提供）

消费者权益保护

【概况】　2022年，绵阳市市场监管系统结合新常态下市场监管新要求，推进消费维权和消费环境建设，构建渠道畅通、反应快捷、运作高效的消费维权新机制。落实市场监管总局和四川省关于创建放心舒心消费城市的决定，出台《绵阳市放心舒心消费城市创建三年行动方案（2022—2024年）》，试点四川省放心舒心消费城市建设，持续优化消费环境、扩大消费需求、保障民生改善。开展重点经营者约谈等活动，从源头化解消费纠纷，对接“12315”“12345”热线，畅通消费者投诉举报渠道。成立“民生诉求”处理专班，将“问政四川”“麻辣社区”“书记市长信箱”“市长热线”、抖音、微博、微信公众号等平台的群众留言交办件全部纳入专班处理范畴，共处置民生诉求120余件，完成率为100%。

【投诉举报平台建设】　2022年，绵阳市持续提升消费者投诉举报平台效能，将“12315”消费投诉举报电话对接“12345”热线，并把“12345”热线平台市场监管领域投诉举报工单数据向全国“12315”平台实时全量推送。按季度对“12315”平台投诉举报处置情况开展分析研判，提高“12315”平台处置效能和数据质量。共依托全国“12315”平台接收消费者诉求37724件，其中投诉8446件、举报3806件、咨询25472件，投诉按时办结率99.56%，举报按时核查率99.84%，为消费者挽回经济损失343.88万元。

【消费纠纷源头化解】　2022年，绵阳市市场监管系统按季度选取消费投诉数量较多、增幅较明显、社会关注度较高的重点经营者开展行政约谈和重点经营者公示，共行政约谈重点经营者20家，公示重点经营者消费投诉信息7家。提升ODR（Online Dispute Resolution，在线矛盾纠纷解决机制）单位质量，对ODR单位进行全面评审，新增ODR单位32家，ODR单位总量达303家。推行消费环节经营者首问和赔偿先付制度，引导发展线下购物无理由退货和赔偿先付承诺商户900余家。

【放心舒心消费环境营造】　2022年，绵阳市持续做好放心舒心消费环境建设，印发《绵阳市放心舒心消费城市创建三年行动方案（2022—2024年）》，宣传《建设放心舒心消费城市通用要求》《放心舒心消费街区建设规范》《放心舒心消费农贸市场建设规范》《放心舒心消费服务规范》等标准，组织2次放心舒心消费省级地方标准宣传培训，培训企业100余家，其中采标企业43家（采用放心舒心消费环境建设系列标准的企业）。实施放心舒心消费示范单元对标提升和测评工作，建立监测评价和动态管理机制，建设标准化示范单元57个，其中示范商业综合体18个、示范景区17个、

图153　10月19日，市市场监管局在科技城新区开展放心舒心示范单元监测评价（市市场监管局提供）

示范街区22个，促进放心舒心消费示范单元知晓度、影响力和覆盖面提升。建立和完善消费维权“一会两站”（消费者权益保护委员会、消费者投诉站、“12315”联络站）2370个，接收消费者诉求35459件，按时办结率99.54%，挽回经济损失286.98万元，消费投诉举报立案253件。建立消费维权服务站309家。开展“3·15”宣传活动，到年底，指导创建“一店一码”互联网快捷维权商家3765家，落实“无理由退货”承诺261家、“赔偿先付”制度476家。

【《绵阳市放心舒心消费城市创建三年行动方案（2022—2024年）》出台】 2022年7月18日，《绵阳市放心舒心消费城市创建三年行动方案（2022—2024年）》（以下简称《方案》）由市市场监管局、市委网信办、市发改委、市经信局、市教体局、市司法局、市财政局、市消费者权益保护委员会等16家单位联合出台。《方案》按照《四川省放心舒心消费城市通用要求》制定，通过完善市场准入、重点消费品质量安全追溯、诚信体系建设等消费安全保障机制，在景区、街区、社区和商圈等地方打造一批放心舒心示范单元等方式，构建渠道畅通、反应快捷、运作高效的消费维权新机制，提升全市消费安全度、经营诚信度、消费者满意度和消费过程体验舒心度。（兰　健）

残疾人事业

【概况】 2022年，绵阳市按照市委、市政府工作部署和省残联协调推进新时代残疾人事业发展“十个坚持”新思路，以“五个一”总要求、“五个抓”总思路推进残疾人工作，提高残疾人生活水平，增强残疾人安全感、幸福感、获得感。市委常委会第40次会议学习习近平总书记关于残疾人事业重要论述和“一法四条例”、听取残疾人工作汇报，研究残疾人重点工作。落实省残联党组向市委《关于恳请继续格外关心格外关注残疾人的建议》所列事项，全部办理完成。

【项目资金保障】 2022年，绵阳市市残联会同市财政局出台紧急救助项目管理办法，市级财政每年安排80万元预算保障。会同市财政局出台超比例安排残疾人就业奖励办法，市级财政每年安排20万元预算保障。会同市财政局、市民政局提高重度残疾人护理补贴标准惠及6.78万名残疾人，新建立三、四级智力和精神残疾人护理补贴制度。加大福彩、体彩资金支持度，落实体彩资金50万元用于举办市残运会，落实福彩资金230万元用于涉残项目。推进村（社区）残协建设工作，规范残协工作流程、选举程序、组织架构，166个乡镇（街道）、2069个村（社区）残协全部完成规范化建设。市政府及市残联被省政府表彰为“四川省参加全国第十一届残运会暨第九届特奥会选送运动员先进单位”，市残联被省残联评为全省残疾人工作“优秀单位”，残疾预防和残疾人康复、组联、维权、教育就业、宣传、文化、体育工作全部被评为优秀等次。“关爱生命·春雨助残”爱心公益项目获评“四川省十佳志愿服务项目”。涪城区特校扩大残疾人教育和劳动技能培训、何氏职业培训学校助残就业做法和成效先后被中央电视台新闻频道《朝闻天下》、四川卫视新闻频道《四川新闻联播》专题报道。

【残疾人服务】 2022年，绵阳市全面完成残疾人技能培训、创业直补、股权量化、辅助性就业、康复（健身）进校园、文化进家庭等目标任务。困难残疾人生活补贴、0—6岁残疾儿童康复救助2件省级民生实事均完成序时进度。残疾人家庭医生康复增值签约服务、心理健康支持服务、精神残疾人门诊服药补贴、盲人融合训练等完成46022人。残疾人基本辅助器具适配7986人，有需求的残疾人基本康复服务率95%。困难重度残疾人家庭无障碍改造完成1038户。1737名残疾人纳入易返贫监测和帮扶，占全市监测总数的17.73%。市残联联合市财政局、市教体局分别印发《绵阳市残联紧急救助项目管理暂行办法》《关于开展义务教育阶段残疾学生和困难残疾人家庭学生爱心陪伴教育助残活动的指导意见》，惠及残疾人学生和残疾人家庭学生500余人。会同市交通运输局提升三、四级残疾人免费乘坐公交政策，由15条免费线路扩增至城区全部79条“一票制”公交线路。

【《绵阳市“十四五”残疾人保障和发展规划》出台】 2022年6月24日，《绵阳市“十四五”残疾人保障和发展规划》（以下简称《规划》）经市政府印发实施。《规划》共分为5章15节，提出发展目标：到2025年，残疾人脱贫攻坚成果巩固拓展，多层次的残疾人社会保障体系更加健全，残疾人公共服务体系更加完善，残疾人文教体育事业蓬勃发展，残疾人就业创业空间更加广泛，残疾人事务治理体系更加健全，残疾人事业发展环境更加优化，残疾人在政治、经济、文化、社会、家庭等各方面平等权利得到更好实现，全领域的残疾人事业基础保障条件明显改善。提出“十四五”期间绵阳残疾人事业发展重点任务：巩固提升残疾人基本民生保障、完善残疾人就业创业支持体系、依法保障残疾人合法权益、全面加强无障碍环境建设、强化残疾人服务设施和能力等方面，并明确职责分工。

【绵阳市第四届残疾人运动会暨第三届特殊奥林匹克运动会举行】 2022年7月4—8日，绵阳市第四届残疾人运动会暨第三届特殊奥林匹克运动会举行。运动会以“绽放生命精彩，礼赞自强不息”为主题，由市政府残疾人工作委员会主办，市残联、市教体局承办。主赛场设在南河体育中心。比赛项目共有17个大项、92个小项。来自全市9个县（市、区）、科学城、科技城新区的11个代表团、335名运动员参赛。运动会共产生奖牌718枚，其中金牌253枚、银牌244枚、铜牌221枚。

图154　7月4—8日，绵阳市第四届残疾人运动会暨第三届特殊奥林匹克运动会举行（市残联提供）

【绵阳市第32次“全国助残日”主题活动举办】　2022年5月13日，绵阳市第32次“全国助残日”主题活动在铁牛广场举行。活动由市政府残疾人工作委员会、市精神文明建设委员会共同主办。活动期间，表扬和宣传各级自强模范和助残先进，开展市级自强达人等先进评选表扬4类、104个；向全市获得全国残疾人工作先进单位、四川省自强模范、绵阳市自强达人等先进典型颁发奖牌、证书；牵头协调市老龄委、市妇联等方面共同发起组建绵阳市无障碍环境建设督导队；联合市直机关工委、市文明办、市总工会等13家单位，发出“关爱生命·春雨助残”爱心公益项目倡议。组织现场捐赠，共收到爱心捐款50万余元。市级各专门协会、各县（市、区）同步组织多形式开展“全国助残日”活动30场（次）。

【“关爱生命·春雨助残”爱心结盟仪式举行】　2022年6月22日，“关爱生命·春雨助残”爱心结盟仪式在绵阳广播电视台举行。本次活动由市残联、省扶贫基金会绵阳分会、市关心下一代基金会、市文联、市乡村振兴促进会共同发起，以6—14岁学龄段残疾儿童为关爱对象的公益项目。活动中，为爱心捐赠企业颁授奖杯，成立“关爱生命·春雨助残”心理服务志愿队、陪伴服务志愿队、大学生志愿服务队，发布公益纪实文学书籍《春雨》及“关爱生命·春雨助残”爱心公益项目主题曲《春雨沙沙》。

（唐　阳）

志愿服务

【概况】　2022年，绵阳市志愿服务工作按照中央、省委有关志愿服务的决策部署，培育时代新人、弘扬时代新风，弘扬志愿服务精神，开展志愿服务活动，建立完善志愿服务制度。加强对志愿服务工作的领导，制订2022年工作计划和任务清单，举办志愿服务展示交流活动，开展督导检查10余次。建立9个县级志愿服务总队，动员引导110个社会组织和600余个文明单位的志愿服务力量下沉到基层所（站），培育医疗、科技、心理疏导等应急志愿者队伍2610支。

【志愿服务队伍建设】　2022年，绵阳市建立常态化的志愿者招募制度，发展专业志愿服务组织，完善党员、青年、学生、退役军人参与志愿服务工作机制。依托乡镇（村）新时代文明实践所（站），组建党员、应急救助、平安建设、便

图155　7月22日，志愿者在绵阳市创建全国文明城市八大攻坚行动暨“文明新风进万家”集中宣传活动启动仪式上（市委宣传部提供）

民利民等志愿者队伍2235支。全市共有各类志愿服务队伍8312支、志愿者93.6万余人，注册志愿者占比达20%。开展志愿服务培训交流活动600余期，培训志愿者7.8万余人。

【志愿服务阵地建设】 2022年，绵阳市建成城乡社区志愿服务工作站487个，建成车站、机场、景区、公共文化设施志愿服务站点500余个，建成县（市、区）新时代文明实践中心9个、乡镇（街道）文明实践所166个、村（社区）文明实践站2069个。运用“全国志愿服务网”“志愿四川”“绵阳志愿服务网”等信息平台，做好志愿服务项目发布和服务时间记录，共发布志愿服务项目2000余个。全市有服务时间记录的志愿者占注册志愿者总数的比例达57%。

【志愿服务项目建设】 2022年，绵阳市印发志愿服务重点项目清单，加大政府购买、公益创投、项目扶持的力度，共发布志愿服务项目2000余个。聚焦空巢老人、残疾人、留守儿童等重点人群，开展“春雨助残”“银龄计划”“童伴之家”等关爱项目1265个。围绕社会治理、乡村振兴、文明创建等，开展宣传宣讲、文化文艺、科学普及、平安建设等文明实践项目2689个。聚焦文明风尚，开展“文明健康·绿色环保”“垃圾分类”“法在身边”等志愿服务项目1034个。市民对志愿服务的满意度超90%。

【志愿服务褒奖激励】 2022年，绵阳市建立文明实践积分制度，推荐评选志愿服务“四个十佳”，礼遇优待优秀志愿者。市、县两级财政安排志愿服务工作经费120万余元，为参与活动的志愿者提供误工就餐补贴和意外伤亡保险。北川羌族自治县永昌镇尔玛社区被评为“四川省十佳志愿服务社区”，“春雨助残”项目被评为“四川省十佳志愿服务项目”，曹坤等4人被表彰为“四川省优秀志愿者”。（于鹏飞）

彩票业

【概况】 2022年，绵阳市福利彩票销售渠道销量稳步提升，实现稳销量、稳网点、稳就业“三稳”目标。体彩销售额达7.8亿元，筹集体彩公益金1.8797亿元。省财政厅下达绵阳市市级彩票公益金8008.97万元，其中福利彩票公益金4576.46万元、体育彩票公益金3432.51万元。

【福利彩票销售】 2022年，四川省福利彩票发行中心绵阳分中心（以下简称分中心）销售福利彩票5.38亿元，销量排名继续保持全省第2名，增加2413万元，增长4.69%。其中“即开票”实现历史突破，173天销售破亿元，全年共销售1.47亿元，全国城市排名第45，全省排名第2，增长3558万元，增量排名全省第1，占全省增量的16.81%；“电脑票”销售39125万元，销售额全省排名第2。

【福利彩票公益基金使用】 2022年，绵阳市福利彩票公益金使用情况：2021年结转631.5万元，2022年省财政厅下达绵阳市4576.46万元，2022年支出5205.76万元，年末结余2.2万元。支出分配情况：老年人福利类项目3444.04万元，主要用于省级养老服务专项行动居家养老服务补贴、公办养老机构护理能力及安全提升改造、日间照料中心运营补贴等。残疾人福利类项目258万元，主要用于残疾人托养、“春雨助残”家庭经济困难残疾少年儿童就学及救助、残疾人生活能力训练等。儿童福利类项目606.7万元，主要用于集中养育孤儿生活费补助、儿童福利机构设备改造及维修维护、未成年人保护服务、“明眸”健康工程试点等。社会公益类项目897.02万元，主要用于社会工作服务体系建设、社会公益服务创新示范、城乡社区治理试点、公益创投等。

【体育彩票公益基金使用】 2022年，绵阳市体育彩票公益金使用情况：2021年结转743.01万元，2022年省财政厅下达绵阳市3432.51万元，2022年支出4115.15万元，年末结余60.37万元。支出分配情况：市南河体育中心及市奥林匹克学校体育场馆维修改造1389.42万元，市奥林匹克学校体育设备购置143万元，全民健身设施购置190万元，运动会办赛经费751.7万元，各区分成资金1574.58万元，体育场馆免费开放补助21.45万元，国民体质监测17万元，后备人才建设28万元。

（王长照　杨　帆）

概 述

2022年，绵阳市委、市政府印发《推动县域经济突破发展20条措施》，从产业支撑、要素保障、工作统筹等方面，出台系列支持政策，赋予县域经济发展政策保障。修订《绵阳市县域经济发展考核办法》，提高“县域经济发展先进县”奖励资金额度为原来的10倍。开展县域经济发展目标考核，对不同类型地区实行差异化考核。优化2021年考核指标体系及分值权重，分解下达2022年度目标任务，将结果计入绩效考核总分。全年全市县域范围实现地区生产总值2960.88亿元，增加227.16亿元，贡献全市地区生产总值的81.64%，县均地区生产总值328.99亿元。7个县（市、区）全社会固定资产投资增长在9%以上，2个县（市、区）远超全市平均水平。县域范围实现社会消费品零售总额1234.50亿元，占全市总量的75.5%，县均社会消费品零售总额137.17亿元。实现地方一般公共预算收入111.02亿元，较2021年增加9.93亿元，占全市总量的69.53%。全市县域各地竞相发展、加快发展、特色差异化发展趋势凸显。涪城区排名全国百强区第63位，较2021年上升5位。涪城区、江油市入选全国投资竞争力百强县（区）。游仙区、三台县入选全省县域经济发展先进县，分别获5000万元省财政奖励。平武县入选第二批省级传统村落保护连片示范县，获省县域生态旅游目的地。涪城区、三台县、盐亭县入选省首批县域商业建设行动示范县。梓潼县入选全国水系连通及水美乡村建设县。三台县入选全省农村综合性改革试点试验县及全国农业现代化示范区创建名单。安州区、三台县、梓潼县入选第三批国家级制种大县，粮油制种基地面积稳定在1.2万公顷以上。江油市入选全国水土保持示范县。梓潼县被命名为第二批省级生态县。安州区河清镇“土地银行”经验被央视专题报道。

县域基础设施建设。2022年，九绵高速平武至白马段、广平高速平武高村至古城段通车，结束平武县不通高速的历史。德遂高速建成通车，南郊机场T2航站楼建成投用，绵苍、G5成绵扩容、G5绵广扩容等高速加快推进，祠堂湾水库等重点水利项目开工建设。各地农村公路路长制覆盖率和列养率均达100%，“四好农村路”“金通工程”国家、省示范创建取得突破。至年底，全市共创建“四好农村路”省级示范县6个，其中安州区入围全国“四好农村路”示范县创建名单，并创建首批“金通工程”省级样板县；市级组织评选示范乡镇54个，县（市、区）组织评选示范村203个、示范路约1700千米。

县域体制改革。2022年，绵阳市统筹推进乡村国土空间规划编制和两项改革“后半篇”文章，全面完成122项重点任务。完成12个工业园区放权赋能集中交接，向市属园区下放市级管理权限51项，8个县（市、区）向县属园区下放县级管理权限1276项。推行工业用地“标准地”改革，探索实施工业厂房亩均效益评价及激励约束制度，推进“清闲促建”，优先保障省市重点项目用地需求。（范文洁）

涪城区

【概况】 涪城区历史悠久，有2000余年的建城史，历来为郡、州治地，现为绵阳主城区。2022年，涪城区面积554.03平方千米，其中耕地面积12241.84公顷。辖6个镇、7个街道。年末，户籍人口777861人，总户数302183户，实有人口75万人（不含经开区、高新区、科技城新区直管区），人口出生率13.67‰，人口自然增长率6.21‰，人口城镇化率86.34%。森林覆盖率22.30%。区属地区生产总值656.08亿元。全社会固定资产投资增长10.3%，总量占全市的比重为

14.7%。99个省、市、区重点项目完成投资180亿元，完成年度计划的130%。25个项目获评全市“骏马项目”，在全市占比超过20%。178个项目开工建设，146个续建项目加快建设，162个项目竣工投产（投用）。农林牧渔业总产值57.6542亿元，完成撂荒地复耕复种任务，新建高标准农田1533公顷，粮食播种面积1.4万公顷、产量8.8万吨，新增省级农业龙头企业1家、市级2家。规模以上工业总产值363亿元，增长15.8%，居县（市、区）第1位，获评全国工业百强区。服务业增加值434亿元，社会消费品零售总额281亿元。城乡居民人均可支配收入分别为48075元、27748元。全国投资竞争力百强区晋升6位，居第39位，排在西部地区同类城市首位。全国百强区跨越升级5位，居第63位，获得省委、省政府表扬奖励。入围全国创新百强区，居第34位，排名全国同类城市首位。入选全省首批县域商业建设示范县（区）。

【重点项目建设】 2022年，涪城区招引项目118个、签约金额797.8亿元，其中百亿级项目5个，三项数据均创历史新高。投资120亿元的创明新能源、105亿元的艾伯科技产业园、100.5亿元的欣盛显示驱动项目实现签约即拿地、拿地即开工。月星涪江环球港项目签约落地。建成西科数字经济创新中心、核与辐射数智协同创新基地，科创平台达到15个，新签约科创项目105个。科技部遥感中心绵阳分部落户涪城区。与中物院成科中心达成战略合作协议，智能传感科技园挂牌运营。长虹MCU、垚磊无人机等项目投产。惠科光电产值突破165亿元，入选全国电子信息百强企业。惠科模组、示润显示终端加快建设，康宁玻璃基板项目点亮，芯智热控等3个项目实现当年签约、当年投产。

【涪城“科创大走廊”集中签约仪式】 2022年12月27日，涪城“科创大走廊”项目集中签约仪式在金家林总部经济试验区智能传感科技园举行。绵阳市委副书记王华蓉，西南科技大学党委书记董发勤，中物院成都科学技术发展中心党委书记、主任刘彤，四川中医药高等专科学校党委书记秦晓明，四川幼儿师范高等专科学校党委书记闵永祥，四川中医药高等专科学校党委副书记、校长王飞，涪城区委书记邓辉出席仪式。在仪式上，为“涪城科创大走廊”党建联盟、“涪城科创大走廊”智能传感科技园揭牌，并举行集中签约。“涪城科创大走廊”政府合作项目等17个项目签约。

图156 12月27日，涪城“科创大走廊”项目集中签约仪式举行（涪城区提供）

【“湖光山色”稻渔亲水湿地农业主题公园开园】 2022年6月28日，涪城区吴家镇举行“湖光山色”稻渔亲水湿地农业主题公园开园仪式。“湖光山色”稻渔亲水湿地农业主题公园坚持“农业本底、农村本貌，推动三次产业融合发展”原则，规划面积约10.6平方千米，共分为千亩虾田、十里荷塘、千亩桃林、亲水民宿、现代农业孵化园和银杏湾田园综合体6个板块，采取“集体联营+个体经营+自持运营”链接模式，推动集体经济组织联合销售本地优质农产品。截至年底，建有稻虾综合种养产业示范基地133.33公顷、优质水果基地133.33公顷，莲藕区建有荷塘46.67公顷。建成吴家镇现代农业产业孵化园、主题公园农产品展示（销）馆和稻渔文化科普馆。

【中国（绵阳）科技城涪城人力资源服务产业园开园】 2022年11月8日，中国（绵阳）科技城涪城人力资源服务产业园开园仪式举行。在

图157 6月28日，“湖光山色”稻渔亲水湿地农业主题公园开园仪式举行（涪城区提供）

图158　11月8日，中国（绵阳）科技城涪城人力资源服务产业园开园仪式举行（涪城区提供）

仪式上，副市长李栋、区委书记邓辉为中国（绵阳）科技城涪城人力资源服务产业园揭牌，为产业园运营机构授牌。区长张虚怀为人力资源协会、产业园就业见习基地、涪城区创新创业孵化基地、校企（地）合作服务中心授牌。市就业创业促进中心主任汤云春为涪城区创业导师颁发聘书。区委组织部部长曾胜利发布涪城区人力资源服务产业园扶持办法。活动还举行中国（绵阳）科技城涪城人力资源服务产业园校企地合作签约仪式和首批入园企业代表签约仪式。中国（绵阳）科技城涪城人力资源服务产业园采取“一园三区、五站多点”的模式进行建设，规划建设总面积1.5万余平方米，分别在城厢街道福星·都市时尚大楼、石塘街道东岳社区、泗水巷区人社局人力资源和社会保障综合服务中心建设A、B、C三个功能区，产业园A区地处绵阳中心城区，于2022年11月正式获批授牌，并投入运营。园区已集聚各类人力资源服务及孵化企业60家以上，招聘（流动）事业人员共607人。推进涪城区事业单位管理岗位职员等级晋升工作，晋升八级以上职员225名。（刘雪梅）

游仙区

【概况】　游仙区位于市境西南部，是绵阳主城区之一。2022年，游仙区面积1017.53平方千米，其中耕地面积3.34万公顷，户籍人口46.89万人，总户数172472户，总人口56.61万人，人口出生率4.99‰，人口自然增长率－1.37‰。森林覆盖率31.29%。地区生产总值480亿元，增长4.5%。一般公共预算收入13.26亿元，增长11.3%。一般公共预算支出47.47亿元，增长18.1%。全区城镇居民人均可支配收入52903元，增长4.4%；全区农村居民人均可支配收入24278元，增长6.5%。农林牧渔业总产值52.91亿元，增长4.6%。工业增加值130.62亿元，增长1.9%。有规模以上企业139个，规模以上工业增加值增长4.5%。规模以上工业企业实现主营业务收入340.65亿元。社会消费品零售总额152.64亿元。分行业看，批发业实现57.05亿元，同比持平；零售业实现63.77亿元，增长0.4%；住宿业实现14.72亿元，下降1.1%；餐饮业实现17.10亿元，下降0.7%。固定资产投资增长7.6%，分产业看，第一产业下降25.7%，第二产业增长10.1%，其中工业增长10.0%，第三产业增长11.0%。游仙区获评2021年度四川省县域经济发展先进县，游仙区冬油菜区获全国农技中心第二批国家农作物品种展示评价基地认证。

【省级科技成果转移转化示范区建设】　2022年3月24日，四川省科技厅复函绵阳市人民政府，支持游仙区建设省级科技成果转移转化示范区（以下简称示范区）。示范区围绕绵阳科技城建设，立足成渝地区双城经济圈建设战略机遇，发挥科研优势资源，聚焦电子信息、先进材料、智能装备三个主导产业，核技术应用、激光技术应用和航空燃机3个新兴战略产业，推进以科技创新产业化体制机制改革为牵引的县域集成改革试点，探索全周期跨区域利益分配共享机制、全链条院地企精准招商协作机制、全要素一站式项目服务保障机制，保障示范区建设。

【中国（绵阳）科技城航空动力产业园落户游仙】　2022年8月12日，中国（绵阳）科技城航空动力产业园签约仪式在富乐山国际酒店举行。游仙区人民政府与中国航发四川燃气涡轮研究院签署共建航空动力产业园合作协议，与四川旭博精

图159　8月12日，中国（绵阳）科技城航空动力产业园签约仪式举行（游仙区提供）

密科技有限公司签署合作协议，中国（绵阳）科技城航空动力产业园落户游仙。中国（绵阳）科技城航空动力产业园项目占地33.34公顷，总投资25亿元，分两期建设。项目主要包括航空发动机轮盘试验项目、高端精密机械加工项目、航空与燃机高端技能人才培育项目等，按照“小核心、大协作”的创新模式，用3—5年时间建成航空发动机领域全产业链的配套体系。

【游仙区获评“2022中国领军智慧城区”】 2022年11月16日，在第24届中国国际高新技术成果交易会上，游仙区被评为“2022中国领军智慧城区”。2022年，全区按照“一云、两网、N应用”的数字化发展思路，依托中国科技城大数据中心，搭建起“一数据中心、一数字底座、一服务平台、一展示大厅”的发展基础架构。推动建设城市智脑（IOC）、应急指挥、智慧交通、空间地理信息等14个智慧应用，并实行集中统一部署；整合汇聚天网工程、高点视频、智慧井盖等大量前端的感知设备，推动共建共享，发挥更广泛作用；运用物联网、云计算、自动控制等技术，充分发挥大数据助力经济运行、应急指挥、社会治理、服务群众等方面的作用。

【游仙区获评“2021年度四川省县域经济发展先进县”】 2022年11月23日，四川省委、四川省人民政府印发《关于表扬2021年度四川省县域经济发展先进县和全国百强县百强区的通报》，游仙区被评为“2021年度四川省县域经济发展先进县”，综合考评得分居重点开发区第2位。游仙区地区生产总值5年连跨3个百亿量级台阶（2017年突破200亿元，2019年突破300亿元，2021年突破400亿元）。中国（绵阳）科技城航空动力科技创新中心建成投运，与中物院激光聚变研究中心共建光子技术研究院，与科学城海天实业公司共建新材料创新孵化基地，与西南自动化研究所、绵阳建行共建智能制造产业园。2022年，新增市级科技型中小企业64家、国家知识产权优势企业3家，国家知识产权优势企业共6家。高新技术产业主营业务收入达147亿元，企业研发投入4.2亿元。有规模以上企业总数达139家、规模以上服务业企业85家，限上商贸企业和个体户119家。

（李春芳）

安州区

【概况】 2022年，安州区面积1181.69平方千米。辖9个镇、1个乡，117个村、24个社区。地区生产总值达到233.27亿元，增长5.1%。实现农业总产值55.5亿元，增长4.8%。农作物播种面积6.6万公顷，粮食总产量26万吨，减少2.03%。全年肉类总产量3.09万吨。有规模以上工业企业144家，实现规模以上工业总产值421.16亿元，增长12.16%。社会固定资产投资增长11.2%。社会消费品零售总额104.5亿元，增长0.1%。进出口总额11.70亿元。地方公共预算收入11.18亿元。金融机构各项存款余额328.1亿元，增长15.77%。保费收入增长3.9%。有各类学校34所，在校学生45043人。医疗卫生机构284个，床位2277张，卫生技术人员2381人。户籍总人口438873人，人口出生率为5.72‰，人口自然增长率为-2.72‰。城镇居民人均可支配收入42543元，增长4.6%；农村人均可支配收入23724元，增长6.4%。企业职工养老保险参保10.33万人，城乡居民养老保险参保22.03万人；城镇职工医疗保险参保12.07万人；城乡居民基本医疗保险参保36.11万人；城镇登记失业率为2.46%，失业保险参保2.92万人。参加“绵品出川”系列活动，到厦门、深圳、东莞等地实地考察13次，举办专题推介会2次，成功引进10亿元以上项目2个。

【产业发展】 2022年，安州区开展“园区提质”“企业满园”行动，明确“两主两特”产业和“一区多园”空间布局，建立“1+5+9”政策体系，建成标准厂房32.58万平方米，安州区高新区获评省级院士（专家）产业园、省级绿色产业园区，绵阿产业园正式开建。实施工业企业梯次培优行动计划，新增规模以上工业企业18家，总数达144家，位居全市第2，规模以上工业总产值突破400亿元。爱创科技入选全省制造业“贡嘎培优”企业，麦思威尔等7家企业被认定为国家级、省级专精特新企业，银河化学产值突破60亿元。

【基础设施建设】 2022年，安州区提升城市品质。43个城建攻坚项目完成投资23.48亿元，马鞍大道北段、龙安路等6条道路投入使用，河东公园绿地、体育公园对外开放。恒苑小区、长兴现代城2个老旧小区启动改造，完成棚户区改造125套。新增城市公园绿地5.69公顷，城区绿化覆盖率39.9%。开展城乡环境综合提质三年行动，村容村貌环境改造提升项目有序推进，新建污水管网28千米，改造农村无害化卫生厕

图160　2022年，安州区全景（安州区委党研室提供）

所3600户，城乡生活垃圾无害化处理率、行政村农村生活污水有效治理率分别达96%、90%。新增5G基站227个，入选全省数字乡村试点地区。交通体系日益完善。18个交通项目完成投资8.6亿元，改扩建乡村道路111.6千米，成兰铁路安州段贯通，安北高速纳入省高速公路网布局规划。获评全省首批乡村运输“金通工程”样板县，被列入“四好农村路”全国示范县创建单位。

【罗浮山温泉度假区入选第二批国家级夜间文旅消费集聚区】 2022年8月25日，文化和旅游部在江苏常州举行“全国夜间文化和旅游经济发展论坛”，对国家级夜间文化和旅游消费集聚区进行授牌。绵阳安州罗浮山温泉度假区获评“国家级夜间文化和旅游消费集聚区”，并作为四川第二批唯一代表参加论坛和授牌仪式。罗浮山温泉夜间文化和旅游消费集聚区位于安州区桑枣镇，占地面积2.48平方千米，由温泉康养休闲区和洋马路文旅商业综合体构成，文旅商业综合体面积1.8万平方米。集聚区依托罗浮山国家AAAA级旅游景区，以温泉康养为核心资源，周边民宿产业、民谣酒吧、各大品牌餐饮等20多个文旅IP为游客提供更多差异化、多元化的夜间生活选项。集聚区着力打造夜游、夜养、夜娱、夜购、夜宴、夜演、夜宿、夜景等8个维度36个层级200多种业态，形成洋马路风情街、罗浮山温泉康养、梦幻温泉光舞秀、天池湖水舞秀、特色民宿、33民谣酒吧、品牌餐饮等20多个文旅IP。

（杨晓灵）

江油市

【概况】 2022年，江油市总面积2720.89平方千米，辖1个街道、22个镇、1个乡、1个高新技术产业园区，71个社区、182个村。全市户籍总人口84.4万人，人口出生率5.5‰，死亡率11.1‰，人口自然增长率下降5.6‰。地区生产总值601.31亿元，增长3.9%，居全省县（市、区）第21位。民营经济增加值360.83亿元，增长1.9%，占地区生产总值比重60%。规模以上工业企业237家，实现规模工业总产值655.86亿元，增长4.9%。资质内总专包建筑企业63家，完成建筑业总产值86.67亿元，增长9%。建筑业房屋施工面积727.85万平方米，房屋竣工面积141.74万平方米。农林牧渔业实现总产值104.27亿元，增长4.4%；实现增加值70.66亿元，增长4.3%。森林覆盖率52.2%。全社会固定资产投资增长5.5%，投资总量占绵阳的比重为11.4%。新增入库投资项目236个，计划总投资174.89亿元。社会消费品零售总额221.6亿元，减少2.2%。地方一般公共预算收入实现30.05亿元，增长23.2%；一般公共预算支出53.53亿元，增长16.2%。金融机构各项存款余额810.4亿元，增长8.1%；各项贷款余额456.43亿元，增长12.2%。通过天府旅游名县复核验收，青莲镇诗仙村被评为四川省第三批省级乡村旅游重点村。实施李白文化传承弘扬工程，累计开展李白文化宣传普及活动20余场，开设李白文化大讲堂4次，举办专题展览9场，展出展品近1000件。有省级风景名胜区3个，国家AAAA级旅游景区5个，国家AAA级景区1个，文物保护单位37个，文物保护点594个。有电影院8个，广播综合覆盖率100%，电视综合覆盖率100%。有医疗卫生机构686个，卫生机构从业人员6761人，医院门诊人次600.72万人次。农村居民人均可支配收入实现35152元，增加1766元，增长5.3%；城镇居民人均可支配收入实现43544元，增加1970元，增长4.7%。城乡居民社会养老保险参保人数32.5万人；城镇居民基本医疗保险参保人数76.4万人，城镇登记失业率2.47%。有各种养老机构34家，床位4867张。江油位居赛迪顾问县域经济研究中心发布的2022中国县域投资竞争力百强第90位、全国百强县第106位，上榜“2022年全国县域旅游综合实力百强县”、投资竞争力百强县，“江油模式”进入《中国女子足球改革发展方案》并被全国推广。

【产业发展】 2022年，江油实施“工业强市”战略，实现规模以上工业总产值655.86亿元，保持绵阳第一。制订《江油工业发展三年行动计划（2023—2025）》。实施调规优园、引企入园、壮企兴园、科创强园、促建满园、配套实园、赋能活园“七大攻坚行动”，江油高新区挂牌“绵阳市特钢产业园”，获评省科技创新工作先进园区。完成工业投资83.3亿元、技改投资37.5亿元，“1+3”主导产业产值占比提高至85%。开展“园区提质”“企业满园”七大攻坚行动，江油高新区获评首批全省“5+1”重点特色园区，龙凤、含增、马角特色产业园区承

图161 12月28日，融通高科项目办公楼封顶（江油市提供）

载能力持续提升，园区规模以上工业总产值达550亿元。完善专班专员服务企业机制，攀长特产值突破50亿元，国能天明产值突破30亿元，远方装备、新为橡塑获评国家级专精特新“小巨人”企业，总数达4家；新增省级专精特新企业7家，总数达35家，攀长特、六合特材入选省制造业“贡嘎培优”行动计划，培育规模以上工业企业19家。总投资51亿元融通高科项目正式开工建设。天宜上佳、宝玛、蜀玉二期等项目进展顺利。

【基础设施建设】 2022年，江油加快青莲镇双石村等6个村规划编制，覆盖全域规划体系加快构建。启动国土空间规划城市体检评估，加快推进城市有机更新，投入20亿元开展城建攻坚行动，提升城区道路7条，改造棚户区98套、老旧小区84个，新建口袋公园14个，推进普照片区一体化等项目。创新住房安置模式，百日攻坚完成太平镇新华二社试点拆迁，引导鼓励货币化安置户选购商品房，探索城市有机更新与房地产市场健康发展协同推进新路子。优化拥堵线路交通管控措施，增加城区公共停车位273个。

（杨迦晰）

图162 7月1日，绵阳市乡村振兴消费节三台消夏文化季在西平镇启动（三台县提供）

三台县

【概况】 三台县位于四川盆地中北部，古名“梓州”“潼川”，后因城西三台山而得名“三台”。总面积2659.70平方千米，辖31个镇、2个乡。至2022年年末，户籍总人口135.5万人，其中乡村人口116.6万人、城镇人口18.9万人。地区生产总值479.21亿元。公共财政预算收入14.04亿元，其中税收收入6.22亿元；社会消费品零售总额240.73亿元，城镇居民人均可支配收入42097元，农村居民人均可支配收入21974元。有幼儿园177所、小学81所、普通中学校（不含职教）34所、中等职业教育学校2所。有卫生机构（社区卫生服务中心和村卫生室）1116个，其中医院、卫生院68个，卫生机构床位8599张，卫生技术人员5350人。高速公路通车里程169千米，公路总里程4997千米。以纺织鞋服、健康食品和新能源电池三大百亿级产业为重点产业，连续4年蝉联全省县域经济发展先进县，排在2022赛迪西部百强县榜单第38位，获评全国乡村振兴百强县、全市乡村振兴先进县和优秀县。

【产业发展】 2022年，三台县实现工业增加值84.04亿元，增长4.5%，工业化率为17.5%。实施“园区提质”“企业满园”七大攻坚行动，工业投资、技改投资分别增长2.1%、35.8%，建成标准厂房20万平方米，新增国家级专精特新“小巨人”企业1家、省级专精特新中小企业2家，佳联印染入选全省制造业“贡嘎培优”名单、全省2022制造业企业100强，新增规模以上工业企业14家，新增20亿元级企业1家、10亿元级企业1家。实现农林牧渔总产值150.65亿元，增长4.4%，出台《撂荒地整治十条硬措施》，整治撂荒地1327公顷。实施种业振兴行动，入选国家级油菜制种大县。国家现代农业产业园（生猪种业）通过中期评估。三台县成为全国唯一拥有2个国家现代农业产业园的县。实现第三产业增加值218.47亿元，增长4.6%，潼川古城通过省级夜间文旅消费集聚区初评。打造“梓瑶果酒”等多个网销知名品牌，“涪城麦冬”“潼川豆豉”等“梓乡情”品牌产品亮相“绵品出川”系列展销活动，实现营销收入1900余万元、签约金额3.25亿元。举办“绵阳市乡村振兴消费节暨三台县消夏文化季”“乐购梓州·消费惠民”等系列活动，带动社会消费5亿元。入选首批“全省县域商业建设行动示范县”。持续招大引强、招新引优，实施制造业招商引资“百日攻坚”行动，举办鞋服纺织、粮油及健康食品产业推介会，签约项目29个、总投资296.55亿元，其中5亿元以上项目12个。首次运用资本招商模式，通过控股上市公司，加快项目承接落地，签约总投资106亿元的飞尚新型电池产业园项目。

【基础设施建设】 2022年，三台县完成交通攻坚大会战建设投资28亿元，绵遂内铁路开工建设，遂德高速正式通车，G247永明至花园段、S209永新至塔山段等国省干线改建工程持续推进。建成撤并建制村畅通工程314千米、自然村通硬化路157千米、村道生命安全防护工程124.5千米。郪江镇、建平镇、中新镇创建成为市级“四好农村路”示范乡镇。祠堂湾水库、水网工程（一期）、城乡供水一体化等一批重大水利项目开工，冬瓜山电航水毁修复、赵家脊堤防、刘营堤防、观山等5座小型病险水库除险加固项目全部完工，郪江、凯江等防洪治理工程开工建设。加快电网改造升级，

图163　9月29日，遂德高速公路景福镇出入口（三台县提供）

新建（改造）35千伏变电站3个、10千伏以上高压线路73.23千米、低压线路96.58千米、变电器78台。

【飞尚新型电池产业园项目】　2022年11月15日，总投资106亿元的飞尚新型电池产业园项目在第十届中国（绵阳）科技城国际科技博览会推介会暨集中签约仪式上签约。该项目由广东飞尚集团投资，选址于三台县梓州产城新区，总投资约106亿元，总用地约66.67公顷，主要建设20亿瓦时以铝碳为负极材料的新型电池电芯、PACK生产线8条。项目分三期建设，其中一期投资约21.5亿元、二期投资约30亿元、三期投资约54.5亿元。

【绵阳市乡村振兴消费节暨三台消夏文化季举行】　2022年7月1日，绵阳市乡村振兴消费节暨三台消夏文化季在西平镇启动，县委副书记、县长唐顺江出席启动仪式并致辞，杨增辉、贺强华等市（县）领导出席。西平镇是四川省历史文化名镇，历史底蕴深厚、客家风韵绵长，素有“小三台”之称，是全国重点镇、四川省“百镇建设行动”试点镇、四川省历史文化名镇、四川省环境优美示范镇。本次消费节由市商务局、市文广旅局、市乡村振兴局和三台县委县政府主办，活动持续时间为1个月。活动中举办文艺表演等，共吸引绵阳、德阳周边6万余名游客参加。

（唐　伟）

梓潼县

【概况】　2022年，梓潼县面积1443.98平方千米，其中耕地面积4.6万公顷。辖15个镇、1个乡、1个经济开发区。年末户籍人口36.5万人，常住人口25.7万人，人口城镇化率21.3%；人口出生率0.53%，人口自然增长率-3.38‰，森林覆盖率43.88%；城区空气质量优良天数352天，优良天数率96.4%。实现地区生产总值177.05亿元，增长5.2%；规模以上工业总产值86.15亿元，全社会固定资产投资86.61亿元，增长10.0%；地方一般公共预算收入4.46亿元，增长11.1%；社会消费品零售总额65.02亿元，增长0.5%；城镇居民人均可支配收入41022元，增长4.5%；城镇居民人均消费支出24703元，增长3.7%；农村居民人均可支配收入21826元，增长6.6%；农村居民人均消费支出16555元，增长4.8%。参加厦门、东莞、苏州投资推介活动，新签约福欣食品三期、浦发生物等项目17个，协议引资123亿元，其中5亿元以上项目9个。实施全民参保计划，城乡居民养老保险覆盖24.41万人、基本医疗保险参保31万人。开展城乡环境综合提质三年行动和最美宜居集镇建设，黎雅镇获评省级乡村振兴示范镇，玛瑙镇获评省级乡村文化振兴样板镇，自强镇获评全省卫生乡镇。卧龙镇九柏村和许州镇燎原村、百顷村、平原村获评省级乡村振兴示范村。长卿镇长卿村、演武镇柏林湾村等8个村获评“四川传统村落”。“梓潼有机产品认证推动生态文明建设”入选全国优良实践案例。深化行政复议体制改革经验被全省推广。入选首批市级林长制创新试点县，建成全省首个林长制主题公园。首次获评全市县域经济发展先进县。宏仁镇“三个一”（重建一支执法队伍、重织一张信息网络、重构一个执法中枢）综合执法改革等6个典型经验被《中国改革报》报道。

【产业发展】　2022年，梓潼县建成高标准农田2560公顷，完成大豆种植1533公顷，粮食播种面积5.09万公顷、产量30.5万吨。出栏生猪59.2万头。新增“三品一标”农产品4个，市级以上家庭农场示范场19个、龙头企业5家。潼江河谷优质粮油现代农业园区升级为四星级园区。梓潼县获评国家级水稻制种大县。开展“园区提质”“企业满园”行动，经开区入驻企业达269家。林江苎麻、三香汇生物、领海油脂获评省级专精特新中小企业，凯瑞华创、华西动药获评全省第一批创新型中小企业，三香汇生物获评市级企业技术中心。建成园区企业服务中心、商务中心、活动中心。建成人才公寓132套。乐洵食品、味悠闲食品等10个项目开工建设，福欣食品二期、梓鸿生物等11个项目投产达效。新增规模以上工业企业6家、高新技术企业和科技型中小企业18家，完成工业投资16.04亿元、技改投资12.79亿元，分别增长18.5%、70.7%。实现工业税收

1.09亿元，增长1.9%。莱仕顿啤酒与俄罗斯签订5亿元出口订单。实现进出口总额6000万元，增长27%。“两弹城”被中央电视台《新闻联播》报道。七曲山风景区创建成为四川省中医药健康旅游示范基地，鸭鹤岩创建成为国家AAA级旅游景区。完成七曲山大酒店改造升级，七曲小筑、状元第商业街建成投用，两弹城博物馆、航天科技馆主体完工。发展培训经济，累计开展培训500余批次、4万余人次。潼江河谷“九曲田园”农业主题公园开园。

【基础设施建设】 2022年，梓潼县完成交通投资21.8亿元。完成G108铁匠桥至魁星大桥段大修工程、国省干线公路预防性养护工程、S302马鸣至碗泉段改建工程、XB15东宝至许州段改建工程。实施农村公路安全防护工程、撤并建制村畅通工程及通组道路硬化工程286千米。黎雅镇、宝石乡获评市级“四好农村路”示范乡镇。完成城建投资17亿元。新改建城市道路7.6千米，完成棚户区改造240户、老旧小区治理17个、电梯加装10部。整治城市内涝点2处，完成城区老旧燃气管道改造12千米。启用智慧停车系统，新增机动车位3300个，新改建城市停车场5个。整治违法建设，依法拆除违建180宗14033平方米。深化文明城市创建，省级文明城市复审排名全省第8。完成水利投资6.16亿元。建成武引二期马东、建兴、大兴3条斗渠，完成农渠建设60千米。完成15座病险水库除险加固工作，创建成为省级深化小型水库管理体制改革示范县。建成许州水厂，新建农村供水管网750千米，农村集中供水率90.4%，入选国家2023—2024年水系连通及水美乡村建设县。

【民生保障】 2022年，梓潼县财政民生支出17.84亿元，完成28项省市民生实事和7项重点民生实事人大代表票决项目。开展梓潼籍大学毕业生就业关爱行动，提供见习岗位300个，创建全省返乡入乡创业示范县。城镇新增就业2041人，城镇登记失业率为2.6%。获评全省居民收支调查工作先进县。高考成绩创历史新高，本科上线749人，首次获得全市县域普通高中教育质量特等奖。建成经开区幸福幼儿园、黎雅小学附属幼儿园。承办全国大学生、中学生乒乓球预选赛等重要赛事。教体局获全省体育系统先进集体。创建四川省健康促进县。县中医院创建成为三乙医院。卫健局获全省农村适龄妇女免费“两癌”筛查工作成效突出集体。实施适老化改造，新增家庭养老床位172张。累计为15886名低保对象等困难群众发放保障金、救助金8712.9万元。

图164　2022年，绵阳市健康食品产业园（梓潼县委党研室提供）

【绵阳市健康食品产业园建设】 2022年6月，绵阳市健康食品产业园经绵阳市人民政府批准设立，绵阳市健康食品产业园位于四川梓潼经开区，是绵阳市首批特色（专业）园区。同年9月，由四川省食品饮料产业协会、四川省农村发展促进会授予“四川省健康食品产业园”。出台《健康食品产业园食品饮料产业十条优惠政策（试行）》，园区集聚圣迪乐、正大饲料、福欣食品等食品加工类企业55家，其中规模以上食品企业17家，形成蔬果、肉类、蛋品、粮油四大传统产业和预制菜、酒水饮料、川味调料三大支撑产业的“4+3”健康食品产业体系。至年底，园区实现产值50.23亿元，增长78.37%。形成以长林食品为代表的肉制品加工类，以福欣食品、蜀风先后农业为代表的腌制酿造食品类，以圣迪乐为代表的蛋制品类，以莱仕顿啤酒、贵斐紫酒业为代表的酒水饮料类，以领海油脂、妙香食品为代表的食用油类，以星星米业为代表的粮食类，以均益农业、魔小玉食品为代表的保健食品类，以首膳食品为代表的预制菜类，以及以正大饲料、华西动药等为代表的农产品生产辅助类共九大产业集群。（李雨芮）

盐亭县

【概况】 盐亭县是嫘祖文化圣地、世界丝绸之源，古称“潺亭”“秦亭”，因境内多盐井，盐卤出产丰富而得名盐亭。盐亭县位于四川盆地中部偏北，区域面积1645.79平方千米，辖1个经济开发区、1个街道、14个镇、2个乡（1个民族乡）。户籍人口51.91万人，总户数22.89万户。实现地区生产总值203.65亿元，增长5.1%。地方公共预算收入5.02亿元，增长12.8%。规模以上工业增加值增长10.3%。社会消费品零售总额105.81亿元，下降0.5%。城镇居民人均可支配收入41569元，增长4.8%；农村居民人均可支配收入21594元，增长6.3%。工业投资增长49%，技改投资增长36.3%。盐亭经济开发区管理委员会劳动人事争议调解中心获评全国2022年度工作突出基层劳动人事争议调解组织。创建成为“四好农村”路省级示范县及全省第二批乡村水务示范县。

【产业发展】 2022年，盐亭县实施“园区提质”“企业满园”行动。盘活闲置土地20.4公顷，新建标准厂房11.33万平方米，新增规模以上工业企业6家、国家高新技术企业3家，晋升省级专精特新企业2家，盐亭县经开区获省级金牌调解中心和“园保贷”项目运营先进，化工园区申报进展顺利。天然气勘探开采成效显著，年产能首次突破10亿立方米。规模以上工业增加值增长10.3%，居全市第2位。高质量完成“三区三线”划定工作。新建高标准农田2333公顷，实现粮油总产36万吨，出栏生猪63万头，重回全国生猪调出大县行列。以园区为载体推动农业现代化发展成果丰硕，西部水产晋升成为省级四星级园区，鹅溪“生猪+粮油”、嫘祖现代粮油、“七里花乡”林业等园区通过农业园区升星考核，创建“嫘之味”农产品区域公用品牌。第一产业增加值增长5.1%，居全市第1位。持续发展繁荣第三产业。嫘祖国家纪念公园、文同诗竹园创建成为国家AAA级旅游景区，嫘祖圣境、墨竹里等新兴业态加快建设，参加“绵品出川”活动，实现本土产品订单超8000万元。入选“全省首批县域商业建设行动示范县”名单。

【能源化工产业】 2022年，盐亭县依托天然气资源优势，抢抓“双碳”“气大庆”等战略机遇，推进蓬深6井及新增井位尽早投产达效，逐步实现油气资源增储上产，探索建立合作共享机制，将资源优势转化为经济发展效益。加快化工园区基础建设，实施工业水厂、污水处理厂、园区道路基础设施配套项目，构建集约高效、经济适用、智能绿色、安全可靠的现代化基础设施体系，全面提升园区承载能力。立足天然气资源优势，着力规划建设一批规模体量大、延伸配套好、支撑带动力强的天然气化工项目，培育打造产业链核心企业，推进能源化工产业集聚化、协同化、高端化发展。

【基础设施建设】 2022年，盐亭县加强基础设施建设。改（扩）建农村道路420千米，摘牌“四好农村路”省级示范县。金峰水厂巩固提升工程和西部城乡一体化供水项目主体完工并试水，武引二期6条支渠建成通水，创建成为全省第二批乡村水务示范县。实施“城乡环境综合提质三年行动”，改造老旧小区14个。改造提升凤凰大道等城区道路15条。成巴、绵西高速出入口景观提档升级，“口袋公园”“组团式绿化”建设成效被中央电视台报道。

【“123458”农产品质量安全监管模式获农业农村部推广】 2022年7月29日，盐亭县“123458”农产品质量安全监管模式获农业农村部推广，通过农产品质量安全简报发送各地，以供各地参考借鉴。该模式通过“一书”（农产品质量安全承诺书）压实生产主体责任，“两图”（产业分布图和网格监管责任图）推进精准化管理，“三员”（监管员、检测员、协管员）完善基层监管队伍，“四定”（定区域、定职责、定任务、定考核）细化监管措施，“五项举措”（规范工作方式、精准指导服务、落实售前报告、常态巡查督查、实时监管评价）规范监管行为，“八项制度”（目标考核、教育培训、检测检疫、承诺达标合格证、日常巡查、追溯管理、举报奖励和应急处理）织密网格化监管体系，夯实农产品质量安全监管工作的“最初一公里”。盐亭县自推行网格化管理以来，监管覆盖面达100%，生产经营主体年均巡查频次8次以上，监测合格率稳定在98%以上。

（魏　琪）

平武县

【概况】 2022年，平武县面积5949.87平方千米，辖6个镇、14个乡（12个民族乡）。总户数5.85万户，户籍总人口17.25万人，其中男性人口8.97万人、女性人口8.28万人，分别占总人口的52.0%和48.0%。出生人口1039人，死亡人口1484人，人口自然增长率-2.58‰。地区生产总值67.18亿元，增长3.8%。其中，第一产业增加值11.88亿元，增长4.1%；服务业增加值30.44亿元，增长3.2%。全社会固定资产投资增长9.8%；社会消费品零售总额25.17亿元，下降1.6%；地方一般公共预算收入3.32亿元，增长3.7%；城乡居民人均可支配收入分别为40925元、17842元，分别增长4.8%、6.7%。农作物总播种面积3.68万公顷，粮食总产量10.15万吨。油料产量0.55万吨，蔬菜及食用菌产量3.89万吨，中草药产量0.12万吨，茶叶产量0.23万吨。参与“绵品出川”厦门行、东莞行、苏州行等展销对接活动，实现“线上+线下”销售1329万元，签订意向性协议27个、签约金额7103万元。实施“招引培育百家优质企业”行动，签约招商引资项目41个、签约金额30.27亿元。新签约5亿元及以上项目3个。

【基础设施建设】 2022年，九绵高速县城至白马段、广平高速全线建成，G247地质灾害处置和白马至林家坝水毁修复重建工程完工，G543路面养护工程、S216水晶至杨柳、全（光堡）大（桥）路改建工程推进。

【文旅品牌打造】 2022年，平武围绕老河沟片区、清漪江片区、夺补河片区、虎牙河片区和剑门蜀道片区五大民宿片区，推动精品民宿发展，打造“百里精品民宿走廊”，涵盖大地景观、徒步探险、游学体验、康养避暑、民俗体验、非遗传承等众多内容。集中签约民宿项目25个，签约金额9.77亿元，落地在建10家。柿子树、易曼高村等16家精品民宿建成运营。花间伴山获评全市首个天府旅游名宿。实施“百村·千宿·万人业”，推动“民宿+”利益链接机制，带动群众增收致富。确立“秘境平武·熊猫家园”旅游形象定位，推进报恩文旅康养城、大熊猫国家公园虎牙入口示范社区重点文旅项目建设。“白马十八寨”景区改造全面提升，环境和文旅产业超过“8·17”灾前水平。清漪江流域云栖、竹影羌风两个森林康养基地入选绵阳市第五批“森林康养试点示范基地”，印象梅林创建国家AAAA级旅游景区。报恩寺、白马王朗、老河沟生态国际营地等研学品牌首批入驻“绵州研学记”平台。平武入选2022年度“美丽中国·深呼吸小城”，被授予“2022年四川省县域生态旅游目的地”。

【平武连续3年入选“美丽中国·深呼吸小城”】 2022年11月12日，2022年度“美丽中国·深呼吸小城”名单由中国国土经济学会公布，平武县连续3年入选该名单。平武县拥有2个国家级、1个省级自然保护区，是国家重点生态功能区。境内有335只野生大熊猫，数量居全国之首，被誉为“天下大熊猫第一县”，是大熊猫国家公园的重要组成部分。平武森林覆盖率74.46%，出入境断面及饮用水源水质达标率100%，县城环境空气质量优良率98%以上，负氧离子浓度高达0.6万—1.5万个/立方厘米，被誉为天然氧吧。探索生态资源优势转化为经济社会发展后发优势的发展路径，将“全国百佳深呼吸小城”创建作为推广县域旅游、促进生态环境保护和产业结构调整、实施绿色发展的重要抓手和推动生态文明建设的有效途径。

【“百村·千宿·万人业”百企招引暨百里精品民宿走廊启动仪式举行】 2022年12月29日，平武县“百村·千宿·万人业”百企招引暨百里精品民宿走廊启动仪式举行。省文旅厅市场处副处长汤瑜，县委书记黄骏，县委副书记、县长姜坤等出席启动仪式。在仪式上，平武县作产业项目、夺补河等片区精品民宿推介；平武县人民政府与浙江嘉赏文化发展有限公司、四川中科宇康中药有限公司、绵阳铭星京都实业有限公司、绵阳雅颂旅游开发有限公司等企业签订合作协议。共集中签约26个项目，总投资达14.15亿元。

（吴　涛）

图165　12月29日，平武县“百村·千宿·万人业”百企招引暨百里精品民宿走廊建设启动仪式举行（平武县委党研室提供）

北川羌族自治县

【概况】 2022年，北川羌族自治县面积3084.19平方千米，其中耕地面积1.72万公顷；辖9个镇、10个乡，33个社区。户籍人口22.93万人，常住人口17.89万人，人口自然增长率-3.22‰，户籍人口城镇化率30.15%。地区生产总值94.47亿元，增长4.6%。社会消费品零售总额37.87亿元，下降0.5%。外贸进出口总额（包括转口贸易）4168.95万元，增长104.3%。地方一般公共预算收入实现5.64亿元，增长8.3%。税收收入3.68亿元，增长0.7%；地方一般公共预算支出22.53亿元，下降1.8%。年度实施项目154个，完成投资57.12亿元，增长9.7%；北川通用机场等4个市重点项目完成投资8.82亿元，超过目标任务的37.95%；设立1000万元对上争取工作经费，健康食品示范产业园等3个项目成功申报国家政策性开发性金融工具项目。城镇居民人均可支配收入39185元，增长4.8%；城镇居民人均生活消费支出24487元，增长2.4%。农村居民人均可支配收入18676元，增长6.7%；农村居民人均生活消费支出15247元，增长4.8%。承办的第四届海峡两岸大禹文化交流活动暨2022（壬寅）年大禹诞辰祭祀在北川举行。

【产业发展】 2022年，北川羌族自治县建成高标准农田840公顷，完成粮食播面1.95万公顷，生猪出栏24.5万头，被认定为第一批省级种子（苗）生产基地，入选省级“菜篮子”工程冷链设施建设示范县、省级有机产品认证示范区；发布推广“羌食荟”农产品区域公用品牌，茶产业现代农业园区晋级省级园区，北川茶叶多次获评国际大赛金奖。实施“园区提质”“企业满园”行动，出台《企业入园管理办法》，建成标准化厂房11.15万平方米，升级改造管网10余千米，新入园企业16家，签约项目21个、总投资82.5亿元。“一主一特”产值占比提高至54.5%。金冠电子搬迁等49个项目竣工投产。新增规模以上工业企业9家，规模以上工业增加值增长6%，培育省级专精特新企业3家，高新技术产业主营业务收入12亿元。发放“悦享北川·游购羌城”消费券230余万元，直接带动市场消费3000余万元，加快卓信智慧农贸广场等商圈建设，宋喜市入选省级步行街改造提升试点，实施“转企升规”“主辅分离”专项行动，新增规模以上服务业企业4家、限额以上商贸单位8家。服务业增加值增长4.8%，实现社会消费品零售总额37.87亿元。完成《全国禹羌文化全域旅游目的地战略规划及三年行动计划》编制，编制《文旅产业发展五年行动方案》。打造《走北川》实景体验剧，举办“首届白山羊美食节”等节会活动，发布“少年禹传奇”城市超级IP。融资8亿余

图166　11月3日，北川巴拿恰入选2022年全国非遗与旅游融合发展优选项目名录“非遗街区”（北川县委党研室提供）

元实施大美羌城文旅综合提升、一河两岸项目，沙朗恰民俗文化旅游街主体完工。巴拿恰入选全国非遗与旅游融合发展优选项目名录，石椅村创建成为天府旅游名村，宝城村、玉皇山村入选省级乡村旅游重点村。北川排名“2022年中国县域旅游发展潜力百强县市”第32位，上升15位。

【基础设施建设】　2022年，北川完成交通投资17亿元，增长60%，投资总额位列全市第1。盐茂高速启动工可报告编制，安北高速被纳入省高速公路网布局规划，启动工可和勘察设计招标。G347任禹路危隧改造、S216墩青路全线通车，禹里隧道改造提升全面完工。S216全线通车，S313完工60%。新建农村公路安防设施94千米，通车里程3610千米。新建4G基站53个，改造开通5G基站69个，黄江35千伏输变电扩建工程投运，擂鼓至禹里35千伏第二回线路建设稳步推进，投资65亿元的抽水蓄能电站被纳入省政府电源电网发展规划，投资26.4亿元的唐家山水库工程被纳入省“十四五”规划及专项规划，开茂水库灌区工程加快建设。建成“口袋公园”8个、“美丽街角”7处，被中央电视台《新闻联播》报道。推进“加梯”便民服务行动、老旧小区改造等民生项目，开工改造15个老旧小区，完成既有住宅电梯增设30部。

【“羌食荟”农产品区域公用品牌发布会举行】　2022年3月15日，北川举行“羌食荟”农产品区域公用品牌发布会。会上发布“羌食荟”代表产品“马槽酒”“白山羊”“腊肉”“苔子茶”等特色优质、绿色安全农产品。按照“羌食荟”北川农产品区域公用品牌新“IP”，“以‘三品’为引领做优农业”的要求，整合优势资源，发展绿色农业、有机农业、循环农业。截至2022年，北川无公害产品产地认证面积1.9万公顷，其中苔子茶、中羌药材、高山果蔬等农业产业基地5.33万公顷，有全省最大规模的白及种苗繁育基地，特色养殖基地217个、“三品一标”认证农产品58个、绿色食品8个、无公害农产品21个、“北川苔子茶”“北川花魔芋”先后获得国家地理标志产品保护。

【北川中航科技无人机产业园等重大项目集中签约暨开工仪式举行】　2022年9月29日，北川中航科技无人机产业园等重大项目集中签约暨开工仪式举行。省政府驻沈阳办事处主任何仕刚出席并讲话，市委常委、纪委书记、监委主任唐浪生宣布开工。县委书记李昊天等出席致辞。在仪式上，北川与中国航天工业科学技术咨询有限公司、沈阳卓翼航空科技有限公司、四川珠峰通航科技有限公司等签约项目3个，总投资85亿元，其中与沈阳卓翼航空科技有限公司、四川珠峰通航科技有限公司签约的年产200台大型吨级航空应急救援无人机研发、生产、运营服务总部基地项目标志着北川通航无人机产业实现“零”突破。项目先期利用通航产业园标准化厂房建设大载重无人机总装生产线、零部件加工生产线等。项目全部建成满产后，可实现年总产值5亿元，税收超过4500万元，解决就业超过100人。　（袁　丽）

科学城办事处

【概况】　科学城坐落于绵阳城区北侧，是中国工程物理研究院的科研、生产和生活基地。2022年，科学城围绕“服务国防科研生产、保障职工民生福祉”，做好各项工作。提高税费收入质量，全年累计实现税收收入3.03亿元。深化平安科学城建设，打击违法犯罪行为，开展禁毒工作“清库”行动、燃气安全隐患排查，全面实施“一设施一清单”工作。开展纪念中国氢弹成功爆炸55周年、“喜迎二十大、奋进新征程”暑假红色电影展映、全民健身等活动。加强科学城政务服务中心标准化建设，深化省一体化服务平台应用管理，持续推进政务服务信息化、便捷化，开通车管驾驶证、行驶证换领业务，在双鹤警务室开通户政业务办理窗口，拓展科学城已购公有住房内部交易工作，开展“科学城意向出售房屋信息登记”服务业务。

【社会民生】　2022年，科学城提升教育质量与服务水平，开展科学城基础教育体系评估工作。科学城一中建立“中物院博士志愿工作站”，学校及文理12个学科获评绵阳市2022年普通高中教育质量评价特等奖。加强职工居民健康保障，辖区2

家医院继续做好中物院专家医疗卫生保障工作，持续加强职业健康医疗保障能力建设，完成6000余名职工心脑血管与癌症专项筛查，对7700余名科研骨干开展职业健康周期管理，九〇三医院完成创建“三甲”医院现场评审工作。保障民生，发布《2022年科学城24件民生实事实施方案》以及民生实事清单，安排预算资金5.83亿元支持科学城民生建设，科学城春蕾小学建设项目完成主体工程建设，四区老旧小区改造基本完成，既有住宅完成两部电梯增设工作。组织开展全国居家和社区养老服务试点，完成适老化改造和居家上门服务1062次，春瑞社区养老服务综合体建设完成项目选址和方案设计。优化院住房公积金服务管理，开办按月委托提取业务，实现业务系统银证直联，出台特殊优惠政策保障九华府项目公积金贷款需求。办理住房公积金提取13280人次、提取金额5.05亿元，发放住房公积金贷款222笔、贷款金额1.40亿元。加强民生兜底保障，两次调整辖区最低生活保障标准，发放困难职工家庭住房补贴，持续开展困难职工大病帮扶、“金秋助学”、临时救助等活动，共支出各类帮扶资金525万余元。

【基础设施建设】 2022年，科学城印发《幸福平安美丽科学城发展规划（2021—2025年）》，完善《花园片区修建性详细规划》。升级市政基础设施，完成三区停车场整体环境改造提升、申家沟、杜家沟清淤工作。优化交通组织，完成科学城医院内部交通优化和前门路段改造，排查治理科学城一中等路段安全隐患。规范住宅小区建管，加快科学城小区管委会组建工作，制定出台《科学城住宅小区管理办法》，完成九区围墙修缮、九区人行步道整治等项目。弘扬“两弹精神”，在148路口、四区路口、花园路段打造两弹文化微景观，完成院科技馆功勋厅钱三强院士展位建设。

【科学城四区老旧小区改造】 项目包括科学城四区老旧小区改造工程和小区配套基础设施改造工程，总投资5620万元（老旧小区改造工程900万元、小区配套基础设施改造工程4720万元），主要建设内容包括科学城四区42栋屋面防水改造、局部外墙渗水改造、局部公共楼梯间改造、住宅楼主下水管出户改造以及小区车行道、人行道、停车位、围墙、绿化、给排水管网、燃气管网、路灯、监控、通信，养老托育、活动场地等便民服务设施改造。项目于2022年2月16日开工，8月基本完成小区改造工程，12月基本完成小区配套基础设施改造工程。

【名称保护工作】 2022年4月，四川省人民政府科学城办事处启动“四川省科学城、开元科学城、四川省科学城办事处”等名称保护工作，推动“四川省科学城、开元科学城、四川省科学城办事处”等字号在商事登记注册系统中予以名称保护，并建议中物院对“中物院”等名称也予以保护，得到中物院认可与支持。经绵阳市、中物院和科学城办事处共同努力，8月，四川省市场监管局登记注册处明确，“中国工程物理研究院、四川省科学城办事处”依据有关规定无须提交保护名称申请，“中物院、九院、开元科学城”依据申请在省内禁用。随后，“中国工程物理研究院、中物院、九院”等相关品牌获得国家市场监管总局“全名称”保护。

（张晓波）

绵阳市非物质文化遗产——鑫田粮艺

鑫田粮艺是以五谷杂粮为材料，采用粘贴、镶嵌等技艺进行创作的一门民间工艺，2006年被列入“绵阳市第一批非物质文化遗产名录”。鑫田粮艺利用五谷杂粮的天然颜色和形状，通过粘、贴、拼、雕等手工制作方法，构成一幅幅被赋予吉祥喜庆内涵的图案、纹饰和文字。创作材料经过特殊处理，不脱落、不变形、不褪色。鑫田粮艺市级代表性传承人潘德贵从1999年开始创作粮艺画，其作品题材包括民俗风情、人物、山水、书法等。经多年摸索，潘德贵形成了独特的艺术风格，代表作《农耕图》于2010年8月在中国文联、中国民间文艺家协会主办的第五届中国民间工艺品博览会上获金奖。2019年，他通过历时9年的复制创作，完成系列作品《雍正耕织图》。

人 物

Figures

全国五一劳动奖章获得者

【向明朗】 男，1979年出生，正高级工程师，本科学历，中共党员，北京大学光华管理学院进修结业，绵阳富临精工机械股份有限公司总工程师。向明朗于2003年加入富临精工，先后担任技术中心副主任、主任、副总工、技术总监、事业部总监、子公司总经理、总工程师等职务；曾主导国家重点新产品液压自动张紧器项目产业化开发、科技部创新基金项目VVT研发及多项省级项目研发,其中VVT项目2020年年产值超过10亿元；成功创建国家级企业技术中心和四川省新能源汽车驱动系统工程技术研究中心，主持起草制订现行机械行业标准2项，获授权专利89项，其中发明专利17项。曾获中国机械工业科技进步二等奖、中国专利优秀奖、中国汽车工业科技进步三等奖、四川省科技进步三等奖、四川省专利奖、四川省五一劳动奖章、绵阳市有突出贡献的中青年拔尖人才、绵州英才卡持卡人才。2022年4月，被中华全国总工会授予全国五一劳动奖章。

（市总工会提供）

四川省五一劳动奖章获得者

【熊安顺】 男，1986年出生，四川遂宁人，初中文化，群众，绵阳佳联印染有限责任公司职工，电器班长。熊安顺自参加工作以来为团队业绩及团队人员成长做出突出贡献，主导联机进布对中控制方式改善，节约成本上万元，提升维修效率。电器训练平台缩短新人培训时间，将新人培训时间由三年缩短为半年。参与“一种布料印染使用的脱水机构”“一种基于印染领域的化验室旋转烘箱”“一种新型印染包装布卷调头装置”“一种新型印染印花薄布防脱色风机”“一种角磨机固定切割支架”等项目均获得实用新型专利。2022年，被四川省总工会授予四川省五一劳动奖章。

【喻　量】 男，1974年出生，四川射洪人，大学学历，中共党员，际华三五三六实业有限公司党委书记、执行董事，高级经济师。2020年初，喻量率领职工克服无菌场所难找、设备难购、材料短缺等困难，仅用10天时间，完成四川省内相关防护物资的转产投产，取得四川省疫情防控期间首张医用防护服生产许可证。累计调拨医用防护服12万套、非医用防护口罩33万只，为疫情防控做出贡献。公司党委分别获得四川省抗击疫情先进集体和四川省抗击疫情先进基层党组织。2022年，被四川省总工会授予四川省五一劳动奖章。

【张琳艳】 女，2001年出生，中国女子足球运动员，北京师范大学在读本科生。张琳艳8岁时开始学习踢足球，参加四川省2011年龄段萌芽杯，获得金牌。其间，全队进球56个，其中张琳艳独揽48个。2012年就读恒大皇马足球学校。2013年入选国家女足少年队。同年6月6日，在U-14女足亚锦赛小组赛最后一轮中，中国队以6：0战胜关岛队，张琳艳第一次在国际赛事中踢出“帽子戏法”。2016年1月28日，张琳艳在全国女子足球U-16锦标赛中受伤就医，手术康复后，重新出现在足球场上。2018年年底张琳艳在比赛中再次受伤，并去德国康复治疗。2021年12月，张琳艳入选中国女足集训名单，在亚洲杯决赛中表现出色，并代表国家队参加奥运会预选赛，顺利出线。2022年2月6日亚洲杯决赛上，中国女足在上半场落后2球的情况下，张琳艳出场通过创造点球、头球破门，帮助中国队以3：2的成绩战胜韩国队，夺得冠军。同年，张琳艳当选为2022女足亚洲杯决赛未来之星。2022年，被四川省总工会授予四川省五一劳动奖章。 （市总工会提供）

四川好人

【邓启贵】 男，羌族，1963年出生，四川北川人，涪城区司法局城厢司法所所长、二级主任科员。分别获2022年第二季度中国好人、2022年第一季度四川好人。20多年来，邓启贵始终工作在人民调解第一线。他创新工作方式，在全市率先成立“邓启贵人民调解工作室”，创建调处矛盾纠纷“四位一体”工作机制，组建“邓启贵人民调解专家团队”，参与并成功调解各类矛盾纠纷1500余件，其中有重大影响的纠纷450余件。邓启贵始终把群众利益放在最重要的位置，赢得干部群众的信赖，被群众称为“和谐使者”“金牌调解员”“身边的法律专家”。先后获得平安中国建设先进个人、全国模范人民调解员、全国最受欢迎人民调解员、四川省我最喜爱的政法干警、感动涪城模范共产党员等多项荣誉，被省委、省政府记个人一等功1次，被省司法厅记个人二等功1次。

【周建国】 男，1968年出生，绵阳市聋协副主席，绵阳市涪城区残联副理事长、党组成员。2022年第二季度四川好人。周建国克己奉公，乐于助人，长期从事助残助学、帮贫扶困、救灾救援、环境保护等社会公益事业和志愿者工作。“5·12”汶川特大地震发生后，周建国组织队伍参与抗震救灾。他使用过的喊话器、电台、小红帽、发动机、小汽车等10件物品被5·12汶川特大地震纪念馆收藏。童年时期，周建国因故致残，因为经历苦难，乐于助人成为他的生活习惯。2003年起他为残疾人、困难群众捐款捐物价值180万元，自己却过着最为朴实的简单生活。

【季蜀蓉】 女，1971年出生，三台县秋林镇人，三台县富顺镇中心卫生院，妇产科主治医师。2022年第二季度四川好人。季蜀蓉是三台县富顺镇中心卫生院的一名妇产科医生。2014年，季蜀蓉从秋林镇卫生院调到富顺镇中心卫生院工作。为照顾大伯，向单位申请到一楼的宿舍，将大伯接去照顾。此后20年中，季蜀蓉每天给大伯做饭，对待他如同自己的亲生父亲一般。同时她和婆婆相处得也十分融洽，感情如亲生母女一般深厚。她的父亲患有脑梗和高血压，季蜀蓉只要一有时间就回去探望，并嘱咐老人一定要同她保持联系。季蜀蓉怀着“老吾老以及人之老”之心，坚持孝老爱亲的准则，除了照顾家里的老人，还帮助其他需要帮助的老人，赢得同事和周围人的钦佩。

【陈益凡】 男，1963年出生，绵阳市盐亭县凤灵街道城东路社区居民。2022年第三季度四川好人。1996年，陈益凡下岗失业，同时，父亲因病去世，母亲一病不起，在外地打工的弟弟又身患怪病。陈益凡把行动不便的弟弟接回家照顾。2005年，其弟弟因长期患有腰椎间盘突出症导致神经被压迫，引发脑梗死并彻底失去自理能力，只能卧床养病。陈益凡四处筹钱送弟弟医治，但病情始终毫无起色。他每天既要照料弟弟和母亲，又要出门打工。社区每月的低保、大病救助和临时生活救助远远不能满足弟弟的医疗费用，从2014年起他就抽出下午的时间，帮助小区“双职工”家庭照顾小孩，挣取每月四五百元收入补贴家用。他利用有限的收入精打细算，做好可口的饭菜保证弟弟的营养，买回医疗器械为弟弟清洗臀部溃烂创面。他以实际行动诠释着“手足”情。

【王中福】 男，1979年出生，绵阳市游仙区新桥镇两河村二组村民。2022年第四季度四川好人。2012年，王中福父亲在家干活时不慎摔倒，被送往绵阳市第三人民医院住院治疗。2018年，王中福的父亲突发脑梗，母亲又摔断胳膊，此时，刚上中学的儿子报名在即。生活的压力像一座大山重重地倒向王中福，但他却觉得困难来了，再穷也要想办法解决，只要勤快，日子总会好起来。他没有抱怨，没有放弃，而是选择乐观坚强面对，在照顾家人的同时竭力工作，勇敢承担一家之主的责任，用勤劳的双手和无微不至的关怀为家人撑起一片天。

（市委宣传部提供）

最美绵阳人物

【尹恒、阮军】 尹恒（妻子），女，1987年出生，中共党员，绵阳市中心医院肾病内科主治医生。阮军（丈夫），男，1987年出生，中共党员，绵阳市中心医院感染科主治医生。尹恒、阮军两人新婚仅2个月，就由单位一起派遣到凉山布拖县。出发前，阮军和尹恒达成共识：帮扶，不是完全代替当地医生的工作，而是要把重点放在当地不能解决的问题上，放在“传帮带”上，为当地培养一支带不走的医疗队伍。援建期间，夫妻二人除带领科室医生查房、收治患者外，还利用空闲时间组织科室进行业务学习，开启“传帮带”工作。尹恒曾患有子宫肌瘤，援建期间，病症加剧。她就独自赶回绵阳完成手术，又抓紧时间赶回布拖县为病人会诊。一次，尹恒接诊一名小患者，见该患者双腿已经红肿，疼痛难忍。她亲自带着患者去开单子，四处协调各科室，在最短时间为该患者开通绿色通道。夫妻二人还当起跨界教师、公益使者，主动为当地儿童补习英语。阮军经常为当地的艾滋病患者送医送药，为学生进行艾滋病预防宣讲，也为抗艾工作人员开展定期专业培训。2022年，尹恒、阮军入选2021年度最美绵阳人物。

【苏冬雪】 男，1984年出生，中国航天科工集团四川宏华石油设备有限公司高级铆工。2020年“五一”期间，苏冬雪回到绵阳三台老家探亲。5月3日早上，苏冬雪突然听到邻居家传来呼救声：“救命啊，有人掉进沼气池了。”他立即跑去施救。等他赶到沼气池边时，周边已经围了不少人。他看到邻居的妻子和女婿正在慢慢下沉，而邻居已经完全沉下去看不见了，情况十分危急。苏冬雪找来绳子系在腰上，下到池子里救人。苏冬雪一直憋着气，实在不行才小口换气，避免过多吸入沼气池里的气体。他蹚进池子摸到受困者的腰部后用绳子套住一名受困者，一只手托举受困者让绳子另一头的村民们一起用力把人拉出去。几分钟后，第一名被困者被拉了上来。苏冬雪用相同的办法救起了第二名被困者。当他要救第三个人的时候，一旁的村民觉得希望不大，开始劝阻。但苏冬雪没有放弃，继续在池里面摸索，最终和村民把第三名被困者也救了上来。苏冬雪也因此先后被评为第七届四川省道德模范、2021年四川好人。2022年，苏冬雪入选2021年度最美绵阳人物。

【胡祥雨】 男，1979年出生，中共党员，绵阳市公安局刑侦支队一大队教导员。胡祥雨是一位被寻亲群众誉为“打拐英雄”的基层公安民警。2019年年初，胡祥雨偶然看到一档认亲电视节目后，决定要帮助更多失散家庭团圆。同年6月，胡祥雨主动向组织提出到打拐办工作。2021年，胡祥雨工作室成立，招募全国各地反拐寻亲志愿者300余人，发动和借助民间及网络力量开展社会化宣传、线索收集初查、样本采集等工作，助力绵阳公安反拐寻亲工作开展。在一场团圆认亲仪式上，一位苦寻孩子35年未果的母亲建议胡祥雨建一个公益微信群帮助大家寻亲。胡祥雨当即成立“团圆绵阳——我们在行动”微信群，推动形成警民协作、一路同行的浓厚反拐寻亲氛围。此后，胡祥雨把自己的时间分割成两块。上班时，他协调处理打拐信息，涉拐研判情报。业余时，他投身微信群网络公益寻亲工作。他的手机里有900多个寻亲微信网友，几十个寻亲群组，平均每天接到各类寻亲求助电话和信息上百条。“帮助所有孩子失踪的家庭实现团圆！”这是胡祥雨从未改变的初心。四年来，他不分忙闲，不舍昼夜，在现实社会中和网络世界里帮助失踪儿童回家。2019年他找回失踪被拐儿童26人，2020年找回41人，2021年找回142人。2022年，胡祥雨入选2021年度最美绵阳人物。

【倪山清】 男，1990年出生，彝族，中共党员，盐亭县九龙镇五龙小学特岗教师。2014年，倪山清高校毕业后，到盐亭县做特岗教师。他用6年时间，陪山里娃一起成长，并成长为一名全国优秀特岗教师，参加全国优秀特岗教师报告团。当地条件艰苦，并没有让倪山清退缩，反而激发起他扎根农村、改善当地教育状况的决心。倪山清将全部精力都投入教学中。除了给孩子们教授知识，他还会花大量的时间关心孩子们的生活，确保班上再没有一个孩子辍学。2017年，倪山清的特岗教师合同结束，他放弃进城工作的机会，选择继续留在农村教学。2022年，倪山清入选2021年度最美绵阳人物。

【曹仕敏】 男，1976年12月出生，2021年6月去世，中共党员，生前系梓潼县公安局经侦大队大队长。曹仕敏生前是一名警察。2021年6月16日凌晨5时许突发疾病，倒在办案区候问室，经医生全力抢救无效，于当日6时35分离世，年仅45岁。2021年6月15日早上7时，正在家休息的曹仕敏接到电话，追捕数月的在逃人员在西安落网，他立即出发到县公安局开展工作。10时，曹仕敏准备好相关工作后，便带领民警张德荣、辅警何禹锋前行西安，17时许到达西安北站派出所。在办完交接手续，他们立即押解犯罪嫌疑人返程，回到梓潼县公安局已是22时30分。曹仕敏让同事回家休息，自己则带领另一名辅警杨海峰押解犯罪嫌疑人来到县局集中办案区，等待次日将对方送进看守所。忙到凌晨5时许，曹仕敏将身体靠在椅背上合眼休息。这一闭眼，曹仕敏再也没有醒来。曹仕敏在梓潼县公安局刑侦大队工作7年来，共勘查各类现场1800余起，提取痕迹物证3600余份，为600余件刑事案件成功侦破提供强有力的证据支撑，让3名公安部督捕在逃犯罪嫌疑人落入法网。2022年，曹仕敏入选2021年度最美绵阳人物。

【窦进书】 男，1964年出生，中共党员，国网江油市供电公司武都供电服务站供电服务中级工。窦进书是四川江油市供电公司武都供电服务站的“电管家”，也是国家电网四川电力（绵阳武都）连心桥共产党员服务队里年纪最大的一名队员。39年前，他进入当地的北城乡电管站工作，山上的4个村落，窦进书每周至少走上一趟，其中白云村的路最难走，国家电网先后4次对这里进行了农网改造。2021年，江油市对云顶山上的10千伏武北线云顶二组分支线20号至29号杆之间的线路进行改造升级。窦进书与队员们贴着峭壁侧，在山间来来回回，将500米长的电缆一段一段往前挪，2个小时电缆才能整体向前移动约1千米。而改造所需的金具、绝缘子、避雷器等物资材料全由8匹马和人力扛运上山，最远运距约5千米。耗时11天，窦进书与队员克服困难，完成线路改造升级。2022年，窦进书入选2021年度最美绵阳人物。

【张沥文】 女，1984年出生，中共党员，绵阳市房产交易和信息中心存量房交易管理科科长。2012年，张沥文的姑姑、爷爷相继患病去世，奶奶因承受不了打击，突发脑出血后，生活无法自理。2015年，父亲因胃癌去世，张沥文成为奶奶唯一的监护人。由于脑积液的长期压迫，张沥文奶奶患上老年痴呆症，张沥文起早贪黑悉心照料。每逢假期，张沥文都会推着轮椅上的奶奶，在全国各地寻医，她的足迹踏遍大半个中国。后来，奶奶产生了吞咽障碍，神志也模糊不清。张沥文便自学医学知识以及插管喂食、吸痰吸氧、插尿管、按摩等护理方式照顾奶奶。张沥文用行动诠释“百善孝为先，孝为德之本”。2022年，张沥文入选2021年度最美绵阳人物。

【戴　剑】 男，1972年2月出生，2021年12月去世，中共党员，生前系绵阳市食品药品检验所职工。戴剑生前是绵阳市市场监督管理局一位普通工作人员，也是一名公益人。2018年5月，戴剑从同事那里得知壤塘县石里乡群众缺少衣物。他立即向绵阳无偿献血志愿者服务队发出倡议，并和志愿者们一道将募集的4000多件衣物送到石里乡群众手里。2019年10月，戴剑和绵阳无偿献血志愿者服务队的队员们，自驾车来回奔波2400多千米，为甘孜州德格县格萨尔希望小学的孩子们送去衣物、文具和捐款。2019年，戴剑成为中国遗体捐献志愿者。2020年3月，戴剑参加绵阳莲花公益热血小分队启动的“10+1”人计划，加入孤寡老人董婆婆的关爱小组。2021年12月10日，戴剑去世后，亲人按照他生前的愿望，把他的眼角膜捐给需用之人，把他的遗体捐出，实现他人生最后一次公益的遗愿。2022年，戴剑入选2021年度最美绵阳人物。

【马远学】 男，1963年出生，中共党员，马记志愿服务大队队长。1991年春节前，马远学到江油市福利院彰明分院看望86名孤寡老人，此后，这成为马远学的一个习惯。每年的重阳节、春节，他都会带领员工，带上慰问品和年货，看望孤寡老人。“5·12”汶川特大地震发生后，马远学带着全家和自愿留下的厨师、服务员，冒着余震危险，在自家酒店停车场搭起土灶，办起“马记酒店免费就餐处”，亲自为受灾群众烧火做饭。马远学还为参加抗震救灾的部队官兵提供饮食。把酒店办成远近闻名的“千人免费食堂”和“军人之家”。2022年，马远学入选2021年度最美绵阳人物。

【毛　静】 女，1983年出生，中共党员，安州区人民法院塔水人民法庭庭长。毛静是绵阳市安州区法院唯一一名女性基层法庭庭长。毛静先后在基层人民法庭、司法调解中心、民事审判庭、刑事审判庭等基层法院工作12年，办理案件1000余件，一直保持着“零瑕疵”“零信访投诉”纪录。塔水辖区人口众多，经济以农业发展为主，家事审判、人身损害侵权纠纷、合同纠纷占据案件的大部分。面对这样的情况，毛静并没有因案件法律关系简单、涉案金额小而有丝毫懈怠。在面对法庭管辖的乡镇涉诉信访人员较多时，毛静初上任就开展“驻村法官”工作，只要与群众利益相关、与大局稳定相关的矛盾和纠纷，都会进村排查、收集、登记梳理。2022年，毛静入选2021年度最美绵阳人物。

【刘　宸】 男，1997年出生，中共预备党员，西南石油大学经济管理学院在读学生，出生于绵阳市三台县。刘宸曾在新疆服役。服役期间，他写下长篇申请书，主动前往更艰苦的侦察营服役。2017年，刘宸参加“国际军事比赛-2019”，勇夺3金，记一等功，成为名副其实的“兵王”。2022年，刘宸入选2021年度最美绵阳人物。

【兰远航】 男，1986年出生，中共党员，涪城区蒲公英应急救援中心理事长、绵阳市骨科医院后勤科职员。兰远航曾经是一名自驾游爱好者，并参加红十字会急救员知识培训，考取急救员证。2016年，他发起成立以应急救护为主的绵阳蒲公英救援队。在“6·24”茂县山体滑坡、“8·8”九寨沟地震等灾难中，兰远航带领救援队参与省共青团发起的“线上救援”活动，发挥公益团队作用。2020年8月16日，受强降暴雨影响，安州区塔水镇、秀水镇、河清镇等多个乡镇受灾。兰远航立即带领6名队员携带橡皮艇、桨板等相关装备立即前往救援，累计转移被困群众17人。2022年，兰远航入选2021年度最美绵阳人物。

【谢洋洋】 女，1996年出生，共青团员，盐亭县鹅溪镇黄金钩村村民。谢洋洋是一名普通农村女孩儿。2010年，她患上类风湿性关节炎。虽然学校离家远，交通也不够便利，每次走路上学需要1个多小时，在学校上下楼也需要同学搀扶，每走一步腿都会钻心地疼，但她却含泪勇敢地坚持上学，并以优异的成绩完成初中学业。直到她到县城读高二时，因病情加重不得不退学回家。2017年6月，她通过驻村第一书记协调县发改局和县妇联资助一台电脑和手绘板，开始自学绘画，并参加初级插画师培训班。谢洋洋在微博上注册账号，发布绘画作品。同年11月，她通过微博挣到第一笔收入30元。此后，谢洋洋成为一名高级插画师，获得第五届中国风动漫国际大赛优秀奖。2022年，谢洋洋入选2021年度最美绵阳人物。

【刘　阳】　男，1993年出生，中共党员，绵阳中通快递公司快递员。2010年，刘阳参军入伍，退役后，他应聘成为绵阳市公安局交警支队的一名辅警。后来，他成为一名快递员。他连续3年客户投诉率为零，满意率100%。通过勤奋工作，他成为市中心的快递代理。他还加入蓝天救援队，利用空闲时间，多次参加救援任务。他曾多次免费把近千千克的捐赠物品通过自己的快递站发送到藏区儿童手里，打捞勇救落水群众而英勇牺牲的广元苍溪警察，搜寻安州区走失老人等。2022年，刘阳入选2021年度最美绵阳人物。

【刘斯羽】　女，1984年出生，中共党员，绵阳中学英才学校高级教师。刘斯羽是一名普通的人民教师，在担任班主任的12年里，她努力提升自己的教学能力，并利用主题班小会、班团活动等契机，加强学生爱党爱国教育，组织开展班级风采大赛、民俗剪纸等丰富多彩的活动，为每一名孩子提供最佳的发展空间。2022年，刘斯羽入选2021年度最美绵阳人物。

【陈云珍】　女，羌族，1971年出生，中共党员，北川羌族自治县伊琢羌绣有限公司总经理。陈云珍长期致力于传承和发扬羌绣文化，是北川羌族自治县唯一一位省级羌绣“非遗”传承人。在她手中，一个小小的荷包在穿针引线之间，花草树木、飞禽走兽巧妙呈现。陈云珍始终保持着一名共产党人的初心，把羌绣传承和发扬作为自己的使命。作为第四代羌绣传承人，陈云珍集绘、剪、裁、织、绣技能于一身。2013年，她创办云珍羌绣专业合作社，开办羌绣培训班，主动招收徒弟，向当地羌族妇女和残疾人传授羌绣技艺，帮助她们找到就业门路，实现居家灵活就业，助力脱贫攻坚。陈云珍总计培训绣娘9000余人，带动妇女灵活就业300余人。2022年，陈云珍入选2021年度最美绵阳人物。

【雷润花】　女，1968年出生，绵阳高新市政建设有限责任公司环卫部环卫工人。雷润花是一名普通的环卫工人。2021年8月中旬，绵阳城区出现连日强降雨天气。降水急、雨量大，大量苗木枝叶、泥沙等垃圾杂物被雨水冲刷堆积，造成城区部分道路因下水道堵塞出现积水情况。在不足1米宽的下水道里，淤泥堆积、恶臭扑鼻。在连续半个月的防汛排涝清理中，雷润花完全不顾及脏和臭，一铲一铲把垃圾淤泥掏出来。2021年冬天的一个清晨，隔壁的王大爷去菜市场买菜，途中突发眩晕，瘫坐在路边。雷润花发现后主动救助王大爷，一手掐住老人的人中，一手扶住老人轻拍其后背。待老人清醒后，雷润花又取出水杯给老人喂水，搀着老人坐到街边座椅上休息，并拨打电话叫来老人的儿女，一起将老人送到附近卫生院诊治。2022年，雷润花入选2021年度最美绵阳人物。

【欧阳曼娘】　女，1978年出生，无党派人士，“牧云轩”残疾人居家灵活就业空间负责人。欧阳曼娘是一名创业导师、心理咨询师、策划师、布艺手工达人。2018年5月，欧阳曼娘成立公司致力助残事业。在市、区残联的支持下，她自筹资金140余万元创办“牧云轩”残疾人居家灵活就业空间，累计培训残疾人5000余人次。2019年11月，欧阳曼娘发起并实施“300计划”，号召爱心人士提供旧衣物，通过支付300元的手工费及辅料费，由残疾朋友或残疾人家属二次加工制作成不同形状的手工作品后，再返还给爱心人士。为帮助残疾人建立信心，欧阳曼娘在“牧云轩”专门设立心理咨询室，每年组织策划10余场残健融合活动和残疾人特别活动。2022年，欧阳曼娘入选2021年度最美绵阳人物。　（市委宣传部提供）

四川清音传承人

【程永玲】 女，籍贯重庆江津，出生于绵阳。1947年5月出生，2021年8月去世，享年74岁。她是中国曲艺协会顾问、中曲协原副主席、四川省文联原副主席、四川省曲艺协会原主席、成都市曲艺团原团长，四川清音著名表演艺术家，国家一级演员，著名四川清音表演艺术家，享受国务院政府特殊津贴。1958年考入成都市戏剧学校曲艺班，师从四川清音艺术大师李月秋。多次获得国家级和省级艺术大奖，包括文化部颁发的“文华新节目奖”和“文华表演奖”。获得人事部文化部联合授予的全国文化系统先进个人和中国文联授予的首批全国中青年德艺双馨文艺工作者等。1995年获中国曲艺牡丹奖表演奖。

（市地方志中心提供）

先进个人

2022年绵阳市获国家、省级表彰的先进个人一览表

表83

序号	姓名	所在单位	获奖名称	授奖单
1	崔　国	绵阳市税务局	全国“人民满意的公务员”	中共中央、国务院
2	雍小凤	绵阳市人民检察院	全国“人民满意的公务员”	中共中央、国务院
3	刘永红	涪城区纪委	全国纪检监察嘉奖	中央纪委国家监委
4	谭　瑾	农工党绵阳市委	农工党中央“先进个人”	农工党中央
5	敬代晖	农工党绵阳市委	中央“反映社情民意信息工作先进个人”	农工党中央
6	白　明	致公党绵阳市工委	社会服务工作先进个人	致公党中央
7	左田田	5·12汶川特大地震纪念馆	“金牌讲解员”	中宣部
8	赖　宁	绵阳市公共交通集团有限责任公司	第十四届“全国见义勇为模范”	中央政法委员会
9	毛　静	安州区人民法院	全国法院先进个人	最高人民法院
10	陈　幽	市中级人民法院	人民法院行政审判工作先进个人	最高人民法院
11	马银国	绵阳市自规局	全国十佳“最美自然守护者”	中宣部、自然资源部
12	钟　磊	绵阳市公安局	全国优秀人民警察	公安部
13	谌晓蓉	绵阳市公安局	全国优秀人民警察	公安部
14	谢志建	绵阳市公安局	全国优秀人民警察	公安部
15	刘　东	涪城公安分局	全国公安政治安全工作先进个人	公安部
16	杨建红	绵阳市气象局	2022年重大气象服务优秀个人	中国气象局
17	杨先荣	绵阳市住建委	全国住房和城乡建设系统先进工作者	人社部、住房和城乡建设部
18	唐　琪	绵阳市住建委	全国住房和城乡建设系统先进工作者	人社部、住房和城乡建设部
19	王新文	绵阳市消防救援支队	改革先进个人	国家消防救援局

续表83

序号	姓名	所在单位	获奖名称	授奖单位
20	白云平	绵阳市消防救援支队	优秀消防救援站教练员	国家消防救援局
21	丁灿松	绵阳市消防救援支队	训练标兵	国家消防救援局
22	谭　伟	绵阳市消防救援支队	全国119先进个人	国家消防救援局
23	向明朗	绵阳富临精工股份有限公司	全国五一劳动奖章	中华全国总工会
24	叶子瑞	绵阳市先锋路小学	2021年度全国优秀共青团员	共青团中央
25	张景铭	中国电子科技集团公司第九研究所	全国优秀共青团干部	共青团中央
26	徐广庆	中国航发四川燃气涡轮研究院	第21届全国青年岗位能手	共青团中央、人社部
27	巩舒溶	绵阳市平武县响岩镇中心小学校	全国优秀少先队员	共青团中央、教育部、全国少工委
28	陈静茹	绵阳市沙汀实验中学	全国优秀少先队员	共青团中央、教育部、全国少工委
29	田　慧	四川省绵阳市绵阳中学英才学校	全国优秀少先队辅导员	共青团中央、教育部、全国少工委
30	刘　程	绵阳市涪城区城厢街道铁牛街社区	全国五好家庭	全国妇联
31	熊帮照	绵阳市农业农村局	四川省农业丰收奖先进个人	四川省委、省人民政府
32	李　波	绵阳市农业农村局	四川省农业丰收奖先进个人	四川省委、省人民政府
33	袁　蓉	绵阳市司法局	四川省“七五”普法先进表扬	四川省委、省人民政府
34	陈　玲	绵阳市司法局	四川省“七五”普法先进表扬	四川省委、省人民政府
35	龙　俊	绵阳市司法局	四川省“七五”普法先进表扬	四川省委、省人民政府
36	汪　智	绵阳市司法局	四川省“七五”普法先进表扬	四川省委、省人民政府
37	张睿熙	绵阳市司法局	四川省“七五”普法先进表扬	四川省委、省人民政府
38	游　英	绵阳市司法局	四川省“七五”普法先进表扬	四川省委、省人民政府
39	袁　飞	游仙区政府	四川省信访工作先进个人	四川省委、省人民政府
40	张　林	绵阳市住建委	2022年应对极端灾害天气能源电力保供工作突出贡献个人	四川省委、省人民政府
41	杜兴军	绵阳市信访局	四川省信访工作先进个人	四川省委、省人民政府
42	陈洪春	绵阳市公安局	四川省信访工作先进个人	四川省委、省人民政府
43	古庆华	绵阳燃气集团有限公司	四川省信访工作先进个人	四川省委、省人民政府
44	刘年高	江油市政府	四川省信访工作先进个人	四川省委、省人民政府
45	范宗荣	绵阳市康辉旅行有限责任公司	2022年四川省“金熊猫”奖先进个人	四川省人民政府
46	罗清树	绵阳市林业局	四川省建设长江上游生态屏障先进集体	四川省人民政府
47	陈　英	绵阳市林业局	四川省建设长江上游生态屏障先进集体	四川省人民政府

重要文存

中共绵阳市委关于深入学习贯彻党的二十大精神 坚持创新引领 实施"五市战略" 加快建设中国科技城 全力打造成渝副中心的决定

——2022年12月28日中国共产党绵阳市第八届委员会第五次全体会议通过

党的二十大是在全党全国各族人民迈上全面建设社会主义现代化国家新征程、向第二个百年奋斗目标进军的关键时刻召开的一次十分重要的大会。为深入学习贯彻党的二十大精神，认真落实省第十二次党代会、省委十二届二次全会决策部署，加快建设中国科技城、全力打造成渝副中心，在全面建设社会主义现代化国家新征程上奋力谱写绵阳发展新篇章，中共绵阳市委八届五次全体会议进行了研究，作出如下决定。

一、全面学习贯彻党的二十大精神，坚定以习近平新时代中国特色社会主义思想统揽绵阳工作全局

学习宣传贯彻党的二十大精神是当前和今后一个时期的首要政治任务。要坚持全面学习、全面把握、全面落实，自觉把党的二十大精神贯彻到绵阳工作各方面全过程，确保落地落实、见行见效。

（一）坚定拥护"两个确立"、坚决做到"两个维护"。过去五年党和国家事业发展取得的重大成就和新时代十年伟大变革举世瞩目、彪炳史册，根本在于党确立习近平同志党中央的核心、全党的核心地位，确立习近平新时代中国特色社会主义思想的指导地位。党的二十大鲜明强调"两个确立"的决定性意义，将"两个维护"郑重写入党章，党的二十届一中全会选举产生了以习近平同志为核心的新一届中央领导集体，充分反映了全党同志和全国各族人民对习近平总书记的衷心拥护、信赖和爱戴。必须自觉做"两个确立"的忠诚拥护者、"两个维护"的坚定践行者，不断提高政治判断力、政治领悟力、政治执行力，确保绵阳各项工作始终沿着习近平总书记指引的方向前进。

（二）牢牢把握习近平新时代中国特色社会主义思想的世界观和方法论。习近平新时代中国特色社会主义思想，以全新的视野深化对共产党执政规律、社会主义建设规律、人类社会发展规律的认识，实现了马克思主义中国化时代化新的飞跃。必须学懂弄通做实习近平新时代中国特色社会主义思想，坚持好、运用好贯穿其中的立场观点方法，深刻领会"两个结合""六个必须坚持"，切实转化为坚定理想、锤炼党性和指导实践、推动工作的强大力量，为绵阳现代化建设提供思想引领。

（三）坚定不移走中国式现代化道路。党的二十大科学描绘了在新的历史条件下全面建设社会主义现代化国家、夺取中国特色社会主义新胜利的宏伟蓝图，为我国现代化建设提供了方向指引。要认真落实全面建设社会主义现代化国家的战略部署和省委十二届二次全会提出的重大举措，深刻把握中国式现代化的中国特色、本质要求和重大原则，加快建设中国科技城、全力打造成渝副中心，坚定沿着中国式现代化道路奋勇前进。

（四）深入贯彻党中央和省委重大部署。党的二十大锚定全面建设社会主义现代化强国的目标任务，对加快构建新发展格局、实施科教兴国战略、发展全过程人民民主、坚持全面依法治国、推进文化自信自强、增进民生福祉、推动绿色发展、推进国家安全体系和能力现代化等作出战略部署。省委十二届二次全会描绘了四川现代化建设新的宏伟蓝图。必须胸怀"国之大者"，牢牢把握绵阳现代化建设阶段性特征，进一步丰富完善加快建设中国科技城、全力打造成渝副中心的思路举措，一步一个脚印把党中央和省委决策部署付诸行动、见之于成效。

（五）落实坚定不移全面从严治党的重要要求。党的二十大深刻指出全面建设社会主义现代化国家、全面推进中华民族伟大复兴，关键在党，强调坚持加强党的全面领导和党中央集中统一领导，体现了我们党解决大党独有难题、跳出治乱兴衰历史周期律的清醒和坚定。必须弘扬伟大建党精神，牢记"三个务必"，以党的政治建设统领党的建设各项工作，以风清气正的良好政治生态引领保障绵阳现代化建设行稳致远。

二、勇担新时代新征程使命任务，加快建设中国科技城、全力打造成渝副中心

推进绵阳现代化建设，是新时代新征程全市人民的中心任务。迈步新时代新征程，必须把握"两个大局"、中国式现代化全局，以中国式现代化引领绵阳现代化建设；面对新机遇新挑战，必须肩负使命、担当作为、奋勇争先，在更高起点上谋划推进绵阳未来发展。

（六）总体要求。坚持以习近平新时代中国特色社会主义思想为指导，深入学习贯彻党的二十大精神，全面落实习近平总书记对四川工作系列重要指示精神和党中央、省委决策部署，把握中国式现代化的中国特色和本质要求，聚焦党中央、省委赋予绵阳的时代使命和定位，立足新发展阶段，完整、准确、全面贯彻新发展理念，服务和融入新发展格局，按照省委"讲政治、抓发展、惠民生、保安全"工作总思路，紧扣"四化同步、城乡融合、五区共兴"总抓手，坚持创新引领，以理念创新开拓发展新思路、以科技创新抢占发展新高地、以产业创新厚植发展新优势、以区域协同创新优化发展新格局、以体制机制创新增添发展新动力，将创新贯穿绵阳现代化建设全过程，大力实施科技立市、产业强市、开放活市、人才兴市、生态美市战略，真抓实干、担当奋进，加快建设中国科技城、全力打造成渝副中心，在全面建设社会主义现代化国家新征程上奋力谱写绵阳发展新篇章。

（七）目标愿景。未来五年的主要目标是：地区生产总值力争连跨三个千亿台阶，经济增速高于全省平均水平1个百分点以上，人均地区生产总值突破12万元，规模工业总产值突破7000亿元，率先建成省域经济副中心，基本建成成渝经济副中心。科技城综合实力大幅提升，R&D投入强度持续领跑全国城市，高新技术产业营收达到3100亿元，成渝绵"创新金三角"协同创新能级显著增强，初步建成中国特色社会主义科技创新先行区，基本建成成渝科创副中心。消费区域中心城市功能显著提升，消费新业态新场景全面布局，社会消费品零售总额突破2500亿元，城镇化率达64%以上，基本建成成渝消费副中心。科创金融规模持续扩大，金融生态环境保持领先，存贷款规模突破1.7万亿元，金融业增加值突破260亿元，基本建成成渝金融副中心。职业教育产教融合特色突出，义务教育、普通高中教育综合质量西部领先，建成百所高校"云上大学城"，"白红绿"文旅IP享誉全国，文旅产品供给丰富多彩，三甲医院达到20家，医疗服务能力引领川北、辐射西部，基本建成成渝教育文化医疗副中心。绵遂内铁路建成投运，"十"字形铁路骨架基本构建，高速公路建成和在建里程达1000千米，县县通高速公路全面实现，国际航空口岸成功设立，绵阳机场成为成渝世界级机场群骨干支撑，基本建成西部陆海新通道重要枢纽。民主法治建设扎实推进，治理体系和治理能力现代化水平明显提升，人民精神文化生活更加丰富，共同富裕迈出坚实步伐，绿色低碳转型取得新进展。

到二〇三五年，全市经济实力、科教实力、综合竞争力大幅提升，基本建成中国特色社会主义科技创新先行区，全面建成成渝经济副中心、科创副中心、消费副中心、金融副中心、教育文化医疗副中心和西部陆海新通道重要枢纽，基本实现新型工业化、信息化、城镇化、农业现代化，在全省率先基本实现社会主义现代化，成为模范践行科教兴国战略的中国科技城和名副其实的成渝副中心。

到本世纪中叶，建成更高水平的中国科技城和成渝副中心，成为具有全国影响力的中国特色社会主义科技创新先行区、成渝地区双城经济圈重要发展动力源，与全国同步全面实现社会主义现代化。

三、深入实施"五市战略"，奋力推动绵阳高质量发展

坚持把高质量发展作为绵阳现代化建设首要任务，全力以赴拼经济、搞建设，加快建设现代化经济体系，提高全要素生产率，提升产业链供应链韧性和安全水平，努力干出绵阳发展新天地。

（八）深入实施科技立市战略，加快建设国家科技创新先行区。将科技创新作为立市之基，以建设国家科技创新先行区为引领，大力实施创新驱动发展战略，培育壮大高质量发展核心优势。强化国家战略科技力量。全力保障国家重大科技

专项、重大工程实施，建设国家交叉科学研究中心，加快国省级重点实验室建设，推动涪江实验室进入天府实验室序列，培育科技领军企业，巩固国防军工和科研生产重要基地地位。推进科技协同创新。整合技术、信息、设备装置等资源要素，打造共通共用、共建共享的示范平台。建好核医疗健康产业园和激光技术应用产业园，推动航空与燃机产业园建设，加快卫星导航、信息安全等高技术产业发展。构建区域创新共同体。持续用力“招院引所”，加强与中国科学院、国防军事院校和十大军工集团战略合作，争取更多国家重大科技专项和科研院所布局绵阳。深入实施科技助理制度，深化天府科技云服务，运营好“云上大学城”“云上科技城”，做强“创新金三角·智汇科技城”供需对接品牌，共建西部科学城。深化科技体制机制改革。健全科技成果评价机制，扩大科研人员职务科技成果所有权或长期使用权改革试点范围。探索“军令状”“里程碑式考核”等管理创新，实行“揭榜挂帅”“赛马”等制度，强化知识产权全链条保护，加快建设科技体制机制改革先行区。营造良好科创金融生态。全面落实“科创十条”，用好基金小镇、科技金融专营机构，创新科创金融产品，力争沪深北交易所上市企业达到20家、新增金融机构12家，加快建设国家科创金融改革试验区。

（九）深入实施产业强市战略，加快构建现代化产业体系。将产业发展作为强市之本，进一步做优产业布局、做实产业园区、做强主导产业、做全产业链条、做响品牌品质，不断提升产业核心竞争力、整体实力和现代化水平，筑牢高质量发展关键支撑。以园区为载体做强工业。加快构建“4+8+1”工业产业体系，深入实施“园区提质”“企业满园”行动，深化园区体制机制改革，壮大主特产业集群，打造更多“镇园之宝”，培育2个1500亿元级的特色产业集群。支持绵阳高新区培育壮大新型显示及半导体、高端装备、新能源等主导产业，加快挺进全国三十强；支持绵阳经开区专注发展智能终端、精细化工、智能装备等主导产业，加快挺进西部地区前八强；支持科技城新区大力发展软件与信息服务业、新一代通信等主导产业，持续走在省级新区前列；支持四川绵阳工业园大力发展新型显示、汽车电子、5G等主导产业，成为绵阳高质量发展新引擎；支持游仙高新区大力发展新型功能材料、物联网设备等主导产业，建设国防科工特色鲜明的产业园区；支持安州高新区大力发展新能源与智能网联汽车、物联网等主导产业，在全省同类园区中保持领先；支持江油高新区聚焦先进结构材料、关键电子材料等主导产业，进入省级高新区第一方阵；支持三台工业园区大力发展纺织鞋服、健康食品等主导产业，以工业高质量发展领跑全省农产品主产区县第一方阵；支持梓潼经开区建成健康食品和生物医药双百亿产业集群、盐亭经开区打造百亿级天然气化工产业链、北川经开区成为西部通航产业创新基地，竞相在省级开发区中晋级升位；支持平武县建设生态特色产业园区。聚焦前沿技术和产业变革重点领域，抢占产业新赛道，推进产业基础再造，实施大规模技术改造，推动制造业高端化、智能化、绿色化发展，加快建设制造强市。以消费为重点做大服务业。深入实施扩大内需战略，促进消费扩容提质，培育消费新场景，打造一批特色街区、智慧商圈等消费新载体，更大程度发挥消费支撑发展的基础性作用。以“4+3+N”为主攻方向，实施服务业赋能融合计划，推动现代服务业和先进制造业、现代农业融合发展，专业化培育科技信息、现代金融、现代物流等生产性服务业，构建优质高效服务业新体系，争创服务业高质量发展示范区，加快建设中西部服务业强市。支持仙海区走“文旅+科技”双轮驱动发展之路，加快建成国内知名的国家级旅游度假区。以“三品”为引领做优农业。以“23610”为主攻方向，实施“品种改良”工程，建强国家级水稻、油菜、蔬菜等种子生产基地和国家级生猪种业创新中心，打造全国种业强市。实施“品质提升”工程，强化农业科技和装备支撑，健全农产品质量安全保障体系，打造国家级现代农业产业园和农业高新技术产业示范区。实施“品牌打造”工程，大力发展绿色食品、地理标志农产品，推动“绵阳米粉”“绵阳香腊”“江油肥肠”等产业及品牌发展壮大，做响“绵阳品牌·中国品质”。

实施数字经济发展五年行动，聚焦电子信息等优势领域和智能机器人等产业新赛道，加快推进新技术基础设施及融合基础设施建设，全链条推进三次产业数字赋能，加快建设网络强市、数字绵阳。统筹推进产业数字化、数字产业化，深度参与国家数字经济创新发展试验区建设，持续壮大数字核心产业规模。支持涪城区加快提升中国（绵阳）科技城超算中心运营能力，促进数据要素流通交易。

（十）深入实施开放活市战略，加快打造内陆改革开放新高地。将全域开放作为活市之源，以大开放促进大发展，塑造立体全面开放新态势，在更高层次、更大范围集聚资源要素，走好高质量发展必由之路。加快畅通开放大通道。构建现代化综合交通运输体系，提升区域综合交通枢纽能级，加快建成西部陆海新通道重要枢纽。加快建设绵遂内铁路、成兰铁路，推进G5扩容、九绵、茂盐、安北等高速公路项目，设立国际航空口岸，启动绵阳机场迁建工作，统筹推进通用航空机场建设。构建现代物流体系，加快建设中国（绵阳）科技城物流产业园、成兰铁路睢水物流园，高效运行中欧班列、西部陆海新通道东盟铁海联运班列，参与共建“一带一路”进出口商品集散中心。精准有效开展大招商。突出“全球视野、战略眼光、精准思维”，充分发挥驻外投资促进中心作用，紧盯三类500强企业、高精尖项目、产业链关键节点和创投机构，推行市场化招商、产业链招商、资本招商、科技招商等新模式，引进一批引领性强、支撑性好的“链主”企业。培育发展总部经济，支持建设企业区域性总部。抢抓机遇走出国门招引外资。大力开展“引老乡、回故乡、建家乡”活动，持续推进乡镇抓经济抓招商激励试点。支持绵阳异地商会建设。持续打造开放大平台。深度参与中国（四川）自由贸易试验区协同改革先行区、川渝合作示范区建设，推动综合保税区和跨境电子商务综合试验区深度融合、提档升级。全面提升科博会专业化、高端化水平，打造国际一流会展品牌。深化拓展“绵品出川”开放品牌，深入开展绵阳“城市形象推广、产业项目推介、特色产品推销”活动，支持企业在境外设立“绵阳造”产品展示平台和分拨中心。支持拓展国际友好城市。全面优化开放大环境。实施营商环境提升行动，推动行政审批流程再造，常态化开展“面对面听取意见、实打实解决问题”活动，提升线上审批服务监督比例和效率，营造一流市场化、法治化、国际化营商环境。

推进全面深化改革。深化要素市场化配置改革，积极融入全国统一大市场。推进国有企业战略性重组和专业化整合，持续做强做优做大国有企业。坚持“两个毫不动摇”，优化民营企业发展环境，激发企业内生动力，培育壮大市场主体。深入开展县域集成改革试点。深化财政体制机制改革，培育壮大“财源”企业。

（十一）深入实施人才兴市战略，加快建设创新人才集聚地。将人才作为兴市之要，全面升级“引育留用”人才工作体系，打造高素质人才队伍，加快建设国防科工人才高地，汇聚高质量发展智慧力量。坚持倾心引才。深入实施“人才十条”，强化政策迭代升级，突出“一人一策、特事特办”。优化实施科技城引才项目，探索以股权投资等市场化手段，持续开展大规模招才引智活动，引进一批战略科技人才、科技领军人才和创新团队，力争未来五年再引进10万名高层次人才。坚持悉心育才。优化实施科技城育才项目，加快培养学术技术带头人和博士后，造就更多大师、青年科技人才、卓越工程师、大国工匠和高技能人才。深化产教融合，支持在绵高校对标全市产业布局培养人才。坚持精心用才。建强用好绵阳科技城人才发展集团，强化人才发展全链条全周期服务。深化人才发展体制机制改革，做好引进人才职业愿景规划。深入实施科技顾问制度，加快建设院士（专家）小镇，探索建设“人才飞地”。坚持真心爱才。建好科技城人才之家，打造“高度集成、全程闭环”线上服务平台，加快推进“拎包入住”人才公寓建设。持续举办“科技城人才日”系列活动，打造科技城人才峰会品牌，不断优化“近悦远来”人才工作生态。

（十二）深入实施生态美市战略，加快建设高品质生活宜居地。将绿色生态作为美市之魂，坚定不移走生态优先、绿色发展之路，筑牢长江上游生态屏障，打造人与自然和谐共生的美丽家园，夯实高质量发展绿色本底。有序实施碳达峰行动。推动传统产业绿色低碳转型升级，发展绿色低碳优势产业。促进传统能源改造升级和新能源产业发展，加快天然气、风能等资源开发，提高清洁能源就近利用率。落实全面节约战略，大力发展循环经济，推进各类资源节约集约高效利用。深入推进环境污染防治。持续深入打好蓝天、碧水、净土保卫战，推进无废城市建设。加强跨区域环境治理和生态环境保护。推动涪江流域系统治理，深化产业共融共兴、交通共建共联、生态共保共享。深入开展城乡环境提质行动，打造宜居宜业安逸城乡环境。统筹生态系统保护修复。落实最严格的生态环境保护制度，全面落实河湖长制和林长制，完善生态环境保护补偿制度。常态化开展水土综合治理。实施好长江流域十年禁渔。强化生物多样性保护，建好中国大熊猫保护研究中心绵阳基地，高质量建设大熊猫国家公园绵阳片区。

四、统筹城乡区域协调发展，增强发展的平衡性协调性

坚持系统观念、全局思维，同步推动新型工业化、信息化、城镇化、农业现代化，统筹推进乡村全面振兴，在全域协同联动、缩小城乡区域差距中同步实现现代化。

（十三）主动融入国家区域发展战略。坚持全域全面深度参与成渝地区双城经济圈建设，推动平台共建、资源共用、政策共通、成果共享。主动融入“一带一路”共建，加强和长三角、粤港澳大湾区、京津冀的经济联动，加速把国家区域战略势能转化为发展动能。改革创新跨区域合作机制，深化与成都平原经济区城市一体化发展，完善快速通道网建设，提升绵阳核心竞争力和辐射带动力。

（十四）推进以人为核心的新型城镇化。统筹推进城市新区建设和城市更新，打造更具绵阳特色的城市地标，提升城市宜居品质、智能治理水平和韧性，加快建设现代化山水生态园林城市。实施县城补短板强弱项工程，推动县域基础设施互联互通，增强县城综合承载能力。坚持市县一体，突出县域特色，完善支持县域高质量发展的政策体系，促进各县（市、区）竞相发展，实现在全省类区县排位年年有突破，推动更多县（市、区）迈入全国百强行列并持续进位。深化拓展“百镇建设行动”，推动小城镇特色发展，建设美丽宜居乡村。

（十五）全面推进乡村振兴。以打造新时代更高水平“天府粮仓”为引领，全面推进乡村“五大振兴”，加快建设农业强市。实行最严格的耕地保护制度，全面落实田长制，坚决遏制耕地“非农化”，严格管控耕地“非粮化”，逐步把永久基本农田全部建成高标准农田。巩固拓展脱贫攻坚成果同乡村振兴有效衔接，支持革命老区、脱贫地区、民族地区差异化发展。严格执行以片区为单元的乡村国土空间规划，统筹乡村基础设施建设，增强中心镇（村）辐射带动能力，加强传统村落、少数民族特色村寨保护利用。推进重点水利工程建设，加快构建现代水网。深化农村土地制度改革，健全农村产权交易市场体系，引导城市资源要素向农业农村流动。培育壮大新型农村集体经济。推动供销合作社改革和高质量发展。

五、以共同富裕为导向，加快民生社会事业发展

坚持人民至上，顺应人民对美好生活的向往，采取更多惠民生、暖民心举措，持续提高人民生活品质，推动现代化建设成果更多更公平惠及广大人民群众。

（十六）促进更高质量就业更合理分配。强化就业优先政策，构建便捷高效的就业公共服务体系和全方位职业技能培训体系。完善促进创业带动就业的保障制度，建立维护灵活就业和新就业形态群体权益保障机制。多渠道增加城乡居民财产性收入，有效转化知识、技术等要素的经济价值。引导支持有意愿有能力的企业、社会组织和个人积极参与公益慈善事业。实施中等收入人群递增计划，推动更多低收入群体跨入中等收入行列。

（十七）办好人民满意的教育。全面贯彻党的教育方针，落实立德树人根本任务，建设高质量教育体系。深化教育领域改革，推动学前教育普及普惠、义务教育优质均衡、普通高中教育特色多样化发展、职业教育提质培优。支持西南科技大学争创国家“一流学科”，推动绵阳职业技术学院和四川幼儿师范高等专科学校进入国省“双高计划”，支持绵阳师范学院、四川中医高等专科学校提高办学层次和水平。引导规范民办教育发展。加强师德师风建设，培养高素质教师队伍，弘扬尊师重教社会风尚。

（十八）健全基本公共服务体系。深入推进健康绵阳建设，提升三甲医院医疗水平，建强县级医疗卫生机构，优化基层卫生机构诊疗服务，深化市域内医疗检查检验结果互认。打造国内一流核医学中心。支持中医药传承创新和特色发展，建成中医药强市。优化孤寡老人服务，建立居家社区机构相协调、医养康养相结合的养老服务体系。建立生育支持政策体系，降低生育、养育、教育成本。支持北川县、平武县大力发展大健康产业。建设青年发展型城市，保障妇女儿童合法权益，完善残疾人社会保障制度和关爱服务体系。加强军人军属荣誉激励和权益保障，做好退役军人和其他优抚对象服务保障工作。推进社会救助制度改革，健全分层分类的社会救助体系。构建多主体供给、多渠道保障、租购并举的住房制度。

（十九）更好满足群众精神文化需求。大力弘扬社会主义核心价值观，发展社会主义先进文化，传承中华优秀传统文化。加强科学普及，培育创新文化，弘扬科学家精神。推动媒体深度融合，打造清朗网络生态。实施文化惠民工程，争创各类文艺精品，加大文物和文化遗产保护力度，加快公共文化设施补短提标。优化设立文旅融合发展专项资金，做实做强国有文旅投融资平台。坚持文旅高质量融合发展方向，做强文旅领军企业、做亮特色文旅IP、做活四季旅游场景、做美精品旅游线路，争创“天府旅游”名牌系列。

六、加强民主法治建设，提升治理体系和治理能力现代化水平

坚持党的领导、人民当家作主、依法治国有机统一，深化治理制度创新和能力建设，以高效能治理保障高质量发展、促进高水平安全。

（二十）践行全过程人民民主。加强和改进新时代人大工作，支持和保证人大及其常委会依法行使职权，密切人大代表同人民群众的联系。完善协商民主体系，更好发挥人民政协作为专门协商机构作用，健全人民政协民主监督和委员联系界别群众制度机制。积极发展基层民主，完善基层直接民主制度体系和工作体系。巩固和发展最广泛的爱国统一战线。支持民主党派、工商联加强自身建设、更好履行职能。深入开展民族团结进步创建。积极引导宗教与社会主义社会相适应。加强党外知识分子思想政治工作，做好新的社会阶层人士工作。创新开展港澳台侨工作。深化工会、共青团、妇联等群团组织改革和建设。

（二十一）建设更高水平法治绵阳。有序推进地方立法。坚持科学民主依法决策，落实重大决策程序制度。加快建设法治政府，深化行政执法体制改革，完善基层综合执法体制机制，推进行政执法标准化建设，健全行政执法协调监督体系，严格规范公正文明执法。落实司法责任制，规范司法权力运行，强化对执法司法活动的制约监督，加强检察机关法律监督工作。建设覆盖城乡的现代公共法律服务体系，弘扬社会主义法治精神，增强全民法治观念。

（二十二）提升城乡基层治理水平。健全党组织领导的城乡基层治理体系，完善统筹协调和责任落实机制。加快推进市域社会治理现代化，加强基层力量、基础要素、基本能力建设，推动社会治理向“深耕善治”转型。健全基层群众自治制度，完善城乡社区治理体系，建设社会工作专业人才队伍。坚持和发展新时代“枫桥经验”，加强和改进人民信访工作，健全矛盾纠纷排查调处和多元化解机制。强化社会治安整体防控，发展壮大群防群治力量，推进扫黑除恶常态化。

（二十三）统筹发展和安全。贯彻总体国家安全观，坚定维护国家政治安全、制度安全、意识形态安全。加强经济金融安全风险预警、防控机制和能力建设，守住不发生系统性风险底线。全面加强国家安全教育，筑牢国家安全人民防线。深化国防教育。健全公共安全体系和应急管理体系，加强地震监测预警、地灾防治、防汛抗旱和安全生产工作，深化食品药品安全监管，推动森林草原防灭火常态化治理。加强重点行业安全监管，常态化开展“大曝光大排查大整治”活动。

七、持之以恒全面从严治党，为绵阳现代化建设提供坚强政治保证

全面落实新时代党的建设总要求，深入实施新时代党的建设新的伟大工程，健全全面从严治党体系，纵深推进全面从严治党，以党的自我革命引领社会革命。

（二十四）坚持把党的政治建设摆在首位。健全拥护“两个确立”、做到“两个维护”制度机制，完善习近平总书记重要指示批示和党中央、省委决策部署贯彻落实工作机制，把党的领导贯穿绵阳现代化建设各方面全过程。健全落实党的领导制度体系，完善市委决策议事协调机构，贯彻民主集中制，落实请示报告制度。严明政治纪律和政治规矩，严肃党内政治生活，增强党内政治生活政治性、时代性、原则性、战斗性，深化政治巡察，建立政治生态监测评价预警机制，持续净化党内政治生态。

（二十五）强化党的创新理论武装。深入实施习近平新时代中国特色社会主义思想凝心铸魂计划，落实“第一议题”制度，坚持不懈用党的创新理论统一思想、统一意志、统一行动。深入开展主题教育，持续深化对党忠诚教育、理想信念教育、党性党风党纪教育，常态化抓好党史学习教育，教育引导党员不忘初心、牢记使命。发挥党委（党组）理论学习中心组学习示范作用，巩固县级党校分类建设成果，用好各级党校（行政学院）、四川“两弹一星”干部学院等平台，推动党的思想建设全面加强。

（二十六）建设高素质干部队伍和全面过硬党组织。坚持党管干部原则，把新时代好干部标准落到实处，树立选人用人正确导向，深入落实“优化结构、人岗相适、全面比选、择优使用”干部选任操作规范，全面推行领导干部署名推荐干部办法，选优配强各级领导班子，注重选准用好“一把手”。突出“愿干事、能干事、干成事”实干导向，健全一线考察、平时识别干部机制，注重选拔善于应对复杂局面、解决问题的干部，注重选拔勇于争先、积极进取的干部，注重选拔敢于担当、较真落实的干部，注重选拔忠于职守、埋头苦干的干部，注重选拔甘于奉献、清正廉洁的干部。强化干部政治历练、实践锻炼、专业训练，发扬斗争精神、提高斗争本领，实施优秀年轻干部补短板“强基计划”。健全正向激励、容错纠错、能上能下机制，用好领导干部“下”的22种具体情形，激励干部敢于改革创新、真抓实干、担当作为。坚持大抓基层的鲜明导向，严格执行基层党建绩效管理，大力抓党建促改革发展、乡村振兴和基层治理，把基层党组织建成有效实现党的领导的坚强战斗堡垒。加强机关、国有企业、事业单位以及“两新”组织、新就业群体党的建设，提高发展党员质量，加强和改进党员管理，激励党员发挥先锋模范作用。

（二十七）锲而不舍正风肃纪反腐。严格落实中央八项规定精神，常态长效纠治“四风”，坚决破除特权思想和特权行为，走好新时代党的群众路线。坚持干事创业重点是落实、作风是保障、关键是干部、要害是“一把手”，深入践行“一线工作法”，倡导“新、快、实、真、严”优良作风，落实“闭环管理”，办扎实事，做靠谱人，让改革创新、真抓实干、担当奋进成为全市党员、干部的自觉行动。坚持党性党风党纪一起抓，强化党性观念和思想觉悟，加强新时代廉洁文化建设，严格执行党的各项规章制度。坚持不敢腐、不能腐、不想腐一体推进，坚决打赢反腐败斗争攻坚战持久战。深化“听音问廉绵州行”，运用“全周期管理”方式反腐败，教育引导广大党员干部清清白白做人、干干净净做事。

全市各级党组织和广大党员干部要更加紧密团结在以习近平同志为核心的党中央周围，在省委坚强领导下，牢记空谈误国、实干兴邦，凝心聚力、奋勇争先，依靠顽强斗争打开事业发展新天地，依靠团结奋斗开创绵阳工作新局面，加快建设中国科技城、全力打造成渝副中心，为全面建设社会主义现代化国家、全面推进中华民族伟大复兴贡献绵阳力量！

（2023年1月28日，“绵阳发布”报道）

2022年绵阳市党政群团机关及其工作部门主要负责人名录

一、绵阳市领导机关

中国共产党绵阳市委员会
书　记　罗增斌（至2022年1月）
　　　　曹立军（自2022年1月）
副书记　元　方（至2022年1月）
　　　　李　云（自2022年1月）
　　　　王华蓉（女）
常　委　唐浪生
　　　　黄朝阳
　　　　莫怀学
　　　　荣　全
　　　　梁　磊（至2022年9月）
　　　　吕　剑（挂职）（至2022年3月）
　　　　汪泽元
　　　　郑志恒
　　　　姚永红
　　　　张　明（挂职）（至2022年12月）
　　　　王晓松（挂职）（自2022年6月）

绵阳市人民代表大会常务委员会
主　任　付　康
副主任　经大忠（羌族）
　　　　李京平（土家族）
　　　　代顺兴
　　　　李川萍（女）
　　　　李作虎
　　　　周　涛

绵阳市人民政府
市　长　元　方（至2022年1月）
　　　　李　云（自2022年1月）
副市长　梁　磊（至2022年12月）
　　　　黄朝阳（自2022年12月）
　　　　吕　剑（挂职）（至2022年3月）
　　　　张　明（挂职）（至2022年12月）
　　　　王晓松（挂职）（自2022年6月）
　　　　蒋丽英（女）（至2022年12月）
　　　　周　述
　　　　刘海昌*
　　　　李　栋
　　　　李南希
　　　　袁　明

中国人民政治协商会议绵阳市委员会
主　席　李亚莲（女）
副主席　罗　蒙
　　　　尚丽平（女）
　　　　田荣华
　　　　瞿永安
　　　　周　琳
　　　　文　刚
　　　　胡进耀
　　　　赵朝晖

二、纪委、监委、法院、检察院

中共绵阳市纪律检查委员会
书　记　唐浪生
绵阳市监察委员会
主　任　唐浪生
市中级人民法院
院　长　李　勤
市人民检察院
检察长　王　红（女）

三、党群系统工作部门

市委
秘书长　姚永红
副秘书长　刘林建
　　　　田丛荣（至2022年6月）
　　　　张　军
　　　　窦建磊
　　　　何　凯（自2022年11月）
　　　　陈　旭
　　　　何加勇
　　　　商仕健（至2022年9月）

市委办公室
主　任　刘林建
市委组织部
部　长　莫怀学
常务副部长　余青根（至2022年12月）
　　　　黄晓军（自2022年12月）
市委宣传部
部　长　郑志恒
常务副部长　袁　蓉（女）
市委统战部
部　长　姚永红
常务副部长　潘大钦
市委政法委员会
书　记　荣　全
常务副书记　赵显福
市委政策研究室
主　任　窦建磊
市委网络安全和信息化委员会办公室
主　任　李大勇
市委外事工作委员会办公室
主　任　方　敏（女）（至2022年12月）
　　　　刘福龙（自2022年12月）
市委机构编制委员会办公室
主　任　黄晓军
市委军民融合发展委员会办公室
主　任　黄朝阳
常务副主任　李建国
市直机关工委
书　记　莫怀学
常务副书记　赵　越（女）
市委巡察工作领导小组办公室
主　任　杨　昆（至2022年2月）
　　　　冯雪莲（女）（自2022年2月）
市委老干部局
局　长　张　伟
市委目标绩效管理办公室
主　任　张　军
市委党校
校　长　莫怀学

---

* 2023年10月28日，中央纪委国家监委网站发布信息，刘海昌因涉嫌严重违纪违法，接受四川省纪委监委纪律审查和监察调查

常务副校长　党海燕（女）
绵阳日报社
社　长　周　华（羌族）
市委党史研究室（市地方志办公室）
主　任　余正道（至2022年4月）
　　　　韩贵钧（羌族）（自2022年4月）
市公务服务中心
主　任　潘　凌（女）
市档案馆
馆　长　汤克斌
四川“两弹一星”干部学院（2022年7月“两弹一星”干部学院更名为四川“两弹一星”干部学院）
院　长　莫怀学
第一副院长　刘　强
常务副院长　商丽娜（女）（自2022年4月）
市总工会
主　席　郑志恒
党组书记、常务副主席　刘春涛（女）
共青团绵阳市委员会
书　记　李浩然
市妇女联合会
主　席　冯科敏（女）（自2022年5月）
市科学技术协会
主　席　范国滨
党组书记、常务副主席　王久华（女、羌族）
市归国华侨侨眷联合会（市人民对外友好协会）
主　席（会长）　陈福林
市工商业联合会
主　席　徐长法
党组书记、常务副主席　马　君
市总商会
会　长　徐长法
市文学艺术界联合会
主　席　陈晓霖（女）
中国国际贸易促进委员会绵阳市委员会（绵阳国际商会）
会　长　温兴成
市残疾人联合会
理事长　曾明波
市法学会
会　长　荣　全
常务副会长　陈　安
市红十字会
会　长　蒋丽英（女）
常务副会长　易志红（女）
市计划生育协会
会　长　蒋丽英（女）
常务副会长　周　云
市社会科学界联合会
主　席　梁　茂

四、民主党派

中国国民党革命委员会绵阳市委员会
主任委员　贺　勋
中国民主同盟绵阳市委员会
主任委员　胡进耀
中国民主建国会绵阳市委员会
主任委员　蒋丽英（女）
中国民主促进会绵阳市委员会
主任委员　李京平（土家族）
中国农工民主党绵阳市委员会
主任委员　赵朝晖
中国致公党绵阳市工作委员会
主任委员　田荣华
九三学社绵阳市委员会
主任委员　尚丽平（女）

五、市人大委、室

市人大常委会
秘书长　陈松柏
副秘书长　姚德行
　　　　　刘朝文
　　　　　廖　进
办公室
主　任　姚德行
市人大社会建设委员会
主任委员　王小平
市人大监察和司法委员会
主任委员　奉光明
市人大法制委员会
主任委员　高维志
市人大经济委员会
主任委员　桑　毅
市人大预算委员会
主任委员　夏　文
农业工作委员会
主　任　银登春
城乡建设环境资源保护工作委员会
主　任　张　杰
教科文卫工作委员会
主　任　郭　平（女）
法制工作委员会
主　任　朱　林
民族宗教外事侨务工作委员会
主　任　余正道
人事代表工作委员会
主　任　唐兴万

六、市人民政府工作部门及直属机构

市人民政府
秘书长　柳　江（至2022年10月）
　　　　余青根(自2022年12月)
副秘书长　钟　培(自2022年3月)
　　　　　龙佳林（至2022年7月）
　　　　　周　平
　　　　　薛　凯
　　　　　罗俊波
　　　　　任文治
　　　　　汤荣生
　　　　　陈虹宇
　　　　　李晓林（女）（自2022年3月）
　　　　　邓志军（自2022年8月至2022年11月）
　　　　　陈雪良（挂职）
　　　　　郑　龙（挂职）（自2022年6月）
市人民政府办公室
主　任　钟　培
市发展和改革委员会
主　任　冯中兵
市经济和信息化局
局　长　衡国钰
市教育和体育局
局　长　王永昭
市教育考试院
院　长　黄阔仲
市科学技术局
局　长　赵　琳（女）
市公安局
局　长　周　述
副局长（主持常务工作）
　　　　李　茂（自2022年7月）
市民政局
局　长　胡　科（至2022年8月）
　　　　代　宏（自2022年10月）
市司法局
局　长　赵开年（至2022年10月）
　　　　吴　红（自2022年10月）
市财政局
局　长　贾智艳（女）
市人力资源和社会保障局
局　长　文　峰
市社会保险事务中心
主　任　李邦宏

市就业创业促进中心
主　任　汤云春
市自然资源和规划局
局　长　寇子胜
市生态环境局
局　长　淳道怀
市住房和城乡建设委员会
主　任　苏　杰
市交通运输局
局　长　谭　谱
市交通运输局公路管理处
党委书记　淳道松
处　长　赵朝晖（至2022年6月）
　　　　淳道松（自2022年6月）
市水利局
局　长　马建光
市农业农村局
局　长　张廷伟
市商务局
局　长　韩忠明（羌族）（至2022年11月）
　　　　罗盛军（自2022年11月）
市文化广播电视和旅游局
局　长　代　宏（至2022年8月）
　　　　窦建磊（自2022年8月）
市卫生健康委员会
主　任　周　云（至2022年11月）
市退役军人事务局
局　长　罗盛军（至2022年11月）
　　　　邓志军（自2022年11月）
市应急管理局
局　长　邓志军（至2022年8月）
　　　　龙佳林（自2022年8月）
市审计局
局　长　徐　强
市国有资产监督管理委员会
党委书记　黄朝阳
主　任　敬东阳
市市场监督管理局
局　长　陈兴刚
市统计局
局　长　牟华佳（至2022年11月）
市经济社会调查队
队　长　周晓军
市乡村振兴局
局　长　刘玉华
市信访局
局　长　薛　凯
市金融工作局
局　长　姜　林（至2022年9月）
　　　　杨保平（自2022年12月）
市经济合作局
局　长　董正红（女）
市林业局
局　长　王理效
市医疗保障局
局　长　贾大雁（女）
市政务服务监督管理局
局　长　贾友忠
市机关事务管理局
党组书记　郑文京
局　长　汪　楠
市人民防空办公室
主　任　段光艳
市住房公积金服务中心
主　任　蒋静瞻（女）
市供销合作社联合社
党组书记　任　杰
理事会主任　杨邦琼（女）
四川省武都引水工程运营中心（2022年9月已整体移交省水利厅）
局　长　勾承建
5·12汶川特大地震纪念馆
主　任　冯正碧（女）（至2022年6月）
馆　长　何瑞雪（自2022年6月）
市广播电视台
台　长　何晓涛（至2022年8月）
　　　　关　键（自2022年8月）
市农业科学研究院
党委书记　刘宗勇
院　长　王秀全
市人民政府驻北京办事处
主　任　王智莛（女）
大熊猫国家公园绵阳管理分局
局　长　郑志恒
党组副书记、副局长　杜　勇（羌族）

七、市政协委、室

市政协
秘书长　毛一兵
副秘书长　钟思亮
　　　　　蒲雪刚
　　　　　张友刚
办公室
主　任　钟思亮
研究室
主　任　刘仲平
提案委员会
主　任　王　健
经济委员会
主　任　杨朝晖
城乡建设和资源环境委员会
主　任　王忠雪
教科卫体委员会
主　任　王　刚
农业和农村委员会
主　任　万正均
文化和文史学习委员会
主　任　魏　霜（女）
社会法制和台侨民宗委员会
主　任　向　莉（女）
委员工作和地方政协联络委员会
主　任　王　岚（女）

八、高新区、经济技术开发区（科技城现代农业科技示范区）、科技城新区、科技城科教创业园区、仙海水利风景区

中共绵阳高新技术产业开发区工作委员会
绵阳高新技术开发区管委会（副厅级）
书　记　谭　岗
主　任　董　泓（女）
中共绵阳市经济技术开发区工作委员会
绵阳市经济技术开发区管委会
（中共绵阳科技城现代农业科技示范区工作委员会、绵阳科技城现代农业科技示范区管委会〈至2022年9月〉）
书　记　兰　劲
主　任　陈　鼎
中共绵阳科技城新区工作委员会
绵阳科技城新区管委会
书　记　梁　磊（至2022年4月）
　　　　刘海昌*（自2022年4月）
主　任　申　泽
中共绵阳科技城科教创业园区工作委员会（至2022年12月）
绵阳科技城科教创业园区管委会（至2022年12月）
书　记　申　泽
主　任　刘雨果（女）

---

*见410页

中共绵阳市仙海水利风景区工作委员会
绵阳市仙海水利风景区管委会
书　记　卿官亮
主　任　任彤玫（女）

九、2021年绵阳市各县（市、区）主要领导人名录

涪城区
区委书记　邓　辉
人大常委会主任　顾　建
区　长　张虚怀
政协主席　杜正茂
游仙区
区委书记　陈华斌
人大常委会主任　何守君
区　长　韩晓清
政协主席　杨守贵
安州区
区委书记　胡　斌
人大常委会主任　赵　奎
区　长　童华建
政协主席　任晓军
江油市
市委书记　元承军
人大常委会主任　姚华宗
市　长　曾建军
政协主席　唐传凤（女）
三台县
县委书记　吴明禹
人大常委会主任　杨增辉
县　长　唐顺江
政协主席　贺强华（女）
梓潼县
县委书记　刘　强
人大常委会主任　杨飞涛
县　长　黄　建
政协主席　敬友忠
盐亭县
县委书记　何长鹰
人大常委会主任　蒲浪涛
县　长　卢　昊
政协主席　衡洪志
北川羌族自治县
县委书记　李昊天
人大常委会主任　李光辉（羌族）
县　长　周福兰（女，羌族）
政协主席　王　军
平武县
县委书记　黄　骏
人大常委会主任　赵树兵
县　长　姜　坤（羌族）
政协主席　孟松林

（市委组织部提供）

统计资料

2022年绵阳市在全省的地位统计表

表84

指标	单位	四川省	绵阳市	比重（%）
土地面积	万平方千米	48.61	2.02	4.2
年末常住人口	万人	8374.0	489.8	5.8
地区生产总值	亿元	56749.81	3626.94	6.4
第一产业	亿元	5964.29	381.47	6.4
第二产业	亿元	21157.11	1514.33	7.2
第三产业	亿元	29628.41	1731.14	5.8
规模以上工业企业个数	个	16796	1234	7.3
规模以上工业增加值增速	%	3.8	9.2	-
全社会固定资产投资增速	%	8.4	11.3	-
社会消费品零售总额	亿元	24104.64	1635.00	6.8
地方一般公共预算收入	亿元	4882.20	159.67	3.3
地方一般公共预算支出	亿元	11914.67	501.05	4.2
金融机构人民币各项存款余额	亿元	110274.84	6246.74	5.7
金融机构人民币各项贷款余额	亿元	90963.29	3751.75	4.1
白酒	万千升	348.1	3.8	1.1
彩色电视机	万台	1543.7	842.4	54.6
粗钢	万吨	2787.3	26.4	0.9
钢材	万吨	3583.0	57.6	1.6
水泥	万吨	13068.8	980.8	7.5
农用氮磷钾化学肥料	万吨	373.0	3.9	1.0
汽车	万辆	72.5	0.5	0.7

2022年绵阳市国民经济主要指标

一、地区生产总值

2022年绵阳地区生产总值（GDP）3626.94亿元，按可比价格计算，比上年增长5.0%。分产业看，第一产业增加值381.47亿元，增长4.4%；第二产业增加值1514.33亿元，增长5.9%；第三产业增加值1731.14亿元，增长4.5%。三次产业结构由上年的11.1∶41.2∶47.7调整为10.5∶41.8∶47.7。

二、农业生产

2022年全市农林牧渔业增加值397.19亿元，比上年增长4.5%，农林牧渔专业及辅助性活动增加值15.72亿元，增长5.3%。全年生猪出栏377.86万头，增长4.4%；牛出栏12.52万头，增长4.5%；羊出栏96.37万只，增长3.2%；家禽出栏7490.67万羽，增长2.3%；猪肉产量27.72万吨，增长6.1%。

三、城乡居民收入

2022年全市城镇居民人均可支配收入45131元，比上年增长4.6%；农村居民人均可支配收入22726元，增长6.5%。

2022年绵阳市国民经济主要指标一览表

表85

指标	单位	累计	增长（%）
地区生产总值	亿元	3626.94	5.0
第一产业	亿元	381.47	4.4
第二产业	亿元	1514.33	5.9
第三产业	亿元	1731.14	4.5
农林牧渔业增加值	亿元	397.19	4.5
城镇居民人均可支配收入	元	45131	4.6
农村居民人均可支配收入	元	22726	6.5

说明：2022年各项数据均为初步统计数，2021年三次产业结构用最终核实数计算

2018—2022年绵阳市国民经济主要比例关系统计表

表86

指标名称	计量单位	2018年	2019年	2020年	2021年	2022年
一、农林牧渔业总产值中各产业比例						
农业	%	54.3	53.9	44.2	47.1	47.9
林业	%	6.2	5.8	4.9	5.8	6.5
牧业	%	31.4	32.1	43.6	39.1	37.2
渔业	%	4.4	4.5	3.8	4.3	4.4
农林牧渔专业及辅助性活动	%	3.7	3.7	3.5	3.7	4.0
二、工业总产值中轻重工业比例						
轻工业	%	27.1	27.4	25.9	24.5	23.2
重工业	%	72.9	72.6	74.1	75.5	76.8
三、地区生产总值中产业比例						
第一产业	%	10.2	10.5	12.3	11.1	10.5
第二产业	%	41.7	40.5	39.3	41.2	41.8
第三产业	%	48.1	49.0	48.4	47.7	47.7
四、财政收支占地区生产总值比例						
地方一般公共预算收入相当于地区生产总值比例	%	4.8	4.6	4.7	4.7	4.4
地方一般公共预算支出相当于地区生产总值比例	%	15.6	15.8	14.8	13.7	13.8

说明：2022年各项数据均为初步统计数，2021年及以前年份涉及地区生产总值的指标用地区生产总值最终核实数

2018—2022年绵阳市平均每天主要社会经济活动统计表

表87

	单位	2018年	2019年	2020年	2021年	2022年
地区生产总值	万元	71597	78644	82528	93262	99368
第一产业	万元	7314	8287	10136	10338	10451
第二产业	万元	29880	31829	32429	38467	41488
工业	万元	22544	24020	24502	29724	31931
建筑业	万元	7359	7833	7952	8781	9595
第三产业	万元	34403	38528	39964	44457	47429
油料	吨	1196	1219	1277	1360	1456
肉类总产量	吨	1068	976	1048	1134	1188
粗钢	吨	655	616	705	773	723
钢材	吨	1512	1551	1626	1740	1578
水泥	吨	22844	25589	28672	28573	26871
彩色电视机	台	13099	12866	13642	20775	23079
每天消费量						
社会消费品零售总额	万元	34994	38889	38094	45265	44795
每天人口和婚姻变动						
出生	人	136.5	119.3	110.4	73.6	
死亡	人	102.4	99.8	90.8	100.4	
居民登记结婚	对	100.2	91.3	78.7	75.5	66.9
居民离婚数	对	45.5	47.1	43.8	21.9	23.4

说明：2022年各项数据均为初步统计数，2021年及以前年份地区生产总值（GDP）及三次产业增加值相关数据为最终核实数

2022年各市（州）主要经济指标及排序统计表

表88

市（州）	辖区面积（平方千米）		常住人口（万人）		常住人口城镇化率（%）	
	绝对数	排序	绝对数	排序	绝对数	排序
全　省	486052		8374.0		58.35	
成都市	14335	8	2126.8	1	79.89	1
自贡市	4381	21	245.2	15	56.67	5
攀枝花市	7401	14	121.6	19	70.23	2
泸州市	12236	13	426.3	7	51.91	10
德阳市	5910	17	346.1	8	57.61	4
绵阳市	**20248**	**4**	**489.8**	**4**	**54.29**	**7**
广元市	16311	6	227.1	16	48.55	15
遂宁市	5323	20	277.2	13	58.68	3
内江市	5385	19	308.8	11	51.56	13
乐山市	12723	10	315.3	10	54.57	6
南充市	12477	11	554.9	2	51.75	11
眉山市	7140	15	296.1	12	51.61	12
宜宾市	13266	9	461.8	6	53.55	9
广安市	6341	16	323.8	9	45.32	17
达州市	16582	5	535.5	3	51.30	14
雅安市	15046	7	143.3	18	54.02	8
巴中市	12293	12	265.8	14	47.34	16
资阳市	5744	18	226.9	17	42.66	18
阿坝州	83016	2	82.3	21	42.55	19
甘孜州	149599	1	110.3	20	31.92	21
凉山州	60294	3	489.1	5	39.46	20

续表88

市（州）	地区生产总值（亿元）				第一产业增加值（亿元）			
	绝对数	排序	增长（%）	排序	绝对数	排序	增长（%）	排序
全　省	56749.8		2.9		5964.3		4.3	
成都市	20817.5	1	2.8	14	588.4	1	3.8	21
自贡市	1638.4	11	0.5	19	253.3	11	4.4	5
攀枝花市	1220.5	15	3.5	10	112.2	19	4.9	1
泸州市	2601.5	6	4.1	5	277.2	10	4.4	5
德阳市	2816.9	4	3.1	13	296.2	8	4.3	15
绵阳市	**3626.9**	**2**	**5.0**	**2**	**381.5**	**6**	**4.4**	**5**
广元市	1139.8	16	0.3	20	214.0	15	4.4	5
遂宁市	1614.5	13	4.2	4	221.0	14	4.4	5
内江市	1657.0	10	1.5	15	293.2	9	4.4	5
乐山市	2308.8	8	3.8	7	301.0	7	4.5	4
南充市	2685.5	5	1.3	16	502.1	2	4.3	15
眉山市	1635.5	12	3.8	7	242.3	13	4.6	2
宜宾市	3427.8	3	4.5	3	396.0	5	4.3	15
广安市	1425.0	14	0.3	20	247.2	12	4.4	5
达州市	2502.7	7	3.5	10	433.0	4	4.4	5
雅安市	902.5	18	4.0	6	169.5	18	4.6	2
巴中市	765.0	19	1.3	16	192.1	17	4.2	18
资阳市	948.2	17	3.8	7	194.2	16	4.4	5
阿坝州	462.5	21	1.3	16	92.1	20	4.4	5
甘孜州	471.9	20	3.5	10	84.2	21	4.2	18
凉山州	2081.4	9	6.0	1	473.8	3	4.2	18

续表88

市（州）	第二产业增加值（亿元）				第三产业增加值（亿元）			
	绝对数	排序	增长（%）	排序	绝对数	排序	增长（%）	排序
全　省	21157.1		3.9		29628.4		2.0	
成都市	6404.1	1	5.5	5	13825.0	1	1.5	19
自贡市	621.3	13	-3.4	18	763.8	11	2.4	13
攀枝花市	677.8	11	4.0	12	430.5	18	2.4	13
泸州市	1330.7	5	4.2	11	993.7	8	4.0	3
德阳市	1354.9	4	3.0	14	1165.7	5	3.1	8
绵阳市	**1514.3**	**3**	**5.9**	**3**	**1731.1**	**2**	**4.5**	**2**
广元市	445.4	15	-5.1	20	480.3	15	3.8	5
遂宁市	772.9	9	5.6	4	620.6	14	2.7	11
内江市	544.9	14	-0.2	16	818.9	10	1.5	19
乐山市	992.2	7	5.5	5	1015.6	7	2.2	15
南充市	1013.0	6	-2.5	17	1170.4	4	3.4	7
眉山市	657.6	12	4.6	10	735.6	12	2.9	9
宜宾市	1723.2	2	5.2	8	1308.7	3	3.9	4
广安市	444.2	16	-5.2	21	733.6	13	2.2	15
达州市	913.8	8	5.4	7	1156.0	6	1.7	18
雅安市	283.7	18	3.9	13	449.4	17	3.7	6
巴中市	196.9	19	-3.6	19	376.1	19	2.6	12
资阳市	290.4	17	5.1	9	463.6	16	2.9	9
阿坝州	114.2	21	0.3	15	256.2	21	0.6	21
甘孜州	131.4	20	6.0	2	256.3	20	2.1	17
凉山州	730.2	10	8.6	1	877.4	9	4.9	1

续表88

市（州）	工业增加值（亿元）				人均GDP（元）			
	绝对数	排序	增长（%）	排序	绝对数	排序	增长（%）	排序
全 省	16412.2		3.3		67777		2.9	
成都市	5067.4	1	4.8	8	98149	2	2.0	16
自贡市	433.7	13	−6.1	18	66602	7	1.3	18
攀枝花市	589.4	11	4.0	10	100454	1	3.4	12
泸州市	935.1	5	3.9	11	61054	9	4.0	6
德阳市	1225.8	3	2.7	14	81412	3	3.1	13
绵阳市	**1165.5**	**4**	**5.3**	**5**	**74171**	**5**	**4.7**	**3**
广元市	332.9	15	−7.0	19	50056	14	1.1	20
遂宁市	619.0	9	5.6	2	58137	10	5.1	2
内江市	412.7	14	−2.1	16	53485	13	2.4	14
乐山市	834.5	6	5.3	5	73226	6	4.0	6
南充市	622.9	8	−7.8	21	48343	15	1.9	17
眉山市	494.8	12	4.8	8	55273	12	3.8	9
宜宾市	1344.0	2	5.4	4	74341	4	4.2	5
广安市	314.3	16	−7.5	20	43901	17	0.5	21
达州市	627.1	7	3.8	12	46588	16	3.8	9
雅安市	252.0	17	3.2	13	62981	8	4.0	6
巴中市	118.3	19	−3.0	17	28641	21	2.4	14
资阳市	209.5	18	5.1	7	41586	20	4.7	3
阿坝州	97.4	21	0.1	15	56473	11	1.3	18
甘孜州	111.3	20	5.6	2	42710	18	3.8	9
凉山州	614.1	10	8.2	1	42625	19	5.6	1

续表88

市（州）	第一产业增加值占GDP的比重（%）		第二产业增加值占GDP的比重（%）		第三产业增加值占GDP的比重（%）	
	实绩	排序	实绩	排序	实绩	排序
全　省	10.5		37.3		52.2	
成都市	2.8	21	30.8	17	66.4	1
自贡市	15.5	12	37.9	10	46.6	10
攀枝花市	9.2	20	55.5	1	35.3	21
泸州市	10.7	17	51.2	2	38.1	19
德阳市	10.5	18	48.1	4	41.4	17
绵阳市	**10.5**	**18**	**41.8**	**7**	**47.7**	**9**
广元市	18.8	5	39.1	9	42.1	15
遂宁市	13.7	14	47.9	5	38.4	18
内江市	17.7	9	32.9	14	49.4	6
乐山市	13.0	15	43.0	6	44.0	13
南充市	18.7	7	37.7	11	43.6	14
眉山市	14.8	13	40.2	8	45.0	12
宜宾市	11.6	16	50.3	3	38.1	19
广安市	17.3	10	31.2	16	51.5	4
达州市	17.3	10	36.5	12	46.2	11
雅安市	18.8	5	31.4	15	49.8	5
巴中市	25.1	1	25.7	20	49.2	7
资阳市	20.5	3	30.6	18	48.9	8
阿坝州	19.9	4	24.7	21	55.4	2
甘孜州	17.8	8	27.8	19	54.4	3
凉山州	22.8	2	35.1	13	42.1	15

续表88

市（州）	工业化率（%）		规模以上工业企业单位数（个）		规模以上工业增加值	
	实绩	排序	绝对数	排序	增长（%）	排序
全 省	28.9		16796		3.8	
成都市	24.3	15	4114	1	5.6	12
自贡市	26.5	12	613	12	−11.3	20
攀枝花市	48.3	1	433	15	5.9	10
泸州市	35.9	6	824	8	6.0	9
德阳市	43.5	2	1398	2	3.4	14
绵阳市	**32.1**	**7**	**1234**	**3**	**9.2**	**5**
广元市	29.2	10	602	13	−10.4	19
遂宁市	38.3	4	633	10	10.3	3
内江市	24.9	14	466	14	−6.5	17
乐山市	36.1	5	663	9	10.1	4
南充市	23.2	17	866	6	−10.3	18
眉山市	30.3	8	829	7	7.0	7
宜宾市	39.2	3	928	5	7.5	6
广安市	22.1	18	616	11	−12.1	21
达州市	25.1	13	1043	4	5.7	11
雅安市	27.9	11	382	16	7.0	7
巴中市	15.5	21	336	17	−4.5	16
资阳市	22.1	18	278	19	5.6	12
阿坝州	21.1	20	146	20	−2.9	15
甘孜州	23.6	16	73	21	15.5	2
凉山州	29.5	9	319	18	15.7	1

续表88

市（州）	规模以上工业利润总额（亿元）		规模以上工业营业收入（亿元）		全社会固定资产投资	
	绝对数	排序	绝对数	排序	增长（%）	排序
全　省	4836.3		54932.4		8.4	
成都市	1141.3	1	17360.6	1	5.0	20
自贡市	64.6	16	967.5	16	8.8	16
攀枝花市	236.7	6	2296.6	7	10.2	11
泸州市	433.4	4	2798.5	6	10.6	9
德阳市	390.4	5	4325.9	3	10.7	7
绵阳市	**143.9**	**10**	**3823.6**	**4**	**11.3**	**3**
广元市	101.9	13	1417.3	12	7.1	18
遂宁市	227.5	7	1718.6	11	10.2	11
内江市	47.2	17	1374.6	13	10.2	11
乐山市	528.7	3	2233.9	8	11.0	5
南充市	210.2	8	2991.7	5	10.7	7
眉山市	122.1	12	2228.5	9	11.4	2
宜宾市	642.0	2	4886.5	2	10.2	11
广安市	98.3	14	1244.9	14	1.2	21
达州市	142.9	11	2088.7	10	10.6	9
雅安市	77.2	15	847.4	17	10.9	6
巴中市	15.8	19	276.0	19	7.1	18
资阳市	11.6	20	393.8	18	10.2	11
阿坝州	16.1	18	260.1	20	8.8	16
甘孜州	-1.6	21	153.5	21	11.1	4
凉山州	186.0	9	1244.1	15	11.5	1

续表88

市（州）	房地产开发投资额（亿元）				社会消费品零售总额（亿元）			
	绝对数	排序	增长（%）	排序	绝对数	排序	增长（%）	排序
全 省	7500.0		-4.2		24104.6		-0.1	
成都市	3360.8	1	7.0	2	9096.5	1	-1.7	17
自贡市	135.8	14	-34.6	21	712.1	10	3.1	2
攀枝花市	112.5	17	-5.8	10	285.7	19	2.7	5
泸州市	318.9	6	-18.6	16	1244.4	5	3.3	1
德阳市	225.3	8	-13.2	15	1014.8	7	0.5	13
绵阳市	**450.9**	**3**	**-3.1**	**8**	**1635.0**	**2**	**-1.0**	**16**
广元市	126.7	15	0.6	6	474.6	16	-4.2	20
遂宁市	199.2	10	-13.1	14	562.2	14	2.5	6
内江市	184.7	12	-9.6	12	641.8	11	-2.8	19
乐山市	147.7	13	-26.7	20	904.3	8	1.5	11
南充市	366.0	5	-22.7	18	1484.4	3	2.5	6
眉山市	531.0	2	1.4	5	639.7	12	1.6	10
宜宾市	373.9	4	-5.6	9	1210.0	6	0.0	15
广安市	204.3	9	-26.4	19	617.4	13	-5.2	21
达州市	268.8	7	-0.6	7	1318.2	4	2.9	3
雅安市	72.7	19	-20.2	17	306.2	18	1.7	8
巴中市	93.7	18	2.0	4	493.4	15	1.7	8
资阳市	123.3	16	-11.5	13	446.6	17	0.3	14
阿坝州	10.3	20	2.4	3	104.9	21	-2.7	18
甘孜州	7.8	21	8.1	1	129.5	20	1.5	11
凉山州	185.9	11	-9.4	11	783.0	9	2.8	4

续表88

市（州）	地方一般公共预算收入（亿元）		一般公共预算支出（亿元）	
	绝对数	排序	绝对数	排序
全　省	4882.2		11914.7	
成都市	1722.3	1	2435.0	1
自贡市	62.7	16	259.6	17
攀枝花市	84.0	13	147.1	21
泸州市	192.5	3	458.7	7
德阳市	156.5	6	350.3	9
绵阳市	**159.7**	**5**	**501.1**	**4**
广元市	61.3	17	302.8	15
遂宁市	103.4	11	285.7	16
内江市	76.0	14	258.6	18
乐山市	148.0	9	314.9	12
南充市	104.8	10	493.1	5
眉山市	156.1	7	310.7	13
宜宾市	275.8	2	610.0	3
广安市	95.3	12	324.1	11
达州市	150.1	8	482.3	6
雅安市	65.6	15	183.2	20
巴中市	51.8	19	325.8	10
资阳市	61.0	18	251.5	19
阿坝州	34.7	21	303.4	14
甘孜州	47.8	20	413.6	8
凉山州	184.2	4	645.5	2

续表88

市（州）	城镇居民人均可支配收入（元）				农村居民人均可支配收入（元）			
	绝对数	排序	增长（%）	排序	绝对数	排序	增长（%）	排序
全 省	43233		4.3		18672		6.2	
成都市	54897	1	4.3	16	30931	1	6.2	13
自贡市	43740	9	4.2	20	21976	7	6.2	13
攀枝花市	50009	2	4.4	13	23364	2	6.3	11
泸州市	45071	4	4.8	4	21348	9	6.7	4
德阳市	44650	6	4.4	13	23192	3	6.1	16
绵阳市	**45131**	**3**	**4.6**	**8**	**22726**	**5**	**6.5**	**6**
广元市	40687	20	4.3	16	16881	20	6.0	20
遂宁市	42217	14	4.7	6	20986	12	6.4	8
内江市	43639	10	4.5	11	20996	11	5.9	21
乐山市	44376	7	4.8	4	21339	10	6.5	6
南充市	41126	18	4.7	6	19469	15	6.7	4
眉山市	43949	8	4.3	16	23099	4	6.1	16
宜宾市	44739	5	4.6	8	21846	8	6.1	16
广安市	43078	11	4.3	16	20964	13	6.1	16
达州市	41210	17	5.0	2	19906	14	6.8	2
雅安市	42404	13	4.9	3	18794	16	6.9	1
巴中市	40783	19	4.6	8	16967	19	6.3	11
资阳市	42419	12	4.4	13	22326	6	6.2	13
阿坝州	41779	15	4.1	21	18261	17	6.4	8
甘孜州	41277	16	4.5	11	16363	21	6.4	8
凉山州	39357	21	5.1	1	17950	18	6.8	2

2022年西部主要城市经济指标情况统计表

表89

城市名称	地区生产总值（亿元）				第一产业（亿元）			
	绝对数	位次	增长（%）	位次	绝对数	位次	增长（%）	位次
成　都	20817.50	1	2.8	41	588.42	3	3.8	49
自　贡	1638.42	32	0.5	53	253.31	25	4.4	27
攀枝花	1220.52	39	3.5	31	112.22	45	4.9	15
泸　州	2601.52	20	4.1	20	277.17	23	4.4	27
德　阳	2816.90	18	3.1	36	296.20	18	4.3	37
遂　宁	1614.47	33	4.2	19	220.99	30	4.4	27
绵　阳	**3626.94**	**12**	**5.0**	**11**	**381.47**	**13**	**4.4**	**27**
宜　宾	3427.84	13	4.5	15	395.96	11	4.3	37
内　江	1656.95	30	1.5	49	293.18	20	4.4	36
贵　阳	4921.17	7	2.0	48	203.60	32	3.9	47
遵　义	4401.26	8	3.1	36	545.04	6	3.4	53
六盘水	1503.58	37	0.7	52	188.28	37	3.7	50
安　顺	1080.92	44	−1.7	57	199.65	34	3.4	53
毕　节	2206.52	25	0.2	54	551.35	5	3.6	52
昆　明	7541.37	3	3.0	38	326.96	15	4.4	27
曲　靖	3802.20	10	8.1	4	555.02	4	5.0	11
玉　溪	2520.57	22	4.3	18	247.30	26	5.0	11
拉　萨	747.57	51	0.2	54	26.74	53	4.7	18
西　安	11486.51	2	4.4	17	323.58	16	3.7	51
宝　鸡	2743.10	19	2.8	40	234.38	28	4.6	20
延　安	2231.93	24	4.6	13	226.49	29	4.8	16
咸　阳	2817.55	17	4.4	16	408.05	9	4.0	46
榆　林	6543.65	4	5.6	7	312.25	17	4.6	25
渭　南	2201.13	26	4.0	22	430.73	7	4.6	20
兰　州	3343.50	14	0.8	51	65.00	48	5.0	11
金　昌	522.52	55	13.5	1	31.92	51	5.9	6
白　银	635.53	53	5.6	8	116.46	44	6.0	3
银　川	2535.63	21	4.0	25	91.80	46	4.7	17

续表89

城市名称	地区生产总值（亿元）				第一产业（亿元）			
	绝对数	位次	增长（%）	位次	绝对数	位次	增长（%）	位次
石嘴山	693.34	52	3.6	29	40.93	50	4.5	26
中 卫	563.89	54	3.8	27	79.81	47	4.0	45
吴 忠	867.00	49	4.1	20	120.10	43	4.6	20
西 宁	1644.35	31	2.1	46	62.96	49	4.4	27
格尔木	446.45	56	8.6	2	7.87	57	4.3	37
乌鲁木齐	3893.22	9	3.4	33	30.98	52	2.8	57
克拉玛依	1188.10	40	4.7	12	18.50	55	5.8	8
呼和浩特	3329.10	15	2.6	42	160.55	40	4.3	37
包 头	3749.93	11	7.2	5	132.85	41	3.2	55
乌 海	803.32	50	2.2	45	7.92	56	6.2	2
巴彦淖尔	1084.60	42	2.1	46	293.53	19	3.9	47
通 辽	1561.76	35	3.0	38	399.07	10	3.1	56
鄂尔多斯	5613.40	5	5.4	9	195.00	36	6.0	3
乌兰察布	1017.86	45	4.0	22	177.24	38	4.4	27
呼伦贝尔	1536.02	36	4.6	13	388.91	12	5.5	9
阿拉善	407.29	57	3.6	28	24.52	54	4.2	43
南 宁	5218.34	6	1.4	50	601.51	2	4.4	27
柳 州	3109.09	16	-1.0	56	285.23	21	4.6	20
桂 林	2435.75	23	2.5	43	620.12	1	6.0	3
梧 州	1419.67	38	4.0	22	200.70	33	4.4	27
玉 林	2167.46	27	2.5	43	430.67	8	4.6	20
钦 州	1917.00	28	8.2	3	338.28	14	5.0	11
北 海	1674.21	29	3.5	31	239.55	27	4.1	44
贵 港	1572.10	34	3.2	35	277.87	22	4.2	41
来 宾	901.23	48	3.6	29	196.56	35	5.2	10
防城港	968.08	47	5.1	10	125.14	42	4.2	41
贺 州	972.16	46	3.4	33	177.04	39	5.9	6
崇 左	1081.00	43	6.1	6	207.57	31	4.7	18
河 池	1135.54	41	3.9	26	260.08	24	6.6	1

续表 89

城市名称	第二产业（亿元）				第三产业（亿元）			
	绝对数	位次	增长（%）	位次	绝对数	位次	增长（%）	位次
成　都	6404.12	1	5.5	23	13824.96	1	1.5	42
自　贡	621.32	32	-3.4	55	763.79	30	2.4	26
攀枝花	677.79	29	4.0	33	430.52	43	2.4	26
泸　州	1330.67	16	4.2	32	993.68	24	4.0	10
德　阳	1354.90	14	3.0	41	1165.70	19	3.1	15
遂　宁	772.88	26	5.6	21	620.61	36	2.7	21
绵　阳	**1514.33**	**12**	**5.9**	**18**	**1731.14**	**10**	**4.5**	**9**
宜　宾	1723.21	9	5.2	26	1308.67	16	3.9	11
内　江	544.88	38	-0.2	50	818.89	29	1.5	40
贵　阳	1739.57	8	3.7	35	2977.99	5	0.9	48
遵　义	2101.97	6	6.0	17	1754.25	9	-0.2	53
六盘水	671.06	30	-1.4	52	644.24	34	2.0	33
安　顺	303.03	52	-10.4	57	578.24	39	1.7	35
毕　节	560.13	36	-5.4	56	1095.04	22	1.7	35
昆　明	2413.39	5	3.2	36	4801.02	3	2.7	21
曲　靖	1595.05	10	10.9	7	1652.12	11	6.9	2
玉　溪	1130.29	23	6.7	12	1142.97	20	2.0	31
拉　萨	291.25	53	2.3	45	429.58	44	-1.3	54
西　安	4071.56	3	10.7	8	7091.37	2	1.3	44
宝　鸡	1576.21	11	2.4	44	932.52	26	2.8	20
延　安	1401.35	13	4.0	33	604.09	37	5.5	7
咸　阳	1336.67	15	5.2	27	1072.83	23	3.8	12
榆　林	4673.49	2	5.7	20	1557.91	13	5.8	4
渭　南	847.93	25	4.8	29	922.47	27	2.9	17
兰　州	1150.80	21	-2.9	54	2127.80	7	2.4	26
金　昌	371.31	48	17.9	1	119.30	56	5.8	5
白　银	251.28	57	5.4	25	267.80	52	5.6	6
银　川	1261.70	18	7.3	10	1182.13	18	1.3	46

续表89

城市名称	第二产业（亿元）				第三产业（亿元）			
	绝对数	位次	增长（%）	位次	绝对数	位次	增长（%）	位次
石嘴山	383.17	47	4.4	31	269.24	51	2.5	24
中　卫	262.88	55	6.1	16	221.19	53	1.5	41
吴　忠	451.30	43	4.9	28	295.60	50	3.0	16
西　宁	618.50	33	11.4	5	962.94	25	-2.7	57
格尔木	327.63	51	14.0	3	110.95	57	-1.8	56
乌鲁木齐	1133.43	22	-1.0	51	2728.81	6	0.7	49
克拉玛依	857.30	24	6.2	13	312.40	49	1.6	38
呼和浩特	1155.82	20	2.7	42	2012.73	8	2.5	24
包　头	1974.60	7	14.8	2	1642.48	12	1.3	44
乌　海	586.64	34	2.5	43	208.76	54	1.4	43
巴彦淖尔	359.50	49	-0.1	49	431.50	42	2.4	26
通　辽	503.87	42	3.1	39	658.81	33	2.9	17
鄂尔多斯	3866.40	4	7.9	9	1552.10	14	1.7	35
乌兰察布	447.41	44	6.2	13	393.21	47	2.0	31
呼伦贝尔	544.47	39	5.6	21	602.64	38	3.5	13
阿拉善	261.73	56	4.7	30	121.04	55	1.9	34
南　宁	1182.81	19	0.1	48	3434.03	4	1.2	47
柳　州	1292.44	17	-1.6	53	1531.42	15	-1.4	55
桂　林	527.63	40	3.2	36	1288.00	17	0.6	50
梧　州	584.19	35	0.2	47	634.78	35	6.7	3
玉　林	625.46	31	1.3	46	1111.33	21	2.3	30
钦　州	678.61	28	11.0	6	900.01	28	8.0	1
北　海	761.53	27	6.9	11	673.14	32	0.3	51
贵　港	556.34	37	3.2	36	737.89	31	2.9	17
来　宾	282.08	54	3.1	39	422.59	45	3.2	14
防城港	517.84	41	5.5	23	325.09	48	4.8	8
贺　州	387.47	46	6.2	13	407.66	46	0.3	51
崇　左	415.77	45	14.0	3	457.66	41	1.6	38
河　池	337.71	50	5.9	18	537.75	40	2.6	23

续表89

城市名称	规模以上工业增加值增速		规模以上工业营业务收入（亿元）			
	增长（%）	位次	绝对数	位次	增长（%）	位次
成　都	5.6	34	17360.6	1	5.1	35
自　贡	−11.3	56	967.5	39	−18.3	51
攀枝花	5.9	32	2296.6	23	0.5	42
泸　州	6.0	31	2798.5	19	9.1	27
德　阳	3.4	41	4325.9	8	6.5	34
遂　宁	10.3	12	1718.6	31	15.9	19
绵　阳	**9.2**	**15**	**3823.6**	**11**	**3.6**	**38**
宜　宾	7.5	22	4886.5	7	16.1	18
内　江	−6.5	55	1374.6	35	−8.0	49
贵　阳	4.4	36	2834.4	18	12.7	24
遵　义	10.3	12	1966.2	28	18.3	14
六盘水	−2.1	52	1266.6	36	1.2	41
安　顺	−19.5	57	452.0	48	−28.2	52
毕　节	−6.1	54	638.6	47	−5.9	47
昆　明	3.0	42	6115.7	5	8.0	30
曲　靖	16.1	7	3278.6	13	27.6	7
玉　溪	6.9	26	2108.1	27	0.1	43
拉　萨	17.2	6	—	—	—	—
西　安	13.9	8	9364.3	2	32.0	4
宝　鸡	2.2	45	2947.3	16	2.1	40
延　安	5.7	33	2837.4	17	27.8	6
咸　阳	6.2	29	3184.5	14	14.0	21
榆　林	7.0	25	7747.6	3	22.5	10
渭　南	6.7	28	2201.9	24	7.2	32
兰　州	−0.4	49	2719.3	20	10.4	25
金　昌	25.7	2	2367.1	22	−1.6	45
白　银	5.1	35	795.2	42	22.0	11
银　川	10.3	12	4062.0	9	34.5	3

续表89

城市名称	规模以上工业增加值增速		规模以上工业营业务收入（亿元）			
	增长（%）	位次	绝对数	位次	增长（%）	位次
石嘴山	0.1	47	1067.0	38	7.9	31
中　卫	9.1	16	857.7	40	10.1	26
吴　忠	6.8	27	1412.6	34	17.6	16
西　宁	26.9	1	2137.8	26	40.6	2
格尔木	18.5	5	679.1	44	80.0	1
乌鲁木齐	6.2	29	3755.1	12	14.4	20
克拉玛依	4.4	36	1926.2	29	27.4	8
呼和浩特	3.0	42	3068.1	15	16.3	17
包　头	19.6	4	4989.3	6	19.8	12
乌　海	2.9	44	1740.5	30	5.0	36
巴彦淖尔	0.1	47	1093.4	37	13.2	23
通　辽	3.9	38	1590.0	32	9.1	27
鄂尔多斯	8.4	18	7237.4	4	19.5	13
乌兰察布	11.4	9	1490.7	33	22.6	9
呼伦贝尔	7.8	21	804.1	41	28.8	5
阿拉善	7.9	20	759.2	43	0.1	43
南　宁	1.9	46	2498.5	21	3.3	39
柳　州	-2.3	53	3974.1	10	-7.5	48
桂　林	7.1	24	—	—	8.7	29
梧　州	-0.4	49	—	—	—	—
玉　林	-0.8	51	—	—	-3.0	46
钦　州	10.8	10	—	—	—	—
北　海	8.6	17	—	—	-30.5	53
贵　港	3.5	40	—	—	—	—
来　宾	3.6	39	647.7	45	7.1	33
防城港	10.4	11	2197.9	25	4.3	37
贺　州	8.2	19	639.6	46	-8.6	50
崇　左	20.9	3	—	—	17.7	15
河　池	7.2	23	—	—	13.7	22

续表89

城市名称	固定资产投资（亿元）		社会消费品零售总额（亿元）			
	增长（%）	位次	绝对数	位次	增长（%）	位次
成　都	5.0	40	9096.5	1	-1.7	35
自　贡	8.8	34	712.1	24	3.1	9
攀枝花	10.2	29	285.7	37	2.7	11
泸　州	10.6	24	1244.4	10	3.3	8
德　阳	10.7	23	1014.8	17	0.5	20
遂　宁	10.2	29	562.2	27	2.5	12
绵　阳	**11.3**	**18**	**1635.0**	**6**	**-1.0**	**31**
宜　宾	10.2	29	1210.0	12	0.0	25
内　江	10.2	29	641.8	25	-2.8	40
贵　阳	-4.2	49	2402.1	4	-5.7	49
遵　义	-17.5	53	1237.7	11	-4.3	45
六盘水	-4.0	48	483.5	29	-2.1	36
安　顺	7.4	35	—	—	-3.1	42
毕　节	-22.6	56	—	—	-5.0	47
昆　明	-3.1	46	3385.3	3	0.0	25
曲　靖	16.3	10	1161.2	13	5.3	5
玉　溪	10.8	22	788.9	21	-8.5	53
拉　萨	-37.3	57	353.3	32	-11.5	55
西　安	10.5	25	4642.1	2	-5.2	48
宝　鸡	9.3	33	983.0	18	6.6	4
延　安	-2.9	45	445.6	31	7.5	3
咸　阳	10.8	21	1253.3	9	10.2	1
榆　林	5.3	39	734.6	23	4.5	6
渭　南	-7.8	52	739.0	22	8.0	2
兰　州	-3.5	47	1598.2	7	-9.1	54
金　昌	17.3	9	104.6	48	-6.3	50
白　银	12.5	17	197.5	42	-2.2	38
银　川	3.7	42	791.6	20	0.4	21

续表89

城市名称	固定资产投资（亿元）		社会消费品零售总额（亿元）			
	增长（%）	位次	绝对数	位次	增长（%）	位次
石嘴山	25.1	5	106.8	47	0.0	25
中　卫	16.1	12	131.9	45	-0.3	29
吴　忠	10.3	28	182.7	43	0.2	23
西　宁	-18.3	55	531.7	28	-14.4	57
格尔木	20.5	7	50.5	51	-6.7	51
乌鲁木齐	0.3	44	1033.0	15	-11.8	56
克拉玛依	10.9	20	104.5	49	-7.8	52
呼和浩特	12.6	15	1059.8	14	-4.1	44
包　头	20.1	8	1027.9	16	-3.1	42
乌　海	38.7	1	—	—	-0.9	30
巴彦淖尔	11.2	19	219.5	40	-3.0	41
通　辽	32.1	3	329.5	34	1.0	16
鄂尔多斯	25.4	4	615.6	26	1.2	15
乌兰察布	16.2	11	230.9	39	-2.4	39
呼伦贝尔	12.6	15	319.7	36	0.2	23
阿拉善	37.1	2	52.4	50	-1.0	31
南　宁	-17.8	54	2358.8	5	-0.2	28
柳　州	-7.0	51	1303.6	8	-2.1	37
桂　林	0.8	43	—	—	-1.0	31
梧　州	6.4	36	321.2	35	1.6	13
玉　林	6.1	38	864.8	19	2.8	10
钦　州	22.9	6	—	—	3.9	7
北　海	-4.6	50	345.4	33	-1.3	34
贵　港	6.3	37	460.8	30	0.7	19
来　宾	10.5	25	146.0	44	1.3	14
防城港	3.8	41	131.6	46	-4.4	46
贺　州	10.3	27	201.2	41	0.8	18
崇　左	15.7	14	254.8	38	1.0	16
河　池	16.0	13	—	—	0.3	22

续表89

城市名称	地方一般公共预算收入（亿元）				地方一般公共预算支出（亿元）			
	绝对数	位次	增长（%）	位次	绝对数	位次	增长（%）	位次
成　都	1722.4	1	5.8	31	2435.0	1	8.8	17
自　贡	62.7	42	10.2	18	259.6	38	8.0	22
攀枝花	84.0	32	-2.3	43	147.1	50	-14.3	55
泸　州	192.5	12	8.2	22	458.7	18	3.1	33
德　阳	156.5	18	5.3	32	350.3	30	7.3	25
遂　宁	103.4	25	12.7	13	285.7	35	1.9	36
绵　阳	**159.7**	**16**	**14.9**	**8**	**501.1**	**12**	**7.4**	**24**
宜　宾	298.2	9	15.0	7	610.0	9	8.2	21
内　江	76.0	37	6.5	26	258.6	39	0.1	42
贵　阳	402.2	5	-5.7	47	726.4	6	6.5	27
遵　义	312.2	8	11.9	16	716.6	7	-7.4	53
六盘水	96.1	28	-6.1	48	326.5	32	0.6	41
安　顺	57.6	45	2.0	38	272.7	36	1.5	37
毕　节	119.6	23	3.5	35	667.9	8	-1.1	45
昆　明	505.3	4	-13.6	53	863.3	4	-7.0	52
曲　靖	151.1	19	7.2	25	507.5	11	1.1	39
玉　溪	120.4	22	-2.3	43	233.2	43	-9.5	54
拉　萨	72.5	39	-32.2	56	355.2	28	11.6	13
西　安	834.1	3	9.7	20	1573.1	2	6.7	26
宝　鸡	92.7	30	5.9	30	402.4	23	10.2	16
延　安	180.5	13	28.3	4	477.4	15	14.5	9
咸　阳	115.6	24	12.5	15	492.8	14	14.9	8
榆　林	—	—	—	—	—	—	—	—
渭　南	93.2	29	11.3	17	532.8	10	13.8	11
兰　州	221.0	11	-7.8	51	498.8	13	3.1	33
金　昌	28.7	53	6.4	27	77.2	55	34.8	3
白　银	32.5	52	0.2	40	213.8	46	3.0	35
银　川	168.9	15	-1.4	42	352.3	29	20.8	6

续表89

城市名称	地方一般公共预算收入（亿元）				地方一般公共预算支出（亿元）			
	绝对数	位次	增长（%）	位次	绝对数	位次	增长（%）	位次
石嘴山	26.0	54	4.9	33	122.5	52	32.4	4
中　卫	21.9	56	-4.3	46	195.6	47	6.2	28
吴　忠	35.9	51	4.7	34	245.9	42	8.5	19
西　宁	131.7	20	-14.4	54	339.0	31	-1.4	47
格尔木	24.4	55	41.2	2	51.4	56	41.7	1
乌鲁木齐	314.8	7	-6.8	50	455.8	19	8.6	18
克拉玛依	102.3	26	14.8	9	125.4	51	8.3	20
呼和浩特	230.9	10	0.9	39	420.8	21	0.0	44
包　头	173.6	14	7.8	23	395.1	24	17.7	7
乌　海	79.3	34	25.2	5	118.2	53	4.3	32
巴彦淖尔	77.5	35	38.8	3	308.0	33	14.5	10
通　辽	91.9	31	12.7	13	421.0	20	11.9	12
鄂尔多斯	842.8	2	56.4	1	995.8	3	36.5	2
乌兰察布	62.6	43	9.0	21	373.0	25	-1.3	46
呼伦贝尔	98.8	27	-1.1	41	473.7	16	11.5	14
阿拉善	36.2	50	18.8	6	103.1	54	20.8	5
南　宁	392.7	6	7.5	24	838.9	5	7.9	23
柳　州	159.1	17	-11.2	52	363.1	27	-14.4	56
桂　林	125.4	21	10.1	19	466.2	17	1.1	40
梧　州	75.7	38	-4.0	45	254.4	40	-1.8	48
玉　林	76.5	36	3.5	35	364.1	26	-3.2	50
钦　州	83.7	33	13.6	11	260.1	37	5.7	30
北　海	67.6	41	-6.2	49	190.3	48	6.1	29
贵　港	70.0	40	-18.3	55	306.8	34	1.5	37
来　宾	50.6	46	14.1	10	229.4	44	-2.0	49
防城港	44.1	48	13.0	12	150.4	49	5.1	31
贺　州	48.8	47	6.0	28	219.3	45	0.1	43
崇　左	43.3	49	6.0	28	246.1	41	-5.4	51
河　池	58.0	44	2.8	37	412.2	22	10.5	15

续表89

城市名称	城镇居民人均可支配收入（元）				农（牧）民人均可支配收入（元）			
	绝对数	位次	增长（%）	位次	绝对数	位次	增长（%）	位次
成　都	54897	3	4.3	26	30931	1	6.2	39
自　贡	43740	22	4.2	29	21976	14	6.2	39
攀枝花	50009	9	4.4	24	23364	10	6.3	37
泸　州	45071	18	4.8	11	21348	17	6.7	19
德　阳	44650	20	4.4	23	23192	11	6.1	43
遂　宁	42217	29	4.7	14	20986	19	6.4	33
绵　阳	**45131**	**17**	**4.6**	**18**	**22726**	**13**	**6.5**	**28**
宜　宾	44739	19	4.6	20	21846	16	6.1	46
内　江	43639	23	4.5	21	20996	18	5.9	48
贵　阳	46242	15	5.4	4	21925	15	6.6	24
遵　义	42649	25	5.2	7	17333	39	6.9	16
六盘水	39566	41	5.3	6	14241	52	7.1	10
安　顺	38646	46	4.4	24	13821	53	6.4	33
毕　节	39055	45	4.8	11	13245	54	6.5	28
昆　明	53832	6	2.5	51	20722	22	6.2	39
曲　靖	43612	24	2.6	50	17502	36	6.6	24
玉　溪	47243	13	2.7	48	19889	26	6.5	28
拉　萨	51591	7	4.6	18	22756	12	7.3	6
西　安	48418	11	3.2	42	18285	34	5.2	53
宝　鸡	40388	37	4.3	26	16785	42	7.0	11
延　安	40938	34	4.2	29	15237	50	6.9	16
咸　阳	42542	27	4.2	29	15239	49	6.7	19
榆　林	40355	38	5.0	8	16956	41	7.0	11
渭　南	39529	44	4.7	14	16183	46	6.6	24
兰　州	45277	16	4.7	14	17178	40	6.1	44
金　昌	47292	12	3.6	36	19647	27	6.2	39
白　银	37187	54	4.5	21	12733	56	7.2	7
银　川	44392	21	4.7	14	19349	31	6.5	28

续表89

城市名称	城镇居民人均可支配收入（元）				农（牧）民人均可支配收入（元）			
	绝对数	位次	增长（%）	位次	绝对数	位次	增长（%）	位次
石嘴山	38518	48	5.4	4	19465	30	6.4	33
中　卫	34091	57	4.8	11	14398	51	6.7	19
吴　忠	35548	55	5.8	1	17380	38	7.7	3
西　宁	40197	39	2.4	53	15797	47	5.7	51
格尔木	40723	35	5.0	8	23566	9	5.1	54
乌鲁木齐	46276	14	0.3	57	26110	3	5.0	55
克拉玛依	53903	5	4.2	29	—	—	—	—
呼和浩特	54616	4	3.0	45	23938	8	6.7	19
包　头	56245	1	3.3	40	24250	7	6.4	33
乌　海	50436	8	3.7	35	25224	5	6.0	47
巴彦淖尔	38458	49	5.8	2	24403	6	7.1	9
通　辽	39536	43	5.5	3	20006	24	8.7	1
鄂尔多斯	55984	2	4.3	26	25234	4	7.0	11
乌兰察布	37352	53	4.0	33	15581	48	8.0	2
呼伦贝尔	39562	42	2.9	47	20908	20	6.9	15
阿拉善	49629	10	5.0	8	26666	2	5.8	49
南　宁	42636	26	3.0	45	19001	32	6.7	19
柳　州	42478	28	2.5	51	18515	33	6.6	24
桂　林	42043	30	3.2	42	20095	23	5.8	49
梧　州	38524	47	3.6	36	17474	37	7.0	11
玉　林	41564	32	3.1	44	20872	21	6.3	37
钦　州	41094	33	2.3	55	18081	35	6.1	44
北　海	41704	31	2.4	53	19475	29	5.5	52
贵　港	37748	52	2.7	49	19576	28	6.5	28
来　宾	40021	40	3.4	39	16405	45	7.1	8
防城港	40470	36	2.0	56	19944	25	4.8	56
贺　州	38058	51	3.8	34	16445	44	7.4	4
崇　左	38166	50	3.3	40	16761	43	6.8	18
河　池	34518	56	3.5	38	13225	55	7.3	5

绵阳市工业生产者出厂价格指数统计表
（以上年为100）

表90

类别	2021年	2022年
总指数	104.0	99.3
按轻重工业分	—	—
轻工业	102.8	95.3
重工业	104.9	102.4
按类别分	—	—
生产资料	105.8	102.8
采掘	104.9	98.9
原材料	111.0	107.2
加工	104.9	102.2
生活资料	101.2	93.8
食品	101.9	100.2
衣着	83.1	99.2
一般日用品	102.8	104.6
耐用消费品	100.9	85.5

绵阳市工业生产者购进价格指数统计表
（以上年为100）

表91

类别	2021年	2022年
总指数	106.0	101.8
燃料动力类	106.8	118.2
黑色金属材料类	115.7	94.9
#钢材	114.0	93.4
有色金属材料和电线类	108.9	107.4
化工原料类	109.4	110.8
木材及纸浆类	100.6	101.2
建筑材料及非金属矿类	105.5	92.8
其他工业原材料及半成品类	103.9	94.2
农副产品类	103.1	104.4
纺织原料类	100.2	107.5

绵阳市按行业分的工业生产者出厂价格指数统计表
（以上年为100）

表92

类别	2021年	2022年
黑色金属矿采选业	—	—
有色金属矿采选业	—	—
非金属矿采选业	104.9	98.9
农副食品加工业	106.0	100.6
食品制造业	100.8	103.3
酒、饮料和精制茶制造业	100.9	102.1
纺织业	116.4	108.1
纺织服装、服饰业	83.1	99.2
皮革、毛皮、羽毛及其制品和制鞋业	—	—
木材加工和木、竹、藤、棕、草制品业	98.5	111.7
家具制造业	99.0	103.2
造纸和纸制品业	100.6	102.9
印刷和记录媒介复制业	100.7	99.9
石油加工、炼焦和核燃料加工业	—	—
化学原料和化学制品制造业	114.8	109.4
医药制造业	102.5	103.7
橡胶和塑料制品业	104.9	104.5
非金属矿物制品业	102.8	99.2
黑色金属冶炼和压延加工业	113.6	96.2
有色金属冶炼和压延加工业	121.1	104.0
金属制品业	103.9	101.2
通用设备制造业	109.0	100.3
专用设备制造业	96.7	98.2
汽车制造业	99.4	102.8
铁路、船舶、航空航天和其他运输设备制造业	122.1	100.1
电气机械和器材制造业	104.1	104.5
计算机、通信和其他电子设备制造业	99.3	87.3
仪器仪表制造业	100.0	100.5
废弃资源综合利用业	102.7	97.3
电力、热力的生产和供应业	99.1	106.3
燃气生产和供应业	102.8	100.1
水的生产和供应业	104.8	100.4

2022年绵阳市国民经济和社会发展统计公报

绵阳市统计局　国家统计局绵阳调查队

2022年是党和国家历史上极为重要的一年。全市上下坚定以习近平新时代中国特色社会主义思想为指导，深入学习贯彻党的二十大精神，全面落实习近平总书记对四川工作系列重要指示精神，认真落实党中央、国务院决策部署及省委、省政府工作要求，在市委、市政府坚强领导下，坚定贯彻落实“疫情要防住、经济要稳住、发展要安全”重要要求和“讲政治、抓发展、惠民生、保安全”工作总思路，大力实施“五市战略”，加快建设中国科技城、全力打造成渝副中心，完整、准确、全面贯彻新发展理念，坚持高质量发展，积极稳妥应对超预期因素冲击，全市经济稳中向好，社会大局保持稳定，现代化绵阳建设迈出坚实步伐。

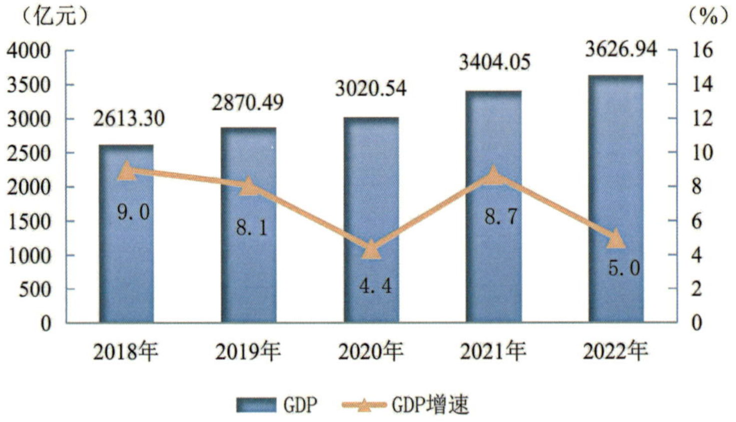

图1　2018—2022年地区生产总值和增长速度图

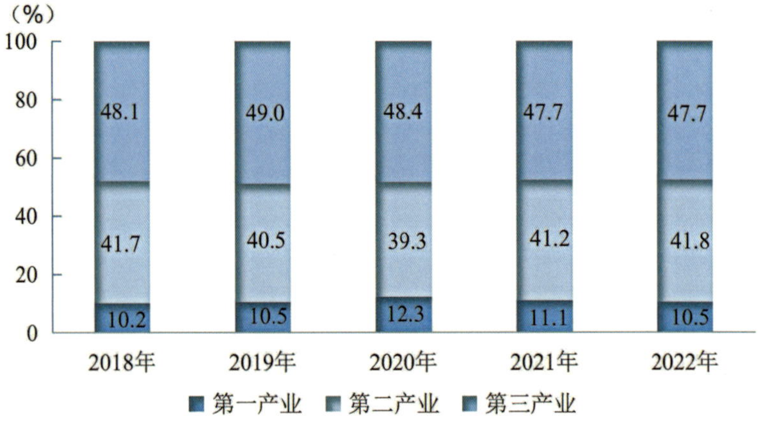

图2　2018—2022年三次产业增加值占GDP的比重图

一、综合

国民经济。根据地区生产总值统一核算初步结果，2022年绵阳地区生产总值（GDP）3626.94亿元，按可比价格计算，比上年增长5.0%。其中，第一产业增加值381.47亿元，增长4.4%，贡献率为10.7%；第二产业增加值1514.33亿元，增长5.9%，贡献率为46.0%；第三产业增加值1731.14亿元，增长4.5%，贡献率为43.3%。三次产业结构为10.5∶41.8∶47.7。民营经济实现增加值2155.94亿元，增长3.0%，占全市经济总量的比重为59.4%。

科技城。全年科技城实现地区生产总值（GDP）2569.83亿元，比上年增长5.0%。其中，第二产业增加值1324.00亿元，增长5.6%；第三产业增加值1245.83亿元，增长4.4%。规模以上工业增加值增长9.2%；全社会固定资产投资增长12.7%；实现社会消费品零售总额1190.82亿元，下降1.2%。

县域经济。全年县域经济实现地区生产总值2960.88亿元，比上年增长4.9%，占全市地区生产总值的比重为81.6%。其中，第一产业增加值370.03亿元，增长4.4%；第二产业增加值1063.58亿元，增长5.2%；第三产业增加值1527.27亿元，增长4.8%。

基本单位。年末，全市共有基本单位83114个，比上年增加11269个，增长15.7%。其中，法人单位74307个，比上年增加10509个，增长16.5%，企业法人单位61579个，比上年增加10426个，增长20.4%。“四上”企业法人单位4247个，比上年增加453个，增长11.9%。分专业看，规模以上工业企业1290个，资质内建筑业企业825个，限额以上商贸企业1088个，房地产企业387个，规模以上服务业企业657个。

价格。全年居民消费价格（CPI）比上年上涨2.1%。其中，交通和通信类上涨5.3%，教育文化和娱乐类上涨3.1%，食品烟酒类上涨2.4%，其他用品和服务类上涨2.1%，居住类上涨1.0%，衣着类上涨0.5%，生活用品及服务类、医疗保健类均下降0.2%。工业生产者出厂价格（PPI）比上年下降0.7%；工业生产者购进价格（IPI）上涨1.8%。

2022年CPI、PPI及IPI较上年涨跌幅度统计表

表1

指标	涨跌幅度(%)
居民消费价格（CPI）	2.1
其中：食品烟酒	2.4
衣着	0.5
居住	1.0
生活用品及服务	−0.2
交通和通信	5.3
教育文化和娱乐	3.1
医疗保健	−0.2
其他用品和服务	2.1
工业生产出厂价格（PPI）	−0.7
工业生产购进价格（IPI）	1.8

二、农业

农业。全年实现农林牧渔业总产值648.31亿元，比上年增长4.6%。其中，农业产值310.70亿元，增长4.5%；林业产值42.39亿元，增长9.7%；牧业产值241.07亿元，增长4.1%；渔业产值28.28亿元，增长3.9%；农林牧渔专业及辅助性活动产值25.88亿元，增长4.2%。

农产品产量。全年农作物播种面积69.62万公顷，比上年增长2.8%。其中，粮食播种面积41.32万公顷，增长2.5%；油料作物播种面积18.07万公顷，增长3.4%。粮食产量230.84万吨，减少1.8%，单产5587公斤/公顷，减少4.3%。其中，大春粮食产量184.16万吨，减少2.7%；小春粮食产量46.69万吨，增长1.7%。水稻产量90.91万吨，减少3.6%；小麦产量37.97万吨，增长1.8%。经济作物中，油料作物产量53.15万吨，增长7.1%；蔬菜及食用菌产量221.05万吨，增长3.3%。

畜牧业。全年生猪出栏377.86万头，比上年增长4.4%；牛出栏12.52万头，增长4.5%；羊出栏96.37万只，增长3.2%；家禽出栏7490.67万羽，增长2.3%。

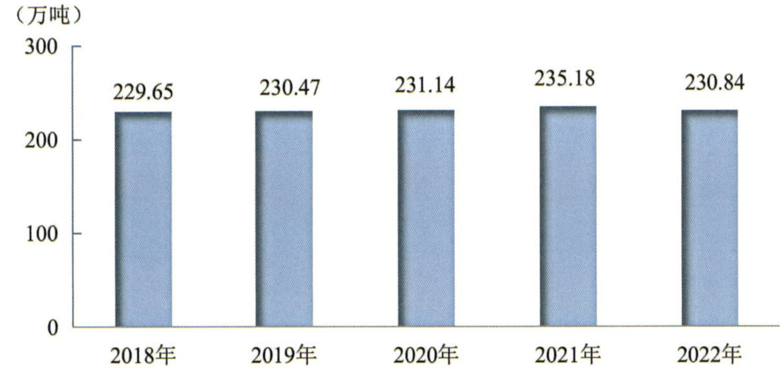

图3 2018—2022年粮食产量图

林业。全年完成造林面积33080公顷。年末有自然保护区6个，自然保护区面积10.94万公顷。年末全市森林面积113.71万公顷，森林覆盖率56.13%，比上年提高0.13个百分点。

农田水利。年末实有水利工程6.48万处（不包括窖池、水电站、规模以下的机电井），水利工程蓄引能力27.86亿立方米，实际供水18.35亿立方米。年末有效灌溉面积22.20万公顷。

三、工业和建筑业

工业生产。全年，全市工业增加值1165.50亿元，比上年增长5.3%，对经济增长的贡献率为32.3%。全年规模以上工业增加值增长9.2%。分轻重工业看，轻工业增加值增长4.4%，重工业增加值增长11.0%。分经济类型看，国有控

股企业增加值增长20.8%，股份制企业增加值增长10.4%，外商及港澳台商投资企业增加值下降1.8%。

分行业看，规模以上工业38个行业大类中有22个行业增加值增长。其中，电力、热力生产和供应业增加值比上年增长40.8%，酒、饮料和精制茶制造业增长19.4%，计算机、通信和其他电子设备制造业增长15.1%，非金属矿物制品业增长11.3%，金属制品业增长7.6%，食品制造业增长1.0%，汽车制造业下降1.0%，农副食品加工业下降1.5%，医药制造业下降1.7%。高技术制造业增加值增长13.5%，占规模以上工业增加值的比重为30.6%。

主要工业产品。全年重点监测的200种工业产品中，79种工业产品产量实现增长，增长面为39.5%。主要产品中，汽车产量比上年下降80.0%，电子元件下降0.6%，液晶显示屏增长185.4%，彩色电视机增长11.1%，电视接收机顶盒下降1.7%。

2022年主要工业产品产量及其增长速度统计表

表2

名称	计量单位	绝对数	增长(%)
饲料	万吨	213.7	-4.0
鲜、冷藏肉	万吨	19.8	16.5
饮料酒	万千升	5.5	-3.5
白酒（折65度，商品量）	万千升	3.8	-33.3
纱	万吨	1.5	15.4
布	亿米	1.0	0.0
服装	万件	1980.4	54.2
农用氮、磷、钾化学肥料（折纯）	万吨	3.9	-39.1
水泥	万吨	980.8	-6.0
商品混凝土	万立方米	1472.7	13.7
粗钢	万吨	26.4	-6.4
钢材	万吨	57.6	-9.3
发动机	万千瓦	1078.2	71.0
矿山专用设备	万吨	28.5	25.6
水泥专用设备	万吨	1.0	16.0
汽车	万辆	0.5	-80.0
载货汽车	万辆	0.4	-80.0
改装汽车	万辆	0.1	-66.7
房间空气调节器	万台	386.4	68.7
移动通信手持机（手机）	万台	192.9	-15.0
彩色电视机	万台	842.4	11.1
液晶电视机	万台	842.4	11.1
电视接收机顶盒	万台	1876.8	-1.7
液晶显示屏	万套	13515.0	185.4
电子元件	亿只	50.7	-0.6

工业经济效益。全年规模以上工业企业实现营业收入3823.62亿元，比上年增长3.6%。盈亏相抵后实现利润总额143.91亿元，下降15.0%。其中，国有控股企业实现利润28.75亿元，下降45.5%；集体控股企业实现利润2.33亿元，下降11.1%；私人控股企业实现利润95.29亿元，下降2.6%；港澳台商控股企业实现利润10.78亿元，增长19.1%；外商控股企业实现利润6.76亿元，下降2.7%。全年规模以上工业企业每百元营业收入中的成本为87.5元。年末规模以上工业企业资产负债率为60.4%，比上年末下降0.1个百分点。

建筑业。全年建筑业增加值350.22亿元，比上年增长7.6%。全市具有资质等级的总承包和专业承包建筑企业825个，其中有工作量的814个。房屋建筑施工面积3692.69万平方米，增长1.3%；房屋建筑竣工面积1472.04万平方米，增长1.5%，其中住宅竣工面积924.48万平方米，下降0.3%。

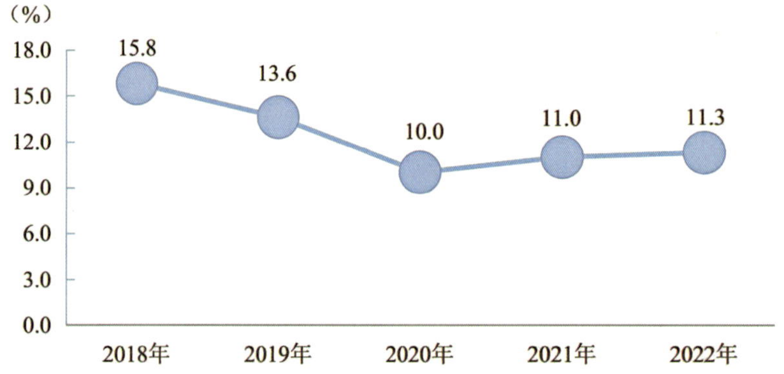

图4 2018—2022年全社会固定资产投资增长速度图

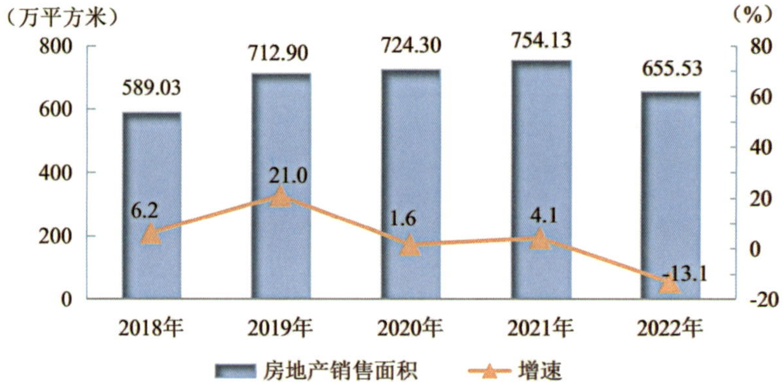

图5 2018—2022年房地产销售面积和增长速度图

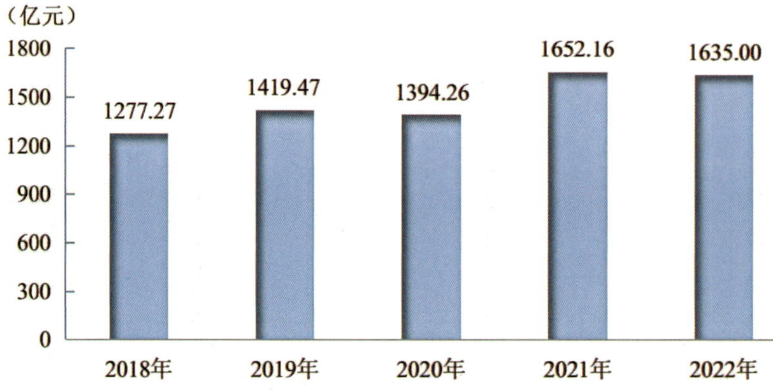

图6 2018—2022年房地产销售面积和增长速度图

四、固定资产投资

固定资产投资。全年全社会固定资产投资比上年增长11.3%。分产业看，第一产业投资增长26.3%；第二产业投资增长29.7%，其中工业投资增长29.8%；第三产业投资增长1.7%。

房地产。全年房地产开发投资450.89亿元，比上年下降3.1%。商品房施工面积2967.57万平方米，下降3.9%；商品房竣工面积225.30万平方米，增长2.7%；商品房销售面积655.53万平方米，下降13.1%。

五、国内贸易

消费品市场。全年社会消费品零售总额1635.00亿元，比上年下降1.0%。按经营地分，城镇消费品零售额1077.41亿元，下降2.4%；乡村消费品零售额557.59亿元，增长1.8%。按消费类型分，商品零售额1337.61亿元，下降1.9%；餐饮收入297.39亿元，增长2.9%。

从限额以上企业（单位）主要商品零售额看，粮油、食品、饮料、烟酒类实现零售额47.21亿元，比上年增长22.3%；服装、鞋帽、针纺织品类实现零售额22.78亿元，增长20.3%。

中西药类实现零售额20.12亿元，增长19.1%；石油及制品类实现零售额59.92亿元，增长16.8%；汽车类实现零售额123.82亿元，增长3.8%。

六、招商引资和对外贸易

招商引资。全年省外引进产业项目新增实际投资809.16亿元，其中制造业新增投资503.06亿元。

对外贸易。全年进出口总额269.01亿元，比上年增长7.4%。其中，出口额172.25亿元，增长55.3%；进口额96.76亿元，下降30.7%。以美元计价，全年实现外贸进出口总额（包括转口贸易）40.51亿美元，增长4.5%。其中，出口额

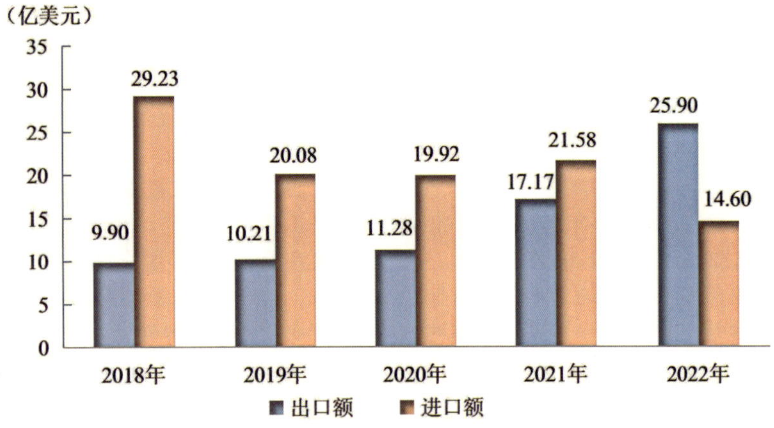

图7　2018—2022年进口额和出口额图

25.90亿美元，增长50.8%；进口额14.60亿美元，下降32.3%。

七、交通、通信和邮电

交通。年末，全市公路通车里程24508.75千米，高速公路通车里程546.05千米，铁路营业里程524.49千米，民航营运航线55条。

全年公路旅客周转量12.10亿人千米，比上年下降33.1%；公路货物周转量78.47亿吨千米，增长4.1%；水运旅客周转量163.14万人千米，下降32.9%；铁路旅客发送量583.27万人，下降33.8%；铁路货运发送量316.49万吨，增长3.1%；民用航空旅客运输量166.11万人，下降44.3%；民用航空货邮行运量13365.5吨，下降31.6%。

邮电业务。年末，全市共有邮政局（所）447处，全年完成邮政业务总量15.36亿元，比上年增长2.0%，完成邮政函件业务81.51万件。全年完成电信业务总量56.34亿元，比上年增长13.3%；固定电话用户125.37万户，移动电话用户700.98万户，互联网宽带接入用户224.62万户。

八、财政、金融和保险业

财政。全年地方一般公共预算收入159.67亿元，比上年同口径（剔除留抵退税因素影响）增长14.9%。其中，税收收入84.36亿元，增长7.2%；非税收入75.31亿元，增长29.1%。一般公共预算支出501.05亿元，增长7.4%。

金融。年末，金融机构人民币各项存款余额6246.74亿元，比上年末增长11.2%。其中，住户存款余额3724.84亿元，增长15.6%。人民币各项贷款余额3751.75亿元，增长14.6%。其中，住户贷款余额1338.99亿元，增长11.4%。

保险。年末，全市共有保险公司59家。其中，产险公司21家，寿险公司38家。全年原保险保费收入151.95亿元，比上年增长3.9%。其中，财产险公司原保险保费收入38.31亿元，增长7.9%；人身险公司原保险保费收入113.64亿元，增长2.7%。全年支付各项赔款和给付48.67亿元，增长1.1%。其中，财产险（公司）赔款支出23.09亿元，增长2.4%；人身险（公司）赔付支出25.58亿元，减少0.1%。

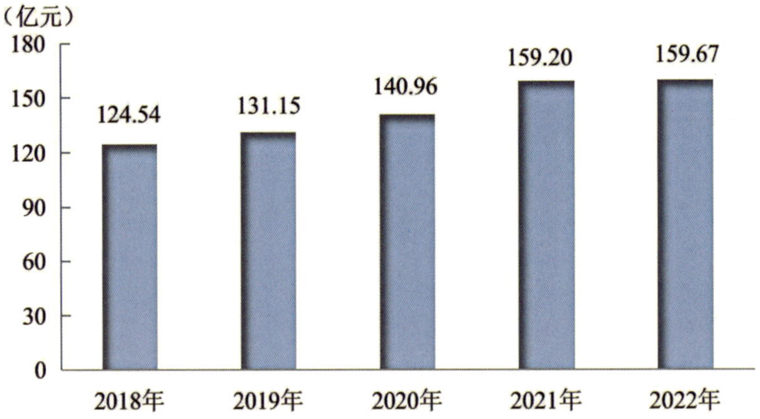

图8　2018—2022年地方一般公共预算收入图

九、教育和科学技术

教育。年末，全市共有各级各类学校1318所（不含高校、技工学校及职业培训机构），在校学生73.65万人，教职工6.41万人，其中专任教师4.99万人。

年末，全市共有小学331所，招生4.55万人，在校学生28.23万人，小学学龄儿童入学率100%；普通中学165所，招生8.79万人，在校学生26.35万人；中等职业教育学校21所，招生1.91万人，在校学生5.11

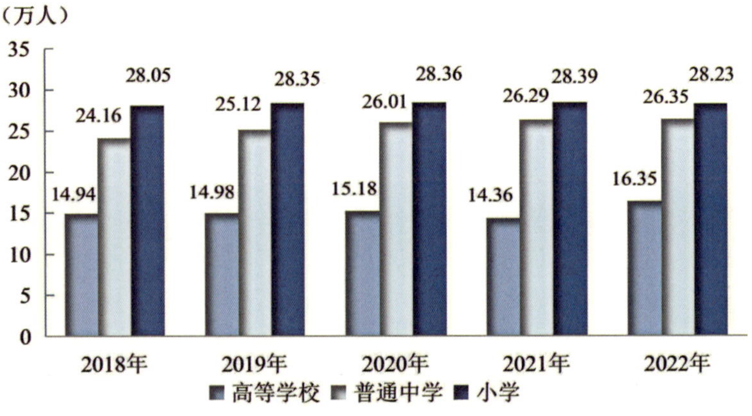

图9　2018—2022年各类学校在校学生数量图

万人；特殊教育学校7所，招生159人，在校学生960人；学前教育幼儿园794所，招生2.97万人，在园幼儿13.87万人。

年末，全市共有高校15所，招生（含成教全日制生）7.13万人，在校生16.35万人，毕业生4.30万人，专任教师8496人。

科学技术。全市已通过国家高新技术企业认定709家，有国家级工程技术研究中心5家，省级工程技术研究中心30家。年底拥有科技企业孵化器53个。其中，国家级15个，省级38个。全年科技型中小企业（科技部评价入库科技型中小企业）总数达到2141个，其中新增科技型中小企业488个。全年专利申请授权量9438件，发明专利授权量2761件。

十、文化、卫生和体育

文化事业。年末，全市有公共图书馆10个，艺术馆、文化馆（站）303个，博物馆、展览馆18个，剧场、影剧院4个。全市广播覆盖率100%，电视覆盖率100%，城区数字电视转换率100%。全市公开发行报纸5种，公开发行杂志17种。

卫生。年末，全市有医疗卫生机构4493个（社区卫生服务中心、村卫生室）。其中，等级医院108个，卫生人员5.02万人，卫生技术人员4.03万人，执业（助理）医师1.53万人，注册护士1.82万人，卫生机构床位4.35万张。孕产妇死亡率、婴儿死亡率和5岁以下儿童死亡率分别是7.51/10万、1.62‰、2.89‰。

体育事业。全市共有体育场馆16个，全年共举办各种运动会319次，参加人数40.68万人次。在参加省以上比赛中获奖牌323枚。其中，金牌101枚，银牌108枚。

十一、环境保护和安全生产

水环境质量。全市20个国、省考核断面水质优良比例为100%，18个断面达到Ⅱ类及以上水质，占比达90%。其中，2个国、省断面实现水质同比提升一个类别，10个国、省断面较“十四五”水质目标提升一个类别，涪江干流、通口河、梓江、安昌河、平通河、秀水河、沉抗水库考核断面全部达到Ⅱ类水质，青竹江考核断面达到Ⅰ类水质。

空气质量。全市城区环境空气有效监测365天，参照《环境空气质量标准》（GB 3095—2012），达标327天，达标天数比例为89.6%。其中，优108天，良219天，超标38天，其中轻度污染36天，中度污染2天，重度污染0天。全市城区环境空气质量$PM_{2.5}$平均浓度值为34.2微克/立方米。市区共获降水样31个，其中酸雨0个，酸雨频率0%，降水pH均值为6.29。城区、郊区均属非酸雨区。

声环境质量。城区1、2、3类功能区昼间、夜间达标率均为100%。4a类功能区昼间点次达标率100%。全市区域环境昼间噪声平均值为54.7dB（A），城市区域环境噪声总体水平等级为二级，与上一年度相比，区域环境昼间噪声平均值下降0.4dB（A），等级上升一级。城区道路交通噪声昼间平均值为69.0dB（A），道路交通噪声强度等级为二级（较好），与去年同期相比上升0.3B（A），等级不变。

节能减排。全年单位GDP能耗初步反馈比上年下降2.3%，规上工业企业综合能源消费量521.4万吨标准煤，增长19.6%。单位工业增加值能耗增长9.5%。规上工业电力生产企业累计发电199.2亿千瓦时，增长36.4%。

安全生产。全年发生各类生产安全事故29起，死亡32人，分别比上年下降47.3%、45.8%。全年亿元地区生产总值生产安全事故死亡人数0.009人，下降50.0%。其中，工矿商贸事故18起，死亡16人，分别下降50.0%、55.6%；道路交通事故11起，死亡16人，分别下降42.1%、30.4%。

十二、人口和就业

户籍人口。年末，全市户籍总户数197.46万户，户籍总人口525.67万人，比上年减少1.31万人。户籍人口城镇化率为36.86%，比上年提高0.20个百分点。

常住人口。年末，全市常住人口489.80万人，比上年增加1.5万人，其中城镇人口265.91万人，乡村人口223.89万人。常住人口城镇化率54.29%，比上年末提高0.66个百分点。当年出生人口37200人，死亡人口46637人，人口自然增长率-1.79‰。

就业和再就业。年末，全市城镇新增就业人员人数5.64万人，失业保险参保人数51.37万人。年末城镇登记失业人员2.52万人，城镇登记失业率为2.54%，城镇失业人员再就业1.22万人。

十三、人民生活和社会保障

城乡居民收支。全市城镇居民人均可支配收入45131元，比上年增加1981元，比上年增长4.6%；城镇居民人均消费支出27394元，增加702元，增长2.6%。其中食品烟酒支出9536元。城镇居民恩格尔系数34.8%。农村居民人均可支配收入22726元，比上年增加1387元，比上年增长6.5%；农村居民人均消费支出17346元，增加722元，增长

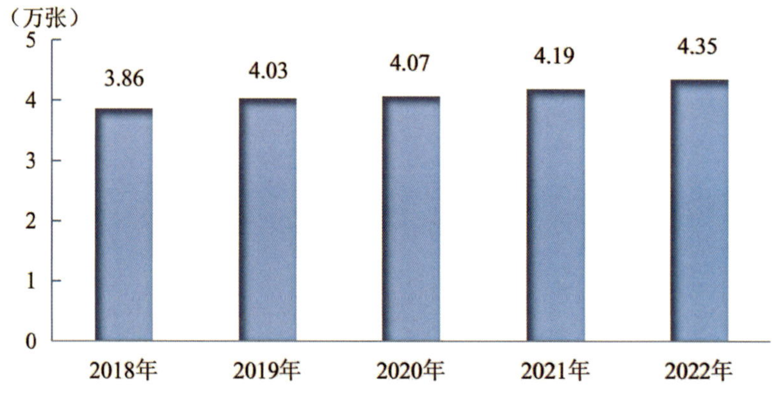

图10 2018—2022年卫生机构床位数图

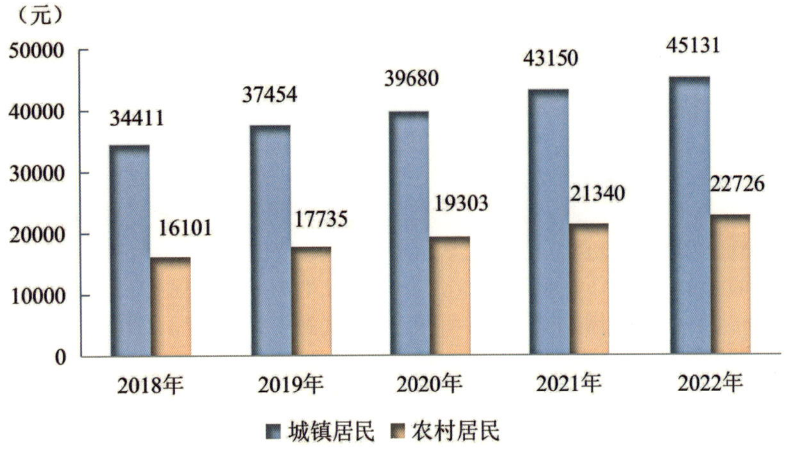

图11　2018—2022年居民人均可支配收入图

4.3%。其中食品烟酒支出6129元。农村居民恩格尔系数35.3%。

社会保障。全市企业职工养老保险参保人数158.65万人，城乡居民基本养老保险参保人数213.15万人；城镇职工基本医疗保险参保人数84.59万人，城乡居民基本医疗保险参保人数387.85万人；工伤保险参保人数61.29万人，生育保险参保人数53.35万人。城镇最低生活保障标准为700元/月，享受最低生活保障补助的城镇居民3.13万人，比上年下降10.9%；农村最低生活保障标准为500元/月，享受最低生活保障补助的农村居民9.49万人，下降2.9%。全市失业保险金标准调整为1576元/月。年末，全市各种社会福利收养性单位259个，床位3.29万张。

注：

1. 2022年各项数据均为初步统计数，2021年及以前年份地区生产总值（GDP）及三次产业增加值相关数据为最终核实数。

2. 地区生产总值、各产业及相关行业增加值绝对数按当年价格计算，增长速度按可比价格计算。

3. 公报中林业、渔业、农业机械化、交通运输、邮政、电信、金融、对外贸易、财政、保险、证券、教育、科技、文化、卫生、体育、环境保护、应急管理、社会保障等数据来源于相关部门。

4. 部分数据因四舍五入的原因，存在总计与分项合计不等的情况，未作机械调整。

先进集体

2022年绵阳市获国家、省级表彰的先进集体一览表

表93

序号	获奖单位	获奖名称	授奖单位
1	农工党绵阳市委	农工党中央2018—2022“先进集体”	农工党中央
2	致公党绵阳市工委	中国致公党宣传思想工作优秀集体	致公党中央
3	中国民主促进会绵阳市委员会	民进中央信息化建设先进集体	民进中央
4	绵阳市司法局	第三届“四个一百”优秀政法新媒体评选先进单位	中央政法委
6	绵阳经开区人民法院政治部	人民法院政治工作先进集体	最高人民法院
7	涪城区人民检察院	办理的付某盗窃侦查活动监督案获全国十大优秀侦查活动监督案	最高人民检察院
8	涪城区人民检察院	2022年度全国检察宣传先进单位	最高人民检察院
9	绵阳市司法局	《工商联与司法行政机关沟通联系机制典型事例（2021—2022）》	全国工商联、司法部
10	绵阳市司法局	2021年国家统一法律职业资格考试工作表现突出单位	司法部
11	盐亭县文通镇红联村	全国民主法治示范村	司法部、民政部
12	涪城区新皂镇刘家坪村	全国民主法治示范村	司法部、民政部
13	绵阳经开区塘汛街道三江社区	全国民主法治示范村	司法部、民政部
14	绵阳市公安局安州区分局花荄派出所	全国第二批“枫桥式公安派出所”	公安部
15	绵阳市公安局交警支队直属一大队	全国公安机关执法示范单位	公安部
16	绵阳市公安局政治部教育与职业健康保护处	全国公安机关教育训练工作成绩突出集体	公安部
17	绵阳市公安局特巡警支队特警大队	全国公安机关成绩突出青年集体	公安部
18	绵阳市公安局政保支队等集体	全国优秀公安基层单位	公安部
19	绵阳市强制隔离戒毒所	2020—2021年度一级强制隔离戒毒所	公安部
20	绵阳市公安局南郊机场分局	民航公安机关打击整治跨境违法犯罪专项行动“优秀集体”	公安部
21	北川羌族自治县公安局永昌派出所	成绩突出青年集体	公安部
22	绵阳市公安局车管所	一等车管所	公安部
23	绵阳市公安局刑侦支队三大队	通令嘉奖圆满完成党的二十大安保维稳任务的公安机关	公安部

续表93

序号	获奖单位	获奖名称	授奖单位
24	绵阳市农业农村局	全国农村集体产权制度改革工作先进集体	农业农村部
25	中国工程物理研究院材料研究所第三团支部	全国五四红旗团支部	共青团中央
26	四川铁骑力士实业有限公司	一星级全国青年文明号	共青团中央
27	四川九洲电子科技股份有限公司企业技术中心	一星级全国青年文明号	共青团中央
28	长虹集团大数据团队	一星级全国青年文明号	共青团中央
29	绵阳市北川羌族自治县幸福小学三（3）中队	全国优秀少先队集体	共青团中央、教育部、全国少工委
30	绵阳市林业局	2019—2021年度全国森林草原防火先进单位	国家林业和草原局
31	国家税务总局绵阳经济技术开发区税务局第一税务分局（办税服务厅）	全国巾帼文明岗	全国妇联
32	涪城区工商业联合会	全国“五好”标杆县级工商联	全国工商联
33	涪城区工商业联合会	2022年度民营企业调查点工作先进基层单位	全国工商联
34	市工商联	全国工商联通报表扬民营企业调查点工作先进单位	全国工商联
35	绵阳市自然资源和规划局自然资源确权登记科（自然资源调查监测科）	第三次全国国土调查先进集体	国务院第三次全国国土调查领导小组办公室自然资源部
36	涪城区	第五批节水型社会达标县（区）	水利部
37	绵阳富临精工股份有限公司	全国和谐劳动关系创建示范企业	人社部、全国总工会 中国企业联合会 中国企业家协会 全国工商联
38	绵阳万江眼科医院	2020—2021年度全国“安康杯”竞赛优胜单位	全国总工会、应急管理部、国家卫健委
39	市劳动人事争议仲裁院	全国人力资源社会保障系统优质服务窗口	人社部
40	绵阳市机关事务管理局	全国机关事务工作先进集体	人社部、国家机关事务管理局、中共中央直属机关事务管理局
41	绵阳市消防救援支队	执勤训练先进单位	国家消防救援局
42	四川台沃种业有限责任公司	首届“稻香杯”·丰收奖一等奖	四川省委、省人民政府
43	四川台沃种业有限责任公司	首届“稻香杯”·丰收奖优质奖	四川省委、省人民政府
44	游仙区忠兴镇酒店村	2021年度四川省乡村振兴示范村	四川省委、省人民政府
45	游仙区盐泉镇盐井村	2021年度四川省乡村振兴示范村	四川省委、省人民政府
46	游仙区信义镇福星村	2021年度四川省乡村振兴示范村	四川省委、省人民政府

续表93

序号	获奖单位	获奖名称	授奖单位
47	游仙区小枧镇遇仙村	2021年度四川省乡村振兴示范村	四川省委、省人民政府
48	游仙区	2021年度四川省县域经济发展先进县	四川省委、省人民政府
49	涪城区委	四川省“七五”普法先进表扬	四川省委、省人民政府
50	游仙区委	四川省“七五”普法先进表扬	四川省委、省人民政府
51	梓潼县委	四川省“七五”普法先进表扬	四川省委、省人民政府
52	北川羌族自治县政府	四川省“七五”普法先进表扬	四川省委、省人民政府
53	江油市司法局	四川省“七五”普法先进表扬	四川省委、省人民政府
54	平武县司法局	四川省“七五”普法先进表扬	四川省委、省人民政府
55	四川绵阳中学	四川省“七五”普法先进表扬	四川省委、省人民政府
56	绵阳明兴农业科技开发有限公司	四川省农业丰收奖先进集体	四川省委、省人民政府
57	涪城区	2021年度全国县域经济发展百强区	四川省委、省人民政府
58	涪城区	2021年度巩固脱贫攻坚后评估考核“好”等次	四川省委、省人民政府
59	涪城区委	2016—2020年四川省普法先进单位	四川省委、省人民政府
60	涪城区吴家镇戴家林村	2021年度四川省乡村振兴示范村	四川省委、省人民政府
61	绵阳市信访局	四川省信访工作先进集体	四川省委、省人民政府
62	涪城区信访局	四川省信访工作先进集体	四川省委、省人民政府
63	梓潼县信访局	四川省信访工作先进集体	四川省委、省人民政府
64	三台县委政法委	四川省信访工作先进集体	四川省委、省人民政府
65	涪城区丰谷镇字库村	2021年度四川省乡村振兴示范村	四川省委、省人民政府
66	游仙区	2016—2020年四川省普法先进单位	四川省委
67	中国（绵阳）科技城工业技术研究院	2021年度四川省职业教育教学成果奖省级一等奖	四川省人民政府
68	市文广旅局	四川省“金熊猫”奖先进集体	四川省人民政府
69	绵阳师范学院、市委宣传部、5·12汶川特大地震纪念馆	2021年四川省教学成果奖二等奖	四川省人民政府
70	绵阳师范学院、市委宣传部、5·12汶川特大地震纪念馆	2021年四川省教学成果奖一等奖	四川省人民政府
71	5·12汶川特大地震纪念馆	2021年四川省教学成果奖二等奖	四川省人民政府
72	游仙区	首批省级生态县	四川省人民政府
73	绵阳市残疾人联合会	全国第十一届残疾人运动会暨第八届特殊奥林匹克运动会突出贡献单位	四川省人民政府
74	梓潼县	省级生态县	四川省人民政府
75	仙海区	四川省“金熊猫”奖先进集体	四川省人民政府

索引说明

一、本索引是《绵阳年鉴（2023）》的主题词索引，分主题关键词索引和图表索引；正文中内容凡具有独立检索意义的完整资料，都可以通过本索引进行检索；正文中的概述与概况不做检索内容；统计资料与附录以类目进行检索。

二、索引按汉语拼音字母（同音字按声调）顺序排列。

三、索引款目后的数字表示内容所在的页码，数字后的英文字母表示栏别（即版面的1、2、3栏）。表、图索引以页码序号排列。

四、内容有交叉、重复的款目，为方便读者检索，在本索引词条后有页码出现。

主题词索引

A

B

C

D

L

P

R

S

T

W

Y

图表索引